LANDMANN/ROHMER, UMWELTRECHT

Anweisung zum Einordnen
der 104. Ergänzungslieferung (Stand: Juni 2024)

Herauszunehmen:	Zahl der Blätter	**Einzufügen:**	Zahl der Blätter
		Band I	
Titelblatt (Band I)–**Geleitwort**	2	**Titelblatt** (Band I)–**Geleitwort**	2
Inhalt 1/2	1	**Inhalt** 1/2	1
9/10	1	9/10	1
Bearbeiter 1–6	3	**Bearbeiter** 1–6a	4
UVPG 1 § 4 1/2	1	**UVPG 1 § 4** 1–6	3
WHG 1 § 7 1–8	4	**WHG 1 § 7** 1–12	6
§ 39, 40 1/2	1	**§ 39** 1–**§ 40** 22	37
		Band II	
Titelblatt (Band II)	1	**Titelblatt** (Band II)	1
Bearbeiter 1–6	3	**Bearbeiter** 1–6a	4
BNatSchG 11 § 18 1–10	5	**BNatSchG 11 § 18** 1–10	5
§ 19 1–14	7	**§ 19** 1–18	9
§ 20 1–4	2	**§ 20** 1–4	2
§ 21 1–8	4	**§ 21** 1–10	5
		Band III	
Titelblatt (Band III)	1	**Titelblatt** (Band III)	1
Bearbeiter 1–6	3	**Bearbeiter** 1–6a	4
		Band IV	
Titelblatt (Band IV)	1	**Titelblatt** (Band IV)	1
Bearbeiter 1–6	3	**Bearbeiter** 1–6a	4
10. BImSchV 2.10 1–50	26	**10. BImSchV 2.10** 1–52	26
13. BImSchV 2.13 1–142	77	**13. BImSchV 2.13** 1–204	102
37. BImSchV 2.37 1/2	1	**37. BImSchV 2.37** 1/2	1
39. BImSchV 2.39 Vorb. 1–30	15	**39. BImSchV 2.39 Vorb.** 1–32	16
Insgesamt herauszunehmen:	162	Insgesamt einzufügen:	235

LANDMANN/ROHMER

UMWELTRECHT

BAND I

KOMMENTAR

Herausgegeben von

Prof. Dr. Martin Beckmann
Rechtsanwalt und Fachanwalt für Verwaltungsrecht,
Honorarprofessor der Universität Münster

Prof. Dr. Dr. Wolfgang Durner LL. M.
Rheinische Friedrich-Wilhelms-Universität Bonn und Direktor des Instituts für das Recht der Wasser- und Entsorgungswirtschaft

Prof. Dr. Thomas Mann
Direktor des Instituts für Öffentliches Recht,
Lehrstuhl für Verwaltungsrecht der Georg-August-Universität Göttingen

Prof. Dr. Marc Röckinghausen
Hochschule für Polizei und öffentliche Verwaltung NRW, Abteilung Gelsenkirchen,
Fachbereich Allgemeine Verwaltung/Rentenversicherung

Stand: 1. Juni 2024
(104. Ergänzungslieferung)

(Zum Bearbeitungsstand im Einzelnen siehe die Datumszeile am unteren Ende jeder Seite)

C.H.BECK

Dieses Titelblatt stammt aus der 104. Ergänzungslieferung Juni 2024.

(Anschluss an die 103. Ergänzungslieferung März 2024)

ISBN 978 3 406 82665 8

Der Kommentar wurde von der 1. bis zur 50. Ergänzungslieferung
von Prof. Dr. Klaus Hansmann und von der 51. bis zur 58. Ergänzungslieferung
von Prof. Dr. Martin Beckmann herausgegeben.

Zitiervorschläge:

Beckmann in Landmann/Rohmer UmweltR KrWG § 17 Rn. 1
Landmann/Rohmer UmweltR/*Beckmann* KrWG § 17 Rn. 1

beck.de

Grundwerk ISBN 978 3 406 34327 8
ergänzt bis ISBN 978 3 406 82665 8

Wilhelmstraße 9, 80801 München
Druck: Druckerei C.H.Beck, Nördlingen
(Adresse wie Verlag)

Satz: mediaTEXT Jena GmbH, Jena

myclimate
shape our future

chbeck.de/nachhaltig
Gedruckt auf säurefreiem, alterungsbeständigem Papier
(hergestellt aus chlorfrei gebleichtem Zellstoff)

Geleitwort zur 104. Ergänzungslieferung

Liebe Leserinnen und Leser!

Die vorliegende 104. Ergänzungslieferung bringt den *Landmann/Rohmer* auf den Stand vom 1. Juni 2024. Die weiterhin dichte Folge der Nachlieferungen unseres Großkommentars verdeutlicht einmal mehr die ungebrochene Dynamik der deutschen und der weichenstellenden europäischen Umweltgesetzgebung.

Als neue Autoren begrüßen die Herausgeber herzlich Herrn Dr. *Johannes Funken* von der Bundesnetzagentur und Herrn Rechtsanwalt Dr. *Dominik Snjka*. Schwerpunkte der 104. Ergänzungslieferung liegen im Wasser-, Naturschutz- und Immissionsschutzrecht: Sie finden Kommentierungen zu § 4 UVPG aus der Feder von *Brinktrine*, zu § 7 WHG von *Pape/Snjka*, zu den §§ 39-40 WHG von *Funken* und den §§ 18-21 BNatSchG von *Gellermann*. Hinzu treten neue Gesamtkommentierungen der 13. BImSchV durch *Ohms*, der 10. BImSchV durch *Röckinghausen* und der 39. BImSchV durch *Ehlers/Heinz*.

Allen Autoren gilt wie stets der herzliche Dank der Herausgeber und des Verlags.

Prof. Dr. Dr. Wolfgang Durner
für die Herausgeber

Bonn, im Juli 2024

Inhaltsverzeichnis (Band I)

Inhaltsübersicht (Band I–IV)
Bearbeiterverzeichnis (Band I–IV)

Umweltrecht Besonderer Teil

1. Wasserrecht (WHG)

Kommentierung

Kapitel 1. Allgemeine Bestimmungen

Kapitel 2. Bewirtschaftung von Gewässern

Abschnitt 1. Gemeinsame Bestimmungen

(Fortsetzung Seite 11)

Verzeichnisse

Bearbeiterverzeichnis (Band I–IV)

Prof. Dr. Martin Beckmann Rechtsanwalt in Münster	Vorb. Abfallrecht, §§ 1–57, 62–68, 70–72 KrWG § 15 UVPG, Einführung Klimaschutzrecht, §§ 3-8 KSG, Umweltschadensgesetz (mit Wittmann)
Anja Behnke Bundesministerium für Umwelt, Naturschutz, nukleare Sicherheit und Verbraucherschutz	TA Luft (mit Hansmann)
Dr. Christian-Dietrich Bracher Rechtsanwalt in Bonn	§§ 41 bis 43 BImSchG, 16. und 24. BImSchV
Prof. Dr. Ralf Brinktrine O. Professor an der Universität Würzburg	§ 4 UVPG
Prof. Dr. Peter Bruckmann Landesamt für Natur, Umwelt und Verbraucherschutz Nordrhein-Westfalen, Essen	39. BImSchV (mit Ehlers, Heinz, Strecker und Vogt) 43. BImSchV (mit van Endern und Vogt)
Prof. Dr. Pascale Cancik O. Professorin an der Universität Osnabrück	Vorb. §§ 47a ff. BImSchG, §§ 47a–47f BImSchG (§§ 47a–47c, 47e und 47f mit Hansmann)
Prof. Dr. Johannes Dietlein O. Professor an der Universität Düsseldorf	§§ 1, 2, Vorb. §§ 4–21, 4 bis 8, 9 bis 11, 16a, 16b, 19, 23a–23c und 25a BImSchG, 9. BImSchV (§§ 16b, 23b BImSchG mit Fabi)
Dr. Robert Dix Syndikusrechtsanwalt der EWE AG, Oldenburg	§ 29–32, 70–73 UVPG
Prof. Dr. Matthias Dombert Rechtsanwalt in Potsdam	§§ 4–6, 8, 13, 14, 20, 24, 25 BBodSchG
Rolf-Dieter Dörr Ministerialrat a. D.	OberflächengewässerV (mit Walter)
Prof. Dr. Dr. Wolfgang Durner LL. M. O. Professor an der Universität Bonn	Umweltvölkerrecht, Vorb. §§ 27 ff. WHG, §§ 27–31, 34, 35, 82–85 WHG
Dr. Christian Ehlers Ministerium für Umwelt, Naturschutz und Verkehr des Landes Nordrhein-Westfalen	39. BImSchV (mit Bruckmann, Strecker, Vogt und Heinz)
Benedikt van Endern Ministerium für Umwelt, Naturschutz und Verkehr des Landes Nordrhein-Westfalen	43. BImSchV (mit Bruckmann und Vogt)

Bearbeiter

Prof. Dr. Astrid Epiney LL. M. O. Professorin an der Université de Fribourg	Art. 191–193 AEUV
Dr. Friederike Erxleben Umweltbundesamt	UERV (mit Wolke)
Prof. Dr. Wolfgang Ewer Rechtsanwalt in Kiel	Vorb. BBodSchG, §§ 9, 15, 16 BBodSchG
Johannes Fabi Wissenschaftlicher Mitarbeiter, Universität Düsseldorf	§§ 16b, 23b BImSchG (mit Dietlein)
Prof. Dr. Kurt Faßbender O. Professor an der Universität Leipzig	§§ 1–5, 33, 36–38 WHG
Dr. Frank Fellenberg LL. M. Rechtsanwalt in Berlin	Fluglärmgesetz (mit Reidt und Schiller), Umweltrechtsbehelfsgesetz (mit Schiller)
Dr. Henrik Flatter Bundesamt für Naturschutz, Bonn	§§ 69–74 BNatSchG
Prof. Dr. Sina Fontana, MLE O. Professorin an der Universität Augsburg	§§ 1, 2, 15–27 UAG
Dr. Johannes Funken Bundesnetzagentur	§§ 39, 40 WHG
Dr. Matthias Ganske Rechtsanwalt in Bonn	§§ 25, 26, 54–61 WHG
Prof. Dr. Klaus Ferdinand Gärditz O. Professor an der Universität Bonn	Art. 20a GG
Prof. Dr. Martin Gellermann Rechtsanwalt, apl. Professor an der Universität Osnabrück	§§ 4, 7–51, §§ 52–56, §§ 57–68 BNatSchG (§§ 41–43 Mit Sanden)
Nela Gies Richterin am Verwaltungsgericht Gelsenkirchen	§§ 41, 42 WHG
Prof. Dr. Christoph Görisch Hochschule für Polizei und öffentliche Verwaltung NRW, Abteilung Münster	§§ 4–14 UAG
Moritz Grunow Rechtsanwalt in Düsseldorf	Vorb. AwSV, § 1 AwSV
Prof. Dr. Günter Hager † O. Professor an der Universität Freiburg	§§ 6, 7 UmweltHG (mit Rehbinder)
Dr. Joachim Hagmann Rechtsanwalt in Münster	§§ 65–69 UVPG

Prof. Dr. Klaus Hansmann † Leitender Ministerialrat a. D.	§§ 17, 18, 20, 21, 26–37, 38–40, 47a–47c, 47e, 47f, 52, 52b–58d, 59, 60, 62, 64–72, 74 BImSchG (§§ 17, 18 mit Ohms, Vor § 26, §§ 26–31 mit Pabst, Vor § 38, §§ 38–40 mit Hofmann, §§ 20, 21, Vor 32, §§ 32–37, 52, 52b, 62, 66 und 67 mit Röckinghausen, §§ 47a–47c, 47e und 47f mit Cancik), Vor § 53, §§ 53–58d mit Maciejewski, 14., 32. und 34. BImSchV, TA Lärm, TA Luft (mit Behnke, Remus, Röckinghausen), 4., 11., 20., 21., 25., 27., 30., 34. und 35. BImSchV (mit Röckinghausen), 2. BImSchV (mit Mahrwald und Röckinghausen), 5. BImSchV mit Maciejewski, 12. BImSchV (mit König), BzBlG, 1. DVO BzBlG
Dr. Felix Hardach Bundesministerium für Umwelt, Naturschutz, nukleare Sicherheit und Verbraucherschutz	§§ 1, 8, 11–13, 17, 20, 22, 23, 26, 31, 32, 35 TEHG
Prof. Dr. Torsten Heilshorn Rechtsanwalt in Freiburg	Vor § 22 BImSchG, §§ 22–25 BImSchG (mit Sparwasser)
Dr. Franziska Heß Rechtsanwältin in Leipzig	§§ 1-3 BNatSchG (mit Wulff)
Daniel Heinz Ministerium für Umwelt, Naturschutz und Verkehr des Landes Nordrhein-Westfalen	39. BImSchV (mit Bruckmann, Strecker, Vogt und Ehlers)
Michael Heugel Bundesministerium für Umwelt, Naturschutz, nukleare Sicherheit und Verbraucherschutz	§§ 5, 6 BNatSchG
Prof. Dr. Ekkehard Hofmann O. Professor an der Universität Trier	Vorb. § 38, §§ 38–40 BImSchG, §§ 16–23, 54–56 UVPG
Dr. Frank Hofmann Bundesministerium für Umwelt, Naturschutz, nukleare Sicherheit und Verbraucherschutz	§ 23 WHG
Dr. Georg Hünnekens Rechtsanwalt in Münster	§§ 50–53 WHG, Vorb. §§ 64–66, §§ 64–66 WHG, Vorb. §§ 72–81 WHG, §§ 72–81 WHG
Georg Kahl † Ministerialrat a. D.	7. BImSchV
Lutz Keppner Bundesministerium für Umwelt, Naturschutz, nukleare Sicherheit, und Verbraucherschutz	Grundwasserverordnung

Bearbeiter

Dr. Andreas Kersting Rechtsanwalt in Münster	§§ 58–61 KrWG
Dr. Heike Kieserling Deutsche Bahn AG	§§ 13, 14, 25–38 AwSV
Dr. Jens Martin König Hessisches Ministerium für Umwelt, Klimaschutz, Landwirtschaft und Verbraucherschutz	12. BImSchV (mit Hansmann)
Dr. Olaf Konzak Rechtsanwalt in Köln	§§ 2, 3 und 7 VerpackG (mit Körner)
Dr. Michael Körner, LL.M. Rechtsanwalt in Köln	§§ 2, 3 und 7 VerpackG (mit Konzak)
Dr. Philip Kubitza Richter auf Probe, Rheinland-Pfalz	§§ 100–102 WHG
Prof. Dr. Silke Ruth Laskowski O. Professorin an der Universität Kassel	§ 24 WHG, § 58e BImSchG mit der EMASPrivilegV
Prof. Dr. Joachim Lege O. Professor an der Universität Greifswald	§§ 96–99 WHG
Dr. Rasso Ludwig LL. M. Richter am Verwaltungsgericht München	§§ 19, 21–23, 26 BBodSchG
Prof. Dr. Karim Maciejewski Hochschule des Bundes für öffentliche Verwaltung	Vor § 53 BImSchG, §§ 53–58d BImSchG (mit Hansmann), 5. BImSchV (mit Hansmann)
Birgit Mahrwald Bundesministerium für Umwelt, Naturschutz, nukleare Sicherheit und Verbraucherschutz	2. BImSchV (mit Hansmann und Röckinghausen)
Prof. Dr. Thomas Mann O. Professor an der Universität Göttingen	§§ 8a, 12 BImSchG, Vorb. ElektroG, §§ 1, 2 ElektroG, §§ 1–14, 26–28, 30–39, 41, 42, 44–46, 48–50, 52, 53, 57–64, 72 UVPG, §§ 28–38 UAG
Dr. Cedric Christian Meyer Rechtsanwalt in Köln	§§ 46–49, 62–63 WHG
Dr. Uwe Neuser Bundesministerium für Umwelt, Naturschutz, nukleare Sicherheit und Verbraucherschutz	§§ 2, 27 33, 34 TEHG
Volkmar Nies Landwirtschaftsdirektor bei der Landwirtschaftskammer Rheinland	§§ 1, 2, 7, 17, 18 BBodSchG
Dr. Martin Ohms Rechtsanwalt in Berlin	§§ 17, 18 BImSchG (mit Hansmann), 13. BImSchV, 17. BImSchV (z.T. mit Sahm)

Prof. Dr. Heinz-Joachim Pabst Hochschule des Bundes für öffentliche Verwaltung	Vor § 26, §§ 26–31 BImSchG (mit Hansmann), § 61 BImSchG, 41. BImSchV
Dr. Kay Artur Pape Rechtsanwalt in Bonn	Vorb. WHG, §§ 6–22 WHG (§ 7 WHG mit Snjka)
Dr. Malte Petersen LL. M. Ministerium für Umwelt, Naturschutz und Verkehr des Landes Nordrhein-Westfalen	§§ 89–95 WHG
Prof. Dr. Alexander Proelß O. Professor an der Universität Trier	§§ 43–45l WHG
Prof. Dr. Eckard Rehbinder Em. Professor an der Universität Frankfurt/Main	§ 14 BImSchG UmweltHG (§§ 6, 7 mit Hager)
Prof. Dr. Olaf Reidt Rechtsanwalt in Berlin	§ 16 BImSchG (mit Schiller), 18. BImSchV (mit Schiller), Fluglärmgesetz (mit Fellenberg und Schiller), Umweltinformationsgesetz (mit Schiller)
Rainer Remus Umweltbundesamt, Dessau	TA Luft (mit Hansmann)
Dr. Christoph Riese Rechtsanwalt in Berlin	§§ 67–71, 86 WHG
Prof. Dr. Marc Röckinghausen Hochschule für Polizei und öffentliche Verwaltung NRW, Abteilung Gelsenkirchen	§§ 20, 21, Vor § 32, §§ 32–37, 52, 52b, 62, 66, 67 BImSchG (mit Hansmann), §§ 37a bis 37f, Vor §§ 44–47, 52a, 63, 73 BImSchG, 1., 10., 26., 28., 36., 37., 38., 42. BImSchV, 4., 11., 20., 21., 25., 27., 30., 34 und 35. BImSchV, TA Luft (mit Hansmann), 2. BImSchV (mit Hansmann und Mahrwald), Schadstofffreisetzungs- und Verbringungsregistergesetz
Christoph Sahm LL. M. E. ON Kernkraft GmbH	§§ 23–25, 27 der 17. BImSchV (mit Ohms)
Prof. Dr. Dr. Joachim Sanden † Behörde für Stadtentwicklung und Umwelt, Freie und Hansestadt Hamburg, zugl. Apl. Prof. an der Universität Lüneburg	§§ 41–43 BNatSchG (mit Gellermann)

Bearbeiter

Dr. Gernot Schiller Rechtsanwalt in Berlin	§ 16 BImSchG (mit Reidt), 18. BImSchV (mit Reidt), Fluglärmgesetz (mit Reidt und Fellenberg), Umweltinformationsgesetz (mit Reidt) Umweltrechtsbehelfsgesetz (mit Fellenberg), §§ 14a, 15 BImSchG
Matthias Schleifenbaum, LL.M. Rechtsanwalt in Köln	BattG
Prof. Dr. Hendrik Schoen Hochschule für Polizei und öffentliche Verwaltung NRW, Abteilung Münster	§ 50 BImSchG
Prof. Dr. Meinhard Schröder Em. Professor an der Universität Trier	EG-Abfallverbringungs-VO
Prof. Dr. Max-Jürgen Seibert Vorsitzender Richter am Oberverwaltungsgericht Münster	§ 13 BImSchG
Dr. Dominik Snjka Rechtsanwalt in Bonn	§ 7 WHG (mit Pape)
Prof. Dr. Reinhard Sparwasser Rechtsanwalt in Freiburg	Vor § 22 BImSchG, §§ 22–25 BImSchG (mit Heilshorn)
Prof. Dr. Indra Spiecker genannt Döhmann, LL.M. O. Professorin an der Universität Frankfurt a.M.	UStatG BImSchG (mit Heilshorn)
Prof. Dr. Peter-Tobias Stoll O. Professor an der Universität Göttingen	EG-Artenschutzverordnung
Silvia Strecker Ministerium für Umwelt, Naturschutz und Verkehr des Landes Nordrhein-Westfalen	39. BImSchV (mit Bruckmann, Ehlers, Heinz und Vogt)
Prof. Dr. Dr. Markus Thiel Deutsche Hochschule der Polizei, Münster	§§ 3, 48–48b BImSchG
Dr. Christian Tünnesen-Harmes Rechtsanwalt in Duisburg	AbfAEV
Dr. Klaus Vogt Landesamt für Natur, Umwelt und Verbraucherschutz Nordrhein-Westfalen	39. BImSchV (mit Bruckmann, Ehlers, Heinz und Strecker), 43. BImSchV (mit Bruckmann und van Endern)
Anne-Barbara Walter Umweltbundesamt	OberflächengewässerV (mit Dörr)
Dr. Andreas Wasielewski Ministerium für Energiewende, Klima, Umwelt und Naturschutz des Landes Schleswig-Holstein	TA Luft (mit Hansmann)

Dr. Dirk Weinreich Bundesministerium für Umwelt, Naturschutz, nukleare Sicherheit und Verbraucherschutz	Vorb. TEHG, §§ 7, 19 TEHG
Dr. Armin von Weschpfennig Akademischer Rat, Universität Bonn	§§ 13a, 13b, 103–107 WHG
Dr. Antje Wittmann Rechtsanwältin in Münster	UmweltschadensG (zusammen mit Beckmann), § 51 UVPG, § 11, 12 KSG
Frank Wolke Bundesministerium für Umwelt, Naturschutz, nukleare Sicherheit und Verbraucherschutz	§§ 4, 18, 24 TEHG, UERV (mit Erxleben)

(Fortsetzung Seite 7)

Bearbeiter

§ 4 Umweltverträglichkeitsprüfung

Die Umweltverträglichkeitsprüfung ist unselbständiger Teil verwaltungsbehördlicher Verfahren, die Zulassungsentscheidungen dienen.

Schrifttum: *Beckmann/Kment,* UVPG – UmwRG, 6. Aufl. 2023; *Kahl/Gärditz,* Umweltrecht, 13. Aufl. 2023, § 4 Rn. 85 – 123; *Kloepfer,* Umweltrecht, 4. Aufl. 2016, § 5 Rn. 495 – 715; *Kloepfer/Durner,* Umweltschutzrecht, 3. Aufl. 2020, § 4 Rn. 17 – 35; *Koch/Hofmann/Reese,* Handbuch Umweltrecht, 6. Aufl. 2024; § 3 Rn. 138 – 144; *Peters/Balla/Hesselbarth,* HK-UVPG, 4. Aufl. 2019; *Rehbinder/Schink,* Grundzüge des Umweltrechts, Abschnitt 3 Rn. 124 – 132; 380 – 382 und Abschnitt 5 Rn. 81 – 84; *Schink/Reidt/Mitschang,* UVPG – UmwRG, 2. Aufl. 2023; *Schlacke,* Umweltrecht, 9. Aufl. 2023; § 5 Rn. 61 – 74; *Volkmann,* Umweltrechtliches Integrationsprinzip und Vorhabengenehmigung, VerwArch. 89 (1998), 363

Übersicht

I. Allgemeines

1. Bedeutung der Vorschrift

§ 4 als Eingangsnorm des Teils 2 des UVPG mit seinen drei Abschnitten (zur Bedeutung als Einleitungsvorschrift auch unten Rn. 2) dient verschiedenen Zwecken. **1**

Die erste wesentliche Funktion der Vorschrift ist, dass „sie das Verhältnis zwischen der UVP und dem jeweiligen Zulassungsverfahren regelt" (Mitschang in Schink/Reidt/Mitschang, UVPG – UmwRG, § 4 UVPG Rn. 1; ebenso Bauer in Beckmann/Kment, UVPG – UmwRG, § 4 UVPG Rn. 1 sowie BT-Drs. 18/11499 S. 77). Dieser Zweck kann als **Relationsklärungsfunktion** bezeichnet werden.

Darüber hinaus ist ihre wesentliche Aufgabe die einer **Klarstellung** (Klarstellungsfunktion) (BT-Drs. 18/11499 S. 77; Mitschang in Schink/Reidt/Mitschang, UVPG – UmwRG, § 4 UVPG Rn. 1; Kahl/Gärditz, Umweltrecht, § 4 Rn. 100). Sie stellt nämlich klar, dass die UVP – wie das Gesetz herausstellt – „unselbständiger Teil verwaltungsbehördlicher Verfahren ist, die der Entscheidung über die Zulässigkeit von Vorhaben dienen" (Kahl/Gärditz, Umweltrecht, § 4 Rn. 100). Damit betont die Norm den **„Huckepack"-Charakter** des UVP-Verfahrens (vgl. Kahl/Gärditz, Umweltrecht, § 4 Rn. 100). Implizite Voraussetzung dieser Vorstellung von der UVP als „Huckepackverfahren" ist aber dabei, dass ein geeignetes Trägerverfahren für die UVP zur Verfügung steht (Ramsauer in Koch/Hofmann/Reese, Handbuch Umweltrecht, § 3 Rn. 140).

2. Rechtsentwicklung

2 § 4 in der heutigen Fassung findet seinen **Vorläufer** in § 2 Abs. 1 S. 1 UVPG 1990. Das UVPG 1990 ist als Artikel 1 des Gesetzes zur Umsetzung der Richtlinie des Rates vom 27. Juni 1985 über die Umweltverträglichkeitsprüfung bei bestimmten öffentlichen und privaten Projekten (85/337/EWG) v. 12.2.1990 am 20.2.1990 im BGBl. (BGBl. I S. 205) verkündet worden. Diese Ursprungsvorschrift lautete: „Die Umweltverträglichkeitsprüfung ist ein unselbständiger Teil verwaltungsbehördlicher Verfahren, die der Entscheidung über die Zulässigkeit von Vorhaben dienen". Diese normative Aussage hat unbeschadet verschiedener Novellierungen des UVPG seit 1990 seitdem im wesentlichen Bestand, lediglich der Wortlaut wurde zwischenzeitlich leicht modifiziert, ohne in der Sache etwas zu ändern. Auch das Gesetz zur Modernisierung des Rechts der Umweltverträglichkeitsprüfung v. 20.7.2017 (BGBl. I S. 2808) hat mit Blick auf die in § 2 Abs. 1 S. 1 UVPG a.F. enthaltene Aussage zu keinen inhaltlichen Änderungen geführt (vgl. Mitschang in Schink/Reidt/Mitschang, UVPG – UmwRG, § 4 UVPG Rn. 1). Dieses Gesetz hat in erster Linie zu einer neuen Nummerierung der Vorschrift im UVPG, nämlich jetzt § 4 UVPG, geführt (vgl. BT-Drs. 18/11499 S. 57, 77). Allerdings hat die Neustrukturierung des UVPG durch das UVPG-ModG mit Blick auf das Verständnis des § 4 UVPG n.F. auch zur Folge, dass diese Vorschrift jetzt **eine allgemeine Vorschrift zur Umweltverträglichkeitsprüfung** darstellt (Mitschang in Schink/Reidt/Mitschang, UVPG – UmwRG, § 4 UVPG Rn. 2), da sie „als Bestandteil des Ersten Abschnitts des Zweiten Teils des UVPG die unmittelbar UVP-adressierten Bestimmungen einleitet" (Mitschang in Schink/Reidt/Mitschang, UVPG – UmwRG, § 4 UVPG Rn. 2; ebenso Bauer in Beckmann/Kment, UVPG – UmwRG, § 4 UVPG Rn. 1).

3. Abgrenzung zu anderen Vorschriften

3 Zu § 4 existieren verschiedene inhaltsgleiche **Parallelvorschriften**. Es handelt sich dabei um § 1 Abs. 2 S. 1 der 9. BImSchV, § 2a Abs. 1 S. 1 AtG und § 181 Abs. 1 S. 1 StrlSchG (Bauer in Beckmann/Kment, UVPG – UmwRG, § 4 UVPG Rn. 10). Diese gehen als lex specialis § 4 vor.

4. EU-Recht

4 Ursprünglicher **unionsrechtlicher Hintergrund** des deutschen UVPG ist die Richtlinie 85/337/EWG vom 27.6.1985, die zum Erlass des Gesetzes über die Umweltverträglichkeitsprüfung bei bestimmten öffentlichen und privaten Projekten vom 12.2.1990 (UVPG 1990) führte. Diese Richtlinie ist durch spätere Richtlinien in verschiedenen Punkten geändert worden. Zu erwähnen sind in dieser Hinsicht die UVP-Änderungsrichtlinie 97/11/EG vom 3.3.1997, die Richtlinie 2003/35/EG vom 26.05.2003 sowie die Richtlinie 2009/31/EG vom 23.4.2009. Die ursprüngliche Richtlinie aus dem Jahre 1985 ist nunmehr durch die heute geltende UVP-Richtlinie 2011/92/EU vom 13.12.2011 abgelöst worden, die als kodifizierte Fassung die früheren Richtlinien zusammenführt und ersetzt (zu Vorstehendem siehe auch die Darstellung der Entwicklungsgeschichte des UVPG bei Schlacke, Umweltrecht, § 5 Rn. 63).

5 Mit Blick auf die Verortung und verfahrensrechtliche Implementation der UVP sah schon die ursprüngliche Richtlinie in Art. 2 Abs. 2 RL 85/337/EWG für die Mitgliedstaaten die **Option** vor, die UVP nicht als eigenständiges Verwaltungsverfahren zu etablieren, sondern in bereits bestehende Genehmigungs- und Bewilligungsverfahren zu **integrieren** (hierzu Bauer in Beckmann/Kment, UVPG – UmwRG, § 4 UVPG Rn. 2). Von dieser grundsätzlichen Entscheidung des europäischen Normgebers sind auch die späteren

Änderungsrichtlinien sowie die neue UVP-RL 2011/92/EU nicht abgewichen (vgl. jetzt Art. 2 Abs. 2 RL 2011/92/EU).

Der deutsche Gesetzgeber hat zunächst durch den bereits erwähnten § 2 Abs. 1 S. 1 UVPG 1990 die durch die ursprüngliche Richtlinie eröffnete Möglichkeit ergriffen, die UVP nicht als eigenständiges Verwaltungsverfahren zu etablieren, sondern als **„Huckepackverfahren“** auszugestalten (Ramsauer in Koch/Hofmann/Reese, Handbuch Umweltrecht, § 3 Rn. 140 [Hervorhebung von mir]). Diese auch als „Aufsattlungsmodell“ (Schlacke, Umweltrecht, § 5 Rn. 62) bezeichnete Ausgestaltung ist somit **unionsrechtskonform**. Es ist daher auch im Zuge der Novellierung des UVPG durch das Gesetz zur Modernisierung des Rechts der Umweltverträglichkeitsprüfung v. 20.7.2017 (BGBl. I S. 2808) (UVPG 2017) im Jahre 2017 beibehalten worden und jetzt in § 4 UVPG 2017 normiert. 6

II. Begriff der Umweltverträglichkeitsprüfung i.S.d. § 4

Die UVP kann materiell oder formell gedeutet werden, sodass es einen materiellen und einen formellen UVP-Begriff gibt (vgl. Peters/Balla/Hesselbarth in HK-UVPG Rn. 3). Der formelle UVP-Begriff betrachtet die UVP „als einen unselbständigen [sic!] Teil eines verwaltungsbehördlichen Verfahrens […], in dessen Rahmen über die Zulassung eines UVP-pflichtigen Vorhabens entschieden wird“ (Mitschang in Schink/Reidt/Mitschang, UVPG – UmwRG, § 4 UVPG Rn. 3). **§ 4** ist als Verfahrensregelung daher als **Ausdruck des formellen UVP-Begriffs** zu sehen (Mitschang in Schink/Reidt/Mitschang, UVPG – UmwRG, § 4 UVPG Rn. 3; ebenso Peters/Balla/Hesselbarth in HK-UVPG Rn. 4 f.; im Ergebnis auch Bauer in Beckmann/Kment, UVPG – UmwRG, § 4 UVPG Rn. 3). Die durch diese Verfahrensregelung vorgesehenen Prüfschritte der UVP im Vorfeld der eigentlichen Sachentscheidung umfassen vor allem die Ermittlung, Beschreibung und Bewertung der Umweltauswirkungen bei der Realisierung des Vorhabens; die UVP im formellen Sinne strukturiert damit das Verfahren (Mitschang in Schink/Reidt/Mitschang, UVPG – UmwRG, § 4 UVPG Rn. 3 unter Rekurs auf BVerwG 28.11.2017 – 7 A 17.12, NVwZ-Beilage 2018, 29 Rn. 31; zu den Prüfschritten näher unten Rn. 14). 7

III. Verwaltungsbehördliche Verfahren, die Zulassungsentscheidungen dienen

Der **Begriff** der „verwaltungsbehördlichen Verfahren, die Zulassungsentscheidungen dienen“ ist **weit zu verstehen** (Bauer in Beckmann/Kment, UVPG – UmwRG, § 4 UVPG Rn. 8 f.; ebenso Peters/Balla/Hesselbarth in HK-UVPG Rn. 5). Hierunter fallen grundsätzlich alle Verfahrensarten, „für die Regelungen des UVP-Gesetzes von Relevanz sind“ (Bauer in Beckmann/Kment, UVPG – UmwRG, § 4 UVPG Rn. 8). Umfasst sind folglich neben den Verwaltungsverfahren i.S.d. § 9 VwVfG auch verwaltungsinterne Verfahren (Bauer in Beckmann/Kment, UVPG – UmwRG, § 4 UVPG Rn. 8). Ferner zählen auch Normsetzungsverfahren zum Begriff der verwaltungsbehördlichen Verfahren (Bauer in Beckmann/Kment, UVPG – UmwRG, § 4 UVPG Rn. 8 unter Hinweis auf BT-Drs. 11/3919 S. 21). 8

Erfasst sind somit zunächst alle verwaltungsbehördlichen Verfahren, die als eigentliches Zulassungsverfahren der Verwirklichung des Vorhabens **unmittelbar vorausgehen** (Bauer in Beckmann/Kment, UVPG – UmwRG, § 4 UVPG Rn. 8; Peters/Balla/Hessel- 9

barth in HK-UVPG Rn. 5 mit Beispielen). Dies ergibt sich auch aus der Bestimmung des § 2 Abs. 6 UVPG (Bauer in Beckmann/Kment, UVPG – UmwRG, § 4 UVPG Rn. 8).

10 Erfasst werden ferner aber auch UVP-relevante **Entscheidungen in vorgelagerten Verfahren** (siehe Peters/Balla/Hesselbarth in HK-UVPG, Rn. 5), also „auch diejenigen behördlichen Entscheidungsprozesse, die vor Beginn der Zulassungsverfahren im engeren Sinne stattfinden und wegen der von ihnen ausgehenden rechtlichen oder faktischen Bindungen für die nachfolgenden Verfahren beachtlich sind" (so Bauer in Beckmann/Kment, UVPG – UmwRG, § 4 UVPG Rn. 9 unter Hinweis auf BT-Drs. 11/3919 S. 20 f.). Beispielsweise sind dies Linienbestimmungen sowie „andere Entscheidungen in vorgelagerten Verfahren" nach den Vorschriften des § 47 und § 49 Nr. 2 und Nr. 3 (Bauer in Beckmann/Kment, UVPG – UmwRG, § 4 UVPG Rn. 9), also auch bestimmte Bebauungspläne (Peters/Balla/Hesselbarth in HK-UVPG Rn. 5). Weiterhin fallen unter den Begriff der verwaltungsbehördlichen Verfahren i.S.d. § 4 aufgrund von § 2 Abs. 6 Nr. 1 der Erlass von Vorbescheiden, Teilgenehmigungen und sonstige Formen von Teilzulassungen (Bauer in Beckmann/Kment, UVPG – UmwRG, § 4 UVPG Rn. 9; ebenso Peters/Balla/Hesselbarth in HK-UVPG Rn. 5).

IV. Umweltprüfung als unselbstständiger Teil der Zulassungsverfahren

11 Mit § 4 verfolgt der Gesetzgeber ein **„integratives Konzept"** (Mitschang in Schink/Reidt/Mitschang, UVPG – UmwRG, § 4 UVPG Rn. 5 [Hervorhebung von mir]; ebenso Peters/Balla/Hesselbarth in HK-UVPG Rn. 5). Denn nach dem klaren Wortlaut der Norm wird die UVP nicht getrennt von dem jeweiligen verwaltungsbehördlichen Verfahren durchgeführt, sondern sie ist ein unselbstständiger Teil des jeweiligen Zulassungsverfahrens. Es ist also erforderlich, dass die „einzelnen Verfahrensschritte der UVP … in die jeweiligen verwaltungsbehördlichen Verfahren eingebunden werden, um den UVP-rechtlichen Anforderungen zu genügen" (Mitschang in Schink/Reidt/Mitschang, UVPG – UmwRG, § 4 UVPG Rn. 5). Folglich muss die UVP **verfahrenstechnisch in den Ablauf des Zulassungsverfahrens integriert werden** und ist damit zugleich „integrierter Bestandteil des Verfahrensablaufs" des jeweiligen Zulassungsverfahrens" (Mitschang in Schink/Reidt/Mitschang, UVPG – UmwRG, § 4 UVPG Rn. 5).

12 Dieses integrative Konzept hat verschiedene verfahrensrechtliche **Konsequenzen. Zuständig** für die UVP ist damit auch die (Genehmigungs)Behörde, die nach dem jeweiligen Fachgesetz für die Durchführung des Zulassungsverfahrens zuständig ist (Mitschang in Schink/Reidt/Mitschang, UVPG – UmwRG, § 4 UVPG Rn. 5; Kahl/Gärditz, Umweltrecht, § 4 Rn. 101). § 4 nimmt nämlich „Bezug auf Verwaltungsbehörden aller Ebenen" (Bauer in Beckmann/Kment, UVPG – UmwRG, § 4 UVPG Rn. 8).

13 Ferner **gilt** grundsätzlich das **Verfahrensrecht des jeweiligen Fachgesetzes** (Bauer in Beckmann/Kment, UVPG – UmwRG, § 4 UVPG Rn 6). In das Genehmigungs- bzw. Zulassungsverfahren sind aber die durch das UVPG vorgeschriebenen Untersuchungsschritte aufzunehmen und durchzuführen (Bauer in Beckmann/Kment, UVPG – UmwRG, § 4 UVPG Rn. 7). Die UVP ist damit ein notwendiger, der abschließenden Zulassungsentscheidung vorgeschalteter Verfahrensbestandteil (Bauer in Beckmann/Kment, UVPG – UmwRG, § 4 UVPG Rn. 7; ebenso Mitschang in Schink/Reidt/Mitschang, UVPG – UmwRG, § 4 UVPG Rn. 3).

14 Bei diesen von den EU-Richtlinien (vgl. Art. 1 Abs. 2 lit. g) RL 97/11/EG) bzw. dem UVPG vorgesehenen **Untersuchungs- bzw. Verfahrensschritten, die in das Zulassungsverfahren zu integrieren sind**, handelt es sich (mindestens) um folgende fünf Punkte (Aufzählung nach Mitschang in Schink/Reidt/Mitschang, UVPG – UmwRG,

§ 4 UVPG Rn. 3 sowie Bauer in Beckmann/Kment, UVPG – UmwRG, § 4 UVPG Rn 3; siehe ferner auch die Angabe weiterer Verfahrensschritte bei Peters/Balla/Hesselbarth in HK-UVPG Rn. 5):
- Ausarbeitung eines UVP-Berichts durch den jeweiligen Projektträger,
- Behörden- und Öffentlichkeitsbeteiligung,
- Prüfung der im Rahmen des UVP-Berichts vom Projektträger vorgelegten Informationen und Angaben,
- zusammenfassende Darstellung und Bewertung (begründete Schlussfolgerung der zuständigen Behörde) und
- Integration bzw. Aufnahme der begründeten Schlussfolgerung der zuständigen Behörde in alle Zulassungsentscheidungen.

Die UVP dient damit der Ermittlung, Beschreibung und Bewertung des entscheidungserheblichen Sachverhaltes in einem rechtlich geordneten und transparenten Verfahren (Bauer in Beckmann/Kment, UVPG – UmwRG, § 4 UVPG Rn. 7).

V. Würdigung

Die **Ausgestaltung der UVP als unselbstständiger Teil** verwaltungsbehördlicher 15
Verfahren, die Zulassungsentscheidungen dienen, hat sich nach Auffassung des Gesetzgebers des UVPG 2017 sowie von Teilen des Schrifttums in der Vergangenheit **bewährt** (vgl. BT-Drs. 18/11499 S. 56, 77; Mitschang in Schink/Reidt/Mitschang, UVPG – UmwRG, § 4 UVPG Rn. 1). Auch das weitere Schrifttum trifft zu dieser Einschätzung – soweit ersichtlich – jedenfalls keine explizit gegenteilige Aussage; der in § 4 zum Ausdruck kommende integrative Ansatz wird beispielsweise in den Kommentierungen vielmehr ohne Vorbehalte akzeptiert (vgl. Peters/Balla/Hesselbarth in HK-UVPG Rn. 5; Mitschang in Schink/Reidt/Mitschang, UVPG – UmwRG, § 4 UVPG Rn. 5; Bauer in Beckmann/Kment, UVPG – UmwRG, § 4 UVPG Rn. 1 und 6). Teilweise wird allerdings kritisch angemerkt, dass ohne ein behördliches Zulassungsverfahren die UVP-Pflichtigkeit eines Vorhabens weitgehend leerlaufe (Winkler in Beckmann/Kment, UVPG – UmwRG, Einleitung UVPG Rn. 63). Gleichwohl überwiegt die positive Gesamteinschätzung; es besteht daher gegenwärtig kein Bedarf, im Zuge etwaiger Novellierungen an der Grundaussage des § 4 etwas zu ändern.

§ 7 Bewirtschaftung nach Flussgebietseinheiten*)

(1) Die Gewässer sind nach Flussgebietseinheiten zu bewirtschaften. Die Flussgebietseinheiten sind:

1. Donau,
2. Rhein,
3. Maas,
4. Ems,
5. Weser,
6. Elbe,
7. Eider,
8. Oder,
9. Schlei/Trave,
10. Warnow/Peene.

Die Flussgebietseinheiten sind in der Anlage 2 in Kartenform dargestellt.

(2) Die zuständigen Behörden der Länder koordinieren untereinander ihre wasserwirtschaftlichen Planungen und Maßnahmen, soweit die Belange der flussgebietsbezogenen Gewässerbewirtschaftung dies erfordern.

(3) Zur Erreichung der in diesem Gesetz festgelegten Bewirtschaftungsziele

1. koordinieren die zuständigen Behörden der Länder die Maßnahmenprogramme und Bewirtschaftungspläne mit den zuständigen Behörden anderer Mitgliedstaaten der Europäischen Union, in deren Hoheitsgebiet die Flussgebietseinheiten ebenfalls liegen,
2. bemühen sich die zuständigen Behörden der Länder um eine der Nummer 1 entsprechende Koordinierung mit den zuständigen Behörden von Staaten, die nicht der Europäischen Union angehören.

(4) Soweit die Verwaltung der Bundeswasserstraßen berührt ist, ist bei der Koordinierung nach den Absätzen 2 und 3 das Einvernehmen der Generaldirektion Wasserstraßen und Schiffahrt einzuholen. Soweit gesamtstaatliche Belange bei der Pflege der Beziehungen zur Europäischen Union, zu auswärtigen Staaten oder zu internationalen Organisationen berührt sind, ist bei der Koordinierung nach Absatz 3 das Einvernehmen des Bundesministeriums für Umwelt, Naturschutz, nukleare Sicherheit und Verbraucherschutzeinzuholen.

(5) Die zuständigen Behörden der Länder ordnen innerhalb der Landesgrenzen die Einzugsgebiete oberirdischer Gewässer sowie Küstengewässer und das Grundwasser einer Flussgebietseinheit zu. Bei Küstengewässern gilt dies für die Flächen auf der landwärtigen Seite einer Linie, auf der sich jeder Punkt eine Seemeile seewärts vom nächsten Punkt der Basislinie befindet, von der aus die Breite der Hoheitsgewässer gemessen wird, mindestens bis zur äußeren Grenze der Gewässer, die im Wesentlichen von Süßwasserströmungen beeinflusst sind. Die Länder können die Zuordnung auch durch Gesetz regeln.

Schrifttum: *Appel,* Das Gewässerschutzrecht auf dem Weg zu einem qualitätsorientierten Bewirtschaftungsregime, ZUR Sh 2001, 129; *Breuer,* Der Entwurf einer EG-Wasserrahmenrichtlinie, NVwZ 1998, 1001; *ders.,* Europäisierung des Wasserrechts, NuR 2000, 541; *Caspar,* Die EU-Wasserrahmen-

*) Die Änderungen des § 7 WHG durch VO v. 31. 8. 2015 (BGBl. I S. 1474) und G v. 24. 5. 2016 (BGBl. I S. 1217) sind in der Kommentierung noch nicht berücksichtigt. Eine Anpassung erfolgt mit einer der nächsten Ergänzungslieferungen.

richtlinie: Neue Herausforderungen an einen europäischen Gewässerschutz, DÖV 2001, 529; *Hagenguth,* Organisatorische Umsetzung der EU-Wasserrahmenrichtlinie in Deutschland, WuA 2001, 18; *Hofmann,* Umsetzung der künftigen EG-Wasserrahmenrichtlinie im Rheineinzugsgebiet durch das neue Übereinkommen zum Schutz des Rheins?, WuA 2000, 22; *Holtmeier,* Umsetzung der EG-Wasser-Rahmen-Richtlinie (WRR), ZfW 1999, 69; *Jedlitschka,* Die Umsetzung der Wasserrahmenrichtlinie am Beispiel Bayern, WuB 2003, 8; *Kessler,* Das Umweltrecht der Europäischen Union und seine Umsetzung in den Mitgliedstaaten, WuA 1999, 34; *Knopp,* Die künftige Europäische Wasserrahmenrichtlinie – Der deutsche Beitrag zur Entstehung und die deutsche Position zum Inhalt, ZfW 1999, 257; *ders.,* Die Umsetzung der Wasserrahmenrichtlinie im deutschen Wasserrecht, ZUR 2001, 368; ders., Die Umsetzung der EG-Wasserrahmenrichtlinie aus der Sicht der Länder, ZfW 2003, 1; *ders.,* Umsetzung der Wasserrahmenrichtlinie – Neue Verwaltungsstrukturen und Planungsinstrumente im Gewässerschutzrecht, NVwZ 2003, 275; *Köck,* Wasserwirtschaft und Gewässerschutz in Deutschland, ZUR 2012, 140; *Kotulla,* Das Wasserhaushaltsgesetz und dessen 7. Änderungsgesetz, NVwZ 2002, 1409; *Reinhardt,* Deutsches Verfassungsrecht und Europäische Flussgebietsverwaltung, ZUR Sh 2001, 124; *Ruchay,* Die Wasserrahmenrichtlinie der EG und ihre Konsequenzen für das deutsche Wasserrecht, ZUR Sh 2001, 115; *Spillecke,* Rechtliche Umsetzung der EU-Wasserrahmenrichtlinie, WuA 2000, 30.

Die zitierten Kommentare zum WHG befinden sich auf folgendem Stand: *Czychowski/Reinhardt,* Wasserhaushaltsgesetz. Kommentar 9. Auflage 2007 (WHG a.F.); *Czychowski/Reinhardt,* Wasserhaushaltsgesetz. Kommentar 12. Auflage 2023; *Ginzky/Brade,* in: Giesberts/Rheinhardt, Beckscher Online-Kommentar Umweltrecht, Wasserhaushaltsgesetz, § 7, Stand: 69. Edition, 01.10.2023; *Knopp,* in: Sieder/Zeitler/Dahme/Knopp, Wasserhaushaltsgesetz Abwasserabgabengesetz, Kommentar, WHG § 7, Stand: 43. Ergänzungslieferung Mai 2012.

Übersicht

A. Allgemeines

I. Grundzüge und Zweck der gesetzlichen Regelung

1 § 7 betrifft das grundlegende Erfordernis der Bewirtschaftung der nationalen Gewässerkörper in sog. Flussgebietseinheiten und statuiert insoweit mehrere Koordinationspflichten. Er hat somit sowohl organisatorischen als auch materiellrechtlichen Gehalt. Absatz 1 normiert dabei das grundsätzliche Gebot der Gewässerbewirtschaftung nach Flussgebietseinheiten (Satz 1) und legt diese im Einzelnen fest (Satz 2); in der Anlage 2 zum WHG werden die Flussgebietseinheiten zudem in Kartenform dargestellt (Satz 3). Nach den Absätzen 2 und 3 haben die Landesbehörden die Bewirtschaftung der Flussgebietseinhei-

ten untereinander sowie mit anderen Staaten (sowohl mit EU-Mitgliedstaaten als auch mit Nichtmitgliedstaaten) zu koordinieren. Ziel dieser Koordinierung ist die tatsächliche Verwirklichung der Bewirtschaftungsziele für die genannten Gewässer. Die grenz- bzw. zuständigkeitsüberschreitende Koordination ist dabei für die Zielerreichung entscheidend, weil die (inner-)staatlichen Verwaltungszuständigkeiten in aller Regel nicht an den hydrologischen Gegebenheiten orientiert sind und eine – insoweit lediglich abschnittshafte – Bewirtschaftung Gefahr liefe, die beabsichtigte „ganzheitliche Bewirtschaftung" (BT-Drucks. 14/7755, S. 16; BR-Drucks. 704/01, S. 32) zu verfehlen; eine Zielerreichung im Rahmen der von der WRRL vorgesehenen Bewirtschaftungszeiträume ist – dessen ungeachtet – jedoch bislang unwahrscheinlich.

Für diejenigen Fälle, in denen die Koordinierung der Länder die Verwaltung der Bun- 2
deswasserstraßen oder gesamtstaatliche Belange bei der Pflege auswärtiger Beziehungen berührt, statuiert Absatz 4 eine Pflicht zur Einholung des Einvernehmens der zuständigen Bundesbehörden.

Absatz 5 regelt die (im Gesetzesvollzug vorab zu erfüllende) Pflicht der zuständigen Landesbehörden die Einzugsgebiete sowie die Küstengebiete und das Grundwasser innerhalb ihrer Landesgrenzen einer Flussgebietseinheit zuzuordnen.

II. Entstehungsgeschichte und bundesstaatliche Aspekte

§ 7 wurde durch Art. 1 des am 10. 7. 2009 vom Bundesrat verabschiedete und am 1. 3. 3
2010 in Kraft getretene Gesetz zur Neuregelung des Wasserrechtes (BGBl. I S. 2585) eingeführt. Er wurde fast identisch aus § 1b WHG a.F. übernommen und nur teilweise neu gegliedert und redaktionell überarbeitet. Entfallen ist allerdings aus Gründen der Verwaltungsvereinfachung das in § 1b Abs. 2 Nr. 4 WHG a.F. aufgestellte (generelle) Erfordernis des Benehmens der Bundesbehörden bei der Koordinierung der Bewirtschaftung (*Caßor-Pfeiffer,* ZfW 2010, S. 7 m. V. a. die Begründung des Gesetzesentwurfs. BT-Drucks. 16/12275, S. 55). § 1b WHG a.F. war seinerseits Teil der Umsetzung der Wasserrahmen-Richtlinie 2000/60/EG (ABl. EG, L 327, S. 1) des Europäischen Parlaments und des Rates vom 23. 10. 2000 zur Schaffung eines Ordnungsrahmens für Maßnahmen der Gemeinschaft im Bereich der Wasserpolitik (WRRL). Für eine ausführlichere Übersicht zur Entstehungsgeschichte siehe auch *Sieder/Zeitler/Dahme/Knopp,* WHG, § 7 Rdnr. 1 bis 8 m.w.N.)

§ 1b WHG a.F. setzte als unmittelbar geltendes Recht (BR-Drucks. 704/01, S. 33; BT-Drucks. 14/7755, S. 16) den im Wesentlichen auf französische und insbesondere britische Vorstellungen zurückgehenden Art. 3 WRRL um, der den Mitgliedsstaaten die Schaffung von Flussgebietseinheiten vorgibt. Nicht durchgesetzt hatte sich in diesem Rahmen auch das seinerzeit geforderte Erfordernis der Einrichtung einheitlicher Flussgebietsbehörden nach zentralistischem Modell. Da nach dem nunmehrigen Art. 2 Nr. 16 WRRL auch mehrere Behörden zuständig sein können, bestehen in der endgültigen Fassung keine grundsätzlichen Bedenken mehr hinsichtlich der Vereinbarkeit der Richtlinie mit den Anforderungen des föderalistisch verfassten Bundesstaats (vgl. *Breuer,* NVwZ 1998, 1003 f.; *Caspar,* DÖV 2001, 531; *Knopp,* ZfW 2003, 4; auch *Czychowski/Reinhardt,* WHG, § 7 Rdnr. 5).

B. Gewässerbewirtschaftung nach Flussgebietseinheiten (Abs. 1)

I. Grundsatz (Abs. 1 Satz 1)

Gemäß § 7 Abs. 1 Satz 1 sind die Gewässer nach Flussgebietseinheiten zu bewirtschaf- 4
ten. Basis für die Einrichtung einer **Flussgebietseinheit** ist das **Einzugsgebiet,** beide

Begriffe werden in § 3 Nr. 15 bzw. 13 legaldefiniert. Danach ist die Flussgebietseinheit ein als Haupteinheit für die Bewirtschaftung von Einzugsgebieten festgelegtes Land- oder Meeresgebiet, das aus einem oder mehreren benachbarten Einzugsgebieten, dem ihnen zugeordneten Grundwasser und den Küstengewässern im Sinne des § 7 Absatz 5 Satz 2 besteht. Das Einzugsgebiet ist ein Gebiet, aus dem über oberirdische Gewässer der gesamte Oberflächenabfluss an einer einzigen Flussmündung, einem Ästuar oder einem Delta ins Meer gelangt. **Gewässer** sind solche i.S.d. § 2 Abs. 1 und damit oberirdische Gewässer, Küstengewässer und das Grundwasser. Der Begriff des Einzugsgebiets bezieht sich nach seinem Wortlaut nur auf das Einzugsgebiet der Oberflächengewässer, wohingegen der Begriff der Flussgebietseinheit auch das den Einzugsgebieten zugeordnete Grundwasser mitberücksichtigt.

5 Bewirtschaftung meint die planende und vorausschauende Regulierung des „nutzbaren Anteil des Wasserschatzes nach Menge und Güte" durch staatliche Stellen zur Sicherung des Wasserhaushaltes (siehe auch oben *Faßbender,* § 1 Rdnr. 11; *Czychowski/Reinhardt* WHG, § 6 Rdnr. 9). Die Bewirtschaftung in Flussgebietseinheiten soll somit nicht – wie noch vor dem 7. Änderungsgesetz zum Wasserhaushaltsgesetz vom 18. 6. 2002 (BGBl. I, S. 1914, ber. S. 2711) – überwiegend auf die föderalen Gesetzgebungs- und Verwaltungsstrukturen der BRD ausgerichtet sein, sondern sich am Prinzip der „ganzheitlichen Bewirtschaftung in Flussgebietseinheiten" (BT-Drucks. 14/7755, S. 16; BR-Drucks. 704/01, S. 32) und dabei im Wesentlichen an der „natürlichen Gewässergeographie" orientieren (*Kotulla,* WHG, 2003, § 1b Rdnr. 3). **Ganzheitlichkeit** in diesem Sinne bedeutet also, dass einzelne Bewirtschaftungsmaßnahmen (insbesondere die Maßnahmenprogramme gemäß § 82 WHG) in ein kohärentes Gesamtkonzept für das gesamte Flussgebiet eingebettet werden, um dem Gewässerschutz bestmöglich gerecht zu werden (vgl. Sieder/Zeitler/Dahme/Knopp, § 7 Rdnr. 9 ff., insb. Rdnr 26).

II. Einteilung der Flussgebietseinheiten (Abs. 1 Sätze 2 und 3 i.V.m. Anlage 2)

6 § 7 Abs. 1 Satz 2 statuiert flächendeckend für das gesamte Bundesgebiet zehn Flussgebietseinheiten, die entweder vollständig oder zumindest teilweise zum Gebiet der Bundesrepublik Deutschland gehören. Bei den Flussgebietseinheiten Schlei/Trave und Warnow/Peene wurde von der Möglichkeit des Art. 3 Abs. 1 Satz 2 WRRL Gebrauch gemacht, wonach „kleine Einzugsgebiete ggf. mit größeren Einzugsgebieten zusammengelegt werden können." Die detailliertere Zuordnung der jeweiligen Einzugsgebiete, Küstengewässer und des Grundwassers zu einer der gesetzlichen Flussgebietseinheiten ist Aufgabe der Landesbehörden gemäß Absatz 5 (vgl. dazu unten Rdnr. 22 ff.).

7 Die Gebietseinteilung wird durch die in Absatz 1 Satz 3 erwähnte Anlage 2 in Kartenform veranschaulicht. Die Anlage ist selbst eigenständiger – nicht nur veranschaulichender – Teil des Gesetzes.

Zurecht wird darauf hingewiesen, dass der im BGBl. verwendete Maßstab im Einzelfall keine präzise Auflösung von Abgrenzungsschwierigkeiten auf rein kartographischer Grundlage zulässt (vgl. Czychowski/Reinhardt, WHG, § 7 Rdnr. 7). Dieses Problem (lediglich ebenenspezifischer Konkretisierung) ist etwa in raumordnungsrechtlichen Zusammenhängen ein ganz gängiges, nicht aber grundsätzliches Problem; weitere Konkretisierungsleistungen erfolgen erst auf den nachgeordneten Vollzugsebenen, was auch § 7 Abs. 5 so vorsieht. Die Darstellung in einem kleinteiligeren Maßstab schon auf Bundesebene würde wohl zudem daran scheitern, dass entsprechend detaillierte, umfangreiche wasserfachliche Untersuchungen (etwa zur Abgrenzung und Zuordnung der betreffenden Grundwasserkörper im Bundesgebiet) dem Bundesgesetzeber kaum vorliegen bzw. vorgelegen haben dürften. Letztlich hat der Begriff der Flussgebietseinheit aber ohnehin eher

zusammenfassenden Charakter (vgl. Art. 2 Nr. 15 und Art. 3 Abs. 1 WRRL), sodass – auch im Sinne der Verwaltungseffizienz – gegen eine insgesamt eher grobkörnigere Abgrenzung benachbarter Flussgebietseinheiten, die bei z.B. parzellenscharfer Betrachtung womöglich nicht in jedem Detail den tatsächlichen hydrologischen Gegebenheiten entspricht, im Grundsatz nichts einzuwenden sein dürfte; dies zumindest insoweit, wie hierdurch der bezweckte Koordinationsauftrag nicht unnötig konterkariert wird. Ob in der Folge jedoch z.B. Einzelmaßnahmen eines Maßnahmenprogramms, die auf der Grundlage einer hydrologisch unzutreffenden Zuordnung eines Grundwasserkörpers zu einer bestimmten Flussgebietseinheit erlassen wurden, deshalb als rechtswidrig zu bewerten sind, war bislang – soweit ersichtlich – noch nicht Gegenstand gerichtlicher Klärung. Im Rahmen der juristischen Logik wäre es für eine solche Argumentation aber jedenfalls erforderlich, dass sich ein konkreter Kausalzusammenhang zwischen der Rechtswidrigkeit der angegriffenen Maßnahme und der (fehlerhaften) Zuordnung des betroffenen Gewässers zu einer bestimmten Flussgebietseinheit feststellen lässt.

C. Koordinierung der Bewirtschaftung (Abs. 2 und 3)

I. Allgemeines und Inhalt des Koordinierungsauftrags

Flussgebietseinheiten sind in der Regel nicht auf ein Bundesland begrenzt; zum Teil überschreiten sie sogar die Grenzen des Bundesgebietes insgesamt. Daraus ergibt sich – da eine einheitliche Bewirtschaftung erzielt werden soll – notwendigerweise das Bedürfnis zur zuständigkeitsüberschreitenden Kooperation. In § 7 Abs. 2 und 3 werden dazu die (gemäß Art. 83 GG in erster Linie vollzugsverantwortlichen) Landesbehörden mit der **Koordinierung der Bewirtschaftung** betraut. In § 7 Abs. 2 und 3 Nr. 1 und 2 werden sodann – ausgehend von einer räumlichen Betrachtung – die drei möglichen und relevanten **Konfliktbereiche** einander überschneidender Vollzugskompetenzen für die Gewässerbewirtschaftung aufgezählt. Dies sind Überschneidungen der zuständigen Landesbehörden untereinander (Abs. 2) sowie Überschneidungen mit den Behörden anderer Mitgliedstaaten der Europäischen Union (Abs. 3 Nr. 1) und mit den Behörden sonstiger fremder Staaten (Abs. 3 Nr. 2). Mit Absatz 4 erfolgt eine Berücksichtigung der Belange des Bundes (dazu unten Rdnr. 18 f.). 8

Inhaltlich bezieht sich dieser Koordinierungsauftrag vor allem auf die Vorgaben der WRRL (*Czychowski/Reinhardt,* WHG, § 7 Rdnr. 4), also namentlich auf die erforderliche Bestandsaufnahme und Einstufung des Gewässerzustands, die Festlegung der zu erreichenden Ziele in den einzelnen Flussgebietseinheiten sowie die von den Ländern gemäß §§ 82, 83 zu erarbeitenden Maßnahmenprogramme und Bewirtschaftungspläne (BT-Drucks. 14/7755, S. 16; vgl. zu den für Letztere geltenden Anforderungen im Einzelnen unten *Durner* zu §§ 82, 83). Bezogen auf Maßnahmenprogramme nach § 82 WHG folgt aus § 7 Abs. 2, dass die von den zuständigen Behörden der beteiligten Länder jeweils geplanten Maßnahmen aufeinander abzustimmen und in einem einzigen Maßnahmenprogramm für die Flussgebietseinheit miteinander in Einklang zu bringen sind. Ziel der in § 7 Abs. 2 WHG angeordneten Koordinierung ist es, ein kohärentes Gesamtkonzept für die ganze zu bewirtschaftende Flussgebietseinheit zu erstellen und so insbesondere eine bloße redaktionelle Zusammenstellung punktueller Maßnahmen oder gar widerstreitende Maßnahmenplanungen beteiligter Verwaltungsträger zu vermeiden (vgl. Ns. OVG, Urt. v. 21.11.2023 – 7 KS 8/21, BeckRS 2023, 37229, Rdnr. 121 unter Verweis auf EuGH, Urt. v. 11.11.1999 – C-184/97, NVwZ 2000, 304, 307 Rdnr. 56). Erstreckt sich eine Flussgebietseinheit auf das Gebiet mehrerer Bundesländer und muss das für diese Flussgebietseinheit erstellte Maßnahmenprogramm (§ 82 WHG) geändert werden, soll aus 9

§ 7 Abs. 2 WHG zudem folgen, dass diese Änderungspflicht sämtliche Bundesländer, auf deren Gebiet sich die Flussgebietseinheit erstreckt, stets gemeinschaftlich trifft. Sie könne weder von einem Land allein für die gesamte Flussgebietseinheit noch von jedem beteiligten Land isoliert für Teile der Flussgebietseinheit wahrgenommen werden; hieran ändere – wegen der Pflicht zur Aufstellung nur eines einzigen gemeinsamen Maßnahmenprogramms – auch die Erforderlichkeitsklausel des § 7 Abs. 2 Halbsatz 2 („soweit") nichts (Ns. OVG, a.a.O.).

10 Insgesamt enthalten die Absätze 2 und 3 somit einen bundesrechtlich gefassten, zuständigkeitsübergreifenden Koordinationsauftrag im Hinblick auf die wasserwirtschaftlichen Belange innerhalb der Flussgebietseinheiten. Überwiegend wird dabei vertreten, dass die Landesbehörden zudem auch eine über die gemeinschaftsrechtlichen Anforderungen nochmals hinausreichende Koordination verwirklichen dürfen (*Czychowski/Reinhardt*, WHG, § 7 Rdnr. 3), so dass der Koordinierungsauftrag im Sinne eines Mindestmaßes an Kooperation zu verstehen ist. Dies erscheint durchaus plausibel, kann aber freilich nur so weit gelten, wie das Bestreben nach einheitlicher Bewirtschaftung nicht dazu führt, dass relevante Unterschiede der jeweiligen Abschnitte einer Flussgebietseinheit übergangen werden; die materielle Zielerreichung bleibt stets der inhaltliche Fokus des Koordinierungsauftrags. Dessen ungeachtet bleibt ohnehin fraglich, ob eine solche „übererfüllende" Koordination überhaupt jemals ein praktisches Szenario darstellen wird. Den Internetseiten des für den Wasserhaushalt zuständigen Bundesministeriums zur Umsetzung der WRRL lässt sich jedenfalls mit Stand von Mai 2024 der Hinweis entnehmen, dass es, um die flussgebietsbezogene Koordinierung effektiv zu gestalten, darauf ankomme, den Umfang der Koordinierung auf das zur Erreichung der Ziele notwendige Maß zu beschränken.

II. Landesbehörden und Flussgebietsgemeinschaften (Absatz 2)

11 Nach § 7 Abs. 2 hat eine Koordinierung der räumlich an einer Flussgebietseinheit teilhabenden **Länder** untereinander zu erfolgen, soweit die Belange der flussgebietsbezogenen Gewässerbewirtschaftung dies erfordern (vgl. dazu vorstehend Rdnr. 9 f.).

12 In institutioneller Hinsicht ist Art. 3 Abs. 2 WRRL die Verpflichtung der Mitgliedstaaten zu entnehmen, für geeignete Verwaltungsvereinbarungen zu sorgen, einschließlich der Bestimmung der geeigneten zuständigen Behörde, damit diese Richtlinie innerhalb jeder Flussgebietseinheit ihres Hoheitsgebiets angewandt wird. Für die rechtlich verbindliche Koordination zwischen den Landesbehörden kommt damit insbesondere der Abschluss einer Verwaltungsvereinbarung in Betracht; eine Übertragung originärer Bewirtschaftungskompetenzen bzw. damit verbundener Zuständigkeiten auf eine Institution außerhalb des jeweiligen Landes ist hingegen nicht erforderlich (Sieder/Zeitler/Dahme/Knopp, WHG, § 7 Rdnr. 29 ff.). Zwar war die Einrichtung einer länderübergreifend zuständigen Behörde ähnlich der früheren Zentralstelle für die Vergabe von Studienplätzen denkbar, wurde jedoch von der 56. Umweltministerkonferenz im Mai 2001 abgelehnt (*Czychowski/Reinhardt,* WHG, § 7 Rdnr. 8; *Knopp,* ZUR 2001, 372).

13 In der Praxis besteht der gemeinsame Vollzug überwiegend in der Zusammenarbeit der Landesbehörden im Rahmen der Länderarbeitsgemeinschaft Wasser (LAWA), die bereits vor In-Kraft-Treten des ÄndG VII bestand. Da diese jedoch nicht die richtlinienkonforme rechtliche Kooperationsstruktur aufwies, genügte dies den inhaltlichen Vorgaben der rechtlichen Verfestigung gemäß Art. 3 Abs. 2 WRRL („Verwaltungsvereinbarung", „geeignete zuständige Behörde") wohl nicht (vgl. auch *Czychowski/Reinhardt,* WHG, § 7 Rdnr. 8). Gerade für die großen und bedeutenden Flussgebiete, wo die Notwendigkeit zur länderübergreifenden Zusammenarbeit besonders groß ist, wurden daher ergänzend

durch Ländervereinbarungen als weitere Koordinierungsgremien die sog. Flussgebietsgemeinschaften errichtet (namentlich FGG Rhein, FGG Weser, FGG Elbe, FGG Oder, FGG Donau, FGG Ems). Dabei wurde oftmals auch an den bereits zuvor völkerrechtlich langjährig etablierten Internationalen Flussgebietskommissionen, wie etwa der Internationalen Kommission zum Schutze des Rheins, angeknüpft (vgl. die ausführliche Zusammenstellung bei Sieder/Zeitler/*Dahme*/Knopp, § 7 Rdnr. 38 ff.). Die Verwaltungsvereinbarungen und weiterführende Informationen sind insbesondere auf den umfangreichen Internetpräsenzen der Flussgebietsgemeinschaften weitgehend abrufbar.

Die Flussgebietsgemeinschaften haben sich als wichtige Gremien für die länderübergreifende Koordinierung der Bewirtschaftungsaktivitäten, insbesondere die Erarbeitung der Bewirtschaftungspläne, erwiesen. Eine interministerielle Arbeitsgemeinschaft zur Bewältigung von sektorübergreifenden Aspekten der Wasserwirtschaft bieten die FGG in ihrer gegenwärtigen Ausgestaltung jedoch – soweit ersichtlich – nicht. Auch Gemeinden, Verbände oder private Akteure sind in die Arbeit der FGG nicht unmittelbar einbezogen. Insofern dienen die FGG – dem Auftrag des § 7 Abs. 2 entsprechend – in erster Linie dazu, die auf Landesebene erarbeiteten Maßnahmen länderübergreifend abzustimmen und identifizierte Probleme wieder in die intersektorale Abstimmung auf Landesebene einzuspeisen. Daher wurde alsbald kritisiert, dass die Flussgebietsgemeinschaften zur Lösung komplexer Bewirtschaftungsprobleme schon strukturell eher nicht geeignet seien (vgl. Köck, ZUR 2012, 140, 144 ff.). Dieser frühe Befund mag sich – bei einer lediglich anekdotenhaften Recherche – bis dato wohl zu bestätigen. So konstatierte die FFG Rhein beispielsweise in ihrem „Überblicksbericht zur Bewirtschaftungsplanung nach Wasserrahmenrichtlinie für den 3. Bewirtschaftungszeitraum" von Dezember 2021, dass etwa in den Bereichen der Verbesserung von Ufer- und Gewässerstrukturen sowie der Durchgängigkeit von Fließgewässern vielerorts Verbesserungen erzielt werden konnten, komplexere Problemlagen wie etwa die flächendeckende Verringerung von Nitratbelastungen bislang nicht in erforderlichem Umfang bewältigt wurden (vgl. a.a.O., S. 44 ff., 60 ff.). Im Jahr 2023 verurteilte auch das Niedersächsische Oberverwaltungsgericht in einer spektakulären Entscheidung die beteiligten Länder dazu das Maßnahmenprogramm für die Flussgebietseinheit Ems im Hinblick auf eine unzureichende Bearbeitung der Nitratbelastung zu ändern (vgl. im Einzelnen Ns. OVG, Urt. v. 21.11.2023 – 7 KS 8/21, BeckRS 2023, 37229).

Bei den übrigen Flussgebietseinheiten sind die bestehenden Strukturen unterschiedlich: 14
Die Flussgebietseinheit Maas stellt unter den internationalen Flussgebietseinheiten insofern eine Besonderheit dar, als speziell zur Erfüllung der von der Wasserrahmenrichtlinie geforderten Koordinierung ein neues völkerrechtliches Abkommen beschlossen wurde. Das Internationale Maasübereinkommen vom 03.12.2003 verpflichtet die Flussgebietskommission zur Zusammenarbeit bei der Koordinierung von Bestandsaufnahmen, Maßnahmenprogrammen und Bewirtschaftungsplänen unter ausdrücklicher Berücksichtigung der Anforderungen der Wasserrahmenrichtlinie (vgl. Sieder/Zeitler/Dahme/Knopp, § 7 Rdnr. 41).

In der Flussgebietseinheit Schlei/Trave erfolgt die Koordination der Bewirtschaftung bislang – soweit ersichtlich – auf der Grundlage rechtlich nicht weiter verfasster, lediglich informeller Kooperation im Rahmen von Projektgruppen der beiden Bundesländer Schleswig-Holstein und Mecklenburg-Vorpommern; dies gilt auch für Abstimmung mit dem ebenfalls betroffenen Anrainerstaat Dänemark.

Die Flussgebietseinheiten Eider (Schleswig-Holstein) und Warnow/Peene (Mecklenburg-Vorpommern) betreffen ausschließlich das Gebiet eines Bundeslandes und erfordern daher keine Koordination der Bewirtschaftung gemäß § 7 Abs. 2.

III. Mitgliedstaaten der Europäischen Union (Absatz 3 Nr. 1)

15 Gemäß § 7 Abs. 3 Nr. 1 koordinieren die zuständigen Behörden der Länder die Maßnahmenprogramme und Bewirtschaftungspläne auch mit den zuständigen Behörden anderer Mitgliedstaaten der Europäischen Union, in deren Hoheitsgebiet die Flussgebietseinheiten ebenfalls liegen. Gemäß Art. 13 Abs. 2 und 3 WRRL sorgen die Mitgliedstaaten dabei insbesondere für eine Koordinierung im Hinblick auf die Erstellung möglichst nur eines einzigen internationalen Bewirtschaftungsplans für EU-weite Einzugsgebiete; die Mitgliedstaaten können aber notfalls auch einen eigenen Bewirtschaftungsplan zumindest für die in ihrem jeweiligen Hoheitsgebiet liegenden Teile der internationalen Flussgebietseinheit den Plan aufstellen. Im Hinblick auf die zu erlassenden Maßnahmenprogramme scheint Art. 11 Abs. 1 WRRL demgegenüber kein derart gestuftes Verhältnis vorzuschreiben; jeder Mitgliedstaat hat für den in sein Hoheitsgebiet fallenden Teil einer internationalen Flussgebietseinheit ein eigenes Maßnahmenprogramm aufzustellen. Wegen der materiellrechtlichen Bindung aller EU-Mitgliedstaaten an die Umweltziele der Wasserrahmenrichtlinie geht es bei der Zusammenarbeit damit im Wesentlichen um die formale Abstimmung der Bewirtschaftungsinstrumente und des Vollzugs.

16 Anders als im Anwendungsbereich der binnenstaatlichen Koordination gemäß Absatzes 2 fällt auf, dass die Koordinierungspflicht mit anderen EU-Mitgliedstaaten ausweislich des Wortlautes des Absatzes 3 Nr. 1 auf die speziellen Instrumente der Maßnahmenprogramme und Bewirtschaftungspläne beschränkt ist, wohingegen Absatz 2 jegliche Maßnahmen und Planungen in Bezug nimmt. Eine entsprechende Beschränkung der Koordinationspflicht lässt sich den zugrundeliegenden Bestimmungen in Art. 3 Abs. 3 UAbs. 2 und Abs. 4 Satz 1 WRRL – insbesondere auch im Vergleich zu Art. 3 Abs. 2 WRRL – nicht ohne Weiteres entnehmen, auch wenn Art. 3 Abs. 4 Satz 1 WRRL die Maßnahmenprogramme gesondert (aber nicht abschließend) hervorhebt („insbesondere"). Durch die gemeinsame Zielbindung der Mitgliedstaaten und die Tatsache, dass sich aus Maßnahmenprogrammen und Bewirtschaftungsplanung alle wesentlichen Bewirtschaftungsentscheidungen ergeben sollten, dürften aber im Ergebnis keine gesteigerten unionsrechtlichen Bedenken gegen die Regelung des Absatzes 3 Nr. 1 bestehen.

17 Nach Art. 3 Abs. 3 UAbs. 2 WRRL sind die Mitgliedstaaten auch in diesem Rahmen gehalten für geeignete Verwaltungsvereinbarungen, einschließlich der Bestimmung der geeigneten zuständigen Behörde, zu sorgen. Für die Koordination zwischen EU-Mitgliedstaaten bietet sich daher ebenfalls in erster Linie die Rechtsform des Vertrags an. Da das Unionsrecht für die Kooperation der Mitgliedstaaten untereinander kein spezielles rechtliches Instrumentarium vorhält, sind die zuständigen Behörden in aller Regel auf grenzüberschreitende Verwaltungsvereinbarungen sowie völkerrechtliche Verträge nach Maßgabe des nationalen Recht verwiesen (vgl. auch *Czychowski/Reinhardt,* WHG § 7 Rdnr. 9). Unionsrechtliche Bedenken sollten insoweit – insbesondere mit Blick auf den Grundsatz der loyalen Zusammenarbeit – nicht bestehen (vgl. Art. 4 Abs. 3 Satz 2 EUV). In der Praxis erfolgt auch die Koordination daher regelmäßig im Rahmen der vorstehend dargestellten grenzüberschreitenden Kooperationsforen, worauf hier verwiesen sei (vgl. im Einzelnen vorstehende Rdnrn. 13 f.).

IV. Sonstige Staaten (Absatz 3 Nr. 2)

18 Gemäß Absatz 3 Nr. 2 bemühen sich die zuständigen Behörden der Länder auch um eine – den nationalen Anforderungen entsprechende – Koordinierung der Bewirtschaftung mit den zuständigen Behörden von Staaten, die nicht der Europäischen Union angehören. Die Regelung entspricht insoweit Art. 3 Abs. 5 der WRRL, der bezweckt, die

Ziele der Richtlinie auch dann in der gesamten Flussgebietseinheit zu erreichen, wenn diese (aus wasserwirtschaftlicher Sicht) über das Gebiet der EU hinausgeht.

Rechtlich erstreckt sich die Regelungskompetenz der Richtlinie jedoch nicht auf Staaten, die nicht EU-Mitglieder sind. Jenseits der Außengrenzen der EU-Mitgliedstaaten sind insbesondere oberirdische Gewässer daher schon begrifflich nicht mehr Bestandteil einer Flussgebietseinheit im gemeinschaftsrechtlichen Sinn. Auch die materiellen Bewirtschaftungsziele des Gemeinschaftsrechts gelten daher dort nicht. § 7 Abs. 3 Nr. 2 beinhaltet deshalb (richtlinienentsprechend) lediglich die (im Ergebnis nicht justiziable) Aufforderung, sich um eine entsprechende Koordinierung mit den zuständigen Behörden des auswärtigen Staats zu bemühen. (*Czychowski/Reinhardt,* WHG, § 7 Rdnr. 10).

Gemäß Art. 3 Abs. 4 Satz 2 WRRL können die Mitgliedstaaten zur Umsetzung der Koordinierung (zweckmäßigerweise) insbesondere die bestehenden Strukturen der Internationalen Flussgebietskommissionen zwischen den EU-Mitgliedstaaten und im Verhältnis zu Nicht-EU-Mitgliedstaaten nutzen (vgl. Beispiele bei *Sieder/Zeitler/Dahme/Knopp,* § 1b WHG a.F. Rdnr. 13). 19

Für Deutschland ist dies im Hinblick auf Nicht-EU-Staaten insbesondere am Rhein (Schweiz) sowie hinsichtlich der östlichen Donaustaaten von Relevanz. Hier bestehen mit der Internationalen Kommission zum Schutz des Rheins (IKSR) und der Donaukommission bereits langjährige völkerrechtlich etablierte Plattformen der Zusammenarbeit (vgl. im Einzelnen auch Epiney/Felder, Überprüfung internationaler wasserwirtschaftlicher Übereinkommen im Hinblick auf die Implementierung der Wasserrahmenrichtlinie, Texte des Umweltbundesamtes (UBA), 17/2002).

D. Einvernehmen mit dem Bund (Abs. 4)

Absatz 4 benennt die Fälle, in denen ein Einvernehmen mit Bundesbehörden erforderlich ist. Die zu beteiligenden Bundesbehörden werden dabei konkret benannt. Zum einen ist das Einvernehmen der Generaldirektion Wasserstraßen und Schifffahrt erforderlich, wenn die Verwaltung der Bundeswasserstraßen berührt ist (§ 7 Abs. 4 Satz 1). Das Einvernehmen dient hier dem Schutz der bundeseigenen Verwaltung (Art. 87 Abs. 1 Satz 1 GG), die insbesondere durch Maßnahmen berührt sein kann, die den Aus- und Umbau oder den auf der jeweiligen Wasserstraße stattfindenden Schiffsverkehr beeinträchtigen, wie etwa Entscheidungen über die Einstufung von Gewässern (z.B. als erheblich veränderter Wasserkörper) und bei Entscheidungen über Maßnahmen zur Erreichung der Bewirtschaftungsziele an Bundeswasserstraßen (Ginzky/Brade, in: BeckOK UmweltR, WHG, § 7 Rn. 14). Nach der (ausführlicheren) Legaldefinition des § 1 Abs. 1 WaStrG gehören zu den Bundeswasserstraßen insbesondere Binnen- und Seewasserstraßen. Im Einzelnen sind dies die in Anlage 1 des WaStrG aufgezählten Wasserstraßen. 20

Nach Absatz 4 Satz 2 ist – zum anderen – das Einvernehmen des Bundesministeriums für Umwelt einzuholen, soweit gesamtstaatliche Belange bei der Pflege der Beziehungen zur Europäischen Union, auswärtigen Staaten oder internationalen Organisationen berührt sind. Das Einvernehmen stellt hier eine spezielle Ausprägung des Bundesprinzips der Pflege der internationalen Beziehungen (Art. 32 GG) dar.

In Anlehnung an die allgemeine verwaltungsrechtliche Definition ist unter Einvernehmen die Übereinstimmung von Behörden bei Entscheidungen zu verstehen (*Eichhorn,* Hrsg., Verwaltungslexikon, 1985, S. 272). Das Einvernehmen stellt die stärkste Form der Beteiligungsmöglichkeit von Behörden dar. Erforderlich ist insoweit eine „völlige Willensübereinstimmung" (vgl. BVerwG, VerwRspr 1961, 533, 537 im Bereich des Beam- 21

tenrechts; vgl. ebenso OVG NRW, BeckRS 1991, 8413 zum Einvernehmen der Gemeinde gem. § 36 BauGB).

Bei der Entscheidung über die Erteilung des Einvernehmens handelt es sich zunächst um eine rein verwaltungsinterne Maßnahme. Eine verwaltungsgerichtliche Überprüfung ist nur sehr eingeschränkt möglich, soweit die Verletzung eigener Rechte im Hinblick auf die abschließende Entscheidung geltend gemacht werden kann. Dies ist insbesondere bei Klagen Privater regelmäßig nicht der Fall. Durchaus können aber die berechtigten Bundesbehörden (bzw. der Bund) gegen die Nichteinholung ihres Einvernehmens verwaltungsgerichtlichen Rechtsschutz suchen (vgl. entsprechend etwa Rieger, in: Schrödter, BauGB, 9. Auflage 2019, § 36 Rdnr. 37 und 41).

E. Landesrechtliche Zuordnung der Einzugsgebiete (Abs. 5)

I. Grundsatz und Instrumentarium (Sätze 1 und 3)

22 Die Landesbehörden sind gemäß § 7 Abs. 5 Satz 1 verpflichtet, die in ihren Territorien belegenen Einzugsgebiete der oberirdischen Gewässer sowie die Küstengewässer und das Grundwasser einer Flussgebietseinheit zuzuordnen, wobei eine von der Mündung des Gewässers ins Meer ausgehende tatsächliche Betrachtung entscheidend ist (*Czychowski/Reinhardt,* WHG, § 7 Rdnr. 17). Überschreiten zuzuordnende Gewässer die Grenze zwischen mehreren Bundesländern bedarf es einer den Strukturen von Absatz 2 folgenden Abstimmung der genaueren Zuordnung.

Satz 3 stellt – in Ergänzung des ursprünglichen § 1b Abs. 5 WHG a.F. – klar, dass die Zuordnung auch durch Landesgesetz erfolgen kann. In der Praxis der Länder finden sich sowohl administrative Zuordnungen (z.B. durch Veröffentlichung entsprechender Verzeichnisse der obersten Landesbehörde) als auch legislative Zuordnungen direkt in den Landeswassergesetzen (vgl. exemplarisch einerseits Art. 14 Satz 2 i.V.m. Art. 3 Abs. 1 BayWG sowie andererseits § 12 Satz 1 i.V.m. Anlage 2 LWG NRW). Dabei fällt auf, dass auch hier die Darstellungen oftmals eher überblickshaft ausfallen und daher – ebenso wenig wie Anlage 2 des WHG – keine parzellenscharfe Abgrenzung der Flussgebietseinheiten zulassen. Zu weiteren Überlegungen hierzu sei auf obige Rdnr. 7 verwiesen.

23 Der Verweis des Satzes 3 auf die Gesetzgebungsbefugnis des Landesgesetzgebers ist (wohl zurecht) als verfassungsrechtlich entbehrlich kritisiert worden (*Czychowski/Rheinhardt,* WHG, § 7 Rn. 19). Allerdings ist zu berücksichtigen, dass der auf § 1b WHG a.F. zurückgehende Wortlaut des § 7 Abs. 5 Satz 1 WHG ausdrücklich den Landes*behörden* (und nicht allgemeiner den „Ländern") das Zuordnungsrecht gewährt. Vor dem Hintergrund, dass somit im Falle einer gesetzgeberischen Zuordnung der Einzugsgebiete eine (im Erlasszeitpunkt des neuen WHG erst neu eingeführte) Abweichungsgesetzgebung gemäß Art. 72 Abs. 2 Satz 1 Nr. 5 WHG in Rede stünde, ist die Klarstellung in Satz 3 trotzdem zweckmäßig.

II. Abgrenzung Küstengewässer (Satz 2) sowie Grundwasser

24 Nach § 7 Absatz 5 Satz 1 haben die zuständigen Landesbehörden auch die Küstengewässer und das Grundwasser den Flussgebietseinheiten zuzuordnen. Durch diese Regelung wird nicht zuletzt der umweltrechtliche Integrationsgedanke verdeutlicht, also das Bestreben, Umweltbelastungen nicht zwischen den verschiedenen – interdependenten – Gewässern zu verlagern (vgl. hierzu auch oben die Kommentierung zu § 6 Abs. 1 Satz 2), sondern eine einheitliche Bewirtschaftung in den Flussgebietseinheiten zu erreichen (vgl. oben Rdnr. 5).

Die Grenzen zwischen Fluss, Übergangs- und Küstengewässer werden innerhalb einer Flussgebietseinheit zum einen durch Küstenschutzmaßnahmen wie Sperrwerke künstlich bestimmt, und sie sind – zum anderen – aufgrund der physikalischen Dynamik, wie z.B. der Gezeiten in den marinen Gewässern, auch nicht ortsfest. Bei den jeweiligen Grenzziehungen sind daher im Einzelnen sachgerechte Abgrenzungskompromisse zu finden. Dabei sind die räumlich abgegrenzten Zuständigkeitsbereiche der einzelnen Wasserwirtschaftsverwaltungen der Länder und die Bedürfnisse einer effektiven Gewässerbewirtschaftung zu berücksichtigen (*Czychowski/Reinhardt,* WHG, § 7 Rdnr. 18).

Gemäß § 7 Abs. 5 Satz 2 erfolgt eine seewärtige Begrenzung desjenigen Teils der **Küstengewässer** i.S.d. § 3 Nr. 2, der in die Flussgebietseinheitsbestimmung miteinzubeziehen ist. Dieser eingrenzte Teil entspricht dann der Begriffsbestimmung für Küstengewässer nach Art. 2 Nr. 7 WRRL. Diese seewärtige Eingrenzung der Flussgebietseinheit auf eine „1-Seemeilen-Zone" wurde notwendig, weil der Begriff des Küstengewässers in § 3 Nr. 2 WHG sich auf die – nach Art. 3 des Seerechtsübereinkommens von 1982 zulässige – 12-Seemeilenzone („Küstenmeer") erstreckt und damit in räumlicher Hinsicht ganz erheblich über die vorgenannte Begrifflichkeit der WRRL hinausgeht (vgl. dazu oben *Faßbender* zu § 3 Nr. 2). Ein derart ausufernder Einbezug der Küstengewässer in die Bewirtschaftung der Flussgebietseinheiten wäre jedoch nicht zweckdienlich. Die sich mit Satz 2 im Ergebnis ergebende räumliche Aufteilung der Bewirtschaftung der Küstengewässer i.S.d. § 3 Nr. 2 findet sich im Hinblick auf die Bewirtschaftungsziele auch in § 44 Sätzen 1 und 2 entsprechend reflektiert; nur für die 1-Seemeilenzone gelten die Bewirtschaftungsziele ohne Einschränkung (so auch Sieder/Zeitler/Dahme/Knopp, § 7 Rdnr. 69). 25

Auch das Grundwasser i.S.d. § 3 Nr. 3 soll gemäß § 7 Abs. 1 den Flussgebietseinheiten zugeordnet werden (vgl. auch § 3 Nr. 15). Nach welchen Maßstäben diese Zuordnung erfolgt, wird im WHG nicht näher geregelt. Art. 3 Abs. 1 Satz 3 WRRL ist zu entnehmen, dass Grundwässer im Ausgangspunkt derjenigen Flussgebietseinheit zugeordnet werden sollen, in der das Einzugsgebiet liegt, in bzw. unter dem sie bei räumlicher Betrachtung liegen. Grundwässer die nicht in einem einzigen Einzugsgebiet liegen, sollen ggf. derjenigen Flussgebietseinheit zugeordnet werden, die am nächsten gelegenen oder am besten geeignet ist. Die Zuordnung erfolgt dabei sinnvollerweise für einzelne Grundwasserkörper als ein fachlich abgegrenztes (bzw. abgrenzbares) Grundwasservolumen innerhalb eines oder mehrerer Grundwasserleiter (Art. 2 Nr. 12 WRRL). Auch durch die Einbeziehung des **Grundwassers** in die Flussgebietsbewirtschaftung und die damit einhergehende Herstellung des Zusammenhangs zwischen ober- und unterirdischen Gewässern soll der wechselseitigen Abhängigkeit aller Wasservorkommen, sowohl in qualitativer als auch in quantitativer Hinsicht, Rechnung getragen werden. 26

§ 39 Gewässerunterhaltung

(1) Die Unterhaltung eines oberirdischen Gewässers umfasst seine Pflege und Entwicklung als öffentlich-rechtliche Verpflichtung (Unterhaltungslast). Zur Gewässerunterhaltung gehören insbesondere:
1. die Erhaltung des Gewässerbettes, auch zur Sicherung eines ordnungsgemäßen Wasserabflusses,
2. die Erhaltung der Ufer, insbesondere durch Erhaltung und Neuanpflanzung einer standortgerechten Ufervegetation, sowie die Freihaltung der Ufer für den Wasserabfluss,
3. die Erhaltung der Schiffbarkeit von schiffbaren Gewässern mit Ausnahme der besonderen Zufahrten zu Häfen und Schiffsanlegestellen,
4. die Erhaltung und Förderung der ökologischen Funktionsfähigkeit des Gewässers insbesondere als Lebensraum von wild lebenden Tieren und Pflanzen,
5. die Erhaltung des Gewässers in einem Zustand, der hinsichtlich der Abführung oder Rückhaltung von Wasser, Geschiebe, Schwebstoffen und Eis den wasserwirtschaftlichen Bedürfnissen entspricht.

(2) Die Gewässerunterhaltung muss sich an den Bewirtschaftungszielen nach Maßgabe der §§ 27 bis 31 ausrichten und darf die Erreichung dieser Ziele nicht gefährden. Sie muss den Anforderungen entsprechen, die im Maßnahmenprogramm nach § 82 an die Gewässerunterhaltung gestellt sind. Bei der Unterhaltung ist der Erhaltung der Leistungs- und Funktionsfähigkeit des Naturhaushalts Rechnung zu tragen; Bild und Erholungswert der Gewässerlandschaft sind zu berücksichtigen.

(3) Die Absätze 1 und 2 gelten auch für die Unterhaltung ausgebauter Gewässer, soweit nicht in einem Planfeststellungsbeschluss oder einer Plangenehmigung nach § 68 etwas anderes bestimmt ist.

Schrifttum zur Gewässerunterhaltung: *Albrecht,* Umweltqualitätsziele im Gewässerschutzrecht, 2007; *dies./Gies,* Zulässigkeit von Unterhaltungsmaßnahmen an Infrastruktureinrichtungen und Gewässern in Natura 2000-Gebieten im Lichte der Rechtsprechung des EuGH, NuR 2014, 235 ff.; *Apel,* Die Reform des Föderalismus im Wasserhaushaltsrecht, 2016; *Bartlsperger,* Verkehrssicherungspflicht und öffentliche Sache, 1970; *Bauersfeld,* Die Verbandslast, 2010; *Bell,* Gewässerunterhaltungsabgaben im Freistaat Sachsen, ZfW 2015, 185 ff.; *Benning,* Die Verwaltung der Wasserstrassen als Verkehrswege in deutscher Frühzeit, 1994; *Berendes,* Abgrenzungsfragen im Verhältnis von Wasserwirtschaftsrecht und Wasserstraßenrecht, ZUR 2008, 141 ff.; *Bitta/Kries,* Kommentar zum preußischen Wassergesetz vom 7. April 1913, 1913; *Blasberg,* Inhalts- und Schrankenbestimmungen des Grundeigentums zum Schutz der natürlichen Lebensgrundlagen, 2008; *Breuer,* Das Wasserhaushaltsgesetz nach der 5. Novelle, NuR 1987, 49 ff.; *ders.,* Pflicht und Kür bei der Umsetzung der Wasserrahmenrichtlinie, ZfW 2005, 1 ff.; *ders./Gärditz,* Öffentliches und privates Wasserrecht, 4. Aufl. 2017; *Buerstedde,* Rechtsfragen der Gewässerunterhaltung, 2006; *Dallhammer,* Abweichungsgesetzgebung im Raumordnungsrecht und im raumbedeutsamen Umweltrecht, ZUR 2019, 228 ff.; *Deutsche Vereinigung für Wasserwirtschaft (DWA),* Merkblatt DWA-M 610. Neue Wege der Gewässerunterhaltung 2010; *dies.,* Merkblatt DWA-M 608-1. Bisam, Biber, Nutria, 2017; *dies.,* Merkblatt DWA-M 612. Gewässerrandstreifen, Uferstreifen, Entwicklungskorridore, 2018; *de Diego/Eske,* Öffentliches Wasserrecht im Rahmen von Zivilrechtsstreitigkeiten, W+B 2019, 234 ff.; *Dohmen,* Das neue Hochwasserschutzrecht in Deutschland, 2014; *Durner,* Wasserbehördliche Einzelfallentscheidung und wasserwirtschaftliche Planung, W+B 2014, 113 ff.; *ders.,* Natur- und Gewässerschutz, EurUP 2015, 82 ff.; *ders.,* Die Umsetzung des Hessischen Maßnahmenprogramms durch die Kommunen, W+B 2017, 175; *ders.,* Trägt das neue nordrhein-westfälische Landeswassergesetz zur besseren Umsetzung der Wasserrahmenrichtlinie bei, W+B 2018, 9 ff.; *ders.,* Das "Verschlechterungsverbot" und das "Verbesserungsgebot" im Wasserwirtschaftsrecht, NuR 2019, 1 ff.; *ders.* (Hrsg.), Unterhaltung und Sanierung des Straßennetzes, 2019 (m. zit. Beiträgen v. *Kreuter, Faßbender*); *ders./Shirvani* (Hrsg.), Eigentum im Wasserrecht, 2016 (m. zit. Beiträgen v. *Peine, Durner, Breuer, Ganske, Shirvani*); *Elgeti,* Gewässerunterhaltung, NuR 2023,

286 f.; *ders./Pellengahr*, Konkretisierung des Bewirtschaftungsermessens durch anlagenscharfe Vorgaben in Maßnahmenprogrammen, W+B 2016, 123 ff.; *ders./Lehren*, Die vorprogrammierte Klagewelle, W+B 2019, 9 ff.; *Epiney*, Umweltrecht der Europäischen Union, 4. Aufl. 2019; *Erbguth*, Abweichungsgesetzgebung, ZUR 2019, 195 ff.; *Faßbender*, Aktuelle Entwicklungen der wasserwirtschaftlichen Fachplanung, NVwZ 2014, 476 ff.; *ders.*, Die Zuständigkeit des Bundes für die Umsetzung der Wasserrahmenrichtlinie an den Bundeswasserstraßen, EurUP 2016, 17 ff.; *ders.*, Die verfassungs- und wasserrechtliche Rechtsstellung von privaten Gewässereigentümern, 2020; *ders.*, Die Ökologisierung der Gewässerunterhaltung im Spiegel der neueren Literatur und Rechtsprechung, ZfW 2022, 150 ff.; *ders./Köck* (Hrsg.), Aktuelle Entwicklungen bei der Umsetzung der Wasserrahmenrichtlinie, 2018 (m. zit. Beitrag v. *Jekel*); *Friesecke*, Bundeswasserstraßengesetz, 7. Aufl. 2020; *Fröhlich*, Möglichkeiten und Grenzen der Gewässerentwicklung aus rechtlicher Sicht, KA 2006, 160 ff.; *ders.*, Zur Zuständigkeit von Gewässerunterhaltungsmaßnahmen des Bundes an Bundeswasserstraßen und zur Umlagefähigkeit dieser Kosten nach § 40 WHG, ZfW 2016, 201 ff.; *Fuehr*, Das Selbstverwaltungsrecht der Wasser- und Bodenverbände unter dem Einfluß staatlicher Finanzhilfen, 1967; *Funken*, Die Finanzierung der ökologischen Gewässerunterhaltung durch die Wasser- und Bodenverbände (Teil 1), W+B 2019, 173 ff.; *ders.*, Die Finanzierung der ökologischen Gewässerunterhaltung durch die Wasser- und Bodenverbände (Teil 2), W+B 2019, 221 ff.; *ders.*, Gewässerunterhaltung, Strukturen und Probleme eines elementaren Rechtsinstruments des ökologisierten Wasserrechts, 2021; *ders.*, Die Gewässerunterhaltung als Staatsaufgabe, DVBl. 2023, 1134 ff.; *Gärditz*, Ökologischer Gewässerschutz zwischen Wasserrecht und Naturschutzrecht, NuR 2013, 605 ff.; *ders.*, Anforderungen an eine sachgerechte Schnittstellengesetzgebung zwischen Naturschutz- und Wasserrecht, W+B 2015, 65 ff.; *Ginsky/Rechenberg*, Der Gewässerschutz in der Föderalismusreform, ZUR 2006, 344 ff.; *Götze*, Rechtsschutz im Wirkfeld von Bewirtschaftungsplan und Maßnahmenprogramm nach der Wasserrahmenrichtlinie, ZUR 2008, 393 ff.; *Guckelberger*, Die Erweiterung der umweltrechtsbehelfsfähigen Gegenstände auf dem Prüfstand, NuR 2020, 217 ff.; *Hendrischke*, Gewässerschutz und wasserwirtschaftliche Belange im Naturschutzrecht, W+B 2015, 80 ff.; *Henneke*, Gewässerunterhaltung und Schutz besonderer Lebensstätten, AgrarR 1989, 29 ff.; *Heß*, Aktivierung der Umweltverbandsklage, ZfU 2018, 686 ff.; *Heyne*, Kammern und Umweltschutz, 2016; *Himstedt/Nies*, Wer trägt die Kosten für Renaturierungsmaßnahmen im Rahmen der Wasserwirtschaft, AuR 2007, 105 ff.; *Holtz/Kreutz/Schlegelberger*, Das Preußische Wassergesetz, 3. Aufl. 1955; *Ibes*, Der Besorgnisgrundsatz im Grundwasserschutz, 2017; *Itzel*, Verkehrssicherungspflichten und Anlagenverantwortlichkeit im Wasserrecht, ZfW 2020, 35 ff.; *Jablonski*, Hochwasserschutzrecht, 2014; *Jani*, Die partielle verwaltungsrechtliche Inpflichtnahme Privater zu Handlungs- und Leistungspflicht, 1992; *Kibele*, Der Biber auf dem Vormarsch, ZfW 2011, 121 ff.; *Kloepfer*, Zur Geschichte des deutschen Umweltrechts, 1994; *ders./Durner*, Umweltschutzrecht, 3. Aufl. 2020; *Kloess*, Das deutsche Wasserrecht und das Wasserrecht der Bundesstaaten des deutschen Reiches, 1908; *ders.*, Grundriss des preußischen Wasserrechts, 1913; *Knappe*, Die Maßnahmenplanung im europäisierten Verwaltungsrecht, 2022; *ders.*, Transformation durch Fachplanung, ZUR 2023, 215 ff.; *Knauber*, Rechtliche Probleme einer Fließgewässer-Revitalisierung durch gesteuerte Eigendynamik in der intensiv genutzten Agrarlandschaft, NVwZ 1992, 220 ff.; *Knopp*, Bestandsaufnahme zur Abgrenzung zwischen Gewässerausbau und Gewässerunterhaltung, BayVBl. 1983, 524 ff.; *ders.*, Umsetzung der Wasserrahmenrichtlinie, NVwZ 2003, 275 ff.; *Kollmann*, Rechtsfragen der Gewässerunterhaltung vor dem Hintergrund der WRRL und der Neufassung des WHG, WuA 2004, 10 ff.; *Kotulla*, Kommunale Unterhaltungspflichten an Gewässern in den Ländern Brandenburg, Mecklenburg-Vorpommern, Sachsen, Sachsen-Anhalt und Thüringen, LKV 1996, 356 ff.; *ders.*, Umweltschutzgesetzgebungskompetenzen und "Föderalismusreform", NVwZ 2007, 489 ff.; *Kreuter*, Die Befugnisse des Bundes zur Verwaltung der Wasserstraßen in Deutschland, 2014; *Krings*, Gewässerunterhaltung im Spannungsfeld von Naturschutzrecht und Wasserrecht, NuR 1997, 129 ff.; *Kümper*, Planfeststellung und Plangenehmigung im Wasserhaushaltsrecht, NuR 2022, 385 ff.; *Ministerium für Umwelt und Naturschutz, Landwirtschaft und Verbraucherschutz des Landes Nordrhein-Westfalen (MUNLV NRW)*, Blaue Richtlinie, 2010; *Möckel*, Bewirtschaftung von Bundeswasserstraßen gemäß der Wasserrahmenrichtlinie, DVBl. 2010, 618 ff.; *Müggenborg*, Schadenersatzansprüche der Landwirte wegen Bergbau und fehlerhafter Gewässerunterhaltung, NuR 2016, 519 ff.; *Nienkemper*, Die Beiträge zu den sondergesetzlichen Wasserverbänden in Nordrhein-Westfalen, 2017; *Niesen*, Die Handlungspflichten im Rahmen der Gewässerunterhaltung unter Beachtung der allgemeinen Verkehrssicherungspflichten in der wasserwirtschaftlichen Praxis, W+B 2017, 136 ff.; *Nisipeanu*, Tradition oder Fortentwicklung, Wasserrecht im UGB, NuR 2008, 87 ff.; *Patt* (Hrsg.), Fließgewässer- und Auenentwicklung, 2022; *Pawlowski*, Gewässerunterhaltung zwischen Verkehrssicherungspflicht und ökologischer Rekonstruktion, EurUP 2015, 127 ff.; *Petschulat*, Die organische Entwicklung der Abweichungsgesetzgebung im

raumbedeutsamen Umweltrecht, ZUR 2019, 222 ff.; *Queitsch*, Aktuelle Rechtsfragen zur Gewässereigenschaft und zur Gewässerunterhaltungs-/Gewässerausbau-Pflicht, UPR 2016, 247 ff.; *ders.*, Gewässerunterhaltung, Anlagen an Gewässern und Gewässerunterhaltungsgebühr (Teil 1), KStZ 2018, 81 ff.; *ders.*, Gewässerunterhaltung, Anlagen an Gewässern und Gewässerunterhaltungsgebühr (Teil 2), KStZ 2018, 103 ff.; *Rapsch/Pencereci/Brandt*, Wasserverbandsrecht, 2. Aufl. 2020; *Reese*, Das neue Recht des Hochwasserschutzes vor den Herausforderungen des Klimawandels, NuR 2011, 19 ff.; *ders.*, Eingriffsregelung und Kompensation im ökologischen Gewässerschutz, W+B 2015, 102 ff.; *ders.*, Die Wasserrahmenrichtlinie in der Umsetzungskrise, NVwZ 2018, 1592 ff.; *ders./Bedtke/Gawel/Klauer/Köck/Möckel*, Wasserrahmenrichtlinie, 2018; *Rehbinder/Schink* (Hrsg.), Grundzüge des Umweltrechts, 5. Aufl. 2018; *Reinhardt*, Die Gewässerunterhaltungspflicht von Wasserverbänden als Grundlage ordnungsrechtlicher Verantwortlichkeit, NWVBl. 1994, 85 ff.; *ders.*, Ökologische Gewässerunterhaltung unter der Wasserrahmenrichtlinie, NVwZ 2008, 1048 ff.; *ders.*, Gesetzgebungskompetenzen im Wasserrecht, AöR 2010, 460 ff.; *ders.*, Die Gewässerunterhaltung und ihre Finanzierung, LKV 2013, 49 ff.; *ders.*, Gewässerunterhaltung und Anlagenerhaltung, ZfW 2013, 121 ff.; *ders.* (Hrsg.), Vollzug der Wasserrahmenrichtlinie durch Planung, 2014 (m. zit. Beitrag v. *dems.*); *ders.*, Anmerkung zu BVerwG, Urt. v. 29.4.2020 - 7 C 29/18, NVwZ 2020, 1286 ff.; *ders.*, Brücken und Wehre an Gewässern, BayVBl. 2022, 729 ff.; *Reutzsch*, Die Haftung des Gewässerunterhaltungspflichtigen für Hochwasserschäden, 1994; *Riegel*, Die neuen Vorschriften des Wasserhaushaltsgesetzes, NJW 1976, 783 ff.; *Rolfsen*, Öffentliche Hochwasservorsorge vor dem Hintergrund von tatsächlichen und rechtlichen Grundvorgaben, 2013; *Rumm/von Keitz/Schmalholz* (Hrsg.), Handbuch der EU-Wasserrahmenrichtlinie, 2. Aufl. 2006; *Sachverständigenrat für Umweltfragen (SRU)*, Umweltgutachten 2020; *Salzwedel*, Gedanken zur Fortentwicklung des Rechts der öffentlichen Sachen, DÖV 1963, 241 ff.; *Sander*, Rechtsfragen im Verhältnis von Wasserrecht und Naturschutzrecht, NuR 1986, 317 ff.; *Saßl*, Ökologische Gewässerunterhaltung durch Wasser- und Bodenverbände nach dem Wasserverbandsgesetz, 2018; *ders.*, Ökologische Gewässerunterhaltung durch Wasser- und Bodenverbände nach dem Wasserverbandsgesetz, ZfW 2019, 1 ff.; *ders.*, Ökologische Gewässerunterhaltung durch Wasser- und Bodenverbände, NuR 2020, 775 ff.; *Schieferdecker*, Eigentum an Gewässern und an Anlagen im Bereich von Gewässern, W+B 2017, 83 ff.; *Schink*, Renaturierung von Fließgewässern und Unterhaltungsmaßnahmen, UPR 1985, 157 ff.; *ders.*, Entwicklungen und Stand der UVP, NuR 2018, 21 ff.; *Schulz*, Anlagen an oberirdischen Gewässern, W+B 2017, 71 ff.; *Schulze-Fielitz*, Umweltschutz im Föderalismus, NVwZ 2007, 249 ff.; *Schwägerl*, Endlich Freiheit für die Flüsse, FAZ v. 8.2.2024; *Seidel/Rechenberg*, Rechtliche Aspekte des integrativen Gewässermanagements in Deutschland, ZUR 2004, 213 ff.; *Simons v. Bockum gen. Dolffs*, Die Gewässerunterhaltung durch Wasserverbände und die Kostentragung durch deren Mitglieder, 2008; *Skrobotz*, Entwicklung der Gewässerunterhaltung in Brandenburg, LKV 2016, 49 ff.; *Sollondz*, Gewässerunterhaltung und Abfallrecht, 1997; *Sparwasser/Engel/Voßkuhle*, Umweltrecht, 2003; *Straub*, Die Entwicklung des Wasserrechts in Preußen im 19. Jahrhundert, 2019; *Strenge*, Naturschutzrecht außerhalb der Naturschutzgesetze, 2004; *Stüer*, Unterhaltung und Sanierung des Straßennetzes, DVBl. 2018, 1402 ff.; *ders./Hermanns*, Gewässerunterhaltung für Restseen im Braunkohlentagebau, NWVBl. 2003, 41 ff.; *Umweltbundesamt*, Die Wasserrahmenrichtlinie, 2015; *von Weschpfennig* (Hrsg.), Bergbau und Wasserrecht, 2023 (m. zit. Beiträgen v. *Schmoeckel*, *Welsing*); *Weller*, Aufgaben, Organisation und Finanzierung der Wasser- und Bodenverbände, 1991; *Wenderoth*, Die Unterhaltung von Gewässern und Anlagen der Landentwässerung (Melioration) nach dem neuen Wasserrecht, ZfW 2010, 129 ff.; *Zoth*, Anpassung an Trockenheit und Dürre, W+B 2020, 91 ff.

Die zitierten Kommentare zum WHG und zu den LWG befinden sich auf folgendem Stand: *Berendes*, WHG, Kommentar, 2. Aufl. 2018; *Berendes/Frenz/Müggenborg*, WHG, Kommentar, 2. Aufl. 2017; *Czychowski/Reinhardt*, WHG, Kommentar, 13. Aufl. 2023; *Dallhammer/Dammert/Faßbender*, SächsWG, Kommentar, 2019; *Drost*, Das neue Wasserrecht in Bayern, Kommentar, Stand (Band Ia, §§ 39–42 WHG): März 2016; *Giesberts/Reinhardt*, BeckOK Umweltrecht, 70. Edition/2023; *Jeromin/Kerkmann*, WG RhPf, Kommentar, Stand: 22. EL 2019; *Kotulla*, WHG, Kommentar, 2. Aufl. 2011; *Queitsch/Koll-Sarfeld/Wallbaum*, LWG NRW, Kommentar, Stand: 18. EL 2022; *Reutzel/Rullmann*, HWG, Kommentar, 2. Aufl. 2023; *Schink/Fellenberg*, WHG, Kommentar, 2021; *Sieder/Zeitler/Dahme/Knopp*, WHG/AbwAG, Kommentar, Stand: 58. EL/2023; *Spillecke*, LWG NRW, 2022; *Wellmann/Queitsch/Fröhlich*, WHG, Kommentar, 2. Aufl. 2019.

Übersicht

I. Allgemeines

1. Bedeutung und Zweck der Vorschrift

1 Die moderne Gewässerunterhaltung umfasst die Pflege und Entwicklung von oberirdischen Gewässern (§ 39 Abs. 1 S. 1 WHG). Sie betrifft heute nicht mehr nur den Bestandserhalt des bisherigen (Ausbau-) Zustands des Gewässers, sondern stellt sich als **ökologisierte und dynamisierte Aufgabe** dar (*Pawlowski* EurUP 2015, 127 (129); zudem bereits *Funken* DVBl. 2023, 1134 (1135) und näher *ders.* Gewässerunterhaltung, S. 76 f.). Die Gewässerunterhaltung kann neben dem Genehmigungsregime der §§ 8 ff. WHG als der **zentrale Grundbaustein** für die öffentlich-rechtliche Gewässerbewirtschaftung an-

gesehen werden (*Funken* Gewässerunterhaltung, S. 495). Die Instrumente des Gewässerausbaus und der Hochwasservorsorge bauen auf diesem Fundament erst auf.

Die Gewässerunterhaltung ist ein Instrument, mit dem zu wasserwirtschaftlichen Zwecken **unmittelbar** auf ein oberirdisches Gewässer **eingewirkt** und dessen Zustand dadurch verändert wird (zu Rn. 2-7 bereits *Funken* Gewässerunterhaltung, S. 173 f.). Die Einwirkung zielt dabei nicht direkt auf die Nutzung des Wassers bzw. des Gewässers ab und ist daher nach § 9 Abs. 3 S. 2 WHG grundsätzlich keine zulassungspflichtige Gewässerbenutzung im Sinne der §§ 8 ff. WHG. Vielmehr soll die Unterhaltung diese Nutzungen erst gewährleisten. 2

Der „große Bruder" der Gewässerunterhaltung ist der **Gewässerausbau**, der die Einwirkung auf das Gewässer von einer Planfeststellung oder Plangenehmigung abhängig macht, wenn die Veränderung des Gewässers „wesentlich" ist (§ 67 Abs. 2, § 68 WHG). Die Vornahme von Unterhaltungsmaßnahmen hängt – anders als Gewässerbenutzungen und -ausbauten – grundsätzlich nicht von einer öffentlich-rechtlichen Zulassung ab. Freilich sind die Träger der Unterhaltungslast bei der Durchführung ihrer Aufgabe den **Bindungen** der §§ 39 ff. WHG wie auch des sonstigen **öffentlichen Rechts** unterworfen. 3

Neben dem **Zweck** der Gewährleistung von Gewässerbenutzungen verfolgt die Gewässerunterhaltung im Sinne des § 39 WHG die Zwecke des Schutzes vor Gewässergefahren und nicht zuletzt des Schutzes und der Förderung der ökologischen Funktionsfähigkeit des Gewässers. Dieser letztgenannte, aber seit der WHG-Novelle 2002 materiell vorrangige Zweck lässt die Unterhaltung – nach hiesiger Ansicht – zu einem Instrument unmittelbar staatlichen Umweltschutzes durch Eigenvornahme werden. Sie wird zurecht auch als ein **Instrument zur ökologischen Rekonstruktion** oberirdischer Gewässer beschrieben (→ Rn. 20). 4

Der **Inhalt** der Gewässerunterhaltung beschränkt sich gemäß § 39 Abs. 1 WHG nicht mehr nur auf die Erhaltung des Wasserabflusses bzw. Ausbauzustands, sondern ist deutlich **heterogener** geworden. So umfasst die Unterhaltung heute unter anderem auch den Schutz und die Förderung der ökologischen Funktionsfähigkeit des Gewässers (§ 39 Abs. 1 S. 2 Nr. 4 WHG) und die Erhaltung des Gewässers in einem Zustand, der allgemein den wasserwirtschaftlichen Bedürfnissen entspricht (§ 39 Abs. 1 S. 2 Nr. 5 WHG). 5

Die Inhalte der Gewässerunterhaltung gemäß § 39 Abs. 1 S. 2 WHG sind final ausgerichtet und namentlich in Nummer 4 ergebnisoffen gehalten („Förderung"). In § 39 Abs. 1 S. 1 WHG werden diese Konkretisierungen durch die offen gefassten Merkmale der **„Pflege und Entwicklung"** allgemein und übergreifend umschrieben (→ Rn. 51 ff.). Aufgrund dieser Regelungskonstruktion kann in einer abstrakt-generellen Betrachtung aus § 39 WHG nicht mehr die eine richtige Art und Weise der Unterhaltung abgeleitet werden. Die Bestimmung der ordnungsgemäßen Unterhaltung ist vielmehr situationsabhängiger und einzelfallbezogener geworden (→ Rn. 19). 6

Die **unterschiedlichen Inhalte und Ziele** (und die dahinterstehenden Zwecke) der Gewässerunterhaltung können in Konflikt zueinander geraten. Diese Konflikte sind in erster Linie über die Maßstäbe des § 39 Abs. 2 WHG aufzulösen. Über die Bindung an die Maßnahmenprogramme und die Ausrichtung an den Umweltzielen der Wasserrahmenrichtlinie ergibt sich ein (relativer) Vorrang einer ökologischen Gewässerunterhaltung (→ Rn. 93 ff.). 7

Nach hiesiger Ansicht ist die heutige Gewässerunterhaltung eine **Staatsaufgabe**, die **öffentlich-rechtlich** auszuführen ist (*Funken* DVBl. 2023, 1134 ff.). Die rein öffentlich-rechtliche Deutung der Aufgabe der Gewässerunterhaltung vermag die Friktionen aufzulösen, welche durch die Ökologisierung der Unterhaltung entstanden waren (→ Rn. 11). Sie schafft hinsichtlich der Bindungen und Gestaltungsfreiheiten der Unterhaltungs- 8

pflichtigen sowie hinsichtlich des Rechtsschutzes gegen die Unterhaltungspflichtigen ein konsistentes System.

2. Entwicklung des Rechts der Gewässerunterhaltung

9 Die Gewässerunterhaltung umfasst nach dem heutigen § 39 Abs. 1 S. 1 WHG die Pflege und Entwicklung eines oberirdischen Gewässers als öffentlich-rechtliche Verpflichtung (Unterhaltungslast). Im Rahmen des § 40 Abs. 1 S. 1 WHG ist die Unterhaltung durch die Bundesländer in der Regel Körperschaften des öffentlichen Rechts zugewiesen (zum Folgenden bereits *Funken* DVBl. 2023, 1134 ff.; ausführlich *ders.* Gewässerunterhaltung, S. 9-71).

10 Jene gesetzliche Ausgestaltung ist allerdings verhältnismäßig jung (eingehend zur historischen Entwicklung der Gewässerunterhaltung *Reinhardt* NVwZ 2008, 1048 ff.). Seit dem Mittelalter wurzelt die Unterhaltung von Gewässern im **Gewässereigentum** und wurde als privatrechtliche Pflicht und Aufgabe der Gewässereigentümer verstanden, den Wasserabfluss gegenüber den Nachbarn zu erhalten. Industrialisierung und Verstädterung riefen um das Jahr 1900 herum gravierende wasserwirtschaftliche Missstände hervor, auf die die Länder dadurch reagierten, dass sie die Unterhaltung in eine **öffentlich-rechtliche Verpflichtung** überführten.

11 Beginnend mit den 1970er Jahren traten neue Gewässermissstände in ökologischer Hinsicht hervor, die in verschiedenen Gesetzgebungsschritten letztlich zu einer **ökologischen Neuausrichtung** der Gewässerunterhaltung führten. Ebendiese lässt „Friktionen" im Gesamtverständnis der Unterhaltung entstehen (*Gärditz* W+B 2015, 65 (76); *Elgeti* NuR 2023, 287), die nach hiesiger Ansicht nur dadurch konsistent aufgelöst werden können, dass man die Unterhaltung als Staatsaufgabe versteht.

12 **a. Bis zur Entstehung der Bundesrepublik Deutschland.** Die geschichtliche Entwicklung hin zur heutigen Rechtslage liefert wichtige Erkenntnisse für die Interpretation der modernen Gewässerunterhaltung (näher zur Historie der hier ausgeklammerten wasserstraßenrechtlichen Unterhaltung *Benning* Die Verwaltung der Wasserstraßen als Verkehrswege in deutscher Frühzeit, S. 95 ff.; 149, 155 ff.; *Reinhardt* in Friesecke WaStrG Einl. Rn. 1 ff.; zu Rn. 12-16 bereits *Funken* DVBl. 2023, 1134 (1135 f.); näher *ders.* Gewässerunterhaltung, S. 11 ff.). Bis zur Entstehung der ersten deutschen Wassergesetze Mitte des 19. Jahrhunderts erfolgte die wasserrechtliche Entwicklung nur langsam, überwiegend gewohnheitsrechtlich und aufgrund territorialer Zersplitterung uneinheitlich. Im Mittelalter bildeten sich aus gemeinen Nutzungsrechten am Gewässer mit und mit Sondernutzungsrechte und schließlich das **Eigentum Einzelner** heraus (näher *Koepfer* Zur Geschichte des deutschen Umweltrechts, S. 10 ff.; *Nisipeanu* NuR 2008, 87 ff.; s.a. *Schmoeckel* in von Weschpfennig Bergbau und Wasserrecht, S. 17 ff., 32). Kehrseite der privaten Nutzungsrechte war die **Pflicht der Grundherren bzw. Anlieger**, die Gewässer zu unterhalten (*Kloess* Grundriss des preußischen Wasserrechts, S. 83; *Straub* Die Entwicklung des Wasserrechts in Preußen im 19. Jahrhundert, S. 156).

13 Die Gewässerunterhaltungspflicht war allein **privatrechtlicher Natur** und bestand demnach nur gegenüber den benachbarten Ober- und Unterliegern (*Reinhardt* NVwZ 2008, 1048 f.; näher, auch zum Folgenden, *Kloess* Das deutsche Wasserrecht und das Wasserrecht der Bundesstaaten des deutschen Reiches, S. 174, 192, 208). Unter Unterhaltung verstand man für gewöhnlich die **Instandhaltung der Gewässer** durch die Räumung des Gewässerbetts von Abflusshindernissen sowie die Beseitigung sonstiger Veränderungen. Die Nachbarn konnten Unterhaltungsmaßnahmen verlangen, sofern eine Behinderung des Wasserabflusses zu erheblichen Beeinträchtigungen ihres Eigentums führte. Eine besondere Herstellung des Gewässers konnte demgegenüber nicht eingefordert wer-

den. Diese Grundvorstellungen von der erhaltenden wie auch der privaten Gewässerunterhaltung sollten im Kern bis heute nachwirken.

14 Aufgrund der Folgen von Industrialisierung und Verstädterung schufen die Länder Kodifikationen und gliederten das Wasserrecht in das – parallel entstehende – **System des öffentlichen Sachenrechts** ein (vgl. *Sparwasser/Engel/Voßkuhle* Umweltrecht, § 8 Rn. 46). Zudem wurden die Gewässerunterhaltung und andere bedeutende wasserwirtschaftliche Aufgaben zur Effizienzsteigerung auf Gemeinden oder Wassergenossenschaften übertragen (vgl. *Bitta/Kries* Vorb. vor § 113 PrWG; *Simon v. Bockum gen. Dolffs*, Die Gewässerunterhaltung durch Wasserverbände und die Kostentragung durch deren Mitglieder, S. 7; *Schmoeckel* in von Weschpfennig Bergbau und Wasserrecht, S. 27 ff., 32). Die Verankerung im Recht der öffentlichen Sachen bedeutete in den meisten Ländern im Ausgangspunkt, dass das private Gewässereigentum mit seinen Nutzungsrechten und Unterhaltungspflichten aufrechterhalten wurde. Um den aufkommenden öffentlichen Zweckbestimmungen für die Gewässer Rechnung zu tragen, wurde das Eigentum jedoch mit einer öffentlich-rechtlichen Dienstbarkeit belastet, die dem öffentlichen Sachherrn Kontrolle und Aufsicht zusicherte (*Durner* in ders./Shirvani Eigentum im Wasserrecht, S. 17 ff.; *Breuer/Gärditz* Rn. 283 ff.).

15 Die Gewässerunterhaltung entwickelte sich in diesem System zur **öffentlich-rechtlichen Verpflichtung** des Unterhaltungsträgers gegenüber der staatlichen Aufsichtsbehörde (näher *Salzwedel* DÖV 1963, 241 ff.). Die Unterhaltungspflicht bestand insofern nur noch gegenüber der Allgemeinheit. Die Ausführung der Unterhaltungsmaßnahmen wurde demgegenüber als **öffentliche Aufgabe** von weiterhin privatrechtlicher bzw. fiskalrechtlicher Rechtsnatur verstanden. In diesem System war dem Rechtsschutz Dritter nach Amtshaftungsgrundsätzen (wohl ganz bewusst) kein Platz eingeräumt worden. Zum Ausgleich für dieses Defizit bildete sich freilich über das Institut der **Verkehrssicherungspflicht** eine eigenständige zivilrechtliche Haftung der Gewässereigentümer heraus (näher *Bartlsperger* Verkehrssicherungspflicht und öffentliche Sache, S. 16 ff.).

16 Prägend für die öffentlich-rechtliche Unterhaltungspflicht wurde das **Preußische Wassergesetz** von 1913 (ausführlich *Funken* Gewässerunterhaltung, S. 22 ff.). Gewässerunterhaltung war hiernach die **Erhaltung der Vorflut** und (an ausgebauten Gewässern) des Ausbauzustands. Vorflut wurde als die Möglichkeit des ungehinderten Abflusses jenes Wassers verstanden, das dem Gewässer gewöhnlich zufließt und unter normalen Umständen von diesem aufgenommen werden kann (*Holtz/Kreutz/Schlegelberger* § 41 PrWG Rn. 3 m.w.N.). Das Preußische Wassergesetz zementierte damit das Unterhaltungsziel der Konservierung und Wiederherstellung; darüberhinausgehende Verbesserungen waren bereits Gewässerausbau.

17 **b. Unter dem Grundgesetz.** Das erste bundesrepublikanische **Wasserhaushaltsgesetz von 1957** führte die Gehalte des preußischen Gewässerunterhaltungsrechts zunächst fort; nur terminologisch wandelte sich der Begriff der „Vorflut" zum **„ordnungsgemäßen Wasserabfluss"** (*Reinhardt* BayVBl. 2022, 729 (730); zu Rn. 17-20 bereits *Funken* DVBl. 2023, 1134 (1136); näher *ders.* Gewässerunterhaltung, S. 34 ff.). Ab den 1970er Jahren wurden allerdings die schwerwiegenden ökologischen Auswirkungen der konventionellen Gewässerunterhaltung immer sichtbarer; durch Maßnahmen wie die Krautung oder Mahd hatten sich die naturfernen Zustände der weithin begradigten Gewässer stetig verfestigt (ausführlich *Patt* u.a. in ders. Fließgewässer- und Auenentwicklung, Kap. 4 u. 5).

18 Frühe ökologische Einflüsse erhielt die Unterhaltung über die **WHG-Novellen 1976 und 1986** (s. *Riegel* NJW 1976, 783 (785); *Breuer* NuR 1987, 49 (59)), welche bis heute in § 39 Abs. 2 S. 3 WHG weiterleben. In vielen Flächenländern schritt die „Ökologisie-

rung“ der Unterhaltung sogar kräftiger voran (vgl. *Niesen* in Berendes/Frenz/Müggenborg § 39 Rn. 51; *Faßbender* ZfW 2022, 150). Zu einem ökologischen „Systembruch“ im Wasserwirtschaftsrecht führte die **EU-Wasserrahmenrichtlinie 2000** daher nicht (aA *Saßl* Ökologische Gewässerunterhaltung der Wasser- und Bodenverbände, Rn. 28; *Reinhardt* BayVBl. 2022, 729 (730)). Dennoch zwang diese Richtlinie zur Erreichung des Ziels guter (ökologischer) Gewässerzustände dazu, ein über Maßnahmenprogramme gesteuertes Rechtsinstrument vorzusehen, mit dem Maßnahmen im gewässermorphologischen Bereich umgesetzt werden können. Konsequenterweise erkor der Bundesgesetzgeber dafür namentlich die Gewässerunterhaltung aus (→ Rn. 35 ff.; *Funken* Gewässerunterhaltung, S. 56 ff. m.w.N.).

19 Mit der **WHG-Novelle 2002** richtete er die Gewässerunterhaltung an den Bewirtschaftungszielen aus, band sie an die Maßnahmenprogramme und umschrieb sie mit den Begriffen „Pflege und Entwicklung“ (s. *Kollmann* WuA 2004, 10 ff.). Die **WHG-Novelle 2010** schuf auf Bundesebene erstmals ein Vollgesetz und konkretisierte die Unterhaltung weiter über den Aufgabenkatalog des § 39 Abs. 1 S. 2 WHG. Dieser erfasst insbesondere auch die Förderung der ökologischen Funktionsfähigkeit des Gewässers (Nummer 4). Vgl. zu den Gesetzgebungsverfahren der WHG-Novellen 2002 und 2010 (→ Rn. 21-27).

20 Die Gewässerunterhaltung nimmt damit heute eine „zentrale Rolle“ bei der Umsetzung der Ziele der Wasserrahmenrichtlinie ein und dient der **„ökologischen Rekonstruktion“** (*Pawlowski* EurUP 2015, 127 ff.; *Durner* in Rehbinder/Schink Grundzüge des Umweltrechts, Kap. 9 Rn. 126; *Reese/Bedtke/Gawel/Klauer/Köck/Möckel* Wasserrahmenrichtlinie, S. 31 ff.; *Faßbender* ZfW 2022, 150 (151)). Seit diesen Veränderungen wird mit unterschiedlichen Schwerpunkten und Richtungen darüber diskutiert, welche Folgen die Ökologisierung und Dynamisierung der Unterhaltung hervorruft (vgl. insbes. die Beiträge von *Reinhardt* NVwZ 2008, 1048; *Pawlowski* EurUP 2015, 127; *Durner* W+B 2017, 175; *Saßl* Ökologische Gewässerunterhaltung der Wasser- und Bodenverbände; *Faßbender* ZfW 2022, 150). Nach hiesiger Ansicht erfordern die ausgelösten Spannungen eine grundlegende Neuinterpretation des Rechtsinstituts.

21 **c. Gesetzgebungsverfahren.** Das Rechtsinstitut der Gewässerunterhaltung ist durch das **Siebte Gesetz zur Änderung des Wasserhaushaltsgesetzes vom 18.6.2002** (BGBl. I 1914), geändert mit Berichtigung vom 19.7.2002 (BGBl. I 2711), an den umfassenden Bewirtschaftungsansatz der Wasserrahmenrichtlinie angepasst worden (BT-Drs. 14/7755, 19; *Czychowski/Reinhardt* § 39 Rn. 1). Entsprechend dem Rahmencharakter der Vorschriften sollten den Ländern hinsichtlich der Konkretisierung der Unterhaltungspflicht weiterhin Regelungsspielräume verbleiben.

22 Zunächst sah die Bundesregierung vor, dass die Bewirtschaftungsziele bei der Unterhaltung lediglich „berücksichtigt“ werden müssten (BT-Drs. 14/7755, 7 f.). Auf Anregung des Ausschusses für Umwelt, Naturschutz und Reaktorsicherheit fand daraufhin aber eine Verschärfung dahingehend statt, dass die Unterhaltung an den Bewirtschaftungszielen **„auszurichten“** ist. Es sei zweifelhaft, ob die Formulierung des Gesetzesentwurfs, wonach bei Unterhaltungsmaßnahmen die Bewirtschaftungsziele lediglich zu „berücksichtigen“ sind, den neuen materiellen Güteanforderungen in vollem Umfang gerecht werde. Mit den Änderungen solle deutlich gemacht werden, dass sich letztlich alle Maßnahmen, die Einfluss auf den Zustand des Gewässers haben können, an den für das Gewässer maßgeblichen Bewirtschaftungszielen ausrichten müssen (BT-Drs- 14/8668, 11).

23 Im Laufe des Gesetzgebungsverfahrens ist in § 28 Abs. 1 S. 1 WHG aF zudem die allgemeine Aufgabenumschreibung der **„Pflege und Entwicklung“** eingefügt worden (s.a. *Schwendner/Rossi* in Sieder/Zeitler/Dahme/Knopp § 39 Rn. 4 ff.); der klassische Un-

terhaltungsinhalt der Erhaltung eines ordnungsgemäßen Abflusses ist hingegen in den damaligen § 28 Abs. 1 S. 5 WHG aF als „auch umfasst" verschoben worden.

Mit dem **Gesetz zur Neuregelung des Wasserrechts vom 31.7.2009** (BGBl. I 2585) hat das Rechtsinstitut der Gewässerunterhaltung in den §§ 39 bis 42 WHG seine heutige Gestalt erhalten. Die Neufassung diente der Konkretisierung der bisherigen rahmenrechtlichen Vorgaben, wobei aber die Länder weiterhin zu ergänzenden sowie grundsätzlich auch zu abweichenden Regelungen berechtigt sein sollten (BR-Drs. 280/09, 181; *Spieth* BeckOK UmweltR, § 39 Rn. 1; *Czychowski/Reinhardt* § 39 Rn. 1). 24

In § 39 WHG n.F. sollte nach dem Gesetzesentwurf der Bundesregierung der Zusatz **„als öffentlich-rechtliche Verpflichtung"** die Rechtsnatur der Unterhaltungslast entsprechend dem allgemeinen Verständnis des § 28 WHG aF in Anlehnung an landesrechtliche Vorschriften ausdrücklich klarstellen. Der Umfang der Unterhaltung sollte in § 39 Abs. 1 S. 2 WHG unter weitgehender Übernahme entsprechender Vorgaben in den meisten Landeswassergesetzen konkretisiert werden. Der Katalog der zur Gewässerunterhaltung gehörenden Tätigkeiten sei nicht abschließend, sondern bestimme nur einen Kernbestand von Unterhaltungsmaßnahmen. **Nummer 4** konkretisiere die in ökologischer Hinsicht an die Gewässerunterhaltung zu stellenden Anforderungen und leiste so einen wichtigen **Beitrag zur Erreichung der Bewirtschaftungsziele** nach den §§ 27 ff. WHG. Nummer 5 normiere eine der wesentlichen Voraussetzungen für den Hochwasserschutz und die Nutzung der Gewässer, indem sie spezielle morphologische Charakteristika anspreche. Maßnahmen zum Zweck der Reinhaltung des Wassers sowie Hochwasserschutzmaßnahmen gehörten grundsätzlich weiterhin nicht zu den erforderlichen Unterhaltungsmaßnahmen (zum Ganzen BR-Drs. 280/09, 181 f.). 25

Dem im Laufe des Gesetzgebungsverfahrens vorgebrachten Antrag des Bundesrats, auf den **Katalog der Unterhaltungsmaßnahmen** in § 39 Abs. 1 S. 2 WHG zu verzichten (BR-Drs. 280/1/09, 28 f.), ist nicht gefolgt worden (BT-Drs. 16/13306, 28; *Schwendner/Rossi* in Sieder/Zeitler/Dahme/Knopp § 39 Rn. 7 ff.). Der Bundesrat argumentierte, dass dieser Katalog wenig geeignet sei, die Umsetzung von Unterhaltungspflichten gewässerspezifisch umzusetzen. Die Unterhaltungsmaßnahmen betonten ein statisches Ziel der Gewässerunterhaltung. Das widerspreche der grundsätzlichen Formulierung als „Pflege und Entwicklung". Die Bestandteile der Gewässerunterhaltung hätten unterschiedliche Zielrichtungen. Es habe sich in der Vollzugspraxis gezeigt, dass die ordnungsgemäße Unterhaltung auf das jeweilige Gewässer auszurichten sei. Aus den einzelnen Bewirtschaftungsentscheidungen für den Wasserkörper sei zu ersehen, wie sich der ordnungsgemäße Wasserabfluss in dem jeweiligen Einzugsgebiet darstelle. 26

Diese Kritik des Bundesrats überzeugt auch nur teilweise. Der Maßnahmenkatalog des § 39 Abs. 1 S. 2 WHG erscheint an sich sinnvoll, um die allgemeine Aufgabenumschreibung der „Pflege und Entwicklung" zu konkretisieren (*Schwendner/Rossi* in Sieder/Zeitler/Dahme/Knopp § 39 Rn. 7 ff.) und auch die **konfligierenden Zielrichtungen** der Gewässerunterhaltung sichtbar zu machen. Zurecht wurde jedoch darauf verwiesen, dass die einzelnen Maßnahmen tendenziell **zu statisch** ausgerichtet sind und insofern nicht den übergeordneten Merkmalen der Pflege und Entwicklung entsprechen (→ Rn. 52) und dass die vorzunehmende Unterhaltung gemäß § 39 Abs. 2 WHG maßgeblich aus der Bewirtschaftungsplanung der §§ 82 f. WHG abzuleiten ist (→ Rn. 93 ff.). 27

3. Rechtsnatur der Gewässerunterhaltung

Die Rechtsnatur der Gewässerunterhaltung ist hinsichtlich der Unterhaltungspflicht sowie der Unterhaltungsaufgabe einzuordnen (ausführlich bereits *Funken* Gewässerunterhaltung, S. 175 ff.). 28

29 **a. Unterhaltungspflicht („Last“).** Keine grundlegenden Schwierigkeiten wirft die Einordnung der Unterhaltungspflicht auf (siehe bereits *Funken* DVBl. 2023, 1134 (1136); eingehend *ders.* Gewässerunterhaltung, S. 177 ff. m.w.N.). Dass diese **öffentlich-rechtlich** und damit eine **„Last“** ist, wird bereits in § 39 Abs. 1 S. 1 WHG legaldefiniert. Dies gebieten auch die (modifizierte) Subjektstheorie und die Subordinationstheorie. Denn die Unterhaltungspflicht kann nach §§ 42 Abs. 1, 100 Abs. 1 S. 2 WHG nach herkömmlicher Sicht nur durch die übergeordneten staatlichen Wasserbehörden eingefordert werden (siehe zum Rechtsschutz → Rn. 148 ff.). In der Interpretation der Unterhaltungslast an Gewässern bestehen klare Parallelen zur Straßenbaulast (näher *Funken* Gewässerunterhaltung, S. 178 ff. m.w.N.).

30 **b. Unterhaltungsaufgabe.** Schwieriger gestaltet sich die Einordnung der Unterhaltungsaufgabe (zu Rn. 30-34 bereits *Funken* DVBl. 2023, 1134 (1137); eingehend *ders.* Gewässerunterhaltung, S. 197 ff.). Dieser zusätzlichen Kategorie bedarf es, weil sich die Unterhaltung nicht in der Pflicht gegenüber den Wasserbehörden erschöpft (grundlegend *Jani* Die partielle verwaltungsrechtliche Inpflichtnahme Privater zu Handlungs- und Leistungspflichten, S. 89, 137 f.). Die Unterhaltung ist darüber hinaus ein eigenverantwortlich auszuübender Auftrag der Unterhaltungsträger, der sich zwangsläufig auf die Rechteinhaber am und neben dem Gewässer auswirkt. Traditionellerweise wird die Gewässerunterhaltung – entsprechend ihrer Verankerung im öffentlichen Sachenrecht – als (lediglich) öffentliche Aufgabe verstanden, die privatrechtlich auszuüben ist (vgl. etwa *Berendes* ZUR 2008, 141 ff.; *Schwendner/Rossi* in Sieder/Zeitler/Dahme/Knopp § 39 Rn. 20). Nach hiesiger Ansicht ist sie indes mittlerweile eine **öffentlich-rechtlich** auszuübende **Staatsaufgabe**.

31 Die Staatsrechtslehre unterscheidet (rein) private Aufgaben, öffentliche Aufgaben und Staatsaufgaben. Erstere müssen hier nicht näher behandelt werden. Zumindest ist die Gewässerunterhaltung nämlich eine öffentliche Aufgabe. Darunter fallen alle im öffentlichen Interesse liegenden Anliegen eines Gemeinwesens (BVerfG BeckRS 2017, 119141 (Rn. 88); *Peters* in Dietz/Hübner Festschrift für Hans Karl Nipperdey, S. 877 ff.). Die Gewässerunterhaltung schützt **natürliche Lebensgrundlagen,** gewährleistet **Gewässerbenutzungen** und begegnet **Gewässergefahren** (vgl. *Schwendner/Rossi* in Sieder/Zeitler/Dahme/Knopp § 39 Rn. 4; *Funken* Gewässerunterhaltung, S. 210 ff.). Damit diese öffentlichen Interessen verwirklicht werden können, konkretisieren und überwachen die Wasserbehörden die Aufgabenerfüllung.

32 Zu begründet ist jedoch, dass die Gewässerunterhaltung darüber hinaus eine Staatsaufgabe ist. Nach dem herrschenden **formalen Staatsaufgabenbegriff** sind Staatsaufgaben öffentliche Aufgaben, die nach dem positiven Recht zwingend entweder durch die unmittelbare oder die mittelbare Staatsverwaltung zu erfüllen sind (*Burgi* Funktionale Privatisierung und Verwaltungshilfe, S. 48 ff.). Damit geht das Erfordernis einher, dass der Staat sich mit der Aufgabenerfüllung in öffentlich-rechtlichen Formen befasst; öffentliche Aufgaben können dagegen auch privatrechtlich ausgeübt werden.

33 Mit Blick auf § 40 Abs. 1 S. 1 WHG überrascht die Einordnung der Gewässerunterhaltung als Staatsaufgabe zweifellos. Danach obliegt die Unterhaltung grundsätzlich den Gewässereigentümern, die jedwede staatliche oder private Person sein können (→ § 40 Rn. 11 ff.). Hinter der vordergründigen Anknüpfung der Unterhaltung an das Gewässereigentum steht allerdings mittlerweile eine **öffentlich-rechtlich auszuübende Staatsaufgabe** (in diese Richtung auch *Shirvani* in Durner/ders. Eigentum im Wasserrecht, S. 81 ff., 88; *Jeromin* in ders./Kerkmann § 35 WG RhPf Rn. 8; *Spillecke* § 62 LWG NRW Rn. 1; aA *Reinhardt* BayVBl. 2022, 729 (731)).

Die Ausführung ökologischer Unterhaltungsmaßnahmen kann nämlich erhebliche **Beeinträchtigungen von Grundrechten Dritter** hervorrufen. Diese sind direkt auf den Staat zurückzuführen. Aus den Art. 1 Abs. 3 und 20 Abs. 3 GG ergibt sich insofern das Erfordernis, die erfüllungsverantwortlichen Träger der Unterhaltungslast den öffentlich-rechtlichen Bindungen und Maßstäben zu unterwerfen. Dieser Standpunkt wird in der Kommentierung zu § 40 WHG mit Blick auf die einzelnen Unterhaltungspflichtigen näher begründet (siehe für den Bund an Bundeswasserstraßen → § 40 Rn. 17 ff.; für die privaten Gewässereigentümer → § 40 Rn. 20 ff.; für die Wasser- und Bodenverbände → § 40 Rn. 27 ff., 31; für die Gemeinden → Rn. 27 ff., 32; für Dritte im Sinne des § 40 Abs. 2 WHG → § 40 Rn. 52 ff.). 34

4. EU-Recht: Instrument zur ökologischen Rekonstruktion

Eine herausgehobene Bedeutung für das Verständnis des Rechtsinstituts der Gewässerunterhaltung besitzt die am 23.10.2000 durch die Europäische Union erlassene **Wasserrahmenrichtlinie** (2000/60/EG – WRRL) (s. *Albrecht* Umweltqualitätsziele im Gewässerschutzrecht, S. 231 ff., 471 ff.; näher zu Rn. 35-42 bereits *Funken* Gewässerunterhaltung, S. 48-57). Neben dem indem Verschlechterungsverbot legt Art. 4 WRRL in Abs. 1a) ii) zusätzlich fest, dass die Mitgliedstaaten verpflichtet sind, alle Oberflächenwasserkörper mit dem Ziel zu schützen, zu verbessern und zu sanieren, einen guten Zustand an diesen zu erreichen (Verbesserungsgebot; BVerwG NVwZ-Beilage 2017, 101 ff. (Ls. 2 und Rn. 478)). Der Zielzustand umfasst grundsätzlich nach Art. 2 Nr. 18 WRRL einen zumindest **guten ökologischen** und chemischen **Zustand**; ersterer betrifft dabei nach Art. 2 Nr. 21 WRRL die Qualität von Struktur und Funktionsfähigkeit der aquatischen Ökosysteme nach Maßgabe der biologischen, gewässermorphologischen und physikalisch-chemischen Qualitätskomponenten des Anhangs V der Richtlinie. 35

Als Teil des Ordnungsrahmens für den Schutz der Binnenoberflächengewässer gibt die Richtlinie den Mitgliedstaaten zudem vor, dass diese die Umweltziele des Art. 4 WRRL planerisch innerhalb bestimmter Fristen durch die Erarbeitung und Umsetzung von **Bewirtschaftungsplänen** für Flussgebietseinheiten (Art. 13 WRRL) und hierauf aufbauenden **Maßnahmenprogrammen** (Art. 11 WRRL) erreichen sollen (eingehend *Knappe* Die Maßnahmenplanung im europäisierten Verwaltungsrecht, S. 83 ff.). Im Rahmen dieses planerischen Prozesses überlässt die Wasserrahmenrichtlinie den Mitgliedstaaten grundsätzlich breite gestalterische Spielräume (*Köck/Unnerstall* bzw. *Von Keitz* in Rumm/von Keitz/Schmalholz Handbuch der EU-Wasserrahmenrichtlinie, S. 34 f., S. 253). Insofern ist es nicht verwunderlich, dass sich die Wasserrahmenrichtlinie zum Institut der Gewässerunterhaltung selbst „nicht verhielt" (aA *Reinhardt* LKV 2013, 49 (50)). Damit ist jedoch nicht gesagt, ob und in welchem Umfang ein Mitgliedstaat durch die Wasserrahmenrichtlinie (mittelbar) verpflichtet wird, sog. gewässermorphologische Maßnahmen zu verwirklichen. 36

Fachwissenschaftlich anerkannt und in Anhang V der Wasserrahmenrichtlinie vorausgesetzt ist, dass sich der ökologische Zustand eines Gewässers aus einem komplexen Zusammenspiel biologischer, gewässermorphologischer sowie physikalisch-chemischer Qualitätskomponenten zusammensetzt (*Patt* ua in ders. Fließgewässer- und Auenentwicklung, S. 7 ff.). Die **Gewässermorphologie** meint dabei (1.) das wasserhaushälterische Merkmal des Abflusses und der Abflussdynamik, (2.) die Durchgängigkeit eines Gewässers sowie (3.) die Struktur von Gewässerbett und -ufer. Namentlich Laufbegradigungen, Sohlen- und Uferbefestigungen, Querbauten sowie Deichbau führten in der Vergangenheit zu einem gleichmäßig schnellen Wasserabfluss, der Unterbindung eines natürlichen Geschie- 37

betransports, einer verhinderten Gewässerdurchgängigkeit und statischen Gewässerstrukturen (*Patt* ua in ders. Fließgewässer- und Auenentwicklung, S. 81 ff., 213 ff.).

38 Diese **morphologischen Defizite** sind zu einem großen Teil dafür verantwortlich, dass lediglich ca. 8 % der bewerteten Oberflächenwasserkörper in Deutschland einen mindestens guten ökologischen Zustand im Sinne der Wasserrahmenrichtlinie erreicht haben (Umweltbundesamt Die Wasserrahmenrichtlinie, Deutschlands Gewässer 2015, S. 51 ff.; *Jekel* in Faßbender/Köck Aktuelle Entwicklungen bei der Umsetzung der Wasserrahmenrichtlinie, S. 23 ff.). Fachwissenschaftlich ist vor diesem Hintergrund geklärt, dass eine Verbesserung des ökologischen Zustands in erster Linie durch eine naturnähere Gestaltung des Gewässers im Sinne einer **Renaturierung** erreichbar ist. Der gute ökologische Zustand hängt damit vor allem von der Vornahme von Strukturveränderungen am Gewässer ab (SRU Umweltgutachten 2020, S. 248 f.). Dies rückt zwangsläufig die herkömmlichen nationalen Rechtsinstitute der Gewässerunterhaltung und des Gewässerausbaus in den Fokus (*Strenge* Naturschutzrecht außerhalb der Naturschutzgesetze, S. 98 ff.).

39 Angesichts der Bedeutung der Ergreifung gewässermorphologischer Maßnahmen für die Zielerreichung des guten ökologischen Zustands ist es bemerkenswert, dass der Richtliniengeber derartige Maßnahmen im Katalog der **grundlegenden Maßnahmen** in Art. 11 Abs. 3 WRRL nicht so prominent zum Ausdruck gebracht hat, wie man es hätte vermuten können. In dieser Umschreibung der Mindestinhalte des Maßnahmenprogramms dominieren vielmehr die staatlichen Regulierungsmöglichkeiten in Bezug auf die Gewässerbenutzungen (*Czychowski/Reinhardt* § 82 Rn. 23 ff.). Dennoch sind auch gewässermorphologische Maßnahmen regelmäßig als „grundlegend" im Sinne der Wasserrahmenrichtlinie einzustufen, da sie im „Auffangtatbestand" des Art. 11 Abs. 3i) S. 1 WRRL inbegriffen sind (*Ginsky* BeckOK UmweltR § 82 Rn. 29; *Epiney* Umweltrecht der Europäischen Union, Kap. 7 Rn. 60), der namentlich alle Maßnahmen erfasst, „die sicherstellen, dass die hydromorphologischen Bedingungen der Wasserkörper so beschaffen sind, dass der erforderliche ökologische Zustand […] erreicht werden kann." Abgesehen davon können Maßnahmen zur Pflege und Entwicklung von Gewässern selbstverständlich auch als **ergänzende Maßnahmen** in das Maßnahmenprogramm aufgenommen werden (*Czychowski/Reinhardt* § 39 Rn. 58).

40 Vor diesem Hintergrund ist es aufgrund der Wasserrahmenrichtlinie notwendig, dass die Mitgliedstaaten Maßnahmen in die Maßnahmenprogramme einfügen, die auf die unmittelbare ökologische Verbesserung der morphologischen Bedingungen und Eigenschaften (vgl. zu diesem Begriff auch § 3 Nr. 7 WHG) eines Gewässers abzielen. Angesichts der wesentlichen rechtlichen Auswirkungen, die solche Maßnahmen hervorrufen, bedarf es einer Fundierung und Konkretisierung der potenziellen Maßnahmeninhalte im Gesetz (näher *Funken* Gewässerunterhaltung, S. 54 ff. m.w.N.). Mit der Novelle des Wasserhaushaltsgesetzes aus 2002 geht insofern zu Recht eine **Erstreckung** des richtlinienrechtlichen Bewirtschaftungsansatzes **auf** die Institute der **Gewässerunterhaltung** und des Gewässerausbaus einher (*Drost* in ders. § 39 Rn. 10). Richtigerweise sehen die §§ 39 ff. und 67 ff. WHG insofern auch Möglichkeiten und Vorgaben bezüglich der unmittelbaren Vornahme von Maßnahmen zur Erhaltung und Verbesserung der ökologischen Funktionsfähigkeit von Gewässern vor. Durch die „Brückenvorschrift" des § 39 Abs. 2 S. 2 WHG werden die Träger der Unterhaltungslast direkt dazu verpflichtet, die Anforderungen umzusetzen, welche die Maßnahmenprogramme an die Unterhaltung stellen (*Durner* W+B 2017, 175 (177 ff.)); § 39 Abs. 2 S. 1 WHG enthält die strikte Bindung an die unionalen Gewässerqualitätsziele.

41 Eine darauf aufbauende Frage ist, inwieweit die Umweltziele des Art. 4 WRRL die Mitgliedstaaten dazu zwingen, einzelne, ganz konkrete gewässermorphologische Maßnahmen in die Maßnahmenprogramme aufzunehmen. Offensichtlich dürfte sein, dass sich

die Anstrengungen Deutschlands im gewässermorphologischen Bereich in Zukunft noch weiter verstärken müssen, um die bestehenden Defizite beseitigen zu können (s.a. *Reese* NVwZ 2018, 1592 ff.). Aus fachlicher Sicht macht dies grundsätzlich einen wirkungsvollen Mix aus Maßnahmen zur Herstellung von variablen Abflussverhältnissen, Durchgängigkeit im Gewässer und natürlichen bzw. naturnahen Gewässer- und Uferstrukturen erforderlich. In einer Gesamtbetrachtung müssen die in den Maßnahmenprogrammen festgesetzten gewässermorphologischen Maßnahmen jedenfalls sowohl quantitativ wie qualitativ ein solches Gewicht erreichen, dass über ihre Verwirklichung die **Erreichung** des maßgeblichen **Umweltqualitätsziels** nicht nur möglich, sondern hinreichend wahrscheinlich ist (vgl. *Elgeti/Lehnen* W+B 2019, 9 (17 f.)).

Mit Blick auf die Gewässerunterhaltung lässt sich aus dem Vorstehenden folgern, dass 42 es nach der Wasserrahmenrichtlinie ein nationales Rechtsinstrument zur Durchsetzung gewässermorphologischer Maßnahmen (wie jenes in den §§ 39 ff. WHG 2010) überhaupt geben muss. Dieses muss darüber hinaus, gesteuert über die Maßnahmenprogramme, einen **ausreichenden und effektiven Beitrag** zur Erreichung der Umweltziele des Art. 4 WRRL leisten.

5. Landesrecht

Mit der Föderalismusreform I aus dem Jahr 2006 wurde dem Bund für den Wasserhaus- 43 halt gemäß Art. 74 Abs. 1 Nr. 32 GG die **konkurrierende Gesetzgebungskompetenz** zugewiesen (ausführlich *Reinhardt* AöR 2010, 460 ff.; *Apel* Die Reform des Föderalismus im Wasserhaushaltsrecht; näher zu Rn. 43-47 bereits *Funken* Gewässerunterhaltung, S. 34-43). Seither steht es dem Bund zu, das Recht der Gewässerunterhaltung vollumfänglich zu regeln. Die Länder sind nach dem Grundmodell des Art. 72 Abs. 1 GG nur normierungsbefugt, (solange und) soweit der Bund von seiner Kompetenz nicht Gebrauch gemacht hat. Hat er dies gemacht, können die Länder allerdings – darüber hinaus – gemäß Art. 72 Abs. 3 S. 1 Nr. 5 GG hiervon abweichende Regelungen treffen; abweichungsfest sind stoff- und anlagenbezogene Regelungen des Bundes.

Einerseits können die Länder vor diesem Hintergrund im Rahmen des Art. 72 Abs. 1 44 GG unterhaltungsrechtliche Bestimmungen erlassen, soweit der Bund die Materie nicht abschließend geregelt hat (*Seiler* in BeckOK GG Art. 72 Rn. 4). Das Recht der Gewässerunterhaltung hält einige sog. **Öffnungsklauseln** bereit. Die Regelungsbefugnisse der Länder sind insofern grundsätzlich durch die inhaltlichen Maßgaben des Bundesvorbehalts begrenzt (*Sannwald* in Schmidt-Bleibtreu/Hofmann/Henneke Art. 72 GG Rn. 35; *Kotulla* § 40 Rn. 6; *Niesen* in Berendes/Frenz/Müggenborg § 40 Rn. 6; aA *Dallhammer* ZUR 2019, 228 (232)). In § 39 WHG enthält der Katalog des Absatzes 1 Satz 2 regelungstechnisch eine offene Aufzählung der Mindestinhalte der Gewässerunterhaltung („insbesondere“) (*Niesen* in Berendes/Frenz/Müggenborg § 39 Rn. 20; *Drost* in ders. § 39 Rn. 27), die bereits bestehende oder neu hinzukommende Erweiterungen des Unterhaltungsinhalts in den Landeswassergesetzen zulässt (BT-Drs. 16/13306, 28).

Andererseits gibt Art. 72 Abs. 3 S. 1 Nr. 5 GG den Ländern das Gesetzgebungsrecht, 45 im Bereich des Wasserhaushalts vom Bundesrecht **abweichende Regelungen** zu treffen. In der Ausgestaltung der abweichenden Regelungen sind die Länder grundsätzlich frei (BVerwG NVwZ-RR 2016, 484 (Rn. 5)). Insbesondere darf die Abweichung ein Minus, ein Maius, ein Aliud oder eine Mischung hieraus darstellen (BayVerfGH Entsch. v. 29.5.2017 – Vf. 8-VII-16, Rn. 30). Nicht gefolgt werden kann insofern der Ansicht, die Länder seien „berechtigt, § 39 WHG auszuweiten, dürften ihn aber (wie bisher) nicht einschränken“ (*Czychowski/Reinhardt* § 39 Rn. 4). Dieser Standpunkt dürfte sich noch auf die alte Rahmengesetzgebung nach Art. 75 GG beziehen.

46 Von dem Abweichungsrecht ausgenommen sind aufgrund des Klammerzusatzes des Art. 72 Abs. 3 Nr. 5 GG alle stoff- und anlagenbezogenen Regelungen. Das Unterhaltungsrecht der §§ 39 bis 42 WHG ist freilich ein Paradebeispiel für **„konstitutionelle Abweichungsoffenheit"** im Bereich des Wasserhaushalts (*Apel* Die Reform des Föderalismus im Wasserhaushaltsrecht, S. 334 f.). Die Regelungen zur Gewässerunterhaltung haben weder einen Stoff- noch einen Anlagenbezug (→ § 41 Rn. 11; → § 42 Rn. 17; BT-Drs. 16/12275, 63; *Berendes* § 39 Rn. 1). Gegen die Einordnung des § 39 Abs. 1 S. 2 Nr. 5 WHG als stoffbezogene Regelung spricht, dass die Gewässerunterhaltung nicht die Reinhaltung des Wassers erfasst (*Drost* in ders. § 39 Rn. 27j), sondern vielmehr ein Instrument zur Steuerung der Ökologie und Hydromorphologie des Gewässers ist. Die in Nr. 5 genannten Stoffe sind zudem typischerweise integraler Bestandteil des Gewässers. Die Unterhaltung künstlicher oder erheblich veränderter Gewässer ist nicht anlagenbezogen (aA *Kotulla* NVwZ 2007, 489 (494)). Diese Gewässer selbst als Anlagen einzuordnen, erscheint aus systematischen Gründen nicht überzeugend (*Apel* Die Reform des Föderalismus im Wasserhaushaltsrecht, S. 335 Fn. 224; *Spieth* BeckOK UmweltR § 39 Rn. 2).

47 Die grundsätzliche Abweichungsfreiheit der Länder bezüglich §§ 39 ff. WHG wird materiell freilich durch den **Anwendungsvorrang** des Unionsrechts und namentlich der **Wasserrahmenrichtlinie** begrenzt (*Ginsky/Rechenberg* ZUR 2006, 344 (348 f.); *Schulze-Fielitz* NVwZ 2007, 249 (254)). Insofern dürfen Abweichungen nicht dazu führen, dass in dem betreffenden Land kein effektives rechtliches Instrumentarium mehr dafür besteht, Renaturierungen hin zu einem guten Gewässerzustand umzusetzen. Im Einzelnen ist genau zu prüfen, ob es sich um eine wirkliche Erweiterung oder Abweichung von § 39 WHG handelt oder ob die landesrechtliche Unterhaltungsvorgabe lediglich eine klarstellende Funktion besitzt bzw. nur eine rudimentäre Gewichtsverlagerung bewirkt (*Erbguth* ZUR 2019, 195 (197 ff.); siehe zudem bereits *Funken* Gewässerunterhaltung, S. 84 f.). Die landesrechtlichen Unterhaltungsinhalte sind zudem stets in Korrelation zu dem weiter geltenden Unterhaltungsrecht des Bundes zu sehen (*Drost* in ders. § 39 Rn. 27k ff.).

48 Besonders hervorzuheben sind die partiellen landeswasserrechtlichen **Ergänzungen der ökologischen Gehalte** der Gewässerunterhaltung (s.a. *Reese/Bedtke/Gawel/Klauer/Köck/Möckel* Wasserrahmenrichtlinie, S. 40; näher zu Rn. 48–50 bereits *Funken* Gewässerunterhaltung, S. 84–86). Teilweise werden die Träger der Unterhaltungslast explizit zur Renaturierung (§ 24 Abs. 2 HWG; dazu *Reutzel/Rullmann* § 24 HWG Nr. 3) oder zur naturnahen Pflege und Gestaltung der Ufer verpflichtet (vgl. § 35 Abs. 1 S. 2 Nr. 4 HmbWG). Teilweise wird die Verhinderung und Beseitigung von Uferabbrüchen nur erlaubt, soweit diese den Wasserabfluss erheblich behindern oder zu einer Gefährdung von Deichen und Dämmen führen können (vgl. § 25 Abs. 1 Nr. 2 WG SchlH). Über die ökologische Uferunterhaltung hinaus verpflichten einige Landeswassergesetze die Unterhaltungspflichtigen zur Pflege und Entwicklung der Gewässerrandstreifen (vgl. § 31 Abs. 1 Nr. 1 SächsWG und die korrespondierende Duldungspflicht des § 38 Abs. 1 SächsWG) bzw. der Uferbereiche (vgl. § 34 Abs. 1 WG RhPf; s. *Jeromin* in ders./Kerkmann § 34 WG RhPf Rn. 1).

49 Im Übrigen enthält das Landeswasserrecht häufig originär **wasserwirtschaftlich motivierte Ergänzungen** des Inhalts der Gewässerunterhaltung. So finden sich Spezifizierungen zur Reinigung der Gewässer (vgl. § 61 LWG NRW) sowie zur Bekämpfung von Wühltieren (vgl. § 24 Abs. 1 S. 2 Nr. 3 HessWG und § 31 Abs. 1 Nr. 5 SächsWG). Teilweise wird die Gewässerunterhaltung auch auf Anlagen ausgedehnt, die der Abführung von Wasser dienen (vgl. § 62 WG MV; § 61 S. 1 NdsWG; dazu BVerwG NVwZ 2020, 1282 (Rn. 41); *Pencereci* in Rapsch/Pencereci/Brandt Wasserverbandsrecht, S. 221 f.). Manche Landeswassergesetze möchten über die allgemeine Berücksichtigungspflicht der Interessen von Drittbetroffenen hinaus die Belange der Fischerei und/oder der Land- und

Forstwirtschaft bei der Unterhaltung stärker betonen (vgl. § 34 Abs. 1 Nr. 1 WG RhPf sowie § 24 Abs. 1 S. 2 Nr. 1 HessWG).

Vorbildhaft erscheinen landeswasserrechtliche Bestimmungen, welche die komplexe Aufgabe der Gewässerunterhaltung in verfahrensmäßiger Hinsicht strukturieren. Hierzu zählen explizite Regelungen über turnusmäßige **Gewässerschauen** der Unterhaltungspflichtigen (vgl. § 32 Abs. 6 WG BW) ebenso wie gesetzliche Verpflichtungen zur Aufstellung von koordinierten **Unterhaltungskonzepten** (vgl. § 74 LWG NRW und § 78 Abs. 2 BbgWG). 50

II. Der Gegenstand der Gewässerunterhaltung (§ 39 Abs. 1 WHG)

Gewässerunterhaltung ist die „Pflege und Entwicklung“ oberirdischer Gewässer. Zur Gewässerunterhaltung gehören insbesondere die in § 39 Abs. 1 S. 2 WHG aufgelisteten Gegenstände. 51

1. Pflege und Entwicklung als weite Aufgabenumschreibung (S. 1)

Durch das Begriffspaar **„Pflege und Entwicklung“** erhält die Aufgabe der Gewässerunterhaltung seine Gehalte und Grenzen (näher zu Rn. 52-60 bereits *Funken* Gewässerunterhaltung, S. 73 ff.). Kritisch zu sehen ist, dass die Spezifizierungen der Unterhaltung in § 39 Abs. 1 S. 2 WHG („insbesondere“) – abgesehen von dem Merkmal „Förderung der ökologischen Funktionsfähigkeit“ in Nummer 4 – zu stark den überkommenen Unterhaltungsinhalt der Erhaltung des Gewässers betonen. Die dynamische Entwicklungsperspektive der Gewässerunterhaltung kommt dabei zu kurz. Die **obersten Leitlinien** für die Unterhaltungspflichtigen sind die Begriffe Pflege und Entwicklung selbst. 52

§ 39 Abs. 1 S. 1 WHG bietet eine **weite Inhaltsbeschreibung** der Aufgabe der Gewässerunterhaltung (*Czychowski/Reinhardt* § 39 Rn. 16). Im sachlichen Anwendungsbereich der Unterhaltung liegen grundsätzlich alle Maßnahmen, welche die hydromorphologischen und ökologischen Eigenschaften der Gewässer betreffen (→ § 3 Rn. 57 ff.), soweit sie nicht eine Gewässerbenutzung (§ 9 WHG) oder einen Gewässerausbau (§ 67 Abs. 2 WHG) darstellen. Vor diesem Hintergrund erübrigt sich die Frage, ob zur Gewässerunterhaltung Maßnahmen nur mit abflussbezogener oder auch mit ökologischer Zielsetzung gehören (anders *Pawlowski* EurUP 2015, 127 (130)). 53

Deutlich stärker als die technischen Begriffe Erhaltung und Instandhaltung nehmen die Begriffe Pflege und Entwicklung auf den **natürlichen bzw. naturnahen Charakter** von Gewässern Bezug. Sie stehen damit für das gewandelte Verständnis des Wasserhaushaltsrechts, die Gewässer nicht mehr nur als nutzbares Gut für die Menschen, sondern in ihren vielfältigen Funktionen für die Umwelt zu verstehen (*Gärditz* NuR 2013, 605 ff.). Die herkömmliche Erhaltung menschlich geformter Gewässerbetten und Ufer in ihrem status quo genügt insofern nicht mehr. 54

Dem Pflege- wie dem Entwicklungsbegriff ist eine bestimmte Zielrichtung immanent. Die Ausrichtung der heutigen Gewässerunterhaltung ergibt sich zuvörderst aus den **Bewirtschaftungszielen** an oberirdischen Gewässern (§§ 27 ff. WHG; s. *Albrecht/Gies* NuR 2014, 235 (236); *Breuer/Gärditz* Rn. 1152). Die Unterhaltung ist insofern grundsätzlich ein Instrument dafür, gute Gewässerzustände zu erhalten oder zu erreichen. Die Unterhaltung wirkt sich insbesondere auf den ökologischen (und nicht den chemischen) Gewässerzustand aus. 55

Mit den Begriffen Pflege und Entwicklung werden „Mittel, Wege und Instrumente“ zur Förderung und Erreichung der Bewirtschaftungsziele beschrieben (*Kollmann* WuA 2004, 10 (11); *Schwendner/Rossi* in Sieder/Zeitler/Dahme/Knopp § 39 Rn. 58). Dagegen 56

definieren die Begriffe selbst weder die Ziele noch die Zwecke der Unterhaltung. Die Gewässerunterhaltung kann in einem **positiven Tun oder qualifizierten Unterlassen** liegen (*Kotulla* § 39 Rn. 8). Das Merkmal der Gewässerpflege bezieht sich insoweit auf die Sicherung, Erhaltung und Wiederherstellung des morphologischen Zustands von Gewässerbett und Ufer (*Czychowski/Reinhardt* § 39 Rn. 17). Es hat also ein statisches Moment. Damit dient die Pflege der Gewässer der Erfüllung des **Verschlechterungsverbots** im Sinne des § 27 Abs. 1 Nr. 1 WHG (näher *Niesen* in Berendes/Frenz/Müggenborg § 39 Rn. 10 m.w.N.).

57 Mit den klassischen Maßnahmen zur Sicherung eines schnellen Wasserabflusses – namentlich der Entkrautung des Gewässerbetts und der Mahd der Ufer – ist die **Gewässerpflege** freilich nicht gleichzusetzen. Sie hat sich vielmehr allgemein dem gewandelten Verständnis über die Gewässerfunktionen und konkret den für die einzelnen Gewässerkörper entwickelten Bewirtschaftungskonzepten der Länder anzupassen. Das bedeutet insbesondere die Ausführung von Unterhaltungsmaßnahmen, welche die aquatischen Lebensräume schonen und bewahren.

58 Das Merkmal der Entwicklung von Gewässern hat zu einer **„Dynamisierung“** der Gewässerunterhaltung geführt (*Pawlowski* EurUP 2015, 127 (129); *Schwendner/Rossi* in Sieder/Zeitler/Dahme/Knopp § 39 Rn. 58). Auf dieser Grundlage wird es teils restriktiv, teils extensiv ausgelegt. Erstere Stimmen leiten aus dem Herkommen des Rechtsinstituts sowie der Zulassungsfreiheit (§ 9 Abs. 3 S. 2 WHG) der Unterhaltung ab, dass diese vorrangig weiterhin bewahrenden Charakter haben müsse (*Kotulla* § 39 Rn. 10; *Breuer/Gärditz* Rn. 1152). Letztere stellen auf die Neueinfügung des Entwicklungsbegriffs in § 39 Abs. 1 S. 1 WHG und den damit verbundenen Willen des Gesetzgebers ab, mit der Unterhaltung einen relevanten **Beitrag zur Erreichung guter ökologischer Gewässerzustände** leisten zu wollen (*Reese/Bedtke/Gawel/Klauer/Köck/Möckel* Wasserrahmenrichtlinie, S. 36 ff.).

59 Richtigerweise ist der Entwicklungsbegriff im Rahmen der Gewässerunterhaltung ernst zu nehmen und bedarf für sich genommen keiner restriktiven Interpretation. Bereits das Nebeneinanderstellen von Pflege und Entwicklung zeigt, dass mit der Unterhaltung gleichrangig auch aktive Gestaltungen der Gewässer verbunden sein sollen. Die Gewässerentwicklungen dienen der Erfüllung des **Verbesserungsgebots** gemäß § 27 Abs. 1 Nr. 2 WHG (vgl. *Niesen* in Berendes/Frenz/Müggenborg § 39 Rn. 12). Die Abgrenzung zum Gewässerausbau im Sinne des § 67 Abs. 2 S. 1 WHG war im Übrigen schon immer schwierig; stets bestand ein Bedürfnis, die Unterhaltung möglichst weit bis zur Schwelle der Planfeststellungspflicht auszureizen (→ Rn. 122 ff.).

60 Demnach umfassen Gewässerentwicklungen ein **weites Spektrum von Maßnahmen** wie etwa die Anpflanzung von Ufergehölzen, den Einbau von Störsteinen, Uferbermen oder **Totholz** und die Wiederherstellung der Durchgängigkeit (*Schwendner/Rossi* in Sieder/Zeitler/Dahme/Knopp § 39 Rn. 60; *Niesen* in Berendes/Frenz/Müggenborg § 39 Rn. 14). Die Maßnahmen der Unterhaltungspflichtigen können die Veränderungen der Gewässer unmittelbar aktiv bewirken, bloß anstoßen oder sogar nur passiv begleiten. Damit sind sie ein wirksames Mittel, Gewässer zu renaturieren. So weitumfassend der Begriff der Gewässerentwicklung scheint, wird er letztlich bereits im Unterhaltungsrecht durch die Duldungspflichten des § 41 WHG deutlich eingehegt.

2. Die Unterhaltungsziele im Einzelnen (S. 2)

61 Die Vorschrift des § 39 Abs. 1 S. 2 WHG präzisiert die allgemeine Definition der Gewässerunterhaltung durch die Benennung einzelner Unterhaltungsziele (zu Rn. 61–79 bereits *Funken* Gewässerunterhaltung, S. 78 ff.). Diese **Ziele und Inhalte der Unterhal-**

tung sind vom Bundesgesetzgeber in einem Katalog aus fünf verschiedenen Nummern zusammengefasst worden:

1. die Erhaltung des Gewässerbettes, auch zur Sicherung eines ordnungsgemäßen Wasserabflusses,
2. die Erhaltung der Ufer, insbesondere durch Erhaltung und Neuanpflanzung einer standortgerechten Ufervegetation, sowie die Freihaltung der Ufer für den Wasserabfluss,
3. die Erhaltung der Schiffbarkeit von schiffbaren Gewässern mit Ausnahme der besonderen Zufahrten zu Häfen und Schiffsanlegestellen,
4. die Erhaltung und Förderung der ökologischen Funktionsfähigkeit des Gewässers insbesondere als Lebensraum von wild lebenden Tieren und Pflanzen,
5. die Erhaltung des Gewässers in einen Zustand, der hinsichtlich der Abführung oder Rückhaltung von Wasser, Geschiebe, Schwebstoffen und Eis den wasserwirtschaftlichen Bedürfnissen entspricht.

Das Wort „insbesondere" in § 39 Abs. 1 S. 2 WHG verdeutlicht, dass der Gesetzgeber die Inhalte der Gewässerunterhaltung nicht abschließend regeln wollte (*Spieth* BeckOK UmweltR § 39 Rn. 14). Der Katalog stellt damit allein den **„Kernbestand an Unterhaltungsmaßnahmen"** dar (BT-Drs. 16/12275, 63; *Niesen* in Berendes/Frenz/Müggenborg § 39 Rn. 23). Allerdings ist hieraus nicht zu folgern, dass die Träger der Unterhaltungslast die Anwendungsfälle der Unterhaltung selbst ausdehnen können dürfen. Der Betrieb und die Unterhaltung von Schöpfwerken zählen daher beispielsweise grundsätzlich nicht zum Unterhaltungsprogramm nach § 39 Abs. 1 S. 2 WHG (*Skrobotz* LKV 2016, 49 (50)). Vielmehr liefert das Wort „insbesondere" eine **Öffnungsklausel** für die Landesgesetzgeber, weitergehende Unterhaltungsziele zu regeln (OVG Bln-Bbg BeckRS 2014, 55093 (Rn. 40)). 62

a. Erhaltung des Gewässerbettes (Nr. 1). Das in § 39 Abs. 1 S. 2 WHG erstgenannte Unterhaltungsziel ist die **Erhaltung des Gewässerbettes**. Der Begriff der „Erhaltung" verdeutlicht, dass das Gewässerbett durch die Gewässerunterhaltung in seinem morphologischen Zustand grundsätzlich bewahrt bleiben und nicht verändert werden soll. Wie schon nach dem preußischen Wassergesetz ist von Nummer 1 freilich auch die **Wiederherstellung** des vorherigen Gewässerbettes erfasst, solange sich die Veränderung nicht über einen langen Zeitraum vollständig verfestigt hat (*Czychowski/Reinhardt* § 39 Rn. 18 m.w.N.). 63

Der Begriff des **„Gewässerbettes"** meint die Sohle bzw. die untere Einfassung eines oberirdischen Gewässers, welche das fließende oder das stehende Wasser trägt (vgl. § 3 Nr. 1 WHG; näher *Niesen* in Berendes/Frenz/Müggenborg § 39 Rn. 27 m.w.N.). Das Gewässerbett ist – mit Blick auf § 39 WHG freilich nicht notwendigerweise haargenau (vgl. *Fröhlich* ZfW 2016, 201 (204)) – von dem Gewässerufer abzugrenzen. Über den Bezug zum Gewässerbett signalisiert § 39 Abs. 1 S. 2 Nr. 1 WHG, dass das Wasser selbst gerade nicht Gegenstand der Unterhaltung ist (*Drost* in ders. § 39 Rn. 27a und 27e). Damit zählt auch die **Reinhaltung** des Wassers prinzipiell **nicht** zur Unterhaltung (BT-Drs. 16/12275, 63; *Czychowski/Reinhardt* § 39 Rn. 26, 35 m.w.N.). Die Regulierung der Wasserbeschaffenheit (vgl. § 3 Nr. 9 WHG) unterfällt vielmehr den Regelungsregimen der §§ 8 f., 57 sowie 51 f. WHG. 64

Zu § 39 Abs. 1 S. 2 Nr. 1 WHG gehören alle Maßnahmen zum Schutz des Gewässerbettes (*Czychowski/Reinhardt* § 39 Rn. 23). Bei der explizit angesprochenen („auch") **Sicherung eines ordnungsgemäßen Wasserabflusses** handelt es sich um einen wichtigen Unterfall solcher Maßnahmen (*Simons v. Bockum gen. Dolffs* Die Gewässerunterhal- 65

tung durch Wasserverbände und die Kostentragung durch deren Mitglieder, S. 17 ff.). Hiernach ist dafür zu sorgen, dass das im Gewässer gewöhnlich zufließende Wasser schadlos abfließen kann (OLG Düsseldorf BeckRS 2006, 01382; *Kotulla* § 39 Rn. 16; *Czychowski/Reinhardt* § 39 Rn. 29). Ordnungsgemäß ist der Abfluss allerdings nur, wenn er sich in die – nicht zuletzt ökologischen – **„Gesamtverhältnisse am Gewässer einfügt"** (*Knopp* NVwZ 2003, 275 (278); *Pawlowski* EurUP 2015, 127 ff.). Die Sicherung des Wasserabflusses erfordert insbesondere, Abflusshindernisse wie zum Beispiel Sandbänke, Schlick, Schlamm, Geröllablagerungen oder umgestürzte Bäume zu beseitigen (*Wenderoth* ZfW 2010, 129 (133); *Niesen* in Berendes/Frenz/Müggenborg § 39 Rn. 28; *Berendes* § 39 Rn. 6). Weitere Beispielsfälle für den Erhalt des Gewässerbetts sind dessen Freihaltung, Reinigung und Räumung (*Czychowski/Reinhardt* § 39 Rn. 25 ff).

66 Unterhaltungsmaßnahmen nach § 39 Abs. 1 S. 2 Nr. 1 WHG haben auch Auswirkungen auf die Gewässerökologie und den Hochwasserschutz (dazu *Rolfsen* Öffentliche Hochwasservorsorge, S. 42, 245 f.), bezwecken aber in erster Linie die **Gewährleistung** bestehender oder künftiger **Gewässernutzungen** (vgl. § 6 Abs. 1 S. 1 Nr. 3, 4 und 6 WHG).

67 **b. Erhaltung der Ufer (Nr. 2).** Als nächsten Bestandteil der Gewässerunterhaltung benennt § 39 Abs. 1 S. 2 WHG die **Erhaltung** der Ufer sowie die **Freihaltung der Ufer** für den Wasserabfluss. Angesprochen sind insofern zwei voneinander zu trennende Aspekte der Uferunterhaltung:

68 Die „Erhaltung der Ufer" zielt auf deren Pflege und Schutz ab. § 39 Abs. 1 S. 2 Nr. 2 WHG hebt die Erhaltung und Neuanpflanzung einer **standortgerechten Ufervegetation** hervor („insbesondere"). Der natürliche Erhalt der Ufer – zum Beispiel durch Lebendverbau (*Schwendner/Rossi* in Sieder/Zeitler/Dahme/Knopp § 39 Rn. 105) – erhält insofern Vorrang vor der Verwendung künstlicher Mittel (*Drost* in ders. § 39 Rn. 27f; *Niesen* in Berendes/Frenz/Müggenborg § 39 Rn. 41). Auch wenn die Uferunterhaltung nach Nummer 2 insgesamt ein statisches Moment behält, können gerade über standortgerechte Neuanpflanzungen die ökologischen Bedingungen am Gewässer effektiv verbessert werden. Standortgerecht ist Ufervegetation, wenn sie sich in die betreffende Gewässerstruktur einfügt und gebietstypisch ist. Vom Erhalt der Ufer sind des Weiteren die **Beseitigung von Uferschäden** sowie die **Sicherung der Uferstrecken** erfasst (*Drost* in ders. § 39 Rn. 27f; *Czychowski/Reinhardt* § 39 Rn. 40). Auch die Wiederherstellung infolge von Uferabrissen fällt hierunter (*Spillecke* § 61 LWG NRW Rn. 2).

69 Der zweite Aspekt der Uferunterhaltung betrifft die „Freihaltung der Ufer für den Wasserabfluss". Hierdurch erstreckt sich die Pflicht zur Sicherung eines ordnungsgemäßen Wasserabflusses vom Gewässerbett auch auf die Ufer. Unter die Freihaltung fallen alle Maßnahmen, mit denen vom Ufer ausgehende **Hindernisse** für den Wasserabfluss **beseitigt** werden (*Drost* in ders. § 39 Rn. 27f; *Niesen* in Berendes/Frenz/Müggenborg § 39 Rn. 44).

70 Über § 39 Abs. 1 S. 2 Nr. 2 WHG treten die Unterhaltungszwecke des Schutzes der ökologischen Funktionsfähigkeit des Gewässers sowie des Schutzes vor Hochwasser bereits stärker hervor als in Nummer 1 (vgl. dahinter § 6 Abs. 1 S. 1 Nr. 1 und Nr. 6 WHG) (*Drost* in ders. § 39 Rn. 27f; *Queitsch* in Schink/Fellenberg § 39 Rn. 29).

71 **c. Erhaltung der Schiffbarkeit (Nr. 3).** An schiffbaren Gewässer fordert § 39 Abs. 1 S. 2 Nr. 3 WHG von den Unterhaltungspflichtigen darüber hinaus die Erhaltung der Schiffbarkeit. **Schiffbar** sind neben den Bundeswasserstraßen (vgl. dazu § 1 Abs. 1 Nr. 1 WaStrG) die kraft Landeswasserrechts allgemein zur Schifffahrt zugelassenen Gewässer (näher *Kotulla* § 39 Rn. 23; *Drost* in ders. § 39 Rn. 27h) § 39 Abs. 1 S. 2 Nr. 3 WHG

lkann als ein Ausschnitt an Verkehrsinfrastrukturrecht im Wasserhaushaltsgesetz angesehen werden (→ Rn. 145 ff.) und bezweckt insofern die Gewährleistung dieser speziellen Art von Gewässernutzungen.

Von Nummer 3 sind prinzipiell alle Maßnahmen erfasst, welche die **gegebenen** 72 **Schifffahrtsverhältnisse** des betreffenden Gewässers erhalten (*Spieth* BeckOK UmweltR § 39 Rn. 26). Verbesserungen der Schifffahrtsverhältnisse obliegen den Unterhaltungspflichtigen dagegen nicht (*Niesen* in Berendes/Frenz/Müggenborg § 39 Rn. 49; *Czychowski/Reinhardt* § 39 Rn. 46). Beispielsmaßnahmen für die Erhaltung der Schiffbarkeit sind die Zustandskontrolle der Fahrrinne, die Ausbaggerung der Fahrrinne, die Beseitigung von Schifffahrtshindernissen sowie die Gefahrenwarnung durch Schilder und Bojen (*Kotulla* § 39 Rn. 22 ff.; *Berendes* § 39 Rn. 7).

Die Maßnahmen beschränken sich grundsätzlich auf die **Fahrrinne** und betreffen nicht 73 das gesamte Gewässer (explizit § 52 Abs. 2 S. 1 WG LSA; *Breuer/Gärditz* Rn. 1150; *Czychowski/Reinhardt* § 39 Rn. 46). Gesetzlich ausgenommen von der Erhaltung der Schiffbarkeit sind die „besonderen Zufahrten zu Häfen und Schiffsanlegestellen". Hierunter fallen „alle von dem durchgehenden Schiffsverkehr abzweigenden Zufahrten, mit denen die wasserseitige Verbindung zu dem jeweiligen Hafen bzw. der jeweiligen Schiffsanlegestelle hergestellt wird" (VGH Mannheim BeckRS 2019, 1114 (Ls.)). Diese Zufahrten sind von den Hafen- und Anlagenbetreibern zu unterhalten (s. Art. 22 Abs. 5 BayWG; *Niesen* in Berendes/Frenz/Müggenborg § 39 Rn. 48).

d. Erhaltung und Förderung der Gewässerökologie (Nr. 4). Die zentrale Neue- 74 rung und Erweiterung des Unterhaltungsprogramms in § 39 Abs. 1 S. 2 WHG stellt die Rechtspflicht zum Schutz und zur Förderung der **ökologischen Funktionsfähigkeit** des Gewässers insbesondere als Lebensraum von wild lebenden Tieren und Pflanzen dar (*Drost* in ders. § 39 Rn. 27i; *Niesen* in Berendes/Frenz/Müggenborg § 39 Rn. 52; aA *Spieth* BeckOK UmweltR § 39 Rn. 27a; zur Verfassungskonformität → § 40 Rn. 35 ff.).

Wenngleich in dem Katalog erst als Nummer 4 positioniert, erhält die Vorgabe über 75 die Maßstäbe zur Gewässerunterhaltung in § 39 Abs. 2 WHG eine herausragende Bedeutung. Die Vorschrift rekurriert in ihren Begrifflichkeiten sowohl auf § 6 Abs. 1 S. 1 Nr. 1 WHG wie auf § 1 Abs. 1 Nr. 2, Abs. 3 Nr. 3 (Leistungs- und Funktionsfähigkeit der Binnengewässer als Bestandteil des Naturhaushalts) und § 7 Abs. 2 Nr. 1a (wild lebende Tiere), Nr. 2a (wild lebende Pflanzen), Nr. 4 und Nr. 5 (Lebensraum/-stätte) BNatSchG. Die ökologische Funktionsfähigkeit eines Gewässers liegt in der Aufrechterhaltung der **Wechselwirkungen** zwischen dem aquatischen Lebensraum und den in ihm lebenden Arten (*Drost* in ders. § 39 Rn. 27i; *Saßl* Ökologische Gewässerunterhaltung durch Wasser- und Bodenverbände nach dem Wasserverbandsgesetz, Rn. 151). Hierdurch wird nicht zuletzt eine natürliche Selbstreinigung des Gewässers ermöglicht (*Schwendner/Rossi* in Sieder/Zeitler/Dahme/Knopp § 39 Rn. 130).

Die Gewässerökologie ist nach § 39 Abs. 1 S. 2 Nr. 4 WHG von den Unterhaltungs- 76 pflichtigen zu erhalten und zu fördern. **Förderung** meint das Ermöglichen einer positiven Verbesserung (*Drost* in ders. § 39 Rn. 27i). Insofern bezweckt die Vorgabe in Nummer 4, zu der Verwirklichung des gewässerbezogenen Verschlechterungsverbots und Verbesserungsgebots gemäß §§ 27 ff. WHG beizutragen (BT-Drs. 16/12275, 63; *Niesen* W+B 2017, 136 ff.). Ihre Umsetzung dient zugleich den Schutzzielen der Natura-2000 Gebiete (*Drost* in ders. § 39 Rn. 27i). Maßnahmen nach Nummer 4 können im Einzelnen ganz vielfältig aussehen und umfassen beispielsweise die Gewässerbelüftung, das Einsetzen von Fischen, das Belassen oder Einbringen von **Totholz**, die Anpflanzung von Uferbewuchs, den Einbau von Störsteinen oder den Rückbau von Querbauwerken (MUNLV

NRW Blaue Richtlinie, S. 57 ff.; *Schwendner/Rossi* in Sieder/Zeitler/Dahme/Knopp § 39 Rn. 130).

77 **e. Erhaltung des Gewässerzustands entsprechend der wasserwirtschaftlichen Bedürfnisse (Nr. 5).** Die schwer zugängliche Bestimmung des § 39 Abs. 1 S. 2 Nr. 5 WHG verpflichtet die Träger der Unterhaltungslast schließlich zur Erhaltung des Gewässers in einem Zustand, der hinsichtlich der Abführung oder Rückhaltung von Wasser, Geschiebe, Schwebstoffen und Eis den **wasserwirtschaftlichen Bedürfnissen** entspricht. Durch den generalklauselartigen Bezug auf die wasserwirtschaftlichen Bedürfnisse erhält die Vorschrift ein äußerst weites Anwendungsfeld. Eine Konkretisierung erfährt die Unterhaltungsvorgabe dadurch, dass die Unterhaltungsmaßnahmen nach Nummer 5 **Auswirkung auf den natürlichen Stofftransport** in dem Gewässer haben müssen (näher *Kotulla* § 39 Rn. 29 f.; *Drost* in ders. § 39 Rn. 27j). Je nach dem anvisierten wasserwirtschaftlichen Zweck im Sinne des § 6 WHG sollen die Stoffe mit den Maßnahmen im Einzelfall entweder zurückgehalten oder abgeführt werden (s.a. *Rolfsen* Öffentliche Hochwasservorsorge vor dem Hintergrund von tatsächlichen und rechtlichen Grundvorgaben, S. 245).

78 Ein Hauptzweck des § 39 Abs. 1 S. 2 Nr. 5 WHG liegt in der **Hochwasservorsorge** (*Berendes* § 39 Rn. 8; *Schwendner/Rossi* in Sieder/Zeitler/Dahme/Knopp § 39 Rn. 142 ff.; aA *Albrecht/Gies* NuR 2014, 235 (236)). Hinter der Vorschrift steht insofern der allgemeine Bewirtschaftungsgrundsatz des § 6 Abs. 1 S. 1 Nr. 6 WHG, schadlose Abflussverhältnisse zu gewährleisten und durch Rückhaltung des Wassers in der Fläche der Entstehung von nachteiligen Hochwasserfolgen vorzubeugen (*Rolfsen* Öffentliche Hochwasservorsorge vor dem Hintergrund von tatsächlichen und rechtlichen Grundvorgaben, S. 245 f.). Dieser Grundsatz schafft eine normative Verknüpfung zwischen der Gewässerbewirtschaftung und dem Hochwasserschutz (*Kotulla* § 6 Rn. 24). Dem liegt vor allem der Gedanke zugrunde, dass Renaturierungen hin zu einem guten ökologischen Gewässerzustand einen positiven Einfluss auf den Hochwasserschutz haben (*Reese* NuR 2011, 19 (25); *Dohmen* Das neue Hochwasserschutzrecht in Deutschland, S. 110 ff.). Hochwassergefahren wird weit besser durch die **Rückhaltung von Wasser in der Fläche** (Retentionsräume wie zum Beispiel Flussauen) vorgebeugt als durch den schnellen Wasserabfluss im ausgebauten Trapezprofil (eingehend *Rolfsen* Öffentliche Hochwasservorsorge vor dem Hintergrund von tatsächlichen und rechtlichen Grundvorgaben, S. 42; *Jablonski* Hochwasserschutzrecht, S. 36 ff.; *Dohmen* Das neue Hochwasserschutzrecht in Deutschland, S. 21, 30 f.). Die Unterhaltung nach § 39 Abs. 1 S. 2 Nr. 5 WHG kann hierfür die notwendigen gewässermorphologischen Grundbedingungen schaffen (zurückhaltend *Czychowski/Reinhardt* § 39 Rn. 52), wenngleich ihr Anwendungsbereich aufgrund der Wesentlichkeitsschwelle des § 67 Abs. 2 S. 1 WHG freilich begrenzt ist.

79 Neben den Vorteilen für den Hochwasserschutz kann eine nach § 39 Abs. 1 S. 2 Nr. 5 WHG bewirkte Wasserrückhaltung zudem die negativen Folgen von Niederschlagsdefiziten (Sedimentation, Trübung, Eutrophierung) aufgrund des **Klimawandels** abmildern (s. dazu § 6 Abs. 1 S. 2 Hs. 2 WHG; knapp *Pencereci* in Rapsch/Pencereci/Brandt Wasserverbandsrecht, S. 222; allg. *Zoth* W+B 2020, 91 ff.).

3. Konkretisierungsbedarf, Konfliktlinien, Gestaltungsspielräume

80 Die normativen Inhalte der modernen Gewässerunterhaltung bleiben auf einem hohen Abstraktionsniveau (*Reinhardt* ZfW 2013, 121 (126); zu Rn. 80-84 bereits *Funken* DVBl. 2023, 1134 (1139 f.); näher *ders.* Gewässerunterhaltung, S. 86 f., 299 ff.). Die Aufgabe der Gewässerunterhaltung im Sinne des § 39 WHG ist im Einzelfall stark **konkretisierungsbedürftig** (vgl. *Shirvani* in Durner/Shirvani Eigentum im Wasserrecht, S. 81, 89 m.w.N.).

Unter die historische Erhaltungspflicht der Vorflut bzw. des Ausbauzustands konnte noch relativ einfach subsumiert werde. Dagegen fallen unter den heutigen Gesetzesauftrag zur Pflege und Entwicklung ganz unterschiedliche Zwecke, Ziele und Maßnahmen (s. *Funken* Gewässerunterhaltung, S. 210 ff.).

Selbst der technisierte Begriff der Erhaltung in den Nummern 1-5 des § 39 Abs. 1 S. 2 WHG lässt im Einzelfall eine Vielzahl unterschiedlicher Unterhaltungsmaßnahmen zu, solange diese das Gewässer nicht wesentlich umgestalten. Die **unbestimmten Rechtsbegriffe** des „ordnungsgemäßen Wasserabflusses" sowie der „wasserwirtschaftlichen Bedürfnisse" lassen erkennen, dass die Auswahl der einzelnen Unterhaltungsmaßnahmen von dem jeweils verfolgten wasserwirtschaftlichen Zweck abhängt (*Reinhardt* in ders. Vollzug der Wasserrahmenrichtlinie durch Planung, S. 26). Den einen „richtigen" morphologischen Gewässerzustand im Sinne des § 39 WHG gibt es nicht. 81

Die aus § 39 Abs. 1 S. 2 WHG ableitbaren Unterhaltungsmaßnahmen können sich in ihren Wirkungen, ihren Zielen und ihren Zwecken erheblich widersprechen (s. *Niesen* in Berendes/Frenz/Müggenborg § 39 Rn. 32, 37, 54, 60 f.). Die offensichtlichsten **Konfliktlinien** liegen zwischen den Begriffspaaren Erhaltung (Nrn. 1 und 3) und Entwicklung des Gewässers (Nr. 4), Neuanpflanzung von Ufervegetation und Freihaltung des Ufers (innerhalb von Nr. 2) sowie Abführung und Rückhaltung von Wasser (innerhalb von Nr. 5). Während dabei die Nrn. 1 und 3 für einen nutzungsorientierten Bewirtschaftungsansatz stehen, ist jener der Nrn. 2 und 4 ökologisch geprägt. Insofern müssen an den einzelnen Gewässerstrecken die verschiedenen Unterhaltungsziele konkretisiert und Entscheidungen über die auszuführenden Unterhaltungsmaßnahmen getroffen werden. 82

Trotz dieser unterschiedlichen Zielrichtungen ist die Gewässerunterhaltung als eine **einheitliche Aufgabe** zu verstehen. Die verschiedenen Unterhaltungsziele des § 39 Abs. 1 S. 2 WHG sind nämlich unter den Oberbegriffen der Pflege und Entwicklung untrennbar miteinander verklammert. Daher darf es grundsätzlich keine rein nutzungsbezogene oder rein ökologische Unterhaltung geben (vgl. *Queitsch* in ders./Koll-Sarfeld/Wallbaum, § 72 LWG NRW Rn. 5; aA *Himstedt/Nies* AuR 2007, 105 (112)). Vielmehr hat namentlich die Erhaltung des Gewässers möglichst naturnah und die Förderung der ökologischen Funktionsfähigkeit des Gewässers möglichst eigentumsschonend zu erfolgen. Kritisch zu sehen sind vor diesem Hintergrund – landesrechtliche – Aufspaltungen der Unterhaltungsaufgabe in abflussbezogene und ökologische Teile. 83

Vor der Auswahl und Konkretisierung einzelner Unterhaltungsmaßnahmen steht angesichts dieser Divergenzen eine **Abwägung** der Unterhaltungsziele und Unterhaltungsinhalte unter- und gegeneinander an. Im Ausgangspunkt liegt dieser Prozess der Abwägung und Konkretisierung in der **Verantwortung der Unterhaltungsträger** (ausführlich *Funken* Gewässerunterhaltung, S. 200 ff.). Hierbei kommen den Unterhaltungsträgern Gestaltungsspielräume zu (vgl. VGH BW BeckRS 2013, 53556 (Rn. 38 f.); *Kibele* ZfW 2011, 121 (128); *Elgeti* NuR 2023, 287). Namentlich muss zwischen den teilweise konfligierenden Unterhaltungszielen des § 39 Abs. 1 S. 2 WHG abgewägt und müssen die unbestimmten Rechtsbegriffe des „ordnungsgemäßen Wasserabflusses" und der „wasserwirtschaftlichen Bedürfnisse" näher bestimmt werden (zu diesen Begriffen *Schwendner/Rossi* in Sieder/Zeitler/Dahme/Knopp § 39 Rn. 89 ff., 151). Diese **Gestaltungsspielräume** sind **administrativer Natur**, wenngleich ihre zweifelsfreie Einordnung in die Kategorien Ermessen, Beurteilungsspielraum oder Planungsfreiheit nicht möglich ist. Die verwaltungsgerichtliche Überprüfung ist insoweit auf eine **allgemeine Abwägungskontrolle** beschränkt (zum Ganzen *Funken* Gewässerunterhaltung, S. 303 ff. m. w. N.). 84

4. Räumlicher Bezugsrahmen für die Gewässerunterhaltung

85 Nach § 39 Abs. 1 S. 1 WHG bezieht sich die Gewässerunterhaltung auf die oberirdischen Gewässer, nicht auf Grundwasser oder das Meer (näher zu Rn. 85-92 bereits *Funken* Gewässerunterhaltung, S. 118 ff.). **Oberirdische Gewässer** sind nach der Begriffsbestimmung des § 3 Nr. 1 WHG das ständig oder zeitweilig in Betten fließende oder stehende oder aus Quellen wild abfließende Wasser (eingehend zum Begriff und seiner Einordnung *Breuer/Gärditz* Rn. 228 ff. m.w.N.; zu Straßengräben s.a. *Queitsch* in Schink/Fellenberg § 39 Rn. 42 ff.). Entscheidend für die Gewässereigenschaft ist die Einbindung des Wassers in den natürlichen Wasserkreislauf, die etwa durch eine vorübergehende Verrohrung nicht aufgehoben wird (OVG NRW W+B 2019, 198 ff.; *Reinhardt* ZfW 2013, 121 (125)). Die Länder können nach § 2 Abs. 2 WHG kleine Gewässer von wasserwirtschaftlich untergeordneter Bedeutung aus dem Regime der §§ 39 ff. WHG ausnehmen (*Wenderoth* ZfW 2010, 129 (131 f.)). Vom Begriff des Gewässers sind sowohl die **Sohle** wie das **Ufer** erfasst (*Queitsch* KStZ 2018, 81; *Czychowski/Reinhardt* § 3 Rn. 8 m.w.N.). Damit erstreckt sich auch die Gewässerunterhaltung nach herkömmlicher Ansicht in räumlicher Hinsicht auf die Ufer der Gewässer (statt aller *Buerstedde* Rechtsfragen der Gewässerunterhaltung, S. 100 f.). Diese Auslegung wird nunmehr durch die Statuierung des Unterhaltungsziels des § 39 Abs. 1 S. 2 Nr. 2 WHG bestätigt (*Fröhlich* ZfW 2016, 201 (203)), wonach zur Gewässerunterhaltung die Erhaltung der Ufer sowie die Freihaltung der Ufer für den Wasserabfluss gehören, sowie durch die hiermit korrespondierende Pflicht des § 41 Abs. 1 S. 1 Nr. 3 WHG, dass die Anlieger die Bepflanzung der Ufer im Rahmen der Unterhaltung zu dulden haben.

86 Die **Abgrenzung des Ufers** von der sich hieran anschließenden Landfläche bereitet seit jeher im Einzelfall Schwierigkeiten (s. z.B. VG Köln BeckRS 2015, 50340 (Rn. 93 ff.)). Das Ufer ist aufgrund einer natürlichen Betrachtung der örtlichen Gegebenheiten und nicht anhand der Grenzen zwischen den Gewässer- und Anliegergrundstücken zu bestimmen (OVG Hamburg NordÖR 2004, 158 ff.; *Kotulla* § 39 Rn. 6; *Czychowski/Reinhardt* § 3 Rn. 8). Als Ufer wird traditionell die seitliche Einfassung des Gewässers zwischen der Wasserlinie bei mittlerem Wasserstand (sog. Uferlinie) und der **Böschungsoberkante** verstanden (VGH Mannheim VBlBW 2010, 37 (39); *Kotulla* § 3 Rn. 7, § 39 Rn. 6; *Schieferdecker* W+B 2017, 83 (84)). Ist keine Böschungsoberkante bzw. kein natürliches Ufergefälle vorhanden, reicht das Ufer weiter und zwar bis zur **Linie des Wasserstands bei mittlerem Hochwasser** (*Czychowski/Reinhardt* § 39 Rn. 7). Nicht zum Ufer zählt hiernach die Fläche zwischen der Böschungsoberkante und dem Deichfuß (Deichvorland) (*Kotulla* § 3 Rn. 7; *Schwendner/Rossi* in Sieder/Zeitler/Dahme/Knopp § 39 Rn. 51). Insofern gehören auch die Überschwemmungsgebiete im Sinne des § 76 Abs. 1 WHG nicht zum Ufer, sondern schließen sich erst unmittelbar an dieses an (*Breuer/Gärditz* Rn. 1149; näher *Funken* Gewässerunterhaltung, S. 124 f.).

87 Seit Juni 2021 enthält das **Wasserstraßengesetz** für die Binnenwasserstraßen des Bundes in § 1 Abs. 3 WaStrG eine eigene ausdrückliche Uferdefinition. Hiernach umfasst das Ufer einer Binnenwasserstraße des Bundes den Bereich zwischen der Uferlinie und der Linie des mittleren Hochwasserstandes (näher BT-Drs. 19/26827, 30); befindet sich unterhalb der Linie des mittleren Hochwasserstandes eine Böschungskante als natürliche landseitige Abgrenzung, tritt diese an die Stelle der Linie des mittleren Hochwasserstandes. Inhaltlich gleicht diese Legaldefinition dem soeben erläuterten herrschenden Uferbegriff, wenngleich sie bisher verbleibende Wertungsspielräume verringern dürfte. Für Binnenwasserstraßen des Bundes gießt sie diesen engen Uferbegriff also in Gesetzesform und erteilt ausgedehnteren Uferverständnissen eine Absage. Die Uferdefinition des § 1 Abs. 3

WaStrG soll nach der Gesetzesbegründung freilich nicht für die wasserwirtschaftsrechtlichen Festlegungen des Uferbegriffs für andere Oberflächengewässer insbesondere nach dem Landesrecht gelten (BT-Drs. 19/26827, 31). Auch eine entsprechende Anwendung auf andere Oberflächengewässer dürfte daher ausscheiden. Indes spricht aus hiesiger Sicht Überwiegendes dafür, die Definition hinsichtlich Maßnahmen der Gewässerunterhaltung nach § 39 WHG an den Binnenwasserstraßen des Bundes anzuwenden (näher *Funken* Gewässerunterhaltung, S. 120 Fn. 719).

Naturfachlich ist heute anerkannt, dass die Erreichung eines guten ökologischen Zustands der Gewässer eine **ganzheitliche Pflege und Entwicklung** der Gewässersohlen, der Ufer sowie der angrenzenden Landökosysteme und Feuchtgebiete erfordert (vgl. zu diesen Begriffen auch Art. 1 lit. a WRRL und § 6 Abs. 1 S. 1 Nr. 2 WHG; s. näher DWA-M 612, S. 20 ff.; SRU Umweltgutachten 2020, S. 213 ff.). Um diesen Anforderungen durch das Rechtsinstitut der Gewässerunterhaltung gerecht werden zu können, versucht ein Teil der Literatur, den Uferbegriff des § 39 Abs. 1 S. 2 Nr. 2 WHG nach Sinn und Zweck extensiv auszulegen und auf eine räumlich weit verstandene Uferzone auszudehnen (*Schink* UPR 1985, 157 (165); *Jablonski* Hochwasserschutzrecht, S. 299; *Fröhlich* ZfW 2016, 201 (205); *Spillecke* § 61 LWG NRW Rn. 2). Die Unterhaltung habe sich funktional auf Maßnahmen in diesem Gesamtzusammenhang zu beziehen, damit die Erreichung der Bewirtschaftungsziele der §§ 27 ff. WHG effektiv gefördert werden könne. 88

So erstrebenswert ein einheitlicher wasser- und naturschutzrechtlicher Handlungsmaßstab in Hinblick auf ökologische Entwicklungsmaßnahmen in, an und neben den Gewässern de lege ferenda auch wäre, sprechen jedoch mit der herrschenden Meinung die überzeugenden Gründe dafür, den **Uferbegriff** des § 39 Abs. 1 S. 2 Nr. 2 WHG im herkömmlichen oben beschriebenen Sinne zu verstehen (wie hier → § 41 Rn. 41; *Kotulla* § 39 Rn. 6, 17; *Breuer/Gärditz* Rn. 1149; *Berendes* § 41 Rn. 3). Bereits sprachlich erscheint die Erweiterung des „eigentlichen" Ufers auf ein juristisch schwer abgrenzbares Uferumfeld kaum vermittelbar (OVG Münster BeckRS 2011, 49555). Zudem unterscheidet das Wasserhaushaltsgesetz in systematischer Hinsicht an verschiedenen Stellen zwischen den Ufern und den an sie angrenzenden Flächen und knüpft hieran divergierende Rechtsfolgen (näher *Funken* Gewässerunterhaltung, S. 122 ff.). Verstünde man den Uferbegriff vor diesem Hintergrund in einem räumlich ausgedehnten Sinne, würde man in dieses vom Gesetzgeber austarierte und abgestufte wasserhaushaltsgesetzliche Regelungssystem eingreifen. Die Unterhaltungslast erstreckt sich daher grundsätzlich nicht auf die an die Ufer angrenzenden Landökosysteme und Feuchtgebiete. Etwas anderes kann nur angenommen werden, wenn das **Landeswasserrecht** den räumlichen Bezugsrahmen der Gewässerunterhaltung explizit erweitert hat (→ Rn. 48). 89

Die **Gewässerrandstreifen** besitzen im Vergleich zur Gewässerunterhaltung einen inkongruenten räumlichen Bezugsrahmen. Sie bemessen sich gemäß § 38 Abs. 2 S. 2 WHG ab der Linie des Mittelwasserstandes bzw. bei ausgeprägter Böschungsoberkante ab der Böschungsoberkante (→ § 38 Rn. 24 f.) und sind gemäß § 38 Abs. 3 WHG Landseitig grundsätzlich fünf Meter breit (zu Abweichungen durch die Länder BayVGH, Entsch. v. 29.5.2017 – Vf. 8-VII-16). Jenseits der Ufer gelten allerdings in Gewässerrandstreifen für deren Eigentümer und Nutzungsberechtigten nicht die strengen Pflichten zur Duldung einer aktiv eingreifenden ökologischen Gewässerunterhaltung nach § 41 Abs. 1 S. 1 Nr. 1 und 3 WHG, sondern lediglich die partiellen Nutzungsverbote des § 38 Abs. 4 S. 2 WHG (→ § 38 Rn. 35 ff., 49 ff.). 90

Zu beachten ist, dass die Gewässerrandstreifen nach der Bestimmung des § 38 Abs. 2 WHG neben dem Korridor landseitig der Ufer auch die Ufer selbst mitumfassen (*Kotulla* § 38 Rn. 11). Insoweit überschneiden sich also die räumlichen Bezugsrahmen der Regelungsregime Gewässerunterhaltung und Gewässerrandstreifen. Dahinter steht die Erwä- 91

gung, dass an den Ufern neben der proaktiven Unterhaltungsvorgabe an die Unterhaltungspflichtigen zur Erhaltung der Ufer und Freihaltung der Ufer für den Wasserabfluss nach § 39 Abs. 1 S. 2 Nr. 2 WHG sowie der damit korrespondierenden passiven Duldungspflicht der Anlieger zur Bepflanzung der Ufer nach § 41 Abs. 1 S. 1 Nr. 3 WHG grundsätzlich auch die gesetzlichen Verbote des § 38 Abs. 4 S. 2 WHG gelten sollen. Das Schutzregime der Gewässerrandstreifen stellt insoweit eine **„gesetzliche Grundabsicherung"** der Uferunterhaltung dar (vgl. *Rolfsen*, Öffentliche Hochwasservorsorge vor dem Hintergrund von tatsächlichen und rechtlichen Grundvorgaben, S. 247 f.). § 38 Abs. 4 S. 4 WHG stellt in diesem Zusammenhang klar, dass die Verbote nach § 38 Abs. 4 S. 4 Nr. 1 und 2 WHG nicht gelten, soweit sie Maßnahmen der Gewässerunterhaltung einschränken würden (s. zum Zweck BT-Drs. 16/12275, 63).

92 Eine Parallele findet die räumliche Abgrenzung zwischen dem Ufer und den angrenzenden Landstreifen im Recht des Gewässerausbaus (§ 67 Abs. 2 S. 1 WHG; dazu *Kümper* NuR 2022, 77 (79 f.) m.w.N.). Hier stellt sich die Frage, ob Vorhaben im Uferumfeld, wie die **Erweiterung eines Hafens**, einen planfeststellungsbedürftigen Gewässerausbau darstellen (s. OVG Münster BeckRS 2011, 49555, bestätigt durch BVerwG NVwZ 2015, 1077; OVG Münster DVBl. 2015, 1394). Die Rechtsprechung des Oberverwaltungsgerichts Münster zieht im Ausgangspunkt für den Gewässerausbau enge Grenzen, indem es ihn räumlich auf das Gewässer und sein Ufer beschränkt. Vorhaben außerhalb dieses Korridors seien kein Gewässerausbau, selbst wenn sie – wie der betreffende Hafen – in funktionaler Einheit zum Gewässer stünden. Jener Uferbegriff stimmt mit den zur Unterhaltung gefundenen Ergebnissen überein. Dogmatisch schwierig begründbar erscheint die anschließende Wendung des Gerichts, dass dem Ufer zusätzlich die an die Böschungsoberkante landseitig anschließenden Geländestreifen zuzurechnen seien, „sofern das mit dem äußeren Erscheinungsbild unter Berücksichtigung des Wasserabflusses übereinstimmt".

III. Die Maßstäbe der Gewässerunterhaltung (§ 39 Abs. 2 und Abs. 3 WHG)

93 Im Rahmen der Bestimmung der ordnungsgemäßen Gewässerunterhaltung werden die Unterhaltungsträger rechtsverbindlich durch die Maßstäbe des § 39 Abs. 2 und Abs. 3 WHG geleitet (zu Rn. 93-106 bereits *Funken* DVBl. 2023, 1134 (1139 f.); näher *ders.* Gewässerunterhaltung, S. 88 ff., 317 ff.). § 39 Abs. 2 WHG wird im Verhältnis zu § 39 Abs. 1 WHG von der herrschenden Meinung als der rechtliche (Zulässigkeits-) Rahmen für die Unterhaltung eingeordnet (*Drost* in ders. § 39 Rn. 27; *Niesen* in Berendes/Frenz/Müggenborg § 39 Rn. 66). Die zwingenden Vorgaben dieser Vorschriften bilden die **zentralen Maßstäbe und Grenzen** der Gewässerunterhaltung. Diese geben Auskunft darüber, welche Maßnahmen die Träger der Unterhaltungslast aus dem breiten Aufgabenkanon des § 39 Abs. 1 WHG im Einzelfall umzusetzen haben. Die Missachtung der Vorgaben führt zur Rechtswidrigkeit der Unterhaltung (vgl. *Czychowski/Reinhardt* § 39 Rn. 56). Dagegen fügt § 39 Abs. 2 WHG dem § 39 Abs. 1 WHG keine weiteren Ziele und Inhalte der Unterhaltung bei. Die Unterhaltungspflichtigen haben insofern aufgrund des Absatzes 2 keine Maßnahmen auszuführen, die nicht schon unter Absatz 1 subsumiert werden können.

94 Die grundlegende Gesetzespflicht nach § 39 Abs. 2 S. 1 WHG zur Beachtung und Förderung der Bewirtschaftungsziele bewirkt einen **relativen Vorrang ökologischer** vor sonstigen **Unterhaltungsmaßnahmen** (vgl. BR-Drs. 280/09, 23; *Pawlowski* EurUP 2015, 127 (131)). Die Vorschrift lässt Rückschlüsse auf den heutigen Hauptzweck der Unterhaltung zu, der in dem Schutz und der Förderung der ökologischen Funktionsfähigkeit der Gewässer liegt. Damit gibt sie die zentralen Weichenstellungen dafür vor,

welche Zielrichtungen die Unterhaltungsmaßnahmen vorrangig einschlagen müssen (*Kibele* ZfW 2011, 121 (128 f.)). Andere Unterhaltungszwecke haben im Zweifel zurückzustehen. Insofern kann die Norm als Kollisionsregelung zwischen den unterschiedlichen Unterhaltungszwecken verstanden werden.

In erster Linie muss die Unterhaltung nach § 39 Abs. 2 S. 2 WHG freilich den Festset- 95
zungen der **Maßnahmenprogramme** entsprechen. Über diese **„Brückenvorschrift"** können die Wasserbehörden den Unterhaltungsträgern weitreichende Vorgaben etwa zur Renaturierung einer bestimmten Gewässerstrecke stellen (*Durner* W+B 2017, 175 (177 ff.)). Inhalt und Umfang der planerischen Bindung hängen maßgeblich von der Aussageschärfe der Maßnahmenprogramme ab. Unterhalb dieser planerischen Steuerung gibt § 42 Abs. 1 WHG den Wasserbehörden die Befugnis, die Unterhaltung im Einzelfall per Verwaltungsakt näher festzulegen (→ § 42 Rn. 1 ff.; *Funken* Gewässerunterhaltung, S. 336 ff.). Zur repressiven Durchsetzung der Unterhaltungspflicht kommen Anordnungen nach § 100 Abs. 1 S. 2 WHG sowie das Zwangsmittel der Ersatzvornahme nach § 40 Abs. 4 WHG (→ § 40 Rn. 68 ff.) in Betracht.

Darüber hinaus ist bei der Unterhaltung der Erhaltung der Leistungs- und Funktionsfä- 96
higkeit des Naturhaushalts Rechnung zu tragen; Bild und Erholungswert der Gewässerlandschaft sind zu berücksichtigen (§ 39 Abs. 2 S. 3 WHG). Wichtiger noch ist jedoch die **Bindung** der Unterhaltungspflichtigen an die Anforderungen des **Naturschutzrechts**. Der allgemeine und besondere Gebiets- und Artenschutz stellt konventionelle Unterhaltungsmaßnahmen vor hohe Rechtsfertigungszwänge.

§ 39 Abs. 3 WHG lässt § 39 Abs. 1 und Abs. 2 WHG auch für die Unterhaltung ausge- 97
bauter Gewässer gelten, soweit nicht in einem Planfeststellungsbeschluss oder einer Plangenehmigung nach § 68 WHG etwas anderes bestimmt ist.

1. Beachtung der Bewirtschaftungsziele (Abs. 2 S. 1)

Soweit die Aufgabe der Gewässerunterhaltung nicht direkt über die Maßnahmenpro- 98
gramme gesteuert wird, geschieht dies über die Vorgabe des § 39 Abs. 2 S. 1 WHG (näher zu Rn. 98-100 bereits *Funken* Gewässerunterhaltung, S. 89 f., 318). Nach dieser Vorschrift muss sich die Gewässerunterhaltung an den **Bewirtschaftungszielen** nach Maßgabe der §§ 27 bis 31 WHG **ausrichten** und darf die Erreichung dieser Ziele nicht gefährden. „Ausrichtung an den Bewirtschaftungszielen der §§ 27-31 WHG" bedeutet dabei mehr als das Setzen eines bloßen „Orientierungspunkt[es]" (aA *Spieth* BeckOK UmweltR § 39 Rn. 29). Vielmehr muss sich aufgrund des § 39 Abs. 2 S. 1 WHG jede einzelne Unterhaltungsmaßnahme vor den gewässerbezogenen Bewirtschaftungszielen rechtfertigen (vgl. *Kotulla* § 39 Rn. 3). Insofern ist ein Regel-Ausnahme-Verhältnis dahingehend anzunehmen, dass die jeweilige Maßnahme grundsätzlich die Verwirklichung der Bewirtschaftungsziele fördern muss.

Namentlich muss eine Unterhaltungsmaßnahme grundsätzlich der **Verbesserung des** 99
ökologischen Zustands dienen. Die Verfolgung anderer wasserwirtschaftlicher Interessen wie auch die Vornahme ökologisch neutraler Maßnahmen muss demgegenüber aus überwiegenden Gründen des Allgemeinwohls gerechtfertigt sein. Freilich bedeutet „Ausrichten" nicht, dass die Bewirtschaftungsziele alleine mit der Gewässerunterhaltung erreicht werden müssen (vgl. *Czychowski/Reinhardt* § 39 Rn. 49, 56). Dies führt aber nicht zu einer Abschwächung der Vorgabe. Hierin zeigt sich lediglich, dass über die Unterhaltung alleine – aufgrund ihres beschränkten Anwendungsbereichs – ein guter Gewässerzustand schon tatsächlich nicht erreicht werden kann. Hierzu bedarf es notwendigerweise eines Zusammenspiels verschiedener Bewirtschaftungsinstrumente. Jedenfalls darf die Gewässerunterhaltung die **Erreichung** der Bewirtschaftungsziele aufgrund des § 39 Abs. 2

S. 1 WHG **nicht gefährden**. Hiermit wird die strikte äußere Grenze jeder einzelnen Unterhaltungsmaßnahme definiert. Für den Vollzug durch die Unterhaltungspflichtigen sowie die nachgelagerte verwaltungsgerichtliche Kontrolle können diese Maßstäbe durchaus größere Probleme aufwerfen (allg. *Durner*, NuR 2019, 1 (7 ff.)).

100 Nicht verkannt werden darf, dass § 39 Abs. 2 S. 1 WHG auch auf die **Ausnahmen** von den Bewirtschaftungszielen im Sinne der §§ 28 ff. WHG verweist. Daher haben verminderte Bewirtschaftungsziele aufgrund der Einstufung eines Gewässers als künstlich oder erheblich verändert (§ 28 WHG), verlängerte Fristen für die Zielerreichung (§ 29 WHG) sowie Abweichungen (§ 30 WHG) und Ausnahmen von den Bewirtschaftungszielen (§ 31 WHG) entscheidende Auswirkung auf die Maßstäbe der Unterhaltungspflichtigen. Beispielsweise müssen daher Unterhaltungsmaßnahmen an einem künstlichen Kanal nicht auf einen natürlichen oder naturnahen Zustand hinwirken, sondern lediglich ein **gutes ökologisches Potenzial** anvisieren (§ 28 Abs. 1 Nr. 2 WHG; näher *Pawlowski* EurUP 2015, 127 (134)). Der zu erreichende Gewässerzustand ergibt sich insofern letztlich nicht bereits aus § 27 WHG, sondern erst aus den einzelnen **Bewirtschaftungsplänen** im Sinne des § 83 WHG (*Durner* NuR 2019, 1 (3)). Mit der herrschenden Meinung in der Literatur ist davon auszugehen, dass jene Abänderungen des gesetzlichen Umweltziels in den Bewirtschaftungsplänen der Länder festzusetzen sind (s. *Götze* ZUR 2008, 393 (394 f.); *Faßbender* NVwZ 2014, 476 (477)).

2. Bindung an die Maßnahmenprogramme (Abs. 2 S. 2)

101 Gemäß § 39 Abs. 2 S. 2 WHG muss die Gewässerunterhaltung den Anforderungen entsprechen, die im Maßnahmenprogramm nach § 82 WHG an sie gestellt sind (näher zu Rn. 101-106 bereits *Funken* Gewässerunterhaltung, S. 88 f., 318 ff.; eingehend zur wasserrechtlichen Maßnahmenplanung *Knappe* Die Maßnahmenplanung im europäisierten Verwaltungsrecht, insb. S. 84 ff.; 316 f.; 352 ff.; 368 ff.).

102 Aufgrund dieser Vorschrift besteht für die Träger der Unterhaltungslast eine **unmittelbare rechtliche Bindung** an das betreffende Maßnahmenprogramm (*Czychowski/Reinhardt* § 39 Rn. 58; *Drost* in ders. § 39 Rn. 28b). Treffend wird die Vorschrift in der Literatur als „Brückenvorschrift" bezeichnet, welche dem Maßnahmenprogramm eine auf die Unterhaltungsaufgabe der Unterhaltungspflichtigen beschränkte Außenwirkung verleiht (*Durner* W+B 2017, 175 (177 ff.)). Wegen dieser expliziten Geltungsanordnung kann die Frage nach der allgemeinen Rechtsqualität des Maßnahmenprogramms mit Blick auf die Unterhaltungspflichtigen dahinstehen. Ohnehin wirken die Maßnahmenprogramme gegenüber allen Trägern öffentlicher Gewalt, sodass sie auch namentlich vom Bund an Bundeswasserstraßen sowie den selbstverwaltenden Wasser- und Bodenverbänden zu beachten sind (ausführlich *Knappe* ZUR 2023, 215 (219) m.w.N.). Über die Maßnahmenprogramme können die Wasserbehörden zur Erreichung der Bewirtschaftungsziele planerisch auf die materielle Ausgestaltung der Gewässerunterhaltung zugreifen und gezielt Maßnahmen im gewässermorphologischen Bereich festlegen. Dabei übertragen die Wasserbehörden ihre Bewirtschaftungskonzeption auf das Vollzugsinstrument der Gewässerunterhaltung (näher *Knappe* ZUR 2023, 215 (218) m.w.N.). Die Maßnahmenprogramme steuern insofern verbindlich den Inhalt und Umfang der Unterhaltung (**„Planakzessorietät"**; *Durner* W+B 2017, 175 (177 ff.)). Die planerisch entwickelten Bewirtschaftungsentscheidungen müssen von den Unterhaltungspflichtigen umgesetzt werden. Insoweit sind die Gestaltungsspielräume der Unterhaltungspflichtigen (→ Rn. 80 ff.) auf die Ebene der wasserwirtschaftlichen Fachplanung der Länder verlagert.

103 Wie intensiv die Planakzessorietät ausfällt, hängt dabei von der **Aussagekraft des betreffenden Maßnahmenprogramms** ab (*Götze* ZUR 2008, 393 (398)). Maßgeblich

kommt es also auf die Präzision und den materiellen Gehalt der jeweiligen planerischen Festsetzung an. Die Anforderungen an die Unterhaltungspflichtigen sind durch Auslegung zu ermitteln. Regelmäßig wird die Aufgabe der Gewässerunterhaltung durch die Vorgaben des Maßnahmenprogramms jedenfalls vorstrukturiert bzw. sogar vorbestimmt sein (ausführlich *Durner* W+B 2017, 175 (177 ff.)). Es ist rechtlich grundsätzlich zulässig, wenn nicht gar das „Leitbild" der Maßnahmenplanung, dass die Maßnahmenprogramme den Unterhaltungspflichtigen konkrete Maßnahmen wie zum Beispiel eine einzelne Renaturierung aufgeben (*Durner* W+B 2017, 175 (177 ff.); vgl. auch *Seidel/Rechenberg* ZUR 2004, 213 ff.; aA *Breuer* ZfW 2005, 1 (11 ff.)). In der ersten Bewirtschaftungsperiode (2009 bis 2015) enthielten die Maßnahmenprogramme der Länder vielfach lediglich sog. Programmmaßnahmen (*Reinhardt* ZfW 2013, 121 (127)). Diese allgemein gehaltenen programmatischen Beschreibungen vermochten die Unterhaltungsaufgabe nur in begrenztem Maße zu prägen (krit. *Reese* NVwZ 2018, 1592 ff.). Schon im zweiten Bewirtschaftungszyklus (2015 bis 2021) beinhalten dann einige Maßnahmenprogramme wie das hessische oder das nordrhein-westfälische in verbindlich beigefügten „Maßnahmensteckbriefen" bzw. „Umsetzungsfahrplänen" zahlreiche detaillierte Vorgaben mit präzisen örtlichen und zeitlichen Angaben zur Ausführung der entsprechenden Maßnahme (*Elgeti/Pellengahr* W+B 2016, 123 ff.).

Allerdings ist hinsichtlich der Reichweite der Bindungswirkung davon auszugehen, **104** dass die Maßnahmenprogramme **kein abschließendes** und zusammenhängendes **Gesamtkonzept** für die Unterhaltungspflichtigen vorgeben können, welches das Aufgabespektrum der Gewässerunterhaltung inhaltlich vollständig ausschöpft (*Reinhardt* in ders. Vollzug der Wasserrahmenrichtlinie durch Planung, S. 27). In die Maßnahmenprogramme sind nach § 82 WHG lediglich solche Maßnahmen aufzunehmen, die geeignet und erforderlich sind, die Bewirtschaftungsziele nach Maßgabe der §§ 27 bis 31 WHG zu erreichen (→ § 82 Rn. 47). Neben der Verbesserung des ökologischen Gewässerzustands zielt die Gewässerunterhaltung aber auch auf die Gewährleistung der Nutzbarkeit der Gewässer und die Sicherheit vor den Gewässern ab (*Funken* Gewässerunterhaltung, S. 210 ff.). Derlei Unterhaltungsmaßnahmen werden planerisch nicht abgebildet (*Durner* W+B 2017, 175 (177 ff.)). Insofern kann von einer Wechselwirkung zwischen Maßnahmenprogrammen und Gewässerunterhaltung ausgegangen werden: Bei der Konzeption der Maßnahmenprogramme müssen seinerseits im Sinne des Vorbehalts des Gesetzes die Ziele und Gegenstände der Gewässerunterhaltung nach § 39 Abs. 1 WHG beachtet werden. Die Maßnahmenprogramme dürfen in Bezug auf die Gewässerunterhaltung auch nur nach § 39 Abs. 1 WHG realisierbare Maßnahmen festlegen (grundlegend *Knappe* ZUR 2023, 215 (218 f.) m.w.N.).

Angesichts der Überlegungen zur Reichweite der Bindungswirkung ist ein genereller **105** und vollständiger „Planvorbehalt" des Maßnahmenprogramms für die Unterhaltungspflichtigen abzulehnen (*Funken* Gewässerunterhaltung, S. 324 ff. m.w.N.). Die Gewässerunterhaltung darf und muss nicht ausschließlich „nach Maßgabe der Maßnahmenprogramme" ablaufen (vgl. BT-Drs. 16/13306, 7). Dies entspricht der vermittelnden Literaturansicht, dass zwar zwingend die „maßgeblichen Schritte zur Erreichung eines guten Gewässerzustands im Grundsatz bereits auf planerischer Ebene festzulegen" sind (*Durner* W+B 2014, 113 (117 f.)), aber im Einzelfall dennoch „Raum für der Optimierung der Bewirtschaftung dienende Präzisierungen besteht" (OVG NRW W+B 2016, 36 (37)). Allerdings können die Maßnahmenprogramme **weitreichende Sperrwirkungen** gegenüber weitergehenden und anderweitigen Unterhaltungsmaßnahmen entfalten (s. BVerwG NVwZ-Beilage 2017, 101 (Rn. 585 f.)). Inwieweit solche Sperrwirkungen auftreten, ist wiederum eine Frage der Aussageschärfe der Maßnahmenprogramme und durch Auslegung zu ermitteln. Je detaillierter die Maßnahmenprogramme bezüglich der Gewässerun-

terhaltung ausfallen, desto eher kann von einer abschließenden Konkretisierung der Unterhaltungspflicht ausgegangen werden. Weitergehende und anderweitige Unterhaltungsmaßnahmen dürfen den Planungsinhalten nicht entgegenstehen (s. OVG NRW Beschl. v. 15.5.2017 – 20 A 153/16) und auch nicht den „Grundzügen der Planung“ widersprechen (grundlegend *Knappe* ZUR 2023, 215 (220) m.w.N.). Im Übrigen richtet sich die Bestimmung der Unterhaltungspflicht nach den normativen Vorgaben des § 39 WHG, sodass namentlich auch nutzungs- und sicherheitsorientierte Unterhaltungsmaßnahmen ergriffen werden dürfen.

106 Insgesamt erscheint es sinnvoll, dass die Aufgabe der Gewässerunterhaltung über die Maßnahmenprogramme hinaus in **untergesetzlichen Richtlinien und Konzepten** – gerade auch zwischen unterschiedlichen Unterhaltungspflichtigen – koordiniert wird, wie dies etwa nach § 74 LWG NRW vorgesehen ist (näher *Funken* Gewässerunterhaltung, S. 332 ff.).

3. Naturschutz und Landschaftspflege

107 Maßnahmen der Gewässerunterhaltung hängen eng mit der Leistungs- und Funktionsfähigkeit des Naturhaushalts sowie der Schönheit und dem Erholungswert der Gewässerlandschaft zusammen (zu den Begriffen § 1 Abs. 1-4 BNatSchG; näher zu Rn. 107-116 bereits *Funken* Gewässerunterhaltung, S. 151-172). Angesichts dessen bestimmt **§ 39 Abs. 2 S. 3 WHG**, dass bei der Unterhaltung der Erhaltung der Leistungs- und Funktionsfähigkeit des Naturhaushalts Rechnung zu tragen ist und Bild und Erholungswert der Gewässerlandschaft zu berücksichtigen sind. § 39 Abs. 2 S. 3 WHG ist insofern ein Stück Natur- und Landschaftsschutzrecht im Wasserhaushaltsgesetz (BVerwGE 55, 229 ff.; *Niesen* in Berendes/Frenz/Müggenborg § 39 Rn. 73). Darüber hinaus sind von den Unterhaltungspflichtigen die **Vorgaben des Naturschutzrechts** zu beachten.

108 **a. Die Vorschrift des § 39 Abs. 2 S. 3 WHG.** § 39 Abs. 2 S. 3 WHG ist in zwei Halbsätze unterteilt (näher zu Rn. 108-109 bereits *Funken* Gewässerunterhaltung, S. 152 ff.): Einerseits müssen die Unterhaltungspflichtigen bei der Unterhaltung der Erhaltung der Leistungs- und Funktionsfähigkeit des Naturhaushalts Rechnung tragen. Andererseits sind bei der Unterhaltung Bild und Erholungswert der Gewässerlandschaft zu berücksichtigen. Während sich der erste Halbsatz des § 39 Abs. 2 S. 3 WHG demnach auf den Begriff des **Naturhaushalts** bezieht – nach der einschlägigen Legaldefinition des § 7 Abs. 1 Nr. 2 BNatSchG sind hiermit die Naturgüter Boden, Wasser, Luft, Klima, Tiere und Pflanzen und das komplexe Wirkungsgefüge zwischen ihnen gemeint – (BR-Drs. 208/73, 26; *Schwendner/Rossi* in Sieder/Zeitler/Dahme/Knopp § 39 Rn. 162; *Czychowski/Reinhardt* § 39 Rn. 60 m.w.N.), nimmt der zweite Halbsatz die **ästhetischen und sozialen Funktionen** der Gewässerlandschaften in den Blick (*Breuer/Gärditz* Rn. 1160 f.; *Schwendner/Rossi* in Sieder/Zeitler/Dahme/Knopp § 39 Rn. 166; *Czychowski/Reinhardt* § 39 Rn. 64 m.w.N.). Die Pflicht zum „Rechnung tragen“ (Hs. 1) wirkt dabei stärker als die bloße Berücksichtigungspflicht des zweiten Halbsatzes (*Strenge* Naturschutzrecht außerhalb der Naturschutzgesetze, S. 103). Erstere zwingt in jedem Fall zu einer möglichst naturnahen Gewässerunterhaltung (*Knauber* NVwZ 1992, 220 (222)), letztere schreibt lediglich eine ergebnisoffene Abwägung der ästhetisch-sozialen Belange mit sonstigen Interessen vor (*Henneke* AgrarR 1989, 29 (31)). Für die gesamte Vorschrift gilt aber, dass sie der Gewässerunterhaltung keine über § 39 Abs. 1 WHG hinausgehenden Inhalte und Ziele unterlegt, sondern lediglich die **Art und Weise**, mithin die Durchführung der bereits vorab ausgewählten Unterhaltungsmaßnahmen modifiziert (*Sander* NuR 1986, 317 (322); *Sollondz* Gewässerunterhaltung und Abfallrecht, S. 278; *Strenge* Naturschutzrecht außerhalb der Naturschutzgesetze, S. 101).

Die Einfügung des § 39 Abs. 2 S. 3 WHG in das Recht der Gewässerunterhaltung durch die WHG-Novellen 1976 und 1986 steht symbolisch für die beginnende Ökologisierung dieses Rechtsinstituts (→ Rn. 18). Hierin liegt ein früher Ansatz integrativen Umweltschutzes (*Kotulla* § 39 Rn. 41). Die heutige **Relevanz** der Vorschrift dürfte indes **gering** sein (kritisch zu dieser *Gärditz* NuR 2013, 605 (610); *ders.* W+B 2015, 65 (71)). Insoweit mit der Unterhaltung selbst gemäß § 39 Abs. 1 S. 2 Nr. 4 WHG gewässerökologische Ziele verfolgt werden, erscheint sie geradezu überflüssig. Insoweit die Unterhaltungspflichtigen nutzungs- oder sicherheitsorientierte Unterhaltungsmaßnahmen vornehmen, kann sie zwar eine weitestmögliche Berücksichtigung ökologischer Belange bei der Durchführung dieser Maßnahmen gewährleisten. Allerdings richtet das Naturschutzrecht des Bundes und der Länder heute deutlich detailliertere und schärfere Vorgaben an die Unterhaltungspflichtigen (→ Rn. 110 ff.). § 39 Abs. 2 S. 3 WHG sperrt diese naturschutzrechtlichen Anforderungen nicht (*Krings* NuR 1997, 129 ff.; *Kibele* ZfW 2011, 121 (129 ff.); *Durner* EurUP 2015, 82 (Fn. 101); *Hendrischke* W+B 2015, 80 (86)). Die Unterhaltungspflichtigen unterliegen als Träger hoheitlicher Gewalt vollständig der Gesetzesbindung des Art. 20 Abs. 3 GG (*Breuer/Gärditz* Rn. 1170). Namentlich für das FFH-Recht (§§ 31 ff. BNatSchG) ergibt sich dieses Ergebnis bereits aus dem Anwendungsvorrang des Unionsrechts (*Gärditz* NuR 2013, 605 (610 f. m.w.N.)). Abgesehen davon verfolgte § 39 Abs. 2 S. 3 WHG stets den Zweck, die naturfachlichen Belange bei der Unterhaltung zu stärken (BT-Drs. 10/3973, 16). 109

b. Bindung an das Naturschutzrecht. Das **Naturschutzrecht** des Bundes und der Länder steht pars par toto für das öffentliche Recht, an das die Unterhaltungspflichtigen als Hoheitsträger gebunden sind, was eine Beachtenspflicht strikter gesetzlicher Vorgaben und eine Berücksichtigungspflicht sonstiger öffentlicher und privater Interessen bedeutet (näher zu Rn. 110-116 bereits *Funken* Gewässerunterhaltung, S. 155 ff.). Das Naturschutzrecht stellt insbesondere über die Eingriffsregelung, die FFH-Verträglichkeitsprüfung und das besondere Artenschutzrecht hohe Hürden für das „Ob" und das „Wie" namentlich von konventionellen Unterhaltungsmaßnahmen auf (s. *Strenge* Naturschutzrecht außerhalb der Naturschutzgesetze, S. 101 ff.; *Gärditz* W+B 2015, 65 ff.; *Schwendner/Rossi* in Sieder/Zeitler/Dahme/Knopp § 39 Rn. 183 ff.). Dabei weisen bereits die **§§ 1-7 BNatSchG** für die Gewässerunterhaltung deutlich detailliertere Maßstäbe als § 39 Abs. 2 S. 3 WHG auf. Die Einhaltung der naturschutzrechtlichen Vorgaben ist grundsätzlich von den **Unterhaltungspflichtigen selbst** als Behörden zu prüfen, außer die Zuständigkeit der Naturschutzbehörden ist wie in § 45 Abs. 7 BNatSchG ausdrücklich gesetzlich angeordnet (näher zum Ganzen *Funken* Gewässerunterhaltung, S. 155 ff.). 110

Als „striktes Recht" ist die **Eingriffsregelung** im Sinne der §§ 13 ff. BNatSchG grundsätzlich auf die Gewässerunterhaltung **anzuwenden** (*Sollondz* Gewässerunterhaltung und Abfallrecht, S. 243 ff.; *Krings* NuR 1997, 129 ff.; *Strenge* Naturschutzrecht außerhalb der Naturschutzgesetze 2004, S. 104 ff.). Zu Unrecht geht ein Teil der Literatur davon aus, dass Unterhaltungsmaßnahmen überhaupt keine Eingriffe im Sinne des § 14 Abs. 1 BNatSchG darstellen könnten (*Sander* NuR 1986, 317 (323); *Spieth* BeckOK UmweltR § 39 Rn. 3 m.w.N.). Dem angebrachten formaljuristischen Argument, ein Eingriff setze eine Veränderung der Gestalt oder Nutzung von Grundflächen voraus, während die Unterhaltung lediglich auf die Erhaltung des Gewässerzustands abziele, ist zu entgegen, dass den Gesetzesbegriffen „Veränderung" einerseits und „Erhaltung" andererseits jeweils unterschiedliche Perspektiven zugrunde liegen: Die Veränderung betrifft eine Momentaufnahme, die Erhaltung einen Zielzustand (*Sollondz* Gewässerunterhaltung und Abfallrecht, S. 245). Nicht hilfreich erscheint vor diesem Hintergrund auch die in der Literatur vertretene Annahme, Unterhaltungsmaßnahmen seien „regelmäßig keine Eingriffe" bzw. 111

„im allgemeinen keine Eingriffe“ im Sinne des Naturschutzrechts (so *Czychowski/Reinhardt* § 39 Rn. 3; *Heinz* in Friesecke § 8 WaStrG Rn. 4). Die Eingriffsqualität der Gewässerunterhaltung ist vielmehr grundsätzlich in jedem Einzelfall zu untersuchen. Häufig wird man im Ausgangspunkt eine erhebliche Beeinträchtigung von Natur oder Landschaft annehmen können (*Reese* W+B 2015, 102 (106 f.); *Hendrischke* W+B 2015, 80 (82)). Zu beachten ist allerdings, dass einige Bundesländer die Eingriffsqualität von Unterhaltungsmaßnahmen ausdrücklich ausschließen (krit. *Hendrischke* W+B 2015, 80 (82); *Petschulat* ZUR 2019, 222 (226)). Sinnvoll erscheint die Bestimmung des § 30 Abs. 2 Nr. 2 NatSchG NRW, die die Prüfungslast der Eingriffsregelung für eine Unterhaltungsmaßnahme entfallen lässt, „sofern sie der ökologischen Verbesserung zur Erreichung der Ziele nach § 27 WHG dient“ (dazu *Queitsch* in ders./Koll-Sarfeld/Wallbaum § 72 LWG NRW Rn. 3).

112 Liegt durch eine Unterhaltungsmaßnahme ein Eingriff in Natur und Landschaft vor, findet das abgestufte Regelungssystem des § 15 BNatSchG Anwendung. Schon das **Verbot vermeidbarer Beeinträchtigungen** von Natur und Landschaft nach § 15 Abs. 1 BNatSchG besitzt dabei aus Sicht der Träger der Unterhaltungslast äußerste Relevanz. Verboten sind freilich nicht die Eingriffe als solche, sondern nur die mit ihnen verbundenen Beeinträchtigungen von Natur und Landschaft, die tatsächlich vermieden werden können. Die Unterhaltungsmaßnahmen müssen demnach so ausgeführt werden, dass die Nachteile für die Gewässerökologie und für die Gewässerlandschaft ausgeschlossen bzw. wenigstens so gering wie möglich gehalten werden (eingehend *Sollondz* Gewässerunterhaltung und Abfallrecht, S. 249 ff.). Können einzelne mit einer Unterhaltungsmaßnahme einhergehende Beeinträchtigungen von Natur und Landschaft nicht vermieden werden, sind sie von den Trägern der Unterhaltungslast durch Ausgleichs- oder Ersatzmaßnahmen im Sinne des § 15 Abs. 2 BNatSchG zu kompensieren. Dabei können Unterhaltungsmaßnahmen, die auf den Schutz oder die Verbesserung des ökologischen Gewässerzustands abzielen, zugleich ihre eigene Realkompensation darstellen, wenn sie sich in einer „naturschutzfachlichen Gesamtbilanz als günstig“ erweisen (vgl. BVerwG NVwZ-RR 2015, 15 (Rn. 18)).

113 In Bezug auf die unionsrechtlichen **Natura 2000-Gebiete** ist anerkannt, dass Maßnahmen der Gewässerunterhaltung dem weiten Projektbegriff des § 34 Abs. 1 S. 1 BNatSchG unterfallen (→ § 34 BNatSchG Rn. 7 m.w.N.). Damit ist eine Unterhaltungsmaßnahme vor ihrer Durchführung grundsätzlich auf ihre Verträglichkeit mit den Erhaltungszielen des jeweiligen Natura 2000-Gebiets zu überprüfen (OVG Magdeburg BeckRS 2022, 18369 (Rn. 37 ff., 53 ff.); *Albrecht/Gies* NuR 2014, 235 (239 ff.)). Die Gewässerunterhaltung dürfte **nicht** bzw. nicht generell unter die **Ausnahmeklausel** des § 34 Abs. 1 S. 1 letzter Hs. BNatSchG subsumiert werden können. Diese Klausel ist eng auszulegen (→ § 34 BNatSchG Rn. 15). Die Unterhaltung müsste unmittelbar der Verwaltung der Natura 2000-Gebiete dienen. Nach dem Europäische Gerichtshof ist eine Ausnahme nicht gegeben, wenn „Arbeiten, Gewerke oder Erschließungen […] die Erhaltung oder Wiederherstellung eines Gebiets zum Gegenstand haben, aber dennoch nicht unmittelbar mit dessen Verwaltung in Verbindung stehen oder hierfür notwendig sind“ (EuGH BeckRS 2010, 90243 (Rn. 44 ff.); s.a. EuGH EurUP 2020, 45 (Rn. 123); OVG Münster NuR 2020, 566 (Rn. 24 ff.)). Dies läuft auf eine Differenzierung den einzelnen Maßnahmen und Tätigkeiten in dem Gebiet hinaus (vgl. OVG Schleswig NordÖR 2023, 658 (Rn. 18 ff.)). Dabei dürften nur ökologische Unterhaltungsmaßnahmen nach § 39 Abs. 1 S. 2 Nr. 4 WHG direkt auf die Verwirklichung der für das Gebiet festgelegten Ziele gerichtet sein (VG Gera ZUR 2020, 313 (316); bestätigt durch OVG Weimar BeckRS 2020, 20341 (Rn. 31)). Bei nutzungs- oder sicherheitsorientierten Unterhaltungsmaßnahmen kann hiervon jedoch nicht ausgegangen werden.

Ist die Ausnahmeklausel demnach nicht einschlägig, sind Unterhaltungsmaßnahmen nach § 34 Abs. 1 S. 1 BNatSchG auf ihre **Verträglichkeit mit den Erhaltungszielen** eines Natura 2000-Gebiets zu überprüfen. Liegt eine erhebliche Beeinträchtigung des Gebiets vor, ist die Maßnahme vorbehaltlich einer Ausnahme unzulässig (§ 34 Abs. 2 BNatSchG). Eine an den Bewirtschaftungszielen ausgerichtete und naturnah durchgeführte Gewässerunterhaltung wird dabei regelmäßig keine erhebliche Beeinträchtigung des Natura 2000-Gebiets hervorrufen (vgl. *Schwendner/Rossi* in Sieder/Zeitler/Dahme/Knopp § 39 Rn. 185). Bauliche Veränderungen am Gewässer, großflächige Rodungen von Ufergehölzen oder sonstige intensive Maßnahmen der Gewässerunterhaltung können dagegen bedeutende Veränderungen von Habitatstrukturen des Gewässers hervorrufen (OVG Lüneburg BeckRS 2016, 46472 (Rn. 147); OVG Lüneburg BeckRS 2017, 133793). Damit kommen namentlich die konventionellen Unterhaltungsmethoden auf den Prüfstand des FFH-Rechts. 114

Als Behörden dürften die **Träger der Unterhaltungslast selbst** für die Durchführung der FFH-Verträglichkeitsprüfung **zuständig** sein (näher auch zur Unionsrechtskonformität *Funken* Gewässerunterhaltung, S. 164 ff. m.w.N.). Vorbehaltlich landesrechtlicher Regelungen bedarf eine Unterhaltungsmaßnahme grundsätzlich nicht einmal einer Anzeige bei der Naturschutzbehörde (§ 34 Abs. 6 S. 1 BNatSchG; dazu *Lüttgau/Kockler* BeckOK UmweltR § 34 Rn. 28 ff.)). Der **enorme Prüfaufwand** dürfte dadurch reduziert werden können, dass eine einmal auf ihre Verträglichkeit hin geprüfte Art von Unterhaltungsmaßnahmen im Sinne einer der Nummern des § 39 Abs. 1 S. 2 WHG am selben Ort, bei unverändertem Umfang, unter gleicher Arbeitsmethode sowie in gleichbleibendem Ausführungsrhythmus ohne weiteres fortlaufend durchgeführt werden darf (vgl. hinsichtlich der Ausbringung von Düngemitteln EuGH BeckRS 2018, 27515 (Ls. 2); eingehend auch *Albrecht/Gies* NuR 2014, 235 (241 ff.)). Ändert sich dagegen einer dieser Parameter maßgeblich, spricht viel für eine neuerliche Prüfungspflicht. 115

Schließlich sind die Unterhaltungspflichtigen auch an das allgemeine und besondere **Artenschutzrecht** strikt gebunden (vgl. § 37 Abs. 2 S. 1 BNatSchG; *Breuer/Gärditz* Rn. 1170). Der besondere Artenschutz in § 44 BNatSchG hat zum Beispiel bezüglich des Umgangs mit **Bibern** enorme Bedeutung (*Kibele* ZfW 2011, 121 (130 ff.); DWA-M 608-1, S. 1 ff.). Rechtlich zählen Biber sowohl zu den besonders geschützten Arten (§ 7 Abs. 2 Nr. 13 Buchst. b) aa) BNatSchG) als auch zu den streng geschützten Arten (§ 7 Abs. 2 Nr. 14 Buchst. b) BNatSchG). Insofern ist es kraft Gesetzes verboten, Biber zu fangen und zu töten (§ 44 Abs. 1 Nr. 1 BNatSchG), sie während der Fortpflanzungs- und Aufzuchtzeit erheblich zu stören (Nr. 2) und nicht zuletzt ihre Fortpflanzungs- und Ruhestätten zu beschädigen (Nr. 3). Letzteres beinhaltet das Verbot, die Biberdämme zu beschädigen. Von diesen gesetzlichen Verboten kann im Einzelfall nur unter den engen Grenzen des § 45 Abs. 7 BNatSchG eine Ausnahme gemacht werden (VG Frankfurt (Oder) ZUR 2015, 300 ff.; VG Augsburg BeckRS 2021, 23965 (Rn. 68); *Kibele* ZfW 2011, 121 (130 ff.)), deren Erteilung in den Händen der zuständigen Naturschutzbehörde liegt. Generell zeigen sich die naturschutzrechtlichen Ausnahmetatbestände gerade hinsichtlich der Erhaltung der öffentlichen Wasserversorgung, dem Hochwasserschutz oder der Schifffahrt offen (*Funken* Gewässerunterhaltung, S. 170 ff. m.w.N.). 116

4. Beachtung der Planungsinhalte eines Gewässerausbaus (Abs. 3)

Aufgrund des § 39 Abs. 3 WHG sind grundsätzlich auch an ausgebauten Gewässern die Inhalte und Maßstäbe der Gewässerunterhaltung nach den Absätzen 1 und 2 einschlägig (siehe zu Rn. 117-119 bereits *Funken* Gewässerunterhaltung, S. 91 f.). Bestimmt aber ein **Planfeststellungsbeschluss** oder eine **Plangenehmigung** nach § 68 WHG „etwas 117

anderes", dann haben sich die Träger der Unterhaltungslast daran zu halten (vgl. *Schwendner/Rossi* in Sieder/Zeitler/Dahme/Knopp § 39 Rn. 170). In einem solchen Planungsakt dürfen demnach besondere Regelungen zur Unterhaltung des ausgebauten Gewässers bzw. Gewässerabschnitts getroffen werden. Regelt der Planungsakt also namentlich, dass der geschaffene Ausbauzustand zu erhalten ist, ist dies von den Unterhaltungspflichtigen grundsätzlich vorrangig umzusetzen (*Niesen* in Berendes/Frenz/Müggenborg § 39 Rn. 67 f.; *Breuer/Gärditz* Rn. 1167). Eine ökologische Entwicklung des Gewässers nach § 39 Abs. 1 S. 2 Nr. 4 WHG muss demgegenüber grundsätzlich zurückstehen und darf nicht ausgeführt werden.

118 Ausgehend von diesen Grundsätzen sind der Maßgeblichkeit der Planungsinhalte für die Unterhaltungspflichtigen jedoch **rechtliche Grenzen** gesetzt. Der Planungsakt vermag keine an sich nach § 39 Abs. 1 und Abs. 2 WHG rechtswidrige Gewässerunterhaltung zu legalisieren. Die Bestimmungen im Sinne des § 39 Abs. 3 WHG können daher nur rechtmäßig sein, wenn sie den allgemeinen Regeln über die Gewässerunterhaltung entsprechen (OVG Bln-Bbg BeckRS 2023, 36332 (Rn. 71)). § 39 Abs. 3 WHG i.V.m. mit dem maßgeblichen Planungsakt kann daher auch nicht den Umfang der Unterhaltungspflicht erweitern. Der Ausbaubescheid darf die Unterhaltungspflichtigen beispielsweise nicht zur Erhaltung von Deich- und Dammbauten verpflichten (VG Köln BeckRS 2018, 27782 (Rn. 19); *Spieth* BeckOK Umweltrecht § 39 Rn. 39a; aA *Schwendner/Rossi* in Sieder/Zeitler/Dahme/Knopp § 39 Rn. 175). Darüber hinaus ist hinsichtlich der Gewässerunterhaltung keine Entscheidungskompetenz der Planfeststellungsbehörde anzunehmen, die über das hinausreicht, was zur Bewältigung von durch das Ausbauvorhaben ausgelösten Problemen notwendig ist. Insbesondere kann die Planfeststellungsbehörde bei Gelegenheit der Planfeststellung nicht etwas mitregeln, das nur zweckmäßig, aber nicht zur Problembewältigung geboten ist (OVG Bln-Bbg BeckRS 2023, 36332 (Rn. 71)).

119 Zweifelhaft ist, ob die Bezugnahme der Norm auf § 39 Abs. 2 WHG sinnvoll und unionsrechtskonform ist. Letztlich würde sie bedeuten, dass die Inhalte des Planungsaktes die gesetzlichen Maßstäbe der Gewässerunterhaltung überschreiben könnten. Mit Blick auf die **Bewirtschaftungsziele und Anforderungen der Maßnahmenprogramme** erscheint dies unionrechtswidrig. Dies gilt ebenso mit Blick auf die Erhaltungsziele der Natura 2000-Gebiete. Jedenfalls darf daher eine Erhaltung eines Ausbauzustands nicht dazu führen, dass die Erreichung der Bewirtschaftungsziele gefährdet würde oder die Erhaltungsziele der Natura 2000-Gebiete beeinträchtigt würden (vgl. *Drost* in ders. § 39 Rn. 28e). Die Inhalte eines nationalen Verwaltungsaktes können sich nicht gegen zwingendes Unionsrecht durchsetzen (allg. EuGH NZBau 2016, 229 ff.). Die Unterhaltungspflichtigen müssen diese daher unangewendet lassen. Davon abgesehen sind die Wasserbehörden nach § 6 Abs. 2 WHG berufen, überkommene Ausbaubescheide zu überprüfen, um nicht naturnah ausgebaute natürliche Gewässer so weit wie möglich wieder in einen naturnahen Zustand zurückzuführen (*Niesen* in Berendes/Frenz/Müggenborg § 39 Rn. 78). Freilich erscheint es praktisch schwierig, den Widerspruch zu der Bewirtschaftungsplanung im Einzelfall festzustellen (*Elgeti* NuR 2023, 287 f.).

IV. Abgrenzung zu anderen Vorschriften

120 Das Rechtsinstitut der Gewässerunterhaltung muss insbesondere zur Gewässerbenutzung (1.), zur Anlagenunterhaltung (2.), zum Gewässerausbau (3.), zum öffentlichen und privaten Sicherheitsrecht (4.) und zur Wasserstraßenunterhaltung (5.) ins Verhältnis gesetzt werden.

1. Gewässerbenutzung (§§ 8 ff. WHG)

Aufgrund von § 9 Abs. 3 S. 2 WHG müssen Gewässerunterhaltungsmaßnahmen von **Gewässerbenutzungen** zwingend unterschieden werden (siehe zu Rn. 121-125 bereits *Funken* Gewässerunterhaltung, S. 107 ff.). Während erstere nach dieser Norm weitgehend zulassungsfrei gestellt sind (→ § 9 Rn. 92; *Breuer/Gärditz* Rn. 449; *Ibes* Der Besorgnisgrundsatz im Grundwasserschutz, S. 69), stehen letztere aufgrund §§ 8, 12 WHG prinzipiell unter einem repressiven Verbot mit Befreiungsvorbehalt (*Czychowski/Reinhardt* § 8 Rn. 3 ff.). 121

Sowohl Gewässerbenutzungen als auch Unterhaltungsmaßnahmen **wirken unmittelbar auf (oberirdische) Gewässer ein** (BVerwG NVwZ-RR 2007, 750 (Rn. 20)). Nach ihrem Erscheinungsbild und ihren Wirkungen können Gewässerbenutzungen und Unterhaltungsmaßnahmen nicht unterscheidbar sein. Beispielsweise könnte die Entnahme von Geschiebe aus einem Flussbett im Ausgangspunkt beiden Regimen unterfallen (vgl. § 9 Abs. 1 Nr. 3 WHG sowie § 39 Abs. 1 S. 2 Nr. 1 WHG; → § 9 Rn. 40 f.). Der Definitionsumfang erfasster Einwirkungen auf Gewässer überschneidet sich in Bezug auf Gewässerbenutzungen nach § 9 WHG und die Gewässerunterhaltung nach § 39 WHG also teilweise. 122

Das Unterscheidungsmerkmal zwischen Gewässerbenutzungen und der Gewässerunterhaltung ist der **(objektivierte) Zweck** der jeweiligen Tätigkeiten (vgl. „dienen" in § 9 Abs. 3 S. 1 WHG; → § 9 Rn. 90; *Breuer/Gärditz* Rn. 449). Während Gewässerbenutzungen – mit einem zumindest gewissen finalen Element (*Kloepfer/Durner* Umweltschutzrecht § 14 Rn. 24) – auf die wasserwirtschaftliche Nutzung selbst abzielen, ist der Zweck der Gewässerunterhaltung die vorgelagerte Gewährleistung dieser Nutzungen durch die Pflege und Entwicklung der oberirdischen Gewässer (→ § 9 Rn. 89). Daneben treten die Unterhaltungszwecke der Verbesserung der Gewässerökologie und der Abwehr von spezifischen Gewässergefahren. Die Unterhaltungspflichtigen sind insofern dem Gewässer **um seiner selbst dienlich**, wohingegen die Gewässernutzer von dem Gewässer einen weitergehenden wasserwirtschaftlichen Nutzen ableiten wollen (vgl. *Sander* NuR 1986, 317 (322)). In der Praxis dürften sich die Abgrenzungsprobleme in Grenzen halten, auch weil die (privaten) Gewässernutzer in der Regel schon nicht zugleich gemäß § 40 Abs. 1 S. 1 WHG zur Gewässerunterhaltung berufen sind (zu Problemfällen *Breuer/Gärditz* Rn. 450). 123

Während Gewässerbenutzungen aufgrund des § 8 WHG prinzipiell einer staatlichen Erlaubnis oder Bewilligung bedürfen, stellt § 9 Abs. 3 S. 2 WHG die Gewässerunterhaltung **weitgehend zulassungsfrei**. Lediglich die (seltene) Unterhaltung eines Gewässers mit **chemischen Mitteln** unterfällt wegen der damit einhergehenden Gefahren für das Gewässer einer Eröffnungskontrolle nach §§ 8 Abs. 1, 12 WHG (BT-Drs. 7/888, 15; *Knopp/Müller* in Sieder Zeitler/Dahme/Knopp § 9 Rn. 105). Für alle anderen Unterhaltungsmaßnahmen sieht das Wasserhaushaltsrecht auch an anderer Stelle keinen Genehmigungsvorbehalt vor. Daraus folgt, dass die Träger der Unterhaltungslast die Unterhaltungsaufgabe grundsätzlich ohne jedwede Abstimmung mit den zuständigen Wasserbehörden eigenverantwortlich ausführen dürfen und müssen. 124

Hinter dieser Freistellung der Gewässerunterhaltung von staatlichen Genehmigungen steht traditionell, dass eine bloße Erhaltung des Gewässerzustands keine (bedeutenden) Auswirkungen auf Dritte hervorruft (→ § 9 Rn. 93). Aber auch infolge der Ökologisierung und Dynamisierung der Unterhaltung kann die **Genehmigungsfreistellung** weiterhin **gerechtfertigt** werden (näher *Funken* Gewässerunterhaltung, S. 109 f.; aA *Reinhardt* NVwZ 2008, 1048 (1053)). Der Gesetzgeber wollte für die Pflege und Entwicklung 125

von Gewässern ein unbürokratisches und flexibles Rechtsregime schaffen (vgl. *Schwendner/Rossi* in Sieder Zeitler/Dahme/Knopp § 39 Rn. 146).

2. Anlagenunterhaltung und Durchgängigkeit oberirdischer Gewässer (§ 36 WHG, § 34 WHG)

126 Die Abgrenzung zwischen der Gewässerunterhaltung und der **Anlagenunterhaltung** im Sinne des § 36 WHG hat sich in der Praxis in den letzten Jahren als ein überaus bedeutendes und kontroverses Problem herausgestellt (vgl. etwa *Wenderoth* ZfW 2010, 129 (138 ff.); *Reinhardt* ZfW 2013, 121 (122, 153 ff.); *Queitsch* UPR 2016, 247 (253 ff.); *Schulz* W+B 2017, 71 ff.; *Schieferdecker* W+B 2017, 83 ff.; *Queitsch* KStZ 2018, 103 ff.; näher zu Rn. 126-130 bereits *Funken* Gewässerunterhaltung, S. 110 ff.). Sie hat aus mehreren Gründen rechtliche Bedeutung (→ § 36 Rn. 22 f.). Schon § 36 Abs. 1 S. 1 WHG offenbart, dass Anlagenunterhaltung und Gewässerunterhaltung de jure nicht das Gleiche sind. Hiernach sind Anlagen an Gewässern so zu unterhalten, dass die Gewässerunterhaltung nicht erschwert wird. Dies führt zu dem Grund, dass an die Unterhaltung von Anlagen an Gewässern gemäß § 36 WHG andere materielle Anforderungen gestellt werden als an die Untehaltung der Gewässer gemäß § 39 WHG. Schließlich sind die jeweiligen Unterhaltungspflichtigen in der Regel personenverschieden; die Anlagenunterhaltungspflicht regelt sich gemäß § 36 Abs. 1 S. 3 WHG nach Landeswasserrecht, welches die Pflicht den Eigentümern (bspw. § 71 NdsWG) oder den Nutzungsberechtigten (vgl. §§ 87 Abs. 4 S. 2 und 82 S. 1 BbgWG) der Anlagen zuweist. Für die in § 36 Abs. 1 S. 2 WHG explizit bezeichneten Anlagen an Gewässern – bauliche Anlagen (wie Gebäude, Brücken, Stege, Unterführungen, Hafenanlagen und Anlegestellen), Leitungsanlagen und Fähren – erscheint die Abgrenzung grundsätzlich eindeutig. Jene Anlagen können **gegenständlich** in aller Regel klar vom Gewässer **unterschieden** werden und unterfallen daher gänzlich der Anlagenunterhaltung. Problematisch wird es, wenn ein künstlicher Gegenstand (dazu *Kotulla* NVwZ 2007, 489 (494); aA VG Greifswald BeckRS 2015, 40216: zudem: „Pflanzen (Bäume, Sträucher, Büche)") so eng mit dem Gewässer verbunden ist, dass die Separation als Anlage nicht mehr ohne weiteres möglich ist. In diesen Fällen bedarf die Abgrenzung zu den veränderten, erheblich veränderten oder gar künstlichen Gewässern (vgl. §§ 3 Nr. 4 und 5, 28 WHG) einer näheren Betrachtung; dies gilt etwa für Ufermauern, Gewässerverrohrungen und Fischtreppen.

127 Die von der vielfältigen Rechtsprechung und Literatur postulierten Abgrenzungskriterien erscheinen uneinheitlich und verwirrend. Für die Unterscheidung zwischen Gewässern und Anlagen an Gewässern wird teilweise auf die Verkehrsanschauung (so noch OVG NRW ZfW 1976, 368 (373)), die ursprüngliche Zweckbestimmung (VG Karlsruhe Urt. v. 11.12.2018 – 14 K 532/17), die gegenwärtige Funktion (*Czychowski/Reinhardt* § 36 Rn. 23 m.w.N.) oder die Sachverantwortlichkeit (OLG Köln Urt. v. 21.12.2012 – 19 U 17/12) hinsichtlich des jeweiligen Gegenstandes abgestellt. Richtig ist im Ausgangspunkt, dass das Recht der Anlagen an Gewässern aufgrund des § 36 Abs. 1 S. 3 WHG in weiten Teilen weiterhin durch die Länder geprägt wird und daher die Definition und Abgrenzung von Anlagen an Gewässern maßgeblich von den betreffenden **Bestimmungen des Landeswasserrechts** abhängt (→ § 36 Rn. 24 f.; s.a. BVerwG NVwZ 2010, 267 f.). Hilfreich ist beispielsweise § 82 S. 2 BbgWG, der explizit bestimmt, dass Anlagen, die als Bestandteil des Gewässers dessen Ausbauzustand bestimmen und sichern, von den Gewässer- und nicht den Anlagenunterhaltungspflichtigen zu unterhalten sind (dazu OVG Bln-Bbg Beschl. v. 18.1.2017 – 9 N 1.15 (Rn. 15 ff.)). Noch vorrangig vor diesen landesrechtlichen Vorschriften sind die vereinzelten **bundesrechtlichen Spezialregelungen** zum Verhältnis zwischen Anlagen an Gewässern und den Gewässern selbst (vgl. *Queitsch* KStZ

2018, 103 (106 f.)). So sind nach § 13a FStrG Kreuzungsanlagen von Bundesfernstraßen und Gewässern grundsätzlich vom Träger der Straßenbaulast zu unterhalten. Davon ausdrücklich unberührt (§ 13a Abs. 4 FStrG) bleiben die §§ 42 f. WaStrG, wonach die Kreuzungsanlagen von öffentlichen Verkehrswegen und Bundeswasserstraßen grundsätzlich von demjenigen zu unterhalten sind, der die Kosten der Herstellung der Kreuzungsanlage ganz oder überwiegend getragen hat.

Insoweit keine näheren rechtlichen Maßstäbe bestehen, gibt § 36 WHG zumindest 128 gewisse Wegmarken für die Abgrenzung vor. Dem Terminus „Anlagen in, an, über und unter oberirdischen Gewässern" kann entnommen werden, dass die betreffenden technischen Gegenstände zwar im direkten Zusammenhang mit dem Gewässer stehen, aber nicht selbst(gänzlich) Gewässer sind. Insgesamt liegt § 36 Abs. 1 WHG ein weiter Anlagenbegriff zugrunde. Im Ausgangspunkt ist die Abgrenzung zwischen Anlagen an Gewässern und den Gewässern über eine **gegenständliche Betrachtung** zu treffen (OVG Bln-Bbg Beschl. v. 18.1.2017 – 9 N 1.15 (Rn. 15 ff.); VGH München BeckRS 2018, 1357 (Rn. 8); *Knopp* in Sieder/Zeitler/Dahme/Knopp § 36 Rn. 11; *Breuer/Gärditz* Rn. 1176). Dass es zur Bestimmung einer Anlage am Gewässer in Abgrenzung zu dem Gewässer vorrangig auf den Zweck des technischen Gegenstands ankommen sollte, ergibt sich aus § 36 WHG dagegen nicht. Die Zweckrichtung kann daher nur ein Hilfskriterium für die Fälle sein, in denen der Gegenstand nicht nur als Anlage am Gewässer, sondern zugleich auch als ein Bestandteil des Gewässerbetts oder Ufers betrachtet werden kann. Der Gegenstand ist insofern dem Gewässer zuzuordnen, wenn mit ihm **wasserwirtschaftsrechtliche Funktionen** verfolgt werden, wohingegen es sich um eine Anlage am Gewässer handelt, wenn sonstige Zwecke angestrebt werden. Maßgeblich sollte es auf den heutigen Zweck des Gegenstands ankommen (*Reinhardt* ZfW 2013, 121 (157)), wobei zu dessen Ermittlung der ursprüngliche etwa im Planfeststellungsbeschluss benannte Errichtungszweck als wichtiges Indiz herangezogen werden kann.

Das Folgeproblem ist die Behandlung von gemischten Zweckrichtungen. Regelmäßig 129 dient eine Ufermauer sowohl der konkreten Grundstückssicherung wie dem allgemeinen Hochwasserschutz, eine Gewässerverrohrung sowohl der konkreten Nutzbarkeit der darüber liegenden Landfläche wie dem ordnungsgemäßen Wasserabfluss und eine Fischtreppe sowohl der konkreten Fischzucht wie der gesamten Gewässerökologie. Die Rechtsprechung wählt verschiedene Wege für die Auflösung dieser Mischverhältnisse. Teils wird auf den Hauptzweck des Gegenstands abgestellt (VGH Mannheim ZfW 1993, 164 (165); OVG Koblenz NVwZ-RR 1997, 50 (51)). Teils wird der technische Gegenstand bereits als Gewässerbestandteil eingeordnet, sobald zumindest auch ein wasserwirtschaftlicher Zweck vorliegt (OVG Lüneburg Urt. v. 8.2.2017 – 13 LC 60/15, Rn. 46; OVG Münster Beschl. v. 28.9.2015 – 20 A 20/13, Rn. 33). Teils wird umgekehrt dazu der Gegenstand nur dem Gewässer zugerechnet, wenn er ausschließlich wasserwirtschaftlichen Zwecken dient (VG Saarlouis Urt. v. 11.1.2001 – 2 K 87/96, Rn. 21). Richtig dürfte es sein, auf den **Hauptzweck des Gegenstands** abzustellen. In der Konsequenz werden namentlich Ufermauern und Gewässerverrohrungen tendenziell der Anlagenunterhaltung und nicht der Gewässerunterhaltung unterfallen. Sie dienen regelmäßig in erster Linie sonstigen Zwecken, die vom Wasserhaushaltsrecht lediglich gestattet oder geduldet werden (VGH Mannheim ZfW 1993, 164 (165)). Von ihnen gehen regelmäßig Gefährdungen für den Wasserhaushalt aus, denen die in § 36 WHG statuierten Anforderungen gerade begegnen sollen. Beispielsweise stellt der schnelle Wasserabfluss durch eine Verrohrung eine immense Beeinträchtigung der ökologischen Gewässerqualität dar. Dagegen steht bei der Errichtung von Fischtreppen regelmäßig die Verbesserung des ökologischen Gewässerzustands so stark im Vordergrund, dass es sich bei diesen um einen Gewässerbestandteil handelt (OVG Greifswald BeckRS 2018, 29407 (Rn. 78)).

130 Im Ergebnis sind Anlagen in, an, über oder unter oberirdischen Gewässern gemäß § 36 Abs. 1 S. 1 WHG aus der Gewässerunterhaltung ausgeklammert und stattdessen von den Anlageninhabern oder -nutzern in Eigenvornahme zu unterhalten (VG Aachen BeckRS 2011, 54682). Künstliche Gegenstände an Gewässern sind als Anlagen im Sinne des § 36 WHG einzuordnen, wenn sie gegenständlich von dem Gewässerbett und Ufer separiert werden können. Bei Schnittmengen mit Gewässerbestandteilen sind künstliche Gegenstände als Anlagen einzuordnen, wenn sie im Schwerpunkt außerhalb des Wasserhaushaltsrechts stehenden Zwecken dienen (s.a. BVerwG NVwZ 2020 1282 (Rn. 37)). Eine bestehende Anlagenunterhaltungspflicht verdrängt die Gewässerunterhaltungspflicht allerdings nicht vollständig (*Reinhardt* ZfW 2013, 121 (159 f.)). Die Träger der Gewässerunterhaltungslast bleiben vielmehr im **gesamten Gewässerbereich** für die **Erhaltung des Gewässerbetts und Ufers** zuständig und müssen beispielsweise Abflusshindernisse wie etwa Verlandungen beseitigen (s. OLG Hamm BeckRS 2010, 13128; *Ganske* in Durner/Shirvani Eigentum im Wasserrecht, S. 77 f.; *Queitsch* in Schink/Fellenberg § 39 Rn. 9; *Itzel* ZfW 2020, 35 (37 ff.)). Zuletzt wies der Bundesgerichtshof zudem darauf hin, dass die Träger der Unterhaltungslast verpflichtet sein können, auf von Anlagen ausgehenden Gefahren hinzuweisen (BGH NVwZ 2023, 860 (Rn. 18)). Der Unterhaltungspflichtige des Gewässers dürfe nicht „seine Augen vor einer zwar nicht in seinen Zuständigkeitsbereich fallenden, aber gleichwohl offensichtlichen Gefahrenquelle […] verschließen".

131 Besondere Aufmerksamkeit verdient das Verhältnis der Gewässerunterhaltung zu § 34 WHG (zu Rn. 131 bereits *Funken* Gewässerunterhaltung, S. 116 f.): Stauanlagen und andere Querbauwerke beeinträchtigen die Gewässerökologie erheblich. Die gegensteuernde Erhaltung und **Wiederherstellung der Durchgängigkeit** oberirdischer Gewässer im Sinne des § 34 WHG ist essentiell für die Verbesserung der ökologischen Gewässerzustände (*Niesen* in Berendes/Frenz/Müggenborg § 34 Rn. 4 ff.). Maßnahmen der Erhaltung und Wiederherstellung der Gewässerdurchgängigkeit können vom weiten Pflege- und Entwicklungsbegriff in § 39 Abs. 1 S. 1 WHG umfasst sein (*Reinhardt* NVwZ 2008, 1048 (1053)). Sie dienen insbesondere der Erhaltung und Förderung der ökologischen Funktionsfähigkeit der Gewässer im Sinne des § 39 Abs. 1 S. 2 Nr. 4 WHG (vgl. ausführlich *Saßl* Ökologische Gewässerunterhaltung durch Wasser- und Bodenverbände nach dem Wasserverbandsgesetz, Rn. 151, 153). Die Zuständigkeit der Träger der Gewässerunterhaltungslast für die Erhaltung und Herstellung der Gewässerdurchgängigkeit ist allerdings aufgrund der §§ 34 Abs. 2 und 36 WHG begrenzt. Wie dargelegt sind Anlagen in, an, über und unter oberirdischen Gewässern – wozu ebenfalls die in § 36 Abs. 2 WHG besonders regulierten Stauanlagen gehören – von der Gewässerunterhaltungspflicht grundsätzlich weitreichend ausgenommen. Auch Hochwasserwehre und sonstige Querbauwerke werden von der Rechtsprechung grundsätzlich als selbstständige **Anlagen an Gewässern** eingeordnet (VGH München Beschl. v. 29.1.2018 – 8 ZB 16.2131, Rn. 18 f.; VG München BeckRS 2020, 12940 (Rn. 21 ff.); aA *Saßl* Ökologische Gewässerunterhaltung durch Wasser- und Bodenverbände nach dem Wasserverbandsgesetz, Rn. 144 ff.). Der Betrieb, die Unterhaltung sowie die bauliche Veränderung solcher Anlagen sind damit vom Aufgabenbereich der Gewässerunterhaltungspflichtigen grundsätzlich nicht erfasst. Dies wird durch die spezielle Anordnungsbefugnis des § 34 Abs. 2 WHG bestätigt (→ § 34 Rn. 33; BT-Drs. 16/12275, 61). Hiernach hat die zuständige Wasserbehörde Anordnungen zur Wiederherstellung der Durchgängigkeit zu treffen, wenn vorhandene Stauanlagen nicht jene Anforderungen erfüllen, um die Bewirtschaftungsziele der §§ 27 ff. WHG zu erreichen. Als Störer sind nach dieser Norm prinzipiell die Eigentümer oder Nutzer der Anlagen heranzuziehen (→ § 34 Rn. 46). Anders als nach § 40 Abs. 3 WHG (→ § 40 Rn. 65) hat die Wasserbehörde gemäß § 34 Abs. 2 WHG kein Entschließungsermessen bezüglich des Einschreitens gegenüber den Verursachern der Beeinträchtigungen der

Durchgängigkeit (→ § 34 Rn. 34 ff.; aA *Czychowski/Reinhardt* § 34 Rn. 23). Für die zur Erreichung guter ökologischer Gewässerzustände erforderlich werdenden Anpassungen und Rückbauten von Stauanlagen sind die Gewässerunterhaltungspflichtigen damit nicht zuständig. In ihrem Aufgabenbereich verbleiben **nicht-anlagenbezogene Maßnahmen** der Erhaltung und Wiederherstellung der Gewässerdurchgängigkeit.

3. Gewässerausbau (§§ 67 ff. WHG)

Das Verhältnis zwischen der Unterhaltung und dem **Ausbau von oberirdischen Gewässern** ist schon seit Langem ein zentraler Streitpunkt des Wasserrechts (*Knopp* BayVBl. 1983, 524 ff.; näher zu Rn. 132-140 bereits *Funken* Gewässerunterhaltung, S. 93 ff.). Aus rechtsdogmatischer Sicht hat sich die Abgrenzungproblematik durch die gesetzgeberische Einfügung des Entwicklungsmerkmals in § 39 Abs. 1 S. 1 WHG nochmals verschärft (kritisch dazu *Reinhardt* NVwZ 2008, 1048 (1051)). Die überkommene Dichotomie zwischen der erhaltenden Unterhaltung und dem umgestaltenden Ausbau ist dadurch ein Stück weit aufgelöst worden. Während die Unterhaltung die Pflege und Entwicklung von Gewässern umfasst, bezieht sich der Ausbau gemäß § 67 Abs. 2 S. 1 WHG auf die Herstellung, die Beseitigung und die wesentliche Umgestaltung eines Gewässers oder seiner Ufer (näher zum Recht des Gewässerausbaus → § 67 ff.; *Breuer/Gärditz* Rn. 1208 ff.). 132

Die Unterscheidung zwischen Unterhaltung und Ausbau durchzieht das gesamte **öffentliche Infrastrukturrecht** und zeigt sich insbesondere in Bezug auf Bundeswasserstraßen, Bundesfernstraßen sowie Eisenbahnanlagen. Planfeststellungs- bzw. plangenehmigungsbedürftig ist insoweit stets nur der Ausbau der Infrastruktur (vgl. § 14 Abs. 1 WaStrG, § 17 Abs. 1 FStrG, § 18 Abs. 1 AEG), demgegenüber die Unterhaltung ohne weiteres durchgeführt werden kann und muss. Hinsichtlich der Unterhaltungsaufgabe erkennt man jeweils eine gesetzliche Eingrenzung auf die Sicherung und Erhaltung des vorhandenen und genehmigten Bestands der Infrastrukturanlage (§ 8 Abs. 1 WaStrG, § 3 ff. FStrG, § 2 Abs. 7 und Abs. 7c AEG; im Überblick *Stüer* DVBl. 2018, 1402 ff.). Angesichts langwieriger Genehmigungsverfahren, zerstörerischer Naturereignisse und maroder Infrastrukturen ist zuletzt jedoch vielfach das Bedürfnis gestiegen, die einzelnen Anlagen über das Instrument der Unterhaltung unkompliziert und ohne vorherige Zulassungen zu sanieren und wieder zu ertüchtigen (näher *Funken* Gewässerunterhaltung, S. 94; *Kreuter* in BAST/Durner Unterhaltung und Sanierung des Straßennetzes, S. 8 ff.). Erste Schritte in diese Richtung hat das Bundesverwaltungsgericht (mit-)gemacht, indem es die Wiederherstellung eines Bahndamms nach aktuellem Stand der Technik als Unterhaltung eingeordnete, obwohl sich der Damm hierdurch deutlich verbreitert hatte (vgl. dazu § 18 Abs. 1 S. 3 AEG; BVerwGE 110, 81). Neuerdings nimmt § 17 Abs. 1 S. 3 FStrG Änderungsmaßnahmen von der Genehmigungspflicht aus, die im Zuge des Wiederaufbaus nach einer Naturkatastrophe oder als unselbständiger Teil einer Ausbaumaßnahme erfolgen. 133

Die Abgrenzung zwischen Gewässerunterhaltung und Gewässerausbau ist nach geltendem Recht notwendig, weil ein Gewässerausbau zwingend eine Planfeststellung oder Plangenehmigung erfordert, wohingegen die **Gewässerunterhaltung** gemäß § 9 Abs. 3 S. 2 WHG weitgehend **zulassungsfrei** gestellt ist (vgl. BVerwG NVwZ-RR 2007, 750 (Rn. 20)). Gemein haben beide Rechtsinstitute grundsätzlich, dass sie unmittelbare Einwirkungen auf den morphologischen Gewässerzustand betreffen, welche die Gewährleistung der in §§ 1, 6 WHG anerkannten Gewässerfunktionen bezwecken. Ebenso wie an anderen öffentlichen Sachen verläuft die Abgrenzung zwischen Unterhaltung und Ausbau an Gewässern in ihrem Ursprung zwischen dem Gegensatzpaar Erhaltung und **(wesentliche) Umgestaltung** des Gewässers. So klar, wie die Abgrenzung hiernach historisch 134

scheint, war sie aber nie (knapp *Durner* W+B 2017, 175 (179)). So wurde die **Wiederherstellung** des Ausbauzustandes infolge einer natürlichen oder sonstigen Veränderung des Gewässers stets der Unterhaltung zugeordnet, obwohl mit einer solchen Wiederherstellung Umgestaltungen des Gewässers einhergingen (PrOVG 3, 204 (210); *Holtz/Kreutz/Schlegelberger* § 41 PrWG Rn. 3). Zudem werden Umgestaltungen bis zur der Wesentlichkeitsschwelle seit jeher – zumindest entsprechend – als zulassungsfreie Gewässerunterhaltung behandelt. Es kam also schon immer auf eine schwierige Abgrenzung entlang des Wesentlichkeitsmerkmals an. Ähnlich wie in Bezug auf Bundeswasserstraßen, Straßen und Wege sowie Eisenbahnanlagen besteht an Gewässern insofern das praktische Bedürfnis, den Anwendungsbereich der Unterhaltung möglichst weit auszudehnen. Im Gegensatz zu künstlichen Infrastrukturanlagen unterliegen (zumindest die nicht-künstlichen [vgl. § 3 Nr. 4 WHG]) Gewässer allerdings zusätzlich einem verstärkten natürlichen Wandel. Der Erhaltungsbegriff des Wasserhaushaltsgesetzes musste sich hierzu schon immer in besonderer Weise verhalten (s.a. *Pawlowski* EurUP 2015, 127 (129)). Mit der Wasserrahmenrichtlinie und aufgrund des § 27 Abs. 1 Nr. 2 WHG sind die Gewässerzielzustände nunmehr neu definiert worden. In der Folge wird die Gewässerunterhaltung seit der WHG-Novelle 2002 den Merkmalen der ökologischen Pflege und Entwicklung umschrieben (→ Rn. 19).

135 Die Abgrenzungslinie ist nach geltender Rechtslage zwischen den Merkmalen der **Gewässerentwicklung** im Sinne des § 39 Abs. 1 WHG und der wesentlichen Gewässerumgestaltung im Sinne des § 67 Abs. 2 S. 1 WHG zu ziehen (*Drost* in ders. § 39 Rn. 8b). Demgegenüber ist eine Gewässerpflegemaßnahme (in aller Regel) kein Ausbau und eine Herstellung oder Beseitigung eines Gewässers stellt niemals eine Unterhaltung dar. Problematisch ist freilich, dass die Merkmale der Entwicklung und wesentlichen Umgestaltung große begriffliche Überschneidungen aufweisen (*Reese* NVwZ 2018, 1592 (1594)). Die Abgrenzung muss insofern maßgeblich aus Sichtrichtung des Gewässerausbaus gezogen und anhand des unbestimmten **Wesentlichkeitsmerkmals** getroffen werden (*Durner* in Rehbinder/Schink Grundzüge des Umweltrechts Kap. 9 Rn. 120; kritisch *Reinhardt* ZfW 2013, 121 (130); *Ganske* in Durner/Shirvani Eigentum im Wasserrecht, S. 76). Trotz seiner Unbestimmtheit eröffnet das Wesentlichkeitsmerkmal im Einzelfall prinzipiell keinen Beurteilungsspielraum der Unterhaltungs- bzw. Ausbaupflichtigen. Notwendig sind vielmehr eine vollständige Überprüfung und hinreichende Konkretisierung des Merkmals durch die Verwaltungsgerichte. Die Wesentlichkeit der Umgestaltung ist anhand eines Vorher-Nachher-Vergleichs über eine Gesamtbetrachtung zu bestimmen. Maßgeblich kommt es auf die zu erwartenden Auswirkungen der Maßnahme an (vgl. OVG Münster DVBl. 2015, 1394 ff.), nicht auf ihre Dimension selbst (*Drost* in ders. § 39 Rn. 8b f.). Auch hinsichtlich an sich unbedeutender Initialmaßnahmen für eine eigendynamische Gewässerentwicklung kann sich also durchaus die Abgrenzungsfrage stellen (*Fröhlich* KA 2006, 160 ff.).

136 Die herrschende Rechtsprechung und Literatur stellt für die Konkretisierung des Wesentlichkeitsmerkmals auf eine tatsächliche Betrachtung ab und lädt diese mit funktionalen Gesichtspunkten auf. Eine Umgestaltung soll hiernach wesentlich sein, wenn sie den Gewässerzustand in einer für den Wasserhaushalt, für die Schifffahrt, für die Fischerei oder in sonstiger Hinsicht **bedeutsamen Weise** ändert (VGH Mannheim BeckRS 2012, 52174; *Queitsch* UPR 2016, 247 (251); *Czychowski/Reinhardt* § 67 Rn. 30). Allerdings ist mit einer Ersetzung des Merkmals der Wesentlichkeit durch Begriffe wie „bedeutsam", „bedeutend", „beträchtlich" oder „substanziell" alleine jedenfalls wenig gewonnen (s.a. *Reinhardt* NVwZ 2008, 1048 (1053)). Die Einbeziehung funktionaler Gesichtspunkte – inwieweit beeinträchtigt die Umgestaltung etwa die Schifffahrt oder Fischerei? – birgt zudem die Gefahr, die Abgrenzung allzu stark von allgemeinen Erwägungen über die

Sinnhaftigkeit des Vorhabens abhängig zu machen. Grundsätzlich verschleiert die Definition der herrschenden Meinung überdies, dass die Gewässerunterhaltung mittlerweile ebenfalls **aktive ökologische Umgestaltungen** der Gewässer umfasst (zu eng insb. *Kotulla* § 39 Rn. 9 f.; *Breuer/Gärditz* Rn. 1152; *Queitsch* und *Lau* in Schink/Fellenberg § 39 Rn. 26 bzw. § 67 Rn. 22, 40). Richtig erscheint indes im Ausgangspunkt, dass eine Umgestaltung nur wesentlich im Rechtssinne sein kann, wenn sie schon **äußerlich in sicht- oder messbarer Weise erhebliche Auswirkungen** auf das Gewässer und sein Ufer hervorruft. Zunächst sollten von den Unterhaltungs- bzw. Ausbaupflichtigen also die schlichten Größenordnungen der Folgen der Maßnahme beschrieben und bewertet werden. Hierbei sind alle Gewässereigenschaften im Sinne des § 3 Nr. 7 WHG in den Blick zu nehmen. Maßstäblich kann dabei nicht das Gewässer als Ganzes sein, sondern lediglich der betreffende Gewässerabschnitt (OVG Lüneburg NordÖR 2011, 511 (Rn. 8)). Bestimmte Grenzwerte können freilich nicht pauschal angegeben werden, sondern bleiben eine Frage des Einzelfalls. Die Bewertung des Ausmaßes der jeweiligen Maßnahme hängt letztlich maßgeblich von rechtlichen Erwägungen ab.

Sowohl dem subjektiven wie dem objektiven Zweck des § 39 WHG entspricht es, den **137** **Umfang** der Aufgabe der Gewässerunterhaltung **möglichst weit auszudehnen** (BT-Drs. 14/7755, 19; *Reese* NVwZ 2018, 1592 (1594); aA *Breuer/Gärditz* Rn. 1152 ff.). Dies wirkt sich auf die Auslegung des Wesentlichkeitsmerkmals in § 67 Abs. 2 S. 1 WHG aus. Die WHG-Gesetzgeber von 2002 und 2010 wollten mit der Gewässerunterhaltung ein Rechtsinstitut schaffen, über das in großem Umfang Renaturierungen von oberirdischen Gewässern abgewickelt werden können. Hierdurch soll ein erheblicher Beitrag zur Erreichung der Bewirtschaftungsziele der §§ 27 ff. WHG geleistet werden. Gerade das Gesetzesmerkmal der Förderung der ökologischen Funktionsfähigkeit des Gewässers in § 39 Abs. 1 S. 2 Nr. 4 WHG zielt darauf ab, eine Hydromorphologie zu schaffen, in der sich wild lebende Pflanzen und Tiere entfalten können (*Schwendner/Rossi* in Sieder/Zeitler/Dahme/Knopp § 39 Rn. 60, 126 ff.). Die Inanspruchnahme der Unterhaltung für die ökologische Rekonstruktion der Gewässer birgt dabei bedeutende verwaltungstechnische Vorteile. Die Maßnahmen können im Rahmen der Unterhaltung **pragmatisch, schnell und kosteneffizient** ausgeführt werden, ohne dass es der vorherigen Durchführung eines aufwändigen Planfeststellungsverfahrens bedarf. Die übergeordneten ökologischen Ziele der Wasserrahmenrichtlinie werden an den oberirdischen Gewässern in Deutschland weiterhin großflächig verfehlt. Vor diesem Hintergrund kann eine teleologische Interpretation des § 39 WHG nur dahin gehen, die Umsetzung ökologischer Gewässerentwicklungen gemäß § 39 WHG, so weit es rechtlich geht, zu ermöglichen (s.a. *Elgeti* NuR 2023, 287). Bei künstlichen Umgestaltungen des Gewässers, wie etwa der Errichtung einer Verrohrung oder eines Damms gilt diese Verschiebung zugunsten der Unterhaltung freilich nicht, da diese schon nicht vom ökologischen Entwicklungsbegriff erfasst sind.

Die Zurückdrängung des Ausbaus zugunsten der (ökologischen) Unterhaltung an ober- **138** irdischen Gewässern unterliegt bestimmten strikten **rechtlichen Grenzen** (zum Ganzen *Funken* Gewässerunterhaltung, S. 102 ff.): In erster Linie ergeben sich die Grenzen der (ökologischen) Gewässerunterhaltung aus der Reichweite der **Duldungspflichten** gemäß **§ 41 WHG**. Hiernach haben – zusammengefasst – lediglich die Gewässereigentümer die erforderlichen Unterhaltungsmaßnahmen nach § 39 WHG sowie die Anlieger die Uferunterhaltung nach § 39 Abs. 1 S. 2 Nr. 2 WHG hinzunehmen. Die Belastungen Dritter, die von dieser Norm oder ihrer landesrechtlichen Ergänzungen nicht abgedeckt sind, dürfen grundsätzlich nicht im Rahmen der Unterhaltung ausgeführt werden, sondern erfordern eine Zulassung nach § 68 WHG. Das betrifft vor allem die über das Ufer hinausreichenden Veränderungen der Gewässerlandschaft. Die zentrale gewässerpolitische Forderung, „den Flüssen mehr Raum zu geben", kann daher weiterhin nur sehr begrenzt

von der Unterhaltung erfüllt werden. Hier bedürfte es de lege ferenda einer Anpassung des örtlichen Bezugsrahmens der Unterhaltung.

139 Eine weitere Schranke ergibt sich aus der möglichen UVP-Pflichtigkeit der beabsichtigten Entwicklung bzw. Umgestaltung des Gewässers – in der Terminologie des Umweltverträglichkeitsprüfungsgesetzes: „des Vorhabens". Besteht in Bezug auf das Vorhaben gemäß §§ 6 ff. UVPG eine **Pflicht zur Durchführung einer Umweltverträglichkeitsprüfung**, ist es zwingend als planfeststellungspflichtiger Ausbau im Sinne des § 68 Abs. 1 WHG einzuordnen (*Durner* in Rehbinder/Schink Grundzüge des Umweltrechts Kap. 9 Rn. 129). Die zum planfeststellungspflichtigen Ausbau führende UVP-Pflicht kann entweder „unbedingt" sein (vgl. insb. § 6 UVPG) oder erst nach einer „Vorprüfung" feststehen (vgl. insb. § 7 UVPG). Verschiedene vorprüfungspflichtige Vorhaben können potenziell sowohl der Unterhaltung wie dem Ausbau zugeordnet werden: Dazu zählen vor allem naturnahe „Ausbauten" von Bächen, Gräben, Rückhaltebecken und Teichen, kleinräumige naturnahe Umgestaltungen, wie die Beseitigung von Bach- und Grabenverrohrungen, sowie Umsetzungen von Kiesbänken in Gewässern (vgl. Punkt 13.18.2 in Anhang 1 zum UVPG; illustrativ OVG Bautzen NVwZ-RR 2006, 390 (391)). Ob für das betreffende Vorhaben eine UVP-Pflicht besteht, stellt die dafür zuständige Behörde – ggf. nach vorgenommener Vorprüfung (sog. „Screening") – gemäß § 5 UVPG fest (*Schink* NuR 2018, 21 (24 ff.)). Für das Ergebnis der kursorischen Vorprüfung kommt es im Kern darauf an, ob das Vorhaben erhebliche nachteilige Umweltauswirkungen hervorrufen kann (EuGH ZUR 2000, 284 (285)). In der Vorprüfung steht der zuständigen Behörde ausdrücklich ein Beurteilungsspielraum zu (§ 7 Abs. 1 S. 3 und Abs. 2 S. 6 UVPG; OVG Münster DVBl. 2014, 185 (188 f.)), der verwaltungsgerichtlich nur auf seine plausible Ausübung hin überprüft wird (§ 5 Abs. 1 S. 2 UVPG; BVerwG ZUR 2012, 303 (Ls. 1)).

140 Die dritte feste Schwelle für den Übergang von der Gewässerunterhaltung zum Gewässerausbau ergibt sich aus den **Grundrechten** (insb. **Art. 14 Abs. 1 GG**; vgl. *Reinhardt* ZfW 2013, 121 (130)). Aus hiesiger Sicht führt allerdings nicht jedwede Grundrechtsbeeinträchtigung infolge einer Entwicklungsmaßnahme am Gewässer zur Genehmigungspflichtigkeit nach § 68 WHG. Soweit die subjektiven Belastungen von § 41 WHG abgedeckt sind, weil sie zur ordnungsgemäßen Unterhaltung des oberirdischen Gewässers erforderlich sind, sind sie von den Betroffenen grundsätzlich ohne weiteres hinzunehmen (→ § 40 Rn. 35 ff.). Im Einzelfall wird eine Planfeststellung erst dann notwendig sein, wenn die Maßnahme das Grundeigentum der Gewässer- und Ufereigentümer unverhältnismäßig belastet und daher verletzt (zu eng OVG Münster DVBl. 2015, 1394 ff.; *Lau* in Schink/Fellenberg § 67 Rn. 22 ff., 40). Aufgrund des hohen Rangs des Umweltschutzes gemäß Art. 20a GG liegt die Grenze dafür in den **Kerngehalten des Eigentums**, namentlich der Privatnützigkeit und dem grundlegenden Substanzschutz (→ § 40 Rn. 35 ff.). Soweit der Eigentumseingriff in solchen Fällen noch keine Enteignung darstellt, wäre er jedenfalls ausgleichspflichtig. Die Möglichkeiten einer Inhalts- und Schrankenbestimmungen mit finanziellem Ausgleich bieten sich allerdings lediglich über § 70 Abs. 1 WHG, nicht aber im Unterhaltungsrecht. Eine Vernässung des Ufers infolge einer ökologischen Unterhaltungsmaßnahme beispielsweise führt daher erst dann zur Planfeststellungspflicht, wenn sie ohne einen finanziellen Ausgleich verfassungswidrig wäre. Die gebotene Abwägung der Belange des Betroffenen findet insofern auf Grundlage des § 39 WHG durch die Unterhaltungspflichtigen selbst statt. Dabei erreichen die Unterhaltungsmaßnahmen eine besondere Legitimation, wenn sie bereits in den Maßnahmenprogrammen vorgesehen sind (*Reese* NVwZ 2018, 1592 (1597)). Angesichts des Ankündigungserfordernisses des § 41 Abs. 1 S. 2 WHG besteht für die Betroffenen im Übrigen die Gelegenheit zur Erhebung verwaltungsgerichtlichen Primärrechtsschutzes (→ Rn. 152 ff.).

4. Sicherheitsrecht

Im Einzelnen kompliziert ist das Verhältnis der modernen Gewässerunterhaltung zum öffentlichen und privaten Sicherheitsrecht (zu Rn. 141-144 bereits *Funken* DVBl. 2023, 1134 (1141); näher *ders.* Gewässerunterhaltung, S. 127-151). 141

Mit der Gewässerunterhaltung werden **Sicherheitsanliegen** verfolgt. Die Unterhaltung zielt nämlich mit der Erhaltung des Gewässerbetts, der Ufer sowie des Gewässerzustands entsprechend den wasserwirtschaftlichen Bedürfnissen (§ 39 Abs. 1 S. 2 Nr. 1, 2 und 5 WHG) auf schadlose Abflussverhältnisse ab (*Schwendner/Rossi* in Sieder/Zeitler/Dahme/Knopp § 39 Rn. 64, 69 f., 105, 144). In diesem Rahmen dient die Unterhaltung zugleich dem **Hochwasserschutz** (*Rolfsen* Öffentliche Hochwasservorsorge vor dem Hintergrund von tatsächlichen und rechtlichen Grundvorgaben, S. 246, 253). Schutzmaßnahmen der Unterhaltungspflichtigen zur Bekämpfung von Gewässergefahren stehen allerdings unter mehrfachem Vorbehalt. Die Unterhaltung ist rein **wasserhaushaltsrechtlich ausgerichtet** und begründet keine umfassende Verantwortlichkeit für einen in jeder Hinsicht gefahrlosen Gewässerzustand (BVerwG ZfW 1983, 107 (109); VG Aachen BeckRS 2019, 33084 (Rn. 86, 105); *Queitsch* KStZ 2018, 81 (82 f.)). Daher unterfällt etwa „der Rückschnitt von Bäumen am Ufer eines Gewässers, um allein dem Gewässer benachbarte Grundstücke vor umstürzenden Bäumen oder herabfallenden Ästen zu schützen, nicht den Maßnahmen der Unterhaltung" (OVG NRW Beschl. v. 9.6.2011 – 20 B 151/11, Rn. 11). Zudem müssen sich die Sicherheitsanliegen im Einzelfall gegen die konfligierenden Unterhaltungsziele durchsetzen und zu konkreten Handlungspflichten verdichten. 142

Innerhalb ihres Anwendungsbereichs dürfte die Gewässerunterhaltung grundsätzlich das allgemeine **Polizei- und Ordnungsrecht verdrängen** (→ § 40 Rn. 61; näher *Funken* Gewässerunterhaltung, S. 141 f. m.w.N.). 143

Neben diesem öffentlich-rechtlichen Sicherheitsregime bestehen prinzipiell die **privatrechtlichen Verkehrssicherungspflichten** am Gewässer fort (ausführlich *Funken* Gewässerunterhaltung, S. 143 ff.). Anders als im Straßenrecht sind diese Verkehrssicherungspflichten nämlich nicht kraft Gesetzes zur Hoheitsaufgabe gemacht worden (etwa *Hensen* in Berz/Burmann Handbuch des Straßenverkehrsrechts, Kap. 9 Teil A Rn. 43 ff.). Unterlassen demnach die Gewässer- und Ufereigentümer die notwendigen und zumutbaren Maßnahmen zur Sicherung ihrer Grundstücke, haften sie den Geschädigten für die daraus entstehenden Schäden nach § 823 Abs. 1 BGB. Unterhaltungspflicht und Verkehrssicherungspflicht können sich zwar partiell überschneiden. Allerdings sind die beiden Pflichten **keineswegs identisch**, sondern unterscheiden sich maßgeblich hinsichtlich Trägern und Inhalten (vgl. OVG NRW Beschl. v. 9.6.2011 – 20 B 151/11, Rn. 14; *Reutzsch* Die Haftung des Gewässerunterhaltungspflichtigen für Hochwasserschäden, S. 64 f.; *Schwendner/Rossi* in Sieder/Zeitler/Dahme/Knopp § 39 Rn. 45; anders *Queitsch* KStZ 2018, 81 (82); *Diego/Eske* W+B 2019, 234 (236): „Unterfall"). Treten die Pflichten zueinander in Konflikt, muss die **Gewässerunterhaltung Vorrang** haben. Soweit also die Erfüllung der Verkehrssicherung einen öffentlich-rechtlich (abschließend) bestimmten Gewässerzielzustand konterkarieren würde, muss sie zurücktreten (zur Diskussion *Funken* Gewässerunterhaltung, S. 149 ff. m.w.N.). 144

5. Schifffahrtsbezogene Unterhaltung der Bundeswasserstraßen

Die Gewässerunterhaltung nach den §§ 39 bis 42 WHG ist von der **Wasserstraßenunterhaltung** der §§ 7 bis 11 WaStrG abzugrenzen (näher zu Rn. 145-147 bereits *Funken* Gewässerunterhaltung, S. 42 f., 185 ff.). Verfassungsrechtlicher Hintergrund dessen ist die 145

Aufteilung der Gesetzgebungskompetenzen in die Titel „Wasserhaushalt" gemäß Art. 74 Abs. 1 Nr. 32 GG und „die Hochsee- und Küstenschifffahrt, die Binnenschifffahrt, den Wetterdienst, die Seewasserstraßen und die dem allgemeinen Verkehr dienenden Binnenwasserstraßen" gemäß Art. 74 Abs. 1 Nr. 21 GG (BVerfGE 15, 1 ff.). Wenngleich das Nebeneinanderbestehen beider Unterhaltungssysteme einer langen völker- und verfassungsrechtlichen Tradition entspricht, erscheint es seit der Überführung des Titels „Wasserhaushalt" in die konkurrierende Gesetzgebungskompetenz bedenkenswert, beide Unterhaltungsregime im Wasserhaushaltsgesetz zusammenzufassen und darin kompensativ die verkehrlichen Belange an Binnenwasserstraßen besonders zu betonen (vgl. *Möckel* DVBl. 2010, 618 ff.; *Reinhardt* NVwZ 2008, 1048 (1049 f.); *Faßbender* EurUP 2016, 17 (35 ff.)).

146 Die Unterhaltung der Binnenwasserstraßen umfasst gemäß § 8 Abs. 1 S. 1 WaStrG die Erhaltung eines ordnungsgemäßen Zustandes für den Wasserabfluss und die **Erhaltung der Schiffbarkeit**. Die Wasserstraßenunterhaltung beschränkt sich insofern nach Gegenstand und Zweck auf die Bewahrung der **Verkehrsfunktion** der Bundeswasserstraßen (BVerwG NVwZ 2002, 470 (471); *Fröhlich* ZfW 2016, 201 (202 f.)). Wenngleich die Unterhaltungsmaßnahmen nach § 8 Abs. 1 S. 4 WaStrG inzwischen auch die wasserhaushaltsrechtlichen Bewirtschaftungsziele zu „beachten" haben (zuvor BVerwG NVwZ-Beilage 2017, 101 (Rn. 478)), ist die wasserstraßenrechtliche Unterhaltung nicht gleichermaßen ökologisiert und dynamisiert worden wie die Gewässerunterhaltung. Die Zulassungsfreiheit der Wasserstraßenunterhaltung folgt aus § 7 Abs. 3 WaStrG (*Berendes* ZUR 2008, 141 ff.). Die Unterhaltung der Bundeswasserstraßen ist kraft Gesetzes eine **Hoheitsaufgabe des Bundes** (§ 7 Abs. 1 WaStrG); bei der Unterhaltung übt die Wasser- und Schifffahrtsverwaltung des Bundes Hoheitsbefugnisse aus

147 Grundsätzlich wird man der wasserstraßenrechtlichen Unterhaltung im **Verhältnis zur Gewässerunterhaltung** Spezialität einräumen müssen (*Heinz* in Friesecke § 8 WaStrG Rn. 2). Die Wasserstraßenunterhaltung der §§ 7 ff. WaStrG stellt freilich kein abschließendes Regime über den Unterhaltungsumfang auf (*Spieth* BeckOK UmweltR § 39 Rn. 13 m.w.N.). Subsidiär sind damit auch hinsichtlich der Unterhaltung der Binnenwasserstraßen die §§ 39 ff. WHG anzuwenden (*Kotulla* § 39 Rn. 52). Streit besteht über die Fälle, in denen eine Unterhaltungsmaßnahme sowohl verkehrliche wie wasserwirtschaftliche Zwecke verfolgt. Insoweit ist auf den Schwerpunkt der jeweiligen Maßnahme abzustellen (OVG Hamburg DVBl. 2001, 406; *Spieth* BeckOK UmweltR § 39 Rn. 13 m.w.N.). Nicht geboten ist es dagegen, das Wasserstraßengesetz bereits bei jeglichem Bezug zu verkehrlichen Interessen anzuwenden (so *Drost* in ders. § 39 Rn. 26). Denn auch über § 39 Abs. 1 S. 2 Nr. 3 WHG sind bei der wasserwirtschaftlichen Gewässerunterhaltung die Belange der Schifffahrt zumindest mitzuberücksichtigen (vgl. *Breuer/Gärditz* Rn. 1141). Sind die §§ 39 ff. WHG hiernach an den Binnenwasserstraßen anzuwenden, können über diese Normen wie an jedem anderen Gewässer auch ökologische Entwicklungsmaßnahmen vorgenommen werden. Viel spricht dafür, dass jede einzelne Unterhaltungsmaßnahme de lege lata zwingend einem der beiden Unterhaltungsregime zugeordnet werden muss.

V. Rechtsschutz Dritter

148 In Konsequenz aus der Staatsaufgabenqualität der Gewässerunterhaltung ist auch der Rechtsschutz Dritter gegen die Träger der Unterhaltungslast **öffentlich-rechtlich** zu verstehen (ausführlich zu Rn. 148-162 bereits *Funken* Gewässerunterhaltung, S. 349-374). **Rechtsschutzmöglichkeiten Dritter** im Recht der Gewässerunterhaltung können von

natürlichen und juristischen Personen ergriffen werden, die selbst nicht Träger der Unterhaltungslast oder Rechtsträger der zuständigen Landeswasserbehörde sind.

1. Herkömmliches Verständnis

Im Jahr **1973** hat das Bundesverwaltungsgericht mit einem **Grundsatzurteil** die ständige verwaltungsgerichtliche Rechtsprechung begründet, dass die „Wahrnehmung der wasserrechtlichen Unterhaltungspflicht nicht in Erfüllung einer Dritten gegenüber bestehenden Rechtspflicht, sondern in Erfüllung einer öffentlichen Aufgabe des Trägers der Unterhaltungslast" geschehe (BVerwG DVBl. 1974, 603 ff.; näher zu Rn. 149-151 bereits *Funken* Gewässerunterhaltung, S. 350 ff.). Diese herrschende Sichtweise ist sogar schon älter (s. *Salzwedel* DÖV 1963, 241 ff.) und lebt bis heute fort (s. *Breuer/Gärditz* Rn. 1143; *Berendes* § 39 Rn. 3 m.w.N.). Seit der Überführung der Gewässerunterhaltung in die öffentlich-rechtliche Bewirtschaftungsordnung werden Zwecke und Ziele der Gewässerunterhaltung allein im Allgemeinwohlinteresse stehend angesehen. Demgegenüber sollen die Unterhaltungsvorschriften keinen privaten Interessen dienen, auch wenn die Unterhaltung Dritten mitunter faktisch zugutekommt. Subjektive Rechte und Ansprüche Dritter auf Erfüllung der Gewässerunterhaltungslast bzw. auf die Vornahme von Unterhaltungsmaßnahmen bestehen daher nach diesem Verständnis nicht. Zuletzt hat das OVG Berlin-Brandenburg geurteilt, dass die Regelungen über die Gewässerunterhaltung keine subjektiven öffentlichen Rechte begründen (OVG Bln-Bbg BeckRS 2023, 36332 (Rn. 83)). Dies gelte auch für § 39 WHG und ändere sich auch nicht dadurch, dass der Bundesgerichtshof die Gewässerunterhaltungspflicht nunmehr als drittschützende Amtspflicht im Sinne des § 839 Abs. 1 S. 1 BGB ansehe (dazu BGH NVwZ 2023, 860 (Rn. 16)). Daraus lasse sich nicht folgern, dass unmittelbar auf eine Erfüllung der Gewässerunterhaltungspflicht geklagt werden könne. 149

Die herrschende Meinung lässt sich über den Wortlaut von § 39 WHG herleiten, der vorrangig Allgemeinwohlinteressen adressiert (vgl. VG Frankfurt (Oder) BeckRS 2015, 44203). Sie kann sich zudem zentral auf den Willen des Wasserrechtsgesetzgebers des Bundes und einzelner Länder stützen. Insofern hat der Bundesgesetzgeber durch die Neueinfügung des Passus **„als öffentlich-rechtliche Verpflichtung (Unterhaltungslast)"** in § 39 Abs. 1 S. 1 WHG klarstellen wollen, dass er an der überkommenen Konstruktion der Unterhaltung als Pflicht ausschließlich gegenüber der Allgemeinheit in Gestalt der staatlichen Wasserbehörden und nicht gegenüber einzelnen Privaten weiterhin festhalten möchte (BT-Drs. 280/09, 181; *Kibele* ZfW 2011, 121 (126)). Noch deutlicher drücken dies manche Landeswassergesetze aus, wonach die Unterhaltungslast „keinen Rechtsanspruch Dritter gegen den Träger der Unterhaltungslast" begründet (zB § 32 Abs. 3 SächsWG; dazu *Brückner* in Dallhammer/Dammert/Faßbender § 32 SächsWG Rn. 10 ff.). 150

Gegen die Verneinung subjektiver Rechte auf Gewässerunterhaltung richtet sich zugleich schon seit längerer Zeit **Kritik** (*Bartlsperger* Verkehrssicherungspflicht und öffentliche Sache, S. 14 ff., 162 ff.; *Reutzsch* Die Haftung des Gewässerunterhaltungspflichtigen für Hochwasserschäden, S. 26 ff.). Da die Unterhaltungspflichten an öffentlichen Sachen als Hoheitsverwaltung verstanden werden müssten, ergäben sich für Dritte auch öffentlich-rechtliche **Ansprüche auf Erfüllung der Unterhaltungslast** und bei Nichterfüllung ggf. auf Schadensersatz. Die Unterhaltungspflichten seien als Pflichten gegenüber den Betroffenen zu interpretieren, sodass diesen Personen weitgehende Leistungsansprüche zustünden. Dies folge aus der Vermutungsregel, dass nach dem Gesetz faktisch begünstigte Personen auch ein subjektives Recht auf die Begünstigung hätten. Namentlich den Nutzungsberechtigten sei daher einen Anspruch gegen den Unterhaltungspflichtigen zuzuerkennen, die Nutzungen zu gewährleisten. 151

2. Primärrechtsschutz – Grundrechtliche Herleitung

152 Da die bis heute überwiegende Rechtssicht keine subjektiven Rechte Dritter auf Erfüllung der Unterhaltungslast bzw. auf die Vornahme bestimmter Unterhaltungsmaßnahmen vorsieht, kommt grundrechtlichen Schutzansprüchen in Gestalt des öffentlich-rechtlichen **Abwehr-, Unterlassungs- und Folgenbeseitigungsanspruchs** (allg. *Ossenbühl/Cornils* Staatshaftungsrecht, S. 352 f.; näher zu Rn. 152-160 bereits *Funken* Gewässerunterhaltung, S. 355 ff.) eine hohe praktische Bedeutung zu, um überhaupt Rechtsschutz gegenüber den Unterhaltungspflichtigen zu erlangen. Diese Ansprüche werden vom Bundesverwaltungsgericht allgemein auf „durch Richterrecht geprägte, gewohnheitsrechtliche Gesichtspunkte" gestützt (BVerwGE 94, 100 (103)). Sie betreffen nicht die Rechtswidrigkeit der Ausübung der Unterhaltung selbst, sondern ihre Grundlage liegt in einer Grundrechtsverletzung der Dritten (BVerwG DVBl. 1974 603 ff.). Die Ansprüche richten sich unmittelbar gegen die Träger der Unterhaltungslast, weil diese diejenigen Hoheitsträger sind, die sowohl für den Grundrechtseingriff verantwortlich sind als auch grundsätzlich dazu befugt sind, den status quo ante wiederherzustellen. Die Rechtsschutzkonstellationen, die in der Rechtsprechungspraxis der vergangenen Jahre aufgetreten sind, lassen sich wie folgt systematisieren (näher *Funken* Gewässerunterhaltung, S. 357 ff. m.w.N. aus der Rspr.):

153 Zunächst fällt auf, dass sich die grundrechtlichen Schutzansprüche entweder gegen Gewässerunterhaltungsmaßnahmen richten oder aber gegen das **schlichte Unterlassen** der Wahrnehmung der Unterhaltungslast (vgl. *Shirvani* in Durner/Shirvani Eigentum im Wasserrecht, S. 89). Im Zweifel ist genau zu untersuchen, ob ein bestimmter Gewässerzustand, welcher Grundrechte Dritter verletzt, auf ein vorangegangenes Verhalten der Unterhaltungspflichtigen oder auf eine natürliche oder sonstige Veränderung zurückzuführen ist (ähnlich bereits *Reutzsch* Die Haftung des Gewässerunterhaltungspflichtigen für Hochwasserschäden, S. 288 f.). Die Abgrenzung erhält dadurch besondere Brisanz, dass die Vornahme der ordnungsgemäßen Gewässerunterhaltung heute auch darin bestehen kann, an dem Gewässer bewusst eine **natürliche und eigendynamische Laufentwicklung** walten zu lassen (*Pawlowski* EurUP 2015, 127 (135)). Ein solches **qualifiziertes Unterlassen** einer herkömmlichen Unterhaltung zugunsten des ökologischen Schutzes des Gewässers ist grundsätzlich ebenfalls als Unterhaltungsmaßnahme im Sinne des § 41 Abs. 1 S. 1 Nr. 1 WHG zu verstehen (VGH Mannheim BeckRS 2013, 53556 (Rn. 39)). Die Ökologisierung der Unterhaltung führt insofern zu dem Erfordernis, zwischen aktiven und passiven Unterhaltungsmaßnahmen zu unterscheiden.

154 In einem weiteren Schritt ist danach zu unterscheiden, ob Dritte sich gegen die Unterhaltungspflichtigen wenden, weil eine Grundrechtsverletzung **(unmittelbar) bevorsteht oder** aber weil sie **bereits eingetreten** ist. Der vorbeugende Rechtsschutz gegen Unterhaltungsmaßnahmen zielt (allein) auf die Abwehr der Maßnahme ab. Ist der Grundrechtseingriff aufgrund der Unterhaltungsmaßnahme im Gange oder bereits geschehen, steht über die Abwehr der Unterhaltungsmaßnahme hinaus die Beseitigung der gegenwärtigen Beeinträchtigungen und die (Wieder-)Herstellung des früheren Zustands in Frage. Insoweit richten sich die Anspruchsziele beispielsweise

– auf den Rückschnitt der durch den Unterhaltungspflichtigen vorgenommenen umfangreichen Uferbepflanzung (VG Köln BeckRS 2011, 53933; OVG Münster BeckRS 2011, 51604),
– auf die Beseitigung von Vernässungen auf einer landwirtschaftlich genutzten Fläche infolge von Baumaßnahmen am Gewässer (VG Frankfurt (Oder) BeckRS 2015, 44203),

– auf die Befestigung einer Uferböschung, die aufgrund durchgeführter Grabenräumungen des Trägers der Unterhaltungspflicht ggf. erforderlich wird (VG Hannover BeckRS 2014, 58410) oder
– auf die Wiederherstellung des ursprünglichen Ufers, nachdem ein Graben durch Grabenreinigungsarbeiten im Rahmen der Gewässerunterhaltung verbreitert worden war (VG München BeckRS 2010, 35511).

Noch häufiger sind in der Rechtspraxis demgegenüber die Fälle, in denen der grundrechtliche Schutzanspruch sich nicht gegen eine Unterhaltungsmaßnahme, sondern gegen das schlichte Unterlassen der Unterhaltungspflichtigen richtet (→ Rn. 153; vgl. *Kibele* ZfW 2011, 121 (127)). Die Ansprüche zielen letztlich auf die **Vornahme bestimmter Unterhaltungsmaßnahmen** ab. Selten geht es dabei nur um die Beseitigung von beeinträchtigenden Umwelteinflüssen sowie die Wiederherstellung des status quo ante am Gewässer. Vielmehr verlangen die Anspruch stellenden Dritten in der Regel namentlich einen **verbesserten Hochwasserschutz**. Auch die grundrechtlichen Schutzansprüche bei schlichtem Unterlassen der Unterhaltungspflichtigen gibt es theoretisch in der vorbeugenden und nachgehenden Variante. Beispielhafte Anspruchsziele waren zuletzt **155**
– die (geringfügige) Vergrößerung einer Verrohrung eines Baches, um Überflutungsgefahren bei Starkregen zu vermeiden (VG Magdeburg BeckRS 2020, 21674),
– die regelmäßige Sohlräumung eines Teiches, um Überschwemmungsgefahren zu beseitigen (VG Aachen BeckRS 2007, 27340),
– die Vornahme von Sanierungs- und Umbaumaßnahmen eines bereits vorhandenen Überschwemmungsschutzes zur Verhinderung weiterer Hochwasser (VG Saarlouis BeckRS 2011, 51581) sowie
– die Durchführung von Sicherungsmaßnahmen am Ufer eines Gewässers (VG Kassel BeckRS 2020, 25844).

Die Rechtsprechung zu den grundrechtlichen Schutzansprüchen in Bezug auf die Gewässerunterhaltung geht auf die bereits erwähnte Grundsatzentscheidung des Bundesverwaltungsgerichts zurück (BVerwG DVBl. 1974, 603 ff.). So hat das höchste deutsche Verwaltungsgericht am 14.12.1973 geurteilt, dass sich gegenüber den Trägern der Unterhaltungslast ein öffentlich-rechtlicher Abwehranspruch ergibt, wenn eine Eigentumsverletzung in Art. 14 Abs. 1 GG „auf der Verletzung der wasserrechtlichen Unterhaltungspflicht beruht“. Explizit führt es aus, dass es für das Entstehen des Anspruchs „bedeutungslos ist, in welcher Weise der **Eingriff in die geschützte Rechtsposition** verwirklicht wird“ und der Anspruch „nicht von der Art der Eigentumsverletzung abhängen“ kann. Die Verwaltungsgerichte nehmen seither auch infolge des schlichten Unterlassens der Unterhaltungspflicht grundrechtliche Schutzansprüche an (VGH Mannheim NVwZ 1994, 1035; VGH Kassel NVwZ-RR 1997, 612; VGH München BayVBl. 1997, 370; *Breuer/Gärditz* Rn. 1143). Erforderlich sei dabei nur, dass zwischen der Vernachlässigung der Gewässerunterhaltung und der Eigentumsverletzung ein **Ursachenzusammenhang** bestehe (vgl. zuletzt OVG Bln-Bbg BeckRS 2023, 36332 (Rn. 86)). Die judizierten Ansprüche zielen auf die Beseitigung der eingetretenen Eigentumsbeeinträchtigung und Wiederherstellung des früheren Zustands ab, beziehen sich aber auch auf die darüberhinausgehende **Vornahme bestimmter Unterhaltungsmaßnahmen** (VG Regensburg BeckRS 2005, 35358; VG Bayreuth BeckRS 2006, 31088; kritisch *Reutzsch* Die Haftung des Gewässerunterhaltungspflichtigen für Hochwasserschäden, S. 288 f.). **156**

Als Verletzungshandlung setzt der grundrechtliche Schutzanspruch auf Abwehr, Unterlassung oder Wiederherstellung einen **hoheitlichen Eingriff** voraus (*Ossenbühl/Cornils* Staatshaftungsrecht, S. 375 ff.). Ein solcher kann auch von der schlicht-hoheitlichen Gewässerunterhaltung ausgehen. Greift der Träger der Unterhaltungslast durch eine (aktive **157**

oder passive) Unterhaltungsmaßnahme unter Überschreitung der Duldungspflichten des § 41 Abs. 1 S. 1 WHG rechtswidrig in Grundrechte Dritter ein, ist eine Verletzungshandlung gegeben. Andererseits lehnt die herrschende Meinung Abwehr-, Unterlassungs- und Folgenbeseitigungsansprüche infolge hoheitlichen Unterlassens grundsätzlich ab (zB *Mehde* Jura 2017, 783 (785)). Jedenfalls in Bezug auf die Gewässerunterhaltung überzeugt dies indes nicht. Der Gewässerzustand kann sich für die betroffenen Dritten auch und gerade bei einem **schlichten Untätigbleiben** der Unterhaltungspflichtigen aufgrund natürlicher oder sonstiger Einflüsse nachteilig verändern. Der Unrechtsgehalt zwischen dem hoheitlichen Tun und Unterlassen bei bestehender Rechtspflicht unterscheidet sich insofern nicht (allg. *Wallenrath* DÖV 1987, 505 ff.; *Maas* BayVBl. 1987, 520 ff.). Grundlegende staatliche Schutzpflichten nimmt das Bundesverfassungsgericht auch bei rein natürlichen Gefahrenlagen wie beispielsweise Starkregen und Überschwemmungen an (BVerfGE 157, 30 (Rn. 99)).

158 Die grundrechtlichen Schutzansprüche im Unterhaltungsrecht decken nicht nur die nachgehende Beseitigung grundrechtswidriger Gewässerzustände ab, sondern können sich auch auf den **vorbeugenden Schutz** gegenüber den Trägern der Unterhaltungslast richten. Vorbeugendem Grundrechtsschutz sind indes enge Grenzen gesetzt. Ein solches präventives Klagebegehren setzt allgemein voraus, dass eine Grundrechtsverletzung durch die Unterhaltungspflichtigen „droht" bzw. „eine Gefahr hoheitlichen Eingriffs ernsthaft besteht" (*Ossenbühl/Cornils* Staatshaftungsrecht, S. 366 f.). Erforderlich ist nach dem Bundesverwaltungsgericht, dass „das künftige Verwaltungshandeln nach seinem Inhalt und seinen tatsächlichen wie rechtlichen Voraussetzungen soweit bestimmt ist, dass eine Rechtmäßigkeitsprüfung möglich ist" (BVerwGE 45, 99 (105)). Diese Bestimmtheit ist für Betroffene jedenfalls nach erfolgter Ankündigung der beabsichtigten Unterhaltungsmaßnahmen gemäß § 41 Abs. 1 S. 2 WHG erreicht. Liegt dagegen (noch) keine Ankündigung künftiger Unterhaltungsmaßnahmen vor, erscheinen vorbeugende grundrechtliche Abwehransprüche nur erfolgsversprechend, wenn der Inhalt und Zeitpunkt der Maßnahmen anderweitig, namentlich in den Unterhaltungskonzepten der Träger der Unterhaltungslast oder in den wasserbehördlichen Maßnahmenprogrammen, hinreichend deutlich zum Ausdruck kommen. Bei schlichtem Untätigbleiben entsteht die Klagemöglichkeit für die Betroffenen, wenn eine bestimmte Grundrechtsbeeinträchtigung in absehbarer Zeit mit hinreichender Wahrscheinlichkeit eintritt.

159 Führen (aktive oder passive) Unterhaltungsmaßnahmen unmittelbar zu Beeinträchtigungen grundrechtlicher Schutzbereiche, wirken die Grundrechte in ihrer klassischen Funktion als **Abwehrrechte** gegenüber dem Staat. Insoweit gilt die Regel, dass eine Unterhaltungsmaßnahme oder ihre Folge eine Grundrechtsverletzung hervorruft, wenn die Anforderungen des **§ 41 Abs. 1 WHG** nicht eingehalten sind (exemplarisch VG Köln BeckRS 2011, 53933). Beispielsweise darf die jeweilige Maßnahme keine relevanten Auswirkungen auf in dieser Vorschrift nicht benannte Personen haben. Derartige belastende Maßnahmen der Unterhaltungspflichtigen erfolgen ohne gesetzliche Ermächtigungsgrundlage und verletzen schon deshalb zumindest die allgemeine Handlungsfreiheit der Betroffenen. Sie überschreiten dasjenige, was die Betroffenen hinsichtlich der Gewässerunterhaltung gesetzlich zu dulden verpflichtet sind (allg. *Ossenbühl/Cornils* Staatshaftungsrecht, S. 380 f.). Umgekehrt liegt keine Grundrechtsverletzung vor, wenn die ausgeübte Gewässerunterhaltung ihrerseits rechtmäßig ist. § 41 Abs. 1 WHG ist grundsätzlich als verfassungsgemäße Inhalts- und Schrankenbestimmung des Eigentums anzusehen (→ § 40 Rn. 35 ff.). Bei der Überprüfung sind die öffentlich-rechtlichen Gestaltungsspielräume der Unterhaltungspflichtigen (→ Rn. 80 ff.) einzurechnen (exemplarisch VG Augsburg BeckRS 2014, 52351). Als **Bezugspunkt der Grundrechtsverletzung** kommen grundsätzlich der hoheitliche Eingriff selbst wie auch der dadurch geschaffene Zustand

in Frage (näher *Funken* Gewässerunterhaltung, S. 366 f. m.w.N.). Auch der formelle Fehler einer unterlassenen oder ungenügenden Ankündigung einer Unterhaltungsmaßnahme im Sinne des § 41 Abs. 1 S. 2 WHG dürfte grundsätzlich zur Konsequenz haben, dass die von ihr Betroffenen die Maßnahme gegenüber den Unterhaltungspflichtigen (vorbeugend) abwehren und (nachgehend) deren Folgen beseitigen lassen können (näher *Funken* Gewässerunterhaltung, S. 367 f. m.w.N.). Der **Ankündigungspflicht** ist eine hohe Bedeutung beizumessen; sie ermöglicht den Betroffenen, sich auf die Auswirkungen der Unterhaltungsmaßnahmen einzustellen und ggf. eigene Sicherungs- und Schadensminderungsmaßnahmen zu ergreifen (→ § 41 Rn. 27).

Haben die Träger der Unterhaltungslast demgegenüber die an sich nach § 39 WHG 160 gebotene Erfüllung der Unterhaltungslast schlichtweg unterlassen oder vernachlässigt, führt dies nicht automatisch zu einer Grundrechtsverletzung. Vielmehr muss in diesen Konstellationen eine **grundrechtliche Schutzpflicht** verletzt worden sein (Untermaßverbot) (allg. BVerfGE 49, 89 (124); 79, 174 (202); *Pietzko* Der materiell-rechtliche Folgenbeseitigungsanspruch, S. 160 ff.). Dabei kommt den Unterhaltungspflichtigen bei der Aufstellung und Umsetzung des betreffenden Schutzkonzepts ein Einschätzungs-, Wertungs- und Gestaltungsspielraum zu. Danach ergeben sich aus den grundrechtlichen Schutzpflichten nur unter besonderen Umständen Pflichten zur Ergreifung bestimmter Unterhaltungsmaßnahmen (vgl. *Diego/Eske* W+B 2019, 234 (237)). Eine Verletzung der Substanz des Grundeigentums kann angenommen werden, wenn die Grundstückssituation aufgrund der Vernachlässigung der Unterhaltungspflicht durch drohende Überschwemmungen oder Uferabrisse schwer und unerträglich betroffen ist (VGH München BeckRS 2007, 25614). Dies soll nach baden-württembergischer Rechtsprechung erst der Fall sein, wenn eine Uferüberschwemmung zu einer Gefährdung von vorhandenen (Wohn-) Gebäuden führt, nicht schon, wenn es allein um den Flächenerhalt Privater geht (VG Freiburg BeckRS 2013, 54018, mit Verweis auf VGH Mannheim VBlBW 1993, 337). Das OVG Berlin-Brandenburg hat zuletzt großzügiger **spürbare Verschlechterungen** von möglichen Grundstücksnutzungen als ausreichend erachtet (OVG Bln-Bbg BeckRS 2023, 36332 (Rn. 86) m.w.N.). Die Betroffenen stehen insofern regelmäßig vor der Schwierigkeit, die Konsequenzen des Unterlassens aufzuzeigen und die Verdichtung der Unterhaltungspflicht auf eine bestimmte Schutzmaßnahme zu begründen (Elgeti NuR 2023, 287 (288)); hilfreich können insofern die Vorgaben in den Maßnahmenprogrammen und sonstigen Unterhaltungskonzepten wie auch wasserbehördliche Festlegungen nach § 42 Abs. 1 WHG sein.

3. Verankerung des Primärrechtsschutzes in §§ 39 ff. WHG

Zwar vermag die Differenzierung zwischen Tun und (schlichtem) Unterlassen der Un- 161 terhaltungspflichtigen grundsätzlich bereits plausible Maßstäbe für den Primärrechtsschutz Dritter zu schaffen (näher zu Rn. 161-162 bereits *Funken* Gewässerunterhaltung, S. 371 ff.). Dessen Verankerung unmittelbar in den Grundrechten kann aber letztlich nur bedingt überzeugen. Gerade in Bezug auf die Eigentumsfreiheit nach Art. 14 Abs. 1 GG ist zu konstatieren, dass diese der Ausgestaltung durch den einfachen Gesetzgeber bedarf. Subjektive Rechte der Grundeigentümer müssen daher primär aus dem vorrangig anzuwendenden **einfachen Recht** abgeleitet werden und entspringen grundsätzlich nicht direkt aus Art. 14 Abs. 1 GG (*Wasmuth* NVwZ 1988, 322 (323 ff.). Das Problem erinnert insgesamt an die Diskussion über den Drittschutz im Bauplanungsrecht, welcher vom Bundesverwaltungsgericht zunächst auch auf Art. 14 Abs. 1 GG gestützt wurde, um nach Kritik von Seiten der Literatur seinen Standort mit der Entscheidung BVerwGE 52, 122

schließlich im einfachrechtlichen Gebot der Rücksichtnahme zu finden (hierzu *Wolf* NVwZ 2013, 247 (248 ff.); *Durner* in Steinbach Verwaltungsrechtsprechung, S. 544 ff.).

162 Perspektivisch erscheint es daher vorzugswürdig, den **drittschützenden Charakter der Gewässerunterhaltung** direkt aus §§ 39 ff. WHG herzuleiten (vgl. auch BVerwG NVwZ 2019, 86 (Rn. 12 ff.)). Im Fall der Vornahme von Unterhaltungsmaßnahmen ergibt sich der drittschützende Charakter aus § 41 Abs. 1 WHG, der eine unmittelbare Rechtsbeziehung zwischen den Unterhaltungspflichtigen und den Gewässereigentümern, Anliegern, Hinterliegern und sonstigen Rechtsinhabern an Gewässern herstellt. Das Ankündigungserfordernis des § 41 Abs. 1 S. 2 WHG sichert diesen Drittschutz in formeller Hinsicht ab. Im Fall des Unterlassens von Unterhaltungsmaßnahmen kann § 39 WHG der Charakter einer Schutznorm zugesprochen werden. Methodisch ist dies im Wege einer verfassungskonformen Auslegung der Vorschrift herzuleiten, welche die Auswirkungen einer unzureichenden Gewässerunterhaltung auf den durch Art. 14 Abs. 1 S. 1 GG garantierten Eigentumsbestand einbezieht (vgl. *Wasmuth* NVwZ 1988, 322 (323 ff.)). Damit sind bei den Entscheidungen über das „Ob" und „Wie" der Unterhaltung stets die **Interessen** der betroffenen Grundeigentümer zumindest **mitzuberücksichtigen**. Hierauf deutet nicht zuletzt im Wortlaut des § 39 Abs. 1 S. 2 WHG einiges hin, welcher den Gewässereigentümern, Anliegern, Hinterliegern und sonstigen Rechtsinhabern am Gewässer mit den Unterhaltungszielen der Erhaltung des Gewässerbetts und der Ufer spezifische Vorteile verspricht (weitere Argumente bei *Funken* Gewässerunterhaltung, S. 371 ff.). Aus § 39 WHG ist insofern ein Anspruch Dritter auf **beurteilungs- und ermessensfehlerfreie Entscheidungen** der Träger der Unterhaltungslast abzuleiten (vgl. *Wahl/Schütz* in Schoch/Schneider/Bier § 42 VwGO Rn. 201). Wenngleich die Ansprüche somit einfachrechtlicher Natur sind, können sie über die herausgearbeiteten Anspruchskonstellationen auf Abwehr, Unterlassung und Folgenbeseitigung mit der allgemeinen Leistungsklage vor den Verwaltungsgerichten geltend gemacht werden.

4. Sekundärrechtsschutz

163 Monetäre Kompensationsansprüche Dritter sind öffentlich-rechtlicher Natur (ausführlich zu Rn. 163-166 bereits *Funken* Gewässerunterhaltung, S. 374 ff.). In Frage kommen bei rechtswidrigem Verhalten der Unterhaltungspflichtigen **Amtshaftungsansprüche** gemäß § 839 BGB i.V.m. Art. 34 GG sowie öffentlich-rechtliche Ansprüche aus **enteignungsgleichem Eingriff**. Davon zu unterscheiden sind mögliche Entschädigungsansprüche infolge der Duldung rechtmäßiger Unterhaltungsmaßnahmen.

164 Nach vordringender Ansicht ist der Schadensersatz- bzw. Entschädigungsprozess gegen die Träger der Unterhaltungslast wegen Schäden aus unterlassener oder unzureichender Gewässerunterhaltung nicht im Zivilrecht zu verorten und auf § 823 Abs. 1 BGB zu stützen (dafür noch *Diego/Eske* W+B 2019, 234 (235 ff.) m.w.N.). Die Kompensationsansprüche sind vielmehr inzwischen **öffentlich-rechtlich** einzuordnen (näher *Shirvani* in Durner/Shirvani Eigentum im Wasserrecht, S. 86 ff.; s.a. *Reutzsch* Die Haftung des Gewässerunterhaltungspflichtigen für Hochwasserschäden, S. 416 ff.; *Cornils* zit. nach *Hoffmann* LKV 2016, 69 (70); *Müggenborg* NuR 2016, 519 (523)). Andernfalls bestünde der Widerspruch, dass die Unterhaltungspflichtigen durch die Unterhaltung zwar einen öffentlich-rechtlichen Eingriff vornehmen, der Ersatz der daraus entstandenen Schäden aber nach Zivilrecht erfolgen würde. In diese Richtung geht mittlerweile auch der Bundesgerichtshof unter" Korrektur und Weiterentwicklung „seiner Rechtsprechung (BGH NVwZ 2023, 860 (Rn. 16)):" Wenn und soweit die öffentlich-rechtliche Unterhaltungspflicht einer Verkehrssicherungspflicht inhaltlich gleichkommt, besteht kein Grund dafür, ihr den drittschützenden Charakter im Sinne des § 839 Abs. 1 S. 1 BGB zu versagen. Dies

entspricht der Systematik des Amtshaftungsrechts, nach der die Drittgerichtetheit jeder Amtspflicht anhand ihres jeweiligen Schutzzwecks einzeln zu bestimmen ist. „Kritikwürdig ist daran indes die angenommene Verbindung der Gewässerunterhaltung mit der zivilrechtlichen Verkehrssicherungspflicht, da beide Rechtsinstitute prinzipiell unabhängig voneinander bestehen (→ Rn. 144).

Mit Blick auf die Amtshaftung gemäß § 839 BGB in Verbindung mit Art. 34 GG üben die Unterhaltungspflichtigen im Vollzug der Gewässerunterhaltung ein **öffentliches Amt** aus (*Shirvani* in Durner/Shirvani Eigentum im Wasserrecht, S. 86 ff.). Dies gilt nach hiesiger Ansicht auch für die unterhaltungspflichtigen Gewässereigentümer (§ 40 Abs. 1 S. 1 WHG), die in Ausführung der Unterhaltung gerade nicht fiskalisch bzw. privatrechtlich, sondern ebenso wie die unterhaltungspflichtigen Körperschaften des öffentlichen Rechts öffentlich-rechtlich handeln (→ § 40 Rn. 17 ff., 20 ff.). Im Rahmen dieses Amtes haben die Unterhaltungspflichtigen insbesondere die Pflicht, die Gewässerunterhaltung überhaupt und entsprechend des § 39 WHG auszuführen. Hinsichtlich der **Drittgerichtetheit** kann auf die entsprechenden Ausführungen zum Primärrechtsschutz verwiesen werden (→ Rn. 159 f., 161 f.). Dritten kommt nach § 39 WHG ein Anspruch auf beurteilungs- und ermessensfehlerfreie Berücksichtigung ihre Belange und Interessen zu. Die schuldhafte Amtspflichtverletzung muss ursächlich für den Schaden des Anspruchsstellers sein. Mit Schwierigkeiten verbunden sein kann die **Bestimmung des richtigen Haftungssubjektes** (näher *Funken* Gewässerunterhaltung, S. 381 ff.). Nach der aus Sicht des Bundesgerichtshofs maßgeblichen Anvertrauenstheorie dürften der Bund an Bundeswasserstraßen, die Länder für die von ihr beauftragten Gemeinden (→ § 40 Rn. 32), Gewässereigentümer (→ § 40 Rn. 20 ff.) und Dritten (→ § 40 Rn. 52 ff.) sowie die selbstverwaltenden Wasser- und Bodenverbände selbst (→ § 40 Rn. 31) haften. **165**

Ansprüche Dritter bei **rechtmäßigem Verhalten** der Unterhaltungspflichtigen bestehen dagegen mit Ausnahme des **§ 41 Abs. 4 WHG** nicht. Diese Norm vermittelt den aus der Gewässerunterhaltung Geschädigten allerdings einen Schadensersatzanspruch. Wenngleich dieser Anspruch terminologisch nicht auf Entschädigung gerichtet ist (allg. dazu *Depenheuer/Froese* in von Mangoldt/Klein/Starck Art. 14 GG Rn. 501), kann er aus hiesiger Sicht als ein spezialgesetzlicher Fall eines Anspruchs aus **enteignendem Eingriff** interpretiert werden (näher *Funken* Gewässerunterhaltung, S. 490 ff. m.w.N.). Entgegen der herrschenden Meinung (→ § 41 Rn. 59; OVG Schleswig NordÖR 2023, 658) ist auch dieser Anspruch **öffentlich-rechtlich** zu verstehen. Der Anspruch betrifft aus rechtmäßiger Gewässerunterhaltung entstehende Schäden (allg. *Axer* in Epping/Hillgruber Art. 14 GG Rn. 134; *Depenheuer/Froese* in von Mangoldt/Klein/Starck Art. 14 GG Rn. 492); er setzt kein Verschulden voraus (sog. Gefährdungshaftung; → § 41 Rn. 60). Das Schadensmerkmal entspricht dabei dem Erfordernis eines Sonderopfers (allg. *Papier/Shirvani* in Habersack MüKo BGB § 839 Rn. 89; *Jarass* in ders./Pieroth Art. 14 GG Rn. 57). Denn es beschreibt besonders intensive Belastungen, die den Betroffenen nicht mehr zumutbar sind. Erfasst sind nicht die intendierten Wirkungen, sondern lediglich die atypischen und unvorhergesehenen Nebenfolgen der Gewässerunterhaltung. Die Konstellation ist vergleichbar mit Fällen, in denen Ausgleich für Schäden aus rechtmäßigen Polizeieinsätzen oder Hochwasserschutzmaßnahmen verlangt wird (dazu *Papier/Shirvani* in Habersack MüKo BGB § 839 Rn. 83 f.). Letztlich kann die Einordnung des § 41 Abs. 4 WHG als enteignenden Eingriff den Ausnahmecharakter des Anspruchs verdeutlichen. **166**

5. Europarechtlich indizierter Rechtsschutz

Überlagert wird dieses nationale Rechtsschutzsystem von einem **europarechtlich indizierten Individual- und Verbandsrechtsschutz** (ausführlich zu Rn. 167 *Funken* Ge- **167**

wässerunterhaltung, S. 384 ff. m.w.N.). Dieser geht auf Art. 9 Aarhus-Konvention (AK) zurück, der in seinem Absatz 2 die vertragsstaatliche Gewährleistung eines Gerichtszugangs in Umweltsachen für die in ihren Rechten oder Interessen Betroffenen fordert und darüber hinaus in Absatz 3 für Mitglieder der Öffentlichkeit einen allgemeinen Gerichtszugang in Umweltsachen im Recht der Vertragsstaaten vorsieht (näher etwa *Guckelberger* NuR 2020, 149 (150)). Der Europäische Gerichtshof hat diese Vorgaben zuletzt insbesondere in den Rechtssachen „Protect" (EuGH EuZW 2018, 158 ff.), „Burgenland" (EuGH NVwZ 2019, 1587 ff.) und „Zubringer Ummeln" (EuGH BeckRS 2020, 10190) hinsichtlich des europäischen Wasserrechts konkretisiert. Wirkungen in Bezug auf die Gewässerunterhaltung könnte diese Rechtsprechung prognostisch entfalten, wenn und soweit die Vollzugspraxis der §§ 39-42 WHG gegen die Maßstäbe der Wasserrahmenrichtlinie verstößt. Mit Blick auf die Verbandsklagen ist zu vermerken, dass die zulassungsfreie Gewässerunterhaltung bislang nicht vom Anwendungsbereich des Umweltrechtsbehelfsgesetzes namentlich nach § 1 Abs. 1 S. 1 Nr. 5 und Nr. 6 UmwRG erfasst sein dürfte (kritisch *Heß* ZfU 2018, 686 (688 f.)).

VI. Ausblick und Würdigung

168 Der ökologische Wandel des tradierten Rechtsinstituts der Gewässerunterhaltung ruft erhebliche Spannungen hervor; es stellt sich die Frage, wie mit dem „Mehr" an Aufgaben, Komplexität, Auswirkungen und Kosten umgegangen werden soll (zu Rn. 168-170 bereits *Funken* DVBl. 2023, 1134 (1141 f.); *ders.* Gewässerunterhaltung, S. 495 ff.). Nach hiesiger Ansicht sind die Spannungen dadurch aufzulösen, dass die Gewässerunterhaltung mittlerweile als **Staatsaufgabe** verstanden werden muss (→ Rn. 30 ff.). Diese Interpretation vermag die ökologische Unterhaltung der oberirdischen Gewässer verfassungskonform einzubetten. Sie schafft hinsichtlich der Bindungen und Gestaltungsspielräume der Unterhaltungspflichtigen sowie hinsichtlich des Rechtsschutzes gegen die Unterhaltungspflichtigen ein konsistentes System (zustimmend *Elgeti* NuR 2023, 287).

169 Mit der Ökologisierung hat sich die Unterhaltungsaufgabe vom einst einmal Privaten letztlich in den Bereich des Staatlichen verschoben. Damit sind im Wasserrecht die überkommenen **Strukturen des öffentlichen Sachenrechts aufgebrochen** (vgl. *Papier/Durner* in Ehlers/Pünder AllgVerwR, § 40 Rn. 43 ff.). Die Anknüpfung der Unterhaltungspflicht an das Gewässereigentum ist nur noch formeller Natur. Der Bund unterhält die Bundeswasserstraßen unmittelbar aus seiner Stellung als Hoheitsträger, die Privateigentümer die Kleingewässer als Beliehene der Länder (→ § 40 Rn. 17 ff., Rn. 20 ff.). Zugleich etabliert sich ein **öffentlich-rechtlicher Rechtsschutz** gegen die Unterhaltungspflichtigen, der die privaten Verkehrssicherungspflichten im Zweifel verdrängt.

170 Insgesamt stellt die Gewässerunterhaltung der §§ 39 bis 42 WHG unter Beachtung der vorgestellten Maßgaben bereits einen tauglichen Rahmen dafür dar, an den Gewässern umfangreiche gewässermorphologische Maßnahmen zu realisieren und damit die Bewirtschaftungsziele zu erreichen. Gleichwohl wäre es sinnvoll, die Unterhaltung im Wasserhaushaltsgesetz explizit als Staatsaufgabe zu verankern und ihren **örtlichen Bezugsrahmen** behutsam zu **erweitern**. Der Großteil des Erfolgs hängt aber von den Ländern ab. Insbesondere sollten diese die Unterhaltung auf Wasserverbände oder sich selbst „hochzonen", aussagescharfe Maßnahmenprogramme erstellen und die nötigen Finanzmittel bereitstellen (zum Ganzen *Reese/Bedtke/Gawel/Klauer/Köck/Möckel* Wasserrahmenrichtlinie, S. 71 ff.).

Künftig wird die EU-Verordnung über die Wiederherstellung der Natur **(„EU Nature Restoration Law")** „neuen Schwung" bei der Gewässerrenaturierung bringen (*Schwägerl* in FAZ v. 8.2.2024 Endlich Freiheit für die Flüsse), welche die Beseitigung nicht mehr benötigter künstlicher Hindernisse für die Vernetzung von Oberflächengewässern vorsieht (s. dazu: Art. 7 im ursp Kommissionsvorschlag Com (2022)0304 – C9-0208/ 2022 – 2022/0195(COD)). 171

§ 40 Träger der Unterhaltungslast

(1) **Die Unterhaltung oberirdischer Gewässer obliegt den Eigentümern der Gewässer, soweit sie nicht nach landesrechtlichen Vorschriften Aufgabe von Gebietskörperschaften, Wasser- und Bodenverbänden, gemeindlichen Zweckverbänden oder sonstigen Körperschaften des öffentlichen Rechts ist. Ist der Gewässereigentümer Träger der Unterhaltungslast, sind die Anlieger sowie diejenigen Eigentümer von Grundstücken und Anlagen, die aus der Unterhaltung Vorteile haben oder die Unterhaltung erschweren, verpflichtet, sich an den Kosten der Unterhaltung zu beteiligen. Ist eine Körperschaft nach Satz 1 unterhaltungspflichtig, können die Länder bestimmen, inwieweit die Gewässereigentümer, die in Satz 2 genannten Personen, andere Personen, die aus der Unterhaltung Vorteile haben, oder sonstige Eigentümer von Grundstücken im Einzugsgebiet verpflichtet sind, sich an den Kosten der Unterhaltung zu beteiligen.**

(2) **Die Unterhaltungslast kann mit Zustimmung der zuständigen Behörde auf einen Dritten übertragen werden.**

(3) **Ist ein Hindernis für den Wasserabfluss oder für die Schifffahrt oder eine andere Beeinträchtigung, die Unterhaltungsmaßnahmen nach § 39 erforderlich macht, von einer anderen als der unterhaltungspflichtigen Person verursacht worden, so soll die zuständige Behörde die andere Person zur Beseitigung verpflichten. Hat die unterhaltungspflichtige Person das Hindernis oder die andere Beeinträchtigung beseitigt, so hat ihr die andere Person die Kosten zu erstatten, soweit die Arbeiten erforderlich waren und die Kosten angemessen sind.**

(4) **Erfüllt der Träger der Unterhaltungslast seine Verpflichtungen nicht, so sind die erforderlichen Unterhaltungsarbeiten auf seine Kosten durch das Land oder, sofern das Landesrecht dies bestimmt, durch eine andere öffentlich-rechtliche Körperschaft im Sinne des Absatzes 1 Satz 1 durchzuführen. Satz 1 gilt nicht, soweit eine öffentlich-rechtliche Körperschaft Träger der Unterhaltungslast ist.**

Schrifttum Siehe § 39 WHG.

Übersicht

I. Allgemeines

1. Bedeutung der Vorschrift

1 Regelungsgegenstand des § 40 WHG sind die **„Träger der Unterhaltungslast"**. Damit sind diejenigen natürlichen oder juristischen Personen gemeint, die zur Gewässerunterhaltung im Sinne des § 39 WHG verpflichtet sind. Die Vorschrift bestimmt konkret, welche Personen unterhaltungspflichtig sind (§ 40 Abs. 1 S. 1 und Abs. 2 WHG) und welche Personen sich darüber hinaus an den Kosten der Unterhaltung zu beteiligen haben (§ 40 Abs. 1 S. 2 und S. 3 WHG). Daneben trifft die Vorschrift spezielle Regelungen hinsichtlich von Dritten verursachten Beeinträchtigungen am Gewässer (§ 40 Abs. 3 WHG) sowie der Ersatzvornahme bei Nichterfüllung der Unterhaltungspflicht (§ 40 Abs. 4 WHG).

2 Im Rahmen des § 40 Abs. 1 S. 1 WHG wird die Gewässerunterhaltung durch die Bundesländer in der Regel **Körperschaften des öffentlichen Rechts** zugewiesen (zu Rn. 2 bereits *Funken* DVBl. 2023, 1134 (1135)). Ganz überwiegend haben die Länder nämlich von der Öffnungsklausel dieser Norm Gebrauch gemacht und die Unterhaltung – abhängig von der Gewässergröße – Gemeinden, Wasser- und Bodenverbänden oder sich selbst auferlegt (BayVGH BeckRS 2018, 1357 (Rn. 9); *Breuer/Gärditz* Rn. 1144). Grundsätzlich verpflichtet die Norm jedoch die **Gewässereigentümer** zur Unterhaltung. Trotz dieses diversen Trägerkreises ist die Unterhaltung nach hiesiger Ansicht heute insgesamt als Staatsaufgabe einzuordnen, die von allen Unterhaltungspflichtigen öffentlich-rechtlich auszuführen ist (→ § 39 Rn. 30 ff.).

2. Rechtsentwicklung

3 Zur historischen Einordnung der Vorschrift kann zunächst auf die hiesige Kommentierung des § 39 WHG verwiesen werden (→ § 39 Rn. 9 ff.). Die Grundidee, die Gewässerunterhaltung aufgrund gestiegener wasserwirtschaftlicher Anforderungen nicht mehr allein den Privateigentümern zu überlassen, sondern auf breitere Schultern zu verteilen, entwickelte sich bereits im 19. Jahrhundert (näher bereits *Funken* Gewässerunterhaltung, S. 11 ff., insb. 20 ff. m.w.N.). Durch das **Einsetzen von Selbstverwaltungskörperschaften** wurden die Kräfte der Privateigentümer gebündelt, die Lasten auf das Kollektiv verteilt, Sachverstand generiert und die besonderen Ortskenntnisse ausgenutzt (vgl. *Bitta/Kries* Vorb. vor § 113 PrWG). Das **Preußische Wassergesetz** ordnete die Unterhaltungspflicht grundsätzlich bei Gewässern erster Ordnung dem Staat, bei Gewässern zweiter Ordnung den Wassergenossenschaften und bei Gewässern dritter Ordnung den Gewässereigentümern zu (s. *Kloess* Grundriss des preußischen Wasserrechts, S. 84 f.). Mittlerweile werden die Zuständigkeitsfragen durch die **Ökologisierung der Unterhaltung** geprägt.

Seine heutige Ausgestaltung hat § 40 WHG über das **Gesetz zur Neuregelung des Wasserrechts vom 31.7.2009** gefunden (BGBl. I 2585). Nach der Begründung zum Gesetzesentwurf der Bundesregierung sollte die Vorschrift den Ländern weiterhin erheblichen Spielraum bei der Bestimmung der Unterhaltungspflichtigen belassen; es bestehe kein Bedürfnis, föderale Strukturen abzuschaffen. Die Neuregelung in § 40 Abs. 2 WHG lasse im Interesse einer möglichst effizienten Erfüllung der Unterhaltungspflicht und bei Einvernehmen der Beteiligten die Übertragung der Unterhaltungspflicht auf Dritte zu. Die Neuregelung in § 40 Abs. 3 WHG sei Ausdruck des Verursacherprinzips. Im Interesse einer ordnungsgemäßen Erfüllung der Unterhaltungslast gestatte die Sollvorschrift des § 40 Abs. 3 S. 1 WHG aber gleichwohl, dass die zuständige Behörde auch auf den nach § 40 Abs. 1 oder Abs. 2 WHG Unterhaltungspflichtigen zurückgreift. Von Bedeutung sei dies insbesondere in den Fällen, in denen der Störer nicht zur Beseitigung der Beeinträchtigung bereit oder in der Lage ist. Die in § 40 Abs. 4 S. 1 WHG geregelte Ersatzvornahme könne der Bund im Hinblick auf Art. 84 Abs. 1 S. 7 GG nur den Ländern zuweisen, die ihrerseits die Verpflichtung auf andere öffentlich-rechtliche Körperschaften (zum Beispiel Gebietskörperschaften, Wasser- und Bodenverbände, gemeindliche Zweckverbände) übertragen könnten (zum Ganzen BR-Drs. 280/09, 182 f.). 4

Der Gesetzesentwurf der Bundesregierung sah zunächst vor, die Unterhaltungspflicht entsprechend der rahmenrechtlichen Vorgängerregelung (§ 29 Abs. 1 S. 1 WHG aF) sowohl den Gewässereigentümern als auch den Anliegern und weiteren Eigentümern von Grundstücken und Anlagen aufzuerlegen, die aus der Unterhaltung Vorteile haben oder diese erschweren (BR-Drs. 280/09, 182 f.). Dagegen hat sich der Bundesrat erfolgreich mit dem Antrag gerichtet, die Unterhaltung bundesrechtlich allein den Gewässereigentümern zuzuweisen (BR-Drs. 280/1/09, 28 f.). Der Vorteil dessen sei, dass für die Fälle, in denen durch Landesrecht keine Regelung nach § 40 Abs. 1 S. 1 WHG getroffen wird, **ein Unterhaltungspflichtiger kraft Gesetzes feststeht** – und nicht für ein Gewässer eine Vielzahl von Unterhaltungspflichtigen (s.a. *Berendes* § 40 Rn. 4). 5

3. Landesrecht

§ 40 WHG enthält verschiedene **Öffnungsklauseln** für die Länder (→ § 39 Rn. 44; näher zu Rn. 6-10 bereits *Funken* Gewässerunterhaltung, S. 26-29, insb. 36-42): 6

Zwar gibt **§ 40 Abs. 1 S. 1 WHG** als bundesrechtliche Vollregelung bindend die Unterhaltungspflichtigkeit der Gewässereigentümer vor. Dies gilt allerdings nur insoweit die Gewässerunterhaltung nicht nach landesrechtlichen Vorschriften Aufgabe von Gebietskörperschaften, Wasser- und Bodenverbänden, gemeindlichen Zweckverbänden oder sonstigen Körperschaften des öffentlichen Rechts ist. Innerhalb dieses gesetzten Rahmens möglicher Träger stellt die Vorschrift den Ländern somit frei, **föderale Strukturen** hinsichtlich der Bestimmung der Unterhaltungspflichtigen beizubehalten oder zu entwickeln (BT-Drs. 16/12275, 64; *Czychowski/Reinhardt* § 40 Rn. 7). Entsprechende Landesregelungen verdrängen die Auffangzuständigkeit der Gewässereigentümer, stellen also eine faktische Abweichung vom bundesrechtlichen Regelzustand dar (vgl. *Apel* Die Reform des Föderalismus im Wasserhaushaltsrecht, S. 228). 7

Ist nach Landesrecht eine Körperschaft des öffentlichen Rechts unterhaltungspflichtig, ermöglicht **§ 40 Abs. 1 S. 3 WHG** den Ländern die Bestimmung darüber, inwieweit Personen, die aus der Unterhaltung Vorteile haben, oder sonstige Eigentümer von Grundstücken im Einzugsgebiet verpflichtet sind, sich an den Kosten der Unterhaltung zu beteiligen. **§ 40 Abs. 4 S. 1 WHG** eröffnet den Ländern die Bestimmung, durch welche öffentlich-rechtliche Körperschaft eine Ersatzvornahme wegen Nichterfüllung der Unterhaltungspflicht durchzuführen ist (z.B. § 31 Abs. 4 S. 1 SächsWG; dazu *Brückner* in Dall- 8

hammer/Dammert/Faßbender § 31 SächsWG Rn. 15). Die bundesrechtliche Regelzuständigkeit liegt diesbezüglich bei den Ländern selbst. Der Erlass dieser Öffnungsklausel erfolgte vor dem Hintergrund des Art. 84 Abs. 1 S. 7 GG, wonach es dem Bundesgesetzgeber verboten ist, selbst Aufgaben auf Gemeinden und Gemeindeverbände zu übertragen (*Czychowski/Reinhardt* § 40 Rn. 43).

9 Von den gemäß § 40 WHG eröffneten Regelungsspielräumen haben die Länder **weithin Gebrauch gemacht** und dabei insbesondere die Unterhaltungsaufgabe auf unterschiedliche Körperschaften des öffentlichen Rechts übertragen (vgl. *Fröhlich* in Wellmann/Queitsch/Fröhlich § 40 Rn. 1 ff.). Insofern stellt die Eigentümerpflichtigkeit des § 40 Abs. 1 S. 1 WHG lediglich eine Auffangzuständigkeit für die Fälle dar, in denen ein Land die Unterhaltungspflichtigen nicht oder nicht vollständig bestimmt hat. Bei starken Unterschieden in den Landeswassergesetzen lässt sich die grobe Struktur erkennen, dass die Unterhaltung der Gewässer erster Ordnung den Ländern, der Gewässer zweiter Ordnung Wasser- und Bodenverbänden, Kreisen oder Gemeinden und der Gewässer dritter Ordnung Wasser- und Bodenverbänden, Gemeinden, Eigentümern oder Anliegern übertragen ist (*Stüer/Hermanns* NWVBl. 2003, 41 (43); *Fröhlich* in Wellmann/Queitsch/Fröhlich § 40 Rn. 3). Der Sachverständigenrat für Umweltfragen (SRU) der Bundesregierung hat die historisch gewachsenen Unterhaltungszuständigkeiten in den Ländern anschaulich in „Gemeindemodelle", „Verbandsmodelle" und „Staatsmodelle" klassifiziert (SRU Umweltgutachten 2020, S. 212 f.).

10 Davon abgesehen gibt Art. 72 Abs. 3 S. 1 Nr. 5 GG den Ländern auch in Bezug auf § 40 WHG das Gesetzgebungsrecht, **abweichende Regelungen** zu treffen (*Apel* Die Reform des Föderalismus im Wasserhaushaltsrecht, S. 334 f.). Wegen des Rekurses auf die Anlageneigentümer wird teilweise in § 40 Abs. 1 S. 2 WHG eine anlagenbezogene Regelung gesehen (*Reinhardt* AöR 2010, 460 (488)). Dem kann indes nicht gefolgt werden, weil die Vorschrift nicht auf die Regulierung von Einwirkungen von Anlagen auf Gewässer abzielt, sondern eine Kostenverantwortung der Anlageneigentümer statuiert (*Apel* Die Reform des Föderalismus im Wasserhaushaltsrecht, S. 335).

II. Die Träger der Unterhaltungslast (§ 40 Abs. 1 S. 1 WHG)

11 Gemäß § 40 Abs. 1 S. 1 WHG obliegt die Unterhaltung oberirdischer Gewässer den Gewässereigentümern, soweit sie nicht nach landesrechtlichen Vorschriften Aufgabe von Gebietskörperschaften, Wasser- und Bodenverbänden, gemeindlichen Zweckverbänden oder sonstigen Körperschaften des öffentlichen Rechts ist (näher zum Folgenden bereits *Funken* Gewässerunterhaltung, S. 198 ff., 215 ff., 264 ff.).

12 Mit Blick auf § 40 Abs. 1 S. 1 WHG lassen sich **zwei unterschiedliche Anknüpfungspunkte** für die Zuordnung der Gewässerunterhaltung an eine zuständige natürliche oder juristische Person feststellen (*Reinhardt* LKV 2013, 49 (52)). Soweit die Träger der Unterhaltungslast direkt über § 40 Abs. 1 S. 1 WHG bestimmt werden, trifft die Zuständigkeit die **Gewässereigentümer**. Soweit die Träger der Unterhaltungslast über das Landeswasserrecht bestimmt werden, indem die Länder den gemäß § 40 Abs. 1 S. 1 WHG eröffneten Regelungsspielraum ausnutzen, trifft die Zuständigkeit **Körperschaften des öffentlichen Rechts**. Diese beiden Zurechnungsstränge gehen nach hiesiger Ansicht jedoch nicht mit einer unterschiedlichen Beurteilung des Rechtscharakters der Gewässerunterhaltung einher (aA *Berendes* § 40 Rn. 3; s.a. *Schwendner/Rossi* in Sieder/Zeitler/Dahme/Knopp § 39 Rn. 18 f.). In beiden Fällen stellt die Unterhaltung eine öffentlich-rechtliche Verpflichtung sowie eine öffentlich-rechtliche Aufgabe dar (→ § 39 Rn 29, 30 ff.).

1. Eigentümer der Gewässer

13 Grundsätzlich ist die Gewässerunterhaltung gemäß § 40 Abs. 1 S. 1 WHG für alle oberirdischen Gewässer den **Gewässereigentümern** auferlegt. Insofern besteht seit der WHG-Novelle 2010 bereits auf der Ebene des Bundesrechts für die verschiedenen oberirdischen Gewässer eine **eindeutige Zuordnung** der Unterhaltungslast an jeweils einen Träger. Die rahmenrechtliche Vorgängerregelung hatte lediglich einen offenen Kreis potenzieller Unterhaltungspflichtiger bestimmt. Die mögliche Unterhaltungspflichtigkeit von Anliegern und Anlageneigentümern wurde mit der Novelle vollständig aufgegeben (→ Rn. 5; *Czychowski/Reinhardt* § 40 Rn. 12). Diese Personen können nunmehr nach den §§ 40 Abs. 1 S. 2 oder 3 WHG nur noch an den Kosten der Unterhaltung beteiligt werden (zum Ganzen *Berendes* § 40 Rn. 4; *Fröhlich* ZfW 2016, 201 (212); a.A. *Breuer/Gärditz* Rn. 1144).

14 **a. Überblick.** Wer Gewässereigentümer ist, bestimmt sich nach § 4 Abs. 1 WHG sowie § 4 Abs. 5 WHG in Verbindung mit dem Landeswasserrecht (ausführlich *Peine* in Durner/Shirvani Eigentum im Wasserrecht, S. 3 ff.; zu Rn. 14-16 auch bereits *Funken* Gewässerunterhaltung, S. 26-29). Nach der wegen Art. 89 Abs. 1 GG lediglich klarstellenden Bestimmung des § 4 Abs. 1 S. 1 WHG ist der **Bund Eigentümer der Bundeswasserstraßen**. Den Bund treffen insofern auch die wasserrechtlichen Verpflichtungen aus dem Gewässereigentum, zu denen insbesondere die Gewässerunterhaltungspflicht gehört (§ 4 Abs. 1 S. 2 WHG; näher *Berendes* bzw. *Niesen* in Berendes/Frenz/Müggenborg § 4 Rn. 11 ff. bzw. § 40 Rn. 5).

15 Im Übrigen gelten für das Gewässereigentum gemäß § 4 Abs. 5 WHG die **landesrechtlichen Vorschriften**. § 4 Abs. 5 WHG steht insofern in Kontinuität zu Art. 65 EGBGB aF, welcher bereits vor Erlass des heutigen Wasserhaushaltsgesetzes die landesgesetzlichen Vorschriften des Wasserrechts von der bundesweiten Rechtsvereinheitlichung des Privatrechts durch das Bürgerliche Gesetzbuch unberührt ließ (*Peine* in Durner/Shirvani Eigentum im Wasserrecht, S. 2 und 5; *Breuer* in Durner/Shirvani Eigentum im Wasserrecht, S. 51). Das Landeswasserrecht verfolgt bezüglich der Regelungen zum Gewässereigentum unterschiedliche Konzepte. Typisch ist die **Abstufung** der Gewässer **in verschiedene Ordnungen** gemäß ihrer Bedeutung (zum Überblick *Breuer/Gärditz* Rn. 229). Gewässer erster Ordnung, die nicht Bundeswasserstraßen sind, stehen regelmäßig im Landeseigentum. Gewässer zweiter Ordnung und – soweit vorhanden – Gewässer dritter Ordnung stehen oftmals im Landeseigentum oder werden eigentumsrechtlich den Gemeinden zugeschlagen.

16 Lassen die Landeswassergesetze die Eigentumsfrage einzelner Gewässerordnungen offen, kann **theoretisch jede Person** Gewässereigentümer sein, ob natürlich oder juristisch, ob öffentlichen oder privaten Rechts. Beispiele für eine mögliche Unterhaltungspflichtigkeit privater Gewässereigentümer finden sich im nordrhein-westfälischen Wasserrecht für stehende Gewässer (s. § 62 Abs. 2 LWG NRW) und im niedersächsischen Wasserrecht für Gewässer dritter Ordnung (s. § 69 NWG). Vielfach werden indes die Gewässereigentümer juristische Personen des öffentlichen Rechts und nur eher selten natürliche oder juristische Personen des Privatrechts sein. Die grundsätzliche Anbindung der Unterhaltungspflicht an das Gewässereigentum gemäß § 40 Abs. 1 S. 1 WHG bedeutet daher für die meisten und insbesondere für die bedeutenderen Gewässer gerade nicht, dass Private für die Unterhaltung zuständig sind.

17 **b. Der Bund an Bundeswasserstraßen.** Aus der Gruppe der unterhaltungspflichtigen Gewässereigentümer ist der **Bund** herauszuheben (zur Abgrenzung zur Unterhaltung

nach dem Bundeswasserstraßengesetz → § 39 Rn. 145 ff.; zu Rn. 17-19 bereits *Funken* DVBl. 2023, 1134 (1137 f.); ausführlich *ders.* Gewässerunterhaltung, S. 226 ff.). Dieser unterhält die Bundeswasserstraßen gemäß §§ 39, 40 Abs. 1 S. 1 WHG in Verbindung mit § 4 Abs. 1 S. 2 WHG „als Eigentümer". Anders als der Normtext dies suggeriert, handelt er bei der Gewässerunterhaltung jedoch nicht fiskalisch, sondern notwendigerweise **öffentlich-rechtlich** (ausführlich *Funken* Gewässerunterhaltung, S. 226 ff.). Der Bund muss die Bundeswasserstraßen aus öffentlichen Interessen heraus unmittelbar selbst pflegen und entwickeln. Die Aufgabe ist durch die Grundsätze der Wasserrahmenrichtlinie und des Wasserhaushaltsgesetzes überlagert und geprägt. Im Schwerpunkt ist die Unterhaltung daher keine Vermögensverwaltung. Vielmehr enthält sie sowohl Elemente der Leistungs- wie der **Eingriffsverwaltung**.

18 Fiskus und Staat sind nach heutigem Verständnis ohnehin ein und dieselbe Person (grundlegend *Burmeister* VVDStRL 1993, 190 (213 ff., 217 ff.). Insofern kann sich der Bund bei der Unterhaltung seinen verfassungsrechtlichen Bindungen nicht entziehen (*Voßkuhle* VVDStRL 2002, 266 (294) m.w.N.). Sein Verhalten ist „vollziehende Gewalt" i.S.d. Art. 1 Abs. 3 und 20 Abs. 3 GG; die Wahrnehmung der aus dem Gewässereigentum erwachsenden Rechte und Pflichten ist **„Verwalten" i.S.d. Art. 89 Abs. 2 S. 1 GG** (s. *Ibler* in von Mangoldt/Klein/Stark Art. 89 GG Rn. 43; *Hermes* in Dreier, Art. 89 Rn. 19; aA *Durner* in Friauf/Höfling Art. 89 GG Rn. 13). Hierfür spricht auch ein vergleichender Blick auf die Bundesfernstraßenverwaltung: Nach Art. 90 Abs. 2 S. 1 und S. 2 GG wird die Verwaltung der Bundesautobahnen neuerdings in Bundesverwaltung geführt (dazu *Faßbender* in BAST/Durner Unterhaltung und Sanierung des Straßennetzes, S. 33 ff.). Hierfür kann sich der Bund einer Gesellschaft privaten Rechts bedienen. Zu den Beleihungsaufgaben gehören nach § 6 InfrGG ausdrücklich die Erhaltung und vermögensmäßige Verwaltung der Autobahnen.

19 Diesem Ergebnis steht nicht entgegen, dass die Verwaltungskompetenz des Bundes nach Art. 89 Abs. 2 S. 1 GG nach der bislang herrschenden Meinung auf die Verwaltung der Bundeswasserstraßen als Verkehrswege beschränkt ist (BVerfGE 15, 1 (9 ff.); BVerfGE 21, 312 (320 f.); *Kreuter* Die Befugnisse des Bundes zur Verwaltung der Wasserstraßen in Deutschland, S. 96). Jene Auslegung verfängt nicht mehr, weil der Bund seit der Föderalismusreform I auf dem Gebiet des Wasserhaushalts Vollregelungen erlassen darf. Mit Faßbender sprechen daher durchschlagende grammatikalische, systematische, historische und teleologische Argumente dafür, die **Verwaltungskompetenz des Bundes** auf die wasserwirtschaftliche Gewässerunterhaltung **auszudehnen** (*Faßbender* in Kahl/Waldhoff/Walter Art. 89 GG Rn. 77 ff.; *ders.* EurUP 2016, 17 ff.; *Funken* Gewässerunterhaltung, S. 408 ff.).

20 **c. Privateigentümer.** Obliegt die Gewässerunterhaltung gemäß § 40 Abs. 1 S. 1 WHG **privaten Gewässereigentümern**, handeln diese nach hiesiger Ansicht in Ausübung der Unterhaltung ebenfalls **öffentlich-rechtlich** (zu Rn. 20-25 bereits *Funken* DVBl. 2023, 1134 (1138); ausführlich *ders.* Gewässerunterhaltung, S. 241-263 m.w.N.). Die Anknüpfung an das Gewässereigentum ist nur noch formeller Natur und rührt nicht mehr aus dem „bürgerlichen Recht" bzw. den „gesellschaftlichen Anschauungen" her (vgl. dazu noch BVerfGE 1, 278; 2, 462; 11, 70 und 14, 278). Freilich liegen die Hürden hoch, die Unterhaltung privater Gewässereigentümer als Staatsaufgabe zu qualifizieren.

21 Hierzu zwingt jedoch der Umstand, dass die Ausführung der ökologisierten Gewässerunterhaltung typischerweise unmittelbare, faktische sowie finale **Grundrechtseingriffe** begründet. Ökologische Unterhaltungsmaßnahmen können in deutlich stärkerem Maße Grundrechte Dritter beeinträchtigen, als dies historisch der Fall war (vgl. *Niesen* W+B 2017, 136 (137); *Durner* in Rehbinder/Schink Grundzüge des Umweltrechts, Kap. 9

Rn. 129). Als Beispiel sei eine **Gewässerrenaturierung** genannt, die gegen den Willen der Anlieger einen Abbruch oder eine Vernässung des Ufers hervorruft. Diese Rechtsbeeinträchtigungen sind im Kern **direkt** auf den **Staat** und nicht auf private Freiheitsentfaltung zurückzuführen. Die Unterhaltung muss aufgrund von § 39 Abs. 1 WHG verpflichtend ausgeführt werden und kann zudem von den Ländern durch Maßnahmenprogramme geplant und Einzelfallanordnungen durchgesetzt werden. Innerhalb dieser Vorgaben verbleiben den Unterhaltungsträgern stets zumindest gewisse Gestaltungsspielräume zur eigenverantwortlichen Aufgabenwahrnehmung (→ § 39 Rn. 80 ff.). Der verfassungsrechtliche Vorrang von Grundrechten sowie Recht und Gesetz gebietet es vor diesem Hintergrund, die unterhaltungspflichtigen Gewässereigentümer den öffentlich-rechtlichen Bindungen und Maßstäben zu unterwerfen. Die exekutive Machtstellung ist insbesondere über den Verhältnismäßigkeitsgrundsatz einzuhegen (grundlegend *Somek* VVDStRL 2020, 7 ff.).

22 Für die unterhaltungspflichtigen Privateigentümer bedeutet dies konkret, dass sie in Ausführung der Gewässerunterhaltung **Beliehene des Staates** sind (s.a. *Jeromin* in ders./Kerkmann § 35 WG RhPf Rn. 8). Beleihungsnorm ist **§ 41 Abs. 1 WHG**. Die Norm gibt – verkürzt wiedergegeben – bestimmten Dritten auf, die ordnungsgemäße Gewässerunterhaltung zu dulden. Zugleich vermittelt sie damit den Unterhaltungspflichtigen das Recht, die Gewässer gegenüber und zulasten der Dritten zu pflegen und zu entwickeln (→ § 41 Rn. 22; *Drost* in ders. § 41 Rn. 16; *Schwendner/Rossi* in Sieder/Zeitler/Dahme/Knopp § 41 Rn. 12). In verfassungskonformer Auslegung liegen hierin **öffentlich-rechtliche Befugnisse** zur Auswahl und Umsetzung der Unterhaltungsmaßnahmen. Mangels Verwaltungsakts-Befugnis fallen diese schlicht-hoheitlich aus (vgl. dazu *Kotulla* § 41 Rn. 21; *Czychowski/Reinhardt* § 41 Rn. 11). Aufgrund ihrer Gestaltungsspielräume und Exekutivbefugnisse sind die unterhaltungspflichtigen Privateigentümer auch nicht nur als staatliche Verwaltungshelfer oder In-Dienst-Genommene anzusehen. Angesichts dieser grundlegenden Bedeutung des § 41 Abs. 1 WHG spricht viel dafür, dass diese Norm im Anwendungsbereich des Wasserverbandsgesetzes auch nicht von den §§ 33 ff. WVG verdrängt wird, welche lediglich Nebenfolgen in Durchführung der Unterhaltung regeln (näher *Funken* Gewässerunterhaltung, S. 259; aA → § 41 Rn. 7; BVerwG NVwZ-RR 2015, 732 (Rn. 25); OVG Schleswig BeckRS 2023, 29295 (Rn. 18 f.)).

23 Der Einordnung des § 41 Abs. 1 WHG als öffentlich-rechtliche Befugnisnorm steht nicht entgegen, dass der Bundesgesetzgeber diese Norm nicht bewusst im Sinne einer Beleihungsnorm ausgestaltet und auch die staatliche Finanzierung und Aufsicht der beliehenen Gewässereigentümer nicht näher geregelt hat. Immerhin wurde die **„hohe Bedeutung"** dieser Norm erkannt (BT-Drs. 16/13306, 28). Zudem muss eine Beleihung nach allgemeiner Meinung nicht ausdrücklich als solche bezeichnet werden (s. nur *Ehlers/Schneider* in Schoch/Schneider § 40 VwGO Rn. 276 m.w.N.). Schließlich sind staatliche Finanzierung und Aufsicht keine Voraussetzungen, sondern Folgen eines bestehenden Beleihungsverhältnisses (vgl. BVerfGE 130, 76 (126 f.); *Schönenbroicher* in Mann/Sennekamp/Uechtritz § 1 VwVfG Rn. 66 m.w.N.). Im Übrigen kann die Beleihungskonstruktion auf das **systematische Argument** gestützt werden, dass auch die privaten Träger der Straßenunterhaltung inzwischen als Beliehene angesehen werden (s. *Sauthoff* Öffentliche Straßen, § 13 Rn. 664).

24 Als die **beleihenden Körperschaften** des öffentlichen Rechts sind die **Länder** (und nicht der Bund) anzusehen (siehe bereits *Funken* DVBl. 2023, 1134 (1138); näher *ders.* Gewässerunterhaltung, S. 381 f.). Relevant ist diese Zuordnung für die Finanzierung der ökologischen Unterhaltungsmaßnahmen und für die Haftung; ohne Zweifel sind die Länder damit enormen finanziellen Belastungen ausgesetzt. Die Verantwortlichkeit der Länder ergibt sich aus der verfassungsrechtlichen Kompetenzordnung. Zwar ist es der Bund,

der für die Gewässerunterhaltung die konkurrierende Gesetzgebungskompetenz besitzt. Die maßgebliche Beleihungskörperschaft bestimmt sich aber nach der Verwaltungskompetenz für die Aufgabe (*Stelkens* NVwZ 2004, 304 (305)). Diese liegt für die Unterhaltung – außerhalb der Bundeswasserstraßen – gemäß Art. 83 GG bei den Ländern. Diese Zuordnung ist sachgerecht, weil die Länder die Unterhaltung weitreichend steuern können und den privaten Gewässereigentümern sachlich und örtlich prinzipiell näherstehen als der Bund.

25 Die immer noch herrschende Meinung ordnet die Gewässerunterhaltung durch die privaten Gewässereigentümer dagegen als einen Bestandteil der privaten Vermögensverwaltung ein (s. insb. *Berendes* ZUR 2008, 141 ff.; *Schwendner/Rossi* in Sieder/Zeitler/Dahme § 39 WHG Rn. 20). Richtig ist daran aus hiesiger Sicht nur noch, dass die Anknüpfung der Unterhaltungspflicht an das private Gewässereigentum zwangsläufig dazu führt, dass es sich hierbei um eine **Inhalts- und Schrankenbestimmung des Eigentums** handelt (s.a. *Durner* in ders./Shirvani Eigentum im Wasserrecht, S. 30). Als Bestimmung i.S.d. Art. 14 Abs. 1 S. 2 GG ist die Eigentümerunterhaltungspflicht grundsätzlich als verhältnismäßig anzusehen, muss den Eigentümern aber im Einzelfall zumindest einen Kern an Privatnützigkeit erhalten (→ Rn. 35 ff.).

2. Körperschaften des öffentlichen Rechts nach Landesrecht

26 Gemäß § 40 Abs. 1 S. 1 WHG kann die Aufgabe der Gewässerunterhaltung nach landesrechtlichen Vorschriften – in faktischer Abweichung von der grundsätzlichen Unterhaltungspflichtigkeit der Gewässereigentümer – auf Gebietskörperschaften, Wasser- und Bodenverbände, gemeindliche Zweckverbände oder sonstige **Körperschaften des öffentlichen Rechts** übertragen werden (ausführlich zu Rn. 26-32 bereits *Funken* Gewässerunterhaltung, S. 264-291). Derartige Aufgabenzuweisungen sind für die **ganz überwiegende Zahl der Gewässer** in Deutschland getroffen worden (BayVGH BeckRS 2018, 1357 (Rn. 9); *Breuer/Gärditz* Rn. 1144). Die Zuweisungen erfolgen ohne vermittelnde Anknüpfung an das Gewässereigentum; die Trägerschaft von Unterhaltungspflicht und Gewässereigentum korreliert damit nicht bzw. nicht notwendig (vgl. *Reutzsch* Die Haftung des Gewässerunterhaltungspflichtigen für Hochwasserschäden, S. 18 f.).

27 **a. Überblick.** § 40 Abs. 1 S. 1 WHG benennt an Körperschaften des öffentlichen Rechts explizit Gebietskörperschaften, Wasser- und Bodenverbänden und gemeindliche Zweckverbände (näher zu Rn. 27-30 bereits *Funken* Gewässerunterhaltung, S. 264 ff.). **Gebietskörperschaften** sind namentlich die Länder, die Kreise und die Gemeinden. **Wasser- und Bodenverbände** sind die vor oder nach Inkrafttreten des Wasserhaushaltsgesetzes nach dem Wasserverbandsgesetz oder aufgrund von Landesgesetzen gegründeten Verbände (*Spieth* BeckOK Umweltrecht § 40 WHG Rn. 5; *Czychowski/Reinhardt* § 40 Rn. 21). **Gemeindliche Zweckverbände** sind aufgrund der Zweckverbandsgesetze der Länder gegründete Verbände (*Spieth* BeckOK Umweltrecht § 40 WHG Rn. 5; *Czychowski/Reinhardt* § 40 Rn. 21).

28 Oberbegriff der in § 40 Abs. 1 S. 1 WHG benannten Personen ist jener der **Körperschaft des öffentlichen Rechts**. Landesrechtliche Übertragungen der Gewässerunterhaltung an andere Rechtspersonen als Körperschaften des öffentlichen Rechts sieht die Norm nicht vor (näher OVG Bautzen BeckRS 2023, 2801 (Rn. 42 ff.); *Czychowski/Reinhardt* § 40 Rn. 21, jeweils m.w.N.). Eine landesrechtliche Aufgabenübertragung an öffentlich-rechtliche Körperschaften des Bundes scheidet nach dem Grundgesetz aus (vgl. allg. BVerfGE 108, 169 (184 f.); BVerwGE 44, 351 (357)). Im Übrigen sind die gesetzgebenden Länder nach § 40 Abs. 1 S. 1 WHG i.V.m. Art. 72 Abs. 1 GG grundsätzlich frei darin zu bestimmen, ob überhaupt, an welchen Gewässern und in Bezug auf welche

Körperschaften des öffentlichen Rechts von der Öffnungsklausel Gebrauch gemacht wird (vgl. *Czychowski/Reinhardt* § 40 Rn. 7). Begrenzt sind die Regelungsspielräume aufgrund des Erfordernisses der effektiven Umsetzung der Wasserrahmenrichtlinie sowie des Rechtsstaatsprinzips darauf, eine **„sach- und zweckgerichtete Aufgabenerfüllung"** zu ermöglichen (*Drost* in ders. § 40 Rn. 14a).

Angesichts der gestiegenen Anforderungen an die Erfüllung der Unterhaltungslast und erfolgten Einbettung der Unterhaltung in den flussgebietsbezogenen Bewirtschaftungsansatz dürfte eine ordnungsgemäße und effektive Aufgabenerfüllung regelmäßig nur gelingen, wenn die ausgewählte Körperschaft des öffentlichen Rechts einen Wasserkörper (vgl. § 3 Nr. 6 WHG) in Gänze unterhalten kann (vgl. *Niesen* in Berendes/Frenz/Müggenborg § 40 Rn. 13). Zugleich sollten die Länder darauf achten, dass die **Pflichten zur Unterhaltung und zum Gewässerausbau gebündelt in einer Rechtsperson** zusammenfallen (*Pawlowski* EurUP 2015, 127 ff.). Entlang dieser Leitlinien sollten die Bundesländer die bestehenden Pflichtenzuweisungen vielfach überdenken und insbesondere die Unterhaltungspflichten der Anliegergemeinden auf Wasser- und Bodenverbände oder sich selbst **„hochzonen"** (*Durner* W+B 2018, 9 (16)). Vielversprechend erscheint insofern beispielsweise der Ansatz des Thüringer Wassergesetzes, die Pflege der Gewässer zweiter Ordnung auf neu gegründete Gewässerunterhaltungsverbände zu übertragen (vgl. § 31 Abs. 2 ThürWG; *Durner* W+B 2018, 9 (16)). 29

Dass die Gewässerunterhaltung auch und gerade insoweit **Staatsaufgabe** ist, als die Länder die Aufgabe auf sich selbst, Wasser- und Bodenverbände oder Gemeinden übertragen haben, bedarf keiner näheren Erläuterung (s. OLG Frankfurt a.M. BeckRS 2005, 06407; *Löwer* in Achterberg/Püttner/Würtenberger Besonderes Verwaltungsrecht § 12 Rn. 2, 51 ff.). In den entsprechenden landeswasserrechtlichen Bestimmungen werden diese Körperschaften in ihrer Funktion als öffentlich-rechtliche Kompetenzträger angesprochen. Die öffentlich-rechtlichen Befugnisse ergeben sich aus § 41 Abs. 1 WHG (→ Rn. 22 f.). Praxisrelevant ist aber die Frage, ob Wasserverbände und Gemeinden die ökologisierte Unterhaltung als Selbstverwaltungsangelegenheit oder Staatsauftrag ausführen. Nach hiesiger Ansicht muss, was das angeht, differenziert werden (→ Rn. 31 und Rn. 32). Dies erscheint nur auf den ersten Blick widersprüchlich, liegt aber in dem jeweils unterschiedlichen Gebiets- und Mitgliederzuschnitt von Wasserverbänden und Gemeinden begründet (näher *Funken* Gewässerunterhaltung, S. 290 f.). 30

b. Wasser- und Bodenverbände

Mit Blick auf die Wasser- und Bodenverbände handelt es sich bei der Gewässerunterhaltung um eine **zulässige Verbandsaufgabe** im Sinne von § 1 und § 2 Nr. 1 Wasserverbandsgesetz (WVG) (BVerwG NVwZ 2020, 1282 (Rn. 26 ff.); *Faßbender* ZfW 2022, 150 (156); aA *Reinhardt* LKV 2013, 49 (53 ff.); *Saßl* Ökologische Gewässerunterhaltung der Wasser- und Bodenverbände, Rn. 266 ff.; *ders.* ZfW 2019, 1 (8 ff.); zu Rn. 31 bereits *Funken* DVBl. 2023, 1134 (1138 f.); eingehend *ders.* Gewässerunterhaltung, S. 276 ff.). Das gilt auch nach der Ökologisierung der Unterhaltung, die in das Wasserverbandsrecht durchschlägt. Der Unterhaltungsbegriff des § 2 Nr. 1 WVG folgt dabei jenem des § 39 WHG (BVerwG NVwZ 2020, 1282 (Rn. 26); *Funken* Gewässerunterhaltung, S. 278 ff.; aA *Saßl* ZfW 2019, 1 (7 f.); *ders.* NuR 2020, 775 f.). Die ökologisierte Unterhaltung dient – neben den vorrangigen öffentlichen Interessen – weiterhin auch dem **Nutzen bzw. Vorteil der Wasserverbandsmitglieder** (BVerwG NVwZ 2020, 1282 (Rn. 28 ff.); zudem BVerwG NVwZ 2022, 715 ff.; aA weiterhin *Reinhardt* BayVBl. 2022, 729 (735)). Selbst vordergründig rein ökologische Unterhaltungsmaßnahmen kommen den Verbandsmitgliedern typischerweise besonders zugute. Beispielsweise trägt eine natürliche Uferbe- 31

pflanzung zur Befestigung desselben bei und die Dynamisierung des Abflussverhaltens mindert Überschwemmungsgefahren (vgl. *Kollmann* WuA 2004, 10 (12 f.); *Pawlowski* EurUP 2015, 127 (133 f.).

32 **c. Gemeinden.** Für die Gemeinden ist die Gewässerunterhaltung infolge der Ökologisierung dagegen **keine Angelegenheit der örtlichen Gemeinschaft** im Sinne des Art. 28 Abs. 2 S. 1 GG mehr, sondern stellt sich als **staatliche Auftragstätigkeit** dar (ebenso *Reinhardt* BayVBl. 2022, 729 (733) m.w.N.; zu Rn. 32 bereits *Funken* DVBl. 2023, 1134 (1138 f.); eingehend *ders.* Gewässerunterhaltung S. 268 ff.). Die Gewässerunterhaltung verfolgt inzwischen in erster Linie ökologische Zwecke. Einerseits wurzelt das Bedürfnis nach ökologischen Unterhaltungsmaßnahmen typischerweise nicht in der örtlichen Gemeinschaft. Die Ursachen für die ökologischen Qualitätsdefizite der Gewässer sind zumeist überörtlichen Ursprungs und können auch nur durch eine integrierte Gewässerbewirtschaftung gelöst werden (allg. *Böhm* in ders./Schmehl Verfassung, Verwaltung, Umwelt, S. 47 ff.; *Folz* in Frank/Langrehr Die Gemeinde, S. 107 ff.). Andererseits besitzen ökologische Unterhaltungsmaßnahmen in der Regel auch keinen spezifischen Bezug zur örtlichen Gemeinschaft (LVerfG LSA Urt. v. 30.6.2015 – LVG 3/14, Rn. 65). Soweit Landeswasserrecht die Unterhaltung explizit als Selbstverwaltungsangelegenheit einordnet (§ 35 Abs. 1 S. 1 und S. 2 WG RhPf; Art. 22 Abs 1 Nr. 3 BayWG), verstößt dies gegen die verfassungsrechtlichen Selbstverwaltungsgarantien der Gemeinden (zu den Folgen *Schwarz* NVwZ 1997, 237 ff. m.w.N.).

III. Kostenbeteiligung (§ 40 Abs. 1 S. 2 und S. 3 WHG)

33 § 40 Abs. 1 S. 2 und S. 3 WHG treffen Regelungen zur Beteiligung Dritter an den Kosten der Gewässerunterhaltung (näher zu Rn. 33-51 bereits *Funken* Gewässerunterhaltung, S. 399-494 und insb. 401, 418 ff., 437 ff., 449 ff., 482 ff.). Die Vorschriften betreffen **allein** die **Kostentragung**, nicht eine Ausdehnung der Aufgabenträger. In den beiden Sätzen setzt sich die Zweiteilung zwischen der Gewässerunterhaltung durch die Gewässereigentümer und durch Körperschaften des öffentlichen Rechts fort. Gemäß § 40 Abs. 1 S. 2 WHG sind im Fall der Unterhaltungspflichtigkeit der Gewässereigentümer die Anlieger sowie diejenigen Eigentümer von Grundstücken und Anlagen, die aus der Unterhaltung Vorteile haben oder die Unterhaltung erschweren, verpflichtet, sich an den Kosten der Unterhaltung zu beteiligen. Im Fall der Unterhaltungspflichtigkeit von Körperschaften des öffentlichen Rechts nach landesrechtlichen Vorschriften können die Länder gemäß § 40 Abs. 1 S. 3 WHG bestimmen, inwieweit die Gewässereigentümer, die in § 40 Abs. 1 S. 2 WHG genannten Personen, andere Personen, die aus der Unterhaltung Vorteile haben, oder sonstige Eigentümer von Grundstücken im Einzugsgebiet verpflichtet sind, sich an den Kosten der Unterhaltung zu beteiligen.

1. Allgemeines zur Finanzierung der Gewässerunterhaltung

34 Ohne dies explizit auszudrücken, geht § 40 Abs. 1 WHG davon aus, dass die Unterhaltungslast nicht nur die tatsächliche Ausführung der Unterhaltungsmaßnahmen erfasst, sondern sich grundsätzlich auch auf deren Kostentragung erstreckt (klarstellend etwa Art. 26 Abs. 1 BayWG). Die Träger der Unterhaltungslast müssen insofern **grundsätzlich selbst und vollständig** für die Kosten der Gewässerunterhaltung aufkommen. Die Kostentragung der Unterhaltungspflichtigen entfällt freilich, soweit die Unterhaltungskosten auf Dritte umgelegt werden oder der Staat diese mitfinanziert. Die rechtlichen Probleme um die Ökologisierung der Gewässerunterhaltung finden ihren Kristallisationspunkt in

der **Finanzierung ökologischer Unterhaltungsmaßnahmen** (*Funken* DVBl. 2023, 1134 (1141); näher zum Ganzen bereits *ders.* W+B 2019, 173 ff. (Teil 1) und 221 ff. (Teil 2), jeweils m.w.N.). Hierbei stellen sich vor allem die Fragen, ob ökologische Unterhaltungsmaßnahmen überhaupt verfassungskonform ausgeführt werden können (a.), ob die Unterhaltungspflichtigen die Kosten dieser Maßnahmen auf Dritte umlegen können (b.) und ob sie den ökologischen Mehraufwand im Übrigen über eine staatliche Mitfinanzierung abdecken können (c.).

a. Verfassungskonformität der ökologischen Gewässerunterhaltung. Ökologische Unterhaltungsmaßnahmen sind von den Unterhaltungspflichtigen grundsätzlich auszuführen und von den Betroffenen grundsätzlich zu dulden (BVerwG NVwZ 2020, 1282 (Rn. 33 f.); *Faßbender* ZfW 2022, 150 (156); aA *Czychowski/Reinhardt* § 39 Rn. 49; zu Rn. 35-37 bereits *Funken* DVBl. 2023, 1134 (1141); ausführlich *ders.* Gewässerunterhaltung, S. 478 ff.). 35

Die Unterhaltungspflicht im Sinne des § 396 WHG wie auch die besonderen Pflichten bei der Gewässerunterhaltung im Sinne des § 41 Abs. 1-3 WHG stellen **verfassungsgemäße Inhalts- und Schrankenbestimmungen** des Grundeigentums im Sinne des Art. 14 Abs. 1 S. 2, Abs. 2 GG dar. Mangels eines staatlichen Güterbeschaffungsvorgangs handelt es sich nicht um Enteignungen. Inhalts- und Schrankenbestimmungen müssen die verfassungsrechtlichen Anforderungen einhalten und insbesondere verhältnismäßig sein (BVerfGE 115, 97 (114)). Keinesfalls darf der Wesensgehalt des Eigentums angetastet werden, der in dem grundlegenden Bestand und in der grundlegenden Privatnützigkeit des Eigentums liegt (BVerfGE 100, 226 (241)). In der Abwägung ist die spezielle **Lage und Situation der Grundstücke am Gewässer** sowie der **Schutz der natürlichen Lebensgrundlage Wasser** gemäß Art. 20a GG einzubeziehen (BVerfGE 100, 226 (242); 58, 300 (344); s.a. *Faßbender* Die verfassungs- und wasserrechtliche Rechtsstellung von privaten Gewässereigentümern, S. 31 ff.; *Blasberg* Inhalts- und Schrankenbestimmungen des Grundeigentums zum Schutz der natürlichen Lebensgrundlagen, S. 61 ff.). Aufgrund beider Aspekte sind weitreichende Beschränkungen erlaubt. Unterhaltungsmaßnahmen sind insofern grundsätzlich gerechtfertigt. Auch ein finanzieller Ausgleich für die Beschränkungen ist nicht notwendig (vgl. zu § 41 Abs. 4 WHG → § 39 Rn. 166). 36

Dies gilt insbesondere auch für ökologische Maßnahmen wie Renaturierungen, die deutlich spürbarere Belastungen hervorrufen als die herkömmliche Gewässerunterhaltung (zweifelnd *Ganske* in Durner/Shirvani Eigentum im Wasserrecht, S. 59 ff.; *Czychowski/Reinhardt* § 39 Rn. 49). Das Wasserhaushaltsrecht gewährleistet den Betroffenen grundsätzlich einen **Kernbestand an Eigentumsfreiheit**. Die Unterhaltung darf nicht zu wesentlichen Umgestaltungen der Grundstücke führen (→ § 39 Rn. 132 ff.). Zudem können den Gewässereigentümern und Anliegern gemäß §§ 8 ff., 25 f. WHG besondere Rechtspositionen zustehen und die Unterhaltung zielt weiterhin auch auf die Gewährleistung von Gewässernutzungen ab (*Durner* in ders./Shirvani Eigentum im Wasserrecht, S. 30). Auch in den Einzelfällen muss sich diese Gesetzesordnung freilich beweisen. Insbesondere muss den Grundeigentümern – auch in einer Gesamtschau öffentlich-rechtlicher Beschränkungen – eine sinnvolle private Nutzbarkeit verbleiben und das Eigentum darf nicht vollständig Dritten oder der Allgemeinheit dienen. 37

Auch aus staatsorganisationsrechtlicher Sicht stellt sich die ökologische Gewässerunterhaltung als verfassungskonform dar (ausführlich zu Rn. 38 *Funken* Gewässerunterhaltung, S. 404 ff.). § 40 Abs. 1 WHG ist mit der **Verwaltungskompetenzordnung** der Art. 83 ff. GG wie auch mit dem finanzverfassungsrechtlichen Art. 104a Abs. 1 GG **vereinbar** (BVerwG NVwZ 2020, 1282 (Rn. 33)). Insbesondere steht Art. 83 GG nicht entgegen, dass die Bundesländer die Unterhaltung nach § 40 Abs. 1 S. 1 WHG auf (andere) Körper- 38

schaften des öffentlichen Rechts (als sie selbst) übertragen können (*Pawlowski* EurUP 2015, 127 (132); *Funken* W+B 2019, 173 (175 f.); aA *Reinhardt* LKV 2013, 49 (53); *ders.* ZfW 2013, 121 (148 f.)). Art. 83 GG betrifft allein die Verteilung der Verwaltungskompetenzen zwischen dem Bund und den Ländern und belässt den Ländern weitreichende Autonomie bei der Ausgestaltung ihrer Verwaltungsorganisation (*F. Kirchhof* in Dürig/Herzog/Scholz Art. 83 GG Rn. 5). Die ökologische Gewässerunterhaltung ist auch **keine *obligatorische* Staatsaufgabe**, die zwingend von der unmittelbaren Staatsverwaltung ausgeführt werden müsste (*Funken* W+B 2019, 173 (176 ff.); aA *Himstedt/Nies* AuR 2007, 105 (106); *Saßl* Ökologische Gewässerunterhaltung durch Wasser- und Bodenverbände, S. 27 f., 110 f.). Zudem greift nicht der Funktionsvorbehalt für Beamte im Sinne des Art. 33 Abs. 4 GG ein. Aufgrund des schlicht-hoheitlichen Charakters kann und muss die Unterhaltung von den Unterhaltungspflichtigen nicht einseitig durch Zwang durchgesetzt werden (OLG Frankfurt a.M. BeckRS 2005, 06407 (Rn. 4). *Kotulla* LKV 1996, 356 (361); *Schwendner/Rossi* in Sieder/Zeitler/Dahme/Knopp § 39 Rn. 19).

39 **b. Umlage der ökologischen Unterhaltungskosten.** Nicht nur herkömmliche, sondern auch ökologische Unterhaltungsmaßnahmen begründen grundsätzlich einen **Vorteil** im Sinne von § 40 Abs. 1 S. 2 und S. 3 WHG bzw. § 28 Abs. 4 WVG (ausführlich zu Rn. 39–43 bereits *Funken* Gewässerunterhaltung, S. 437 ff., 449 ff., 460 ff.; vgl. auch *Welsing* in von Weschpfennig Bergbau und Wasserrecht, S. 57–60 mit Blick auf bergbaubedingte Maßnahmen). Die angefallenen Kosten können demzufolge auf Dritte umgelegt werden. Bei den Umlagen dürfte es sich aus finanzverfassungsrechtlicher Sicht um – zulässig – **zulässige Sonderabgaben** handeln (*Weiler* Aufgaben, Organisation und Finanzierung der Wasser- und Bodenverbände, S. 166 ff.; *Bauersfeld* Die Verbandslast, S. 52 ff.; für Abgaben „sui generis" OVG Bautzen BeckRS 2016, 41497 (Rn. 81); *Bell* ZfW 2015, 185 (187); *Nienkemper* Die Beiträge zu den sondergesetzlichen Wasserverbänden in Nordrhein-Westfalen, S. 15 ff.). Entscheidendes Zulässigkeitskriterium ist insofern die spezifische Sachnähe der in Anspruch genommenen Gruppe zum Abgabenzweck (allg. BVerfGE 135, 155 (Rn. 123 ff.)). Dagegen handelt es sich nicht um finanzverfassungsrechtliche Beiträge, für die eine enge synallagmatische Verknüpfung zwischen Leistung und Gegenleistung kennzeichnend ist (OVG Magdeburg BeckRS 2023, 29295 (Rn. 49)).

40 Hinsichtlich (gerade auch) ökologischer Unterhaltungsmaßnahmen ist diese **spezifische Sachnähe** grundsätzlich anzunehmen. Das Bundesverwaltungsgericht hat in einer wasserverbandsrechtlichen Grundsatzentscheidung aus dem Jahr 2020 betont, dass die ökologische Gewässerunterhaltung keine ausschließlich im öffentliche Interesse zu erfüllende Aufgabe ist, sondern zugleich Vorteile für die Verbandsmitglieder mit sich bringt (BVerwG NVwZ 2020, 1282 (Rn. 28); s.a. *Pawlowski* EurUP 2015, 127 (134 f.); *Funken* Gewässerunterhaltung, S. 442 ff. m.w.N.; aA OVG Münster ZfW 2002, 118 ff.; *Reinhardt* LKV 2013, 49 (54 ff.); *Saßl* Ökologische Gewässerunterhaltung durch Wasser- und Bodenverbände, Rn. 109 ff.). Zwar dürften diese Vorteile nicht im allgemeinen Tourismusversprechen einer intakten Natur zu sehen sein (so zuvor OVG Greifswald BeckRS 2018, 29407 (Rn. 84 ff.)). Der **Vorteil** wird aber grundsätzlich **gesetzlich vermutet** und liegt bereits darin begründet, dass die Unterhaltung die Grundstücke im **Einzugsbereich entwässert**. Eines greifbaren wirtschaftlichen Nutzens bedarf es nicht (BVerwG NVwZ 2020, 1282 (Rn. 29)).

41 Die **Aufgabe** der Gewässerunterhaltung kann nur **einheitlich** beurteilt und nicht etwa in einen traditionellen nutzungsbezogenen Kern und einen modernen ökologischen Zusatz aufgeteilt werden (vgl. *Queitsch* in ders./Koll-Sarfeld/Wallbaum § 72 LWG NRW Rn. 5). Dabei sind die Privatinteressen in den Entscheidungen der Bewirtschaftungsbehörden und Unterhaltungspflichtigen zur ökologischen Unterhaltung stets mitzuberück-

sichtigen (s. *Breuer/Gärditz* Rn. 283 ff.; *Knopp* NVwZ 2003, 275 (278)). Durch eigendynamische Gewässerentwicklungen wird der Unterhaltungsaufwand vielfach sogar reduziert sein. Die ökologische Unterhaltung **Schutz vor Überschwemmungen** und Uferabbrüchen bewirken (*Kollmann* WuA 2004, 10 (13); *Bell* ZfW 2015, 185 (186 ff.)). Hinzu kommt, dass die Eigentümer von Grundstücken im Einzugsgebiet **typischerweise Verursacher ökologischer Defizite** am Gewässer sind und insofern einen erhöhten Unterhaltungsaufwand hervorrufen (exemplarisch VG Köln Urt. v. 12.12.2017 – 14 K 1026/15, Rn. 17). Die Rechtsprechung erachtet im Übrigen bereits den Wasserzulauf aus dem Einzugsgebiet in das Gewässer als ausreichend für eine Kostenumlage an (BVerwG NVwZ 2020, 1282 (Rn. 29)).

Das Bundesverwaltungsgericht hat in der Folge **selbst** die Kosten für die Unterhaltung einer **Fischaufstiegsanlage** als umlagefähig erklärt (BVerwG NVwZ 2020, 1282 (Rn. 38 ff.); zustimmend *Faßbender* ZfW 2022, 150 (157); weiterhin kritisch *Reinhardt* NVwZ 2020, 1286 (1287); *Saßl* NuR 2020, 775 (776)). Eine Umlage der Unterhaltungskosten scheidet nach den überzeugenden Maßstäben des Gerichts nur aus, wenn und soweit die Gewässerunterhaltung **ausschließlich im Allgemeininteresse** steht (BVerwG NVwZ 2020, 1282 (Rn. 29); *Spillecke* § 64 LWG NRW Rn. 7). Allein ökologische Unterhaltungsmaßnahmen, die keine von den Grundstücken ausgehenden nachteiligen Auswirkungen beseitigen und insbesondere nicht zur Entwässerung der Grundstücke beitragen, sind nicht mehr Ausdruck der Sozialpflichtigkeit des Eigentums. Die **engen Grenzen** dessen sieht das Bundesverwaltungsgericht als erreicht an, wenn sich die Maßnahme als Gewässerausbau darstellt (→ § 39 Rn. 132 ff.) oder sich die Umlage aus anderen Gründen als sachunangemessen erweist oder zu einer unverhältnismäßigen Belastung führt (BVerwG NVwZ 2020, 1282 (Rn. 32)). Jedenfalls darf die Maßnahme – auch in einer Gesamtschau öffentlich-rechtlicher Beschränkungen – nicht die Grundsubstanz und die Privatnützigkeit des Grundeigentums angreifen (→ Rn. 35 ff.). 42

In der Umsetzung dieser Maßstäbe wird man den Trägern der Unterhaltungslast und gerade den selbstverwaltenden Wasser- und Bodenverbänden einen Konkretisierungsspielraum einräumen müssen (*Funken* Gewässerunterhaltung, S. 450 ff.). Letztlich dürfte eine annähernde bzw. **pauschalierte Ermittlung** der Vorteile und Kosten ausreichen (s.a. BVerwG NVwZ 2002, 1508; BVerwG NVwZ 2005, 1184; BVerwG NVwZ 2008, 314; BVerwG NVwZ 2015, 1692). Mit dem OVG Bautzen ist es „nicht geboten, auf jeden einzelnen konkret gezogenen Vorteil abzustellen und genau zu berechnen, in welchem Umfang jeder [Abgabenpflichtige] aus der Gewässerunterhaltung einen Nutzen [zieht]". Zulässig dürfte es daher sein, pro Jahr „in der Kalkulation einen pauschalierten Abzug von den abgabefähigen Kosten in bestimmter Höhe [vorzunehmen]" (OVG Bautzen BeckRS 2016, 41497 (Rn. 59 ff.), dort 20 %) und damit den Anteil am Unterhaltungsaufwand herauszurechnen, der keinerlei besonderen Nutzen bringt, sondern allein im öffentlichen Interesse steht. 43

c. Staatliche Mitfinanzierung. Zur Deckung des ausschließlich im Allgemeinintresse stehenden Anteils der Unterhaltungskosten steht den unterhaltungspflichtigen Wasser- und Bodenverbänden, Gemeinden und Privateigentümern gegenüber den Ländern prinzipiell ein **Finanzierungsanspruch** zu (zu Rn. 44-46 bereits *Funken* DVBl. 2023, 1134 (1141); ausführlich *ders.* Gewässerunterhaltung, S. 455 ff., 468 ff., 481 f.). Eine rechtsverbindliche bedarfsorientierte staatliche Finanzierung der Unterhaltungspflichtigen ist namentlich in § 31 ThürWG geregelt; vielfach stellen die Länder die Finanzzuschüsse an die Unterhaltungspflichtigen jedoch unter den Vorbehalt vorhandener Haushaltsmittel (vgl. *Niesen* in Berendes/Frenz/Müggenborg § 40 Rn. 28, 30). Die Ansprüche auf staatliche Mitfinanzierung folgen indes bereits für die Wasserverbände aus dem Rechtsstaats- 44

prinzip, für die Gemeinden aus den kommunalen Konnexitätsprinzipien und für die Privateigentümer aus dem Beleihungsverhältnis.

45 Der Finanzierungsanspruch der Wasser- und Bodenverbände lässt sich aus dem rechtsstaatlichen Gebot der **Schaffung einer funktionsgerechten Organisationsstruktur** herleiten, welches die Sicherung der Finanzierung miteinschließt (grundlegend *Fuehr* Das Selbstverwaltungsrecht der Wasser- und Bodenverbände unter dem Einfluß staatlicher Finanzhilfen, S. 140 ff.; *Weller* Aufgaben, Organisation und Finanzierung der Wasser- und Bodenverbände, S. 234 f.; *Funken* Gewässerunterhaltung, S. 455 ff.; aA *Saßl* Ökologische Gewässerunterhaltung durch Wasser- und Bodenverbände nach dem Wasserverbandsgesetz, Rn. 230; *Pencereci* in Rapsch/Pencereci/Brandt Wasserverbandsrecht, S. 201 ff.). Insofern dürfen die Wasserverbände darauf vertrauen, dass sie nur solche Aufgaben erledigen müssen, die sie entweder vollständig selbst refinanzieren können oder die im Umfang von Finanzierungslücken durch staatliche Finanzhilfen gedeckt sind (vgl. *Heyne* Kammern und Umweltschutz, S. 261 f. m.w.N.). Übertragen oder belassen die Länder demnach die Erfüllung einer bestimmten Aufgabe den Verbänden, obwohl diese die hierfür anfallenden Kosten selbst bei maximal zumutbarer Beitragsbelastung der Verbandsmitglieder nicht vollumfänglich tragen können, haben die Länder gegenüber den Verbänden eine **Zuschusspflicht**. Diese Verpflichtung ist „notwendige Folge der Aufgabenzuweisung" (*Weller* Aufgaben, Organisation und Finanzierung der Wasser- und Bodenverbände, S. 234).

46 Die Finanzierungsverhältnisse zwischen den Ländern und den Unterhaltungspflichtigen dürften bereits heute justiziabel sein. Angelehnt an das thüringische Vorbild sollten sie aber im allseitigen Interesse landeswasserrechtlich näher ausgestaltet werden. Allerdings ist zu berücksichtigen, dass die aktuellen Zuschusspraxen vieler Länder – in Nordrhein-Westfalen von ca. 90 % – äußerst großzügig erscheinen, wohinter wohl der Umsetzungsdruck der Wasserrahmenrichtlinie steht (s. dazu *Pawlowski* EurUP 2015, 127 (134 f.); *Durner* W+B 2018, 9 (15 f.); *Reese/Bedtke/Gawel/Klauer/Köck/Möckel* Wasserrahmenrichtlinie, S. 185).

2. Die beiden Vorschriften im Einzelnen

47 § 40 Abs. 1 S. 2 und S. 3 WHG schaffen grundlegende Bestimmungen über die **Kostenumlagen des Aufwands der Gewässerunterhaltung** an einen jeweils definierten Personenkreis. Während Satz 2 die Kostenumlage im Fall der Unterhaltungspflichtigkeit der Gewässereigentümer betrifft, eröffnet Satz 3 die Kostenumlage durch Landesrecht in den Fällen unterhaltungspflichtiger Körperschaften des öffentlichen Rechts (anders *Fröhlich* ZfW 2016, 201 (209 ff.)). § 40 Abs. 1 S. 3 WHG stellt in Bezug auf die Gewässerunterhaltung gewissermaßen die bundesrechtliche Grundnorm für Kostenumlagen auf Dritte dar. Die Wasser- und Bodenverbände besitzen in den §§ 28 ff. WHG ein spezielles Finanzierungsrecht. Namentlich der **Vorteilsbegriff** ist in beiden Rechtsregimen grundsätzlich **einheitlich** zu verstehen (s.a. *Czychowski/Reinhardt* § 40 Rn. 12 m.w.N.). Die Umlagen gemäß § 40 Abs. 1 S. 2 und S. 3 WHG dürften grundsätzlich Sonderabgaben darstellen (→ Rn. 39).

48 Beide Vorschriften erscheinen stark **konkretisierungsbedürftig** (vgl. *Pawlowski* EurUP 2015, 127 (133); *Schwendner/Rossi* in Sieder/Zeitler/Dahme/Knopp § 40 Rn. 21; siehe auch bereits *Funken* Gewässerunterhaltung, S. 421 f.). Sie geben im Kern lediglich vor, dass überhaupt und auf wen Unterhaltungskosten umgelegt werden können (*Berendes* § 40 Rn. 7). Offensichtlich soll die Kostenumlage grundsätzlich durch die Unterhaltungspflichtigen selbst erfolgen; im Streitfall sieht § 42 Abs. 2 WHG vor, dass die zuständige Wasserbehörde den Umfang der Kostenbeteiligung festsetzt (*Czychowski/Reinhardt* § 40 Rn. 12, 22). Die Maßstäbe für die Umlage werden in den beiden Vorschriften nicht

explizit benannt (näher *Czychowski/Reinhardt* § 40 Rn. 12). Allein durch den Begriff „beteiligen" wird auch nicht deutlich, in welcher Höhe und zu welchen Verhältnissen die Umlage stattfinden soll. Satz 3 des § 40 Abs. 1 WHG stellt insofern nicht mehr als ein konkretes Angebot des Bundes an die Landesgesetzgeber dar, eigene konkretisierende Regelungen zur Kostenumlage des Aufwands der unterhaltungspflichtigen Körperschaften des öffentlichen Rechts zu erlassen oder fortzuführen (vgl. *Niesen* in Berendes/Frenz/Müggenborg § 40 Rn. 16; *Berendes* § 40 Rn. 6). Satz 2 des § 40 Abs. 1 WHG, der für den Bund an Bundeswasserstraßen und bei fehlenden landesrechtlichen Bestimmungen der Unterhaltungspflichtigkeit für die übrigen Gewässereigentümer Bedeutung hat (→ Rn. 13 ff.), sollte aus hiesiger Sicht näher ausgestaltet werden, um als eigenständige Ermächtigungsgrundlage zu taugen.

§ 40 Abs. 1 S. 2 WHG benennt die Anlieger sowie diejenigen Eigentümer von Grund- 49
stücken und Anlagen, die aus der Unterhaltung Vorteile haben oder die Unterhaltung erschweren, als Kostenverpflichtete. **Anlieger** sind die Grundeigentümer der an das Gewässer angrenzenden Grundstücke, nicht auch die zur Nutzung Berechtigten im Sinne des § 26 Abs. 2 WHG (*Czychowski/Reinhardt* § 40 Rn. 14; *Schwendner/Rossi* in Sieder/Zeitler/Dahme/Knopp § 40 Rn. 14). **Anlageneigentümer** sind die Eigentümer von Anlagen in, an, über und unter oberirdischen Gewässern im Sinne von § 36 WHG (*Czychowski/Reinhardt* § 40 Rn. 15). Dem Vorteilsbegriff ist ein weites Verständnis zugrunde zu legen (vgl. auch BVerwG NVwZ 2022, 716 (Rn. 15)), welches grundsätzlich auch den Nutzen ökologischer Unterhaltungsmaßnahmen erfasst (→ Rn. 39 ff.; aA *Spieth* BeckOK UmweltR § 40 Rn. 10; *Czychowski/Reinhardt* § 40 Rn. 16).

Konkrete Erschwernisse sind anzunehmen, wenn ein zusätzlicher Unterhaltungsauf- 50
wand verursacht wird. Beispiele sind eine zu Verschlammungen oder Verkrautungen führende Abwassereinleitung oder ein künstliches Abflusshindernis wie ein Durchlassbauwerk (*Spieth* BeckOK UmweltR § 40 Rn. 11; *Czychowski/Reinhardt* § 40 Rn. 17 ff.). Angesichts des Verhältnisses zu § 40 Abs. 1 S. 3 WHG und der darin vorgenommenen Erweiterung des Verpflichteten-Kreises auf sonstige Eigentümer von Grundstücken im Einzugsgebiet dürfte vom Erschwernisbegriff des Satzes 2 nicht die bloße Beteiligung am Abflussvorgang umfasst sein (*Spieth* BeckOK UmweltR § 40 Rn. 11; *Czychowski/Reinhardt* § 40 Rn. 17; *Schwendner/Rossi* in Sieder/Zeitler/Dahme/Knopp § 40 Rn. 15). Insgesamt können Vorteile und Erschwernisse der Unterhaltung jedoch als zwei Seiten einer Medaille schwer auseinanderzuhalten sein.

§ 40 Abs. 1 S. 3 WHG dehnt den Verpflichteten-Kreis im Verhältnis zu Satz 2 aus. Im 51
Fall der Unterhaltungspflichtigkeit einer Körperschaft des öffentlichen Rechts können auch die Gewässereigentümer an den Unterhaltungskosten beteiligt werden. Zudem können die Länder die Inanspruchnahme „anderer Personen" vorsehen, die aus der Unterhaltung Vorteile haben. Dies können insbesondere Nutzungsberechtigte von Grundstücken, Gewässern oder Anlagen sein, die nicht selbst Eigentümer derselben sind. Die Einbeziehung **sonstiger Eigentümer von Grundstücken im Einzugsgebiet** folgt dem Gedanken, dass typischerweise jedes Grundstück im Einzugsgebiet allein aufgrund seiner Lage den Zulauf von (Niederschlags-) Wasser verursacht und damit den Unterhaltungsaufwand erhöht (→ Rn. 40; BVerwG NVwZ 2008, 314; *Czychowski/Reinhardt* § 40 Rn. 24; *Schwendner/Rossi* in Sieder/Zeitler/Dahme/Knopp § 40 Rn. 20). Mit dem Einzugsgebiet im Sinne des § 40 Abs. 1 S. 3 WHG dürften die Teileinzugsgebiete nach § 3 Nr. 14 WHG und nicht die Einzugsgebiete nach § 3 Nr. 13 WHG gemeint sein (*Spieth* BeckOK UmweltR § 40 Rn. 12).

IV. Übertragung der Unterhaltungslast auf Dritte (§ 40 Abs. 2 WHG)

52 Gemäß § 40 Abs. 2 WHG kann die Unterhaltungslast mit Zustimmung der zuständigen Behörde auf einen **Dritten** übertragen werden (näher zu Rn. 52-55 bereits *Funken* Gewässerunterhaltung, S. 292 ff.). Die Vorschrift bezweckt eine möglichst effiziente Erfüllung der Unterhaltungspflicht; Dritte können die Gewässerunterhaltung gegebenenfalls besser ausführen als der Unterhaltungspflichtige (BR-Drs. 280/09, 182 f.). Die Vorschrift ist wohl von vornherein auf landesrechtliche Ausfüllung angelegt (*Czychowski/Reinhardt* § 40 Rn. 27). Dritter kann grundsätzlich jede (privatrechtliche oder öffentlich-rechtliche) Person sein, welche nicht selbst Rechtsträger des Unterhaltungspflichtigen oder der zuständigen Wasserbehörde ist. § 40 Abs. 2 WHG ermöglicht insofern die **administrative** Bestimmung des Unterhaltungspflichtigen in Abweichung von der gesetzlichen Auswahl gemäß § 40 Abs. 1 S. 1 WHG. Angesichts dieser Flexibilisierungsoption können prinzipiell auch solche Personen zur Gewässerunterhaltung herangezogen werden, die nicht zu dem in § 40 Abs. 1 S. 1 WHG genannten Kreis gehören (aA *Czychowski/Reinhardt* § 40 Rn. 28).

53 Die Vorschrift betrifft den **echten und vollständigen Übergang der Unterhaltungspflicht** und der Unterhaltungsaufgabe auf den Dritten (*Schwendner/Rossi* in Sieder/Zeitler/Dahme/Knopp § 40 Rn. 25). Sie behandelt dagegen nicht bestimmte Erfüllungsmodalitäten der Unterhaltungspflicht oder die Übernahme einzelner Unterhaltungsarbeiten (*Czychowski/Reinhardt* § 40 Rn. 33). Durch die Übertragung wird der gesetzliche Träger der Unterhaltungslast von seiner Pflicht befreit und der Dritte wird selbst zum Unterhaltungspflichtigen. Die Übertragung erfolgt **öffentlich-rechtlich**, in der Regel durch öffentlich-rechtlichen Vertrag (*Queitsch* in Schink/Fellenberg § 40 Rn. 10; *Czychowski/Reinhardt* § 40 Rn. 28 f.). Zwischen dem Unterhaltungspflichtigen, dem Dritten und der zuständigen Wasserbehörde ist Einvernehmen erforderlich (OVG Bautzen NVwZ-RR 1999, 573; *Niesen* in Berendes/Frenz/Müggenborg § 40 Rn. 34). Die nach § 40 Abs. 2 WHG erforderliche Zustimmung der Wasserbehörde steht in ihrem **pflichtgemäßen Ermessen** (VG Würzburg BeckRS 2014, 53993), welches sich an dem gesetzgeberischen Zweck der Vorschrift ausrichten muss (*Schwendner/Rossi* in Sieder/Zeitler/Dahme/Knopp § 40 Rn. 26). Aufgrund der hohen öffentlich-rechtlichen Anforderungen an die Unterhaltung sind einer Übertragung der Gewässerunterhaltung auf Personen des Privatrechts insofern von vornherein enge Grenzen gesetzt (s.a. *Queitsch* in Schink/Fellenberg § 40 Rn. 10; *Czychowski/Reinhardt* § 40 Rn. 28).

54 § 40 Abs. 2 WHG behandelt einen echten Aufgabenübergang. Durch die Übertragung der Unterhaltungslast wird der Dritte zum neuen Unterhaltungspflichtigen und rückt in alle Rechte und Pflichten des ursprünglichen gesetzlichen Trägers der Unterhaltungslast ein. Insofern **übernimmt** nach hiesiger Ansicht der Dritte die **hoheitlichen Befugnisse** der gesetzlichen Träger der Unterhaltungslast. Ihm werden alse auch die Aufgabe zur Gewässerentwicklung und die dafür notwendigen Eingriffsbefugnisse des § 41 Abs. 1 WHG übertragen. Folglich nimmt der Dritte die Stellung eines Beliehenen ein (allg. zur Zulässigkeit StGH Brem NVwZ 2003, 81 ff.), falls es sich bei ihm nicht um eine der in § 40 Abs. 1 S. 1 WHG genannten Körperschaften des öffentlichen Rechts handelt, die originär aus dieser Stellung heraus handeln kann.

55 Dagegen handelt es sich bei dem Aufgabenübergang im Sinne des § 40 Abs. 2 WHG **nicht** um eine Form der **Privatisierung**. Anders als bei der öffentlichen Wasserversorgung und Abwasserbeseitigung erschöpft sich die Aufgabe der Gewässerunterhaltung nicht in der Daseinsvorsorge, sondern besitzt Elemente der Eingriffsverwaltung (näher dazu *Funken* Gewässerunterhaltung, S. 292 ff.). Außerdem schließt § 40 Abs. 2 WHG den

Übergang der hoheitlichen Befugnisse gerade nicht ausdrücklich aus, wie dies der Gesetzgeber für den Fall des § 7 Abs. 2 WaStrG vorgesehen hat (s. *Schwendner/Rossi* in Sieder/Zeitler/Dahme/Knopp § 40 Rn. 28). Im Ergebnis üben also auch die Dritten im Sinne des § 40 Abs. 2 WHG in Ausführung der Gewässerunterhaltung eine Staatsaufgabe aus.

V. Inanspruchnahme von Störern (§ 40 Abs. 3 WHG)

Die Vorschrift des § 40 Abs. 3 WHG betrifft die partielle **Inanspruchnahme von Drittstörern** am Gewässer an Stelle der Träger der Unterhaltungslast hinsichtlich Beseitigungsmaßnahmen (Satz 1) oder Kostenübernahmen (Satz 2). Auch durch diese Entlastungsmöglichkeiten wird die Verfassungsmäßigkeit der Inanspruchnahme der Unterhaltungspflichtigen gemäß § 40 Abs. 1 S. 1 WHG sichergestellt (→ Rn. 35-38). 56

Nach § 40 Abs. 3 S. 1 WHG soll die zuständige Wasserbehörde Personen, die ein Hindernis für den Wasserabfluss oder für die Schifffahrt oder eine andere Beeinträchtigung verursacht haben, welche Unterhaltungsmaßnahmen nach § 39 WHG erforderlich macht, zur Beseitigung verpflichten. Die Regelung setzt das Recht der Gewässerunterhaltung in Beziehung zum (allgemeinen) **Polizei- und Ordnungsrecht**. 57

Hat der Unterhaltungspflichtige die Beseitigung selbst vorgenommen, ist die andere Person nach § 40 Abs. 3 S. 2 WHG verpflichtet, die angefallenen **Kosten zu erstatten**, soweit die Arbeiten erforderlich waren und die Kosten angemessen sind. Bei Streit über den Umfang der Kostenerstattung hat nach § 42 Abs. 2 WHG die zuständige Wasserbehörde zu entscheiden. Ausgehend von der grundsätzlichen Kostentragungspflicht der Unterhaltungspflichtigen für die Gewässerunterhaltung fügt die Vorschrift des § 40 Abs. 3 S. 2 WHG den Kostenbeteiligungen nach § 40 Abs. 1 S. 2 und S. 3 WHG eine weitere Ausnahme hinzu. Bei § 40 Abs. 3 S. 2 WHG handelt es sich um eine „unmittelbar anwendbare bundesrechtliche Kostenerstattungsregelung" (*Queitsch* in Schink/Fellenberg § 40 Rn. 15). 58

1. Allgemeines Verhältnis zum Polizei- und Ordnungsrecht

§ 40 Abs. 3 WHG ist ein untrügliches Zeichen dafür, dass die Gewässerunterhaltung sicherheitsrechtlichen Gehalt besitzt (→ § 39 Rn. 141 ff.; siehe zu Rn. 59 ff. bereits *Funken* Gewässerunterhaltung, S. 139 ff.; aA hier noch *Reinhardt* NWVBl. 1994, 85 (88, 91)). Die Vorschrift dient als **Ausdruck des Verursacherprinzips** dazu, Drittstörer an Stelle der Unterhaltungspflichtigen vorrangig in Anspruch nehmen können (BT-Drs. 16/12275, 63). Fehlt es an einer solchen Drittstörung namentlich bei natürlichen Beeinträchtigungen, dann sind die Gewässergefahren hauptsächlich der Risikosphäre der Allgemeinheit zuzuordnen; die Pflicht zu gegensteuernden Sicherungsmaßnahmen liegt in den Händen der Unterhaltungspflichtigen. 59

In der Person der Träger der Unterhaltungslast **fallen** insofern **Störereigenschaft und** eigene **Ordnungsbefugnisse zusammen** (aA *Reinhardt* NWVBl. 1994, 85 (90); anders wohl auch *Niesen* W+B 2017, 136 (138 f.)). Dies ist nicht grundsätzlich ausgeschlossen. Zwar sollten nach traditioneller Meinung Hoheitsträger nicht selbst als Störer Adressaten von ordnungsrechtlichen Anordnungen sein können (*Pieroth/Schlink/Kniesel* Polizei- und Ordnungsrecht, 9. Aufl. 2016, § 9 Rn. 8a). Mittlerweile ist aber die (materielle) Ordnungspflichtigkeit von juristischen Personen des öffentlichen Rechts anerkannt (BVerwGE 29, 52 (56 ff.); *Borowski* VerwArch 2010, 58 ff.). Die §§ 39, 40 WHG vermitteln den Unterhaltungspflichtigen also sowohl eine ordnungsrechtliche Pflicht als auch eine eigene Hoheitsaufgabe. Die Ordnungspflicht der Träger der Unterhaltungslast hat dabei nicht nur materiellen Charakter, sondern kann gemäß §§ 42 Abs. 1, 100 Abs. 1 S. 2 60

WHG von den Wasserbehörden auch formell konkretisiert werden. Wird ein formelles Einschreitendürfen gegenüber Hoheitsträgern grundsätzlich auch abgelehnt (→ § 100 Rn. 35; BVerwGE 29, 52 (59)), ist es im Unterhaltungsrecht aufgrund dieser spezialgesetzlichen Anordnungsbefugnisse aber zulässig (parallel BVerwG NVwZ 2003, 346 f.; zum Vollzug mittels Ersatzvornahme → Rn. 68 ff.).

61 Innerhalb des Anwendungsbereichs der Gewässerunterhaltung dürfte das **allgemeine Polizei- und Ordnungsrecht grundsätzlich verdrängt** sein (VG Düsseldorf Urt. v. 11.12.2015 – 17 K 3307/14, Rn. 23; VG Karlsruhe Urt. v. 11.12.2018 – 14 K 532/17, Rn. 35; aA *Czychowski/Reinhardt* § 39 Rn. 27 und § 40 Rn. 42). Ein Rückgriff auf die allgemeinen gefahrenabwehrrechtlichen Befugnisse ist insofern bezüglich des Gegenstands der Gewässerunterhaltung grundsätzlich nicht zulässig. Im Zusammenspiel mit anderen wasserhaushaltsrechtlichen Vorgaben regelt § 39 WHG die Anforderungen an die morphologische Gestalt von oberirdischen Gewässer grundsätzlich abschließend. Die § 40 Abs. 1, 3 und 4 WHG, § 42 WHG sowie § 100 Abs. 1 S. 2 WHG enthalten ein eigenständiges und ausdifferenziertes System an Ermächtigungsgrundlagen. Anderweitige oder strengere Vorgaben über die ordnungsrechtlichen Generalklauseln durchzusetzen, erscheint insofern ausgeschlossen. Ein Einschreiten bleibt aber in Fällen polizeilichen Eilkompetenz oder ohne spezifisch wasserwirtschaftlichen Bezug möglich (vgl. VG Augsburg BeckRS 2023, 17106 (Rn. 43 f.)).

2. Primärverpflichtung des Störers (S. 1)

62 § 39 Abs. 3 S. 1 WHG setzt voraus, dass ein Hindernis für den Wasserabfluss oder für die Schifffahrt oder eine andere Beeinträchtigung, die Unterhaltungsmaßnahmen erforderlich macht, von einer anderen als der unterhaltungspflichtigen Person verursacht worden ist. Ein **Hindernis für den Wasserabfluss** ist gegeben, wenn der ordnungsgemäße Wasserabfluss im Sinne des § 39 Abs. 1 S. 2 Nr. 1 WHG durch einen Gegenstand gestört wird und infolgedessen wiederherzustellen ist. Ein Hindernis für die Schifffahrt besteht dementsprechend, wenn die Schiffbarkeit von schiffbaren Gewässern im Sinne des § 39 Abs. 1 S. 2 Nr. 3 WHG durch einen Gegenstand gestört wird und infolgedessen wiederherzustellen ist. Zum Beispiel ist das Einbringen von Autowracks oder sonstigen Abfällen in das Gewässer erfasst (*Czychowski/Reinhardt* § 40 Rn. 34).

63 **Andere Beeinträchtigungen**, die Unterhaltungsmaßnahmen erforderlich machen, liegen vor, wenn der durch sie hervorgerfufene Gewässerzustand nicht mit den Unterhaltungszielen und -inhalten im Sinne der § 39 Abs. 1 S. 2 WHG übereinstimmt und infolgedessen wiederherzustellen ist; hierbei handelt es sich um einen Auffangtatbestand (*Czychowski/Reinhardt* § 40 Rn. 34; *Schwendner/Rossi* in Sieder/Zeitler/Dahme/Knopp § 40 Rn. 29). Ein Grund kann zum Beispiel eine Abholzung der standortgerechten Ufervegetation im Sinne von § 39 Abs. 1 S. 2 Nr. 2 WHG durch einen Drittstörer sein. Der Dritte darf nur in Anspruch genommen werden, wenn die Beeinträchtigung unter Berücksichtigung der Gestaltungsspielräume nach § 39 WHG (→ § 39 Rn. 80 ff.) eine Unterhaltungsmaßnahme erforderlich macht; letzteres dürfte auch für die Hindernisbeseitigung gelten.

64 Das Hindernis oder die Beeinträchtigung muss schließlich von einer anderen als der unterhaltungspflichtigen Person verursacht worden sein. Der Dritte muss insofern als **Verhaltens- oder Zustandsstörer** anzusehen sein, die Störung also ursächlich auf seinem Verhalten oder auf einer in seiner Sachherrschaft stehenden Sache beruhen (VG Karlsruhe Urt. v. 11.12.2018 – 14 K 532/17, Rn. 60; VG Augsburg BeckRS 2023, 17106 (Rn. 41 ff.); *Breuer/Gärditz* Rn. 1146; *Czychowski/Reinhardt* § 40 Rn. 39; zu Rn. 64–65 auch bereits *Funken* Gewässerunterhaltung, S. 139 f.).

65 In der Rechtsfolge „soll" die zuständige Behörde die andere Person zur Beseitigung verpflichten (*Breuer/Gärditz* Rn. 1146 f.). § 39 Abs. 3 S. 1 WHG gibt den Wasserbehörden eine spezielle Ermächtigungsgrundlage, vorrangig den Drittstörer durch Verwaltungsakt zur Beseitigung der Beeinträchtigung heranzuziehen (*Queitsch* in Schink/Fellenberg § 40 Rn. 11; *Czychowski/Reinhardt* § 40 Rn. 34). Nach der **Soll-Vorschrift** muss sie diese Entscheidung grundsätzlich treffen, soweit keine besonderen Gründe entgegenstehen (*Czychowski/Reinhardt* § 40 Rn. 34; *Spieth* BeckOK UmweltR § 40 Rn. 14). Etwas anderes kann gelten, wenn der Störer zur Beseitigung nicht greifbar, bereit oder in der Lage ist (BR-Drs. 280/09, 182 f.). Es erscheint sinnvoll, dass die Wasserbehörde den Unterhaltspflichtigen vorab der Engtscheidung einbindet.

3. Sekundärverpflichtung des Störers (S. 2)

66 Hat der Träger der Unterhaltungslast das Hindernis bzw. die Beeinträchtigung im Sinne des § 40 Abs. 3 S. 1 WHG selbst beseitigt, so hat ihm der Drittstörer die **Kosten zu erstatten**, soweit die Arbeiten erforderlich waren und die Kosten angemessen sind. Der Anspruch setzt eine Beseitigung durch den Unterhaltungspflichtigen selbst voraus. Erfasst können die Fälle sein, dass die Behörde ausnahmsweise auf diesen zurückgegriffen hat oder dieser die Beeinträchtigung ohne behördliche Anordnung beseitigt hat (*Spieth* BeckOK Umweltrecht § 40 Rn. 14a). Ist das Hindernis bzw. die Beeinträchtigung dagegen auf natürlichem Wege entstanden oder ist der Störer nicht ermittelbar, sind die Kosten von dem Unterhaltungspflichtigen zu tragen (VG Augsburg BeckRS 2023, 17106 (Rn. 40)).

67 Bei dem Anspruch des Unterhaltspflichtigen nach § 40 Abs. 3 Satz 2 WHG handelt es sich um einen gesetzlich geregelten Sonderfall einer **öffentlich-rechtlichen Geschäftsführung ohne Auftrag**, der auf dem Verwaltungsrechtsweg über die allgemeine Leistungsklage verfolgt werden kann (OVG Lüneburg Urt. v. 8.2.2017 – 13 LC 60/15; *Queitsch* KStZ 2018, 103 (105); *Czychowski/Reinhardt* § 40 Rn. 40 f. m.w.N.; aA *Breuer/Gärditz* Rn. 1146 f.). Erstattungsfähig sind diejenigen Aufwendungen, die für die Beseitigung der Beeinträchtigung notwendig gewesen sind. Begrenzt ist der Anspruch auf die erforderlichen Arbeiten und angemessenen Kosten. Unterhaltungsaufwand, der über die Wiederherstellung des vorherigen Zustands hinausgeht, kann daher nicht abgerechnet werden (*Czychowski/Reinhardt* § 40 Rn. 40).

VI. Ersatzvornahme (§ 40 Abs. 4 WHG)

68 Gemäß § 40 Abs. 4 WHG sind die erforderlichen Unterhaltungsarbeiten auf Kosten des Trägers der Unterhaltungslast durch das Land oder, sofern das Landesrecht dies bestimmt, durch eine andere öffentlich-rechtliche Körperschaft im Sinne des § 40 Abs. 1 S. 1 WHG durchzuführen, wenn der Unterhaltungspflichtige seine Verpflichtungen nicht erfüllt. Nach Satz 2 dieser Vorschrift gilt dies nicht, soweit eine öffentlich-rechtliche Körperschaft Träger der Unterhaltungslast ist. Die Vorschrift dient der **Erzwingung der Unterhaltungslast** (*Spieth* BeckOK UmweltR § 40 Rn. 15) und betrifft das Vollzugsmittel der Ersatzvornahme (siehe zu Rn. 68 ff. auch bereits *Funken* Gewässerunterhaltung, S. 336 ff. und insb. 342 ff.).

1. Allgemeines zur Durchsetzung der Gewässerunterhaltung

69 Die Vorschrift liegt in dem Problemfeld, dass die Unterhaltungspflichtigen nicht von sich aus die öffentlich-rechtliche Unterhaltungspflicht erfüllen und die erforderlichen Unterhaltungsmaßnahmen ausführen. Präventiv kann insofern die Wasserbehörde gemäß

§ 42 Abs. 1 WHG die Unterhaltungspflicht im Einzelfall per Verwaltungsakt konkretisieren (ausführlich *Funken* Gewässerunterhaltung, S. 336 ff.). Insbesondere kann sie die nach § 39 WHG erforderlichen Unterhaltungsmaßnahmen näher festlegen. Mit diesem Instrument können die Wasserbehörden die Gestaltungsspielräume bei der Konkretisierung der Gewässerunterhaltung (→ § 39 Rn. 80 ff.) an sich ziehen und selbst ausfüllen. Die hinreichend konkretisierte Unterhaltungspflicht kann repressiv mittels der wasserbehördlichen Generalklausel des § 100 Abs. 1 S. 2 WHG durchgesetzt werden (*Funken* Gewässerunterhaltung, S. 341 f.). Die wasserwirtschaftsrechtliche Ersatzvornahme im Sinne des § 40 Abs. 4 WHG setzt prinzipiell an diesen Entscheidungen nach §§ 42 Abs. 1, 100 Abs. 1 S. 2 WHG an und erzwingt deren Durchsetzung.

2. Anwendungsbereich der Vorschrift (S. 2)

70 § 40 Abs. 4 WHG kommt allerdings nur ein **überschaubarer Anwendungsbereich** zu (siehe bereits *Funken* Gewässerunterhaltung, S. 342 ff.). Nach Satz 2 gilt die Vorschrift nicht, soweit eine öffentlich-rechtliche Körperschaft Träger der Unterhaltungslast ist (s. *Brückner* in Dallhammer/Dammert/Faßbender § 31 SächsWG Rn. 17). Hintergrund dieses Anwendungsausschlusses ist, dass nach überwiegender Meinung zwar die wasserbehördlichen Entscheidungen nach §§ 42 Abs. 1 und 100 Abs. 1 S. 2 WHG auch gegenüber Hoheitsträgern ergehen dürfen (vgl. *Durner* W+E 2017, 175 ff.; *Czychowski/Reinhardt* § 42 Rn. 5), deren Vollstreckung diesen gegenüber aber grundsätzlich unzulässig ist. Da die Möglichkeit einer Verwaltungsvollstreckung gegen Behörden und juristische Personen des öffentlichen Rechts ausdrücklich gesetzlich bestimmt sein müsste (vgl. § 17 VwVG [Bund]), können gegenüber den unterhaltungspflichtigen Körperschaften des öffentlichen Rechts auch keine Zwangsgelder verhängt werden. Gegenüber diesen verbleibt das Instrument der Staatsaufsicht (näher *Funken* Gewässerunterhaltung, S. 346 ff. m.w.N.).

71 Der Anwendungsbereich der wasserrechtlichen Ersatzvornahme nach § 40 Abs. 4 WHG besteht insofern nur gegenüber den unterhaltungspflichtigen Gewässereigentümern (s.a. *Breuer/Gärditz* Rn. 1143). Gegenüber den beliehenen **Privateigentümern** soll den Ländern ein verstärkter Zugriff zustehen. Fraglich erscheint, ob eine Ersatzvornahme gegenüber dem unterhaltungspflichtigen Bund an Bundeswasserstraßen zulässig wäre (dafür *Czychowski/Reinhardt* § 40 Rn. 42 m.w.N.). Dagegen spricht, dass der Bund die Unterhaltung nach hiesigem Verständnis als Hoheitsträger ausführen muss (→ Rn. 17 ff.). Dabei muss er zwar die Bewirtschaftungsentscheidungen der Länder beachten (→ § 82 Rn. 24). Im Vollzug der Unterhaltung bleibt er aus verfassungskompetenzrechtlichen Gründen aber autonom (→ § 34 Rn. 41).

3. Die Vorschrift im Einzelnen (S. 1)

72 Die Ersatzvornahme nach § 40 Abs. 4 S. 1 WHG setzt voraus, dass der unterhaltungspflichtige Gewässereigentümer seine **Verpflichtungen** nach § 39 WHG **nicht erfüllt** hat. Nach dem Wortlaut der Vorschrift ist die Ersatzvornahme unmittelbar kraft Gesetzes zulässig, ohne dass es notwendigerweise des Erlasses einer wasserhaushaltsrechtlichen Grundverfügung bedürfte (*Schwendner/Rossi* in Sieder/Zeitler/Dahme/Knopp § 40 Rn. 35). Zu beachten ist allerdings, dass ein Verstoß gegen § 39 WHG regelmäßig nicht ohne weiteres feststellbar ist, da die Norm den Unterhaltungspflichtigen beträchtliche Gestaltungsspielräume einräumt (→ § 39 Rn. 80 ff.). Zumindest erscheint insofern eine vorherige Konkretisierung der Unterhaltungslast nach § 42 Abs. 1 WHG geboten. Sinnvollerweise erfolgt vor der Durchführung der Ersatzvornahme auch eine Anordnung der notwendigen Maßnahmen nach § 100 Abs. 1 S. 2 WHG.

Die erforderlichen Unterhaltungsarbeiten sind nach § 40 Abs. 4 S. 1 WHG auf Kosten der Unterhaltungspflichtigen grundsätzlich **durch das Land** durchzuführen. Die Länder können gemäß der **Öffnungsklausel** dieser Norm aber regeln, dass statt ihrer selbst eine öffentlich-rechtliche Körperschaft im Sinne des § 40 Abs. 1 S. 1 WHG die Ersatzvornahme durchzuführen hat. Der Bundesgesetzgeber hat sich angesichts des Art. 84 Abs. 1 S. 7 GG mit einer näheren Bestimmung des Verantwortlichen zurückgehalten (*Czychowski/Reinhardt* § 40 Rn. 43). Der **Kostenerstattungsanspruch** ist **öffentlich-rechtlicher Natur** und vor den Verwaltungsgerichten gelten zu machen (*Czychowski/Reinhardt* § 40 Rn. 46). Erstattungsfähig ist nur der erforderliche Unterhaltungsaufwand. **73**

Neben § 40 Abs. 4 WHG treten die **allgemeinen vollstreckungsrechtlichen Vorschriften** der Länder hinzu (siehe bereits *Funken* Gewässerunterhaltung, S. 343 f.). Insofern kommt auf Grundlage einer wasserhaushaltsrechtlichen Grundverfügung nach § 100 Abs. 1 S. 2 WHG auch die Festsetzung eines Zwangsgeldes gegenüber den unterhaltungspflichtigen Gewässereigentümern in Betracht (*Brückner* in Dallhammer/Dammert/Faßbender § 31 Rn. 17; *Spieth* BeckOK UmweltR § 40 Rn. 15; *Czychowski/Reinhardt* § 40 Rn. 47; *Queitsch* in Schink/Fellenberg § 40 Rn. 17). Auch hinsichtlich des Verfahrens der Ersatzvornahme nach § 40 Abs. 4 WHG sind die allgemeinen Vollstreckungsvorschriften jedenfalls analog anzuwenden (VG München BeckRS 2022, 20659 (Rn. 28 ff.); VG Augsburg BeckRS 2023, 17106 (Rn. 26 ff.); *Spillecke* § 64 LWG NRW Rn. 4; *Funken* DVBl. 2023, 1134 (1139, Fn. 70)). Insbesondere sind die Unterhaltungspflichtigen daher grundsätzlich **über die Art, den Zeitpunkt und die Kostenveranschlagung der Ersatzvornahme zu unterrichten**, um die Durchführung mit eigenen Mitteln zu ermöglichen (*Czychowski/Reinhardt* § 40 Rn. 46; *Spieth* BeckOK UmweltR § 40 Rn. 15). **74**

LANDMANN/ROHMER

UMWELTRECHT

BAND II

KOMMENTAR

Herausgegeben von

Prof. Dr. Martin Beckmann
Rechtsanwalt und Fachanwalt für Verwaltungsrecht,
Honorarprofessor der Universität Münster

Prof. Dr. Dr. Wolfgang Durner LL. M.
Rheinische Friedrich-Wilhelms-Universität Bonn und Direktor des Instituts für das Recht der Wasser- und Entsorgungswirtschaft

Prof. Dr. Thomas Mann
Direktor des Instituts für Öffentliches Recht,
Lehrstuhl für Verwaltungsrecht der Georg-August-Universität Göttingen

Prof. Dr. Marc Röckinghausen
Hochschule für Polizei und öffentliche Verwaltung NRW, Abteilung Gelsenkirchen,
Fachbereich Allgemeine Verwaltung/ Rentenversicherung

Stand: 1. Juni 2024
(104. Ergänzungslieferung)

(Zum Bearbeitungsstand im Einzelnen siehe die Datumszeile am unteren Ende jeder Seite)

C.H.BECK

Dieses Titelblatt stammt aus der 104. Ergänzungslieferung Juni 2024.

(Anschluss an die 103. Ergänzungslieferung März 2024)

ISBN 978 3 406 82665 8

Der Kommentar wurde von der 1. bis zur 50. Ergänzungslieferung
von Prof. Dr. Klaus Hansmann und von der 51. bis zur 58. Ergänzungslieferung
von Prof. Dr. Martin Beckmann herausgegeben.

Zitiervorschläge:

Beckmann in Landmann/Rohmer UmweltR KrWG § 17 Rn. 1
Landmann/Rohmer UmweltR/*Beckmann* KrWG § 17 Rn. 1

beck.de

Grundwerk ISBN 978 3 406 34327 8
ergänzt bis ISBN 978 3 406 82665 8

Wilhelmstraße 9, 80801 München
Druck: Druckerei C.H.Beck, Nördlingen
(Adresse wie Verlag)

Satz: mediaTEXT Jena GmbH, Jena

myclimate
shape our future

chbeck.de/nachhaltig
Gedruckt auf säurefreiem, alterungsbeständigem Papier
(hergestellt aus chlorfrei gebleichtem Zellstoff)

Verzeichnisse

Bearbeiterverzeichnis (Band I–IV)

Prof. Dr. Martin Beckmann Rechtsanwalt in Münster	Vorb. Abfallrecht, §§ 1–57, 62–68, 70–72 KrWG § 15 UVPG, Einführung Klimaschutzrecht, §§ 3-8 KSG, Umweltschadensgesetz (mit Wittmann)
Anja Behnke Bundesministerium für Umwelt, Naturschutz, nukleare Sicherheit und Verbraucherschutz	TA Luft (mit Hansmann)
Dr. Christian-Dietrich Bracher Rechtsanwalt in Bonn	§§ 41 bis 43 BImSchG, 16. und 24. BImSchV
Prof. Dr. Ralf Brinktrine O. Professor an der Universität Würzburg	§ 4 UVPG
Prof. Dr. Peter Bruckmann Landesamt für Natur, Umwelt und Verbraucherschutz Nordrhein-Westfalen, Essen	39. BImSchV (mit Ehlers, Heinz, Strecker und Vogt) 43. BImSchV (mit van Endern und Vogt)
Prof. Dr. Pascale Cancik O. Professorin an der Universität Osnabrück	Vorb. §§ 47a ff. BImSchG, §§ 47a–47f BImSchG (§§ 47a–47c, 47e und 47f mit Hansmann)
Prof. Dr. Johannes Dietlein O. Professor an der Universität Düsseldorf	§§ 1, 2, Vorb. §§ 4–21, 4 bis 8, 9 bis 11, 16a, 16b, 19, 23a–23c und 25a BImSchG, 9. BImSchV (§§ 16b, 23b BImSchG mit Fabi)
Dr. Robert Dix Syndikusrechtsanwalt der EWE AG, Oldenburg	§ 29–32, 70–73 UVPG
Prof. Dr. Matthias Dombert Rechtsanwalt in Potsdam	§§ 4–6, 8, 13, 14, 20, 24, 25 BBodSchG
Rolf-Dieter Dörr Ministerialrat a. D.	OberflächengewässerV (mit Walter)
Prof. Dr. Dr. Wolfgang Durner LL. M. O. Professor an der Universität Bonn	Umweltvölkerrecht, Vorb. §§ 27 ff. WHG, §§ 27–31, 34, 35, 82–85 WHG
Dr. Christian Ehlers Ministerium für Umwelt, Naturschutz und Verkehr des Landes Nordrhein-Westfalen	39. BImSchV (mit Bruckmann, Strecker, Vogt und Heinz)
Benedikt van Endern Ministerium für Umwelt, Naturschutz und Verkehr des Landes Nordrhein-Westfalen	43. BImSchV (mit Bruckmann und Vogt)

Bearbeiter

Prof. Dr. Astrid Epiney LL. M. O. Professorin an der Université de Fribourg	Art. 191–193 AEUV
Dr. Friederike Erxleben Umweltbundesamt	UERV (mit Wolke)
Prof. Dr. Wolfgang Ewer Rechtsanwalt in Kiel	Vorb. BBodSchG, §§ 9, 15, 16 BBodSchG
Johannes Fabi Wissenschaftlicher Mitarbeiter, Universität Düsseldorf	§§ 16b, 23b BImSchG (mit Dietlein)
Prof. Dr. Kurt Faßbender O. Professor an der Universität Leipzig	§§ 1–5, 33, 36–38 WHG
Dr. Frank Fellenberg LL. M. Rechtsanwalt in Berlin	Fluglärmgesetz (mit Reidt und Schiller), Umweltrechtsbehelfsgesetz (mit Schiller)
Dr. Henrik Flatter Bundesamt für Naturschutz, Bonn	§§ 69–74 BNatSchG
Prof. Dr. Sina Fontana, MLE O. Professorin an der Universität Augsburg	§§ 1, 2, 15–27 UAG
Dr. Johannes Funken Bundesnetzagentur	§§ 39, 40 WHG
Dr. Matthias Ganske Rechtsanwalt in Bonn	§§ 25, 26, 54–61 WHG
Prof. Dr. Klaus Ferdinand Gärditz O. Professor an der Universität Bonn	Art. 20a GG
Prof. Dr. Martin Gellermann Rechtsanwalt, apl. Professor an der Universität Osnabrück	§§ 4, 7–51, §§ 52–56, §§ 57–68 BNatSchG (§§ 41–43 Mit Sanden)
Nela Gies Richterin am Verwaltungsgericht Gelsenkirchen	§§ 41, 42 WHG
Prof. Dr. Christoph Görisch Hochschule für Polizei und öffentliche Verwaltung NRW, Abteilung Münster	§§ 4–14 UAG
Moritz Grunow Rechtsanwalt in Düsseldorf	Vorb. AwSV, § 1 AwSV
Prof. Dr. Günter Hager † O. Professor an der Universität Freiburg	§§ 6, 7 UmweltHG (mit Rehbinder)
Dr. Joachim Hagmann Rechtsanwalt in Münster	§§ 65–69 UVPG

Prof. Dr. Klaus Hansmann † Leitender Ministerialrat a. D.	§§ 17, 18, 20, 21, 26–37, 38–40, 47a–47c, 47e, 47f, 52, 52b–58d, 59, 60, 62, 64–72, 74 BImSchG (§§ 17, 18 mit Ohms, Vor § 26, §§ 26–31 mit Pabst, Vor § 38, §§ 38–40 mit Hofmann, §§ 20, 21, Vor 32, §§ 32–37, 52, 52b, 62, 66 und 67 mit Röckinghausen, §§ 47a–47c, 47e und 47f mit Cancik), Vor § 53, §§ 53–58d mit Maciejewski, 14., 32. und 34. BImSchV, TA Lärm, TA Luft (mit Behnke, Remus, Röckinghausen), 4., 11., 20., 21., 25., 27., 30., 34. und 35. BImSchV (mit Röckinghausen), 2. BImSchV (mit Mahrwald und Röckinghausen), 5. BImSchV mit Maciejewski, 12. BImSchV (mit König), BzBlG, 1. DVO BzBlG
Dr. Felix Hardach Bundesministerium für Umwelt, Naturschutz, nukleare Sicherheit und Verbraucherschutz	§§ 1, 8, 11–13, 17, 20, 22, 23, 26, 31, 32, 35 TEHG
Prof. Dr. Torsten Heilshorn Rechtsanwalt in Freiburg	Vor § 22 BImSchG, §§ 22–25 BImSchG (mit Sparwasser)
Dr. Franziska Heß Rechtsanwältin in Leipzig	§§ 1-3 BNatSchG (mit Wulff)
Daniel Heinz Ministerium für Umwelt, Naturschutz und Verkehr des Landes Nordrhein-Westfalen	39. BImSchV (mit Bruckmann, Strecker, Vogt und Ehlers)
Michael Heugel Bundesministerium für Umwelt, Naturschutz, nukleare Sicherheit und Verbraucherschutz	§§ 5, 6 BNatSchG
Prof. Dr. Ekkehard Hofmann O. Professor an der Universität Trier	Vorb. § 38, §§ 38–40 BImSchG, §§ 16–23, 54–56 UVPG
Dr. Frank Hofmann Bundesministerium für Umwelt, Naturschutz, nukleare Sicherheit und Verbraucherschutz	§ 23 WHG
Dr. Georg Hünnekens Rechtsanwalt in Münster	§§ 50–53 WHG, Vorb. §§ 64–66, §§ 64–66 WHG, Vorb. §§ 72–81 WHG, §§ 72–81 WHG
Georg Kahl † Ministerialrat a. D.	7. BImSchV
Lutz Keppner Bundesministerium für Umwelt, Naturschutz, nukleare Sicherheit, und Verbraucherschutz	Grundwasserverordnung

Bearbeiter

Dr. Andreas Kersting Rechtsanwalt in Münster	§§ 58–61 KrWG
Dr. Heike Kieserling Deutsche Bahn AG	§§ 13, 14, 25–38 AwSV
Dr. Jens Martin König Hessisches Ministerium für Umwelt, Klimaschutz, Landwirtschaft und Verbraucherschutz	12. BImSchV (mit Hansmann)
Dr. Olaf Konzak Rechtsanwalt in Köln	§§ 2, 3 und 7 VerpackG (mit Körner)
Dr. Michael Körner, LL.M. Rechtsanwalt in Köln	§§ 2, 3 und 7 VerpackG (mit Konzak)
Dr. Philip Kubitza Richter auf Probe, Rheinland-Pfalz	§§ 100–102 WHG
Prof. Dr. Silke Ruth Laskowski O. Professorin an der Universität Kassel	§ 24 WHG, § 58e BImSchG mit der EMASPrivilegV
Prof. Dr. Joachim Lege O. Professor an der Universität Greifswald	§§ 96–99 WHG
Dr. Rasso Ludwig LL. M. Richter am Verwaltungsgericht München	§§ 19, 21–23, 26 BBodSchG
Prof. Dr. Karim Maciejewski Hochschule des Bundes für öffentliche Verwaltung	Vor § 53 BImSchG, §§ 53–58d BImSchG (mit Hansmann), 5. BImSchV (mit Hansmann)
Birgit Mahrwald Bundesministerium für Umwelt, Naturschutz, nukleare Sicherheit und Verbraucherschutz	2. BImSchV (mit Hansmann und Röckinghausen)
Prof. Dr. Thomas Mann O. Professor an der Universität Göttingen	§§ 8a, 12 BImSchG, Vorb. ElektroG, §§ 1, 2 ElektroG, §§ 1–14, 26–28, 30–39, 41, 42, 44–46, 48–50, 52, 53, 57–64, 72 UVPG, §§ 28–38 UAG
Dr. Cedric Christian Meyer Rechtsanwalt in Köln	§§ 46–49, 62–63 WHG
Dr. Uwe Neuser Bundesministerium für Umwelt, Naturschutz, nukleare Sicherheit und Verbraucherschutz	§§ 2, 27, 33, 34 TEHG
Volkmar Nies Landwirtschaftsdirektor bei der Landwirtschaftskammer Rheinland	§§ 1, 2, 7, 17, 18 BBodSchG
Dr. Martin Ohms Rechtsanwalt in Berlin	§§ 17, 18 BImSchG (mit Hansmann), 13. BImSchV, 17. BImSchV (z.T. mit Sahm)

Prof. Dr. Heinz-Joachim Pabst Hochschule des Bundes für öffentliche Verwaltung	Vor § 26, §§ 26–31 BImSchG (mit Hansmann), § 61 BImSchG, 41. BImSchV
Dr. Kay Artur Pape Rechtsanwalt in Bonn	Vorb. WHG, §§ 6–22 WHG (§ 7 WHG mit Snjka)
Dr. Malte Petersen LL. M. Ministerium für Umwelt, Naturschutz und Verkehr des Landes Nordrhein-Westfalen	§§ 89–95 WHG
Prof. Dr. Alexander Proelß O. Professor an der Universität Trier	§§ 43–45l WHG
Prof. Dr. Eckard Rehbinder Em. Professor an der Universität Frankfurt/Main	§ 14 BImSchG UmweltHG (§§ 6, 7 mit Hager)
Prof. Dr. Olaf Reidt Rechtsanwalt in Berlin	§ 16 BImSchG (mit Schiller), 18. BImSchV (mit Schiller), Fluglärmgesetz (mit Fellenberg und Schiller), Umweltinformationsgesetz (mit Schiller)
Rainer Remus Umweltbundesamt, Dessau	TA Luft (mit Hansmann)
Dr. Christoph Riese Rechtsanwalt in Berlin	§§ 67–71, 86 WHG
Prof. Dr. Marc Röckinghausen Hochschule für Polizei und öffentliche Verwaltung NRW, Abteilung Gelsenkirchen	§§ 20, 21, Vor § 32, §§ 32–37, 52, 52b, 62, 66, 67 BImSchG (mit Hansmann), §§ 37a bis 37f, Vor §§ 44–47, 52a, 63, 73 BImSchG, 1., 10., 26., 28., 36., 37., 38., 42. BImSchV, 4., 11., 20., 21., 25., 27., 30., 34 und 35. BImSchV, TA Luft (mit Hansmann), 2. BImSchV (mit Hansmann und Mahrwald), Schadstofffreisetzungs- und Verbringungsregistergesetz
Christoph Sahm LL. M. E. ON Kernkraft GmbH	§§ 23–25, 27 der 17. BImSchV (mit Ohms)
Prof. Dr. Dr. Joachim Sanden † Behörde für Stadtentwicklung und Umwelt, Freie und Hansestadt Hamburg, zugl. Apl. Prof. an der Universität Lüneburg	§§ 41–43 BNatSchG (mit Gellermann)

Bearbeiter

Dr. Gernot Schiller Rechtsanwalt in Berlin	§ 16 BImSchG (mit Reidt), 18. BImSchV (mit Reidt), Fluglärmgesetz (mit Reidt und Fellenberg), Umweltinformationsgesetz (mit Reidt) Umweltrechtsbehelfsgesetz (mit Fellenberg), §§ 14a, 15 BImSchG
Matthias Schleifenbaum, LL.M. Rechtsanwalt in Köln	BattG
Prof. Dr. Hendrik Schoen Hochschule für Polizei und öffentliche Verwaltung NRW, Abteilung Münster	§ 50 BImSchG
Prof. Dr. Meinhard Schröder Em. Professor an der Universität Trier	EG-Abfallverbringungs-VO
Prof. Dr. Max-Jürgen Seibert Vorsitzender Richter am Oberverwaltungsgericht Münster	§ 13 BImSchG
Dr. Dominik Snjka Rechtsanwalt in Bonn	§ 7 WHG (mit Pape)
Prof. Dr. Reinhard Sparwasser Rechtsanwalt in Freiburg	Vor § 22 BImSchG, §§ 22–25 BImSchG (mit Heilshorn)
Prof. Dr. Indra Spiecker genannt Döhmann, LL.M. O. Professorin an der Universität Frankfurt a.M.	UStatG BImSchG (mit Heilshorn)
Prof. Dr. Peter-Tobias Stoll O. Professor an der Universität Göttingen	EG-Artenschutzverordnung
Silvia Strecker Ministerium für Umwelt, Naturschutz und Verkehr des Landes Nordrhein-Westfalen	39. BImSchV (mit Bruckmann, Ehlers, Heinz und Vogt)
Prof. Dr. Dr. Markus Thiel Deutsche Hochschule der Polizei, Münster	§§ 3, 48–48b BImSchG
Dr. Christian Tünnesen-Harmes Rechtsanwalt in Duisburg	AbfAEV
Dr. Klaus Vogt Landesamt für Natur, Umwelt und Verbraucherschutz Nordrhein-Westfalen	39. BImSchV (mit Bruckmann, Ehlers, Heinz und Strecker), 43. BImSchV (mit Bruckmann und van Endern)
Anne-Barbara Walter Umweltbundesamt	OberflächengewässerV (mit Dörr)
Dr. Andreas Wasielewski Ministerium für Energiewende, Klima, Umwelt und Naturschutz des Landes Schleswig-Holstein	TA Luft (mit Hansmann)

Dr. Dirk Weinreich Bundesministerium für Umwelt, Naturschutz, nukleare Sicherheit und Verbraucherschutz	Vorb. TEHG, §§ 7, 19 TEHG
Dr. Armin von Weschpfennig Akademischer Rat, Universität Bonn	§§ 13a, 13b, 103–107 WHG
Dr. Antje Wittmann Rechtsanwältin in Münster	UmweltschadensG (zusammen mit Beckmann), § 51 UVPG, § 11, 12 KSG
Frank Wolke Bundesministerium für Umwelt, Naturschutz, nukleare Sicherheit und Verbraucherschutz	§§ 4, 18, 24 TEHG, UERV (mit Erxleben)

(Fortsetzung Seite 7)

Bearbeiter

§ 18 Verhältnis zum Baurecht

(1) **Sind auf Grund der Aufstellung, Änderung, Ergänzung oder Aufhebung von Bauleitplänen oder von Satzungen nach § 34 Absatz 4 Satz 1 Nummer 3 des Baugesetzbuchs Eingriffe in Natur und Landschaft zu erwarten, ist über die Vermeidung, den Ausgleich und den Ersatz nach den Vorschriften des Baugesetzbuchs zu entscheiden.**

(2) **Auf Vorhaben in Gebieten mit Bebauungsplänen nach § 30 des Baugesetzbuchs, während der Planaufstellung nach § 33 des Baugesetzbuchs und im Innenbereich nach § 34 des Baugesetzbuchs sind die §§ 14 bis 17 nicht anzuwenden. Für Vorhaben im Außenbereich nach § 35 des Baugesetzbuchs sowie für Bebauungspläne, soweit sie eine Planfeststellung ersetzen, bleibt die Geltung der §§ 14 bis 17 unberührt.**

(3) **Entscheidungen über Vorhaben nach § 35 Absatz 1 und 4 des Baugesetzbuchs und über die Errichtung von baulichen Anlagen nach § 34 des Baugesetzbuchs ergehen im Benehmen mit den für Naturschutz und Landschaftspflege zuständigen Behörden. Äußert sich in den Fällen des § 34 des Baugesetzbuchs die für Naturschutz und Landschaftspflege zuständige Behörde nicht binnen eines Monats, kann die für die Entscheidung zuständige Behörde davon ausgehen, dass Belange des Naturschutzes und der Landschaftspflege von dem Vorhaben nicht berührt werden. Das Benehmen ist nicht erforderlich bei Vorhaben in Gebieten mit Bebauungsplänen und während der Planaufstellung nach den §§ 30 und 33 des Baugesetzbuchs und in Gebieten mit Satzungen nach § 34 Absatz 4 Satz 1 Nummer 3 des Baugesetzbuchs.**

(4) **Ergeben sich bei Vorhaben nach § 34 des Baugesetzbuchs im Rahmen der Herstellung des Benehmens nach Absatz 3 Anhaltspunkte dafür, dass das Vorhaben eine Schädigung im Sinne des § 19 Absatz 1 Satz 1 verursachen kann, ist dies auch dem Vorhabenträger mitzuteilen. Auf Antrag des Vorhabenträgers hat die für die Erteilung der Zulassung zuständige Behörde im Benehmen mit der für Naturschutz und Landschaftspflege zuständigen Behörde die Entscheidungen nach § 15 zu treffen, soweit sie der Vermeidung, dem Ausgleich oder dem Ersatz von Schädigungen nach § 19 Absatz 1 Satz 1 dienen; in diesen Fällen gilt § 19 Absatz 1 Satz 2. Im Übrigen bleibt Absatz 2 Satz 1 unberührt.**

Schrifttum: *Füßer/Lau,* § 18 Abs. 2 S. 1 BNatSchG – eingriffsregelungsfreie Räume in der Planfeststellung, UPR 2019, 130 ff.; *Kuschnerus,* Die Belange von Natur und Landschaft in der Abwägung nach § 1 VI BauGB, BauR 1998, 1 ff.; *Louis,* Das Verhältnis zwischen Baurecht und Naturschutz unter Berücksichtigung der Neuregelung durch das BauROG, NuR 1998, 113 ff.; *ders.*, Der Schutz von Einzelbäumen im Innenbereich durch die Eingriffsregelung, DVBl. 2017, 823 ff.; *Reidt,* in: Bracher/Reidt/Schiller, Bauplanungsrecht, 9. Aufl. 2022, Rn. 11.304 ff.; *Scheidler,* Die naturschutzrechtliche Eingriffsregelung im Rahmen der Bauleitplanung, ZUR 2019, 145 ff.; *Schink,* Die naturschutzrechtliche Eingriffsregelung in der Bauleitplanung, NuR 2016, 441 ff.; *Schubert,* Harmonisierung umweltrechtlicher Instrumente in der Bauleitplanung, 2005, S. 129 ff.; *Söhnlein,* Die Umsetzung der naturschutzrechtlichen Eingriffsregelung in der Bauleitplanung in Bayern, BayVBl. 2001, 300 ff.; *Stich,* Rechtsprobleme bei der Umsetzung der Forderungen des Umweltschutzes nach § 1a BauGB 1998 in die städtebauliche Planung und bei deren Vollzug, UPR 1998, 121 ff.; *ders.,* Rechts- und Fachprobleme der Bewertung von Eingriffen in Natur und Landschaft und der Ermittlung der erforderlichen Ausgleichsmaßnahmen in der Bauleitplanung, UPR 2002, 10 ff.; *Uechtritz,* Die naturschutzrechtliche Eingriffsregelung bei der Überplanung von bebaubaren Flächen nach §§ 30, 34 BauGB, NuR 2001, 374 ff.; *Wahlhäuser,* in: Bischopink/Külpmann/Wahlhäuser, Der sachgerechte Bebauungsplan, 5. Aufl. 2021, Rn. 490 ff,

Übersicht

A. Allgemeines

1 Die ursprüngliche Fassung des BNatSchG traf zum Verhältnis der kommunalen Bauleitplanung zur Eingriffsregelung des Naturschutzrechts keine Aussagen. Da die Aufstellung eines Bauleitplans nicht als Eingriff in Natur und Landschaft zu bewerten ist (Battis in Battis/Krautzberger/Löhr BauGB § 1a Rn. 11), konnte die naturschutzrechtliche Eingriffsregelung an sich erst auf der Stufe einer nachfolgenden Zulassung baulicher Vorhaben Bedeutung gewinnen, vermochte dort aber ihre den Schutz von Natur und Landschaft betreffenden Sicherungsaufgabe kaum noch gerecht zu werden. Die zur Vermeidung dieses unbefriedigenden Ergebnisses unternommenen Versuche, die namentlich mit Blick auf den Grundsatz der planerischen Konfliktbewältigung eine Verzahnung zwischen Bauleitplanung und Eingriffsregelung herzustellen trachteten (ausführlich zu den unterschiedlichen Positionen Loibl ZUR 1997, 244), riefen den Gesetzgeber auf den Plan, der im Rahmen des **Investitionserleichterungs- und Wohnbaulandgesetzes** vom 22. 4. 1993 (BGBl. I 466) mit der Einführung der §§ 8a-c BNatSchG a.F. erste Schritte zur Harmonisierung des bis dahin prekären Verhältnisses von Bauplanungs- und Naturschutzrecht unternahm (Louis DVBl. 2017, 823 (824)). Die „mit der heißen Nadel genähten" Regelungen erwiesen sich allerdings in mancher Hinsicht als problematisch. Unklar blieb insbesondere, welcher rechtliche Stellenwert den Anforderungen der Eingriffsregelung im Prozess der Bauleitplanung gebührte (Darstellung des Streitstandes bei Mitschang Belange von Natur und Landschaft S. 172 ff.) und ob Kompensationsmaßnahmen im Plangebiet oder auch außerhalb desselben durchgeführt werden mussten (vgl. BVerwG NuR 1997, 446 (447) mit Anmerkung Louis NuR 1997, 449; Garbe ZuR 1997, 310 ff.). Der sich nicht zuletzt hieraus ergebenden Forderung nach einer gesetzgeberischen Klärung kam der Bundesgesetzgeber mit dem Erlass des „Gesetzes zur Änderung des Baugesetzbuches und zur Neuregelung des Rechts der Raumordnung – **Bau- und Raumordnungsgesetz 1998** (BGBl. I 2081) nach, in dessen Rahmen der „Baurechtskompromiss" eine Fortentwicklung erfuhr (Köck/Neubauer/Dahms NVwZ 2024, 296 (301)). Während die Regelungen über die Behandlung der Eingriffsproblematik in der Bauleitplanung in das Städtebaurecht integriert wurden (§§ 1a Abs. 2 und 3, 5 Abs. 2a, 9 Abs. 1a, 135a-c und 200 a BauGB a.F.), beschränkte sich das Naturschutzrecht auf die Beantwortung der Frage nach dem Verhältnis der naturschutzrechtlichen Eingriffsregelung zum Baurecht (§ 8a BNatSchG a.F.).

2 Der damit bewirkte Rechtszustand wurde im Zuge der mit dem „Gesetz zur Anpassung des Baugesetzbuchs an EU-Richtlinien – **Europarechtsanpassungsgesetz Bau**" vom 24. 6. 2004 (BGBl. I 1359) praktisch unverändert fortgeführt (Kerkmann in Schlacke

Vorbem zu §§ 13-19 Rn. 16). Während sich die städtebauliche Eingriffsregelung nunmehr in § 1a Abs. 3 BauGB normiert findet, sind die zur ihrer Umsetzung bestimmten Vorschriften vorwiegend in den §§ 5 Abs. 2a, 9 Abs. 1a, 135a-c sowie 200 a BauGB enthalten (Übersicht über weitere einschlägige Vorschriften bei Battis in Battis/Krautzberger/Löhr BauGB § 1a Rn. 12). Hieran anknüpfend stellt der inhaltlich mit § 21 Abs. 1 BNatSchG a.F. übereinstimmende § 18 Abs. 1 BNatSchG klar, dass über die Eingriffsfolgen bei Bauleitplänen und bestimmten städtebaulichen Satzungen, die Eingriffe in Natur und Landschaft erwarten lassen, nach Maßgabe der städtebaulichen Vorschriften zu befinden ist. § 18 Abs. 2 BNatSchG verhält sich dagegen über die Anwendbarkeit der naturschutzrechtlichen Eingriffsregelung bei der Zulassung baulicher Vorhaben und besagt, dass die §§ 14 - 17 BNatSchG wohl auf Außenbereichsvorhaben (§ 35 BauGB) und planfeststellungsersetzende Bebauungspläne, nicht aber auf Vorhaben in Gebieten mit Bebauungsplänen (§ 30 BauGB), während der Planaufstellung (§ 33 BauGB) und im Innenbereich (§ 34 BauGB) anzuwenden sind. Den Abschluss bilden die Bestimmungen des § 18 Abs. 3, 4 BNatSchG, die sich über die Beteiligung der Naturschutzbehörden an baurechtlichen Zulassungsverfahren sowie die sich dem Träger eines Innenbereichsvorhabens bietenden Möglichkeit verhalten, einer sich aus dem Umweltschadensrecht ergebenden Einstandspflicht zu entrinnen.

Seinem wesentlichen Inhalt nach zielt das skizzierte Regelungsgefüge darauf ab, die im Hinblick auf die Bearbeitung des eingriffsbezogenen Folgenbewältigungsprogramms notwendigen Entscheidungen auf die Ebene der Bauleitplanung zu verlagern und nachfolgende Zulassungsentscheidungen hiervon zu entlasten. Die Prüfung der Belange des Naturschutzes und der Landschaftspflege soll grundsätzlich nur noch auf der Stufe der Bauleitplanung erfolgen (vgl. BVerwG NuR 2001, 150; hierzu Uechtritz NuR 2001, 374 (375)). Die Verantwortung für den allgemeinen Schutz von Natur und Landschaft wird damit in einem wesentlichen Teilbereich den zur Bauleitplanung berufenen Gemeinden zugewiesen, die ihre dahingehende Aufgabe – dem Vernehmen nach – mittlerweile akzeptiert haben und ihr ungeachtet gelegentlicher Schwierigkeiten in einer weitgehend praxisgerechten Weise nachkommen (vgl. BT-Drs. 14/3652, 7). Ob sich hiermit allerdings ein messbarer Vorteil für den Schutz der Natur verbindet, konnte in empirischen Untersuchungen bislang nicht erwiesen werden (Rehbinder NuR 2001, 365). 3

B. Eingriffsregelung und Bauleitplanung

Wie bereits bemerkt vollzieht sich die Bewältigung der Eingriffsproblematik in der Bauleitplanung weitgehend nach Maßgabe der einschlägigen Vorschriften des BauGB. 4

I. Bewältigung der Eingriffsfolgen nach Maßgabe des BauGB

Nach § 18 Abs. 1 BNatSchG ist über die Vermeidung, den Ausgleich und den Ersatz nach den Vorschriften des BauGB zu entscheiden, wenn auf Grund der Aufstellung, Änderung, Ergänzung oder Aufhebung von **Bauleitplänen oder von Satzungen** nach § 34 Abs. 4 S. 1 Nr. 3 BauGB Eingriffe in Natur und Landschaft zu erwarten sind. Die hierin liegende Verweisung gilt für den Flächennutzungsplan (§§ 5-7 BauGB) als vorbereitenden Bauleitplan ebenso wie für den Bebauungsplan (§§ 8-10a BauGB), der die rechtsverbindlichen Festsetzungen für die Art und das Maß der baulichen Nutzung enthält. Hiervon umfasst werden auch der sachliche Teilflächennutzungsplan (§ 5 Abs. 2b BauGB), der vorhabenbezogene Bebauungsplan (§ 12 BauGB) und der einfache Bebauungsplan (§ 30 Abs. 3 BauGB). Angesprochen sind überdies die durch § 34 Abs. 4 S. 1 Nr. 3 BauGB ermöglichten Ergänzungssatzungen, die auf eine Einbeziehung einzelner, 5

dem bauplanungsrechtlichen Außenbereich zugehörender Flächen in die im Zusammenhang bebauten Ortsteile gerichtet sind (Gellermann in Schrödter BauGB 9. Aufl. 2019 § 1a Rn. 49).

6 Die Rechtsfolge des § 18 Abs. 1 BNatSchG wird aktiviert, wenn einer der vorbezeichneten Akte Eingriffe in Natur und Landschaft erwarten lässt. Hierfür ist nicht erforderlich, dass der Plan ein Eingriffsvorhaben zulässt, sondern genügend, wenn er **Eingriffe planerisch vorbereitet** (BVerwG NVwZ 2006, 821 Rn. 6). Bei der Aufstellung, Ergänzung und Änderung eines Flächennutzungsplans ist dies regelmäßig der Fall (Scheidler ZUR 2019, 145 (146); Louis, NuR 1998, 113 (117)). Bei der Aufstellung eines Bebauungsplans ist es jedenfalls dann zu erwarten, wenn der Plan erstmals eine bauliche oder sonstige Nutzung festsetzt, der Eingriffsqualität beizumessen ist (Battis in Battis/Krautzberger/Löhr BauGB § 1a Rn. 19) oder wenn die Festsetzung eine Intensivierung oder räumliche Erweiterung einer schon bislang möglichen Nutzung gestattet. Nichts anderes gilt aber auch, wenn ein Bebauungsplan bereits beplante oder zumindest auf Grundlage des § 34 BauGB bebaubare Flächen überplant. Der Vorstellung, solchen Plänen ermangele es bereits an der Eingriffsqualität, weil sie für die künftigen Eingriffe nicht kausal seien (vgl. nur *Blume,* NVwZ 1993, 941; *Klinge,* BauR 1995, 290 (293)), ist das BVerwG zu Recht entgegen getreten (BVerwG NVwZ 2001, 560 f. [noch zu § 8a BNatSchG a.F.]; *Uechtritz,* NuR 2001, 374 (376 f.)), weil nach der Überplanung allein der neue Bebauungsplan die Grundlage des zu erwartenden Eingriffs bildet. Nicht nur die Aufstellung, sondern auch die Aufhebung eines Bebauungsplans kommt als eingriffsvorbereitender Akt in Frage. Dies ist namentlich dann der Fall, wenn hierdurch eine bislang von der Bebauung freizuhaltende Fläche künftig einer baulichen Nutzung auf Grundlage des § 34 BauGB zugeführt werden kann (vgl. Krohn in Kolodziejcok/Endres/Krohn/Markus Kennzahl 0610 Rn. 19).

7 Mit der Verweisung auf die Vorschriften des BauGB wird klargestellt, dass die naturschutzrechtliche Eingriffsregelung im Verfahren der Bauleitplanung nicht anzuwenden ist. Werden Eingriffe in Natur und Landschaft durch Flächennutzungspläne, Bebauungspläne oder Ergänzungssatzungen vorbereitet, richten sich die Rechtsfolgen – auch wenn man dies für kritikwürdig erachten mag (*Fuchs* NuR 1997, 338 ff) – nicht nach dem Naturschutzrecht, sondern bestimmen sich einzig anhand der hierfür maßgeblichen Vorschriften des Baurechts (Beutling in Frenz/Müggenborg § 18 Rn. 8; Kerkmann in Schlacke § 18 Rn. 3). Auch wenn § 18 Abs. 1 BNatSchG einzig die Entscheidung über die Vermeidung, den Ausgleich und den Ersatz thematisiert, während die Untersagung keine Erwähnung findet, bedeutet dies dennoch nicht, dass die Verhinderung eines nicht oder nicht ausreichend kompensierbaren Eingriffs deswegen ausgeschlossen wäre, sondern nur, dass diese Entscheidung im Rahmen der allgemeinen bauleitplanerischen Abwägung zu treffen ist (*Koch* in Kerkmann Naturschutzrecht § 4 Rn. 84).

II. Integration der Eingriffsregelung in die Bauleitplanung – Überblick

8 Bei der Aufstellung der Bauleitpläne sind ausweislich des § 1 Abs. 6 Nr. 7 BauGB die Belange des Umweltschutzes einschließlich jener des Naturschutzes und der Landschaftspflege zu berücksichtigen, zu denen die Auswirkungen auf Tiere, Pflanzen, Fläche, Boden, Wasser, Luft, Klima und das zwischen ihnen bestehende Wirkungsgefüge sowie die Landschaft und die biologische Vielfalt zählen (§ 1 Abs. 6 Nr. 7 lit. a BauGB). Da diese Faktoren des Naturhaushaltes und des Landschaftsbildes entsprechend ihrem konkret gegebenem Gewicht in die planerischen Überlegungen einzubeziehen sind, hat sich die Gemeinde zunächst Rechenschaft darüber abzulegen, ob sich die planungsbedingte Beeinträchtigung dieser Belange und die mit der Überplanung des jeweiligen Gebietes ein-

hergehende Zurückstellung der **„Integritätsinteressen"** des Naturschutzes und der Landschaftspflege überhaupt durch hinreichend gewichtige städtebauliche Gründe rechtfertigen lässt (vgl. BVerwG KommJur 2021, 52 (53); OVG Münster BeckRS 2010, 46816; Gellermann in Schrödter BauGB 9. Aufl. 2019 § 1a Rn. 61; eingehend Wahlhäuser in Bischopink/Külpmann/Wahlhäuser Bebauungsplan Rn. 1059 ff.). Überdies hat sie das **Folgenbewältigungsprogramm** der städtebaulichen Eingriffsregelung abzuarbeiten, bestimmt § 1a Abs. 3 S. 1 BauGB doch ausdrücklich, dass die Vermeidung und der Ausgleich erheblicher Beeinträchtigungen des Landschaftsbildes sowie der Leistungs- und Funktionsfähigkeit des Naturhaushaltes in seinen in § 1 Abs. 6 Nr. 7 lit. a BauGB bezeichneten Bestandteilen (Eingriffsregelung nach dem Bundesnaturschutzgesetz) in der Abwägung zu berücksichtigen sind. Aus der sich mit dem Klammerzusatz verbindenden ausdrücklichen Inbezugnahme ist zu folgern, dass die Begrifflichkeiten des Naturschutzrechts – vorbehaltlich bauplanungsrechtlicher Modifikationen – weiterhin maßgeblich sind. Was unter einem **Eingriff** zu verstehen ist, bemisst sich daher anhand der Vorschrift des § 14 Abs. 1 BNatSchG (vgl. Scheidler ZUR 2019, 145; Schink NuR 2017, 585 (587)) und auch der Begriff der Vermeidung richtet sich nach § 15 Abs. 1 BNatSchG (Wahlhäuser in Bischopink/Külpmann/Wahlhäuser Bebauungsplan Rn. 1075). Ebenso ist die **Stufenfolge** zwischen der vorrangigen Vermeidung und dem nachrangigen Ausgleich aus dem Naturschutzrecht übernommen (Schink, DVBl. 1998, 609 (611)). Dagegen hat der **Ausgleichsbegriff** mit der in § 15 Abs. 2 S. 2 BNatSchG enthaltenen Legaldefinition nur noch wenig gemein, zumal er ausweislich des § 200a Abs. 1 BauGB auch die naturschutzrechtlich als Ersatzmaßnahmen zu begreifenden Kompensationen umfasst, deren räumlicher Zusammenhang zum Eingriffsort gelockert ist. Lediglich der funktionale Bezug zwischen Eingriff und Ausgleich muss auch weiterhin gewahrt bleiben (Gellermann in Schrödter BauGB 9. Aufl. 2019 § 1a Rn. 66; Louis, NuR 1998, 113 (120); Schubert Harmonisierung umweltrechtlicher Instrumente S. 150 ff.; wohl auch OVG Berlin-Bbg BeckRS 2023, 20832 Rn. 35). So besehen meint Ausgleich im Sinne des BauGB Maßnahmen des Naturschutzes, die auf eine funktional gleichwertige Kompensation der Eingriffsfolgen im Gemeindegebiet oder innerhalb der Region gerichtet sind.

Da die Eingriffsregelung dem Verfahren der Bauleitplanung nicht aufgesattelt, sondern 9
durch § 1a Abs. 3 S. 1 BauGB in den Prozess der Abwägung integriert wird, bilden Vermeidung und Ausgleich bei ihrer Anwendung in der Bauleitplanung keine strikt beachtlichen Gebote (Reidt in Bracher/Reidt/Schiller Bauplanungsrecht Rn. 11.308). Stattdessen hat die planende Gemeinde über diese der Wahrung der Interessen des Naturschutzes und der Landschaftspflege geltenden Aspekte **abwägend** zu entscheiden (vgl. nur BVerwG NVwZ 2008, 216 Rn. 6; ZfBR 2022, 68 Rn. 6; VGH München NVwZ-RR 2023, 134 Rn. 31; OVG Bremen BeckRS 2022, 37737 Rn. 54; VGH Mannheim BeckRS 2022, 15706 Rn. 77; NVwZ-RR 2022, 850 Rn. 80). In erster Linie ist dem Vermeidungsgebot die gebührende Aufmerksamkeit zu widmen. Dabei steht weder die **Vermeidung** der Planung noch eine Pflicht zur Prüfung von Standortalternativen zur Debatte, die sich ohnehin bereits aus dem Abwägungsgebot des § 1 Abs. 7 BauGB ergibt; vielmehr geht es einzig darum, die Details der planerischen Aussagen auf eine möglichst schonende Behandlung von Natur und Landschaft auszurichten (BVerwG KommJur 2021, 52 (53); Scheidler ZUR 2019, 145 (146)). Verbleiben trotz hinreichender Berücksichtigung der Vermeidungsmöglichkeiten eingriffsbedingte Beeinträchtigungen, hat die planende Gemeinde Möglichkeiten des **Ausgleichs** zu prüfen, soweit ein solcher nicht bereits aus Gründen des § 1a Abs. 3 S. 6 BauGB entbehrlich ist (hierzu Gellermann in Schrödter BauGB 9. Aufl. 2019 § 1a Rn. 74 ff.). Dabei steht ihr ein umfangreiches Arsenal von **Instrumenten** zu Gebote (hierzu VGH München NVwZ-RR 2023, 134 Rn. 31; Beutling in Frenz/Müggenborg § 18 Rn. 15). Namentlich kann sie Flächen zum Aus-

gleich im Flächennutzungsplan darstellen (§ 1a Abs. 3 S. 2 i.V.m. § 5 Abs. 2 Nr. 10 BauGB) sowie Flächen und Maßnahmen im Bebauungsplan festsetzen (§ 1a Abs. 3 S. 2 i.V.m. § 9 Abs. 1 Nr. 20, Abs. 1a BauGB); anstelle dessen können auch städtebauliche Verträge über die Durchführung des Ausgleichs abgeschlossen werden (§ 1a Abs. 3 S. 4 i.V.m. § 11 Abs. 1 Nr. 2 BauGB) oder sonstige geeignete Maßnahmen auf von der Gemeinde bereit gestellten Flächen getroffen werden (§ 1a Abs. 3 S. 4 BauGB; hierzu Gellermann in Schrödter BauGB 9. Aufl. 2019 § 1a Rn. 86 ff. m.w.N.), sofern deren Realisierung in einer den Festsetzungen vergleichbaren Weise gesichert ist (vgl. nur OVG Münster BeckRS 2017, 142212 Rn. 27; VGH München BeckRS 2021, 34493 Rn. 45; OVG Bremen BeckRS 2022, 37737 Rn. 65; kritisch Kuchler jurisPR-UmwR 1/2022 Anm. 2). Auf Möglichkeiten der räumlichen Entkoppelung verweist § 1a Abs. 3 S. 3 BauGB, der Darstellungen und Festsetzungen zum Ausgleich auch an anderer Stelle als am Ort des Eingriffs erlaubt; ergänzend hebt § 200a Abs. 1 S. 2 BauGB den unmittelbaren räumlichen Zusammenhang zwischen Eingriff und Ausgleich auf. Hinzuweisen ist überdies auf die Option der Aufstellung eines Eingriffs- und eines hiervon zu unterscheidenden Ausgleichsbebauungsplans (§ 9 Abs. 1a BauGB) sowie der nach wie vor bestehenden Möglichkeit des zweigeteilten Bebauungsplans (BVerwG NVwZ 1997, 1216 ff.; VGH München NVwZ-RR 2023, 134 Rn. 41; *Schink*, DVBl. 1998, 609 (613)). Selbst in zeitlicher Hinsicht kommt eine Entkoppelung in Frage („Öko-Konto"), die eine Umsetzung großflächiger und gebündelter Ausgleichsmaßnahmen erlaubt (vgl. hierzu Reidt in Bracher/Reidt/Schiller, Bauplanungsrecht Rn. 11.331).

10 Ist über Vermeidung und Ausgleich im Rahmen der planerischen **Abwägung** zu entscheiden, kommt der Frage nach dem Stellenwert dieser Elemente der naturschutzrechtlichen Eingriffsregelung entscheidende Bedeutung zu. Bereits mit Blick auf die vormals geltende Rechtslage (§§ 8a–c BNatSchG a.F.) hat sich das BVerwG zu der Auffassung bekannt, dass den Interessen des Naturschutzes und der Landschaftspflege auch im Hinblick auf die Vermeidung von Beeinträchtigungen und den Ausgleich unvermeidbarer Beeinträchtigungen kein abstrakter Vorrang vor anderen in der Bauleitplanung zu berücksichtigenden Belangen gebührt; ebenso sei die Rede von dem Optimierungsgebot falsch, zumindest aber missverständlich (BVerwG DVBl. 1997, 1112 (1113)). Stattdessen müssten sich die Belange des Naturschutzes und der Landschaftspflege mit den gegenläufigen Erfordernissen der städtebaulichen Entwicklung und Ordnung entsprechend ihrem in der konkreten Planungssituation zukommenden Gewicht messen lassen. Ob das Vermeidungs- und Ausgleichsgebot in der Bauleitplanung zum Tragen kommt, ist aber dennoch keineswegs der planerischen Beliebigkeit überantwortet. Vielmehr folgert das BVerwG aus der verfassungsrechtlichen Wertung des Art. 20a GG, dem spezifischen, sowohl bauplanerisch als auch naturschutzrechtlich ausgerichteten Modell der Konfliktbewältigung und nicht zuletzt aus dem Umstand der hierdurch erfolgenden Konkretisierung des nunmehr in § 1 Abs. 5 S. 2 BauGB niedergelegten Leitprinzips des Schutzes der natürlichen Lebensgrundlagen, dass die Belange des Naturschutzes und der Landschaftspflege „in der **Abwägung mit erheblichem Gewicht zu Buche schlagen**". Ihre Zurückstellung komme folglich nur zugunsten entsprechend gewichtiger anderer Belange in Betracht, was nach einer besonderen Rechtfertigung verlange (BVerwG DVBl. 1997, 1112 (1115)). Diese noch zur Regelung des § 8a BNatSchG a.F (Investitionserleichterungs- und Wohnbaulandgesetz) ergangene Rechtsprechung, die die naturschutzrechtliche Eingriffsregelung in der Bauleitplanung zumindest der Sache nach in die Nähe eines Optimierungsgebotes rückt (Garbe ZUR 1997, 309 (311); Schink, DVBl. 1998, 609 (612)), hat ungeachtet der zwischenzeitlichen Rechtsänderungen an Aktualität nichts eingebüßt (vgl. nur VGH München BeckRS 2022, 18972 Rn. 25; VGH Mannheim BeckRS 2022, 15706 Rn. 78), zumal der Gesetzgeber den rechtlichen Stellenwert, über den die Eingriffsrege-

lung in der Bauleitplanung verfügt, durch § 1a BauGB nicht zu ändern beabsichtigte. Insoweit kann im Rahmen einer Eingriffe antezipierenden Bauleitplanung keineswegs umstandslos von Vermeidungs- oder Kompensationsmaßnahmen abgesehen werden. Stattdessen will § 1a Abs. 3 S. 1 BauGB Maßnahmen zur Vermeidung von Beeinträchtigungen und zum Ausgleich unvermeidbarer Beeinträchtigungen planerisch ausgewiesen wissen, soweit solche Maßnahmen möglich sind und namentlich mit Blick auf die mit der Planung verfolgten städtebaulichen Ziele, aber auch im Hinblick auf anderweitige Belange keine unverhältnismäßigen Opfer erfordern; Ausgleichsdefizite sind allenfalls in begrenztem Umfang hinnehmbar und verlangen nach einer besonderen Rechtfertigung (vgl. BVerwG NVwZ 2008, 216 f. Rn. 6; OVG Koblenz BeckRS 2013, 51201). Zieht man ins Kalkül, dass die Regelungen des BauGB ein hohes Maß an Flexibilität bei der Festlegung von Ausgleichsmaßnahmen eröffnen und den Gemeinden vielfältige Möglichkeiten bieten, einem festgestellten Ausgleichsbedarf zu entsprechen, dürfte es zunehmend schwerer fallen, beachtliche **Ausgleichsdefizite** zu rechtfertigen (Krohn in Kolodziejcok/Endres/Krohn/Markus, Kennzahl 0610 Rn. 33; Wahlhäuser in Bischopink/Külpmann/Wahlhäuser Bebauungsplan Rn. 1081; Schink NuR 2016, 441 (450); Scheidler ZUR 2019, 145 (148). Die Hinnahme eines Ausgleichsdefizits kann allenfalls abwägungsgerecht sein, wenn es hinreichend gewichtige Gründe dafür gibt, in Ansehung der Gegebenheiten des jeweiligen Planungsfalles und der ihn prägenden Umstände von einem vollständigen Ausgleich abzusehen. Ausgleichsdefizite, die auf fachlichen Unzulänglichkeiten eines an sich vertretbaren Bewertungsverfahrens beruhen, wurden in der Rechtsprechung lediglich dann für hinnehmbar erachtet, wenn sie in einem Bereich von deutlich weniger als 10 % verbleiben (BVerwG ZfBR 2008, 180; OVG Koblenz BeckRS 2013, 51201.

C. Eingriffsregelung bei der Zulassung von Vorhaben

Wird die Eingriffsregelung bereits auf der Ebene der Bauleitplanung abgearbeitet, kann 11
von ihrer Anwendung auf der nachfolgenden Ebene der Zulassung baulicher Vorhaben abgesehen werden. In zwar nicht vollständiger, wohl aber weitgehender Übereinstimmung mit diesem Grundgedanken bestimmt § 18 Abs. 2 BNatSchG zunächst Fälle, in denen die naturschutzrechtliche Eingriffsregelung (§§ 14-17 BNatSchG) im Rahmen der Zulassung baurechtlich geregelter Vorhaben keine Anwendung findet und bezeichnet zugleich weitere Fälle, in denen die Vorschriften über die Eingriffsregelung unberührt bleiben.

Auch wenn § 18 Abs. 2 BNatSchG dies nicht ausdrücklich bestimmt, ergibt sich doch 12
aus der Entstehungsgeschichte, dem systematischen Zusammenhang und der auf eine Harmonisierung von Bau- und Naturschutzrecht abzielenden Regelungsintention des Gesetzgebers (BT-Drs. 12/4317, 3), dass sich die Vorschrift auf **Vorhaben i.S.d. § 29 Abs. 1 BauGB** bezieht (VG Koblenz NuR 2022, 509; Fischer-Hüftle in Schumacher/Fischer-Hüftle § 18 Rn. 49; Kerkmann in Schlacke § 18 Rn. 18a; Schrader in BeckOK UmwR § 18 Rn. 29). Dabei handelt es sich um die Errichtung, Änderung oder Nutzungsänderung baulicher Anlagen, Aufschüttungen und Abgrabungen größeren Umfangs sowie Ausschachtungen und Ablagerungen einschließlich Lagerstätten. Hiervon umfasst ist zugleich die zur Realisierung solcher Vorhaben erforderliche Baufeldfreimachung (Fischer-Hüftle in Schumacher/Fischer-Hüftle § 18 Rn. 49; a.A. VG München BeckRS 2012, 51288), nicht aber etwaige Rodungen, Baumfällungen oder sonstige Eingriffe in Natur und Landschaft, die in keinem Zusammenhang mit einem konkreten bauplanungs-

rechtlichen Vorhaben stehen (VG Koblenz NuR 2022, 509 (510); a.A. Kerkmann in Schlacke § 18 Rn. 18b).

I. Vorhaben in Gebieten mit Bebauungsplänen, während der Planaufstellung und im unbeplanten Innenbereich

13 Es liegt in der Konsequenz der Abarbeitung des naturschutzrechtlichen Folgenbewältigungsprogramms auf bauleitplanerischer Ebene begründet, wenn § 18 Abs. 2 S. 1 BNatSchG vorsieht, dass die in §§ 14–17 BNatSchG normierte naturschutzrechtliche Eingriffsregelung auf Vorhaben in Gebieten mit **Bebauungsplänen i.S.d. § 30 BauGB** keine Anwendung findet. Dabei spielt es keine Rolle, ob es sich um einen qualifizierten Bebauungsplan im Sinne des § 30 Abs. 1 BauGB oder einen vorhabenbezogenen Bebauungsplan i.S.d. § 30 Abs. 2 BauGB handelt. Selbst Vorhaben, die nur unter Inanspruchnahme einer Befreiung nach § 31 Abs. 2 BauGB zugelassen werden können, haben sich der naturschutzrechtlichen Eingriffsregelung nicht zu fügen, zumal auch sie auf der Grundlage des Bebauungsplans ergehen (Fischer-Hüftle in Schumacher/Fischer-Hüftle § 18 Rn. 50; Louis/Engelke, § 8a Rn. 113; Meßerschmidt § 18 Rn. 48). Ebenso wenig sind die §§ 14–17 BNatSchG auf Vorhaben anzuwenden, die in Gebieten während der **Planaufstellung** nach § 33 BauGB zugelassen werden. Da deren Zulassung die Planreife voraussetzt, wird die Genehmigung nur erteilt, wenn über die Zulässigkeit des Vorhabens und seine Rechtsfolgen auch unter den Gesichtspunkten des Naturschutzes und der Landschaftspflege bereits befunden wurde (vgl. Louis/Engelke, § 8a Rn. 114).

14 Nach § 18 Abs. 2 S. 1 BNatSchG unterliegen überdies **Vorhaben im Innenbereich** nach § 34 BauGB nicht der naturschutzrechtlichen Eingriffsregelung. Das ist konsequent für Vorhaben auf ehemaligen Außenbereichsflächen, die durch eine Ergänzungssatzung (§ 34 Abs. 4 S. 1 Nr. 3 BauGB) in den Innenbereich einbezogen wurden. Denn auch solche **Satzungen** unterliegen ausweislich des § 34 Abs. 4 S. 5 BauGB den entsprechend anzuwendenden Vorschriften der §§ 1a Abs. 3, 9 Abs. 1a BauGB. Handelt es sich hierbei noch um eine Folge der Bearbeitung der Eingriffsproblematik auf vorgelagerter Ebene, fällt sie bei sonstigen Innenbereichsvorhaben, die sehr wohl Eingriffsqualität besitzen können (BVerwG NuR 2001, 150 (151)), schlichtweg aus. Mag die naturschutzrechtliche Eingriffsregelung kraft der insoweit eindeutigen Anordnung des § 18 Abs. 2 S. 1 BNatSchG auch auf solche Vorhaben keine Anwendung finden, bedeutet dies dennoch nicht, dass die Belange des Naturschutzes und der Landschaftspflege bei ihrer Zulassung unbeachtlich wären. Einmal abgesehen davon, dass der durch § 18 Abs. 2 S. 1 BNatSchG bewirkte Ausschluss der Eingriffsregelung die Geltung anderer naturschutzrechtlicher Vorschriften (z.B. Schutzanordnungen, gesetzlicher Biotopschutz, besonderer Artenschutz) unberührt lässt (Fischer-Hüftle in Schumacher/Fischer-Hüftle § 18 Rn. 50; Louis/Engelke, § 8a Rn. 118), bieten die Merkmale des § 34 BauGB („Einfügen in die Eigenart der näheren Umgebung"; „Nichtbeeinträchtigung des Ortsbildes") hinreichenden Raum, um Gesichtspunkten des Naturschutzes und der Landschaftspflege Rechnung zu tragen (BT-Drs. 12/3944, 26; Krohn in Kolodziejcok/Endres/Krohn/Markus Kennzahl 0610 Rn. 58; Scheidler ZfBR 2011, 228 (229)). Namentlich können Naturschutzbelange im Rahmen der Prüfung der **Merkmale des Einfügens** in die Eigenart der näheren Umgebung (§ 34 Abs. 1 S. 1 BauGB) und der Beeinträchtigung des Ortsbildes (§ 34 Abs. 1 S. 2 BauGB) Bedeutung gewinnen (Kerkmann in Schlacke § 18 Rn. 21a; Marzik/Wilrich § 21 Rn. 58).

II. Vorhaben im Außenbereich und planfeststellungsersetzende Bebauungspläne

Nach § 18 Abs. 2 S. 2 BNatSchG bleibt die Geltung der Vorschriften über die Eingriffsregelung für Vorhaben im **Außenbereich** nach § 35 BauGB und für Bebauungspläne, die eine **Planfeststellung ersetzen**, unberührt (OVG Koblenz NVwZ-RR 2012, 591 (592); VGH München NuR 2015, 280 (281)). Damit unterliegen diese Vorhaben vollen Umfangs den sich aus §§ 14-17 BNatSchG ergebenden Anforderungen. Dies ist mit Blick auf Vorhaben im baulichen Außenbereich folgerichtig, zumal ihnen keine verbindliche Planung vorausgeht, in der die Eingriffsproblematik abgearbeitet würde. Bei den planfeststellungsersetzenden Bebauungsplänen findet eine abschließende Entscheidung über das jeweilige Vorhaben statt, so dass – schon im Interesse der Vermeidung von Umgehungsmöglichkeiten – ebenso wie bei entsprechenden Planfeststellungen eine vollumfängliche Anwendung der Eingriffsregelung des Landesrechts geboten ist. 15

D. Beteiligung der Naturschutzbehörden

Über die Beteiligung der Naturschutzbehörden an Entscheidungen über baurechtlich geregelte Vorhaben verhält sich die Bestimmung des § 18 Abs. 3 BNatSchG, die in den von ihr geregelten Fällen die Art der Beteiligung abschließend festlegt. Entscheidungen über privilegierte und begünstigte Vorhaben im Außenbereich (§ 35 Abs. 1, 4 BauGB) ergehen nach § 18 Abs. 3 S. 1 BNatSchG im Benehmen mit den für Naturschutz und Landschaftspflege zuständigen Behörden. Das **Benehmen** als schwächste Beteiligungsform bedeutet, dass der Naturschutzbehörde im Verfahren Gelegenheit zur Stellungnahme eingeräumt wird, mit der sich die Genehmigungsbehörde befassen muss, an die sie aber nicht gebunden ist (→ § 17 Rn. 7). Hinsichtlich sonstiger Vorhaben im Außenbereich (§ 35 Abs. 2 BNatSchG) enthält sich § 18 Abs. 3 S. 1 BNatSchG jeder Aussage; insoweit hat es mit der sich in den Bahnen des § 17 BNatSchG vollziehenden Beteiligung sein Bewenden (ebenso Fischer-Hüftle in Schumacher/Fischer-Hüftle § 18 Rn. 54). 16

Das Benehmen ist nach § 18 Abs. 3 S. 1 BNatSchG überdies bei Entscheidungen über die Errichtung baulicher Anlagen nach § 34 BauGB herzustellen, während eine Beteiligung der Naturschutzbehörden in Fällen, in denen etwa über Änderungen oder den Abbruch einer entsprechenden baulichen Anlage befunden wird, nicht vorgesehen ist. Dass es in den Fällen des § 34 BauGB überhaupt der Einholung einer Stellungnahme bedarf, ist insoweit irritierend, als die Eingriffsregelung nach § 18 Abs. 2 S. 1 BNatSchG auf Vorhaben im **baulichen Innenbereich** keine Anwendung findet. Wenn der Gesetzgeber dennoch die Herstellung des Benehmens vorsieht, ist dies dem Umstand geschuldet, dass er die Belange des Naturschutzes und der Landschaftspflege möglichst optimal in die Entscheidung im Rahmen des § 34 BauGB eingebracht wissen will (so die von Krohn in Kolodziejcok/Endres/Krohn/Markus Kennzahl 0610 Rn. 61 gelieferte Erklärung). 17

Gibt die Naturschutzbehörde ihre Stellungnahme in den Fällen des § 34 BauGB nicht binnen einer Monatsfrist ab, kann die zur Entscheidung berufenene Behörde nach § 18 Abs. 3 S. 2 BNatSchG davon ausgehen, dass Belange des Naturschutzes von dem Vorhaben nicht berührt werden. Sie wird damit von der Aufgabe zur weiteren Nachforschung entbunden, darf aber einschlägige und ihr verfügbare Erkenntnisse über etwaige Beeinträchtigungen nicht ignorieren (Krohn in Kolodziejcok/Endres/Krohn/Markus Kenzahl 0610 Rn. 63 m.w.N.). Die zur Entscheidung über das Vorhaben berufene Behörde wird 18

mithin lediglich vor einer ihr nicht zumutbaren naturschutzfachlichen Überforderung bewahrt.

19 § 18 Abs. 3 S. 3 BNatSchG bezeichnet die Fälle, in denen die Herstellung des Benehmens mit der Naturschutzbehörde nicht erforderlich ist. Dies gilt für Vorhaben in Gebieten mit Bebauungsplänen nach § 30 BauGB und während der Planaufstellung, soweit das Vorhaben auf der Grundlage des § 33 BauGB zugelassen wird, schließlich in Gebieten mit Satzungen nach § 34 Abs. 4 S. 1 Nr. 3 BauGB. Da in diesen Fällen die Eingriffsproblematik auf der Ebene der Bauleitplanung bzw. des Satzungserlasses bereits unter Beteiligung der Naturschutzbehörde (§ 4 Abs. 2 BauGB) abgearbeitet wurde, besteht im nachfolgenden Zulassungsverfahren wenig Anlass zur nochmaligen Einholung einer Stellungnahme der für Naturschutz und Landschaftspflege zuständigen Behörde (kritisch dagegen Kerkmann in Schlacke § 18 Rn. 24).

E. Biodiversitätsschäden bei Vorhaben nach § 34 BauGB

20 § 18 Abs. 4 BNatSchG entspricht im Wesentlichen der vormaligen Bestimmung des § 21 Abs. 4 BNatSchG a.F., die durch Art. 3 Nr. 3 des Gesetzes zur Umsetzung der Richtlinie des Europäischen Parlaments und des Rates über die Umwelthaftung zur Vermeidung und Sanierung von Umweltschäden vom 10. 5. 2007 (BGBl. I 666) in das Bundesnaturschutzgesetz eingefügt wurde. Die Vorschrift steht in engem **Zusammenhang mit § 19 Abs. 1 BNatSchG**, der in seinem zweiten Satz klarstellt, dass nachteilige Auswirkungen auf die Erreichung oder Beibehaltung des günstigen Erhaltungszustandes natürlicher Lebensräume oder geschützter Arten u.a. dann keinen Biodiversitätsschaden darstellen, wenn sie von der zuständigen Behörde in Anwendung der naturschutzrechtlichen Eingriffsregelung (§ 15 BNatSchG) zugelassen wurden. Da die Eingriffsregelung auf Vorhaben nach § 34 BauGB nicht anzuwenden ist, sehen sich deren Träger dem Risiko einer Sanierungsverantwortlichkeit konfrontiert (§ 6 USchadG i.V.m. § 19 Abs. 4 BNatSchG), wenn sich mit ihrem Vorhaben die Möglichkeit eines Biodiversitätsschadens verbindet. Dem will § 18 Abs. 4 BNatSchG abhelfen, indem er den Vorhabenträgern im Hinblick auf die Anwendung der naturschutzrechtlichen Eingriffsregelung ein **Wahlrecht** einräumt.

21 Ergeben sich bei Vorhaben nach § 34 BNatSchG im Rahmen der aus Gründen des § 18 Abs. 3 BNatSchG erforderlichen Herstellung des Benehmens mit der Naturschutzbehörde Anhaltspunkte dafür, dass das Vorhaben einen Biodiversitätsschaden hervorrufen kann, ist dies dem Vorhabenträger nach § 18 Abs. 4 S. 1 BNatSchG mitzuteilen. Soweit er darauf anträgt, trifft die Genehmigungsbehörde nach § 18 Abs. 4 S. 2 BNatSchG im Benehmen mit der Naturschutzbehörde die Entscheidungen über die sich in Anwendung des § 15 BNatSchG ergebenden Eingriffsfolgen, dies freilich nur, soweit sie der Vermeidung, dem Ausgleich oder Ersatz von Schädigungen im Sinne des § 19 Abs. 1 S. 1 BNatSchG dienen. Der Antrag des Vorhabenträgers hat daher keineswegs zur Folge, dass die sich mit seinem Vorhaben verbindenden Beeinträchtigungen von Natur und Landschaft vollen Umfangs kompensiert werden; vielmehr werden ihm nur solche Leistungen abverlangt, derer es zur Bewältigung des möglich erscheinenden Biodiversitätsschadens bedarf. In diesem Fall gilt § 19 Abs. 1 S. 2 BNatSchG (zur Reichweite der Legalisierungswirkung → § 19 Rn. 31 ff.). Stellt der Vorhabenträger dagegen keinen entsprechenden Antrag, verbleibt es – wie klarstellend in § 18 Abs. 4 S. 3 BNatSchG betont wird – bei der in § 19 Abs. 2 S. 1 BNatSchG getroffenen Regelung.

§ 19 Schäden an bestimmten Arten und natürlichen Lebensräumen

(1) Eine Schädigung von Arten und natürlichen Lebensräumen im Sinne des Umweltschadensgesetzes ist jeder Schaden, der erhebliche nachteilige Auswirkungen auf die Erreichung oder Beibehaltung des günstigen Erhaltungszustands dieser Lebensräume oder Arten hat. Abweichend von Satz 1 liegt keine Schädigung vor bei zuvor ermittelten nachteiligen Auswirkungen von Tätigkeiten einer verantwortlichen Person, die von der zuständigen Behörde nach den §§ 34, 35, 45 Absatz 7 oder § 67 Absatz 2 oder, wenn eine solche Prüfung nicht erforderlich ist, nach § 15 oder auf Grund der Aufstellung eines Bebauungsplans nach § 30 oder § 33 des Baugesetzbuches genehmigt wurden oder zulässig sind.

(2) Arten im Sinne des Absatzes 1 sind die Arten, die in

1. Artikel 4 Absatz 2 oder Anhang I der Richtlinie 2009/147/EG oder
2. den Anhängen II und IV der Richtlinie 92/43/EWG

aufgeführt sind.

(3) Natürliche Lebensräume im Sinne des Absatzes 1 sind die

1. Lebensräume der Arten, die in Artikel 4 Absatz 2 oder Anhang I der Richtlinie 2009/147/EG oder in Anhang II der Richtlinie 92/43/EWG aufgeführt sind,
2. natürlichen Lebensraumtypen von gemeinschaftlichem Interesse sowie
3. Fortpflanzungs- und Ruhestätten der in Anhang IV der Richtlinie 92/43/EWG aufgeführten Arten.

(4) Hat eine verantwortliche Person nach dem Umweltschadensgesetz eine Schädigung geschützter Arten oder natürlicher Lebensräume verursacht, so trifft sie die erforderlichen Sanierungsmaßnahmen gemäß Anhang II Nummer 1 der Richtlinie 2004/35/EG.

(5) Ob Auswirkungen nach Absatz 1 erheblich sind, ist mit Bezug auf den Ausgangszustand unter Berücksichtigung der Kriterien des Anhangs I der Richtlinie 2004/35/EG zu ermitteln. Eine erhebliche Schädigung liegt dabei in der Regel nicht vor bei

1. nachteiligen Abweichungen, die geringer sind als die natürlichen Fluktuationen, die für den betreffenden Lebensraum oder die betreffende Art als normal gelten,
2. nachteiligen Abweichungen, die auf natürliche Ursachen zurückzuführen sind oder aber auf eine äußere Einwirkung im Zusammenhang mit der normalen Bewirtschaftung der betreffenden Gebiete, die den Aufzeichnungen über den Lebensraum oder den Dokumenten über die Erhaltungsziele oder der früheren Bewirtschaftungsweise der jeweiligen Eigentümer oder Betreiber entspricht,
3. einer Schädigung von Arten oder Lebensräumen, die sich nachweislich ohne äußere Einwirkung in kurzer Zeit so weit regenerieren werden, dass entweder der Ausgangszustand erreicht wird oder aber allein auf Grund der Dynamik der betreffenden Art oder des Lebensraums ein Zustand erreicht wird, der im Vergleich zum Ausgangszustand als gleichwertig oder besser zu bewerten ist.

Schrifttum: *Becker,* Das neue Umweltschadensgesetz und das Artikelgesetz zur Umsetzung der Richtlinie über die Umwelthaftung zur Vermeidung und Sanierung von Umweltschäden, NVwZ 2007, 1105 ff.; *Beckmann/Wittmann*, Rechtsschutz für Verantwortliche bei Umweltschäden im Sinne des Umweltschadensgesetzes, DVBl. 2008, 1287 ff.; *Bruns/Kieß/Peters*, Anforderungen an die Erfassung, Bewertung und Sanierung von Biodiversitätsschäden nach dem Umweltschadensgesetz, NuR 2009, 149 ff.; *Cosack/Enders,* Das Umweltschadensgesetz im System des Umweltrechts, DVBl. 2008,

405 ff.; *Duikers*, EG-Umwelthaftungs-Richtlinie und deutsches Recht, NuR 2006, 623 ff.; *Führ/Lewin/Roller*, EG-Umwelthaftungs-Richtlinie und Biodiversität, NuR 2006, 67 ff.; *Gassner*, Zur Aktualisierung der UVP durch die Umwelthaftungs-Richtlinie, UPR 2007, 292 ff.; *Gellermann*, Umweltschaden und Biodiversität, NVwZ 2008, 828 ff.; *Kieß*, Die Sanierung von Biodiversitätsschäden nach der europäischen Umwelthaftungsrichtlinie, 2008; *Knopp/Lohmann/Schumacher*, Das Umweltschadensgesetz in der Rechtsprechungspraxis, NuR 2017, 741 ff.; *Louis*, Die Haftung für Umweltschäden an Arten und natürlichen Lebensräumen, NuR 2009, 2 ff.; *Mittelstein*, Die berufliche Tätigkeit im Umweltschadensrecht, NVwZ 2021, 455 ff.; *ders./Gottberg*, Die Erheblichkeit von Schäden an der Biodiversität, NuR 2020, 690 ff.; *Niederstadt/Schumacher*, Umweltschaden durch Offshore-Windkraftanlagen – Offene Fragen im Umwelthaftungsrecht, NuR 2023, 649 ff.; *Otto*, Die Auswirkungen des Umweltschadensrechts auf die Bebauungsplanung und das Baugenehmigungsverfahren, ZfBR 2009, 330 ff.;

Übersicht

A. Allgemeines

1 Mit Art. 3 des Gesetzes zur Umsetzung der Richtlinie des Europäischen Parlaments und des Rates über die Umwelthaftung zur Vermeidung und Sanierung von Umweltschäden vom 10.5.2007 (BGBl I 666) fügte der Gesetzgeber den seit dem 14.11.2007 in Kraft befindlichen § 21a BNatSchG a.F. in das Bundesnaturschutzrecht (2002) ein. Der Normtext dieser auf eine Ergänzung des Gesetzes über die Vermeidung und Sanierung von Umweltschäden (Umweltschadensgesetz - USchadG) angelegten Bestimmung wurde im Zuge der Novelle (2010) weitgehend unverändert in den § 19 BNatSchG übernommen. In Wegfall geriet lediglich der Absatz 6 des § 21a BNatSchG a.F., der sich über die Geltung dieser Regelung in den Meeresbereichen der AWZ und des Festlandsockels sowie die dortigen behördlichen Zuständigkeiten verhielt. Auf diese Vorschrift konnte der allgemeinen Erstreckungsklausel (§ 56 Abs. 1 BNatSchG) sowie der Zuständigkeitsbestimmung des § 58 Abs. 1 BNatSchG wegen verzichtet werden.

I. Das Umweltschadensgesetz

Als auf Umsetzung der Richtlinie 2004/35/EG über die Umwelthaftung zur Vermeidung und Sanierung von Umweltschäden (Umwelthaftungsrichtlinie – UHRL, ABl. EU 2004 L 143, 56; hierzu Becker NVwZ 2005, 371 ff.; Duikers, NuR 2006, 623 ff.; Führ/Lewin/Roller, NuR 2006, 67 ff.; Knopp, UPR 2005, 361 ff.; Palme/Schumacher/Schlee, EurUP 2004, 204 ff.) gerichtetes Regelwerk etabliert das Umweltschadensgesetz einen auf fachrechtliche Ergänzung angelegten Ordnungsrahmen, mit dem eine **öffentlich-rechtliche Verantwortlichkeit** des Verursachers für die Vermeidung und Sanierung von Schäden an bestimmten Umweltgütern eingeführt wird (Cuypers in Frenz/Müggenborg § 19 Rn. 3). Nicht anders als das unionsrechtliche Vorbild dient das Umweltschadensgesetz der Durchsetzung des **Verursacherprinzips** und will auf diesem Wege die Verantwortlichen veranlassen, Maßnahmen und Praktiken zu entwickeln, mit denen die Gefahr von Umweltschäden gemindert und das Risiko einer Inanspruchnahme reduziert wird (nachdrücklich die Präventivwirkung betonend Heugel AUR 2007 Beil. I, 34). 2

1. Zentrale Regelungen im Überblick. Das Gesetz gilt für Schädigungen geschützter Arten und natürlicher Lebensräume (§ 2 Nr. 1 lit. a USchadG i.V.m. § 19 BNatSchG – **„Biodiversitätsschäden"**), die Schädigung von Gewässern (§ 2 Nr. 1 lit. b USchadG i.V.m. § 90 Abs. 1 WHG) sowie Schädigungen des Bodens, mit denen sich Gefahren für die menschliche Gesundheit verbinden (§ 2 Nr. 1 lit. c USchadG i.V.m. § 2 Abs. 2 BBodSchG), und die unmittelbare Gefahr solcher Schädigungen. Es kommt zum Tragen, wenn ein Umweltschaden oder die unmittelbare Gefahr seines Eintritts durch eine der in Anlage 1 des Gesetzes aufgeführten beruflichen Tätigkeiten verursacht wird, ohne dass es auf ein Verschulden des Verantwortlichen ankäme; es gilt überdies, wenn Schädigungen von Arten oder natürlichen Lebensräumen im Sinne des § 19 Abs. 2, 3 BNatSchG oder die unmittelbare Gefahr eines solchen Schadens durch andere berufliche Tätigkeiten (z.B. Land-, Forst-, Fischereiwirtschaft) hervorgerufen werden, sofern den hierfür Verantwortlichen der Vorwurf vorsätzlichen oder fahrlässigen Handelns trifft (zum Begriff des Verantwortlichen → Rn. 35 ff.; Louis NuR 2009, 2 ff.). 3

In Übereinstimmung mit der auf Vermeidung von Umweltschäden gerichteten Zielsetzung der Richtlinie werden dem Verantwortlichen in erster Linie Informations- und Gefahrenabwehrpflichten auferlegt (§§ 4, 5 USchadG), während er durch § 6 USchadG im Falle eines eingetretenen Umweltschadens zur Vornahme der erforderlichen Schadensbegrenzungs- und Sanierungsmaßnahmen gemäß § 8 USchadG verpflichtet wird. Nach Absatz 1 dieser Vorschrift hat er die erforderlichen Sanierungsmaßnahmen nach Maßgabe der fachrechtlichen Vorschriften zu ermitteln und der zuständigen Behörde zur Zustimmung vorzulegen, die den von einem Umweltschaden Betroffenen sowie den anerkannten Umweltvereinigungen Gelegenheit zur Mitwirkung bietet (§ 8 Abs. 4 USchadG). Die Überwachung der Erfüllung der Pflichten des Verantwortlichen obliegt den nach Landesrecht zuständigen Behörden, denen § 7 Abs. 2 USchadG die notwendige Ermächtigungsgrundlage verschafft, um den Pflichtigen zur Vornahme der erforderlichen Maßnahmen anzuhalten. Zur Durchsetzung der Sanierungspflicht trägt bei, dass die Behörde von Betroffenen oder einer anerkannten Umweltvereinigung zum Tätigwerden aufgefordert werden kann (§ 10 USchadG). Im Übrigen können behördliche Entscheidungen nach dem Umweltschadensgesetz sowie deren Unterlassung den Gegenstand einer Umweltverbandsklage bilden (§ 11 Abs. 2 USchadG i.V.m. § 1 Abs. 1 S. 1 Nr. 3, S. 2 UmwRG, hierzu Bunge UmwRG 2. Aufl. 2019 § 1 Rn. 110 ff.; ders. In Schumacher/Fischer-Hüftle § 1 UmwRG Rn. 30 ff.). Weitere gesetzliche Bestimmungen betreffen die 4

Kosten der Vermeidungs- und Sanierungsmaßnahmen (§ 9 USchadG), die Zusammenarbeit mit den Mitgliedstaaten der Europäischen Union (§ 12 USchadG) sowie Übergangsvorschriften (§ 14 USchadG).

5 **2. Zeitliche Begrenzung des Anwendungsbereichs.** § 13 USchadG begrenzt den Anwendungsbereich des Gesetzes in zeitlicher Hinsicht. In Übereinstimmung mit der Regelungsvorgabe des Art. 17 UHRL stellt die Vorschrift in ihrem ersten Absatz klar, dass dieses Gesetz nicht für Schäden gilt, die durch Emissionen, Ereignisse oder Vorfälle verursacht wurden, die vor dem 30.4.2017 stattgefunden haben, oder die auf eine bestimmte Tätigkeit zurückzuführen sind, die bereits vor diesem Datum beendet worden ist. Das Umweltschadensgesetz gilt daher zunächst für auf Emissionen, Ereignisse oder Vorfälle rückführbare Schäden, die auf Tätigkeiten beruhen, die nach dem 30.4.2017 stattfanden (Cuypers in Frenz/Müggenborg § 19 Rn. 7); dasselbe gilt für Tätigkeiten, die bereits vor diesem Datum stattfanden, wenn dieselben auch hernach noch unverändert fortgesetzt worden sind (BVerwG NVwZ 2022, 1628 Rn. 15; ferner EuGH NVwZ 2017, 1614 Rn. 22 zu Art. 17 UHRL). Nach § 13 Abs. 2 USchadG gilt das Gesetz zudem nicht für Schäden, die vor mehr als 30 Jahren verursacht worden sind, wenn in dieser Zeit keine Behörde Maßnahmen gegen den Verantwortlichen ergriffen hat. Die Bestimmung dient der Schaffung von Rechtssicherheit und schließt eine Ewigkeitshaftung aus (Petersen USchadG 2013 § 13 Rn. 11).

6 **3. Subsidiarität.** In sachlicher Hinsicht regelt § 1 USchadG den Anwendungsbereich des Gesetzes. Während § 1 S. 2 USchadG zum Ausdruck bringt, dass das Umweltschadensgesetz weitergehende Regelungen unberührt lässt (BT-Drs. 16/3806, 13 f.), ergibt sich aus Satz 1 der Bestimmung, dass der Anwendungsbereich des Gesetzes nur eröffnet ist, wenn Rechtsvorschriften des Bundes und der Länder die Vermeidung und Sanierung von Umweltschäden nicht näher bestimmen oder in ihren Anforderungen diesem Gesetz nicht entsprechen. Die Vorschriften des Umweltschadensgesetzes beanspruchen daher eine nur subsidiäre Geltung (Meßerschmidt § 19 Rn. 12; Schrader in BeckOK UmwR § 19 Rn. 9; Schumacher in Schumacher/Fischer-Hüftle § 19 Rn. 11). Sie etablieren in Umsetzung der Umwelthaftungsrichtlinie – vergleichbar der Bestimmung des § 4 UVPG (BT-Drs. 16/3806, 19) – einen stets einzuhaltenden **Mindeststandard** und sind anzuwenden, wenn einschlägige Regelungen des Fachrechts hinter den „stammgesetzlichen Vorgaben des Umweltschadensgesetzes" zurückbleiben (Cosack/Enders DVBl. 2007, 405 (407); Müggenborg NVwZ 2009, 12 (17).

7 Bundes- oder landesrechtliche Vorschriften übertreffen den Mindeststandard des Umweltschadensgesetzes, wenn sie **weitergehende Anforderungen** enthalten. Dies gilt für Vorschriften, die über einen sachlich weiteren Anwendungsbereich verfügen oder inhaltlich strengere Anforderungen stellen (Petersen USchadG § 1 Rn. 17; ders. NuR 2014, 525 (527); ebenso Beckmann/Wittmann → USchadG § 1 Rn. 5) und beurteilt sich anhand einer generalisierenden Gesamtschau, bei der sowohl die tatbestandlichen Voraussetzungen als auch die im jeweiligen Normprogramm vorgesehenen Rechtsfolgen ausschlaggebend sein können (BVerwG NVwZ 2021, 1630 Rn. 50 f.; NVwZ 2022, 1628 Rn. 16). Auf die Haftung nach dem Bundes-Bodenschutzgesetz trifft dies fraglos zu (Cuypers in Frenz/Müggenborg § 19 Rn. 9) und soll nach den Erkenntnissen des Bundesverwaltungsgerichts auch für die Regelungen des § 16 Abs. 2, 3 SeeAnlV gelten (BVerwG NuR 2023, 699 Rn. 21 ff.; Lange jM 2024, 23 (24); kritisch Niederstadt/Schumacher NuR 2023, 649 (652 f.)). Dagegen kann weder den naturschutzrechtlichen Vorschriften der §§ 15, 34 BNatSchG (hierzu VGH München NuR 2023, 67 Rn. 35 ff.; Schrader in BeckOK UmweltR § 19 Rn. 10) noch den Zugriffsverboten des § 44 Abs. 1 BNatSchG ein

Vorrang im Sinne des § 1 S. 1 USchadG zuerkannt werden (hierzu OVG Schleswig BeckRS 2016, 48910 Rn. 56; Cuypers in Frenz/Müggenborg § 19 Rn. 9).

II. § 19 BNatSchG im Gefüge des Umweltschadensrechts

8 Obwohl dem Begriff des Umweltschadens im Gefüge der skizzierten Regelungen (→ Rn. 3) eine zentrale Bedeutung zukommt (Scheidler NVwZ 2007, 1113 (1114)), belässt das Umweltschadensgesetz es insoweit bei einer Inbezugnahme fachrechtlicher Bestimmungen (§ 2 Nr. 1 USchadG). In Ansehung der so genannten **„Biodiversitätsschäden"** ist dem § 19 BNatSchG die Aufgabe zugedacht, die Voraussetzungen zu benennen, von deren Vorliegen es abhängt, ob von einer als Umweltschaden zu begreifenden Schädigung von Arten und natürlichen Lebensräumen auszugehen ist. Während sich in Absatz 1 dieser Vorschrift eine allgemeine Umschreibung findet, erfährt der Kreis der geschützten Arten und Lebensräume in den Absätzen 2 und 3 des § 19 BNatSchG seine Konkretisierung. § 19 Abs. 5 BNatSchG sucht der für den Begriff des Schadens bedeutsamen Erheblichkeitsschwelle nähere Kontur zu verleihen.

9 Das Umweltschadensgesetz definiert den Begriff der Sanierungsmaßnahme in § 2 Nr. 8 USchadG, besagt aus sich heraus aber nichts über die Art und den Umfang der notwendigen Sanierung, sondern verweist insoweit auf das einschlägige Fachrecht. § 19 Abs. 4 BNatSchG knüpft hieran an und konkretisiert die **Sanierungspflichten** des Verantwortlichen unter Hinweis auf einschlägige Vorgaben des Anhangs II Nr. 1 der Umwelthaftungs-Richtlinie, deren Anforderungen auf diesem Wege in das nationale Recht inkorporiert werden.

B. Biodiversitätsschaden

10 Als Biodiversitätsschaden ist ausweislich des § 19 Abs. 1 S. 1 BNatSchG sowie vorbehaltlich der in Satz 2 dieser Bestimmung geregelten Legalausnahmen jede Schädigung von Arten und natürlichen Lebensräumen zu erachten, die erhebliche nachteilige Auswirkungen auf die Erreichung oder Beibehaltung des günstigen Erhaltungszustandes der Schutzgüter hat.

I. Die maßgeblichen Schutzgüter

11 Welche Arten und Lebensräume in § 19 Abs. 1 BNatSchG angesprochen werden, ergibt sich aus § 19 Abs. 2 und 3 BNatSchG. Unter Übernahme der Vorgaben des Art. 2 Nr. 3 lit. a, b UHRL grenzt Absatz 2 den Kreis der **geschützten Arten** ein, während sich die **natürlichen Lebensräume** in Absatz 3 der Vorschrift umschrieben finden. Von der in Art. 2 Nr. 3 lit. c UHRL geregelten Option, Lebensräume oder Arten in den Kreis der Schutzgüter einzubeziehen, die in Art. 2 Nr. 3 lit. a und b UHRL keine Erwähnung gefunden haben, hat der Bundesgesetzgeber keinen Gebrauch gemacht.

12 **1. Geschützte Arten.** § 19 Abs. 2 Nr. 1 BNatSchG benennt die **Vogelarten**, deren Schädigung einen Biodiversitätsschaden darstellen kann. Erfasst werden nicht sämtliche europäischen Arten (Art. 1 VRL), sondern nur die in Anhang I VRL aufgeführten Arten sowie die von Art. 4 Abs. 2 VRL erfassten Zugvogelarten, die ihrer Lebensweise wegen einer zumindest abstrakten Gefährdung unterliegen. § 19 Abs. 2 Nr. 2 BNatSchG stellt den Bezug zur FFH-Richtlinie her und bezieht die in den Anhängen II und IV FFH-RL verzeichneten **Tier- und Pflanzenarten** in den Kreis der Arten ein, die in § 19 Abs. 1 BNatSchG angesprochen werden. Mag der Wortlaut („und") auch in eine andere

Richtung deuten, ist doch davon auszugehen, dass nicht nur Arten angesprochen sind, die gleichermaßen in den Anhängen II und IV FFH-RL Erwähnung gefunden haben (z.B. Rotbauchunke, Eremit, Große Moosjungfer, Schierlings-Wasserfenchel). Stattdessen genügt die Listung in einem dieser Anhänge, um in den Kreis der Arten im Sinne des § 19 Abs. 1 BNatSchG einbezogen zu sein (John in Schlacke § 19 Rn. 17; Becker NVwZ 2007, 1105 (1107); Scheidler NVwZ 2007, 1113 (1115)).

13 **2. Natürliche Lebensräume.** Zu den natürlichen Lebensräumen zählen nach § 19 Abs. 3 Nr. 1 BNatSchG die **Lebensräume der Vogelarten** des Anhangs I VRL, der Zugvogelarten im Sinne des Art. 4 Abs. 2 VRL sowie der Tier- und Pflanzenarten, die in **Anhang II FFH-RL** aufgeführt sind. Daneben erklärt § 19 Abs. 3 Nr. 2 BNatSchG die natürlichen Lebensraumtypen von gemeinschaftlichem Interesse zum Schutzgegenstand. In ihrem Wortlaut weicht diese Bestimmung von der Vorläuferregelung des § 21a Abs. 3 Nr. 2 BNatSchG a.F. ab, die Legaldefinition des § 7 Abs. 1 Nr. 4 BNatSchG belehrt allerdings darüber, dass damit nach wie vor die in Anhang I FFH-RL genannten **Lebensraumtypen** gemeint sind. Da hiervon sämtliche im Anhang aufgeführten natürlichen Lebensräume einschließlich der für sie **charakteristischen Tier- und Pflanzenarten** erfasst werden, kann auch die Schädigung jener Arten einen Biodiversitätsschaden begründen, die zwar nicht dem § 19 Abs. 2 BNatSchG unterfallen, die aber für einen von § 19 Abs. 3 Nr. 2 BNatSchG erfassten Lebensraumtyp charakteristisch sind. Das gilt beispielsweise für die Gebänderte Prachtlibelle, die zu den charakteristischen Arten der Fließgewässer mit flutender Unterwasservegetation gehört (LRT 3260), die Heidelbeer-Lockensandbiene, die für Sandheiden mit Krähenbeeren auf Binnendünen (LRT 2320) charakteristisch ist oder die Ringelnatter, die zu den als charakteristisch einzustufenden Bewohnern dystropher Stillgewässer (LRT 3160) gehört.

14 Zu den natürlichen Lebensräumen gehören schließlich die in § 19 Abs. 3 Nr. 3 BNatSchG aufgeführten **Fortpflanzungs- und Ruhestätten** der in Anhang IV FFH-RL aufgeführten Tierarten. Während die Identifikation dieser Lebensstätten wenig Mühe bereitet (→ § 44 Rn. 16 f.), birgt die Bestimmung ihres räumlichen Zuschnitts Schwierigkeiten in sich. Der Begriff der Fortpflanzungs- und Ruhestätten wurde dem Art. 2 Nr. 3 lit. b UHRL entnommen, entstammt aber der artenschutzrechtlichen Vorgabe des Art. 12 Abs. 1 lit. d FFH-RL. Da die Europäische Kommission in diesem Zusammenhang ein in räumlicher Hinsicht extensives Verständnis der geschützten Lebensstätten befürwortet, das zumindest bei Arten mit kleinen Aktionsräumen (z.B. Kammmolch) deren Gesamthabitat umfasst (Leitfaden zum strengen Schutzsystem für Tierarten von gemeinschaftlichem Interesse im Rahmen der FFH-Richtlinie 92/43/EWG ABl. EU C 496, 1 (30)), stellt sich im Kontext des § 19 Abs. 3 Nr. 3 BNatSchG die Frage, ob dieses extensive Verständnis mit der Übernahme dieser Begrifflichkeit des europäischen Artenschutzrechts Eingang in das nationale Schadensrecht gefunden hat. Insoweit darf freilich nicht unberücksichtigt bleiben, dass der Gesetzgeber den Begriff der Fortpflanzungs- und Ruhestätte zugleich auch in die Verbotsbestimmungen des besonderen Artenschutzrechts übernommen (§ 44 Abs. 1 Nr. 3 BNatSchG), dort aber – trotz der sich in gleicher Weise stellenden Frage nach der flächenhaften Ausdehnung – an dem überkommenen Vorstellungsbild der Lebensstätte als eines **räumlich eher eng begrenzten Bereichs** festgehalten hat (vgl. BVerwG NuR 2013, 565 Rn. 118; NVwZ-RR 2017, 768 Rn. 82, 90; → § 44 Rn. 19). Durch das Urteil des Gerichtshofs der Europäischen Union im Verfahren Feldhamster II (EuGH ECLI:EU:C:2021:881 Rn. 27) wird diese Entscheidung nicht durchgreifend in Frage gestellt. Mag danach auch das für die Reproduktion des Feldhamsters erforderliche Umfeld seines Wohnbaus als Bestandteil der Fortpflanzungsstätte zu bewerten sein, ändert

dies nichts daran, dass Art. 12 Abs. 1 lit. d FFH-RL selbst bei einer Tierart mit begrenztem Aktionsraum nicht deren gesamtes Habitat, sondern nur die für ihr Überleben wichtigen Teile des Lebensraums geschützt wissen will (EuGH ECLI:EU:2020:517 Rn. 28). Dann aber kann im Kontext des § 44 Abs. 1 Nr. 3 BNatSchG sowie in jenem des § 19 Abs. 3 Nr. 3 BNatSchG daran festgehalten werden, dass es sich bei den Fortpflanzungs- und Ruhestätten in der Regel um räumlich begrenzte Lokalitäten handelt, die vom sonstigen Lebensraum unterscheidbar sind (ebenso John in Schlacke § 19 Rn. 20; Schrader in BeckOK UmwR § 19 Rn. 48).

3. Räumliche Eingrenzung im Hinblick auf das Netz „Natura 2000". Da die in § 19 Abs. 2, 3 BNatSchG aufgeführten Schutzgüter Bezüge zum europäischen ökologischen Gebietsverbund „Natura 2000" erkennen lassen, wurde im Schrifttum die Frage diskutiert, ob nicht zumindest bei den Arten und natürlichen Lebensräumen, zu deren Gunsten besondere Schutzgebiete einzurichten sind, von einer **räumlichen Begrenzung des Anwendungsbereichs** des Umweltschadensrechts auszugehen ist (vgl. nur Cosack/Enders DVBl. 2008, 405 (409); Duikers, NuR 2006, 623 (624 ff.); Führ/Lewin/Roller, NuR 2006, 67 (68 ff.); Scheidler, NVwZ 2007, 1113 (1115); instruktive Darstellung der unterschiedlichen Auffassungen bei Kieß Biodiversitätsschäden S. 43 ff.). Das brächte es mit sich, dass deren Schädigung außerhalb der dem Gebietsnetz „Natura 2000" angehörenden Schutzgebiete vom Umweltschadensrecht nicht erfasst wäre. Mag der Normtext des § 19 BNatSchG in dieser Hinsicht auch indifferent sein, belehrt die Gesetzesbegründung (BT-Drs. 678/06, 65; hierzu Louis NuR 2008, 163 (165 f.)) doch darüber, dass sich der Gesetzgeber der Auffassung der Kommission („Non-Paper" vom 2.5.2005 S. 12) angeschlossen und der Versuchung widerstanden hat, Lebensräume und Arten nur dann zum Schutzgut des Schadensrechts zu erklären, wenn sie in das Netz „Natura 2000" integriert sind bzw. sich in solchen Gebieten aufhalten. § 19 Abs. 2, 3 BNatSchG verfolgt einen **schutzgebietsunabhängigen Ansatz** (BVerwG NVwZ 2023, 699 Rn. 34), der es mit sich bringt, dass Beeinträchtigungen der maßgeblichen Schutzgüter auch außerhalb der Kulisse des europäischen Gebietsverbundes einen Biodiversitätsschaden begründen können (vgl. → Beckmann/Wittmann USchadG § 2 Rn. 11; John in Schlacke § 19 Rn. 10; Meßerschmidt § 19 Rn. 48; Schumacher in Schumacher/Fischer-Hüftle § 19 Rn. 23 ff.; Bruns/Kieß/Peters NuR 2009, 149 (150); Gellermann NVwZ 2008, 828 (830 f.); Louis NuR 2008, 163 (165 f.)). 15

Die diesbezügliche Entscheidung des Gesetzgebers ist **kein Akt mitgliedstaatlicher Schutzverstärkung** (so aber Kieß Biodiversitätsschäden S. 51 Fn. 58), sondern Ausdruck des Bemühens, den Vorgaben des Unionsrechts in der gebotenen Weise zu entsprechen. Art. 2 Nr. 3 lit. a, b UHRL lässt eine Begrenzung des räumlichen Anwendungsbereichs des Haftungsinstruments nicht zu. Das dagegen ins Feld geführte Argument des systematischen Zusammenhangs zwischen dem Haftungsmechanismus und den Schutzinstrumenten des Habitat- und Artenschutzrechts (in dieser Hinsicht Duikers NuR 2006, 623 (625); zustimmend Scheidler NVwZ 2007, 1113 (1115); ähnlich Cosack/Enders DVBl. 2008, 405 (409); Fischer-Hüftle EuRUP 2024, 206 (212f.)) entbehrt der Überzeugungskraft. Die Umwelthaftungsrichtlinie hat keine die Schutzmechanismen der Naturschutzrichtlinien lediglich flankierende Funktion, sondern erbringt einen eigenständigen Beitrag zur Erreichung des auf Gewährleistung eines günstigen Erhaltungszustandes gerichteten Gesamtziels des europäischen Naturschutzrechts. Darüber belehrt bereits der Umstand, dass die artenschutzrechtlichen Verbote des Unionsrechts – mit Ausnahme des Art. 12 Abs. 1 lit. d FFH-RL – durchgängig nur absichtliches Handeln unterbinden wollen, während die Umwelthaftungs-Richtlinie für die in Anlage III bezeichneten Tätigkeiten eine Gefährdungshaftung begründet und bei anderen beruflichen Aktivitäten die fahrlässige Ver- 16

ursachung eines Biodiversitätsschadens genügen lässt (Art. 3 Abs. 1 lit. b UHRL). Ist die Einstandspflicht aber im Bereich des Artenschutzes von der Einschlägigkeit der Schutzmechanismen unabhängig, ist kein Grund ersichtlich, der im Felde des Habitatschutzrechts eine abweichende Wertung rechtfertigen könnte. Dies umso weniger, als der geläufige Hinweis auf Wertungswidersprüche (exemplarisch Cosack/Enders DVBl. 2008, 405 (409)), die sich aus der Freistellung des Art. 2 Nr. 1 lit. a Abs. 2 UHRL ergeben sollen, im Ergebnis nicht verfängt. Die Bestimmung nimmt nachteilige Auswirkungen vom Begriff des Umweltschadens aus, wenn sie in Anwendung des Art. 6 Abs. 3, 4 FFH-RL ausdrücklich genehmigt wurden (vgl. EuGH NuR 2020, 610 Rn. 37), verpflichtet die Mitgliedstaaten aber keineswegs, Vorkommen von Arten und Lebensräumen außerhalb des Netzes Natura 2000 nur deshalb einem strengeren Haftungsregime zu unterstellen, weil das Habitatschutzrecht dort kein Anwendungsfeld findet. Derart befremdliche Ergebnisse verhindert Art. 2 Nr. 1 lit. a Abs. 2 UHRL, indem die Vorschrift klarstellt, dass auch in solchen Fällen eine Haftungsfreistellung gilt, wenn Schädigungen „gemäß gleichwertigen nationalen Naturschutzvorschriften ausdrücklich genehmigt wurden". Das beugt etwaigen Wertungswidersprüchen vor und belehrt darüber, dass dieser Aspekt nicht dazu berechtigen kann, den räumlichen Anwendungsbereich der Richtlinie zu verkürzen. Der schutzgebietsunabhängige Ansatz des § 19 Abs. 2, 3 BNatSchG bewirkt daher keine Schutzverstärkung, sondern bietet Gewähr für eine korrekte Umsetzung der unionsrechtlichen Vorgaben.

II. Relevante Schädigung

17 Mit einer Betroffenheit dieser Arten und natürlichen Lebensräume allein hat es sein Bewenden freilich noch nicht. Ausweislich des § 19 Abs. 1 S. 1 BNatSchG kann von einer relevanten Schädigung nur gesprochen werden, wenn ein Schaden zugleich erheblich nachteilige Auswirkungen auf die Erreichung oder Beibehaltung eines günstigen Erhaltungszustandes dieser Lebensräume oder Arten hat.

18 **1. Nachteilige Veränderung eines Schutzgutes.** In Ansehung der Definition des § 2 Nr. 2 USchadG setzt ein Schaden eine nachteilige Veränderung einer Art oder eines natürlichen Lebensraums voraus. Nun werden Schadensereignisse keine Tier- oder Pflanzenart oder den Gesamtbestand eines Lebensraumtyps, sondern lediglich eine begrenzte Anzahl von Exemplaren oder einzelne als Habitat fungierende Gebiete beeinträchtigen. Dennoch sind selbst geringe Individuenverluste oder unbedeutende Verschlechterungen einzelner Gebiete als relevante Veränderung einer Art bzw. eines natürlichen Lebensraums zu begreifen (Krohn in Kolodziejcok/Endres/Krohn/Markus Kennzahl 0615 Rn. 26). Nachteilig ist eine Veränderung bereits dann, wenn sich der Gesamtzustand der betreffenden Ressource nach einem Schadensereignis ungünstiger darstellt als zuvor. Dann aber muss jeder qualitative oder quantitative Rückschritt gegenüber dem Ausgangszustand als Schaden betrachtet werden (ebenso John in Schlacke § 19 Rn. 22; Schrader in BeckOK UmweltR § 19 Rn. 62; Mittelstein/Gottberg NuR 2020, 690 (691); Niederstadt/Schumacher NuR 2023, 649 (654)).

19 **2. Nachteilige Auswirkungen auf die Ziele des Naturschutzes.** Nach der Definition des § 19 Abs. 1 S. 1 BNatSchG aktivieren derartige Ereignisse die Haftungsfolgen allenfalls dann, wenn sich der eingetretene Schaden nachteilig auf die Erreichung oder Beibehaltung eines günstigen Erhaltungszustandes der betroffenen Arten oder Lebensräume auswirkt. Begrifflich muss daher strikt zwischen der nachteiligen Veränderung einer natürlichen Ressource und den sich daraus ergebenden negativen Folgen für die in Art. 2 Nr. 4 UHRL und Art. 1 lit. e und i FFH-RL weitgehend übereinstimmend beschriebene

Zielsetzung des Naturschutzes unterschieden werden. Erst wenn die aktuell günstige Erhaltungssituation einer Art oder eines Lebensraums durch den Schaden in Mitleidenschaft gezogen wird oder bei aktuell unzureichendem Ausgangszustand die Wiederherstellung einer als günstig zu bewertenden Lage vereitelt oder erschwert wird, kommt ein Biodiversitätsschaden in Frage (Duikers Umwelthaftungsrichtlinie S. 67 f.).

Ist der Zustand der betroffenen Art bzw. des Lebensraums im Zeitpunkt des Schadensereignisses **ungünstig**, müssen um der Erreichung des Erhaltungsziels willen eigentlich Maßnahmen zu Verbesserung der Situation ergriffen werden. Jeder zusätzliche Schaden ist kontraproduktiv und stellt sich als Rückschritt auf dem Weg zur Herstellung eines günstigen Erhaltungszustandes dar. Aus der Perspektive der naturschutzbezogenen Zielsetzung sind solche Schäden daher unabhängig von ihrer Art und ihrem Ausmaß stets als nachteilig zu bewerten. Die Feststellung eines Schadens impliziert daher das Vorliegen nachteiliger Auswirkungen für die Erreichung eines günstigen Erhaltungszustandes. Bei einem als **günstig** einzuschätzenden Ausgangszustand kann dies im Ausnahmefall und namentlich dann anders zu bewerten sein, wenn Individuen einer Art durch ein Schadensereignis in Mitleidenschaft gezogen werden, die ihre biologische Aufgabe erfüllt haben und zur Arterhaltung nicht mehr beitragen können (z.B. adulte Hirschkäfermännchen in der Zeit ab Mitte Juli; Lachse nach dem Ablaichen). Zu denken ist daneben an Situationen, in denen Tier- oder Pflanzenarten derart stabile Bestände ausbilden, dass sie die schadensbedingten Verluste verschmerzen können, ohne dass sich an ihrem hervorragenden Erhaltungszustand etwas ändert. Jenseits dieser Sonderfälle kann dem Merkmal der nachteiligen Auswirkungen auf die naturschutzbezogenen Ziele aber kaum eine haftungsbegrenzende Funktion zuerkannt werden (eingehend Gellermann NVwZ 2008, 828 (831)). 20

3. Erheblichkeitsschwelle. Letztlich entscheidend sind daher Begrenzungen des Schadensbegriffs, die sich aus dem in den Normtext des § 19 Abs. 1 Nr. 1 BNatSchG integrierten Merkmal der Erheblichkeit ergeben. Der Begriff der Erheblichkeit verweist zunächst darauf, dass ein Schaden über eine gewisse Schwere verfügen muss, um als relevante Schädigung im Sinne des § 19 Abs. 1 S. 1 BNatSchG eingestuft werden zu können (vgl. EuGH NuR 2020, 610 Rn. 34; Mittelstein/Gottberg NuR 2020, 690 (691)). Unter welchen Bedingungen nachteiligen Auswirkungen auf die Zielsetzungen des Naturschutzes eine Erheblichkeit zu attestieren ist, entzieht sich aber naturgemäß einer allgemeinen Umschreibung. Gewisse Hilfestellung bietet insoweit die auf Ergänzung des Absatzes 1 angelegte Vorschrift des § 19 Abs. 5 BNatSchG, die einerseits die für die Beurteilung der Erheblichkeit maßgeblichen Kriterien benennt und andererseits Situationen umschreibt, bei denen in der Regel keine erhebliche Beeinträchtigung vorliegt. 21

a. Kriterien des Anhangs I der Richtlinie 2004/35/EG. Ob nachteilige Auswirkungen auf die Ziele des Naturschutzes erheblich sind, ist nach § 19 Abs. 5 S. 1 BNatSchG mit Bezug auf den Ausgangszustand unter Berücksichtigung der Kriterien des Anhangs I UHRL zu beurteilen. Während der Hinweis auf den **Ausgangszustand** klarstellt, dass es die durch den jeweiligen Schadensfall konkret hervorgerufenen Veränderungen zu beurteilen gilt, bezeichnet der in das nationale Recht inkorporierte Anhang die maßgeblichen **Wertungskriterien** und benennt zugleich sachbezogene Informationen, die der wertenden Beurteilung zugrunde gelegt werden sollten. Er enthält überdies die – für Biodiversitätsschäden allerdings kaum bedeutsame – Festlegung, nach der die Erheblichkeitsschwelle stets überschritten ist, wenn sich eine Schädigung nachweislich auf die menschliche Gesundheit auswirkt. 22

23 Anhang I UHL bringt in seinem ersten Satz zum Ausdruck, dass neben dem – bereits in § 19 Abs. 5 S. 1 BNatSchG angesprochenen – Erhaltungszustand die mit dem Vorkommen von Arten und Lebensräumen verbundenen Funktionen sowie die natürliche Regenerationsfähigkeit für die Ermittlung der Erheblichkeit von Belang sind. Die Formulierung lässt keinen Raum zur ergänzenden **Anreicherung dieses Kriterienkatalogs** (anders Führ/Levin/Roller NuR 2006, 67 (70); Kieß Biodiversitätsschäden S. 64). Der Katalog ist abschließend, ohne dass die Formulierung des zweiten Satzes („u.a.") daran etwas änderte (a.A. BVerwG, NuR 2023, 699 Rn. 38), zumal dort keine Wertungskriterien, sondern lediglich sachbezogene Informationen (Daten) exemplarisch genannt werden, die bei Anwendung der Kriterien tunlichst herangezogen werden sollten; dies freilich nur, soweit sie im Einzelfall verfügbar sind.

24 Mag die Bestimmung der Erheblichkeit nachteiliger Auswirkungen auch stets nur in Ansehung des jeweiligen Einzelfalles erfolgen können (Cuypers in Frenz/Müggenborg § 19 Rn. 21), bieten die Kriterien doch gewichtige Hinweise, die sich für die Bemessung der Erheblichkeitsschwelle als hilfreich erweisen. In erster Linie ist insoweit von Belang, dass die Beurteilung mit Bezug auf den **Ausgangszustand** vorzunehmen ist. Da die Erheblichkeit im Hinblick auf die Erreichung oder Beibehaltung des Ziels eines günstigen Erhaltungszustandes zu beurteilen ist, werden nachteilige Auswirkungen auf einen Lebensraum oder eine Art, die sich – gemessen an den Kriterien des Art. 2 Nr. 4 UHRL – in einem ungünstigen Zustand befinden, eher als erheblich zu bewerten sein, als dies bei in günstigem Zustand befindlichen Schutzgütern der Fall ist. Da bei ersteren der anzustrebende Zielzustand noch nicht erreicht ist, liegt die Annahme der Erheblichkeit selbst bei geringen Verlusten nahe, zumal sie den Abstand zwischen Ausgangs- und Zielzustand noch vergrößern (ebenso Schrader in BeckOK UmweltR § 19 Rn. 63; Louis NuR 2008, 163 (166)), während sie bei aktuell günstigem Ausgangszustand eher innerhalb der Bandbreite dessen verbleiben, was nach den Beurteilungsmaßstäben des Art. 2 Nr. 4 UHRL als günstig beschrieben werden kann (zu **„Reaktions- und Belastungsschwellen"** im Hinblick auf Art. 1 lit. e, i FFH-RL, vgl. BVerwG NuR 2007, 336 Rn. 43 ff.).

25 In ähnlicher Weise werden Schädigungen von Arten, Habitaten und Lebensraumtypen innerhalb eines **„Natura 2000-Gebietes"** eher von erheblich negativer Art sein, als dies außerhalb der Schutzgebiete der Fall ist (Gellermann NVwZ 2008, 828 (832) f.; Louis NuR 2008, 163 (166); zustimmend John in Schlacke § 19 Rn. 28; Meßerschmidt § 19 Rn. 78; Schrader in BeckOK UmweltR § 19 Rn. 64; im Ergebnis ebenso Führ/Levin/Roller NuR 2006, 67 (71)). In diese Richtung weist nicht nur das auf die Rolle des geschädigten Gebietes verweisende Kriterium in Anhang I S. 2, 2. Spiegelstr. UHRL, sondern auch die Erwägung, dass den Gebieten des Netzes „Natura 2000" ausweislich des Art. 3 Abs. 1 FFH-RL die Aufgabe zugedacht ist, den Fortbestand bzw. die Wiederherstellung eines günstigen Erhaltungszustandes der Lebensraumtypen und Habitate in ihrem natürlichen Verbreitungsgebiet sicherzustellen. Kommt ihnen demnach per se eine besondere Bedeutung für die Erreichung bzw. Beibehaltung eines günstigen Erhaltungszustandes zu, liegt auf der Hand, dass bei einer Schädigung der zu ihrer Auswahl, Meldung und Aufnahme in die Gemeinschaftsliste veranlassenden Lebensraumtypen bzw. Arten die Erheblichkeitsschwelle schneller überschritten ist, als dies bei Artvorkommen oder natürlichen Lebensräumen außerhalb des Netzes „Natura 2000" der Fall ist. Denn bei ihnen muss jeweils erst bestimmt werden, ob und welche Bedeutung ihnen für die Erreichung der Naturschutzziele überhaupt zukommt (hierzu Gellermann NVwZ 2008, 828 (833)).

26 Im Anschluss daran betonte das Bundesverwaltungsgericht im Fall des sich innerhalb des Europäischen Vogelschutzgebietes „Östliche Deutsche Bucht" befindenden Offshore-

Windparks Butendiek, dass die Schädigung von Arten innerhalb eines ausgewiesenen Schutzgebietes die Erheblichkeit von Auswirkungen und einen Umweltschaden indiziert, betonte aber zugleich, dass eine abweichende Beurteilung im Einzelfall und namentlich bei **(hoch-)mobilen Arten** nicht auszuschließen wäre (BVerwG NuR 2023, 699 Rn. 38). Letzteres mag bei geringfügigen oder zeitlich begrenzten Einwirkungen und namentlich dann denkbar sein, wenn in günstigem Erhaltungszustand befindliche Arten innerhalb des zu ihrem Schutz bestimmten Gebietes über hinreichende Ausweichräume verfügen (Gellermann NVwZ 2008, 828 (833)), nicht aber dann, wenn der gebietsbezogen verfolgte und in einer Schutzerklärung festgelegte Schutzzweck – wie im Fall der „Östlichen Deutschen Bucht" – darin besteht, den zum Naturschutzgebiet erklärten Meeresbereich in seiner Funktion als Nahrungs-, Überwinterungs-, Mauser-, Durchzugs- und Rastgebiet der maßgeblichen Arten zu erhalten (§ 5 Abs. 1 Nr. 3 NSGSylV). Sind daher die Meeresbereiche im räumlichen Umfeld des Offshore-Windparks infolge der anlagen- und betriebsbedingten Vergrämungseffekte für Seetaucher in weitem Umfang nicht mehr nutzbar (vgl. Niederstadt/Schumacher NuR 2023, 649), läuft dies dem Schutzzweck zuwider und überschreitet in Ansehung des Schutzgutes des natürlichen Lebensraums dieser Arten (§ 19 Abs. 3 Nr. 1 BNatSchG) die Schwelle der Erheblichkeit selbst dann, wenn der Erhaltungszustand der Seetaucher (§ 19 Abs. 2 Nr. 1 BNatSchG) wegen außerhalb des Schutzgebietes befindlicher Ausweichflächen unberührt bliebe.

Mit dem Wertungsaspekt der **Regenerationsfähigkeit** wird das Vermögen der betreffenden Art und ihrer Populationen bzw. des jeweiligen Lebensraums angesprochen, in Reaktion auf äußere Einwirkungen die daraus erwachsenden Schäden von selbst und ohne menschliche Unterstützung zu beheben (vgl. hierzu Bruns/Kieß/Peters, NuR 2009, 149 (154)). Dahinter verbirgt sich der einfache Gedanke, dass es keiner Sanierung durch den Verursacher bedarf, wenn die betreffende natürliche Ressource kraft ihrer Eigendynamik und Fähigkeit zur Selbstheilung im Stande ist, innerhalb kürzerer Zeit den Ausgangszustand oder einen besseren Zustand zu erreichen. Endgültige Verluste können unter diesem Blickwinkel naturgemäß nicht als unerheblich bewertet werden (VGH München NuR 2023, 67 Rn. 59). Handelt es sich dagegen um eine Schädigung, deren Behebung auch ohne menschliches Zutun prinzipiell möglich ist, kommt es maßgeblich auf die hierfür erforderlichen Zeiträume sowie die den Schadensfall prägenden Umstände an. Erleidet ein Vorkommen des Lebensraumtyps der alten bodensauren Eichenwälder (LRT 9190) durch illegalen Einschlag einen Schaden, indiziert die zumeist nur in historischen Zeiträumen zu erwartende Regeneration die Erheblichkeit, während bei einer durch Mahd bedingten Schädigung einer feuchten Hochstaudenflur (LRT 6430) zumal dann von einer kurzfristig möglichen Regeneration auszugehen ist, wenn die schadensbedingte Zerstörung nur einen Teilbereich des Bestandes betrifft. 27

b. Regelvermutung der Unerheblichkeit. Anhang I UHRL eröffnet den Mitgliedstaaten in seinem vierten Satz die Möglichkeit, die anschließend näher umschriebenen Schädigungen nicht als erheblich einzustufen. Von dieser Option hat der Bundesgesetzgeber Gebrauch gemacht und mit § 19 Abs. 5 S. 2 BNatSchG eine **gesetzliche Vermutung** eingeführt, vermöge derer nachteilige Einwirkungen der im Einzelnen beschriebenen Art in der Regel nicht als erheblich zu beurteilen sind. Während der in Nr. 2 enthaltene Hinweis auf die Unerheblichkeit einer auf **natürliche Ursachen** rückführbaren nachteiligen Abweichung als Fremdkörper erscheint, ist § 19 Abs. 5 S. 2 Nr. 3 BNatSchG zu entnehmen, dass im Falle des positiven Nachweises einer **Selbstheilung** binnen kurzer Frist regelmäßig und unabhängig vom Erhaltungszustand der betroffenen Ressource sowie der Funktion der einzelnen Exemplare oder des geschädigten Gebietes kein Biodiversitätsschaden anzunehmen ist. Die Sanierungspflicht des Verantwortlichen wird danach nicht 28

aktiviert, wenn die nachteiligen Auswirkungen des Schadens zweifelsfrei auch ohne menschliches Zutun schnell behoben sind und die Beeinträchtigung der Naturschutzziele daher nur von kurzer Dauer ist. Selbst der schadensbedingte Rückgang des Bestandes einer geschützten Art ist hiernach regelmäßig unerheblich, wenn in Ansehung ihrer Eigendynamik mit der notwendigen Sicherheit davon ausgegangen werden kann, dass dies eine kurzzeitige Episode bleibt (vgl. BVerwG NuR 2007, 336 Rn. 45).

29 Nachteilige Wirkungen sind nach § 19 Abs. 5 S. 2 Nr. 2 BNatSchG in der Regel auch dann unerheblich, wenn sie auf eine äußere Einwirkung im Zusammenhang mit der **normalen Bewirtschaftung** der betreffenden Gebiete zurückzuführen sind, die den Aufzeichnungen über den Lebensraum oder den Dokumenten über die Erhaltungsziele oder der früheren Bewirtschaftungsweise der jeweiligen Eigentümer oder Betreiber entspricht. Der Begriff der **Bewirtschaftung** erfasst die unmittelbare Bodenertragsnutzung, geht darüber aber hinaus und schließt auch solche Tätigkeiten ein, die sich als deren notwendige Ergänzung erweisen (BVerwG NVwZ 2022, 1628 Rn. 33 im Anschluss an EuGH NuR 2020, 610 Rn. 57). Eine Bewirtschaftung ist **normal**, wenn sie den an eine gute fachliche Praxis zu stellenden Anforderungen genügt und den Zielen und Verpflichtungen entspricht, die sich aus den Naturschutzrichtlinien der Europäischen Union ergeben (BVerwG NVwZ 2022, 1628 Rn. 33). Nicht als normal ist eine Bewirtschaftung daher zu bewerten, die habitatschutzrechtlichen Anforderungen (Art. 6 FFH-RL, §§ 32 f. BNatSchG) nicht gerecht wird oder den zur Umsetzung artenschutzrechtlicher Vorgaben (Art. 12, 16 FFH-RL bzw. Art. 5, 9 VRL) erlassenen Regelungen zuwiderläuft (vgl. EuGH NuR 2020, 610 Rn. 54). Das gilt auch für die aus Bewirtschaftungsdokumenten (z.B. Bewirtschaftungspläne im Sinne des § 32 Abs. 5 BNatSchG) ersichtlichen **früheren Bewirtschaftungsweisen**, zumal auch sie unter dem Vorbehalt stehen, dass sie die Erfüllung der sich aus den Naturschutzrichtlinien ergebenden Ziele und Pflichten nicht in Frage stellen (BVerwG NVwZ 2022, 1628 Rn. 36). Die sich aus § 19 Abs. 5 S. 2 Nr. 2 BNatSchG ergebende Vermutung („in der Regel“) ist **widerlegbar**, wenn die normale Bewirtschaftung maßgeblich zu einer Verschlechterung der Erhaltungssituation der Schutzgüter beiträgt. Daran ist namentlich in Ansehung der Vögel der Agrarlandschaft zu denken, die erhebliche Bestandseinbußen erlitten haben (Bundesamt für Naturschutz Die Lage der Natur in Deutschland 2020 S. 23); 70 % dieser Arten gelten als gefährdet und weitere 13 Arten werden bereits in der Vorwarnliste geführt (Nationale Strategie zur biologischen Vielfalt 2030 – Diskussionsvorschläge des BMUV 2023 S. 2). Ansonsten aber berechtigt § 19 Abs. 5 S. 2 Nr. 2 BNatSchG im Regelfall zu der Annahme, dass die durch die herkömmliche Bewirtschaftung verursachten Schäden die Schwelle der Erheblichkeit nicht überschreiten.

30 Das gilt ausweislich des § 19 Abs. 5 S. 2 Nr. 1 BNatSchG im Übrigen auch dann, wenn sich die Abweichungen innerhalb der **normalen Fluktuation** der betreffenden natürlichen Ressource bewegen. Einmal abgesehen davon, dass die Bestimmung dessen, was als normale Fluktuation zu gelten hat, nach fachkundiger Einschätzung kaum möglich ist (Bruns/Kieß/Peters NuR 2009, 149 (153 f.) m.w.N.), rät ein am Zweck des Umweltschadensrechts orientiertes Verständnis zu restriktiver Interpretation (ebenso John in Schlacke § 19 Rn. 32). In der Regel können daher allenfalls solche Verluste als unerheblich erachtet werden, die von der betroffenen Population bzw. dem natürlichen Lebensraum offensichtlich verkraftbar sind, ohne dass die Erreichung des Ziels eines günstigen Erhaltungszustandes darunter leidet.

31 **4. Ausnahmen.** Mögen die in § 19 Abs. 1 S. 1 BNatSchG enthaltenen Merkmale im Einzelfall auch erfüllt sein, begründet dies unter den in Satz 2 dieser Vorschrift bezeichneten Voraussetzungen dennoch keinen Biodiversitätsschaden. Abweichend von Satz 1 liegt

eine Schädigung nach § 19 Abs. 1 S. 2 BNatSchG zunächst dann nicht vor, wenn zuvor ermittelte nachteilige Auswirkungen von der zuständigen Behörde in Anwendung einschlägiger **habitat- oder artenschutzrechtlicher Bestimmungen** (§§ 34, 35 BNatSchG, §§ 45 Abs. 7, 67 Abs. 2 BNatSchG) genehmigt worden sind. Sieht man von dem Hinweis auf die aus habitat- und artenschutzrechtlicher Sicht höchst bedenkliche **Befreiungsvorschrift** des § 67 Abs. 2 BNatSchG ab, stimmt dies mit den Vorgaben des Art. 2 Nr. 1 lit. a Abs. 2, 1. Alt. UHRL überein. In Anknüpfung an Art. 2 Nr. 1 lit. a Abs. 2, 2. Alt. UHRL legalisiert § 19 Abs. 1 S. 2 BNatSchG daneben aber auch solche schadensverursachenden Tätigkeiten, die nach näherer Maßgabe der naturschutzrechtlichen **Eingriffsregelung** (§ 15 BNatSchG) oder auf Grund eines Bebauungsplans nach §§ 30, 33 BauGB genehmigt wurden oder zulässig sind. Das findet in Art. 2 Nr. 1 lit. a Abs. 2 UHRL insoweit einen Rückhalt, als es den Mitgliedstaaten gestattet ist, nach nationalen Naturschutzvorschriften genehmigte Auswirkungen von der Haftung auszunehmen, sofern sie den Schutzvorschriften der Art. 6 und 16 FFH-RL bzw. Art. 9 VRL **gleichwertig** sind. Da die unionsrechtliche Vorschrift nach den Erkenntnissen des Gerichtshofs der Europäischen Union aber **„zwingend eng auszulegen"** ist (EuGH NuR 2020, 610 Rn. 45), ist zweifelhaft, ob die naturschutzrechtliche und die im Rahmen der Bauleitplanung beachtliche städtebauliche Eingriffsregelung (§ 1a Abs. 3 BauGB) diesen Gleichwertigkeitstest bestehen können. Das ist noch am ehesten anzunehmen, soweit der in Rede stehende Eingriff durch raum- und funktionsbezogene Naturschutzmaßnahmen kompensiert wird; dagegen kann raum- und funktionsfernen **Ersatzmaßnahmen** oder der Anordnung eines **Ersatzgeldes** eine Gleichwertigkeit nicht attestiert werden (ebenso John in Schlacke § 19 Rn. 12; Krohn in Kolodziejcok/Endres/Krohn/Markus Kennzahl 0615 Rn. 51; Otto ZfBR 2009, 330 (335); strenger Louis NuR 2009, 2 (7), der Ersatzmaßnahmen generell für ungeeignet hält; a.A. Cuypers in Frenz/Müggenborg § 19 Rn. 31; Fellenberg in Lütkes/Ewer § 19 Rn. 39). Ihnen kommt daher keine haftungsbefreiende Wirkung zu (im Ergebnis auch Meßerschmidt § 19 Rn. 36a).

Davon unabhängig kann die Legalisierungswirkung ausweislich des § 19 Abs. 1 S. 2 BNatSchG stets nur in Ansehung der zuvor ermittelten nachteiligen Auswirkungen zum Tragen kommen. Schon der Wortlaut („zuvor") verdeutlicht, dass es sich um Auswirkungen handelt, die zeitlich vor ihrem Eintritt ermittelt worden sein müssen; erst **nachträglich erfolgenden Prüfungen** kommt daher eine haftungsbefreiende Wirkung nicht zu (BVerwG NVwZ 2023, 699 Rn. 42; VGH München NuR 2023, 67 Rn. 37). Haftungsrechtlich freigestellt sind zudem nur solche Auswirkungen einer Tätigkeit, die der zuständigen Behörde im Zeitpunkt ihrer Zulassungsentscheidung bekannt waren und von ihr **„sehenden Auges"** zugelassen wurden (BVerwG NuR 2023, 699 Rn. 41; Cuypers in Frenz/Müggenborg § 19 Rn. 29; Fellenberg in Lütkes/Ewer § 19 Rn. 34; Krohn in Kolodziejcok/Endres/Krohn/Markus Kennzahl 0615 Rn. 33; Schrader in BeckOK UmweltR § 19 Rn. 33; Gassner UPR 2007, 292 (294)). Die Legalisierungswirkung einer Genehmigung bezieht sich ausschließlich auf nachteilige Wirkungen einer Tätigkeit, die im behördlichen Entscheidungsverfahren erkannt und tatsächlich berücksichtigt worden sind (Krohn in Kolodziejcok/Endres/Krohn/Markus Kennzahl 0615 Rn. 36). Nachteilige Wirkungen, die unerkannt blieben, in ihrer Tragweite unterschätzt oder im maßgeblichen Entscheidungsverfahren schlicht „unter den Teppich gekehrt" wurden, zählen nicht zum Kreis der legalisierten Schädigungen und sind daher im Stande, die Sanierungspflichten zu aktivieren (ausdrücklich Gassner, UPR 2007, 292 (294); ebenso VGH München NuR 2023, 67 Rn. 51; John in Schlacke § 19 Rn. 13). Wer dies vermeiden will, ist gut beraten, die negativen Wirkungen seiner Tätigkeit sorgfältig zu ermitteln und der zur Entscheidung berufenen Behörde zur Kenntnis zu bringen, weil nur dies vor einer späteren Inanspruchnahme schützt (Petersen NuR 2014, 525 (531). 32

33 Vor diesem Hintergrund könnte es sich als Danaergeschenk erweisen, wenn Träger von **Windkraftprojekten** in artenschutzrechtlicher Hinsicht von Aufgaben der Sachverhaltsermittlung entlastet werden (§ 45b Abs. 3 Nr. 1, Abs. 4 S. 2 BNatSchG) und die zuständigen Behörden in Abweichung von § 44 Abs. 1 BNatSchG keine artenschutzrechtlichen Prüfungen mehr durchführen müssen, wenn sie über die Zulassung von Windenergieanlagen entscheiden, deren Standort sich in einem **ausgewiesenen Windenergiegebiet** befindet (§ 6 Abs. 1 S. 1 WindBG). Gerade Windkraftanlagen sind geeignet, Biodiversitätsschäden zu verursachen (Lang jM 2024, 23), wenn an ihren Rotoren kollisionsgefährdete Brutvögel wie der Schreiadler, der Rotmilan oder die Wiesenweihe zu Tode kommen, bei denen schon der Verlust einzelner Vögel während der Brutphase populationsrelevante Auswirkungen haben kann (vgl. nur BVerwG BeckRS 2008, 33769 Rn. 15; OVG Münster BeckRS 2010, 47328; VGH Kassel ZUR 2014, 366 Rn. 18). Unterbleiben daher im Genehmigungsverfahren sorgfältige Sachverhaltsermittlungen und Prüfungen, sichert § 19 Abs. 1 S. 2 BNatSchG die Betreiber von Windenergieanlagen nicht davor ab, auf die Sanierung eines Biodiversitätsschadens in Anspruch genommen zu werden, wenn es im Rahmen des Anlagenbetriebes zur Tötung kollisionsgefährdeter Brutvögel kommt.

C. Sanierung von Biodiversitätsschäden

34 Ist ein Umweltschaden eingetreten, hat der Verantwortliche nach § 19 Abs 4 BNatSchG die erforderlichen **Sanierungsmaßnahmen** zu ergreifen. Da Informations- und Gefahrenabwehrpflichten sowie Schadensbegrenzungsmaßnahmen von dieser Vorschrift nicht behandelt werden, hat es insoweit mit der Anwendung der einschlägigen Bestimmungen des Umweltschadensgesetzes sein Bewenden (Schrader in BeckOK UmweltR § 19 Rn. 49). Dagegen bleibt die nähere Bestimmung der Sanierungsmaßnahmen dem Fachrecht vorbehalten (§ 2 Nr. 8 USchadG). § 19 Abs. 4 BNatSchG wiederholt die in § 6 Nr. 2 USchadG allgemein geregelte Sanierungspflicht (BR-Drs. 678/06, 66) und trifft zugleich Aussagen darüber, welche Sanierungsmaßnahmen der für einen Biodiversitätsschaden Verantwortliche zu ergreifen hat.

I. Verantwortliche Person

35 Verantwortlicher im Sinne des Umweltschadensgesetzes ist nach § 2 Nr. 3 USchadG jede natürliche oder juristische Person, die eine **berufliche Tätigkeit** ausübt oder bestimmt und dadurch einen Umweltschaden oder die unmittelbare Gefahr seines Eintritts verursacht. Der Begriff der beruflichen Tätigkeit ist weit gefasst (Petersen NuR 2014, 525 (530)). Wurde zunächst noch angenommen, dass darunter „wirtschaftliche Tätigkeiten" bzw. „Geschäftstätigkeiten" zu verstehen sind (Darstellung bei Cuypers in Frenz/Müggenborg § 19 Rn. 38), ist mittlerweile geklärt, dass dieser Begriff nicht auf Aktivitäten beschränkt ist, die einen Bezug zum Markt oder Wettbewerbscharakter haben; stattdessen sind sämtliche in einem beruflichen Rahmen – im Gegensatz zu einem rein persönlichen oder häuslichen Rahmen – ausgeübte Tätigkeiten und damit auch solche von dem Begriff umfasst, die aufgrund gesetzlicher Aufgabenübertragung im öffentlichen Interesse ausgeübt werden (EuGH NuR 2020, 610 Rn. 76; hierzu Mittelstein NVwZ 2021, 455 (457 ff.)). Als berufliche Tätigkeiten sind daher auch der Betrieb eines Siel- und Schöpfwerkes durch einen Wasser- und Bodenverband (BVerwG NuR 2022, 1628 Rn. 25) und der Bau einer Bundesstraße durch den Träger der Straßenbaulast (hierzu VGH München NuR 2023, 67 Rn. 65) zu bewerten. Da lediglich private Aktivitäten von dem weit gefassten Begriff ausgenommen sind, liegt eine berufliche Tätigkeit auch

dann vor, wenn eine Behörde über die Zulassung eines Eingriffsvorhabens befindet oder eine Gemeinde einen Bauleitplan aufstellt (Cuypers in Frenz/Müggenborg § 19 Rn. 38a).

Für die in Anlage I USchadG aufgeführten beruflichen Tätigkeiten begründet das **36** Gesetz eine **Gefährdungshaftung** (§ 3 Abs. 1 Nr. 1 USchadG), die neben Schädigungen von Arten und natürlichen Lebensräumen auch Schädigungen an Gewässern und Böden umfasst. Für andere berufliche Tätigkeiten ist eine **Verschuldenshaftung** für Schädigungen von Arten und natürlichen Lebensräumen vorgesehen (§ 3 Abs. 1 Nr. 2 USchadG); zur Einstandspflicht kann es kommen, wenn der Verantwortliche vorsätzlich oder fahrlässig gehandelt hat (§ 3 Abs. 1 Nr. 2 USchadG). Ob ein schuldhaftes Verhalten vorliegt, bemisst sich anhand der zivilrechtlichen Vorschrift des § 276 BGB (vgl. nur BVerwG NVwZ 2018, 427 Rn. 19 ff.; NuR 2023, 704 Rn. 44; OVG Schleswig BeckRS 2016, 48910 Rn. 92). Vorsätzlich handelt, wer einen Umweltschaden oder die unmittelbare Gefahr seines Eintritts vorausgesehen und in seinen Willen aufgenommen hat; Fahrlässigkeit liegt vor, wenn der Verantwortliche die nachteiligen Auswirkungen seines Handelns unter Beachtung der im Verkehr erforderlichen Sorgfalt vorhersehen und vermeiden konnte (BVerwG NVwZ 2018, 427 Rn. 23). Auf die Rechtmäßigkeit des zum Schaden führenden Verhaltens kommt es grundsätzlich nicht an. Eine ihm erteilte Genehmigung schließt die Verantwortlichkeit nach dem Umweltschadensgesetz nicht aus (BVerwG BeckRS 2023, 32288 Rn. 10), indessen handelt zumeist nicht fahrlässig, wer schutzwürdig auf eine Genehmigung vertraut (BVerwG NVwZ 2022, 1628 Rn. 48). Wer dagegen wissentlich gegen naturschutzrechtliche Verbote verstößt oder bewusst ein die Unversehrtheit maßgeblicher Schutzgüter im Sinne des § 19 Abs. 2, 3 BNatSchG verletzendes Verhalten ohne die erforderliche Genehmigung ausführt, wird im Zweifel fahrlässig handeln (BVerwG NVwZ 2018, 427 Rn. 27).

Der Schuldvorwurf muss den Verantwortlichen treffen, während ihm das Verschulden **37** eines von ihm beauftragten Fachgutachters nicht über § 278 BGB oder § 831 BGB zugerechnet werden kann (BVerwG NVwZ 2018, 427 Rn. 39 f.; Schrader in BeckOK UmweltR § 19 Rn. 55; Knopp/Lohmann/Schumacher NuR 2017, 741 (744)). Auch bei Einschaltung eines Gutachters haftet der Vorhabenträger allerdings, wenn er auf dessen Handlungen einen Einfluss ausübt, der das Merkmal des „Bestimmens" einer beruflichen Tätigkeit erfüllt oder wenn Mängel der Tätigkeiten eines Gutachters für den Vorhabenträger aufgrund eigener Sachkunde erkennbar sind oder es sich um ein „Gefälligkeitsgutachten" handelt (BVerwG NVwZ 2018, 427 Rn. 36; Schwonberg NVwZ 2018, 431 (433)).

Eine Einstandspflicht setzt bei der Gefährdungs- und der Verschuldenshaftung gleicher- **38** maßen voraus, dass der Biodiversitätsschaden auf die berufliche Tätigkeit zurückzuführen ist. Die verantwortliche Person muss die Schädigung geschützter Arten oder natürlicher Lebensräume verursacht haben (§ 19 Abs. 4 BNatSchG), um sanierungspflichtig zu sein. Ausweislich des § 2 Nr. 3 USchadG ist nur derjenige Verantwortlicher, der den Umweltschaden oder die unmittelbare Gefahr eines solchen Schadens **unmittelbar verursacht** hat. Angesichts dessen liegt es nahe, dass im Kontext des Umweltschadensrechts der Verursachungsbegriff des deutschen Polizei- und Ordnungsrechts maßgeblich ist (OVG Schleswig BeckRS 2016, 48910 Rn. 90; Cuypers in Frenz/Müggenborg § 19 Rn. 47; Krohn in Kolodziejcok/Endres/Krohn/Markus Kennzahl 0615 Rn. 14; Meßerschmidt § 19 Rn. 58b; Schrader BeckOK UmweltR § 19 Rn. 16). Verantwortlich ist daher grundsätzlich derjenige, der durch sein Verhalten selbst die konkrete Gefahr unmittelbar herbeigeführt hat, der also in eigener Person die Gefahrenquelle überschritten hat. Da die Umwelthaftungsrichtlinie das Merkmal der Unmittelbarkeit nicht kennt, sind Zweifel hinsichtlich der Unionsrechtskonformität naheliegend (Meßerschmidt § 19 Rn. 58; → Beckmann/Wittmann USchadG § 2 Rn. 39).

II. Sanierungspflicht des Verantwortlichen

39 Zur näheren Bestimmung der erforderlichen Sanierungsmaßnahmen, die der Verantwortliche durchzuführen hat, verweist § 19 Abs. 4 BNatSchG auf **Anhang II Nr. 1 UHRL**. Da sich die an eine Sanierung zu stellenden Anforderungen dort detailliert geregelt finden, sah der Bundesgesetzgeber keinen weiteren Bedarf zu eigenständiger Konkretisierung (BR-Drs. 678/06, S. 66) und beschränkte sich darauf, die unionsrechtlichen Vorgaben im Wege der Verweisung in das Bundesrecht zu inkorporieren.

40 **1. Sanierungsziele und -maßnahmen.** Der in Bezug genommene Anhang II Nr. 1 UHRL sieht bei Schäden an Arten und natürlichen Lebensräumen ein **abgestuftes System** von Sanierungsmaßnahmen vor, das zwischen der primären Sanierung, der ergänzenden Sanierung und der Ausgleichssanierung unterscheidet (eingehend hierzu Meßerschmidt § 19 Rn. 66 ff.; Schumacher in Schumacher/Fischer-Hüftle § 19 Rn. 122 ff; Bruns/Kieß/Peters NuR 2009, 154 ff.).

41 Die in erster Linie geschuldete **primäre Sanierung** zielt auf die Wiederherstellung des Ausgangszustandes ab; ihr geht es darum, den geschädigten natürlichen Lebensraum bzw. die betroffene Art in den Zustand zu versetzen, wie er sich vor dem Schadensereignis darstellte. Da eine vollständige Wiederherstellung oftmals nicht zu verwirklichen sein wird, lässt Anhang II Nr. 1 lit. a UHRL es genügen, wenn der Ausgangszustand annähernd erreicht wird (ebenso Cuypers in Frenz/Müggenborg § 19 Rn. 58). Ist die primäre Sanierung nicht oder nicht in dem gebotenen Umfang möglich, erfolgt eine **ergänzende Sanierung**, deren Ziel darin besteht, eine etwaige Differenz zwischen dem Ausgangszustand und dem Zustand nach Durchführung der primären Sanierung auszugleichen. Aus Nr. 1.1.2 des Anhangs II UHRL erschließt sich, dass ein gleichartiger Ausgleich anzustreben ist, der möglichst an einem Ort in räumlicher Nähe zum geschädigten Ort liegt. Die Vorstellung, dass es mit einem gleichwertigen Ersatz innerhalb der naturräumlichen Haupteinheit sein Bewenden haben könnte (Fellenberg in Lütkes/Ewer § 19 Rn. 53), findet in der Nr. 1.1.2 Anhang II UHRL keinen Rückhalt. Wenn die primäre und die ergänzende Sanierung ihr Ziel nicht unmittelbar erreichen, kommt die **Ausgleichssanierung** zum Tragen, die „zwischenzeitliche Verluste" kompensieren soll (Nr. 1.1.3 Anhang II UHRL). Dieser Ausgleich besteht aus zusätzlichen Verbesserungen der geschützten natürlichen Lebensräume und Arten entweder am geschädigten oder einem anderen Ort. Erforderlich sind aber jedenfalls praktische Maßnahmen des Naturschutzes, während es mit einem finanziellen Ausgleich sein Bewenden nicht haben kann.

42 Welche Sanierungsmaßnahmen im Hinblick auf das gestufte System der Sanierungsziele im Einzelfall zu ergreifen sind, kann naturgemäß nur in Ansehung des jeweiligen Schadensfalles und der ihn prägenden Umstände festgelegt werden. Gewisse Vorgaben, denen allerdings nur **leitlinienartige Funktion** zukommt, können dem Anhang II Nr. 1.2 UHRL entnommen werden, der sich differenziert über die Festlegung von primären, ergänzenden und ausgleichenden Sanierungsmaßnahmen verhält.

43 **2. Sanierungsoptionen.** Für die Ermittlung der auszuwählenden Sanierungskonzepte und Einzelmaßnahmen enthält Anhang II Nr 1.3 UHRL einen Kriterienkatalog. Die Aufzählung umschließt verschiedene Elemente, die steuernden Einfluss auf die Auswahl zwischen unterschiedlichen Sanierungsoptionen gewinnen. Ohne hier auf Einzelheiten eingehen zu können, darf doch festgehalten werden, dass ihre Funktion darin besteht, den Entscheidungsprozess zu steuern, dessen es bedarf, um „angemessene" und als solche dem Grundsatz der Verhältnismäßigkeit gerecht werdende Sanierungsoptionen zu identifizieren.

III. Entscheidung der zuständigen Behörde

Auch wenn die Ermittlung der im jeweiligen Schadensfall erforderlichen Sanierungsmaßnahmen nach § 8 Abs. 1 USchadG zuvörderst dem Verantwortlichen obliegt, bleibt die Entscheidung darüber der zuständigen Behörde vorbehalten. Das Verfahren wird ohnehin eröffnet, wenn die Behörde nicht schon selbst – etwa aus Gründen der Dringlichkeit – die erforderlichen Sanierungsmaßnahmen ergriffen hat. An Sanierungsvorschläge des Verantwortlichen ist die Behörde nicht gebunden; sie kann denselben zustimmen, diese mit Nebenbestimmungen versehen oder auf Grundlage der ihr zur Verfügung stehenden Informationen auch andere Entscheidungen treffen (BT-Drs. 16/3806, 25; John in Schlacke § 19 Rn. 56). 44

D. Praktische Relevanz

Im Schrifttum wird zu Recht darauf aufmerksam gemacht, dass die Intensität der rechtswissenschaftlichen Befassung mit dem Umweltschadensrecht in keinem Verhältnis zu dessen praktischer Bedeutung steht (Schrader in BeckOK UmweltR § 19 Rn. 75). Thematisch einschlägige gerichtliche Entscheidungen sind derzeit noch eher Mangelware (vgl. Knopp/Lohmann/Schumacher NuR 2017, 741 ff.), indessen ist nicht auszuschließen, dass sich daran künftig etwas ändern wird, nachdem das Bundesverwaltungsgericht wesentliche Rechtsfragen in mehreren Entscheidungen geklärt hat (BVerwG NVwZ 2018, 427; NVwZ 2021, 1628; NuR 2023, 699). Zudem ist zu berücksichtigen, dass der Zustand der Natur auch in Deutschland besorgniserregend ist, weil Ökosysteme immer noch verändert, geschädigt und beseitigt werden (Sachverständigenrat für Umweltfragen (SRU) Renaturierung: Biodiversität stärken, Flächen zukunftsfähig bewirtschaften April 2024 S. 11 Rn. 1) und die Bestände zahlreicher Tier- und Pflanzenarten im Niedergang begriffen sind (Nationale Strategie zur biologischen Vielfalt 2030 – Diskussionsvorschläge des BMUV, 2023 S. 2). Im Zuge der fortschreitenden Biodiversitätskrise steigt daher die Wahrscheinlichkeit, dass nachteilige Einwirkungen auf Arten und natürliche Lebensräume die Schwelle der Erheblichkeit künftig weit eher überschreiten werden, als dies bisher der Fall war. Zieht man überdies in Betracht, dass der Gesetzgeber seit einiger Zeit erhebliche Anstrengungen unternimmt, im Interesse des Ausbaus der Erneuerbaren Energien die naturschutzrechtlichen Standards abzuschwächen bzw. die zuständigen Behörden von entsprechenden Prüfaufgaben zu entbinden (→ Rn. 33; Hendrischke NVwZ 2023, 965 (968)), ist es durchaus naheliegend, dass das Umweltschadensrecht einen Bedeutungszuwachs erfahren wird. 45

Kapitel 4. Schutz bestimmter Teile von Natur und Landschaft

Abschnitt 1. Biotopverbund und Biotopvernetzung; geschützte Teile von Natur und Landschaft

§ 20 Allgemeine Grundsätze

(1) **Es wird ein Netz verbundener Biotope (Biotopverbund) geschaffen, das mindestens 10 Prozent der Fläche eines jeden Landes umfassen soll.**

(2) **Teile von Natur und Landschaft können geschützt werden**

1. nach Maßgabe des § 23 als Naturschutzgebiet,
2. nach Maßgabe des § 24 als Nationalpark oder als Nationales Naturmonument,
3. als Biosphärenreservat,
4. nach Maßgabe des § 26 als Landschaftsschutzgebiet,
5. als Naturpark,
6. als Naturdenkmal oder
7. als geschützter Landschaftsbestandteil.

(3) **Die in Absatz 2 genannten Teile von Natur und Landschaft sind, soweit sie geeignet sind, Bestandteile des Biotopverbundes.**

Schrifttum: *Fischer-Hüftle*, Der Gebietsschutz im Umweltgesetzbuch III (Naturschutz und Landschaftspflege), NuR 2008, 213 ff.; *Franzius*, Die Abweichungsgesetzgebung, NVwZ 2008, 492 ff.; *Gellermann*, Das Naturschutzrecht im Umweltgesetzbuch 2009, in: Bohne/Kloepfer (Hrsg.), Das Projekt eines Umweltgesetzbuchs 2009, S. 61 ff.; *Hendrischke*, „Allgemeine Grundsätze" der Naturschutzgesetzgebung, NuR 2007, 454 ff.; *Koch/Krohn*, Das Naturschutzrecht im Umweltgesetzbuch, in: UBA (Hrsg.), Forum Umweltgesetzbuch, Heft 7, 2008, S. 12 ff.; *Köck/Wolf*, Grenzen der Abweichungsgesetzgebung im Naturschutz – Sind Eingriffsregelung und Landschaftsplanung allgemeine Grundsätze des Naturschutzes?, NVwZ 2008, 353 ff.; *Petschulat*, Naturschutz nach der Föderalismusreform: Inhaltliche Gestaltungsmöglichkeiten der Abweichungsgesetzgebung, NuR 2015, 386 ff.; *ders./Weghake/Dallmann/Schoen*, Abweichungsgesetzgebung im Naturschutzrecht, 2014; *Schulze-Fielitz*, Umweltschutz im Föderalismus – Europa, Bund und Länder, NVwZ 2007, 249 ff.

Übersicht

A. Allgemeines

1 § 20 BNatSchG gehört dem Kreis jener einfachgesetzlichen Vorschriften an, die dazu bestimmt sind, die Reichweite der **allgemeinen Grundsätze** des Naturschutzes im Sinne des Art. 72 Abs. 3 Nr. 2 GG zu spezifizieren. Die Vorschrift greift Kernelemente des Regelungsprogramms der im ersten Abschnitt des sich über den Schutz bestimmter Teile von Natur und Landschaft verhaltenden vierten Kapitels des Gesetzes auf, die zu allgemeinen und für die Länder abweichungsfesten Grundsätzen erklärt werden.

B. Allgemeine Grundsätze des Flächennaturschutzes

2 § 20 Abs. 1 BNatSchG stellt klar, dass ein Netz verbundener Biotope **(Biotopverbund)** zu schaffen ist, das mindestens 10 % der Fläche eines jeden Landes umfassen soll. Die Gesetzesbegründung verweist insoweit auf die besondere Bedeutung des Biotopverbundes für die Erhaltung von Tier- und Pflanzenarten sowie die Aufrechterhaltung funktionsfähiger Wechselbeziehungen für Lebensräume und Lebensgemeinschaften (BT-Drs. 16/12274, S. 60). Darin kommt zum Ausdruck, dass ein der Verinselung von Naturräumen sowie der damit einhergehenden Isolation der Populationen von Tier- und Pflanzenarten entgegenwirkendes Netz von miteinander verbundenen Biotopen zu den tragenden Elementen des Bundesrechts zählt, die einer landesrechtlichen Abweichung unzugänglich sind. In räumlicher Hinsicht sieht § 20 Abs. 1 BNatSchG eine Mindestgröße des Biotopverbundes vor, der die Länder nicht daran hindert, im Landesrecht einen höheren prozentualen Anteil der Landesfläche für den Biotopverbund vorzusehen (Hendrischke in Schlacke § 20 Rn. 7; Petschulat/Weghake/Dallmann/Schoen Abweichungsgesetzgebung S. 147); es unterliegt daher keiner Beanstandung, wenn § 9 Abs. 1 HmbBNatSchAG die Schaffung eines Biotopverbundes regelt, der mindestens 15 % des Gebietes der Freien und Hansestadt Hamburg umfasst. Da es sich bei § 20 Abs. 1 BNatSchG um eine im Regelfall verbindliche **„Sollvorschrift"** handelt, kommt eine Unterschreitung des bundesrechtlich vorgesehenen Mindeststandards nur in begründeten Ausnahmefällen in Betracht (BT-Drs. 14/6378, 38; Schumacher/Schumacher/Fischer-Hüftle in Schumacher/Fischer-Hüftle § 20 Rn. 16). Dem mit dem Entwurf des Gesetzes zur Änderung des Bundesnaturschutzgesetzes im Jahre 2017 unternommenen Versuch, eine **zeitliche Mindestvorgabe** für die Einrichtung des Biotopverbundes in den Normtext des § 20 Abs. 2 BNatSchG aufzunehmen (BT-Drs. 18/11939, 5) blieb der Erfolg versagt (Schütte/Winkler ZUR 2017, 504 (506)).

3 Nach § 20 Abs. 2 BNatSchG sollen auch die dort aufgeführten Schutzgebietskategorien dem regelnden Zugriff der Länder entzogen sein. Die Vorschrift bestimmt, dass Teile von Natur und Landschaft zu Schutzgebieten (z.B. NSG, LSG, Nationalpark) oder Schutzobjekten (z.B. Naturdenkmal) erklärt werden. Indem der Bundesgesetzgeber die in § 20 Abs. 2 Nr. 1-7 BNatSchG aufgeführten Schutzkategorien in die Grundsatzbestimmung aufnimmt, bringt er zum Ausdruck, dass es den Ländern versagt sein soll, den **Katalog der bundesrechtlichen Schutztypen** zu erweitern oder zu verengen. Die Einführung neuer Schutzkategorien (z.B. Natura 2000-Gebiet) oder der Verzicht auf einzelne der bundesrechtlich geregelten Typen des Gebiets- oder Objektschutzes soll daher im Interesse der Einheitlichkeit ausgeschlossen sein (BT-Drs. 16/12274, S. 60; Lau in Frenz/Müggenborg § 20 Rn. 6; Meßerschmidt § 20 Rn. 18; *Fischer-Hüftle,* NuR 2008, 213). Die im Landesrecht Nordrhein-Westfalens enthaltene Kategorie des „Wildnisentwicklungsgebietes" (§ 40 Abs. 1 S. 1 LNatSchG NRW) wird daher im Schrifttum kritisch beäugt (Hendrischke in Schlacke § 20 Rn. 26; Dietlein NWVBl. 2016, 397 ff.).

4 In seiner Reichweite ist dieser allgemeine Grundsatz freilich uneinheitlich ausgeprägt. Während er sich bei den Naturschutzgebieten, Nationalparken, Nationalen Naturmonumenten sowie bei den Landschaftsschutzgebieten auf die in den §§ 23, 24 und 26 BNatSchG im Einzelnen normierten **Modalitäten des Schutzes** erstreckt, wird bei den sonstigen Schutztypen (z.B. Biosphärenreservat, Naturdenkmal, geschützter Landschaftsbestandteil) nur deren Existenz, nicht aber ihre konkrete Ausgestaltung im Hinblick auf die Voraussetzungen der Unterschutzstellung und das jeweilige Schutzregime zum allgemeinen Grundsatz bestimmt (Albrecht in BeckOK UmweltR § 20 Rn. 29; Lau in Frenz/Müggenborg § 20 Rn. 8). Bei diesen Schutzkategorien wird wegen des **Fehlens eines**

Maßgabevorbehalts auf erweiterte Abweichungsmöglichkeiten erkannt (Heugel in Lütkes/Ewer § 20 Rn. 13; Meßerschmidt § 20 Rn. 19).

§ 20 Abs. 3 BNatSchG schließlich erklärt zum allgemeinen Grundsatz, dass die in Absatz 2 genannten Flächen als Bestandteile des Biotopverbundes in Betracht kommen, soweit sie die entsprechende fachliche Eignung aufweisen (Fischer-Hüftle NuR 2008, 213 hält diese Regelung in Ansehung des § 21 Abs. 3 BNatSchG für entbehrlich). 5

C. Verfassungsrechtliche Würdigung

Über die Reichweite dessen, was aus verfassungsrechtlicher Sicht zu den allgemeinen Grundsätzen des Naturschutzes zu rechnen ist, mag man trefflich streiten (vgl. nur Schulze-Fielitz NVwZ 2007, 249 (257); Kotulla NVwZ 2007, 489 (492); weitergehend Hendrischke NuR 2007, 454 (457)), indessen wird sich der Gesetzgeber, der weder zur konstitutiven Ausgestaltung noch zur authentischen Interpretation der in Art. 72 Abs. 3 Nr. 2 GG bezeichneten abweichungsfesten Materien berufen ist (Lau in Frenz/Müggenborg § 20 Rn. 2; Koch/Krohn in UBA Forum Umweltgesetzbuch S. 13), zumindest **in Ansehung des § 20 Abs. 2 BNatSchG** vorhalten lassen müssen, den verfassungsrechtlichen Begriff der allgemeinen Grundsätze deutlich überdehnt zu haben. Da es sich bei diesen Grundsätzen schon begrifflich nur um ausfüllungsfähige und ausfüllungsbedürftige Leitregeln von eher **prinzipienhafter Art** handeln kann, will nicht einleuchten, wieso den Ländern die Abweichung von dem in § 20 Abs. 2 BNatSchG genannten Katalog der bundesrechtlichen Schutzkategorien und zum Teil sogar von den Modalitäten des Schutzes versagt sein sollte. Zu den Grundsätzen des Naturschutzes wird man sicherlich die Verfügbarkeit eines **Instrumentariums** rechnen können, welches es erlaubt, den aus der Perspektive des Naturschutzes wertvollen Gebieten und Objekten einen Schutzstatus zu vermitteln, der divergierenden Schutzbedürfnissen Rechnung trägt. Der von § 20 Abs. 2 BNatSchG umfasste Katalog der bundesrechtlich geregelten Schutzkategorien erscheint allerdings zu detailliert, um noch als prinzipienhafte Leitregel gelten zu können (Gellermann in Bohne/Kloepfer UGB 2009, S. 63; a.A. Hendrischke in Schlacke § 20 Rn. 29; Heugel in Lütkes/Ewer § 20 Rn. 13; Lau in Frenz/Müggenborg § 20 Rn. 6; Meßerschmidt § 20 Rn. 3). Dies umso weniger, als sich den **Materialien der Föderalismusreform** entnehmen lässt, dass „die konkreten Voraussetzungen und Inhalte für die Ausweisung von Schutzgebieten“ nicht zu den allgemeinen Grundsätzen des Naturschutzes gerechnet werden sollten (BT-Drs. 16/813, S. 11 vgl. auch OVG Weimar NuR 2023, 568 (570)). Auch wenn der dokumentierte Wille des verfassungsändernden Gesetzgebers stets nur eine von mehreren Erkenntnisquellen darstellt, kann dessen Relevanz jedenfalls nicht mit Hinweis darauf in Frage gestellt werden, dass der besondere Flächen- und Objektschutz eine klassische Säule des Naturschutzrechts bildet, die schon im Reichsnaturschutzgesetz geregelt war (in dieser Hinsicht Meßerschmidt § 20 Rn. 3). Dieses Gesetz kannte lediglich die Schutzkategorien des Naturdenkmals (§ 3 RNG), des Naturschutzgebietes (§ 4 RNG) sowie der sonstigen Landschaftsteile (§ 5 RNG) und kann daher schwerlich zum Beleg dafür bemüht werden, dass sämtliche in § 20 Abs. 2 BNatSchG genannten Schutzkategorien von dem verfassungsrechtlichen Begriff der allgemeinen Grundsätze umfasst sind. Dass dies nicht der Fall sein kann, zeigt sich besonders anschaulich am Beispiel der erst mit der BNatSchG-Novelle 2010 eingeführten Schutzkategorie des Nationalen Naturmonuments (§ 24 Abs. 4 BNatSchG), die dem verfassungsändernden Gesetzgeber zu Zeiten der Föderalismusreform (2006) noch nicht einmal bekannt war. Im Übrigen ist zu berücksichtigen, dass § 20 Abs. 2 BNatSchG die Voraussetzungen und Schutzregime bei einzelnen Schutzkategorien als allgemeinen Grundsatz kennzeichnet. 6

Träfe dies zu, wären auch die erst unlängst eingeführten Fracking- und Beleuchtungsverbote (§ 23 Abs. 3 und 4, § 24 Abs. 3 S. 2 BNatSchG) sowie die Ausnahmen für Windenergieanlagen (§ 26 Abs. 3 BNatSchG) in den Rang eines allgemeinen Grundsatzes des Naturschutzrechts erhoben (darauf hinweisend Hendrischke in Schlacke § 20 Rn. 29). Dem verfassungsrechtlichen Gehalt dieses Begriffs und dem Sinn des Klammerzusatzes in Art. 72 Abs. 3 Nr. 2 GG wird es schwerlich gerecht, wenn jede **einfachgesetzliche Detailänderung** des Schutzregimes der in § 20 Abs. 2 Nr. 1, 2 und 4 BNatSchG genannten Schutzkategorien dem regelnden Zugriff der Länder entzogen wäre, zumal sich Grundsätze typischerweise nicht mit Detailfragen befassen (Petschulat NuR 2015, 386 (388)).

§ 21 Biotopverbund, Biotopvernetzung

(1) **Der Biotopverbund dient der dauerhaften Sicherung der Populationen wild lebender Tiere und Pflanzen einschließlich ihrer Lebensstätten, Biotope und Lebensgemeinschaften sowie der Bewahrung, Wiederherstellung und Entwicklung funktionsfähiger ökologischer Wechselbeziehungen. Er soll auch zur Verbesserung des Zusammenhangs des Netzes „Natura 2000" beitragen.**

(2) **Der Biotopverbund soll länderübergreifend erfolgen. Die Länder stimmen sich hierzu untereinander ab.**

(3) **Der Biotopverbund besteht aus Kernflächen, Verbindungsflächen und Verbindungselementen. Bestandteile des Biotopverbunds sind**

1. **Nationalparke und Nationale Naturmonumente,**
2. **Naturschutzgebiete, Natura 2000-Gebiete und Biosphärenreservate oder Teile dieser Gebiete,**
3. **gesetzlich geschützte Biotope im Sinne des § 30,**
4. **weitere Flächen und Elemente, einschließlich solcher des Nationalen Naturerbes, des Grünen Bandes sowie Teilen von Landschaftsschutzgebieten und Naturparken,**

wenn sie zur Erreichung des in Absatz 1 genannten Zieles geeignet sind.

(4) **Die erforderlichen Kernflächen, Verbindungsflächen und Verbindungselemente sind durch Erklärung zu geschützten Teilen von Natur und Landschaft im Sinne des § 20 Absatz 2, durch planungsrechtliche Festlegungen, durch langfristige vertragliche Vereinbarungen oder andere geeignete Maßnahmen rechtlich zu sichern, um den Biotopverbund dauerhaft zu gewährleisten.**

(5) **Unbeschadet des § 30 sind die oberirdischen Gewässer einschließlich ihrer Randstreifen, Uferzonen und Auen als Lebensstätten und Biotope für natürlich vorkommende Tier- und Pflanzenarten zu erhalten. Sie sind so weiterzuentwickeln, dass sie ihre großräumige Vernetzungsfunktion auf Dauer erfüllen können.**

(6) **Auf regionaler Ebene sind insbesondere in von der Landwirtschaft geprägten Landschaften zur Vernetzung von Biotopen erforderliche lineare und punktförmige Elemente, insbesondere Hecken und Feldraine sowie Trittsteinbiotope, zu erhalten und dort, wo sie nicht in ausreichendem Maße vorhanden sind, zu schaffen (Biotopvernetzung).**

Schrifttum: *Albrecht/Leibenath*, Biotopverbund im Planungsrecht, ZUR 2008, 518 ff.; *Bannas/Löffler/Riecken*, Die Umsetzung des länderübergreifenden Biotopverbunds – rechtliche, strategische, planerische und programmatische Aspekte – BfN-Skripten 475/2017; *Böhning-Gaese*, Ist die biologische Vielfalt verloren?, Forschung & Lehre 2021, 357 ff.; *Dänicke/Weyer*, Schutz des Grünlandes durch Biotopverbund und –vernetzung in Zeiten des Landnutzungswandels, NuR 2012, 153 ff.; *Dietrich*, Der Biotopverbund – mögliche Instrumente der Ausweisung und Sicherung, UPR 2004, 168 ff.; *Fuchs/Hänel/Lipski/Reich/Finck/Riecken*, Länderübergreifender Biotopverbund in Deutschland, Schriftenreihe Naturschutz und Biologische Vielfalt (NaBiV) Heft 96, 2011; *Geidezis/Kreutz/Friedel/Leupold/Pentz/Kowoll/Riecken/Ullrich*, 30 Jahre Grünes Band – vom Todesstreifen zum Nationalen Naturmonument, NuL 96 (2021), 300 ff.; *Gepp*, Der Erhalt von Gehölzstrukturen in der freien Landschaft außerhalb des Waldes für den Biotopverbund – eine rechtliche Betrachtung der Zuständigkeiten, NuR 2023, 217 ff.; *Jedicke*, Biotopverbund zwischen Soll und Haben, Naturschutz und Landschaftsplanung 47 (2015), 233 ff.; ders/*Marschall*, Einen Zehnten für die Natur, Naturschutz und Landschaftsplanung 35 (2003), 101 ff.; *Krüsemann*, Biotopverbund im Naturschutzrecht, 2005; *dies.*, Der Biotopverbund nach § 3 BNatSchG, NuR 2006, 546 ff.; *Louis*, Rechtliche Anforderungen an den Biotopverbund, in: Oldiges (Hrsg.), Perspektiven des Naturschutzes, 2003, S. 99 ff.

Übersicht

A. Allgemeines

1 Es entspricht einer keineswegs neuen Erkenntnis, dass dem nach wie vor ungebremsten Rückgang der biologischen Vielfalt (vgl. nur Bericht der Bundesregierung zur Lage der Natur für die 16. Legislaturperiode BT-Drs. 16/12032, 3 ff.) mit den herkömmlichen Schutzinstrumentarien allein nicht wirksam begegnet werden kann. Schutzgebiete, die sich in Deutschland oftmals auf sehr kleine und isoliert gelegene Flächen beschränken, können angesichts des Klimawandels sowie negativer Randeffekte keine Gewähr für eine dauerhafte Erhaltung ihrer jeweiligen Schutzgüter bieten (Beierkuhnlein/Stahlmann/Geist Naturschutz und Landschaftsplanung 55 (2023), 16 (18)). So notwendig ein wirksamer Schutz der mitunter als „Inseln in der Landschaft" erscheinenden naturnahen Restflächen auch nach wie vor ist, so wenig können die sich vor allem hierauf beziehenden Maßnahmen der Flächensicherung genügen, um dem fortschreitenden Artensterben und der mittlerweile dramatischen Biodiversitätskrise (hierzu nur Nationale Akademie der Wissenschaften Leopoldina Globale Biodiversität in der Krise Dokumentationsband Nr. 24 2020; Böhning-Gaese Forschung & Lehre 2021, 357 ff.) Einhalt zu gebieten. Hierzu bedarf es weitergehender Anstrengungen, die der Verinselung der Lebensräume vieler Tier- und Pflanzenarten entgegenwirken und Gewähr für den zur Erhaltung der Artenvielfalt notwendigen Austausch von Arten und Populationen bieten. Die **Einrichtung eines Biotopverbundsystems**, das aus Kernflächen mit Vorrang für den Schutz der heimischen Tier- und Pflanzenarten und sie miteinander verbindenden Flächen und Landschaftselementen besteht und in Orientierung an den spezifischen Bedürfnissen der Arten auf die Erhaltung bzw. Wiederherstellung der oftmals bereits zerstörten gesamtlandschaftlichen ökologischen Zusammenhänge gerichtet ist, kann sich als wirksamer Beitrag zu Bewahrung der Artenvielfalt darstellen (Sachverständigenrat für Umweltfragen Sondergutachten Landwirtschaft BT-Drs. 10/3613, Rz. 1215 ff.; Jahresgutachten 2000 BT-Drs. 14/3363, Rz. 338).

2 Die Idee des Biotopverbundes („ecological network") wird auf internationaler Ebene seit geraumer Zeit als **Schlüsselkonzept der Naturschutzpolitik** betrachtet (Albrecht/Leibenath ZUR 2008, 518 (519); Meßerschmidt § 21 Rn. 2). Während auf der Ebene der Europäischen Union hieraus bereits 1992 mit dem Erlass der Richtlinie 92/43/EWG (FFH-RL) die notwendigen Konsequenzen gezogen und die Mitgliedstaaten in die Pflicht genommen wurden, Beiträge zur Errichtung eines kohärenten europäischen ökologischen Netzes besonderer Schutzgebiete zu erbringen, hat der Bundesgesetzgeber den Gedanken des Biotopverbundes erstmals im Zuge der Novelle 2002 aufgegriffen und den Ländern die Schaffung eines bundesweiten Gebietsverbundes mit dem Ziel der nachhaltigen Siche-

rung heimischer Tier- und Pflanzenarten aufgegeben (Jedicke Naturschutz und Landschaftsplanung 47 (2015), 233; eingehend Krüsemann, NuR 2006, 546 ff.). Die inhaltlichen Vorgaben der bisherigen Biotopverbundregelung (§ 3 BNatSchG a.F.) werden durch § 21 Abs. 1-4 BNatSchG mit gewissen Ergänzungen in das neue Recht überführt. Zugleich nimmt sich § 21 Abs. 5 BNatSchG der bislang in § 31 BNatSchG a.F. geregelten Thematik des Schutzes der Gewässer, ihrer Randstreifen, Uferzonen und Auen an, während § 21 Abs. 6 BNatSchG die Biotopvernetzung in Anlehnung an die vormalige Bestimmung des § 5 Abs. 3 BNatSchG einer Regelung zuführt. Auch wenn § 21 BNatSchG durchaus einzelne neue Elemente erkennen lässt, belässt es die Vorschrift doch im Wesentlichen bei einer Übernahme der bisherigen Vorgaben des Rahmenrechts.

Obwohl die Wissenschaft nicht Müde wird, auf die Notwendigkeit der Etablierung eines wirksamen Biotopverbundes hinzuweisen (Sachverständigenrat für Umweltfragen Renaturierung Biodiversität stärken, Flächen zukunftsfähig bewirtschaften 2024 Rz. 109), nimmt dessen Einrichtung einen eher schleppenden Verlauf (Hendrischke in Schlacke § 21 Rn. 53). Verantwortlich dürfte dafür nicht zuletzt der Umstand zeichnen, dass § 21 BNatSchG keine Aussage dazu trifft, innerhalb welcher Frist der Biotopverbund eingerichtet sein muss. Dem Versuch, im Zuge der BNatSchG-Novelle 2017 eine **Umsetzungsfrist** (31.12.2017) zu bestimmen, blieb der Erfolg versagt (Lau in Frenz/Müggenborg § 21 Rn. 5). Der vom BMUV unterbreitete Diskussionsvorschlag für eine Nationale Strategie zur Biologischen Vielfalt (NBS 2030) sieht nunmehr vor, bis 2030 einen länderübergreifenden Lebensraumkorridor einzurichten und so zu sichern, dass ein Biotopverbund auf mindestens 15 % der Fläche gewährleistet ist. 3

B. Der Biotopverbund

I. Gegenstand

§ 21 BNatSchG definiert den Biotopverbund nicht. Die Vorschrift knüpft an § 20 Abs. 1 BNatSchG an (Hendrischke in Schlacke § 21 Rn. 3; Gepp NuR 2023, 217 (220)), dem zu entnehmen ist, dass der Biotopverbund ein „Netz verbundener Biotope" darstellt, das **mindestens 10 % der Landesfläche** umfasst und ausweislich § 21 Abs. 3 S. 1 BNatSchG aus Kernflächen, Verbindungsflächen und Verbindungselementen besteht. Da es sich bei den Biotopen nach der Umschreibung des § 7 Abs. 2 Nr. 4 BNatSchG um Lebensräume der Lebensgemeinschaften wild lebender Tiere und Pflanzen handelt (→ § 7 Rn. 20), müssen die genannten Bestandteile Lebensraumfunktion erfüllen, miteinander in Beziehung stehen und in ihrer Gesamtheit geeignet sein, die in § 21 Abs. 1 BNatSchG bezeichneten Ziele zu erreichen. Der so skizzierte Biotopverbund macht nicht an Landesgrenzen halt, sondern soll von den Ländern in einer **länderübergreifenden Weise** ausgebildet werden (Lau in Frenz/Müggenborg § 21 Rn. 3). Auch wenn sich die Ausgestaltung des Verbundsystems den rechtlichen Vorgaben zu fügen hat, ist die Ausfüllung dieses Rahmens doch im Wesentlichen eine **naturschutzfachliche Aufgabe** (vgl. nur Krüsemann, NuR 2006, 546; Systematisierung naturschutzfachlicher Biotopverbund-Ansätze bei Albrecht/Leibenath, ZUR 2008, 518 (521 f.)). 4

II. Ziele und Funktionen

Die für die fachliche Konzeption des Biotopverbundes maßgeblichen Ziele finden sich in § 21 Abs. 1 BNatSchG umschrieben. Unter Anpassung an die Begriffsbestimmungen des § 7 BNatSchG übernimmt die Vorschrift in ihrem ersten Satz die Inhalte der Zielbestimmung des § 3 Abs. 2 BNatSchG a.F. in leicht präzisierter Form. Der neue Satz 2 trägt 5

zur Verdeutlichung des Beziehungsgefüges zwischen dem nationalen Biotopverbund und dem europäischen Netz Natura 2000 bei.

6 **1. Ziele des bundesdeutschen Biotopverbundes.** Nach § 21 Abs. 1 S. 1 BNatSchG dient der Biotopverbund der dauerhaften Sicherung der Populationen **wild lebender Tiere und Pflanzen**, ihrer Lebensstätten, Biotope und Lebensgemeinschaften sowie der Bewahrung, Wiederherstellung und Entwicklung funktionsfähiger ökologischer Wechselbeziehungen. Im Unterschied zur Vorläuferregelung stellt die Vorschrift nicht mehr auf heimische Arten ab, zu denen auch verwilderte und durch menschlichen Einfluss eingebürgerte Tiere und Pflanzen gehören, die sich im Inland in freier Natur ohne menschliche Hilfe über mehrere Generationen erhalten haben (§ 7 Abs. 2 Nr. 7 Hs. 2 BNatSchG a.F.; hierzu Müller-Walter in Lorz/Konrad/Mühlbauer/Müller-Walter/Stöckel § 7 Rn. 24). Diese Arten sollen nicht Gegenstand der Bemühungen des Naturschutzes sein (Heugel in Lütkes/Ewer § 21 Rn. 3). Andernfalls profitierten selbst invasive Arten wie der Waschbär, die Nilgans oder die Wollhandkrabbe von der Einrichtung des Biotopverbundes, obwohl es deren Ausbreitung aus Gründen des § 40a Abs. 1 BNatSchG tunlichst zu unterbinden gilt; erst recht gilt dies für Arten, die hierzulande nicht einmal heimisch sind (Hendrischke in Schlacke § 21 Rn. 9). Aber auch im Übrigen muss der Biotopverbund nicht sämtlichen Tier- und Pflanzenarten zugutekommen, die **natürlicherweise** hierzulande vorkommen. Einmal abgesehen davon, dass dies den Lebensraumverbund schlicht überfordern würde, zeigt die auf die Sicherung der Populationen „wild lebender Tier- und Pflanzenarten" abhebende Formulierung des § 21 Abs. 1 S. 1 BNatSchG an, dass eine **Auswahl der Arten** vorgenommen werden kann (Meßerschmidt § 21 Rn. 21). Dies erlaubt es, die Biotopverbundplanung an besonders schutzwürdigen oder gefährdeten **Zielarten** auszurichten, die höchste Ansprüche an die Größe und ökologische Qualität ihrer Lebensräume stellen und als Schirmarten (umbrella species) zugleich die Lebensraumansprüche weniger anspruchsvoller Arten abdecken (Schumacher/Schumacher in Schumacher/Fischer-Hüftle § 20 Rn. 15; Däniche/Weyer NuR 2012, 153 (155)). Sie fungieren als Repräsentanten von Lebensraumtypen und Lebensgemeinschaften und können – sofern bei ihrer Auswahl entsprechende Kriterien berücksichtigt werden – neben der Artenvielfalt auch die genetische Vielfalt und Ökosystemvielfalt abbilden (Jedicke Naturschutz und Landschaftsplanung 47 (2015), 233 (234)).

7 Das in § 21 Abs. 1 S. 1 BNatSchG umschriebene Ziel des Biotopverbundes ist umfassend angelegt. Seiner Funktion nach dient der Biotopverbund der dauerhaften **Sicherung** der Populationen wild lebender Tier- und Pflanzenarten einschließlich ihrer Lebensstätten, Biotope und Lebensgemeinschaften sowie der Bewahrung, Wiederherstellung und Entwicklung funktionsfähiger ökologischer Wechselbeziehungen. Diesem anspruchsvollen Ziel kann das einzurichtende Netz miteinander verbundener Biotope nur gerecht werden, wenn es mit seinen Kern- und Verbindungsflächen sowie seinen Verbindungselementen sämtliche lebensraumbezogenen Elemente umfasst, derer es bedarf, um **auf Dauer** das Überleben und die Vermehrung der nach fachlichen Aspekten ausgewählten Tier- und Pflanzenarten („Zielarten") zu gewährleisten (vgl. hierzu Jedicke/Marschall Naturschutz und Landschaftsplanung 35 (2003), 101 (105)). Konzeptionell muss sich seine Einrichtung daher am Leitbild **langfristig stabiler Populationen** orientieren und Sorge dafür tragen, dass die hierfür erforderlichen Mindestbedingungen im Gebietsverbund erfüllt werden. Insoweit ist es keineswegs damit getan, „irgendwelche" Gebiete, die womöglich bereits mit einem Schutzstatus versehen sind und in einer räumlichen Nähebeziehung zueinander stehen, zum Bestandteil eines Biotopverbundes zu bestimmen. Vielmehr muss ein Netz von Gebieten hergestellt werden, das den spezifischen Erfordernissen und Lebensbedingungen der zu sichernden Tier- und Pflanzenarten im Hinblick auf Größe,

ökologische Beschaffenheit und Qualität der Habitate gerecht wird, ihre Lebensgemeinschaften umfasst, ihre Ausbreitung ermöglicht und ihrem Wanderungsverhalten entspricht (ebenso Meßerschmidt § 21 Rn. 54). Dort wo diese Bedingungen nicht oder nicht mehr in hinreichendem Maße erfüllt sind, dient der Biotopverbund zugleich auch der Wiederherstellung und Entwicklung der gestörten ökologischen Wechselbeziehungen.

2. Verhältnis zum europäischen Netz Natura 2000. Nach § 21 Abs. 1 S. 2 **8**
BNatSchG soll der nationale Biotopverbund „auch" zur **Verbesserung des Netzes Natura 2000** beitragen. Auf diesem Wege wird unionsrechtlichen Vorgaben entsprochen, vermöge derer sich die Mitgliedstaaten darum zu bemühen haben, die ökologische Kohärenz des europäischen ökologischen Netzes zu fördern (Art. 3 Abs. 3 und Art. 10 FFH-RL). Die Formulierung des § 21 Abs. 1 S. 2 BNatSchG lässt allerdings keinen Zweifel daran, dass der nationale und der europäische Gebietsverbund nicht aufeinander aufbauen, sondern grundsätzlich nebeneinander bestehen (Hendrischke in Schlacke § 21 Rn. 13; Heugel in Lütkes/Ewer § 21 Rn. 12). Der von den Ländern einzurichtende nationale Verbund soll zwar zur Verbesserung der Kohärenz des Netzes Natura 2000 beitragen, indessen ist dies nur eine der ihm zugedachten Aufgaben. Das bringt es mit sich, dass selbst in den Ländern, die bereits über 10 % der Landesfläche zum Aufbau des Netzes Natura 2000 gemeldet haben, weitere Anstrengungen unternommen werden müssen, um den bundesrechtlichen Anforderungen zu genügen.

III. Länderübergreifender Biotopverbund

Wenn es Populationen heimischer Tier- und Pflanzenarten einschließlich ihrer Habita- **9**
te und Lebensgemeinschaften dauerhaft zu sichern, spielen Landesgrenzen keine Rolle, weil sich Tier- und Pflanzenarten daran nicht halten. Dies berücksichtigend ordnet § 21 Abs. 2 S. 1 BNatSchG an, dass der Biotopverbund länderübergreifend erfolgen soll. Die Regelung will Gewähr für die Etablierung eines Verbundsystems bieten, das großräumig und ohne Rücksicht auf räumliche und funktionale Beziehungen zu benachbarten Bundesländern ausgestaltet wird (Albrecht in BeckOK UmweltR § 21 Rn. 13). Da es sich um eine **„Sollvorschrift"** handelt, kann von der länderübergreifenden Etablierung eines derartigen Biotopverbundes allenfalls in besonders gelagerten Ausnahmesituationen abgesehen werden. Nach § 21 Abs. 2 S. 2 BNatSchG stimmen sich die Länder hinsichtlich der grenzübergreifenden Fragestellung ab. **Abstimmung** geht über eine wechselseitige Information und eine Beteiligung am Verfahren der Auswahl und Sicherung grenzübergreifender Gebiete oder Korridore hinaus (anders Lau in Frenz/Müggenborg § 21 Rn. 3). Vielmehr sind die zuständigen Landesbehörden gefordert, sich auf einheitliche Fachkonzepte für grenzüberschreitende Räume zu verständigen und diesbezügliche eine Einigung herbeizuführen (Meßerschmidt § 21 Rn. 30).

IV. Bestandteile des Biotopverbundes

Nach § 21 Abs. 3 S. 1 BNatSchG besteht der Biotopverbund aus Kernflächen, Verbin- **10**
dungsflächen und Verbindungselementen. Auch wenn sich der Gesetzgeber einer Definition dieser Begrifflichkeiten enthalten hat, entspricht es dem üblichen Sprachgebrauch und überdies dem Bild des Netzes, die **Kernflächen** als die eigentlichen Zentren des Gebietsverbundes zu begreifen, die aus Gründen ihrer Ausstattung mit belebten und unbelebten Elementen qualitativ und quantitativ in besonderer Weise geeignet sind, die Sicherung der standorttypischen Arten und Lebensräume zu gewährleisten (BT-Drs. 14/6378, 38; eingehend hierzu Schumacher/Schumacher in Schumacher/Fischer-Hüftle § 21 Rn. 23). Diese Kernflächen müssen durch Verbindungsflächen und Verbindungsele-

mente miteinander in einer Weise in Beziehung gesetzt werden, die einer „Verinselung" der Kernflächen begegnet (Gepp NuR 2023, 217 (220)). **Verbindungsflächen** sind solche Areale, die den ökologischen Wechselwirkungen der Populationen, ihrer Ausbreitung entsprechend ihren artspezifischen Bedürfnissen, dem genetischen Austausch zwischen den Populationen und Wiederbesiedlungs- und Wanderungsprozessen dienen (BT-Drs. 14/6378, 38). Während sie über eine flächenhafte Ausprägung und größere Ausdehnung verfügen (Hendrischke in Schlacke § 21 Rn. 19), sind **Verbindungselemente** eher von kleinflächigerer Art. Als solche umfassen sie punkt- oder linienförmige Strukturen wie Gehölze, Feldraine, Tümpel, Weiher, Wasserläufe, Hecken, Einzelbäume und Gebüsche etc. (*Stich,* UPR 2002, 163).

11 Neben Nationalparken, Nationalen Naturmonumenten und gesetzlich geschützten Biotopen im Sinne des § 30 BNatSchG, die dem Gesetzgeber zumindest prinzipiell in ihrer **Gesamtheit** für eine Aufnahme in den Biotopverbund geeignet zu sein scheinen (Hendrischke in Schlacke § 20 Rn. 21), werden Naturschutzgebiete, Natura 2000-Gebiete und Biosphärenreservate oder **Teile dieser Gebiete** ebenso zu Bestandteilen des Biotopverbundes bestimmt wie die in § 21 Abs. 3 Nr. 4 BNatSchG genannten „weiteren Flächen und Elemente". Hierzu können Teile von Naturparken und Landschaftsschutzgebieten, daneben aber auch Flächen des **Nationalen Naturerbes**, bei denen es sich um ökologisch besonders wertvolle ehemalige militärische Liegenschaften handelt (BT-Drs. 16/12274, 61), und des die ehemalige innerdeutsche Grenze markierenden **Grünen Bandes** gehören (hierzu Geidezis/Kreutz/Friedel/Leupold/Pentz/Kowoll/Riecken/Ullrich NuL 96 (2021), 300 ff.; Lau in Frenz/Müggenborg § 21 Rn. 7).

12 Dabei enthält sich das Bundesrecht jeder Aussage, welche dieser Areale als Kern- und welche lediglich als Verbindungsflächen in Betracht kommen; § 21 Abs. 3 BNatSchG stellt lediglich klar, dass die in Nr. 1-4 aufgeführten Flächen nicht ohne weiteres, sondern nur dann als Bestandteil des Biotopverbundes in Frage kommen, wenn sie zur Erreichung des in § 21 Abs. 1 BNatSchG bezeichneten Ziels **geeignet** sind. Insoweit bedarf es eines Auswahlprozesses, der in Orientierung an den Funktionen des Biotopverbundes Areale identifiziert, die aus Gründen ihrer Ausstattung und ökologischen Qualität, ihrer geografischen Lage, ihres Entwicklungs- oder Vernetzungspotenzials etc. im Stande sind, als Kern- oder Verbindungsflächen zur Sicherung gerade jener Tier- und Pflanzenarten beizutragen, die von dem Biotopverbund profitieren sollen. Diesen Auswahlschritt haben auch die bereits mit einem Schutzstatus versehenen Gebiete zu durchlaufen, die nur dann als räumliche Grundlage des zu schaffenden Biotopverbundes fungieren können, wenn sie den vorbezeichneten Bedingungen genügen. Dementsprechend kann ein isoliert gelegenes Naturschutzgebiet nur dann in den Biotopverbund integriert werden, wenn es durch Verbindungsflächen und -elemente, die dem Wander- und Ausbreitungsverhalten dort geschützter Tier- und Pflanzenarten gerecht werden, mit anderen Habitaten dieser Arten in einen funktionalen Zusammenhang gebracht werden kann. Ebenso mögen Teile eines Landschaftsschutzgebietes rein optisch als Verbindung zwischen den für eine Tier- oder Pflanzenart maßgeblichen Kernflächen erscheinen, als Verbindungsflächen kommen sie aber allenfalls in Frage, wenn sie tatsächlich zur Bewahrung, Wiederherstellung oder Entwicklung ökologischer Wechselbeziehungen zwischen den zu verbindenden Flächen geeignet sind. Nachdem der Gesetzgeber Landschaftsschutzgebiete den Zwecken der Windkraftnutzung verfügbar gemacht hat (§ 26 Abs. 3 BNatSchG), sieht sich deren Eignung für Zwecke des § 21 Abs. 1 BNatSchG allerdings grundlegend in Frage gestellt, wenn windenergiesensible Vögel oder Fledermäuse zum Spektrum der Zielarten des Biotopverbundsystems gehören.

V. Rechtliche Absicherung

13 Nach § 21 Abs. 4 BNatSchG ist die rechtliche Absicherung der erforderlichen Kern- und Verbindungsflächen sowie der Verbindungselemente obligatorisch, während entsprechende Sicherungsmaßnahmen zugunsten des gesamten Netzes der miteinander verbundenen Biotope nicht vorgesehen sind (Hendrischke in Schlacke § 21 Rn. 24; Lau in Frenz/Müggenborg § 21 Rn. 10; Marzik/Wilrich § 3 Rn. 52; Gellermann NVwZ 2002, 1025 (1028)). Der Biotopverbund ist daher **keine neue Schutzkategorie** des Naturschutzes, sondern ein Sammelbegriff für Gebiete, Flächen und Elemente, die jeweils für sich betrachtet, nicht aber in ihrer Gesamtheit als Verbund eine Absicherung erfahren. Zwar muss diese Absicherung der Bestandteile erfolgen, um „einen Biotopverbund dauerhaft zu gewährleisten", diese Formulierung zeigt aber bereits an, dass die einzelnen Teile im Laufe der Zeit ohne Verstoß gegen bundesrechtliche Vorgaben ausgetauscht werden können (Dänicke/Weyer NuR 2012, 153 (155)), solange nur gesichert ist, dass „ein" Gebietsverbund dauerhaft erhalten bleibt (BT-Drs. 14/6378, 38). In welcher Weise dies sichergestellt werden kann, lässt das Bundesrecht offen.

14 Die rechtliche Absicherung der Bestandteile des Gebietsnetzes ist obligatorisch. § 21 Abs. 4 BNatSchG legt die hierfür in Frage kommenden Instrumente nicht abschließend fest, sondern verweist auf unterschiedliche Sicherungsmittel (**„Instrumentenmix"**, vgl. BT-Drs. 14/6378, 38). In Frage kommt zunächst die Erklärung der Einzelbestandteile des Biotopverbundes zu **geschützten Teilen von Natur und Landschaft** im Sinne des § 20 Abs. 2 BNatSchG; mag der Katalog des § 21 Abs. 3 BNatSchG auch anderes nahe legen, belehrt der umfassend angelegte Verweis auf sämtliche in § 20 Abs. 2 BNatSchG genannten Schutzkategorien doch darüber, dass neben geschützten Landschaftsbestandteilen (§ 29 BNatSchG) auch die Kategorie des Naturdenkmals zum Einsatz gelangen kann (Meßerschmidt § 21 Rn. 55; a.A. Louis in: Oldiges Perspektiven S. 102). Daneben können die Bestandteile des Biotopverbundes aber auch durch **planungsrechtliche Festlegungen** insbesondere der räumlichen Gesamtplanung gesichert werden. Während übergreifende und großräumige Strukturen als Vorrang- oder Vorbehaltsgebiete für Natur und Landschaft oder als großräumig übergreifende Freiräume gesichert werden können (Albrecht in BeckOK UmweltR § 21 Rn. 31; Albrecht/Leibenath ZUR 2008, 518 (522); Dietrich UPR 2004, 168 ff.), bietet sich eine Umsetzung kleinräumiger Konzepte auf der Ebene der kommunalen Bebauungsplanung durch die Festsetzung von Flächen und Maßnahmen zum Schutz von Natur und Landschaft, zum Ausgleich von Eingriffen sowie zur Bepflanzung an (Hendrischke in Schlacke § 21 Rn. 26). Zutreffend wird darauf hingewiesen, dass sich eine hinreichende Sicherung durch Flächennutzungspläne oder sonstige Fachpläne nicht erreichen lässt, so dass diesen Instrumenten lediglich eine Ergänzungsfunktion zukommen kann (Lau in Frenz/Müggenborg § 21 Rn. 10). Landschaftspläne sollen Angaben zum Aufbau und zum Schutz eines Biotopverbundes enthalten (§ 9 Abs. 3 Nr. 4 lit. d BNatSchG), die aber in den meisten Ländern (Ausnahme: NRW) nicht rechtsverbindlich und deren Inhalte in Planungen und Verwaltungsverfahren lediglich zu berücksichtigen sind. Da ihre planerischen Festlegungen einer abwägenden Überwindung zugänglich sind, kommen Landschaftspläne nicht als hinreichendes Sicherungsmittel in Betracht (Albrecht in BeckOK UmweltR § 21 Rn. 32; Hendrischke in Schlacke § 21 Rn. 26; Meßerschmidt § 21 Rn. 61; Schrader NuR 2003, 80 (83)).

15 Nach § 21 Abs. 4 BNatSchG können Bestandteile des Biotopverbundes auch durch vertragliche Vereinbarungen gesichert werden. Der damit angesprochene **Vertragsnaturschutz** (hierzu Krüsemann NuR 2006, 546 (550)) bietet sich vor allem an, wenn die Erhaltung oder Entwicklung bestimmter Biotopqualitäten (z.B. Extensivgrünland, Heide-

flächen) von einer Bewirtschaftung entsprechender Flächen abhängig ist (Lau in Frenz/Müggenborg § 21 Rn. 11). Um den Anforderungen des § 21 Abs. 4 BNatSchG gerecht zu werden, müssen entsprechende Naturschutzverträge **langfristig** angelegt sein (Hendrischke in Schlacke § 21 Rn. 27; Schumacher/Schumacher in Schumacher/Fischer-Hüftle § 21 Rn. 52). Die im Rahmen der Landesnaturschutzprogramme üblichen Vertragslaufzeiten von 4-5 Jahren werden daher kaum als hinreichend erachtet werden können (Louis in Oldiges Perspektiven S. 102 hält eine Laufzeit von 15-20 Jahren für erforderlich; ebenso Dänicke/Weyer NuR 2012, 153 (160)). Im Übrigen setzt § 21 Abs. 4 BNatSchG insbesondere im Hinblick auf die explizit genannten **„anderen geeigneten Maßnahmen"** der Phantasie kaum Grenzen (vgl. Meßerschmidt § 21 Rn. 63). Zu denken ist dabei etwa an die Sicherung von Verbindungsflächen und Elementen durch ökologische Flurbereinigungen, die Ausweisung von Schutzwald, die Unterschutzstellung von Überschwemmungsgebieten, Regelungen zur Bewirtschaftung von Gewässerstreifen, Flächenankauf oder Pacht durch die öffentliche Hand oder die Übertragung von Flächen an Naturschutzverbände oder Stiftungen, die in Ansehung der Flächen des nationalen Naturerbes bereits vorgenommen worden ist (BT-Drs. 16/12032, 11: Übertragung des Eigentums an ehemaligen militärischen Liegenschaften an die Deutsche Bundesstiftung Umwelt). Obwohl der „Werkzeugkasten" wohl gefüllt ist, muss bei der Auswahl der Mittel doch stets bedacht werden, dass sie zur dauerhaften Sicherung geeignet sein müssen.

C. Schutz und Entwicklung von Gewässern und Auen

16 Gewässer können aufgrund ihrer zumeist netzartigen Ausprägung wichtige Elemente eines funktionierenden Biotopverbundes sein. Sie sind nicht nur Lebensraum für zahlreiche Tier- und Pflanzenarten, sondern fungieren zugleich als Rast- und Nahrungsplätze sowie als Wanderwege und Ausbreitungskorridore. Ihrer großräumig vernetzenden Wirkung wegen wurden die Länder schon bisher verpflichtet, der Erhaltung und Entwicklung der oberirdischen Gewässer besondere Aufmerksamkeit zu widmen (§ 31 BNatSchG a.F.). § 21 Abs. 5 BNatSchG übernimmt die Inhalte des bisherigen Rechts, geht darüber aber insoweit hinaus, als nicht mehr nur die **oberirdischen Gewässer** im Sinne des § 3 Nr. 1 WHG einschließlich ihrer Gewässerrandstreifen und Uferzonen, sondern auch die **Auen** als Lebensstätten und Biotope natürlich vorkommender Tier- und Pflanzenarten zu erhalten und im Sinne ihrer großräumigen Vernetzungsfunktion zu entwickeln sind. Unter den – gesetzlich nicht definierten – Auen sind die Niederungen entlang von Fließgewässern zu verstehen, die von Hochwässern erreicht werden und durch mehr oder weniger regelmäßige Überflutungen geprägt sind (Heugel in Lütkes/Ewer § 21 Rn. 18; Meßerschmidt § 21 Rn. 77). Neben diesen rezenten Auen unterfällt aber auch die morphologische Altaue dem Terminus, die durch Hochwasserschutzmaßnahmen (z.B. Deiche) vor Überflutungen gesichert ist (Hendrischke in Schlacke § 21 Rn. 32). Da die Auen zumal dann, wenn sie mit den Gewässern noch in Verbindung stehen, für zahlreiche Fischarten eine wichtige Funktion als Reproduktionsraum erfüllen, kann die naturschutzrechtliche Erhaltungs- und Entwicklungspflicht zugleich dazu beitragen, die Erreichung eines guten ökologischen Zustandes der oberirdischen Gewässer (§ 27 Abs. 1 WHG) zu befördern, der sich vornehmlich anhand biologischer Qualitätskomponenten unter Einschluss der Fischfauna bemisst (eingehend Irmer/Rechenberg in Rumm/von Keitz/Schmalholz Handbuch EU-Wasserrahmenrichtlinie 2006 S. 115).

D. Biotopvernetzung

Unter dem Sammelbegriff der Biotopvernetzung legt § 21 Abs. 6 BNatSchG unter Übernahme wesentlicher Inhalte des § 5 Abs. 3 BNatSchG a.F. fest, dass auf regionaler Ebene in von der Landwirtschaft geprägten Landschaften die zur Vernetzung von Biotopen erforderlichen **linearen und punktförmigen Landschaftselemente** zu erhalten und dort, wo sie nicht in ausreichendem Maße vorhanden sind, zu schaffen sind. Die Vorschrift tritt ergänzend zu den Bestimmungen über den länderübergreifenden Biotopverbund hinzu (Albrecht/Leibenath ZUR 2008, 518 (520)) und will Gewähr dafür bieten, dass in den oftmals ausgeräumten Agrarlandschaften durch Saumstrukturen wie Hecken, Feldraine oder Randstreifen an Gewässern oder Wirtschaftswegen und Trittsteinbiotope (z.B. Tümpel, Feldgehölze, Einzelbäume) Gewähr dafür geboten wird, dass die Landschaft für Wanderungs- und Ausbreitungsbewegungen der Arten hinreichend durchlässig ist (BT-Drs. 16/12274, 61; hierzu Lau in Frenz/Müggenborg § 21 Rn. 15; Gepp NuR 2023, 217 (220)). Zugleich stellt § 21 Abs. 6 BNatSchG klar, dass es mit der Erhaltung noch vorhandener Vernetzungsstrukturen sein Bewenden nicht haben kann, sondern neue linien- und punktförmige Landschaftsstrukturen zu schaffen sind, wenn sie nicht mehr in ausreichendem Maße vorhanden sind. § 21 Abs. 6 BNatSchG gibt damit zwar eine Richtung vor, trifft aber keine konkreten Aussagen darüber, was unter einer Region zu verstehen ist, unter welchen Bedingungen die regionale Mindestdichte an Landschaftsstrukturen unterschritten wird und in welcher Weise die zur Etablierung neuer Strukturen erforderlichen Flächen beschafft werden (kritisch daher Fischer-Hüftle, NuR 2008, 213 (214)). Insoweit bleibt die Konkretisierung der Vorschrift im Wesentlichen dem Vollzug durch die Länder vorbehalten. 17

LANDMANN/ROHMER

UMWELTRECHT

BAND III

KOMMENTAR

Herausgegeben von

Prof. Dr. Martin Beckmann
Rechtsanwalt und Fachanwalt für Verwaltungsrecht,
Honorarprofessor der Universität Münster

Prof. Dr. Dr. Wolfgang Durner LL. M.
Rheinische Friedrich-Wilhelms-Universität Bonn und Direktor des Instituts für das Recht der Wasser- und Entsorgungswirtschaft

Prof. Dr. Thomas Mann
Direktor des Instituts für Öffentliches Recht,
Lehrstuhl für Verwaltungsrecht der Georg-August-Universität Göttingen

Prof. Dr. Marc Röckinghausen
Hochschule für Polizei und öffentliche Verwaltung NRW, Abteilung Gelsenkirchen,
Fachbereich Allgemeine Verwaltung/Rentenversicherung

Stand: 1. Juni 2024
(104. Ergänzungslieferung)

(Zum Bearbeitungsstand im Einzelnen siehe die Datumszeile am unteren Ende jeder Seite)

C.H.BECK

Dieses Titelblatt stammt aus der 104. Ergänzungslieferung Juni 2024.

(Anschluss an die 103. Ergänzungslieferung März 2024)

ISBN 978 3 406 82665 8

Der Kommentar wurde von der 1. bis zur 50. Ergänzungslieferung
von Prof. Dr. Klaus Hansmann und von der 51. bis zur 58. Ergänzungslieferung
von Prof. Dr. Martin Beckmann herausgegeben.

Zitiervorschläge:

Beckmann in Landmann/Rohmer UmweltR KrWG § 17 Rn. 1
Landmann/Rohmer UmweltR/*Beckmann* KrWG § 17 Rn. 1

beck.de

Grundwerk ISBN 978 3 406 34327 8
ergänzt bis ISBN 978 3 406 82665 8

Wilhelmstraße 9, 80801 München
Druck: Druckerei C.H.Beck, Nördlingen
(Adresse wie Verlag)

Satz: mediaTEXT Jena GmbH, Jena

myclimate
shape our future

chbeck.de/nachhaltig
Gedruckt auf säurefreiem, alterungsbeständigem Papier
(hergestellt aus chlorfrei gebleichtem Zellstoff)

Verzeichnisse

Bearbeiterverzeichnis (Band I–IV)

Prof. Dr. Martin Beckmann Rechtsanwalt in Münster	Vorb. Abfallrecht, §§ 1–57, 62–68, 70–72 KrWG § 15 UVPG, Einführung Klimaschutzrecht, §§ 3-8 KSG, Umweltschadensgesetz (mit Wittmann)
Anja Behnke Bundesministerium für Umwelt, Naturschutz, nukleare Sicherheit und Verbraucherschutz	TA Luft (mit Hansmann)
Dr. Christian-Dietrich Bracher Rechtsanwalt in Bonn	§§ 41 bis 43 BImSchG, 16. und 24. BImSchV
Prof. Dr. Ralf Brinktrine O. Professor an der Universität Würzburg	§ 4 UVPG
Prof. Dr. Peter Bruckmann Landesamt für Natur, Umwelt und Verbraucherschutz Nordrhein-Westfalen, Essen	39. BImSchV (mit Ehlers, Heinz, Strecker und Vogt) 43. BImSchV (mit van Endern und Vogt)
Prof. Dr. Pascale Cancik O. Professorin an der Universität Osnabrück	Vorb. §§ 47a ff. BImSchG, §§ 47a–47f BImSchG (§§ 47a–47c, 47e und 47f mit Hansmann)
Prof. Dr. Johannes Dietlein O. Professor an der Universität Düsseldorf	§§ 1, 2, Vorb. §§ 4–21, 4 bis 8, 9 bis 11, 16a, 16b, 19, 23a–23c und 25a BImSchG, 9. BImSchV (§§ 16b, 23b BImSchG mit Fabi)
Dr. Robert Dix Syndikusrechtsanwalt der EWE AG, Oldenburg	§ 29–32, 70–73 UVPG
Prof. Dr. Matthias Dombert Rechtsanwalt in Potsdam	§§ 4–6, 8, 13, 14, 20, 24, 25 BBodSchG
Rolf-Dieter Dörr Ministerialrat a. D.	OberflächengewässerV (mit Walter)
Prof. Dr. Dr. Wolfgang Durner LL. M. O. Professor an der Universität Bonn	Umweltvölkerrecht, Vorb. §§ 27 ff. WHG, §§ 27–31, 34, 35, 82–85 WHG
Dr. Christian Ehlers Ministerium für Umwelt, Naturschutz und Verkehr des Landes Nordrhein-Westfalen	39. BImSchV (mit Bruckmann, Strecker, Vogt und Heinz)
Benedikt van Endern Ministerium für Umwelt, Naturschutz und Verkehr des Landes Nordrhein-Westfalen	43. BImSchV (mit Bruckmann und Vogt)

Bearbeiter

Prof. Dr. Astrid Epiney LL. M. O. Professorin an der Université de Fribourg	Art. 191–193 AEUV
Dr. Friederike Erxleben Umweltbundesamt	UERV (mit Wolke)
Prof. Dr. Wolfgang Ewer Rechtsanwalt in Kiel	Vorb. BBodSchG, §§ 9, 15, 16 BBodSchG
Johannes Fabi Wissenschaftlicher Mitarbeiter, Universität Düsseldorf	§§ 16b, 23b BImSchG (mit Dietlein)
Prof. Dr. Kurt Faßbender O. Professor an der Universität Leipzig	§§ 1–5, 33, 36–38 WHG
Dr. Frank Fellenberg LL. M. Rechtsanwalt in Berlin	Fluglärmgesetz (mit Reidt und Schiller), Umweltrechtsbehelfsgesetz (mit Schiller)
Dr. Henrik Flatter Bundesamt für Naturschutz, Bonn	§§ 69–74 BNatSchG
Prof. Dr. Sina Fontana, MLE O. Professorin an der Universität Augsburg	§§ 1, 2, 15–27 UAG
Dr. Johannes Funken Bundesnetzagentur	§§ 39, 40 WHG
Dr. Matthias Ganske Rechtsanwalt in Bonn	§§ 25, 26, 54–61 WHG
Prof. Dr. Klaus Ferdinand Gärditz O. Professor an der Universität Bonn	Art. 20a GG
Prof. Dr. Martin Gellermann Rechtsanwalt, apl. Professor an der Universität Osnabrück	§§ 4, 7–51, §§ 52–56, §§ 57–68 BNatSchG (§§ 41–43 Mit Sanden)
Nela Gies Richterin am Verwaltungsgericht Gelsenkirchen	§§ 41, 42 WHG
Prof. Dr. Christoph Görisch Hochschule für Polizei und öffentliche Verwaltung NRW, Abteilung Münster	§§ 4–14 UAG
Moritz Grunow Rechtsanwalt in Düsseldorf	Vorb. AwSV, § 1 AwSV
Prof. Dr. Günter Hager † O. Professor an der Universität Freiburg	§§ 6, 7 UmweltHG (mit Rehbinder)
Dr. Joachim Hagmann Rechtsanwalt in Münster	§§ 65–69 UVPG

Bearbeiter

Prof. Dr. Klaus Hansmann † Leitender Ministerialrat a. D.	§§ 17, 18, 20, 21, 26–37, 38–40, 47a–47c, 47e, 47f, 52, 52b–58d, 59, 60, 62, 64–72, 74 BImSchG (§§ 17, 18 mit Ohms, Vor § 26, §§ 26–31 mit Pabst, Vor § 38, §§ 38–40 mit Hofmann, §§ 20, 21, Vor 32, §§ 32–37, 52, 52b, 62, 66 und 67 mit Röckinghausen, §§ 47a–47c, 47e und 47f mit Cancik), Vor § 53, §§ 53–58d mit Maciejewski, 14., 32. und 34. BImSchV, TA Lärm, TA Luft (mit Behnke, Remus, Röckinghausen), 4., 11., 20., 21., 25., 27., 30., 34. und 35. BImSchV (mit Röckinghausen), 2. BImSchV (mit Mahrwald und Röckinghausen), 5. BImSchV mit Maciejewski, 12. BImSchV (mit König), BzBlG, 1. DVO BzBlG
Dr. Felix Hardach Bundesministerium für Umwelt, Naturschutz, nukleare Sicherheit und Verbraucherschutz	§§ 1, 8, 11–13, 17, 20, 22, 23, 26, 31, 32, 35 TEHG
Prof. Dr. Torsten Heilshorn Rechtsanwalt in Freiburg	Vor § 22 BImSchG, §§ 22–25 BImSchG (mit Sparwasser)
Dr. Franziska Heß Rechtsanwältin in Leipzig	§§ 1-3 BNatSchG (mit Wulff)
Daniel Heinz Ministerium für Umwelt, Naturschutz und Verkehr des Landes Nordrhein-Westfalen	39. BImSchV (mit Bruckmann, Strecker, Vogt und Ehlers)
Michael Heugel Bundesministerium für Umwelt, Naturschutz, nukleare Sicherheit und Verbraucherschutz	§§ 5, 6 BNatSchG
Prof. Dr. Ekkehard Hofmann O. Professor an der Universität Trier	Vorb. § 38, §§ 38–40 BImSchG, §§ 16–23, 54–56 UVPG
Dr. Frank Hofmann Bundesministerium für Umwelt, Naturschutz, nukleare Sicherheit und Verbraucherschutz	§ 23 WHG
Dr. Georg Hünnekens Rechtsanwalt in Münster	§§ 50–53 WHG, Vorb. §§ 64–66, §§ 64–66 WHG, Vorb. §§ 72–81 WHG, §§ 72–81 WHG
Georg Kahl † Ministerialrat a. D.	7. BImSchV
Lutz Keppner Bundesministerium für Umwelt, Naturschutz, nukleare Sicherheit, und Verbraucherschutz	Grundwasserverordnung

Bearbeiter

Dr. Andreas Kersting Rechtsanwalt in Münster	§§ 58–61 KrWG
Dr. Heike Kieserling Deutsche Bahn AG	§§ 13, 14, 25–38 AwSV
Dr. Jens Martin König Hessisches Ministerium für Umwelt, Klimaschutz, Landwirtschaft und Verbraucherschutz	12. BImSchV (mit Hansmann)
Dr. Olaf Konzak Rechtsanwalt in Köln	§§ 2, 3 und 7 VerpackG (mit Körner)
Dr. Michael Körner, LL.M. Rechtsanwalt in Köln	§§ 2, 3 und 7 VerpackG (mit Konzak)
Dr. Philip Kubitza Richter auf Probe, Rheinland-Pfalz	§§ 100–102 WHG
Prof. Dr. Silke Ruth Laskowski O. Professorin an der Universität Kassel	§ 24 WHG, § 58e BImSchG mit der EMASPrivilegV
Prof. Dr. Joachim Lege O. Professor an der Universität Greifswald	§§ 96–99 WHG
Dr. Rasso Ludwig LL. M. Richter am Verwaltungsgericht München	§§ 19, 21–23, 26 BBodSchG
Prof. Dr. Karim Maciejewski Hochschule des Bundes für öffentliche Verwaltung	Vor § 53 BImSchG, §§ 53–58d BImSchG (mit Hansmann), 5. BImSchV (mit Hansmann)
Birgit Mahrwald Bundesministerium für Umwelt, Naturschutz, nukleare Sicherheit und Verbraucherschutz	2. BImSchV (mit Hansmann und Röckinghausen)
Prof. Dr. Thomas Mann O. Professor an der Universität Göttingen	§§ 8a, 12 BImSchG, Vorb. ElektroG, §§ 1, 2 ElektroG, §§ 1–14, 26–28, 30–39, 41, 42, 44–46, 48–50, 52, 53, 57–64, 72 UVPG, §§ 28–38 UAG
Dr. Cedric Christian Meyer Rechtsanwalt in Köln	§§ 46–49, 62–63 WHG
Dr. Uwe Neuser Bundesministerium für Umwelt, Naturschutz, nukleare Sicherheit und Verbraucherschutz	§§ 2, 27, 33, 34 TEHG
Volkmar Nies Landwirtschaftsdirektor bei der Landwirtschaftskammer Rheinland	§§ 1, 2, 7, 17, 18 BBodSchG
Dr. Martin Ohms Rechtsanwalt in Berlin	§§ 17, 18 BImSchG (mit Hansmann), 13. BImSchV, 17. BImSchV (z.T. mit Sahm)

Prof. Dr. Heinz-Joachim Pabst Hochschule des Bundes für öffentliche Verwaltung	Vor § 26, §§ 26–31 BImSchG (mit Hansmann), § 61 BImSchG, 41. BImSchV
Dr. Kay Artur Pape Rechtsanwalt in Bonn	Vorb. WHG, §§ 6–22 WHG (§ 7 WHG mit Snjka)
Dr. Malte Petersen LL. M. Ministerium für Umwelt, Naturschutz und Verkehr des Landes Nordrhein-Westfalen	§§ 89–95 WHG
Prof. Dr. Alexander Proelß O. Professor an der Universität Trier	§§ 43–45l WHG
Prof. Dr. Eckard Rehbinder Em. Professor an der Universität Frankfurt/Main	§ 14 BImSchG UmweltHG (§§ 6, 7 mit Hager)
Prof. Dr. Olaf Reidt Rechtsanwalt in Berlin	§ 16 BImSchG (mit Schiller), 18. BImSchV (mit Schiller), Fluglärmgesetz (mit Fellenberg und Schiller), Umweltinformationsgesetz (mit Schiller)
Rainer Remus Umweltbundesamt, Dessau	TA Luft (mit Hansmann)
Dr. Christoph Riese Rechtsanwalt in Berlin	§§ 67–71, 86 WHG
Prof. Dr. Marc Röckinghausen Hochschule für Polizei und öffentliche Verwaltung NRW, Abteilung Gelsenkirchen	§§ 20, 21, Vor § 32, §§ 32–37, 52, 52b, 62, 66, 67 BImSchG (mit Hansmann), §§ 37a bis 37f, Vor §§ 44–47, 52a, 63, 73 BImSchG, 1., 10., 26., 28., 36., 37., 38., 42. BImSchV, 4., 11., 20., 21., 25., 27., 30., 34 und 35. BImSchV, TA Luft (mit Hansmann), 2. BImSchV (mit Hansmann und Mahrwald), Schadstofffreisetzungs- und Verbringungsregistergesetz
Christoph Sahm LL. M. E. ON Kernkraft GmbH	§§ 23–25, 27 der 17. BImSchV (mit Ohms)
Prof. Dr. Dr. Joachim Sanden † Behörde für Stadtentwicklung und Umwelt, Freie und Hansestadt Hamburg, zugl. Apl. Prof. an der Universität Lüneburg	§§ 41–43 BNatSchG (mit Gellermann)

Bearbeiter

Dr. Gernot Schiller Rechtsanwalt in Berlin	§ 16 BImSchG (mit Reidt), 18. BImSchV (mit Reidt), Fluglärmgesetz (mit Reidt und Fellenberg), Umweltinformationsgesetz (mit Reidt) Umweltrechtsbehelfsgesetz (mit Fellenberg), §§ 14a, 15 BImSchG
Matthias Schleifenbaum, LL.M. Rechtsanwalt in Köln	BattG
Prof. Dr. Hendrik Schoen Hochschule für Polizei und öffentliche Verwaltung NRW, Abteilung Münster	§ 50 BImSchG
Prof. Dr. Meinhard Schröder Em. Professor an der Universität Trier	EG-Abfallverbringungs-VO
Prof. Dr. Max-Jürgen Seibert Vorsitzender Richter am Oberverwaltungsgericht Münster	§ 13 BImSchG
Dr. Dominik Snjka Rechtsanwalt in Bonn	§ 7 WHG (mit Pape)
Prof. Dr. Reinhard Sparwasser Rechtsanwalt in Freiburg	Vor § 22 BImSchG, §§ 22–25 BImSchG (mit Heilshorn)
Prof. Dr. Indra Spiecker genannt Döhmann, LL.M. O. Professorin an der Universität Frankfurt a.M.	UStatG BImSchG (mit Heilshorn)
Prof. Dr. Peter-Tobias Stoll O. Professor an der Universität Göttingen	EG-Artenschutzverordnung
Silvia Strecker Ministerium für Umwelt, Naturschutz und Verkehr des Landes Nordrhein-Westfalen	39. BImSchV (mit Bruckmann, Ehlers, Heinz und Vogt)
Prof. Dr. Dr. Markus Thiel Deutsche Hochschule der Polizei, Münster	§§ 3, 48–48b BImSchG
Dr. Christian Tünnesen-Harmes Rechtsanwalt in Duisburg	AbfAEV
Dr. Klaus Vogt Landesamt für Natur, Umwelt und Verbraucherschutz Nordrhein-Westfalen	39. BImSchV (mit Bruckmann, Ehlers, Heinz und Strecker), 43. BImSchV (mit Bruckmann und van Endern)
Anne-Barbara Walter Umweltbundesamt	OberflächengewässerV (mit Dörr)
Dr. Andreas Wasielewski Ministerium für Energiewende, Klima, Umwelt und Naturschutz des Landes Schleswig-Holstein	TA Luft (mit Hansmann)

Dr. Dirk Weinreich Bundesministerium für Umwelt, Naturschutz, nukleare Sicherheit und Verbraucherschutz	Vorb. TEHG, §§ 7, 19 TEHG
Dr. Armin von Weschpfennig Akademischer Rat, Universität Bonn	§§ 13a, 13b, 103–107 WHG
Dr. Antje Wittmann Rechtsanwältin in Münster	UmweltschadensG (zusammen mit Beckmann), § 51 UVPG, § 11, 12 KSG
Frank Wolke Bundesministerium für Umwelt, Naturschutz, nukleare Sicherheit und Verbraucherschutz	§§ 4, 18, 24 TEHG, UERV (mit Erxleben)

(Fortsetzung Seite 7)

Bearbeiter

LANDMANN/ROHMER

UMWELTRECHT

BAND IV

KOMMENTAR

Herausgegeben von

Prof. Dr. Martin Beckmann
Rechtsanwalt und Fachanwalt für
Verwaltungsrecht,
Honorarprofessor der Universität Münster

Prof. Dr. Dr. Wolfgang Durner LL. M.
Rheinische Friedrich-Wilhelms-Universität
Bonn und Direktor des Instituts für das Recht
der Wasser- und Entsorgungswirtschaft

Prof. Dr. Thomas Mann
Direktor des Instituts für
Öffentliches Recht,
Lehrstuhl für Verwaltungsrecht der
Georg-August-Universität Göttingen

Prof. Dr. Marc Röckinghausen
Hochschule für Polizei und öffentliche
Verwaltung NRW, Abteilung Gelsenkirchen,
Fachbereich Allgemeine Verwaltung/
Rentenversicherung

Stand: 1. Juni 2024
(104. Ergänzungslieferung)

(Zum Bearbeitungsstand im Einzelnen siehe die Datumszeile
am unteren Ende jeder Seite)

C.H.BECK

Dieses Titelblatt stammt aus der 104. Ergänzungslieferung Juni 2024.

(Anschluss an die 103. Ergänzungslieferung März 2024)

ISBN 978 3 406 82665 8

Der Kommentar wurde von der 1. bis zur 50. Ergänzungslieferung
von Prof. Dr. Klaus Hansmann und von der 51. bis zur 58. Ergänzungslieferung
von Prof. Dr. Martin Beckmann herausgegeben.

Zitiervorschläge:

Beckmann in Landmann/Rohmer UmweltR KrWG § 17 Rn. 1
Landmann/Rohmer UmweltR/*Beckmann* KrWG § 17 Rn. 1

beck.de

Grundwerk ISBN 978 3 406 34327 8
ergänzt bis ISBN 978 3 406 82665 8

Wilhelmstraße 9, 80801 München
Druck: Druckerei C.H.Beck, Nördlingen
(Adresse wie Verlag)

Satz: mediaTEXT Jena GmbH, Jena

myclimate
shape our future

chbeck.de/nachhaltig
Gedruckt auf säurefreiem, alterungsbeständigem Papier
(hergestellt aus chlorfrei gebleichtem Zellstoff)

Verzeichnisse

Bearbeiterverzeichnis (Band I–IV)

Prof. Dr. Martin Beckmann Rechtsanwalt in Münster	Vorb. Abfallrecht, §§ 1–57, 62–68, 70–72 KrWG § 15 UVPG, Einführung Klimaschutzrecht, §§ 3-8 KSG, Umweltschadensgesetz (mit Wittmann)
Anja Behnke Bundesministerium für Umwelt, Naturschutz, nukleare Sicherheit und Verbraucherschutz	TA Luft (mit Hansmann)
Dr. Christian-Dietrich Bracher Rechtsanwalt in Bonn	§§ 41 bis 43 BImSchG, 16. und 24. BImSchV
Prof. Dr. Ralf Brinktrine O. Professor an der Universität Würzburg	§ 4 UVPG
Prof. Dr. Peter Bruckmann Landesamt für Natur, Umwelt und Verbraucherschutz Nordrhein-Westfalen, Essen	39. BImSchV (mit Ehlers, Heinz, Strecker und Vogt) 43. BImSchV (mit van Endern und Vogt)
Prof. Dr. Pascale Cancik O. Professorin an der Universität Osnabrück	Vorb. §§ 47a ff. BImSchG, §§ 47a–47f BImSchG (§§ 47a–47c, 47e und 47f mit Hansmann)
Prof. Dr. Johannes Dietlein O. Professor an der Universität Düsseldorf	§§ 1, 2, Vorb. §§ 4–21, 4 bis 8, 9 bis 11, 16a, 16b, 19, 23a–23c und 25a BImSchG, 9. BImSchV (§§ 16b, 23b BImSchG mit Fabi)
Dr. Robert Dix Syndikusrechtsanwalt der EWE AG, Oldenburg	§ 29–32, 70–73 UVPG
Prof. Dr. Matthias Dombert Rechtsanwalt in Potsdam	§§ 4–6, 8, 13, 14, 20, 24, 25 BBodSchG
Rolf-Dieter Dörr Ministerialrat a. D.	OberflächengewässerV (mit Walter)
Prof. Dr. Dr. Wolfgang Durner LL. M. O. Professor an der Universität Bonn	Umweltvölkerrecht, Vorb. §§ 27 ff. WHG, §§ 27–31, 34, 35, 82–85 WHG
Dr. Christian Ehlers Ministerium für Umwelt, Naturschutz und Verkehr des Landes Nordrhein-Westfalen	39. BImSchV (mit Bruckmann, Strecker, Vogt und Heinz)
Benedikt van Endern Ministerium für Umwelt, Naturschutz und Verkehr des Landes Nordrhein-Westfalen	43. BImSchV (mit Bruckmann und Vogt)

Bearbeiter

Prof. Dr. Astrid Epiney LL. M. O. Professorin an der Université de Fribourg	Art. 191–193 AEUV
Dr. Friederike Erxleben Umweltbundesamt	UERV (mit Wolke)
Prof. Dr. Wolfgang Ewer Rechtsanwalt in Kiel	Vorb. BBodSchG, §§ 9, 15, 16 BBodSchG
Johannes Fabi Wissenschaftlicher Mitarbeiter, Universität Düsseldorf	§§ 16b, 23b BImSchG (mit Dietlein)
Prof. Dr. Kurt Faßbender O. Professor an der Universität Leipzig	§§ 1–5, 33, 36–38 WHG
Dr. Frank Fellenberg LL. M. Rechtsanwalt in Berlin	Fluglärmgesetz (mit Reidt und Schiller), Umweltrechtsbehelfsgesetz (mit Schiller)
Dr. Henrik Flatter Bundesamt für Naturschutz, Bonn	§§ 69–74 BNatSchG
Prof. Dr. Sina Fontana, MLE O. Professorin an der Universität Augsburg	§§ 1, 2, 15–27 UAG
Dr. Johannes Funken Bundesnetzagentur	§§ 39, 40 WHG
Dr. Matthias Ganske Rechtsanwalt in Bonn	§§ 25, 26, 54–61 WHG
Prof. Dr. Klaus Ferdinand Gärditz O. Professor an der Universität Bonn	Art. 20a GG
Prof. Dr. Martin Gellermann Rechtsanwalt, apl. Professor an der Universität Osnabrück	§§ 4, 7–51, §§ 52–56, §§ 57–68 BNatSchG (§§ 41–43 Mit Sanden)
Nela Gies Richterin am Verwaltungsgericht Gelsenkirchen	§§ 41, 42 WHG
Prof. Dr. Christoph Görisch Hochschule für Polizei und öffentliche Verwaltung NRW, Abteilung Münster	§§ 4–14 UAG
Moritz Grunow Rechtsanwalt in Düsseldorf	Vorb. AwSV, § 1 AwSV
Prof. Dr. Günter Hager † O. Professor an der Universität Freiburg	§§ 6, 7 UmweltHG (mit Rehbinder)
Dr. Joachim Hagmann Rechtsanwalt in Münster	§§ 65–69 UVPG

Bearbeiter

Prof. Dr. Klaus Hansmann † Leitender Ministerialrat a. D.	§§ 17, 18, 20, 21, 26–37, 38–40, 47a–47c, 47e, 47f, 52, 52b–58d, 59, 60, 62, 64–72, 74 BImSchG (§§ 17, 18 mit Ohms, Vor § 26, §§ 26–31 mit Pabst, Vor § 38, §§ 38–40 mit Hofmann, §§ 20, 21, Vor 32, §§ 32–37, 52, 52b, 62, 66 und 67 mit Röckinghausen, §§ 47a–47c, 47e und 47f mit Cancik), Vor § 53, §§ 53–58d mit Maciejewski, 14., 32. und 34. BImSchV, TA Lärm, TA Luft (mit Behnke, Remus, Röckinghausen), 4., 11., 20., 21., 25., 27., 30., 34. und 35. BImSchV (mit Röckinghausen), 2. BImSchV (mit Mahrwald und Röckinghausen), 5. BImSchV mit Maciejewski, 12. BImSchV (mit König), BzBlG, 1. DVO BzBlG
Dr. Felix Hardach Bundesministerium für Umwelt, Naturschutz, nukleare Sicherheit und Verbraucherschutz	§§ 1, 8, 11–13, 17, 20, 22, 23, 26, 31, 32, 35 TEHG
Prof. Dr. Torsten Heilshorn Rechtsanwalt in Freiburg	Vor § 22 BImSchG, §§ 22–25 BImSchG (mit Sparwasser)
Dr. Franziska Heß Rechtsanwältin in Leipzig	§§ 1-3 BNatSchG (mit Wulff)
Daniel Heinz Ministerium für Umwelt, Naturschutz und Verkehr des Landes Nordrhein-Westfalen	39. BImSchV (mit Bruckmann, Strecker, Vogt und Ehlers)
Michael Heugel Bundesministerium für Umwelt, Naturschutz, nukleare Sicherheit und Verbraucherschutz	§§ 5, 6 BNatSchG
Prof. Dr. Ekkehard Hofmann O. Professor an der Universität Trier	Vorb. § 38, §§ 38–40 BImSchG, §§ 16–23, 54–56 UVPG
Dr. Frank Hofmann Bundesministerium für Umwelt, Naturschutz, nukleare Sicherheit und Verbraucherschutz	§ 23 WHG
Dr. Georg Hünnekens Rechtsanwalt in Münster	§§ 50–53 WHG, Vorb. §§ 64–66, §§ 64–66 WHG, Vorb. §§ 72–81 WHG, §§ 72–81 WHG
Georg Kahl † Ministerialrat a. D.	7. BImSchV
Lutz Keppner Bundesministerium für Umwelt, Naturschutz, nukleare Sicherheit, und Verbraucherschutz	Grundwasserverordnung

Bearbeiter

Dr. Andreas Kersting Rechtsanwalt in Münster	§§ 58–61 KrWG
Dr. Heike Kieserling Deutsche Bahn AG	§§ 13, 14, 25–38 AwSV
Dr. Jens Martin König Hessisches Ministerium für Umwelt, Klimaschutz, Landwirtschaft und Verbraucherschutz	12. BImSchV (mit Hansmann)
Dr. Olaf Konzak Rechtsanwalt in Köln	§§ 2, 3 und 7 VerpackG (mit Körner)
Dr. Michael Körner, LL.M. Rechtsanwalt in Köln	§§ 2, 3 und 7 VerpackG (mit Konzak)
Dr. Philip Kubitza Richter auf Probe, Rheinland-Pfalz	§§ 100–102 WHG
Prof. Dr. Silke Ruth Laskowski O. Professorin an der Universität Kassel	§ 24 WHG, § 58e BImSchG mit der EMASPrivilegV
Prof. Dr. Joachim Lege O. Professor an der Universität Greifswald	§§ 96–99 WHG
Dr. Rasso Ludwig LL. M. Richter am Verwaltungsgericht München	§§ 19, 21–23, 26 BBodSchG
Prof. Dr. Karim Maciejewski Hochschule des Bundes für öffentliche Verwaltung	Vor § 53 BImSchG, §§ 53–58d BImSchG (mit Hansmann), 5. BImSchV (mit Hansmann)
Birgit Mahrwald Bundesministerium für Umwelt, Naturschutz, nukleare Sicherheit und Verbraucherschutz	2. BImSchV (mit Hansmann und Röckinghausen)
Prof. Dr. Thomas Mann O. Professor an der Universität Göttingen	§§ 8a, 12 BImSchG, Vorb. ElektroG, §§ 1, 2 ElektroG, §§ 1–14, 26–28, 30–39, 41, 42, 44–46, 48–50, 52, 53, 57–64, 72 UVPG, §§ 28–38 UAG
Dr. Cedric Christian Meyer Rechtsanwalt in Köln	§§ 46–49, 62–63 WHG
Dr. Uwe Neuser Bundesministerium für Umwelt, Naturschutz, nukleare Sicherheit und Verbraucherschutz	§§ 2, 27, 33, 34 TEHG
Volkmar Nies Landwirtschaftsdirektor bei der Landwirtschaftskammer Rheinland	§§ 1, 2, 7, 17, 18 BBodSchG
Dr. Martin Ohms Rechtsanwalt in Berlin	§§ 17, 18 BImSchG (mit Hansmann), 13. BImSchV, 17. BImSchV (z.T. mit Sahm)

Prof. Dr. Heinz-Joachim Pabst Hochschule des Bundes für öffentliche Verwaltung	Vor § 26, §§ 26–31 BImSchG (mit Hansmann), § 61 BImSchG, 41. BImSchV
Dr. Kay Artur Pape Rechtsanwalt in Bonn	Vorb. WHG, §§ 6–22 WHG (§ 7 WHG mit Snjka)
Dr. Malte Petersen LL. M. Ministerium für Umwelt, Naturschutz und Verkehr des Landes Nordrhein-Westfalen	§§ 89–95 WHG
Prof. Dr. Alexander Proelß O. Professor an der Universität Trier	§§ 43–45l WHG
Prof. Dr. Eckard Rehbinder Em. Professor an der Universität Frankfurt/Main	§ 14 BImSchG UmweltHG (§§ 6, 7 mit Hager)
Prof. Dr. Olaf Reidt Rechtsanwalt in Berlin	§ 16 BImSchG (mit Schiller), 18. BImSchV (mit Schiller), Fluglärmgesetz (mit Fellenberg und Schiller), Umweltinformationsgesetz (mit Schiller)
Rainer Remus Umweltbundesamt, Dessau	TA Luft (mit Hansmann)
Dr. Christoph Riese Rechtsanwalt in Berlin	§§ 67–71, 86 WHG
Prof. Dr. Marc Röckinghausen Hochschule für Polizei und öffentliche Verwaltung NRW, Abteilung Gelsenkirchen	§§ 20, 21, Vor § 32, §§ 32–37, 52, 52b, 62, 66, 67 BImSchG (mit Hansmann), §§ 37a bis 37f, Vor §§ 44–47, 52a, 63, 73 BImSchG, 1., 10., 26., 28., 36., 37., 38., 42. BImSchV, 4., 11., 20., 21., 25., 27., 30., 34 und 35. BImSchV, TA Luft (mit Hansmann), 2. BImSchV (mit Hansmann und Mahrwald), Schadstofffreisetzungs- und Verbringungsregistergesetz
Christoph Sahm LL. M. E. ON Kernkraft GmbH	§§ 23–25, 27 der 17. BImSchV (mit Ohms)
Prof. Dr. Dr. Joachim Sanden † Behörde für Stadtentwicklung und Umwelt, Freie und Hansestadt Hamburg, zugl. Apl. Prof. an der Universität Lüneburg	§§ 41–43 BNatSchG (mit Gellermann)

Bearbeiter

Dr. Gernot Schiller Rechtsanwalt in Berlin	§ 16 BImSchG (mit Reidt), 18. BImSchV (mit Reidt), Fluglärmgesetz (mit Reidt und Fellenberg), Umweltinformationsgesetz (mit Reidt) Umweltrechtsbehelfsgesetz (mit Fellenberg), §§ 14a, 15 BImSchG
Matthias Schleifenbaum, LL.M. Rechtsanwalt in Köln	BattG
Prof. Dr. Hendrik Schoen Hochschule für Polizei und öffentliche Verwaltung NRW, Abteilung Münster	§ 50 BImSchG
Prof. Dr. Meinhard Schröder Em. Professor an der Universität Trier	EG-Abfallverbringungs-VO
Prof. Dr. Max-Jürgen Seibert Vorsitzender Richter am Oberverwaltungsgericht Münster	§ 13 BImSchG
Dr. Dominik Snjka Rechtsanwalt in Bonn	§ 7 WHG (mit Pape)
Prof. Dr. Reinhard Sparwasser Rechtsanwalt in Freiburg	Vor § 22 BImSchG, §§ 22–25 BImSchG (mit Heilshorn)
Prof. Dr. Indra Spiecker genannt Döhmann, LL.M. O. Professorin an der Universität Frankfurt a.M.	UStatG BImSchG (mit Heilshorn)
Prof. Dr. Peter-Tobias Stoll O. Professor an der Universität Göttingen	EG-Artenschutzverordnung
Silvia Strecker Ministerium für Umwelt, Naturschutz und Verkehr des Landes Nordrhein-Westfalen	39. BImSchV (mit Bruckmann, Ehlers, Heinz und Vogt)
Prof. Dr. Dr. Markus Thiel Deutsche Hochschule der Polizei, Münster	§§ 3, 48–48b BImSchG
Dr. Christian Tünnesen-Harmes Rechtsanwalt in Duisburg	AbfAEV
Dr. Klaus Vogt Landesamt für Natur, Umwelt und Verbraucherschutz Nordrhein-Westfalen	39. BImSchV (mit Bruckmann, Ehlers, Heinz und Strecker), 43. BImSchV (mit Bruckmann und van Endern)
Anne-Barbara Walter Umweltbundesamt	OberflächengewässerV (mit Dörr)
Dr. Andreas Wasielewski Ministerium für Energiewende, Klima, Umwelt und Naturschutz des Landes Schleswig-Holstein	TA Luft (mit Hansmann)

Dr. Dirk Weinreich Bundesministerium für Umwelt, Naturschutz, nukleare Sicherheit und Verbraucherschutz	Vorb. TEHG, §§ 7, 19 TEHG
Dr. Armin von Weschpfennig Akademischer Rat, Universität Bonn	§§ 13a, 13b, 103–107 WHG
Dr. Antje Wittmann Rechtsanwältin in Münster	UmweltschadensG (zusammen mit Beckmann), § 51 UVPG, § 11, 12 KSG
Frank Wolke Bundesministerium für Umwelt, Naturschutz, nukleare Sicherheit und Verbraucherschutz	§§ 4, 18, 24 TEHG, UERV (mit Erxleben)

(Fortsetzung Seite 7)

Bearbeiter

2.10 Zehnte Verordnung zur Durchführung des Bundes-Immissionsschutzgesetzes (Verordnung über die Beschaffenheit und die Auszeichnung der Qualitäten von Kraft- und Brennstoffen – 10. BImSchV)

Vom 8. Dezember 2010

(BGBl. I S. 1849, geändert durch Art. 8 d. VO vom 2.5.2013,

BGBl. I S. 1021/1074, durch Art. 1 d. VO vom 1.12.2014, BGBl. I S. 1890, durch Art. 1 d. VO vom 13.12.2019, BGBl. I S. 2739, und durch Art. 1 d. VO vom 28.5.2024, BGBl. I Nr. 169)

Vorbemerkung

Schrifttum: Vgl. die Hinweise in der Vorbemerkung zu §§ 32 bis 37 BImSchG sowie *Scheidler,* Brennstoffe, Treibstoffe und Schmierstoffe als Gegenstand des Immissionsschutzrechts, Immissionsschutz 2011, 191; *ders.,* Bio-Benzin E10 – Probleme und Rechtsgrundlagen, WiVerw 2011, 185; *ders.,* Immissionsschutzrechtliche Anforderungen an die Beschaffenheit von Brennstoffen, Treibstoffen und Schmierstoffen – Zu den Vorgaben des § 34 BImSchG, WiVerw 2012, 227.

Übersicht

A. Inhalt und Bedeutung der Verordnung

I. Verbraucherschutz

Die 10. BImSchV diente nach ihrer ursprünglichen Zielbestimmung (vgl. → Rn. 5) **1** dem Verbraucherschutz. Zu diesem Zweck enthält sie für Ottokraftstoffe **Detailregelungen zu den Anforderungen des § 2a des Benzinbleigesetzes** (BzBlG, abgedruckt in Band II unter → Nr. 4.1). § 2a BzBlG fordert im Interesse der Kraftfahrzeughalter die Offenlegung der Tatsachen, deren Kenntnis für die Qualitätsbeurteilung von Ottokraftstoffen erforderlich ist. So muss der **Veräußerer** die mindestens gewährleistete Qualität der angebotenen Kraftstoffe kenntlich machen (vgl. → BzBlG § 2a Rn. 3–6), der **Lieferer** muss den Veräußerer über die Qualität des angelieferten Kraftstoffes unterrichten

(→ BzBlG § 2a Rn. 7–10) und die **Hersteller** sowie die gewerblichen **Importeure** von Ottokraftstoffen müssen die für ihre Ottomotoren empfohlenen Kraftstoffqualitäten öffentlich bekannt geben (→ BzBlG § 2a Rn. 11). Diese Verbraucher schützenden Regelungen enthält die 10. BImSchV in gleichem Umfang für alle anderen in §§ 3 bis 9a normierten Kraftstoffe. Die **Ermächtigungsgrundlage** für die jeweiligen Vorschriften finden sich dabei in §§ 34, 37 und 38 des Bundes-Immissionsschutzgesetzes (→ Rn. 12).

II. Immissionsschutz

2 Soweit die 10. BImSchV **Anforderungen an die Beschaffenheit** bestimmter Kraft- oder Brennstoffe stellt, dient sie dem Schutz vor schädlichen Umwelteinwirkungen. Mit den Regelungen soll erreicht werden, dass Kraftfahrzeuge, Schiffe und andere mobile Geräte mit Kraft- und Brennstoffen betrieben werden, die möglichst geringe Luftverunreinigungen verursachen. Die Verordnung stellt keine Anforderungen an den Betrieb von Anlagen oder Fahrzeugen, sondern begrenzt den Schadstoffgehalt in bestimmten flüssigen oder gasförmigen Kraft- und Brennstoffen, um durch die **Qualitätsanforderungen** an die Einsatzstoffe Luftverunreinigungen zu vermindern (→ BImSchG Vorb. zu §§ 32 bis 37 Rn. 1). Auf diese Weise sollen nicht nur unmittelbar drohende Schäden verhindert werden, sondern es soll auch dem Entstehen schädlicher Umwelteinwirkungen vorgebeugt werden (vgl. → BImSchG Vorb. zu §§ 32 bis 37 Rn. 2). Die 10. BImSchV ist damit ein zentrales Instrument des **produktbezogenen Immissionsschutzes.** Die Auszeichnungs-, Unterrichtungs- und Bekanntmachungspflichten (§§ 13 bis 15) sollen in diesem Zusammenhang die Beachtung der Immissionsschutzanforderungen sicherstellen. Zu diesem Zweck können auch die Überwachungsbefugnisse des § 52 BImSchG genutzt werden.

III. Klimaschutz

3 Im Bemühen, die mittlerweile auch im **Bundes-Klimaschutzgesetz** (KSG) vom 12.12.2019 (BGBl. I S. 2513, zuletzt geändert durch Gesetz vom 18.8.2021, BGBl. I S. 3905) verbindlich festgelegten Klimaschutzziele zu erreichen, hat die Bundesregierung Maßnahmen unterschiedlichster Art in diversen Bereichen ergriffen. Die Förderung des Einsatzes regenerativer Energieträger nimmt dabei eine wichtige Rolle ein, um im **Verkehrssektor** den Ausstoß von Treibhausgasen zu reduzieren. Diesbezüglich beinhaltet das Bundes-Immissionsschutzgesetz seit dem Inkrafttreten des **Biokraftstoffquotengesetzes** in §§ 37a bis 37h Pflichten zum Inverkehrbringen wachsender Anteile an Biokraftstoffen (vgl. dazu → BImSchG § 37a Rn. 1 ff. bis → BImSchG § 37g Rn. 1 ff.). Im Konflikt zwischen der Qualitätssicherung der verwendeten Kraftstoffe und der Erfüllung der Biokraftstoffquoten muss die Grenze zulässiger Beimischung von Biokraftstoffen zu Regelkraftstoffen immer wieder neu bestimmt werden. Für Dieselkraftstoff war diese Grenze in Abstimmung mit der Kraftfahrzeugindustrie in der DIN 51628, Ausgabe August 2008, auf 7 Volumenprozent Biodiesel festgelegt worden. Nach Anpassung der europäischen Norm an die entsprechenden Anforderungen der Richtlinie 98/70/EG wurde die nationale Norm zunächst durch die DIN EN 590, Ausgabe Mai 2010, mit Inkrafttreten der 1. Änderungsverordnung vom 1.12.2014 (BGBl. I S. 1890) am 1.1.2015 durch die Ausgabe April 2014 ersetzt. Mit dem Inkrafttreten der Verordnung zur Umsetzung der Richtlinie 2014/94/EU vom 13.12.2019 (BGBl. I S. 2739) am 20.12.2019 fand eine Aktualisierung auf die Ausgabe Oktober 2017 statt. Die 2. Änderungsverordnung vom 28.5.2024 (BGBl. I Nr. 169) hat nun nicht nur den Verweis auf die Ausgabe Mai 2022 aktualisiert, sondern neben die Qualität „B7“ die **Qualität „B10“** mit bis zu 10 Prozent Biodiesel eingeführt. Damit kommt die Bundesregierung den Vorgaben der Richtlinie (EU) 2023/

2413 (ABl. L 2023/2413 vom 31.10.2023) nach, die die Richtlinie 98/70/EG entsprechend geändert hatte. Die Aufnahme weiterer Kraftstoffe aus regenerativen Energiequellen (Ethanolkraftstoff E 85 in § 6, Biogas in § 8, Pflanzenölkraftstoff in § 9, Wasserstoff als Kraftstoff in § 9a) in die 10. BImSchV dient ebenfalls Klima schützenden Zielen. Nach der erstmaligen Definition von Qualitätsanforderungen für E 10 (Beimischung von 10 Volumenprozent Bioethanol zu Ottokraftstoff) in der E DIN 51626–1, Ausgabe November 2010, war dieser Kraftstoff mit der Neuregelung vom 8. Dezember 2010 ebenfalls in die Verordnung ausgenommen worden. Gleichzeitig wurde in § 3 Abs. 2 und 3 die Verpflichtung zum Anbieten sog. Bestandsschutzsorten aufgenommen. Das ist Ottokraftstoff, der einen maximalen Sauerstoffgehalt von 2,7 Massenprozent und einen maximalen Ethanolgehalt von 5 Volumenprozent hat. Derartige Sorten müssen an einer Tankstelle angeboten werden, sofern dort auch E 10 angeboten wird. Mittlerweile sind die Spezifikationen zu E 10 auch in der DIN EN 228, Ausgabe August 2017, enthalten, so dass die Bezugnahme in § 3 Abs. 1 auf die nationale Norm E DIN 51626–1 entfallen konnte. Eine entsprechende **Bestandsschutzsortenregelung** für Dieselkraftstoff der Qualität „B7" wurde mit der Einführung der Qualität „B10" in § 4 Abs. 4 aufgenommen (→ § 4 Rn. 5).

B. Entstehungsgeschichte

I. Die Vorgängerverordnungen

Die 10. BImSchV vom 8. Dezember 2010 hat gleich drei Verordnungen ersetzt. Zugleich mit dem Inkrafttreten am 14. Dezember 2010 sind die Verordnung über die Beschaffenheit und die Auszeichnung der Qualitäten von Kraftstoffen (10. BImSchV) vom 27. Januar 2009 (BGBl. I S. 123), die **Verordnung über den Schwefelgehalt bestimmter flüssiger Kraft- und Brennstoffe** (3. BImSchV) vom 24. Juni 2002 (BGBl. I S. 2243, geändert durch Verordnung vom 3. Juli 2009, BGBl. I S. 1720) und die **Verordnung über Chlor- und Bromverbindungen als Kraftstoffzusatz** (19. BImSchV) vom 17. Januar 1992 (BGBl. I S. 75, geändert durch Gesetz vom 21. Dezember 2000, BGBl. I S. 1956/1963) außer Kraft getreten. **4**

Die 10. BImSchV vom 27. Januar 2009 hatte bereits mehrere Vorgängerverordnungen. **5**
Die erste 10. BImSchV aus dem Jahr 1978 bezog sich auf Beschränkungen von PCB, PCT und VC. Diese Verordnung ist im Jahr 1989 durch die auf das Chemikaliengesetz gestützte PCB-, PCT-, VC-Verbotsverordnung ersetzt worden, die ihrerseits wiederum in der Chemikalien-Verbotsverordnung aufgegangen ist. Im Hinblick auf die nunmehr in der 10. BImSchV geregelte Materie war die **Benzinqualitätsverordnung (10. BImSchV) vom 27. Juni 1988** (BGBl. I S. 969) die erste Vorläuferin der geltenden Verordnung. Die Verordnung wurde nach etwas mehr als fünf Jahren durch die **Verordnung über die Beschaffenheit und die Auszeichnung der Qualitäten von Kraftstoffen** (10. BImSchV) vom 13. Dezember 1993 (BGBl. I S. 2036) abgelöst. Nach weiteren zehn Jahren ersetzte die gleich lautende Verordnung vom 24. Juni 2004 (BGBl. I S. 1342) diese Verordnung wieder. Die Neuregelung im Jahr 2004 war vor allem durch die Vorgaben des Gemeinschaftsrechts erforderlich geworden (→ Rn. 13). Mit der 10. BImSchV aus dem Jahr 2009 wurden die genannten Ziele weiter verfolgt und der Einsatz von Biokraftstoffen verstärkt gefördert.

Die erste Fassung der nunmehr aufgehobenen 3. BImSchV, durch die die Richtlinie 1999/32/EG in deutsches Recht umgesetzt werden sollte, hatte die Bundesregierung im Jahr 2000 vorgelegt (BR-Drs. 826/00). Nach langwierigen Auseinandersetzungen mit dem Bundesrat über die Kennzeichnung von leichtem Heizöl als „schwefelfrei" ist die **6**

Verordnung am 29. Juni 2002 in Kraft getreten. Eine Änderung erfuhr die 3. BImSchV im Jahr 2009, als sich Anpassungsbedarf im Bereich der Schiffskraftstoffe ergeben hatten (vgl. BR-Drs. 293/09).

7 Die ebenfalls aufgehobene 19. BImSchV hatte mit Wirkung vom 25. Juli 1992 an die Verwendung von Chlor- und Bromverbindungen als Kraftstoffzusatz unterbunden. Hintergrund war der vermehrte Nachweis von Dioxinen und Furanen in der Nähe von Straßen, die auf die motorinterne Verbrennung chlor- und bromhaltiger Zusätze in verbleitem Benzin zurückgeführt wurden (vgl. BR-Drs. 551/91, S. 4 f.).

II. Die Verordnung vom 8. Dezember 2010

8 Mit der neuen Verordnung über die Beschaffenheit und die Auszeichnung der Qualitäten von Kraft- und Brennstoffen verfolgen die Verordnungsgeber im Wesentlichen zwei Ziele: Neben der Zusammenfassung der Anforderungen an Kraft- und Brennstoffe in einer einzigen Verordnung ging es um die Anpassung an die Änderungen der zu Grunde liegenden Richtlinien 98/70/EG und 1999/32/EG durch die Richtlinie 2009/30/EG (ABl. L 140, S. 88 ff.). Dazu gehörte auch die Einführung von Ottokraftstoffen mit einem Anteil an Bioethanol von bis zu 10 Volumenprozent. Die Bundesregierung begründete die von ihr am 27. Oktober 2010 beschlossene Verordnung im allgemeinen Teil wie folgt (BR-Drs. 675/10, S. 23 f.):

„Diese Verordnung dient der Umsetzung der Richtlinie 98/70/EG des Europäischen Parlaments und des Rates vom 13. Oktober 1998 über die Qualität von Otto- und Dieselkraftstoffen und zur Änderung der Richtlinie 93/12/EWG des Rates (ABl. L 350 vom 28.12.1998, S. 58) sowie der Richtlinie 1999/32/EG des Rates vom 26. April 1999 über eine Verringerung des Schwefelgehaltes bestimmter flüssiger Kraft- oder Brennstoffe und zur Änderung der Richtlinie 93/12/EWG (ABl. L 121 vom 11.5.1999, S. 13). Beide Richtlinien wurden zuletzt durch die Richtlinie 2009/30/EG (ABl. L 140 vom 5.6.2009 S. 88) geändert, was zu Umsetzungsbedarf führt. Die in den Richtlinien festgelegten stofflichen Anforderungen an Kraftstoffe und Brennstoffe sowie weitere nationale Bestimmungen sind derzeit in folgenden Verordnungen zum Bundes-Immissionsschutzgesetz geregelt:

- *Verordnung über den Schwefelgehalt bestimmter flüssiger Kraft- oder Brennstoffe (3. BImSchV)*
- *Verordnung über die Beschaffenheit und Auszeichnung der Qualitäten von Kraftstoffen (10. BImSchV)*
- *Verordnung über Chlor- und Bromverbindungen als Kraftstoffzusatz (19. BImSchV).*

Mit der vorgelegten Verordnung werden die stofflichen Anforderungen an Kraftstoffe und Brennstoffe zukünftig in einer Verordnung zusammengefasst. Dies entspricht zugleich einem Anliegen des Bundesrats (vgl. Beschluss vom 15.5.2009 BR-Drs. 293/09).

Mit der vorgelegten Verordnung werden insbesondere die Beimischungsgrenzen für Ethanol im Ottokraftstoff in dem Rahmen erhöht, der nunmehr nach der Änderung der Richtlinie 98/70/EG zuzulassen ist. Die Beimischungsgrenze für Ethanol wird von bisher 5 Volumenprozent auf 10 Volumenprozent Ethanol erhöht.

Die Qualitätsanforderungen für Ottokraftstoff mit einem Höchstgehalt von 10 Volumenprozent Ethanol (E10) sind in der E DIN 51626–1, Ausgabe November 2010, festgelegt und werden in die Verordnung aufgenommen. Zugleich werden nach den Vorgaben der Richtlinie 98/70/EG Anforderungen an Bestandschutzsorten mit einem maximalen Sauerstoffgehalt von 2,7 Massenprozent und einem maximalen Ethanolgehalt von 5 Volumenprozent (E5) nach der selben DIN Norm in die Verordnung aufgenommen. Die Verordnung sieht eine Regelung zum Anbieten der Bestandsschutzsorten und zur Information der Verbraucher vor. Ottokraftstoff nach den Anforderungen der bisher zitierten DIN EN 228 (Ethanol-Höchstgehalt 5 Volumenprozent), deren Verweis

auf die aktuell gültige DIN-Norm vom November 2008 angepasst wird, bleibt weiterhin zugelassen.
Nach Anpassung der europäischen Norm für Dieselkraftstoff an die Anforderungen der Richtlinie 98/70/EG wird die nationale Norm DIN 51 628, Ausgabe August 2008, nicht mehr benötigt und entfällt durch Verweis auf die neue Fassung der Norm für Dieselkraftstoff, DIN EN 590, Ausgabe Mai 2010.
Die Verweise auf die Anforderungsnormen für Biodiesel und Flüssiggas werden den aktuell gültigen Normen DIN EN 14 214, Ausgabe April 2010, bzw. DIN EN 589, Ausgabe November 2008, angepasst.
Die Kennzeichnungspflicht für Kraftstoffe mit metallischen Additiven wird in dieser Verordnung erstmals aufgenommen, wodurch die in der letzen Änderung neu eingeführte Vorgabe der Richtlinie 98/70/EG umgesetzt wird.
Der Schwefelgehalt bei Dieselkraftstoff für mobile Maschinen und Geräte (einschließlich Binnenschiffe) wird nach der Vorgabe der Richtlinie 98/70/EG ab dem Jahr 2011 von 1000 Milligramm pro Kilogramm Dieselkraftstoff auf 10 Milligramm pro Kilogramm Dieselkraftstoff gesenkt.
Die Verordnung soll auch nach dem WTO-Übereinkommen über technische Handelshemmnisse notifiziert werden."

Der Bundesrat hat der Verordnung am 26. November 2010 ohne Änderungen zuge- **9**
stimmt. Zugleich hat er folgende Entschließung gefasst (BR-Drs. 675/10 – Beschluss):

„Der Bundesrat bittet die Bundesregierung, bei der EU darauf hinzuwirken, dass das ab 1. Januar 2011 geltende Verwendungsverbot von Dieselkraftstoff mit einem Schwefelgehalt von mehr als 10 Milligramm pro Kilogramm in Binnenschiffen und Sportbooten (vgl. § 4 Absatz 2) zügig auf die gesamte Binnenschifffahrt einschließlich der auf Binnengewässern befindlichen Seeschiffe (flussgängige Seeschiffe) übertragen wird.
Die Bundesregierung wird außerdem gebeten, nach Änderung des geltenden EU-Rechts im vorgenannten Sinne unverzüglich eine Anpassung der 10. BImSchV vorzunehmen."

Damit konnte die neue 10. BImSchV am 8. Dezember 2010 ausgefertigt und am **10**
13. Dezember 2010 im Bundesgesetzblatt (Teil I S. 1849) verkündet werden. Gemäß § 21 trat sie am 14. Dezember 2010 in Kraft; zugleich traten die 3. BImSchV, die 19. BImSchV und die 10. BImSchV vom 27. Januar 2009 außer Kraft. Eine redaktionelle Änderung erfuhr die 10. BImSchV durch Art. 8 der Verordnung zur Umsetzung der Richtlinie über Industrieemissionen vom 2.5.2013 (BGBl. I S. 1021) in § 10 Absatz 2 Satz 2 Nummer 1. Dort wurde der Verweis auf die 13. BImSchV an die geänderte Bezeichnung dieser Verordnung angepasst.

III. Die Erste Verordnung zur Änderung der 10. BImSchV vom 1. Dezember 2014

Anlass für den Erlass der Ersten Verordnung zur Änderung der 10. BImSchV vom **10a**
1.12.2014 (BGBl. I S. 1890) war die Notwendigkeit der Aktualisierung der Verordnung an mehreren Stellen. Sowohl die Richtlinie 1999/32/EG hinsichtlich des Schwefelgehalts von Schiffskraftstoffen als auch die Richtlinie 98/70/EG über die Qualität von Otto- und Dieselkraftstoffen waren geändert worden, so dass sich ein Umsetzungsbedarf ergab. Zusätzlich sind die Normverweise aktualisiert worden und die Kraftstoffqualität „Normal" wurde gestrichen. Erstmals aufgenommen wurden hingegen Qualitätsanforderungen für Pflanzenölkraftstoffe – alle Saaten – in § 9 Abs. 2 (vgl. dazu auch die Begründung der Bundesregierung, BR-Drs. 492/14, S. 15 f.).

IV. Die Verordnung zur Umsetzung der Richtlinie 2014/94/EU

10b Anlass für eine erneute Änderung der 10. BImSchV bot die Umsetzungsverpflichtung hinsichtlich der Richtlinie 2014/94/EU des Europäischen Parlaments und des Rates vom 22. Oktober 2014 über den Aufbau der Infrastruktur für alternative Kraftstoffe (ABl. L 307 vom 28.10.2014, S. 1 ff.). Nach Ablauf der Umsetzungsfrist am 18. November 2016 hatte die Kommission bereits ein Vertragsverletzungsverfahren gegen die Bundesrepublik eingeleitet. Als alternative Kraftstoffe sieht die Richtlinie in einer nicht abschließenden Aufzählung Elektrizität, Wasserstoff, Biokraftstoffe, synthetische und paraffinhaltige Kraftstoffe, Erdgas und Flüssiggas an (Art. 2 Nr. 1). Soweit es um in der Richtlinie normierte Kennzeichnungspflichten zur Kompatibilität zwischen Fahrzeugen und Kraftstoffen geht, fällt dies in den Regelungsgehalt der 10. BImSchV Auch die Aufnahme von Wasserstoff als Kraftstoff in § 9a fügt sich ohne weiteres in den Kanon der anderen Kraftstoffe ein. Zweifel sind hingegen angebracht, ob die Vorschriften zur Ladeinfrastruktur für Elektrofahrzeuge (§ 13 Abs. 6) von den in der Präambel genannten Verordnungsermächtigungen gedeckt sind (vgl. dazu → Rn. 12a).

V. Die Zweite Verordnung zur Änderung der 10. BImSchV vom 28. Mai 2024

10c Aktualisierte Anforderungen in den unionsrechtlichen Grundlagen haben den Erlass der Zweiten Verordnung zur Änderung der 10. BImSchV (BGBl. 2024 I Nr. 169) notwendig gemacht. Durch die Richtlinie (EU) 2023/2413 (ABl. L 2023/2413 vom 31.10.2023), die die Richtlinie 98/70/EG über die Qualität von Otto- und Dieselkraftstoffen ein weiteres Mal geändert hat, wurde unter anderem der maximale Gehalt von Biodiesel (Fettsäuremethylester, FAME) von 7 auf 10 Volumenprozent erhöht. Folgerichtig wird die 10. BImSchV um Anforderungen an Dieselkraftstoff, der einen derart hohen Anteil an FAME hat, erweitert. Zugleich sind nun erstmals explizit synthetische Kraftstoffe unter der Bezeichnung „XTL" aufgenommen worden (→ § 4 Abs. 3). Sie dürfen in den Verkehr gebracht werden, wenn sie der DIN EN 15940, Ausgabe Juli 2023, entsprechen. Anpassungen waren außerdem erforderlich, weil die Richtlinie 2014/94/EU (→ Rn. 10b) von der unmittelbar geltenden Verordnung (EU) 2023/1804 vom 13.9.2023 (ABl. L 234 vom 22.9.2023, S. 1) abgelöst worden war. Einige Regelungen mussten in der Folge aus der 10. BImSchV wieder entfernt werden (→ § 1 Rn. 1b). Schließlich wurden erneut die Normverweise aktualisiert und die Nomenklatur an den aktuellen Stand angepasst.

C. Übereinstimmung mit der Ermächtigungsgrundlage und mit den unionsrechtlichen Vorgaben

I. Eingangsformel der Verordnung

11 Die Erste Verordnung zur Änderung der 10. BImSchV enthält eine Präambel, die sämtliche Regelungen der gesamten Verordnung und nicht nur die geänderten Teile erfasst. Damit wird die Präambel der Verordnung vom 8.12.2010 inhaltlich unverändert auf den aktuellen Gesetzesstand gebracht:

„Es verordnen auf Grund

– *des § 34 Absatz 1 und 3 des Bundes-Immissionsschutzgesetzes in der Fassung der Bekanntmachung vom 17. Mai 2013 (BGBl. I S. 1274) die Bundesregierung nach Anhörung der beteiligten Kreise,*

– *des § 34 Absatz 2 und des § 37 Satz 1 des Bundes-Immissionsschutzgesetzes und auf Grund des § 2a Absatz 3 des Benzinbleigesetzes, der durch Artikel 1 Nummer 3 des Gesetzes vom 25. November 1975 (BGBl. I S. 2919) eingefügt worden ist, die Bundesregierung,*
– *des § 3 Absatz 1 Nummer 2 Buchstabe a in Verbindung mit Absatz 2 Nummer 2 und Absatz 5 Satz 1 und 2 des Binnenschifffahrtsaufgabengesetzes, von denen die Absätze 1 und 5 zuletzt durch Artikel 313 Nummer 2 Buchstabe a und b der Verordnung vom 31. Oktober 2006 (BGBl. I S. 2407) geändert worden sind und Absatz 2 durch Artikel 1 Nummer 3 Buchstabe b des Gesetzes vom 19. Juli 2005 (BGBl. I S. 2186) geändert worden ist, in Verbindung mit § 1 Absatz 2 des Zuständigkeitsanpassungsgesetzes vom 16. August 2002 (BGBl. I S. 3165) und dem Organisationserlass der Bundeskanzlerin vom 17. Dezember 2013 (BGBl. I S. 4310) das Bundesministerium für Verkehr und digitale Infrastruktur und das Bundesministerium für Umwelt, Naturschutz, Bau und Reaktorsicherheit im Einvernehmen mit dem Bundesministerium für Arbeit und Soziales sowie*
– *des § 38 Absatz 2 des Bundes-Immissionsschutzgesetzes in der Fassung der Bekanntmachung vom 17. Mai 2013 (BGBl. I S. 1274) in Verbindung mit § 1 Absatz 2 des Zuständigkeitsanpassungsgesetzes vom 16. August 2002 (BGBl. I S. 3165) und dem Organisationserlass der Bundeskanzlerin vom 17. Dezember 2013 (BGBl. I S. 4310) das Bundesministerium für Verkehr und digitale Infrastruktur und das Bundesministerium für Umwelt, Naturschutz, Bau und Reaktorsicherheit nach Anhörung der beteiligten Kreise:"*

Einen anderen Weg wählt die Verordnung zur Umsetzung der Richtlinie 2014/84/ **11a**
EU und weiterer immissionsschutzrechtlicher Rechtsakte der Europäischen Union vom 13.12.2019, mit der neben der 10. BImSchV auch die 30. BImSchV geändert wird, so dass die gesamte Änderungsverordnung auch auf Verordnungsermächtigungen aus § 7 BImSchG gestützt werden musste:

„Es verordnen
– *die Bundesregierung auf Grund des § 7 Absatz 1 Satz 1 Nummer 1, 2 und 3 und des § 34 Absatz 1 und 3 des Bundes-Immissionsschutzgesetzes in der Fassung der Bekanntmachung vom 17. Mai 2013 (BGBl. I S. 1274) nach Anhörung der beteiligten Kreise sowie auf Grund des § 34 Absatz 2 und des § 37 Satz 1 des Bundes-Immissionsschutzgesetzes in der Fassung der Bekanntmachung vom 17. Mai 2013 (BGBl. I S. 1274) sowie des § 2a Absatz 3 des Benzinbleigesetzes, der durch Artikel 1 Nummer 3 des Gesetzes vom 25. November 1975 (BGBl. I S. 2919) eingefügt worden ist,*
– *das Bundesministerium für Verkehr und digitale Infrastruktur auf Grund des § 36 Absatz 3 des Gesetzes über Ordnungswidrigkeiten, der durch Artikel 1 Nummer 5 Buchstabe b des Gesetzes vom 26. Januar 1998 (BGBl. I S. 156) geändert worden ist,*
– *das Bundesministerium für Verkehr und digitale Infrastruktur und das Bundesministerium für Umwelt, Naturschutz und nukleare Sicherheit auf Grund des § 38 Absatz 2 Satz 1 des Bundes-Immissionsschutzgesetzes, der durch Artikel 76 Nummer 2 der Verordnung vom 31. August 2015 (BGBl. I S. 1474) geändertworden ist, in Verbindung mit § 1 Absatz 2 des Zuständigkeitsanpassungsgesetzes vom 16. August 2002 (BGBl. I S. 3165) und dem Organisationserlass vom 14. März 2018 (BGBl. I S. 374) nach Anhörung der beteiligten Kreise sowie*
– *das Bundesministerium für Wirtschaft und Energie auf Grund des § 49 Absatz 4 Satz 1 Nummer 1 des Energiewirtschaftsgesetzes, der zuletzt durch Artikel 1 Nummer 15 des Gesetzes vom 26. Juli 2016 (BGBl. I S. 1786) geändert worden ist:"*

II. Übereinstimmung mit den Ermächtigungsgrundlagen

Durch die angeführten Ermächtigungsgrundlagen sind alle Bestimmungen der **12**
10. BImSchV abgedeckt. Soweit mit der 10. BImSchV Anforderungen aus den in der

Fußnote zum Normkopf zitierten Richtlinien 98/70/EG und 2016/802 erfüllt werden, ist § 37 bereits eine hinreichende Ermächtigungsgrundlage (→ BImSchG § 37 Rn. 1 ff.). Die Bestimmungen können darüber hinaus auf weitere Grundlagen gestützt werden. Die Beschaffenheitsanforderungen in §§ 2 bis 10 sowie die Gleichwertigkeitsklausel in § 11 konnten auf § 34 Abs. 1 BImSchG, die Auszeichnungspflichten an den Zapfsäulen und Tankstellen in § 13 – mit Ausnahme der Auszeichnungpflicht für Ladepunkte in § 13 Abs. 6 – konnten auf § 2a Abs. 3 BzBlG und auf § 34 Abs. 2 Nr. 6 BImSchG gestützt werden. Nach § 34 Abs. 1 Satz 4 in Verbindung mit § 7 Abs. 5 BImSchG ist die Bezugnahme auf technische Normen grundsätzlich zulässig; die Bezugsquelle der technischen Normen wird in § 17 genannt. § 14 Abs. 1 findet seine Grundlage in § 34 Abs. 2 Nr. 7 und 37 BImSchG, § 14 Abs. 2 in § 34 Abs. 2 Nr. 5 und § 15 in § 38 Abs. 2 BImSchG. Die in § 19 vorgesehenen Nachweis- und Meldepflichten des Einführers können auf § 34 Abs. 2 Nrn. 1 bis 4 BImSchG gestützt werden. §§ 16 bis 22 enthalten Annexregelungen, die von den zitierten Vorschriften mit erfasst werden (vgl. zur Reichweite der Ermächtigungen in § 34 BImSchG: Scheidler WiVerw 2012, 227).

12a Keine Grundlage in den erwähnten Vorschriften des Bundes-Immissionsschutzgesetzes oder des Benzinbleigesetzes finden hingegen die auf Elektrizität als Antriebsenergie Bezug nehmenden Regelungen in § 13 Abs. 6 und § 15, die auf die Regelungen in der Verordnung (EU) 2023/1804 aufbauen (vgl. dazu auch → Rn. 10c). Konsequenterweise stützt sich die 10. BImSchV daher auch auf die Verordnungsermächtigung in § 49 Abs. 4 Satz 1 Nummer 1 des Energiewirtschaftsgesetzes, wonach Anforderungen an die technische Sicherheit von Ladepunkten, ihre Errichtung und ihren Betrieb festgelegt werden können. Nicht unberechtigt ist dabei der Einwand, dass die hier in Rede stehenden verbraucherschützenden Regelungen zumindest ebenso gut in der Ladesäulenverordnung vom 9. März 2016 (BGBl. I S. 457) aufgehoben wären.

III. Übereinstimmung mit europäischem Unionsrecht

13 Unionsrechtliche Anforderungen an das Inverkehrbringen von Dieselkraftstoff und bestimmten Gasölen waren erstmals in der Richtlinie 75/716/EWG vom 24. November 1975 (ABl. L 307; S. 22 ff.) enthalten und wurden danach immer wieder geändert und kontinuierlich verschärft. Maßgebend ist nunmehr die Richtlinie (EU) 2016/802 vom 11. Mai 2016 über eine Verringerung des Schwefelgehalts bestimmter flüssiger Kraft- oder Brennstoffe (ABl. L 132, S. 58 ff.), mit der die mehrfach geänderte Richtlinie 1999/32/EG kodifiziert wurde. Die in Art. 3 bis 7 der Richtlinie (EU) 2016/802 enthaltenen Regelungen über den maximalen Schwefelgehalt entsprechen denen in § 4 Abs. 6 bis 9 der 10. BImSchV.

14 Mit dem Erlass der 10. BImSchV vom 24. Juni 2004 setzte die Bundesrepublik Deutschland unionsrechtliche Vorgaben mit dem Ziel der Qualitätssicherung bei Kraftstoffen und der Förderung erneuerbarer Kraftstoffe um. Diese Absicht hat auch die 10. BImSchV vom 8. Dezember 2010, in der Fassung, die sie nach dem Inkrafttreten der 2. Änderungsverordnung vom 28. Mai 2024 (BGBl. I Nr. 159) hat. Das kommt auch in der amtlichen Fußnote zum Ausdruck:

„Die Verordnung dient der Umsetzung der

- *Richtlinie 98/70/EG des Europäischen Parlaments und des Rates vom 13. Oktober 1998 über die Qualität von Otto- und Dieselkraftstoffen und zur Änderung der Richtlinie 93/12/EWG des Rates (ABl. L 350 vom 28.12.1998, S. 58; L 265 vom 5.9.2014, S. 36), die zuletzt durch die Richtlinie (EU) 2023/2413 (ABl. L 2023/2413, 31.10.2023) geändert worden ist,*

– *Richtlinie 2016/802/EU des Europäischen Parlaments und des Rates vom 11. Mai 2016 über eine Verringerung des Schwefelgehalts bestimmter flüssiger Kraft- oder Brennstoffe (ABl. L 132 vom 21.5.2016, S. 58)..“*

Nachdem mit der 2. Änderungsverordnung vom 28. Mai 2024 die Ersetzung der Richtlinie 2014/94/EU durch die Verordnung (EU) 2023/1804 nachvollzogen und einige Vorschriften aus der 10. BImSchV entfernt wurden, da diese nun in der unmittelbar geltenden Verordnung enthalten sind, entfiel konsequenterweise auch die Zitierung in der Fußnote. Wesentliche Inhalte der Richtlinie 2014/94/EU waren bereits frühzeitig mit der Festlegung eines nationalen Strategierahmens über den Aufbau der Infrastruktur für alternative Kraftstoffe durch Kabinettsbeschluss vom 9. November 2016 sowie den Erlass der Ladesäulenverordnung vom 9. März 2016 (BGBl. I S. 457) umgesetzt. Mit der Änderungsverordnung vom 13. Dezember 2019 (BGBl. I S. 2739) waren auch noch diejenigen Anforderungen der Richtlinie 2014/94/EU erfüllt, auf die sich das Vertragsverletzungsverfahren der Kommission bezog. Neben den in Art. 5 Abs. 2 der Richtlinie geforderten Regelungen über Wasserstoff als Kraftstoff, die in §§ 9a und 13 der 10. BImSchV enthalten sind, betraf dies die Verbraucher schützenden Regelungen in Art. 7 Abs. 1, 2 und 5 der Richtlinie 2014/94/EU, sofern Elektrizität als alternativer Kraftstoff zum Einsatz kommt (vgl. dazu auch → Rn. 12a). 15

Inhaltsübersicht

Anlage 8	Zeichen Biodiesel (zu § 13 Absatz 1 Satz 1 Nummer 6)
Anlage 9	Zeichen Ethanolkraftstoff (E85) (zu § 13 Absatz 1 Satz 1 Nummer 7)
Anlage 10	Zeichen Autogas (zu § 13 Absatz 1 Satz 1 Nummer 8)
Anlage 11	Zeichen Erdgas und Biogas als Kraftstoff – CNG Gruppe H (zu § 13 Absatz 1 Satz 1 Nummer 9 Buchstabe a Doppelbuchstabe aa)
Anlage 12	Zeichen Erdgas und Biogas als Kraftstoff – CNG Gruppe L (zu § 13 Absatz 1 Satz 1 Nummer 9 Buchstabe a Doppelbuchstabe bb)
Anlage 13	Zeichen Erdgas und Biogas als Kraftstoff – LNG Gruppe H (zu § 13 Absatz 1 Satz 1 Nummer 9 Buchstabe b Doppelbuchstabe aa)
Anlage 14	Zeichen Pflanzenölkraftstoff – Rapsöl (zu § 13 Absatz 1 Satz 1 Nummer 10)
Anlage 15	Zeichen Pflanzenölkraftstoff – alle Saaten (zu § 13 Absatz 1 Satz 1 Nummer 11)
Anlage 16	Zeichen Wasserstoff (zu § 13 Absatz 1 Satz 1 Nummer 12)
Anlage 17	Erklärung des Herstellers, Vermischers oder Lieferanten über die Beschaffenheit flüssiger Kraft- und Brennstoffe (zu § 18 Absatz 2 Satz 4)

§ 1 Begriffsbestimmungen

(1) **Für diese Verordnung gelten die in den Absätzen 2 bis 15 geregelten Begriffsbestimmungen.**

(2) **Ottokraftstoff ist jedes flüchtige Mineralölerzeugnis im Sinne des Kapitels 27 der Kombinierten Nomenklatur, einschließlich der Zubereitungen mit einem Gehalt an Mineralöl von mindestens 70 Gewichtshundertteilen, in denen diese Öle Grundbestandteil sind, das**

1. **unter die Unterpositionen 2710 12 41, 2710 12 45, 2710 12 49 oder 2710 12 50 der Kombinierten Nomenklatur fällt und**
2. **zum Betrieb von Fahrzeugverbrennungsmotoren mit Fremdzündung bestimmt ist.**

(3) **Dieselkraftstoff ist jedes Gasölerzeugnis im Sinne des Kapitels 27 der Kombinierten Nomenklatur, einschließlich der Zubereitungen mit einem Gehalt an Mineralöl von mindestens 70 Gewichtshundertteilen, in denen diese Öle Grundbestandteil sind, das**

1. **unter die Unterpositionen 2710 20 11, 2710 20 16 (bis zu einem Schwefelgehalt von 0,05 Gewichtshundertteilen), 2710 19 43, 2710 19 46 oder 2710 19 47 (bis zu einem Schwefelgehalt von 0,05 Gewichtshundertteilen) der Kombinierten Nomenklatur fällt und**
2. **verwendet wird zum Antrieb von Fahrzeugen im Sinne**
   a) **der Verordnung (EG) Nr. 715/2007 des Europäischen Parlaments und des Rates vom 20. Juni 2007 über die Typgenehmigung von Kraftfahrzeugen hinsichtlich der Emissionen von leichten Personenkraftwagen und Nutzfahrzeugen (Euro 5 und Euro 6) und über den Zugang zu Reparatur- und Wartungsinformationen für Fahrzeuge (ABl. L 171 vom 29.6.2007, S. 1), die zuletzt durch die Verordnung (EU) 2018/858 (ABl. L 151 vom 14.6.2018, S. 1) geändert worden ist, oder**
   b) **der Verordnung (EG) Nr. 595/2009 des Europäischen Parlaments und des Rates vom 18. Juni 2009 über die Typgenehmigung von Kraftfahrzeugen und Motoren hinsichtlich der Emissionen von schweren Nutzfahrzeugen (Euro VI) und über den Zugang zu Fahrzeugreparatur- und -wartungsinformationen, zur Änderung der Verordnung (EG) Nr. 715/2007 und der Richtlinie 2007/46/EG sowie zur Aufhebung der Richtlinien 80/1269/EWG, 2005/55/EG und 2005/78/EG (ABl. L 188 vom 18.7.2009, S. 1; L 200 vom 31.7.2009, S. 52), die zuletzt durch**

die Verordnung (EU) 2019/1242 (ABl. L 198 vom 25.7.2019, S. 202) geändert worden ist.

(4) **Dieselkraftstoff zur Verwendung für mobile Maschinen und Geräte, für land- und forstwirtschaftliche Zugmaschinen sowie für Binnenschiffe und Sportboote ist jeder aus Erdöl gewonnene flüssige Kraftstoff im Sinne des Kapitels 27 der Kombinierten Nomenklatur, einschließlich der Zubereitungen mit einem Gehalt an Mineralöl von mindestens 70 Gewichtshundertteilen, in denen diese Öle der Grundbestandteil sind, der**

1. **unter die Unterpositionen 2710 20 11, 2710 20 16 (bis zu einem Schwefelgehalt von 0,05 Gewichtshundertteilen), 2710 19 43, 2710 19 46 oder 2710 19 47 (bis zu einem Schwefelgehalt von 0,05 Gewichtshundertteilen) der Kombinierten Nomenklatur fällt und**
2. **für den Betrieb von Kompressionszündungsmotoren bestimmt ist, die in den folgenden Rechtsakten der Europäischen Union genannt werden:**
   a) **Richtlinie 2013/53/EU des Europäischen Parlaments und des Rates vom 20. November 2013 über Sportboote und Wassermotorräder und zur Aufhebung der Richtlinie 94/25/EG (ABl. L 354 vom 28.12.2013, S. 90; L 297 vom 13.11.2015, S. 9),**
   b) **Verordnung (EU) 2016/1628 des Europäischen Parlaments und des Rates vom 14. September 2016 über die Anforderungen in Bezug auf die Emissionsgrenzwerte für gasförmige Schadstoffe und luftverunreinigende Partikel und die Typgenehmigung für Verbrennungsmotoren für nicht für den Straßenverkehr bestimmte mobile Maschinen und Geräte, zur Änderung der Verordnungen (EU) Nr. 1024/2012 und (EU) Nr. 167/2013 und zur Änderung und Aufhebung der Richtlinie 97/68/EG (ABl. L 252 vom 16.9.2016, S. 53; L 231 vom 6.9.2019, S. 29), die zuletzt durch die Verordnung (EU) 2022/992 (ABl. L 169 vom 27.6.2022, S. 43) geändert worden ist, oder**
   c) **Verordnung (EU) Nr. 167/2013 des Europäischen Parlaments und des Rates vom 5. Februar 2013 über die Genehmigung und Marktüberwachung von land- und forstwirtschaftlichen Fahrzeugen (ABl. L 60 vom 2.3.2013, S. 1), die zuletzt durch die Verordnung (EU) 2019/519 (ABl. L 91 vom 29.3.2019, S. 42) geändert worden ist.**

(5) **Schiffskraftstoff ist jeder aus Erdöl gewonnene flüssige Kraft- oder Brennstoff, der zur Verwendung auf einem Schiff bestimmt ist oder auf einem Schiff verwendet wird, einschließlich Kraft- oder Brennstoffen im Sinne der Definition nach DIN ISO 8217, Ausgabe Oktober 2018.**

(6) **Gasöl für den Seeverkehr ist jeder Schiffskraftstoff gemäß der Definition der Güteklassen DMX, DMA und DMZ nach Tabelle 1 der DIN ISO 8217, Ausgabe Oktober 2018, ohne Berücksichtigung des Schwefelgehalts.**

(7) **Schiffsdiesel ist jeder Schiffskraftstoff gemäß der Definition der Güteklasse DMB nach Tabelle 1 der DIN ISO 8217, Ausgabe Oktober 2018, ohne Berücksichtigung des Schwefelgehalts.**

(8) **„Sonstige Schiffskraftstoffe" sind die nicht in den Absätzen 6 und 7 genannten Schiffskraftstoffe.**

(9) **Leichtes Heizöl ist jedes Erdölerzeugnis, einschließlich der Zubereitungen, die Komponenten aus Synthese oder Hydrotreatment oder Komponenten biogener Herkunft enthalten, mit Ausnahme der in den Absätzen 3 bis 8 genannten Kraft- und Brennstoffe, das nach dem Prüfverfahren der DIN EN ISO 3405, Ausgabe September 2019, bei 350 Grad Celsius mindestens 85 oder bei 360 Grad Celsius mindestens 95 Raumhundertteile Destillat ergibt.**

(10) **Schweres Heizöl ist jeder aus Erdöl gewonnene flüssige Kraft- oder Brennstoff mit Ausnahme der in den Absätzen 3 bis 9 genannten Kraft- und Brennstoffe, der nach dem Prüfverfahren der DIN EN ISO 3405, Ausgabe April 2011, bei 250 Grad Celsius weniger als 65 Raumhundertteile Destillat ergibt. Kann die Destillation nicht anhand der Methode DIN EN ISO 3405, Ausgabe April 2011, durchgeführt werden, wird das Erdölerzeugnis ebenfalls als Schweres Heizöl eingestuft.**

(11) **Einführer ist, wer Kraft- oder Brennstoffe gewerbsmäßig oder im Rahmen wirtschaftlicher Unternehmungen einführt.**

(12) **Vermischer ist, wer Kraft- oder Brennstoffe gewerbsmäßig oder im Rahmen wirtschaftlicher Unternehmungen vermischt oder die Vermischung veranlasst.**

(13) **Großverteiler ist, wer Kraft- oder Brennstoffe gewerbsmäßig oder im Rahmen wirtschaftlicher Unternehmungen verteilt und über eine Lagerkapazität von mehr als 1000 Kubikmeter verfügt. Das Verteilen nach Satz 1 schließt die Abgabe an Schiffe ein.**

(14) **Inverkehrbringen ist jedes Überlassen an andere.**

(15) **Kombinierte Nomenklatur ist die Warennomenklatur nach Artikel 1 in Verbindung mit Anhang I der Verordnung (EWG) Nr. 2658/87 des Rates vom 23. Juli 1987 über die zolltarifliche und statistische Nomenklatur sowie den Gemeinsamen Zolltarif (ABl. L 256 vom 7.9.1987, S. 1; L 341 vom 3.12.1987, S. 38; L 378 vom 31.12.1987, S. 120; L 130 vom 26.5.1988, S. 42; L 151 vom 8.6.2016, S. 22), die zuletzt durch die Verordnung (EU) 2022/2465 (ABl. L 322 vom 16.12.2022, S. 81) geändert worden ist.**

I. Erdölerzeugnisse und andere Kraft- und Brennstoffe

1 § 1 Abs. 2 bis 10 führen die Begriffsbestimmungen der zuvor von der 3. BImSchV erfassten Erdölerzeugnisse mit denen der Richtlinie 98/70/EG zusammen. Damit enthält die 10. BImSchV eigenständige Definitionen für Ottokraftstoffe und zum Antrieb von Fahrzeugen verwendete Dieselkraftstoffe. Inhaltlich entsprechen diese Definitionen Art. 2 Nrn. 1 bis 3 der Richtlinie 98/70/EG. Die aus der 3. BImSchV übernommenen Definitionen entsprechen Art. 2 lit. b) bis e) der Richtlinie (EU) 2016/802. Da mit der Regelung die Beschaffenheitsanforderungen grundsätzlich zum Zeitpunkt des Inverkehrbringens vorliegen müssen, enthält § 1 Abs. 14 eine eigenständige Definition des Inverkehrbringens. Mit der gewählten Definition befindet sich die 10. BImSchV in Übereinstimmung mit der bereits zuvor gebräuchlichen Auslegung (vgl. dazu → BImSchG § 32 Rn. 9 f.). Im Rahmen der Änderungen der 10. BImSchV (vgl. dazu → Vorb. Rn. 10a ff.) erfolgten jeweils die unionsrechtlich gebotenen Aktualisierungen. So wurde beispielsweise durch die 2. Änderungsverordnung vom 28.5.2024 (BGBl. I Nr. 169) in Absatz 3 und 4 eine Anpassung an den aktuellen Stand der Nomenklatur der Verordnung (EWG) Nr. 2658/87 vorgenommen. Ebenfalls sind stets die Verweise auf die Normen an den neuesten Stand angepasst worden (vgl. die Begründung der Bundesregierung, BR-Drs. 621/23, S. 23).

1a Mit der Verordnung zur Umsetzung der Richtlinie 2014/94/EU waren nicht nur die Begriffsdefinitionen auf den aktuellen Stand der in Bezug genommenen Vorschriften gebracht worden. Schon mit dieser Änderung waren die Begriffsbestimmungen für Otto- und Dieselkraftstoff so geändert worden, dass auch Misch- und synthetische Kraftstoffe erfasst werden. Damit entfiel auch die Notwendigkeit einer Änderung der Definition für Dieselkraftstoff, als mit der 2. Änderungsverordnung die Qualitäten „B10" und „XTL" eingeführt wurden (vgl. dazu: BR-Drs. 486/19, S. 44 f.; BR-Drs. 621/23, S. 23)

Die Definitionen der Begriffe *Tankstelle, LNG-Tankstelle* und *Alternative Kraftstoffe*, die erst durch die Verordnung vom 13.12.2019 zur Umsetzung der Richtlinie 2014/94/EG (BGBl. I S. 2739) in den Absätzen 16 bis 18 eingefügt worden waren, sind mit der 2. Änderungsverordnung vom 28.5.2024 (BGBl. I Nr. 169) wieder aus der 10. BImSchV entnommen worden. Hintergrund ist die Ablösung der Richtlinie 2014/94/EG durch die unmittelbar geltende Verordnung (EU) 2023/1804 (ABl. L 234 vom 22.9.2023, S. 1). Die dort in Art. 2 Nr. 59 enthaltene Definition des Begriffs *Tankstelle* umfasst dabei auch LNG-Tankstellen (vgl. BR-Drs. 621/23, S. 24). 1b

II. Einführer

§ 1 Abs. 11 enthält eine besondere Definition des Einführers im Sinne der 10. BImSchV. Die Regelung wurde aus § 2 Abs. 4 der 3. BImSchV übernommen und ist weiterhin erforderlich, weil nach der Ermächtigung des § 34 BImSchG nur das gewerbsmäßige oder im Rahmen einer wirtschaftlichen Unternehmung durchgeführte Einführen erfasst und damit auch nur einem entsprechenden Einführer Nachweis- und Meldepflichten (vgl. → § 19) auferlegt werden können (vgl. → BImSchG § 34 Rn. 21). Wegen des Begriffs des Einführers wird im Übrigen auf die Erläuterungen zu → BImSchG § 32 Rn. 9–12 verwiesen. 2

III. Vermischer

Durch § 1 Abs. 12 soll der in §§ 14 Abs. 2 und 18 Abs. 2 verwendete Begriff des Vermischers näher bestimmt werden. Die „Definition", die bereits in § 2 Abs. 5 der 3. BImSchV enthalten war, ist jedoch nicht aussagekräftig, da ein Begriff („Vermischer") mit demselben Begriff („vermischt") umschrieben wird. Sie lässt zahlreiche Fragen offen, nämlich: 3

- Wird jedes Zusammenfügen von leichtem Heizöl bzw. Dieselkraftstoff aus verschiedenen Beständen erfasst?
- Muss (objektiv) ein homogenes Gemisch hergestellt werden?
- Muss die Herstellung eines homogenen Gemischs oder zumindest das Zusammenfügen ganz bestimmter Mengen beabsichtigt sein (finale Betrachtung)?
- Müssen besondere Einrichtungen zur Vermischung verwandt werden (zB Umwälzpumpe)?
- Muss nach dem Zusammenfügen der Stoffe noch ein Überlassen an andere beabsichtigt sein?

Sicher ist, dass nach dem Zweck der 10. BImSchV nicht jedes – ggf. zufällige – Zusammenfügen von Kraft- oder Brennstoff als Vermischung im Sinne der Definition angesehen werden kann; andernfalls müsste der Eigentümer eines Einfamilienhauses, in dessen Tank für die Gebäudeheizung leichtes Heizöl nachgefüllt wird, nach § 14 Abs. 2 ein Tankbelegbuch führen. Andererseits wird man aber auch nicht nur die Herstellung eines homogenen Gemischs mit Hilfe besonderer Apparaturen als Vermischung ansehen können; die Anforderungen der §§ 14 Abs. 2 und 18 Abs. 2 könnten dann zu leicht umgangen werden. Eine vernünftige Eingrenzung erscheint nur dadurch möglich, dass man auf das Ziel des Zusammenfügens der Stoffe abstellt: Soll der Schwefelgehalt verändert werden, ist eine Vermischung anzunehmen, andernfalls nicht.

§ 2 Chlor- und Bromverbindungen

(1) Kraftstoffe für Kraftfahrzeuge im Sinne des § 1 Absatz 2 des Straßenverkehrsgesetzes dürfen nur dann gewerbsmäßig oder im Rahmen wirtschaftlicher Unternehmungen in den Verkehr gebracht werden, wenn sie keine Chlor- oder Bromverbindungen als Zusatz enthalten.

(2) Chlor- und Bromverbindungen als Zusatz zu Kraftstoffen nach Absatz 1 dürfen gewerbsmäßig oder im Rahmen wirtschaftlicher Unternehmungen nicht in den Verkehr gebracht werden.

(3) Die Absätze 1 und 2 gelten nicht für das Inverkehrbringen zum Zweck der Forschung, Entwicklung oder Analyse.

§ 2 übernimmt inhaltlich die Kernregelung der aufgehobenen 19. BImSchV. Gegenüber der dortigen Formulierung wurde lediglich der Bezug auf die Verwendung für Kraftfahrzeuge im Sinne des Straßenverkehrsgesetzes neu aufgenommen. Absatz 1 untersagt das Inverkehrbringen von Kraftstoffen, denen bewusst Chlor- oder Bromverbindungen zugesetzt wurden, während Absatz 2 das Inverkehrbringen von Chlor- oder Bromverbindungen untersagt, sofern diese als Kraftstoffzusatz dienen sollen.

§ 3 Anforderungen an Ottokraftstoffe; Bestandsschutzsortenregelung

(1) Ottokraftstoff darf nur dann gewerbsmäßig oder im Rahmen wirtschaftlicher Unternehmungen gegenüber dem Letztverbraucher in den Verkehr gebracht werden, wenn er den Anforderungen der DIN EN 228, Ausgabe August 2017, genügt.

(2) Wer Ottokraftstoffe nach Absatz 1 der Qualität „Super" mit mehr als 5 Volumenprozent Ethanol anbietet, ist verpflichtet, an derselben Abgabestelle auch Ottokraftstoffe nach Absatz 1 der Qualität „Super" mit einem maximalen Sauerstoffgehalt von 2,7 Massenprozent und einem maximalen Ethanolgehalt von 5 Volumenprozent anzubieten.

(3) Wer Ottokraftstoffe nach Absatz 1 der Qualität „Super Plus" mit mehr als 5 Volumenprozent Ethanol anbietet, ist verpflichtet, an derselben Abgabestelle auch Ottokraftstoffe nach Absatz 1 der Qualität „Super Plus" mit einem maximalen Sauerstoffgehalt von 2,7 Massenprozent und einem maximalen Ethanolgehalt von 5 Volumenprozent anzubieten.

(4) An Abgabestellen, an denen im Durchschnitt der zwei jeweils vorangegangenen Kalenderjahre weniger als 500 Kubikmeter Ottokraftstoffe nach Absatz 1 in den Verkehr gebracht wurden, gelten die Verpflichtungen nach Absatz 2 und Absatz 3 nicht. Die Voraussetzungen des Satzes 1 sind durch geeignete Belege gegenüber der zuständigen Behörde auf Verlangen nachzuweisen.

(5) Zweitaktmischungen zur Verwendung in Zweitakt-Ottomotoren dürfen nur dann gewerbsmäßig oder im Rahmen wirtschaftlicher Unternehmungen gegenüber dem Letztverbraucher in den Verkehr gebracht werden, wenn derdafür verwendete Ottokraftstoff vor der Herstellung der Mischung den Anforderungen der DIN EN 228, Ausgabe August 2017, genügt hat.

1 Nach der ursprünglichen Konzeption der 10. BImSchV waren die einzelnen Kraftstoffe mit einem Veräußerungsverbot belegt, sofern sie nicht die Beschaffenheitsanforderungen erfüllten, die sich aus den statischen Verweisungen auf außerrechtliche Normen ergaben. Demgegenüber wird nunmehr in den §§ 2 bis 10 auf den Tatbestand des Inverkehrbringens abgestellt, der in § 1 Abs. 14 als jedes Überlassen an andere definiert wird. Damit wird der auch im Bundes-Immissionsschutzgesetz verwendete Begriff übernommen (vgl.

dazu die Erläuterungen zu → BImSchG § 37a Rn. 1). Die Bundesregierung begründet ihre Fassung der Verordnung vom 8.12.2010 wie folgt (BR-Drs. 675/10, S. 30 f.):

„§ 3 Absatz 1 entspricht § 1 der 10. BImSchV unter Berücksichtigung der neuen Definition des „In Verkehr bringen". Letztverbraucher ist derjenige, der am Ende der geschäftlichen/gewerbsmäßigen Lieferkette steht. Das sind unter anderem die Endkunden an der Tankstelle, aber auch Tankstellen selbst, die lediglich einem privaten Fahrzeugpark dienen. Daneben wurde die Vorschrift sprachlich vereinfacht.

Durch § 3 Absatz 1 wird neben Ottokraftstoff, der der aktualisierten Norm DIN EN 228, Ausgabe November 2008, entspricht, zusätzlich Ottokraftstoff, der der neuen Norm E DIN 51626–1, Ausgabe November 2010, entspricht, aufgenommen. Der Verweis auf die Norm E DIN 51626–1, Ausgabe November 2010, eröffnet die Möglichkeit, E10-Kraftstoff anzubieten. Ottokraftstoff nach der E DIN 51626–1, Ausgabe November 2010, lässt einen Höchstgehalt von 10 Volumenprozent Ethanol zu, sowie eine Bestandsschutzsorte mit einem Höchstgehalt von 5 Volumenprozent Ethanol und einem maximalen Sauerstoffgehalt von 2,7 Massenprozent nach den Anforderungen der Richtlinie 98/70/EG.

In den Absätzen 2 und 3 werden zur Umsetzung der Richtlinie 98/70/EG die Anbieter, die Kraftstoff mit 10 Volumenprozent Ethanol anbieten, verpflichtet, sicherzustellen, dass zugleich Ottokraftstoff der entsprechenden Qualität mit einem maximalen Sauerstoffgehalt von 2,7 % und einem maximalen Ethanolgehalt von 5 % angeboten wird. Dies ist notwendig, um die stetige Versorgung von Fahrzeugen, die nicht E10-verträglich sind, mit geeignetem Kraftstoff sicherzustellen.

In Absatz 4 wird zur Erleichterung für Tankstellen, die im Durchschnitt der zwei jeweils vorangegangenen Kalenderjahre weniger als 500 Kubikmeter Ottokraftstoffe in den Verkehr gebracht haben, eine Ausnahmeregelung zu der Verpflichtung des Angebotes einer Bestandsschutzsorte nach den Absätzen 2 und 3 getroffen. Auch unter Berücksichtigung dieser Ausnahmeregelung für Kleinsttankstellen bleibt für Verbraucher, deren Fahrzeuge E10-Kraftstoff nicht vertragen, die Versorgungsdichte nahezu unverändert. Das Vorliegen der Voraussetzungen für diese Erleichterung ist vom Betreiber durch geeignete Belege gegenüber der zuständigen Behörde nachzuweisen."

Mit Inkrafttreten der Ersten Änderungsverordnung vom 1.12.2014 (BGBl. I S. 1890) **2**
hat § 3 zwei Modifikationen erfahren. Absatz 1 wurde an die aktuelle Ausgabe (Oktober 2014) der DIN EN 228 angepasst. Da in dieser Ausgabe auch Spezifikationen zu E 10 enthalten waren, konnte die Bezugnahme auf die nationale E 10 Norm (E DIN 51626–1) gestrichen werden. Weiterhin wurde in Absatz 2 die Kraftstoffqualität „Normal" gestrichen, da Kraftstoff dieser Qualität (Ottokraftstoff mit 91 Oktan) nicht mehr am Markt angeboten wurde. Nachdem der Normalkraftstoff aus der Norm DIN EN 228 bereits gestrichen war, wurde er dann auch aus der 10. BImSchV entfernt.

Eine erneute Aktualisierung auf die Ausgabe August 2017 erfuhr der Verweis auf die **3**
DIN EN 228 durch die Verordnung zur Umsetzung der Richtlinie 2014/94/EU vom 13.12.2019 (BGBl. I S. 2739). Zugleich wurde Absatz 5 angefügt, wodurch eine Abgabe von Ottokraftstoff für Zweitaktmischungen, einem Kraftstoff für Zweitakt-Ottomotoren aus einer Mischung aus Kraftstoff und Zweitaktöl, aus Zweitaktzapfsäule, Mopedzapfsäule oder Moped-Betankungsgeräten ermöglicht wird (vgl. BR-Drs. 486/19, S. 45).

§ 4 Anforderungen an Dieselkraftstoff, paraffinischer Dieselkraftstoff, Gasöl und andere flüssige Kraftstoffe; Bestandsschutzsortenregelung; Schwefelgehalt; Verwendung für Binnenschiffe und Sportboote

(1) **Dieselkraftstoff der Qualität „B7" darf nur dann gewerbsmäßig oder im Rahmen wirtschaftlicher Unternehmungen gegenüber dem Letztverbraucher in den Verkehr gebracht werden, wenn er den Anforderungen der DIN EN 590, Ausgabe Mai 2022, genügt.**

(2) **Dieselkraftstoff der Qualität „B10" darf nur dann gewerbsmäßig oder im Rahmen wirtschaftlicher Unternehmungen gegenüber dem Letztverbraucher in den Ver-**

kehr gebracht werden, wenn er den Anforderungen der DIN EN 16734, Ausgabe September 2022, genügt.

(3) **Paraffinischer Dieselkraftstoff der Qualität „XTL“ darf nur dann gewerbsmäßig oder im Rahmen wirtschaftlicher Unternehmungen gegenüber dem Letztverbraucher in den Verkehr gebracht werden, wenn er den Anforderungen der DIN EN 15940, Ausgabe Juli 2023, genügt.**

(4) **Wer Dieselkraftstoffe nach Absatz 2 der Qualität „B10“ mit mehr als 7 Volumenprozent Fettsäuremethylester oder paraffinische Dieselkraftstoffe nach Absatz 3 der Qualität „XTL“ anbietet, ist verpflichtet, an derselben Abgabestelle auch Dieselkraftstoffe nach Absatz 1 der Qualität „B7“ mit einem maximalen Fettsäuremethylester-Gehalt von 7 Volumenprozent anzubieten.**

(5) **Absatz 4 gilt nicht für Abgabestellen, an denen in den zwei vorangegangenen Kalenderjahren weniger als 500 Kubikmeter Dieselkraftstoff nach den Absätzen 1 bis 3 in den Verkehr gebracht wurden. Für nichtöffentliche Abgabestellen findet Absatz 4 ebenfalls keine Anwendung. Die Voraussetzungen nach Satz 1 sind durch geeignete Belege gegenüber der zuständigen Behörde auf Verlangen nachzuweisen.**

(6) **Dieselkraftstoff zur Verwendung für mobile Maschinen und Geräte, für land- und forstwirtschaftliche Zugmaschinen sowie für Binnenschiffe und Sportboote darf nur dann gewerbsmäßig oder im Rahmen wirtschaftlicher Unternehmungen gegenüber dem Letztverbraucher in den Verkehr gebracht werden, wenn sein Gehalt an Schwefelverbindungen, berechnet als Schwefel, 10 Milligramm pro Kilogramm Dieselkraftstoff nicht überschreitet.**

(7) **Gasöl für den Seeverkehr darf nur dann gewerbsmäßig oder Rahmen wirtschaftlicher Unternehmungen gegenüber dem Letztverbraucher in den Verkehr gebracht werden, wenn sein Gehalt an Schwefelverbindungen, berechnet als Schwefel, 1,0 Gramm pro Kilogramm Gasöl für den Seeverkehr nicht überschreitet.**

(8) **Schiffsdiesel darf nur dann gewerbsmäßig oder im Rahmen wirtschaftlicher Unternehmungen gegenüber dem Letztverbraucher in den Verkehr gebracht werden, wenn sein Gehalt an Schwefelverbindungen, berechnet als Schwefel, 15,0 Gramm pro Kilogramm Schiffsdiesel nicht überschreitet.**

(9) **Für Binnenschiffe und Sportboote dürfen Gasöle für Binnenschiffe und andere flüssige Kraftstoffe nur dann verwendet werden, wenn ihr Schwefelgehalt den für Dieselkraftstoff nach Absatz 6 zulässigen Schwefelgehalt nicht überschreitet.**

1 Die Begründung der Bundesregierung (BR-Drs. 675/10, S. 31) zu § 4 in der Fassung der Verordnung vom 8.12.2010 lautet:

> „§ 4 Absatz 1 entspricht § 2 der 10. BImSchV unter Berücksichtigung der neuen Definition des „In Verkehr bringen“. Die Berichtigung der DIN EN 590 vom Mai 2010 wurde berücksichtigt und ersetzt die dadurch unnötig gewordene nationale Norm DIN 51 628, Ausgabe August 2008.
> Absatz 2 entspricht – unter Berücksichtigung der neuen Definition des „In Verkehr bringen“ – § 3 Absatz 5 der 3. BImSchV und zusätzlich mit Erweiterungen und der Absenkung des zulässigen Schwefelgehaltes zum 1. Januar 2011 zur Umsetzung von Artikel 4 Absatz 2 der Richtlinie 98/70/EG. Mit der Abgrenzung des Anwendungsbereiches in den Absätzen 1 und 2 wurden bestehende Überschneidungen und Abgrenzungsprobleme der 3. und 10. BImSchV beseitigt.
> Absatz 3 entspricht § 3 Absatz 1a Satz 2 der 3. BImSchV.
> Absatz 4 entspricht § 3 Absatz 1a Satz 1 der 3. BImSchV.
> Der Wortlaut und die Einheiten wurden zur Vereinheitlichung zwischen der 3. und 10. BImSchV jeweils angepasst.“

2 Gegenüber der Vorgängerregelung in § 2 der 10. BImSchV vom 27. Januar 2009 ergibt sich eine Vereinfachung in § 4 Abs. 1, da in der aktualisierten Fassung der DIN EN 590 sowohl die Begrenzung des Schwefelgehalts auf 10 mg/kg als auch die Beimischungsgren-

ze von 7 Volumenprozent für Biodiesel bereits enthalten ist. Die Gleichwertigkeitsklausel des § 11 ist zu beachten.

Eine erste Aktualisierung hat § 4 durch die Erste Verordnung zur Änderung der 10. BImSchV vom 1.12.2014 (BGBl. I S: 1890) erhalten. Dabei wurde in Absatz 1 die Verweisung auf die zu diesem Zeitpunkt aktuelle Fassung der DIN EN 590 angepasst sowie in den Absätzen 3 und 4 (jetzt 7 und 8) eine Präzisierung beim zulässigen Schwefelgehalt von Schiffskraftstoffen vorgenommen (1,0 statt 1 und 15,0 statt 15 g/kg). 3

Erneut aktualisiert wurde der Verweis auf die DIN EN 590 in Absatz 1 mit der Verordnung zur Umsetzung der Richtlinie 2014/94/EU vom 13.12.2019 (BGBl. I S. 2739). Nicht zuletzt um zahlreichen Einwänden im Rahmen der Länder- und Verbändeanhörung gerecht zu werden, hat die Bundesregierung in der Begründung zu der Änderungsverordnung klarstellend darauf hingewiesen, dass damit auch paraffinische Dieselkraftstoffe erfasst sind (BR-Drs. 486/19, S. 45): 4

„§ 4 Absatz 1 wird durch Inbezugnahme der aktuellen Norm, DIN EN 590, Ausgabe Oktober 2017, an den neuesten wissenschaftlichen Stand angepasst. Paraffinischer Dieselkraftstoff darf aufgrund dieser Regelung im Rahmen der Beimischung dem konventionellen Dieselkraftstoff zugefügt werden, solange das Endprodukt die Anforderungen der DIN EN 590, Ausgabe Oktober 2017 einhält. Aufgrund der unterschiedlichen Dichte von konventionellem und paraffinischem Diesel ist somit eine Beimischung bis zu etwa 26 % paraffinischem Dieselkraftstoff möglich."

Redaktioneller Art war die weitere Änderung, die darin bestand, dass der vormalige Absatz 2 Satz 2 zu einem eigenen Absatz 5 (jetzt 9) wurde.

Durch die 2. Änderungsverordnung vom 28.5.2024 (BGBl. I Nr. 169) ist nicht nur der Verweis auf die DIN EN 590 aktualisiert worden. Die Absätze 2 und 3 wurden eingefügt, um über die Bezugnahme auf die dort genannten Normen die Möglichkeit zu eröffnen, Dieselkraftstoffe der Qualitäten „B10" und „XTL" anbieten zu können. Analog zur Bestandsschutzsortenregelung in § 3 Abs. 2 und 3 (→ § 3 Rn. 1) für Ottokraftstoffe verpflichtet nunmehr § 4 Abs. 4 in diesem Fall zum Anbieten der Qualität „B7", soweit nicht eine Ausnahme nach Absatz 5 vorliegt. Auf Initiative des Bundesrates (vgl. BR-Drs. 621/23/Beschluss, S. 1 f.) können von dieser Ausnahme auch nichtöffentliche Abgabestellen wie z.B. solche von Verkehrsunternehmen profitieren. 5

§ 5 Anforderungen an Biodiesel

Biodiesel darf nur dann gewerbsmäßig oder im Rahmen wirtschaftlicher Unternehmungen gegenüber dem Letztverbraucher in den Verkehr gebracht werden, wenn er den Anforderungen der DIN EN 14 214, Ausgabe Mai 2019, genügt. Das gilt auch für Biodiesel als Zusatz zum Dieselkraftstoff.

Eine dem § 5 entsprechende Vorschrift enthielt § 3 der 10. BImSchV vom 27. Januar 2009 sowie deren Vorgängerregelung vom 24. Juni 2004. Auch hier ist nun der Tatbestand des Inverkehrbringens und nicht mehr das Veräußern maßgeblich. Zugleich wurde die Verweisung an die aktuelle Fassung der DIN EN-Norm mittlerweile mehrfach angepasst.

§ 6 Anforderungen an Ethanolkraftstoff (E85)

Ethanolkraftstoff (E85) darf nur dann gewerbsmäßig oder im Rahmen wirtschaftlicher Unternehmungen als Kraftstoff gegenüber dem Letztverbraucher in den Verkehr gebracht werden, wenn er dem Anforderungen der DIN EN 15293, Ausgabe Oktober 2018, genügt.

§ 6 übernimmt die Vorgängerregelung des § 4 der 10. BImSchV, mit der eine weitere Kraftstoffqualität in die 10. BImSchV aufgenommen worden war. Möglich wurde das 1

durch die Normierung von Ethanolkraftstoff in der DIN 51 625, Ausgabe August 2008. Die Bundesregierung führte dazu in ihrer Begründung zur Verordnung aus dem Jahre 2009 Folgendes aus (BR-Drs. 857/08, S. 15):

„Mit § 4 wird Ethanolkraftstoff (E 85), der durch die DIN 51 625, Ausgabe August 2008 genormt ist, erstmals in diese Verordnung aufgenommen. Da aufgrund klimatischer Bedingungen der Ethanolgehalt in der Sommer- und Winterware unterschiedlich ist (zB Winterware mit 75 Volumenprozent) steht die Bezeichnung „E 85" in Klammern."

2 Die Inbezugnahme auf die neue Norm DIN EN 15293, Ausgabe Oktober 2018, geht zurück auf die Verordnung zur Umsetzung der Richtlinie 2014/94/EU vom 13.12.2019 (BGBl. I S. 2739).

§ 7 Anforderungen an Autogas

Autogas darf nur dann gewerbsmäßig oder im Rahmen wirtschaftlicher Unternehmungen gegenüber dem Letztverbraucher in den Verkehr gebracht werden, wenn er den Anforderungen der DIN EN 589, Ausgabe April 2022, genügt.

1 § 7 regelt – vergleichbar den Vorschriften der §§ 3 bis 6 – das Inverkehrbringen von Flüssiggaskraftstoff an den Letztverbraucher. Die Beschaffenheitsanforderungen werden durch die (statische) Verweisung auf die DIN EN 589 festgelegt. Die Neufassung dieser Norm aus April 2022 wurde im Rahmen der 2. Änderungsverordnung vom 28.5.2024 (BGBl. I Nr. 169) berücksichtigt. § 11 ist zu beachten.

2 Gleichzeitig mit einer früheren Aktualisierung der Verweisung wurde eine begriffliche Umstellung von „Flüssiggaskraftstoff" auf „Autogas" vorgenommen, ohne dabei eine inhaltliche Änderung zu bewirken (vgl. BR-Drs. 486/19, S. 46):

„Zur Vermeidung von Verwechselungsgefahren an der Tankstelle sowie einer unnötigen Verunsicherung des Verbrauchers wurde die Benennung vom Begriff „Flüssiggas" zum Begriff „Autogas" geändert, einschließlich des Titels des Paragraphen. Es handelt sich hierbei um die gängigste Bezeichnung für den Einsatz des Energieträgers in der motorischen Anwendung. Mit dem Begriff „Flüssiggas" wird LPG dagegen zur Verwendung in Haushalten zum Heizen und Kochen, im Campingbereich etc. regelmäßig als klassisches „Brenngas" in Gasflaschen gehandelt und gegenüber den Verbrauchern auch entsprechend kommuniziert. Im Kern sind beide Produkte „Brenngas" und „Autogas" zwar gleich, unterscheiden sich jedoch in einigen Parametern der jeweiligen Anforderungsnormen."

§ 8 Anforderungen an Erdgas und Biogas als Kraftstoffe

(1) **Erdgas und Biogas dürfen nur dann als Kraftstoff gewerbsmäßig oder im Rahmen wirtschaftlicher Unternehmungen gegenüber dem Letztverbraucher in den Verkehr gebracht werden, wenn sie den Anforderungen der DIN EN 16723-2, Ausgabe Oktober 2017, genügen. Für Mischungen von Erdgas und Biogas in jedem Verhältnis gilt Satz 1 entsprechend mit der Maßgabe, dass das fertige Produkt den Anforderungen der DIN EN 16723-2, Ausgabe Oktober 2017, genügt. Für Anforderungen, Grenzwerte und zugehörige Prüfverfahren für Erdgas und Biogas als Kraftstoffe für Kraftfahrzeuge ist in den Fällen der Sätze 1 und 2 Tabelle D.1 der DIN EN 16723-2, Ausgabe Oktober 2017, anzuwenden. Für Anforderungen an zugesetzte Additive gilt Abschnitt 5.2 der DIN 51624, Ausgabe Februar 2008.**

(2) **Erdgas und Biogas der Qualität „L" müssen in den Fällen von Absatz 1 Satz 1 und 2 abweichend von Absatz 1 Satz 3 einen unteren Wobbe-Index von mindestens 36,3 Megajoule pro Kubikmeter und einen Heizwert von mindestens 39 Megajoule pro Kilogramm aufweisen. Im Übrigen gelten die Anforderungen der Tabelle D.1 der**

DIN EN 16723–2, Ausgabe Oktober 2017, und die Anforderungen nach Absatz 1 Satz 4 entsprechend.

(3) **Der Absatz 1 gilt entsprechend für verflüssigtes Erdgas und Biogas sowie Mischungen hieraus.**

Die 10. BImSchV vom 24. Juni 2004 nahm für die Veräußerung von Erdgas als Kraftstoff noch Bezug auf das Arbeitsblatt G 260, Ausgabe Januar 2000 der Deutschen Vereinigung des Gas- und Wasserfaches e.V. (DVGW). Nachdem mit der DIN 51624, Ausgabe Februar 2008, erstmals eine DIN-Norm Qualitätsanforderungen an Erdgas zur Verwendung in Verbrennungsmotoren definierte, löste dieses technische Regelwerk das DVGW-Arbeitsblatt ab. 1

Gegenüber der Vorgängerregelung in § 6 der 10. BImSchV wollte die Bundesregierung ausweislich ihrer Begründung (BR-Drs. 675/10, S. 32) keine inhaltliche Einschränkung vornehmen, so dass nach wie vor auch reines Biogas als Kraftstoff verwendet werden kann, soweit es die Beschaffenheitsanforderungen erfüllt. Vgl. hierzu aus der Begründung eines Änderungsantrages des Bundesrats (BR-Drs. 857/08 (Beschluss)): 2

„Durch diesen Änderungsvorschlag soll sichergestellt werden, dass auch Biomethan (Biogas) in Kraftstoffqualität uneingeschränkt verwendet werden kann. Mit der Klarstellung wird die erforderliche Einheitlichkeit mit dem Gesetzentwurf zur Änderung der Förderung von Biokraftstoffen (BR-Drs. 830/08) hergestellt.
Dieser Gesetzentwurf verweist zwar auf die 10. BImSchV, ohne jedoch zu berücksichtigen, dass in der 10. BImSchV nur Erdgas erwähnt wird. Dies könnte bei enger Auslegung bedeuten, dass tatsächlich nur Erdgas, aber kein Biogas verwendet werden darf.
Zwar ist nach DIN 51624 die Zumischung von Biogas zulässig, doch könnte dies durch die 10. BImSchV als rechtlich übergeordnete Vorschrift wegen der ausschließlichen Verwendung des Begriffs „Erdgas“ eingeschränkt sein. Außerdem lässt die DIN-Norm offen, ob damit auch die Verwendung von reinem Biogas zulässig ist.“

Durch die Verordnung zur Umsetzung der Richtlinie 2014/94/EU vom 13.12.2019 (BGBl. I S. 2739) sind zum einen die Anforderungen aktualisiert und zum anderen weitere Kraftstoffe in den Anwendungsbereich der 10. BImSchV aufgenommen worden (vgl. BR-Drs. 486/19, S. 46): 3

„§ 8 Absatz 1 Satz 1 wird durch Inbezugnahme der Norm DIN EN 16723–2, Ausgabe Oktober 2017, an eine europäische Norm angepasst. Die vormals zitierte deutsche Norm entfällt. Die Absätze 1 und 2 der derzeit gültigen 10. BImSchV wurden zur Vereinfachung zusammengezogen.
§ 8 Absatz 1 Satz 2 erklärt die Anforderungen an Erdgas und Biogas als Kraftstoff oder Kraftstoff-Gemisch aus Tabelle D.1 der DIN EN 16723–2, Ausgabe Oktober 2017 für bindend. Im Rahmen der Normung wurde von deutscher Seite nur unter dem Vorbehalt zugestimmt, dass in Deutschland weiter die bisher gültigen strengen Anforderungen an Erdgas und Biogas als Kraftstoff gelten sollten. Die Fahrzeug-Hersteller unterstützen zwar die Einführung einer Europäischen Norm EN 16723–2 für Erdgas und Biomethan, empfehlen jedoch einen Schwefelgrenzwert von 10 mg S/m^3 (s. auch Tabelle 1, Fußnote c der Norm), weil dies sicherstellt, dass Erdgas, das diese Anforderungen erfüllt, acuh die bestehenden Erdgas-Fahrzeug-Flotten und auch zukünftige Motorenkonzepte betrieben werden können. Die Anforderungen in Anhang D.1 der Norm sind daher für Erdgas und Biogas als Kraftstoff in Deutschland vorzusehen. Die Spezifikationen entsprechen damit den bisherigen Anforderungen an Erdgas und Biogas als Kraftstoff in Deutschland. Für Anforderungen an zugesetzte Additive wird in Ergänzung zur vorgenannten Norm weiterhin auf Abschnitt 5.2 der DIN 51624, Ausgabe Februar 2008, verwiesen.
§ 8 Absatz 2 definiert eine Erdgas und Biogas-Norm der Qualität L, im Gegensatz zu den Anforderungen aus Tabelle D.1 der DIN EN 16723–2, Ausgabe Oktober 2017, die Gas der Qualität H festlegt. Dies stellt sicher, dass Verbraucher in allen Regionen Deutschlands weiterhin schnell die Qualität des angebotenen Erdgases erkennen und Preise entsprechend vergleichen können.

> Mit § 8 Absatz 3 wird verflüssigtes Erdgas und Biogas (liquefied natural gas – LNG) als Kraftstoff erstmals in die 10. BImSchV aufgenommen. Der Kraftstoff muss denselben Anforderungen genügen wie komprimiertes Erdgas (compressed natural gas – CNG)."

4 Da LNG einen Heizwert aufweist, der der Qualität „H" entspricht, wurde der Verweis in Absatz 3 mit der 2. Änderungsverordnung vom 28.5.2024 (BGBl. I Nr. 169), der zuvor auf die Absätze 1 und 2 ging, auf Absatz 1 eingeschränkt (vgl. BR-Drs. 621/23, S. 25).

§ 9 Anforderung an Pflanzenölkraftstoffe

(1) **Pflanzenölkraftstoff – Rapsöl – darf nur dann gewerbsmäßig oder im Rahmen wirtschaftlicher Unternehmungen gegenüber dem Letztverbraucher in den Verkehr gebracht werden, wenn er den Anforderungen der DIN 51 605, Ausgabe November 2020, genügt.**

(2) **Pflanzenölkraftstoff – alle Saaten – darf nur dann gewerbsmäßig oder im Rahmen wirtschaftlicher Unternehmungen gegenüber dem Letztverbraucher in den Verkehr gebracht werden, wenn er den Anforderungen der DIN 51 623, Ausgabe November 2020, genügt.**

1 Pflanzenölkraftstoff wurde erstmals in § 7 der 10. BImSchV vom 27. Januar 2009 aufgenommen. Neben Ethanolkraftstoff (E 85), der nunmehr in § 6 geregelt ist, war dies die zweite neue Kraftstoffqualität. Grundlage für die Aufnahme war die Verabschiedung der DIN V 51 605, Ausgabe Juli 2006. Wenngleich es sich um eine Vornorm handelte, die das DIN selbst nicht als verbindliche Norm betrachtet, erlangte sie durch die Verweisung in § 9 der 10. BImSchV für den Geltungsbereich der Verordnung Verbindlichkeit. Die Bundesregierung führte dazu in ihrer Begründung aus (BR-Drs. 857/08, S. 16):

> „Mit § 7 wird Pflanzenölkraftstoff, der durch die DIN V 51 605, Ausgabe Juli 2006, genormt ist, erstmals in diese Verordnung aufgenommen."

2 Durch die Erste Verordnung zur Änderung der 10. BImSchV vom 1.12.2014 (BGBl. I S. 1890) wurde die Verweisung auf die in der Zwischenzeit verabschiedete DIN Norm aktualisiert. Außerdem wurde der Kreis der einsetzbaren Pflanzenölkraftstoffe durch den neu eingefügten Absatz 2 erweitert. Aus Sicht des Bundesrats griff die Erweiterung aber noch zu kurz. Seine Zustimmung verweigerte der Bundesrat aus diesem Grund zwar nicht, beschloss folgende Entschließung aber mit der Mehrheit seiner Stimmen (BR-Drs. 492/14 (Beschluss):

> „Der Bundesrat bittet die Bundesregierung, die Bezeichnung „Pflanzenölkraftstoff – alle Saaten –" dahingehend zu ändern, dass auch aus Algen gewonnene Kraftstoffe und andere fortschrittliche Biokraftstoffe eingeschlossen werden, eine geeignete Formulierung zur Be- und Kennzeichnung solcher Kraftstoffe aufzunehmen und im Rahmen der Normung die Grundlagen zur Definition dieser Kraftstoffe legen zu lassen.
> Die Bundesregierung wird darum gebeten, entsprechende Änderungen bei der nächsten Novellierung der Zehnten Verordnung zur Durchführung des Bundes-Immissionsschutzgesetzes (Verordnung über die Beschaffenheit und die Auszeichnung der Qualitäten von Kraft- und Brennstoffen – 10. BImSchV) vorzunehmen."

3 Im Rahmen der durch die Verordnung zur Umsetzung der Richtlinie 2014/94/EU vom 13.12.2019 (BGBl. I S. 2739) sowie durch die 2. Änderungsverordnung vom 28.5.2024 (BGBl. I Nr. 169) erfolgenden Aktualisierungen sind die Normverweise in Absatz 1 und 2 jeweils auf den neuesten Stand gebracht worden.

§ 9a Anforderungen an Wasserstoff als Kraftstoff

Wasserstoff darf nur dann gewerbsmäßig oder im Rahmen wirtschaftlicher Unternehmungen als Kraftstoff gegenüber dem Letztverbraucher in den Verkehr gebracht werden, wenn er den Anforderungen der DIN EN 17124, Ausgabe Dezember 2022, genügt.

§ 9a wurde durch die Verordnung zur Umsetzung der Richtlinie 2014/94/EU vom 13.12.2019 (BGBl. I S. 2739) neu in die 10. BImSchV aufgenommen. Die in Bezug genommene Norm ist diejenige, die in Anhang II Nummer 2.2 der Richtlinie 2014/94/EU in der durch Art. 6 der Delegierten Verordnung (EU) 2019/1745 vom 13. August 2019 (ABl. L 268, S. 1 ff.) geänderten Fassung genannt ist. 1

Im Rahmen der Aktualisierung des Normverweises durch die 2. Änderungsverordnung vom 28.5.2024 (BGBl. I Nr. 169) wollte die Bundesregierung dem § 9a einen zweiten Satz anfügen, da die in Bezug genommene Norm DIN EN 17124 auch in der Ausgabe Dezember 2022 keine verbindlich genormten Prüfverfahren definiere (vgl. BR-Drs. 621/23, S. 25). Daher sollte auf in einer anderen Norm empfohlene Prüfverfahren verwiesen werden. Dieser Absicht ist der Bundesrat erfolgreich in seinem Maßgabenbeschluss von 22.3.2024 entgegengetreten. Zur Begründung verweist der Bundesrat auf die unmittelbar geltende Verordnung (EU) 2023/1804, die eine abschließende und umfassende Regelung beinhalte (vgl. BR-Drs. 621/23/Beschluss, S. 2). 2

§ 10 Schwefelgehalt von Heizöl

(1) **Leichtes Heizöl darf nur dann gewerbsmäßig oder im Rahmen wirtschaftlicher Unternehmungen gegenüber dem Letztverbraucher in den Verkehr gebracht werden, wenn sein Gehalt an Schwefelverbindungen, berechnet als Schwefel, 1,0 Gramm pro Kilogramm leichtes Heizöl nicht überschreitet.**

(2) **Schweres Heizöl darf nur dann gewerbsmäßig oder im Rahmen wirtschaftlicher Unternehmungen gegenüber dem Letztverbraucher in den Verkehr gebracht werden, wenn sein Gehalt an Schwefelverbindungen, berechnet als Schwefel, 10,0 Gramm pro Kilogramm schweres Heizöl nicht überschreitet. Schweres Heizöl mit höheren Schwefelgehalten darf nur dann gewerbsmäßig oder im Rahmen wirtschaftlicher Unternehmungen gegenüber dem Letztverbraucher in den Verkehr gebracht werden, wenn dieses Heizöl:**

1. **in Übereinstimmung mit den Anforderungen der Verordnung über Großfeuerungs-, Gasturbinen- und Verbrennungsmotoranlagen in Verbrennungseinrichtungen eingesetzt werden darf oder**
2. **in Übereinstimmung mit den Anforderungen zur Vorsorge gegen schädliche Umwelteinwirkungen der Technischen Anleitung zur Reinhaltung der Luft vom 18. August 2021 (GMBl. 2021 Nr. 48-54, S. 1050) in Verbrennungseinrichtungen eingesetzt werden darf und sichergestellt ist, dass die maximalen Schwefeldioxidemissionen von 1700 Milligramm Schwefeldioxid pro Normkubikmeter bei einem Sauerstoffgehalt des Rauchgases von 3 Volumeneinheiten im trockenen Bezugszustand nicht überschritten werden.**

Mit § 10 übernimmt die 10. BImSchV die Kernregelung der aufgehobenen 3. BImSchV (Verordnung über den Schwefelgehalt bestimmter flüssiger Kraft- oder Brennstoffe), die lange Zeit eine große Bedeutung für die Begrenzung sauerstoffhaltiger Schwefelverbindungen hatte. Der Schwefelgehalt von leichtem und schwerem Heizöl war in § 3 Abs. 1 und 2 der 3. BImSchV begrenzt. Mit der Übernahme in die 10. BImSchV wurden nun die Einheiten an die übrige Terminologie angepasst, eine Verschärfung der

Anforderungen wurde nicht vorgenommen. Eine Ergänzung hat lediglich Absatz 2 Nr. 2 erhalten, der nun einen anlagenbezogenen Grenzwert enthält. Die Bundesregierung hat dazu ausgeführt (BR-Drs. 675/10, S. 32):

„Absatz 2 entspricht § 3 Absatz 2 der 3. BImSchV mit einer Ergänzung zur Klarstellung im Rahmen der Umsetzung der Richtlinie 1999/32/EG. Die eingefügten Anforderungen an das Inverkehrbringen sind Produktanforderungen an das schwere Heizöl mit einem höheren Schwefelgehalt als nach Satz 1 und ergeben sich aus der oben genannten Richtlinie. Die Überwachung der Einhaltung der maximalen Schwefeldioxidemissionen erfolgt wie bislang durch die für die Anlage zuständige Behörde der Länder. Unbeschadet dessen sind für die Überwachung des maximalen Schwefelgehalts von Heizöl wie bislang die Regelungen des § 18 Absatz 2 bis 5 dieser Verordnung einschlägig."

§ 11 Gleichwertigkeitsklausel

Den Kraftstoffen nach § 3 und § 4 Absatz 1 bis 3 sowie den §§ 5 bis 9a sind solche Kraftstoffe gleichgestellt, die den Anforderungen anderer Normen oder technischer Spezifikationen genügen, die in einem anderen Mitgliedstaat der Europäischen Union oder einem anderen Vertragsstaat des Abkommens über den Europäischen Wirtschaftsraum oder in der Türkei oder einem anderen Mitglied der Welthandelsorganisation in Kraft sind, sofern

1. diese Normen oder technischen Spezifikationen mit einer der folgenden Normen übereinstimmen:

a) DIN EN 228, Ausgabe August 2017,
b) DIN EN 590, Ausgabe Mai 2022,
c) DIN EN 16734, Ausgabe September 2022,
d) DIN EN 15940, Ausgabe Juli 2023,
e) DIN EN 14 214, Ausgabe Mai 2019,
f) DIN EN 15 293, Ausgabe Oktober 2018,
g) DIN EN 589, Ausgabe April 2022,
h) DIN EN 16723-2, Ausgabe Oktober 2017, mit der Maßgabe, dass für Anforderungen, Grenzwerte und zugehörige Prüfverfahren für Erdgas und Biogas als Kraftstoffe für Kraftfahrzeuge Tabelle D.1 der DIN EN 16723-2, Ausgabe Oktober 2017, gilt und dass für Anforderungen an zugesetzte Additive Abschnitt 5.2 der DIN 51624, Ausgabe Februar 2008, gilt,
i) DIN 51 605, Ausgabe November 2020,
j) DIN 51 623, Ausgabe November 2020, oder
k) DIN EN 17124, Ausgabe Dezember 2022, und

2. die Kraftstoffe die klimatischen Anforderungen erfüllen, die in den unter Nummer 1 angegebenen Normen für die Bundesrepublik Deutschland festgelegt sind.

Eine dem § 11 entsprechende Gleichwertigkeitsklausel war bereits in der 10. BImSchV vom 27. Januar 2009 sowie in deren Vorgängerverordnung enthalten. Sie beruht auf einem entsprechenden Monitum der EG-Kommission, nach dem Handelshemmnisse innerhalb des Binnenmarktes zu vermeiden sind. Gegenüber der 10. BImSchV aus dem Jahr 2009 ist die Vorschrift lediglich redaktionell an die aktuellen Fassungen der Normen angepasst worden. Die praktische Bedeutung des § 11 ist jedoch gering.

§ 12 Einschränkungen

(1) **Für Kraft- und Brennstoffe nach § 1 Absatz 4 bis 10, die eingeführt oder sonst in den Geltungsbereich dieser Verordnung verbracht werden und die unter diese Ver-**

ordnung fallen, sind § 4 Absatz 6 bis 8 und § 10 erst von dem Zeitpunkt an anzuwenden, an dem sie in den zollrechtlich freien Verkehr überführt werden.

(2) **Die in dieser Verordnung festgelegten Grenzwerte für den Schwefelgehalt bestimmter flüssiger Kraft- oder Brennstoffe, die aus Erdöl gewonnen werden, gelten nicht für Kraft- oder Brennstoffe zur Verwendung auf Kriegsschiffen und anderen zu militärischen Zwecken eingesetzten Schiffen.**

(3) **Die in dieser Verordnung festgelegten Anforderungen gelten nicht für Kraft- oder Brennstoffe zur Verwendung in Luftfahrzeugen.**

§ 12 Absatz 1 entspricht § 3 Absatz 4 der aufgehobenen 3. BImSchV (Verordnung über den Schwefelgehalt bestimmter flüssiger Kraft- oder Brennstoffe) und betrifft ausschließlich die in § 1 Abs. 4 bis 10 definierten Kraft- und Brennstoffe. Durch die Vorschrift wird – wie die Verwendung des Wortes „erst" zeigt – der Regelungsgehalt der §§ 4 Absatz 6 bis 8 und 10 nicht erweitert, sondern eingeschränkt. Aus § 12 Absatz 1 darf daher nicht geschlossen werden, dass die Anforderungen der Vorschriften bei jeder Abfertigung in den zollrechtlich freien Verkehr vorliegen müssen. Der zulässige Höchstgehalt an Schwefelverbindungen darf nur bei der späteren Überlassung an den Letztverbraucher nicht überschritten sein. Der Einführer kann demgemäß noch nach der Abfertigung in den zollrechtlich freien Verkehr durch Vermischung mit weniger schwefelhaltiger Ware die Anforderungen erfüllen. Absatz 1 enthält eine Erleichterung, und zwar insoweit, als das Überlassen an andere vor der Abfertigung in den zollrechtlich freien Verkehr in jedem Fall zulässig ist. 1

Mit § 12 Absatz 2 wird die vorherige Ausnahmeregelung des § 1 der 3. BImSchV übernommen. Diese war mit der Ersten Verordnung zur Änderung der 3. BImSchV vom 3. Juli 2009 (BGBl. I S. 1720) aufgenommen worden. Zu der damit bewirkten Ausnahme führte die Bundesregierung in ihrer Begründung seinerzeit Folgendes aus (BR-Drs. 293/09, S. 10): 2

> „Die Einschränkung des Anwendungsbereichs ergibt sich aus Artikel 1 Absatz 2 Buchstabe e der Richtlinie 2005/33/EG des Europäischen Parlaments und des Rates vom 6. Juli 2005 zur Änderung der Richtlinie 1999/32/EG hinsichtlich des Schwefelgehalts von Schiffskraftstoffen (ABl. L 191 vom
> 22.7.2005, S. 59). Mit dieser Ausnahme kann sichergestellt werden, dass Kriegsschiffe im Rahmen ihres weltweiten Einsatzes auch mit Kraftstoffen, die nicht den Qualitätsanforderungen der Richtlinie entsprechen, die Häfen in Nord- und Ostsee anlaufen können. Die Ausnahme umfasst auch den Verbrauch der vorhandenen Kraftstoffmengen. Die Definition von Kriegsschiffen gemäß Artikel 2 Nummer 3h der Richtlinie 2005/33/EG schließt Kriegsschiffe anderer Nationen ein."

Durch die Verordnung zur Umsetzung der Richtlinie 2014/94/EU vom 13.12.2019 (BGBl. I S. 2739) wurde Absatz 3 angefügt. Eine materiell-rechtliche Änderung wurde damit nicht bewirkt. Die Vorschrift hat lediglich klarstellende Wirkung. 3

§ 13 Auszeichnung von Kraft- und Brennstoffen

(1) **Der Betreiber einer Zapfstelle hat an den entsprechenden Zapfsäulen und Zapfventilen die Qualität des jeweiligen Kraftstoffs gemäß der Sätze 2 und 3 in folgender Weise deutlich sichtbar zu machen:**

1. schwefelfreier Ottokraftstoff mit einem maximalen Sauerstoffgehalt von 2,7 Massenprozent und einem maximalen Ethanolgehalt von 5 Volumenprozent, der den Anforderungen der DIN EN 228, Ausgabe August 2017, genügt oder der gleichwertig nach § 11 ist, wird mit der Bezeichnung „Super" oder „Super Plus" und dem jeweils zutreffenden Zeichen nach Anlage 1 oder 2 gekenn-

zeichnet; der Hinweis „Enthält bis zu 5 % Bioethanol" muss im Zeichen Teil a enthalten sein;

2. **schwefelfreier Ottokraftstoff, der den Anforderungen der DIN EN 228, Ausgabe August 2017, genügt oder der gleichwertig nach § 11 ist und dessen Sauerstoffgehalt 2,7 Massenprozent oder dessen Ethanolgehalt 5 Volumenprozent überschreiten kann, wird mit der Bezeichnung „Super E10" oder „Super Plus E10" und dem jeweils zutreffenden Zeichen nach Anlage 3 oder 4 gekennzeichnet; die Hinweise „Enthält bis zu 10 % Bioethanol" und „Verträgt Ihr Fahrzeug E10? Herstellerinformation einholen! Im Zweifel Super oder Super Plus tanken!" müssen im Zeichen Teil a enthalten sein;**
3. **Dieselkraftstoff, der den Anforderungen der DIN EN 590, Ausgabe Mai 2022, genügt oder der gleichwertig nach § 11 ist, wird mit der Bezeichnung „Diesel" und dem Zeichen nach Anlage 5 gekennzeichnet; der Hinweis „Enthält bis zu 7 % Biodiesel" muss im Zeichen Teil a enthalten sein;**
4. **Dieselkraftstoff, der den Anforderungen der DIN EN 16734, Ausgabe September 2022, genügt oder der gleichwertig nach § 11 ist, wird mit der Bezeichnung „Diesel B10" und dem Zeichen nach Anlage 6 gekennzeichnet; die Hinweise „Enthält bis zu 10 % Biodiesel" und „Verträgt Ihr Fahrzeug B10? Herstellerinformation beachten (z.B. Tankklappe oder Betriebsanleitung)! Im Zweifel Diesel B7 tanken!" müssen im Zeichen Teil a enthalten sein;**
5. **paraffinischer Dieselkraftstoff, der den Anforderungen der DIN EN 15940, Ausgabe Juli 2023, genügt oder der gleichwertig nach § 11 ist, wird mit der Bezeichnung „Paraffinischer Diesel" und dem Zeichen nach Anlage 7 gekennzeichnet; die Hinweise „Enthält bis zu 7 % Biodiesel" und „Verträgt Ihr Fahrzeug XTL? Herstellerinformation beachten (z.B. Tankklappe oder Betriebsanleitung)!" müssen im Zeichen Teil a enthalten sein;**
6. **Fettsäure-Methylester für Dieselmotoren, das den Anforderungen der DIN EN 14214, Ausgabe Mai 2019, genügt oder das gleichwertig nach § 11 ist, wird mit der Bezeichnung „Biodiesel" und dem Zeichen nach Anlage 8 gekennzeichnet;**
7. **Ethanol für Kraftfahrzeuge, das den Anforderungen der DIN EN 15293, Ausgabe Oktober 2018, genügt oder das gleichwertig nach § 11 ist, wird mit der Bezeichnung „Ethanolkraftstoff (E85)" und dem Zeichen nach Anlage 9 gekennzeichnet;**
8. **Autogas, das den Anforderungen der DIN EN 589, Ausgabe April 2022, genügt oder gleichwertig nach § 11 ist, wird mit der Bezeichnung „Autogas" und dem Zeichen nach Anlage 10 gekennzeichnet;**
9. **Erdgas- und Biogaskraftstoffe, die den Anforderungen der DIN EN 16723–2, Ausgabe Oktober 2017, genügen, wobei für die Anforderungen, Grenzwerte und zugehörigen Prüfverfahren für Erdgas und Biogas als Kraftstoffe für Kraftfahrzeuge Tabelle D.1 der DIN EN 16723–2, Ausgabe Oktober 2017 anzuwenden ist, oder gleichwertige Kraftstoffe nach § 11, werden gekennzeichnet**
   a) **sofern sie als komprimiertes Erdgas (CNG) in den Verkehr gebracht werden**
      aa) **mit der Bezeichnung „Erdgas H" und dem Zeichen nach Anlage 11 oder**
      bb) **mit der Bezeichnung „Erdgas L" und dem Zeichen nach Anlage 12, sofern abweichend von Tabelle D.1 der DIN EN 16723–2, Ausgabe Oktober 2017, die Qualität nur den Anforderungen eines unteren Wobbe-Index von mindestens 36,3 Megajoule pro Kubikmeter genügt**

und einen Heizwert von mindestens 39 Megajoule pro Kilogramm aufweist, oder

b) sofern sie als verflüssigtes Erdgas (LNG) in Verkehr gebracht werden

aa) mit der Bezeichnung „Erdgas H" und dem Zeichen nach Anlage 13;

10. Pflanzenölkraftstoff, der den Anforderungen der DIN 51605, Ausgabe November 2020, genügt oder der gleichwertig nach § 11 ist, wird mit der Bezeichnung „Pflanzenölkraftstoff – Rapsöl –" und dem Zeichen nach Anlage 15 gekennzeichnet;

11. Pflanzenölkraftstoff, der den Anforderungen der DIN 51623, Ausgabe November 2020, genügt oder der gleichwertig nach § 11 ist, wird mit der Bezeichnung „Pflanzenölkraftstoff – alle Saaten –" und dem Zeichen nach Anlage 16 gekennzeichnet;

12. Wasserstoff als Kraftstoff, der den Anforderungen der DIN EN 17124, Ausgabe Dezember 2022, genügt oder der gleichwertig nach § 11 ist, wird mit der Bezeichnung „Wasserstoff" und dem Zeichen nach Anlage 17 gekennzeichnet.

Für die Auszeichnung der Zapfsäulen ist das Zeichen nach Teil a der jeweils zutreffenden Anlage zu verwenden. Für die Auszeichnung des Zapfventils ist das Zeichen nach Teil b der jeweils zutreffenden Anlage zu verwenden.

(2) **Wer gewerbsmäßig oder im Rahmen wirtschaftlicher Unternehmungen gegenüber dem Letztverbraucher Kraftstoffe mit metallhaltigen Zusätzen in den Verkehr bringt, hat im untersten Abschnitt des Zeichens an der Zapfsäule den folgenden Hinweis nach Absatz 3 Satz 1 anzubringen: „Enthält metallhaltige Zusätze. Fragen Sie Ihren Fahrzeughersteller, ob diese Zusätze für Ihr Fahrzeug geeignet sind. Verwenden Sie im Zweifelsfall Kraftstoff ohne metallhaltige Zusätze."**

(3) **Für das Zeichen nach Teil a der jeweils zutreffenden Anlage wird eine Mindestbreite von 40 Millimetern empfohlen.**

(4) **Leichtes Heizöl, das nach § 11 Absatz 1 in den Verkehr gebracht wird, kann**

1. als „schwefelarm" bezeichnet werden, wenn sein Schwefelgehalt 50 Milligramm pro Kilogramm leichtes Heizöl nicht überschreitet,

2. als „stickstoffarm" bezeichnet werden, wenn sein Schwefelgehalt 50 Milligramm und sein Stickstoffgehalt 140 Milligramm pro Kilogramm leichtes Heizöl nicht überschreitet.

(5) **Die Absätze 1 bis 3 finden keine Anwendung im Bereich der Kraft- und Brennstoffe nach § 1 Absatz 4 bis 10.**

(6) **Der Betreiber eines Ladepunktes hat die Verbraucherinformation nach Abschnitt 6.3 der DIN EN 17186, Ausgabe Oktober 2019, gemäß der Sätze 2 und 4 am Ladepunkt anzubringen. In der Verbraucherinformation ist in Abschnitt A des Zeichens nach Abschnitt 6.3.1 der DIN EN 17186, Ausgabe Oktober 2019, der Text „Laden von E-Fahrzeugen" einzutragen. Für das Zeichen in Abschnitt B des Zeichens wird eine Mindestbreite von 40 Millimetern empfohlen. In Abschnitt C des Zeichens ist gemäß der Empfehlung der DIN EN 17186, Ausgabe Oktober 2019, die berechnete Leistung anzugeben.**

In seiner bis zum Inkrafttreten der 2. Änderungsverordnung vom 28.5.2024 (BGBl. I Nr. 169) gültigen Fassung verpflichtete § 13 Abs. 1 diejenigen, die die nach §§ 3 bis 9a zulässigen Kraftstoffe gegenüber dem Verbraucher in den Verkehr bringen, zur Auszeichnung der Qualitäten an den Zapfsäulen. Die zuvor von der außer Kraft getretenen 3. BImSchV erfassten Kraft- und Brennstoffe waren davon gemäß Absatz 5 auch weiterhin nicht erfasst. Bis zum Inkrafttreten der Verordnung zur Umsetzung der Richtlinie 2014/94/EU vom 13.12.2019 (BGBl. I S. 2739) war neben der Auszeichnung an den Zapfsäu- 1

len auch eine Auszeichnung an der Tankstelle vorgeschrieben. Diese Pflicht wurde sodann ersetzt durch die Pflicht zur Auszeichnung an den Zapfventilen. Diese Änderung begründet die Bundesregierung wie folgt (BR-Drs. 486/19, S. 47):

2 „Im Rahmen der Umsetzung des Artikel 7 Absatz 1 und 2 Richtlinie 2014/94/EU wurden Informationspflichten über Kennzeichnungspflichten zur Kompatibilität zwischen Fahrzeugen und Kraftstoffen umgesetzt. Damit soll es dem Verbraucher möglich sein, EU-weit durch einfachen Vergleich des Zeichens im Fahrzeug oder im Handbuch mit dem Zeichen an der Zapfsäule oder am Zapfventil zu erkennen, ob Kraftstoff und Fahrzeug kompatibel sind. Es wird zur Umsetzung der Richtlinie 2014/84/EU eine Kennzeichnung neben der Zapfsäule auch am Zapfventil festgelegt. Dafür entfällt die bisher in der 10. BImSchV vorgesehene allgemeine Kennzeichnungspflicht an der Tankstelle. Die jeweils in Teil a der Anlagen vorgesehene Auszeichnung folgt der Empfehlung gemäß Abschnitt 9 der DIN EN 16942, Ausgabe Dezember 2016. Hierdurch ist sichergestellt, dass Verbraucher dieselbe Information an der Tankstelle vorfinden, wie auch gemäß der derzeit gültigen 10. BImSchV vorgesehen."

3 Nachdem zwischenzeitlich die Richtlinie 2014/94/EU von der unmittelbar geltenden Verordnung (EU) 2023/1804 abgelöst wurde, ergibt sich die unionsrechtlich zwingende Kennzeichnungspflicht aus dieser Verordnung. Mit der 2. Änderungsverordnung hat der Verordnungsgeber daher in § 13 Abs. 1 und 6 nur noch die Vorgaben erhalten, die der vorherigen Rechtslage entsprechen und über die Verordnung (EU) 2023/1804 hinausgehen (vgl. BR-Drs. 621/23, S. 26). Gleichzeitig wurde in § 13 Abs. 1 Nr. 4 und 5 die Auszeichnung für Diesel „B10" und „XTL" aufgenommen.

4 Seit Erlass der 10. BImSchV vom 8. Dezember 2010 erstreckt sich die Informationspflicht auch auf den Biokraftstoffanteil des Ottokraftstoffs in Absatz 1 Nr. 1 und 2. Neu aufgenommen wurde ebenfalls die Informationspflicht in Absatz 2 über den Gehalt an metallischen Zusätzen in Kraftstoffen. Mit Inkrafttreten der Verordnung zur Umsetzung der Richtlinie 2014/94/EU vom 13.12.2019 (BGBl. I S. 2739) wurden in Absatz 3 nähere Festlegungen über die Art der Auszeichnung nach Absatz 1 und 2 getroffen. Zur Begründung hat die Bundesregierung dabei Folgendes ausgeführt (BR-Drs. 486/19, S. 48):

„§ 13 Absatz 3 dient der Umsetzung des Artikel 7 Absatz 5 der Richtlinie 2014/94/EU durch Bezugnahme auf den Europäischen Standard zur Identifizierung der Fahrzeug-Kompatibilität, DIN EN 16942, Ausgabe Dezember 2016. Die Anwendung der europäischen Norm ermöglicht die Einführung einer europaweit einheitlichen Kompatibilitätskennzeichnung für unterschiedliche auf dem Markt befindliche Kraftstoffe. Sie enthalten eine grafische Darstellung einschließlich farblicher Vorgaben. Die grafische Darstellung steht mit den folgenden Anforderungen des Artikels 7 der Richtlinie 2014/94/EU in Einklang: sie dient der sachdienlichen, in sich widerspruchsfreien und verständlichen Information darüber, welche Kraftfahrzeuge regelmäßig mit welchen einzelnen in Verkehr gebrachten Kraftstoffen betankt werden können (Artikel 7 Absatz 1); sie ist eindeutig und leicht verständlich; und sie ermöglicht eine deutlich sichtbare Anbringung (Artikel 7 Absatz 2)

– an den entsprechenden Kraftstoffpumpen und ihren Zapfventilen an Tankstellen (Artikel 7 Absatz 2 Buchstabe a)
– an oder in unmittelbarer Nähe der Kraftstoffeinfüllstutzen von Kraftfahrzeugen, für die der betreffende Kraftstoff empfohlen und geeignet ist und im Kraftfahrzeughandbuch (Artikel 7 Absatz 2 Buchstabe b).

Nach DIN EN 16942, Ausgabe Dezember 2016, wird zum Vorteil des Verbrauchers und zur besseren Erkennbarkeit der Auszeichnung empfohlen, einen möglichst großen Maßstab für die Auszeichnung zu wählen, mindestens jedoch eine Breite von 30mm für die Auszeichnung an der Zapfsäule vorgeschrieben. Dessen unbenommen wird mit derselben Absicht in Absatz 3 eine Mindestbreite von 40mm empfohlen. Angaben über die jeweilige Mindestgröße der Zeichen, der Anbringungsorte, Schriftarten, Größe und Farbvorgaben finden sich detailliert in der Norm und sind anzuwenden."

5 Der ausdrückliche Verweis auf die DIN EN 16942 wurde durch die 2. Änderungsverordnung vom 28.5.2024 (BGBl. I Nr. 169) gestrichen, da ein entsprechender Verweis

nun in Anhang II Nummer 10.1 der unmittelbar geltenden Verordnung (EU) 2023/1804 enthalten ist. Verblieben ist die Empfehlung hinsichtlich der Mindestbreite des Zeichens.

Die Auszeichnungspflichten sind über § 20 Abs. 1 Nr. 5 und 6 auch bußgeldbewehrt. **6** Die Auszeichnungspflicht trifft denjenigen, der Betreiber einer Zapfstelle ist. Nach der insoweit maßgeblichen Definition in Art. 2 Nr. 40 der Verordnung (EU) 2023/1804 ist das *die für die Verwaltung und den Betrieb einer Zapfstelle zuständige Stelle, die Endnutzern einen Betankungsdienst erbringt, auch im Namen und Auftrag eines Mobilitätsdienstleisters.* Soweit an einer Tankstelle das Mineralölunternehmen selbst durch Handelsvertreter oder Bedienstete im Angestelltenverhältnis Kraftstoffe verkauft, liegt die Auszeichnungspflicht auch beim Unternehmen.

Mit Absatz 4 wurde der Regelungsgehalt des § 3a der aufgehobenen 3. BImSchV über- **7** nommen. Damit bleibt es bei der Möglichkeit einer Auszeichnung als „schwefelarm". Eine Auszeichnung als „schwefelfrei" bei einem Schwefelgehalt von bis zu 10 mg/kg, die der Bundesrat bereits im Rechtsetzungsverfahren zum Erlass der 3. BImSchV im Jahre 2000 ermöglichen wollte (BR-Drs. 826/00 – Beschluss, Nr. 2), bleibt weiterhin ausgeschlossen. Um einen Anreiz zur weiteren Minderung des Stickstoffanteils in leichtem Heizöl zu schaffen, ermöglicht Absatz 4 Nr. 2 seit dem Inkrafttreten der Verordnung zur Umsetzung der Richtlinie 2014/94/EU vom 13.12.2019 (BGBl. I S. 2739) eine Auszeichnung mit der Bezeichnung „stickstoffarm".

§ 14 Nachweisführung

(1) **Wer gewerbsmäßig oder im Rahmen einer wirtschaftlichen Unternehmung Kraftstoffe in den Verkehr bringt, hat den nach § 13 Absatz 1 bis 5 Auszeichnungspflichtigen bei Anlieferung der Ware darüber zu unterrichten, dass die Kraftstoffe**

1. **den in den § 3 und § 4 Absatz 1 bis 3 sowie den §§ 5 bis 9a genannten Anforderungen genügen oder**
2. **nach § 11 gleichwertig sind.**

Die Unterrichtung erfolgt schriftlich oder elektronisch. Sie kann für jede einzelne Lieferung separat vorgenommen werden oder für mehrere zeitlich aufeinander folgende Lieferungen; in diesem Fall ist sie bei der ersten Lieferung vorzunehmen.

(2) **Auskunftspflichtige nach § 52 Absatz 3 Satz 1 in Verbindung mit Absatz 2 Satz 1 des Bundes-Immissionsschutzgesetzes, die Kraft- und Brennstoffe nach § 1 Absatz 4 bis 10 als Hersteller, Vermischer, Einführer oder Großverteiler lagern, haben Tankbelegbücher zu führen und auf Verlangen vorzulegen, aus denen hervorgeht, welche Lieferanten den Kraft- und Brennstoff geliefert haben.**

I. Unterrichtungspflicht

Die Unterrichtungspflicht nach § 14 Abs. 1 entspricht – soweit sie sich auf Ottokraft- **1** stoffe bezieht – der Regelung in § 2a Abs. 1 Satz 2 BzBlG (abgedruckt in Band I unter → Nr. 4.1). Im Hinblick auf die übrigen Kraftstoffe beruht sie auf § 34 Abs. 2 Nr. 7 BImSchG (vgl. dazu → BImSchG § 34 Rn. 20a f.). Ladepunkte sind von der Unterrichtungspflicht nicht betroffen. Um Problemen im Vollzug entgegenzuwirken, war der vergleichbare § 10 gegenüber der Vorgängerregelung um Abs. 1 Satz 2 ergänzt worden. Der Bundesrat hatte in seiner Begründung zu dieser Ergänzung ausgeführt (BR-Drs. 857/07 (Beschluss)):

> „In der Praxis kommt es an den Tankstellen immer wieder zu Problemen mit dem Nachweis der gelieferten Kraftstoffqualitäten. Hier ist eine Präzisierung analog zur Allgemeinen Verwaltungsvorschrift in der Verordnung selbst erforderlich, um vor dem Hintergrund der nach wie vor unzurei-

chenden Qualitäten einzelner Kraftstoffsorten (insbesondere Biodiesel) und der fehlenden Erfahrung mit den Alternativkraftstoffen (insbesondere E 85 und Erdgas) für den Vollzug eine rechtlich bindende Vorschrift zu erhalten, die die Ahndung von Verstößen erleichtern hilft."

2 Die Neufassung verfolgte immer noch den genannten Zweck und wurde von der Bundesregierung wie folgt begründet (BR-Drs. 675/10, S. 33):

„Die Verpflichtung zur schriftlichen Unterrichtung soll Problemen mit dem Nachweis der gelieferten Kraftstoffqualitäten vorbeugen. Die Unterrichtung kann für jede einzelne Lieferung vorgenommen werden – zB durch Vermerk auf dem Lieferschein oder auf der Auftragsbestätigung – oder für mehrere zeitlich aufeinander folgende Lieferungen bei der ersten. In jedem Fall muss die Unterrichtung eindeutig erkennen lassen, auf welche Kraftstofflieferungen sich die Qualitätsangaben beziehen."

2a Seit Inkrafttreten der Verordnung zur Umsetzung der Richtlinie 2014/94/EU vom 13.12.2019 (BGBl. I S. 2739) kann die Unterrichtung nicht nur in schriftlicher, sondern auch in elektronischer Form erfolgen. Die Funktion des Schriftformerfordernisses wird auch damit gewahrt.

II. Führung von Tankbelegbüchern

3 Die Pflicht zur Führung von Tankbelegbüchern wurde inhaltsgleich aus § 5 Abs. 1 der aufgehobenen 3. BImSchV übernommen.

1. Verhältnis zu § 52 BImSchG.

4 Die Pflichten und Befugnisse der zuständigen Überwachungsbehörden ergeben sich nicht aus § 14 Abs. 2 der Verordnung, sondern aus § 52 BImSchG. In § 52 Abs. 2 und 3 BImSchG ist insbesondere geregelt, dass die Angehörigen und die Beauftragten der Überwachungsbehörde Auskünfte verlangen, Grundstücke betreten, Stichproben entnehmen und sonstige Prüfungen durchführen dürfen (vgl. dazu auch die Erläuterungen zu → BImSchG § 52 Rn. 37 ff.). Durch die Begründung der Pflicht nach § 14 Abs. 2 soll die behördliche Überwachung lediglich erleichtert werden. Insoweit handelt es sich um eine ergänzende Regelung zu § 52 BImSchG.

2. Verpflichteter Personenkreis.

5 Zur Führung der Tankbelegbücher können nur Auskunftspflichtige nach § 52 Abs. 2 und 3 BImSchG verpflichtet sein (vgl. dazu → BImSchG § 52 Rn. 38 ff.). Auskunftspflichtig nach § 52 Abs. 2 und 3 BImSchG sind dabei alle Eigentümer und alle (unmittelbaren und mittelbaren) Besitzer von Brenn- oder Kraftstoffen, die in § 1 Abs. 4 bis 10 definiert sind. Damit wird ein weiter Personenkreis erfasst. § 14 Abs. 2 schränkt die Pflichten in Bezug auf die Tankbelegbücher daher auf diejenigen Auskunftspflichtigen ein, die die betroffenen Erdölprodukte als Hersteller, Vermischer, Einführer oder Großverteiler lagern.

3. Inhalt der Tankbelegbücher.

6 In § 14 Abs. 2 wird ausdrücklich nur bestimmt, dass sich aus den Tankbelegbüchern die Lieferanten des Kraft- oder Brennstoffs ergeben müssen (vgl. auch → BImSchG § 34 Rn. 20). Nach dem Sinn und Zweck der Vorschrift sind hierbei aber auch Angaben darüber erforderlich,

– welche (Teil-)Mengen von den verschiedenen Lieferanten stammen,

– wann die geliefert worden sind und
– in welche Tanks sie eingefüllt wurden.

Soweit der Hersteller die Erdölprodukte selbst lagert, hat er in sein Tankbelegbuch einzutragen, welche Mengen er zu welchem Zeitpunkt in einen bestimmten Tank eingefüllt hat.

4. Vorlage der Tankbelegbücher.

Die zur Führung von Tankbelegbüchern Verpflichteten haben die Bücher auf Verlangen der zuständigen Behörde zur Einsichtnahme vorzulegen. Das Verlangen ist ein anfechtbarer Verwaltungsakt. Zu zuständigen Behörden sind in den einzelnen Bundesländern in der Regel die Überwachungsbehörden (vgl. → BImSchG § 52 Rn. 25 f.) bestimmt worden. 7

§ 15 Bekanntmachung der Kraftstoffqualität für den Betrieb von Kraftfahrzeugen

Bei der Bekanntmachung der Kraftstoffqualität durch die Hersteller sind für flüssige oder gasförmige Kraftstoffe die Bezeichnungen nach § 13 für die Qualität der Kraftstoffe und die Zeichen nach den Anlagen 1 bis 17, jeweils Teil b zu verwenden. Die Bekanntmachung der Kraftstoffqualität umfasst die deutlich sichtbare Anbringung der Zeichen an allen Kraftstoffeinfüllstutzen oder Fahrzeugsteckern von Kraftfahrzeugen, für die der betreffende Kraftstoff empfohlen und geeignet ist, oder in unmittelbarer Nähe der Einfüllstutzen oder Fahrzeugstecker dieser Fahrzeuge.

1. Gegenstand und Form der Bekanntgabe.

§ 15 betrifft die auch in § 2a Abs. 2 BzBlG für Ottokraftstoffe vorgeschriebene und im Übrigen auf Grund des § 38 Abs. 2 BImSchG geforderte (→ Vorb. Rn. 12) Bekanntgabe der empfohlenen Kraftstoffqualitäten für den Betrieb von Kraftfahrzeugen. Über die Form der Bekanntgabe enthielt § 15 bis zum Inkrafttreten der Verordnung zur Umsetzung der Richtlinie 2014/94/EU vom 13.12.2019 (BGBl. I S. 2739) nur verhältnismäßig unbestimmte Aussagen. In Erfüllung der Verpflichtung zur Umsetzung des Unionsrechts wurde die Vorschrift bei dieser Änderung neu gefasst und erweitert. Erstmals wurde neben dem Hersteller und dem Importeur auch der Fahrzeughändler verpflichtet. Neu war darüber hinaus die Pflicht zur Kennzeichnung der Fahrzeuge selbst. Die Bekanntgabe hatte gegenüber den Vertragswerkstätten, den Vertragshändlern und gegenüber der Öffentlichkeit zu erfolgen. Die Art und Weise der Bekanntmachung wurde durch Festlegungen in den Normen DIN EN 16942, Ausgabe Dezember 2016, für flüssige und gasförmige Kraftstoffe sowie DIN EN 17186, Ausgabe Oktober 2019, für Strom für das Laden von Elektrofahrzeugen ausdrücklich festgelegt. Dazu gehörte insbesondere die Verwendung der grafischen Zeichen nach den Anlagen 1 bis 15 der 10. BImSchV. Weiterhin waren die empfohlenen und verwendbaren Kraftstoffqualitäten in den Betriebsanleitungen oder anderen für den Kraftfahrzeughalter bestimmten Unterlagen anzugeben. 1

Nachdem die Richtlinie 2014/94/EU durch die unmittelbar geltende Verordnung (EU) 2023/1804 (ABl. L 234 vom 22.9.2023, S. 1) ersetzt worden war, durfte eine derart ausführliche Regelung der Bekanntgabe im nationalen Recht nicht erhalten bleiben. Dies gilt in dem Umfang, in dem diese Bekanntgabe im Unionsrecht selbst abschließend normiert ist. Das ist mit Art. 18 Abs. 1 und 2 der Verordnung (EU) 2023/1804 mit Blick auf **Bekanntgabepflichten des Herstellers** der Fall. Auch die zuvor in § 15 in Bezug 2

genommenen Normen DIN EN 16942 und 17186 – jeweils in der aktuellen Ausgabe – werden nunmehr in der Verordnung (EU) 2023/1804 als Maßstab verwendet. Mit der 2. Änderungsverordnung vom 28.5.2024 (BGBl. I Nr. 169) wurde § 15 daher soweit geändert, dass nur noch die Anforderungen enthalten sind, die über die unionsrechtlichen Mindestanforderungen hinausgehen und dem vorherigen Rechtsstand entsprechen.

2. Unterlassen der Bekanntgabe.

3 Das Unterlassen der Bekanntgabe nach § 15 ist nur bei Ottokraftstoffen eine Ordnungswidrigkeit im Sinne des § 7 Abs. 1 Nr. 2c BzBlG (abgedruckt in Band I unter → Nr. 4.1). Eine unrichtige Angabe ist nicht bußgeldbewehrt. Da sie für den Hersteller und den gewerblichen Importeur ohnehin mit wirtschaftlichen Nachteilen verbunden wäre (Regressansprüche, Absatzverluste), war eine entsprechende Sanktionsvorschrift im Benzinbleigesetz nicht erforderlich. Bei anderen Kraftstoffen als Ottokraftstoffen stellt das Unterlassen der Bekanntgabe nach § 15 keine Ordnungswidrigkeit dar.

§ 16 Ausnahmen

(1) **Die zuständige Behörde kann auf Antrag Ausnahmen von den Anforderungen der § 3 und § 4 Absatz 1 bis 3 sowie §§ 5 bis 9a bewilligen, soweit dies in besonderen Einzelfällen zu Forschungs- und Erprobungszwecken erforderlich ist und schädliche Umwelteinwirkungen nicht zu erwarten sind. Die Bewilligung ist zu befristen.**

(2) **Keine Ausnahmebewilligung nach Absatz 1 Satz 1 ist erforderlich für Kraftstoffe, die betriebsintern zu Forschungs- und Erprobungszwecken verwandt und nicht über öffentliche Tankstellen in den Verkehr gebracht werden und die keine schädlichen Umwelteinwirkungen erwarten lassen.**

(3) **Die zuständige Behörde bewilligt im Benehmen mit dem Bundesamt für Wirtschaft und Ausfuhrkontrolle auf Antrag Ausnahmen von § 4 Absatz 6 bis 9 und § 10 für Kraft- und Brennstoffe nach § 1 Absatz 4 bis 10, soweit die Einhaltung des zulässigen Höchstgehalts an Schwefelverbindungen zu einer erheblichen Gefährdung der Versorgung des Verbrauchers mit Kraft- und Brennstoffen nach § 1 Absatz 4 bis 10 führen würde. Die Bewilligungen können unter Bedingungen erteilt und mit Auflagen verbunden werden. Die Bewilligungen sind zu befristen. Sie können widerrufen werden, wenn die Voraussetzungen für ihre Erteilung nicht mehr vorliegen.**

I. Bedeutung der Ausnahmen

1. Bedürfnis nach Ausnahmemöglichkeiten.

1 Die 10. BImSchV verbietet generell das Inverkehrbringen der erfassten Kraft- und Brennstoffe, wenn die inhaltlichen Anforderungen nicht erfüllt sind. Aus unterschiedlichen Gründen, die in den Absätzen 1 und 2 auf der einen und Absatz 3 auf der anderen Seite genannt sind, kann sich dabei das Bedürfnis nach Ausnahmen ergeben. Kann die **Versorgungssicherheit des Verbrauchers** bei den in § 1 Abs. 4 bis 10 definierten Kraft- und Brennstoffen Ausnahmen rechtfertigen, sind es bei den Otto- und Dieselkraftstoffen **Forschungszwecke,** die eine Ausnahme rechtfertigen können.

2. Wirkung der Ausnahmebewilligungen.

2 Die Ausnahmebewilligungen nach § 16 werden nicht personen-, sondern **sachbezogen** erteilt. Das bedeutet, dass sie nicht nur für den Antragsteller (zB den Hersteller oder Einführer) gelten, sondern auch für dessen Abnehmer (zB den Tankstellenbetreiber oder den Heizölhändler).

II. Ausnahmen zu Forschungs- und Erprobungszwecken

3 § 16 Abs. 1 ermöglicht Ausnahmen von den Beschaffenheitsanforderungen der §§ 3, 4 Abs. 1 bis 3 und 5 bis 9a zuzulassen. Voraussetzung für die Erteilung einer Ausnahmeerlaubnis ist dabei zum einen die Erforderlichkeit für Forschungs- und Erprobungszwecke und zum anderen, dass schädliche Umwelteinwirkungen nicht zu erwarten sind. Als Forschung ist dabei die **planmäßige und zielgerichtete Suche nach neuen Erkenntnissen** über die Eigenschaft von Stoffen und Produkten anzusehen, wobei nicht nur die Grundlagenforschung, sondern insbesondere die auf konkrete Stoffe, Erzeugnisse oder Verfahren bezogene angewandte Forschung erfasst wird (vgl. dazu die Erläuterungen zu § 1 Abs. 6 der 4. BImSchV in Band IV, → 4. BImSchV § 1 Rn. 13b). Aus § 16 Abs. 2 ergibt sich darüber hinaus, dass eine Erlaubnis nur dann eingeholt werden muss, wenn Forschungs- und Erprobungskraftstoffe über öffentliche Tankstellen in den Verkehr gebracht und nicht nur betriebsintern verwandt werden sollen. Eine Auszeichnung derartiger Kraftstoffe gemäß § 13 Abs. 1 kommt nicht in Betracht, da die dort genannten Voraussetzungen gerade nicht vorliegen.

III. Ausnahmen aus Gründen der Versorgungssicherheit

4 Nach § 16 Abs. 3 sind Ausnahmen von den Regelungen über den Schwefelgehalt bestimmter Kraft- und Brennstoffe zu bewilligen, wenn andernfalls die Versorgung des Verbrauchers mit den betroffenen Erdölprodukten erheblich gefährdet würde; ein Ermessensspielraum für die zuständige Behörde ist insoweit nicht gegeben. Bloße Versorgungs**schwierigkeiten** stellen noch keine **erhebliche** Gefährdung dar. Vielmehr müssen nach Dauer und Ausmaß schwerwiegende Störungen der Versorgung zu erwarten sein. Diese Störungen können – beispielsweise infolge internationaler Energiekrisen – bundesweit auftreten. Unter Umständen kann eine erhebliche Gefährdung der Versorgung auch bei einer regional begrenzten Mangellage angenommen werden. Dann muss es jedoch objektiv unmöglich sein, den ungedeckten Bedarf durch ausreichend schwefelarme Ware aus dem Ausland oder aus anderen Teilen des Bundesgebiets zu decken. Die Höhe der Kosten kann dabei nur in extremen Ausnahmefällen die objektive Unmöglichkeit begründen. Aber auch bei einer erheblichen Gefährdung der Versorgung des Verbrauchers gestattet § 16 Abs. 3 keine unbeschränkten Ausnahmen. Die Bewilligung darf nur soweit gehen, wie dies zur Abwehr der erheblichen Gefährdung erforderlich ist. Die zuständige Behörde hat deshalb zu prüfen, bei welchem Höchstgehalt an Schwefelverbindungen eine ausreichende Versorgung des Verbrauchers (noch) sichergestellt ist. Dabei hat sie zu berücksichtigen, dass der Schwefelgehalt unter Umständen auch durch eine Vermischung mit weniger schwefelhaltiger Ware gesenkt werden kann.

IV. Bewilligungsverfahren

1. Antrag.

5 Ausnahmen nach § 16 werden nur auf Antrag bewilligt. Den Antrag kann jeder stellen, der einen der erfassten Kraft- oder Brennstoffe in Verkehr bringen will. Ist für eine bestimmte Ware bereits eine Ausnahme bewilligt worden, gilt diese auch für weitere Überlassensvorgänge; an einer zusätzlichen Ausnahme fehlt dann in der Regel ein Sachbescheidungsinteresse.

2. Nebenbestimmungen.

6 In Absatz 3 wird ausdrücklich bestimmt, dass die Bewilligung unter Bedingungen erteilt und mit Auflagen verbunden werden kann. Damit wird der Vorschrift des § 36 Abs. 1 VwVfG entsprochen, wonach ein Verwaltungsakt, auf den ein Anspruch besteht, mit einer Nebenbestimmung versehen werden darf, wenn sie durch Rechtsvorschrift zugelassen ist. Da die Bewilligung einer Ausnahme nach Absatz 1 im Ermessen der zuständigen Behörde steht, kann sie gemäß § 36 Abs. 2 VwVfG mit Nebenbestimmungen verbunden werden, ohne dass es einer ausdrücklichen Bestimmung bedarf. In keinem Fall aber darf eine Nebenbestimmung dem Zweck des Verwaltungsaktes zuwiderlaufen (§ 36 Abs. 3 VwVfG).

7 Als Bedingung zu einer Ausnahme nach Absatz 3 kann festgelegt werden, dass die Ware vor dem Inverkehrbringen bis zu einem bestimmten **Höchstgehalt an Schwefelverbindungen** mit anderer Ware gemischt sein muss. Auch kann die Wirksamkeit der Bewilligung davon abhängig gemacht werden, dass das leichte oder das schwere Heizöl oder der Dieselkraftstoff nur in bestimmten Gebieten in Verkehr gebracht wird. Im Wege der Auflage kann u.a. verlangt werden, dass der bewilligenden Behörde die Menge und der Schwefelgehalt der Ware mitzuteilen sind, die unter Ausnutzung der Ausnahme in den Verkehr gebracht worden ist. Auflagen und Bedingungen, die einer Ausnahme nach Absatz 1 hinzugefügt werden, sollten in jedem Fall zum **Schutz des Verbrauchers** die Auszeichnung an den Zapfsäulen regeln.

8 Ausnahmebewilligungen nach Absatz 1 und 3 sind in jedem Fall zu befristen (Abs. 1 S. 2, Abs. 3 S. 3). Im Fall des Absatzes 1 ist dabei auf das mit dem Forschungs- oder Erprobungsvorhaben verfolgte Ziel abzustellen. Bei Ausnahmen nach Absatz 3 hingegen kommt es auf die voraussichtliche Dauer der (erheblichen) Versorgungsschwierigkeiten an. Eine Fristverlängerung ist in beiden Fällen denkbar.

3. Rücknahme und Widerruf.

9 Eine rechtswidrig erteilte Ausnahmebewilligung kann unter den Voraussetzungen des § 48 VwVfG zurückgenommen werden. Sind die Voraussetzungen für die Erteilung einer Ausnahme nach Absatz 3 nachträglich entfallen, kann sie gemäß Absatz 3 Satz 4 widerrufen werden. § 16 Abs. 3 Satz 4 ist insoweit **lex specialis** zu § 49 Abs. 2 Nr. 3 VwVfG mit der Folge, dass eine Entschädigung nach § 49 Abs. 5 VwVfG nicht in Betracht kommt. Im Übrigen werden die Widerrufsmöglichkeiten nach § 49 Abs. 2 VwVfG durch die 10. BImSchV nicht berührt.

V. Zuständigkeit

Die zuständigen Behörden für die Bewilligung von Ausnahmen nach Absatz 1 oder 3 werden durch die Länder bestimmt (Art. 84 Abs. 1 GG). Die entsprechenden Regelungen sind in den bei §52 BImSchG (Bd. III, → BImSchG §52 Rn. 25 f.) angegebenen Vorschriften enthalten. Vor der Bewilligung einer Ausnahme nach Absatz 3 hat sich die zuständige Landesbehörde mit dem Bundesamt für Wirtschaft und Ausfuhrkontrolle (BAFA) ins Benehmen zu setzen; dh sie haben dem BAFA Gelegenheit zur Stellungnahme zu geben. Eine Bindung an den Inhalt der Stellungnahme besteht nicht. 10

§17 Zugänglichkeit der Normen

DIN-, DIN EN-, ISO-, DIN ISO- und DIN EN ISO-Normen, auf die in dieser Verordnung verwiesen wird, sind bei der Beuth-Verlag GmbH, Berlin und Köln, erschienen und dort zu beziehen. Das in §18 Absatz 1 genannte DVGW-Arbeitsblatt ist bei der Wirtschafts- und Verlagsgesellschaft Gas und Wasser mbH, Bonn, erschienen und dort zu beziehen. Die DIN-, DIN EN-, ISO-, DIN ISO- und DIN EN ISO-Normen und das DVGW-Arbeitsblatt sind beim Deutschen Patent- und Markenamt in München archivmäßig gesichert niedergelegt.

Die Regelung in §17 ist im Hinblick auf §34 Abs. 1 Satz 4 in Verbindung mit §7 Abs. 5 BImSchG erforderlich, da es sich bei den bezeichneten Normen um jedermann zugängliche Bekanntmachungen sachverständiger Stellen im Sinne des §7 Abs. 5 BImSchG handelt. Die Vorschrift entspricht weitgehend der Vorgängerregelung in §13 der 10. BImSchV aus dem Jahr 2009 sowie §7 der aufgehobenen 3. BImSchV. Erweitert wurde die Vorschrift um das neu zitierte DVGW Arbeitsblatt. Zur Bedeutung der Regelung wird hier auf die Erläuterungen zu §7 BImSchG (Band III → BImSchG §7 Rn. 115–120) Bezug genommen.

§18 Überwachung

(1) **Die zuständigen Behörden überwachen die in den §§3 bis 9a festgelegten Anforderungen an Kraftstoffe sowie die in §13 festgelegten Anforderungen an die Auszeichnungspflicht dieser Kraftstoffe**
1. anhand der Prüfverfahren, die in den DIN- und DIN EN-Normen der §§3 bis 10 genannten DIN- und DIN EN-Normen angegebenen sind, und
2. anhand der vorgeschriebenen Verfahren
a) der DIN–Normen
aa) DIN EN 14274, Ausgabe Mai 2013,
bb) DIN EN ISO 3170, Ausgabe Juni 2004,
cc) DIN EN ISO 3171, Ausgabe November 2000,
dd) DIN EN ISO 4257, Ausgabe März 2002,
ee) DIN ISO 21087, Ausgabe März 2022, sowie
b) des DVGWs-Arbeitsblatts G 264, Ausgabe Februar 2019.
Für Otto- und Dieselkraftstoffe ergeben sich die zu beprobenden Kraftstoffeigenschaften aus Abschnitt 6.4 der DIN EN 14274, Ausgabe Mai 2013.

(2) **Der Auszeichnungspflichtige nach §13, §14 Absatz 1 oder 2 hat auf Verlangen der zuständigen Behörde den nach §14 Absatz 1 erhaltenen Unterrichtungsnachweis vorzulegen. Auskunftspflichtige nach §14 Absatz 2, die Kraft- und Brennstoffe nach §1 Absatz 4 bis 10 lagern, haben auf Verlangen der zuständigen Behörde eine Erklärung des Herstellers oder Vermischers über die Beschaffenheit dieser Kraft- oder**

Brennstoffe vorzulegen. Sofern der Hersteller oder Vermischer nicht selbst geliefert hat, muss die Erklärung zusätzlich Angaben des Lieferanten über die gelieferte Menge enthalten. Für die Erklärung ist ein Vordruck nach dem Muster der Anlage 17 zu verwenden. Die zuständige Behörde kann dem Auskunftspflichtigen für die Vorlage der Erklärung eine Frist setzen.

(3) **Die zuständigen Behörden überwachen durch Probenahmen, ob der Schwefelgehalt der verwendeten und der in Verkehr gebrachten Kraft- und Brennstoffe den Anforderungen nach § 4 Absatz 6 bis 9 und nach § 10 entspricht. Die Probenahmen müssen mit ausreichender Häufigkeit und ausreichenden Mengen vorgenommen werden, so dass die Ergebnisse für den geprüften Kraft- und Brennstoff repräsentativ sind.**

(4) **Der Schwefelgehalt in Dieselkraftstoff zur Verwendung für mobile Maschinen und Geräte, für land- und forstwirtschaftliche Zugmaschinen sowie für Binnenschiffe und Sportboote ist im Rahmen der Überwachung nach Absatz 3 durch eines der folgenden Prüfverfahren zu bestimmen:**

1. nach DIN EN ISO 20 846, Ausgabe Dezember 2019,
2. nach DIN EN ISO 20 884, Ausgabe Januar 2022, oder
3. nach DIN EN ISO 13 032, Ausgabe Juni 2012.

Als Referenzverfahren dient das Prüfverfahren nach DIN EN ISO 20 846, Ausgabe Dezember 2019, oder nach DIN EN ISO 20 884, Ausgabe Januar 2022.

(5) **Für die Bestimmung des Schwefelgehalts in leichtem Heizöl ist im Rahmen der Überwachung nach Absatz 3 eines der folgenden Prüfverfahren zu verwenden:**

1. nach DIN EN ISO 8754, Ausgabe Dezember 2003, oder
2. nach DIN EN ISO 14 596, Ausgabe Dezember 2007.

Als Referenzverfahren dient das Prüfverfahren nach DIN EN ISO 8754, Ausgabe Dezember 2003.
Bei leichtem Heizöl, das zusätzlich nach § 13 Absatz 4 Nummer 1 mit dem Begriff „schwefelarm" ausgezeichnet ist, ist eines der folgenden Prüfverfahren zu verwenden:

1. nach DIN EN ISO 20 846, Ausgabe Dezember 2019, oder
2. nach DIN EN ISO 20 884, Ausgabe Januar 2022.

Bei leichtem Heizöl, das zusätzlich nach § 13 Absatz 4 Nummer 2 mit dem Begriff „stickstoffarm" ausgezeichnet ist, ist das Prüfverfahren nach DIN 51444, Ausgabe Oktober 2020, zu verwenden.

(6) **Für die Bestimmung des Schwefelgehalts in schwerem Heizöl ist im Rahmen der Überwachung nach Absatz 3 eines der folgenden Prüfverfahren zu verwenden:**

1. nach DIN 51400–3, Ausgabe Juni 2001,
2. nach DIN EN ISO 8754, Ausgabe Dezember 2003, oder
3. nach DIN EN ISO 14 596, Ausgabe Dezember 2007.

Als Referenzverfahren dient das Prüfverfahren nach DIN EN ISO 14 596, Ausgabe Dezember 2007.

(7) **Für die Bestimmung des Schwefelgehalts in Gasöl für den Seeverkehr, für Schiffsdiesel und für sonstige Schiffskraftstoffe nach § 1 Absatz 8 ist im Rahmen der Überwachung nach Absatz 3 eines der folgenden Prüfverfahren zu verwenden:**

1. nach DIN EN ISO 8754, Ausgabe Dezember 2003, oder
2. nach DIN EN ISO 14 596, Ausgabe Dezember 2007.

Als Referenzverfahren dient das Prüfverfahren nach DIN EN ISO 8754, Ausgabe Dezember 2003.

(8) **Die nach Landesrecht zuständigen obersten Landesbehörden oder die von ihnen bestimmten Behörden übermitteln dem Umweltbundesamt elektronisch über das Online-Datenerfassungstool FQMS-Portal bis spätestens zum 30. April eine jährliche Übersicht der Überwachungsergebnisse nach Absatz 1 und 3 zur Weiterleitung an die Europäische Kommission.**

I. Durchführung der Verordnung

Die 10. BImSchV wird – soweit sie auf § 2a Abs. 3 BzBlG gestützt ist – von den nach § 5 BzBlG zuständigen Behörden überwacht; im Übrigen gilt § 52 BImSchG. Die Pflichten und Befugnisse der Überwachungsbehörden ergeben sich aus diesen gesetzlichen Vorschriften, nicht aus § 18 der 10. BImSchV. Die jeweiligen **Ermächtigungsgrundlagen** für behördliche Maßnahmen sowie die materiellen Ordnungspflichten sind § 5 Abs. 1 und 3 BzBlG (vgl. dazu in Bd. I Nr. 4.1 die Erläuterungen zu → BzBlG § 5) sowie § 52 Abs. 2 und 3 BImSchG (vgl. dazu → BImSchG § 52 Rn. 37 ff., 60 ff. und 75 ff.) zu entnehmen. Durch die in § 18 Abs. 1 bis 3 getroffenen Regelungen soll die behördliche **Überwachung erleichtert** werden. Keine Bedeutung hat § 18 für die in § 13 Abs. 6 enthaltenen Pflichten bezüglich der Ladepunkte für Elektrofahrzeuge. In Absatz 1 geht es ausschließlich um Kraftstoffe nach §§ 3 bis 9a und in Absatz 2 geht es um die Nachweisführung nach § 14, die sich nicht auf Ladepunkte erstreckt. Die Zuständigkeit für die Überwachung der Einhaltung der in der 10. BImSchV normierten Anforderungen an Ladepunkte bestimmt sich nach den energiewirtschaftlichen Vorschriften. 1

II. Beschaffenheitsanforderungen und Auszeichnungspflicht

Art. 8 Abs. 2 der Richtlinie 98/70/EG über die Qualität von Otto- und Dieselkraftstoffen vom 13.10.1998 (ABl. L 350, S. 58 ff.), zuletzt geändert durch die (EU) 2023/2413 vom 18.10.2023 (ABl. L 2023/2413 vom 31.10.2023), verlangt die Errichtung eines Systems zur Überwachung der Kraftstoffqualität im Einklang mit den jeweiligen Europäischen Normen. Diesem Ziel dient Absatz 1 insoweit, als dort auf die Beschaffenheitsanforderungen in den §§ 3 bis 9a abgestellt wird. Sämtliche in den §§ 3 bis 9a sowie in § 18 Abs. 1 genannte Normen entsprechen inhaltlich den Anforderungen der in der Richtlinie genannten Normen. Mit Blick auf die in § 13 festgeschriebenen Auszeichnungspflichten prüfen die zuständigen Behörden die Übereinstimmung der Auszeichnung mit den tatsächlichen Qualitäten. 2

Der Umfang der Überprüfung der Kraftstoffeigenschaften ist nach der letzten Änderung durch die 2. Änderungsverordnung vom 28.5.2024 (BGBl. I Nr. 169) insofern klargestellt worden, als der Bundesrat durch seinen Maßgabenbeschluss dafür gesorgt hat, dass Absatz 1 Satz 3 eingefügt wurde (vgl. dazu die ausführliche Begründung, BR-Drs. 621/23/Beschluss, S. 3 f.). 3

Über den Wortlaut des Absatzes 1 hinaus überwacht die zuständige Behörde auch die Übereinstimmung der Auszeichnungen mit den Anforderungen des § 13 sowie die Erfüllung der Pflichten aus § 3 Abs. 2 und 3 sowie § 4 Abs. 4, die sog. **Bestandsschutzsorten** anzubieten. 4

III. Erklärung über die Beschaffenheit gelagerter Kraft- oder Brennstoffe

1. Umfang der Verpflichtung.

5 Der nach § 14 Abs. 2 verpflichtete Personenkreis (→ § 14 Rn. 5) ist auf Grund des Absatzes 2 Satz 2 gehalten, auf Verlangen der zuständigen Behörde eine Erklärung über die Beschaffenheit des gelagerten Brenn- oder Kraftstoffs vorzulegen. Diese Verpflichtung setzt voraus, dass der Lagerer sich eine entsprechende Erklärung verschafft. Dazu ist er ohne Weiteres in der Lage, wenn er selbst Hersteller oder Vermischer ist. In allen anderen Fällen muss der Lagerer durch **vertragliche Vereinbarungen** mit den Lieferanten sicherstellen, dass ihm eine Beschaffenheitserklärung stets oder auf besonderes Verlangen übergeben wird. Da es eine gewisse Zeit in Anspruch nehmen kann, die geforderte Beschaffenheitserklärung zu besorgen, ist in Absatz 2 Satz 5 ausdrücklich vorgesehen, dass dem auskunftspflichtigen Lagerer für die Vorlage der Erklärung eine Frist gesetzt werden kann.

2. Aussteller der Erklärung.

6 Die Erklärung muss von demjenigen ausgestellt sein, der für die Beschaffenheit des gelieferten Kraft- oder Brennstoffs verantwortlich ist, d.h. deren Zusammensetzung zuletzt verändert hat. Das ist entweder der **Hersteller** oder der (letzte) **Vermischer**. Ist der Kraft- oder Brennstoff nicht unmittelbar durch den Hersteller oder den Vermischer geliefert worden, muss die Erklärung auch Angaben der **Lieferanten** über die gelieferten Mengen enthalten (Absatz 2 Satz 3).

3. Inhalt und Form der Erklärung.

7 Aus der Erklärung muss sich die Beschaffenheit des gelagerten (richtiger wohl: des gelieferten) Kraft- oder Brennstoffs ergeben. Im Einzelnen ist der erforderliche Inhalt der Erklärung der Anlage 17 zur Verordnung zu entnehmen. Die Anlage 17 ist Bestandteil der Verordnung und hat insoweit Rechtsnormcharakter. Absatz 2 Satz 4 schreibt darüber hinaus vor, dass die Erklärung auch der Form nach dem Muster der Anlage 17 entsprechen muss. Ob diese Forderung mit der Ermächtigungsgrundlage des § 34 BImSchG vereinbar ist, erscheint zweifelhaft (→ BImSchG § 34 Rn. 18). Für die Betroffenen dürfte es jedenfalls zweckmäßig sein, das vorgesehene Formular zu verwenden.

IV. Pflichten der Behörden (Abs. 3 bis 8)

8 Die Absätze 3 bis 8 richten sich nicht an die Ordnungspflichtigen, sondern an die Behörden. Die Absätze 3 bis 7 übernehmen die Regelung des § 5 Abs. 3 der aufgehobenen 3. BImSchV und regeln die Art und Häufigkeit der behördlichen Kontrollen. Eine Eingriffsermächtigung ergibt sich daraus nicht. Absatz 8 verpflichtet die nach Landesrecht zuständigen obersten Landesbehörden seit Inkrafttreten der 2. Änderungsverordnung vom 28.5.2024 (BGBl. I Nr. 169) zur elektronischen Übermittlung über das FQMS-Portal. Zuvor waren die Behörden dazu über Nummer 3.4 der Allgemeinen Verwaltungsvorschrift zur 10. BImSchV vom 19.12.2022 (BAnz AT vom 27.12.2002 B6, im Internet einschließlich aller Anlagen abrufbar unter: https://www.verwaltungsvorschriften-im-internet.de/bsvwvbund_19122022_5025003.htm) lediglich „angehalten". Die Entnahme und Untersuchung von Kraftstoffproben zur Überwachung der Einhaltung der §§ 13

und 14 ist detailliert in Nr. 4 der Allgemeinen Verwaltungsvorschrift zur Durchführung der 10. BImSchV geregelt. Nr. 5 der Verwaltungsvorschrift befasst sich mit Probenahmen zur Bestimmung des Schwefelgehalts.

§ 19 Einfuhr von Heizöl, Schiffskraftstoff und Dieselkraftstoff

(1) **Der Einführer von Kraft- und Brennstoffen nach § 1 Absatz 4 bis 10 hat der für den ersten Bestimmungsort zuständigen Behörde die Sendung so rechtzeitig zu melden, dass die Behörde vor dem Eintreffen der Sendung am ersten Bestimmungsort davon Kenntnis erhält.**

(2) **Der Einführer von Kraft- und Brennstoffen nach § 1 Absatz 4 bis 10 hat die für die Zollabfertigung vom Einführer vorgelegten Qualitäts- oder Analysezertifikate am ersten Bestimmungsort der Sendung verfügbar zu halten, solange sich die Sendung oder Teile der Sendung dort befinden. Der Einführer hat die Qualitäts- oder Analysezertifikate ab dem Zeitpunkt des Eintreffens der Sendung am ersten Bestimmungsort mindestens ein Jahr aufzubewahren.**

(3) **Die Absätze 1 und 2 sind nicht anzuwenden beim Verbringen aus Staaten der Europäischen Union.**

I. Bedeutung der Vorschrift

1 § 19 dient ebenso wie § 18 der Erleichterung der Überwachung (→ § 18 Rn. 1). Die Vorschrift beruht auf § 34 Abs. 2 Nrn. 1 bis 4 BImSchG (→ BImSchG § 34 Rn. 17 bis 19). Besondere Regelungen im Zusammenhang mit der Einfuhr sind geboten, weil hier in besonderem Maße die Gefahr besteht, dass Ware mit **unzulässig hohem Schwefelgehalt** unkontrolliert auf den Inlandsmarkt gelangt. Im Hinblick auf den europäischen Binnenmarkt gelten die Anforderungen nicht für Einfuhren aus Staaten der Europäischen Union (Abs. 3). § 19 übernimmt inhaltlich die Regelungen aus § 6 Abs. 2 bis 4 der aufgehobenen 3. BImSchV. Mit der Novelle weggefallen ist die Pflicht des Einführers, den Zolldienststellen eine Erklärung über die Beschaffenheit des Kraft- oder Brennstoffs vorlegen und bis zum ersten Bestimmungsort mitführen zu müssen. Da die Angaben der Erklärung nach § 18 Abs. 2 Satz 2 entnommen werden können, war die Regelung entbehrlich.

II. Meldepflicht

2 Vor dem Eintreffen der Ware am ersten Bestimmungsort hat der Einführer die Sendung der für den Bestimmungsort zuständigen Behörde zu melden. Bestimmungsort ist derjenige Ort, an dem die Sendung im Geltungsbereich des Bundes-Immissionsschutzgesetzes erstmals gelagert oder einem anderen überlassen wird; der Firmensitz des Einführers ist als solcher nicht erster Bestimmungsort. Sachlich zuständig sind dieselben Behörden, die die Vorlage von Tankbelegbüchern nach § 14 Abs. 2 und Beschaffenheitserklärungen nach § 18 Abs. 2 Satz 2 verlangen können. Eine bestimmte Form ist für die Meldung nicht vorgeschrieben. Inhaltlich sollte die Meldung folgende Angaben enthalten:

- Einführer
- Menge
- Art der Anlieferung (zB durch Tankschiff oder Kesselwagen)
- verfügbare Angaben über den Schwefelgehalt
- erster Bestimmungsort

– voraussichtliche Ankunft
– ggf. Empfänger (falls die Sendung unmittelbar einem Dritten überlassen wird).

III. Beschaffenheitserklärung

3 Absatz 2 regelt die Pflichten des Einführers in Bezug auf die Beschaffenheitserklärung im Sinne des § 18 Abs. 2 Satz 2. Die Erklärung muss von dem (ausländischen) Hersteller oder (letzten) Vermischer der Ware ausgestellt sein (→ § 18 Rn. 6). Inhalt und Form der Erklärung ergeben sich aus Anlage 9 zur Verordnung. Die Erklärung muss am ersten Bestimmungsort (vgl. → Rn. 2) vorliegen, solange die Ware – auch nur teilweise – dort vorhanden ist. Unabhängig von der Verweildauer am ersten Bestimmungsort muss der Einführer die Erklärung ein Jahr aufzubewahren und auf Verlangen der zuständigen Behörde vorlegen.

§ 20 Ordnungswidrigkeiten

(1) **Ordnungswidrig im Sinne des § 62 Absatz 1 Nummer 7 des Bundes-Immissionsschutzgesetzes handelt, wer vorsätzlich oder fahrlässig**

1. entgegen

a) § 2 Absatz 1, § 4 Absatz 6, Absatz 7 oder Absatz 8 oder § 10 Absatz 1 oder Absatz 2 Satz 1 oder

b) § 3 Absatz 1, § 4 Absatz 1, Absatz 2 oder Absatz 3, §§ 5 bis 9 oder § 9a, jeweils auch in Verbindung mit § 11, einen Brenn- oder Kraftstoff in den Verkehr bringt,

2. entgegen § 2 Absatz 2 Chlor- oder Bromverbindungen als Zusatz zu Kraftstoffen in den Verkehr bringt,

3. entgegen § 3 Absatz 2 oder Absatz 3 oder § 4 Absatz 4 einen dort genannten Kraftstoff nicht anbietet,

4. entgegen § 4 Absatz 9 einen dort genannten Kraftstoff verwendet,

5. entgegen § 13 Absatz 1 Satz 1 eine Qualität nicht oder nicht richtig sichtbar macht,

6. entgegen § 13 Absatz 2 einen dort genannten Hinweis nicht, nicht richtig, nicht vollständig oder nicht in der vorgeschriebenen Weise anbringt,

7. entgegen § 14 Absatz 1 Satz 1 den Auszeichnungspflichtigen nicht, nicht richtig oder nicht rechtzeitig unterrichtet,

8. entgegen § 14 Absatz 2 ein Tankbelegbuch nicht oder nicht richtig führt oder nicht oder nicht rechtzeitig vorlegt,

9. entgegen § 18 Absatz 2 Satz 1 oder Satz 2 einen Unterrichtungsnachweis oder eine dort genannte Erklärung nicht oder nicht rechtzeitig vorlegt,

10. entgegen § 19 Absatz 1 eine Meldung nicht, nicht richtig oder nicht rechtzeitig macht,

11. entgegen § 19 Absatz 2 Satz 1 die Qualitäts- oder Analysezertifikate nicht oder nicht für die vorgeschriebene Dauer verfügbar hält oder

12. entgegen § 19 Absatz 2 Satz 2 die Qualitäts- oder Analysezertifikate nicht oder nicht mindestens ein Jahr aufbewahrt.

(2) **Ordnungswidrig im Sinne des § 95 Absatz 1 Nummer 5 Buchstabe c des Energiewirtschaftsgesetzes handelt, wer vorsätzlich oder fahrlässig entgegen § 13 Absatz 6 Satz 1 einen dort genannten Hinweis oder eine dort genannte Verbraucherinformation nicht, nicht richtig, nicht vollständig oder nicht in der vorgeschriebenen Weise anbringt.**

(3) **Die Zuständigkeit für die Verfolgung und Ahndung von Ordnungswidrigkeiten nach Absatz 1 Nummer 4 wird im Anwendungsbereich des § 1 Absatz 1 Nummer 2 erster Halbsatz des Binnenschifffahrtsaufgabengesetzes in der Fassung der Bekanntmachung vom 20. März 2023 (BGBl. 2023 I Nr. 82, Nr. 126), das zuletzt durch Artikel 14 des Gesetzes vom 22. Dezember 2023 (BGBl. 2023 I Nr. 409) geändert worden ist, auf die Generaldirektion Wasserstraßen und Schifffahrt übertragen.**

I. Die Ordnungswidrigkeitentatbestände

1 In § 20 werden die Ordnungswidrigkeitenvorschriften der aufgehobenen 3. BImSchV (§ 8) und 19. BImSchV (§ 4) mit der Regelung aus § 14 der Vorgängerverordnung zusammengeführt. § 20 Abs. 1 legt fest, welche Verstöße gegen die 10. BImSchV Ordnungswidrigkeiten im Sinne des § 62 Abs. 1 Nr. 7 BImSchG sind. § 20 Abs. 1 schließt nicht aus, dass eine Zuwiderhandlung gegen eine § 2a BzBlG konkretisierende Regelung (→ Vorb. Rn. 1) als Ordnungswidrigkeit nach § 7 Abs. 1 Nrn. 1 oder 2 BzBlG (vgl. die Erläuterungen zu § 7 BzBlG in Band I unter → Nr. 4.1) geahndet wird. Bedeutung hat dies insbesondere für den Fall einer unterlassenen Bekanntgabe der Qualitäten von Ottokraftstoffen nach § 15 (→ § 15 Rn. 2).

2 Große praktische Bedeutung haben die Tatbestände des § 20 Abs. 1 Nr. 1a) und b). Sie sind nicht erfüllt, wenn für die betreffenden Kraft- oder Brennstoffe eine **Ausnahmebewilligung** nach § 16 vorliegt. Insoweit stellt § 20 Abs. 1 Nr. 1 nicht auf die allgemeine, sondern die konkret zulässige Beschaffenheit der in Verkehr gebrachten Ware ab.

3 Neu aufgenommen wurde der Tatbestand des Absatzes 1 Nr. 3, mit dem das Nichtanbieten von Bestandsschutzsorten sanktioniert wird. Während die Pflicht zum Anbieten in der zu Grunde liegenden Vorschrift des Art. 3 Abs. 3 der Richtlinie 98/70/EG nur bis zum 31.12.2013 bestand, hat weder die Verordnungsermächtigung in § 34 Abs. 3 BImSchG noch die konkrete Verpflichtung in § 3 Abs. 2 und 3 sowie § 4 Abs. 4 der 10. BImSchV diese zeitliche Begrenzung aufgenommen. Daher endete die Sanktionsmöglichkeit ebenfalls nicht ohne Weiteres mit dem Ablauf des Jahres 2013.

4 § 20 Abs. 2 beinhaltet einen Ordnungswidrigkeitentatbestand im Geltungsbereich des Energiewirtschaftsgesetzes und betrifft die in § 13 Abs. 6 enthaltenen Auszeichnungspflichten in Bezug auf Ladepunkte für Elektrofahrzeuge. Ausdrücklich sanktionsbewehrt ist dabei allein ein Verstoß gegen die in Satz 1 des § 13 Abs. 6 enthaltene Pflicht. Die in den Sätzen 2 und 3 konkretisierend enthaltenen Anforderungen an die Art der Auszeichnung dürften jedoch in gleichem Maße erfasst sein, da dies als „vorgeschriebene Weise" der Verbraucherinformation angesehen werden kann.

4a Die Zuständigkeitsbestimmung in § 20 Abs. 3 steht im Zusammenhang mit der Schließung einer Regelungslücke durch die Verordnung zur Umsetzung der Richtlinie 2014/94/EU vom 13. Dezember 2019 (BGBl. I S. 2739). Das in § 4 Abs. 9 enthaltene Verwendungsverbot von Kraftstoffen mit einem unzulässig hohen Schwefelgehalt in Binnenschiffen und Sportbooten stützt sich auf die immissionsschutzechtliche Verordnungsermächtigung des § 38 Abs. 2 Satz 1 BImSchG. Anders als zuvor kann damit eine Ahndung als Ordnungswidrigkeit auch außerhalb von Bundeswasserstraßen erfolgen. Die Zuständigkeit für die Verfolgung der Ordnungswidrigkeit liegt unverändert bei der Generaldirektion Wasserstraßen und Schifffahrt.

II. Verantwortliche Personen

5 Ordnungswidrig handelt diejenige Person, die vorsätzlich oder fahrlässig einen der in § 20 Abs. 1 oder 2 aufgeführten Tatbestände verwirklicht. Treffen die bußgeldbewehrten Pflichten nach der 10. BImSchV eine juristische Person, sind die Mitglieder der vertretungsberechtigten Organe verantwortlich (§ 9 Abs. 1 OWiG); gegen die juristische Person kann dann unter Umständen zusätzlich eine Geldbuße festgesetzt werden (§ 30 OWiG). Unter den Voraussetzungen des § 9 Abs. 2 OWiG kann eine Geldbuße auch gegen den Betriebsleiter und denjenigen verhängt werden, der ausdrücklich beauftragt ist, in eigener Verantwortung Pflichten zu erfüllen, die den Inhaber eines Betriebs treffen. Bei der Vernachlässigung von Aufsichtspflichten kommt auch eine Geldbuße auf Grund des § 130 OWiG in Betracht.

III. Höhe der Geldbuße

6 Eine vorsätzlich begangene Ordnungswidrigkeit im Sinne des § 20 Abs. 1 kann mit einer Geldbuße bis zu 50 000,– Euro geahndet werden (§ 62 Abs. 4 BImSchG). Für vorsätzliche Verstöße nach § 20 Abs. 2 legt § 95 Abs. 2 Energiewirtschaftsgesetz den Höchstbetrag auf 100 000,– Euro fest. Bei fahrlässigem Handeln liegt der Höchstbetrag jeweils bei der Hälfte (§ 17 Abs. 2 OWiG). Der Höchstbetrag kann überschritten werden, um die wirtschaftlichen Vorteile, die der Täter aus der Ordnungswidrigkeit gezogen hat, abzuschöpfen (§ 17 Abs. 4 OWiG).

§ 21 Übergangsvorschriften

(1) **Die Verwaltungsbehörde hat in den Fällen des § 20 Absatz 1 Nummer 5 und 6 bis zum 19. Juni 2020 von einer Ahndung abzusehen, sofern bis zu diesem Tag die Auszeichnung gemäß § 13 Absatz 1 und 2 dieser Verordnung in der bis zum 19. Dezember 2019 geltenden Fassung deutlich sichtbar an den Zapfsäulen sowie an der Tankstelle angebracht ist.**

(2) **§ 13 Absatz 6, § 15 Absatz 2 Nummer 2 und Absatz 3 Nummer 2 sowie § 20 Absatz 2 sind erst ab dem 19. März 2021 anzuwenden.**

(3) **§ 15 Absatz 1 ist für den alternativen Kraftstoff Strom, erst ab dem 19. März 2021 anzuwenden.**

Die Übergangsvorschrift des § 21 wurde durch die Verordnung zur Umsetzung der Richtlinie 2014/94/EU vom 13. Dezember 2019 (BGBl. I S. 2739) neu in die 10. BImSchV aufgenommen. Zur Begründung führte die Bundesregierung dabei aus (BR-Drs. 486/19, S. 51):

„Absatz 1 regelt, dass Ordnungswidrigkeiten bei Verstoß gegen die neuen Anforderungen zur Auszeichnung in den ersten 6 Monaten nach Inkrafttreten der Verordnung nicht verfolgt werden dürfen, sofern die bisher vorgeschriebene Auszeichnung noch vorhanden ist. Diese Regelung soll den Adressaten der Norm ausreichend Zeit geben, die Änderung der Auszeichnung unter Berücksichtigung der technischen Voraussetzungen vorzunehmen.
Die Absätze 2 und 3 legen fest, dass die Anforderungen für die Verbraucherinformation in Bezug auf Elektrofahrzeuge erst ab dem 19. März 2021 anzuwenden sind. Damit wird den Adressaten der Norm der nach EU-Recht maximal zulässige Zeitraum (24 Monate nach Annahme der Norm am 20. März 2019) eingeräumt, die Anforderungen umzusetzen."

§22 Inkrafttreten, Außerkrafttreten

Diese Verordnung tritt am Tag nach der Verkündung in Kraft. Gleichzeitig treten die Verordnung über den Schwefelgehalt bestimmter flüssiger Kraft- oder Brennstoffe vom 24. Juni 2002 (BGBl. I S. 2243), die durch die Verordnung vom 3. Juli 2009 (BGBl. I S. 1720, 3140) geändert worden ist, die Verordnung über die Beschaffenheit und die Auszeichnung der Qualitäten von Kraftstoffen vom 27. Januar 2009 (BGBl. I S. 123) sowie die Verordnung über Chlor- und Bromverbindungen als Kraftstoffzusatz vom 17. Januar 1992 (BGBl. I S. 75), die durch Artikel 35 des Gesetzes vom 21. Dezember 2000 (BGBl. I S. 1956) geändert worden ist, außer Kraft.

Die 10. BImSchV vom 8. Dezember 2010 ist am 13. Dezember 2010 im Bundesgesetzblatt (Teil I S. 1849) veröffentlicht worden und damit 14. Dezember 2010 in Kraft getreten. Zu diesem Zeitpunkt sind auch die 3. BImSchV und die 19. BImSchV sowie die 10. BImSchV vom 27. Januar 2009 außer Kraft getreten.

Anlage 1
(zu § 13 Absatz 1 Satz 1 Nummer 1)

Zeichen Super

Teil a

Teil b

Anlage 2
(zu § 13 Absatz 1 Satz 1 Nummer 1)

Zeichen Super Plus

Teil a

Teil b

Anlage 3
(zu § 13 Absatz 1 Satz 1 Nummer 2)

Zeichen Super E 10

Teil a

Teil b

Anlage 4
(zu § 13 Absatz 1 Satz 1 Nummer 2)

Zeichen Super Pls E 10

Teil a

Teil b

Anlage 5
(zu § 13 Absatz 1 Satz 1 Nummer 3)

Zeichen Diesel

Teil a

Teil b

Anlage 6
(zu § 13 Absatz 1 Satz 1 Nummer 4)

Zeichen Diesel B10

Teil a

Teil b

Anlage 7
(zu § 13 Absatz 1 Satz 1 Nummer 5)

Zeichen Paraffinischer Diesel XTL

Teil a

Teil b

Anlage 8
(zu § 13 Absatz 1 Satz 1 Nummer 6)

Zeichen Biodiesel

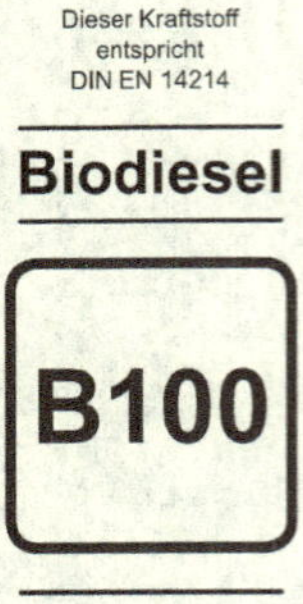

Teil a

Teil b

Anlage 9
(zu § 13 Absatz 1 Satz 1 Nummer 7)

Zeichen Ethanolkraftstoff

Teil a

Teil b

Anlage 10
(zu § 13 Absatz 1 Satz 1 Nummer 8)

Zeichen Autogas

Teil a

Teil b

Anlage 11
(zu § 13 Absatz 1 Satz 1 Nummer 9 Buchstabe a Doppelbuchstabe aa)

Zeichen Erdgas und Biogas als Kraftstoff - CNG Gruppe H

Teil a

Teil b

Anlage 12

(zu § 13 Absatz 1 Satz 1 Nummer 9 Buchstabe a Doppelbuchstabe bb)

Zeichen Erdgas und Biogas als Kraftstoff - CNG Gruppe L

Teil a

Teil b

Anlage 13

(zu § 13 Absatz 1 Satz 1 Nummer 9 Buchstabe b Doppelbuchstabe aa)

Zeichen Erdgas und Biogas als Kraftstoff - LNG Gruppe H

Teil a

Teil b

Anlage 14
(zu § 13 Absatz 1 Satz 1 Nummer 10)

Zeichen Pflanzenölkraftstoff - Rapsöl

Teil a

Teil b

Anlage 15
(zu § 13 Absatz 1 Satz 1 Nummer 11)

Zeichen Pflanzenölkraftstoff - alle Saaten

Teil a

Teil b

Anlage 16
(zu § 13 Absatz 1 Satz 1 Nummer 12)

Zeichen Wasserstoff

Teil a

Teil b

Anlage 17
(zu § 18 Absatz 2 Satz 4)

Erklärung des Herstellers, Vermischers oder Lieferanten über die Beschaffenheit flüssiger Kraft- und Brennstoffe

1. Erklärung des Herstellers oder Vermischers über die Beschaffenheit flüssiger Kraft- und Brennstoffe

Nummer der Ausfertigung:

	Dieselkraftstoff gemäß § 1 Absatz 4	Gasöl für den Seeverkehr gemäß § 1 Absatz 6	Schiffsdiesel gemäß § 1 Absatz 7	Sonstige Schiffskraftstoffe gemäß § 1 Absatz 8	Leichtes Heizöl gemäß § 1 Absatz 9	Schweres Heizöl gemäß § 1 Absatz 10
Menge in t						
Erster Bestimmungsort der Sendung						
Kenndaten						
a) Dichte bei 15 Grad C nach DIN EN ISO 3675*, Ausgabe November 1999, oder DIN EN ISO 12 185 (Referenzverfahren), Ausgabe November 1997, in kg/cbm; bei schwerem Heizöl DIN 51 757, Ausgabe Januar 2011, in kg/cbm:						

	Dieselkraftstoff gemäß § 1 Absatz 4	Gasöl für den Seeverkehr gemäß § 1 Absatz 6	Schiffsdiesel gemäß § 1 Absatz 7	Sonstige Schiffskraftstoffe gemäß § 1 Absatz 8	Leichtes Heizöl gemäß § 1 Absatz 9	Schweres Heizöl gemäß § 1 Absatz 10
b) Viskosität in mm^2/s:	bei 40 Grad C nach DIN EN ISO 3104, Ausgabe Januar 2021	bei 40 Grad C nach DIN EN ISO 3104, Ausgabe Januar 2021	bei 40 Grad C nach DIN EN ISO 3104, Ausgabe Januar 2021	bei 40 Grad C nach DIN EN ISO 3104, Ausgabe Januar 2021	bei 20 Grad C nach DIN 53 000–1, Ausgabe Juli 2023	bei 100 und 150 Grad C nach DIN EN ISO 3104, Ausgabe Januar 201, nach DIN 51 366, Ausgabe Dezember 2013, oder nach DIN 53 000–1, Ausgabe Juli 2023
c) Siedeverlauf; aufgefangene Destillatmenge in Vol.-%:	nach DIN EN ISO 3405, Ausgabe September 2019, oder nach DIN EN ISO 3924, Ausgabe Dezember 2019: bis 180 Grad C: bis 340 Grad C: bis 360 Grad C:				nach DIN EN ISO 3405, Ausgabe September 2019: bis 250 Grad C: bis 350 Grad C:	
d) Schwefelgehalt	nach DIN EN ISO 20 846, Ausgabe Dezember 2019, oder nach DIN EN ISO 20 884, Ausgabe Januar 2022, oder nach DIN EN ISO 13 032, Ausgabe Juni 2012,	nach DIN EN ISO 8754, Ausgabe Dezember 2003, oder nach DIN EN ISO 14 596, Ausgabe Dezember 2007, in Gew.-%:	nach DIN EN ISO 8754, Ausgabe Dezember 2003, oder DIN EN ISO 14 596, Ausgabe Dezember 2007, in Gew.-%:	nach DIN EN ISO 8754, Ausgabe Dezember 2003, oder nach DIN EN ISO 14 596, Ausgabe Dezember 2007, in Gew.-%:	nach DIN EN ISO 8754, Ausgabe Dezember 2003, oder nach DIN EN ISO 14 596, Ausgabe Dezember 2007, in % (m/m) oder mg/kg:	nach DIN 51 400–3, Ausgabe Juni 2001, nach DIN EN ISO 8754, Ausgabe Dezember 2003, oder nach DIN EN ISO 14 596, Ausgabe Dezember 2007, in Gew.-%:

	Dieselkraftstoff gemäß § 1 Absatz 4	Gasöl für den Seeverkehr gemäß § 1 Absatz 6	Schiffsdiesel gemäß § 1 Absatz 7	Sonstige Schiffskraftstoffe gemäß § 1 Absatz 8	Leichtes Heizöl gemäß § 1 Absatz 9	Schweres Heizöl gemäß § 1 Absatz 10
	in mg/kg:				bzw. bei Auszeichnung als „Schwefelarm" nach DIN EN ISO 20 846, Ausgabe Dezember 2019, oder DIN EN ISO 20 884, Ausgabe Januar 2022, in % (m/m) oder mg/kg:	
e) Stickstoffgehalt					bei Auszeichnung als „Stickstoffarm" nach DIN 51444, Ausgabe Oktober 2020, in mg/kg:	

* Referenzverfahren im Streitfall.

Ort, Datum und Nummer der Prüfung:
Hersteller (Name und Anschrift):
Unterschrift:

2. Zusätzliche Erklärung des Lieferanten nach § 18 Absatz 2 Satz 3
Firmenname und Geschäftssitz:
gelieferte Menge:
Empfänger:
Bestimmungsort:
Ort, Datum:
Unterschrift:

Verordnung über Großfeuerungs-, Gasturbinen- und Verbrennungsmotoranlagen, Dreizehnte Verordnung zur Durchführung des Bundes-Immissionsschutzgesetzes – 13. BImSchV

Vom 6. Juli 2021

(BGBl. I Nr. 42 vom 14.07.2021 S. 2514)

Schrifttum: *Begemann/Lustermann,* Verfeuerung von Destillations- und Konversionsrückständen – 13 oder 17 BImSchV?, Immissionsschutz 2005, 116; *Bramorski,* 2017, Die Dichotomie von Schutz und Vorsorge im Immissionsschutzrecht – Eine qualitative Beschreibung der luftschadstoffspezifischen Genehmigungsschwellen im Anlagenrecht und ihre Bedeutung für den Rechtsschutz; *Calliess,* Integrierte Vorhabengenehmigung und Rechtsschutz im aktuellen Entwurf des UGB I, ZUR 2008, 343; *Danner/Theobald* (Hrsg.), Energierecht, Loseblatt Kommentar 2016 (Erläuterungen zu *Jacobshagen/Kachel* § 5 KWKG 85. EL Juni 2015); *Dieckmann,* Das neue CCS-Gesetz – Überblick und Ausblick, NVwZ 2012, 989; *Ewer,* Ausgewählte Rechtsanwendungsfragen des Entwurfs für ein Umwelt-Rechtsbehelfsgesetz, NVwZ 2007, 267; *Feldhaus* (Hrsg.), Bundesimmissionsschutzrecht, Kommentar (Erläuterungen zu *Scheidler* § 7 BImSchG 176. Akt. September 2013; *Czajka* § 16 BImSchG 155 Akt. Januar 2010); *Fest/Leifer:* Verzicht auf und Duldung von Kraftwerksbetrieb NVwZ 2011, 1046; *Gruber,* Zur methodischen Auswahl von Emissionsminderungsmaßnahmen, 1991; *Halmschlag,* Zukünftige Überwachung von Industrieanlagen nach der Industrie-Emissionsrichtlinie (IE-RL), I+E 2011, 16 ff.; *Hansmann,* Änderungen von genehmigungsbedürftigen Anlagen im Sinne des Immissionsschutzrechts, DVBl 1997, 1421; *Hansmann,* Vorsorgepflichten bei nicht genehmigungsbedürftigen Anlagen, NVwZ 1991, 829; *Hellriegel,* Der neue Gesetzesentwurf zu Carbon Capture and Storage, NVwZ 2010, 1530; *Hummel,* Die neue Bundeseinheitliche Praxis bei der Überwachung der Emissionen, Immissionsschutz 2006, 78; *Jarass,* Bundesimmissionsschutzgesetz, 11. Aufl. 2015; *Jarass,* Das neue Recht der Industrieanlagen, NVwZ 2013, 169; *Jäde,* Die Bindungswirkung der Nachbarzustimmung – eine unendliche Geschichte?, UPR 2005, 161; *Kachel,* Das Kraft-Wärme-Kopplungsgesetz 2016, EnWZ 2016, 51; *Kluth,* Rechtsfragen der verwaltungsrechtlichen Willenserklärung Auslegung, Bindung, Widerruf, Anfechtung, NVwZ 1990, 608; *Koch/Braun,* Aktuelle Entwicklungen des Immissionsschutzrechts, NVwZ 2010, 1271; *Kohls/Kahle,* Klimafreundliche Kohlekraft dank CCS?, ZUR 2009, 122; *Kotulla* (Hrsg.), Bundes-Immissionsschutzgesetz, Stand: Januar 2014 (Erläuterungen zu *Frenz* § 16 BImSchG Stand Juli 2004); *Landmann/Rohmer* (Hrsg.), Umweltrecht, Loseblatt Kommentar 77. EL. 2015 (Erläuterungen zu *Thiel* § 3 BImSchG 71. EL Januar 2014; *Dietlein* §§ 4–6 BImSchG 73. EL August 2014; *Dietlein* §§ 7, 10 BImSchG 76. EL Mai 2015; *Schiller* § 15 BImSchG 65. EL April 2012; *Reidt/Schiller* § 16 BImSchG 61. EL April 2011; *Hansmann/Ohms* § 17 BImSchG 72. EL April 2014; *Hansmann/Ohms* § 18 BImSchG 48. EL April 2006; *Hansmann/Pabst* § 31 BImSchG 70. EL August 2013; *Hansmann/Röckinghausen* § 52 BImSchG 71. EL Januar 2014; *Hansmann* § 62 BImSchG 75. EL Januar 2015); *Ohms,* Die neue TA Luft 2002, DVBl 2002, 1365; *Ohms,* Praxishandbuch Immissionsschutzrecht, 2003; *Posser/Wolff* (Hrsg.) Beck-OK VwGO (Erläuterungen zu *Schmidt-Kötters* § 42 VwGO 35. Edition Stand: 1.4.2015); *Rebentisch, Umsetzung der BVT-Schlussfolgerungen für Großfeuerungsanlagen,* UPR 2020, 164; *Rebentisch/Kühn,* Die Aggregationsregeln der novellierten Verordnung über Großfeuerungsanlagen, UPR 2017, 168; *Scheidler,* Die wichtigsten Änderungen im Immissionsschutzrecht nach Umsetzung der Industrieemissions-Richtlinie, UPR 2013, 121; *Schlacke,* Das neue Umwelt-Rechtsbehelfsgesetz, NuR 2007, 8; *Sellner/Reidt/Ohms,* Immissionsschutzrecht und Industrieanlagen, 3. Aufl. 2006, 1. Teil Rn. 185, 205; *Stevens,* Das CO2-emissionsarme Kohlekraftwerk, UPR 2007, 281; *v. Danwitz,* Aarhus-Konvention: Umweltinformation; Öffentlichkeitsbeteiligung, Zugang zu den Gerichten, NVwZ 2004, 272; *Vollmer,* Die Kommission macht ernst: Der Durchführungsbeschluss 2017/1442, NuR 2017,822; *Wasielewski,* Das Gesetz zur Umsetzung der Richtlinie über Industrieemissionen Auswirkungen auf den Vollzug der Länder, I+E 2013, 17; *Wolff,* Das Kohlendioxid-Speicherungsgesetz: Eine erste Bewegung, UPR 2013, 298; *Ziekow,* Das Umwelt-Rechtsbehelfsgesetz im System des deutschen Rechtsschutzes, NVwZ 2007, 259.

Vorbemerkungen

Übersicht

A. Entstehungsgeschichte

I. Die Verordnung über Großfeuerungsanlagen v. 22.6.1983

Die Verordnung über Großfeuerungsanlagen (13. BImSchV) v. 22.6.1983 (BGBl. I 719) ist am 1.7.1983 in Kraft getreten. Die einzige Änderung der 13. BImSchV durch das zweite Zuständigkeitslockerungsgesetz v. 3.5.2000 (BGBl. I 632) betraf lediglich die Zuständigkeit für die Bekanntgabe von Stellen nach § 26 Abs. 5 und § 28 Abs. 1 13. BImSchV 1983. 1

Als Rechtsverordnung nach § 7 Abs. 1 BImSchG sollte auch schon die 13. BImSchV 1983 die Vorsorge-Grundpflicht der Betreiber nach § 4 BImSchG genehmigungsbedürftiger Anlagen aus § 5 Abs. 1 Nr. 2 BImSchG konkretisieren. Hinsichtlich des Gesundheitsschutzes hielt die damalige Bundesregierung die Immissionsgrenzwerte der TA Luft aus dem Jahre 1974 für ausreichend. Erforderlich seien indes – so hieß es damals – emissionsbegrenzende Anforderungen im Hinblick auf den Schutz der Pflanzen und Ökosysteme (vgl. BR-Drs. 95/83, 35). Im Mittelpunkt stand dabei die Reduzierung der Schwefeldioxid(SO_2)-Emissionen, die auch durch weiträumigen Transport Schäden an Wäldern, Biotopen, Bauwerken und Denkmälern verursachen. In Ansehung des Standes der Technik (§ 3 Abs. 6 BImSchG) enthielt schon die 13. BImSchV vom 22. 6. 1983 aus damaliger Sicht eine „komplexe Neubewertung der Frage, welche Emissionsbegrenzung künftig von allen Anlagen über einen beträchtlichen Zeitraum hinweg als angemessene Vorsorge verlangt wird" (BVerwGE 69, 37 (45 f.)). 2

II. Die Verordnung über Großfeuerungs- und Gasturbinenanlagen v. 20. 7. 2004

1. Entwurf der Bundesregierung v. 28. 5. 2003. Nach ca. 20 Jahren Geltung ergab sich in 2003 ein grundsätzlicher Überarbeitungsbedarf der 13. BImSchV v. 22. 6. 1983: Zum einen waren die Vorgaben der RL 2001/80/EG v. 23. 10. 2001 zur Begrenzung von Schadstoffemissionen von Großfeuerungsanlagen in die Luft (ABl. EG Nr. L 309, 1 ff.) sowie weiterer EU-Richtlinien (wie etwa der Richtlinie 96/61/EG v. 24. 9. 1996 über die integrierte Vermeidung und Verminderung der Umweltverschmutzung (ABl. EG Nr. L 257, 26) oder der Luftqualitätsrichtlinien (RL 96/62/EG über die Beurteilung und Kontrolle der Luftqualität v. 27. 9. 1996, ABl. EG Nr. L 296, 55; sog. 1. Luftqualitäts-Tochter-Richtlinie: RL 1999/30/EG v. 22. 4. 1999 über Grenzwerte für Schwefeldioxid, Stickstoffdioxid und Stickstoffoxide, Partikel und Blei in der Luft, ABl. EG Nr. L 163, 41; sog. 2. Luftqualitäts-Tochterrichtlinie: Richtlinie 2000/69/EG über Grenzwerte für Benzol und Kohlenmonoxid in der Luft v. 16. 11. 2000, ABl. EG Nr. L 313, 12, ber. am 20. 4. 2001, ABl. EG Nr. L 111, 31; sog. 3. Tochter-Richtlinie 2002/3/EG v. 12. 2. 2002 über den Ozongehalt in der Luft, ABl. EG Nr. L 67, 14; allesamt ersetzt nunmehr durch die RL 2008/50/EG v. 21. 5. 2008 über Luftqualität und saubere Luft für Europa, ABl. EG Nr. L 152, 1) in nationales Recht umzusetzen. Zum anderen galt es, die 13. BImSchV an den Fortschritt der wissenschaftlichen Erkenntnis über die Schädlichkeit der von (Groß-)Feuerungsanlagen ausgehenden Emissionen sowie den Stand der Technik auf dem Gebiet der Emissionsminderung anzupassen. 3

Dementsprechend hatte die Bundesregierung unter dem 28. 5. 2003 den Entwurf einer vollständig neu gefassten 13. BImSchV dem Bundestag zur Zustimmung gemäß § 48b BImSchG zugeleitet (BT-Drs. 15/1074). Der Verordnungsentwurf vom 28. 5. 2003 lehnte sich in weiten Teilen an die Großfeuerungsanlagen-RL an, ging aber hinsichtlich der Anforderungen an die Emissionsbegrenzung zum Teil erheblich darüber hinaus. Die neu gefasste 13. BImSchV enthielt Emissionsgrenzwerte für die in der Großfeuerungsanlagen- 4

RL genannten Schadstoffe Schwefeldioxid (SO_2), Stickoxide (NO_x) und Staub. Die 2003 neu gefasste 13. BImSchV begrenzte darüber hinaus auch die Emissionen der Schadstoffe Kohlenmonoxid (CO), Quecksilber (Hg), weiterer Schwermetalle sowie Dioxine und Furane analog der unter dem 14. 8. 2003 neu gefassten 17. BImSchV (galt bis 1. 5. 2013; BGBl. I 1633, zuletzt geändert am 2. 5. 2013, BGBl. I 1021; — Band IV Nr. 2.17). Durch strengere Anforderungen als in der Großfeuerungsanlagen-RL sollte die 13. BImSchV auf die 17. BImSchV „abgestimmt" sein. Denn der Stand der Technik bei Feuerungsanlagen sei im Regelfall unabhängig davon, ob Abfälle mitverbrannt werden oder nicht (BT-Drs. 15/3420, 18). Soweit bei der Verbrennung auch spezifische Produktionsverfahren ablaufen, ist diese Annahme jedenfalls im Einzelfall zu hinterfragen.

5 Die Differenzierung der Grenzwerte nach festen (§ 3), flüssigen (§ 4) und gasförmigen (§ 5) Brennstoffen aus der 13. BImSchV 1983 wurde entsprechend den Vorgaben der Großfeuerungsanlagen-RL beibehalten. Neu war im Rahmen der Festlegung von Emissionsgrenzwerten für feste Brennstoffe die gesonderte Behandlung von Biobrennstoffen iSv § 2 Nr. 4. Hinzu kamen – wie sich schon aus dem geänderten Titel der 13. BImSchV schließen lässt – besondere Emissionsgrenzwerte für Gasturbinen (§ 7). Wie auch schon die 13. BImSchV 1983 galten für unterschiedliche Feuerungswärmeleistungen differenzierte Grenzwerte. Bei Mischfeuerungen (der in der 13. BImSchV geregelten Brennstoffe) waren gemäß § 8 Abs. 2 die für den jeweiligen Brennstoff festzulegenden Emissionsgrenzwerte und der jeweilige Bezugssauerstoffgehalt nach dem Verhältnis der mit diesem Brennstoff zugeführten Feuerungswärmeleistung zur insgesamt zugeführten Feuerungswärmeleistung zu ermitteln. Aufgrund der Diskussion hierzu im Verordnungsverfahren (vgl. BT-Drs. 15/2802, 5) und der Definition in § 2 Nr. 16 ist eine Mischfeuerung nicht anzunehmen, wenn in einer aus mehreren Einzelfeuerungsanlagen bestehenden Gesamtfeuerungsanlage verschiedene Brennstoffe eingesetzt werden. Generell waren für kontinuierlich zu messende Schadstoffe Tagesmittelwerte angegeben (jeweils Nr. 1 in Abs. 1 S. 2 der §§ 3, 4, 5 und 6). Als Halbstundenmittelwert darf das Doppelte der Tagesmittelwerte nicht überschritten werden (jeweils Nr. 2 in Abs. 1 S. 2 der §§ 3, 4, 5 und 6).

6 Die Anforderungen an Messung und Überwachung waren in den §§ 14 bis 19 neu gefasst worden. Abweichend von der Großfeuerungsanlagen-RL wurde für Großfeuerungsanlagen nach dem Vorbild von § 12 Abs. 1 S. 2 17. BImSchV und Nr. 5.1.2 Abs. 9 TA Luft erstmals in der 13. BImSchV das Verbot der Umrechnung gemessener Sauerstoffgehalte auf höhere Bezugssauerstoffgehalte (§ 2 Nr. 8 Abs. 3) eingeführt. Das Umrechnungsverbot galt für Schadstoffe, für die eine Abgaseinrichtung betrieben wird. Bei Anlagen, deren tatsächlicher Sauerstoffgehalt im Abgas unter den in der 13. BImSchV fixierten Bezugssauerstoffgehalten liegt, bedeutete dies faktisch eine zusätzliche Verschärfung der Emissionsgrenzwerte.

7 Systematisch beschritt die 2003 neu gefasste 13. BImSchV nicht den Weg der Großfeuerungsanlagen-RL, in dem sie hinsichtlich der Emissionsgrenzwerte in den Anhang verweist, sondern bestimmte die einzelnen Emissionsgrenzwerte in den fortlaufenden §§ 3 bis 6. Die Anhänge der 13. BImSchV enthielten lediglich die Auflistung der hinsichtlich ihrer Emissionen zu begrenzenden Dioxine und Furane (Anhang I) einschließlich ihrer Äquivalenzfaktoren (1 : 1 wie Anhang I zur 17. BImSchV vom 19. 8. 2003) sowie Anforderungen an die kontinuierlichen Messeinrichtungen und die Validierung der Messergebnisse (Anhang 2, redaktionell nur ähnlich wie Anhang 3 Nr. 3 der 17. BImSchV).

8 **2. Die Verordnung über Großfeuerungs- und Gasturbinenanlagen v. 20. 7. 2004.** Am 24. 7. 2004 ist die Verordnung über Großfeuerungs- und Gasturbinenanlagen vom 20. 7. 2004 in Kraft getreten (BGBl. I 1717). Der Weg zur Neufassung der 13. BImSchV war von einigem Widerstand geprägt, da sich einige Branchen durch die

zum Teil erheblich strengeren Anforderungen als in der Großfeuerungsanlagen-RL überfordert sahen. Dies galt etwa und insbesondere hinsichtlich des Neuanlagen-Emissionsgrenzwertes für Gesamtstaub bei Einsatz fester und flüssiger Brennstoffe, für den im Entwurf vom 28. 5. 2003 zunächst ein Tagesmittelwert von 10 mg/m^3 (letztlich 20 mg/m^3) vorgesehen war, wenn die Feuerungswärmeleistung mehr als 100 MW beträgt (§ 3 und § 4, jeweils Abs. 1 S. 2 Nr. 1a). Die Großfeuerungsanlagen-RL sah hier einen Emissionsgrenzwert von 30 mg/m^3 vor (Anhang 7, B.). Für Altanlagen mit einer Feuerungswärmeleistung > 100 MW sah die Bundesregierung für Staub zunächst einen Tagesmittelwert von 20 mg/m^3 und einen Halbstundenmittelwert von 40 mg/m^3 vor. Die Verordnung vom 20.7.2004 sah insoweit nun einen Halbstundenmittelwert von 60 mg/m^3 vor.

Sowohl der Bundestag (mit Beschluss v. 6. 6. 2003, BT-Drs. 15/1154) als auch der Bundesrat (mit Beschluss v. 17. 7. 2003, BR-Drs. 490/03) haben den Entwurf der Bundesregierung vom 28. 5. 2003 (BT-Drs. 15/1074) zunächst in die Ausschüsse überwiesen. Mit Maßgabenbeschluss gemäß Art. 80 Abs. 2 GG stimmte der Bundesrat in seiner Sitzung am 17. 10. 2003 (Plenarprotokoll 792 S. 379 A bis D) dem Verordnungsentwurf der Bundesregierung auf der Grundlage der Empfehlungen der Ausschüsse vom 6. 10. 2003 (BR-Drs. 490/1/03) grundsätzlich zu, hielt aber zahlreiche Änderungen für notwendig. 9

Unter dem 3. 3. 2004 legte die Bundesregierung (BT-Drs. 15/2596) eine überarbeitete Fassung der 13. BImSchV vor, die 39 von 43 Maßgaben des Bundesrats vollständig, zwei Maßgaben teilweise und zwei Maßgaben nicht übernahm. In seiner Sitzung am 11. 6. 2004 stimmte der Bundesrat dem überarbeiteten Verordnungsentwurf der Bundesregierung vom 3. 3. 2004 im Wesentlichen zu (Plenarprotokoll 800 S. 294 C bis D) und ließ dabei auch die meisten Empfehlungen der Ausschüsse zu weiteren Änderungen (BR-Drs. 304/1/04) unberücksichtigt. Der Beschluss des Bundesrates vom 11. 6. 2004 enthielt lediglich noch eine Maßgabe zu § 8 Abs. 3 S. 2. In der Fassung der Bundesregierung vom 24. 6. 2004 (BT-Drs. 15/3420) übernahm die Bundesregierung die Maßgaben des Bundesrats vom 11. 6. 2004. Der Bundestag stimmte dieser neu gefassten Verordnung gemäß § 48b BImSchG mit Beschluss vom 1. 7. 2004 abschließend zu. 10

3. Änderungen v. 6. 6. 2007 und v. 27. 1. 2009. Die Änderung der 13. BImSchV vom 6. 6. 2007 betraf nur eine Verschiebung des Abgabetermins für die Aufstellung der jährlichen Emissionen nach § 19 13. BImSchV 2004 (vormals 31. 3., dann 31. 5.). 11

Durch Art. 1 der Verordnung zur Absicherung von Luftqualitätsanforderungen in der Verordnung über Großfeuerungs- und Gasturbinenanlagen und der Verordnung über die Verbrennung und die Mitverbrennung von Abfällen vom 27. 1. 2009 (BGBl. I 129) wurden in den §§ 3 und 4, jeweils in Abs. 1 S. 2 eine neue Nr. 4 und in § 6 Abs. 1 S. 2 eine neue Nr. 3 mit Jahresmittel-Grenzwerten für Stickstoffmonoxid und Stickstoffdioxid, angegeben als Stickstoffdioxid, eingefügt. Ausnahmen hiervon galten gem. § 3 Abs. 1a bei ausschließlichem Einsatz von Biobrennstoffen gemäß § 2 Nr. 4, gem. § 4 Abs. 1a und 1b für Anlagen, die ausschließlich zur Abdeckung der Spitzenlast bei der Energieversorgung während bis zu 300 Stunden im Jahr und Anlagen, in denen Destillation- und Konversionsrückstände zum Eigenverbrauch in Raffinerien eingesetzt werden, sowie gem. § 6 Abs. 8a für eine Einzelgasturbine mit einer Feuerungswärmeleistung von weniger als 50 MW in Anlagen mit Kraft-Wärme-Kopplung mit einem Gesamtwirkungsgrad im Jahresdurchschnitt von mindestens 75 vom Hundert, in Anlagen im Kombibetrieb mit einem elektrischen Gesamtwirkungsgrad im Jahresdurchschnitt von mindestens 55 vom Hundert oder in Anlagen zum Antrieb von Arbeitsmaschinen, die Bestandteil einer gemeinsamen Anlage mit einer Feuerungswärmeleistung von mehr als 100 MW. Der neue § 19a enthielt Regelungen zu dieser Ermittlung der Jahresmittelwerte, Überwachung und Berichterstattung. Gem. § 20a galten die Neuregelungen vom 27. 1. 2009 nur für Anla- 12

gen, Anlagenteile oder Verfahrensschritte, die nach dem 31. 12. 2012 in Betrieb gegangen sind. War bis zum 31. 12. 2010 ein vollständiger Genehmigungsantrag zur Errichtung und zum Betrieb gestellt oder mit der Errichtung vor dem 31. 12. 2011 begonnen worden und wurde außerdem der Betrieb vor dem 31. 12. 2013 aufgenommen, galten die Neuregelungen ebenfalls nicht (§ 20a Abs. 3).

13 Die Verordnung vom 27. 1. 2009 diente der Umsetzung der RL 2001/81/EG vom 23. 10. 2001 über nationale Emissionshöchstmengen für bestimmte Luftschadstoffe (ABl. EG Nr. L 309, 22) sowie der RL 96/62/EG des Rates vom 27. 9. 1996 über die Beurteilung und die Kontrolle der Luftqualität (ABl. EG Nr. L 296, 55) in Verbindung mit der RL 1999/30/EG des Rates v. 22. 4. 1999 über Grenzwerte für Schwefeldioxid, Stickstoffdioxid und Stickstoffoxide, Partikel und Blei in der Luft (ABl. EG Nr. L 163, 41) der Absicherung von Luftqualitätsanforderungen (vgl. BT-Drs. 16/10 993, 9).

14 **4. Gesetz zur Demonstration und Anwendung von Technologien zur Abscheidung, zum Transport und zur dauerhaften Speicherung von Kohlendioxid v. 17. 8. 2012.** Mit Art. 8 des Gesetzes zur Demonstration und Anwendung von Technologien zur Abscheidung, zum Transport und zur dauerhaften Speicherung von Kohlendioxid vom 17.8.2012 (BGBl. I 1726) wurde § 9a „Anlagen zur Abscheidung und Kompression von Kohlendioxid" in die 13. BImSchV eingefügt. Das Artikelgesetz diente der Umsetzung der RL 2009/31/EG des Europäischen Parlaments und des Rates vom 23. 4. 2009 über die geologische Speicherung von Kohlendioxid und zur Änderung der RL 85/337/EWG des Rates sowie der RL 2000/60/EG, 2001/80/EG, 2004/35/EG, der RL 2006/12/EG und der RL 2008/1/EG des Europäischen Parlaments und des Rates sowie der Verordnung (EG) Nr. 1013/2006, ABl. EG Nr. L, 140, 114 (CCS-RL), die einen europäischen Rechtsrahmen für die Einführung von CCS schaffen sollte und bis zum 25. 6. 2011 in das nationale Recht umzusetzen war (Art. 39 Abs. 1 CCS-RL).

III. Verordnung über Großfeuerungs-, Gasturbinen- und Verbrennungsmotoranlagen v. 2. 5. 2013

15 **1. Industrie-Emissionen-Richtlinie (IE-RL).** Der Europäische Rat hat am 8. 11.2010 der auf dem Kommissionsvorschlag basierenden Neuregelung des europäischen Immissionsschutzrechts durch die Richtlinie über Industrieemissionen (Integrierte Vermeidung und Verminderung der Umweltverschmutzung, „Industrial Emissions Directive", IED = IE-RL) zugestimmt. Die IE-RL (2010/75/EU) ist 20 Tage nach ihrer Veröffentlichung (ABl. EU Nr. L 334, 17 v. 17. 12. 2010) in Kraft getreten und war gem. ihres Art. 80 bis zum 7. 1. 2013 in nationales Recht umzusetzen. Die der 13. BImSchV zugrundeliegende Großfeuerungsanlagen-RL tritt gemäß Art. 81 Abs. 2 der IE-RL zum 1. 1. 2016 außer Kraft. Die RL 2000/76/EG vom 4. 12. 2000 über die Verbrennung von Abfällen (ABl. EG Nr. L 332, 91, ber. ABl. EG Nr. L 142, 52 v. 31. 5. 2001) wird gem. Art. 81 Abs. 1 der IE-RL zum 7. 1. 2014 aufgehoben.

16 Hintergrund der Neufassung der IVU-RL (96/61/EG des Rates v. 24. 9. 1996 über die integrierte Vermeidung und Verminderung der Umweltverschmutzung, ABl. EU Nr. L 257, 26) durch die IE-RL ist die Feststellung der Kommission, dass Industrietätigkeiten – trotz deutlicher Reduzierung der Industrieemissionen in den letzten Jahrzehnten – nach wie vor eine der Hauptquellen für Luftschadstoffe bleiben. Im Zuge einer zweijährigen Überprüfung zeigte sich, dass die bisherigen Rechtsvorschriften eine befriedigende Durchführung der IVU-RL nicht hinreichend gewährleisten und zu Schwierigkeiten bei den Durchsetzungsmaßnahmen führen. Außerdem haben zahlreiche Mitgliedstaaten die IVU-RL nicht ordnungsgemäß umgesetzt, was auf die Komplexität und die

mangelnde Kohärenz von Teilen des bisherigen Rechtsrahmens zurückgeführt wird. Infolgedessen legte die Kommission im Dezember 2007 einen Entwurf vor, um die EU-Politik zu Industrieemissionen zu verbessern (KOM (2007) 844). Ziel dieses Kommissionsvorschlags war die Überarbeitung der Vorschriften der bestehenden IVU-RL, der VOC-RL (1999/13/EG v. 11. 3. 1999 über die Begrenzung von Emissionen flüchtiger organischer Verbindungen, die bei bestimmten Tätigkeiten und in bestimmten Anlagen bei der Verwendung organischer Lösungsmittel entstehen, ABl. EU Nr. L 85, 1), der Abfallverbrennungsrichtlinie (2000/76/EG v. 4. 12. 2000 über die Verbrennung von Abfällen, ABl. EU Nr. L 332, 91), der Großfeuerungsanlagenrichtlinie (2001/80/EG v. 23. 10. 2001 zur Begrenzung von Schadstoffemissionen von Großfeuerungsanlagen, ABl. EU Nr. L 309, 1), der drei Titanoxid-Richtlinien (RL 78/176/EWG v. 20. 2. 1978 über Abfälle aus der Titandioxid-Produktion, ABl. EU Nr. L 54, 19; 82/883/EWG v. 3. 12. 1982 über die Einzelheiten der Überwachung und Kontrolle der durch die Ableitungen aus der Titandioxidproduktion betroffenen Umweltmedien, ABl. EU Nr. L 378, 1; 92/112/EWG v. 15. 12. 1992 über die Modalitäten zur Vereinheitlichung der Programme zur Verringerung und späteren Unterbindung der Verschmutzung durch Abfälle der Titandioxid-Industrie, ABl. EU Nr. L 409, 11) sowie die genannten sieben separaten Richtlinien in eine einzige eindeutige und kohärente Richtlinie zu Industrieemissionen zusammenzufassen. Das Europäische Parlament und der Rat haben diesen Entwurf ausführlich erörtert. Im Mittelpunkt der Diskussionen standen die Anwendung der besten verfügbaren Techniken (BVT) und die Rolle der BVT-Merkblätter sowie die Emissionsgrenzwerte für Großfeuerungsanlagen.

Die IE-RL umfasst 84 Artikel und ist in sieben Kapitel gegliedert. Ergänzend treten **17**
nicht weniger als 10 Anhänge hinzu, die zum Teil sehr umfangreich sind. Die Anhänge besitzen den gleichen Rang wie die Artikel der Richtlinie. Sie gilt nunmehr für die in ihrem Anhang I (entspricht im Wesentlichen dem Anwendungsbereich der ersetzten IVU-RL) und Teil 1 ihres Anhangs VII (entspricht dem Anwendungsbereich der ersetzten VOC-RL) aufgeführten Tätigkeiten, für Feuerungsanlagen (Kapitel III), für Abfallverbrennungsanlagen und für Abfallmitverbrennungsanlagen (Kapitel IV) sowie für Anlagen, in denen Titandioxid produziert wird (Kapitel VI).

Im Mittelpunkt der IE-RL stehen Verschärfungen der geltenden Emissionsgrenzwerte **18**
von Schwefeldioxid (SO_2), Stickoxid (NO_x) sowie Staubpartikel-Emissionen für Großfeuerungsanlagen (Art. 30 Abs. 2 und 3 iVm Anhang V, zu den für die unterschiedlichen Emissionsanforderungen von Teil 1 und Teil 2 des Anhangs V der IE-RL relevanten Stichtagen → § 2 Rn. 52). Für neu zu errichtende Anlagen ist dies grundsätzlich bereits ab 7. 1. 2013 verbindlich. Bestandsanlagen haben die Werte ab 7. 1. 2016 einzuhalten (Art. 82 Abs. 3), wobei die IE-RL den Mitgliedstaaten die Möglichkeit einräumt, nationale Übergangspläne zu erlassen, auf deren Grundlage Großfeuerungsanlagen noch bis Juli 2020 nach derzeit geltenden Standards betrieben werden können (Art. 32). Ältere Kraftwerke, die bis Ende 2023 oder nach Erreichen von 17 500 geleisteten Betriebsstunden ab 1. 1. 2016 stillgelegt werden, können aus dem Anwendungsbereich der RL ausgenommen werden (Art. 33 Abs. 1).

Die Bedeutung des BVT-Konzepts wird durch die IE-RL gestärkt: Die BVT sind **19**
nunmehr als selbstständige Grundpflicht und nicht nur als Konkretisierung der Vorsorgepflicht zu beachten (Art. 11 lit. b), sie erhalten eine formelle Legitimität (Art. 13 Abs. 5, Art. 75 Abs. 2) und die mitgliedstaatliche Bindung an die europäischen BVT bei der Festlegung und Aktualisierung von Genehmigungsauflagen wird intensiviert (Art. 17).

Zur Verbesserung der Wirksamkeit und Durchsetzung der IE-RL müssen die Mit- **20**
gliedsstaaten nach dem Vorbild des Art. 18 der Seveso-II-RL (96/82/EG, ABl. EU 1997 Nr. L 10, 13, zuletzt geändert durch VO (EG) Nr. 1137/2008 – ABl. EU Nr. L 311, 1),

der durch § 16 der 12. BImSchV in deutsches Recht umgesetzt wurde, ein Umweltinspektionssystem einführen und dafür sorgen, dass hierfür auch ausreichend qualifiziertes behördliches Personal zur Verfügung steht (Erwägungsgrund 26, Art. 23 IE-RL hierzu → § 15 Rn. 2). Mit der IE-RL werden darüber hinaus einige Neuerungen eingeführt, die die finanzielle Belastung und den Verwaltungsaufwand mindern sollen. So ist insbesondere auf Ebene der Mitgliedstaaten ein kombiniertes Genehmigungssystem für Anlagen vorgesehen, die unter verschiedene EU-Rechtsakte fallen (Art. 5).

21 Gem. Art. 25 der IE-RL stellen die Mitgliedstaaten im Rahmen ihrer innerstaatlichen Rechtsvorschriften sicher, dass Mitglieder der betroffenen Öffentlichkeit Zugang zu einem Überprüfungsverfahren vor einem Gericht oder einer anderen auf gesetzlicher Grundlage geschaffenen unabhängigen und unparteiischen Stelle haben, um die materiellrechtliche und verfahrensrechtliche Rechtmäßigkeit von Entscheidungen, Handlungen oder Unterlassungen gemäß Art. 24 der IE-RL anzufechten. Voraussetzung hierfür ist ein ausreichendes Interesse und eine Rechtsverletzung (§ 42 Abs 2 VwGO). Den anerkannten Umweltvereinen wird dabei entsprechend ihres satzungsmäßigen Aufgabenbereichs ein ausreichendes Interesse eingeräumt. Insoweit sind anerkannte Umweltvereine im Bereich der Umwelt nach der IE-RL-Richtline auch Träger von Rechten iSv § 42 Abs. 2 VwGO (EuGH, Urt. v. 12. 5. 2011 – C-115/09, Rn. 45 ff. – „Trianel"; EuGH, Urt. v. 7. 11. 2013 – C-72/12, Rn. 40 ff.). Außerdem ist in diesem Kontext zu berücksichtigen, dass sich auch der Einzelne in all den Fällen, in denen die Bestimmungen einer Richtlinie inhaltlich unbedingt und hinreichend genau sind und Rechte einräumen, gegenüber dem Mitgliedstaat auf diese Bestimmungen berufen kann, wenn dieser die Richtlinie nicht fristgemäß oder nur unzulänglich in nationales Recht umgesetzt hat (EuGH, Urt. v. 26. 5. 2011 – C-165/09, Rn. 93, 104; EuGH NVwZ 2008, 984 (985)).

22 **2. Durchführungsbestimmungen und Leitlinien.** Die IE-RL ermächtigt die EU-Kommission Durchführungsbestimmungen iSd Art. 291 AEUV und Leitlinien zu erlassen (vgl. Art. 13 Abs. 3, Abs. 5, Art. 41, Art. 72 Abs. 2, Art. 75 IE-RL). Von besonderer Bedeutung sind die Beschlüsse zur Annahme der BVT-Schlussfolgerungen (→ Rn. 53) nach Art. 13 Abs. 5 IE-RL. Bislang sind folgende Durchführungsbeschlüsse über Schlussfolgerungen zu den besten verfügbaren Techniken (BVT) veröffentlicht:

- 2022/2508/EU über Industrieemissionen in Bezug auf die Textilindustrie, ABl. EU Nr. L 325, 112.
- 2019/2031/EZ für die Nahrungsmittel-, Getränke- und Milchindustrie, ABl. EU Nr. L 313, 60.
- 2019/2010/EU in Bezug auf die Abfallverbrennung, ABl. EU Nr. L 312, 55.
- 2018/1147/EU für die Abfallbehandlung, ABl. EU Nr. L 208, 38.
- 2017/2117/EU in Bezug auf die die Herstellung von organischen Grundchemikalien, ABl. EU Nr. L 323, 1.
- 2017/1442/EU für (sonstige) Großfeuerungsanlagen, ABl. EU Nr. 212, 1; neu erlassen nach Urteil des EuG vom 27.1.2021 zur Unwirksamkeit als 2021/2326/EU, ABl. EU Nr. 469, 1.
- 2017/302/EU in Bezug auf die Intensivhaltung oder -aufzucht von Geflügel oder Schweinen, Abl. EU Nr. 43, 231.
- 2016/902/EU für eine einheitliche Abwasser-/Abgasbehandlung und einheitliche Abwasser-/Abgasmanagementsysteme in der Chemiebranche, ABl. EU Nr. L 152, 123.
- 2015/2119/EU in Bezug auf die Holzwerkstofferzeugung, ABl. EU Nr. L 306, 31.
- 2014/738/EU in Bezug auf das Raffinieren von Mineralöl und Gas, ABl. EU Nr. L 307, 38, ber. ABl. EU 2015 Nr. L 62, 35.

- 2014/687/EU in Bezug auf die Herstellung von Zellstoff, Papier und Karton, ABl. EU Nr. L 284, 76, ber. ABl. EU Nr. L 348, 30.
- 2013/732/EU in Bezug auf die Chloralkaliindustrie, ABl. EU Nr. L 332, 34
- 2013/163/EU in Bezug auf die Herstellung von Zement, Kalk und Magnesiumoxid, ABl. EU Nr. L 100, 1.
- 2013/84/EU in Bezug auf das Gerben von Häuten und Fellen, ABl. EU Nr. L 45, 13.
- 2012/134/EU in Bezug auf die Glasherstellung, ABl. EU Nr. L 70, 1.
- 2012/135/EU in Bezug auf die Eisen- und Stahlerzeugung, ABl. EU Nr. L 70, 63, ber. Nr. L 333, 48.

3. Verordnung zur Umsetzung der Richtlinie über Industrieemissionen v. 2. 5. 2013 und anderer Richtlinien. a) Historie. Unter dem 6. 9. 2012 hat die Bundesregierung den ersten offiziellen Entwurf einer „Verordnung zur Umsetzung der Richtlinie über Industrieemissionen, zur Änderung der Verordnung zur Begrenzung der Emissionen flüchtiger organischer Verbindungen beim Umfüllen oder Lagern von Ottokraftstoffen, Kraftstoffgemischen oder Rohbenzin sowie zur Änderung der Verordnung zur Begrenzung der Kohlenwasserstoffemissionen bei der Betankung von Kraftfahrzeugen" (BT-Drs. 17/10 605) vorgelegt. Wie der Titel der Verordnung zeigt, dient die Verordnung, mit der ua. die 13. BImSchV geändert wird, der Umsetzung diverser EU-Richtlinien. Die Verordnungen bilden die 2. Tranche an Rechtsvorschriften, mit denen die IE-RL in nationales Recht umgesetzt wird. Voraus geht ihnen das Gesetz zur Umsetzung der Richtlinie über Industrieemissionen v. 8. 4. 2013 (BGBl. I 734). Der Bundesrat hat in seiner 904. Sitzung am 14. 12. 2012 beschlossen (BR-Drs. 676/12), der Verordnung gemäß Art. 80 Abs. 2 des Grundgesetzes in geänderter Fassung zuzustimmen. Die vom Bundesrat beschlossenen Änderungen wurden in die Verordnung übernommen und mit den Stimmen der Regierungskoalition vom Bundestag in seiner Sitzung am 21. 2. 2013 angenommen (BT-Drs. 17/12, 164). Die einzelnen vom Bundesrat eingebrachten Änderungen sind jeweils bei den einzelnen Vorschriften dargestellt. Am gleichen Tage wie die Artikelverordnung zur Änderung ua. der 13. BImSchV ist eine weitere Artikelverordnung in Kraft getreten, die „Verordnung zur Umsetzung der Richtlinie über Industrieemissionen, zur Änderung der Verordnung über Immissionsschutz- und Störfallbeauftragte und zum Erlass einer Bekanntgabeverordnung" v. 2. 5. 2013 (BGBl. I 973). **23**

Die Anforderungen der IE-RL werden dabei unter Beibehaltung der bewährten Strukturen in die betreffenden Verordnungen zum BImSchG integriert. Die Festlegung von Emissionsgrenzwerten soll dergestalt erfolgen, dass die Emissionsbandbreiten der BVT-Merkblätter sicher eingehalten, Anforderungen des geltenden Rechts nicht abgeschwächt, nationale Fortentwicklungen des Standes der Technik abgebildet, in Umsetzung von Art. 18 der IE-RL Maßnahmen über den Stand der Technik hinaus gefordert werden, soweit Umweltqualitätsnormen dies erfordern und die Grenzen aus den Anhängen der IE-RL nicht verletzt werden. Die Neufassung der 13. BImSchV erfolgt mit Blick auf bereits anhängige oder vor der Einleitung stehende Vertragsverletzungsverfahren im Zusammenhang mit der Erfüllung europäischer Umweltqualitätsnormen und in Umsetzung von Art. 18 IE-RL und enthält weitergehende Anforderungen zur Begrenzung der Emissionen von Staub, Stickstoffoxiden und Quecksilber. Darüber hinaus erfolgen einige Klarstellungen, die sich aus dem Vollzug der Verordnung ergeben haben, sowie Anpassungen an die Rechtsförmlichkeit (BT-Drs. 17/10 605, 59). **24**

Unter dem 28. 4. 2015 erging eine erste Novellierung dieser Verordnung durch die Verordnung zur Umsetzung von Art. 14 der Richtlinie zur Energieeffizienz und zur Änderung weiterer umweltrechtlicher Vorschriften (BGBl. I 670). Dadurch ergaben sich **25**

allerdings nur geringfügige Änderungen. Lediglich die bisherigen Absätze 4 und 7 des § 11 zu Gasturbinen im Solobetrieb wurden dabei aufgehoben.

26 Im Juni 2015 hat das Bundesumweltministerium (BMUB) auf der Grundlage von Arbeitspapieren die Konsultation über eine weitere Verordnung zur Änderung der 13. BImSchV zur Umsetzung des Durchführungsbeschlusses der Kommission vom 26. 9. 2014 über Schlussfolgerungen zu den besten verfügbaren Techniken (BVT) gemäß der IE-RL in Bezug auf die Herstellung von Zellstoff, Papier und Karton (2014/687/EU, ABl. EU L 284, 76) und des Durchführungsbeschlusses der Kommission vom 9. 10. 2014 über Schlussfolgerungen zu den besten verfügbaren Techniken (BVT) gemäß der IE-RL in Bezug auf das Raffinieren von Mineralöl und Gas (2014/738/EU, ABl. EU L 307, 38) begonnen.

27 **b) Wesentliche Änderungen gegenüber der 13. BImSchV 2004.** Neben Änderungen des Anwendungsbereichs der Verordnung, wurden einige Vorschriften ergänzt oder neu hinzugefügt, um die Anforderungen der IE-RL zu gewährleisten. Neu in die 13. BImSchV aufgenommen wurde § 3, der der Umsetzung von Art. 29 IE-RL zu den Aggregationsregeln dient.

28 Die neuen Emissionsgrenzwerte der IE-RL sind als Monatsmittelwerte in Anhang V für Großfeuerungsanlagen angelegt. Besonders der Emissionsgrenzwert für Staub wurde wesentlich verschärft. Unabhängig von thermischer Leistung gilt in neuen Großfeuerungsanlagen ein Tagesmittelwert von 10 mg/m^3, anstatt von bislang 20 mg/m^3 (§§ 4 Abs. 1 S. 2 Nr. 1 lit. a), 5 Abs. 1 S. 2 Nr. 1 lit. a), 6 Abs. 1 S. 2 Nr. 1 lit. a)). Dieser Grenzwert geht über die EU-Mindestangaben nach Anhang V Teil 2 Nr. 7 der IE-RL hinaus, wonach der Tagesmittelwert von 10 mg/m^3 grundsätzlich erst für Feuerungsanlagen über 300 MW Feuerungswärmeleistung gilt. Die Emissionsgrenzwerte für Stickstoffoxide und Schwefeldioxide in neuen Großfeuerungsanlagen wurden ebenfalls verschärft, die Vorgaben aus der IE-RL wurden dabei genau eingehalten. Die Verordnung unterscheidet dabei wie gewohnt zwischen den Grenzwerten unterschiedlicher Brennstoffe (§§ 4 bis 7) bzw. den Grenzwerten für Gasturbinenanlagen (§ 8) und entsprechend der Erweiterung des Anwendungsbereichs der Verordnung neuerdings auch für Gasmotorenanlagen (§ 9) einerseits und der jeweiligen thermischen Leistung der Feuerungsanlage andererseits. Der Emissionsgrenzwert für Quecksilber wurde gegenüber der 13. BImSchV 2004 nicht verändert, jedoch wurde für neue Anlagen ein Grenzwert in § 11 Abs. 2 für den Jahresmittelwert von 0,01 mg/m^3 eingeführt. Die IE-RL selbst enthält keine Quecksilber-Emissionsgrenzwerte.

29 Weitere Änderungen in der Verordnung betreffen etwa die Äquivalenzfaktoren für krebserregende Stoffe in Anlage 2, die ergänzt worden sind.

30 **aa) Einsatz von festen Brennstoffen.** Hinsichtlich des Einsatzes von festen Brennstoffen haben sich im Einzelnen folgende Veränderungen ergeben:

- Gem. § 4 Abs. 1 S. 2 Nr. 1 lit. a) wird der EGW für Staub von 20 mg/m^3 auf 10 mg/m^3 für den Tagesmittelwert abgesenkt.
- Gem. § 4 Abs. 1 S. 2 Nr. 1 lit. d) aa) bbb) wird der EGW für Stickstoffoxide in Anlagen mit einer Feuerungswärmeleistung zwischen 50 MW und 100 MW für den Tagesmittelwert von 400 mg/m^3 auf 300 mg/m^3 nach Maßgabe der IE-RL abgesenkt.
- Gem. § 4 Abs. 1 S. 2 Nr. 1 lit. d) cc) bbb) wird der EGW für Stickstoffoxide in Anlagen mit mehr als 300 MW Feuerungswärmeleistung für den Tagesmittelwert von 200 mg/m^3 auf 150 mg/m^3 nach Maßgabe der IE-RL abgesenkt.

- Gem. § 4 Abs. 1 S. 2 Nr. 1 lit. e) aa) bbb) wird der EGW für Schwefeldioxide in Anlagen zwischen 50 MW und 100 MW Feuerungswärmeleistung für den Tagesmittelwert von 850 mg/m³ auf 400 mg/m³ nach Maßgabe der IE-RL abgesenkt.
- Gem. § 4 Abs. 1 S. 2 Nr. 1 lit. e) bb) wird der EGW für Schwefeldioxide in Anlagen zwischen 100 MW und 300 MW Feuerungswärmeleistung für den Tagesmittelwert auf 200 mg/m³ nicht verändert, jedoch darf ein Schwefelabscheidegrad von mindestens 85 Prozent, anstatt von vormals 75 % nach Maßgabe der IE-RL nicht unterschritten werden.
- Gem. § 4 Abs. 1 S. 2 Nr. 1 lit. e) cc) bbb) wird der EGW für Schwefeldioxide in Anlagen mit mehr als 300 MW Feuerungswärmeleistung für den Tagesmittelwert von 200 mg/m³ auf 150 mg/m³ nach Maßgabe der IE-RL abgesenkt.
- Gem. § 4 Abs. 1 S. 2 Nr. 1 lit. e) wird der Schwefelabscheidegrad begrenzt, wenn für den Tagesmittelwert ein EGW von 50 mg/m³ eingehalten wird.
- Gem. § 4 Abs. 4 Nr. 1 wird der Schwefelabscheidegrad in Anlagen zwischen 50 MW und 300 MW Feuerungswärmeleistung für den Tagesmittelwert von 92 % auf 93 % nach Maßgabe der IE-RL für bestimmte Fälle angehoben.
- Gem. § 4 Abs. 4 Nr. 3 wird der Schwefelabscheidegrad in Anlagen mit mehr als 300 MW Feuerungswärmeleistung für den Tagesmittelwert von 96 % auf 97 % nach Maßgabe der IE-RL angehoben.
- Gem. § 4 Abs. 8 Nr. 1 wird der EGW für Stickstoffoxide in alten Braunkohlestaubfeuerungen zwischen 50 MW und 100 MW Feuerungswärmeleistung für den Tagesmittelwert von 500 mg/m³ auf 450 mg/m³ nach Maßgabe der IE-RL abgesenkt.
- Gem. § 4 Abs. 8 Nr. 2 wird der EGW für Stickstoffoxide in alten Feuerungen zwischen 50 MW und 100 MW Feuerungswärmeleistung mit höchstens 1500 Betriebsstunden jährlich für den Tagesmittelwert von 500 mg/m³ auf 450 mg/m³ der nach Maßgabe der IE-RL abgesenkt.
- In § 4 Abs. 8 Nr. 3 wird die Pflicht zur Einhaltung eines EGW für Stickstoffoxid in alten Feuerungen zwischen 100 MW und 300 MW mit höchstens 1500 Betriebsstunden von 400 mg/m³ eingeführt.
- Gem. § 4 Abs. 9 wird der EGW für Schwefeldioxid in alten Feuerungen zwischen 50 MW und 100 MW Feuerungswärmeleistung mit höchstens 1500 Betriebsstunden jährlich für den Tagesmittelwert von 1000 mg/m³ auf 800 mg/m³ nach Maßgabe der IE-RL abgesenkt.
- Gem. § 4 Abs. 10 S. 1 Nr. 1 wird der EGW für Schwefeldioxid in alten Feuerungen zwischen 100 MW und 300 MW Feuerungswärmeleistung für den Tagesmittelwert von 1000 mg/m³ auf 250 mg/m³ nach Maßgabe der IE-RL abgesenkt.
- Gem. § 4 Abs. 10 S. 1 Nr. 2 wird der EGW für Schwefeldioxid in bestehenden Feuerungen mit mehr als 300 MW Feuerungswärmeleistung für den Tagesmittelwert von 300 mg/m³ auf 200 mg/m³ nach Maßgabe der IE-RL abgesenkt.
- Gem. 4 Abs. 10 S. 2 wird abweichend von S. 1 Nr. 1 der EGW für Schwefeldioxid in alten Feuerungen zwischen 100 MW und 300 MW Feuerungswärmeleistung für den Tagesmittelwert von 1200 mg/m³ auf 800 mg/m³ nach Maßgabe der IE-RL abgesenkt.
- Gem. § 4 Abs. 10 S. 3 ist der EGW für Schwefeldioxid in alten Feuerungen mit mehr als 300 MW Feuerungswärmeleistung für den Tagesmittelwert von 300 mg/m³ nach Maßgabe der IE-RL nur noch während höchstens 1500 Betriebsstunden jährlich zulässig.
- Gem. § 4 Abs. 11 Nr. 3 wird der Schwefelabscheidegrad in bestehenden Anlagen mit mehr als 300 MW Feuerungswärmeleistung für den Tagesmittelwert von 95 % auf 96 % nach Maßgabe der IE-RL angehoben.

31 **bb) Einsatz von Biobrennstoffen.** Hinsichtlich des Einsatzes von Biobrennstoffen haben sich im Einzelnen folgende Veränderungen ergeben:

- Gem. § 5 Abs. 1 S. 2 Nr. 1 lit. a) wird der EGW für Staub für neue Anlagen von 20 mg/m^3 auf 10 mg/m^3 für den Tagesmittelwert abgesenkt. Der Wert entspricht für neue Anlagen dem BVT-Merkblatt.
- Gem. § 5 Abs. 1 S. 2 Nr. 1 lit. d) aa) wird der EGW für Stickstoffoxide in Anlagen mit einer Feuerungswärmeleistung zwischen 50 MW und 100 MW für den Tagesmittelwert von 350 mg/m^3 auf 250 mg/m^3 nach Maßgabe der IE-RL abgesenkt.
- Gem. § 5 Abs. 1 S. 2 Nr. 1 lit. d) bb) wird der EGW für Stickstoffoxide in Anlagen mit einer Feuerungswärmeleistung zwischen 100 MW und 300 MW für den Tagesmittelwert von 300 mg/m^3 auf 200 mg/m^3 nach Maßgabe der IE-RL abgesenkt.
- Gem. § 5 Abs. 1 S. 2 Nr. 1 lit. d) cc) wird der EGW für Stickstoffoxide in Anlagen mit einer Feuerungswärmeleistung mit mehr als 300 MW für den Tagesmittelwert von 200 mg/m^3 auf 150 mg/m^3 nach Maßgabe der IE-RL abgesenkt.
- Gem. § 5 Abs. 1 S. 2 Nr. 1 lit. e) bb) wird der EGW für Schwefeldioxid in Anlagen mit einer Feuerungswärmeleistung mit mehr als 300 MW wird für den Tagesmittelwert von 200 mg/m^3 auf 150 mg/m^3 nach Maßgabe der IE-RL abgesenkt.
- Gem. § 5 Abs. 6 Nr. 2 wird der EGW für Stickstoffoxide in Anlagen mit einer Feuerungswärmeleistung zwischen 100 MW und 300 MW für den Tagesmittelwert von 300 mg/m^3 auf 250 mg/m^3 nach Maßgabe der IE-RL abgesenkt.
- Gem. § 5 Abs. 7 Nr. 2 wird der EGW für Schwefeldioxid in Anlagen mit einer Feuerungswärmeleistung mit mehr als 300 MW für den Tagesmittelwert von 300 mg/m^3 auf 200 mg/m^3 nach Maßgabe der IE-RL abgesenkt.

32 **cc) Einsatz flüssiger Brennstoffe.** Hinsichtlich des Einsatzes von flüssigen Brennstoffen haben sich im Einzelnen folgende Veränderungen ergeben:

- Gem. § 6 Abs. 1 S. 2 Nr. 1 lit. a) wird der EGW für Staub für neue Anlagen wird von 20 mg/m^3 auf 10 mg/m^3 für den Tagesmittelwert abgesenkt. Der Wert entspricht für neue Anlagen dem BVT-Merkblatt.
- § 6 Abs. 1 S. 2 Nr. 1 lit. c) aa) bbb) wird der EGW für Stickstoffoxide in Anlagen mit einer Feuerungswärmeleistung zwischen 50 MW und 100 MW für den Tagesmittelwert von 350 mg/m^3 auf 300 mg/m^3 nach Maßgabe der IE-RL abgesenkt.
- Gem. § 6 Abs. 1 S. 2 Nr. 1 lit. c) bb) wird der EGW für Stickstoffoxide in Anlagen mit einer Feuerungswärmeleistung zwischen 100 MW und 300 MW für den Tagesmittelwert von 200 mg/m^3 auf 150 mg/m^3 nach Maßgabe der IE-RL abgesenkt. Die Anforderung betrifft auch bestehende Anlagen, soweit diese leichtes Heizöl einsetzen.
- Gem. § 6 Abs. 1 S. 2 Nr. 1 lit. c) cc) wird der EGW für Stickstoffoxide in Anlagen mit einer Feuerungswärmeleistung von mehr als 300 MW für den Tagesmittelwert von 200 mg/m^3 auf 100 mg/m^3 nach Maßgabe der IE-RL abgesenkt. Die Anforderung betrifft auch bestehende Anlagen, soweit diese leichtes Heizöl einsetzen.
- Gem. § 6 Abs. 1 S. 2 Nr. 1 lit. d) aa) wird der EGW für Schwefeldioxid in Feuerungen zwischen 50 MW und 100 MW Feuerungswärmeleistung für den Tagesmittelwert von 850 mg/m^3 auf 350 mg/m^3 nach Maßgabe der IE-RL abgesenkt.
- Gem. § 6 Abs. 1 S. 2 Nr. 1 lit. d) cc) wird der EGW für Schwefeldioxid in Feuerungen mit mehr als 300 MW Feuerungswärmeleistung wird für den Tagesmittelwert von 200 mg/m^3 auf 150 mg/m^3 nach Maßgabe der IE-RL abgesenkt.
- Gem. § 6 Abs. 1 S. 2 Nr. 1 lit. d) wird der Schwefelabscheidegrad begrenzt, wenn für den Tagesmittelwert ein EGW von 50 mg/m^3 eingehalten wird.

- Gem. § 6 Abs. 7 Nr. 1 wird der EGW für Stickstoffoxide in bestehende Anlagen mit einer Feuerungswärmeleistung zwischen 50 MW und 100 MW für den Tagesmittelwert von 400 mg/m^3 auf 350 mg/m^3 nach Maßgabe der IE-RL abgesenkt.
- Gem. § 6 Abs. 7 Nr. 2 wird der EGW für Stickstoffoxide in bestehenden Anlagen mit einer Feuerungswärmeleistung zwischen 100 MW und 300 MW für den Tagesmittelwert von 400 mg/m^3 auf 200 mg/m^3 nach Maßgabe der IE-RL abgesenkt.
- Gem. § 6 Abs. 7 S. 2 ist der EGW für Stickstoffoxide in bestehenden Anlagen mit einer Feuerungswärmeleistung zwischen 100 MW und 300 MW von 400 mg/m^3 für den Tagesmittelwert nach Maßgabe der IE-RL nur noch während höchstens 1500 Betriebsstunden jährlich zulässig.
- Gem. § 6 Abs. 8 Nr. 1 wird der EGW für Schwefeldioxid in bestehenden Feuerungen zwischen 100 MW und 300 MW Feuerungswärmeleistung für den Tagesmittelwert von 850 mg/m^3 auf 250 mg/m^3 nach Maßgabe der IE-RL abgesenkt.
- Gem. § 6 Abs. 8 Nr. 2 wird der EGW für Schwefeldioxid in bestehenden Feuerungen mit mehr als 300 MW Feuerungswärmeleistung für den Tagesmittelwert von 300 mg/m^3 auf 200 mg/m^3 nach Maßgabe der IE-RL abgesenkt.
- Gem. § 6 Abs. 9 Nr. 1 ist der EGW für Schwefeldioxid in alten Anlagen mit einer Feuerungswärmeleistung zwischen 50 MW und 100 MW von 850 mg/m^3 für den Tagesmittelwert nach Maßgabe der IE-RL nur noch während höchstens 1500 Betriebsstunden jährlich zulässig.
- § 6 Abs. 9 Nr. 2 ist der EGW für Schwefeldioxid in alten Anlagen mit einer Feuerungswärmeleistung zwischen 100 MW und 300 MW von 850 mg/m^3 für den Tagesmittelwert nach Maßgabe der IE-RL nur noch während höchstens 1500 Betriebsstunden jährlich zulässig.
- Gem. § 6 Abs. 9 Nr. 3 ist der EGW für Schwefeldioxid in alten Anlagen mit einer Feuerungswärmeleistung von mehr als 300 MW von 300 mg/m^3 für den Tagesmittelwert nach Maßgabe der IE-RL nur noch während höchstens 1500 Betriebsstunden jährlich zulässig.

dd) Einsatz gasförmiger Brennstoffe. Gem. § 7 Abs. 1 S. 2 Nr. 1 lit. c) aa) aaa) 33 wird der EGW für Stickstoffoxide in Anlagen mit einer Feuerungswärmeleistung zwischen 50 MW und 100 MW bei Einsatz von Erdgas für den Tagesmittelwert von 150 mg/m^3 auf 100 mg/m^3 nach Maßgabe der IE-RL abgesenkt.

ee) Gasturbinenanlagen. Gem. § 8 Abs. 1 S. 2 Nr. 1 lit. a) wird der EGW für Stick- 34 stoffoxide in Gasturbinenanlagen für den Tagesmittelwert von 75 mg/m^3 auf 50 mg/m^3 nach Maßgabe der IE-RL abgesenkt. Gem. § 8 Abs. 9 Nr. 1 ist der EGW für Stickstoffoxide in alten Gasturbinenanlagen bei Einsatz von Erdgas für den Tagesmittelwert von 75 mg/m^3 nach Maßgabe der IE-RL nur noch während 1500 Betriebsstunden jährlich zulässig.

Gem. § 8 Abs. 8 Nr. 2 wird der EGW für Stickstoffoxide in bestehenden Gasturbinenanlagen bei Einsatz von leichtem Heizöl für den Tagesmittelwert von 150 mg/m^3 auf 120 mg/m^3 nach Maßgabe der IE-RL abgesenkt. Gem. § 8 Abs. 9 Nr. 2 ist der EGW für Stickstoffoxide in alten Gasturbinenanlagen bei Einsatz von leichtem Heizöl für den Tagesmittelwert von 150 mg/m^3 nach Maßgabe der IE-RL nur noch während 1500 Betriebsstunden jährlich zulässig.

Gem. § 8 Abs. 10 Nr. 1 wird der EGW für Stickstoffoxide in alten Gasturbinenanlagen zur Abdeckung der Spitzenlast während 300 Betriebsstunden jährlich wird nach Maßgabe der IE-RL bei Einsatz von Erdgas für den Tagesmittelwert auf 150 mg/m^3 festgelegt.

Gem. § 8 Abs. 10 Nr. 2 wird der EGW für Stickstoffoxide in alten Gasturbinenanlagen zur Abdeckung der Spitzenlast während 300 Betriebsstunden jährlich nach Maßgabe der IE-RL bei Einsatz von leichtem Heizöl für den Tagesmittelwert auf 200 mg/m³ festgelegt.

35 **ff) Gasmotoranlagen.** Hinsichtlich der von Gasmotorenanlagen einzuhaltenden Grenzwerte haben sich im Einzelnen folgende Veränderungen ergeben:

- Gem. § 9 Abs. 1 S. 2 Nr. 1 lit. a) wird der EGW für Stickstoffoxide für den Tagesmittelwert auf 200 mg/m³ nach Maßgabe der IE-RL festgelegt.
- Gem. § 9 Abs. 1 S. 2 Nr. 1 lit. b) wird der EGW für Kohlenmonoxid für den Tagesmittelwert auf 250 mg/m³ nach Maßgabe der IE-RL festgelegt.
- Gem. § 9 Abs. 2 wird der EGW für Stickstoffoxide in bestehenden Gasmotoranlagen für den Tagesmittelwert auf 250 mg/m³ nach Maßgabe der IE-RL abgesenkt.

IV. Erste Verordnung zur Änderung der Verordnung über Großfeuerungs-, Gasturbinen- und Verbrennungsmotoranlagen (1. BImSchV13ÄndV vom 19.12.2017)

36 **1. Anlass und Verordnungsverfahren.** Unter dem 20. 9. 2017 legte die Bundesregierung eine Änderungsverordnung vor, mit der der am 30. 9. 2014 von der Europäischen Kommission veröffentlichte Durchführungsbeschluss über BVT-Schlussfolgerungen in Bezug auf die Herstellung von Zellstoff, Papier und Karton (2014/687/EU) und der am 28. Oktober 2014 veröffentlichte Durchführungsbeschluss in Bezug auf das Raffinieren von Mineralöl und Gas (2014/738/EU) in nationales Recht umgesetzt wurden. Daneben sollten Klarstellungen erfolgen (BR- Drs. 646/17, 13). Der Bundestag wurde gem. § 48b S. 6 BImSchG nicht beteiligt. Die Zustimmung des Bundesrates war gem. Art. 80 Abs. 2 GG einzuholen.

37 **2. Gegenstand der Änderungsverordnung.** Ergänzt wurde vor allem § 5 der damaligen Verordnung um Emissionsgrenzwerte für Anlagen, die Ablaugen aus der Zellstoffindustrie einsetzen. Die §§ 6 bis 8, 10a der damaligen Verordnung wurden um Maßgaben für das Raffinieren von Mineralöl und Gas, vor allem beim Einsatz von Raffineriebrennstoffen, wie Raffinerieheizgasen oder Destillations- oder Konversionsrückständen im Hinblick auf die Parameter Ammoniak, Stickstoffoxidemissionen und Schwefeloxidemissionen ergänzt. §§ 20 und 22 werden um korrespondierende Messanforderungen. Dabei legt der Verordnungsgeber großen Wert auf Jahresmittelwerte, die aufgrund der BVT einzuhalten sind und solchen Jahresmittelwerten, die in § 11 zur Absicherung der Luftqualitätsanforderungen nach der Luftqualitätsrichtlinie (Richtlinie 2008/50/EG vom 21. 5. 2008 über Luftqualität und saubere Luft für Europa, ABl. Nr. L 152, 1) erlassen wurden (vgl. BR-Drs. 646/17, 25).

V. Verordnung zur Neufassung der Verordnung über Großfeuerungs-, Gasturbinen- und Verbrennungsmotoranlagen und zur Änderung der Verordnung über die Verbrennung und die Mitverbrennung von Abfällen vom 6.7.2021

38 **1. Unionsrechtlicher Hintergrund und Ziele der Neufassung.** Mit der Neufassung durch Verordnung vom 6. 7. 2021werden die luftseitigen Anforderungen des Durchführungsbeschlusses (EU) 2017/1442 der Kommission vom 31. 7. 2017 über Schlussfolgerungen zu den besten verfügbaren Techniken (BVT) für Großfeuerungsanlagen (ABl. EU Nr. L 212, 1), soweit andere Durchführungsbeschlüsse (→ III. 2) keine spezielleren Regelungen enthalten, in nationales Recht umgesetzt. Nachdem das EuG mit seinem

Urteil vom 27.1.2021 in der Rechtssache T-699/17 den Durchführungsbeschluss (EU) 2017/1442 wegen formeller Mängel für nichtig erklärt hat, hat die Kommission diesen unter dem 30.11.2021 als Durchführungsbeschluss (EU) 2021/2326 mit identischem Anhang neu erlassen (ABl. EU Nr. L 469, 1).

Die Verordnung vom 6.7.2021 setzt ferner auch einen Teil der luftseitigen Anforderungen des Durchführungsbeschlusses (EU) 2017/2117 der Kommission vom 21. 11. 2017 in Bezug auf die die Herstellung von organischen Grundchemikalien (ABl. EU Nr. L 323, 1) um, soweit hiervon Großfeuerungs-, Gasturbinen- und Verbrennungsmotoranlagen betroffen sind. Die Anforderungen des Entwurfs unterstützen gleichzeitig die Erfüllung der in der Verordnung über nationale Verpflichtungen zur Reduktion der Emissionen bestimmter Luftschadstoffe (43. BImSchV) verankerten Verpflichtungen zur Reduktion der Emissionen bestimmter Luftschadstoffe und die EU-Gemeinschaftsstrategie für Quecksilber in dem Ziel, die anthropogenen Freisetzungen von Quecksilber in die Luft, das Wasser und den Boden zu minimieren und ggf. zu beseitigen (BT-Drs 19/24906, 89). **39**

Der Durchführungsbeschluss (EU) 2017/1442 wurde am 17. 2. 2017 im Abl. EU bekannt gemacht und war demzufolge gem. § 7 Abs. 1a Nr. 1 BImSchG bis zum 17.2.2018 in nationales Recht umzusetzen und wäre gem. § 7 Abs. 1a Nr. 2 BImSchG bis zum 17. 2. 2021 durch die Anlagebetreiber einzuhalten. Mit Rücksicht auf die nur ausnahmsweise mögliche bzw. gebotene unmittelbare Wirkung von EU-Rechtsakten und das Konkretisierungserfordernis durch den nationalen Regelungsgeber scheidet indes eine Anwendbarkeit des Durchführungsbeschlusses im Verwaltungsvollzug aus (vgl. dazu ausführlich begründet: *Rebentisch*, UPR 2020, 164). **40**

2. Verordnungsverfahren. Erst unter dem 2.12.2020 hat die Bunderegierung den ersten Entwurf einer Neufassung der Verordnung vorgelegt (BT-Drs. 19/24906). Die beteiligten Bundestagsausschüsse wiesen neben einigen redaktionellen Änderungsanregungen darauf hin, dass nur wenige Monate zwischen geplantem Inkrafttreten und Umsetzung der Maßgaben der Verordnung durch die Betreiber im Hinblick auf mögliche anlagentechnische Nachrüstungen liegen. Dafür einzuholende Genehmigungen könnten teilweise eine Herausforderung darstellen und seien daher in vielen Fällen unverhältnismäßig (BT-Drs. 19/26212, 4). Die Fraktion Bündnis90/Die Grünen forderte strengere Grenzwerte für Kohle- und Gaskraftwerke, insbesondere bezüglich des Parameters Quecksilber (BT-Drs. 19/26246). **41**

Im Bundesrat griff Baden-Württemberg das Petitum der Bundestagsfraktion Bündnis90/Die Grünen auf und forderte unter Hinweis auf die von der Union ratifizierte (vgl. Verordnung 2017/852 vom 17.5.2017, ABl. EU Nr. L 137, 1 über Quecksilber) UN Minamata-Konvention aus dem Jahr 2013 strengere Emissionsgrenzwerte für Quecksilber bei bestehenden Kohlekraftwerken. Für bestehende Gasturbinenanlagen wurden strengere Emissionsgrenzwerte für Stickstoffdioxid verlangt (BR-Drs. 178/3/21, vgl. auch BR-Drs. 178/1/21, 15ff.), was letztlich in eine entsprechende Entschließung des Bundesrates mündete (BR-Drs. 178/21, 4ff.). Die Bundesregierung und die Ausschüsse des Bundestages haben die Änderungsmaßgaben des Bundesrates unverändert übernommen (BT-Drs. 19/29628, 19/30494). Die Beschlussfassung durch den Deutschen Bundestag erfolgte am 10.6.2021 (Plenarprotokoll, S. 30017). **42**

3. Wesentliche Änderungen gegenüber der 13. BImSchV 2013/2017. Die Neufassung der 13. BImSchV vom 6.7.2021 gibt sich analog der unterschiedlichen Durchführungsbeschlüsse (→ III.2) eine neue Struktur (vgl. BT-Drucksache 19/30494, 1ff.), in dem für die unterschiedlichen Anlagentypen besondere Abschnitte gebildet werden. Dies soll auch künftige Fortschreibungen erleichtern (BT-Drs. 19/24906, 89). Dementspre- **43**

chend gelten für *jede* Feuerungsanlage die Vorschriften der Abschnitte 1 *und* 7 der Verordnung in Verbindung mit den zusätzlichen Vorschriften des für die jeweilige Art der Feuerungsanlage jeweils maßgeblichen Abschnitts 2, 3, 4, 5 oder 6 (§ 1 Abs. 2).

44 Abschnitt 1 (Unterabschnitt 1, §§ 1 bis 4) enthält für alle Anlagen geltende Vorschriften zum Anwendungsbereich der Verordnung (§ 1 Rn. 1 ff.), Begriffsbestimmungen (§ 2 Rn. 1 ff.), Bezugssauerstoffgehalt (§ 2 Rn. 40) und Aggregationsregeln (§ 4 Rn. 1 ff.), Anforderungen an die Errichtung und den Betrieb (Unterabschnitt 2, §§ 5 bis 12), Messung, Überwachung und Berichterstattung (Unterabschnitt 3, §§ 13 bis 22)sowie bezüglich der in Abschnitt 1 geregelten Aspekte Regelungen zu Zulassung von Ausnahmen und weitergehende Anforderungen (Unterabschnitt 4, §§ 23 und 24).

45 Die Vorschriften des Abschnitt 2 gelten für alle Feuerungsanlagen, für die in den Abschnitten 3, 4, 5 oder 6 keine Sonderregelungen getroffen werden und setzt damit den Durchführungsbeschluss (EU) 2017/1442 der Kommission vom 31. Juli 2017 zu den besten verfügbaren Techniken für Großfeuerungsanlagen um. Er gilt praktisch als „Auffangabschnitt".

46 Die Vorschriften des Abschnitts 3 gelten für Großfeuerungsanlagen der Zellstoffindustrie, die faserige pflanzliche Abfälle und Ablaugen aus der Herstellung von natürlichem Zellstoff und aus der Herstellung von Papier aus Zellstoff am Herstellungsort mitverbrennen (Brennstoffe nach § 2 Abs. 4 Nr. 2 Buchst. d, vgl. § 40). Die Regelungen dienen der Umsetzung des Durchführungsbeschlusses (EU) 2014/687/EU der Kommission vom 26.9.2014.

47 Abschnitt 4 regelt zur Umsetzung des Durchführungsbeschlusses (EU) 2014/738/EU der Kommission vom 9.10.2014 die Anforderungen an Feuerungsanlagen in Raffinerien, die Raffinerieheizgase oder Destillations- oder Konversionsrückstände einsetzen (§ 46). Abschnitt 5 gilt in Umsetzung des Durchführungsbeschlusses (EU) 2017/2117 der Kommission vom 21. November 2017 für Großfeuerungsanlagen zur Herstellung von Alkenen durch Spalten von Kohlenwasserstoffen und für Großfeuerungsanlagen zum Spalten von 1,2-Dichlorethan (§ 57). Die Vorschriften des Abschnitts 6 gelten für Großfeuerungsanlagen zum Reformieren von Erdgas sowie in anderen Großfeuerungsanlagen der chemischen Industrie, die der mittelbaren Beheizung von Gütern in chemischen Reaktoren dienen und die nicht im Anwendungsbereich von Abschnitt 5 liegen (§ 62).

48 Abschnitt 7 beinhaltet Schlussvorschriften, vor allem Ordnungswidrigkeiten (§ 67).

49–50 nicht belegt

51 Neu sind zusätzliche im Jahresmittel einzuhaltenden Emissionsgrenzwerte (vgl. § 5). Grund hierfür ist, dass die BVT-Schlussfolgerungen im Durchführungsbeschluss (EU) 2017/1442, eine Emissionsbandbreite sowohl für das Jahr als auch eine Emissionsbandbreite für den Tag angeben. Diese aus den BVT resultierenden Emissionsgrenzwerte sind zu unterscheiden von den Emissionsgrenzwerten in § 5 Abs. 1 bis 5, mit denen die Jahresgrenzwerte zur Absicherung der Luftqualitätsziele aus § 11 der 13. BImSchV 2013/2017 fortgeschrieben werden. Den Anforderungen aus § 5 unterliegen alle Großfeuerungsanlagen im Geltungsbereich der 13. BImSchV, also unabhängig davon, welchem Durchführungsbeschluss sie europarechtlich zuzuordnen sind (BT-Drs. 19/24906, 89).

VI. Sonderregelungen zur Bewältigung einer Gasmangellage

52 Mit Art. 3 des Gesetzes zur Bereithaltung von Ersatzkraftwerken zur Reduzierung des Gasverbrauchs im Stromsektor im Fall einer drohenden Gasmangellage durch Änderungen des Energiewirtschaftsgesetzes und weiterer energiewirtschaftlicher Vorschriften vom 8.7. 2022 (BGBl. I, 1054) und Vierzehntes Gesetz zur Änderung des Bundes-Immissionsschutzgesetzes vom 19.10.2022 (BGBl. I, 1792) hat der Gesetzgeber in den §§ 31a

und 31b BImSchG nach Artikel 30 Abs. 5 und Abs. 6 der Richtlinie 2010/75/EU die Möglichkeit von Ausnahmen u.a. von Anforderungen der 13. BImSchV eröffnet, und dies in § 31g BImSchG von dem Erfordernis einer Änderungsanzeige oder Änderungsgenehmigung befreit. § 31g BImSchG ist bis zum 26.10.2024 befristet (Art. 2 des Gesetzes vom 19.10.2022).

B. Rechtsgrundlage

§ 7 BImSchG ermächtigt die Bundesregierung nach Anhörung der beteiligten Kreise (§ 51) durch Rechtsverordnung mit Zustimmung des Bundesrates vorzuschreiben, dass Beschaffenheit, der Betrieb, der Zustand nach Betriebseinstellung und die betreibereigene Überwachung genehmigungsbedürftiger Anlagen zur Erfüllung der sich aus § 5 BImSchG ergebenden Pflichten bestimmten Anforderungen genügen müssen. Die § 13. BImSchV stützt sich auf die Ermächtigung in § 7 Abs. 1, 2, 3, 5 und § 48a Abs. 1, 1a BImSchG. Inhaltlich konkretisiert die Verordnung die **Vorsorgepflicht des** § 5 Abs. 1 Nr. 2 BImSchG. Aufgrund der größeren Bedeutung der BVT Schlussfolgerungen enthält § 7 Abs. 1a BImSchG eine Verpflichtung des Verordnungsgebers, nach jeder Veröffentlichung einer BVT-Schlussfolgerung unverzüglich zu gewährleisten, dass für Anlagen nach der Industrieemissions-Richtlinie bei der Festlegung von Emissionsgrenzwerten nach § 7 Abs. 1 S. 1 Nr. 2 BImSchG die Emissionen unter normalen Betriebsbedingungen die in den BVT-Schlussfolgerungen genannten Emissionsbandbreiten nicht überschreiten. S. 2 des § 7 Abs. 1a BImSchG macht dabei deutlich, dass dies nach dem Willen des nationalen Gesetzgebers nicht ohne eine Anpassung der Rechtsverordnung geschehen soll (*Wasielewski* I+E 2013, 17 (20)). 53

C. Anwendungsbereich und Systematik des nationalen Luftreinhalterechts

I. Anwendungsbereich und unionsrechtlicher Hintergrund (§ 1 Abs. 1)

Gemäß § 1 Abs. 1 gilt die 13. BImSchV für die Errichtung, die Beschaffenheit und den Betrieb von Feuerungsanlagen einschließlich Gasturbinenanlagen und Gasmotoranlagen und Verbrennungsmotoranlagen sowie Gasturbinenanlagen und Verbrennungsmotoranlagen zum Antrieb von Arbeitsmaschinen generell mit einer Feuerungswärmeleistung von mindestens 50 MW, unabhängig davon, welche Brennstoffe oder welche Arten von Brennstoffen eingesetzt werden. Letzteres gilt nur im Grundsatz, denn gem. § 1 Abs. 3 Nr. 10 ist der Einsatz von bestimmten Abfällen als Brennstoff wieder vom Anwendungsbereich der Verordnung ausgenommen. § 1 Abs. 2 der 13. BImSchV 1983 sah eine Einbeziehung von Feuerungsanlagen, in denen gasförmige Brennstoffe eingesetzt werden, erst ab einer Feuerungswärmeleistung von 100 MW vor. Aufgrund des Anwendungsbereichs des Durchführungsbeschlusses (EU) 2017/1442 umfasst der Anwendungsbereich der 2021 neugefassten Verordnung auch Dieselmotoranlagen. Gas- und Dieselmotoranlagen werden unter dem Begriff „Verbrennungsmotoranlagen" (§ 2 Abs. 28) zusammengefasst (BT-Drs. 19/24906, 94). 54

Gemäß § 2 Abs. 14 ist eine Feuerungsanlage „jede Anlage, in der Brennstoff zur Nutzung der erzeugten Wärme oxidiert wird". Ausweislich der Begründung zur 13. BImSchV 2004 (BT-Drs. 15/3420, 22) war dieser Begriff schon in der bisherigen Fassung der 13. BImSchV „enger gefasst als in der Großfeuerungsanlagen-RL". Das heißt also, die Definition der Feuerungsanlage in Art. 3 Nr. 25 der IE-RL („jede technische Einrichtung, in der Brennstoffe im Hinblick auf die Nutzung der dabei erzeugten Wärme 55

oxidiert werden") geht über die nationale Definition der Feuerungsanlage hinaus. Wenn also Art. 28 Abs. 1 IE-RL nur technische Einrichtungen mit dem Ziel der Wärmeerzeugung („im Hinblick auf") in ihren Anwendungsbereich einbezieht, so fallen solche Anlagen nicht in den Anwendungsbereich der 13. BImSchV, bei denen die Erzeugung eines Produkts Ziel des Betriebs einer Anlage ist, und die Wärmeerzeugung nur eine untergeordnete Rolle spielt. Der Begriff der Feuerungsanlage schließt Gasturbinen- und Verbrennungsmotorenanlagen sowie Gasturbinen- und Verbrennungsmotorenanlagen zum Antrieb von Arbeitsmaschinen ein.

56 Entsprechend der Erweiterung des Anwendungsbereichs der Richtlinie über Industrieemissionen gegenüber der Großfeuerungsanlagen-RL werden auch Verbrennungsmotoranlagen in den Anwendungsbereich der Verordnung aufgenommen. Verbrennungsmotoranlagen gelten gem. § 2 Abs. 28 als Oberbegriff für Diesel- und Gasmotoranlagen iSv § 2 Abs. 8 und Abs. 18 (BT-Drs. 19/24906, 93; BR-Drs. 676/12, 170, vgl. Art. 3 Nr. 34 und 35 IE-RL). „Dieselmotoranlage" ist gem. § 2 Abs. 8 eine nach dem Dieselprinzip (also unter hohem Druck) arbeitende Verbrennungsmotoranlage mit Selbstzündung des Kraftstoffs (vgl. auch Ziff. 2.3.2.1 Best Available Techniques (BAT) Reference Document for Large Combustion Plants, 2017, erhältlich im Downloadbereich unter: www.umweltbundesamt.de). „Gasmotoranlage" ist gem. § 2 Abs. 18 eine arbeitende Verbrennungsmotoranlage (1.) mit Fremdzündung des Kraftstoffs oder (2.) im Fall von Zweistoffmotoren mit Selbstzündung des Kraftstoffs. Der Passus „nach dem Ottoprinzip" ist im Zuge der 13. BImSchV 2021 entfallen, ohne dass damit eine Änderung verbunden wäre (vgl. zu den unterschiedlichen Verbrennungsmotoren Ziff. 2.3.2.2 und 2.3.2.3 BAT). Die Abgastemperatur ist beim Ottomotor deutlich höher, emissionsseitig entstehen vor allem Kohlenmonoxid und Stickoxid. Beim Dieselmotor entsteht im Gegensatz zum Ottomotor Ruß, der als krebserregend gilt. Der Nutzwirkungsgrad liegt beim Ottomotor bei 25 %, beim Dieselmotor dagegen bei 33 %. Daher kann ein Dieselmotor mit weniger Brennstoffeinsatz betrieben werden.

57 Nach dem Erwägungsgrund Nr. 28 und 29 der IE-RL tragen insbesondere solche Großfeuerungsanlagen erheblich zu den Emissionen von Schwefeldioxid und Stickstoffoxiden der Gemeinschaft bei, die sich in erheblichem Maße auf die menschliche Gesundheit und auf die Umwelt auswirken. Der Unionsrechtsgeber ist zunächst davon ausgegangen, dass in verstärktem Maße Erdgas zur Elektrizitätserzeugung – insbesondere durch Einsatz von Gasturbinen – Verwendung findet (Erwägungsgrund Nr. 14). Dies dürfte Hintergrund der Einbeziehung von Gasturbinen (vgl. § 1 Abs. 3 der 13. BImSchV 1983) und der Herabsetzung der für die Anwendung der Verordnung beim Einsatz von gasförmigen Brennstoffen maßgeblichen Feuerungswärmeleistung von 100 MW (vgl. § 1 Abs. 2 der 13. BImSchV 1983) auf 50 MW im Zuge der Großfeuerungsanlagen-RL sein. Gleichwohl war dem Unionrechtsgeber offenbar schon 2010 bewusst, dass es Sonderregelungen bedarf für den Fall einer „plötzlichen Unterbrechung der Versorgung mit schwefelarmem festem Brennstoff oder Gas aufgrund einer ernsten Mangellage", die befristet Überschreitungen der Emissionsgrenzwerte ermöglichen (vgl. Erwägungsgrund 32 der IE-Richtlinie).

58 Bei der Feuerungswärmeleistung (→ § 2 Rn. 5) von 50 MW handelt es sich lediglich um einen Schwellenwert für die Anwendbarkeit der Verordnung (BR-Drs. 676/12, 170). Vor der Umsetzung der IE-RL wurde im Rahmen der 13. BImSchV zur Bestimmung der maßgeblichen Feuerungswärmeleistung zunächst die Leistung des sogenannten Anlagenkerns im Sinne von § 2 Abs. 2 Nr. 1 4. BImSchV sowie der Nebeneinrichtungen im Sinne von § 1 Abs. 2 Nr. 2 4. BImSchV zusammengerechnet. Mehrere Anlagen, die die Voraussetzungen einer gemeinsamen Anlage im Sinne von § 1 Abs. 3 4. BImSchV erfüllen, wurden hinsichtlich der für die Anwendung der 13. BImSchV ausschlaggebenden

Feuerungswärmeleistung zusammengerechnet, wenn deren Abgase unter Berücksichtigung des räumlichen und betrieblichen Zusammenhangs über einen gemeinsamen Schornstein abgeleitet werden können (§ 2 Nr. 13 13. BImSchV 2004). Die 13. BImSchV trifft heute in den Aggregationsregeln des § 4 die allein für ihre Anwendbarkeit geltende Sonderregelung zur Ermittlung der Feuerungswärmeleistung der einzelnen Anlage. Dies ist auch sachgerecht, weil es sich bei der 4. BImSchV nicht um eine Verordnung zur Bestimmung des Anlagenumfangs – auch nicht desjenigen nach § 3 Abs. 5 BImSchG handelt – sondern um eine Bestimmung des Umfangs der Genehmigungspflicht nach § 4 BImSchG.

Von Errichtung, Beschaffenheit und Betrieb ist auch schon der Anwendungsbereich **59** der 13. BImSchV 1983 ausgegangen. Die Begriffe beruhten damals schon auf § 4 BImSchG (→ § 4 BImSchG Rn. 69 ff., 81 f.). Die thermische Mindestleistung der von der 13. BImSchV einbezogenen Feuerungsanlagen von 50 MW entspricht derjenigen in Kapitel III der IE-RL (Art. 28 ff., Anhang V IE-RL).

Die Absätze 3 und 4 des § 1 sollen nach der Verordnungsbegründung § 1 Abs. 2 und 3 **60** der 13. BImSchV 2004 „unter Berücksichtigung des erweiterten Anwendungsbereichs" entsprechen (BR-Drs. 676/12, 170). Redaktionell gesehen hat sich im Zuge der Novellierungen der 13. BImSchV vor allem die Nummerierung verschoben. Damit bleibt der nationale Verordnungsgeber seiner Systematik treu, Großfeuerungsanlagen einerseits und Abfallverbrennungsanlagen und Abfallmitverbrennungsanlagen andererseits in zwei unterschiedlichen Verordnungen zu regeln. Es bleibt somit grundsätzlich auch dabei, dass solche Anlagen nicht dem Anwendungsbereich der 13. BImSchV unterliegen, die von den Regelungen der 17. BImSchV erfasst sind. Das noch in § 1 Abs. 1 Nr. 11 13. BImSchV 2004 geregelte Exklusivitätsverhältnis zwischen 13. und 17. BImSchV wurde allerdings im Zuge der 13. BImSchV 2013 insoweit redaktionell geändert, als fortan nicht der Anwendungsbereich der 17. BImSchV denjenigen der 13. verdrängt, sondern die 13. BImSchV generell nicht anwendbar ist, wenn andere feste oder flüssige Abfälle als die in § 2 Abs. 4 Nr. 2 genannten Bio-Abfälle verwendet werden (Abs. 3 Nr. 10). Werden also Abfälle verbrannt oder mitverbrannt, kommt eine Anwendung der 13. BImSchV nunmehr insoweit in Betracht, als gasförmige Abfälle – und nicht nur diejenigen, die nicht in Behältern gefasst sind (vgl. § 1 Abs. 1 Nr. 1 17. BImSchV) – oder Bio-Abfälle nach § 2 Abs. 4 Nr. 2 eingesetzt werden. Der Einsatz abfallähnlicher Brennstoffe in Anlagen ab einer Feuerungswärmeleistung von 50 MW führt zur Anwendung der 13. BImSchV, wenn es sich dabei entweder um Regelbrennstoffe im Sinne der Nr. 1.2.1, 1.2.2 oder Nr. 1.2.3 des Anhangs 1 zur 4. BImSchV bzw. hinsichtlich ihrer Verbrennungseigenschaften um regelbrennstoffähnliche Stoffe oder um gasförmige brennbare Stoffe handelt (§ 1 Abs. 1 Nr. 2 17. BImSchV). Die Emissionen kleinerer genehmigungsbedürftiger Feuerungsanlagen und von Industrieanlagen, die nicht als Großfeuerungsanlagen iSv Art. 28 IE-RL angesehen werden, sind nach Nr. 5 TA-Luft begrenzt. Der Anwendungsbereich der 13. BImSchV beginnt somit dort, wo der Anwendungsbereich der TA Luft endet und endet dort, wo der Anwendungsbereich der 17. BImSchV greift (§ 1 Abs. 2 Nr. 10). Der Geltungsbereich der 13. BImSchV deckt somit nur einen Teil der von der IE-RL erfassten Anlagen ab, nämlich diejenigen, die unter den Anwendungsbereich von Art. 10 iVm Anhang I und gleichzeitig unter Kapitel III der IE-RL fallen.

Zu berücksichtigen ist, dass die IE-RL hingegen nach ihrem Anhang I grundsätzlich **61** alle genehmigungsbedürftigen (Groß-)Feuerungsanlagen und industriellen Tätigkeiten einbezieht. Für die Abgrenzung zwischen 13. und 17. BImSchV ist unionsrechtlich somit nicht mehr der Anwendungsbereich verschiedener Richtlinien maßgeblich, sondern vielmehr die Abgrenzung zwischen der Anwendbarkeit der Vorschriften, die nur für Großfeuerungsanlagen gelten und den Vorschriften, mit denen Sonderregelungen für Abfall-

verbrennungsanlagen und Abfallmitverbrennungsanlagen getroffen werden. Der Anwendungsbereich der 13. BImSchV endet für Großfeuerungsanlagen also unionsrechtlich dort, wo der Anwendungsbereich der Art. 42 ff. IE-RL greift. Ferner macht der Verordnungsgeber 2013 mit seinem Hinweis darauf, die bisherigen Regelungen beibehalten zu wollen, deutlich, dass er mit seinen redaktionellen Abweichungen zu den Anwendungsausschlüssen in Art. 28 Abs. 2 IE-RL bzw. wie schon vorher zu Art. 2 der Großfeuerungsanlagen-RL inhaltlich keine abweichenden Regelungen treffen will (vgl. BT-Drs. 15/3420, 21 zur „Übereinstimmung" der 13. BImSchV 2004 mit der Großfeuerungsanlagen-RL). Dem Prinzip nach gilt also für das nationale Recht auch nach der 13. BImSchV 2021 nach wie vor der Grundsatz in Art. 2 Nr. 7 Abs. 2 S. 1 der Großfeuerungsanlagen-RL: Demnach betrifft die 13. BImSchV nur Feuerungsanlagen zum Zwecke der Energieerzeugung mit Ausnahme derjenigen, die Verbrennungsprodukte unmittelbar bei Herstellungsverfahren verwenden. Die Emissionen dieser Anlagen werden – wie diejenigen von Anlagen mit einer Feuerungswärmeleistung von weniger als 50 MW – nach Nummer 5 der TA-Luft begrenzt. Einen gewissen Sonderstatus nehmen dabei die Ablaugenkessel der Zellstoffindustrie ein (§§ 40 ff.), mit denen nicht nur Energie erzeugt wird, sondern gleichzeitig Chemikalien für den Zellstofferzeugungsprozess (zurück-)gewonnen werden.

62 Explizit ausgeschlossen vom Anwendungsbereich der 13. BImSchV sind in § 1 Abs. 3 Nr. 8 technische Geräte, die unmittelbar zum Antrieb von Fahrzeugen, Schiffen oder Flugzeugen eingesetzt werden. Dies entspricht dem Anwendungsausschluss in Art. 28 Abs. 2 lit. h) IE-RL. Explizit einbezogen in den Anwendungsbereich der 13. BImSchV sind nach § 1 Abs. 3 Nr. 10 Anlagen, die als Brennstoff die in § 2 Abs. 4 Nr. 2 genannten Bio-Abfälle verwenden (vgl. Art. 28 Abs. 2 lit. j) iVm Art. 3 Nr. 31 lit. b) IE-RL). Neu aufgenommen in den Katalog der vom Anwendungsbereich der Verordnung ausgeschlossenen Anlagen entsprechend der Formulierung in § 1 Abs. 2 Nr. 15 der 44. BImSchV wurden 2021 in § 1 Abs. 3 Nr. 11 Feuerungsanlagen, die der Forschung, Entwicklung oder Erprobung neuer Einsatzstoffe, Brennstoffe, Erzeugnisse oder Verfahren im Labor- oder Technikumsmaßstab dienen, sowie Prüfstände für oder mit Verbrennungsmotoren und Prüfstände für oder mit Gasturbinen oder Triebwerke von Luftfahrzeugen. Vor allem im Hinblick auf Prüfstände ergibt sich hieraus eine Klarstellung.

II. Stellung der 13. BImSchV in der Systematik des nationalen Luftreinhalterechts

63 **1. Allgemeines.** Das nationale Luftreinhalterecht stellt Anforderungen an Errichtung und Betrieb von Anlagen, an die Eigenschaften bestimmter Maschinen und Kraftfahrzeuge (vgl. zB 28. BImSchV), die Beschaffenheit immissionsrelevanter Stoffe, insbesondere von Kraftstoffen (vgl. 10., 20. oder 21. BImSchV) sowie an die **Luftqualität insgesamt** (vgl. 39. und 43. BImSchV).

64 Die **anlagenbezogenen** Vorschriften des nationalen Luftreinhalterechts enthalten Regelungen zum Immissionsschutz einerseits und zur Emissionsbegrenzung andererseits. Schutz gegen Immissionen von Anlagen gewährt primär die Erste Allgemeine Verwaltungsvorschrift zum BImSchG – Technische Anleitung zur Reinhaltung der Luft (TA Luft) vom 18. August 2021 (GMBl. S. 1050) und dort die Nr. 4.

65 Hinsichtlich emissionsbegrenzender Anforderungen unterscheidet das nationale Luftreinhalterecht grundsätzlich zwischen Anforderungen an **Feuerungsanlagen** und Anforderungen an **„Produktionsanlagen"**. Emissionsanforderungen an Produktionsanlagen, also solchen Anlagen, die definitionsgemäß keine Feuerungsanlagen im Sinne von § 2 Abs. 15 sind oder zu den Feuerungsanlagen des § 1 Abs. 3 gehören, enthält Nr. 5 TA Luft.

Regelwerke mit emissionsbegrenzenden Anforderungen an Feuerungsanlagen unterscheiden sich in ihrem Anwendungsbereich vor allem hinsichtlich der eingesetzten **Brennstoffe** oder der **Feuerungswärmeleistung**: Die Verbrennung oder Mitverbrennung von Abfall oder ähnlichen Stoffen in genehmigungsbedürftigen Anlagen (je nach Verfahrensart ohne eine Mindest-Feuerungswärmeleistung, Nr. 8.1. des Anhangs 1 zur 4. BImSchV, oder mit einer Feuerungswärmeleistung von 1 MW oder mehr, Nr. 8.2 des Anhangs 1 zur 4. BImSchV) unterliegen der 17. BImSchV (§ 1 17. BImSchV). **66**

Kleine und mittlere Feuerungsanlagen, die keiner Genehmigung nach § 4 BImSchG bedürfen, unterliegen den emissionsbegrenzenden Anforderungen der ersten BImSchV (§ 1 Abs. 1 1. BImSchV, je nach Brennstoff mit einer Feuerungswärmeleistung von weniger als 100 KW bis weniger als 20 MW, Nr. 1.2 des Anhangs 1 zur 4. BImSchV). Kleine und mittlere Feuerungsanlagen, die nach Nr. 1.2 des Anhangs 1 zur 4. BImSchV genehmigungsbedürftig sind und deren Feuerungswärmeleistung weniger als 50 MW beträgt, unterliegen den emissionsbegrenzenden Anforderungen der Nr. 5.4.1.2 bis 4 TA Luft. Feuerungsanlagen ab einer Feuerungswärmeleistung von 50 MW unterliegen grundsätzlich den emissionsbegrenzenden Anforderungen der 13. BImSchV. **67**

2. Schnittstelle mit der 17. BImSchV: Mitverbrennungsanlagen. Während die bis zum 19. 8. 2003 geltende Fassung der 17. BImSchV für Mitverbrennungsanlagen (§ 2 Abs. 3 bzw. § 2 Nr. 7 17. BImSchV 2003) in § 5 Abs. 3 S. 1 17. BImSchV 1998 die Bestimmung der Emissionsgrenzwerte im Wege der Mischrechnung zwischen den Grenzwerten der 17. und 13. BImSchV vorsah, enthält § 9 17. BImSchV und so auch schon § 5a iVm Anhang II. 17. BImSchV 2003 ein von der 13. BImSchV unabhängiges Verfahren zur Bestimmung der Emissionsgrenzwerte für Mitverbrennungsanlagen. 13. und 17. BImSchV stehen heute somit in einem Exklusivitätsverhältnis (→ Rn. 60). **68**

3. Schnittstelle mit der TA Luft. Für Anforderungen an Großfeuerungsanlagen zum Immissionsschutz (§ 5 Abs. 1 Nr. 1 BImSchG) gelten grundsätzlich die Maßgaben der TA Luft, da die 13. BImSchV nur Vorsorge-Anforderungen enthält (§ 1 Abs. 4 Nr. 1). Im Vorsorge-Bereich (§ 5 Abs. 1 Nr. 2 BImSchG) gilt die TA Luft gemäß ihrer Nr. 1 Abs. 5 nur insoweit, als nicht in Rechtsverordnungen der Bundesregierung Anforderungen zur Vorsorge und zur Ermittlung von Emissionen an luftverunreinigenden Stoffen getroffen werden. Grundsätzlich können also Anforderungen der TA Luft, die nicht Gegenstand des Regelungsgehalts der 13. BImSchV sind, in Einzelregelungen auch den Betreibern von Großfeuerungs- und Gasturbinenanlagen auferlegt werden (ansonsten → Rn. 60). **69**

D. Rechtsnatur und Bedeutung für die Betreiberpflichten des § 5 BImSchG

I. Verordnung nach § 7 BImSchG

Grundsätzlich gilt eine Verordnung nach § 7 Abs. 1 BImSchG, die die Betreiberpflichten des § 5 Abs. 1 BImSchG konkretisiert, unmittelbar mit ihrem Inkrafttreten und bedarf keines weiteren behördlichen Umsetzungsaktes (BVerwG, Urteil vom 26. April 2007 – 7 C 15/06 –, Rn. 15, juris; → *Dietlein* § 7 BImSchG Rn. 67). Nebenbestimmungen in Genehmigungen mit geringeren Anforderungen werden insoweit verdrängt, als die Verordnung denselben Sachverhalt, also zB den Emissionsgrenzwert für einen bestimmten Schadstoff hinreichend regelt. Aus Rechtsstaatlichkeitsgründen wird Voraussetzung hierfür allerdings sein, dass die konkretisierenden Regelungen der Rechtsverordnung hinreichend bestimmt sind (*Jarass* BImSchG § 5 Rn. 67; *Scheidler* in Feldhaus BImSchG § 7 **70**

Rn. 26). Mindestanforderung an die unmittelbare Geltung einer Rechtsverordnung zur **Konkretisierung der immissionsschutzrechtlichen Betreiberpflichten** ist demnach, dass die Betroffenen die Rechtslage eindeutig erkennen und ihr Verhalten danach einrichten können (BVerfGE 52, 1 (41); und 82, 209 (223 ff.)). Die emissionsbegrenzenden Anforderungen der 13. BImSchV, insbesondere die aktualisierten Emissionsgrenzwerte, gelten demnach im Allgemeinen unmittelbar. Ausnahmen können sich etwa dann ergeben, wenn sich für die betroffene Anlage nicht eindeutig feststellen lässt, ob sie dem Anwendungsbereich des § 1 Abs. 1 und 2 13. BImSchV unterliegt oder welcher Emissionsgrenzwert zB im Falle des Einsatzes unterschiedlicher Brennstoffe oder unter Benachrichtigung von Abweichungen gilt. Im Falle eines von der Überwachungsbehörde festgestellten Verstoßes gegen Regelungen der 13. BImSchG entscheidet die Frage nach der „abschließenden Bestimmtheit" einer Pflicht über das weitere behördliche Vorgehen. Bedarf es einer Konkretisierung der Pflicht, erfolgt eine nachträgliche Anordnung nach § 17 Abs. 1 BImSchG, ansonsten droht die Betriebsuntersagung nach § 20 Abs. 1 BImSchG. Ein Beispiel dafür, dass die durch Rechtsverordnung aktualisierten Emissionsgrenzwerte nicht unmittelbar gelten und auch nicht gelten sollen, ist die Bestimmung der Emissionsgrenzwerte für Mitverbrennungsanlagen nach § 9 Abs. 5 17. BImSchV. Dort sind die maßgeblichen Emissionsgrenzwerte und Bezugssauerstoffgehalte je nach Brennstoff-Mix zu errechnen. Entsprechendes gilt für Mischfeuerungen iSv § 2 Abs. 23 und die an sie nach § 6 Abs. 2 gestellten Anforderungen gelten.

II. Verordnung nach § 7 BImSchG versus Unionsrecht

71 Während sich früher nur die Frage nach der unmittelbaren Geltung der Maßgaben einer Verordnung nach § 7 BImSchG stellte, ist mit der IE-RL die Frage hinzugetreten, inwiefern die Emissionsgrenzwerte einer Verordnung nach § 7 BImSchG dann nicht mehr gelten, also außer Kraft getreten sind, wenn das Unionsrecht strengere Emissionsgrenzwerte verlangt als bislang in der Verordnung nach § 7 BImSchG festgelegt sind. Diese Situation kann dann eintreten, wenn die Entscheidungen über aktualisierte BVT-Schlussfolgerungen (→ *Thiel* § 3 BImSchG Rn. 116) nach Art. 13 Abs. 5 iVm Art. 75 Abs. 2 IE-RL getroffen und durch die zuständigen Behörden nach Art. 15 Abs. 3 IE-RL umzusetzen sind, die von § 7 Abs. 1a BImSchG verlangten Anpassungen der Verordnung allerdings noch nicht erfolgt sind. Dies gilt umso mehr, als die Komplexität der Regelungen mit der IE-RL zugenommen hat und eine Umsetzung nicht nur den Bereich des Luftreinhalterechts, sondern auch des Wasserhaushaltsrechts und des Kreislaufwirtschaftsrechts betrifft (*Jarass* NVwZ 2013, 169 (175)). Der Gesetzgeber des BImSchG hat diesen Konflikt gesehen, aber eine **Ermächtigung der zuständigen Behörde,** entsprechende weitergehende Anordnungen zu treffen, in § 12 Abs. 1a bzw. § 17 Abs. 2a BImSchG bewusst nur für die Anlagen geschaffen, die der TA Luft unterliegen. Solange also eine Rechtsverordnung nach § 7 BImSchG im Hinblick auf die Veröffentlichung einschlägiger BVT-Schlussfolgerungen nicht durch einen entsprechenden Rechtsetzungsakt geändert wurde, ist sie kraft ihrer fortbestehenden Rechtswirkung bis zur Anpassung weiterhin anzuwenden. Mangels behördlicher Verwerfungskompetenz scheidet daher eine Umsetzung der BVT-Schlussfolgerungen durch eine administrative Einzelfallentscheidung aus.

III. Konkretisierung der Betreiberpflichten des § 5 BImSchG

72 **1. Allgemeines.** Gemäß § 1 Abs. 4 Nr. 1 enthält die 13. BImSchV zunächst Anforderungen, die zur Vorsorge gegen schädliche Umwelteinwirkungen nach § 5 Abs. 1 Nr. 2 BImSchG zu erfüllen sind, nicht zum Schutz vor schädlichen Umwelteinwirkungen iSv § 5 Abs. 1 Nr. 1 BImSchG. Die emissionsbegrenzenden Anforderungen der 13. BImSchV

setzen also dort an, wo für einen vorbeugenden Gefahrenschutz im Sinne der Schutzpflicht des § 5 Abs. 1 Nr. 1 BImSchG kein Raum mehr ist (BVerwG NVwZ 1984, 371; *Hansmann* NVwZ 1991, 829, vgl. zur Abgrenzung von Schutz- und Vorsorgepflicht → § 5 BImSchG Rn. 145 f.). Potentiell schädliche Umwelteinwirkungen, ein nur möglicher Zusammenhang zwischen Emissionen und Schadenseintritt oder das generelle Besorgnispotential von Großfeuerungsanlagen wird in diesem Bereich – unterhalb der Gefahrengrenze des § 5 Abs. 1 Nr. 1 BImSchG – u.a. durch die Anforderungen der 13. BImSchV gemindert (vgl. BVerwG NVwZ 2004, 610; VG Würzburg BeckRS 2013, 47 641).

Ergänzt wird in der Neufassung der 13. BImSchV der Passus in § 1 Abs. 4 Nr. 1 **73**
13. BImSchV, wonach die Verordnung nunmehr auch Anforderungen an Feuerungsanlagen zur Nutzung der entstehenden Wärme nach § 5 Abs. 1 Nr. 4 BImSchG enthält. Zu Recht kommentiert weder die Begründung der Verordnung 2021 noch diejenige der Verordnung 2013 diese Ergänzung, denn auch schon die 13. BImSchV 2004 enthielt entsprechende Anforderungen (§ 7 13. BImSchV 2004, jetzt § 7). Nicht erwähnt ist in § 1 Abs. 4, dass die Verordnung – wie auch schon in § 9a 13. BImSchV 2004 – eine Pflicht zur Prüfung einer Realisierbarkeit von Anlagen zur Abscheidung und Kompression von Kohlendioxid enthält (§ 9).

2. Verhältnismäßigkeit. Eine Rechtsverordnung nach § 7 Abs. 1 BImSchG muss auf **74**
einem langfristigen, auf eine einheitliche und gleichmäßige Durchführung angelegten Konzept beruhen, das den aus den Emissionen der betreffenden Anlagen resultierenden Risiken bzw. dem erkannten Risikopotential entgegenwirkt (BVerwG NVwZ 1984, 371). Insofern hat Vorsorge auch eine planerische Komponente (*Jarass* BImSchG § 5 Rn. 47). Die Anforderungen an ein solches **(planerisches) Konzept** (→ *Dietlein* § 7 BImSchG Rn. 30) sind vom Verordnungsgeber auch bei der von § 7 Abs. 1a BImSchG vorgeschriebenen unverzüglichen Anpassung der Verordnung nach jeder Veröffentlichung einer BVT-Schlussfolgerung zu beachten, und zwar insbesondere auch im Hinblick auf die dem Verordnungsgeber nach § 7 Abs. 1b BImSchG eröffneten Abweichungsmöglichkeiten. Nach einer solchen vom Verordnungsgeber zu gewährleistenden Verhältnismäßigkeitsprüfung ist für eine Verhältnismäßigkeitsprüfung im Einzelfall grundsätzlich kein Spielraum mehr (→ *Dietlein* § 5 BImSchG Rn. 161). Zum einen würde dies der unmittelbaren Vollziehbarkeit hinreichend bestimmter Regelungen einer Rechtsverordnung nach § 7 Abs. 1 BImSchG entgegenstehen. Zum anderen beruht die Verordnung bereits auf einer präzisen Abwägung, die Verhältnismäßigkeitsgesichtspunkten Rechnung trägt und angesichts der mit der Verordnung einhergehenden Einschränkung von (genehmigten) Rechtspositionen auch Rechnung tragen muss (vgl. BVerwG NVwZ 1984, 371; NVwZ 1997, 998). Eine individuelle Verhältnismäßigkeitsprüfung, wie sie die Dynamisierungsklausel der 13. BImSchV 1983 erforderte (hierzu BVerwG NVwZ-RR 1995, 565), ist angesichts der definitiven Festlegung von Emissionsgrenzwerten in der ab 2004 neu gefassten 13. BImSchV somit nicht mehr erforderlich. Etwas anderes gilt nur dann, wenn der Verordnungsgeber den Vollzugsbehörden explizit gem. § 7 Abs. 1b S. 1 Nr. 2 BImSchG Abweichungsmöglichkeiten im Einzelfall einräumt.

Dem generellen Regelungscharakter von Rechtsverordnungen entsprechend ist die **75**
Zulassung von Ausnahmen außerdem in § 23 (§ 21 13. BImSchV 2004, § 26 13. BImSchV 2013/2017) vorgesehen. Die Voraussetzungen hierfür entsprechen nach wie vor denjenigen, die auch schon in der Ausnahmevorschrift in § 33 13. BImSchV 1983 vorgesehen waren. Mit der Nr. 4 in § 23 Abs. 1 wird gewährleistet, dass die sich aus der IE-RL ergebenden Anforderungen und Emissionsgrenzwerte auch im Falle von Ausnahmen von der 13. BImSchV eingehalten werden.

76 **3. Weitergehende Anforderungen.** Gemäß § 17 Abs. 3 BImSchG dürfen durch nachträgliche Anordnungen weitergehende Anforderungen zur Vorsorge gegen schädliche Umwelteinwirkungen nicht gestellt werden, soweit durch Rechtsverordnung – wie die 13. BImSchV – die Anforderungen nach § 5 Abs. 1 Nr. 2 BImSchG abschließend festgelegt sind. Dies lässt vom Wortlaut her freilich offen, ob bei Neugenehmigungen gemäß § 6 Abs. 1 Nr. 1 iVm § 5 Abs. 1 Nr. 2 iVm § 1 Abs. 6 BImSchG weitergehende Anforderungen gestattet sind. Ausschlaggebend hierfür ist daher primär, inwieweit der Regelungsgehalt der Verordnung den Stand der Technik abschließend bestimmt oder bestimmen kann und somit auch die Vorsorgepflicht des § 5 Abs. 1 Nr. 2 BImSchG abschließend konkretisiert. Allerdings bereitet gerade das Kriterium der abschließenden Festlegung in der Praxis erhebliche Probleme (→ *Hansmann/Ohms* § 17 BImSchG Rn. 108 ff.). Die 13. BImSchV sieht in § 27 Abs. 1 (§ 22 Abs. 1 13. BImSchV 2004) explizit vor, dass Befugnisse der zuständigen Behörde, andere oder weitergehende Anforderungen, insbesondere zur Vermeidung schädlicher Umwelteinwirkungen nach § 5 Abs. 1 Nr. 1 BImSchG zu treffen, unberührt bleiben. Indes würde es dem einer Rechtsverordnung zur Konkretisierung der Vorsorgepflicht des § 5 Abs. 1 S. 1 Nr. 2 BImSchG zugrundeliegenden und sorgfältig abgewogenen, auf einheitliche und gleichmäßige Durchführung angelegten Konzept (BVerwGE 68, 37) widersprechen, wenn die zuständige Behörde ohne ausdrückliche, explizit außerhalb der 13. BImSchV geregelte Befugnis in abschließenden Bereichen der 13. BImSchV weitergehende Anforderungen stellt. Dies gilt gleichermaßen für die Sicherstellung der Genehmigungsvoraussetzungen im Rahmen eines Genehmigungsverfahrens gemäß § 6 Abs. 1 BImSchG, wie auch bei nachträglichen Anordnungen gemäß § 17 BImSchG. In Abweichung von abschließenden Regelungen der 13. BImSchV dürften weitergehende Anforderungen nur in begründeten Einzelfällen in Betracht kommen. In Anlehnung an § 23 Abs. 1 kann es sich auch bei strengeren Anforderungen nur um einzelne Anforderungen der 13. BImSchV handeln, die mit verhältnismäßigem Aufwand erfüllbar sind und im Übrigen dem Stand der Technik entsprechen. So hat das Bundesverwaltungsgericht (BVerwG NVwZ 1997, 497; NVwZ 1998, 1181) die Festlegung niedriger als die in § 5 der bis zum 19. 8. 2003 geltenden Fassung der 17. BImSchV festgelegten Emissionswerte nur im Einzelfall bei atypischen Sachverhaltslagen unter Beachtung des Grundsatzes der Verhältnismäßigkeit für möglich gehalten. Entsprechendes muss für in der 13. BImSchV festgelegte Emissionsgrenzwerte und sonstigen Vorsorgeanforderungen gelten (ähnlich, aber mit etwas anderem Ansatz → *Dietlein* § 7 BImSchG Rn. 69 ff.). Sofern die Genehmigungsbehörde aber deutlich macht, dass die Festsetzung strengerer, als in einer Rechtsverordnung nach § 7 BImSchG abschließend bestimmter Emissionswerte, nicht als Grenzwert oder generelle Zielwert zu verstehen ist, sondern konkret der jeweiligen Prüfung dient, ob die Anlage auch „dem Stand der Technik entsprechend ordnungsgemäß funktioniert" (sog. Kontrollwerte), findet dies in § 5 Abs. 1 S. 1 Nr. 2 BImSchG eine hinreichende Rechtsgrundlage (BVerwG NVwZ 2007, 1086; BVerwG NVwZ-RR 2013, 593 (594)).

E. Drittschützende Wirkung der 13. BImSchV und Beanstandungsrechte von anerkannten Vereinigungen

I. Konkretisierung der Schutzpflichten des § 5 Abs. 1 BImSchG

77 In seinem Urteil v. 11. 12. 2003 (BVerwG NVwZ 2004, 610) hat das Bundesverwaltungsgericht seine Auffassung bestätigt, dass der im Einwirkungsbereich einer Anlage wohnende Dritte eine dem Betreiber erteilte immissionsschutzrechtliche Genehmigung

mittels des ihm in § 5 Abs. 1 Nr. 1 BImSchG eingeräumten Schutz- und Abwehrrechts anfechten kann (vgl. auch BayVGH DVBl 2011, 774; ThürOVG ZUR 2006, 479). Eine derart drittschützende Wirkung der Vorsorgepflicht (§ 5 Abs. 1 Nr. 2 BImSchG) und somit der 13. BImSchV hat das Bundesverwaltungsgericht verneint, weil diese Regelung nicht der Begünstigung eines individualisierbaren Personenkreises, sondern dem Interesse der Allgemeinheit derart diene, potentiell schädlichen Umwelteinwirkungen generell und auch dort vorzubeugen, wo sie keinem bestimmten Emittenten zuzuordnen sind. Dies gilt dem Prinzip nach ebenso, wenn mangels ausdrücklicher Regelungen zum Immissionsschutz Betroffene sich bei besonders gefährlichen Schadstoffen, zB krebserzeugenden oder erbgutverändernden Emissionen auf an sich die Vorsorgepflicht des § 5 Abs. 1 Nr. 2 BImSchG konkretisierende Emissionsgrenzwerte berufen können (BVerwGE 84, 31 (39); BVerwG NVwZ 2004, 610). Außerdem gilt regelmäßig, dass dem Schutzgebot des § 5 Abs. 1 Nr. 1 BImSchG erst recht Genüge getan wird, wenn die zur Gewährleistung eines hohen Schutzniveaus für die Allgemeinheit festgesetzten Vorsorgewerte eingehalten werden (SchlH OVG, Urt. v. 2. 2. 2010 – 1 KS 3/07). Eine eigenständige, drittschützende Wirkung der 13. BImSchV besteht demnach und unter Anlegung nationaler Rechtsmaßstäbe nicht.

II. Unionsrecht und Rechtsschutz des Einzelnen

Im Zusammenhang mit verschiedenen EU-Richtlinien wurde diskutiert, ob das nationale, in § 42 Abs. 2, § 113 Abs. 1 S. 1 VwGO verankerte „Drittschutz-Prinzip" langfristig so beibehalten werden kann (*Schmidt-Kötters* in BeckOK VwGO § 42 Rn. 164 ff.). Drittschutz besteht allerdings auch nach unionsrechtlichen Maßstäben nur dann, wenn den einschlägigen Richtlinien **Rechte** von Dritten entnommen werden könnten, die verletzt sein können (vgl. Art. 25 Abs. 1 IE-RL). Ausreichend ist nicht, wenn der Richtlinie nur eine Verpflichtung des Staates entnommen werden kann, die unmittelbar im Zusammenhang mit der Erfüllung einer anderen Verpflichtung steht, die aufgrund dieser Richtlinie einem Dritten obliegt, hierdurch also bloße negative Auswirkungen auf die Rechte Dritter entstehen (vgl. EuGH NVwZ 2004, 593). Rechte Dritter wollte die IE-RL erkennbar nur im Hinblick auf den Zugang zu einem Überprüfungsverfahren nach Art. 25 IE-RL einräumen. Dafür, dass auch hinsichtlich der materiellen Anforderungen an die Begrenzung von Emissionen Rechte Dritter eingeräumt werden, fehlte es im Richtlinien-Text der Großfeuerungsanlagen-RL an erkennbaren Anhaltspunkten. Darüber hinaus ist die Großfeuerungsanlagen-Richtlinie aus dem Jahre 2001 aus der Richtlinie 88/609/EWG v. 24. 11. 1988 (ABl. EG Nr. L 336, 1) entwickelt, die damals unter deutscher Federführung in Anlehnung an die damals schon geltende nationale 13. BImSchV entstanden ist. Schon damals ging es darum, (nur) im Vorfeld zu konkreten Rechten Dritter Maßnahmen zur Luftreinhaltung zu ergreifen. 78

Inzwischen ist allerdings festzustellen, dass das Unionsrecht in dem hier relevanten Kontext durchgängig von dem „Schutz der menschlichen Gesundheit" spricht (vgl. Erwägungsgrund 4, 18 der IE-RL, Erwägungsgrund 2 der RL 2008/50/EG, Luftqualitätsrichtlinie, ABl. EU Nr. L 152, 1; so auch schon Abs. 12 der Erwägungsgründe der Richtlinie 96/62/EG, Luftqualitätsrahmenrichtlinie, ABl. EG Nr. L 296, 55). Hierzu hat der EuGH herausgearbeitet (EuGH NVwZ 2008, 984 (985)), dass die Betroffenen in allen Fällen, in denen die Nichtbeachtung der Maßnahmen, die in Richtlinien über die Qualität der Luft und des Trinkwassers zum Zweck des Schutzes der öffentlichen Gesundheit vorgegeben werden, die Gesundheit von Personen gefährden könnte, in der Lage sein müssen, sich auf die in diesen Richtlinien enthaltenen zwingenden Vorschriften zu berufen. Die IE-RL spricht darüber hinaus von einem „Schutz des Rechts, in einer für die 79

Gesundheit und das Wohlbefinden des Einzelnen angemessenen Umwelt zu leben" (Erwägungsgrund 27 IE-RL).

80 Das bedeutet allerdings noch nicht zwingend, dass jede Regelung der IE-RL oder der „Sondervorschriften für Feuerungsanlagen" nach Kap. III der IE-RL dem Schutz des Einzelnen in dem Sinne dient, dass dieser berechtigt sein muss, die Einhaltung der Regelung vor den Gerichten durchzusetzen. So scheint Art. 30 Abs. 1 IE-RL (Höhe von Schornsteinen) mit seiner Bezugnahme auf die menschliche Gesundheit und die Umwelt Drittschutz zu vermitteln. Allein aus dem Umstand der Festlegung von Emissionsgrenzwerten lässt sich – wie bei den entsprechenden Regelungen der Großfeuerungsanlagenrichtlinie – hingegen **kein Drittschutz** ableiten. Außerdem lässt sich bei Emissionsgrenzwerten überhaupt nicht bestimmen, wer zu der hiervon betroffenen (und nur dann klageberechtigten) Öffentlichkeit iSv Art. 25 Abs. 1 bzw. Art. 3 Nr. 17 IE-RL zu rechnen ist (zu weitergehendem Rechtsschutz des Einzelnen bei Verletzung von UVP-Recht zusammenfassend: OVG NW, Urt. v. 15. 5. 2015 – 11 D 12/12.AK –, Rn. 82 ff. unter Bezugnahme auf die Altrip-Entscheidung EuGH NVwZ 2014, 49).

III. Beanstandungsrechte von anerkannten Vereinigungen

81 Das Unionsrecht verpflichtet die Mitgliedstaaten nach den Regelungen der Richtlinie 2003/35/EG v. 26. 5. 2003 über die Beteiligung der Öffentlichkeit bei der Ausarbeitung bestimmter umweltbezogener Pläne und Programme und zur Änderung der Richtlinien 85/337/EWG und 96/61/EG in Bezug auf die Öffentlichkeitsbeteiligung und den Zugang zu Gerichten (ABl. EG Nr. L 156, 17, jetzt auch in Art. 25 der IE-RL und Art. 11 der UVP-RL) „im Rahmen ihrer innerstaatlichen Rechtsvorschriften" sicherzustellen, dass Mitglieder der betroffenen Öffentlichkeit, die ein ausreichendes Interesse haben, Zugang zu einem Überprüfungsverfahren vor einem Gericht oder einer anderen auf gesetzlicher Grundlage geschaffenen unabhängigen und unparteiischen Stelle haben, um die materiellrechtliche und verfahrensrechtliche Rechtmäßigkeit von Entscheidungen, Handlungen oder Unterlassungen anzufechten. Der deutsche Gesetzgeber ist dieser Verpflichtung zunächst unzureichend durch das Umwelt-Rechtsbehelfsgesetz v. 7. 12. 2006 (BGBl. I 2819) nachgekommen. Da das darin zunächst formulierte „Drittschutz-Prinzip" im Hinblick auf die Rechtsbehelfe von anerkannten Vereinigungen (§ 2 Abs. 5 S. 1 aF UmwRG) nicht mit Unionsrecht in Einklang steht (EuGH ZUR 2011, 368, juris Rn. 45 ff. – „Trianel"; vgl. iÜ hierzu: OVG NRW UPR 2009, 276; aA zunächst noch: NdsOVG NVwZ 2008, 1144; zum Meinungsstand: *Calliess* ZUR 2008, 343; *Ewer* NVwZ 2007, 267; *Koch/Braun* NVwZ 2010, 1271; *Schlacke* NuR 2007, 8; *v. Danwitz* NVwZ 2004, 272; *Ziekow* NVwZ 2007, 259), wurde das UmwRG unter dem 8. 4. 2013 (BGBl. I 730) und erneut unter dem 23. 8. 2017 (BGBl. I 3290); zuletzt geändert am 22.12.2023, BGBl. Nr. 405) neu gefasst. Demnach können anerkannte Vereinigungen Entscheidungen nach § 1 Abs. 1 UmwRG oder deren Unterlassen auch im Hinblick auf ihre Vereinbarkeit mit der 13. BImSchV zur **gerichtlichen Überprüfung** stellen. Nach Art. 25 Abs. 1 IE-RL wird den Mitgliedern der betroffenen Öffentlichkeit Zugang zu einem Überprüfungsverfahren vor einem Gericht oder einer anderen auf gesetzlicher Grundlage geschaffenen unabhängigen und unparteiischen Stelle gewährt, um die materiellrechtliche und verfahrensrechtliche Rechtmäßigkeit von allen Entscheidungen, Handlungen oder Unterlassungen gemäß Art. 24 IE-RL anzufechten. Hierzu gehören neben der Erteilung (bzw. Unterlassung) einer Genehmigung für neue Anlagen und wesentliche Änderungen über die Zulassung von Abweichungen von den in BVT Schlussfolgerungen enthaltenen assoziierten Emissionswerte nach Art. 15 Abs. 2 IE-RL auch die Aktualisierung der Genehmigung oder der Genehmigungsauflagen (oder deren Unterlassen) für eine Anlage im Hinblick

auf die Anforderungen der IE-RL nach Art. 21 Abs. 5a IE-RL. Gem. § 1 Abs. 1 S. 1 Nr. 2 UmwRG gehören nachträgliche Anordnungen nach § 17 Abs. 1a BImSchG (oder deren Unterlassen) zur Palette der von Umweltvereinigungen zu reklamierenden Entscheidungen. Dies wird im Hinblick auf Art. 25 IE-RL nicht ausreichend sein, weil § 17 Abs. 1a BImSchG sich nur auf **Gefahrenanordnungen** nach § 17 Abs. 1 S. 2 BImSchG bezieht, Art. 25 IE-RL aber gerade auch **Vorsorgeanordnungen** nach § 17 Abs. 1 S. 1 bzw. Abs. 2a iVm § 12 Abs. 1a BImSchG einschließt. Das heißt über die bisher vom UmwRG eingeräumten Klagebefugnisse hinaus, ist den anerkannten Umweltvereinigungen – aber auch nur den anerkannten Umweltvereinigungen, weil insofern ein „ausreichendes Interesse" iSv Art. 25 Abs. 1 lit. a) IE-RL unterstellt wird – das prozessuale und materielle Recht auch zur nachträglichen Durchsetzung der Anforderungen der 13. BImSchV eingeräumt.

F. Durchsetzung der Anforderungen der 13. BImSchV

Soweit unmittelbar sich aus der 13. BImSchV ergebende Betreiberpflichten nicht erfüllt werden, muss der zuständigen Behörde ein Instrumentarium zur Verfügung stehen, diese durchzusetzen. Dabei reichen **ordnungswidrigkeitenrechtliche** oder **strafrechtliche Konsequenzen** nicht aus. Die Behörden müssen auch **präventiv** tätig werden können. Ungeachtet der einschlägigen Rechtsgrundlage hierfür (→ *Dietlein* § 7 BImSchG Rn. 68; → *Hansmann/Röckinghausen* § 52 BImSchG Rn. 20), hat der Verordnungsgeber eine Abwägung vorweggenommen, die im Rahmen der für eine Einzelanordnung eingeräumten Ermessenserwägung nicht bloß deshalb zu wiederholen ist, weil der Betreiber sich nicht an die unmittelbaren Pflichten der Verordnung gehalten hat. Dementsprechend können bei der Durchsetzung unmittelbar geltender oder auch nur wegen der Erforderlichkeit bestimmter Berechnungsschritte nicht unmittelbar geltender Verordnungs-Regelungen grundsätzlich keine Gesichtspunkte hinzutreten, die im Rahmen der Verhältnismäßigkeitsprüfung des § 17 Abs. 2 BImSchG relevant sein können (ähnlich zu § 31 BImSchG aF im Falle „typischerweise besonders funktionsadäquater und vollzugseffektiver Überwachungsmethoden" – Elektronische Fernüberwachung – BVerwG NVwZ 1997, 998). Bei Einzelanordnungen zur Durchsetzung von Rechtsverordnungen ist ermessensreduzierend allerdings zu berücksichtigen, wenn die Voraussetzungen einer Ausnahme nach § 23 oder sonst einer explizit nach § 7 Abs. 1b BImSchG in der Verordnung geregelten Ausnahme vorliegen (im Übrigen → *Hansmann/Ohms* § 17 BImSchG Rn. 113, 119, 217 ff.). 82

Abschnitt 1 Gemeinsame Vorschriften

Unterabschnitt 1 Anwendungsbereich, Begriffsbestimmungen, Bezugssauerstoffgehalt und Aggregationsregeln

§ 1 Anwendungsbereich

(1) **Diese Verordnung gilt für die Errichtung, die Beschaffenheit und den Betrieb von Feuerungsanlagen, einschließlich Gasturbinenanlagen und Verbrennungsmotoranlagen sowie Gasturbinenanlagen und Verbrennungsmotoranlagen zum Antrieb von Arbeitsmaschinen, mit einer Feuerungswärmeleistung von mindestens 50 Megawatt (MW), unabhängig davon, welche Brennstoffe oder welche Arten von Brennstoffen eingesetzt werden.**

(2) Für jede Feuerungsanlage nach Absatz 1 gelten die Vorschriften der Abschnitte 1 und 7 dieser Verordnung in Verbindung mit den zusätzlichen Vorschriften des für die Feuerungsanlage jeweils maßgeblichen Abschnitts 2, 3, 4, 5 oder 6.

(3) Diese Verordnung gilt nicht für folgende Feuerungsanlagen:

1. Anlagen, in denen die Verbrennungsprodukte unmittelbar zum Erwärmen, zum Trocknen oder zu einer anderweitigen Behandlung von Gegenständen oder Materialien verwendet werden, zum Beispiel Wärme- und Wärmebehandlungsöfen und Hochöfen,

2. Nachverbrennungsanlagen, die dafür ausgelegt sind, die Abgase durch Verbrennung zu reinigen und die nicht als unabhängige Feuerungsanlagen betrieben werden,

3. Einrichtungen zum Regenerieren von Katalysatoren für katalytisches Kracken,

4. Einrichtungen für die Umwandlung von Schwefelwasserstoff in Schwefel nach dem Claus-Prozess,

5. Feuerungsanlagen in der chemischen Industrie, die der unmittelbaren Beheizung von Gütern in Reaktoren dienen,

6. Koksöfen,

7. Winderhitzer,

8. technische Geräte, die unmittelbar zum Antrieb von Fahrzeugen, Schiffen oder Flugzeugen eingesetzt werden,

9. Gasturbinen und Gasmotoren, die auf Offshore-Plattformen eingesetzt werden,

10. Anlagen, die als Brennstoff andere feste oder flüssige Abfälle als die in § 2 Absatz 4 Nummer 2 genannten Abfälle verwenden, und

11. Feuerungsanlagen, die der Forschung, Entwicklung oder Erprobung neuer Einsatzstoffe, Brennstoffe, Erzeugnisse oder Verfahren im Labor- oder Technikumsmaßstab dienen, sowie Prüfstände für oder mit Verbrennungsmotoren und Prüfstände für oder mit Gasturbinen oder Triebwerke von Luftfahrzeugen.

(4) Diese Verordnung enthält Anforderungen an Feuerungsanlagen

1. zur Vorsorge gegen schädliche Umwelteinwirkungen nach § 5 Absatz 1 Nummer 2 des Bundes-Immissionsschutzgesetzes und zur Nutzung der entstehenden Wärme nach § 5 Absatz 1 Nummer 4 des Bundes-Immissionsschutzgesetzes und

2. zur Erfüllung von Luftqualitätsanforderungen der Europäischen Gemeinschaften oder der Europäischen Union nach § 48a Absatz 1 und 3 des Bundes-Immissionsschutzgesetzes.

Übersicht

A. Bedeutung der Vorschrift

§ 1 bestimmt den sachlichen Anwendungsbereich der 13. BImSchV, insbesondere auch in Abgrenzung zu anderen, der Luftreinhaltung dienenden Regelwerken (zur Stellung der 13. BImSchV in der Systematik des nationalen Luftreinhalterechts → Vorb. Rn. 62). Ist die 13. BImSchV – beispielsweise weil die Anlage in § 1 Abs. 2 genannt ist – nicht anwendbar, gelten für genehmigungsbedürftige Anlagen zur Konkretisierung der Vorsorgepflicht des § 5 Abs. 1 Nr. 2 BImSchG (vgl. Abs. 3) die Emissionsbegrenzungen in Nr. 5 TA Luft (→ Band IV Nr. 3.2) oder der 17. BImSchV (→ Band IV Nr. 2.17). Mit mindestens 50 MW Feuerungswärmeleistung unterliegen sämtliche, von der 13. BImSchV einbezogene Feuerungsanlagen der immissionsschutzrechtlichen Genehmigungspflicht aus § 4 BImSchG iVm dem Anhang 1 zur 4. BImSchV. Die 13. BImSchV gilt insbesondere für die in der Spalte c der Nrn. 1.1 und 1.5 des Anhangs 1 zur 4. BImSchV mit einem „G" gekennzeichneten Anlagen. Diese Anlagen unterliegen dem förmlichen Genehmigungsverfahren nach § 10 BImSchG (→ *Dietlein* § 10 BImSchG Rn. 1 ff.). Die 13. BImSchV hat demnach insbesondere Bedeutung für (Groß-)Kraftwerke zur Erzeugung von Strom und Wärme sowie für Dampf- und Stromerzeuger von größeren Industrieanlagen. Die IE-RL nimmt in ihrem Art. 1 Abs. 2 explizit Forschungstätigkeiten, Entwicklungsmaßnahmen oder die Erprobung von neuen Produkten und Verfahren von ihrem Geltungsbereich aus. Um eine Benachteiligung der deutschen Forschungsanlagen und -einrichtungen auszuschließen, sollte die in der Praxis ohnehin nur schwer handhabbare Beschränkung (vgl. OVG NRW NVwZ-RR 2005, 462) des Dispenses von der Genehmigungspflicht in § 1 Abs. 6 der 4. BImSchV und somit auch von den Anforderungen der mit der 13. BImSchV konkretisierten Vorsorgepflicht auf Anlagen im Labor- oder Technikumsmaßstab gestrichen werden. 1

Abs. 2 wurde entsprechend der neuen der Verordnung 2021 gegebenen Systematik eingefügt und ist ohne regelnde Bedeutung. Abs. 2 gibt lediglich den klarstellenden Hinweis, dass die Abschnitte 1 und 7 der Verordnung für *alle* in die Verordnung einbezogenen Anlagen und die Abschnitte 2 bis 6 jeweils nach dem ihnen individuell zugewiesenen Anwendungsbereich gelten. 2

B. Anwendungsbereich (Abs. 1 und 3)

I. Feuerungsanlagen

1. Einbezogene Anlagen. Die 13. BImSchV gilt grundsätzlich für **alle Typen von Feuerungsanlagen,** seit der Verordnung aus dem Jahr 2013 auch einschließlich aller Gasmotoranlagen. Aufgrund des Anwendungsbereichs des Durchführungsbeschlusses (EU) 2017/1442 umfasst der Anwendungsbereich der Verordnung nunmehr auch Diesel- 3

motoranlagen. Gas- und Dieselmotoranlagen werden unter dem Begriff „Verbrennungsmotoranlagen" zusammengefasst (BT-Dr. Drucksache 19/24906, 93). Gem. § 2 Abs. 19 wird die Großfeuerungsanlage als eine Feuerungsanlage definiert, die keine Gasturbinenanlage oder Verbrennungsmotoranlage ist. Vom Geltungsbereich der 13 BImSchV 2004 waren Verbrennungsmotorenanlagen noch nicht einbezogen (vgl. § 1 Abs. 2 Nr. 10 13. BImSchV 2004).

4 Einbezogen in den Anwendungsbereich der Verordnung sind insbesondere Feuerungsanlagen in Kraftwerken, Heizkraftwerken, Heizwerken und sonstige ähnliche Feuerungsanlagen sowie Gasturbinen und Verbrennungsmotoranlagen. Der Begriff der Feuerungsanlage ist in § 2 Abs. 14 definiert mit „jeder Anlage, in der Brennstoff zur Nutzung der erzeugten Wärme oxidiert wird. Die Verbrennungsmotoranlage definiert § 2 Abs. 28 als eine Feuerungsanlage in Form einer Dieselmotoranlage (§ 2 Abs. 8; Art. 3 Nr. 35 IE-RL) oder einer Gasmotoranlage (§ 2 Abs. 18; Art. 3 Nr 34 IE-RL). Die Dieselmotoranlage ist in § 2 Abs. 8 als „eine nach dem Dieselprinzip arbeitende Verbrennungsmotoranlage mit Selbstzündung des Kraftstoffs" definiert. Eine Gasmotoranlage ist in § 2 Abs. 18 als „eine arbeitende Verbrennungsmotoranlage" definiert.

5 Zu den Feuerungsanlagen gehören auch Gasturbinenanlagen (vgl. Anmerkungen des Bundesrats zur 13. BImSchV 2004, BT Drs. 15/2596, 31). Eine Gasturbinenanlage ist „jede Feuerungsanlage mit einer rotierenden Maschine, die thermische Energie in mechanische Arbeit umwandelt und im Wesentlichen aus einem Verdichter, aus einer Brennkammer, in der Brennstoff zur Erhitzung des Arbeitsmediums oxidiert wird, und aus einer Turbine besteht" (§ 2 Abs. 16, ähnlich § 2 Nr. 12 13. BImSchV 2004, Art. 3 Nr. 33 IE-RL). Gasturbinenanlagen werden nur mit flüssigen oder gasförmigen Brennstoffen (zur Definition → § 2 Rn. 7) betrieben, wobei diese flüssigen oder gasförmigen Brennstoffe auch in vorgeschalteten Verfahren aus festen Brennstoffen erzeugt sein können (Kohlevergasung). Des Weiteren wird in § 2 Abs. 17 eine Gasturbine mit Zusatzfeuerung definiert als eine, „deren Abgase einer nachgeschalteten Feuerung mit eigener Brennstoffzufuhr als Verbrennungsluft zugeführt wird". Bei einer Gasturbine mit Zusatzfeuerung gelten für die Gasturbine und die Zusatzfeuerung gesonderte Emissionswerte und jeweils zugehörige Bezugssauerstoffgehalte (§ 33 Abs. 14).

6 Der Begriff der Feuerungsanlage in § 2 Abs. 14 entspricht demjenigen in den Vorgängerverordnungen § 2 Nr. 10 der 13. BImSchV 2004/§ 2 Abs. 13 der 13. BImSchV 2013/2017. Auch die Definitionen nach der IE-RL (Art. 3 Nr. 25) und der Großfeuerungsanlagen-RL (Art. 2 Nr. 7 S. 1) sind identisch. Die bisherigen Erwägungen des Verordnungsgebers sind daher nach wie vor gültig. Nach den Ausführungen des Verordnungsgebers zur 13. BImSchV 2004 bedurfte es wegen des umfassenden Begriffs der Feuerungsanlage in der Großfeuerungsanlagen-RL einer Beschränkung des Anwendungsbereichs der Verordnung 2004 (also nicht des Begriffs der Feuerungsanlage). Der Verordnungsgeber wies daher explizit darauf hin, dass gem. § 2 Abs. 2 13. BImSchV 2004 nicht nur die ausdrücklich genannten Anlagen, sondern auch weitere Anlagen vom Anwendungsbereich der 13. BImSchV ausgenommen sind. Nach der aktuellen Definition des Anwendungsbereichs im Unionsrecht (Art. 28 S. 2 IE-RL) und der entsprechenden Übernahme der Liste der von der Anwendung des Kapitels III der IE-RL bzw. der 13. BImSchV ausgenommenen Feuerungsanlagen in § 1 Abs. 3 dürfte Raum für einen Anwendungsausschluss für explizit nicht genannte Anlagen nur noch nach § 1 Abs. 3 Nr. 1 verbleiben (→ Rn. 20 ff.)

7 Während die Ausnahmetatbestände des § 1 Abs 2 13. BImSchV 2004 – zum Teil auch nicht nur redaktionell – von den Ausnahmen vom Anwendungsbereich der Großfeuerungsanlagen-RL in Art. 2 Nr. 7 abwichen, hat der Verordnungsgeber die Ausnahmen vom Anwendungsbereich der neuen Verordnung praktisch wortlautidentisch aus der IE-RL übernommen. Der wesentliche auch materielle Unterschied zwischen 13. BImSchV

und Großfeuerungsanlagen-RL wurde durch die Umsetzung der IE-RL indes fortgeführt: Nach Art. 2 Nr. 7 S. 2 betraf die Großfeuerungsanlagen-RL nur Feuerungsanlagen „zum Zwecke der Energieerzeugung". Nach Art. 3 Nr. 25 IE-RL erfolgt die Oxidation von Brennstoffen in von der Richtlinie einbezogenen Feuerungsanlagen „im Hinblick auf" die Nutzung von Wärme. Nach § 2 Abs. 14 ist hingegen jede Anlage, in der Brennstoff zur Nutzung von Wärme oxidiert wird, als Feuerungsanlage anzusehen. Dies mag grundsätzlich immer Zweck einer Feuerungsanlage sein. Die Formulierung im Unionsrecht wirft aber die Frage auf, ob schon definitionsgemäß nur solche Feuerungsanlagen einbezogen sein sollten, bei denen der Zweck der Energieerzeugung nicht nur Nebensache des Oxidationsprozesses ist. Jedenfalls bei der Anwendung der Ausnahmen wird daher im Zweifel vom Vorliegen einer Ausnahme auszugehen sein, wenn die Energiegewinnung nur **Nebenzweck des Oxidationsprozesses** ist.

Verbrennungsmotoranlagen waren in der 13. BImSchV 2004 im Gegensatz zur Verordnung ab 2013 unabhängig davon, ob sie der Erzeugung elektrischer Energie oder zum Antrieb von Arbeitsmaschinen dienen, vom Anwendungsbereich der 13. BImSchV ausgenommen (BT Drs. 15/2596, 21, so auch § 1 Abs. 2 Nr. 10 13. BImSchV 2004). Explizit verwies der Verordnungsgeber auf die Übereinstimmung mit Art. 2 Nr. 7 Abs. 3 der Großfeuerungsanlagen-RL, wonach explizit Anlagen, die von Diesel-, Benzin- oder Gasmotoren angetrieben werden, nicht der Großfeuerungsanlagen-RL unterfallen. Dieser Ausnahmetatbestand ist in der IE-RL jedoch entfallen. Allerdings galten die in der 13. BImSchV 2013 für Feuerungsanlagen festgelegten Emissionsgrenzwerte (zunächst) nicht für Dieselmotorenanlagen (Art. 30 Abs. 8 lit. b) der IE-RL). Mit Inkrafttreten der neugefassten Verordnung in 2021 hat sich dies aufgrund des Durchführungsbeschlusses (EU) 2017/1442 geändert. 8

2. Abgrenzung der Feuerungsanlage. Gem. § 2 Abs. 14 ist Feuerungsanlage im Sinne dieser Verordnung jede Anlage, in der Brennstoff zur Nutzung der erzeugten Wärme oxidiert wird. Die Verwendung des Begriffs der „Anlage" zur Definition der Großfeuerungs**anlage** ist verfehlt: Das BImSchG nennt in § 3 Abs. 5 BImSchG zwar bestimmte technische Einheiten, die Anlagen iSd BImSchG sind (→ *Dietlein* § 4 BImSchG Rn. 23; BVerwGE 69, 351 (354)). Eine Bestimmung oder Abgrenzung der von den Anforderungen der 13. BImSchV umfassten Feuerungsanlage lässt sich daraus aber nicht ableiten. 9

Besser ist, auf die Begrifflichkeiten der IE-RL bzw. der Großfeuerungsanlagen-RL (**„technische Einrichtung"**) oder die Begrifflichkeit des Durchführungsbeschlusses (EU) 2017/1442 **„Verbrennungseinheit"** zurückzugreifen. Denn nicht jede Anlage iSd BImSchG oder auch nicht jede nach § 1 Abs. 3 der 4. BImSchV in die genehmigungsbedürftige Anlage einzubeziehende Teilanlage, sondern nur bestimmte technische Einrichtungen einer Anlage iSd BImSchG oder der von der Genehmigungspflicht der 4. BImSchV einbezogenen Anlage, sind der Feuerungsanlage iSd 13. BImSchV zuzurechnen. Nur unter den Voraussetzungen des § 4 bilden technische Einrichtungen eine Feuerungsanlage iSd 13. BImSchV. Einrichtungen einer Feuerungsanlage können Teile einer Anlage sein oder die gesamte Anlage iSd BImSchG betreffen, sie können sich aber auch auf mehrere Anlagen iSd BImSchG erstrecken. Es kann somit zur Bestimmung der einschlägigen Emissionsanforderungen auch innerhalb einer Anlage iSd BImSchG und in Einzelfällen auch über sie hinaus eine Abgrenzung mehrerer technischer Einrichtungen erforderlich sein. Dasselbe gilt auch für die Anwendungsbereiche anderer technischer Regelwerke. Daher können für eine komplexe, möglicherweise auch nur unter eine einzige Nummer des Anhangs 1 zur 4. BImSchV fallende Anlage mehrere technische Regel- 10

werke (17., 13. BImSchV oder auch Nr. 5 TA Luft) anzuwenden sein. Mit dem Begriff der (gemeinsamen) Anlage ist die hierfür erforderliche Abgrenzung nicht möglich.

11 Sachgerecht ist eine vom Anlagenbegriff des BImSchG und dem Umfang der Genehmigungsbedürftigkeit nach 4. BImSchV losgelöste Abgrenzung der Feuerungsanlage iSe technischen Einrichtung. Explizit ist eine solche Abgrenzung auch in § 1 Abs. 3 Nr. 3 und 4 („Einrichtungen"), in § 1 Abs. 3 Nr. 8 („technische Geräte") oder etwa auch in § 1 Abs. 3 der 17. BImSchV vorgesehen, wonach die 17. BImSchV ihren Anwendungsbereich vom Einsatz bestimmter Brennstoffe in Abfallverbrennungs- oder -mitverbrennungs**linien** und nicht vom Einsatz in bestimmten Anlagen abhängig macht. Abzugrenzen ist also auch hier nicht die „Anlage", sondern ebenfalls die technische Einrichtung „Verbrennungslinie". Da sich 13. und 17. BImSchV im System der Emissionsanforderungen nach einem Ausschließlichkeitsprinzip (→ Vorb. Rn. 60, 68), ergänzen, muss eine in der 17. BImSchV vorgesehene Abgrenzung auch bei Anlagen der 13. BImSchV gelten. Die 13. BImSchV verwendet in § 2 Abs. 22 und 23 als Synonym für den Begriff der Feuerungsanlage den Begriff der „Einzelfeuerung" (→ § 2 Rn. 27), der dem Feuerungsanlagenbegriff der Richtlinie sehr viel näherkommt als der Anlagenbegriff des BImSchG. Auch die IE-RL definiert in Art. 3 Nr. 3 nunmehr „Anlage" weitgehender als die 13. BImSchV als „eine ortsfeste technische Einheit, in der eine oder mehrere der in Anhang I oder Anhang VII Teil 1 genannten Tätigkeiten sowie andere unmittelbar damit verbundene Tätigkeiten am selben Standort durchgeführt werden, die mit den in den genannten Anhängen aufgeführten Tätigkeiten in einem technischen Zusammenhang stehen und die Auswirkungen auf die Emissionen und die Umweltverschmutzung haben können". Wie auch gem. § 2 Nr. 5 1. BImSchV gehören zur Feuerungsanlage nach 13. BImSchV Einrichtungen zur Verbrennungsluftzuführung, Verbindungsstück und Abgaseinrichtung.

II. Feuerungswärmeleistung 50 MW oder mehr

12 Die 13. BImSchV gilt für Feuerungsanlagen mit einer Feuerungswärmeleistung von 50 MW oder mehr. Die Feuerungswärmeleistung entscheidet also über die Anwendbarkeit der Verordnung. Eine Definition der Feuerungswärmeleistung findet sich in § 2 Abs. 14 (§ 2 Nr. 11 13. BImSchV 2004): Demnach ist Feuerungswärmeleistung der auf den unteren Heizwert bezogene Wärmeinhalt der Brennstoffe, der einer Anlage im Dauerbetrieb (→ § 2 Rn. 65), je Zeiteinheit zugeführt wird. Die Feuerungswärmeleistung ist also eine Angabe für die Menge Brutto-Energie pro Zeiteinheit, die durch die Feuerungsanlage umgewandelt wird. Dies ist nicht die in einem Kraftwerk erzeugte und beispielsweise zur Stromerzeugung oder, in Form von Prozessdampf genutzte Netto-Energiemenge. Zur Ermittlung der Netto-Energiemenge sind von der Feuerungswärmeleistung iSv § 2 Abs. 15 je nach Anlagenkonfiguration die Verluste durch Kühlwasser (zB zur Schließung des Dampf-Wasser-Kreislaufs), thermodynamische Verluste, Verluste durch heißes Abgas (Schornstein) und weitere Wärmeübertragungsverluste der Anlage in die Umgebung durch Abstrahlung, Konvention und Konvektion, also zB auch durch die Lüftung innerhalb des Kesselhauses, abzuziehen.

13 Die Feuerungswärmeleistung oder thermische Leistung einer Anlage ist auch in anderem Zusammenhang ausschlaggebend, so zB für die Genehmigungsbedürftigkeit nach BImSchG bzw. das für eine Genehmigung durchzuführende Verfahren (vgl. Nr. 1.1 bis 1.5 des Anhangs 1 zur 4. BImSchV) oder die Einbeziehung in den Treibhausgas-Emissionshandel (vgl. Nr. 1 bis 6. des Anhangs 1 zum TEHG). Ferner sieht die 13. BImSchV je nach Höhe der Feuerungswärmeleistung unterschiedliche Emissionsgrenzwerte vor.

Von der Feuerungswärmeleistung ist die **elektrische** oder **mechanische Leistung** einer Anlage zu unterscheiden. Die elektrische Leistung hat beispielsweise für verschiedene Aspekte bei der Förderung der Stromerzeugung aus bestimmten Energiequellen (vgl. § 3 Nr. 31 EEG) Bedeutung und kennzeichnet die in einer Anlage in elektrischen Strom umgewandelte Energiemenge. Die mechanische Leistung kennzeichnet die in der Anlage in mechanische Energie umgewandelte Energiemenge. Zusammen mit der ggf. außerdem in einer Anlage nutzbaren Wärme stellen elektrische und mechanische Leistung die für die **Wirkungsgrade** einer Anlage maßgeblichen Parameter dar (→ § 2 Abs. 5, Abs. 9 und Abs. 21). Bei ihnen wird zwischen Brutto- und Nettoleistung unterschieden. Bruttoleistung ist die Gesamt-Nennleistung der Generatoren; die Nettoleistung ist die Bruttoleistung vermindert um die Summe der von den Hilfsaggregaten verbrauchten Leistungen (Eigenbedarf) und der Leistungsverluste durch Transformation beim Einspeisen ins Netz. Die Bruttoleistung ist die gesamte in der Anlage umgewandelte Energie; die Nettoleistung ist die Bruttoleistung reduziert um den Eigen-Energiebedarf der Anlage, einschließlich ihrer Leistungsverluste. Die Feuerungswärmeleistung eines Kraftwerks ist – vornehmlich durch den thermodynamischen Wirkungsgrad (→ § 2 Rn. 51) bedingt – deutlich höher als die elektrische Leistung. So hat beispielsweise ein Gaskraftwerk mit einer Feuerungswärmeleistung von 700 MW eine elektrische Leistung von ca. 450 MW. 14

III. Einbezogene Brennstoffe

1. Regelbrennstoffe. Gem. § 1 Abs. 1 gilt die 13. BImSchV seit 2013 grundsätzlich unabhängig von den eingesetzten Brennstoffen (§ 2 Abs. 6, → § 2 Rn. 5). § 1 Abs. 1 entspricht Art. 28 Abs. 1 IE-RL, wonach ebenfalls grundsätzlich gleichgültig ist, welche Art von Brennstoff verfeuert wird. In der Feuerungsanlage wird die im Brennstoff gespeicherte chemische Energie durch Oxidation in nutzbare (thermische) Energie umgewandelt. Zu unterscheiden von dem Begriff des Brennstoffs ist der Begriff des Kraftstoffs oder auch Treibstoffs, der in Verbrennungsmotoren (→ § 2 Rn. 5 ff.) verwendet wird, wobei Kraft- und Treibstoffe auch Brennstoffe iSd 13. BImSchV sind. 15

Die wichtigsten (Regel-)Brennstoffe sind in Nr. 1.2.1, 1.2.2 und 1.2.3 des Anhangs 1 zur 4. BImSchV und in § 3 Abs. 1 1. BImSchV aufgeführt (zB Kohle, Koks, naturbelassenes Holz, Heizöl, Methanol, Ethanol, naturbelassenes Erdgas, Flüssiggas oder Wasserstoff). 16

2. Abfälle und abfallähnliche Stoffe. Beim Einsatz anderer Brennstoffe, namentlich Abfälle → 17. BImSchV § 1 Rn. 19 ff. oder abfallähnliche Stoffe → 17. BImSchV § 1 Rn. 29, richten sich die Anforderungen an die Begrenzung von Emissionen nicht nach der 13. BImSchV, sondern nach der 17. BImSchV (vgl. § 1 Abs. 1 der 17. BImSchV, § 1 Abs. 3 Nr. 10). Zu beachten ist, dass bereits die Mitverbrennung von Abfall oder abfallähnlichen Stoffen zu einer Anwendbarkeit der 17. BImSchV führt, wenn die Feuerungsanlage nach § 4 BImSchG iVm der 4. BImSchV genehmigungsbedürftig ist. Eine Anwendbarkeit der 13. BImSchV scheidet dann gem. § 1 Abs. 3 Nr. 10 aus. Eine Sonderstellung haben Abfälle, bei denen es sich um Biobrennstoffe iSv § 2 Abs. 4 Nr. 2 handelt, und deren Einsatz der Anwendbarkeit der 13. BImSchV unterliegt. Nach dem Willen des Verordnungsgebers 2004 – was nach wie vor gilt – sollen 13. BImSchV und 17. BImSchV abgestimmt sein (BT Drs. 15/3420, 18 (19)). 17

IV. Errichtung, Beschaffenheit und Betrieb

Wie auch schon die 13. BImSchV 1983/2004/2013 betreffen die Anforderungen der 13. BImSchV, Errichtung, Beschaffenheit und Betrieb der einbezogenen Anlagen. Die Begriffe stammen aus dem nationalen Recht (zu den Begriffen → *Dietlein* § 4 BImSchG 18

Rn. 68 ff., 81 f.). Sie knüpfen an die Instrumentarien des BImSchG zur Durchsetzung einer effektiven Luftreinhaltung, wie Genehmigungsvorbehalt, Einschränkung der Genehmigung durch den Vorbehalt einer Anpassungspflicht und nachträgliche Anordnung an: Errichtung und Betrieb von Großfeuerungsanlagen stehen unter dem Genehmigungsvorbehalt des § 4 BImSchG. Errichtung, Beschaffenheit und auch Betrieb der Großfeuerungsanlage hat nach Maßgabe der dynamischen Pflichten (→ *Dietlein* § 5 BImSchG Rn. 6) zu erfolgen. Anknüpfend an diesen dynamischen Charakter der Grundpflichten kann die Bundesregierung durch eine Verordnung nach § 7 BImSchG oder die zuständige Behörde gem. § 17 BImSchG die Anforderungen an Beschaffenheit und Betrieb auch von bestehenden Großfeuerungsanlagen verschärfen. Die immissionsschutzrechtliche Genehmigung für eine Großfeuerungsanlage steht insofern von vornherein unter dem Vorbehalt der Grundpflichtigkeit und deren Konkretisierung (*Sellner/Reidt/Ohms* 1. Teil Rn. 65 mwN, 4. Teil Rn. 4).

19 Aus der **Dynamik der Grundpflichten** folgt ferner, dass hinreichend bestimmte, in Rechtsverordnungen wie der 13. BImSchV konkretisierte Anforderungen auch unmittelbar – und evtl. unter Beachtung von Übergangsfristen – Geltung beanspruchen können (→ Vorb. Rn. 70). Im Falle der wesentlichen Änderung und Erweiterung (§ 16 BImSchG) von Großfeuerungsanlagen ist zu beachten, dass insoweit eine Pflicht zur sofortigen Beachtung aktualisierter Anforderungen besteht, als in den „Bestand" eingegriffen wird (→ § 8).

V. Ausnahmen von der Anwendbarkeit der 13. BImSchV (Abs. 3)

20 § 1 Abs. 3 nimmt nach dem Muster der 13. BImSchV 2004 und auch der IE-RL (Art. 28 S. 2) verschiedene Anlagentypen aus dem im Ausgangspunkt weiten Anwendungsbereich der 13. BImSchV aus:

21 **1. Behandlung von Gegenständen oder Materialien.** Gem. § 1 Abs. 3 Nr. 1 gilt die Verordnung nicht für Feuerungsanlagen, in denen die Verbrennungsprodukte unmittelbar zum Erwärmen, zum Trocknen oder zu einer anderweitigen Behandlung von Gegenständen oder Materialien verwendet werden, zum Beispiel Wärme- und Wärmebehandlungsöfen und Hochöfen. Die Nr. 1 fasst somit die bisherigen Nummern 1 und 2 des § 1 Abs. 2 13. BImSchV 2004 zusammen, wonach der unmittelbare Einsatz von **Abgasen** (wie zB Kohlenmonoxid) bei Herstellungsverfahren oder zur Behandlung von Gegenständen oder Materialien verwendet werden. Nr. 1 ist somit nunmehr 1:1 dem unionsrechtlichen Ausnahmetatbestand in Art. 28 Abs. 2 lit. a) der IE-RL nachgebildet und erweitert somit die bisherigen Regelungen in § 1 Abs. 2 Nr. 1 und 2 13. BImSchV 2004 auf alle Verbrennungsprodukte wie beispielsweise Asche, Schlacke oder Ruß (anders noch die 13. BImSchV 2004, vgl. BT-Drs. 15/2596, 31). Als Beispiel für die Ausnahme in § 1 Abs. 3 Nr. 1 nennt die Verordnung Hochöfen (die Begründung der 13. BImSchV 2004 nennt diese Anlagen Röstanlagen). Die Verordnungsbegründung 2004 (BT Drs. 15/1074, 22), die ausweislich der entsprechenden Regelungsabsicht des Verordnungsgebers bei der Neufassung 2013 (BR-Drs. 676/12, 170 f.) und 2021 (BT-Drs. 19/24906, 94) nach wie vor heranzuziehen ist, weist explizit darauf hin, dass die Ausnahmetatbestände weitere Anlagen als die exemplarisch genannten Anlagen betreffen. Hierbei kann es sich ausweislich der Verordnungsbegründung auch um Sinter-Anlagen, Zementöfen oder Glasschmelzen handeln. Unter den Ausnahmetatbestand des § 1 Abs. 3 Nr. 1 ist dementsprechend auch **der (Direkt-) Reduktionsprozess** (DRI- Direct Reduced Iron) der sich dekarbonisierenden Stahlindustrie zu fassen (→ Vor § 62 Rn. 2 zum dazugehörigen Prozessgaserhitzer).

2. Nachverbrennungsanlagen. Gem. § 1 Abs. 3 Nr. 2 gilt die 13. BImSchV nicht für Nachverbrennungsanlagen (eigentlich: Nachverbrennungseinrichtungen), die dafür ausgelegt sind, die Abgase durch Verbrennung zu reinigen, und die nicht als unabhängige Feuerungsanlagen betrieben werden. Die Verordnungsbegründung 2004 nennt in diesem Kontext thermische oder katalytische Nachverbrennungseinrichtungen, die anderen Anlagen (zB Lackieranlagen) unmittelbar zugeordnet oder nachgeschaltet sind. Die Ausnahme in dieser Nr. 2 entspricht der Ausnahme in Art. 28 Abs. 2 lit. b) der IE-RL. Von einer „unabhängigen Feuerungsanlage" ist auszugehen, wenn kein betriebstechnischer Zusammenhang zu einer Anlage besteht, aus der die verbrannten Abgase stammen. Da das Unionsrecht den nationalen Anlagenbegriff nicht kennt und die Ausnahme in Art. 28 Abs. 2 lit. b) der IE-RL allgemein nur von „technischen Einrichtungen" spricht, ist von einer unabhängigen Feuerungsanlage auch dann auszugehen, wenn die beiden betriebstechnisch miteinander verbundenen Anlagen von unterschiedlichen Personen betrieben werden. 22

3. Reinigung von Katalysatoren für Krack-Anlagen. Gem. § 1 Abs. 3 Nr. 3 gilt die 13. BImSchV nicht für Einrichtungen zum Regenerieren von Katalysatoren für katalytisches Kracken (§ 1 Abs. 2 Nr. 4 13. BImSchV 2004: Feuerungsanlagen, in denen Katalysatoren für Crack-Anlagen durch Wärmeeinwirkung gereinigt werden). Die Ausnahme entspricht Art. 28 Abs. 2 lit. c) IE-RL. 23

4. Clausanlagen. Gem. § 1 Abs. 3 Nr. 4 gilt die 13. BImSchV nicht für Einrichtungen für die Umwandlung von Schwefelwasserstoff in Schwefel nach dem Claus-Prozess (Clausanlagen). Die Ausnahme entspricht Art. 28 Abs. 2 lit. d) IE-RL. In Clausanlagen werden alle Schwefelwasserstoff (H_2S)-haltigen Abgase, die in den verschiedenen Anlagen einer Raffinerie anfallen, aufgearbeitet. Dabei wird das giftige H_2S zu elementarem Schwefel und Wasser umgewandelt. 24

5. Reaktoren der chemischen Industrie. Gem. § 1 Abs. 3 Nr. 5 findet die 13. BImSchV keine Anwendung auf Feuerungsanlagen der chemischen Industrie, die der unmittelbaren Beheizung von Gütern in Reaktoren dienen. Für die mittelbare Beheizung gilt Abschnitt 6. Abweichend vom Wortlaut des Ausnahmetatbestands in Art. 28 Abs. 2 lit. e) IE-RL („in der chemischen Industrie verwendete Reaktoren") geht der Verordnungsgeber davon aus, dass diese Ausnahme nur insoweit greift, als die Abgase der Feuerungsanlagen mit den chemischen Stoffen unmittelbar in Berührung kommen (BT-Drs. 15/1074, 22). Dieser Einschränkung dürfte aber keine Bedeutung zukommen, wenn die Ausnahmetatbestände in § 1 Abs. 3 ohnehin – so der Verordnungsgeber 2004 – nicht abschließend sein sollen (→ Rn. 21). Zur „chemischen Industrie" im Sinne von Nr. 5 sind auch die Anlagen anderer Industriezweige zu zählen, in denen chemische (Vor-)Produkte im industriellen Maßstab erzeugt werden. 25

6. Koksöfen. Der Ausnahmetatbestand in § 1 Abs. 3 Nr. 6 (§ 1 Abs. 2 Nr. 7 13. BImSchV 2004: „Koksofenunterfeuerungen") entspricht der Ausnahme in Art. 28 Abs. 2 lit. f) IE-RL (zu Koksofengas → § 31 Rn. 5). 26

7. Winderhitzer. Die Ausnahme in § 1 Abs. 3 Nr. 7 entspricht dem Ausnahmetatbestand in Art. 28 Abs. 2 lit. g) IE-RL („cowpers"). Winderhitzer sind bis zu ca. 60 Meter hohe, turmartige Behälter, mit denen die Reaktionsluft vor der Einspeisung in einen Hochofen vorgewärmt wird. Dazu werden zunächst die feuerfesten Silikatsteine, mit denen die Winderhitzer ausgemauert sind, durch die Verbrennung eines Gichtgas-Luft- 27

Gemisches aufgeheizt. Danach wird Frischluft über die Steine geleitet und mit einer Temperatur von über 1300 Grad Celsius in den Hochofen geleitet (zu Hochofengas → § 31 Rn. 5).

28 **8. Antrieb von Fahrzeugen, Schiffen oder Flugzeugen.** Gem. dem in der 13. BImSchV 2013 und nach Art. 28 Abs. 2 lit. h) IE-RL eingefügten § 1 Abs. 3 Nr. 8 unterliegen technische Geräte, die unmittelbar zum Antrieb von Fahrzeugen, Schiffen oder Flugzeugen eingesetzt werden, nicht dem Anwendungsbereich der 13. BImSchV. Diese Einschränkung wurde notwendig, weil der Anwendungsbereich der Verordnung auf Verbrennungsmotoranlagen erweitert wurde.

29 **9. Gasturbinen und Gasmotoren auf Offshore-Plattformen.** Der Ausnahmetatbestand in § 1 Abs. 3 Nr. 9 entspricht der Ausnahme in Art. 28 Abs. 2 lit. i) IE-RL. Aufgrund von Unionsrecht (EuGH, 17. 1. 2012 Rs. C-347/10) gelten die Regelungen der IE-RL auch im Bereich der deutschen Ausschließlichen Wirtschaftszone (AWZ), so dass diese Ausnahmevorschrift für das Küstenmeer und die AWZ gleichermaßen relevant ist.

30 **10. Abfallverbrennung.** Gem. § 1 Abs. 3 Nr. 10 gilt die 13. BImSchV nicht für Anlagen, die als Brennstoff andere feste oder flüssige Abfälle als die in § 2 Abs. 4 Nr. 2 genannten Abfälle verwenden. Nach der Verordnungsbegründung soll § 1 Abs. 3 Nr. 10 dem § 1 Abs. 2 Nr. 11 13. BImSchV 2004 entsprechen, wonach Anlagen, „soweit sie dem Anwendungsbereich der 17. BImSchV unterliegen" nicht dem Anwendungsbereich der 13. BImSchV unterfallen (→ Rn. 8; zu Destillations- und Konversionsrückständen → Vor § 46 Rn. 1). Die Ausnahme entspricht Art. 28 Abs. 2 lit. j) iVm Art 3 Nr. 31 lit. b) IE-RL. Soweit also Anlagen dem Anwendungsbereich des Kapitels IV der IE-RL für Abfallverbrennungsanlagen und Abfallmitverbrennungsanlagen unterliegen, gelten die Vorschriften über Feuerungsanlagen des Kapitels III der IE-RL nicht.

31 In der Praxis stellt sich die Frage, welche Regelungen Anwendung finden, wenn die Mitverbrennung von Abfällen in einer Mitverbrennungsanlage iSv § 1 Abs. 1 17. BImSchV längere Zeit unterbrochen und die Anlage also nur mit Regelbrennstoffen betrieben wird (vgl. noch Nr. 1 Hinweise der LAI zu Auslegungsfragen zur 13. BImSchV, Stand 16. 9. 2005). Zutreffend weist die LAI darauf hin, dass primär die Maßgaben der für die Anlage erteilten immissionsschutzrechtlichen Genehmigungen gelten. Sind darin Festlegungen in Bezug auf bestimmte Emissionsgrenzwerte bei Unterbrechung der Abfallmitverbrennung getroffen, gelten diese solange, bis die zuständige Genehmigungsbehörde eine anderweitige Regelung trifft.

32 Solange für eine Feuerungsanlage die Mitverbrennung von Abfällen gestattet ist, sind Nebenbestimmungen zu Genehmigungen bzw. nachträglichen Anordnungen – unabhängig vom tatsächlich eingesetzten Brennstoff – die Anforderungen der 17. BImSchV zugrunde zu legen. Der Anlagenbetreiber kann allerdings von der Möglichkeit des § 6 Abs. 2 BImSchG Gebrauch machen und eine sogenannte Rahmengenehmigung beantragen, die unterschiedliche Betriebsweisen zulässt. Eine unterschiedliche Betriebsweise beinhaltet nicht nur den Einsatz unterschiedlicher Brennstoffe, sondern auch unterschiedliche, für die Einzelbetriebsweise geltende Vorsorgeanforderungen wie zB Emissionsgrenzwerte. Wenn eine solche Rahmengenehmigung nachträglich für eine vorhandene Anlage beantragt wird, bedarf es hierfür der Anzeige nach § 15 BImSchG oder einer Änderungsgenehmigung nach § 16 BImSchG. Eine Anzeige nach § 15 BImSchG ist ausreichend, wenn bei der zusätzlich geplanten Betriebsweise keine größeren Schadstoffvolumina entstehen. Die Behörde sollte aber durch begleitende Anordnung nach § 17 BImSchG (→ *Schiller* § 15 BImSchG Rn. 80) die Emissionsanforderungen bei neuer Betriebsweise, ggf. zusam-

men mit aktualisierten Anforderungen an die bisherige Betriebsweise präzise festlegen. Mit der dem Antragsteller gem. § 12 Abs. 2b BImSchG ebenfalls in der nachträglichen Anordnung aufzuerlegenden Verpflichtung, der zuständigen Behörde die jeweilige Betriebsart unverzüglich anzuzeigen, wird ein Betrieb zu den jeweils maßgeblichen Bedingungen für die Behörde – auch im Rahmen der Elektronischen Fernüberwachung (→ Vorb. Rn. 82) – überprüfbar. Ein Verzicht auf die Mitverbrennung von Abfällen – wie dies die Auslegungsfragen der LAI zur 13. BImSchV (2005) vorgeschlagen haben – ist unter Verfahrensgesichtspunkten dann problematisch, wenn der Betreiber wieder von der ursprünglich genehmigten Option der Mitverbrennung Gebrauch machen möchte. Wenn der Betreiber also nicht ausschließen kann, später wieder Abfälle mitzuverbrennen, sollte ein solcher Verzicht nicht erklärt werden (zum Erlöschen der Genehmigung durch Verzicht → *Hansmann/Ohms* § 18 BImSchG Rn. 8).

Neu eingeführt wird mit Nr. 11 der **Ausschluss von Prüfständen,** die der Erprobung **33** von Verbrennungsmotoren und Gasturbinenanlagen, z.B. für Luftfahrzeuge, dienen. Die Regelung ist § 1 Abs. 2 Nr. 15 der 44. BImSchV nachgebildet und sachgerecht im Hinblick darauf, dass Prüfstände ihren Zweck ggf. nicht erfüllen können, wenn sie ihre Betriebsbedingungen an die einzuhaltenden Emissionsgrenzwerte anpassen müssten. Die Regelung ist von Art. 2 Abs. 2 der IE-RL gedeckt.

C. Vorsorge- und Wärmenutzungspflicht (Abs. 4 Nr. 1)

Gem. § 1 Abs. 3 enthält die 13. BImSchV – wie auch schon die 13. BImSchV 2004 **34** und die 13. BImSchV 2013/2017 – Anforderungen, die zur Vorsorge gegen schädliche Umwelteinwirkungen nach § 5 Abs. 1 Nr. 2 BImSchG zu erfüllen sind. Nach dem Willen des Verordnungsgebers konkretisiert die Verordnung die Anforderungen zur Vorsorge gegen schädliche Umwelteinwirkungen gem. § 5 Abs. 1 Nr. 2 BImSchG abschließend (BT-Drs. 15/3420, 19). Weitergehende Vorsorgeanforderungen sind daher gem. § 17 Abs. 3 BImSchG nicht möglich.

Vorsorge nach § 5 Abs. 1 Nr. 2 BImSchG und somit die Emissionsanforderungen der **35** 13. BImSchV sind nicht nur aus technischen, sondern auch aus rechtlichen Gründen nicht unbegrenzt möglich. Das Bundesverwaltungsgericht (BVerwGE 69, 37) formuliert hierzu Folgendes: „Das Ziel von Vorsorgeanforderungen muss dem Risiko, dem entgegengewirkt werden soll, angemessen Rechnung tragen. Dies ist dann der Fall, wenn es auf einem langfristigen, auf eine einheitliche und gleichmäßige Durchführung angelegten Konzept beruht. Erst ein derartiges Konzept garantiert die angestrebte Minderung der Gesamtemissionen und rechtfertigt die zu diesem Zweck an die einzelnen Feuerungsanlagen gestellten Anforderungen auch unter dem Gesichtspunkt der Verhältnismäßigkeit; diese ist, zB wenn es um Vorsorge gegen den Ferntransport von Luftschadstoffen geht, nicht mit – auf die einzelne Anlage bezogenen – betriebswirtschaftlichen Kategorien zu messen, sondern nur in volkswirtschaftlichen Größenordnungen erfassbar.". Dementsprechend geht es auch nicht um eine sich in strenger rechtlicher Gebundenheit vollziehende Anordnung des „technisch Machbaren", sondern „um eine komplexe Neubewertung der Frage, welche Emissionsbegrenzung künftig von allen Anlagen über einen beträchtlichen Zeitraum hinweg als angemessene Vorsorge verlangt wird" (→ *Dietlein* § 5 BImSchG Rn. 131 ff., 159 ff.).

Aus dem Umstand, dass die 13. BImSchV die Vorsorgepflicht des § 5 Abs. 1 1 Nr. 2 **36** BImSchG konkretisiert, ist zu folgern, dass ihre Regelungen grundsätzlich nur dem Interesse der Allgemeinheit und nicht demjenigen des Einzelnen dienen. Nach der Rechtsprechung des Bundesverwaltungsgerichts (BVerwGE 119, 329) können Emissionswerte

zwar grundsätzlich auch die Schutzpflicht des § 5 Abs. 1 Nr. 1 BImSchG konkretisieren und somit auch dem Schutz eines individualisierbaren Personenkreises im Einwirkungsbereich der Anlage dienen. Die ausdrückliche Regelung in § 1 Abs. 4 schließt dies indes explizit aus. Möglich ist Drittschutz mit der Folge, dass Abwehransprüche vom Nachbarn begründet werden können, allenfalls insoweit, als Schadstoffimmissionswerte nicht existieren und durch die Überschreitung von Emissionsgrenzwerten bzw. Vorsorgeanforderungen der 13. BImSchV Indizien für das Erfordernis einer Einzelfallprüfung geschaffen werden (zu weitergehendem Rechtsschutz aus UVP-RL und von Umweltvereinigungen → Vorb. Rn. 81).

37 Gem. § 1 Abs. 4 Nr. 1 enthält die Verordnung außerdem Anforderungen an Feuerungsanlagen zur Nutzung der entstehenden Wärme nach § 5 Abs. 1 Nr. 4 BImSchG. Die Regelung war so auch schon bereits in der 13. BImSchV 2004 und der 13. BImSchV 2013/2017 enthalten. Gem. § 5 Abs. 1 Nr. 4 BImSchG sind Anlagen so zu errichten und zu betreiben, dass Energie sparsam und effizient verwendet wird. Eine entsprechende Anforderung ist in § 7 zur Kraft-Wärme-Kopplung geregelt. Ansonsten wird § 1 Abs. 4 Nr. 1 lediglich als Auslegungshilfe und bei Ermessensentscheidungen in Bezug auf die zu stellenden Anforderungen, zB nach den §§ 23 und 24 relevant sein.

D. Erfüllung von Luftqualitätsanforderungen nach § 48a Abs. 1 und 3 BImSchG (Abs. 4 Nr. 2)

38 Gemäß dem im Zuge der Umsetzung der IE-RL eingeführten § 1 Abs. 4 Nr. 2 enthält die Verordnung im Übrigen Anforderungen an Feuerungsanlagen zur Erfüllung von Luftqualitätsanforderungen der Europäischen Gemeinschaften oder der Europäischen Union nach § 48a Abs. 1 und 3 BImSchG. § 48a Abs. 1 BImSchG enthält dabei die Ermächtigung, Rechtsverordnungen über die Festsetzung von Immissions- und Emissionswerten einschließlich der Verfahren zur Ermittlung sowie Maßnahmen zur Einhaltung dieser Werte und zur Überwachung und Messung zu erlassen. Auch wie die Bevölkerung zu unterrichten ist, kann geregelt werden. Von diesen Verordnungsermächtigungen hat der Gesetzgeber in der 39. BImSchV, der Verordnung über Luftqualitätsstandards und Emissionshöchstmengen vom 2.8.2010 (BGBl. I 1065, zuletzt geändert 9.6.2020, BGBl., 1328) Gebrauch gemacht. Damit korrespondierend enthält § 48a Abs. 3 BImSchG die Berechtigung, soweit zur Kontrolle erforderlich, von Behörden zu erfüllende Pflichten zu begründen und ihnen Befugnisse zur Erhebung, Verarbeitung und Nutzung personenbezogener Daten einzuräumen. Da die 13. BImSchV keine konkreten diesbezüglichen Anforderungen regelt, dürfte § 1 Abs. 4 Nr. 2 Programmcharakter zukommen, der allenfalls bei den Ermessensentscheidungen eine Rolle spielen, zB bei Anlagen in Bereichen, in denen die Luftqualitätsstandards nicht eingehalten oder gerade eben eingehalten werden.

§ 2 Begriffsbestimmungen

(1) **"Abgas" im Sinne dieser Verordnung ist das Trägergas mit den festen, flüssigen oder gasförmigen Emissionen, angegeben als Volumenstrom in der Einheit Kubikmeter je Stunde (m^3/h) und bezogen auf das Abgasvolumen im Normzustand (Temperatur 273,15 Kelvin (K), Druck 101,3 Kilopascal (kPa)) nach Abzug des Feuchtegehalts an Wasserdampf.**

(2) **"Abgasreinigungseinrichtung" im Sinne dieser Verordnung ist eine der Feuerung nachgeschaltete Einrichtung zur Verminderung von Luftverunreinigungen einschließlich Einrichtungen zur selektiven nichtkatalytischen Reduktion und zur selektiven katalytischen Oxidation.**

(3) "Bezugssauerstoffgehalt" im Sinne dieser Verordnung ist der jeweils vorgegebene oder zu berechnende Volumengehalt an Sauerstoff im Abgas, auf den der jeweilige Emissionsgrenzwert nach Anlage 5 zu beziehen ist.

(4) "Biobrennstoffe" im Sinne dieser Verordnung sind

1. die Produkte land- oder forstwirtschaftlichen Ursprungs aus pflanzlichem Material oder Teilen davon, soweit sie zur Nutzung ihres Energieinhalts verwendet werden, und

2. nachstehende Abfälle, wenn die erzeugte Wärme genutzt wird:

a. pflanzliche Abfälle aus der Land- und Forstwirtschaft,

b. pflanzliche Abfälle aus der Nahrungsmittelindustrie,

c. natürliche, nicht gefährliche Hölzer aus der Landschaftspflege, wenn sie aufgrund ihrer stofflichen Beschaffenheit mit den Hölzern aus der Forstwirtschaft vergleichbar sind,

d. faserige pflanzliche Abfälle und Ablaugen aus der Herstellung von natürlichem Zellstoff und aus der Herstellung von Papier aus Zellstoff, sofern sie am Herstellungsort mitverbrannt werden,

e. Korkabfälle,

f. Holzabfälle; hiervon ausgenommen sind Holzabfälle, die infolge einer Behandlung mit Holzschutzmitteln oder infolge einer Beschichtung halogenorganische Verbindungen oder Schwermetalle enthalten können, insbesondere Holzabfälle aus Bau- und Abbruchabfällen.

(5) "Brennstoffbezogener Nettowirkungsgrad" im Sinne dieser Verordnung ist das Verhältnis der Summe von elektrischer oder mechanischer Nettoleistung und von der nutzbaren Nettowärmeleistung zur Feuerungswärmeleistung.

(6) "Brennstoffe" im Sinne dieser Verordnung sind alle festen, flüssigen oder gasförmigen brennbaren Stoffe einschließlich ihrer nicht brennbaren Bestandteile; hiervon ausgenommen sind brennbare Stoffe, soweit sie dem Anwendungsbereich der Verordnung über die Verbrennung und die Mitverbrennung von Abfällen unterliegen.

(7) "Dieselkraftstoff" im Sinne dieser Verordnung ist Kraftstoff, der die Anforderungen nach § 4 Absatz 1 der Verordnung über die Beschaffenheit und die Auszeichnung der Qualitäten von Kraft- und Brennstoffen erfüllt.

(8) "Dieselmotoranlage" im Sinne dieser Verordnung ist eine nach dem Dieselprinzip arbeitende Verbrennungsmotoranlage mit Selbstzündung des Kraftstoffs.

(9) "Elektrischer Nettowirkungsgrad" im Sinne dieser Verordnung ist das Verhältnis der netto bereitstellbaren elektrischen Leistung zur Feuerungswärmeleistung.

(10) "Emissionen" im Sinne dieser Verordnung sind die von einer Anlage ausgehenden Luftverunreinigungen, angegeben als Massenkonzentrationen in der Einheit Milligramm je Kubikmeter Abgas (mg/m^3) oder Nanogramm je Kubikmeter Abgas (ng/m^3) oder als Massenstrom in der Einheit Megagramm pro Jahr (Mg/a); Staubemissionen können als Rußzahl angegeben werden.

(11) "Emissionsgrenzwert" im Sinne dieser Verordnung ist die Emission einer Anlage, die zulässigerweise in die Luft abgeleitet werden darf, angegeben als Massenkonzentration und bezogen auf den jeweiligen Bezugssauerstoffgehalt, im Fall von Staubemission auch angegeben als zulässige Rußzahl.

(12) "Entschwefelungsgrad der Rauchgasentschwefelungseinrichtung" im Sinne dieser Verordnung ist das Verhältnis der Menge an Schwefeloxiden, die von der Rauchgasentschwefelungseinrichtung abgeschieden worden ist, zu der Menge an Schwefeloxiden, die der Rauchgasentschwefelungseinrichtung mit dem Abgas zugeführt worden ist.

(13) **"Erdgas" im Sinne dieser Verordnung ist oder sind**

1. natürlich vorkommendes Methangas mit nicht mehr als 20 Volumen-Prozent an Inertgasen und sonstigen Bestandteilen, das den Anforderungen des DVGW-Arbeitsblatts G 260 (DVGW: Deutscher Verein des Gas- und Wasserfaches e.V.), Ausgabe März 2013, für Gase der zweiten Gasfamilie entspricht, sowie

2. Klär-, Bio- und Grubengase nach dem DVGW-Arbeitsblatt G 262, Ausgabe September 2011, die die Bedingungen des DVGW-Arbeitsblatts G 260 als Austauschgas oder als Zusatzgas zur Konditionierung erfüllen und insoweit die Grundgase der zweiten Gasfamilie in der öffentlichen Gasversorgung ersetzen oder ergänzen.

(14) **"Feuerungsanlage" im Sinne dieser Verordnung ist jede Anlage, in der Brennstoff zur Nutzung der erzeugten Wärme oxidiert wird.**

(15) **"Feuerungswärmeleistung" im Sinne dieser Verordnung ist der auf den unteren Heizwert bezogene Wärmeinhalt der Brennstoffe, der einer Anlage im Dauerbetrieb je Zeiteinheit zugeführt wird, angegeben in Megawatt.**

(16) **"Gasturbinenanlage" im Sinne dieser Verordnung ist eine Feuerungsanlage mit einer rotierenden Maschine, die thermische Energie in mechanische Arbeit umwandelt und im Wesentlichen aus einem Verdichter, aus einer Brennkammer, in der Brennstoff zur Erhitzung des Arbeitsmediums oxidiert wird, und aus einer Turbine besteht.**

(17) **"Gasturbine mit Zusatzfeuerung" im Sinne dieser Verordnung ist eine Gasturbine, deren Abgase einer nachgeschalteten Feuerung mit eigener Brennstoffzufuhr als Verbrennungsluft zugeführt werden.**

(18) **"Gasmotoranlage" im Sinne dieser Verordnung ist eine arbeitende Verbrennungsmotoranlage**

1. mit Fremdzündung des Kraftstoffs oder

2. im Fall von Zweistoffmotoren mit Selbstzündung des Kraftstoffs.

(19) **"Großfeuerungsanlage" im Sinne dieser Verordnung ist eine Feuerungsanlage, die keine Gasturbinenanlage oder Verbrennungsmotoranlage ist.**

(20) **"Leichtes Heizöl" im Sinne dieser Verordnung ist Heizöl nach DIN 51603 Teil 1, Ausgabe September 2020, oder Heizöl nach DIN SPEC 51603 Teil 6, Ausgabe März 2017.**

(20a) **"Magerbetrieb" im Sinne dieser Verordnung liegt vor, wenn ein Motor im Dauerbetrieb mit hohem Luftüberschuss gefahren wird.**

(21) **"Mechanischer Nettowirkungsgrad" im Sinne dieser Verordnung ist das Verhältnis der netto bereitstellbaren mechanischen Leistung zur Feuerungswärmeleistung.**

(22) **"Mehrstofffeuerung" im Sinne dieser Verordnung ist eine Einzelfeuerung, die mit zwei oder mehr Brennstoffen wechselweise betrieben werden kann.**

(23) **"Mischfeuerung" im Sinne dieser Verordnung ist eine Einzelfeuerung, die mit zwei oder mehr Brennstoffen gleichzeitig betrieben werden kann.**

(24) **"Netzstabilitätsanlage" ist eine Anlage zur Stromerzeugung, die nicht am Strommarkt teilnimmt und deren Einsatz als besonderes netztechnisches Betriebsmittel nach § 11 Absatz 3 des Energiewirtschaftsgesetzes vom 7. Juli 2005 (BGBl. I S. 1970, 3621), das zuletzt durch Artikel 4 des Gesetzes vom 8. August 2020 (BGBl. I S. 1818) geändert worden ist, sich auf einen Notbetrieb zur Wiederherstellung der Sicherheit und Zuverlässigkeit des Elektrizitätsversorgungssystems bei einem tatsächlichen örtlichen Ausfall eines oder mehrerer Betriebsmittel im Übertragungsnetz beschränkt.**

(24a) **"Periodische Messung" ist die Ermittlung einer Messgröße (einer bestimmten, quantitativ zu messenden Größe) in festgelegten Zeitabständen.**

(25) **"Rauchgasentschwefelungseinrichtung" ist eine aus einer Abgasreinigungseinrichtung oder aus einer Kombination von Abgasreinigungseinrichtungen bestehende Einrichtung zur Senkung der Schwefeloxid-Emissionen einer Feuerungsanlage.**

(26) **"Schornstein" im Sinne dieser Verordnung ist eine Konstruktion, die einen oder mehrere Züge aufweist, über die Abgase in die Luft abgeleitet werden.**

(27) **"Schwefelabscheidegrad" im Sinne dieser Verordnung ist das Verhältnis der Schwefelmenge, die von einer Feuerungsanlage in einem bestimmten Zeitraum nicht in die Luft abgeleitet wird, zu der Schwefelmenge des Brennstoffs, der im gleichen Zeitraum in die Feuerungsanlage eingebracht und verbraucht wird, angegeben als Prozentsatz.**

(28) **"Verbrennungsmotoranlage" im Sinne dieser Verordnung ist eine Feuerungsanlage in Form einer Dieselmotoranlage oder einer Gasmotoranlage.**

Übersicht

A. Allgemeines

1 § 2 enthält wichtige Definitionen für in der 13. BImSchV verwendeten Begriffe. Sie sollen der Klarstellung und der einheitlichen Anwendung der Vorschriften im Vollzug dienen (siehe zur 13. BImSchV 2004 BT-Drs. 15/3420, 21). Nach dem Willen des Verordnungsgebers 2004 sollen sie „weitgehend" an die Begriffsbestimmungen der Großfeuerungsanlagen-RL angepasst sein (BT-Drs. 15/3420, 20). Der Verordnungsgeber 2013 und 2021 ändert daran nichts Wesentliches. Lediglich die Absätze werden verschoben. Im Zuge der Neufassung 2021 wurden in den Absätzen 5, 9 und 21 Definitionen im Kontext der Effizienz einer Anlage aufgenommen (→ § 1 Rn. 37)

2 Die Darstellung hier folgt nicht der alphabetischen Aufzählung in der Verordnung, sondern einer vom Sachzusammenhang vorgegeben Reihenfolge. Weitere Definitionen sind Art. 3 IE-RL sowie den BVT zu entnehmen. Im Kontext von Messungen sind die Definitionen der Verwaltungsvorschrift Bundeseinheitliche Praxis bei der Überwachung der Emissionen (RdSchr. d. BMUV v. 31.7.2023 – AG C I 2 – 5025/001-2023.0001 –, GMBl 2023, 931) heranzuziehen.

B. Begriffsbestimmungen

I. Anlagentypen (Abs. 8, 14, 16 bis 19, Abs. 24 und 28)

3 § 2 definiert folgende unterschiedliche Anlagentypen:
Abs. 8: Dieselmotorenanlage,
Abs. 14: Feuerungsanlage,
Abs. 16: Gasturbinenanlage,
Abs. 17: Gasturbine mit Zusatzfeuerung,
Abs. 18: Gasmotorenanlage,
Abs. 19: Großfeuerungsanlage,
Abs. 28: Verbrennungsmotorenanlage.

Diese Anlagentypen sind im Abschnitt Anwendungsbereich behandelt (→ § 1 Rn. 3). Ebenso wird wegen des Begriffs der Feuerungswärmeleistung (Abs. 15) auf den Abschnitt Anwendungsbereich verwiesen (→ § 1 Rn. 12).

4 Im Zuge der Neufassung 2021 wurde ergänzend die Definition der **Netzstabilitätsanlage** (Abs. 24) eingefügt. Die Definition ist für die Anwendung von § 35 relevant. Bei einer Netzstabilitätsanlage handelt es sich um eine Anlage zur Stromerzeugung, die nicht am Strommarkt teilnimmt und deren Einsatz als besonderes netztechnisches Betriebsmittel nach § 11 Abs. 3 EnWG sich auf einen Notbetrieb zur Wiederherstellung der Sicherheit und Zuverlässigkeit des Elektrizitätsversorgungssystems bei einem tatsächlichen örtlichen Ausfall eines oder mehrerer Betriebsmittel im Übertragungsnetz beschränkt. § 11 Abs. 3 EnWG ermächtigte Übertragungsnetzbetreiber, Dritte mit Errichtung und Betrieb von Stromerzeugungsanlagen zu beauftragen, um die Energieversorgungssicherheit bei einem örtlichen Ausfall von Betriebsmitteln wiederherzustellen. § 11 Abs. 3 EnWG wurde allerdings im Zuge des Gesetzes zur Umsetzung unionsrechtlicher Vorgaben und zur Rege-

lung reiner Wasserstoffnetze im Energiewirtschaftsrecht vom 16.7.2021, BGBl. I, 3026 zugunsten des sogenannten Redispatch 2.0 (§§ 13, 13a, 14 EnWG) zum 1.10.2021 aufgehoben, so dass die Regelung nur noch für Anlagen gilt, die unter die Übergangsregelung in § 118 Abs. 33 EnWG fallen.

II. (Bio-)Brennstoffe (Abs. 4 und Abs. 6)

1. Bedeutung des Brennstoffs. Neben der genehmigten Feuerungswärmeleistung der Anlage (→ § 1 Rn. 12) bestimmt der genehmigte – nicht der tatsächlich eingesetzte – Brennstoff zunächst das für die Vorsorgeanforderungen einschlägige Regelwerk. Ist die Anlage für Brennstoffe genehmigt, die dem Anwendungsbereich des § 1 der 17. BImSchV unterliegen, finden die Regelungen der 17. BImSchV Anwendung. Ist die Anlage in § 1 Abs. 3 genannt und fällt nicht in den Anwendungsbereich der 17. BImSchV oder beträgt die Feuerungswärmeleistung weniger als 50 MW, sind für genehmigungsbedürftige Anlagen die Vorsorgeanforderungen in Nr. 5 TA Luft anzuwenden. Im Übrigen gilt für genehmigungsbedürftige Anlagen die 13. BImSchV. Werden Brennstoffe eingesetzt, deren Einsatz nicht genehmigt ist, wird die Anlage ohne Genehmigung betrieben, und soll durch die zuständige Behörde stillgelegt werden (§ 20 Abs. 2 BImSchG). 5

Der Brennstoff, für den die Anlage genehmigt ist, entscheidet außerdem darüber, welche Jahresmittelwerte nach § 5 zur Absicherung von Umweltqualitätszielen gelten und ob die Emissionsgrenzwerte für feste Brennstoffe (§ 28) für Biobrennstoffe § 29) für flüssige Brennstoffe (§ 30) oder für gasförmige Brennstoffe (§ 31) gelten. Ferner gelten für bestimmte Brennstoffe Sonderregelungen (zB naturbelassenes Holz oder Holzabfälle, § 29 Abs. 8). Auch bei Gasturbinenanlagen werden bei flüssigen und gasförmigen Brennstoffen, leichtem Heizöl und Erdgas unterschiedliche Anforderungen gestellt (vgl. § 33 Abs. 3 Satz 3, Abs. 5 bis 11). Ferner können die Einsatzstoffe die Messanforderungen beeinflussen (vgl. § 17 Abs. 4, § 18). 6

2. Brennstoffe (Abs. 6). Die Definition der Brennstoffe entspricht inhaltlich der Begriffsbestimmung in Art. 3 Nr. 24 IE-RL. Gemäß Art. 3 Nr. 24 IE-RL sind „Brennstoffe" alle festen, flüssigen oder gasförmigen brennbaren Stoffe. Als Brennstoff iSd 13. BImSchV sind alle brennbaren Stoffe zu verstehen, soweit sie nicht dem Anwendungsbereich der 17. BImSchV unterliegen. Dies korrespondiert mit dem Anwendungsbereich der Verordnung in § 1 Abs. 1, Abs. 3 Nr. 10. Die Verordnung regelt Emissionsanforderungen bei Einsatz von festen, flüssigen und gasförmigen Brennstoffen. Ausschlaggebend dafür, ob ein Brennstoff fest, flüssig oder gasförmig ist, ist der Aggregatzustand im Normzustand nach § 2 Abs. 1. Hervorgehoben als feste Brennstoffe werden Kohle (§ 23 Abs. 3, § 28 Abs. 3) und Biobrennstoffe (vgl. § 29, § 28 „feste Brennstoffe, außer Biobrennstoffe"), insbesondere Holz und Holzabfälle (§ 2 Abs. 4 Nr. 2c und f.). Als flüssige Brennstoffe werden leichtes Heizöl (§ 2 Abs. 20, § 18 Abs. 3, und 4, § 30 Abs. 3, 6, 10 und 11, § 33 Abs. 7 § 34 Abs. 4). Als gasförmige Stoffe werden in § 31 Hochofengas, Koksofengas, Erdgas, Flüssiggas und Wasserstoff erwähnt. Flüssiggas wird also als gasförmiger Brennstoff eingestuft, obgleich es in handelsüblichem Zustand nicht gasförmig vorliegt. 7

Nicht definiert sind die ebenfalls in der 13. BImSchV verwendeten Begriffe **Wasserstoff und Flüssiggas.** Demnach gelten alle Formen von Wasserstoff – ohne dass bestimmte Qualitätsanforderungen gestellt werden – als Wasserstoff iSd Verordnung. Für Wasserstoff als Kraftstoff enthält die DIN EN 17124-2022 Qualitätsanforderungen. 8

Bei Flüssiggas handelt es sich um verflüssigtes Erdgas, auch sog. **LNG (liquefied-natural gas)**-Gas, das auf Grund seines Aggregatzustands nicht auf eine leitungsgebundene Verteilung angewiesen ist. Flüssiggas besteht aus Propan (C_3H_8), Butan (C_4H_{10}) und Gemischen beider Gase. Qualitätsanforderungen stellt die DIN 51622-2020 – „Flüssigga- 9

se – Propan, Propen, Butan, Buten und deren Gemische mit einem maximalen Schwefelgehalt von 30 mg/kg“ sowie für Flüssiggas als Kraftstoff darüber hinaus die DIN EN 589-2022.

10 Der noch in der 13. BImSchV 2004 enthaltene Begriff des Gases der öffentlichen Gasversorgung, das in einem bundesweiten und internationalen Pipelinenetz jedermann zur Verfügung steht (vgl. § 17 Abs. 1 EnWG), wurde bei der Neufassung nicht mehr aufgegriffen. Es fällt nunmehr unter den Begriff des Erdgases nach § 2 Abs. 13. Als besondere Brennstoffe beim Raffinieren von Mineralöl und Gas werden Raffinerieheizgase, Destillations- und Konversionsrückstände (Abschnitt 4) benannt. Hochofen- und Koksofengas werden in § 31 gesonderte Emissionsgrenzwerte zugewiesen.

11 **3. Biobrennstoffe (Abs. 4).** Ausgehend vom Wortlaut handelt es sich bei Biobrennstoffen entsprechend der Begriffsbestimmung in § 2 Abs. 4 ausschließlich um feste Brennstoffe; flüssige oder gasförmige Brennstoffe lediglich biogenen Ursprungs, insbesondere Biogas oder Pflanzenölmethylester, sind von dieser Begriffsbestimmung nicht erfasst (BR-Drs. 676/12, 171). Der Begriff der 17. BImSchV ist mit dem der 13. BImSchV identisch (§ 2 Abs. 13 17. BImSchV).

12 Der Begriff des „Biobrennstoffs“ bzw. der Begriff der „Biomasse“ in Art. 3 Nr. 31 IE-RL, ist von dem der Biomasse nach Biomasseverordnung (v. 21. 6. 2001, BGBl. I 1234, zuletzt geändert am 13.10.2016, BGBl. I 2258) zu unterscheiden. Biobrennstoffe iSd 13. BImSchV sind ausschließlich Produkte und Abfälle pflanzlichen Ursprungs, während Biomasse nach BiomasseV auch Abfälle und Nebenprodukte tierischer Herkunft einbezieht. Tierkörper iSv § 1 Abs. 2 Nr. 2 der 17. BImSchV sind somit keine Biobrennstoffe iSd 13. BImSchV.

13 Zu den Biobrennstoffen gehören gem. § 2 Abs. 4 Nr. 1 zunächst die Produkte land- oder forstwirtschaftlichen Ursprungs aus pflanzlichem Material oder Teilen davon, soweit sie zur Nutzung ihres Energieinhalts verwendet werden. Im Gegensatz zu Abfällen, also Stoffen oder Gegenständen, derer sich ihr Besitzer entledigt, entledigen will oder entledigen muss (§ 3 Abs. 1 S. 1 KrWG) ist das Verfahren, in dem Produkte entstehen, darauf angelegt, diese zu erzeugen.

14 **Abfälle** können nur insoweit Biobrennstoffe iSd 13. BImSchV sein, wie sie in § 2 Abs. 4 Nr. 2 aufgeführt sind. Andere feste oder flüssige Abfälle schließen die Anwendung der 13. BImSchV aus (§ 1 Abs. 3 Nr. 10).

15 Wichtigster Biobrennstoff ist Holz. Wesentliche Handelsformen von naturbelassenem Holz sind in § 3 Abs. 1 Nr. 4, 5, 5a der 1. BImSchV aufgezählt. Bei Einsatz von naturbelassenem Holz entfällt die Festlegung eines Emissionsgrenzwertes für Quecksilber (§ 18 Abs. 7 S. 4) und zwar sowohl eines Tages- als auch eines Halbstundenmittelwertes (vgl. Auslegungsfragen der LAI, Nr. 3).

16 Altholz (Industrierestholz und Gebrauchtholz) – selbst der Altholzkategorie A1 gem. § 2 Nr. 4a AltholzVO („naturbelassen oder lediglich mechanisch bearbeitetes Altholz, das bei seiner Verwendung nicht mehr als unerheblich mit holzfremden Stoffen verunreinigt wurde“) – ist auf Grund von § 3 Abs. 1 KrWG als Holzabfall anzusehen. Mit Blick auf strengere Emissionsgrenzwerte für Kohlenmonoxid (§ 29 Abs. 1 Nr. 2c und Nr. 3c) bei Einsatz von naturbelassenem Holz hat eine Abgrenzung zu Holzabfällen bzw. zu sonstigen Biobrennstoffen stattzufinden.

17 Die breiteste Spannbreite von nicht pflanzlichen Brennstoffbestandteilen eröffnet § 2 Abs. 4 Nr. 2 lit. f). Demnach werden **Altholz oder Holzabfälle** insoweit als Biobrennstoff iSd 13. BImSchV angesehen, als nicht infolge einer Behandlung mit Holzschutzmitteln oder einer Beschichtung halogenorganische Verbindungen oder Schwermetalle enthalten sein können. Halogenorganische Verbindungen (PVC) stammen vor allem aus Fo-

lienbeschichtungen und Kantenumleimern. Dementsprechend können zu den Biobrennstoffen iSd 13. BImSchV auch die in Nr. 8.2 des Anhangs 1 zur 4. BImSchV genannten Stoffe der Altholzkategorien AI und AII nach § 2 Nr. 4 AltholzV gehören, wie gestrichenes, lackiertes oder beschichtetes Holz, Sperrholz, Spanplatten, Faserplatten oder sonst verleimtes Holz sowie daraus anfallende Reste, soweit sie halogenorganische Verbindungen oder Schwermetalle auf Grund ihrer Behandlung mit Holzschutzmitteln oder einer Beschichtung nicht enthalten. Ein natürlicher oder anderweitig eingetragener (geringer) Gehalt solcher Schadstoffe schließt die Anwendbarkeit der 13. BImSchV nicht aus. Eine Abgrenzung zwischen naturbelassenem Holz und Holzabfällen einerseits und sonstigen Biobrennstoffen andererseits ist im Hinblick darauf erforderlich, dass bei sonstigen Biobrennstoffen nicht auf die Festlegung von Emissionsgrenzwerten für Dioxine, Furane und polychlorierte Biphenyle verzichtet wird (§ 29 Abs. 8 S. 1).

Nach Art. 3 Nr. 31 lit. b) iii) IE-RL sind faserige, pflanzliche Abfälle aus der Herstellung von natürlichem Zellstoff und aus der Herstellung von Papier aus Zellstoff, sofern sie am Herstellungsort mitverbrannt werden und die erzeugte Wärme genutzt wird, als Biomasse iS der Richtlinie anzusehen. Hierbei handelt es sich insbesondere auch um die faserhaltigen Schlämme aus der Abwasserbehandlungsanlage von Papier- und Zellstofffabriken, die im Zellstoff-Erzeugungsprozess verbrannt werden. Auch insoweit wird der Unterschied zwischen dem Begriff des Biobrennstoffs iSd 13. BImSchV und dem Begriff der Biomasse in der BiomasseV (vgl. § 3 Nr. 12) deutlich. § 2 Abs. 4 Nr. 2 lit. d) der 13. BImSchV nennt außerdem faserige pflanzliche Abfälle **und** Ablaugen aus der Herstellung von natürlichem Zellstoff und aus der Herstellung von Papier aus Zellstoff, obgleich es sich dabei schon um ein nach lit. a) als Biobrennstoff anzusehendes Produkt forstwirtschaftlichen Ursprungs aus pflanzlichem Material (Holz) handelt, dessen Energiegehalt (in Form des enthaltenen Lignins) verwendet wird. **18**

4. Dieselkraftstoff, leichtes Heizöl und Erdgas (Abs. 7, Abs. 20, Abs. 13), Wasserstoff, Flüssiggas. Dieselkraftstoff ist ein Gemisch aus verschiedenen Kohlenwasserstoffen. Inhaltsstoffe und Eigenschaften werden durch die Norm DIN EN 590 (inzwischen Ausgabe April 2014) geregelt, auf die § 2 Abs. 7 Bezug nimmt. § 4 der 10. BImSchV begrenzt den Schwefelgehalt von Dieselkraftstoff. Für die 13. BImSchV spielt die Definition von Dieselkraftstoff nur noch für Ausnahmen vom Erfordernis kontinuierlicher Messungen und Nachweise nach § 18 Abs. 4 eine Rolle. **19**

Leichtes Heizöl iSd Verordnung ist Heizöl EL iSd DIN 51 603–1 oder nach DIN SPEC 51603-6. Die Bezeichnung „EL“ steht für „extra leicht(flüssig)“. § 10 Abs. 1 der 10. BImSchV begrenzt den Gehalt an Schwefelverbindungen, berechnet als Schwefel, auf 1,0 Gramm pro Kilogramm leichtes Heizöl. Die DIN 51603–1 definiert Richtwerte für den Schwefelgehalt von Heizöl EL zwischen 50 und 1000 mg/kg, als Flammpunkt eine Temperatur ab 55 Grad Celsius, eine Viskosität bei einer Temperatur von 20 °C von bis zu 6,00 mmm^2/s und einen Brennwert bei 45,4 MJ/kg, was je nach Dichte und Volumen zwischen 10,6 und 10,8 kWh/l entspricht. Mit dem Mindest-Brennwert gibt die DIN 51603–1 die mindestens freigesetzte Wärmemenge an, wenn man einerseits das Heizöl vollständig verbrennt und andererseits auch die Energie nutzt, die durch Kondensation bei abkühlenden Abgasen gewonnen wird. **20**

Für den Einsatz von leichtem Heizöl werden unter besonderen Voraussetzungen besondere Emissionsgrenzwerte für Stickstoffmonoxid und Stickstoffdioxid vorgesehen (§ 30 Abs. 6 und Abs. 7), statt eines Emissionsgrenzwerts für Gesamtstaub darf auf die Einhaltung einer Rußzahl 1 zurückgegriffen werden (§ 30 Abs. 3), die in § 30 Abs. 1 S. 2 Nr. 2d genannten Anforderungen zum Schwefelabscheidegrad sind nicht anzuwenden (§ 30 **21**

Abs. 10), die Emissionsgrenzwerte für krebserzeugende Stoffe nach § 30 Abs. 1 S. 2 Nr. 4 iVm Anlage 2 sind beim Einsatz von leichtem Heizöl nicht anzuwenden (§ 30 Abs. 11).

22 Bei Einsatz von flüssigen Brennstoffen in Gasturbinen oder Verbrennungsmotoranlagen darf nur Dieselkraftstoff oder leichtes Heizöl, das bezüglich des Schwefelgehaltes die Anforderungen an leichtes Heizöl nach der 10. BImSchV erfüllt, verwendet werden, es sei denn es werden gleichwertige Maßnahmen zur Emissionsminderung von Schwefeloxiden angewendet (§ 33 Abs. 7, § 34 Abs. 4).

23 Abs. 13 definiert **Erdgas** iSd Verordnung. Dabei handelt es sich um natürlich vorkommendes Methangas mit nicht mehr als 20 Volumenprozent an Inertgasen, also reaktionsträgen Gasen, und sonstigen Bestandteilen. Diese Definition entspricht der Definition in der Anmerkung 1 zur Nr. 6 im Teil I des Anhang V der IE-RL. Ergänzt wird lediglich, dass außerdem die Anforderungen des einschlägigen DVGW Arbeitsblatts G 260 vom März 2013 erfüllt werden müssen. Gegenüber dem DVGW Arbeitsblatt G 260 2008–05 gelten nach dem aktualisierten Arbeitsblatt G 260 2013–03 geänderte Anforderungen an die Gasbeschaffenheit, insbesondere hinsichtlich des Sauerstoff- und Wassergehaltes sowie hinsichtlich der Gasbegleitstoffe (Gesamtschwefelgehalt) und der verbrennungstechnischen Kenndaten. Die erweiterte Begriffsbestimmung nach Abs. 13 Nr. 2 berücksichtigt ferner, dass Biogas, Klärgas oder Grubengas bei Erfüllung der DVGW-Anforderungen in die öffentlichen Gasnetze eingespeist werden kann ohne Beeinträchtigung der Erdgasqualität (BR-Drs. 676/12 S. 170, 171).

24 Für Erdgas enthält die 13. BImSchV in § 31 Abs. 1 und § 33 Abs. 1 besonders (niedrige) Emissionsgrenzwerte für Kohlenmonoxid, Stickstoffmonoxid und Stickstoffdioxid.

25 Großzügigere Emissionsgrenzwerte für Stickstoffoxide gelten bei Altanlagen (§ 63) zum Reformieren von Erdgas oder bei Altanlagen (§ 58 Abs. 1) und bestehenden Anlagen (§ 58 Abs. 2) zur Herstellung von Alkenen (wie zB Ethen, Propen und 1,3-Butadien) in der chemischen Industrie durch Spalten von Kohlenwasserstoffen (§ 64 Abs. 2 und 3, § 59 Abs. 2 und 3). Mit Reformierung bezeichnet man die Umwandlung von Kohlenwasserstoffen und Alkoholen in Wasserstoff. Als Nebenprodukt fallen dabei Wasserdampf, Kohlenmonoxid (CO) und Kohlendioxid (CO2) an. Wird Luft als Oxidationsmittel eingesetzt, findet sich zusätzlich auch noch Stickstoff im Produktgas des Reformers. Daher bedarf es höherer Emissionsgrenzwerte für Stickstoffoxide.

26 Der ausschließliche Einsatz von Erdgas ist hinsichtlich Gesamtstaub, Schwefeloxiden und unter bestimmten weiteren Voraussetzungen auch hinsichtlich Kohlenmonoxid, Stickstoffmonoxid und Stickstoffdioxid (vgl. § 18 Abs. 2, 4 und 6) von kontinuierlichen Messungen dispensiert. Der Verzicht auf kontinuierliche Messungen zur Feststellung der Emissionen an Gesamtstaub gilt auch für den ausschließlichen Betrieb mit Wasserstoff oder Flüssiggas (§ 18 Abs. 2). Bei Feuerungsanlagen, die ausschließlich mit leichtem Heizöl, Dieselkraftstoff oder Erdgas betrieben werden, sind kontinuierliche Messungen zur Feststellung der Emissionen an Schwefeloxiden nicht erforderlich (§ 18 Abs. 4). Dies gilt auch für den entsprechenden Einsatz (schwefelarmer) Biobrennstoffe (§ 18 Abs. 5). Auch für erdgasbetriebene oder mit flüssigen Brennstoffen betriebene Gasturbinen und Verbrennungsmotoren enthält § 18 Abs. 6 ebenfalls unter bestimmten Voraussetzungen einen Verzicht auf kontinuierliche Messungen zur Feststellung der Emissionen an Kohlenmonoxid, Stickstoffmonoxid und Stickstoffdioxid, wenn durch die Betriebsbedingungen die Einhaltung der Emissionsgrenzwerte gewährleistet ist.

III. Mehrstofffeuerung (Abs. 22) und Mischfeuerung (Abs. 23)

27 **1. Begriffe.** Die Begriffe Mehrstofffeuerung und Mischfeuerung waren schon in § 2 Nr. 15 und 16 der 13. BImSchV 2004 enthalten. In beiden Fällen wird eine Einzelfeue-

rung mit mehreren Brennstoffen betrieben, bei Mehrstofffeuerung wechselweise, bei Mischfeuerung gleichzeitig. Die IE-RL (Art. 3 Nr. 32) kennen nur den Begriff der „Mehrstofffeuerungsanlage". Der Änderungsvorschlag des Bundesrates im Verfahren zur 13. BImSchV 2004, bei Definition der Mischfeuerung den Begriff „Einzelfeuerung" mit Rücksicht auf die deutschen Raffineriestandorte → § 46 ff.) durch den Begriff „Feuerungsanlage" zu ersetzen (BT-Drs. 15/2596, 32), hat sich im Verfahren zu Recht nicht durchgesetzt. Der Verordnungsgeber geht nämlich ohnehin davon aus, dass die nationalen Begriffe Mehrstofffeuerungs- und Mischfeuerungsanlage zusammengenommen dem Begriff der Mehrstoff**feuerungsanlage** nach Art. 2 Nr. 8 der Großfeuerungsanlagen-RL bzw. Art. 3 Nr. 32 der IE-RL entsprechen (BT-Drs. 15/3420, 22). Der Begriff „Einzelfeuerung" als Synonym für Feuerungsanlage iSd Richtlinie unterstreicht, dass als Feuerungsanlage immer zunächst die technische Einrichtung und nicht die Anlage iSd BImSchG in den Blick zu nehmen ist (→ § 1 Rn. 11).

2. Emissionsgrenzwerte. Für Mehrstofffeuerung gelten die Emissionsgrenzwerte 28 und der jeweilige Bezugssauerstoffgehalt für den jeweils eingesetzten Brennstoff (§ 6 Abs. 1 und 3). Bei Mischfeuerungen sind die für den jeweiligen Brennstoff maßgeblichen Emissionsgrenzwerte und der jeweilige Bezugssauerstoffgehalt (→§ 2 Rn. 40, 48, § 3) nach dem Verhältnis der mit diesem Brennstoff zugeführten Feuerungswärmeleistung zur insgesamt zugeführten Feuerungswärmeleistung zu ermitteln (§ 6 Abs. 1 und 2). Für bestehende Mischfeuerungen in Raffinerien enthält § 10 Abs. 3 eine Sonderregelung.

IV. Abgas und die Anforderungen an Abgase

1. Abgas (Abs. 1). Die Definition von „Abgas" in § 2 Abs. 1 soll nach der Verord- 29 nungsbegründung zur 13. BImSchV 2013 (BR-Drs. 676/12, 170 f.) § 2 Nr. 1 13. BImSchV 2004 entsprechen. Die Verordnungsbegründung 2004 verweist auf Art. 2 Nr. 2 der Großfeuerungsanlagen-RL, die „Abgase" als „gasförmige Ableitungen mit festen, flüssigen oder gasförmigen Emissionen" definiert. Die nationale Definition des Abgases in der 13. BImSchV entspricht inhaltlich der Definition der Abgase in Nr. 2.4 S. 1 TA Luft. Unter Abgas im Sinne der emissionsbegrenzenden Regelwerke ist regelmäßig das Reingas (dh. nach Abgasreinigungseinrichtungen) nicht aber das Rohgas (unmittelbar nach Verbrennungs- oder Produktionsprozessen) zu verstehen (vgl. BVerwGE 110, 216 ff.).

Bei Abgasen handelt es sich um die bei einem Verbrennungs- oder Produktionsprozess 30 anfallenden und regelmäßig nicht mehr nutzbaren gasförmige Abfälle (zu anderen Verbrennungsprodukten → § 1 Rn. 17). Aufgrund der Abfalleigenschaft ihrer Brennstoffe haben Anlagen, in denen Abgase beispielsweise zur Erzeugung von Energie oder zur Umwandlung von Geruchsstoffen verbrannt werden, die Anforderungen der 17. BImSchV (→ Band IV Nr. 2.17) zu erfüllen. Dies gilt nur dann nicht, wenn es sich bei dem verbrannten Abgas um einen Regelbrennstoff im Sinne der Nr. 1.2.1, 1.2.2 oder Nr. 1.2.3 des Anhangs 1 zur 4. BImSchV oder sonst vom Geltungsbereich der 17. BImSchV ausgenommenen Stoff handelt (vgl. § 1 Abs. 1 Nr. 1 und 3, Abs. 2 Nr. 1. Abs. 3 Nr. 2 17. BImSchV, → § 1 Rn. 15 ff.).

In der IE-RL findet sich eine Definition der „Abgase" nur in Art. 57, der für das 31 Kapitel V – „Sondervorschriften für Anlagen und Tätigkeiten, bei denen organische Lösungsmittel eingesetzt werden", gilt. Demnach sind „Abgase" die aus einem Schornstein oder einer Vorrichtung zur Emissionsminderung endgültig in die Luft freigesetzten Gase, die flüchtige organische Verbindungen oder sonstige Schadstoffe enthalten. Gleichwohl verwendet die IE-RL den Begriff „Abgas" auch außerhalb des V. Kapitel, etwa in Art. 3 Nr. 26, Art. 28 Abs. 2 lit. b), Art. 29 und 30 oder in Anhang V.

32 **2. Emissionen (Abs. 10), Massenkonzentration, Massenstrom, Volumenstrom.** Die im Abgas (Reingas) enthaltenen und somit von der Anlage ausgehenden Luftverunreinigungen werden in § 2 Abs. 10 (wie auch von Nr. 2.5 TA Luft und § 2 Abs. 12 der 17. BImSchV) als **Emissionen** definiert. Ausweislich der Verordnungsbegründung 2004, die aufgrund des insoweit unveränderten Regelungsgehalts der Neufassung 2013 (BR-Drs. 676/12, 171) und der 13. BImSchV 2021 (BT-Drs. 19/24906, 94f.) nach wie vor heranzuziehen ist, soll der nationale Begriff der Emissionen dem der Großfeuerungsanlagen-RL (Art. 2 Nr. 1: „Ableitung von Stoffen aus der Feuerungsanlage in die Luft") entsprechen. Gemäß Art. 3 Nr. 4 IE-RL ist „Emission" die von Punktquellen oder diffusen Quellen der Anlage ausgehende direkte oder indirekte Freisetzung von Stoffen, Erschütterungen, Wärme oder Lärm in die Luft, das Wasser oder den Boden. Eine inhaltliche Änderung gegenüber der Großfeuerungsanlagen-RL ist damit – was die hier interessierenden Luftschadstoffe angeht – nicht verbunden. Der nationale Verordnungsgeber hat daher zu Recht in der 13. BImSchV 2013 und 13. BImSchV 2021 keine Änderung der Definition gegenüber der 13. BImSchV 2004 vorgenommen. Der Begriff Massenstrom wird in Anhang V verwendet, aber nicht definiert.

33 Angegeben werden Emissionen als **Massenkonzentration**. Massenkonzentration ist die Masse der bewerteten, emittierten Stoffe (angegeben in g, mg, µg, vgl. zur Umrechnung: Nr. 2.8 TA Luft) bezogen auf das Gesamtabgasvolumen (angegeben regelmäßig in Nm^3, vgl. Nr. 2.5 lit. a) TA Luft) oder als (Emissions-)**Massenstrom** in der Einheit Megagramm pro Jahr (Mg/a). Staubemissionen können auch als **Rußzahl** (→ Rn. 41) angegeben werden. Als (Emissions-)Massenstrom wird die Gesamtmenge eines von der Anlage pro Zeiteinheit emittierten Stoffs bezeichnet (vgl. Nr. 2.5 lit. b) TA Luft). Die Gesamtmenge des von einer Anlage pro Zeiteinheit emittierten Abgases wird als Abgasvolumenstrom bezeichnet. Die festgestellte Massenkonzentration bzw. die festgestellte Rußzahl ist mit dem Emissionsgrenzwert (§ 2 Abs. 11) bzw. der maximal zulässigen Rußzahl zu vergleichen. Gem. § 17 Abs. 1 S. 1 Nr. 1 sind die Massenkonzentration der Emissionen an Gesamtstaub, Quecksilber, Gesamtkohlenstoff, Kohlenmonoxid, Stickstoffmonoxid, Stickstoffdioxid, Schwefeldioxid, Schwefeltrioxid und die Rußzahl, soweit Emissionsgrenzwerte oder eine Begrenzung der Rußzahl festgelegt sind, kontinuierlich zu ermitteln, zu registrieren, gemäß § 19 Abs. 1 S. 1 bis 4 und Abs. 2 und 3 auszuwerten und gem. § 19 Abs. 4 der Behörde zu übermitteln. Bei Anordnung der **telemetrischen Übermittlung** gem. § 31 Abs. 5 S. 2 BImSchG (→ *Hansmann/Pabst* § 31 BImSchG Rn. 40), also der Übermittlung mittels Datenfernübertragung hat die Übermittlung unverzüglich zu erfolgen.

34 Da die Gewichts- und Mengenverhältnisse von Temperatur, Druck und Feuchtegehalt des Abgases abhängen, ist der zur Bestimmung der Emissionen für den Vergleich mit Emissionsgrenzwerten zu betrachtende Abgasvolumenstrom hinsichtlich einer bestimmten Temperatur (273,15 Kelvin (K)) und einem bestimmten Druck (101,3 Kilopascal (kPa)) und in der 13. BImSchV immer unter Abzug des Feuchtegehalts an Wasserdampf (auch ohne Abzug des Feuchtegehalts an Wasserdampf: Nr. 2.5 Abs. 2 lit. a) TA Luft) definiert. Dieser sogenannte **Normzustand** ist in die Definition des Abgases in § 2 Abs. 1 aufgenommen. Neben der Leistung der Anlage gehören die Abgastemperatur, der Abgasvolumenstrom, der Feuchtegehalt und der Druck des Abgases zu den für die zur Beurteilung des ordnungsgemäßen Betriebs erforderlichen Betriebsgrößen, die gem. § 17 Abs. 1 S. 1 Nr. 3 kontinuierlich zu ermitteln, zu registrieren, gem § 19 auszuwerten und der zuständigen Behörde zu übermitteln sind.

35 **3. Emissionsgrenzwert (Abs. 11), Heizflächenreinigung.** Im Abgas sind die Emissionsgrenzwerte (§ 2 Abs. 11) der §§ 5f., 27 bis 35, 42 bis 44, 48 bis 53, 59 und 64

einzuhalten. Die Definition aus § 2 Nr. 8 der 13. BImSchV 2004 („die zulässige Massenkonzentration einer im Abgas einer Anlage enthaltenen Luftverunreinigung, die in die Luft abgeleitet werden darf") wurde im Zuge der Neufassung der Verordnung 2013 zwar umformuliert, ausweislich der Verordnungsbegründung (BR-Drs. 676/12, 170) ist eine Änderung hiermit indes nicht verbunden (vgl. auch Nr. 2.7 TA Luft). Gemäß Art. 3 Nr. 5 IE-RL ist „Emissionsgrenzwert" die im Verhältnis zu bestimmten spezifischen Parametern ausgedrückte Masse, die Konzentration bzw. das Niveau einer Emission, die in einem oder mehreren Zeiträumen nicht überschritten werden dürfen. Vorsorge gegen schädliche Umwelteinwirkungen erfolgt heute weitestgehend nur durch Begrenzung der Massenkonzentration (→ Rn. 32) einer im Abgas enthaltenen Luftverunreinigung. Darüber hinaus kann auch der Emissionsmassenstrom (→ Rn. 32) begrenzt werden. Die 13. BImSchV begrenzt die Emissionen von Staub, Kohlenmonoxid, Stickstoffoxiden, Schwefeloxiden, Schwermetallen, Dioxinen und Furanen. Auf die Festlegung von Emissionsgrenzwerten für Chlor- und Fluorwasserstoff, Distickstoffoxid sowie für Quecksilber bei Feuerungsanlagen für den Einsatz flüssiger und gasförmiger Brennstoffe (§ 30) – außer Produktionsrückständen aus der chemischen Industrie – wurde insbesondere wegen der damit verbundenen Erleichterungen, zB hinsichtlich der Begrenzung des Messaufwands, bewusst verzichtet (vgl. Verordnungsbegründung 2004 BT-Drs. 15/3420, 20). In Genehmigungen enthaltene Begrenzungen dieser Stoffe können daher regelmäßig von der zuständigen Behörde aufgehoben werden. Für feste Brennstoffe, Biobrennstoffe, Produktionsrückständen aus der chemischen Industrie sind auch diese Schadstoffe begrenzt. Sofern zur Minderung von Stickstoffoxiden ein Verfahren zur selektiven katalytischen Reduktion oder ein Verfahren zur selektiven nichtkatalytischen Reduktion – **S(N)CR** eingesetzt wird, sind auch Ammoniak-Emissionen begrenzt (§ 27, § 44 Abs. 2, § 48, § 52, § 59).

Zu unterscheiden ist der Begriff des Emissionsgrenzwert vom unionsrechtlichen Begriff des **Emissionswertes.** Emissionswerte iSd IE-RL und der BVT-Schlussfolgerungen sind nicht gleichbedeutend mit den gemäß § 48 Abs. 1 Satz 1 Nr. 2 BImSchG in allgemeinen Verwaltungsvorschriften festgelegten Emissionswerten im Sinne von Sollgrößen, deren Überschreitung nach dem Stand der Technik vermeidbar ist, sondern stellen die bei Verwendung der dem Stand der Technik entsprechenden Maßnahmen zur Emissionsbegrenzung erreichbare Spannweite von Kenngrößen (Istwerten), also von Betriebswerten, dar. Im Unterschied zum deutschen Immissionsschutzrecht zeigen Emissionswerte iSd IE-RL und der BVT-Schlussfolgerungen also keine quantitative Konkretisierung des Standes der Technik zur Emissionsbegrenzung dar, sondern deren Ergebnisse (*Rebentisch*, UPR 2020, 164). 36

Die Emissionsgrenzwerte (Abs. 2 der §§ 28 bis 30, § 32, § 42 Abs. 4, § 49 Abs. 7) sind auch bei der Heizflächenreinigung einzuhalten (vormals § 4 Abs. 5 der 13. BImSchV 2013/2017). Für die Emissionsgrenzwerte nach § 31, §§ 33 bis 35 und § 59 sieht der Verordnungsgeber von einer entsprechenden Regelung ab. Bei der Heizflächenreinigung handelt es sich um einen Sonderbetriebszustand, die nach der nationalen Umsetzung nicht als Betriebsstörung an einer Abgasreinigungseinrichtung oder Ausfall nach § 12 Abs. 2 und 3 anzusehen ist. Diese Maßgabe des nationalen Verordnungsgebers ist indes nicht unionrechtlich abgeleitet, das heißt bei Vorliegen der sonstigen Voraussetzungen des § 23 (→ § 23 Rn. 4 ff.) sind auch Ausnahmen möglich. 37

4. Emissionsgrenzwerte für krebserzeugende Stoffe nach Anlage 2 und Äquivalenzfaktoren nach Anlage 3. Die Emissionsgrenzwerte für krebserzeugende Stoffe nach § 28 Abs. 1 S. 2 Nr. 4c, § 29 Abs. 2 Nr. 4b, § 30 Abs. 1 S. 2 Nr. 4, § 32 Abs. 1 S. 2 Nr. 4d, § 42 Abs. 1 S. 2 Nr. 3, § 49 Abs. 1 S. 2 Nr. 3 sind in Anlage 2 festgelegt. Für polychlorierte Dibenzodioxine (PCDD), Dibenzofurane (PCDF) und dl-PCB sind dort Sum- 38

menwerte als Emissionsgrenzwerte vorgesehen. Zum Vergleich mit dem in Anlage 2 jeweils festgelegten Summenwert (Emissionsgrenzwert) sind die im Abgas ermittelten Konzentrationen von Dioxinen, Furanen und dl-PCB mit einem Äquivalenzfaktor nach Anlage 3 zu multiplizieren und anschließend zu addieren. Demnach sind Dioxine und Furane mit einem kleinen Äquivalenzfaktor in größerer Menge gestattet als Dioxine und Furane, die in vollem, gemessenem Umfang in den Vergleich mit dem Emissionsgrenzwert zu berücksichtigen sind.

39 Die Bundesregierung hatte als Anlage 3 der Neufassung 2013 zunächst die im Anhang I der 13. BImSchV 2004 und auch in Anhang 5 TA Luft 2002 festgelegten Äquivalenzfaktoren vorgeschlagen. Hiergegen wendete sich der Bundesrat und schlug bei polychlorierten Dibenzodioxinen (PCDD) zahlreiche höhere Äquivalenzfaktoren vor mit der Folge, dass die betreffenden Stoffe fortan nur noch in deutlich geringerem Umfang zulässig sind. Bei den polychlorierten Dibenzofuranen (PCDF) sieht der Bundesrat teilweise aber auch kleinere Äquivalenzfaktoren vor, mit der Folge, dass die betreffenden Stoffe fortan theoretisch in weitergehendem Umfang zulässig sind. Außerdem führte der Bundesrat Äquivalenzfaktoren für polychlorierte Biphenyle (PCB) ein. Hintergrund des Änderungsvorschlages war die Einbeziehung der von der Weltgesundheitsorganisation der Vereinten Nationen (WHO 2005) ermittelten unterschiedlichen Toxizität (Giftigkeit) von Dioxinen, Furanen und coplanarer PCB, die mit dem sogenannten Toxizitätsäquivalent (TEQ) in Relation zur Toxizität des hochgiftigen 2,3,7,8 TCDD gesetzt wird. Die TEQ geben an, welcher Menge an 2,3,7,8 TCDD das in Frage stehende Gemisch aus PCDD/PCDF in seiner toxischen Wirkung entspricht. Der Toxizitätsäquivalenzfaktor (TEF) des 2,3,7,8-TCDD ist mit 1 festgelegt. Für den Bundesrat war es notwendig, die I-TE-Gehalte der Emission einem direkten Vergleich mit den Immissionen bzw. den Gewässer-, Boden, Nahrungsmittel- und Futtermittelgehalten zuzuführen. Von daher sei auch die Einbeziehung der dl-PCB in die Toxizitätsbetrachtung der Emissionen folgerichtig. Dies beinhaltet, dass in der 13. BImSchV und in der 17. BImSchV auch die WHO2005-Toxizitätsäquivalente zugrunde gelegt werden müssen. Inzwischen wurden auch die Äquivalenzfaktoren in Anhang 4 der TA Luft 2021 an diejenigen der 13. BImSchV angepasst. Hinsichtlich der Probenahme und Analyse von PCB (dl-PCB und Marker PCB) in Abgasen ist in der Normreihe DIN EN 1948 im Teil 4 ein validiertes Verfahren beschrieben (BT-Drs. 17/12 164, 55).

40 **5. Bezugssauerstoffgehalt (Abs. 3 i.V.m. Anlage 5, § 3).** Die Emissionsgrenzwerte sind – je nach Brennstoff – auf einen bestimmten Sauerstoffgehalt bezogen (Bezugssauerstoffgehalt). Die bisher in Abs. 3 HS 2 enthaltenen Prozentangaben wurden in § 3 der 2021 neugefassten Verordnung verschoben. Der Bezugssauerstoffgehalt ist der jeweils vorgegebene oder zu berechnende Volumenanteil an Sauerstoff im (trockenen) Abgas iSv § 2 Abs. 1 (§ 2 Abs. 3). Die Emissionsgrenzwerte sind gem. § 2 Abs. 3 unter Berücksichtigung der Umrechnungsformel in Anlage 5 für Feuerungsanlagen für flüssige und gasförmige Brennstoffe auf einen Sauerstoffgehalt von 3 %, für feste Brennstoffe auf einen Sauerstoffgehalt von 6 %, bei Gasturbinenanlagen auf einen Sauerstoffgehalt von 15 % und bei Verbrennungsmotoranlagen auf einen Sauerstoffgehalt von 5 bezogen. Dies entspricht den Bezugssauerstoffgehalten der IE-RL (Anhang V Teil 1 Nr. 1). Für die Stoffe, deren Emissionen durch Abgasreinigungseinrichtungen gemindert und begrenzt werden, darf die Umrechnung der Messwerte in Tages- und Halbstundenmittelwerte nur für die Zeiten erfolgen, in denen der gemessene Sauerstoffgehalt über dem Bezugssauerstoffgehalt liegt (§ 19 Abs. 1 S. 2 → Rn. 48). Bei der Bestimmung des Jahresmittelwertes darf eine Umrechnung generell erfolgen (vgl. § 19 Abs. 2).

6. Rußzahl (Abs. 10 und 11). Staubemissionsgrenzwerte und Staubemissionen können auch als Rußzahl angegeben werden (§ 2 Abs. 10 und 11). Die Bestimmung der Rußzahl erfolgt nach DIN 51 402. Sie stellt ein Maß für die Rußkonzentration in Abgasen dar. Sie wird durch Absaugen eines definierten Teilgasvolumens anhand des Schwärzungsgrades eines genormten Filterpapiers ermittelt. Da die Schwärzung des Staubes nicht unmittelbar mit dem Gewicht zusammenhängt, kann für das Verhältnis zwischen Rußzahl und Rußkonzentration nur ein Anhaltswert angegeben werden: Eine Rußzahl von Rz= 1 entspricht einer Rußkonzentration von 60–100 $\mu g/m^3$. Grund dafür, den Staubemissionsgrenzwert durch die Rußzahl zu ersetzen, ist die einfachere Überwachung (vgl. Verordnungsbegründung 2004, BT-Drs. 15/342, 23). Begrenzungen der Gesamtstaub-Emissionen durch die Rußzahl enthalten § 30 Abs. 3 und § 33 Abs. 6. Die Rußzahl ist gem. § 17 Abs. 1 S. 1 Nr. 1 kontinuierlich zu messen, soweit Emissionsgrenzwerte oder eine Begrenzung der Rußzahl festgelegt sind. 41

7. Entschwefelungsgrad (Abs. 12) und Rauchgasentschwefelungseinrichtung (Abs. 25), Schwefelabscheidegrad (Abs. 27). Schwefelabscheidegrad ist gem. § 2 Abs. 27 (Art. 3 Nr. 28 IE-RL) das Verhältnis der Schwefelmenge, die von einer Feuerungsanlage in einem bestimmten Zeitraum nicht in die Luft abgeleitet wird, zu der Schwefelmenge des Brennstoffs, der im gleichen Zeitraum in die Feuerungsanlage eingebracht und verbraucht wird, angegeben als Prozentsatz. Schwefelabscheidegrad ist der reziproke Wert zum Schwefelemissionsgrad (100 % – Abscheidegrad = Emissionsgrad), der früher maßgeblich war (vgl. § 2 Nr. 13 der 13. BImSchV 1983). Emissionsgrad ist das Verhältnis der im Abgas emittierten Masse – der Abscheidegrad der **nicht** im Abgas emittierten Masse – eines luftverunreinigenden Stoffes zu der mit den Brenn- oder Einsatzstoffen zugeführten Masse eines Stoffs; er wird angegeben als Vomhundertsatz (vgl. Nr. 2.6. Abs. 1 TA Luft). Der „Entschwefelungsgrad der Rauchgasentschwefelungseinrichtung" (Abs. 12) beschreibt hingegen das SO_2-Minderungsvermögen einer Rauchgasentschwefelungseinrichtung. Er unterscheidet sich begrifflich von dem in § 2 Abs. 27 definierten Schwefelabscheidegrad, der sich auf die gesamte Feuerungsanlage bezieht. Aus § 17 Abs. 6 S. 2 ist zu schließen, dass der Schwefelabscheidegrad nur als Tagesmittelwert festgelegt ist. 42

Der Schwefelabscheidegrad gilt unter bestimmten Voraussetzungen „alternativ" zum Emissionsgrenzwert für Schwefeldioxid (§ 28 Abs. 5, meistens aber zusätzlich zur Begrenzung der Massenkonzentration (§ 28 Abs. 2 S. 2 Nr. 1 lit. e), Abs. 9 bis 11; § 30 Abs. 1 S. 2 Nr. 2; § 30 Abs. 8 S. 2; § 49 Abs. 1 S. 2 Nr. 1c), Abs. 5. Zur Feststellung des Schwefelabscheidegrades sind die Messwerte der Emissionen an Schwefeldioxid und Schwefeltrioxid im Abgas sowie der nach § 13 ermittelte Wert des Schwefelgehalts im eingesetzten Brennstoff heranzuziehen. Die zuständige Behörde bestimmt näher, wie nachgewiesen wird, dass die Schwefelabscheidegrade als Tagesmittelwert eingehalten werden (§ 17 Abs. 6). 43

Unionrechtliche Grundlage für die Festlegung eines Schwefelabscheidegrades statt eines Emissionsgrenzwertes für Schwefeldioxid ist Art. 31 IE-RL. Demnach gilt dies nur für Feuerungsanlagen, die mit einheimischem festem Brennstoff betrieben werden und die in Art. 30 Abs. 2 und 3 genannten Emissionsgrenzwerte für Schwefeldioxid aufgrund der Merkmale dieses Brennstoffs nicht einhalten können. 44

„Rauchgasentschwefelungseinrichtung" ist eine aus einer Abgasreinigungseinrichtung oder aus einer Kombination von Abgasreinigungseinrichtungen bestehende Einrichtung zur Senkung der Schwefeloxid-Emissionen einer Feuerungsanlage. Diese Begriffsbestimmung ist für Anlagen relevant, die einheimische und schwefelreiche Braunkohlenbrennstoffe einsetzen. Entschwefelungsgrad und Rauchgasentschwefelungseinrichtung sind erforderlich für die Umsetzung der BVT-Schlussfolgerung Nr. 21 des Durchfüh- 45

rungsbeschlusses (EU) 2017/1442 (vgl. Anmerkung unter Tabelle 4 der BVT 21) und nur relevant für Großfeuerungsanlagen mit einer Feuerungswärmeleistung von 300 MW oder mehr, soweit für diese Anlagen § 28 Abs. 5 oder 10 Anwendung findet (19/24906, 96).

46 **8. Schornstein (Abs. 26).** „Schornstein" im Sinne dieser Verordnung ist eine Konstruktion, die einen oder mehrere Züge aufweist, über die Abgase in die Luft abgeleitet werden. Art. 3 Nr. 26 IE-RL definiert Schornstein mit „Schornstein" einer Konstruktion, die einen oder mehrere Kanäle aufweist, über die Abgase in die Luft abgeleitet werden. Der nationale Verordnungsgeber setzt somit den in Deutschland gebräuchlichen Begriff des „Zugs" (Schornsteinzug) mit dem Begriff „Kanal" in Art. 3 Nr. 26 IE-RL gleich (vgl. 19/24906, 96).

V. Abgasreinigungseinrichtung (Abs. 2) und Umrechnungsverbot (§ 19 Abs. 1 S. 2)

47 **1. Arten von Abgasreinigungseinrichtungen.** Gemäß § 2 Abs. 2 sind „Abgasreinigungseinrichtungen" der Feuerung nachgeschaltete Einrichtungen zur Verminderung von Luftverunreinigungen einschließlich Einrichtungen zur selektiven nichtkatalytischen Reduktion. Zur Abscheidung von Luftschadstoffen aus dem Abgas werden unterschiedliche Abgasreinigungsverfahren verwendet. Die wichtigsten Verfahren sind folgende:

- Absorption: Entfernung/Auswaschung von Schadstoffen durch Zugabe eines Absorptionsmittels, zB bei der Entfernung von Schwefeldioxid durch Hinzugabe von Calciumhydroxid (Kalkstein) zur Produktion von sogenanntem REA-Gips.
- Adsorption: Bindung von Schadstoffen an ein Adsorptionsmittel, zB Aktivkohle zur Bindung von Chlor, Ozon oder anderen geschmacks- und geruchsstörenden Stoffen. Nach einer gewissen Betriebsdauer muss das Adsorptionsmittel regeneriert werden, weil seine Aufnahmefähigkeit begrenzt ist.
- Thermische Nachverbrennung, Verbrennung der Schadstoffe (mit Ausnahme von Stickstoff, Schwefel und Halogenen) zu Wasser- und Kohlendioxid.
- Katalytische Verfahren: Umwandlung von Schadstoffen durch chemische Reaktionen, zB Kohlenmonoxid zu Kohlendioxid, Stickstoffoxide zu Stickstoff („SCR-(selective catalytic reduction) -Verfahren").
- Nichtkatalytisch-chemische Verfahren: Umwandlung von Schadstoffen durch chemische Reaktionen und unter Zugabe von Chemikalien, zB das sogenannte SNCR-Verfahren (selective non-catalytic reduction), bei dem Stickstoffoxide durch Zugabe von Ammoniak zu elementarem Stickstoff reduziert werden. § 2 Abs. 2 stellt klar, dass es sich auch hierbei um eine Abgaseinrichtung im Sinne der Verordnung handelt. Grund für diese vom Bundesrat 2004 eingeführte Ergänzung (BT-Drs. 15/2596, 31) war, dass nicht nur die der Feuerung nachgeschalteten Einrichtungen zur Verminderung von luftverunreinigenden Stoffen erfasst werden sollen, sondern auch der Feuerungsraum selbst. Auf ähnlichen Wirkprinzipien wie die SNCR-Entstickung beruht die Direktentschwefelung, die zB bei Wirbelschichtfeuerungen Anwendung findet. Sie stellt daher ebenfalls eine Abgaseinrichtung iSv § 2 Abs. 2 dar.
- Diverse Entstaubungsverfahren: Mechanische Entstaubung, Nassentstaubung, Filtrationsentstaubung oder Elektroentstaubung.
- Biologische Abgasreinigung: Einsatz von Mikroorganismen zur Umwandlung von Schadstoffen.

Nicht zu den Abgaseinrichtungen gehören Primärmaßnahmen wie beispielsweise die Luftstufung oder Brennstoffstufung zur NOX-Minderung.

2. Umrechnungsverbot (§ 19 Abs. 1 S. 2). Im Gegensatz zur Großfeuerungsanlagen-RL und zur IE-RL sieht die 13. BImSchV vor, dass für die Stoffe, deren Emissionen durch Abgasreinigungseinrichtungen gemindert und begrenzt werden, eine Umrechnung der Messwerte der Massenkonzentration in Tages- und Halbstundenmittelwerte mit ihrem gemessenen Sauerstoffgehalt auf den Bezugssauerstoffgehalt des Emissionsgrenzwertes nur für die Zeiten erfolgen darf, in denen der gemessene Sauerstoffgehalt über dem Bezugssauerstoffgehalt liegt (§ 19 Abs. 1 S. 2). Liegt also der tatsächliche, gemessene Sauerstoffgehalt unter dem in der Verordnung fixierten Bezugssauerstoffgehalt, so bewirkt die Nichtumrechnung der gemessenen Massenkonzentration eines Schadstoffs faktisch eine Reduzierung des Emissionsgrenzwerts. In einem solchen, in der Praxis häufig vorkommenden Fall ist der Emissionsgrenzwert daher schwieriger einzuhalten, als wenn eine Umrechnung auf den Bezugssauerstoffgehalt erfolgen dürfte. Dies gilt nicht bei der Bildung des Jahresmittelwertes (vgl. § 19 Abs. 2). 48

Nr. 5.1.2 Abs. 7 TA Luft enthält eine entsprechende Regelung zum Verbot der Umrechnung. 49

3. Störungen an Abgaseinrichtungen. Störungen an Abgaseinrichtungen sind nach § 12 zu handhaben (→ Anmerkungen zu § 12). 50

VI. Wirkungsgrade (Abs. 5, Abs. 9, Abs. 21)

Im Zuge der Novellierung 2021 sind Definitionen für bestimmte Wirkungsgrade in die 13. BImSchV eingeführt worden. Sie kennzeichnen prinzipiell das Verhältnis zwischen der der Anlage zuzuführenden Energie und der in der Anlage nach ihrer technischen Auslegung möglichen umgewandelten Energie in Leistung (sogenannte Performance Größe, zur Feuerungswärmeleistung, elektrischen und mechanische Leistung und dem Unterschied von netto und brutto → § 1 Rn. 12). 51

Dabei können input- und outputseitig unterschiedliche Größen miteinander ins Verhältnis gesetzt werden. So kennzeichnet der brennstoffbezogene Wirkungsgrad (Abs. 5) praktisch die Brennstoffausbeute, indem Brennstoff und umgewandelte Energie ins Verhältnis gesetzt werden. Elektrischer Wirkungsgrad (Abs. 9) und mechanischer Wirkungsgrad (Abs. 21) beziehen sich auf die Feuerungswärmeleistung der Anlage. Im Kontext der 13. BImSchV 2021 sind Wirkungsgrade relevant für die Energieeffizienzkontrolle nach § 14. Im Kontext von Gasturbinenanlagen sind Wirkungsgrade auch für die Bestimmung des maßgeblichen Emissionsgrenzwertes heranzuziehen (§ 33 Abs. 4, Abs. 9, Abs. 13, § 52 Abs. 3). 52

Tabelle 2 des Durchführungsbeschlusses (EU) 2017/1442 beziffert für die Verbrennung von Stein- und/oder Braunkohle je nach Feuerungswärmeleistung BVT-assoziierte elektrische Nettowirkungsgrade bei bestehenden Anlagen von 31,5 % bis 44 % und bei neuen Anlagen von 36,5 % bis 46 % und brennstoffbezogene Nettowirkungsgrade von 75 bis 97 %. Für Biomasseanlagen nennt Tabelle 8 elektrische Nettowirkungsgrade von 28 bis 38 % und brennstoffbezogene Nettowirkungsgrade von 73 bis 99 %, Weitere BVT-assoziierte Energieeffizienzwerte enthalten Tabellen 13, 17, 21, 25, 28, 33, 42 des Durchführungsbeschlusses (EU) 2017/1442. 53

VII. Altanlagen, bestehende Anlagen, 2003-Altanlage (§ 26, § 41, § 47, § 58, § 63)

1. Bedeutung und unionsrechtlicher Hintergrund, Übergangsregelungen. Die Qualifizierung als Altanlage, bestehende Anlage oder als 2003-Altanlage hat in zweierlei Hinsicht besondere Bedeutung bei der Anwendung der 13. BImSchV: Zum einen gelten 54

für Altanlagen und bestehende Anlagen zum Teil deutlich höhere Emissionsgrenzwerte als für Neuanlagen. Die besonderen Emissionsgrenzwerte für Altanlagen und bestehende Anlagen gelten – soweit nicht gesondert gekennzeichnet – zeitlich unbegrenzt. Zum anderen gelten für Altanlagen und bestehende Anlagen hinsichtlich der Anforderungen der neugefassten Verordnung Übergangsregelungen gem. § 39 Abs. 1 und 2, § 45, § 56, § 61, § 65.

55 Was jeweils als bestehende Anlage anzusehen ist, wird nach den Abschnitten der Verordnung unterschiedlich festgelegt. Grundsätzlich waren die Regelungen der IE-RL ab dem 7. 1. 2013 anzuwenden (Art. 80 Abs. 2 IE-RL). Für Großfeuerungsanlagen, für die vor dem 7. 1. 2013 eine Genehmigung erteilt oder für die von deren Betreibern vor diesem Zeitpunkt ein vollständiger Genehmigungsantrag gestellt wurde, sofern solche Anlagen spätestens am 7. 1. 2014 in Betrieb genommen werden, wenden die Mitgliedstaaten ab dem 1. 1. 2016 die Rechts- und Verwaltungsvorschriften an, die gem. Art. 80 Abs. 1 IE-RL erlassen wurden, um Kapitel III nachzukommen (Art. 82 Abs. 3 iVm Art. 30 Abs. 3). Dabei geht es insbesondere um die strengeren Anforderungen an die Emissionsbegrenzung. Ansonsten sind die gem. Art. 80 Abs. 1 IE-RL erlassenen Rechts- und Verwaltungsvorschriften ab dem 7. 1. 2014 anzuwenden (Art. 82 Abs. 1 iVm Art. 30 Abs. 3 IE-RL). Diese Regelungen greift § 26 Abs. 1 auf und ordnet Anlagen des Abschnitt 2, die vor dem 7.1.2013 genehmigt bzw. beantragt und vor dem 1.1.2014 in Betrieb genommen waren, der Kategorie der *Altanlage* zu. Nach 13. BImSchV 2013/2017 handelte es sich insoweit um bestehende Anlagen iSv § 2 Abs. 4 Nr. 1, Nr. 2a und Nr. 3a 13. BImSchV 2013/2017 (BT-Drs. 19/24906, 106).

56 Ansonsten sind *bestehende Anlagen nach Abschnitt 2* am 18.8.2017 genehmigte oder als genehmigt geltende Anlagen, die vor dem 18. August 2021 in Betrieb gegangen sind (§ 26 Abs. 2, nach 13. BImSchV 2013/2017; „neue Anlagen"). Liegen das Genehmigungs-/Antrags- bzw. das Inbetriebnahmedatum vor dem 27.11.2002 bzw. 27.11.2003, handelt es sich um eine 2003-Anlage iSd Verordnung (§ 26 Abs. 3, nach 13. BImSchV 2013/2017: „Altanlage" i.S.v. § 2 Abs. 3 13. BImSchV 2013/2017). Die begriffliche Systematik wird unverändert aus der geltenden Verordnung übernommen; danach ist eine „Altanlage" auch eine „bestehende Anlage" und eine „2003-Altanlage" auch eine „Altanlage" und ebenfalls eine „bestehende Anlage". Wenn also die Neufassung der Verordnung eine abweichende Regelung für eine bestehende Anlage festlegt, soll diese gleichermaßen für Altanlagen wie auch für 2003-Altanlagen gelten, es sei denn, die Neufassung der Verordnung legt für diese Anlagen abweichende Regelungen fest (BT-Drs. 19/24906, 106).

57 Die entsprechenden Stichtage für eine *bestehende Anlage nach Abschnitt 3 und Abschnitt 4* sind der 1.10.2014 bzw. der 1.10.2015 (§ 41 Abs. 2, § 47 Abs. 2). Die Stichtage für eine *bestehende Anlage nach Abschnitt 5* sind der 8.12.2017 bzw. 8.12.2018 (§ 58 Abs. 2). Was in Abschnitt 2 datumsmäßig als 2003-Anlage eingeordnet wird (Stichtage 27.11.2002 bzw. 27.11.2003), wird in Abschnitt 3 bis Abschnitt 6 als *Altanlage* definiert (§ 41 Abs. 1, § 47 Abs. 1, § 58 Abs. 1, § 63).

Die Stichtage (27.11.2002 bzw. 27.11.2003) für die 2003-Anlage nach Abschnitt 2 und die Altanlage nach Abschnitt 3 bis Abschnitt 6 entsprechen derjenigen für die „alte Neuanlage" nach Großfeuerungsanlagen-RL. Für diese Anlagen galten die erleichterten Anforderungen des jeweiligen Abschnitts A der Anhänge III bis VII der Großfeuerungsanlagen-RL (Art. 4 Abs. 1, Abs. 3 lit. a)). Diese erleichterten Anforderungen waren ab dem 1. 8. 2008 zu erfüllen (Art. 4 Abs. 3, Art. 17 Abs. 2, der auf Grund seines ausdrücklichen Verweises „wie Art. 4 Abs. 1 Großfeuerungsanlagen-RL" anzuwenden ist; ausschlaggebend ist also auch insoweit die vollständige Antragsstellung (nicht Genehmigung) bis zum 27. 11. 2002). Bis zum 1. 8. 2008 galten für bestehende Anlagen und „alte Neuanlagen"

die Emissionsgrenzwerte des Art. 4 Abs. 1 iVm den Anhängen III bis VII der Richtlinie 88/609/EWG (ABl. EG Nr. L 336, 1; zuletzt geändert durch die RL 94/66/EG, ABl. EG Nr. L 337, 83).

Für bestehende Anlagen im Anwendungsbereich des Abschnitts 2 (Feuerungsanlagen) gelten die Anforderungen der Verordnung ab dem 18.8.2021. Dieses Datum ergibt sich aus Art. 21 Abs. 3 der IE-RL iVm dem Datum der Veröffentlichung des Durchführungsbeschlusses (EU) 2017/1442 (BT-Drs. 19/24906,145). Die jahresbezogenen Emissionsgrenzwerte in Abs. 1 S. 2 Nr. 1 der §§ 29 bis 34 ab dem Kalenderjahr 2022. Für bestimmte 2003-Altanlagen gilt als Stichtag für die Erfüllung weitergehender Anforderungen der 1.1.2023 (§ 39 Abs. 2 S. 1). Damit wird die Übergangsregelung aus § 30 Abs. 2 der 13. BImSchV 201372017 fortgeschrieben (BT-Drs. 19/24906,146). **58**

Für bestehende Anlagen im Anwendungsbereich von Abschnitt 3 (Zellstofferzeugung), Abschnitt 4 (Raffinieren von Mineralöl und Gas), Abschnitt 5 (Herstellung von organischen Grundchemikalien) und Abschnitt 6 (chemische Industrie) gelten strengere Anforderungen *aus Abschnitt 1* ab dem 1.1.2022 (§ 45 Abs. 1, § 56 Abs. 1, § 61 Abs. 1 S. 1, § 65 Abs. 1). Ansonsten gelten die Anforderungen der 13. BImSchV 2021 mit Inkrafttreten auch für bestehende Anlagen mit Ausnahme von bestehenden Anlagen im Anwendungsbereich des Abschnitts 5 (Herstellung von organischen Grundchemikalien), für die die sonstigen Anforderungen der Verordnung ab dem 8.12.2021 gelten (§ 61 Abs. 2 S. 1). Bis dahin gelten jeweils die Anforderungen aus der zuvor geltenden Fassung der 13. BImSchV (§ 39 Abs. 1 S. 2), für 2003-Altanlagen galten bis zur Umsetzung der aktualisierten Anforderungen die Anforderungen der 13. BImSchV 2004 (§ 39 Abs. 2 S. 2, § 45 Abs. 2 S. 1, § 56 Abs. 2 S. 1, § 61 Abs. 1 S. 2, § 65 Abs. 2 S. 1). Weitergehende Vorsorgeanforderungen aus Zulassungen oder behördlichen Anordnungen bleiben unberührt (§ 39 Abs. 2 S. 3, § 45 Abs. 2 S. 2, § 56 Abs. 2 S. 2, § 61 Abs. 1 S. 3, § 65 Abs. 2 S. 2). **59**

2. Inbetriebnahme und Rechtfertigung von Übergangsregelungen. Gemäß § 7 Abs. 2 S. 1 und 2 BImSchG kann in der Rechtsverordnung nach § 7 BImSchG bestimmt werden, inwieweit die zur Vorsorge gegen schädliche Umwelteinwirkungen festgelegten Anforderungen nach Ablauf bestimmter Übergangsfristen erfüllt werden müssen, soweit zum Zeitpunkt des Inkrafttretens der Rechtsverordnung in einem Vorbescheid oder einer Genehmigung geringere Anforderungen gestellt worden sind. Bei der Bestimmung der Dauer der Übergangsfristen und der einzuhaltenden Anforderungen sind insbesondere Art, Menge und Gefährlichkeit der von den Anlagen ausgehenden Emissionen sowie die Nutzungsdauer und technische Besonderheiten der Anlagen zu berücksichtigen. **60**

Ausschlaggebend für die Unterscheidung zwischen Altanlage, bestehender Anlage, 2003-Anlage und „Neuanlage" ist der Zeitpunkt der **Inbetriebnahme** der Anlage. Was unter Inbetriebnahme iSd Verordnung zu verstehen ist, wird nicht definiert. Inbetriebnahme iSd BImSchG ist der Beginn der Verwendung der Anlage entsprechend ihrem Zweck (*Jarass* BImSchG § 4 Rn. 57) also zu Produktionszwecken (*Sellner/Reidt/Ohms* Rn. 2, 3). An anderer Stelle wird Inbetriebnahme als erstmaliges bestimmungsgemäßes Ingangsetzen technischer Abläufe definiert (vgl. für das Abwasserabgabenrecht: BVerwG, Urt. v. 1. 6. 1999 – 8 B 71/99). Aus der Vielzahl abweichender Inbetriebnahmezeitpunkte ist zu schließen, dass der jeweilige Inbetriebnahmezeitpunkt immer mit Blick auf den Zweck der jeweiligen Regelung zu bestimmen ist (in Zusammenhang mit der Geltung der immissionsschutzrechtlichen Genehmigung → *Hansmann/Ohms* § 18 BImSchG Rn. 21). Zweck der Verordnung ist die Begrenzung von Emissionen. Ausschlaggebend für eine Inbetriebnahme iSd Verordnung ist also der Zeitpunkt, in dem von der Anlage erstmals (Luftschadstoff-) Emissionen ausgehen. Das bedeutet, dass Inbetriebnahme nach der 13. BImSchV – im Gegensatz zum BImSchG – auch den Probebetrieb umfasst. **61**

62 Die besondere Stellung von bestehenden Anlagen resultiert aus Folgendem: Die Übergangsregelungen gem. § 39 Abs. 1 und 2, § 45, § 56, § 61, § 65 sollen für bestehende Anlagen gewährleisten, dass ihnen unter Gewährung von Übergangsfristen eine Anpassung an die aktualisierten Anforderungen **zumutbar** ist. Zu den Vorschriften des Dritten Teils der bis zum 23. 7. 2004 gültigen 13. BImSchV (§§ 17 bis 20) hieß es, sie sollen den besonderen Belangen der Betreiber von Altanlagen unter dem Gesichtspunkt des Vertrauensschutzes Rechnung tragen; sie sind demgemäß so konzipiert, „dass sie für Altanlagen der von der Verordnung erfassten Art zum Zeitpunkt des Erlasses der Verordnung wirtschaftlich vertretbar sind" (BVerwGE 69, 37). Entsprechendes gilt für die nachfolgenden Fassungen der 13. BImSchV. Betreibern von bestehenden Anlagen soll zur Anpassung ihrer Anlagen ein hinreichender Zeitraum eingeräumt werden. Dies entspricht nach Auffassung des Verordnungsgebers 2021 dem **Verhältnismäßigkeitsgrundsatz** (BT-Drs. 19/24906,149, 154, 156f.). Ein solcher Zeitraum ist allerdings auch denjenigen einzuräumen, die im Vertrauen auf eine Genehmigung mit weniger strengen, noch auf der alten Rechtslage beruhenden Anforderungen mit der Errichtung einer Anlage begonnen haben. Selbst wenn mit der Ausnutzung der Genehmigung noch nicht begonnen wurde, genießt der Inhaber einer Genehmigung einen gewissen **Bestandsschutz** (→ *Dietlein* § 7 BImSchG Rn. 84). Kann eine solche von der Übergangsfrist begünstigte Genehmigung noch bis zum Stichtag erteilt oder beantragt werden, und ist davon auszugehen, dass es im Anschluss daran noch einer hinreichenden Bauzeit zur Umsetzung der Genehmigung bedarf, so ist bis zum Inbetriebnahmetermin ein Jahr später häufig noch kein Regelbetrieb erreichbar. Unter Inbetriebnahme ist somit bereits die Aufnahme des Probebetriebes zu verstehen. Bestätigt wird dies durch die Regelung zu periodischen Messungen in § 20 Abs. 2, wonach das Erreichen eines ungestörten Betriebes erst für einen Zeitpunkt bis zu sechs Monate nach Inbetriebnahme angenommen wird.

VIII. Sonstige Begriffsbestimmungen

63 **1. Betriebsstunden.** Der Begriff der Betriebsstunden ist in der 13. BImSchV nicht definiert, obwohl er in einer Vielzahl Regelungen eine Rolle spielt. Nach Art. 3 Nr. 27 der IE-RL handelt es sich dabei um den in Stunden ausgedrückten Zeitraum, in dem sich eine Feuerungsanlage vollständig oder teilweise in Betrieb befindet und Emissionen in die Luft abgibt, ohne die Zeitabschnitte des An- und Abfahrens.

64 **2. Magerbetrieb (Abs. 20a).** „Magerbetrieb" im Sinne dieser Verordnung liegt vor, wenn ein Motor im Dauerbetrieb mit hohem Luftüberschuss gefahren wird. Gem. § 34 Abs. 1 S. 2 Nr. 2c gelten im Magerbetrieb des Verbrennungsmotors besondere Emissionsgrenzwerte für Methan.

65 **3. Dauerbetrieb.** Dauerbetrieb ist nicht im Sinne der Betriebsphase nach Abschluss des Probebetriebes zu verstehen, wenn die Anlage abgesehen von Wartungen und außerplanmäßigen Außerbetriebnahmen durchgängig betrieben wird (vgl. Jacobshagen/Kachel in Danner/Theobald KWKG § 5 Rn. 4 ff.). Vielmehr ist unter Dauerbetrieb iSd Verordnung zu verstehen, dass die Anlage über einen längeren Zeitraum bei gleichmäßiger Leistung gefahren wird, sich also nicht im Anfahr- oder Abfahrbetrieb befindet.

66 **4. Periodische Messung (Abs. 24a).** „Periodische Messung" ist die Ermittlung einer Messgröße (einer bestimmten, quantitativ zu messenden Größe) in festgelegten Zeitabständen. Inwieweit periodische Messungen vorzusehen sind, ergibt sich aus § 20.

5. Wirbelschichtfeuerung. Besondere Emissionsanforderungen gelten nach § 28 für die Wirbelschichtfeuerung. Bei der Wirbelschichtfeuerung wird heiße Verbrennungsluft über einen Düsenboden in eine Wirbelschichtkammer geblasen. In der Wirbelschichtkammer wird das Wirbelmaterial, zB inerter Quarzsand, aufgewirbelt. Es umschließt den Brennstoff spontan und sorgt für einen optimalen Wärmeübergang auf die durch die Kammer führenden Rohre mit dem darin zirkulierenden Wasser oder Dampf. Dieser verbesserte Wärmeübergang führt zu einer effizienteren Verbrennung mit besserem Gesamtwirkungsgrad des Kraftwerks. 67

6. Weitere Definitionen. Weitere Definitionen wie „Kessel", „Kombinierter Gas- und Dampfturbinenprozess (Kombikraftwerk, GuD-Anlage)", „Rauchgasentschwefelungssystem (REA-System)" enthält der Durchführungsbeschluss (EU) 2017/1442 zu Beginn des Anhangs zu den BVT. 68

§ 3 Bezugssauerstoffgehalt

Emissionsgrenzwerte beziehen sich auf einen Volumengehalt an Sauerstoff im Abgas von

1. 3 Prozent bei Großfeuerungsanlagen für flüssige und gasförmige Brennstoffe,
2. 6 Prozent bei Großfeuerungsanlagen für feste Brennstoffe und Biobrennstoffe,
3. 15 Prozent bei Gasturbinenanlagen sowie
4. 5 Prozent bei Verbrennungsmotoranlagen.

Die Regelung erfolgte in Anlehnung an § 3 der Verordnung über mittelgroße Feuerungs-, Gasturbinen- und Verbrennungsmotoranlagen (44. BImSchV, BT-Drs. 19/24906, 96. Sie ist in Zusammenhang zu sehen mit § 2 Abs. 3 und Anlage 5 (→ § 2 Rn. 40). 1

§ 4 Aggregationsregeln

(1) **Werden in einer gemeinsamen Anlage im Sinne des § 1 Absatz 3 der Verordnung über genehmigungsbedürftige Anlagen die Abgase von zwei oder mehr gesonderten Feuerungsanlagen gemeinsam über einen Schornstein abgeleitet, so gilt die von solchen Feuerungsanlagen gebildete Kombination als eine einzige Feuerungsanlage; die Feuerungswärmeleistung dieser Feuerungsanlage ergibt sich durch Addition der Feuerungswärmeleistungen der gesonderten Feuerungsanlagen.**

(2) **Wird eine gemeinsame Anlage im Sinne des § 1 Absatz 3 der Verordnung über genehmigungsbedürftige Anlagen**
1. aus zwei oder mehr gesonderten Feuerungsanlagen derart errichtet oder
2. als bestehende Anlage durch eine oder mehrere neue Feuerungsanlagen derart erweitert, dass ihre Abgase unter Berücksichtigung technischer und wirtschaftlicher Faktoren nach Beurteilung der zuständigen Behörde gemeinsam über einen Schornstein abgeleitet werden können, so gilt die von solchen Feuerungsanlagen gebildete Kombination als eine einzige Feuerungsanlage; die Feuerungswärmeleistung dieser Feuerungsanlage ergibt sich durch Addition der Feuerungswärmeleistungen der gesonderten Feuerungsanlagen. Die Behörde kann von der Addition nach Satz 1 im Einzelfall absehen, wenn der Betreiber plausible Gründe benennt, die der Addition entgegenstehen.

(3) **Für die Berechnung der Feuerungswärmeleistung einer in den Absätzen 1 und 2 genannten Kombination gesonderter Feuerungsanlagen werden einzelne Feuerungsanlagen mit einer Feuerungswärmeleistung von weniger als 15 MW nicht berücksichtigt. Die Grenzwerte dieser Verordnung sind bei diesen Anlagen nicht anzuwenden.**

(4) **Leitet ein Teil einer Feuerungsanlage, die die Voraussetzungen von Absatz 1 oder 2 erfüllt, seine Abgase über einen oder mehrere gesonderte Schornsteinzüge oder Rauchgaskanäle im Schornstein ab und ist er im gleitenden Durchschnitt über einen Zeitraum von fünf Jahren höchstens 1.500 Stunden jährlich in Betrieb, kann dieser Teil der Feuerungsanlage für die Zwecke dieser Verordnung gesondert betrachtet werden. In Fällen dieser Art werden die durch jeden dieser Schornsteinzüge oder Rauchgaskanäle abgeleiteten Emissionen des Anlagenteils gesondert überwacht und die zugehörigen Betriebsstunden erfasst. Der Betreiber einer Feuerungsanlage nach Satz 1 hat jeweils bis zum 31. März eines Jahres einen Nachweis über die Einhaltung der Betriebszeit zu führen und der zuständigen Behörde auf Verlangen vorzulegen.**

Übersicht

A. Allgemeines

1 § 4 ist durch Art. 2 der Verordnung zur Umsetzung der Richtlinie über Industrieemissionen, zur Änderung der Verordnung zur Begrenzung der Emissionen flüchtiger organischer Verbindungen beim Umfüllen oder Lagern von Ottokraftstoffen, Kraftstoffgemischen oder Rohbenzin sowie zur Änderung der Verordnung zur Begrenzung der Kohlenwasserstoffemissionen bei der Betankung von Kraftfahrzeugen (→ Vorb. Rn. 23) neu in die 13. BImSchV 2013 (dort noch § 3 Abs. 1) aufgenommen wurden.

2 Die Vorschrift dient der Umsetzung von Art. 29 IE-RL zu den **Aggregationsregeln** und dem Ziel, mehrere kleinere zusammengehörende Anlagen gemeinsam strengeren Emissions- und Überwachungsanforderungen zu unterwerfen. Hiernach kommt es für die Behandlung als **eine** Feuerungsanlage und das Zusammenaddieren der Feuerungswärmeleistung darauf an, ob die Abgase über einen **gemeinsamen Schornstein** abgeleitet werden. Hinsichtlich anderer Industrietätigkeiten und der für die Einbeziehung in die IE-RL maßgeblichen Schwellenwerte wird entsprechend („ein und dieselbe Anlage") verfahren (vgl. Eingangstext zu Anhang I der IE-RL). Gem. Art. 29 Abs. 3 der IE-RL werden Feuerungsanlagen mit einer Feuerungswärmeleistung von weniger als 15 MW bei der Berechnung der Feuerungswärmeleistung nicht mehr einbezogen. Damit geht die IE-RL etwa über die de-minimis-Regelung der Richtlinie 2003/87/EG über ein System für den Handel mit Treibhausgasemissionszertifikaten hinaus, die nur Feuerungseinheiten von weniger als 3 MW unberücksichtigt lässt (Anhang I Nr. 3).

B. Voraussetzungen

I. Gemeinsame Anlage iSd § 1 Abs. 3 der 4. BImSchV

3 § 4 Abs. 1 und Abs. 2 setzen zunächst voraus, dass eine gemeinsame Anlage iSd § 1 Abs. 3 der 4. BImSchV vorliegt (→ § 1 der 4. BImSchV Rn. 21–28). Dieser Verweis ist an sich nicht sachgerecht, weil der Begriff der gemeinsamen Anlage von der 4. BImSchV für andere Zwecke als die Schaffung materieller Vorsorgeanforderungen besetzt ist, nämlich zur Bestimmung der Leistungsgrenzen für das Genehmigungserfordernis nach § 4 BImSchG.

4 Nach § 1 Abs. 3 S. 1 der 4. BImSchV liegt eine gemeinsame Anlage vor, wenn mehrere Anlagen derselben Art in einem engen räumlichen und betrieblichen Zusammenhang stehen. Ein enger räumlicher und betrieblicher Zusammenhang ist gegeben, wenn die Anlagen (1.) auf demselben Betriebsgelände liegen, (2.) mit gemeinsamen Betriebseinrichtungen verbunden sind und einem vergleichbaren technischen Zweck dienen. Dass diese – wie § 1 Abs. 3 der 4. BImSchV verlangt – zusammen die nach Anhang 1 der 4. BImSchV maßgebenden Leistungsgrenzen oder Anlagengrößen erreichen oder überschreiten werden, ist nicht maßgeblich für den von § 4 Abs. 1 und 2 der 13. BImSchV in Bezug genommene Begriff der gemeinsamen Anlage, da die Legaldefinition in § 1 Abs. 3 der 4. BImSchV durch die Klammersetzung sich nur auf die Beschreibung „mehrere Anlagen derselben Art in einem engen räumlichen und betrieblichen Zusammenhang" bezieht. Damit kommt das nationale Recht dem nahe, was Art. 3 Nr. 3 IE-RL unter „Anlage" versteht, nämlich eine ortsfeste technische Einheit, in der eine **oder mehrere** der in Anhang I oder Anhang VII Teil 1 IE-RL genannten Tätigkeiten sowie andere unmittelbar damit verbundene Tätigkeiten am selben Standort durchgeführt werden, die mit den in den genannten Anhängen aufgeführten Tätigkeiten in einem technischen Zusammenhang stehen und die Auswirkungen auf die Emissionen und die Umweltverschmutzung haben können. Mit den in den genannten Anhängen aufgeführten und zusammenhängenden Tätigkeiten sind die Anlagenteile einbezogen, die das nationale Recht in § 1 Abs. 2 Nr. 2 4. BImSchV als (vom Genehmigungsvorbehalt umfasste) Nebeneinrichtungen ansieht.

II. Ableitung über einen gemeinsamen Schornstein (Abs. 1)

5 Zwingende Voraussetzung der Aggregationsregel nach § 4 Abs. 1 ist weiterhin, dass die Abgase tatsächlich über einen gemeinsamen Schornstein abgeleitet werden (BR-Drs. 676/12, 171). Nicht ausreichend für § 4 Abs. 1 ist die allein technische Möglichkeit, die Abgase über einen gemeinsamen Schornstein ableiten zu können, sondern dies muss auch tatsächlich der Fall sein. Sobald eine Ableitung über verschiedene Schornsteine stattfindet, ist nicht mehr § 4 Abs. 1 einschlägig. Es kommt dann aber ggf. die Anwendung von § 4 Abs. 2 in Betracht.

6 Damit ist der Schornstein das entscheidende Kriterium zur Bewertung, ob eine einzige Feuerungsanlage vorliegt. Die 13. BImSchV 2021 definiert nun in § 2 Abs. 26, was ein Schornstein ist (→ § 2 Rn. 46). Damit stellt sich die Frage, ob die Aggregationsregeln auch dann greifen, wenn die Abgase der gemeinsamen Anlagen über unterschiedliche Kanäle eines Schornsteins abgeleitet werden. Nach Nr. 5.1.2 TA Luft sollen Anforderungen an die Emissionsbegrenzung für jede einzelne Emissionsquelle festgelegt werden. Werden die Abgase von verschiedenen Anlagenteilen zusammengeführt (Sammelleitung oder Sammelschornstein), sind die emissionsbegrenzenden Anforderungen nach Nr. 5.1.2. TA Luft so festzulegen, dass keine höheren Emissionen als bei einer Ableitung

der jeweiligen Abgase ohne Zusammenführung entstehen. Entsprechendes gilt nach der Zielsetzung der Aggregationsregeln auch hier, so dass es für das Zusammenrechnen der Feuerungswärmeleistung mehrerer gemeinsamer Anlagen keine Rolle spielen kann, ob die Abgase über einen oder mehrere Kanäle eines Schornsteins abgeleitet werden. Soweit es dabei, z.B. aufgrund der Unterschiedlichkeit der aggregierten Anlagen, zu unverhältnismäßigen Emissionsanforderungen kommt, besteht die Möglichkeit einer Ausnahme nach § 23 Abs. 1. Dabei sollte eine Vereinbarkeit mit Art. 29 IE-RL im Hinblick auf die Voraussetzung nach § 23 Abs. 1 Nr. 4 möglich sein, wenn man davon ausgeht, dass unionsrechtlich – im Gegensatz zur nationalen Definition in § 2 Abs. 26 – die Ableitung über getrennte Züge auch eine Ableitung über getrennte „Schornsteine" und somit keine gemeinsame Ableitung i.S.v. Art. 29 IE-RL darstellt (vgl. *Rebentisch/Kühn*, UPR 2017, 168).

III. Neuerrichtung (Abs. 2 S. 1 Nr. 1)

7 § 4 Abs. 2 S. 1 befasst sich mit der Neuerrichtung einer gemeinsamen Anlage iSv § 1 Abs. 3 4. BImSchV aus zwei oder mehr gesonderten Feuerungsanlagen oder der Erweiterung einer bestehenden Anlage derart, dass eine gemeinsame Anlage entsteht. Ungeschriebenes Tatbestandsmerkmal ist, dass die Abgase dieser gemeinsamen Anlage tatsächlich nicht gemeinsam über einen Schornstein abgeleitet werden, sonst wäre die Anlage bereits von der Aggregationsregel des Absatzes 1 erfasst. Die Stichtage für die Aggregation der Neuerrichtung oder Erweiterung nach dieser Vorschrift ergeben sich jeweils in Abhängigkeit davon, was nach dem jeweiligen Abschnitt der Verordnung als bestehende Anlage anzusehen ist (→ § 2 Rn. 54). Die Formulierung des § 4 Abs. 2 S. 1 unterscheidet sich von § 4 Abs. 1 dahingehend, dass § 4 Abs. 2 S. 1 auf ein bauliches Tätigwerden ausgerichtet ist („Wird … errichtet oder … erweitert …"), während § 4 Abs. 1 auf ein betriebliches Tätigwerden abstellt („Werden … Abgase … gemeinsam über einen Schornstein abgeleitet …"). Die Bestimmung des maßgeblichen Zeitpunkts für die bauliche Tätigkeit nach § 4 Abs. 2 S. 1 bereitet dabei Schwierigkeiten, weil sich die Bautätigkeit auf einen längeren Zeitraum bezieht. Praktisch spielt dies allerdings keine Rolle, weil bei Neuerrichtung und Änderung bis zum 2. 5. 2013 nach der Regelung in § 2 Nr. 13 13. BImSchV 2004 ohnehin von den Rechtsfolgen des § 4 Abs. 2 S. 1 ausgegangen werden musste, sich also gegenüber der bisherigen Rechtslage keine Änderungen ergeben. Hiervon geht offenbar auch der Verordnungsgeber aus, wenn er ungenau in der Begründung (BR-Drs. 676/12, 171) meint, § 4 Abs. 2 S. 1 (vormals § 3 Abs. 2 13. BImSchV 2013) entspreche § 1 (gemeint ist wohl § 2) Nr. 13 der 13. BImSchV 2004.

IV. Bestehende Anlage (Abs. 2 S. 1 Nr. 2)

8 Die Anwendung der Aggregationsregel des § 4 Abs. 2 S. 1 Nr. 2 befasst sich mit der Erweiterung einer „bestehende Anlage" (→ § 2 Rn. 52). Gemeint sind also nur Anlagen, für die die notwendigen Genehmigungen vorliegen. Aus dem Wortlaut des § 4 Abs. 2 S 1 Nr. 2 („durch eine oder mehrere neue Feuerungsanlagen … erweitert") ergibt sich, dass die Erweiterung einer bestehenden Anlage um eine andere bestehende Anlage, zB durch technische Zusammenlegung, offenbar nicht einbezogen ist.

V. Möglichkeit der Ableitung über einen Schornstein, Verzicht auf Addition (Abs. 2 S. 2)

9 Voraussetzung der Aggregationsregel des § 4 Abs. 2 S. 1 ist sowohl für Neuerrichtungen als auch für Erweiterung bestehender Anlagen, dass die Abgase der Feuerungsanlagen unter Berücksichtigung technischer und wirtschaftlicher Faktoren nach Beurteilung der

zuständigen Behörde gemeinsam über einen Schornstein abgeleitet werden können. Damit kommt es auf die **theoretische Möglichkeit** der Ableitung über einen Schornstein an, während § 4 Abs. 1 die tatsächliche Ableitung über einen Schornstein voraussetzt.

Die theoretische Möglichkeit der Ableitung über einen gemeinsamen Schornstein beurteilt sich nach technischen und wirtschaftlichen Faktoren. Von einer solchen Möglichkeit kann dann nicht mehr ausgegangen werden, wenn die am Markt üblicherweise erhältlichen technischen Mittel hierzu nicht ausreichen, die Abgase über einen gemeinsamen Schornstein abzuleiten. Ferner ist es nicht erforderlich, die technisch möglichen Optionen auszuschöpfen, die letztlich aufgrund der Kosten außer Verhältnis stehen zu den Zielen der Reduzierung von Emissionen. Wenn also nur mit sehr hohem Kostenaufwand ein relativ geringer Effekt für die Reduzierung von Emissionen erreicht werden kann, so ist dies nicht als Möglichkeit iSd § 4 Abs. 2 S. 1 anzusehen. Indiz dafür, dass eine solche Möglichkeit besteht, ist somit, wenn die gemeinsame Ableitung dem Stand der Technik nach § 3 Abs. 6 BImSchG entspricht. 10

Somit gelten bei der Bewertung der technischen und wirtschaftlichen Faktoren im Hinblick auf die Funktion der 13. BImSchV als generelle Konkretisierung der Anforderungen des § 5 Abs. 1 Nr. 2 BImSchG insbesondere **Verhältnismäßigkeitsaspekte** – ähnlich den Voraussetzungen des § 17 BImSchG für nachträgliche Anforderungen im Einzelfall. So weisen etwa die Auslegungshinweise zur 13. BImSchV aF der Ausschüsse der Bund-/Länderarbeitsgemeinschaft (früher Länderausschusses) Immissionsschutz (LAI, Stand 16. 9. 2005) unter Nr. 2 darauf hin, dass insbesondere bei Altanlagen es im Einzelfall unverhältnismäßig sein kann, für einzelne Anlagenteile Emissionsgrenzwerte festzulegen, die nicht der Leistungsklasse des Anlagenteils entsprechen, sondern der Leistungsklasse entsprechen, die sich aus der Addition der Feuerungswärmeleistungen der Einzelanlagen ergibt. Dies gelte – so die LAI – vor allem für Anlagenteile, bei denen eine gemeinsame Abgasbehandlung der Anlagenteile nicht möglich ist (zB Rostfeuerung mit Wirbelschichtfeuerung oder mit Gasturbine) und somit keine Synergieeffekte erzielt werden können, die eine – mit verhältnismäßigen Mitteln erreichbare – Anwendung der strengeren Emissionsgrenzwerte einer höheren Leistungsklasse erlauben. 11

Vor allem (aber nicht ausschließlich) diese Fälle spricht der im Zuge der Neufassung der Verordnung 2021 eingefügte Satz 2 in § 4 Abs. 2 an, nach dem von einer Addition abgesehen werden kann, wenn der Betreiber „plausible" Gründe dafür benennt. Die Regelung soll nach der Verordnungsbegründung eine Informationspflicht des Betreibers gegenüber der zuständigen Behörde begründen (BT-Dr. 19/24906, 96). In letzter Konsequenz ist es allerdings so, dass der Behörde letztlich nichts anderes übrigbleibt, als mehrere Anlagen oder Installationen als eine Feuerungsanlage zu behandeln. Dass die Benennung plausibler Gründe ausreichend ist, zeigt, dass Gutachten oder Ähnliches vom Betreiber nicht verlangt werden. 12

Ob technische und wirtschaftliche Faktoren dafür sprechen, dass theoretisch die Möglichkeit der Ableitung über einen Schornstein besteht, obliegt der Beurteilung der zuständigen Behörden. Der zuständigen Behörde ist somit ein gerichtlich nur beschränkt überprüfbarer Beurteilungsspielraum eingeräumt (vgl. hierzu im Bereich des BImSchG: VGH BW, 18. 12. 2001 – 10 S 2184/99 juris Rn. 62 unter Hinweis auf BVerwGE 85, 368 (379 f.)). 13

C. Rechtsfolgen (Abs. 1 und 2) und Ausnahmen (Abs. 3 und 4)

I. Rechtsfolgen (Abs. 1 und 2)

14 Die § 4 Abs. 1 und 2 sehen für die gemeinsame Anlage mit einem gemeinsamen Schornstein bzw. mit einem theoretisch möglichen gemeinsamen Schornstein dieselbe Rechtsfolge vor. Die von solchen Feuerungsanlagen gebildete Kombination gilt iSd 13. BImSchV als eine einzige Feuerungsanlage, wobei sich die Feuerungswärmeleistung dieser Feuerungsanlage durch Addition der Feuerungswärmeleistungen der gesonderten Feuerungsanlagen ergibt. Dies kann zum einen dazu führen, dass der Anwendungsbereich der 13. BImSchV nach § 1 Abs. 1 überhaupt eröffnet wird, wenn erst durch die Aggregationsregel die Feuerungswärmeleistung von 50 MW erreicht wird. Zum anderen kann dies auf die teilweise vorgenommene Unterscheidung hinsichtlich der maßgeblichen Emissionsgrenzwerte in Anlagen von 50 MW bis 100 MW, von 100 MW bis 300 MW und von mehr als 300 MW Auswirkungen haben. Des Weiteren haben die Aggregationsregeln zur Folge, dass Messerleichterung nach § 18 Abs. 3 oder Abs. 6 nicht mehr greifen. Die jährlichen Emissionsberichte nach § 22 sind ferner für die sich nach § 4 Abs. 1 und 2 ergebende Feuerungsanlage zu erstellen.

15 Aufgrund des nationalen Betreiberbegriffs des BImSchG (vgl. *Sellmer/Reidt/Ohms* 1. Teil Rn. 31 ff.) darf jedoch nur die Leistung von (Teil-)Anlagen **desselben Betreibers** zusammengerechnet werden.

16 Außerhalb der 13. BImSchV wird lediglich in § 9 Abs. 4 S. 3 der 17. BImSchV auf die Aggregationsregel des § 3 Bezug genommen. Demnach ist bei abfallmitverbrennenden Großfeuerungsanlagen die Feuerungswärmeleistung gem. § 3 für die in § 9 iVm Anlage 3 der 17. BImSchV maßgeblich. Dies ist für die in Anlage 3 der 17. BImSchV niedergelegten Emissionsgrenzwerte entscheidend, da diese sich an der Feuerungswärmeleistung orientieren.

II. Ausnahmen für Feuerungsanlagen mit weniger als 15 MW (Abs. 3)

17 § 4 Abs. 3 sieht eine Ausnahme für Feuerungsanlagen mit einer Feuerungswärmeleistung von weniger als 15 MW. Diese **Kleinfeuerungsanlagen** werden entsprechend Art. 29 Abs. 3 IE-RL von der Aggregationsregel ausgenommen. Auf Grund von § 1 Abs. 1 können sie deshalb nie Gegenstand der 13. BImSchV werden, was § 4 Abs. 3 S. 2 nochmals klarstellt. Sie sind in jedem Fall bei der Addition der Feuerungswärmeleistungen nicht zu berücksichtigen. Solche Feuerungsanlagen kleinerer Leistung können aber gegebenenfalls den Anforderungen der TA Luft unterfallen (BR-Drs. 676/12, 170).

III. 1.500-Stunden-Regel bei Teilanlagen (Abs. 4)

18 § 4 Abs. 4 ermöglicht neuerdings, die 1.500-h-Regelung (Messerleichterung nach § 18 Abs. 3 oder Abs. 6 und zahlreiche großzügigere Emissionsgrenzwerte) auch auf Teile einer Feuerungsanlage anzuwenden, sofern die durch diese Abgasabzüge abgeleiteten Emissionen gesondert überwacht werden. Für die Zuweisung der Emissionsgrenzwerte der 1.500-h-Regelung ist für die Anlagenteile die Feuerungswärmeleistung der gesamten Feuerungsanlage heranzuziehen (BT-Drs. 19/24906, 96).

Vorbemerkung §§ 5 bis 22

Übersicht

A. Allgemeines

Die Unterabschnitte 2 und 3 des Abschnitts 2 formulieren gewissermaßen als Allgemeiner Teil der Verordnung **Anforderungen, die an Errichtung, Betrieb und Überwachung** aller der Verordnung unterfallenden Feuerungsanlagen gestellt werden. Die früher in den §§ 4 bis 10 enthaltenen Emissionsgrenzwerte für die einzelnen Anlagen sind im Zuge der Novellierung 2021 in gesonderte Abschnitte der Verordnung verschoben worden (→ Vorb. Rn. 49 ff.). Lediglich die Anforderungen und im Jahresmittel einzuhaltende Emissionsgrenzwerte zur Absicherung von Umweltqualitätszielen (§ 5, § 11 13. BImSchV 2013/2017) sind hier verblieben. Die §§ 5 bis 12 entsprechen im Wesentlichen der §§ 10 bis 17 der 13. BImSchV 2013/2017. §§ 13 und 14 wurden 2021 neu eingefügt. Die Regelungsgehalte der §§ 15 bis 22 waren in den §§ 18 bis 25 der BImSchV 2013/2017 enthalten. 1

Neben den Anforderungen Emissionsgrenzwerten zur Absicherung von Umweltqualitätszielen enthält der Unterabschnitt 2 des Abschnitts 1 Regelungen zum Betrieb mit mehreren Brennstoffen (§ 6), Anforderungen an die Wärmenutzung (§ 7), die wesentliche Änderung von Anlagen (§ 8), die Abscheidung und Kompression von Kohlendioxid (§ 9), an Lager- und Transportvorgänge (§ 10), die Ableitbedingungen für Abgase (§ 11) und Abgaseinrichtungen (§ 12). 2

B. Maßnahmen zur Emissionsbegrenzung

Im Mittelpunkt der Anforderungen an Errichtung und Betrieb stehen Maßnahmen zur Emissionsbegrenzung. Teilweise werden Möglichkeiten zur **Abweichung** von den Anforderungen an Errichtung und Betrieb eröffnet, wenn andere, als die ausdrücklich geregelten Maßnahmen zur Emissionsbegrenzung getroffen werden (z.B. § 33 Abs. 7, § 23 Abs. 1 Nr. 2). Bezüglich der Maßnahmen zur Emissionsbegrenzung bei der Lagerung und beim Transport von Stoffen nimmt § 10 Abs. 1 auf den ausführlichen Katalog in Nr. 5.2.3 TA Luft Bezug. Kann ein ausreichender Schutz vor schädlichen Umwelteinwirkungen nicht durch Maßnahmen zur Einhaltung des Standes der Technik sichergestellt werden, sollen weitergehende Maßnahmen zur Emissionsminderung angeordnet werden (Nr. 6.1.3 TA Luft). Diese Maßnahmen sollen sowohl auf eine Verminderung der Massenkonzentrationen als auch der Massenströme oder Massenverhältnisse der von einer Anlage ausgehenden Luftverunreinigungen ausgerichtet sein. Sie müssen während des Betriebs der Anlage bestimmungsgemäß eingesetzt werden (vgl. 5.1.3 Abs. 2 S. 4 und 5 TA Luft). 3

4 Als Maßnahmen zur Emissionsbegrenzung bei einer Feuerungsanlage werden alle Eingriffe in den Verbrennungsprozess verstanden, die zur Minderung der durch die Verbrennung verursachten emissionsseitigen Umweltbelastung dienen (vgl. *Gruber* 1991). Als primäre Emissionsbegrenzungsmaßnahmen werden Maßnahmen bezeichnet, die vorbeugend den Anfall von Emissionen bei der Verbrennung ganz oder teilweise vermeiden (Emissionsvermeidungsmaßnahmen). Beispiele dafür sind etwa Maßnahmen der Brennstoffaufbereitung (Brennstoffentschwefelung, Additivzugabe zu Brennstoffen ua.), vor allem aber die Umstellung einer Feuerungsanlage auf emissionsärmere Brennstoffe. Als feuerungstechnische Maßnahme zur Begrenzung von Emissionen ist vor allem die Optimierung der Verbrennungsbedingungen im Hinblick auf eine Minimierung der Emissionsentstehung zu nennen. Bereits entstandene Schadstoffemissionen können mit Hilfe von **rauchgasseitigen Maßnahmen** reduziert werden. Der Feuerung nachgeschaltete EMA werden auch als Rauchgasreinigungsanlagen bezeichnet. Solche Maßnahmen können sich grundsätzlich aus einer oder mehreren **Emissionsminderungstechniken** zusammensetzen, die durch ihre Kombination die gewünschte Emissionsbegrenzung bewirken. Eine EMT klassifiziert dabei Verfahren oder Verfahrensgruppen zur Minderung schadstoffspezifischer Emissionen unter verfahrenstechnischen Aspekten.

C. Messung und Überwachung

I. Messung und Überwachung im Rahmen der IE-RL

5 Zu den wichtigsten Änderungen bzw. Neuerungen durch die IE-RL gehörte die Einführung **einheitlicher Anforderungen an die Anlagenüberwachung.** So wird schon im zweiten Erwägungsgrund der IE-RL festgestellt, dass im Hinblick auf das Verursacher- sowie Vorsorgeprinzip ein allgemeiner Rahmen für die Kontrolle der wichtigsten Industrietätigkeiten aufgestellt werden muss. Die Richtlinie sieht zunächst eine systematische Eigenüberwachung vor, in dem sie die Betreiber zur regelmäßigen Berichterstattung über die Einhaltung der Genehmigungsauflagen gegenüber der zuständigen Behörde verpflichtet (Erwägungsgrund 26 und Art. 8 Abs. 2 lit. a) der IE-RL). Die Mitgliedstaaten sollen darüber hinaus dafür sorgen, dass der Betreiber und die zuständige Behörde im Falle der Nichtbeachtung der Richtlinie jeweils die notwendigen Maßnahmen treffen und ein System von Umweltinspektionen einführen, sowie dass ausreichend Personal bereitgestellt wird, um diese Inspektionen effektiv durchzuführen (Erwägungsgrund 26 der IE-RL).

6 Nicht zuletzt die Einführung von **Umweltinspektionen** in den §§ 52 f. BImSchG stellte eine der größten Neuerungen der IE-RL dar. Die Pflicht zu Inspektionen basiert auf dem Überwachungssystem der Seveso-II-Richtlinie (Richtlinie 2003/105/EG, ABl. EG Nr. L 345, 97), die in § 16 der 12. BImSchV (Störfallverordnung) in das nationale Recht umgesetzt wurde (vgl. *Halmschlag* I+E 2011, 16 (18)). Gemäß Art. 3 Nr. 22 bedeuten „Umweltinspektionen" alle Maßnahmen, einschließlich Besichtigungen vor Ort, Überwachung der Emissionen und Überprüfung interner Berichte und Folgedokumente, Überprüfung der Eigenkontrolle, Prüfung der angewandten Techniken und der Eignung des Umweltmanagements der Anlage, die von der zuständigen Behörde oder in ihrem Namen zur Prüfung und Förderung der Einhaltung der Genehmigungsauflagen durch die Anlagen und gegebenenfalls zur Überwachung ihrer Auswirkungen auf die Umwelt getroffen werden. Genauere Konkretisierung erhält der Begriff „Umweltinspektionen" im Art. 23 der IE-RL, der die Überwachungsmaßnahmen in das System der Umweltinspektionen einbindet und die Abfolge der Überwachungen regelt. So müssen die Mitgliedstaaten gemäß Art. 23 Abs. 2 der IE-RL sicherstellen, dass alle von der Richtlinie umfass-

ten Anlagen durch einen Umweltinspektionsplan abgedeckt sind, und dafür sorgen, dass dieser Plan regelmäßig überprüft und aktualisiert wird. Neben dem räumlichen Geltungsbereich, Verzeichnis der Anlagen in dem Geltungsbereich sowie allgemeiner Bewertung der wichtigen Umweltprobleme, umfasst der Umweltinspektionsplan auch ein Programm für routinemäßige sowie ein Verfahren für nicht routinemäßige Umweltinspektionen (Art. 23 Abs. 3 lit. a) bis e) der IE-RL), die als Vor-Ort-Besichtigung durchzuführen sind (Art. 23 Abs. 4 der IE-RL).

Bei Beschwerden wegen ernsthaften Umweltbeeinträchtigungen, bei ernsthaften umweltbezogenen Unfällen und Vorfällen (Art. 7 IE-RL) und bei Verstößen gegen die Vorschriften werden gemäß Art. 23 Abs. 5 der IE-RL nicht routinemäßige Umweltinspektionen durchgeführt. Die Ergebnisse der Überwachungsmaßnahmen unterliegen den Dokumentations- sowie Offenlegungspflichten (Art. 23 Abs. 6 der IE-RL). 7

Im Hinblick auf Feuerungsanlagen haben die Mitgliedsstaaten gemäß Art. 38 Abs. 1 der IE-RL die Überwachung der Anlagen, die gemäß Anhang V Teil 3 der Richtlinie durchgeführt wird, zu gewährleisten. Dabei muss der Einbau und das Funktionieren der automatisierten Messsysteme kontrolliert werden (Art. 38 Abs. 2 IE-RL). Solche Messsysteme sind außerdem mindestens einmal jährlich durch Parallelmessungen unter Verwendung der Referenzmethoden einer Kontrolle zu unterziehen (Anhang V, Teil 3, Nr. 8 Abs. 2 der IE-RL). Über die Ergebnisse der Überprüfung der automatisierten Messsysteme wird die zuständige Behörde durch den Betreiber unterrichtet (Anhang V, Teil 3, Nr. 8 Abs. 3 der IE-RL). Die Messstellen für die Überwachung von Emissionen werden durch die zuständige Behörde festgelegt (Art. 38 Abs. 3 IE-RL). Die Emissionsgrenzwerte für Luft gelten gem. Art. 39 IE-RL als eingehalten, wenn die Bedingungen gemäß Anhang V Teil 4 IE-RL erfüllt sind. 8

II. Umsetzung und Konkretisierung

Unterabschnitt 3 des Abschnitts 1 der Verordnung §§ 13 bis 22 enthalten Regelungen zur Überwachung der Anforderungen der. Sie berücksichtigen die Anforderungen der Art. 38 und 39 iVm Anhang V Teil 3 und 4 IE-RL. Mit den §§ 13 ff. werden die unionsrechtlichen Anforderungen in nationales Recht übernommen. Vor allem sind nach § 16 Abs. 2 iVm § 66 Abs. 3 die Reglungen über **Probenahme** und **Analyse** sowie die **Qualitätssicherung** von automatischen Messsystemen und die Referenzmessverfahren zur Kalibrierung automatischer Messsysteme nach CEN-Normen des Europäischen Komitees für Normung verbindlich. Soweit darüber hinaus hinsichtlich der Details Richtlinien der Bund/Länder-Arbeitsgemeinschaft für Immissionsschutz (LAI), insbesondere die Bundeseinheitliche Praxis bei der Überwachung der Emissionen, Anwendung finden, so ist dies zwar für eine gerichtliche Nachprüfung nicht verbindlich, sondern allenfalls im Rahmen einer tatrichterlichen Würdigung nur als „Orientierungsmarke und grober Anhalt" verwendbar (BVerwG NVwZ 2014, 1454 (Rn. 34)), in der Praxis werden die Gerichte aber „mangels besserer Erkenntnis" auf keine anderen Maßstäbe zurückgreifen können (BVerwG ZUR 2004, 229). 9

Die Regelungen entsprechen im Wesentlichen den Vorschriften der 17. BImSchV (§§ 14 ff.) und der TA Luft zur Überwachung der Emissionen (→ TA Luft Nr. 5.3 Rn. 1 ff.). Zur Anwendung dieser Regelungen hat das Bundesministerium für Umwelt, Naturschutz und Reaktorsicherheit gemäß Nr. 5.3.3.4 Abs. 3 S. 1 TA Luft nach Abstimmung mit den zuständigen obersten Landesbehörden im Gemeinsamen Ministerialblatt Richtlinien über die Eignungsprüfung, den Einbau, die Kalibrierung und die Wartung von Messeinrichtungen sowie die Auswertung von kontinuierlichen Emissionsmessungen veröffentlicht (Bundeseinheitliche Praxis bei der Überwachung der Emissionen vom 10

31.7.2023, GMBl. S. 931. Bezüglich der Mindestanforderungen bei der Eignungsprüfung wird auf die DIN EN 15267-3 (Ausgabe März 2008) und der VDI 4203 Blatt 1 (Ausgabe September 2017) Bezug genommen.

11 Vorgeschrieben ist darin die Anwendung von CEN-Normen (Europäische Komitee für Normung/Comité Européen de Normalisation). Gem. Art. 70 Abs. 3 iVm Anhang V Teil 3 Nr. 8 IE-RL werden Probenahme und Analyse relevanter Schadstoffe und Messungen von Verfahrensparametern sowie die Qualitätssicherung von automatisierten Messsystemen und die Referenzmessverfahren zur Kalibrierung dieser Systeme nach CEN-Normen durchgeführt. Sind keine CEN-Normen verfügbar, so werden ISO-, nationale Normen oder andere internationale Normen angewandt, die sicherstellen, dass Daten von gleichwertiger wissenschaftlicher Qualität ermittelt werden. CEN ist die offiziell anerkannte europäische Normungsorganisation für alle Bereiche außer Elektrotechnik und Telekommunikation. CEN trägt bei zu der Zielsetzung der EU und EFTA, mit Hilfe von freiwilligen Normen (EN), die freien Handel, Produktsicherheit, Arbeits- und Konsumentenschutz, Interoperabilität von Netzwerken, Umweltschutz und die Nutzung von Forschungsergebnissen zu unterstützen (vgl. auch Erwägungsgrund 17 der Großfeuerungsanlagen-RL). Das Deutsche Institut für Normung e.V. (DIN) ist für die Bundesrepublik Deutschland Mitglied der CEN.

12 Solche Normen sind mit der DIN EN 14181:2014 (Ausgabedatum 2015–02) „Emissionen aus stationären Quellen – Qualitätssicherung für automatische Messeinrichtungen" eingeführt worden und somit für Anlagen, die dem Anwendungsbereich der 13. oder der 17. BImSchV unterliegen, anzuwenden. Diese Norm stellt die wohl wichtigste Regelung aus dem Bereich der Normung für die Anlagenüberwachung dar, die zur Untersetzung der einschlägigen europäischen Richtlinien vom Technischen Komitee CEN/TC 264 „Luftbeschaffenheit" erarbeitet wurde. Sie löste somit die Richtlinien VDI 3950 Blatt 1–3 Kalibrierung automatischer Emissionsmesseinrichtungen ab, die bisher in Deutschland angewandt wurden. Die Richtlinie VDI 3950 Qualitätssicherung für automatische Mess- und elektronische Auswerteeinrichtungen v. Dezember 2006 gilt als Konkretisierung und Ergänzung der Anforderungen der DIN EN 14 181. Sie legt weiterhin Anforderungen und Verfahren für Anlagen fest, bei denen aus Gründen der Verhältnismäßigkeit die DIN EN 14 181 nicht vollständig angewandt werden sollte.

13 Die DIN EN 14 181 regelt, welche Eigenschaften automatische Messeinrichtungen haben müssen und wie sie zu kalibrieren und zu warten sind. Aus den Daten des Kalibrierexperiments wird neben der Kalibrierfunktion auch die Messunsicherheit bestimmt, die bei der Validierung der im Rahmen der kontinuierlichen Überwachung gewonnenen Messwerte eine entscheidende Rolle spielt. Weiterhin werden die Anforderungen an die Unsicherheit der mit den Messeinrichtungen gewonnenen Messwerte, die in den EU-Richtlinien zu Großfeuerungsanlagen und zu Anlagen zur Abfallverbrennung und Abfallmitverbrennung festgelegt werden (vgl. Anlage 4), durch ein in der Norm beschriebenes Verfahren überprüft.

III. Kontinuierliche Messung und periodische Messungen

14 Zu unterscheiden sind kontinuierliche Messungen durch automatische Messeinrichtungen (§ 29 BImSchG, §§ 17 ff.) und Einzelmessungen (§§ 26, 28 BImSchG, §§ 20 f.), die nach bestimmten Zeitabschnitten zu wiederholen sind und in der 13. BImSchV 2021 in "periodische Messungen" umbenannt wurden. Kontinuierliche Messungen sind auf der Grundlage von § 31 Abs. 5 S. 2 BImSchG regelmäßig mit der Maßgabe verbunden, dass die gemessenen Daten im Wege der Datenfernübermittlung, also „online", an die zuständige Überwachungsbehörde übermittelt werden.

Anhang V Teil 3 IE-RL (vormals Anhang VIII Abschnitt A Nr. 2) verlangt, dass die Konzentrationen von Schwefeldioxid, Stickstoffoxiden und Staub und bei jeder mit gasförmigen Brennstoffen betriebenen Feuerungsanlage mit einer Feuerungswärmeleistung auch von Kohlenmonoxid, ab einer Feuerungswärmeleistung von 100 MW kontinuierlich gemessen werden. § 17 Abs. 1 S. 1 Nr. 1 sieht für diese Schadstoffe und darüber hinaus für Quecksilber, Gesamtkohlenstoff und ggf. die Rußzahl kontinuierliche Messungen vor, und zwar unabhängig von der Feuerungswärmeleistung und dem Brennstoff. Für Feuerungsanlagen mit einer Lebensdauer von weniger als 10 000 Betriebsstunden (→ § 2 Rn. 63) oder bestimmte Einsatzstoffe (Erdgas, Wasserstoff, Öl mit bekanntem Schwefelgehalt, Biomasse) können nach der Richtlinie (Anhang V Teil 3 Nr. 2) im Einzelfall Ausnahmen zugelassen werden. Diese Ausnahmen wurden in § 18 Abs. 1, Abs. 2 und Abs. 3 bis 6übernommen. 15

Nach Anhang V Teil 3 Nr. 7 IE-RL beinhalten diese kontinuierlichen Messungen die einschlägigen Betriebsparameter betreffend Sauerstoffgehalt, Temperatur, Druck und in bestimmten Fällen auch den Wasserdampfgehalt (vgl. so auch § 17 Abs. 1 S. 1 Nr. 2 und 3). Darüber hinaus sind nach § 17 Abs. 1 S. 1 Nr. 3 weitere zur Beurteilung des ordnungsgemäßen Betriebs erforderlichen Betriebsgrößen wie Leistung und Abgasvolumen kontinuierlich zu ermitteln. Periodische Messungen sind gemäß § 20 Abs. 5 für krebserzeugende Stoffe nach Anlage 2, also Staubinhaltsstoffe, Dioxine und Furane nach § 28 Abs. 1 S. 2 Nr. 4c, § 29 Abs. 1 S. 2 Nr. 4b, § 30 Abs. 1 S. 2 Nr. 4, § 32 Abs. 1 S. 2 Nr. 4d, § 42 Abs 1 S. 2 Nr. 3 und § 49 Abs. 1 S. 2 Nr. 3 durchzuführen. 16

Für Quecksilber sind gem. § 17 Abs. 1 S. 1 Nr. 1 grundsätzlich kontinuierliche Messungen vorgeschrieben. Gem. § 18 Abs. 7 soll die zuständige Behörde auf Antrag hierauf verzichten, wenn durch andere Prüfungen, insbesondere der Brennstoffe sichergestellt ist, dass die Emissionsgrenzwerte für Quecksilber und seine Verbindungen nur zu weniger als 50 vom Hundert in Anspruch genommen werden und sich aus den periodischen Messungen ergibt, dass der Jahresmittelwert nach § 5 Abs. 2 sicher eingehalten wird. 17

Die Messung von Emissionen ist stets mit Unsicherheiten verbunden, die ua. auf die Qualität der Messeinrichtung zurückzuführen sind. Daher sind Einrichtungen zur kontinuierlichen Messung zu kalibrieren (§ 16 Abs. 3 bis 6). Um hier einen Mindeststandard einzuführen, wird in Anlage 4 der Verordnung ein entsprechendes **Konfidenzintervall** (Vertrauensbereich) festgelegt, das von der Messeinrichtung nicht überschritten werden darf und Anhang V Teil 3 Nr. 9 IE-RL entspricht. Dabei darf der Wert des Konfidenzintervalls von 95 vH eines einzelnen Messergebnisses bestimmte Prozentsätze der jeweiligen für den Tagesmittelwert festgelegten Emissionsbegrenzung nicht übersteigen. Maßgeblich ist der bei der Kalibrierung ermittelte Wert. Er darf jedoch höchstens die in Anlage 4 festgelegten Prozentsätze für die verschiedenen Schadstoffe betragen (vgl. BT-Drs. 15/3420, 29). 18

Über die Ergebnisse der Messungen hat der Betreiber nach Maßgabe der §§ 19 Abs. 2, 21 Abs. 2 **Messberichte** zu erstellen und der zuständigen Behörde vorzulegen. Nach § 27 BImSchG iVm § 22 Abs. 1 und 2 hat der Betreiber in regelmäßigem Rhythmus Emissionserklärungen und Emissionsberichte unter Beachtung des Schadstofffreisetzungs- und Verbringungsregister nach der E-PRTR VO (EG 166/2006), der 11. und der 13. BImSchV zu erstellen und der zuständigen Behörde vorzulegen. 19

IV. Nach näherer Bestimmung durch die zuständige Behörde

Die Messplätze, Messverfahren und geeigneten Messeinrichtungen unterliegen gem. §§ 15 S. 3, 16 Abs. 1 S. 2, § 20 Abs. 4 S. 5 der „näheren Bestimmung durch die zuständige Behörde". Auch die Maßnahmen zur Begrenzung der Emissionen bei der Lagerung und 20

beim Transport von Stoffen sowie die Ableitung von Abgasen richten sich nach näherer Bestimmung der zuständigen Behörde (nach Maßgabe der TA Luft) (§ 10 Abs. 1, § 11 S. 2) Dasselbe gilt für die Art des Nachweises der Einhaltung des Schwefelabscheidegrades nach § 19 Abs. 6. Dies entspricht Art. 38 Abs. 3 IE-RL. Die 13. BImSchV ermächtigt somit die zuständige Behörde im Rahmen der maßgeblichen Regelwerke, insbesondere CEN-Normen (vgl. § 16 Abs. 2 iVm § 66 Abs. 3), Details der Messung im Rahmen eines behördlichen Beurteilungsspielraums festzulegen. Verpflichtet das materielle Recht die Verwaltung zu Entscheidungen, ohne dafür hinreichend bestimmte Entscheidungsprogramme vorzugeben, handelt die Verwaltung kraft eigener Kompetenz. Die Gerichte haben den hierauf beruhenden behördlichen Beurteilungsspielraum zu respektieren und die Kontrolldichte entsprechend zurückzunehmen. Ein Gericht darf somit nicht seine eigene Beurteilung an die Stelle der behördlichen Beurteilung setzen. Die gerichtliche Überprüfung beschränkt sich darauf, ob die behördliche Beurteilung auf Grundlage fachwissenschaftlicher Maßstäbe methodisch fachgerecht erfolgte (BVerwGE 129, 328; 87, 332 (355)). Eine solche Festlegung ist – wie die Festlegung der Beurteilungspunkte nach Nr. 4.6.2.6 TA Luft (→ TA Luft Nr. 4.6.2.6 Rn. 22 f.; *Ohms* DVBl. 2002, 1365 (1373)) – kein Verwaltungsakt, sondern lediglich Verwaltungshandeln im Rahmen der behördlichen Überwachung, das auf die Ermittlung bestimmter Sachverhalte gerichtet ist. Gegenstand einer rechtlichen Überprüfung ist aber der Rechtsakt, der auf einer tatsächlichen Festlegung beruht, etwa die Aufnahme entsprechender Regelungen in den Genehmigungsbescheid, die nachträgliche Anordnung nach § 17 BImSchG, Messanordnungen nach § 26 BImSchG oder andere Überwachungsmaßnahmen nach § 52 BImSchG. Stellt sich dabei heraus, dass die zuständigen Behörden bei ihrer „näheren Bestimmung" von Details der Messung die Grenzen des ihnen eingeräumten Beurteilungsspielraums überschritten haben, ist auch die daraufhin getroffene Anordnung rechtswidrig.

Unterabschnitt 2 Gemeinsame Anforderungen an die Errichtung und den Betrieb

§ 5 Anforderungen und im Jahresmittel einzuhaltende Emissionsgrenzwerte zur Absicherung von Umweltqualitätszielen

(1) **Großfeuerungsanlagen mit einer Feuerungswärmeleistung von mehr als 300 MW sind so zu errichten und zu betreiben, dass kein Jahresmittelwert von Gesamtstaub einen Emissionsgrenzwert von 10 mg/m³ überschreitet.**

(2) **Großfeuerungsanlagen sind bei Einsatz fester Brennstoffe und Biobrennstoffe so zu errichten und zu betreiben, dass kein Jahresmittelwert von Quecksilber und seinen Verbindungen, angegeben als Quecksilber, einen Emissionsgrenzwert von 0,01 mg/m³ überschreitet.**

(3) **Großfeuerungsanlagen, die nach dem 6. Januar 2014 in Betrieb gegangen sind oder gehen, sind bei Einsatz von festen oder flüssigen Brennstoffen oder bei Einsatz von Biobrennstoffen so zu errichten und zu betreiben, dass kein Jahresmittelwert die folgenden Emissionsgrenzwerte von Stickstoffmonoxid und Stickstoffdioxid, angegeben als Stickstoffdioxid, überschreitet:**

1. **bei Anlagen mit einer Feuerungswärmeleistung von 50 MW bis 100 MW: 250 mg/m³;**
2. **bei Anlagen mit einer Feuerungswärmeleistung von mehr als 100 MW: 100 mg/m³.**

(4) **Die Anforderungen der Absätze 2 und 3 gelten nicht für Großfeuerungsanlagen,**

1. die ausschließlich zur Abdeckung der Spitzenlast bei der Energieversorgung während bis zu 300 Stunden im Kalenderjahr dienen oder
2. die ausschließlich dem Notbetrieb während bis zu 300 Stunden im Kalenderjahr dienen.

(5) **Der Betreiber einer Anlagenach Absatz 4 Nummer 1 oder 2 hat jeweils bis zum Ablauf des 31. März eines Kalenderjahres für das vorhergehende Kalenderjahr einen Nachweis über die Einhaltung der Betriebszeit zu führen. Der Betreiber hat den Nachweis nach dem Ende des Nachweiszeitraums fünf Jahre lang aufzubewahren und der zuständigen Behörde auf Verlangen vorzulegen.**

Übersicht

A. Allgemeines

1 § 5 entspricht inhaltlich § 11 der 13. BImSchV 2013/2017. Die 13. BImSchV 2004 enthielt bereits Jahresmittelwerte in Abs. 1 Nr. 4 des § 3 für den Einsatz von flüssigen Brennstoffen und in § 4 für den Einsatz von festen Brennstoffen (außer Biobrennstoffen) in Anlagen mit einer Feuerungswärmeleistung ab 50 MW; § 6 Abs. 1 Nr. 3 für den Einsatz in Gasturbinenanlagen mit einer Feuerungswärmeleistung ab 100 MW. Begrenzt waren nur Stickstoffoxide.

2 Die 13. BImSchV bezieht ab 2013 grundsätzlich alle Großfeuerungsanlagen in die Verpflichtung ein, neben den jeweils in den Abschnitten für die unterschiedlichen Anlagen festgelegten Jahres-, Tages- und Halbstundenmittelwerten zusätzlich zur Absicherung von Umweltqualitätszielen einen Jahresmittelwert einzuhalten. Begrenzt werden Gesamtstaub (Abs. 1), Quecksilber (Abs. 2) und Stickoxide (Abs. 3).

B. Emissionsanforderungen

3 Die Anforderungen in § 5 sollen der Absicherung von Luftqualitätsanforderungen dienen (BR-Drs. 676/12, 176 f., BT-Drs. 19/24906, 97). Im Zuge der Novellierung der Verordnung 2021 wurde explizit auf eine Verschärfung des Jahresemissionsgrenzwertes für Stickstoff verzichtet (BT-Drs. 18/24906, 97). Unionsrechtlich (RL 2008/50/EG) werden Luftqualitätsanforderungen zwar nur für Staub/Partikel und Stickoxide bzw. Emissionsreduktionsverpflichtungen (RL 2016/2284/EU über die Reduktion der nationalen Emissionen bestimmter Luftschadstoffe, ABl. EU Nr. L 344, 1) auch für Schwefeloxide sowie flüchtige organische Verbindungen ohne Methan (NMVOC) gestellt. Zur Begründung für die Begrenzung von Quecksilber verweist der Verordnungsgeber daher auf das zunehmende ubiquitäre Vorhandensein von Quecksilber, für das es neben der Schließung der maßgeblichen Emissionsquellen einer Minderung der in die Umwelt eingetragenen Schadstofffracht bedarf. Ferner wird auf die hohen Stickstoffoxidniveaus der Hintergrundbelastung verwiesen, bei denen bereits geringe lokale Zusatzbelastungen zu Überschreitungen der Luftqualitätsanforderungen führen. Ziel der Verminderung der Stickstofffrachten ist die Absenkung des Hintergrundniveaus bei und die Reduzierung der Anzahl von Überschreitungen der Luftqualitätsanforderungen. Die Regelung soll das na-

tionale Luftreinhalteprogramm vom 22.5.2019 (www.bmu.de/download/nationales-luftreinhalteprogramm-der-bundesrepublik-deutschland/) unterstützen. Inzwischen hat das Umweltbundesamt der Entwurf einer Neufassung des Nationales Luftreinhalteprogramms (Stand 7.6.2023) vorgelegt (https://www.bmuv.de/gesetz/nationales-luftreinhalteprogramm),

4 Ein Jahresmittelwert für Gesamtstaub gilt nur für Feuerungsanlagen mit einer Feuerungswärmeleistung (→ § 2 Abs. 15) von mehr als 300 MW (§ 5 Abs. 1). Quecksilber wird bei Einsatz von festen Brennstoffen (→ § 2 Rn. 7), also bei Kohle, und Biobrennstoffen (→ § 2 Rn. 11) im Jahresmittel begrenzt (§ 5 Abs. 2). Stickstoffoxide sind bei Einsatz von festen und flüssigen Brennstoffen und Biobrennstoffen im Jahresmittel begrenzt (§ 5 Abs. 3), allerdings nur bei Anlagen, die nach dem 6.1.2014 in Betrieb gegangen sind oder gehen. Die Grenzwerte der Abs. 1 bis 3 gelten gem. Abs. 4 nicht für Spitzenlastkraftwerke und Kraftwerke im Notbetrieb. Abs. 5 regelt die Berichtspflicht des Betreibers (31.3. für das abgelaufene Jahr) und die Aufbewahrungsfrist.

C. Abdeckung der Spitzenlast und Notbetrieb

5 Die Jahres-Emissionsgrenzwerte für Quecksilber nach Abs. 2 und Stickoxide nach Abs. 3 gelten nicht für Großfeuerungsanlagen, die ausschließlich zur Abdeckung der Spitzenlast bei der Energieversorgung und dem Notbetrieb dienen (Abs. 3). Die Anzahl der im Kalenderjahr zulässigen Betriebsstunden ist in beiden Fällen auf 300 Stunden begrenzt. Nach Anhang V Teil 2 Nr. 6 IE-RL wäre dies sogar bis zu 500 Stunden im Jahr gestattet, was insoweit die Zulassung einer Ausnahme nach § 23 Abs. 1 ermöglicht.

6 Aufgrund des Wortlauts darf die Anlage nur den Zweck haben, allein der Abdeckung der Spitzenlast bei der Energieversorgung oder dem Notbetrieb zu dienen. Gemeint ist die Spitzenlast bei der Stromerzeugung, die den Anteil der elektrischen Leistung (Last) in einem Versorgungsgebiet bezeichnet, die nur für einen relativ kurzen Zeitraum, aber auch kurzfristig benötigt wird, etwa bei kurzfristigen Verbrauchsspitzen oder bei Ausfall anderer Kraftwerke oder Teilen eines elektrischen Versorgungsnetzes. Notbetrieb findet bei Betriebsstörungen von Anlagen zur Stromerzeugung oder zur Verdichtung bei Erdgasversorgungsleitungen (vgl. Nr. 5.4.1.4 TA Luft) oder für im Fall von Störungen des Versorgungsnetzes oder zur Vermeidung von kritischen Betriebssituationen statt. Die Anlagen dürfen nur zu diesen Zwecken vorgehalten werden.

§ 6 Emissionsgrenzwerte bei Betrieb mit mehreren Brennstoffen

(1) **Feuerungsanlagen sind beim Betrieb mit mehreren Brennstoffen so zu betreiben, dass**

1. **kein Jahres- und kein Tagesmittelwert den sich aus Absatz 2 oder 3 jeweils ergebenden Emissionsgrenzwert für das Jahr und den Tag überschreitet und**
2. **kein Halbstundenmittelwert das Doppelte des gemäß Nummer 1 bestimmten Emissionsgrenzwertes für den Tag überschreitet.**

(2) **Bei Mischfeuerungen sind die für den jeweiligen Brennstoff maßgeblichen Emissionsgrenzwerte und der jeweilige Bezugssauerstoffgehalt nach dem Verhältnis der mit diesem Brennstoff zugeführten Feuerungswärmeleistung zu der insgesamt zugeführten Feuerungswärmeleistung zu ermitteln. Die für die Feuerungsanlage maßgeblichen Emissionsgrenzwerte und der für die Feuerungsanlage maßgebliche Bezugssauerstoffgehalt ergeben sich durch Addition der nach Satz 1 ermittelten Werte.**

(3) **Bei Mehrstofffeuerungen gelten die Anforderungen, die für den jeweils eingesetzten Brennstoff gelten.**

Übersicht

A. Allgemeines

§ 6 entspricht im Wesentlichen § 10 der 13. BImSchV 2013/2017. Er bestimmt die 1 Anforderungen, die beim Betrieb von Anlagen mit mehreren Brennstoffen einzuhalten sind, und wie der maßgebliche Emissionsgrenzwert bei Mischfeuerungen und Mehrstofffeuerungen (zu den Begriffen → § 2 Rn. 27) aus den anlagen- und brennstoffbezogenen Anforderungen zu ermitteln ist. Wie bei dem Einsatz nur eines Brennstoffs sieht die Verordnung bei Misch- und Mehrstofffeuerungen Tages- und Halbstundenmittelwerte und ab 2021 auch im Jahresmittel einzuhaltende Emissionsgrenzwerte vor (Abs. 1). Die „Glockenregelung" für Mischfeuerungen mit Destillations- und Konversionsrückständen aus § 10 Abs. 3 13. BImSchV 2013/2017 wurde im Zuge der Novellierung 2021 nach § 51 verschoben.

B. Mischfeuerungen (Abs. 2)

Der für eine Mischfeuerung maßgebliche Emissionsgrenzwert sowie der maßgebliche 2 Bezugssauerstoffgehalt (→§ 2 Rn. 40, 48, § 3) sind jeweils nach dem Verhältnis der mit dem jeweiligen Brennstoff zugeführten Feuerungswärmeleistung zu ermitteln. Hierfür wird gemäß der ausführlicheren Regelung in Art. 40 Abs. 1 der IE-RL, die 1 : 1 für das nationale Recht gilt (vgl. Verordnungsbegründung 2004 BT-Drs. 15/3420, 25), zunächst der Emissionsgrenzwert für jeden einzelnen Brennstoff und jeden einzelnen Schadstoff entsprechend der thermischen Nennleistung der Anlage bestimmt. Dann werden die gewichteten Emissionsgrenzwerte für die einzelnen Brennstoffe festgelegt. Diese Werte erhält man durch Multiplikation der einzelnen Grenzwerte mit der Wärmeleistung der einzelnen Brennstoffe, dividiert durch die Summe der von allen Brennstoffen zugeführten Wärmeleistung. Schließlich werden die gewichteten Emissionsgrenzwerte für die einzelnen Brennstoffe addiert (§ 6 Abs. 2 S. 2). Das Berechnungssystem der Emissionsgrenzwerte für Mischfeuerungen der 13. BImSchV unterscheidet sich somit grundsätzlich von dem System der Anlage 3 der 17. BImSchV („Mischungsregel"), das ohnehin nur bis zu einem Abfallanteil von 25 % der gefahrenen Feuerungswärmeleistung greift (§ 9 Abs. 1 der 17. BImSchV) und – soweit keine festen Emissionsgrenzwerte vorgesehen sind – an das Verhältnis der jeweils durch die zulässigen Brennstoffe verursachten Abgasströme anknüpft.

C. Mehrstofffeuerungen (Abs. 3)

Nach nationalem Verständnis erfolgt bei der Mehrstofffeuerung der Einsatz mehrerer 3 Brennstoffe nicht gleichzeitig, sondern nacheinander (§ 2 Abs. 22). Demnach gelten gem.

§ 6 Abs. 3 die für den jeweiligen Brennstoff maßgeblichen Emissionsgrenzwerte und der maßgebliche Bezugssauerstoffgehalt (→§ 2 Rn. 40, 48, § 3) immer für den Zeitraum, in dem der jeweilige Brennstoff auch eingesetzt wird.

§ 7 Kraft-Wärme-Kopplung und Kopplung von Gas- und Dampfturbinen

(1) **Der Betreiber hat bei der Errichtung oder der wesentlichen Änderung einer Feuerungsanlage Maßnahmen zur Kraft-Wärme-Kopplung durchzuführen, es sei denn, dies ist technisch nicht möglich oder unverhältnismäßig. Ist die Durchführung der Maßnahmen zur Kraft-Wärme-Kopplung technisch nicht möglich oder unverhältnismäßig, hat der Betreiber diesen Umstand unverzüglich der zuständigen Behörde anzuzeigen.**

(2) **Wird bei der Errichtung oder der wesentlichen Änderung einer mit Erdgas betriebenen Gasturbinen- oder Verbrennungsmotoranlage zur Stromerzeugung, die auch für einen Betrieb mit jährlich 1.500 Betriebsstunden oder mehr im gleitenden Durchschnitt über einen Zeitraum von fünf Jahren verfügbar sein soll, keine Maßnahme zur Kraft-Wärme-Kopplung durchgeführt, so hat der Betreiber Maßnahmen zur Kopplung von Gas- und Dampfturbinen (Gas- und Dampfturbinenprozess) oder von Verbrennungsmotoren und Dampfturbinen durchzuführen, es sei denn, dies ist technisch nicht möglich oder unverhältnismäßig. Ist die Durchführung der Maßnahmen zur Kopplung von Gas- und Dampfturbinen oder von Verbrennungsmotoren und Dampfturbinen nicht möglich, hat der Betreiber diesen Umstand der zuständigen Behörde anzuzeigen.**

Übersicht

A. Allgemeines

1 § 7 Abs. 1 entspricht im Wesentlichen § 12 der 13. BImSchV 2013/2017, der bereits auf Art. 6 der Großfeuerungsanlagen-RL zurückgeht. Eine unionsrechtliche Verpflichtung zur Wärmenutzung in Anlagen nach Kapitel III der IE-RL besteht nicht. Bei mit Kraft-Wärme-Kopplung (KWK) betriebenen Energiewandlungsanlagen wird sowohl entstehende Wärme als auch erzeugte elektrische Energie genutzt (vgl. § 2 Nr. 13 KWKG). Bei KWK-Anlagen wird durch die gleichzeitige Abgabe von Wärme, zB in ein Fernleitungsnetz der öffentlichen Versorgung oder von Prozessdampf an einem Industriestandort ein sehr viel höherer Wärmenutzungsgrad erreicht. In herkömmlichen Kraftwerken werden nur 30 bis 40 % der eingesetzten Primärenergie in Strom umgewandelt. 60 bis 70 % bleiben ungenutzt oder wirken sich durch Bildung von Kondensationswolken oder die Aufheizung von Flüssen sogar negativ auf die Umwelt aus. Hingegen entstehen bei der Stromerzeugung in KWK nur rund 10 bis 20 % Verluste, mit Brennwertnutzung sogar

noch weniger (Bundesverband Kraft-Wärme-Kopplung e.V. – B. KWK, http://www.bkwk.de).

In Abs. 2 wird im Zuge der Novellierung 2021 eine Sonderregelung für mit Erdgas betriebenen Gasturbinen- oder Verbrennungsmotoranlage (→ § 2 Abs. 16 und Abs. 28) zur Stromerzeugung ergänzt. 2

B. Rechtsgrundlage und Konflikte mit dem TEHG

I. Rechtsgrundlage

Zweifelhaft ist, ob § 7 seine Rechtsgrundlage in § 7 Abs. 1 Nr. 2a iVm § 5 Abs. 1 Nr. 2 3
oder Nr. 4 BImSchG hat. Typischerweise handelt es sich bei besonderen Anforderungen hinsichtlich der Nutzung von Energie um eine Konkretisierung der Pflicht aus § 5 Abs. 1 Nr. 4 BImSchG (→ *Dietlein* § 7 BImSchG Rn. 42 ff.), wie bspw. auch die Pflicht in § 13 der 17. BImSchV, wonach die entstehende Wärme, die nicht an Dritte abgegeben wird, in Anlagen des Betreibers zu nutzen ist, soweit dies nach Art und Standort der Anlage technisch möglich und zumutbar ist; im Übrigen ist elektrische Energie zu erzeugen, soweit eine elektrische Klemmenleistung von mehr als 0,5 MW erzeugbar ist. § 7 wäre dann keine Konkretisierung der Vorsorgepflicht, wozu die 13. BImSchV ausweislich ihres § 1 Abs. 3 Nr. 1 an sich dienen soll. Andererseits fällt die Vermeidung von Abwärme als Emission unter die Pflicht des § 5 Abs. 1 Nr. 2 BImSchG (zur Abgrenzung → *Dietlein* § 5 BImSchG Rn. 203). Ausweislich der Verordnungsbegründung (BT-Drs. 15/3420, 25) geht es dem Verordnungsgeber bei § 7 13. BImSchV 2004 indes nicht um die Vermeidung von Abwärme, sondern insbesondere um die Vermeidung von CO_2-Emissionen und neuerdings in Abs. 2 auch um eine Konkretisierung der Pflicht aus § 5 Abs. 1 Nr. 4 BImSchG (BT-Drs. 19/24906, 98).

In KWK erzeugter Strom bestimmter, dem KWKG unterliegender hocheffizienter Anlagen ist von den Betreibern der Stromnetze bevorzugt zu übertragen. Nach dem KWKG 2002/2005 (Gesetz vom 19. 3. 2002, BGBl. I 1092, zuletzt geändert am 22. 9. 2005, BGBl. I 2826) war der Strom auch vom Netzbetreiber abzunehmen und mit einem Zuschlag zum Strompreis in Höhe von 0,56 bis 5,11 €ct pro Kilowattstunde (§§ 5, 7 KWKG 2002/2005) zu vergüten. Das KWKG wurde durch Gesetz vom 21. 12. 2015 (BGBl. I 2498) neu gefasst (hierzu *Kachel* EnWZ 2016, 51). Braun- und Steinkohle-KWK-Anlagen werden aus Klimaschutzgründen zukünftig von der Förderung ausgeschlossen (§ 1 Abs. 2 Nr. 2 und 3). Strom aus Anlagen mit einer KWK-Leistung von mehr als 100 Kilowatt wird nicht mehr vom Netzbetreiber abgenommen und vergütet. Der Strom ist direkt zu vermarkten oder selbst zu verbrauchen (§ 4 Abs. 1 KWKG). Der Netzbetreiber hat einen Zuschlag für KWK-Strom an den Betreiber zu zahlen. Der Zuschlag für KWK-Strom, der in ein Netz der allgemeinen Versorgung eingespeist wird, beträgt zwischen 8 und 3,1 Cent je Kilowattstunde (§ 7 Abs. 1 KWKG), für KWK Strom, der selbst verbraucht wird, zwischen 4 und 1,8 Cent je Kilowattstunde § 7 Abs. 2 KWKG). Mit dem neuen § 6 Abs. 1 S. 1 Nr. 6 KWKG 2023 (idF des Gesetzes zu Sofortmaßnahmen für einen beschleunigten Ausbau der erneuerbaren Energien und weiteren Maßnahmen im Stromsektor vom 20.7.2022 (BGBl. I 1237; 1726 22; ber. 22.03.2023, BGBl. I Nr. 87) wird die Wasserstofffähigkeit als Zuschlagsvoraussetzung für Strom auf Basis von gasförmigen Brennstoffen eingeführt. 4

II. Konflikte mit dem TEHG

5 Mit Blick auf die gesetzliche Vorrangregelung in § 5 Abs. 2 BImSchG zugunsten der Vorschriften des TEHG (in diesem Bd. Nr. 5.1) können sich Konflikte zwischen TEHG und § 12 ergeben: Soweit genehmigungsbedürftige Anlagen dem Anwendungsbereich des TEHG unterliegen, sind Anforderungen zur Begrenzung von Emissionen von Treibhausgasen nur zulässig, um zur Erfüllung der Pflichten nach § 5 Abs. 1 Nr. 1 sicherzustellen, dass im Einwirkungsbereich der Anlage keine schädlichen Umwelteinwirkungen entstehen; dies gilt nur für Treibhausgase, die für die betreffende Tätigkeit nach Anhang 1 des TEHG umfasst sind. Bei diesen Anlagen dürfen zur Erfüllung der Pflicht zur effizienten Verwendung von Energie in Bezug auf die Emissionen von Kohlendioxid, die auf Verbrennungs- oder anderen Prozessen der Anlage beruhen, keine Anforderungen gestellt werden, die über die Pflichten hinausgehen, welche das Treibhausgas-Emissionshandelsgesetz begründet. Der Vorrang des Emissionshandels ist auch in Art. 9 Abs. 1 IE-RL verankert. Allerdings steht es den Mitgliedstaaten nach Art. 9 Abs. 2 IE-RL frei, für die in Anhang I der Richtlinie 2003/87/EG aufgeführten Tätigkeiten keine Energieeffizienzanforderungen in Bezug auf Verbrennungseinheiten oder andere Einheiten am Standort, die Kohlendioxid ausstoßen, festzulegen.

6 Es ist davon auszugehen, dass Maßnahmen zur Kraft-Wärme-Kopplung nicht zuletzt auf Grund der Verordnungsbegründung (→ Rn. 3) jedenfalls auch Anforderungen zur Begrenzung von Treibhausgasemissionen und auch Anforderungen in Bezug auf die Emissionen von Kohlendioxid iSv § 5 Abs. 2 BImSchG darstellen. Konkretisiert § 7 die Vorsorgepflicht, so wäre er mit § 5 Abs. 2 BImSchG nicht vereinbar. Konkretisiert § 7 die Pflicht zur effizienten Verwendung von Energie, schließt sich die Frage an, inwiefern § 7 über die Pflichten des TEHG „hinausgeht". Hierbei kommt die Unterschiedlichkeit der Anforderungen des TEHG und des § 7 zum Tragen: Das TEHG enthält technische Anforderungen in Bezug auf die Emissionen von Kohlendioxid nur hinsichtlich der Überwachung (§ 5 Abs. 1, § 6 TEHG) und im Übrigen nur die Pflicht zur Abgabe von Berechtigungen in § 7 Abs. 1 TEHG. Bestimmte technische Maßnahmen zur Einsparung von Kohlendioxid-Emissionen enthält das TEHG systembedingt nicht. Soweit § 7 also technische Maßnahmen zur CO_2-Einsparung vorsieht, von denen das TEHG zugunsten eines Handelssystems freistellt, gehen solche Anforderungen über die Pflichten des TEHG in Bezug auf die Emissionen von Kohlendioxid hinaus und sind demnach mit dem BImSchG nicht vereinbar.

7 Seinen sachlichen Grund hat dies darin, dass die Marktmechanismen des TEHG geschwächt oder gar außer Kraft gesetzt werden, wenn § 7 die grundsätzliche Wahlmöglichkeit des Betreibers (vgl. hierzu *Sellner/Reidt/Ohms* 6. Teil Rn. 1 ff.) zwischen technischen Maßnahmen zur CO_2-Minderung und dem Zukauf von Berechtigungen nach dem TEHG einschränkt oder ausschließt. Dem muss im Rahmen der Verhältnismäßigkeitsprüfung des § 7 S. 1 Rechnung getragen werden (→ Rn. 8 f.).

C. Regelungsinhalt

I. Errichtung oder wesentliche Änderung

8 § 7 gilt nur für Errichtung und wesentliche Änderung von Anlagen (→ § 1 Rn. 18, → § 16 BImSchG). Bereits errichtete Anlagen müssen nicht nachgerüstet werden. Auf bestehende Gasturbinen- und Verbrennungsmotoranlagen soll die Vorschrift innerhalb der Grenzen anwendbar sein, die durch die Konstruktionsweise des Wasser-Dampf-Kreislaufs

des Dampfkraftprozesses und den verfügbaren Raum gesetzt werden (BT-Drs. 19/24906, 98). Auch dies gilt nur im Falle von Errichtung und wesentlicher Änderung.

II. KWK bzw. Kopplung mit Dampfturbinen technisch nicht möglich oder unverhältnismäßig

Sowohl Maßnahmen zur Kraft-Wärme-Kopplung nach Abs. 1 als auch Maßnahmen 9
zur Kopplung von Gas- und Dampfturbinen oder von Verbrennungsmotoren und Dampfturbinen nach Abs. 2 stehen unter dem Vorbehalt der Möglichkeit bzw. Verhältnismäßigkeit. Technisch möglich sind Maßnahmen zur KWK beispielsweise dann nicht, wenn kein Abnehmer für Wärme (Fernwärmenetz oder andere Industrieanlagen) vorhanden ist.

Die Frage der Unverhältnismäßigkeit stellt sich insbesondere bei Anlagenänderungen. 10
Unverhältnismäßig ist KWK-Technik bzw. Kopplung mit Dampfturbinen, wenn die ökonomischen Aufwendungen für zusätzliche Technik zu einer deutlichen Verschlechterung der Wirtschaftlichkeit der Energieumwandlungsanlage führen. Den zusätzlichen Aufwendungen für die Technik bzw. den höheren Betriebskosten und auch dem höheren Bedarf an Berechtigungen zur Emission von Kohlendioxid sind die zusätzlichen Erträge aus besserem Nutzungsgrad, dem Verkauf von Wärme, ggf. höhere Zuschläge für KWK-Strom (→ Rn. 4) und ggf. kostenlose Zuteilung im Rahmen des Emissionshandels gegenüberzustellen. In der Zuteilungsperiode 2005–2007 „belohnte" der Gesetzgeber die Erzeugung von Strom in KWK mit zusätzlichen 27 Emissionsberechtigungen je Gigawattstunde (§ 14 Abs. 1 ZuG 2007). In der zweiten Zuteilungsperiode 2008–2012 wurde die Erzeugung von Strom in KWK-Technik insoweit begünstigt, als bei reiner Energieerzeugung in Bestandsanlagen eine Zuteilung auf der Basis der historischen Emissionen in der Basisperiode unter Anwendung eines Erfüllungsfaktors erfolgt, wie er für Anlagen des produzierenden Gewerbes Anwendung findet (98,75 %, vgl. Nr. 6.6 des Nationalen Allokationsplans – NAP – für die Zuteilungsperiode 2008–2012, § 5 ZuG 2012). Grundsätzlich nicht begünstigt war demnach die KWK-Stromerzeugung in Anlagen des produzierenden Gewerbes und in Anlagen, die nach dem 31. 12. 2002 in Betrieb gegangen sind und daher ohnehin einer Sonderzuteilung unterliegen (vgl. §§ 8 und 11 ZuG 2007, Nr. 6.2 NAP 2008–2012, §§ 8 Abs. 1, § 9 Abs. 1, § 11 Abs. 1 ZuG 2012). Ab der Zuteilungsperiode 2013 bis 2020 wurde für die Stromerzeugung grundsätzlich keine kostenlose Zuteilung mehr gewährt. Demgegenüber besteht grundsätzlich ein Anspruch auf kostenlose Zuteilung für die in KWK-Anlagen erzeugte Wärme, wenn die Wärme messbar ist, nicht zur Stromerzeugung verwendet wird, sondern zur Herstellung von Produkten, mechanischer Energie, zur Heizung oder Kühlung und an einen (externen) Verbraucher geliefert wird, der nicht seinerseits dem Emissionshandel, dh. dem Anwendungsbereich des TEHG, unterliegt. Wird die Wärme innerhalb der Anlage verwendet, ist sie nur zuteilungsberechtigt, wenn sie in einem Anlagenteil, der nicht zu einem Zuteilungselement mit Produkt-Emissionswert iSd § 2 Nr. 28 ZuV 2020 gehört, verbraucht wird (§ 2 Nr. 30 ZuV 2020, Art. 10a Abs. 4 der Emissionshandels-RL in der bis zum 31.12.2023 geltenden Fassung).

III. Kopplung von Gas- und Dampfturbinen (Abs. 2)

Nach dem Wortlaut des § 7 (Abs. 1 betrifft alle Feuerungsanlagen iSv § 2 Abs. 14, also 11
auch solche nach Abs. 2) ist nicht ganz klar, ob für Gasturbinen und Verbrennungsmotoren eine Wahlmöglichkeit zwischen KWK und Kopplung mit Dampfturbinen besteht, oder eine Kopplung mit Dampfturbinen nur dann in Betracht kommt, wenn KWK nach Abs. 1 ausscheidet. Nach dem Zweck der Vorschrift, nämlich einen effizienten Einsatz von Energie in Gasturbinen zu erreichen, dürfte es gleichgültig sein, ob dies mit KWK

oder durch Kopplung mit Dampfturbinen geschieht. Letztlich hat eine auf die Gesamtanlage bzw. die geänderte Anlage bezogene Verhältnismäßigkeitsprüfung stattzufinden, die beide Optionen, ihre Kosten und ihren Nutzen gleichermaßen einbezieht. Eine Kopplung mit Dampfturbinen ist nach gem. Abs. 2 allerdings nicht einzubeziehen, wenn die Gasturbine oder der Verbrennungsmotor nicht auch für einen Betrieb mit jährlich 1.500 Betriebsstunden oder mehr im gleitenden Durchschnitt über einen Zeitraum von fünf Jahren verfügbar sein soll.

12 Den Unterschied zwischen KWK und Kombibetrieb skizziert der Verordnungsgeber folgendermaßen (BT-Drs. 19/24906, 98): „Der Kombibetrieb (GuD) kombiniert einen Gasturbinenprozess mit einem Dampfturbinenprozess; fehlt hingegen der Dampfturbinenprozess, liegt kein Kombibetrieb (GuD) vor. Daher sind in Kraft-Wärme-Kopplung betriebene Gasturbinen nicht notwendigerweise auch GuD-Anlagen. Beispiel: wird die Wärme der Gasturbinenabgase ausschließlich genutzt zur Bereitstellung von Nah- oder Fernwärme, liegt eine Gasturbine in Kraft-Wärme-Kopplung vor, nicht aber eine Gasturbine im Kombibetrieb (GuD)." Im Falle der Verbindung des Kombibetriebs (GuD) mit Kraft-Wärme-Kopplung – so der Verordnungsgeber weiter – sind die Anforderungen des § 7 stets erfüllt.

IV. Darlegungspflicht (Abs. 1 S. 2, Abs. 2 S. 2)

13 Die Darlegungspflicht nach § 12 S. 2 entspricht der Darlegungspflicht zur Energieeffizienz in den Antragsunterlagen nach § 4d der 9. BImSchV (→ 9. BImSchV § 4d Rn. 1 ff.). Dies gilt schon deshalb, weil die Regelung nur Fälle gestattungspflichtiger (Neu-)Errichtung bzw. wesentlicher Änderung betrifft.

§ 8 Wesentliche Änderung einer Feuerungsanlage

Wird eine Feuerungsanlage wesentlich geändert, sind die Anforderungen dieses Unterabschnitts sowie die zusätzlichen Anforderungen an die Errichtung und den Betrieb im jeweils maßgeblichen Abschnitt 2, 3, 4, 5 oder 6 anzuwenden auf
1. die Anlagenteile und Verfahrensschritte, die geändert werden sollen, sowie
2. die Anlagenteile und Verfahrensschritte, auf die sich die Änderung auswirken wird.
Für die Bestimmung, welche Anforderungen anzuwenden sind, ist die Gesamtleistung der Feuerungsanlage nach erfolgter wesentlicher Änderung maßgeblich.

Übersicht

A. Allgemeines

1 § 8 entspricht im Wesentlichen § 13 der 13. BImSchV 2013/2017. Er dient – wie die bisherige Regelung – der näheren Bestimmung der räumlichen Auswirkung emissionsbegrenzender Anforderungen infolge einer wesentlichen Änderung der Anlage iSv § 16 BImSchG. Der Verordnungsgeber weist in diesem Kontext zu Recht darauf hin (BR-

Drs. 676/12, 177), dass wesentliche Änderungen keinen Einfluss auf das Datum der ersten Betriebsgenehmigung haben, und daher der Status als bestehende Anlage respektive Altanlage unverändert bleibt. Die Anforderungen bestimmen sich insoweit auch nach einer wesentlichen Änderung nach den für bestehende Anlagen respektive Altanlagen einschlägigen Regelungen.

B. Wesentliche Änderung

Die Änderung der Lage, der Beschaffenheit oder des Betriebs einer genehmigungsbedürftigen Anlage ist als wesentlich iSv § 16 BImSchG anzusehen, wenn durch die Änderung nachteilige Auswirkungen hervorgerufen werden können und diese für die Prüfung nach § 6 Abs. 1 Nr. 1 BImSchG erheblich sein können (so auch Art. 3 Nr. 9 der IE-RL). „Wesentlich" sind Änderungen der Beschaffenheit oder des Betriebs ihrerseits genehmigungsbedürftiger Anlagen gemäß § 16 Abs. 1 S. 1 Hs. 1 BImSchG bereits dann, wenn durch sie nachteilige Auswirkungen hervorgerufen werden „können" und diese für die Prüfung nach § 6 Abs. 1 Nr. 1 BImSchG erheblich sein „können". Wenn der Gesetzgeber somit die bloße Möglichkeit derartiger Folgen ausreichen lässt, so trägt er damit dem Umstand Rechnung, dass das Genehmigungserfordernis gerade der Prüfung der Frage dient, ob es zu nachteiligen Auswirkungen kommt (*Jarass* BImSchG § 16 Rn. 14). Es genügt deshalb, dass solche Folgen einer Änderung nach dem Maßstab praktischer Vernunft nicht ausgeschlossen sind (BayVGH, 14. 9. 2015 – 22 CS 15.1509, juris Rn. 21; *Czajka* in Feldhaus BImSchG § 16 Rn. 34; *Frenz* in Kotulla BImSchG § 16 Rn. 47; → *Reidt/Schiller* § 16 BImSchG Rn. 75, *Ohms* in: Appel/Ohms/Saurer, BImSchG, 1. Aufl. 2021, § 16 Rn. 4). 2

Nach Art. 20 Abs. 3 IE-RL gilt jede Änderung der Beschaffenheit oder der Funktionsweise oder Erweiterung einer Anlage als wesentlich, wenn die Änderung oder Erweiterung für sich genommen die Kapazitätsschwellenwerte in Anhang IE-RL erreicht. 3

C. Geltung aktualisierter Anforderungen

I. Allgemeines

Im Zusammenhang mit der Genehmigung von Anlagenänderungen ist zwischen dem „formellen" und „materiellen" Genehmigungsgegenstand zu unterscheiden. Der „formelle Genehmigungsgegenstand" betrifft den vorgeschriebenen Umfang der behördlichen Prüfung, der „materielle Verfahrensgegenstand" betrifft den Gegenstand der Prüfung, der aktuell die Genehmigungsvoraussetzungen erfüllen muss (vgl. *Frenz* in Kotulla BImSchG § 16 Rn. 71). 4

Eine allein formelle Regelung zum Umfang der behördlichen Prüfung befindet sich in Nr. 3.5.3 S. 2 TA Luft: Zu prüfen sind demnach die Anlagenteile und Verfahrensschritte, die geändert werden sollen, sowie die Anlagenteile und Verfahrensschritte, auf die sich die Änderung auswirken wird. Nr. 3.5.3 S. 2 TA Luft enthält nur die „Verfahrensanweisung" zur Prüfung bestimmter Sachverhalte. Die materiellen Genehmigungsvoraussetzungen aus § 6 Abs. 1 Nr. 1 BImSchG beziehen sich – hinsichtlich der Vorsorgeanforderungen iVm § 5 Abs. 1 Nr. 2 BImSchG – nur auf zu ändernde Anlagenteile. Denn die nicht zu ändernden Anlagenteile gehören nicht zum Antragsgegenstand bzw. „materiellen Genehmigungsgegenstand". Der genehmigte Anlagenteil darf nur insoweit aktualisierten Anforderungen unterworfen werden, wie dies nach Maßgabe von § 12 BImSchG gestattet ist (→ *Reidt/Schiller* § 16 BImSchG Rn. 165 ff.). Anforderungen bezüglich solcher Anla- 5

genteile, die nicht zum Genehmigungsgegenstand gehören, sind regelmäßig nur zur Gewährleistung der Betreiberpflichten aus § 5 Abs. 1 Nr. 1 BImSchG, also der Schutzpflicht, möglich. Daher soll bei anderen Anlagenteilen und Verfahrensschritten, die nicht Gegenstand der Änderungsgenehmigung sind, gem. Nr. 3.5.3 S. 3 TA Luft nur geprüft werden, ob Anforderungen nach TA Luft, die der Vorsorge dienen, **mit Zustimmung des Anlagenbetreibers** aus Anlass der vorgesehenen Änderung erfüllt werden können. Im Übrigen sind insoweit weitergehende Anforderungen nur im Rahmen der Dynamik der Betreiberpflichten (→ Vorb. Rn. 70.) durch Verordnung nach § 7 BImSchG oder durch nachträgliche Anordnung, die den Anforderungen des § 17 BImSchG entspricht, möglich.

6 Im Gegensatz zu Nr. 3.5.3 S. 2 TA Luft ist § 8 S. 1 nicht nur , Verwaltungsanweisung". § 8 S. 1 erweitert den „materiellen Genehmigungsgegenstand" hinsichtlich der Vorsorgepflicht auch auf bestimmte nicht zu ändernde Anlagenteile. § 8 S. 1 erweitert die materielle Betreiberpflicht des § 5 Abs. 1 Nr. 2 BImSchG insofern, als bei Änderungen bestimmte aktualisierte Anforderungen auch an bestehende, unveränderte Anlagenteile gestellt werden und diese somit auch Genehmigungsvoraussetzung iSv § 6 Abs. 1 BImSchG für die Änderung sind.

7 Bereits der in Art. 10 Abs. 2 der Großfeuerungsanlagen-RL enthaltenen Bezugnahme auf Art. 12 Abs. 2 S. 2 der IVU-RL ist zu entnehmen, dass die aktualisierten, materiellen Genehmigungsvoraussetzungen nur auf die Anlagenteile zu beziehen sind, die „von der Änderung betroffen sein können" (gedanklich ist im zweiten Halbsatz des Art. 10 Abs. 2 ein „insoweit" zu ergänzen). Ansonsten würden sich inhaltliche und systematische Wertungswidersprüche zwischen Erweiterungen in Abs. 1 und sonstigen Änderungen in Abs. 2 des Art. 10 der Richtlinie ergeben. Bestätigt wird dies in der IE-RL: Gemäß Art. 30 Abs. 7 gelten im Fall einer Erweiterung die Emissionsgrenzwerte „für den erweiterten von der Änderung betroffenen Teil der Anlage"; im Falle einer Änderung gelten die Emissionsgrenzwerte ausdrücklich „für den Teil der Anlage, der im Verhältnis zur Feuerungswärmeleistung der gesamten Feuerungsanlage umgestellt wurde". Von der Vorschrift sind allerdings nur Änderungen der Anlagen umfasst, die sich möglicherweise auf die Umwelt auswirken können und einen Teil einer Anlage mit einer Feuerungswärmeleistung von 50 MW oder mehr betreffen. Diese Anforderungen werden durch § 8 S. 2 für alle wesentlichen Änderungen (einschließlich wesentlichen Erweiterungen) in nationales Recht umgesetzt. Für die bloße Erweiterung einer Feuerungsanlage, also die Anlagenänderung ohne relevante Eingriffe in die bestehende Anlage, trifft Art. 30 Abs. 7 IE-RL (Art. 10 Abs. 1 der Großfeuerungsanlagen-RL) eine Sonderregelung, die vom Verordnungsgeber allerdings nicht aufgegriffen wurde. Nach der IE-RL gelten die aktualisierten Anforderungen bei Erweiterungen nur für den neuen Teil der Anlage und auch nur dann, wenn die Erweiterung die Feuerungswärmeleistung der Gesamtanlage um mindestens 50 MW erhöht. Für kleinere Erweiterungen gelten nach der IE-RL abweichend von der nationalen Reglung in § 13 S. 2 also nicht die Anforderungen an Neuanlagen, sondern die Anforderungen, die für die vorhandene Anlage gelten. Im Einzelfall kann dies also auch Gegenstand von Ausnahmen nach § 23 sein.

II. Reichweite der aktualisierten Anforderungen

8 Gemäß § 8 S. 1 finden die Anforderungen der Abschnitte 2, 3, 4, 5 und 6, also die Emissionsgrenzwerte und die Pflicht zur KWK- bzw. Kombitechnik (§ 7) auf die Anlagenteile und Verfahrensschritte, die geändert werden sollen, sowie auf Anlagenteile und Verfahrensschritte, auf die sich die Änderung auswirken wird, sofort Anwendung. Die

Regelung ist nach dem Willen des Verordnungsgebers (BT-Drs. 15/2596, 25) im unionsrechtlichen Sinne auszulegen und anzuwenden:

Ein Anlagenteil oder ein Verfahrensschritt wird geändert, wenn seine Beschaffenheit oder seine Funktionsweise verändert wird (vgl. Art. 3 Nr. 9 IE-RL). 9

Hintergrund der Einbeziehung von „Auswirkungen" der Änderung in der Verordnung ist die Rechtsprechung und das Schrifttum zum Umfang der behördlichen Prüfungspflichten: Demnach bestehen Auswirkungen der Änderung soweit sich die Genehmigungsfrage aus Anlass der Änderung neu stellt (*Hansmann* DVBl 1997, 1421 (1425); zum Atomrecht: BVerwGE 101, 347). Indes hat unter materiellen Gesichtspunkten der Vorsorge – was zentraler Gegenstand der 13. BImSchV ist (vgl. § 1 Abs. 4) – eine eingeschränkte Interpretation zu erfolgen: Die Änderung wird sich nur insoweit auf Anlagenteile und Verfahrensschritte „auswirken", als sie von der Änderung „betroffen" sind (vgl. Art. 30 Abs. 7 IE-RL). Dieses Betroffensein ist im Hinblick auf die materiellen Genehmigungsvoraussetzungen zu verstehen. Nicht jede Auswirkung der Änderung führt demnach dazu, dass diese Anlagenteile und Verfahrensschritte den aktualisierten Anforderungen der Verordnung entsprechen müssen. Die aktualisierten Anforderungen der Verordnung gelten nur insoweit, als sich auf Grund der Änderung der Anlage technische Veränderungen bei bestehenden Anlagenteilen und Verfahrensschritten ergeben und diese wiederum zu Veränderungen der von bestehenden Anlagenteilen ausgehenden Emissionen führen. Das zweite, zusätzliche Kriterium kann beispielsweise dann gegeben sein, wenn die Abgase einer geänderten Teilanlage als gemeinsamer Abgasstrom mit unverändert bleibenden Teilanlagen abgeleitet werden. 10

III. Anforderungen

Gemäß § 8 S. 2 richten sich die Anforderungen für die geänderten bzw. betroffenen Anlagenteile und Verfahrensschritte nach der für die Gesamtanlage maßgeblichen Leistungsklasse. Für die von der Änderung nicht betroffenen Anlagenteile gelten die bisherigen Anforderungen nach der bisher geltenden Leistungsklasse fort (so auch Art. 30 Abs. 7 IE-RL). Eine „Verklammerung" zwischen bestehender, nicht betroffener und geänderter Teilanlage derart, dass fortan für alle Teilanlagen die Maßgaben gelten, die der Leistungsklasse der Gesamtanlage entsprechen, ist weder dem nationalen Recht (→ § 4 Rn. 3 zur „gemeinsamen Anlage") noch dem Unionsrecht unter dem Gesichtspunkt der Einheit iSv Art. 3 Nr. 3 IE-RL zu entnehmen. Dies entspricht auch der Zielsetzung des Verordnungsgebers, wonach eine spätere Änderung „nicht automatisch die Nachrüstung der gesamten Anlage auf Neuanlagenniveau" auslösen soll (BT-Drs. 15/2596, 31, Begründung einer Textänderung durch den Bundesrat, die so auch vom Verordnungsgeber übernommen wurde). 11

§ 9 Anlagen zur Abscheidung und Kompression von Kohlendioxid

(1) **Vor der erstmaligen Genehmigung der Errichtung oder des Betriebs einer Feuerungsanlage zur Erzeugung von Strom mit einer elektrischen Nennleistung von 300 MW oder mehr hat der Betreiber zu prüfen, ob**

1. geeignete Kohlendioxidspeicher zur Verfügung stehen und

2. der Zugang zu Anlagen für den Transport des Kohlendioxids sowie die Nachrüstung von Anlagen für die Abscheidung und Kompression von Kohlendioxid technisch möglich und wirtschaftlich zumutbar sind.

(2) **Dies gilt entsprechend für die Änderung oder Erweiterung einer Feuerungsanlage um eine elektrische Nennleistung von 300 MW oder mehr. Der Betreiber hat das Ergebnis der Prüfung der zuständigen Behörde darzulegen. Sind die Voraussetzungen**

nach Absatz 1 erfüllt, hat der Betreiber auf dem Betriebsgelände eine hinreichend große Fläche für die Nachrüstung der errichteten Anlage mit den für die Abscheidung und Kompression von Kohlendioxid erforderlichen Anlagen freizuhalten.

Übersicht

A. Rechtsgrundlagen und Hintergrund der Vorschrift

I. Völkerrechtlicher und unionsrechtlicher Hintergrund

1 Am 14. 12. 2015 haben sich 195 Staaten beim UN-Klimagipfel in Paris auf ein neues Klimaschutzabkommen geeinigt (vgl. http://unfccc.int). Ziel ist es danach, die Erderwärmung auf „weit unter" zwei Grad Celsius, nach Möglichkeit sogar auf 1,5 Grad zu begrenzen. Erreicht werden soll dies durch Herstellung eines Gleichgewichts zwischen dem menschgemachten Ausstoß von Treibhausgasen und der CO_2-Bindung durch „Senken", also auch durch unterirdische Kohlenstoffspeicher, für CCS (Carbon Capture Storage)-Technologien entwickelt werden. Emissionen von Kraftwerken – insbesondere von öl-, kohle- und erdgasbetriebenen Kraftwerken – machen Schätzungen der EU-Kommission zufolge circa 40 Prozent aller CO_2-Emissionen in der EU aus. Um ihre CO_2-Emissionen zu reduzieren, sollen Industrieanlagen und Kraftwerke in Zukunft neben den hergebrachten Emissionsminderungsmaßnahmen neue Technologien nutzen, um CO_2-Emissionen in geologischen Formationen aufzufangen und zu lagern. Im Mittelpunkt der rechtlichen Regelungen steht hierbei, dass die Speicherung dauerhaft sicher erfolgt. Die europäischen Staats- und Regierungschefs hatten sich bereits auf ihrem Gipfel im März 2007 dafür ausgesprochen, bis zum Jahr 2015 zwölf Demonstrationsprojekte zu realisieren, um die unterirdische Lagerung von CO_2 zu testen (Mitteilung der Kommission, Chancen Europas im Klimawandel, KOM (2008), 30 (10)). Allerdings war die Finanzierung derartiger Projekte zunächst nicht gesichert. In ihrer Mitteilung vom 27. 3. 2013 bekräftigte die Kommission ihre Absicht, CO_2-Abscheidung und -Speicherung (CCS) in der EU als „Brückentechnologie" (KOM (2013), 180, 16) bei dem Übergang zu einem „dekarbonisierten Wirtschaftssystem" zu nutzen. Trotz Fördermaßnahmen –vor allem durch die „Reserve für neue Marktteilnehmer" (NER300) und das „Europäische Energieprogramm zur Konjunkturbelebung" (EEPR) – gibt es bislang keine CCS-Demonstrationsprojekte im großtechnischen Maßstab, die sowohl die Abscheidung als auch den Transport und die Speicherung von CO_2 umfassen (KOM (2013), 180, 18, Anhang I). Wesentlicher Grund hierfür ist, dass die Kosten pro abgeschiedener und gespeicherter Tonne CO_2 in Abhängigkeit des fossilen Brennstoffs – zB Kohle oder Gas – und des CO_2-Speichers zwischen 30 und 100 EUR – zuzüglich Investitionskosten – liegen, der Zertifikatspreis hingegen seit 2012 unter 10 EUR pro Tonne CO_2 liegt und somit kein hinreichender wirtschaftlicher Anreiz besteht. Gleichwohl scheint CCS-Technologie die einzige Möglichkeit zu sein, dass 2015 in Paris vereinbarte „2-Grad-Ziel" zu erreichen.

Am 23. 4. 2009 wurde die Richtlinie 2009/31/EG des Europäischen Parlaments und des Rates über die geologische Speicherung von Kohlendioxid und zur Änderung der Richtlinie 85/337/EWG des Rates sowie der Richtlinien 2000/60/EG, 2001/80/EG, 2004/35/EG, 2006/12/EG und 2008/1/EG erlassen (im Folgenden kurz: CCS-Richtlinie, ABl. EG L 140/114 v. 5. 6. 2009). Die Frist für die Umsetzung der CCS-Richtlinie in nationales Recht lief gemäß Art. 39 Abs. 1 CCS-Richtlinie am 25. 6. 2011 aus. Mit der Richtlinie soll ein Rechtsrahmen für die umweltverträgliche geologische Speicherung von Kohlendioxid als Beitrag zur Bekämpfung des Klimawandels geschaffen werden. Zweck ist die dauerhafte Rückhaltung von CO_2 in einer Weise, die negative Auswirkungen und Risiken für die Umwelt und die menschliche Gesundheit vermeidet oder, wo dies nicht möglich ist, nach Möglichkeit neutralisiert. Zunächst fügte Art. 33 der CCS-Richtlinie einen neuen Art. 9a in die Großfeuerungsanlagen-Richtlinie 2001/80/EG ein. Diese verpflichtete die Mitgliedstaaten für Betreiber Feuerungsanlagen mit einer elektrischen Nennleistung von 300 Megawatt oder mehr, die Möglichkeiten einer CO_2-Abscheidung zu prüfen. Diese Vorschrift ist nun in Art. 36 der IE-RL zu finden. 2

II. Nationales „CCS-Gesetz" (KSpG)

Das nationale Umsetzungsgesetz, das Kohlendioxid-Speicherungsgesetz (vgl. hierzu *Dieckmann* NVwZ 2012, 989) wurde im Anschluss an Nachbesserungen, angeregt durch die Stellungnahmen des Bundesrates, am 7. 7. 2011 durch den Bundestag verabschiedet. Jedoch hat der Bundesrat am 23. 9. 2011 seine Zustimmung versagt, woraufhin die Bundesregierung am 26. 10. 2011 den Vermittlungsausschuss angerufen hat. Endgültig verabschiedet wurde das Gesetz zur Demonstration und Anwendung von Technologien zur Abscheidung, zum Transport und zur dauerhaften Speicherung von Kohlendioxid (KSpG, BGBl. I 1726) vom Bundestag erst am 28. 6. 2012, nachdem dieser die Beschlussempfehlung des Vermittlungsausschusses angenommen hatte (BT-Drs. 17/10101, 1 ff.; BR-Drs. 376/12, 1) 3

Mit Art. 8 des auch als Artikelgesetz bezeichneten CCS-Gesetzes wurde § 9a „Anlagen zur Abscheidung und Kompression von Kohlendioxid" als Vorgängerregelung des § 9 in die 13. BImSchV eingefügt. 4

B. Bedeutung der Vorschrift

§ 9 – wie auch schon § 9a der 13. BImSchV 2004 – enthält eine Pflicht zur Prüfung der Realisierbarkeit von Anlagen zur Abscheidung und Kompression von Kohlendioxid. Die Regelung dient der Umsetzung von Art. 33 der CCS-RL und Art. 9a der RL 2001/80/EG bzw. Art. 36 der IE-RL. § 9 übernimmt die dortigen Pflichten zur Flächenfreihaltung für Einrichtungen zur Abscheidung von Kohlendioxid, abhängig von vorgelagerten Prüfpflichten. Die Vorschrift bereitet den späteren Einsatz und die Verbreitung der CCS Technologie damit vor. 5

C. Regelungsinhalt

I. Allgemeines

Der Regelungsinhalt von § 9 ist inhaltlich unverändert gegenüber der ursprünglichen Regelung in § 9a 13. BImSchV 2004 (BR-Drs. 676/12, 177). 6

7 § 9 Abs. 1 bestimmt die Prüfkriterien. Demnach hat der Betreiber vor Errichtung einer Anlage zur Erzeugung von Strom mit 300 Megawatt oder mehr zu prüfen, ob geeignete Kohlendioxidspeicher zur Verfügung stehen und der Zugang zu Anlagen für den Transport des Kohlendioxids und die Nachrüstung von Anlagen für die Abscheidung und Kompression von Kohlendioxid technisch möglich und wirtschaftlich zumutbar ist. § 9 Abs. 1 S. 2 bestimmt, dass S. 1 für die Fälle entsprechend gilt, in denen die Kapazität einer bestehenden Anlage um eine Anlage zur Erzeugung von Strom mit 300 Megawatt oder mehr erweitert wird. § 9 Abs. 1 S. 3 enthält die Verpflichtung, das Ergebnis der Prüfung der zuständigen Behörde darzulegen

8 § 9 Abs. 2 regelt die Rechtsfolge bei positivem Ausgang der Prüfung nach § 9 Abs. 1. Der Betreiber hat in diesem Fall eine hinreichend große Fläche für die Nachrüstung der für die Abscheidung und Kompression erforderlichen Anlagen freizuhalten. Das in Art. 33 Abs. 2 S. 2 der CCS-RL genannte Prüfrecht der Behörde ergibt sich aus den Regelungen des Bundesimmissionsschutzgesetzes (Begründung zu § 9a 13. BImSchV 2004, BR-Drs. 214/11, 87). Danach müssen die Genehmigungsvoraussetzungen für die Errichtung und den Betrieb von Anlagen vorliegen.

II. Erstmalige Errichtung und Nachrüstung von Anlagen

9 Die Vorhabenträger haben nach § 6 BImSchG einen bindenden Anspruch auf Genehmigung, wenn ihre Vorhaben die Anforderungen des BImSchG erfüllen. Zumindest solange wie sich CCS-Maßnahmen noch im Entwicklungsstadium befinden und noch nicht als „Stand der Technik" iSd § 5 Abs. 1 Nr. 2 BImSchG betrachtet werden können, sind sie ordnungsrechtlich nicht erzwingbar (so auch *Stevens* UPR 2007, 281 (283); *Kohls/Kahle* ZUR 2009, 122 (124 f.)); *Wolff* UPR 2013, 298 (300))

10 Gemäß Art. 33 der CCS-RL sind Vorkehrungen im Sinne eines" capture ready" als Zulassungsvoraussetzungen für neue Anlagen, bei Errichtung einer Neuanlage mit einer Leistung von mehr als 300 MW vorzusehen, dass hinreichend große Flächen für die Nachrüstung der Anlage mit CCS-Maßnahmen zur Verfügung stehen (Siehe auch *Hellriegel* NVwZ 2010, 1530 (1531)). Dementsprechend fordert § 9 Abs. 1, dass neu zu errichtende Kraftwerke mit einer Nennleistung von 300 MW oder mehr – ebenso wie entsprechende Anlagenänderungen bzw. Erweiterungen – nicht mehr ohne die Prüfung genehmigt werden, dass die Nachrüstung des Kraftwerks mit der CCS-Technologie möglich und zumutbar ist und geeignete Kohlendioxidspeicher sowie Transportmöglichkeiten zur Verfügung stehen. Sind diese Voraussetzungen erfüllt, hat der Anlagenbetreiber die für die Nachrüstung des Kraftwerks erforderlichen Flächen freizuhalten (§ 9 Abs. 2).

11 Eine Pflicht zur Nachrüstung der Kraftwerke in dem Fall, dass die Technologie im großtechnischen Maßstab anwendungsbereit ist, sieht das CCS-Gesetz in Übereinstimmung mit der CCS-Richtlinie nicht vor. Fällt die Prüfung gem. § 14 Abs. 1 negativ aus, hat das nicht zur Folge, dass das Kraftwerk nicht genehmigungsfähig wäre. Die 13. BImSchV knüpft über die Regelung des § 9 Abs. 2 hinaus an die Prüfung keine weiteren Rechtsfolgen (ebenso *Dieckmann* NVwZ 2012, 989 (991)).

12 Bei der Auslegung von § 9 Abs. 1 S. 2 gibt Erwägungsgrund 47 der CCS-RL hinsichtlich der wirtschaftlichen Machbarkeit des Transports und der Nachrüstung von Industrieanlagen vor, dass dabei die voraussichtlichen Kosten der CO_2-Vermeidung und die voraussichtlichen Kosten von CO_2-Emissionsrechten berücksichtigt werden sollen (für die Neuerrichtung von Industrieanlagen siehe zum früheren § 9a *Kohls/Kahle* ZUR 2009, 122 (124); *Hellriegel* NVwZ 2010, 1530 (1531)).

III. Planerische Berücksichtigung der Flächenfreihaltung

Nicht zu vergessen ist, dass eine eventuelle spätere Nachrüstung planungsrechtlich zu bedenken ist. Ein Plangeber muss im Verfahren der Bauleitplanung etwa bedenken, dass zulässige Industrieanlagen später einer Nachrüstung bedürfen können (OVG NRW ZUR 2009, 597). Dafür sind im Regelfall zusätzliche Flächen erforderlich. Für Nebenanlagen auf diesen Flächen müssen ebenso die erforderlichen Anforderungen wie etwa Abstände eingehalten sein. Dies geht darauf zurück, dass die Nachrüstung ihrerseits schädliche Umwelteinwirkungen hervorrufen kann (*Stevens* UPR 2007, 281 (282); *Kohls/Kahle* ZUR 2009, 122 (125)), indem sie etwa zu einer erheblichen Lärmbelastung führt. Ist deren Zulässigkeit ausgeschlossen, kann die Industrieanlage nicht dauerhaft umweltverträglich betrieben werden (OVG NRW ZUR 2009, 597), wenn die Nachrüstung zwingend vorzunehmen ist (siehe dazu *Stevens* UPR 2007, 281 (288)). Dadurch kann ein Bebauungsplan an einem erheblichen Fehler infolge eines Ermittlungsdefizits (OVG NRW ZUR 2009, 597) leiden. **13**

IV. Ordnungswidrigkeiten

Wer entgegen § 9 Abs. 2 vorsätzlich oder fahrlässig eine dort genannte Fläche nicht freihält, begeht gemäß § 67 Abs. 1 Nr. 3 eine Ordnungswidrigkeit im Sinne des § 62 Abs. 1 Nr. 2 BImSchG. Auch für den Fall der unmittelbaren Geltung von Unionsrecht sieht die korrespondierende Vorschrift in § 62 Abs. 3 BImSchG nun Sanktionen vor (*Scheidler* UPR 2013, 121 (127 f.)). Im Falle der mangelnden Umsetzung von Unionsrecht durch den nationalen Gesetzgeber wäre dies nur für Fälle denkbar, in denen die Verpflichtung zur Freihaltung einer Fläche nach § 9 Abs. 1 ausgeweitet wird. Denn über diesen Tatbestand hinaus verweist die 13. BImSchV bzgl § 9 nicht auf § 62 BImSchG, weswegen der Wortlaut des § 62 Abs. 3 S. 1 Nr. 2 BImSchG einer weiteren Ausweitung der Ordnungswidrigkeitentatbestände entgegensteht. Eine Ordnungswidrigkeit nach § 67 Abs. 1 Nr. 3 der 13. BImSchV kann mit der höchsten in § 62 Abs. 4 BImSchG vorgesehenen Geldbuße von bis zu fünfzigtausend Euro geahndet werden. **14**

§ 10 Begrenzung der Emissionen bei Lagerungs- und Transportvorgängen

(1) **Bei der Lagerung und beim Transport von Stoffen sind nach näherer Bestimmung der zuständigen Behörde Maßnahmen zur Begrenzung der Emissionen nach den Anforderungen der Technischen Anleitung zur Reinhaltung der Luft zu treffen.**

(2) **Staubförmige Emissionen, die beim Entleeren von Filteranlagen entstehen können, sind dadurch zu vermindern, dass die Stäube in geschlossene Behältnisse abgezogen oder an den Austragsstellen befeuchtet werden.**

(3) **Für staubförmige Verbrennungsrückstände sind geschlossene Transporteinrichtungen und geschlossene Zwischenlager zu verwenden.**

§ 10 entspricht § 15 der 13. BImSchV 2013/2017. Hinsichtlich der Emissionsanforderungen bei der Lagerung und beim Transport von Stoffen nimmt die 13. BImSchV auf die TA Luft Bezug und zwar bei festen Stoffen auf die Nrn. 5.2.3.1, 5.2.3.3 und 5.2.3.5 und bei flüssigen organischen Stoffen auf die Nr. 5.2.6.7. Ergänzend gelten auch insoweit – im Rahmen ihrer Anwendungsbereiche – zB die 12. BImSchV sowie insbesondere im Bereich des Transports und der Lagerung (wassergefährdender) flüssiger und gasförmiger Stoffe § 62 WHG iVm AwSV. **1**

§ 11 Ableitbedingungen für Abgase

Abgase sind in kontrollierter Weise so abzuleiten, dass ein ungestörter Abtransport mit der freien Luftströmung ermöglicht wird. Zur Ermittlung der Ableitungshöhen sind die Anforderungen der Technischen Anleitung zur Reinhaltung der Luft heranzuziehen. Die näheren Bestimmungen sind in der Genehmigung festzulegen.

1 § 11 entspricht § 16 der 13. BImSchV 2013/2017. § 16 S. 1 entspricht außerdem der Nr. 5.5.1 S. 1 TA Luft. Hinsichtlich der vorgeschriebenen Ableitungshöhen nimmt § 16 auf die TA Luft (Nr. 5.5.1 ff.) Bezug. Wenn diese Regelungen „heranzuziehen" sind, lässt der Verordnungsgeber explizit auch Ausnahmen von den Ableitungshöhen der TA Luft zu: So sind die Ableithöhen zB bei der in den Kühlturm integrierten Rauchgasableitung von neuen Kraftwerken mit moderner Rauchgasreinigungstechnik nicht zwingend (→ TA Luft Nr. 5.5 Rn. 6). Gemäß Nr. 5.5.5 TA Luft finden diese Regelungen zur Ermittlung der Ableitungshöhen auf bestehende Anlagen, die die Anforderungen der TA Luft 1986 (GMBl S. 95) einhalten, keine Anwendung. Dies gilt auch für Anlagen, die nach 13. BImSchV beurteilt werden. Der Umbau von Schornsteinen allein im Hinblick auf geänderte Ableitungshöhen ist unverhältnismäßig. Unberührt hiervon bleibt die Verpflichtung, aktualisierte Emissionsgrenzwerte nach 13. BImSchV bzw. Immissionswerte nach Nr. 4 TA Luft einzuhalten.

2 Zu beachten ist, dass die Beachtung von Ableitungshöhen von Dritten als eigene Rechte im Rahmen von § 42 Abs. 2, § 113 Abs. 1 S. 1 VwGO insoweit reklamiert werden können, als Immissionswerte nicht bestehen und Gesundheitsbeeinträchtigungen zB auf Grund der Gefährlichkeit eines emittierten Stoffes nicht ausgeschlossen werden können (vgl. BVerwG NVwZ-RR 2004, 335; *Sellner/Reidt/Ohms* Rn. 615 mwN).

3 § 11 dient somit der Umsetzung von Art. 30 Abs. 1 IE-RL. Gemäß Art. 30 Abs. 1 IE-RL soll die Ableitung der Abgase aus Feuerungsanlagen auf kontrollierte Weise über einen Schornstein mit einem oder mehreren Abgaszügen erfolgen, dessen Höhe so berechnet wird, dass die menschliche Gesundheit und Umwelt geschützt bleiben (zur abweichenden unionsrechtlichen und nationalrechtlichen Definition des Schornsteins → § 4)

§ 12 Abgasreinigungseinrichtungen

(1) **Soweit zur Einhaltung der Emissionsgrenzwerte Abgasreinigungseinrichtungen erforderlich sind, muss der gesamte Abgasstrom behandelt werden.**

(2) **Der Betreiber einer Anlage hat bei einer Betriebsstörung an einer Abgasreinigungseinrichtung oder bei ihrem Ausfall unverzüglich die erforderlichen Maßnahmen für die Wiederherstellung eines ordnungsgemäßen Betriebs zu ergreifen. Er hat den Betrieb der Anlage einzuschränken oder sie außer Betrieb zu nehmen, wenn ein ordnungsgemäßer Betrieb nicht innerhalb von 24 Stunden sichergestellt werden kann. In jedem Fall hat er die zuständige Behörde unverzüglich, spätestens innerhalb von 48 Stunden zu unterrichten.**

(3) **Die zuständige Behörde hat in der Genehmigung geeignete Maßnahmen für den Fall einer Betriebsstörung an der Abgasreinigungseinrichtung oder ihres Ausfalls vorzusehen. Beim Ausfall einer Abgasreinigungseinrichtung darf eine Anlage während eines Zeitraums von zwölf aufeinanderfolgenden Monaten höchstens 120 Stunden ohne diese Abgasreinigungseinrichtung betrieben werden.**

Übersicht

A. Grundsatz zur Behandlung von Abgasströmen (Abs. 1)

§ 12 entspricht im Wesentlichen § 17 der 13. BImSchV 2013/2017. Gem. § 12 Abs. 1 muss der gesamte Abgasstrom behandelt werden, soweit zur Einhaltung der Emissionsgrenzwerte Abgasreinigungsanlagen erforderlich sind. Das heißt die Teilströme aller gefassten Luftschadstoffemissionen sind möglichst zusammenzufassen und zu behandeln. Damit soll klargestellt sein, dass die Behandlung lediglich eines Abgasteilstroms nicht zulässig ist (BR-Drs. 676/12, 178). Ob die Emissionen einer Anlage getrennt oder gesammelt behandelt werden, ist damit nicht festgelegt. Werden die Abgase von verschiedenen Anlagenteilen zusammengeführt (Sammelleitung oder Sammelschornstein), sind die emissionsbegrenzenden Anforderungen allerdings so festzulegen, dass keine höheren Emissionen als bei einer Ableitung der jeweiligen Abgase ohne Zusammenführung entstehen (vgl. Nr. 5.1.2 Abs. 1 S. 2 TA Luft). 1

B. Betriebsstörung (Abs. 2 und 3)

§ 12 Abs. 2 und 3 regelt den Fall einer Betriebsstörung an einer Abgasreinigungseinrichtung oder ihres Ausfalls. 2

Sowohl die Verordnung als auch die IE-RL (Art. 37) tolerieren grundsätzlich Grenzwertüberschreitungen im Falle einer Betriebsstörung der Anlage. Dies resultiert aus der Unterscheidung in Art. 7 Abs. 1 S. 1 Großfeuerungsanlagen-RL, die durch die IE-RL übernommen wurde (Art. 37 Abs. 1) zwischen Betriebsstörung, also einer Störung an irgendeiner Stelle der Anlage, und dem Ausfall, dem vollständigen Nichtfunktionieren einer Abgasreinigungsanlage (→ § 2 Rn. 47). Betriebsbeschränkungen sind in beiden Richtlinien nur für den Ausfall der Abgasreinigungsanlage vorgesehen (vgl. Art. 37 Abs. 2 der IE-RL). § 12 geht nur insofern darüber hinaus, als neben dem Ausfall auch die Störung von Abgasreinigungsanlagen zu Betriebseinschränkungen führen kann. Sonstige Betriebsstörungen sanktioniert § 12 nicht. Zu beachten ist, dass Art. 7 IE-RL die Mitgliedstaaten verpflichtet, bei allen Vorfällen oder Unfällen mit erheblichen Umweltauswirkungen die erforderlichen Maßnahmen zu treffen, um sicherzustellen, dass 3

a) der Betreiber die zuständige Behörde unverzüglich unterrichtet;
b) der Betreiber unverzüglich die Maßnahmen zur Begrenzung der Umweltauswirkungen und zur Vermeidung weiterer möglicher Vorfälle und Unfälle ergreift;
c) die zuständige Behörde den Betreiber dazu verpflichtet, alle weiteren geeigneten Maßnahmen zu treffen, die ihres Erachtens zur Begrenzung der Umweltauswirkungen und zur Vermeidung weiterer möglicher Vorfälle und Unfälle erforderlich sind.

Ähnliches gilt bei Nichteinhaltung von Anforderungen gem. Art. 8 Abs. 2 IE-RL. Im Zuge der Novellierung 2021 erfolgte eine Präzisierung insofern, als es in Abs. 2 S. 1 um Maßnahmen geht, die zur Wiederherstellung eines ordnungsgemäßen Betriebs erforderlich sind.

Zu beachten ist, dass aus Gründen des Schutzes vor schädlichen Umwelteinwirkungen (§ 5 Abs. 1 Nr. 1 BImSchG) Einschränkungen des Betriebes auch schon vor Ablauf der in § 12 Abs. 1 genannten Zeiträume oder auch im Falle von Betriebsstörungen anderer 4

Einrichtungen als Abgasbehandlungsanlagen, erforderlich sein können (zB auch gem. §§ 3 ff. der 12. BImSchV).

Unterabschnitt 3 Gemeinsame Vorschriften zur Messung, Überwachung und Berichterstattung

§ 13 Brennstoffkontrolle

(1) **Der Betreiber hat die Brennstoffdaten der der Feuerungsanlage zugeführten Brennstoffe, ausgenommen Zündbrennstoffe, gemäß Anlage 1 zu ermitteln (Brennstoffkontrolle). Der Betreiber hat dazu mit einer Stichprobe die Brennstoffdaten nach allgemein anerkannten Regeln der Technik im Sinne von § 66 Absatz 3 zu ermitteln.**

(2) **Der Betreiber kann die Pflicht zur Durchführung der Brennstoffkontrolle auf den Brennstofflieferanten übertragen. Überträgt der Betreiber die Pflicht auf den Brennstofflieferanten, verpflichtet der Betreiber diesen, ihm die vollständigen Ergebnisse der Brennstoffkontrolle in Form einer Produkt- oder Brennstoffspezifikation oder einer Garantie vorzulegen.**

(3) **Der Betreiber führt die Brennstoffkontrolle bei Einsatz von Braunkohle regelmäßig wiederkehrend einmal vierteljährlich durch, bei Einsatz von anderen Brennstoffen regelmäßig wiederkehrend jedes Kalenderjahr. Weicht das Ergebnis einer Brennstoffkontrolle vom Mittelwert der drei vorhergehenden Brennstoffkontrollen um weniger als 15 Prozent ab, ist abweichend von Satz 1 bei Einsatz von Braunkohle die Brennstoffkontrolle wiederkehrend einmal halbjährlich und bei Einsatz von anderen Brennstoffen wiederkehrend alle zwei Kalenderjahre durchzuführen.**

(4) **Bei Einsatz eines bisher nicht eingesetzten Brennstoffs, führt der Betreiber umgehend eine erneute Ermittlung nach Absatz 1 aus.**

(5) **Die Ergebnisse der nach den Absätzen 1 bis 4 vorgenommenen Brennstoffkontrollen sind der zuständigen Behörde auf Verlangen unverzüglich vorzulegen. Die Ergebnisse sind nach dem Ende des Zeitraums, für den die Brennstoffkontrolle durchgeführt worden ist, fünf Jahre lang aufzubewahren.**

Übersicht

A. Allgemeines und unionsrechtlicher Hintergrund

1 Der neue § 13 iVm der ebenfalls 2021 neu eingefügten Anlage 1 setzt Vorgaben zur Kontrolle der eingesetzten Brennstoffe der BVT 9 aus dem Durchführungsbeschluss (EU) 2017/1442 um. Diese bestehen aus einer anfänglichen, vollständigen Charakterisierung des Brennstoffs, regelmäßigen Prüfung der Brennstoffqualität zur Feststellung, ob sie der anfänglichen Charakterisierung entspricht und mit den durch die Anlagenkonstruktion gesetzten Vorgaben konform ist sowie anschließende Anpassung der Anlageneinstellungen, wenn und wann dies erforderlich und praktikabel ist (z.B. Einbindung der Brennstoffcharakterisierung und Regelung in das moderne Steuerungssystem).

2 Neben einer Kontrolle der eingesetzten Brennstoffe zur Verbesserung der allgemeinen Umweltleistung von Feuerungsanlagen und zur Reduzierung der Emissionen in die Luft sind Brennstoffkontrollen relevant hinsichtlich des Schwefelgehalts zur Feststellung des

Schwefelabscheidegrades (§ 17 Abs. 6) oder bei Verzicht auf eine kontinuierliche Messung von Schwefeloxiden (§ 18 Abs. 4 und 5), zum Verzicht auf kontinuierliche Messungen von Quecksilber im Abgas (§ 18 Abs. 7), zum Verzicht auf (Wiederholungs-)Messungen von Schwermetallen und krebserzeugenden Stoffen (§ 20 Abs. 6, § 29 Abs. 8 S. 2) bzw. von Chlorwasserstoff (§ 37 Abs. 2 S. 2), zur Gewährung höherer Emissionsgrenzwerte von Quecksilber bei Altanlagen (§ 28 Abs. 4), von Schwefeloxiden (§ 28 Abs. 5, Abs. 10 und Abs. 11, § 29 Abs. 5, § 32 Abs. 5 S. 2 und S. 4), von Chlorwasserstoff (§ 28 Abs. 12, § 29 Abs. 6), von Stickstoffoxiden bei höherem Kaligehalt (§ 29 Abs. 4) oder Wasserstoffgehalt (§ 50 Abs. 2 S. 2) im Brennstoff.

B. Regelungsinhalt

Zu ermitteln sind die Brennstoffdaten, die in Anlage 1 aufgeführt sind nach den allgemein anerkannten Regeln der Technik im Sinne von § 66 Abs. 3 (Abs. 1). Nicht zu untersuchen sind **Zündbrennstoffe.** Zündbrennstoffe sind Brennstoffe, die nur kurze Zeit zur Entflammung des ansonsten (dauerhaft) eingesetzten Brennstoffs dienen. Stützbrennstoffe, die über einen längeren Zeitraum und zur laufenden Verbesserung des Oxidationsprozesses eingesetzt werden, sind von der Untersuchung nach § 13 nicht dispensiert. 3

Bei der Übertragung der Pflicht zur Durchführung der Brennstoffkontrolle auf den Brennstofflieferanten nach Abs. 2 treffen den Betreiber die üblichen Pflichten zur Überwachung von Dritten, derer er sich zur Erfüllung seiner Pflichten bedient (vgl. *Ohms* in: Appel/Ohms/Saurer, BImSchG, 1. Aufl. 2021, § 52b BImSchG, Rn. 29). 4

Abs. 3 regelt die Häufigkeit der Brennstoffkontrollen. Die Brennstoffkontrolle soll im Regelfall einmal im Jahr erfolgen. Großfeuerungsanlagen, die Braunkohle einsetzen, sind auf die Belieferung aus den nahegelegenen Tagebauen angewiesen. Die Brennstoffdaten der eingesetzten Braunkohlen unterliegen daher höheren Schwankungen als bei Einsatz von z.B. Erdgas oder Steinkohle in anderen Feuerungsanlagen. Aus diesem Grund ist eine häufigere Brennstoffkontrolle der Braunkohle angezeigt. Die vierteljährliche Brennstoffkontrolle dient auch einer sachgerechten Umsetzung der Berichtspflicht nach § 22 Abs. 1 Nr. 8 (BT-Drs. 19/24906, 99). Bei Abweichungen der Brennstoffdaten von weniger als 15 Prozent gegenüber dem Benchmark der drei vorangegangen Jahre verdoppelt sich die Länge des Zeitraums bis zur nächsten Brennstoffkontrolle. Bei Einsatz eines bisher nicht eingesetzten Brennstoffs, führt der Betreiber oder der Brennstofflieferant (Abs. 2) umgehend eine Erstermittlung durch (Abs. 4). Abs. 5 regelt die Pflicht zur Vorlage der Dokumentation der Brennstoffkontrolle und die Aufbewahrungspflicht. Vorsätzliche oder fahrlässige Verstöße gegen die Berichts- und/oder Aufbewahrungspflicht sind gem. § 67 Abs. 1 Nr. 7 bußgeldbewährt. 5

§ 14 Energieeffizienzkontrolle

(1) **Der Betreiber einer Feuerungsanlage zur Bereitstellung von elektrischer oder mechanischer Energie hat den elektrischen oder mechanischen Nettowirkungsgrad zu bestimmen. Bei Feuerungsanlagen nach Satz 1, die in Kraft-Wärme-Kopplung betrieben werden, bestimmt der Betreiber zusätzlich den brennstoffbezogenen Nettowirkungsgrad. Bei Feuerungsanlagen zur ausschließlichen Bereitstellung von Nutzwärme bestimmt der Betreiber den brennstoffbezogenen Nettowirkungsgrad.**

(2) **Die Bestimmungen nach Absatz 1 hat der Betreiber im Zuge eines Leistungstests, wenn die Anlage mit der höchsten Leistung betrieben wird, für die sie für den Dauerbetrieb zugelassen ist, nach der Inbetriebnahme der Feuerungsanlage und nach jeder Änderung der Feuerungsanlage mit signifikanter Auswirkung auf die Bestim-**

mungsgrößen vorzunehmen. Der Leistungstest ist nach den allgemein anerkannten Regeln der Technik im Sinne des § 66 Absatz 3 durchzuführen. Ist ein Betrieb mit der höchsten Leistung während der Messung nicht möglich, erfolgt die Messung unter repräsentativen Betriebsbedingungen.

(3) **Kann der Leistungstest nach Absatz 2 Satz 1 bei Feuerungsanlagen mit Kraft-Wärme-Kopplung aus technischen Gründen nicht mit Volllast in der Wärmeabgabe gefahren werden, erfolgt der Leistungstest bei der aktuell möglichen Wärmeabgabe und seine Ergebnisse fließen in die rechnerische Bestimmung der volllastbezogenen Werte ein.**

(4) **Der Betreiber kann die sich aus den Absätzen 1 bis 3 ergebenden Pflichten auf den Hersteller oder den Lieferanten der Feuerungsanlage übertragen. Überträgt der Betreiber die Pflicht auf den Hersteller oder den Lieferanten, verpflichtet der Betreiber diesen, ihm einen Bericht über das Ergebnis des Leistungstests vorzulegen.**

(5) **Die Ergebnisse der nach Absatz 1 vorgenommenen Bestimmungen des Nettowirkungsgrades sind der zuständigen Behörde auf Verlangen vorzulegen. Die Ergebnisse sind bis zur Durchführung einer erneuten Bestimmung aufzubewahren, mindestens jedoch für einen Zeitraum von fünf Jahren nach dem Ende des Leistungstests.**

Übersicht

A. Allgemeines und unionsrechtlicher Hintergrund

1 Der 2021 neu eingefügte § 14 dient der Umsetzung der BVT 2 des Durchführungsbeschlusses (EU) 2017/1442. Nach BVT 2 ist der elektrische Nettowirkungsgrad und/oder der gesamte Nettobrennstoffnutzungsgrad und/oder der mechanische Nettowirkungsgrad der Feuerungsanlage mittels Durchführung eines Leistungstests unter Volllast zu bestimmen, der nach EN-Normen nach der Inbetriebnahme der Anlage und jeder Änderung erfolgt, die signifikante Auswirkungen auf den elektrischen Nettowirkungsgrad und/oder den gesamten Nettobrennstoffnutzungsgrad und/oder den mechanischen Nettowirkungsgrad der Verbrennungseinheit haben könnte. Die Ermittlung von Netto-Wirkungsgraden ist Bestandteil der Überwachung (Ziff. 1.2 des Durchführungsbeschlusses (EU) 2017/1442 und somit der Kontrolle der Sparsamkeit im Umgang mit Ressourcen.

2 Bestimmte **Mindest-Wirkungsgrade** sind nicht vorgeschrieben. Gem. § 33 Abs. 4 ist bei Gasturbinen (gem. § 52 Abs. 3 bei Gasturbinen in Raffinerien) mit einer Wirkungsgraderhöhung eine entsprechende prozentuale Erhöhung der Emissionsgrenzwerte (in Raffinerien des Emissionsgrenzwertes für Stickstoffoxide) verbunden. § 33 Abs. 9 knüpft bei bestehenden Anlagen die Emissionsgrenzwerte für Stickstoffoxide an einen brennstoffbezogenen Nettowirkungsgrad (vgl. § 2 Abs. 5).

3 Die Definitionen von brennstoffbezogenem, elektrischem und mechanischem Nettowirkungsgrad sind in den § 2 Abs. 5, Abs. 9 und Abs. 21 enthalten.

B. Regelungsinhalte

4 § 14 unterscheidet zwischen Feuerungsanlagen „zur Bereitstellung von elektrischer oder mechanischer Energie“ (Abs. 1 S. 1 und 2) und Feuerungsanlagen „zur ausschließli-

chen Bereitstellung von Nutzwärme“ (Abs. 1 S. 3). Bei ersteren ist der elektrische *oder* mechanische Nettowirkungsgrad, wenn sie in KWK-Technik betrieben werden, *auch* der brennstoffbezogene Nettowirkungsgrad zu bestimmen. Bei letzterem ist nur der brennstoffbezogene Nettowirkungsgrad zu bestimmen.

Die Wirkungsgrade sind unter Beachtung der Regeln der Technik nach § 66 Abs. 3 mit der höchsten Leistung der Anlage zu ermitteln, für die sie für den Dauerbetrieb (→ § 2 Rn. 65) zugelassen ist. Entscheidend ist also nicht die technische Auslegung der Anlage, sondern die Genehmigungslage. Ist ein Test mit der höchsten Leistung während der Messung nicht möglich, erfolgt die Messung unter repräsentativen Betriebsbedingungen (Abs. 2 S. 3). Bei KWK-Anlagen ist eine rechnerische Ermittlung in Anbetracht der aktuell möglichen Wärmeabgabe und anhand von Vollastparametern möglich (Abs. 3). Diese Erleichterung resultiert aus der Fußnote (1) zu BVT 2. 5

Bei Übertragung der Pflichten auf den Hersteller oder den Lieferanten (Abs. 4) hat der Betreiber – wie im Falle der Übertragung der Brennstoffkontrolle nach § 13 Abs. 2 – diesen durch ein Nachvollziehen der Ergebnisse zu überwachen (→ § 13 Rn. 4). Abs. 5 enthält analog § 13 Abs. 5 die Berichtspflicht gegenüber der Behörde und die Aufbewahrungspflicht. Vorsätzliche oder fahrlässige Verstöße gegen diese Pflichten sind auch gem. § 67 Abs. 1 Nr. 7 bußgeldbewehrt. 6

§ 15 Messplätze

Der Betreiber hat vor der Inbetriebnahme einer Anlage für die Messungen zur Feststellung der Emissionen sowie zur Ermittlung der Bezugs- oder Betriebsgrößen Messplätze einzurichten. Die Messplätze sollen ausreichend groß, leicht begehbar und so beschaffen sein sowie so ausgewählt werden, dass die Vorgaben der DIN EN 15259, Ausgabe Januar 2008, erfüllt und repräsentative und einwandfreie Messungen gewährleistet sind. Näheres bestimmt die zuständige Behörde.

Übersicht

A. Allgemeines

Zuverlässige und vergleichbare Ergebnisse von Emissionsmessungen an stationären Quellen können nur unter der Voraussetzung erzielt werden, dass an der jeweiligen Anlage eine Messstrecke und ein Messplatz vorhanden sind, die am besten schon zum Zeitpunkt der Anlagenplanung eingerichtet werden und die Entnahme einer repräsentativen Probe erlauben. Nach der Verordnung ist die Einrichtung solcher Messplätze vor Inbetriebnahme ausreichend. Weiterhin müssen die Messaufgabe und ein Messplan verfügbar sein, bevor die Messungen durchgeführt werden. Im Messplan ist eine Probenahmestrategie festzulegen, die der Messaufgabe angemessen ist. 1

§ 15 entspricht im Wesentlichen § 18 der 13. BImSchV 2013/2017 und soll sicherstellen, dass bereits bei der Errichtung einer Anlage die zur Durchführung der Emissionsüberwachung (bei kontinuierlicher sowie erstmaliger und wiederkehrender Messung) notwendigen baulichen Maßnahmen getroffen werden. Dabei sind die besonderen örtlichen Verhältnisse zu beachten (BT-Drs. 15/1074, 28). § 15 entspricht im Wesentlichen Nr. 5.3.1 TA Luft. 2

3 Konkretisiert werden die Anforderungen an Messplätze durch die DIN EN 15 259: 2008 „Luftbeschaffenheit – Messung von Emissionen aus stationären Quellen – Anforderungen an Messstrecken und Messplätze und an die Messaufgabe, den Messplan und den Messbericht" und die DIN EN 13284–1:2017 „Emissionen aus stationären Quellen – Ermittlung der Staubmassenkonzentration bei geringen Staubkonzentrationen", die als maßgebliche CEN-Norm die VDI 4200 „Durchführung von Emissionsmessungen an geführten Quellen" aus dem Jahr 2000 ersetzt, sowie VDI 2066 Blatt 1 „Messung von Partikeln, Staubmessung in strömenden Gasen, Gravimetrische Bestimmung der Staubbeladung", Ausgabe November 2006 sowie VDI 2448 Blatt 1 „Statistische Auswertung von stichprobenartigen Emissionsmessungen an geführten Quellen", Juli 1997 (überprüft und unverändert gültig Sept. 2008). Die VDI 3950 Blatt 3 „Kalibrierung automatischer Emissionsmesseinrichtungen – Ordnungsgemäßer Einbau" Juni 2003 ist ebenfalls nicht mehr gültig. Die Anforderungen richten sich im Wesentlichen an Messplätze, die für diskontinuierliche Messungen, Vergleichsmessungen der Kalibrierungen stationärer Messgeräte oder betriebliche Messungen vorgesehen sind.

B. Anforderungen an Messplätze

4 In den angeführten Normen werden insbesondere Anforderungen an die Messbühnen hinsichtlich Größe und Zugänglichkeit, die Geometrie des Abgaskanals, der Lage der Messöffnungen und die notwendigen Ein- und Auslaufstrecken definiert. Messbühnen müssen dabei über eine ausreichend dimensionierte Arbeitsfläche verfügen sowie ausreichend bemessene und abgesicherte Elektroanschlüsse verfügen. Alle Probenahmeöffnungen müssen leicht und ohne Behinderungen zugänglich sein und das Einbringen auch von längeren Probenahmesonden ermöglichen. Am Probenahmeort (Abgaskanal) muss zur Entnahme einer repräsentativen Probe ein gut durchmischtes (turbulentes) Strömungsprofil ohne Drall und Rückströmung vorliegen. Im Allgemeinen sind diese Anforderungen in geraden Kanalabschnitten mit einer Einlaufstrecke von fünf hydraulischen Durchmessern vor der Probenahmestelle und fünf bzw. zwei hydraulischen Durchmessern hinter der Probenahmestelle erfüllt. Es sind in der Regel mehrere Messöffnungen auf zwei zueinander senkrecht stehenden Achsen (Schadstoffmessungen) einzurichten sowie eventuell weitere Öffnungen für die Messung zB der Strömungsgeschwindigkeit, Temperatur, Feuchte in der gleichen Probenahmeebene einzurichten (vgl. iÜ Hinweise zu Messplätzen im UBA-Leitfaden zur Emissionsüberwachung, S. 15 f.).

§ 16 Messverfahren und Messeinrichtungen

(1) **Der Betreiber hat sicherzustellen, dass für Messungen die dem Stand der Messtechnik entsprechenden Messverfahren angewendet und geeignete Messeinrichtungen, die den Anforderungen der Anlage 4 entsprechen, verwendet werden. Näheres bestimmt die zuständige Behörde.**

(2) **Der Betreiber hat sicherzustellen, dass die Probenahme und Analyse aller Schadstoffe sowie die Qualitätssicherung von automatischen Messsystemen und die Referenzmessverfahren zur Kalibrierung automatischer Messsysteme nach allgemein anerkannten Regeln der Technik im Sinne des § 66 Absatz 3 durchgeführt werden.**

(3) **Der Betreiber hat den ordnungsgemäßen Einbau von Mess- und Auswerteeinrichtungen zur kontinuierlichen Überwachung vor der Inbetriebnahme der Feuerungsanlage der zuständigen Behörde nachzuweisen. Hierzu hat der Betreiber der zuständigen Behörde die Bescheinigung einer Stelle für Kalibrierungen, die von der zuständigen Landesbehörde oder von der nach Landesrecht bestimmten Behörde**

nach § 29b des Bundes-Immissionsschutzgesetzes für diesen Tätigkeitsbereich bekannt gegeben wurde, vorzulegen.

(4) **Der Betreiber hat Messeinrichtungen, die zur kontinuierlichen Feststellung der Emissionen oder der Betriebsgrößen eingesetzt werden, durch eine Stelle, die von der zuständigen Landesbehörde oder von der nach Landesrecht bestimmten Behörde nach § 29b des Bundes-Immissionsschutzgesetzes für diesen Tätigkeitsbereich bekannt gegeben wurde, gemäß Absatz 5**

1. kalibrieren zu lassen und

2. auf Funktionsfähigkeit prüfen zu lassen.

(5) **Die Funktionsfähigkeit der Messeinrichtung ist jährlich mittels Parallelmessungen unter Verwendung der Referenzmethode prüfen zu lassen. Die Kalibrierung ist nach der Errichtung und nach jeder wesentlichen Änderung der Feuerungsanlage durchführen zu lassen, sobald der ungestörte Betrieb erreicht ist, jedoch frühestens drei Monate und spätestens sechs Monate nach der Inbetriebnahme. Die Kalibrierung der Messeinrichtung ist nach ihrer Errichtung und jeder wesentlichen Änderung an der Messeinrichtung durchführen zu lassen, sobald die Errichtung oder Instandsetzung der Messeinrichtung abgeschlossen ist. Eine Kalibrierung ist mindestens alle drei Jahre vorzunehmen.**

(6) **Der Betreiber hat die Berichte über das Ergebnis der Kalibrierung und der Prüfung der Funktionsfähigkeit und über die entsprechende Konfiguration der Datenerfassungs- und Auswerteeinrichtung innerhalb von zwölf Wochen nach der Kalibrierung oder der Prüfung der zuständigen Behörde vorzulegen.**

Übersicht

A. Allgemeines und Bedeutung

1 § 16, der im Wesentlichen § 19 der 13. BImSchV 2013/2017 entspricht, trifft die allgemeinen Bestimmungen für die Durchführung von kontinuierlichen Messungen (§ 17) sowie von periodischen Messungen (§ 20). Angeknüpft wird dabei an Art. 38 Abs. 2 iVm Anhang V Teil 3 Nr. 8 IE-RL, wonach Probenahme und Analyse relevanter Schadstoffe und Messungen von Verfahrensparametern sowie die Qualitätssicherung von automatisierten Messsystemen und die Referenzmessverfahren zur Kalibrierung dieser Systeme nach CEN-Normen durchgeführt werden. Sind keine CEN-Normen verfügbar, so werden ISO-, nationale Normen oder andere internationale Normen angewandt, die sicherstellen, dass Daten von gleichwertiger wissenschaftlicher Qualität ermittelt werden (§ 66 Abs. 3).

2 CEN-Normen werden vom Europäischen Kommitte für Normung/**C**omité **E**uropéen de **N**ormalisation (CEN) herausgegeben. Die europäischen Normungsorganisationen haben ihre Rechtsgrundlage in der Verordnung (EU) Nr. 1025/2012 zur europäischen Normung (Abl. EU Nr. L 316, 12). Das Deutsche Institut für Normung e.V. (DIN) vertritt die Normungsinteressen Deutschlands als Mitglied im CEN. Es hält 30% aller Sekretariate der Arbeitsgremien von CEN. Europäische Normen müssen von den derzeit

34 CEN-Mitgliedsländern als Ersatz für die bisherigen nationalen Normen übernommen werden. Eine entsprechende Normung (vgl. hierzu auch UBA-Leitfaden zur Emissionsüberwachung, S. 7) auch Voraussetzung dafür, dass die Emissionsgrenzwerte unionsweit nach denselben Kriterien überwacht werden. Insgesamt lassen sich Emissionsgrenzwerte nur in Verbindung mit definierten Messanforderungen und zugehörigen Analysenmethoden sinnvoll überwachen. Alle drei Bereiche bilden daher eine Einheit.

3 § 16 Abs. 1 regelt Anforderungen an die Messtechnik, die Messverfahren und die Messeinrichtungen. § 16 Abs. 2 enthält den Verweis auf die technischen Regeln nach § 66 Abs. 3, nach denen die Messungen vorzunehmen sind. § 16 Abs. 3 verlangt zur Sicherstellung des ordnungsgemäßen Einbaus der Messeinrichtungen die Bescheinigung eines § 29b BImSchG-Sachverständigen, der für diesen Tätigkeitsbereich akkreditiert ist. Abs. 4 verpflichtet den Betreiber zur regelmäßigen Kalibrierung und Funktionsfähigkeitsprüfung der Messeinrichtungen. § 16 Abs. 5 legt die Art und Weise der Funktionsfähigkeitsprüfung fest. § 16 Abs. 6 regelt die Information der Behörde über die Ergebnisse der Kalibrierung und der Funktionsfähigkeitsprüfung. Vorsätzliche oder fahrlässige Nichtbeachtung der Anforderungen des § 16 sind gem. § 67 Abs. 1 Nr. 8 bis 12 bußgeldbewehrt.

B. Regelungsinhalt

I. Messverfahren (Abs. 1 und 2)

4 Verantwortlich für die ordnungsgemäße Installation und Eignung der Messtechnik und deren Nachweis und regelmäßige Überprüfung ist der Betreiber. Gem. § 16 Abs. 1 sind Messverfahren und Messeinrichtungen nach näherer Bestimmung durch die zuständige Behörde (→ Vorb. §§ 5-22 anzuwenden bzw. zu verwenden. Dabei geht es um Messungen zur Feststellung der Emissionen, also Massenkonzentrationen (§ 2 Rn. 33), sowie zur Ermittlung der Bezugs- oder Betriebsgrößen (Sauerstoffgehalt, Feuchtegehalt, Temperatur, Druck, Volumenstrom). Die Messeinrichtungen müssen den Anforderungen der Anlage 4 (Anforderungen an die kontinuierlichen Messeinrichtungen und die Validierung der Messergebnisse) entsprechen.

5 Der Verweis auf den „Stand der Messtechnik" macht deutlich, dass Messverfahren und Messeinrichtungen einer stetigen Aktualisierung unterliegen. Es kann insofern – wie bei § 5 Abs. 1 BImSchG insgesamt (→ *Dietlein* § 5 BImSchG Rn. 5) von einer **Dynamik** der aus den §§ 13 ff. folgenden Betreiberpflichten gesprochen werden. Soweit die Betreiber von nach § 66 einschlägigen CEN-Normen, ISO-Normen oder sonstigen Normen verlässlich und in zumutbarer Weise Kenntnis erlangen können (vgl. zu diesem Maßstab unter dem des Rechtsstaatsprinzips bei der Verweisung auf nicht öffentlich zugängliche DIN-Vorschriften in zu verkündenden Rechtsvorschriften: BVerwG NVwZ 2010, 1567), gelten die daraus resultierenden Anforderungen in Anbetracht der grundsätzlich unmittelbaren Wirkung der 13. BImSchV (→ Vorb. Rn. 76 ff.) ebenfalls auch unmittelbar und ohne dass es einer Konkretisierung im Einzelfall bedürfte. Die Zumutbarkeit der Zugänglichkeit der Normen ist durch § 66 gewährleistet, der auf maßgebliche Bezugsquellen hinweist.

6 Für die Probenahme und Analyse der Schadstoffe sowie die Referenzmessverfahren zur Kalibrierung automatischer Messsysteme sind – soweit vorhanden – gem. § 16 Abs. 2 CEN-Normen verbindlich. Insofern verbietet sich insoweit auf nationale Normen zurückzugreifen, selbst wenn diese die tatsächlichen Emissionen „zutreffender" ermitteln. Nur soweit keine CEN-Normen verfügbar sind (vgl. Anhang V, Teil 6 Nr. 1.2 IE-RL), oder dies nicht die Probenahme und Analyse der Schadstoffe sowie die Referenzmessverfahren zur Kalibrierung automatischer Messsysteme betrifft, darf die zuständige Behörde

im Rahmen ihres Beurteilungsspielraums auf das nach ihrer Einschätzung geeignetste sonstige Messverfahren zurückgreifen. Bei der Auswahl von Alternativverfahren ist aber vor allem die DIN EN 14 793:2017–05 „Nachweis der Gleichwertigkeit eines Alternativverfahrens mit einem Referenzverfahren") zu beachten (§ 66 Abs. 3).

Die wichtigsten aktuellen (CEN-) Normen sind in folgender Tabelle dargestellt (vgl. iÜ die Aufstellung der für die Emissionsüberwachung relevanten Normen im VDI/DIN-Handbuch „Reinhaltung der Luft – Band 5: Analysen- und Messverfahren"): 7

Gasförmige Chloride (HCl)	DIN EN 1911 (2010)
Dioxine/Furane	DIN EN 1948 1–4 (2006); DIN CEN/TS 1948–5 (2015)
Gesamtkohlenstoff	DIN EN 12 619 (2013)
Quecksilber	DIN EN 13 211 (2001, berichtigt 2005) (manuell)
Staub	DIN EN 13284–1 (2017) (manuell) und DIN EN 13284–2 (2018) (automatisch)
Schwermetalle	DIN EN 14 385 (2004)
Gasförmige organische Verbindungen	DIN CEN/TS 13 649 (2015)
Sauerstoff	DIN EN 14 789 (2017)
Wasserdampf	DIN EN 14 790 (2017)
Schwefeldioxid	DIN EN 14 791 (2017)
Stickstoffoxide	DIN EN 14 792 (2017)
Kohlenmonoxid	DIN EN 15 058 (2017)
Distickstoffmonoxid	DIN EN ISO 21 258 (2010)
Staub (PM 10 und PM 2,5)	DIN EN ISO 23 210 (2009)
Methan	DIN EN ISO 25 139 (2011) (manuell) und DIN EN ISO 25 140 (2010) (automatisch)
Bestimmung des Volumenstroms	DIN ISO 14 164 (1999)

II. Einbau von Messeinrichtungen zur kontinuierlichen Überwachung (Abs. 3)

Der Nachweis des ordnungsgemäßen Einbaus der Messeinrichtungen nach § 16 Abs. 3 vor Inbetriebnahme soll einerseits als Qualitätssicherungsmaßnahme die Gültigkeit der späteren Messungen gewährleisten. Andererseits ermöglicht der Nachweis auch die überschlägige Beurteilung der Emissionen der Anlage bis zur ersten Kalibrierung. Eine **Kalibrierung der Messeinrichtungen** ist nämlich erst dann sinnvoll möglich, wenn die Anlage einen stabilen Betriebszustand („ungestörten Betrieb") erreicht hat, bei dem dann auch die Emissionen als repräsentativ betrachtet werden können. Die Frist hierfür wird in § 16 Abs. 5 S. 2 mit mindestens drei, spätestens sechs Monate nach Inbetriebnahme der Anlage festgelegt. Bis zu diesem Zeitpunkt wird das Emissionsverhalten nach vorläufigen Daten beurteilt. 8

Eine Bescheinigung über den ordnungsgemäßen Einbau der Messeinrichtungen nach § 16 Abs. 3 wird von einer für Kalibrierungen nach § 29b Abs. 2 BImSchG bekannt gege- 9

benen Stelle erbracht. Diese Stelle muss über eine Akkreditierung nach DIN EN ISO/IEC 17 025-2018 verfügen. Voraussetzung für die nach §§ 26, 28 BImSchG verlangte Bekanntgabe der ermittelnden Stelle ist die erforderliche Fachkunde, Unabhängigkeit, Zuverlässigkeit und gerätetechnische Ausstattung sowie die Erfüllung der für die Aufgabenerfüllung erforderlichen organisatorischen Anforderungen (§ 29b Abs. 2 S. 2 BImSchG). Diese umfasst eine fünfjährige Tätigkeit für die Bereiche Funktionsprüfung und Kalibrierung von Mess- und Auswerteeinrichtungen für anorganische und organische Verbindungen und Staub. Darüber hinaus muss die Stelle Erfahrungen im Bereich der Emissionsfernüberwachung nachweisen. Die Einbaubestätigung kann auch von einer anderen zugelassenen Messstelle ausgestellt werden als der später kalibrierenden Messstelle. Weitere Hilfestellungen bei der Anwendung der DIN EN ISO/IEC 17 025 liefert die Richtlinie VDI 4220: 2018 „Anforderungen an Stellen für die Ermittlung luftverunreinigender Stoffe an stationären Quellen und in der Außenluft".

III. Kalibrierung (Abs. 4 bis 6)

10 Die Pflicht zur erstmaligen und jährlich oder nach wesentlicher Änderung der Anlage zu wiederholenden Kalibrierung und Funktionsprüfung in § 16 Abs. 4 und 5 gilt für alle zur kontinuierlichen Feststellung und Beurteilung der Emissionen erforderlichen Messeinrichtungen. Die Kalibrierung ist zusammen mit der Einrichtung der Messstelle und dem ordnungsgemäßen Betrieb der Messeinrichtung von entscheidender Bedeutung für die Aussagekraft der kontinuierlichen Emissionsüberwachung. Die Funktionsprüfung dient der Überwachung der Funktionsfähigkeit der Messeinrichtung (BT-Drs. 15/1074, 29).

11 Kalibrierung ist ein Messprozess, bei dem die Messergebnisse der zu kalibrierenden Einrichtung mit den Messergebnissen einer der einschlägigen Norm entsprechenden Messeinrichtung verglichen werden und die Abweichung ermittelt wird, die bei der anschließenden Benutzung des Messgerätes zur Korrektur der abgelesenen Werte zu berücksichtigen ist (vgl. Anlage 3 Nr. 2, Anhang II Abs. 2 13. BImSchV 2004). Die Funktionsprüfung gem. § 16 Abs. 5, also die Parallelmessung unter Verwendung der Referenzmethode, dient der Überwachung der dauerhaften Funktionsfähigkeit der Messeinrichtung.

12 Regeln zur Kalibrierung und Qualitätssicherung werden im Wesentlichen durch die DIN EN 14 181 (2014) „Emissionen aus stationären Quellen – Qualitätssicherung für automatische Messeinrichtungen" definiert. Ergänzend kann zur Interpretation DIN SPEC 1178-2010 „Emissionen aus stationären Quellen – Leitlinien zur Anwendung der EN 14 181:2004" herangezogen werden. Für Quecksilber gilt ergänzend DIN EN 14 884 (2022). Regeln zur Zertifizierung sind in der DIN EN 15 267 „Luftbeschaffenheit – Zertifizierung von automatischen Messeinrichtungen" (2009) definiert. Die DIN EN 14 181-2015 ersetzt die bisher gültige VDI 3950 Blatt 1 „Kalibrierung automatischer Emissionsmesseinrichtungen" vom Juni 2003. Jedoch wurde auch die VDI 3950 mit Stand vom Juni 2018 überarbeitet.

13 Die Kalibrierung bezieht sich sowohl auf die eigentlichen Emissionsmessgeräte als auch auf die Geräte zur Messung der Bezugsgrößen. Eine korrekte Messung und Beurteilung ist nämlich nur nach korrekter Umrechnung auf Normbedingungen, regelmäßig nach Abzug der Feuchte und ggf. Umrechnung des Sauerstoffbezugsgehaltes möglich. Die Kalibrierung sollte in einem möglichst weiten Bereich der möglichen Emissionen erfolgen, um alle Betriebszustände zuverlässig zu erfassen. Ihre Gültigkeit hängt davon ab, ob sie den maßgeblichen Kalibrierbereich einhält (regelmäßig 1,10x Maximalwert). Liegen Messwerte der Messeinrichtungen außerhalb des Kalibrierbereiches, ist nach den Regeln der DIN EN 141 81-2015 zu prüfen, ob die Kalibrierung wiederholt werden muss.

Die Kalibrierung ist gem. § 16 Abs. 5 S. 2 erst nach Erreichung des ungestörten Betriebes vorzunehmen. Der frühestmögliche **Zeitpunkt** wird nach 3 Monaten Betrieb, der späteste Zeitpunkt 6 Monate nach Inbetriebnahme, also Aufnahme des Probebetriebes (→ § 2 Rn. 62), festgelegt. Gleiches gilt nach einer wesentlichen Änderung, soweit sie Auswirkungen auf die Emissionsquelle hatte. Die Kalibrierung ist mindestens alle 3 Jahre zu wiederholen (§ 16 Abs. 5 S. 3). Funktionsprüfungen sind jährlich vorzunehmen (§ 16 Abs. 5 S. 1). Zur weitestgehenden Sicherstellung eines bundeseinheitlichen Vollzuges dieser Regelung wird die Bundeseinheitliche Praxis bei der Überwachung der Emissionen vom 31.7.2023. (GMBl. S. 931) herangezogen. 14

Sofern auf Messeinrichtungen zur kontinuierlichen Ermittlung des **Feuchtegehalts** des Abgases nach § 17 Abs. 2 verzichtet werden soll, sind die Voraussetzungen hierfür bei Kalibrierung nachzuweisen. Wenn gem. § 17 Abs. 4 auf die separate Ermittlung des Stickstoffdioxidanteils verzichtet werden soll, sind die Nachweise über den Anteil des Stickstoffdioxids ebenfalls bei der Kalibrierung zu führen. Auf die Messung der Emissionen an Schwefeltrioxid soll gem. § 17 Abs. 5 verzichtet werden, wenn der entsprechende Anteil bereits bei der Kalibrierung der Messeinrichtung für Schwefeldioxid berücksichtigt wird. 15

Für nach **EMAS** zertifizierte Betriebe können nach § 5 Abs. 2 Nr. 2 der EMASPrivilegV (Verordnung über immissionsschutz- und abfallrechtliche Überwachungserleichterungen für nach der Verordnung (EG) Nr. 761/2001 registrierte Standorte und Organisationen vom 24.6.2002, BGBl. I 2247, zuletzt geändert am 6.7.2021, BGBl. I 2247), die wiederkehrenden Funktionsprüfungen auf Antrag des Betreibers und nach Zustimmung der Behörde mit eigenem Personal vorgenommen werden. 16

Über die Kalibrierung und deren Ergebnis ist gem. § 16 Abs. 6 ein **Bericht** zu fertigen, der innerhalb von 12 Wochen nach Durchführung der Kalibrierung bzw. Funktionsprüfung der zuständigen Behörde zu übergeben ist. Bestimmte formelle Anforderungen an diesen Bericht bestehen nicht, jedoch sind Musterberichte verfügbar. Neben dem Bericht über die Vergleichsmessungen und des Ergebnisses der Kalibrierung/Funktionsprüfung sind auch Angaben zur Umsetzung bzw. Parametrierung der Ergebnisse in der Auswerteeinrichtung vorzulegen (BT-Drs. 19/24906, 100). 17

§ 17 Kontinuierliche Messungen

(1) **Der Betreiber hat folgende Parameter kontinuierlich zu ermitteln, zu registrieren, gemäß § 19 Absatz 1 Satz 1 bis 4 und Absatz 2 und 3 auszuwerten und im Fall von § 19 Absatz 4 Satz 3 der zuständigen Behörde unverzüglich zu übermitteln:**

1. **die Massenkonzentration der Emissionen an Gesamtstaub, Quecksilber, Gesamtkohlenstoff, Kohlenmonoxid, Stickstoffmonoxid, Stickstoffdioxid, Schwefeldioxid, Schwefeltrioxid, Ammoniak, gasförmigen anorganischen Chlorverbindungen, angegeben als Chlorwasserstoff, und die Rußzahl, soweit Emissionsgrenzwerte oder eine Begrenzung der Rußzahl festgelegt sind oder ist,**
2. **den Volumengehalt an Sauerstoff im Abgas und**
3. **die zur Beurteilung des ordnungsgemäßen Betriebs erforderlichen Betriebsgrößen, insbesondere Leistung, Abgastemperatur, Abgasvolumenstrom, Feuchtegehalt, Wasserstoffgehalt und Druck.**

Der Betreiber hat hierzu die Anlagen vor der Inbetriebnahme mit geeigneten Mess- und Auswerteeinrichtungen auszurüsten.

(2) **Messeinrichtungen für den Feuchtegehalt sind nicht notwendig, soweit das Abgas vor der Ermittlung der Massenkonzentration der Emissionen getrocknet wird. Ergibt sich aufgrund der Bauart und Betriebsweise von Nass-Abgasentschwefelungsanlagen infolge des Sättigungszustandes des Abgases und der konstanten Abgastemperatur, dass der Feuchtegehalt im Abgas an der Messstelle einen konstanten Wert**

annimmt, soll die zuständige Behörde auf die kontinuierliche Messung des Feuchtegehalts verzichten und die Verwendung des in periodischen Messungen ermittelten Wertes zulassen. In diesem Fall hat der Betreiber Nachweise über das Vorliegen der vorgenannten Voraussetzungen bei der Kalibrierung zu führen und der zuständigen Behörde auf Verlangen vorzulegen. Der Betreiber hat die Nachweise nach der Kalibrierung fünf Jahre lang aufzubewahren.

(3) **Die Gesamtstaubemission ist ohne Beitrag des Schwefeltrioxids zum Messwert auszuweisen.**

(4) **Ergibt sich aufgrund der Einsatzstoffe, der Bauart, der Betriebsweise oder aufgrund von periodischen Messungen, dass der Anteil des Stickstoffdioxids an den Stickstoffoxidemissionen unter 5 Prozent liegt, soll die zuständige Behörde auf die kontinuierliche Messung des Stickstoffdioxids verzichten und die Bestimmung des Anteils durch Berechnung zulassen. In diesem Fall hat der Betreiber Nachweise über den Anteil des Stickstoffdioxids bei der Kalibrierung zu führen und der zuständigen Behörde auf Verlangen vorzulegen. Der Betreiber hat die Nachweise nach der Kalibrierung jeweils fünf Jahre lang aufzubewahren.**

(5) **Wird die Massenkonzentration an Schwefeldioxid kontinuierlich gemessen, kann die Massenkonzentration an Schwefeltrioxid bei der Kalibrierung ermittelt und durch Berechnung berücksichtigt werden.**

(6) **Zur Feststellung des Schwefelabscheidegrades sind die Messwerte der Emissionen an Schwefeldioxid und Schwefeltrioxid im Abgas sowie der nach § 13 ermittelte Wert des Schwefelgehalts im eingesetzten Brennstoff heranzuziehen. Die zuständige Behörde bestimmt näher, wie nachgewiesen wird, dass die Schwefelabscheidegrade als Tagesmittelwert eingehalten werden.**

1 Erläuterungen → § 18 Rn. 1 ff.

§ 18 Ausnahmen vom Erfordernis kontinuierlicher Messungen

(1) **Die zuständige Behörde kann bei Feuerungsanlagen mit einer Lebensdauer von weniger als 10.000 Betriebsstunden beschließen, von den kontinuierlichen Messungen gemäß § 17 Absatz 1 abzusehen.**

(2) **Abweichend von § 17 Absatz 1 sind bei Feuerungsanlagen, die ausschließlich mit Erdgas, Wasserstoff oder Flüssiggas betrieben werden, kontinuierliche Messungen zur Feststellung der Emissionen an Gesamtstaub nicht erforderlich.**

(3) **Abweichend von § 17 Absatz 1 sind bei Großfeuerungsanlagen mit einer Feuerungswärmeleistung von höchstens 100 MW, die im gleitenden Durchschnitt über einen Zeitraum von fünf Jahren höchstens 1.500 Stunden jährlich in Betrieb sind und die ausschließlich mit leichtem Heizöl betrieben werden, Messungen zur Feststellung der Emissionen an Gesamtstaub nicht erforderlich. In diesem Fall hat der Betreiber periodische Messungen für Staub regelmäßig wiederkehrend nach § 20 Absatz 3 durchführen zu lassen.**

(4) **Abweichend von § 17 Absatz 1 sind bei Feuerungsanlagen, die ausschließlich mit leichtem Heizöl, Dieselkraftstoff oder Erdgas betrieben werden, einzeln oder bei Einsatz in Zweistoffmotoren auch in Kombination, Messungen zur Feststellung der Emissionen an Schwefeloxiden nicht erforderlich. In diesem Fall hat der Betreiber die Brennstoffkontrolle bezüglich des Schwefelgehalts und des unteren Heizwertes abweichend von § 13 Absatz 3 bei Einsatz von Erdgas regelmäßig wiederkehrend halbjährlich und bei ausschließlichem Einsatz von leichtem Heizöl oder Dieselkraftstoff regelmäßig wiederkehrend vierteljährlich vorzunehmen. Der Betreiber hat die Nachweise nach ihrer Erstellung jeweils fünf Jahre lang aufzubewahren.**

(5) **Abweichend von § 17 Absatz 1 sind bei Feuerungsanlagen, die ausschließlich mit Biobrennstoffen betrieben werden, Messungen zur Feststellung der Emissionen an Schwefeloxiden nicht erforderlich, wenn die Emissionsgrenzwerte durch den Einsatz entsprechender Brennstoffe eingehalten werden. In diesem Fall hat der Betreiber die Brennstoffkontrolle bezüglich des Schwefelgehalts und des unteren Heizwertes abweichend von § 13 Absatz 3 regelmäßig wiederkehrend einmal halbjährlich auszuführen.**

(6) **Abweichend von § 17 Absatz 1 sind bei mit Erdgas oder flüssigen Brennstoffen betriebenen Gasturbinen- und Verbrennungsmotoranlagen mit einer Feuerungswärmeleistung von weniger als 100 MW, die im gleitenden Durchschnitt über einen Zeitraum von fünf Jahren höchstens 1.500 Betriebsstunden jährlich in Betrieb sind, kontinuierliche Messungen zur Feststellung der Emissionen an Kohlenmonoxid, Stickstoffmonoxid und Stickstoffdioxid nicht erforderlich, wenn durch andere Prüfungen, insbesondere der Prozessbedingungen, und durch Nachweise über den dauerhaften emissionsmindernden Betrieb von Abgasreinigungseinrichtungen nach § 20 Absatz 7 sichergestellt ist, dass die Emissionsgrenzwerte eingehalten werden. In diesem Fall hat der Betreiber periodische Messungen nach § 20 Absatz 3 durchführen zu lassen sowie Nachweise über die Korrelation zwischen den Prüfungen und den Emissionsgrenzwerten zu führen und der zuständigen Behörde zusammen mit dem Messbericht nach § 21 Absatz 1 vorzulegen.**

(7) **Für Quecksilber und seine Verbindungen, angegeben als Quecksilber, soll die zuständige Behörde auf Antrag auf die kontinuierliche Messung verzichten, wenn durch andere Prüfungen, insbesondere der Brennstoffe nach § 13, sichergestellt ist, dass**

1. **die Emissionen nach § 5 Absatz 2 und nach § 28 Absatz 1 Satz 2 Nummer 1 Buchstabe b und Nummer 2 Buchstabe b oder nach § 29 Absatz 1 Satz 2 Nummer 2 Buchstabe b oder nach § 42 Absatz 1 Satz 2 Nummer 1 Buchstabe b für Quecksilber und seine Verbindungen weniger als 50 Prozent der Emissionsgrenzwerte betragen und**
2. **sich aus den periodischen Messungen ergibt, dass die jeweils geltenden Emissionsgrenzwerte für den Jahresmittelwert und den Tagesmittelwert sicher eingehalten werden.**

In diesem Fall hat der Betreiber periodische Messungen nach § 20 Absatz 3 durchführen zu lassen sowie Nachweise über die Korrelation zwischen den Prüfungen und den Emissionsgrenzwerten zu führen und der zuständigen Behörde auf Verlangen vorzulegen. Der Betreiber hat die Nachweise nach dem Ende des Nachweiszeitraums jeweils fünf Jahre lang aufzubewahren. Bei Feuerungsanlagen für den alleinigen Einsatz von naturbelassenem Holz, das den Anforderungen der DIN EN 17225, Ausgabe September 2014, genügt, sind Quecksilbermessungen nicht erforderlich.

(8) **Für die Überwachung der im Jahresmittel einzuhaltenden Emissionsgrenzwerte nach § 28 Absatz 3 Nummer 2 Buchstabe a für Quecksilber und seine Verbindungen, angegeben als Quecksilber, kann auf Antrag des Betreibers alternativ zur kontinuierlichen Messung der Einsatz eines anderen geeigneten, validierten Verfahrens erfolgen. Die Überwachung der im Tagesmittel und der im Halbstundenmittel einzuhaltenden Emissionsgrenzwerte für Quecksilber und seine Verbindungen, angegeben als Quecksilber, durch kontinuierliche Messung nach § 17 Absatz 1 Satz 1 Nummer 1 bleibt unberührt.**

(9) **Die Nachweise in den Fällen der Absätze 3 bis 7 sind durch Verfahren nach den allgemein anerkannten Regeln der Technik im Sinne des § 66 Absatz 3 zu erbringen. Das Verfahren ist der zuständigen Behörde anzuzeigen und von dieser billigen zu lassen. Die Billigung gilt als erteilt, wenn die zuständige Behörde nicht innerhalb einer Frist von vier Wochen widerspricht.**

Übersicht

A. Allgemeines

1 §§ 17 und 18 entsprechen in weiten Teilen §§ 20 und 21 der 13. BImSchV 2013/2017. Umgesetzt werden hierdurch die Maßgaben aus Art. 38 Abs. 1 iVm Anhang V Teil 3 Nr. 1 bis 3 IE-RL, die eine kontinuierliche Messung der Konzentration an Schwefeldioxid (SO_2), Stickstoffoxiden (NOx), Staub und bei gasförmigen Brennstoffen von Kohlenmonoxid (CO) ab einer Feuerungswärmeleistung von 100 MW verlangt. Für bestimmte Einsatzstoffe (Erdgas, Öl mit bekanntem Schwefelgehalt, Biobrennstoffe) können **Einzelausnahmen** erteilt werden (Anhang V Teil 3 Nr. 2 IE-RL); werden keine kontinuierlichen Messungen vorgeschrieben, müssen mindestens alle 6 Monate Einzelmessungen der genannten Stoffe durchgeführt werden (Anhang V Teil 3 Nr. 3 IE-RL). Gegenüber der 13. BImSchV 2013/2017 wird nach Maßgabe des Durchführungsbeschlusses (EU) 2017/1442 zusätzlich die kontinuierliche Messung gasförmiger anorganischen Chlorverbindungen, angegeben als Chlorwasserstoff, verlangt.

2 § 17 Abs. 1 S. 1 Nr. 1 geht über die Anforderungen der IE-RL hinaus, indem auch für Quecksilber, Gesamtkohlenstoff und ggf. die Rußzahl kontinuierliche Messungen, und zwar unabhängig von der Feuerungswärmeleistung und dem Brennstoff verlangt werden. Neben der Festlegung, welche der in den Abschnitten 2 bis 6 benannten Schadstoffe einer kontinuierlichen Messung zu unterziehen sind, regelt § 17 Abs. 1 S. 1 Nr. 2 und 3 die kontinuierliche Messung wesentlicher Betriebsparameter (Volumengehalt an Sauerstoff im Abgas, die zur Beurteilung des ordnungsgemäßen Betriebs erforderlichen Betriebsgrößen, insbesondere Leistung, Abgastemperatur, Abgasvolumenstrom, Feuchtegehalt und Druck).

3 Ausnahmen und Erleichterungen von der kontinuierlichen Ermittlung der Emissionen enthalten § 17 Abs. 2 und 4 sowie § 18 Abs. 1 bis 8.

4 Kontinuierlich ist eine Messung, wenn sie die Messgröße zeitlich ununterbrochen erfasst und weiterleitet. Aus § 19 Abs. 1 S. 1 iVm Anlage 4 Nr. 2 und 3 folgt dabei, dass für jede halbe Stunde ein Wert zu ermitteln ist. Dabei dürfen gem. § 19 Abs. 1 S. 3 täglich bis zu sechs Werte wegen **Störung oder Wartung** ausfallen, ohne dass ein Tageswert ungültig wird. Tolerabel ist, dass jährlich bis zu 10 Tage für ungültig erklärt werden können (§ 19 Abs. 1 S. 4 Anhang V Teil 3 Nr. 10 IE-RL). In diesem Fall hat die zuständige Behörde den Betreiber zu verpflichten, geeignete Maßnahmen einzuleiten, um die Zuverlässigkeit des kontinuierlichen Überwachungssystems zu verbessern. Die Anforderungen an die Verfügbarkeit der Messwerte sind somit deutlich strenger als in Nr. 4.6.2.8 Abs. 1 TA Luft.

Die Pflicht zur Durchführung kontinuierlicher Messungen nach § 17 ist eine Konkretisierung der Bertreiberpflicht aus § 5 Abs. 1 Nr. 2 BImSchG. Die Nichtbeachtung unterliegt somit denselben Konsequenzen wie Verstöße gegen die Vorsorgepflicht des § 5 Abs. 1 Nr. 2 BImSchG (§§ 17, 20, 21 BImSchG). 5

B. Regelungsinhalt

I. Kontinuierlich zu messende Parameter

Gem. § 17 Abs. 1 sind bestimmte Parameter kontinuierlich zu ermitteln, zu registrieren 6 und gem. § 19 Abs. 1 auszuwerten. Gem. § 26 S. 2, § 31 Abs. 5 S. 2 BImSchG kann die Behörde die Art der Übermittlung der Messergebnisse vorschreiben (vgl. hierzu BVerwG, B. v. 31.5.2002 – 7 B 11/02)), das heißt die Behörde kann auch eine telemetrische Übertragung der ausgewerteten Daten verlangen, was heute bei Großfeuerungsanlagen der Regelfall ist. Daher enthält § 17 Abs. 1 S. 1 auch die Pflicht zur unverzüglichen Übermittlung „im Falle von § 19 Abs. 4 S. 3". **Ermittlung** ist die Feststellung der verlangten Parameter. **Registrierung** ist die Aufzeichnung und Speicherung dieser Parameter in geordneter Weise, insbesondere zugeordnet zu Messeinrichtungen, Datum, Uhrzeit, so dass eine ordnungsgemäße Auswertung möglich und nachvollziehbar ist. Die **Auswertung** beinhaltet die Aufbereitung der aufgezeichneten Daten für den Vergleich mit den maßgeblichen Emissionsgrenzwerten bzw. den festgelegten Betriebsparametern. Diesen Vergleich bezeichnet die 13. BImSchV als Beurteilung (vgl. § 17 Abs. 1 S. 1 Nr. 3, Überschrift § 19).

Gemäß § 17 Abs. 1 S. 1 Nr. 1 sind nicht nur die Massenkonzentrationen (→ § 2 Rn. 33) 7 von Schwefeldioxid (SO_2), Stickstoffoxiden (NOx), Staub, Chlorwasserstoff (HCl) und Kohlenmonoxid (CO) kontinuierlich zu messen, sondern über die Maßgaben in Anhang V Teil 3 Nr. 2 IE-RL bzw. BVT 4 des Durchführungsbeschlusses (EU) 2017/1442 hinaus auch die Massenkonzentrationen von Quecksilber (Hg), Gesamtkohlenstoff (TOC) und ggf. die Rußzahl (→ § 2 Rn. 37). Darüber hinaus ist eine kontinuierliche Messung nach Anhang V Teil 3 Nr. 2 IE-RL nur für Feuerungsanlagen mit einer thermischen Nennleistung von 100 MW oder mehr und nicht wie in § 17 bereits ab 50 MW Feuerungswärmeleistung vorgeschrieben.

Die Ermittlung des **Volumengehalts an Sauerstoff** im Abgas (§ 17 Abs. 1 S. 1 Nr. 2) 8 ist ggf. für die Umrechnung der Konzentration auf den Bezugssauerstoffgehalt (→ § 2 Rn. 40, 48, § 3) gem. § 19 Abs. 1 S. 2 erforderlich. Betriebsgrößen sind nach § 17 Abs. 1 S. 1 Nr. 3 nur insoweit nachzuweisen, wie dies entweder zum Nachweis der Einhaltung bestimmter Emissionsgrenzwerte oder zur Beurteilung des ordnungsgemäßen Betriebes der Anlage erforderlich ist. Was als **ordnungsgemäßer Betrieb** anzusehen ist, ergibt sich maßgeblich aus der für die Anlage erteilten immissionsschutzrechtlichen Genehmigung bzw. der dazugehörigen Antragsunterlagen.

Gemäß § 17 Abs. 6 hat der Betreiber auch den Schwefelgehalt im eingesetzten Brenn- 9 stoff regelmäßig als Tagesmittelwert zu ermitteln, um die Einhaltung des Schwefelabscheidegrades iSv § 2 Abs. 27; → § 2 Rn. 42) nach der näheren Bestimmung durch die Behörde nachzuweisen (zur näheren Bestimmung durch die zuständige Behörde → Vorb. §§ 5 bis 22 Rn. 20). Bemerkenswert ist, dass die 13. BImSchV im Unterschied zu den Anforderungen an die in Nr. 5.4.1.2.1 TA Luft genannten Feuerungsanlagen vom Schwefelabscheidegrad und nicht vom Schwefelemissionsgrad spricht, der berechnet werden muss. Schwefelabscheidegrad (der zurückgehaltene Anteil) und Schwefelemissionsgrad (der emittierte Anteil) ergeben zusammen immer 100 %.

II. Abweichungen (§ 17 Abs. 2, 4 und 7, § 18)

10 **1. Allgemeines.** Im Hinblick darauf, dass die Anforderungen des § 17 Abs. 1 (und auch schon § 15 Abs. 1 13. BImSchV 2004) über die Maßgaben der IE-RL bzw. der Großfeuerungsanlagen-RL hinausgehen, enthalten die Abs. 2, 4 und 7 und § 18 Abweichungen von den grundsätzlichen Anforderungen an kontinuierliche Messungen in Abs. 1 des § 17. Darüber hinaus sehen sowohl die IE-RL in ihrem Anhang V Teil 3 Nr. 2 als auch schon die Großfeuerungsanlagen-RL in ihrem Anhang VIII Teil A Nr. 2 in bestimmten Fällen Abweichungen von ihren grundsätzlichen Anforderungen vor.

11 Überwiegend sind die Dispense nach § 17 von vornherein und ohne gesonderte behördliche Zulassung gegeben („sind nicht notwendig/erforderlich", § 17 Abs. 2, § 18 Abs. 1 bis 4), ansonsten sind sie gesondert zuzulassen, und zwar im Regelfall („soll …verzichten", § 17 Abs. 4, § 18 Abs. 5). Nur die Erleichterung in § 17 Abs. 6 „kann" auf Antrag des Betreibers zugelassen werden. Allerdings sind der Behörde hinsichtlich des Vorliegens der Voraussetzungen der Dispense **Beurteilungsspielräume** eingeräumt. Sofern der Behörde solche Spielräume verbleiben, hat sie ihre Beurteilung an dem Zweck der kontinuierlichen Überwachung auszurichten (→ TA Luft Nr. 5.3.3 Rn. 7).

12 Eine **zulassungspflichtige Ausnahme** von den Messanforderungen des § 17 Abs. 1 kann auch außerhalb eines Genehmigungsverfahrens erteilt werden, denn der Verzicht auf die kontinuierliche Messung eines Parameters stellt keine Änderung der Lage, der Beschaffenheit oder des Betriebes der Anlage iSv §§ 15, 16 BImSchG bzw. iSv § 9 UVPG dar und kann sich – für sich betrachtet – auch nicht auf die Schutzgüter des § 1 BImSchG auswirken. Dass es auch nicht aufgrund anderer Umstände zu solchen Auswirkungen kommt, wird iÜ durch die mit dem Dispens verbundenen Nachweispflichten sichergestellt.

13 **2. Feuchtegehalt (§ 17 Abs. 2).** § 20 Abs. 2 13. BImSchV dispensiert von der kontinuierlichen Ermittlung des Feuchtegehalts. Messgeräte sind nämlich häufig so konstruiert, dass sie die Abgase vor Ermittlung der Konzentration der Schadstoffe trocknen bzw. für eine ordnungsgemäße Ermittlung trocknen müssen. Dann bedarf es keiner Bestimmung des Feuchtegehaltes des Abgases (S. 1). Insofern wird das Erfordernis der Ermittlung des Feuchtegehalts durch die Wahl der eingesetzten Messtechnik bestimmt. Ebenfalls kann auf die kontinuierliche Ermittlung des Feuchtegehalts verzichtet werden, wenn sich das Abgas aufgrund der herrschenden Betriebsbedingungen konstant im Sättigungszustand befindet (S. 2, vgl. BT-Drs. 15/1074, 29). Dies gilt für Anlagen mit Nassentschwefelung, bei denen sich konstante Werte der Feuchte (idR mit Feuchte gesättigtes Abgas) sowie eine konstante Abgastemperatur ergeben. Auf die kontinuierliche Bestimmung des Feuchtegehaltes kann allerdings nicht verzichtet werden, wenn die in-situ Staubkonzentration oder der Gesamtkohlenstoff-Gehalt, bestimmt durch FID-Messung (Flammenionisationsdetektor), als Messgröße verlangt werden, da die Messwerte dieser Komponenten im feuchten Abgas bestimmt werden und anschließend umgerechnet werden (LAI Auslegungshinweise zur 13. BImSchV Nr. 13). Statt einer kontinuierlichen Messung ist der in Einzelmessung ermittelte Wert zu verwenden. Das Vorliegen der og. Voraussetzungen ist explizit bei jeder Kalibrierung im Bericht nach § 19 Abs. 4 zu bestätigen (§ 17 Abs. 2 S. 3).

14 **3. Stickstoffdioxidanteil (§ 17 Abs. 4).** Gemäß § 17 Abs. 4 kann auf die Messung des Stickstoffdioxidanteils verzichtet werden, wenn er unter 5 % der gesamten Stickoxid-Emissionen (NO_x) liegt. Grund hierfür ist, dass die gleichzeitige Messung von Stick-

stoffmonoxid und Stickstoffdioxid einen erheblichen messtechnischen Aufwand erfordert (BT-Drs. 15/1074, 29). Er ist dann rechnerisch zu berücksichtigen. Der geringe Anteil von 5 % muss sich auf Grund der Einsatzstoffe, der Bauart, der Betriebsweise oder von Einzelmessungen ergeben, was im Zuge der Kalibrierung nachzuweisen ist.

4. Schwefeloxide (§ 17 Abs. 5, § 18 Abs. 4 und 5). Gemäß § 17 Abs. 5 muss Schwefeltrioxid (SO_3) idR nicht kontinuierlich gemessen werden, was sehr aufwändig wäre, sondern kann bei kontinuierlicher Bestimmung von Schwefeldioxid (SO_2) unter Zuhilfenahme von Ergebnissen der Kalibrierung berechnet werden. Dieser Abs. stellt im Gegensatz zu § 17 Abs. 2 und 4 und zu § 18 keine Anforderungen an die Nachweisführung. **15**

Für Anlagen, die ausschließlich mit leichtem Heizöl (§ 2 Abs. 20), Dieselkraftstoff (§ 2 Abs. 7) oder Erdgas (§ 2 Abs. 13) betrieben werden, entfällt die Pflicht zur Schwefeloxidbestimmung gem. § 18 Abs. 4 vollständig. Diese Brennstoffe enthalten keine Schwefelanteile, die eine Erreichung oder gar Überschreitung der Emissionsgrenzwerte erwarten lassen. Für Feuerungsanlagen, die ausschließlich mit Biobrennstoffen iSv § 2 Abs. 4 betrieben werden, sind gem. § 18 Abs. 5 Messungen zur Feststellung der Emissionen an Schwefeloxiden nicht erforderlich, wenn die Emissionsgrenzwerte durch den Einsatz entsprechender Brennstoffe eingehalten werden. Der Betreiber hat in allen Fällen stattdessen Nachweise halbjährlich über den Schwefelgehalt und – außer bei Einsatz von Erdgas – den unteren Heizwert der eingesetzten Brennstoffe zu führen (jeweils S. 2 der Abs. 4 und 5 des § 18). **16**

Zum Schwefelabscheidegrad nach § 17 Abs. 6 vgl. § 2 Abs. 27. **17**

5. Gesamtstaub (§ 18 Abs. 2 und 3). Anlagen, die ausschließlich mit Erdgas iSv § 2 Abs. 13, Wasserstoff (→ § 2 Rn. 8) oder Flüssiggas (→ § 2 Rn. 9) betrieben werden, emittieren keine relevanten Mengen an Staub. Daher kann auch bei diesen Anlagen auf kontinuierliche Staubmessungen verzichtet werden (§ 18 Abs. 2). Gem. § 18 Abs. 3 sind außerdem für Feuerungsanlagen mit einer Feuerungswärmeleistung von höchstens 100 MW, die im gleitenden Durchschnitt über einen Zeitraum von fünf Jahren höchstens 1.500 Stunden jährlich in Betrieb sind und die ausschließlich mit leichtem Heizöl betrieben werden, Messungen zur Feststellung der Emissionen an Gesamtstaub nicht erforderlich. Die Regelung ist im Hinblick auf BVT 4 Fußnote 3 des Durchführungsbeschlusses (EU) 2017/1442 zulässig. **18**

6. Erdgasbetriebene Gasturbinen und Gasmotoren (§ 18 Abs. 6). Erdgasbetriebene Gasturbinenanlagen iSv § 2 Abs. 16 und erdgasbetrieben Verbrennungsmotorenanlagen iSv § 2 Abs. 28 mit einer Feuerungswärmeleistung von bis zu weniger als 100 MW bedürfen **keiner kontinuierlichen Messung** von Stickoxiden (NO_x) und Kohlenmonoxid (CO), wenn durch andere Prüfungen, insbesondere der Prozessbedingungen und durch Nachweise über den dauerhaften emissionsmindernden Betrieb von Abgasreinigungseinrichtungen nach § 20 Abs. 7, sichergestellt ist, dass die Emissionsgrenzwerte eingehalten werden. In diesem Fall ist idR zusammen mit Einzelmessung alle 3 Jahre (§ 18 Abs. 6 S. 2) die Korrelation zwischen Prozessbedingungen und Emissionswerten nachzuweisen. Im Zuge der Novellierung 2021 wurde die Vorgängerregelung in § 21 Abs. 4 13. BImSchV 2013/2017 erweitert auf mit flüssigen Brennstoffen betriebene Gasturbinenanlagen und auf mit Erdgas oder flüssigen Brennstoffen betriebenen Verbrennungsmotoranlagen; gleichzeitig wird die bisherige Vorschrift aufgrund von BVT 4 Fußnoten 3 und 5 des Durchführungsbeschlusses (EU) 2017/1442 auf mit flüssigen Brennstoffen betriebene **19**

Gasturbinen- und Verbrennungsmotoranlagen eingeschränkt, die im gleitenden 5-Jahresmittel nicht mehr als 1 500 Jahresbetriebsstunden (→ Vorb. 34) aufweisen.

20 **7. Quecksilber (§ 18 Abs. 7 und 8).** Für eine Befreiung von der kontinuierlichen Messung von Quecksilber (Hg) und Quecksilberverbindungen hat der Betreiber einen Antrag auf Verzicht auf kontinuierliche Messungen zu stellen. Kann insbesondere durch regelmäßige Brennstoffanalysen nachgewiesen werden, dass die Emissionsgrenzwerte nach § 5 Abs. 2 und nach § 28 Abs. 1 S. 2 Nr. 1b und Nr. 2b oder nach § 29 Abs. 1 S. 2 Nr. 2b oder nach § 42 Abs. 1 S. 2 Nr. 1b zu weniger als 50 % ausgeschöpft werden und ergibt sich aus den periodischen Messungen, dass die jeweils geltenden Emissionsgrenzwerte für den Jahresmittelwert und den Tagesmittelwert sicher eingehalten werden, soll die Behörde auf kontinuierliche Messungen verzichten. Dies betrifft nur Anlagen, die feste Brennstoffe, Biobrennstoffe oder Ablaugen aus der Zellstofferzeugung einsetzen.

21 Satz 4 erlaubt eine Ausnahme für den Einsatz von naturbelassenem Holz. Der Quecksilbergehalt in naturbelassenem Holz liegt nach DIN EN 17225-1 bei < 0,05 mg/kg. Damit liegen die Hg-Emissionen im Abgas unter 0,007 mg/m^3, ohne Berücksichtigung jeglicher Abgasreinigungseffekte. Somit sind bei Feuerungsanlagen für den alleinigen Einsatz von naturbelassenem Holz weder kontinuierliche noch Einzelmessungen der Quecksilberemissionen erforderlich, entsprechende Fußnote 19 zu BVT 4 des Durchführungsbeschlusses (EU) 2017/1442 (BT-Drs. 19/24906, 102). Dass ein gesonderter Antrag zu stellen ist, bedeutet nicht, dass hierfür ein Genehmigungsverfahren nach § 16 BImSchG durchzuführen wäre. Der Antrag und die daraufhin zu erteilende Genehmigung ermöglicht der Behörde aber – anderes als im Falle der schon von der Verordnung selbst eingeräumten Dispense – Nebenbestimmungen zu formulieren. Diese Nebenbestimmungen werden Bestandteil der für die Anlage erteilten immissionsschutzrechtlichen Genehmigungen.

22 Ungeachtet der im Tagesmittel und der im Halbstundenmittel einzuhaltenden Emissionsgrenzwerte kann für die Überwachung der im Jahresmittel einzuhaltenden Emissionsgrenzwerte nach § 28 Abs. 3 Nr. 2a (Einsatz fester Brennstoffe, außer Biomasse) für Quecksilber und seine Verbindungen, angegeben als Quecksilber, auf Antrag des Betreibers **alternativ zur kontinuierlichen Messung** der Einsatz eines **anderen geeigneten, validierten Verfahrens** erfolgen § 18 Abs. 8). Mit dem im Zuge der 13. BImSchV 2021 eingeführten § 18 Abs. 8 soll es Betreibern von Großfeuerungsanlagen, die ihre Quecksilberemissionen auf Werte unter 0,005 mg/m^3 im Jahresmittel begrenzen müssen, ermöglichen, die Einhaltung des im Jahresmittel einzuhaltenden Quecksilberemissionsgrenzwertes mit einem System der Langzeitprobenahme zu überwachen. Die Regelung dient der Umsetzung der BVT 4 Fußnote 18 des Durchführungsbeschlusses (EU) 2017/1442 und vor dem Hintergrund, dass kontinuierlich arbeitende Messeinrichtungen zu einer sicheren und anforderungskonformen Überwachung von im Jahresmittel einzuhaltenden Emissionsgrenzwerten unterhalb von 0,005 mg/m^3 derzeit noch nicht verfügbar sind. Die Systeme der Langzeitprobenahme ergänzen die bestehenden kontinuierlich arbeitenden Messeinrichtungen; letztere bleiben notwendig für die Überwachung von im Tagesmittel und im Halbstundenmittel einzuhaltenden Quecksilberemissionsgrenzwerten (BT-Drs. 19/24906, 102).

23 **8. Nachweise.** Nachweise sind jeweils in den S. 2 des § 17 Abs. 2 und 4 und des § 18 Abs. 3 bis 7 vorgesehen. Anders als etwa der Bericht über das Ergebnis der Kalibrierung nach § 16 Abs. 6 oder der Messberichte über die Ergebnisse der kontinuierlichen Messung nach § 19 Abs. 4 oder die periodische Messung nach § 21 Abs. 1 sind Nachweise über die Voraussetzungen der Dispense der §§ 17 und 18 Abs. 7 zwar regelmäßig durch den Betrei-

ber zu führen und 5 Jahre aufzubewahren, aber überwiegend nur auf Verlangen der Behörde vorzulegen. Nach Ablauf der Aufbewahrungsfrist ist der Betreiber nicht mehr zur Vorlage verpflichtet. Wiederkehrend und ohne Aufforderung hat der Betreiber im Falle des § 18 Abs. 4 und 5 die Ergebnisse der Brennstoffkontrolle vorzulegen. In den Fällen des § 18 Abs. 3, Abs. 6 und Abs. 7 hat der Betreiber periodische Messungen regelmäßig wiederkehrend nach § 20 Abs. 3 durchführen zu lassen. Nachweise über die Korrelation zwischen den Prüfungen und den Emissionsgrenzwerten nach § 18 Abs. 6 sind der zuständigen Behörde ebenfalls unaufgefordert und zusammen mit dem Messbericht nach § 21 Abs. 1 vorzulegen.

Hinsichtlich der Verfahren zur Erbringung der Nachweise gelten gem. § 18 Abs. 9 S. 1 dieselben Normungen wie für die Probenahme und Analyse der Schadstoffe sowie die Referenzverfahren zur Kalibrierung automatischer Messsysteme nach § 16 Abs. 2 iVm § 66 (→ § 16 Rn. 6). Jedoch ist im Falle der Inanspruchnahme der Ausnahmeregelungen die zu verwendende Analysenmethode der Behörde anzuzeigen und von ihr gem. § 18 Abs. 9 S. 2 billigen zu lassen. Unter Billigung ist nichts anders zu verstehen als Genehmigung oder Zustimmung (vgl. etwa § 455 BGB; BVerwG ZUR 2010, 380 zur vergleichbaren Konstellation beim Monitoringkonzept des Anlagenbetreibers zu den Ermittlungs- und Berichtspflichten über die Freisetzung von Treibhausgasen). Billigung bedeutet im Unterschied zur Genehmigung lediglich, dass die Behörde ihre Billigung nicht mit Maßgaben versehen kann, also nur „ja" oder „nein" sagen kann. Die Billigung gilt als erteilt, wenn die zuständige Behörde nicht innerhalb einer Frist von vier Wochen widerspricht (§ 18 Abs. 9 S. 3). Die so fingierte Billigung ist allerdings nach Maßgabe von § 49 VwVfG widerruflich. 24

III. Reserveanlagen

Für Feuerungsanlagen, die nur der Reserve dienen oder nur an wenigen Stunden im Jahr betrieben werden, besteht ein Bedürfnis, **weitere Ausnahmen** von der kontinuierlichen Messung zuzulassen. So sieht auch Nr. 5.3.3.1 Abs. 3 TA Luft vor, dass auf die Forderung nach kontinuierlicher Überwachung einer Quelle verzichtet werden soll, wenn diese weniger als 500 Stunden im Jahr emittiert oder weniger als 10 vom Hundert zur Jahresemission der Anlage beiträgt. Für Großfeuerungsanlagen fehlt es an einer entsprechenden Regelung, so dass ein weitergehender Dispens von den Messanforderungen des § 17 nur unter den Voraussetzungen des § 23 Abs. 1 möglich ist. Im Hinblick auf die unionsrechtlichen Anforderungen (§ 23 Abs. 1 Nr. 4) ist dies insoweit unproblematisch, als Anlagen mit einer Feuerungswärmeleistung von weniger als 100 MW oder andere Parameter als Schwefeldioxid, Stickstoffoxide oder Staub betroffen sind. Soll bei größeren Anlagen von einer kontinuierlichen Messung der Parameter Schwefeldioxid, Stickstoffoxide oder Staub abgesehen werden, ist dies gem. § 18 Abs. 1 möglich, wenn insgesamt mit einer Lebensdauer der Anlage von weniger als 10 000 Betriebsstunden (→ § 2 Rn. 61), also ca. 2 Jahren zu rechnen ist. Da eine entsprechende Regelung in der 13. BImSchV 2004 nicht vorgesehen war, war ein solcher Dispens unter Rückgriff auf Anhang VIII Teil A Nr. 2 der Großfeuerungsanlagen-RL möglich, wenn die Jahresbetriebszeit auf 300 Stunden begrenzt ist (LAI Auslegungshinweise zur 13. BImSchV Nr. 10). In diesen Fällen sollte davon ausgegangen werden, dass die Lebensdauer der Anlage weniger als 10 000 Stunden beträgt und die Ausnahmevoraussetzungen von Anhang VIII Teil A Nr. 2 1. Spiegelstrich der Großfeuerungsanlagen-RL gegeben sind. Der Betreiber einer solchen Feuerungsanlage hat der Behörde bis zum 31.3. eines Jahres für das vorangegangene Jahr einen Nachweis über die Einhaltung der begrenzten Jahresbetriebszeit vorzulegen. Diese Jahresbetriebszeit beinhaltet auch An- und Abfahrvorgänge. 25

§ 19 Auswertung und Beurteilung von kontinuierlichen Messungen

(1) **Während des Betriebs der Anlage ist aus den nach § 17 ermittelten Messwerten für jede halbe Stunde jeweils der Halbstundenmittelwert zu bilden und nach Anlage 5 auf den Bezugssauerstoffgehalt umzurechnen. Für die Stoffe, deren Emissionen durch Abgasreinigungseinrichtungen gemindert und begrenzt werden, darf die Umrechnung der Messwerte in Tages- und Halbstundenmittelwerte nur für die Zeiten erfolgen, in denen der gemessene Sauerstoffgehalt über dem Bezugssauerstoffgehalt liegt. Aus den Halbstundenmittelwerten ist für jeden Tag der Tagesmittelwert, bezogen auf die tägliche Betriebszeit, zu bilden. Jeder Tagesmittelwert, der aus mehr als sechs Halbstundenmittelwerten gebildet wird, welche wegen Störung oder Wartung des kontinuierlichen Messsystems ungültig sind, ist ungültig. Sind mehr als zehn Tagesmittelwerte im Jahr wegen solcher Situationen ungültig, hat der Betreiber geeignete Maßnahmen einzuleiten, um die Zuverlässigkeit des kontinuierlichen Überwachungssystems zu verbessern und die Behörde unaufgefordert innerhalb von vier Wochen über die eingeleiteten Maßnahmen zu informieren. Für An- und Abfahrvorgänge, bei denen ein Überschreiten des Zweifachen der festgelegten Emissionsgrenzwerte nicht verhindert werden kann, sind durch die zuständige Behörde Sonderregelungen zu treffen.**

(2) **Jahresmittelwerte hat der Betreiber auf der Grundlage der validierten Halbstundenmittelwerte ohne Anwendung von Absatz 1 Satz 2 zu berechnen; hierzu sind die validierten Halbstundenmittelwerte eines Kalenderjahres ohne Anwendung von Absatz 1 Satz 2 zusammenzuzählen und durch die Anzahl der validierten Halbstundenmittelwerte zu teilen.**

(3) **Monatsmittelwerte hat der Betreiber auf der Grundlage der validierten Halbstundenmittelwerte zu berechnen; hierzu sind über einen gleitenden Zeitraum von 30 Tagen die validierten Halbstundenmittelwerte zusammenzuzählen und durch die Anzahl der validierten Halbstundenmittelwerte zu teilen.**

(4) **Über die Ergebnisse der kontinuierlichen Messungen hat der Betreiber für jedes Kalenderjahr einen Messbericht zu erstellen und der zuständigen Behörde bis zum Ablauf des 31. März des Folgejahres vorzulegen. Der Betreiber hat den Bericht nach Satz 1 sowie die zugehörigen Aufzeichnungen der Messgeräte nach dem Ende des Berichtszeitraums nach Satz 1 fünf Jahre lang aufzubewahren. Soweit die Messergebnisse der zuständigen Behörde durch geeignete telemetrische Übermittlung vorliegen, entfällt die Pflicht nach Satz 1, ihr den Messbericht vorzulegen.**

(5) **Die Emissionsgrenzwerte sind eingehalten, wenn**

1. **kein Ergebnis eines nach Anlage 4 validierten Jahres-, Monats-, Tages- und Halbstundenmittelwertes den jeweils maßgebenden Emissionsgrenzwert überschreitet und**
2. **kein Ergebnis den jeweils maßgebenden Schwefelabscheidegrad und den Entschwefelungsgrad der Rauchgasentschwefelungseinrichtung unterschreitet.**

(6) **Bei Anwendung der Langzeitprobenahme zur Bestimmung der Emissionen an Quecksilber und seinen Verbindungen, angegeben als Quecksilber, nach § 18 Absatz 8 gilt der im Jahresmittel einzuhaltende Emissionsgrenzwert als eingehalten, wenn der Durchschnittswert der im Jahr erhaltenen Messwerte den vorgeschriebenen Grenzwert nicht übersteigt.**

Übersicht

A. Allgemeines und Bedeutung der Vorschrift

1 § 19 entspricht im Wesentlichen § 22 der 13. BImSchV 2013/2017 und schreibt bei kontinuierlichen Messungen die Bildung von Halbstundenmittelwerten für jede halbe Stunde (also 48 Werte je Kalendertag) und für jeden Tag aus den Halbstundenmittelwerten die Bildung eines Tagesmittelwerts, bezogen auf die tägliche Betriebszeit vor (Abs. 1). Die Bildung von Jahres- und Monatsmittelwerten beschreiben die Absätze 2 und 3. Ferner ist in § 19 Abs. 5 und 6 bestimmt, wann die Emissionsgrenzwerte eingehalten sind. Diese Auswertung ist somit Voraussetzung dafür nachzuvollziehen, ob der Betreiber seine Pflichten aus § 5 Abs. 1 Nr. 2 BImSchG iVm der 13. BImSchV erfüllt hat. § 19 setzt damit Art. 39 iVm Anhang V Teil 4 der IE-RL in nationales Recht um.

B. Regelungsinhalt

I. Auswertung und Beurteilung (Abs. 1)

2 In einem ersten Schritt ist gem. § 19 Abs. 1 S. 1 aus den Messwerten der Halbstundenmittelwert zu bilden und gem. Anlage 5 auf den Bezugssauerstoffgehalt (→ § 2 Rn. 40, 48, § 3) umzurechnen. Die 13. BImSchV unterscheidet sich insofern von den Maßgaben der IE-RL (Anhang V Teil 3 Nr. 10), als dort Stunden- und Tagesmittelwerte zu bilden sind. Für die Stoffe, deren Emissionen durch Abgasreinigungseinrichtungen gemindert und begrenzt werden, darf die Umrechnung der Messwerte in Tages- und Halbstundenmittelwerte nur für die Zeiten erfolgen, in denen der gemessene Sauerstoffgehalt über dem Bezugssauerstoffgehalt liegt (§ 19 Abs. 1 S. 2). Liegt der gemessene Sauerstoffgehalt also dauerhaft unter dem Bezugssauerstoffgehalt so kommt dies einer Verschärfung des Emissionsgrenzwertes gleich. Die Ermittlung des Halbstundenmittelwertes schließt die Umrechnung auf den Normzustand und trockenes Abgas (nach Abzug des Feuchtegehaltes) gemäß § 2 Abs. 1 ein. Kurzfristige Überschreitungen der Emissionen über den Zahlenwert des Emissionsgrenzwertes hinaus sind zulässig, soweit dies durch entsprechende Unterschreitungen im Rahmen der Mittelwertbildung wieder ausgeglichen wird (BT-Drs. 15/3420, 27).

3 Aus den Halbstundenmittelwerten ist für jeden Tag der Tagesmittelwert, bezogen auf die tatsächliche tägliche Betriebszeit, zu bilden (§ 19 Abs. 1 S. 3). Für den Vergleich mit den Emissionsgrenzwerten sind die Ergebnisse nach Anlage 4 in einem zweiten Schritt zu validieren, dh. unter Berücksichtigung der Messunsicherheit werden aus den normierten

Mittelwerten durch Abzug der bei der Kalibrierung ermittelten Standardabweichung validierte Mittelwerte gebildet.

4 Die validierten Halbstundenmittelwerte sowie die aus ihnen gemittelten Tagesmittelwerte werden klassiert. Hierfür werden die validierten Halbstundenmittelwerte in die Klassen M 1 bis M 20 gleicher Breite bis zum Halbstundenmittelwert (dieser Wert liegt auf der oberen Klassengrenze der Klasse M 20) klassiert. In der Sonderklasse S 1 sind die Überschreitungen zu klassieren.

5 Tagesmittelwerte werden in die Klassen T 1 bis T 10 gleicher Breite bis zum Grenzwert für den Tagesmittelwert (dieser Wert liegt auf der oberen Klassengrenze der Klasse T 10) klassiert. In der Klasse T S 1 sind Grenzwertüberschreitungen, in der Klasse T S 2 diejenigen Tage an denen die Bildung eines Tagesmittelwertes nicht möglich war, also mehr als 6 Halbstundenmittelwerte ungültig waren (§ 19 Abs. 1 S. 3), zu klassieren. Weitere Klassen sind in Anhang C der Bundeseinheitlichen Praxis beschrieben.

6 Die Bundeseinheitliche Praxis stellt den Ablauf der Bildung zu klassierender Mittelwerte schematisch folgendermaßen dar (Bild C 1):

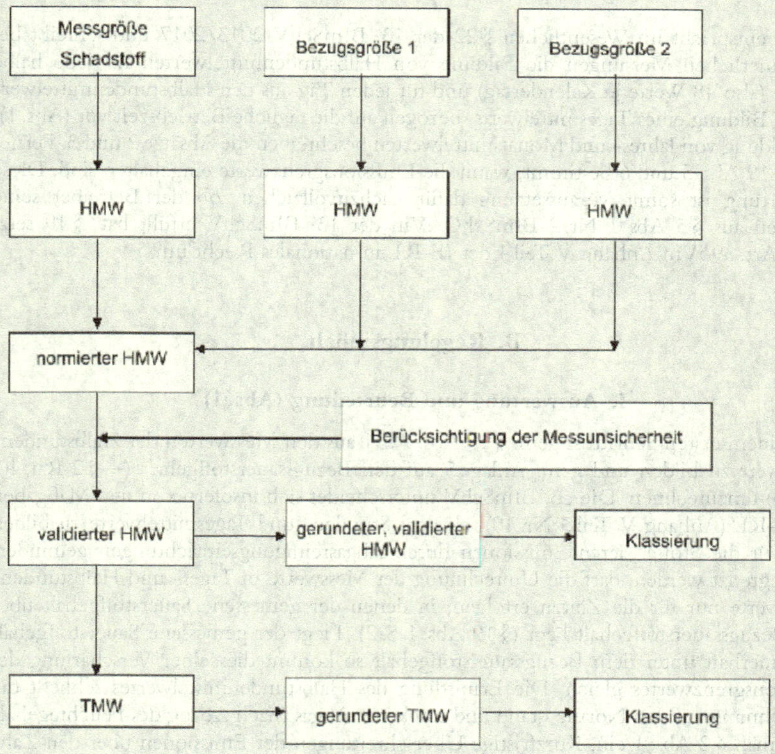

II. An- und Abfahrvorgänge (Abs. 1 S. 5)

7 An- und Abfahrvorgänge können zu erhöhten Emissionen führen. Gleichwohl sind sie, insbesondere bei größerer Häufigkeit und Dauer, nach nationalem Recht – im Gegensatz zur IE-RL Anhang V Teil 4 Nr. 1 Abs. 3 – grundsätzlich in die Emissionsbeurteilung mit einzubeziehen, weil sie während des Betriebes auftreten. Eine gewisse Ein-

schränkung des Betriebes erfolgt nach der Anmerkung unter Nr. 4.7,1 der Bundeseinheitlichen Praxis, in dem der beurteilungspflichtige Betrieb erst beginnt, wenn der Sauerstoffgehalt im Abgas als Volumenanteil 16 % unterschreitet oder wenn der Generator bei Energieanlagen ersten Strom erzeugt und bereits endet, wenn der Sauerstoffgehalt 16 % überschreitet.

Wenn An- und Abfahrvorgänge das Zweifache der festgelegten Emissionsgrenzwerte überschreiten können, sind gem. § 19 Abs. 1 S. 5 allerdings Sonderregelungen zu treffen. In diesem Fall müssen die Messbereiche der eingesetzten Messgeräte, die idR das 1,5fache der Halbstundenmittelwerte betragen sollen (vgl. Nr. 2.2.1.2 der Bundeseinheitlichen Praxis), auf die erweiterte Messaufgabe abgestimmt werden. 8

III. Störungen (Abs. 1 S. 4)

Gem. § 19 Abs. 1 S. 4 ist jeder Tag, an dem mehr als sechs Halbstundenmittelwerte wegen Störung oder Wartung des kontinuierlichen Messsystems ungültig sind, ungültig. Sind mehr als zehn Tage im Jahr wegen solcher Situationen ungültig, hat die zuständige Behörde den Betreiber zu verpflichten, geeignete Maßnahmen einzuleiten, um die Zuverlässigkeit des kontinuierlichen Überwachungssystems zu verbessern (§ 19 Abs. 1 S. 6). Die Regelungen gehen auf Anhang V Teil 3 Nr. 10 Abs. 2 IE-RL zurück, wobei dort eine Ungültigkeit des Tagesmittelwertes bei mehr als drei Stundenmittelwerten vorgesehen ist. 9

IV. Validierung (Abs. 2, 3 und 5)

Zur Umsetzung der Anforderungen des Durchführungsbeschlusses (EU) 2017/1442 sind künftig gem. Abs. 2 die validierten Halbstundenmittelwerte (statt bisher Tagesmittelwerte) zusammenzuzählen und durch die Anzahl der validierten Halbstundenmittelwerte zu teilen, um einen Jahresmittelwert zu bilden. Hierbei darf zukünftig eine Umrechnung auf den jeweils maßgeblichen Bezugssauerstoffgehalt (→§ 2 Rn. 40, 48, § 3) auch zu Zeiten erfolgen, in denen der gemessene Sauerstoffgehalt nicht über dem Bezugssauerstoffgehalt liegt. Aus diesem Grunde müssen künftig sowohl die Halbstundenmittelwerte unter Berücksichtigung des Umrechnungsverbotes wie auch die Halbstundenmittelwerte ohne Berücksichtigung des Umrechnungsverbotes verfügbar bleiben. 10

Gem. Abs. 3 sind über einen gleitenden Zeitraum von 30 Tagen die validierten Halbstundenmittelwerte zusammenzuzählen und durch die Anzahl der validierten Halbstundenmittelwerte zu teilen, um einen Monatsmittelwert zu bilden. 11

Gem. Abs. 5 sind die jeweiligen Emissionsgrenzwerte eingehalten, wenn sie – korrespondierend für den Zeitraum, für den Sie gelten – von den ermittelten und validierten Werten unterschritten werden. In Abs. 5 Nr. 2 wurde die bestehende Regelung zur Umsetzung von BVT 21 des Durchführungsbeschlusses (EU) 2017/1442 in Bezug auf Anlagen, die einheimische Braunkohlenbrennstoffe einsetzen, um Regelungen für den Entschwefelungsgrad der Rauchgasentschwefelungseinrichtung ergänzt (BT-Drs. 19/24906, 103). 12

C. Messbericht (Abs. 4)

Der Betreiber ist verpflichtet, für jedes Kalenderjahr die Ergebnisse der kontinuierlichen Emissionsmessungen in einem entsprechenden Bericht zusammenzufassen. Der Bericht zu den Tages- und Halbstundenmittelwerten ist der Behörde bis zum 31. 3. des Folgejahres unaufgefordert, der Bericht zu den Jahresmittelwerten auf Verlangen vorzulegen. Bericht und Aufzeichnungen der Messeinrichtungen sind fünf Jahre aufzubewahren. 13

14 Die „Bundeseinheitliche Praxis bei der Überwachung der Emissionen" sieht eine Möglichkeit der elektronischen Speicherung vor. Die Ausgabe der elektronisch aufgezeichneten Daten muss innerhalb der Aufbewahrungsfrist von 5 Jahren auf dem Display und als Papierausdruck ohne zusätzliche Hilfsmittel möglich sein.

15 Die Pflicht zur Berichterstattung zu den Tages- und Halbstundenmittelwerten entfällt, wenn durch geeignete telemetrische Übertragung die Daten an die Behörde übermittelt werden (Abs. 4 S. 3). Als geeignet sind hierbei diejenigen Übertragungsformen anzusehen, die den Anforderungen der Nr. 2.3.3 der „Bundeseinheitlichen Praxis bei der Überwachung der Emissionen" (Zusätzliche Anforderungen an Emissionsdatenfernübertragungssysteme) genügen.

D. Abweichungen

I. Ausnahmen für Feuerungsanlagen nach Abschnitt 2 (§ 36)

16 § 36 gestattet auf der Grundlage der Fußnote 3 und Fußnote 4 der BVT 4 des Durchführungsbeschlusses (EU) 2017/1442 für folgende Fälle weitere Ausnahmen von dem Erfordernis kontinuierlicher Messungen:

- Feuerungswärmeleistung weniger als 100 MW, höchstens 1.500 Stunden jährlich im gleitenden Durchschnitt über 5 Jahre, ausschließlich Biobrennstoffe: Keine Messung von Schwefeloxiden und Ammoniak (Abs. 1 und 2)
- Feuerungswärmeleistung weniger als 100 MW, höchstens 1.500 Stunden jährlich im gleitenden Durchschnitt über 5 Jahre *oder* (unabhängig von der Feuerungswärmeleistung) Anlagen mit SCR oder SNCR-Technik und nasser Entschwefelung oder Sprühabsorptionsverfahren: keine Messung von Ammoniak (Abs. 2 und Abs. 3)

§ 36 Abs. 1 S. 2 stellt klar, dass unabhängig davon für die unter S. 1 fallenden Anlagen auch die abweichende Regelung des § 18 Abs. 5 Anwendung finden kann, sofern die dort genannten Voraussetzungen erfüllt sind.

17 Die in § 36 Abs. 3 festgelegte Ausnahme bezüglich der kontinuierlichen Überwachung der Ammoniakemissionen erfolgt auf der Grundlage der Fußnote 4 der BVT 4 des Durchführungsbeschlusses (EU) 2017/1442 und ist fachlich darin begründet, dass bei SCR in High-Dust-Schaltung der in der SCR auftretende Ammoniakschlupf in der nachfolgenden Entschwefelungseinrichtung (nass arbeitend oder mittels Sprühabsorption) weitgehend gebunden wird, so dass die Reingasemissionen an Ammoniak in diesen Fällen stabil auf einem sehr geringen Niveau verharren. Ist dagegen die SCR in tail-end ausgeführt, also am Ende der Abgasreinigungsstrecke installiert, entsprechen die Ammoniak Reingasemissionen dem in der SCR auftretenden Ammoniak-Schlupf, so dass die Begründung für eine Ausnahme von der kontinuierlichen Überwachung in diesem Fall entfällt (BT-Drs. 19/24906, 144). In diesen Fällen hat der Betreiber regelmäßig wiederkehrend einmal halbjährlich bzw. im Fall des Abs. 3 jährlich entsprechende periodische Messungen durchzuführen.

18 Die Verpflichtung zur jährlichen Wiederholungsmessung von Methan in § 36 Abs 4 beruht ebenfalls auf BVT 4 des Durchführungsbeschlusses (EU) 2017/1442.

II. Ausnahmen bei der Herstellung von organischen Grundchemikalien nach Abschnitt 4 (§ 60)

19 Gem. § 60 sind bei Einsatz gasförmiger Brennstoffe in Feuerungsanlagen des Abschnitt 4 Messungen zur Feststellung der Emissionen an Gesamtstaub nicht erforderlich.

Diese Regelung setzt Fußnote 5 der BVT 1 des Durchführungsbeschlusses (EU) 2017/2117 um.

§ 20 Periodische Messungen

(1) **Soweit auf der Grundlage dieser Verordnung periodische Messungen durchzuführen sind, hat der Betreiber diese nach Inbetriebnahme oder wesentlicher Änderung der Feuerungsanlage von einer nach § 29b des Bundes-Immissionsschutzgesetzes für diesen Tätigkeitsbereich bekannt gegebenen Stelle gemäß den Absätzen 2 und 4 durchführen zu lassen. Abweichend von Satz 1 kann die zuständige Behörde für die wiederkehrende Durchführung von Einzelmessungen mit Intervallen kürzer als drei Jahre auf Antrag zulassen, dass die Durchführung durch den Immissionsschutzbeauftragten erfolgt, wenn dieser hierfür die erforderliche Fachkunde, Zuverlässigkeit und gerätetechnische Ausstattung besitzt.**

(2) **Der Betreiber hat Messungen nach Absatz 1 nach Erreichen des ungestörten Betriebs, jedoch frühestens drei Monate und spätestens sechs Monate nach Inbetriebnahme an mindestens drei Tagen durchführen zu lassen. Soweit die Abschnitte 2, 3, 4, 5 oder 6 keine abweichenden Vorschriften zur Wiederholungsmessung enthalten, hat der Betreiber Wiederholungsmessungen regelmäßig wiederkehrend spätestens alle drei Jahre nach der letzten Messung durchführen zu lassen. Messungen nach Satz 1 und Wiederholungsmessungen nach Satz 2 umfassen mindestens sechs einzelne Messungen über jeweils 30 Minuten. Abweichend von Satz 3 sind im Fall der Überwachung von Emissionen nach Anlage 2 Nummer 1 bis 5 mindestens drei einzelne Messungen vorgeschrieben. Die zuständige Behörde kann Ausnahmen von den sich aus diesem Absatz ergebenden Überwachungshäufigkeiten in Fällen vorsehen, in denen der Anlagenbetrieb dem alleinigen Zweck der Durchführung einer Emissionsmessung dienen würde.**

(3) **Soweit § 18 Ausnahmen von der kontinuierlichen Messung zulässt und anstelle dessen periodische Messungen allein oder in Verbindung mit anderen Prüfungen vorschreibt, sind die periodischen Messungen nach Absatz 1 vorzunehmen. Der Betreiber hat Wiederholungsmessungen nach § 18 Absatz 3, 6 und 7 abweichend von Absatz 2 Satz 2 regelmäßig wiederkehrend halbjährlich an mindestens drei Tagen durchführen zu lassen. Für den Fall, dass der Maximalwert der periodischen Messungen nach Satz 2 mit einem Vertrauensniveau von 50 Prozent nach der Richtlinie VDI 2448 Blatt 2, Ausgabe Juli 1997, (VDI: Verein Deutscher Ingenieure e.V.) den jeweiligen Emissionsgrenzwert nicht überschreitet, hat der Betreiber die Wiederholungsmessungen abweichend von Satz 2 einmal jährlich durchführen zu lassen. Absatz 2 Satz 3 und 5 gilt entsprechend.**

(4) **Der Betreiber hat die Messungen nach Absatz 1 durchführen zu lassen, wenn die Anlage mit der höchsten Leistung betrieben wird, für die sie bei den während der Messung verwendeten Einsatzstoffen für den Dauerbetrieb zugelassen ist. Ist ein Betrieb mit der höchsten Leistung in begründeten Einzelfällen während der Messung nicht mit verhältnismäßigem Aufwand möglich, erfolgt die Messung unter repräsentativen Betriebsbedingungen. Bei Verbrennungsmotoranlagen sind die Emissionen auch im Teillastbetrieb nach Maßgabe der zuständigen Behörde zu ermitteln. Bei Anlagen mit überwiegend zeitlich veränderlichen Betriebsbedingungen sind Messungen in ausreichender Zahl und unter Einschluss von Betriebsbedingungen, die erfahrungsgemäß zu den höchsten Emissionen führen können, durchzuführen. Näheres bestimmt die zuständige Behörde.**

(5) **Zur Überwachung der Anforderungen nach § 28 Absatz 1 Satz 2 Nummer 4 Buchstabe c, § 29 Absatz 1 Satz 2 Nummer 4 Buchstabe b, § 30 Absatz 1 Satz 2 Nummer 4, § 32 Absatz 1 Satz 2 Nummer 4 Buchstabe d, § 42 Absatz 1 Satz 2 Nummer 3**

und § 49 Absatz 1 Satz 2 Nummer 3 ist die Probenahmedauer in Abhängigkeit des Probenahmeverfahrens und des Probenahmegeräts festzulegen. Dabei ist die Dauer der Probenahme mindestens auf einen Wert festzusetzen, der garantiert, dass die jeweils maßgebliche Nachweisgrenze überschritten wird. Für die in Anlage 2 Nummer 4 und 5 und die in Anlage 3 genannten Stoffe soll die Bestimmungsgrenze des eingesetzten Analyseverfahrens nicht über 0,005 ng/m³ Abgas liegen.

(6) **Wiederholungsmessungen zur Überprüfung der Anforderungen nach § 28 Absatz 1 Satz 2 Nummer 4 Buchstabe c, § 29 Absatz 1 Satz 2 Nummer 4 Buchstabe b, § 30 Absatz 1 Satz 2 Nummer 4, § 42 Absatz 1 Satz 2 Nummer 3 und § 49 Absatz 1 Satz 2 Nummer 3 sind nicht erforderlich, wenn durch regelmäßige Kontrollen der Brennstoffe nach § 13 und des bestimmungsgemäßen Betriebs der Abgasreinigungseinrichtungen nach Absatz 7 zuverlässig nachgewiesen ist, dass die Emissionen weniger als 50 Prozent der Emissionsgrenzwerte betragen. § 13 Absatz 4 bleibt unberührt. Satz 1 gilt nicht bei einer wesentlichen Änderung der Abgasreinigungseinrichtung.**

(7) **Wird zur Minderung der Emission eines Schadstoffs, dessen Emission durch periodische Messung überwacht wird, eine Abgasreinigungseinrichtung eingesetzt, hat der Betreiber Nachweise über ihren dauerhaften emissionsmindernden Betrieb zu führen und der zuständigen Behörde zusammen mit den Ergebnissen der Einzelmessung für den entsprechenden Schadstoff auf Verlangen vorzulegen.**

Übersicht

A. Regelmäßige Einzelmessungen (Abs. 1)

1 § 20 Abs. 1 bis 5 entspricht § 23 Abs. 1 bis 3 der 13. BImSchV 2013/2017 und ist neben den §§ 17 bis 19 als weitere Regelung zur Umsetzung der Verpflichtung aus Art. 38 IE-RL zur Überwachung der Emissionen in die Luft anzusehen. Soweit keine kontinuierlichen Messungen gem. § 17 vorgeschrieben sind, hat der Betreiber nach Errichtung (→ *Dietlein* § 4 BImSchG Rn. 69) oder wesentlicher Änderung (→ *Reidt/Schiller* § 16 BImSchG Rn. 31) Einzelmessungen, auch diskontinuierliche Messungen genannt, zur Überwachung einer Einhaltung der Emissionsgrenzwerte durchführen zu lassen. Da die Einzelmessungen nicht einmalig, sondern regelmäßig zu wiederholen sind (vgl. Abs. 6) hat der Verordnungsgeber diskontinuierliche Messungen im Zuge der Novellierung 2021 in periodische Messungen (§ 2 Abs. 24a) unbenannt

2 Periodische Messungen sind primär für die krebserzeugenden Stoffe nach Anlage 2 vorzunehmen (§ 28 Abs. 1 S. 2 Nr. 4c, § 29 Abs. 1 S. 2 Nr. 4b, § 30 Abs. 1 S. 2 Nr. 4, § 32 Abs. 1 S. 2 Nr. 4d, § 42 Abs. 1 S. 2 Nr. 3 und § 49 Abs. 1 S. 2 Nr. 3). In Fällen auf Verzicht auf eine kontinuierliche Messung hat der Betreiber ebenfalls periodische Messungen durchzuführen (§ 18 Abs. 3 S. 2, Abs. 6 S. 2, Abs. 7 S. 1 Nr. 2, S. 3, § 20 Abs. 3).

B. Modalitäten der Probenahme (Abs. 2 bis 5)

Die periodische Messung soll unter Bedingungen erfolgen, die ein **Maximum** an möglichen Emissionen im regelmäßigen Betrieb erwarten lassen, also wenn die Anlage mit der höchsten Leistung betrieben wird (§ 20 Abs. 2 S. 1, Abs. 4). Bei wärmegeführten Anlagen zB zur Fernwärmeversorgung gestaltet sich dies im Einzelfall als schwierig, da uU zum Zeitpunkt der Messung die technisch maximale Wärmeabnahme und damit die höchste Leistung nach § 20 Abs. 4 nicht erreicht werden kann. Daher erfolgt die Messung in solchen und anderen begründeten Einzelfällen, in denen ein Betrieb mit der höchsten Leistung nicht mit verhältnismäßigem Aufwand möglich, **unter repräsentativen Betriebsbedingungen** (Abs. 4 S. 2). Die Messung ist mit den während der Messung verwendeten Einsatzstoffen, die für den Dauerbetrieb (→ § 2 Rn. 65) zugelassen sein müssen, durchzuführen. Es obliegt bei Feuerungsanlagen mit mehreren zugelassenen Brennstoffen also dem Betreiber, welchen Brennstoff er zum Messzeitpunkt einsetzt. Näheres bestimmt die zuständige Behörde (Abs. 4 S. 4). 3

Die Messungen sind gem. § 20 Abs. 2 zum ersten Mal – wie bei der Kalibrierung automatischer Messeinrichtungen zur kontinuierlichen Messung nach § 16 Abs. 5 S. 2 – bei **Erreichen des ungestörten Betriebes** in einem Zeitfenster von 3 bis 6 Monaten nach Inbetriebnahme an mindestens drei Tagen durchzuführen und spätestens alle drei Jahre zu wiederholen (§ 20 Abs. 2 S. 2). Periodischen Messungen, die im Hinblick auf Ausnahmen von der kontinuierlichen Messung durchgeführt werden, sind regelmäßig wiederkehrend halbjährlich, in Ausnahmefällen, wenn die Emissionswerte eine hinreichende Stabilität aufweisen (Abs. 3 Satz 2) jährlich, zu wiederholen (Abs. 3 Satz 1). Die Regelung dient der Umsetzung BVT 4 Fußnote 10 des Durchführungsbeschlusses (EU) 2017/1442. 4

Probenahmezeiten für Schwermetalle betragen 0,5 bis höchstens 2 Stunden. Für die in sehr kleinen Konzentrationen zu erfassenden Dioxine und Furane und Benzo(a)pyren waren bisher 6 bis höchstens 8 Stunden vorgesehen. Dies erscheint in Ansehung des fortgeschrittenen Standes der Messtechnik in vielen Fällen nicht mehr sachgerecht (BT-Drs. 19/24906, 104). Daher ist die Probenahmedauer bei den Schadstoffen nach Anlage 2 in Abhängigkeit des Probenahmeverfahrens und des Probenahmegeräts festzulegen. Dabei ist die Dauer der Probenahme mindestens auf einen Wert festzusetzen, der garantiert, dass die jeweils maßgebliche Nachweisgrenze überschritten wird (Abs. 5). Eine Begrenzung der Probennahmezeit ist insbesondere bei schwankenden Betriebsbedingungen erforderlich, da einerseits die Repräsentativität der Probennahme für den Gesamtbetrieb mit höherer Zeit steigt, andererseits der gemessene Wert mit steigender Zeit immer mehr gemittelt und damit „unschärfer“ wird. 5

Wiederholungsmessungen umfassen mindestens sechs – im Falle der Überwachung von Emissionen von Schwermetallen und krebserregenden Stoffen nach Anlage 2 mindestens drei – einzelne Messungen über jeweils 30 Minuten (Abs. 2 Satz 3). 6

Die Messungen sind durch eine nach § 29b des Bundes-Immissionsschutzgesetzes für diesen Tätigkeitsbereich bekannt gegebene Stelle durchzuführen. Sie sollen so durchgeführt werden, dass die Ergebnisse für die Emissionen der Anlage **repräsentativ** und bei vergleichbaren Anlagen und Betriebsbedingungen miteinander vergleichbar sind (vgl. Nr. 5.3.2.2. Abs. 1 TA Luft). Dazu gehört neben einer Messung bei ungestörter Betriebsweise mit höchster Emission auch die Messung bei regelmäßig auftretenden Betriebszuständen mit **schwankendem Emissionsverhalten,** zB bei Reinigungs- oder Regenerierungsarbeiten oder bei längeren An- oder Abfahrvorgängen ((Abs. 4 S. 3, vgl. Nr. 5.3.2.2 Abs. 2 TA Luft). Bei Verbrennungsmotoranlagen sind die Emissionen auch im Teillastbe- 7

trieb nach Maßgabe der zuständigen Behörde zu ermitteln (Abs. 4 S. 3). Näheres bestimmt die zuständige Behörde.

C. Abweichungen

I. Verzicht auf Wiederholungsmessungen (Abs. 6)

8 § 23 Abs. 6 entspricht § 17 Abs. 4 der 13. BImSchV 2004. Hiernach kann auf die Wiederholungsmessungen bei Einsatz fester und flüssiger Brennstoffe (→ § 2 Rn. 7) und bei Einsatz von Biobrennstoffen (→ § 2 Rn. 11) und bei regelmäßiger Analyse der Brennstoffe und Dokumentation der Fahrweise verzichtet werden. In diesem Fall muss nachgewiesen werden, dass die Emissionen weniger als 50 % des zulässigen Grenzwertes betragen. Regelungen zur Häufigkeit der Brennstoffanalysen bestehen nicht, insbesondere muss hierfür nicht wie im Falle der Brennstoffkontrolle nach § 21 Abs. 5 (vormals § 15 Abs. 9 13. BImSchV 2004) ein gesonderter Antrag gestellt oder der Nachweis der Behörde – wie im Falle des § 21 Abs. 6 (vormals § 15 Abs. 11 13. BImSchV 2004) – zur Billigung vorgelegt werden. Die Beurteilung der Zuverlässigkeit des Nachweises obliegt also dem Betreiber. Der Zeitraum der ansonsten fälligen Wiederholungsmessung von 3 Jahren kann als Anhaltpunkt für die Kontrollfrequenz dienen. Nachweise dazu sind kalenderjährlich zu führen, der Behörde aber nur auf Verlangen vorzulegen (§ 23 Abs. 5 S. 2) und 5 Jahre aufzubewahren (§ 23 Abs. 5 S. 3).

9 Die Fahrweise der Anlage ist im Unterschied zu den Bestimmungen zum Dispens von kontinuierlichen Messungen nach § 21 (§ 15 13. BImSchV 2004) wegen der Abhängigkeit der Bildung organischer Schadstoffe wie Benzo(a)pyren von den Betriebsbedingungen in die Beurteilung mit aufzunehmen. Unter der (theoretischen) Annahme des vollständigen Überganges der Schwermetalle in den Rauchgasstrom, dh. ohne Berücksichtigung der Bindung eines Anteils in der Schlacke bzw. der Abscheidung in den Abgasreinigungsanlagen, gelingt der Nachweis nach § 23 Abs. 5 (vormals § 17 Abs. 4 13. BImSchV) relativ leicht. Schwieriger ist der Nachweis für die erst in der Verbrennung entstehenden Schadstoffe Benzo(a)pyren und für Dioxine und Furane zu führen, da ein solcher Nachweis naturgemäß nur auf theoretischen Modellen bzw. auf Erfahrungen (Messwerten) basierenden Annahmen beruhen kann.

10 Außerdem soll die zuständige Behörde abweichend von § 21 Abs. 1 (§ 17 Abs. 1 13. BImSchV 2004) dem Betreiber einer Anlage, die der EMASPrivilegV unterliegt, auf Antrag gestatten, wiederkehrende Messungen mit eigenem Personal durchzuführen, wenn der Betreiber, Immissionsschutzbeauftragte oder ein sonstiger geeigneter Betriebsangehöriger die hierfür erforderliche Fachkunde und Zuverlässigkeit besitzt und sichergestellt ist, dass geeignete Geräte und Einrichtungen eingesetzt werden (§ 5 Abs. 1 Nr. 2 EMASPrivilegV).

11 Eine § 17 Abs. 2 13. BImSchV 2004 entsprechende Regelung wurde in die neugefasste 13. BImSchV nicht aufgenommen. Demnach waren Einzelmessungen im Falle einer wesentlichen Änderung nach § 16 BImSchG nicht erforderlich, wenn der Betreiber einer bestehenden Anlage gegenüber der zuständigen Behörde belegt, dass die durchgeführten Maßnahmen keine oder offensichtlich geringe Auswirkungen auf die Verbrennungsbedingungen und auf die Emissionen haben. Die Regelung ist ohnehin praktisch leergelaufen, weil wenn ein solcher Nachweis schon bei Genehmigung möglich ist und andere erheblichen nachteiligen Auswirkungen durch die Änderung nicht hervorgerufen werden können, es schon an dem Erfordernis für die Durchführung eines immissionsschutzrechtlichen Genehmigungsverfahrens fehlt.

II. Abweichungen bei Feuerungsanlagen nach Abschnitt 2 (§ 37)

§ 37 dient der Umsetzung der BVT 4 des Durchführungsbeschlusses (EU) 2017/1442 in Bezug auf die wiederkehrende Überwachung der Anlagen. Bei Einsatz von festen Brennstoffen, Biobrennstoffen und flüssigen Brennstoffen in Feuerungsanlagen des Abschnitt 2 sind Wiederholungsmessungen bezüglich der Emissionsgrenzwerte für Schwermetalle und krebserzeugende Stoffe nach Anlage 2 Nr. 1 bis 3 regelmäßig wiederkehrend einmal jährlich, statt alle drei Jahre durchführen zu lassen (§ 37 Abs. 1). 12

Dasselbe gilt bei Einsatz von flüssigen und gasförmigen Produktionsrückständen aus der chemischen Industrie für Stoffe nach Anlage 2 Nr. 5. Sofern der Chlorgehalt in den eingesetzten Brennstoffen nachweislich im Zuge der Brennstoffkontrollen nach § 13 unter der Nachweisgrenze liegt, entfällt diese Wiederholungsmessung für Dioxine, Furane und polychlorierte Biphenyle (Anlage 2 Nr. 5, § 37 Abs. 2). 13

Chlorwasserstoff und Fluorwasserstoff sind gem. § 37 Abs. 3 bei Einsatz von festen Brennstoffen (ohne Biobrennstoffe) und bei Einsatz von flüssigen und gasförmigen Produktionsrückständen aus der chemischen Industrie jeweils einmal vierteljährlich, bei Anlagen mit einer Feuerungswärmeleistung von weniger als 100 MW, die im gleitenden Durchschnitt über einen Zeitraum von fünf Jahren höchstens 1.500 Stunden jährlich in Betrieb sind, jeweils einmal halbjährlich, regelmäßig wiederkehrend durchführen zu lassen (statt ansonsten alle 3 Jahre). 14

Wiederholungsmessungen für Fluorwasserstoff ist bei Einsatz von Biobrennstoffen regelmäßig wiederkehrend einmal jährlich durchführen zu lassen (§ 37 Abs. 4). 15

Gesamtkohlenstoff ist bei Einsatz von flüssigen und gasförmigen Produktionsrückständen aus der chemischen Industrie regelmäßig wiederkehrend einmal halbjährlich zu messen (§ 37 Abs. 5). 16

Bei Verbrennungsmotoranlagen sind Wiederholungsmessungen für Formaldehyd wiederkehrend einmal jährlich durchführen zu lassen (§ 37 Abs. 6). Bei Verbrennungsmotoranlagen ist es analog der Anforderungen der 44. BImSchV ausreichend, wenn die Wiederholungsmessungen an einem Tag im Umfang von drei Einzelmessungen durchgeführt werden. Gem. den BVT-Schlussfolgerungen für Großfeuerungsanlagen sind bei fremdgezündeten Gas- und Zweikraftstoffgasmotoren die Formaldehydemissionen jährlich zu ermitteln (BT-Drs. 19/24906, 145). 17

III. Abweichungen beim Raffinieren von Mineralöl und Gas nach Abschnitt 4 (§ 55)

Schwermetallmessungen haben nach BVT 4 des Durchführungsbeschlusses 2014/738/EU regelmäßig wiederkehrend einmal halbjährlich zu erfolgen. Daher ist eine von Abs. 2 abweichende Regelung erforderlich. Die Sätze 2 und 3 setzen die in BVT 4 Fußnote 5 der vorgenannten BVT-Schlussfolgerung möglichen Abweichungen bezüglich der Wiederholungshäufigkeit um (BT-Drs. 19/24906, 153). 18

D. Nachweis des dauerhaften emissionsmindernden Betriebes der Abgasreinigungseinrichtung (Abs. 7)

Der Nachweis über ihren dauerhaften emissionsmindernden Betrieb der Abgasreinigungseinrichtung nach Abs. 7 dient der Umsetzung der BVT 8 des Durchführungsbeschlusses (EU) 2017/1442. Dadurch soll ein dauerhaft emissionsarmer Betrieb von Anlagen, die mit Abgasreinigungseinrichtungen ausgestattet sind, sichergestellt werden, wenn 19

die Überwachung dieser Anlagen anstelle von kontinuierlichen Messungen mit wiederkehrenden periodischen Messungen erfolgt (BT-Drs. 19/24906, 104).

§ 21 Messberichte; Beurteilung von periodischen Messungen

(1) **Der Betreiber hat über die Ergebnisse der Messungen nach § 20 einen Messbericht gemäß Satz 2 zu erstellen. Den Messbericht hat der Betreiber der zuständigen Behörde innerhalb von zwölf Wochen nach Durchführung der Messung vorzulegen. Der Messbericht muss Folgendes enthalten:**

1. Angaben über die Messplanung,
2. das Ergebnis jeder periodischen Messung,
3. das verwendete Messverfahren und
4. die Betriebsbedingungen, die für die Beurteilung der Messergebnisse von Bedeutung sind und soll dem Anhang A der VDI 4220 Blatt 2 (Ausgabe November 2018) entsprechen.

(2) **Die Emissionsgrenzwerte gelten als eingehalten, wenn kein Ergebnis einer periodischen Messung den jeweils geltenden Emissionsgrenzwert überschreitet.**

Erläuterungen

1 § 21 entspricht im Wesentlichen § 24 der 13. BImSchV 2013/2017. § 24 entspricht § 18 der 13. BImSchV 2004. Der Bericht über die Ergebnisse der durchgeführten Einzelmessungen ist gem. § 24 Abs. 1 (vormals § 18 Abs. 1 13. BImSchV 2004) **unverzüglich und unaufgefordert** der Behörde vorzulegen. Der Inhalt des Messberichts entspricht den Anforderungen in Nr. 5.3.2.4 Abs. 1 TA Luft. Ergänzend wird dort darauf hingewiesen, dass auch Angaben über Brenn- und Einsatzstoffe sowie über den Betriebszustand der Anlage und der Einrichtungen zur Emissionsminderung dazugehören. Auch der Bericht über Einzelmessungen bei Großfeuerungsanlagen kann im Detail der VDI 4220 Qualitätssicherung – Anforderungen an Stellen für die Ermittlung luftverunreinigender Stoffe an stationären Quellen und in der Außenluft (Ausgabe April 2011 – ersetzt die noch in der TA Luft erwähnte Fassung vom Sept. 1999) entnommen werden.

2 Abweichend von § 24 Abs. 1 kann der Betreiber einer Anlage, die der EMASPrivilegV unterliegt, die Berichtspflichten durch die Vorlage gleichwertiger Unterlagen und Dokumente entsprechend den Vorgaben nach § 7 EMASPrivilegV erfüllen.

3 § 24 Abs. 2 (vormals § 18 Abs. 2 13. BImSchV 2004) konstatiert, dass der Betreiber seine Pflichten nach § 5 Abs. 1 Nr. 2 BImSchG iVm der 13. BImSchV erfüllt hat, wenn der ordnungsgemäß erstellte Messbericht keine Überschreitungen von Emissionsgrenzwerten ausweist (vgl. insofern auch Anhang V Teil 4 Nr. 2 IE-RL).

§ 22 Jährliche Berichte über Emissionen

(1) **Der Betreiber hat der zuständigen Behörde jährlich jeweils bis zum Ablauf des 30. April des Folgejahres für jede einzelne Anlage unter Beachtung der Aggregationsregeln nach § 4 Folgendes zu berichten:**

1. die installierte Feuerungswärmeleistung der Feuerungsanlage, in Megawatt,
2. die Art der Feuerungsanlage: Kesselfeuerung, Gasturbine, Gasmotor, Dieselmotor, andere Feuerungsanlage mit genauer Angabe der Art der Feuerungsanlage,
3. die Angabe, ob die Feuerungsanlage Teil einer Raffinerie ist,
4. das Datum der Betriebsaufnahme und der letzten wesentlichen Änderung der Feuerungsanlage, einschließlich der Benennung der wesentlichen Änderung,

die Jahresgesamtemissionen, in Megagramm pro Jahr, an Schwefeloxiden, angegeben als Schwefeldioxid, Stickstoffoxiden, angegeben als Stickstoffdioxid, und Staub, angegeben als Schwebstoffe insgesamt; hierbei sind die normierten Messwerte zur Berechnung entsprechend § 19 Absatz 2 heranzuziehen,

5. die jährlichen Betriebsstunden der Feuerungsanlage,

6. den jährlichen Gesamtenergieeinsatz, in Terajoule pro Jahr, bezogen auf den unteren Heizwert, aufgeschlüsselt nach den folgenden Brennstoffkategorien:

a. Steinkohle,

b) Braunkohle,

c) Biobrennstoffe,

d) Torf,

e) andere feste Brennstoffe mit genauer Angabe der Bezeichnung des festen Brennstoffs,

f) flüssige Brennstoffe,

g) Erdgas,

h) sonstige Gase mit genauer Angabe der Bezeichnung des Gases,

8. für Feuerungsanlagen, die schwefelreiche einheimische feste Brennstoffe einsetzen, den Schwefelgehalt dieser Brennstoffe und den erzielten Schwefelabscheidegrad, gemittelt über jeden Monat; Feuerungsanlagen, auf die § 28 Absatz 5 oder 10 anzuwenden ist, berichten zusätzlich den Jahresbetriebswert des Entschwefelungsgrades der Rauchgasentschwefelungseinrichtung und im ersten Jahr der Anwendung des § 28 Absatz 5 oder 10 auch die technische Begründung dafür, warum die in § 28 genannten Regel-Emissionsgrenzwerte nicht eingehalten werden können,

9. für Feuerungsanlagen, die im gleitenden Durchschnitt über einen Zeitraum von fünf Jahren nicht mehr als 1.500 Stunden pro Jahr in Betrieb sind, die Zahl der Betriebsstunden pro Jahr für das Berichtsjahr und die vorangegangenen vier Kalenderjahre.

(2) **Die nach Landesrecht zuständigen obersten Landesbehörden oder die von ihnen bestimmten Behörden prüfen den Bericht nach Absatz 1 auf Plausibilität und leiten ihn dem Umweltbundesamt bis zum Ablauf des 31. Oktober des auf das Berichtsjahr folgenden Jahres auf elektronischem Weg zur Weiterleitung an die Europäische Kommission zu. Das Umweltbundesamt hat die Berichte zu Aufstellungen für jedes einzelne Berichtsjahr und für Dreijahreszeiträume zusammenzustellen. Die Angaben zu Feuerungsanlagen in Raffinerien sind gesondert aufzuführen.**

Erläuterungen

§ 22 Abs. 1 und 2 entspricht im Wesentlichen § 25 Abs. 1 und 3 der 13. BImSchV 2013/2017. Der bisherige § 25 Abs. 2 entfällt ersatzlos, da die Regelung durch Fristablauf nicht mehr relevant ist (BT-Drs. 19/24906, 105). 1

§ 22 setzt die Berichtspflicht nach Maßgabe von Art. 72 Abs. 3 und 4 IE-RL um. Die jährliche Berichtspflicht leitete sich zunächst ab aus Anhang III Abschnitt B der RL 2001/80/EG. Neu hinzugekommen waren 2004 durch die Änderung der Großfeuerungsanlagen-RL die Meldung der Jahresemissionsfrachten für Gesamtstaub und die Jahresbrennstoffdurchsätze für die fünf aufgeführten Brennstoffarten. Durch die Änderung des Geltungsbereiches der Großfeuerungsanlagen-RL gilt diese Berichtspflicht ab 2004 auch für Gasturbinen-Anlagen. Die Berichte waren erstmals für das Berichtsjahr 2004 bis spätestens zum 31.5. des auf den Berichtszeitraum folgenden Jahres an die zuständige Behörde zu übermitteln. § 25 Abs. 2 setzt die auf der 13. BImSchV 2004 beruhende Berichtspraxis 2

bis einschließlich dem Berichtsjahr 2015 fort. Erstmals für das Jahr 2016 gelten die erweiterten und verifizierten Berichtspflichten des § 22 Abs. 1.

3 Im Zuge der Novellierung der Verordnung 2021 werden die **Fristen** für die PRTR-Berichterstattung vom 31.5. auf den 30.4. des auf das Berichtsjahr folgenden Jahres angepasst, damit die Bundesregierung auch zukünftig europäischen Berichtspflichten genügen kann. Die Berichtspflichten basieren auf dem Ersten Gesetz zur Änderung des Gesetzes zur Ausführung des Protokolls über Schadstofffreisetzungs- und -verbringungsregister vom 21. Mai 2003 sowie zur Durchführung der Verordnung (EG) Nr. 166/2006 vom 6. Juni 2007 (PRTR-Gesetz). Durch den 7 im Zuge der Verordnung (EU) 2019/1010 vom 5.6.2019 zur Angleichung der Berichterstattungspflichten im Bereich der Rechtsvorschriften mit Bezug zur Umwelt (ABl. L 170, 115) geänderten Artikel 7 der Verordnung (EG) Nr. 166/2006 in Verbindung mit dem Durchführungsbeschluss 2019/1741/EU wurden das Format angepasst und die Frist zur Abgabe der Berichte der Mitgliedstaaten um 4 Monate verkürzt. Dem wird durch die Änderung der Frist Rechnung getragen.

4 Durch die Einführung einer bundeseinheitlichen Software (BUBE-online) können die Berichtspflichten für Großfeuerungsanlagen ab dem Berichtsjahr 2010 webbasiert erfüllt werden. Die Software ist unter http://www.bube.bund.de oder http://www.thru.de erhältlich. Die Zugangsdaten zu dieser Software, wie auch die Stammdaten der berichtspflichtigen Anlagen, werden dem Betreiber durch die zuständige Behörde zur Verfügung gestellt.

5 Die Weitergabe der Berichte nach § 19 Abs. 1 und 2 durch die zuständige Behörde erfolgte nach der 13. BImSchV 2004 an das Bundesministerium für Umwelt, Naturschutz und Reaktorsicherheit. Inzwischen hat das Umweltbundesamt diese Zuständigkeit übernommen.

Unterabschnitt 4 Zulassung von Ausnahmen und weitergehende Anforderungen

§ 23 Zulassung von Ausnahmen

(1) **Die zuständige Behörde kann auf Antrag des Betreibers Ausnahmen von Vorschriften dieser Verordnung zulassen, soweit unter Berücksichtigung der besonderen Umstände des Einzelfalls**

1. einzelne Anforderungen dieser Verordnung nicht oder nur mit unverhältnismäßigem Aufwand erfüllbar sind,

2. im Übrigen die dem Stand der Technik entsprechenden Maßnahmen zur Emissionsbegrenzung durchgeführt werden,

3. die Schornsteinhöhe nach der Technischen Anleitung zur Reinhaltung der Luft in der jeweils geltenden Fassung auch für einen als Ausnahme zugelassenen Emissionsgrenzwert ausgelegt ist, es sei denn, auch insoweit liegen die Voraussetzungen der Nummer 1 vor, und

die Ausnahmen den Anforderungen aus der Richtlinie 2010/75/EU des Europäischen Parlaments und des Rates vom 24. November 2010 über Industrieemissionen (integrierte Vermeidung und Verminderung der Umweltverschmutzung) (Neufassung) (ABl. L 334 vom 17.12.2010 S. 17) nicht entgegenstehen.

(2) **Soweit in Übereinstimmung mit der Richtlinie 2010/75/EU Ausnahmen zugelassen werden, die zu einer Berichtspflicht an die Europäische Kommission führen, hat die zuständige Behörde unverzüglich eine Ausfertigung der Ausnahmegenehmigung nach Absatz 1 dem Bundesministerium für Umwelt, Naturschutz und nukleare Sicherheit zur Weiterleitung an die Europäische Kommission zuzuleiten.**

Übersicht

A. Allgemeines und unionsrechtlicher Rahmen

1 § 23 entspricht im Wesentlichen § 26 der 13. BImSchV 2013/2017 und sieht die Möglichkeit für Ausnahmen von den Vorschriften der Verordnung vor. Solche Ausnahmen können sich grundsätzlich auf jede Anforderung der Verordnung beziehen; sie sind regelmäßig aber **nur in besonderen Situationen** möglich, dann aber im Hinblick auf den Verhältnismäßigkeitsgrundsatz geboten (vgl. BVerwG, B. v. 24.8.2023 – 7 B 5/23 –, Rn. 6, juris; BVerwG, B. v. 16.9.2015 – 7 B 16/15 –, Rn. 10, juris). An die Prüfung sind nach dem Willen des Verordnungsgebers besonders strenge Maßstäbe anzulegen (BT-Drs. 15/3420, 28). Dies gilt aber nur insoweit, als der Verordnungsgeber eine nunmehr im Wege der Ausnahme zu beurteilende Konstellation nicht schon bedacht und bewusst nicht oder anders geregelt hat.

2 Die Ausnahmemöglichkeit gilt für **Neu- und Altanlagen.** Die dem Stand der Technik entsprechenden Maßnahmen sind jedoch in jedem Fall soweit wie möglich anzuwenden. Besonders bedeutsam ist die Beachtung von § 23 Abs. 1 Nr. 4. Bei der Erteilung einer Ausnahme ist zu prüfen, ob die IE-RL der Ausnahme entgegensteht. Da die Verordnung häufig strengere Anforderungen als die Richtlinie fordert, besteht ein Spielraum für Ausnahmen, der im Einzelfall durch Abgleich mit dem Unionsrecht zu ermitteln ist. Außerdem enthält die Richtlinie selbst an mehreren Stellen die Möglichkeit zur Erteilung von Ausnahmen:

- Art. 30 Abs. 5: bei einer sich aus einer ernsten Mangellage ergebenden Unterbrechung der Versorgung mit schwefelarmem Brennstoff,
- Art. 30 Abs. 6: bei plötzlicher Unterbrechung der Gasversorgung,
- Art. 33 Abs. 1: für den Zeitraum vom 1.1.2016 bis 31.12.2023 bei Limitierung der Betriebsstunden ab 1.1.2016 und Außerbetriebnahme zum 31.12.2023 mit Sonderregelungen für Elektrizitätsversorgung innerhalb eines kleinen isolierten Netzes (Art. 2 Nr. 26 IE-RL, Art. 33 Abs. 3, und Uraltanlagen, die einheimische feste Brennstoffe (→ § 2 Rn. 7) einsetzen, Art. 33 Abs. 4),
- Art. 34: bis 31. 12. 2019 für Elektrizitätsversorgung innerhalb eines kleinen isolierten Netzes (Art. 2 Nr. 26 IE-RL),
- Art. 35: bis zum 31. 12. 2022 Fernwärmeanlagen bis 200 MW Feuerungswärmeleistung).

3 Diese Ausnahmen sind im Verordnungstext nicht ausdrücklich genannt, können aber in begründeten Fällen gemäß § 23 beantragt und erteilt werden (BT-Drs. 15/3420, 28). Als Beispiel für Ausnahmen nach § 23 nennt die Verordnungsbegründung (BT-Drs. 19/24906, 145 **Anlagen in Sicherheitsbereitschaft** nach § 13g EnWG, die – wenn überhaupt – nur in einem begrenzten Zeitraum für wenige Stunden aufgerufen werden und bei denen Nachrüstungen dem entsprechend unverhältnismäßig sind.

B. Voraussetzungen der Ausnahme

I. Abs. 1 Nr. 1 bis 3

4 Die Ausnahme ist durch den Betreiber zu beantragen. In dem **Antrag** sind die Gründe für die Ausnahme aufzuzeigen. Regelmäßig empfiehlt es sich, den Antrag durch hinreichende Unterlagen, die die Ausnahmegründe dokumentieren, zu ergänzen.

5 Die Ausnahme muss einen **Einzelfall** betreffen. Aufgrund des Konzepts, das der Verordnung zugrunde zu liegen hat (→ Vorb. Rn. 74), müssen allgemeine Sachverhalte oder Sachverhalte, die eine größere Gruppe von Anlagen oder technischen Konstellationen in Anlagen betrifft, bereits bei Verordnungsgebung berücksichtigt werden. Ausnahmen sind insoweit nicht gestattet. Hat der Verordnungsgeber mit seinen Regelungen die gesetzlichen Grenzen für Verordnungen nach § 7 BImSchG überschritten, ist die Wirksamkeit der Verordnung zu hinterfragen (→ *Dietlein* § 7 BImSchG Rn. 75 f., 122).

6 Das Erfordernis eines Einzelfalls schließt nicht aus, dass eine Ausnahme von mehreren Anforderungen (gleichzeitig) zugelassen wird. Voraussetzung der Ausnahme ist aber, dass jede einzelne Anforderung nicht oder nur mit unverhältnismäßigem Aufwand erfüllbar wäre (§ 23 Abs. 1 Nr. 1). **Unverhältnismäßig** ist, wenn der technische und ökonomische Aufwand in keinem angemessenen Verhältnis zu der dadurch erreichbaren Emissionsminderung steht. Bei der Verhältnismäßigkeitsprüfung sind also auch ökonomische Aspekte wie die absoluten Kosten der Maßnahme, die Überlebensfähigkeit des betroffenen Unternehmens, aber auch die internationale Konkurrenzfähigkeit zu berücksichtigen. Im technischen Bereich ist vor allem die ohne die Ausnahme zusätzlich erreichbare Emissionsminderung, aber auch ein Umbauaufwand, Betriebsstillstände usw. zu berücksichtigen.

7 Im Übrigen müssen die dem **Stand der Technik** (§ 3 Abs. 6 BImSchG) entsprechenden Maßnahmen zur Emissionsbegrenzung angewandt werden (§ 23 Abs. 1 Nr. 2). Dies gilt nur im Hinblick auf den unmittelbaren technischen Zusammenhang mit der Ausnahme. Soll also beispielsweise die Überschreitung eines Emissionsgrenzwertes im Weg der Ausnahme zugelassen werden, so muss jedenfalls jeder verhältnismäßige und den Kriterien des § 3 Abs. 6 BImSchG entsprechende Aufwand zur Minderung des betreffenden Schadstoffparameters erbracht sein. Altanlagen müssen im Übrigen nur insoweit dem Stand der Technik entsprechen, als dies nach Ablauf einschlägiger Übergangsfristen aufgrund von Durchführungsverordnungen zum BImSchG oder gemäß § 17 BImSchG verlangt wird bzw. verlangt werden darf.

8 Die **Schornsteinhöhe** ist nach Maßgabe von Nr. 5.5.2 TA Luft (§ 23 Abs. 1 Nr. 3) auch für einen als Ausnahme zugelassenen Emissionswert auszulegen, es sei denn, auch insoweit liegen die Voraussetzungen nach § 23 Abs. 1 Nr. 1 vor.

II. Kein Entgegenstehen der IE-RL (Abs. 1 Nr. 4)

9 Eine Ausnahme von den Anforderungen der 13. BImSchV kommt nur in Betracht, wenn die IE-RL keine strengeren Anforderungen stellt. Der Dispens von der Verordnung ist mit den von der IE-RL gestellten Anforderungen und ggf. auch deren Ausnahmen abzugleichen. Die IE-RL bleibt in folgenden Bereichen hinter der 13. BImSchV zurück und eröffnet so im Hinblick auf § 23 Abs. 1 Nr. 4 vor allem folgende „ausnahmefähige" Sachverhalte:

- Die IE-RL gilt nicht für Forschungstätigkeiten, Entwicklungsmaßnahmen oder die Erprobung von neuen Produkten und Verfahren (Art. 2 Abs. 2 IE-RL).
- Die IE-RL beschränkt nur die Schadstoffe Gesamtstaub, Stickstoffoxide, Schwefeloxide und Kohlenmonoxid (vgl. Anhang V Teil 1 und 2 IE-RL).

- Die Richtlinie enthält kein „Umrechnungsverbot" iSd § 19 Abs. 1 S. 2 (→ § 2 Rn. 46, vgl. Anhang V, Teil 1 und 2 jeweils Nr. 1 IE-RL).
- Nach der Richtlinie gelten bei Anlagenerweiterungen aktualisierte Anforderungen gem. Art. 20 Abs. 2 S. 2, 30 Abs. 7 IE-RL nur eingeschränkt (→ § 8 Rn. 10).

C. Rechtsfolge

§ 23 eröffnet **Ermessen.** Das Ermessen ist unter Berücksichtigung der besonderen Umstände des Einzelfalls entsprechend der gesetzlichen Ermächtigung auszuüben. So sind außerhalb der Voraussetzungen des § 23 Abs. 1 insbesondere die Immissionssituation, also auch die sich für die Schutzpflicht des § 5 Abs. 1 Nr. 1 BImSchG aus der Ausnahme ergebenden Konsequenzen oder etwa auch Regelungen in Luftreinhalteplänen zu beachten. 10

§ 24 Weitergehende Anforderungen

(1) **Die Befugnis der zuständigen Behörde, andere oder weitergehende Anforderungen, insbesondere zur Vermeidung schädlicher Umwelteinwirkungen nach § 5 Absatz 1 Nummer 1 des Bundes-Immissionsschutzgesetzes, zu stellen, bleibt unberührt.**

(2) **Hat die zuständige Behörde bei einer Anlage im Einzelfall bereits Anforderungen zur Vorsorge gegen schädliche Umwelteinwirkungen durch Luftverunreinigungen gestellt, die über die Anforderungen dieser Verordnung hinausgehen, sind diese weiterhin maßgeblich.**

Erläuterungen

§ 24 entspricht § 27 der 13. BImSchV 2013/2017. § 24 Abs. 1 stellt klar, dass aus Gründen einer Gewährleistung der **Schutzpflicht** aus § 5 Abs. 1 Nr. 1 BImSchG weitergehende Anforderungen gestellt werden können. Im Übrigen sind andere oder weitergehende Anforderungen im Hinblick auf das notwendigerweise der Verordnung zugrundeliegende Konzept (BVerwGE 69, 37, → Vorb. Rn. 74) nur insoweit möglich, als die Verordnung keine abschließenden Anforderungen stellen wollte bzw. auch tatsächlich stellt (§ 17 Abs. 3; → Vorb. Rn. 31; → *Hansmann/Ohms* § 17 BImSchG Rn. 108 ff.). Da nach dem Willen des Verordnungsgebers die Anforderungen zur Vorsorge gegen schädliche Umwelteinwirkungen **abschließend** (BT-Drs. 15/3420, 19) konkretisiert werden, sind weitergehende Anforderungen gem. § 5 Abs. 1 Nr. 2 BImSchG ausgeschlossen. Eine Ausnahme hiervon dürften die Anforderungen des TEHG im Hinblick auf die Überwachung und Ermittlung von Treibhausgasen darstellen, die so nicht Gegenstand der abschließenden Regelungen der 13. BImSchV sind. 1

§ 24 Abs. 2 stellt klar, dass strengere Anforderungen in **bestandskräftigen Genehmigungen** den aktualisierten Anforderungen der Verordnung vorgehen. Die Verordnung entfaltet insoweit also auch keine unmittelbare Wirkung (→ Vorb. Rn. 28). So sah § 7 Abs. 1, § 12 der 13. BImSchV 1983 noch Emissionsbegrenzungen für Chlorwasserstoff (HCl) oder Fluorwasserstoff (HF) vor, auf die im Rahmen der Neufassung der 13. BImSchV zur Begrenzung des Messaufwands bewusst verzichtet wurde (BT-Drs. 15/3420, 20). Diese Emissionsbegrenzungen sind eine Beschränkung der zugelassenen Betriebsweise (*Hansmann* DVBl 1997, 1421 (1427); → *Dietlein* § 6 BImSchG Rn. 13). Möchte der Betreiber sich ihrer entledigen, bedarf es der Gestattung einer Änderung gem. §§ 15, 16 BImSchG. Kann durch zurückliegende Messungen aufgezeigt werden, 2

dass die in der Genehmigung vorgesehenen Emissionsbegrenzungen, die jetzt in der Verordnung nicht mehr vorgesehen sind, eingehalten werden, können durch eine zukünftige Betriebsweise ohne eine solche Beschränkung bzw. Überwachung keine nachteiligen Auswirkungen hervorgerufen werden, die für die Prüfung der Genehmigungsvoraussetzungen nach § 6 Abs. 1 Nr. 1 BImSchG erheblich sein können. Dementsprechend kann der Betreiber nach Anzeige gem. § 15 BImSchG auf eine Überwachung dieser jetzt nicht mehr in der Verordnung vorgesehenen Emissionsgrenzwerte verzichten.

Vorbemerkungen zu den Abschnitten 2 bis 6 (§§ 25 bis 65)

1 Die Abschnitte 2 bis 6 sind folgendermaßen strukturiert: Unterabschnitt 1 definiert den Anwendungsbereich des jeweiligen Abschnitts § 25 (alle Feuerungsanlagen, die nicht unter die Abschnitte 3 bis 6 fallen), § 40 (Zellstoffindustrie), § 46 (Feuerungsanlagen in Raffinerien), § 57 (Herstellung von Alkenen durch Spalten von Kohlenwasserstoffen und Spalten von 1,2-Dichlorethan), § 62 (Chemische Industrie) und enthält die für den jeweiligen Abschnitt maßgebliche Definition der bestehenden Anlage bzw. der Altanlage (§§ 25 und 26, §§ 40 und 41, §§ 46 und 47, §§ 57 und 58, §§ 62 und 63).

2 Unterabschnitt 2 enthält jeweils „zusätzliche Anforderungen an Errichtung und Betrieb“, namentlich die für die Anlagen des Abschnitts maßgeblichen Emissionsgrenzwerte (§§ 27 bis 35, §§ 42 bis 44, §§ 48 bis 53, § 59, § 64). Unterabschnitt 3 und 4 enthalten für den jeweiligen Abschnitt relevante zusätzliche Anforderungen an Messung und Überwachung (§§ 36 bis 38, §§ 54 und 55, § 60) sowie Übergangsbestimmungen für bestehende Anlagen.

3 Gem. Art. 30 Abs. 4 IE-EL gelten die in Anhang V Teile 1 und 2 IE-RL festgelegten Emissionsgrenzwerte sowie die in Anhang V Teil 5 festgelegten Mindest-Schwefelabscheidegrade für die Emissionen jedes gemeinsamen Schornsteins (→ § 4 Rn. 6) im Verhältnis zu der Feuerungswärmeleistung der gesamten Feuerungsanlage. Ist in Anhang V IE-RL vorgesehen, dass Emissionsgrenzwerte für einen Teil einer Feuerungsanlage mit begrenzter Betriebsstundenzahl angewandt werden können, so gelten diese Grenzwerte für die Emissionen dieses Teils der Anlage, werden jedoch im Verhältnis zu der Feuerungswärmeleistung der gesamten Feuerungsanlage festgelegt.

Abschnitt 2 Vorschriften für Feuerungsanlagen im Anwendungsbereich des Durchführungsbeschlusses (EU) 2017/1442 der Kommission vom 31.7.2017 zu den besten verfügbaren Techniken für Großfeuerungsanlagen

Unterabschnitt 1 Allgemeine Vorschriften zu Abschnitt 2

§ 25 Anwendungsbereich

Die Vorschriften dieses Abschnitts gelten für alle Feuerungsanlagen im Anwendungsbereich nach § 1, soweit die Feuerungsanlagen nicht in den Anwendungsbereich des Abschnitts 3, 4, 5 oder 6 fallen.

Erläuterungen

Nach der Verordnungsbegründung gilt Abschnitt 2 „insbesondere" für Feuerungsanlagen, die in den Anwendungsbereich des Durchführungsbeschlusses (EU) 2017/1442 fallen (BT-Drs. 19/24906, 105). Nach dem Anhang des Durchführungsbeschlusses (EU) 2017/1442 („Anwendungsbereich" betreffen diese BVT-Schlussfolgerungen folgende, in Anhang I der Richtlinie 2010/75/EU genannte Tätigkeiten: 1

- 1.1: Verfeuerung von Brennstoffen in Anlagen mit einer Feuerungswärmeleistung von 50 MW oder mehr (nur wenn diese Tätigkeit in Feuerungsanlagen mit einer Feuerungswärmeleistung von 50 MW oder mehr erfolgt).
- 1.4: Vergasung oder Verflüssigung von Kohle oder anderen Brennstoffen in Anlagen mit einer Feuerungswärmeleistung von 20 MW oder mehr (nur wenn diese Tätigkeit unmittelbar mit einer Feuerungsanlage verbunden ist).
- 5.2: Beseitigung oder Verwertung von Abfällen in Anlagen für die Mitverbrennung nicht gefährlicher Abfälle mit einer Kapazität von über 3 t pro Stunde oder in Anlagen für die Mitverbrennung gefährlicher Abfälle mit einer Kapazität von über 10 t pro Tag (nur wenn diese Tätigkeit in einer der unter Ziffer 1.1 erfassten Feuerungsanlagen erfolgt).

Davon regelt die 13. BImSchV nur die Anlagen des ersten Abschnitts. Das heißt alle Anlagen die in den Anwendungsbereich des § 1, aber nicht unter die Abschnitte 3 bis 6 fallen, unterliegen den Anforderungen des 2. Abschnitts.

Weiter heißt es im Durchführungsbeschlusses (EU) 2017/1442: Diese BVT-Schlussfolgerungen betreffen insbesondere vorgelagerte und nachgelagerte Tätigkeiten, die unmittelbar mit den vorstehend genannten Tätigkeiten verbunden sind, wie angewandte Emissionsvermeidungs- und -minderungtechniken (→ zur Abgrenzung der Feuerungsanlage nach der Verordnung: § 1 Rn. 9 ff.). 2

§ 26 Begriffsbestimmungen

(1) **Altanlage im Sinne dieses Abschnitts ist eine bestehende Anlage, die nach § 67 Absatz 2 oder § 67a Absatz 1 des Bundes-Immissionsschutzgesetzes oder vor Inkrafttreten des Bundes-Immissionsschutzgesetzes nach § 16 Absatz 4 der Gewerbeordnung anzuzeigen war,**

1. **für die die erste Genehmigung zur Errichtung und zum Betrieb nach § 4 oder § 16 des Bundes-Immissionsschutzgesetzes vor dem 7. Januar 2013 erteilt worden ist und die vor dem 7. Januar 2014 in Betrieb gegangen ist, oder**
2. **für die der Betreiber vor dem 7. Januar 2013 einen vollständigen Genehmigungsantrag zur Errichtung und zum Betrieb nach § 4 oder § 16 des Bundes-Immissionsschutzgesetzes gestellt hat und die vor dem 7. Januar 2014 in Betrieb gegangen ist.**

(2) **Bestehende Anlage im Sinne dieses Abschnitts ist eine Anlage,**

1. **die nach § 67 Absatz 2 oder § 67a Absatz 1 des Bundes-Immissionsschutzgesetzes oder vor Inkrafttreten des Bundes-Immissionsschutzgesetzes nach § 16 Absatz 4 der Gewerbeordnung anzuzeigen war, oder**
2. **für die die erste Genehmigung zur Errichtung und zum Betrieb nach § 4 oder § 16 des Bundes-Immissionsschutzgesetzes vor dem 18. August 2017 erteilt worden ist und die vor dem 18. August 2021 in Betrieb gegangen ist.**

(3) **2003-Altanlage im Sinne dieses Abschnitts ist eine bestehende Anlage,**

1. **die nach § 67 Absatz 2 oder § 67a Absatz 1 des Bundes-Immissionsschutzgesetzes oder vor Inkrafttreten des Bundes-Immissionsschutzgesetzes nach § 16 Absatz 4 der Gewerbeordnung anzuzeigen war,**

2. für die die erste Genehmigung zur Errichtung und zum Betrieb nach § 4 oder § 16 des Bundes-Immissionsschutzgesetzes vor dem 27. November 2002 erteilt worden ist und die vor dem 27. November 2003 in Betrieb gegangen ist, oder

3. für die der Betreiber vor dem 27. November 2002 einen vollständigen Genehmigungsantrag zur Errichtung und zum Betrieb nach § 4 oder § 16 des Bundes-Immissionsschutzgesetzes gestellt hat und die vor dem 27. November 2003 in Betrieb gegangen ist.

1 Erläuterungen → § 2 Rn. 54 ff.

Unterabschnitt 2 Zusätzliche Anforderungen an Errichtung und Betrieb zu Abschnitt 2

Vorbemerkungen Unterabschnitt 2

1 Die einzelnen Vorschriften über die Emissionsbegrenzungen des Abschnitts 2 (§§ 27 bis 35) sind ähnlich aufgebaut: Abs. 1 S. 1 der §§ 28 bis 34 wiederholt an sich nur die Betreiberpflicht aus § 5 Abs. 2 Nr. 2 BImSchG. Das heißt bereits bei der Errichtung ist dafür zu sorgen, dass die technischen Voraussetzungen dafür geschaffen werden, dass die Emissionsgrenzwerte eingehalten werden.

2 Nr. 1 des jeweiligen Abs. 1 S. 2 fixiert für die jeweils relevanten Schadstoffe einzuhaltende Jahresmittelwerte, Nr. 2 des jeweiligen Abs. 1 S. 2 fixiert für die jeweils relevanten Schadstoffe Tagesmittelwerte, Nr. 3 des jeweiligen Abs. 1 S. 2 begrenzt die Emissionen der jeweils in Nr. 1 aufgeführten Schadstoffe im Halbstundenmittel auf das Doppelte der unter Nr. 2 für das Tagesmittel bestimmten Emissionsgrenzwerte. Bei den Emissionsbegrenzungen für feste Brennstoffe (§ 28), Biobrennstoffe (§ 29), flüssige Brennstoffe und Produktionsrückständen aus der chemischen Industrie (§ 32) tritt eine Nr. 4 in Abs. 1 S. 2 hinzu, die die Emissionsgrenzwerte nach Anlage 2 für krebserzeugende Stoffe einbezieht. Bei Einsatz von festen Brennstoffen, Biobrennstoffen und Produktionsrückständen aus der chemischen Industrie werden in Nr. 4 in Abs. 1 S. 2 außerdem gasförmige anorganische Chlor- bzw. Fluorverbindungen begrenzt.

§ 27 Emissionsgrenzwerte für Ammoniak

Sofern zur Minderung der Emissionen von Stickstoffoxiden ein Verfahren zur selektiven katalytischen Reduktion oder ein Verfahren zur selektiven nichtkatalytischen Reduktion eingesetzt wird, sind Feuerungsanlagen so zu errichten und zu betreiben, dass für Ammoniak ein Emissionsgrenzwert von 10 mg/m^3 für den Jahres- und den Tagesmittelwert und von 20 mg/m^3 für den Halbstundenmittelwert nicht überschritten wird. Gasturbinenanlagen sind so zu errichten und zu betreiben, dass Gasturbinen, die zur Minderung der Emissionen von Stickstoffoxiden ein Verfahren zur selektiven katalytischen Reduktion einsetzen, für Ammoniak einen Emissionsgrenzwert von 5 mg/m^3 für den Jahresmittelwert, 10 mg/m^3 für den Tagesmittelwert und 20 mg/m^3 für den Halbstundenmittelwert nicht überschreiten. Die Emissionsgrenzwerte nach den Sätzen 1 und 2 sind auf den nach § 3 jeweils maßgeblichen Bezugssauerstoffgehalt zu beziehen.

1 § 27 dient der Umsetzung der BVT 7 des Durchführungsbeschlusses (EU) 2017/1442. Dabei wird der obere Wert des mit BVT assoziierten Emissionswertebereiches von < 3

bis 10 mg/m³ für den im Jahresmittel einzuhaltenden Emissionsgrenzwert übernommen. Der Wert von 10 mg/m³ wird ebenfalls als im Tagesmittel einzuhaltender Emissionsgrenzwert festgelegt und entspricht damit den Anforderungen in § 5 Abs. 3b und in § 7 Abs. 1a der 13. BImSchV 2013/2017. Die Festlegung dort erfolgte bereits im Rahmen der Umsetzung des Durchführungsbeschlusses (EU) 2014/687 (Zellstoff, Papier und Karton) und des Durchführungsbeschlusses (EU) 2014/738 (Raffinerien). Abweichend von der Regelanforderung können Gasturbinen, die mit einer Einrichtung zur selektiven katalytischen Reduktion von Stickstoffoxiden ausgestattet sind, einen auf das Jahr bezogenen Ammoniak-Grenzwert von 5 mg/m³ sicher einhalten, sofern sie nicht einem strengeren jahresbezogenen Emissionsgrenzwert als 20 mg/m³ für Stickstoffoxide unterliegen (BT-Drs. 19/24906, 107).

Selektive katalytische Reduktion (SCR) definiert der Durchführungsbeschluss 2
(EU) 2017/1442, Tabelle unter Ziff. 8.3 als selektive Reduktion von Stickoxiden mit Ammoniak oder Harnstoff in Gegenwart eines Katalysators. Die Technik beruht auf der Reduktion von NOX zu Stickstoff durch Reaktion mit Ammoniak (in der Regel in wässriger Lösung) in einem Katalysatorbett bei einer optimalen Betriebstemperatur von ca. 300–450 °C. Es können mehrere Katalysatorschichten verwendet werden. Eine stärkere NOX-Reduktion wird durch den Einsatz mehrerer Katalysatorschichten erreicht. Die Technik kann modular ausgelegt werden, und zur Bewältigung niedriger Lasten oder eines breiten Abgastemperaturfensters können spezielle Katalysatoren und/oder ein Vorwärmverfahren eingesetzt werden. „In-duct" oder „Schlupf"-SCR ist eine Technik, in der SNCR mit einer nachgelagerten, selektiven katalytischen Reduktion kombiniert wird, die den Ammoniak-Schlupf aus der SNCR-Anlage verringert.

Selektive nichtkatalytische Reduktion (SNCR) definiert der Durchführungsbe- 3
schluss (EU) 2017/1442 als „selektive Reduktion von Stickoxiden mit Ammoniak oder Harnstoff ohne Katalysator. Dieses Verfahren beruht auf der Reduktion von NOX zu Stickstoff durch Reaktion mit Ammoniak oder Harnstoff bei hohen Temperaturen. Zur Erzielung einer optimalen Reaktion wird das Betriebstemperaturfenster zwischen 800 °C und 1 000 °C gehalten.

Ansonsten zur Bildung von Mittelwerten und deren Auswertungen → § 19 Rn. 2 ff. 4
und zum Bezugssauerstoffgehalt → § 2 Rn. 40, 48, § 3.

§ 28 Emissionsgrenzwerte für Großfeuerungsanlagen bei Einsatz fester Brennstoffe, ausgenommen Biobrennstoffe

(1) Großfeuerungsanlagen, die feste Brennstoffe mit Ausnahme von Biobrennstoffen einsetzen, sind so zu errichten und zu betreiben, dass die Anforderungen dieses Absatzes und der Absätze 2 bis 5, des Absatzes 6 Satz 1, des Absatzes 7, des Absatzes 8 Satz 1 und 3, des Absatzes 9 Satz 1 und der Absätze 10 bis 15 eingehalten werden. Der Betreiber hat dafür zu sorgen, dass

1. kein Jahresmittelwert die folgenden Emissionsgrenzwerte überschreitet:
   a) Gesamtstaub: 5 mg/m³,
   b) Quecksilber und seine Verbindungen, angegeben als Quecksilber, bei einer Feuerungswärmeleistung von
      aa) 50 MW bis weniger als 300 MW: 0,002 mg/m³,
      bb) 300 MW oder mehr: 0,001 mg/m³,
   c) Stickstoffmonoxid und Stickstoffdioxid, angegeben als Stickstoffdioxid, bei einer Feuerungswärmeleistung von

aa) 50 MW bis weniger als 100 MW: 150 mg/m³,
bb) 100 MW bis weniger als 300 MW: 100 mg/m³,
cc) 300 MW oder mehr: 85 mg/m³,

d) Schwefeldioxid und Schwefeltrioxid, angegeben als Schwefeldioxid, bei einer Feuerungswärmeleistung von
aa) 50 MW bis weniger als 100 MW: 200 mg/m³,
bb) 100 MW bis weniger als 300 MW: 150 mg/m³,
cc) 300 MW oder mehr: 75 mg/m³;

2. kein Tagesmittelwert die folgenden Emissionsgrenzwerte überschreitet und kein Tagesmittelwert die folgenden Schwefelabscheidegrade unterschreitet:
a) Gesamtstaub: 10 mg/m³,
b) Quecksilber und seine Verbindungen, angegeben als Quecksilber: 0,02 mg/m³,
c) Kohlenmonoxid bei einer Feuerungswärmeleistung von
aa) 50 MW bis weniger als 100 MW: 150 mg/m³,
bb) 100 MW oder mehr: 200 mg/m³,
d) Stickstoffmonoxid und Stickstoffdioxid, angegeben als Stickstoffdioxid, bei einer Feuerungswärmeleistung von
aa) 50 bis weniger als 100 MW: 200 mg/m³,
bb) 100 MW bis weniger als 300 MW: 130 mg/m³,
cc) 300 MW oder mehr: 125 mg/m³,
e) Schwefeldioxid und Schwefeltrioxid, angegeben als Schwefeldioxid, bei einer Feuerungswärmeleistung von
aa) 50 MW bis weniger als 100 MW: 220 mg/m³,
bb) 100 MW bis weniger als 300 MW: 200 mg/m³,
cc) 300 MW oder mehr: 110 mg/m³,

es darf zusätzlich zur Begrenzung der Massenkonzentration ein Schwefelabscheidegrad von mindestens 85 Prozent nicht unterschritten werden; soweit diese Anforderung zu Emissionen von weniger als 50 mg/m³ für den Tagesmittelwert führt, ist mindestens ein Schwefelabscheidegrad einzuhalten, der zu Emissionen von nicht mehr als 50 mg/m³ für den Tagesmittelwert führt;

3. kein Halbstundenmittelwert das Doppelte der in Nummer 2 bestimmten Emissionsgrenzwerte überschreitet und
4. kein Mittelwert, der über die jeweilige Probenahmezeit gebildet ist, die nachfolgenden Emissionsgrenzwerte überschreitet:
a) anorganische gasförmige Chlorverbindungen, angegeben als Chlorwasserstoff, bei einer Feuerungswärmeleistung von
aa) 50 MW bis weniger als 100 MW: 6 mg/m³,
bb) 100 MW oder mehr: 3 mg/m³,
b) anorganische gasförmige Fluorverbindungen, angegeben als Fluorwasserstoff, bei einer Feuerungswärmeleistung von
aa) 50 MW bis weniger als 100 MW: 3 mg/m³,
bb) 100 MW oder mehr: 2 mg/m³,
c) die Emissionsgrenzwerte nach Anlage 2 Nummer 1 bis 4.

(2) Die Emissionsgrenzwerte dieser Vorschrift sind auch bei der Heizflächenreinigung einzuhalten.

(3) Abweichend von den in Absatz 1 Satz 2 Nummer 1 Buchstabe b bestimmten Emissionsgrenzwerten für Quecksilber und seine Verbindungen, angegeben als Quecksilber, dürfen bei bestehenden Anlagen die folgenden Emissionsgrenzwerte für den Jahresmittelwert nicht überschritten werden:

1. bei bestehenden Anlagen mit einer Feuerungswärmeleistung von 50 MW bis weniger als 300 MW bei Einsatz von
a) Steinkohle: 0,005 mg/m³,
b) Braunkohle: 0,010 mg/m³;

2. bei bestehenden Anlagen mit einer Feuerungswärmeleistung von 300 MW oder mehr bei Einsatz von
a) Steinkohle: 0,004 mg/m³
und ab dem 15. Juli 2025 0,003 mg/m³,
b) Braunkohle: 0,005 mg/m³
und ab dem 15. Juli 2025 0,004 mg/m³.

Abweichend von Satz 1 Nummer 2 Buchstabe a ist bei einer Anlage oder einer gesonderten Feuerungsanlage, die vor dem 15. Juli 2025 nach § 13b Absatz 5 des Energiewirtschaftsgesetzes vom 7. Juli 2005 (BGBl. I S. 1970, 3621), das zuletzt durch Artikel 2 des Gesetzes vom 25. Februar 2021 (BGBl. I S. 298) geändert worden ist, als systemrelevant ausgewiesen worden ist oder nach § 13e des Energiewirtschaftsgesetzes in der Kapazitätsreserve gebunden worden ist, der Emissionsgrenzwert für Quecksilber von 0,004 mg/m³ einzuhalten.

(4) **Abweichend von Absatz 3 Satz 1 Nummer 2 Buchstabe b darf bei Altanlagen mit einer Feuerungswärmeleistung von 300 MW oder mehr ein Emissionsgrenzwert von 0,007 mg/m³ und ab dem 15. Juli 2025 von 0,006 mg/m³ für den Jahresmittelwert nicht überschritten werden, wenn**

1. der Quecksilbergehalt im eingesetzten Brennstoff 0,1 mg/kg oder mehr aufweist oder
2. die betreffende Anlage über einen Dampferzeuger mit einer Verweilzeit des Rauchgases von 4 Sekunden oder mehr im Dampferzeuger bis zum Ende der Brennkammer verfügt.

Abweichend von Satz 1 darf bei Altanlagen mit einer auf die gesonderte Feuerungsanlage bezogene Feuerungswärmeleistung von weniger als 1.500 MW ein Emissionsgrenzwert von 0,007 mg/m³ für den Jahresmittelwert nicht überschritten werden, wenn der Quecksilbergehalt im eingesetzten Brennstoff 0,15 mg/kg oder mehr aufweist. Für die Zwecke nach Satz 1 Nummer 1 und Satz 2 hat der Betreiber den Nachweis zu führen, dass der Quecksilbergehalt im eingesetzten Brennstoff (wasser- und aschefrei) den Mindestwert im Jahresmittel erreicht oder überschritten hat. Der Betreiber hat der zuständigen Behörde auf Verlangen einmal jährlich geeignete Unterlagen vorzulegen, die den Quecksilbergehalt im eingesetzten Brennstoff belegen. Verfügt die Anlage über einen Dampferzeuger nach Satz 1 Nummer 2, hat der Anlagenbetreiber die Verweilzeit des Rauchgases in der Brennkammer gegenüber der zuständigen Behörde nachzuweisen. Der Nachweis der Verweilzeit erfolgt einmalig durch ein von der zuständigen Behörde anerkanntes Gutachten.

(5) **Abweichend von Absatz 1 Satz 2 Nummer 1 Buchstabe d, Nummer 2 Buchstabe e und Nummer 3 darf für die Emissionen an Schwefeldioxid und Schwefeltrioxid, angegeben als Schwefeldioxid, soweit auf Grund des Schwefelgehalts der eingesetzten einheimischen Brennstoffe die in Absatz 1 bestimmten Emissionsgrenzwerte mit einem verhältnismäßigen Aufwand nicht eingehalten werden können, bei einer Feuerungswärmeleistung von**

1. 50 MW bis weniger als 100 MW alternativ ein Schwefelabscheidegrad von mindestens 93 Prozent als Tagesmittelwert nicht unterschritten werden,
2. 100 MW bis weniger als 300 MW alternativ ein Emissionsgrenzwert von 300 mg/m³ für den Tagesmittelwert und 600 mg/m³ für den Halbstundenmittel-

wert nicht überschritten und zusätzlich ein Schwefelabscheidegrad von mindestens 93 Prozent als Tagesmittewert nicht unterschritten werden,

3. **300 MW oder mehr alternativ ein Emissionsgrenzwert von 200 mg/m³ für den Jahresmittelwert, 400 mg/m³ für den Tagesmittelwert und 800 mg/m³ für den Halbstundenmittelwert nicht überschritten werden und zusätzlich ein Entschwefelungsgrad der Rauchgasentschwefelungseinrichtung von 99 Prozent als Jahresmittelwert und ein Schwefelabscheidegrad von 97 Prozent als Tagesmittelwert nicht unterschritten werden.**

(6) **Abweichend von den in Absatz 1 Satz 2 Nummer 1 Buchstabe a, Nummer 2 Buchstabe a und Nummer 3 bestimmten Emissionsgrenzwerten für Gesamtstaub darf**

1. **bei bestehenden Anlagen mit einer Feuerungswärmeleistung von 50 MW bis weniger als 1.000 MW ein Emissionsgrenzwert von 10 mg/m³ für den Jahresmittelwert, 10 mg/m³ für den Tagesmittelwert und 20 mg/m³ für den Halbstundenmittelwert nicht überschritten werden;**
2. **bei bestehenden Anlagen mit einer Feuerungswärmeleistung von 1.000 MW oder mehr ein Emissionsgrenzwert von 8 mg/m³ für den Jahresmittelwert, 10 mg/m³ für den Tagesmittelwert und 20 mg/m³ für den Halbstundenmittelwert nicht überschritten werden;**
3. **bei Altanlagen mit einer Feuerungswärmeleistung von 50 MW bis weniger als 100 MW ein Emissionsgrenzwert von 18 mg/m³ für den Jahresmittelwert, 20 mg/m³ für den Tagesmittelwert und 40 mg/m³ für den Halbstundenmittelwert nicht überschritten werden;**
4. **bei Altanlagen mit einer Feuerungswärmeleistung von 100 MW bis weniger als 300 MW ein Emissionsgrenzwert von 14 mg/m³ für den Jahresmittelwert, 20 mg/m³, für den Tagesmittelwert und 40 mg/m³ für den Halbstundenmittelwert nicht überschritten werden;**
5. **bei Altanlagen mit einer Feuerungswärmeleistung von 300 MW bis weniger als 1.000 MW ein Emissionsgrenzwert von 10 mg/m³ für den Jahresmittelwert, 20 mg/m³ für den Tagesmittelwert und 40 mg/m³ für den Halbstundenmittelwert nicht überschritten werden;**
6. **bei Altanlagen mit einer Feuerungswärmeleistung von 1.000 MW oder mehr ein Emissionsgrenzwert von 8 mg/m³ für den Jahresmittelwert, 14 mg/m³ für den Tagesmittelwert und 28 mg/m³ für den Halbstundenmittelwert nicht überschritten werden.**

Die Behörde kann auf Antrag des Betreibers eine bestehende Anlage, die im gleitenden Durchschnitt über einen Zeitraum von fünf Jahren höchstens 1.500 Betriebsstunden jährlich in Betrieb ist, von der Pflicht zur Einhaltung der Emissionsgrenzwerte für den Jahresmittelwert nach Satz 1 Nummern 1, 2, 3, 4, 5 oder 6 befreien.

(7) **Abweichend von den in Absatz 1 Satz 2 Nummer 2 Buchstabe c und Nummer 3 bestimmten Emissionsgrenzwerten für Kohlenmonoxid darf bei 2003-Altanlagen mit einer Feuerungswärmeleistung von 100 MW oder mehr ein Emissionsgrenzwert von 250 mg/m³ für den Tagesmittelwert und von 500 mg/m³ für den Halbstundenmittelwert nicht überschritten werden.**

(8) **Abweichend von den in Absatz 1 Satz 2 Nummer 1 Buchstabe c, Nummer 2 Buchstabe d und Nummer 3 bestimmten Emissionsgrenzwerten für Stickstoffmonoxid und Stickstoffdioxid, angegeben als Stickstoffdioxid, darf**

1. **bei bestehenden Anlagen mit einer Feuerungswärmeleistung von 50 MW bis weniger als 100 MW ein Emissionsgrenzwert von 250 mg/m³ für den Jahresmittelwert, 300 mg/m³ für den Tagesmittelwert und 600 mg/m³ für den Halbstundenmittelwert nicht überschritten werden;**

2. bei bestehenden Anlagen mit einer Feuerungswärmeleistung von 100 MW oder mehr ein Emissionsgrenzwert von 100 mg/m³ für den Jahresmittelwert, 200 mg/m³ für den Tagesmittelwert, davon abweichend für andere als Braunkohlestaubfeuerungen bei einer Feuerungswärmeleistung von 300 MW oder mehr 150 mg/m³ für den Tagesmittelwert, und 400 mg/m³ für den Halbstundenmittelwert nicht überschritten werden;
3. bei Altanlagen mit einer Feuerungswärmeleistung von 100 MW bis weniger als 300 MW ein Emissionsgrenzwert von 180 mg/m³ für den Jahresmittelwert, 200 mg/m³ für den Tagesmittelwert und 400 mg/m³ für den Halbstundenmittelwert nicht überschritten werden;
4. bei Altanlagen mit steinkohlegefeuerten Staubfeuerungen mit einer Feuerungswärmeleistung von 300 MW oder mehr ein Emissionsgrenzwert von 150 mg/m³ für den Jahresmittelwert, 200 mg/m³ für den Tagesmittelwert und 400 mg/m³ für den Halbstundenmittelwert nicht überschritten werden;
5. bei Altanlagen mit Wirbelschichtfeuerung mit einer Feuerungswärmeleistung von 300 MW oder mehr ein Emissionsgrenzwert von 175 mg/m³ für den Jahresmittelwert, 200 mg/m³ für den Tagesmittelwert und 400 mg/m³ für den Halbstundenmittelwert nicht überschritten werden;
6. bei Altanlagen mit braunkohlegefeuerter Staubfeuerung mit einer Feuerungswärmeleistung von 300 MW oder mehr ein Emissionsgrenzwert von 175 mg/m³ für den Jahresmittelwert, 200 mg/m³ für den Tagesmittelwert und 400 mg/m³ für den Halbstundenmittelwert nicht überschritten werden.

Die Behörde kann auf Antrag des Betreibers eine bestehende Anlage, die im gleitenden Durchschnitt über einen Zeitraum von fünf Jahren höchstens 1.500 Betriebsstunden jährlich in Betrieb ist, von der Pflicht zur Einhaltung der Emissionsgrenzwerte für den Jahresmittelwert nach Satz 1 Nummer 1, 2, 3, 4, 5 oder 6 oder nach Absatz 1 Satz 2 Nummer 1 Buchstabe c befreien. 2003-Altanlagen mit einer Feuerungswärmeleistung von 50 MW bis weniger als 100 MW, die im gleitenden Durchschnitt über einen Zeitraum von fünf Jahren höchstens 1.500 Stunden jährlich in Betrieb sind, sowie steinkohlegefeuerte Altanlagen mit einer Feuerungswärmeleistung von 100 MW bis weniger als 300 MW, die vor dem 1. Juli 1987 in Betrieb gegangen sind und die im gleitenden Durchschnitt über einen Zeitraum von fünf Jahren höchstens 1.500 Stunden jährlich in Betrieb sind, dürfen abweichend von Satz 1 Nummer 1, 2 und 3 einen Emissionsgrenzwert von 330 mg/m³ für den Tagesmittelwert und 660 mg/m³ für den Halbstundenmittelwert nicht überschreiten, wobei der Emissionsgrenzwert für den Jahresmittelwert keine Anwendung findet.

(9) Abweichend von den in Absatz 1 Satz 2 Nummer 1 Buchstabe d, Nummer 2 Buchstabe e und Nummer 3 bestimmten Emissionsgrenzwerten für Schwefeldioxid und Schwefeltrioxid, angegeben als Schwefeldioxid, darf

1. bei bestehenden Anlagen mit Wirbelschichtfeuerung mit einer Feuerungswärmeleistung von 50 MW bis weniger als 100 MW ein Emissionsgrenzwert von 350 mg/m³ für den Jahres- und den Tagesmittelwert und von 700 mg/m³ für den Halbstundenmittelwert nicht überschritten werden, wobei der Schwefelabscheidegrad einen Wert von mindestens 75 Prozent nicht unterschreiten darf;
2. bei anderen als den in Nummer 1 genannten bestehenden Anlagen mit einer Feuerungswärmeleistung von 50 MW bis weniger als 100 MW ein Emissionsgrenzwert von 360 mg/m³ für den Jahresmittelwert, 400 mg/m³ für den Tagesmittelwert und von 800 mg/m³ für den Halbstundenmittelwert nicht überschritten werden;
3. bei bestehenden Anlagen mit einer Feuerungswärmeleistung von 100 MW bis weniger als 300 MW ein Emissionsgrenzwert von 200 mg/m³ für den Jahres- und den Tagesmittelwert und von 400 mg/m³ für den Halbstundenmittelwert nicht

überschritten werden, wobei der Schwefelabscheidegrad einen Wert von mindestens 85 Prozent nicht unterschreiten darf;

4. **bei 2003-Altanlagen mit einer Feuerungswärmeleistung von 100 MW bis weniger als 300 MW ein Emissionsgrenzwert von 200 mg/m³ für den Jahresmittelwert, 250 mg/m³ für den Tagesmittelwert und von 500 mg/m³ für den Halbstundenmittelwert nicht überschritten werden, wobei der Schwefelabscheidegrad einen Wert von mindestens 75 Prozent nicht unterschreiten darf;**
5. **bei bestehenden Anlagen mit zirkulierender oder druckaufgeladener Wirbelschichtfeuerung mit einer Feuerungswärmeleistung von 300 MW oder mehr ein Emissionsgrenzwert von 180 mg/m³ für den Jahresmittelwert, 200 mg/m³ für den Tagesmittelwert und von 400 mg/m³ für den Halbstundenmittelwert nicht überschritten werden, wobei der Schwefelabscheidegrad einen Wert von mindestens 85 Prozent nicht unterschreiten darf;**
6. **bei bestehenden sonstigen Anlagen mit einer Feuerungswärmeleistung von 300 MW oder mehr eine Emissionsgrenzwert von 130 mg/m³ für den Jahresmittelwert, 150 mg/m³ für den Tagesmittelwert und von 300 mg/m³ für den Halbstundenmittelwert nicht überschritten werden, wobei der Schwefelabscheidegrad einen Wert von mindestens 85 Prozent nicht unterschreiten darf;**
7. **bei Altanlagen, ausgenommen Anlagen mit zirkulierender oder druckaufgeladener Wirbelschichtfeuerung, mit einer Feuerungswärmeleistung von 300 MW oder mehr ein Emissionsgrenzwert von 130 mg/m³ für den Jahresmittelwert, 200 mg/m³ für den Tagesmittelwert und von 400 mg/m³ für den Halbstundenmittelwert nicht überschritten werden, wobei der Schwefelabscheidegrad einen Wert von mindestens 85 Prozent nicht unterschreiten darf;**
8. **bei 2003-Altanlagen mit einer Feuerungswärmeleistung von 300 MW oder mehr, die im gleitenden Durchschnitt über einen Zeitraum von fünf Jahren höchstens 1.500 Stunden jährlich in Betrieb sind, ein Emissionsgrenzwert von 220 mg/m³ für den Tagesmittelwert und von 440 mg/m³ für den Halbstundenmittelwert nicht überschritten werden, wobei der Emissionsgrenzwert für den Jahresmittelwert keine Anwendung findet und der Schwefelabscheidegrad einen Wert von 85 Prozent nicht unterschreiten darf.**

Die Behörde kann auf Antrag des Betreibers eine bestehende Anlage, die im gleitenden Durchschnitt über einen Zeitraum von fünf Jahren höchstens 1.500 Betriebsstunden jährlich in Betrieb ist, von der Pflicht zur Einhaltung der Emissionsgrenzwerte für den Jahresmittelwert in Satz 1 Nummer 1, 2, 3, 4, 5, 6 oder 7 befreien.

(10) **Abweichend von Absatz 1 Satz 2 Nummer 1 Buchstabe d, Nummer 2 Buchstabe e und Nummer 3 und Absatz 4 darf nach Validierung des Schwefelgehalts des eingesetzten einheimischen Brennstoffs und des erzielten Schwefelabscheidegrades, gemittelt über jeden Monat, bei bestehenden Anlagen für die Emissionen an Schwefeldioxid und Schwefeltrioxid, angegeben als Schwefeldioxid, soweit auf Grund des Schwefelgehalts der eingesetzten einheimischen Brennstoffe die in Absatz 1 bestimmten Emissionsgrenzwerte mit einem verhältnismäßigen Aufwand nicht eingehalten werden können, bei einer Feuerungswärmeleistung von 300 MW oder mehr ein Emissionsgrenzwert von 320 mg/m³ für den Jahresmittelwert, 400 mg/m³ für den Tagesmittelwert und 800 mg/m³ für den Halbstundenmittelwert nicht überschritten werden und zusätzlich ein Entschwefelungsgrad der Rauchgasentschwefelungseinrichtung von 97 Prozent als Jahresmittelwert und ein Schwefelabscheidegrad von 97 Prozent als Tagesmittelwert nicht unterschritten werden.**

(11) **Abweichend von Absatz 1 Satz 2 Nummer 1 Buchstabe d, Nummer 2 Buchstabe e und Nummer 3 und Absatz 4 darf nach Validierung des Schwefelgehalts des eingesetzten einheimischen Brennstoffs und des erzielten Schwefelabscheidegrades, gemittelt über jeden Monat, bei Altanlagen für die Emissionen an Schwefeldioxid und**

Schwefeltrioxid, angegeben als Schwefeldioxid, soweit auf Grund des Schwefelgehalts der eingesetzten einheimischen Brennstoffe die in Absatz 1 bestimmten Emissionsgrenzwerte mit einem verhältnismäßigen Aufwand nicht eingehalten werden können, bei einer Feuerungswärmeleistung von

1. **50 MW bis weniger als 100 MW alternativ ein Schwefelabscheidegrad von mindestens 92 Prozent als Tagesmittelwert nicht unterschritten werden,**
2. **100 MW bis weniger als 300 MW alternativ ein Emissionsgrenzwert von 300 mg/m³ für den Tagesmittelwert und 600 mg/m³ für den Halbstundenmittelwert nicht überschritten und zusätzlich ein Schwefelabscheidegrad von mindestens 92 Prozent als Tagesmittelwert nicht unterschritten werden,**
3. **300 MW oder mehr ein Emissionsgrenzwert von 320 mg/m³ für den Jahresmittelwert, 400 mg/m³ für den Tagesmittelwert und 800 mg/m³ für den Halbstundenmittelwert nicht überschritten werden und zusätzlich ein Entschwefelungsgrad der Rauchgasentschwefelungseinrichtung von 97 Prozent als Jahresmittelwert und ein Schwefelabscheidegrad von 96 Prozent als Tagesmittelwert nicht unterschritten werden.**

(12) **Abweichend von den in Absatz 1 Satz 2 Nummer 4 Buchstabe a bestimmten Emissionsgrenzwerten für die Emissionen an anorganischen gasförmigen Chlorverbindungen, angegeben als Chlorwasserstoff, darf bei bestehenden Anlagen bei Einsatz von Brennstoffen mit einem mittleren Chlorgehalt von 1.000 mg/kg trocken oder mehr, oder bei bestehenden Anlagen mit Wirbelschichtfeuerung oder bei bestehenden Anlagen, die im gleitenden Durchschnitt über einen Zeitraum von fünf Jahren höchstens 1.500 Stunden jährlich in Betrieb sind, ein Emissionsgrenzwert von 20 mg/m³ für den Jahresmittelwert nicht überschritten werden. Andere als in Satz 1 genannte bestehende Anlagen mit einer Feuerungswärmeleistung von 50 MW bis weniger als 100 MW dürfen einen Emissionsgrenzwert von 10 mg/m³ nicht überschreiten. Andere als in Satz 1 genannte bestehende Anlagen mit einer Feuerungswärmeleistung von 100 MW oder mehr dürfen bei Einsatz einer nass arbeitenden Entschwefelungseinrichtung mit nachgeschaltetem rotierendem Gas-Gas-Wärmetauscher einen Emissionsgrenzwert von 7 mg/m³, ansonsten von 5 mg/m³ für den Jahresmittelwert nicht überschreiten.**

(13) **Abweichend von den in Absatz 1 Satz 2 Nummer 4 Buchstabe b bestimmten Emissionsgrenzwerten für die Emissionen an anorganischen gasförmigen Fluorverbindungen, angegeben als Fluorwasserstoff, darf bei bestehenden Anlagen bei Einsatz einer nass arbeitenden Entschwefelungseinrichtung mit nachgeschaltetem rotierendem Gas-Gas-Wärmetauscher, bei bestehenden Anlagen mit Wirbelschichtfeuerung (→ § 2 Rn. 64) oder bei bestehenden Anlagen, die im gleitenden Durchschnitt über einen Zeitraum von fünf Jahren höchstens 1.500 Stunden jährlich in Betrieb sind, ein Emissionsgrenzwert von 7 mg/m³ für den Jahresmittelwert nicht überschritten werden. Andere als in Satz 1 genannte bestehende Anlagen mit einer Feuerungswärmeleistung von 50 MW bis weniger als 100 MW dürfen einen Emissionsgrenzwert von 6 mg/m³, Anlagen mit einer Feuerungswärmeleistung von 100 MW oder mehr einen Emissionsgrenzwert von 3 mg/m³ für den Jahresmittelwert nicht überschreiten.**

(14) **Der Betreiber hat in dem Fall von Absatz 12 Satz 1, soweit der abweichende Emissionsgrenzwert von 20 mg/m³ für den Jahresmittelwert auf den mittleren Chlorgehalt im Brennstoff zurückgeht, Nachweise über das Vorliegen der Voraussetzungen für die Inanspruchnahme der abweichenden Anforderung, insbesondere auf der Grundlage der Brennstoffkontrollen nach § 13, jeweils bis zum Ablauf des 31. März eines Jahres für das vorhergehende Kalenderjahr zu führen und der zuständigen Behörde auf Verlangen vorzulegen. Der Betreiber hat die Nachweise nach dem Ende des Nachweiszeitraums nach Satz 1 jeweils fünf Jahre lang aufzubewahren.**

(15) **Der Betreiber einer Anlage, die die Behörde nach Absatz 6 Satz 2, Absatz 8 Satz 2 oder Absatz 9 Satz 2 von der Pflicht zur Einhaltung des Emissionsgrenzwertes für den Jahresmittelwert befreit hat und der Betreiber einer Anlagenach Absatz 8 Satz 3 oder Absatz 9 Satz 1 Nummer 8 sowie der Betreiber einer Anlagenach Absatz 12 Satz 1 oder Absatz 13 Satz 1, soweit der abweichende Emissionsgrenzwert von 20 mg/m³ für den Jahresmittelwert für die Emissionen an anorganischen gasförmigen Chlorverbindungen oder von 7 mg/m³ für den Jahresmittelwert für die Emissionen an anorganischen gasförmigen Fluorverbindungen auf die Begrenzung der jährlichen Betriebsstunden zurückgeht, hat jeweils bis zum Ablauf des 31. März eines Jahres für die vorhergehenden fünf Kalenderjahre einen Nachweis über die Einhaltung der Betriebszeit zu führen und diesen der zuständigen Behörde auf Verlangen vorzulegen. Der Betreiber hat den Nachweis nach dem Ende des Nachweiszeitraums jeweils fünf Jahre lang aufzubewahren.**

Übersicht

A. Allgemeines

1 § 28 übernimmt Regelungen der bestehenden 13. BImSchV und enthält Emissionsgrenzwerte für Feuerungsanlagen, die für den Einsatz von **festen Brennstoffen** (→ § 2 Rn. 12) genehmigt sind (zur Struktur der Vorschrift → Vorbemerkungen Unterabschnitt 2 des Abschnitt 2). Die Emissionsbegrenzungen nach § 28 Abs. 1 sollen den Stand der Technik für Neuanlagen unter Beachtung der Grenzen aus Anhang V Teil 2 der IE-RL (BR-Drs. 676/12, 172). Die für Feuerungsanlagen maßgeblichen Emissionsgrenzwerte fixiert die IE-RL in ihrem Anhang V, wobei Teil 1 die großzügigeren Emissionsanforderungen für bis 2013 genehmigte bzw. beantragte und bis 2014 in Betrieb genommene Anlagen, Teil 2 für nach dem 7.1.2013 genehmigte Anlagen enthält (Art. 30 Abs. 2 und 3 der IE-RL). Die festgelegten Emissionsgrenzwerte sollen ferner Ausdruck des Vorsorgeprinzips sein und verursachergerecht angemessen zur Minderung der Gesamtstaubbelastung beitragen (BR-Drs. 676/12, 172).

2 Zu Jahres- Tages- und Halbstundenmittelwert → § 19 Rn. 2 ff.. Zum Bezugssauerstoffgehalt →§ 2 Rn. 40, 48, § 3. Zur Heizflächenreinigung nach Abs. 2 → § 2 Rn. 37.

B. Emissionsbegrenzungen

I. Neue Anlagen

3 Abs. 1 S. 2 Nr. 1 enthält **Jahresmittelwerte** (→ § 19 Rn. 2 ff.) für Gesamtstaub, Quecksilber, Stickstoffoxide, Schwefeloxide. *Buchst. a* setzt BVT 22 Tabelle 6 des Durchführungsbeschlusses (EU) 2017/1442 bezüglich Gesamtstaub-Emissionen um. Dabei wird der obere Wert des mit BVT assoziierten Emissionswertebereiches von 2 bis 5 mg/m³ für den im Jahresmittel einzuhaltenden Emissionsgrenzwert übernommen.

4 Abs. 1 S. 2 Nr. 1 *Buchst. b* trägt dem **Minamata-Übereinkommen** Rechnung, in dem Quecksilber entsprechend einem anspruchsvollen Stand der Technik begrenzt wird. Dop-

pelbuchstabe aa dient der Umsetzung von BVT 23 Tabelle 7 des Durchführungsbeschlusses (EU) 2017/1442 bezüglich Quecksilberemissionen. Dieser sieht im Leistungsbereich bis 300 MW Feuerungswärmeleistung einen BVT assoziierten Emissionswertebereich von < 1 bis 3 µg/m^3 für Steinkohle und von < 1 bis 5 µg/m^3 für Braunkohle im Jahresmittel vor. Doppelbuchstabe bb dient der Umsetzung von BVT 23 Tabelle 7 des Durchführungsbeschlusses (EU) 2017/1442 bezüglich Quecksilberemissionen. Dieser sieht im Leistungsbereich von 300 MW Feuerungswärmeleistung und mehr einen BVT assoziierten Emissionswertebereich von < 1 bis 2 µg/m^3 für Steinkohle und von < 1 bis 4 µg/m^3 für Braunkohle im Jahresmittel vor.

Abs. 1 S. 2 Nr. 1 *Buchst. c*, Doppelbuchstabe aa dient der Umsetzung der BVT 20 Tabel- 5
le 3 des Durchführungsbeschlusses (EU) 2017/1442. Dabei wird der obere Wert des mit BVT assoziierten Emissionswertebereiches von 100 bis 150 mg/m^3 für den im Jahresmittel einzuhaltenden Emissionsgrenzwert übernommen. Doppelbuchstabe bb dient der Umsetzung der BVT 20 Tabelle 3 des Durchführungsbeschlusses (EU) 2017/1442. Dabei wird der obere Wert des mit BVT assoziierten Emissionswertebereiches von 50 bis 100 mg/m^3 für den im Jahresmittel einzuhaltenden Emissionsgrenzwert übernommen (wie auch schon § 11 Abs. 3 Nr. 2 der 13. BImSchV 2013/2017). Doppelbuchstabe cc dient der Umsetzung der BVT 20 Tabelle 3 des Durchführungsbeschlusses (EU) 2017/1442. Dabei wird der obere Wert des mit BVT assoziierten Emissionswertebereiches von 50 bis 85 mg/m^3 bzw. im Falle von steinkohlegefeuerten Staubfeuerungen von 65 bis 85 mg/m^3 für den im Jahresmittel einzuhaltenden Emissionsgrenzwert übernommen.

Abs. 1 S. 2 Nr. 1 *Buchst. d*, Doppelbuchstabe aa dient der Umsetzung der BVT 21 Ta- 6
belle 4 des Durchführungsbeschlusses (EU) 2017/1442. Dabei wird der obere Wert des mit BVT assoziierten Emissionswertebereiches von 150 bis 200 mg/m^3 für den im Jahresmittel einzuhaltenden Emissionsgrenzwert übernommen. Doppelbuchstabe bb dient der Umsetzung der BVT 21 Tabelle 4 des Durchführungsbeschlusses (EU) 2017/1442. Dabei wird der obere Wert des mit BVT assoziierten Emissionswertebereiches von 80 bis 150 mg/m^3 für den im Jahresmittel einzuhaltenden Emissionsgrenzwert übernommen. Doppelbuchstabe cc dient der Umsetzung der BVT 21 Tabelle 4 des Durchführungsbeschlusses (EU) 2017/1442. Dabei wird der obere Wert des mit BVT assoziierten Emissionswertebereiches von 10 bis 75 mg/m^3 bzw. im Falle von Wirbelschichtfeuerungen (→ § 2 Rn. 67) von 20 bis 75 mg/m^3 für den im Jahresmittel einzuhaltenden Emissionsgrenzwert übernommen (vgl. zu alledem: BT-Drs. 24906, 107f.).

Abs. 1 S. 2 Nr. 2 begrenzt Gesamtstaub, Quecksilber, Kohlenmonoxid, Stickstoffoxide 7
und Schwefeloxide im **Tagesmittel** (→ § 19 Rn. 2 ff.). Die Staubbegrenzung in *Buchst. a* entspricht § 4 Abs. 1a der 13. BImSchV 2013/2017 und dient gleichzeitig der Umsetzung der BVT 22 Tabelle 6 des Durchführungsbeschlusses (EU) 2017/1442.

Abs. 1 S. 2 Nr. 2 *Buchst. b* setzt die BVT 23 um. Dies legt Emissionsbandbreiten für 8
Quecksilber für den Jahresmittelwert, nicht aber für den Tagesmittelwert fest. Wenn der im Tagesmittel einzuhaltende Emissionsgrenzwert für Anlagen mit 50 MW bis weniger als 300 MW Feuerungswärmeleistung (Doppelbuchstabe aa) auf 0,02 mg/m^3 (Doppelbuchstabe bb – 300 MW oder mehr: 0,001 mg/m^3) festgelegt, so liegt dieser Wert etwas geringer als in der 13. BImSchV 2013/2017 von 0,03 mg/m^3, allerdings sind die in Nr. 1 Buchst. b festgelegten im Jahresmittel einzuhaltenden Emissionsgrenzwerte mehr als eine Größenordnung kleiner als der bisherige im Tagesmittel einzuhaltende Emissionsgrenzwert. Dieser im Tagesmittel einzuhaltende Emissionsgrenzwert kann gegenwärtig anforderungskonform mit kontinuierlich arbeitenden Messeinrichtungen überwacht werden (vgl. zu alledem: BT-Drs. 24906, 108).

Abs. 1 S. 2 Nr. 2 *Buchst. c* entspricht der Anforderung aus § 4 Abs. 1 S. 2 Nr. 1 Buchst. c 9
der 13. BImSchV 2013/2017. Die Angaben im Durchführungsbeschluss (EU) 2017/1442

zu Kohlenmonoxid in BVT 20, die sich nach den Fußnoten zu Tabelle 3 anschließen, werden nicht übernommen. Es handelt sich um auf das Jahr bezogene Angaben. Sie sind damit fachlich ungeeignet, Kohlenmonoxid als Parameter für einen guten Ausbrand wirksam zu überwachen. Hierzu bedarf es kurzzeitbezogener Emissionsgrenzwerte im Tages- bzw. Halbstundenmittel. Die bewährte Vorschrift der geltenden Verordnung wird daher beibehalten (BT-Drs. 24906, 108). *Buchst. d*, Doppelbuchstab aa (50 bis weniger als 100 MW) dient der Umsetzung der BVT 20 Tabelle 3 des Durchführungsbeschlusses (EU) 2017/1442 in Bezug auf Stickoxide. Dabei wird der obere Wert des mit BVT assoziierten Emissionswertebereiches von 155 bis 200 mg/m^3 für den im Tagesmittel einzuhaltenden Emissionsgrenzwert übernommen. Doppelbuchst. bb (100 MW bis weniger als 300 MW) dient der Umsetzung der BVT 20 Tabelle 3 des Durchführungsbeschlusses (EU) 2017/1442 in Bezug auf Schwefeloxide. Dabei wird der obere Wert des mit BVT assoziierten Emissionswertebereiches von 80 bis 130 mg/m^3 für den im Tagesmittel einzuhaltenden Emissionsgrenzwert übernommen. Doppelbuchst. cc (300 MW oder mehr) dient der Umsetzung der BVT 20 Tabelle 3 des Durchführungsbeschlusses (EU) 2017/1442 in Bezug auf Stickoxide. Dabei wird der obere Wert des mit BVT assoziierten Emissionswertebereiches von 80 bis 125 mg/m^3 für den im Tagesmittel einzuhaltenden Emissionsgrenzwert übernommen.

10 Abs. 1 S. 2 Nr. 2 *Buchst. e* Doppelbuchst. aa (50 MW bis weniger als 100 MW) dient der Umsetzung der BVT 21 Tabelle 4 des Durchführungsbeschlusses (EU) 2017/1442 in Bezug auch Schwefeloxide. Dabei wird der obere Wert des mit BVT assoziierten Emissionswertebereiches von 170 bis 220 mg/m^3 für den im Tagesmittel einzuhaltenden Emissionsgrenzwert übernommen. Doppelbuchst. bb (100 MW bis weniger als 300 MW) dient der Umsetzung der BVT 21 Tabelle 4 des Durchführungsbeschlusses (EU) 2017/1442. Dabei wird der obere Wert des mit BVT assoziierten Emissionswertebereiches von 135 bis 200 mg/m^3 für den im Tagesmittel einzuhaltenden Emissionsgrenzwert übernommen. Die Anforderung entspricht auch § 4 Abs. 1 S. 2 Nr. 1e Doppelbuchstabe bb der 13. BImSchV 2013/2017. Doppelbuchstabe cc (300 MW oder mehr) dient der Umsetzung der BVT 21 Tabelle 4 des Durchführungsbeschlusses (EU) 2017/1442. Dabei wird der obere Wert des mit BVT assoziierten Emissionswertebereiches von 25 bis 110 mg/m^3 für den im Tagesmittel einzuhaltenden Emissionsgrenzwert übernommen. Außerdem werden die in der 13. BImSchV 2013/2017 in § 4 Abs. 1 S. 2 Nr. 1e enthaltenen Vorschriften zum Schwefelabscheidegrad in Anlehnung an die niedrigeren und näher beisammen liegenden Emissionsgrenzwerte vereinheitlicht auf mindestens 85 Prozent für alle von den Schwefeldioxid-Emissionsgrenzwerten betroffenen Großfeuerungsanlagen. Die Regelung der geltenden Verordnung zur oberen Begrenzung der Anforderung an den Schwefelabscheidegrad, wenn die Emissionen 50 mg/m^3 unterschreiten, wird unverändert beibehalten (BT-Drs. 24906, 107f.).

11 *Abs. 1 S. 2 Nr. 3* enthält die maßgeblichen **Halbstundenmittelwerte,** die auch schon in § 4 Abs. 1 S. 2 Nr. 2 der 13. BImSchV 201372017 festgelegt waren. Abs. 1 S. 2 *Nr. 4* begrenzt anorganische gasförmige Chlor- und Fluorverbindungen sowie Emissionen für Schwermetalle und krebserzeugende Stoffe nach Anlage 2. Nr. 4 dient der Umsetzung der BVT 21 Tabelle 5 des Durchführungsbeschlusses (EU) 2017/1442. Dabei wird für Chlorwasserstoff der obere Wert des mit BVT assoziierten Emissionswertebereiches von 1 bis 6 mg/m^3 (50 MW bis weniger als 100 MW, Doppelbuchst. aa) bzw. 1 bis 3 mg/m^3 (100 MW oder mehr, Doppelbuchst. bb) für den bei periodischer Messung einzuhaltenden Emissionsgrenzwert übernommen. Buchst. b begrenzt Fluorwasserstoff und dient der Umsetzung der BVT 21 Tabelle 5 des Durchführungsbeschlusses (EU) 2017/1442. Dabei wird der obere Wert des mit BVT assoziierten Emissionswertebereiches von <1 bis 3 mg/m^3 (50 MW bis weniger als 100 MW, Doppelbuchst. aa) bzw. von <1 bis 2 mg/m^3

(100 MW oder mehr, Doppelbuchst. bb) für den bei periodischer Messung einzuhaltenden Emissionsgrenzwert übernommen. Buchst. c begrenzt Schwermetalle und krebserzeugende Stoffe nach Anlage 2 Nummer 1 bis 4.

Abs. 5 enthält **Erleichterungen** für eingesetzte **einheimische Brennstoffe** hinsichtlich der Jahres-, Tages- und Habstundenmittelwerte für Schwefeloxide. Nr. 1 entspricht weitgehend § 4 Abs. 4 Nr. 1, Nr. 2 dem § 4 Abs. 11 Nr. 2 13. BImSchV 2013/21017. Nr. 3 dient der Umsetzung der BVT 21 in Bezug auf den auf Tabelle 4 folgenden Absatz Buchst. i) des Durchführungsbeschlusses (EU) 2017/1442. Sie betrifft Erleichterungen für den Einsatz schwefelreicher einheimischer Brennstoffe in dem Fall, wo die BVT assoziierten Emissionsbandbreiten für Schwefeldioxid mit verhältnismäßigem Aufwand nicht erreicht werden können. Der Maximalwert für die Schwefeldioxid-Emission im Jahresmittel von 200 mg/m^3 wie auch der angegebene Entschwefelungsgrad der Rauchgasreinigungseinrichtung von 99 Prozent im Jahresmittel (äquivalent zum vorgegebenen Faktor von 0,01 für den Wert der Schwefeloxide vor Eintritt in die Rauchgasentschwefelungseinrichtung), wurden übernommen. Die Anforderung des § 4 Abs 4 Nr. 3 der 13. BImSchV 2013/2017 zum Schwefelabscheidegrad wird beibehalten (BT-Drs. 19/24906, 112). 12

Abs. 5 verzichtet bei **Neuanlagen** unter bestimmten Voraussetzungen auf eine Begrenzung der Massenkonzentration von Schwefeloxiden bzw. sieht großzügigere Emissionsgrenzwerte für Schwefeloxide vor, wenn bestimmte Schwefelabscheidegrade (→ § 2 Rn. 38) eingehalten werden. Dies gilt, soweit auf Grund des Schwefelgehalts der eingesetzten Brennstoffe die in § 28 Abs. 1 S. 2 genannten Emissionsgrenzwerte mit einem verhältnismäßigen Aufwand nicht eingehalten werden können. Dies soll ausweislich der Verordnungsbegründung zur 13. BImSchV 2004 insbesondere für bestimmte Braunkohlesorten und für Ablaugen aus der Zellstoffindustrie gelten (BT-Drs. 15/3420, 22). Durch Beschränkung im Zuge der 13. BImSchV 2013 auf einheimische Brennstoffe wird vermieden, dass dies auch für importierte feste Brennstoffe mit hohem Schwefelgehalt gilt. Art. 3 Nr. 29 IE-RL versteht unter einheimischem festem Brennstoff „einen natürlich vorkommenden festen Brennstoff, der in einer eigens für diesen Brennstoff konzipierten Feuerungsanlage verfeuert wird und der vor Ort gewonnen wird.". „Vor Ort" wird man nicht an Orts- oder Landesgrenzen festmachen, sondern auf den Einzugsbereich der Anlage beziehen müssen, die für den Brennstoff konzipiert wurde. 13

Unverhältnismäßig ist, wenn der technische und ökonomische Aufwand in keinem angemessenen Verhältnis zu der dadurch erreichbaren Emissionsminderung steht (→ § 23 Rn. 6). Allerdings setzt § 28 Abs. 5 voraus, dass dieses Missverhältnis seine Ursache in dem Schwefelgehalt des konkret eingesetzten Brennstoffs hat. Daher erfordert die Anwendung von Abs. 5, dass diese Brennstoffe in der Genehmigung aufgeführt und der Betreiber ihren Einsatz für die Behörde nachprüfbar dokumentiert. 14

II. Bestehende Anlagen

Abs. 3, 4, 6 bis 13 enthält Erleichterungen für bestehende Anlagen, Altanlagen und 2003-Altanlagen (→ § 2 Rn. 54 ff.). Solche Abweichungen sind regelmäßig nicht befristet und gelten so lange, bis die 13. BImSchV geändert wird. Sie orientieren sich an den jeweiligen Erfahrungen mit diesen Anlagen (vgl. Begründung, BT-Drs. 15/3420, 23, zu Quecksilber bei Steinkohlekraftwerken vgl. etwa Gutachten des Landes NRW („Quecksilber-Minderungsstrategie für Nordrhein-Westfalen" vom 2.4.2016 mit Korrigendum vom 12.5.2017), sind aber an die Anforderungen der IE-RL angepasst worden (BR-Drs. 676/12, 172). Die Anforderungen unterscheiden sich je nach Datum der Inbetriebnahme, Feuerungswärmeleistung und jeweils eingesetzten Brennstoffen und deren Beschaffenheiten. 15

16 Abs. 3 S. 1 und Abs. 4 S. 1 enthalten Erleichterungen hinsichtlich des im Jahresmittel einzuhaltenden Parameters Quecksilber für bestehende Anlagen, die Steinkohle und Braunkohle einsetzen und dient somit der Umsetzung der BVT 23 Tabelle 7 in Bezug auf die Anforderungen an die Quecksilber-Emissionen für bestehende Anlagen (BT-Drs. 19/24906, 110f.).

17 Weitere Erleichterungen gelten nach Abs. 3 S. 2 für **Steinkohlekraftwerke** bis weniger als 300 MW, die nach § 13b Abs. 5 EnWG als systemrelevant ausgewiesen oder nach § 13a EnWG in der Kapazitätsreserve gebunden worden sind. Voraussetzung für die Anerkennung als systemrelevant ist die die Absicht, die Anlage oder Teilkapazitäten vorläufig oder endgültig stillzulegen und die entsprechende Anzeige beim systemverantwortlichen Betreiber des Übertragungsnetzes und der Bundesnetzagentur. Bindung als Kapazitätsreserve nach § 13a EnWG erfordert eine Aufforderung durch Betreiber von Übertragungsnetzen, die Wirkleistungs- oder Blindleistungserzeugung oder den Wirkleistungsbezug anzupassen oder die Anpassung zu dulden. Eine Anpassung umfasst auch die Aufforderung einer Einspeisung oder eines Bezugs von Strom.

18 Abs. 4 S. 1 Nr. 1 trägt dem Umstand Rechnung, dass die ost- und mitteldeutsche Braunkohle höhere natürliche Quecksilbergehalte aufweist und bisher bei der Erprobung sämtlicher als BVT beschriebenen Minderungstechniken Grenzwerte von 0,005 mg/Nm³ nicht oder mit verhältnismäßigem Aufwand nicht sicher erreichbar waren. Auch der Quecksilber Grenzwert von 0,007 mg/Nm³ führt für diese Altanlagen dazu, dass an den Kraftwerksstandorten zusätzliche Abscheidemaßnahmen durchgeführt werden müssen. Der im Immissionsschutzrecht zu beachtende Grundsatz der Verhältnismäßigkeit gebietet es daher, diese zusätzlichen Maßnahmen auf ein vertretbares Maß zu begrenzen (BT-Drs. 19/24906, 111). Abs. 4 S. 1 Nr. 2 sieht analog zur Abfall(mit)verbrennung in §§ 6 und 7 der 17 BImSchV höhere Emissionsgrenzwerte für Quecksilber vor, wenn die betreffende Anlage über einen Dampferzeuger mit einer Verweilzeit des Rauchgases von 4 Sekunden oder mehr im Dampferzeuger bis zum Ende der Brennkammer verfügt. Über die Verweilzeit des Rauchgases im Dampferzeuger wird beeinflusst, wieviel Quecksilber im Verbrennungsprozess freigesetzt wird. Grundsätzlich gilt, dass mit steigender Verweilzeit die Verbrennung vollständiger und damit das Rauchgas sauberer wird. Hierdurch wird aber auch die Anzahl von Partikeln im Rauchgas reduziert, an denen sich Quecksilber anhaften und über den E-Filter abgeschieden werden kann. Das Merkmal der Verweilzeit ist eindeutig nachweisbar und administrierbar und bietet damit mehr Rechtssicherheit als Ansätze von Dampferzeugerwirkungsgraden, die die Beeinflussung der Quecksilber-Emissionen nur unzureichend erfassen (BT-Dr. 19/24906, 112).

19 Abs. 6 S. 1 enthält – je nach Feuerungswärmeleistung und Inbetriebnahmedatum der Anlage – Erleichterungen für bestehende Anlagen bzw. Altanlagen hinsichtlich des Jahres-, Tages- und Habstundenmittelwertes für Gesamtstaub. Die Regelung dient der Umsetzung der BVT 22 Tabelle 6 des Durchführungsbeschlusses (EU) 2017/1442. Abs. 6 S. 2 soll auf Antrag des Betreibers eine Befreiung von der Pflicht zur Einhaltung der im Jahresmittel einzuhaltenden Emissionsgrenzwerte ermöglichen, sofern die Großfeuerungsanlage entsprechend BVT 22 Fußnote 1 zu Tabelle 6 des Durchführungsbeschlusses (EU) 2017/1442 weniger als 1 500 Stunden im Jahr in Betrieb ist, und sofern die Behörde dem Antrag zustimmt. Ein Spielraum der Behörde, die Zustimmung bei Vorliegen der Voraussetzungen abzulehnen, besteht nicht. Eine Entscheidung der Behörde ist nach den Erwägungen des Verordnungsgebers gleichwohl zwingend notwendig, da anderenfalls ein automatischer Wegfall des im Jahresmittel einzuhaltenden Emissionsgrenzwertes dazu führen kann, dass die Anlage faktisch keiner angemessenen Überwachung unterliegt; dies kann z.B. der Fall sein, wenn die Anlage täglich weniger als sechs Stunden im Regelbetrieb befindlich ist, und folglich entsprechend der bundeseinheitlichen Praxis bei der Überwa-

chung der Emissionen keine Tagesmittelwerte gebildet werden können (BT-Dr. 19/24906, 112).

Abs. 7 regelt höhere Tages- und Halbstundenmittelwerte für Kohlenmonoxid bei 2003-Altanlagen. Die Regelung entspricht in angepasster Form § 4 Abs. 7 der 13. BImSchV 2013/2017. 20

Abs. 8 enthält Erleichterungen für bestehende Anlagen bzw. Altanlagen hinsichtlich des Jahres-, Tages- und Habstundenmittelwertes für Stickstoffoxide. S. 1 dient der Umsetzung der BVT 20 Tabelle 3 des Durchführungsbeschlusses (EU) 2017/1442 in Bezug auf die Anforderungen an die Stickstoffoxid-Emissionen bei der Verbrennung von Stein- und/oder Braunkohle in bestehenden Anlagen. S. 2 soll auf Antrag des Betreibers eine Befreiung von der Pflicht zur Einhaltung der im Jahresmittel einzuhaltenden Emissionsgrenzwerte ermöglichen, sofern die Großfeuerungsanlage entsprechend BVT 20 Fußnote 1 der Tabelle 3 des Durchführungsbeschlusses (EU) 2017/1442 weniger als 1 500 Stunden im Jahr in Betrieb ist, und sofern die Behörde dem Antrag zustimmt. S. 3 fasst den verbleibenden Spielraum für weitergehende abweichende Vorschriften für bestimmte ältere Anlagen zusammen durch Festlegung eines im Tagesmittel einzuhaltenden Stickstoffoxid-Emissionsgrenzwertes von 330 mg/m^3. Dieser Spielraum kann sich nur dann als Erleichterung für die betroffenen Anlagen auswirken, wenn auf die Festlegung von im Jahresmittel einzuhaltenden Emissionsgrenzwerten verzichtet wird; anderenfalls müssten Anlagen unter 100 MW 270 mg/m^3 im Jahresmittel einhalten und Anlagen zwischen 100 bis weniger als 300 MW 180 mg/m^3 im Jahresmittel, wofür in beiden Fällen eine Ertüchtigung der Anlagen erforderlich wäre. Die Regelung befreit daher die betroffenen Anlagen von der Einhaltung des im Jahresmittel einzuhaltenden Emissionsgrenzwertes unter der europarechtlich zwingenden Voraussetzung, dass sie nicht mehr als 1 500 Stunden im Jahr betrieben werden. Von einem Antrag des Betreibers kann in diesen Fällen abgesehen werden. (BT-Drs. 19/24906, 113, zur Zustimmung → Rn. 18). 21

Abs. 9 enthält Erleichterungen für bestehende Anlagen bzw. Altanlagen, die Stein- und/oder Braunkohle einsetzen, hinsichtlich des Jahres-, Tages- und Habstundenmittelwertes für Schwefeloxide und dient der Umsetzung der BVT 21 Tabelle 4. Die Nummern 3, 5, 6, 7 und 8 schreiben Anforderungen an den Schwefelabscheidegrad von mindestens 85 % vor. In diesen Fällen findet die Vorschrift aus Abs. 1 S. 2 Nr. 2 Buchst. e letzter Halbsatz ebenfalls Anwendung (Begrenzung der Anforderung an den Schwefelabscheidegrad auf einen Wert, der zu einem Tagesmittelwert von nicht mehr als 50 mg/m^3 führt). S. 2 soll auf Antrag des Betreibers eine Befreiung von der Pflicht zur Einhaltung der im Jahresmittel einzuhaltenden Emissionsgrenzwerte ermöglichen, sofern die Großfeuerungsanlage entsprechend BVT 21 Fußnote 1 der Tabelle 4 des Durchführungsbeschlusses (EU) 2017/1442 weniger als 1.500 Stunden im Jahr in Betrieb ist, und sofern die Behörde dem Antrag zustimmt (BT-Drs. 19/24906, 114f., zur Zustimmung → Rn. 18). 22

Abs. 10 und Abs. 11 modifizieren die Begünstigung einheimischer Brennstoffe nach Abs. 5 (nicht, wie es im Verordnungstext heißt, Abs. 4, in dem es um Quecksilber geht) hinsichtlich der Jahres-, Tages- und Habstundenmittelwerte für Schwefeloxide bzw. des Schwefelabscheidegrades (→ § 2 Rn. 38) für bestehende Anlagen. Dabei gelten gegenüber Abs. 5 geringe Schwefelabscheidegrade. Abs. 10 dient der Umsetzung der BVT 21 in Bezug auf den auf Tabelle 4 folgenden Absatz Buchstabe ii) des Durchführungsbeschlusses (EU) 2017/1442. Abs. 11 entspricht weitgehend dem § 4 Abs. 11 der 13. BImSchV 2013/2017 unter Berücksichtigung, dass bestehende Anlagen bis zum Jahr 2014 nun unter den Begriff Altanlagen fallen (BT-Drs. 19/24906, 116). 23

Abs. 12 enthält unter bestimmten Voraussetzungen für bestehende Anlagen Erleichterungen hinsichtlich des Parameters Chlorwasserstoff. Die Regelung dient der Umsetzung der BVT 21 Tabelle 5, Fußnoten 2 und 3 des Durchführungsbeschlusses (EU) 2017/1442 24

für bestehende Anlagen. Die Anforderungen entsprechen jeweils den oberen Werten der mit BVT assoziierten Emissionswertebereiche. Der in S. 1 festgelegte abweichende Emissionsgrenzwert von 20 mg/m^3 für den Jahresmittelwert findet Anwendung, wenn mindestens eine der drei genannten Voraussetzungen erfüllt sind: eine bestehende Anlage setzt einen Biobrennstoff mit einem Chlorgehalt von 1000 mg/kg trocken oder mehr ein; es liegt eine bestehende Anlage mit Wirbelschichtfeuerung (→ § 2 Rn. 67) vor; es liegt eine bestehende Anlage vor, die im gleitenden 5-Jahresdurchschnitt höchstens 1 500 Stunden im Jahr in Betrieb ist.

25 Abs. 13 enthält unter bestimmten Voraussetzungen für bestehende Anlagen Begünstigungen hinsichtlich des Parameters Fluorwasserstoff. Die Regelung dient der Umsetzung der BVT 21 Tabelle 5, Fußnote 4 Tabelle 5 des Durchführungsbeschlusses (EU) 2017/1442. Die Anforderungen entsprechen jeweils den oberen Werten der mit BVT assoziierten Emissionswertebereiche (BT-Drs. 19/24906, 116f.).

III. Nachweispflichten (Abs. 14 und 15)

26 Abs. 14 dient der Umsetzung der BVT 21 Tabelle 5 im Hinblick auf eine wirksame Überwachung der Anlagen in den Fällen, in denen der Betreiber einer Anlage von Erleichterungen nach Abs. 12 S. 1 Gebrauch macht. Die Inanspruchnahme der Regelung bedarf der regelmäßigen Vorlage entsprechender Nachweise bei der zuständigen Behörde. Der Betreiber kann hierzu insbesondere Ergebnisse der Brennstoffkontrollen nach § 13 heranzuziehen (BT-Drs. 19/24906, 117). Die Aufbewahrungsfrist beträgt 5 Jahre.

27 Abs. 15 dient der Umsetzung der BVT 21 Tabelle 5 im Hinblick auf eine wirksame Überwachung der Anlagen in den Fällen, in denen der Betreiber einer Anlage von **Erleichterungen** bei Emissionsanforderungen Gebrauch macht. Die Regelung enthält eine Nachweispflicht für all jene Fälle, in denen der § 28 Anforderungen zur Emissionsbegrenzung oder Anträge zur Befreiung von bestimmten Anforderungen vom Vorliegen der Voraussetzung einer Begrenzung der Jahresbetriebsstunden (→ Vorb. Rn. 30) abhängig macht. Der Nachweis ist unaufgefordert bis zum Ablauf des 31. März eines Jahres für die vorhergehenden fünf Kalenderjahre zu erbringen. Die Aufbewahrungsfrist beträgt 5 Jahre.

28 Hierbei stellt sich die Frage, welche **Konsequenzen** damit verbunden sind, wenn der Nachweis im Nachhinein nicht geführt werden kann. Da es sich bei den Emissionsbegrenzungen um die Genehmigung modifizierende Nebenbestimmungen handelt, wäre die Anlage nach Erreichen der 7500 Betriebsstunde ungenehmigt betrieben (→ § 12 BImSchG Rn. 264). Gem. § 20 Abs. 2 BImSchG soll die zuständige Behörde anordnen, dass eine Anlage, die ohne die erforderliche Genehmigung errichtet, betrieben oder wesentlich geändert wird, stillzulegen oder zu beseitigen ist. Sie hat die Beseitigung anzuordnen, wenn die Allgemeinheit oder die Nachbarschaft nicht auf andere Weise ausreichend geschützt werden kann. Außerdem ist der ungenehmigte Anlagenbetrieb nach § 327 Abs. 2 StGB strafbar. Wenn also schon vor Ablauf des 5. Jahres 7.500 Betriebsstunden erreicht sind, darf der Betreiber die Anlage bis zum Jahresende nicht mehr betreiben oder er hat die Emissionsgrenzwerte nach Abs. 1 einzuhalten. Um einen rechtskonformen Betrieb der Anlage zu gewährleisten, sollte dies zuvor gem. § 15 BImSchG der zuständigen Behörde angezeigt werden. Verzichtet der Betreiber auf die Inanspruchnahme der Ausnahmen nach § 4 Abs. 8 bis 10, muss er für die erneute Inanspruchnahme ein Genehmigungsverfahren nach § 16 BImSchG durchführen und dabei beachten, dass die 1.500-Betriebsstunden-Grenze im Durchschnitt der 5 Jahre vor der erneuten Änderung der Anlage eingehalten ist.

29 Für **Netzstabilitätsanlagen** hat der Verordnungsgeber das Problem der Überschreitung der zulässigen Betriebszeit Nichterfüllung erkannt und in § 35 einer Lösung zuge-

führt. Insofern ist nicht fernliegend, eine Nachrüstungspflicht auch im Falle einer Überschreitung der 1.500 Stunden-Grenze und außerhalb des Bereichs der Netzstabilitätsanlagen als Maßnahme für eine nachträgliche Anordnung vorzusehen und für den zur Umsetzung erforderlichen Übergangszeitraum einen Betrieb im Rahmen der für 1.500-Stunden Anlagen geltenden Regelungen zu dulden.

§ 29 Emissionsgrenzwerte für Großfeuerungsanlagen bei Einsatz von Biobrennstoffen

(1) Großfeuerungsanlagen, die Biobrennstoffe einsetzen, sind so zu errichten und zu betreiben, dass die Anforderungen dieses Absatzes und des Absatzes 2, des Absatzes 3 Satz 1, des Absatzes 4 Satz 1, des Absatzes 5 Satz 1, des Absatzes 6 Satz 1 bis 3, des Absatzes 7, des Absatzes 8 Satz 1 und der Absätze 9 und 10 eingehalten werden. Der Betreiber hat dafür zu sorgen, dass

1. kein Jahresmittelwert die folgenden Emissionsgrenzwerte überschreitet:
- **a) Gesamtstaub: 5 mg/m³,**
- **b) Stickstoffmonoxid und Stickstoffdioxid, angegeben als Stickstoffdioxid, bei einer Feuerungswärmeleistung von**
  - **aa) 50 MW bis weniger als 100 MW**
    - **aaa) bei Einsatz von Brennstoffen mit einem Kaliumgehalt von 2.000 mg/kg trocken oder mehr oder von Brennstoffen mit einem Natriumgehalt von 300 mg/kg oder mehr: 200 mg/m³,**
    - **bbb) bei Einsatz von sonstigen Biobrennstoffen: 150 mg/m³,**
  - **bb) 100 MW oder mehr: 100 mg/m³,**
- **c) Schwefeldioxid und Schwefeltrioxid, angegeben als Schwefeldioxid, bei einer Feuerungswärmeleistung von**
  - **aa) 50 MW bis weniger als 100 MW: 70 mg/m³,**
  - **bb) 100 MW bis weniger als 300 MW: 50 mg/m³,**
  - **cc) 300 MW oder mehr: 35 mg/m³,**
- **d) anorganische gasförmige Chlorverbindungen, angegeben als Chlorwasserstoff, bei einer Feuerungswärmeleistung von**
  - **aa) 50 MW bis weniger als 100 MW: 7 mg/m³,**
  - **bb) 100 MW oder mehr: 5 mg/m³,**

2. kein Tagesmittelwert die folgenden Emissionsgrenzwerte überschreitet:
- **a) Gesamtstaub: 10 mg/m³,**
- **b) Quecksilber und seine Verbindungen, angegeben als Quecksilber: 0,005 mg/m³,**
- **c) Kohlenmonoxid**
  - **aa) bei einer Feuerungswärmeleistung von 50 MW bis weniger als 100 MW**
    - **aaa) bei dem Einsatz von naturbelassenem Holz: 150 mg/m³,**
    - **bbb) bei dem Einsatz von sonstigen Biobrennstoffen: 250 mg/m³,**
  - **bb) bei einer Feuerungswärmeleistung von 100 MW oder mehr**
    - **aaa) bei dem Einsatz von naturbelassenem Holz: 200 mg/m³,**
    - **bbb) bei dem Einsatz von sonstigen Biobrennstoffen: 250 mg/m³,**
- **d) Stickstoffmonoxid und Stickstoffdioxid, angegeben als Stickstoffdioxid,**
  - **aa) bei einer Feuerungswärmeleistung von 50 MW bis weniger als 100 MW**
    - **aaa) bei Einsatz von Brennstoffen mit einem Kaliumgehalt von 2.000 mg/kg trocken oder mehr oder von Brennstoffen mit einem Natriumgehalt von 300 mg/kg oder mehr: 250 mg/m³,**

bbb) bei Einsatz von sonstigen Biobrennstoffen: 200 mg/m³,
bb) bei einer Feuerungswärmeleistung von 100 MW bis weniger als 300 MW: 200 mg/m³,
cc) bei einer Feuerungswärmeleistung von 300 MW oder mehr: 150 mg/m³,

e) Schwefeldioxid und Schwefeltrioxid, angegeben als Schwefeldioxid, bei einer Feuerungswärmeleistung von
aa) 50 MW bis weniger als 100 MW: 175 mg/m³,
bb) 100 MW bis weniger als 300 MW: 85 mg/m³,
cc) 300 MW oder mehr: 70 mg/m³,

f) anorganische gasförmige Chlorverbindungen, angegeben als Chlorwasserstoff: 12 mg/m³,

g) organische Stoffe, angegeben als Gesamtkohlenstoff: 10 mg/m³,

3. kein Halbstundenmittelwert das Doppelte der in Nummer 2 bestimmten Emissionsgrenzwerte überschreitet und

4. kein Mittelwert, der über die jeweilige Probenahmezeit gebildet ist, die nachfolgenden Emissionsgrenzwerte überschreitet:
a) anorganische gasförmige Fluorverbindungen, angegeben als Fluorwasserstoff: 1 mg/m³,
b) die Emissionsgrenzwerte nach Anlage 2 Nummer 1, 2, 3 und 4.

(2) **Die Emissionsgrenzwerte dieser Vorschrift sind auch bei der Heizflächenreinigung einzuhalten.**

(3) **Abweichend von den in Absatz 1 Satz 2 Nummer 1 Buchstabe a, Nummer 2 Buchstabe a und Nummer 3 bestimmten Emissionsgrenzwerten für Gesamtstaub darf**

1. bei bestehenden Anlagen ein Emissionsgrenzwert von 10 mg/m3 für den Jahres- und den Tagesmittelwert und 20 mg/m3 für den Halbstundenmittelwert nicht überschritten werden;

2. bei Altanlagen mit einer Feuerungswärmeleistung von 50 MW bis weniger als 100 MW ein Emissionsgrenzwert von 15 mg/m³ für den Jahresmittelwert, 20 mg/m³ für den Tagesmittelwert und 40 mg/m³ für den Halbstundenmittelwert nicht überschritten werden;

3. bei Altanlagen mit einer Feuerungswärmeleistung von 100 MW bis weniger als 300 MW ein Emissionsgrenzwert von 12 mg/m³ für den Jahresmittelwert, 18 mg/m³ für den Tagesmittelwert und 36 mg/m³ für den Halbstundenmittelwert nicht überschritten werden;

4. bei Altanlagen mit einer Feuerungswärmeleistung von 300 MW oder mehr ein Emissionsgrenzwert von 10 mg/m³ für den Jahresmittelwert, 16 mg/m³ für den Tagesmittelwert und 32 mg/m³ für den Halbstundenmittelwert nicht überschritten werden.

Die Behörde kann auf Antrag des Betreibers eine bestehende Anlage, die im gleitenden Durchschnitt über einen Zeitraum von fünf Jahren höchstens 1.500 Betriebsstunden jährlich in Betrieb ist, von der Pflicht zur Einhaltung der Emissionsgrenzwerte für den Jahresmittelwert nach Satz 1 Nummer 1, 2, 3 oder 4 befreien.

(4) **Abweichend von den in Absatz 1 Satz 2 Nummer 1 Buchstabe b, Nummer 2 Buchstabe d und Nummer 3 bestimmten Emissionsgrenzwerten für Stickstoffmonoxid und Stickstoffdioxid, angegeben als Stickstoffdioxid, darf**

1. bei bestehenden Anlagen mit einer Feuerungswärmeleistung von 50 MW bis weniger als 100 MW bei Einsatz von Brennstoffen mit einem Kaliumgehalt von 2.000 mg/kg trocken oder mehr oder von Brennstoffen mit einem Natriumgehalt von 300 mg/kg oder mehr ein Emissionsgrenzwert von 250 mg/m³ für den Jahres-

und den Tagesmitelwert und 500 mg/m³ für den Halbstundenmittelwert nicht überschritten werden;

2. bei bestehenden Anlagen mit einer Feuerungswärmeleistung von 50 MW bis weniger als 100 MW bei Einsatz anderer als in Nummer 1 genannter Biobrennstoffe ein Emissionsgrenzwert von 225 mg/m³ für den Jahresmittelwert, 250 mg/m³ für den Tagesmittelwert und 500 mg/m³ für den Halbstundenmittelwert nicht überschritten werden;

3. bei Altanlagen mit einer Feuerungswärmeleistung von 50 MW bis weniger als 100 MW bei Einsatz von Brennstoffen mit einem Kaliumgehalt von 2.000 mg/kg trocken oder mehr oder von Brennstoffen mit einem Natriumgehalt von 300 mg/kg oder mehr ein Emissionsgrenzwert von 250 mg/m³ für den Jahresmittelwert, 300 mg/m³ für den Tagesmittelwert und 600 mg/m³ für den Halbstundenmittelwert nicht überschritten werden;

4. bei Altanlagen mit einer Feuerungswärmeleistung von 100 MW bis weniger als 300 MW ein Emissionsgrenzwert von 180 mg/m³ für den Jahresmittelwert, 220 mg/m³ für den Tagesmittelwert und 440 mg/m³ für den Halbstundenmittelwert nicht überschritten werden;

5. bei Altanlagen mit einer Feuerungswärmeleistung von 300 MW oder mehr ein Emissionsgrenzwert von 150 mg/m³ für den Jahresmittelwert, 200 mg/m³ für den Tagesmittelwert und 400 mg/m³ für den Halbstundenmittelwert nicht überschritten werden.

Die Behörde kann auf Antrag des Betreibers eine bestehende Anlage, die im gleitenden Durchschnitt über einen Zeitraum von fünf Jahren höchstens 1.500 Betriebsstunden jährlich in Betrieb ist, von der Pflicht zur Einhaltung der Emissionsgrenzwerte für den Jahresmittelwert nach Satz 1 Nummer 1, 2, 3, 4 oder 5 befreien.

(5) **Abweichend von den in Absatz 1 Satz 2 Nummer 1 Buchstabe c, Nummer 2 Buchstabe e und Nummer 3 bestimmten Emissionsgrenzwerten für Schwefeldioxid und Schwefeltrioxid, angegeben als Schwefeldioxid, darf**

1. bei bestehenden Anlagen mit einer Feuerungswärmeleistung von 50 MW bis weniger als 100 MW ein Emissionsgrenzwert von 100 mg/m³ für den Jahresmittelwert, 200 mg/m³ für den Tagesmittelwert und von 400 mg/m³ für den Halbstundenmittelwert nicht überschritten werden;

2. bei bestehenden Anlagen mit einer Feuerungswärmeleistung von 100 MW bis weniger als 300 MW bei Einsatz von Brennstoffen mit einem Schwefelgehalt von 0,1 Gewichts-Prozent oder mehr ein Emissionsgrenzwert von 100 mg/m³ für den Jahresmittelwert, 200 mg/m³ für den Tagesmittelwert und von 400 mg/m³ für den Halbstundenmittelwert nicht überschritten werden, bei Einsatz von sonstigen Biobrennstoffen ein Emissionsgrenzwert von 70 mg/m³ für den Jahresmittelwert, 175 mg/m³ für den Tagesmittelwert und von 350 mg/m³ für den Halbstundenmittelwert nicht überschritten werden;

3. bei bestehenden Anlagen mit einer Feuerungswärmeleistung von 300 MW oder mehr bei Einsatz von Brennstoffen mit einem Schwefelgehalt von 0,1 Gewichts-Prozent oder mehr ein Emissionsgrenzwert von 100 mg/m³ für den Jahresmittelwert, 150 mg/m³ für den Tagesmittelwert und von 300 mg/m³ für den Halbstundenmittelwert, bei Einsatz von sonstigen Biobrennstoffen ein Emissionsgrenzwert von 50 mg/m³ für den Jahresmittelwert, 85 mg/m³ für den Tagesmittelwert und von 170 mg/m³ für den Halbstundenmittelwert nicht überschritten werden;

4. bei Altanlagen mit einer Feuerungswärmeleistung von 300 MW oder mehr bei Einsatz von Brennstoffen mit einem Schwefelgehalt von 0,1 Gewichts-Prozent oder mehr ein Emissionsgrenzwert von 100 mg/m³ für den Jahresmittelwert, 200 mg/m³ für den Tagesmittelwert und von 400 mg/m³ für den Halbstundenmittelwert nicht überschritten werden.

Die Behörde kann auf Antrag des Betreibers eine bestehende Anlage, die im gleitenden Durchschnitt über einen Zeitraum von fünf Jahren höchstens 1.500 Betriebsstunden jährlich in Betrieb ist, von der Pflicht zur Einhaltung der Emissionsgrenzwerte für den Jahresmittelwert nach Satz 1 Nummer 1, 2, 3 oder 4 befreien.

(6) Abweichend von den in Absatz 1 Satz 2 Nummer 1 Buchstabe d, Nummer 2 Buchstabe f und Nummer 3 bestimmten Emissionsgrenzwerten für anorganische Chlorverbindungen, angegeben als Chlorwasserstoff, darf

1. bei Einsatz von Brennstoffen mit einem mittleren Chlorgehalt von 0,1 Gewichts-Prozent trocken oder mehr sowie in Anlagen, die im gleitenden Durchschnitt über einen Zeitraum von fünf Jahren höchstens 1.500 Stunden jährlich in Betrieb sind, ein Emissionsgrenzwert von 15 mg/m^3 für den Jahresmittelwert, 35 mg/m^3 für den Tagesmittelwert und 70 mg/m^3 für den Halbstundenmittelwert nicht überschritten werden;
2. bei bestehenden Anlagen mit einer Feuerungswärmeleistung von 50 MW bis weniger als 100 MW ein Emissionsgrenzwert von 15 mg/m^3 für den Jahresmittelwert, 35 mg/m^3 für den Tagesmittelwert und 70 mg/m^3 für den Halbstundenmittelwert nicht überschritten werden;
3. bei bestehenden Anlagen mit einer Feuerungswärmeleistung von 100 MW bis weniger als 300 MW ein Emissionsgrenzwert von 9 mg/m^3 für den Jahresmittelwert, 12 mg/m^3 für den Tagesmittelwert und 24 mg/m^3 für den Halbstundenmittelwert nicht überschritten werden.

Abweichend von Satz 1 Nummer 2 und 3 darf bei bestehenden Anlagen bei Einsatz von Brennstoffen mit einem mittleren Chlorgehalt von 0,1 Gewichts-Prozent trocken oder mehr sowie bei bestehenden Anlagen, die im gleitenden Durchschnitt über einen Zeitraum von fünf Jahren höchstens 1.500 Stunden jährlich in Betrieb sind, ein Emissionsgrenzwert von 25 mg/m^3 für den Jahresmittelwert, 50 mg/m^3 für den Tagesmittelwert und 100 mg/m^3 für den Halbstundenmittelwert nicht überschritten werden. Abweichend von Satz 1 Nummer 1 dürfen bei bestehenden Anlagen mit einer Feuerungswärmeleistung von 300 MW oder mehr die in Satz 2 vorgeschriebenen Emissionsgrenzwerte nicht überschritten werden. Die Behörde kann auf Antrag des Betreibers eine bestehende Anlage, die im gleitenden Durchschnitt über einen Zeitraum von fünf Jahren höchstens 1.500 Betriebsstunden jährlich in Betrieb ist, von der Pflicht zur Einhaltung der Emissionsgrenzwerte für den Jahresmittelwert nach Satz 1 Nummer 1, 2 oder 3 oder nach Satz 2 befreien.

(7) Abweichend von dem in Absatz 1 Satz 2 Nummer 4 Buchstabe a bestimmten Emissionsgrenzwert für anorganische Fluorverbindungen, angegeben als Fluorwasserstoff, darf bei bestehenden Anlagen mit einer Feuerungswärmeleistung von 50 MW bis weniger als 100 MW ein Emissionsgrenzwert von 1,5 mg/m^3 nicht überschritten werden.

(8) Die Emissionsgrenzwerte nach Absatz 1 Satz 2 Nummer 4 Buchstabe b gelten bezüglich der Anforderung in Anlage 2 Nummer 4 nicht für den Einsatz von

1. naturbelassenem Holz,
2. Holzabfällen gemäß § 2 Absatz 4 Nummer 2 Buchstabe f oder
3. ausschließlich aus naturbelassenem Holz hergestellten Brennstoffen, soweit dadurch keine anderen oder höheren Emissionen entstehen als bei Einsatz von naturbelassenem Holz.

Die Emissionsgrenzwerte nach Absatz 1 Satz 2 Nummer 4 Buchstabe b gelten bezüglich der Anforderungen in Anlage 2 Nummer 1, 2 und 3 nicht für den Einsatz von Stoffen nach Satz 1, wenn die Ergebnisse der Brennstoffkontrollen nach § 13 zweifelsfrei die Einhaltung dieser Emissionsgrenzwerte belegen können.

(9) **Der Betreiber hat in den Fällen von Absatz 1 Satz 2 Nummer 2 Buchstabe d Doppelbuchstabe aa Dreifachbuchstabe aaa, Absatz 4 Satz 1 Nummer 1 oder 3, Absatz 5 Nummer 2, 3 oder 4, Absatz 6 Satz 1 Nummer 1, 2 und Absatz 8 Satz 1 Nummer 3 Nachweise über die Einhaltung der die abweichenden Regelungen begründenden brennstoffspezifischen Voraussetzungen, insbesondere durch regelmäßige Kontrollen der Brennstoffe auf der Grundlage der Brennstoffkontrollen nach § 13, jeweils bis zum Ablauf des 31. März eines Jahres für das vorhergehende Kalenderjahr zu führen und diese der zuständigen Behörde auf Verlangen vorzulegen. Der Betreiber hat die Nachweise nach dem Ende des Nachweiszeitraums nach Satz 1 jeweils fünf Jahre lang aufzubewahren.**

(10) **Der Betreiber einer Anlage, die die Behörde nach Absatz 3 Satz 2, Absatz 4 Satz 2, Absatz 5 Satz 2 oder nach Absatz 6 Satz 4 von der Pflicht zur Einhaltung des Emissionsgrenzwertes für den Jahresmittelwert befreit hat, sowie der Betreiber einer Anlagenach Absatz 6 Satz 1 Nummer 1 oder Satz 2, soweit die Inanspruchnahme dieser abweichenden Regelungen auf die Begrenzung der jährlichen Betriebsstunden zurückgeht, hat jeweils bis zum Ablauf des 31. März eines Jahres für die vorhergehenden fünf Kalenderjahre einen Nachweis über die Einhaltung der Betriebszeit zu führen und der zuständigen Behörde auf Verlangen vorzulegen. Der Betreiber hat den Nachweis nach dem Ende des Nachweiszeitraums jeweils fünf Jahre lang aufzubewahren**

Übersicht

A. Allgemeines

1 In § 29 hat der Verordnungsgeber – wie auch schon in § 5 der 13. BImSchV 2013/2017 – die Anforderungen an den Einsatz von Biobrennstoffen auf der Grundlage der Anforderungen an feste Brennstoffe (→ § 2 Rn. 7) systematisch zusammengefasst (BR-Drs. 676/12, 173, zur Struktur der Vorschrift → Vorbemerkungen Unterabschnitt 2 des Abschnitt 2)). § 29 Abs. 1 soll den Stand der Technik für Neuanlagen unter Beachtung der IE-RL beschreiben. Absätze 3 bis 7 (mit Ausnahme von Abs. 6 S. 1 Nr. 1, der auch für Neuanlagen gilt) enthalten Erleichterungen für bestehende Anlagen. Abs. 8 stellt bei entsprechenden Brennstoffen von Emissionsgrenzwerten in Bezug auf Schwermetalle und krebserzeugende Stoffe nach Anlage 2 frei. Absätze 9 und 10 enthalten entsprechende Nachweispflichten. § 29 dient der Umsetzung des Abschnitts 2.2 des Durchführungsbeschlusses (EU) 2017/1442.

2 Zu Jahres- Tages- und Halbstundenmittelwert → 19 Rn. 2 ff.. Zum Bezugssauerstoffgehalt →§ 2 Rn. 40, 48, § 3. Zur Heizflächenreinigung nach Abs. 2 → § 2 Rn. 37.

B. Emissionsbegrenzungen

I. Neue Anlagen

3 Abs. 1 enthält die Emissionsanforderungen an Neuanlagen, die Biobrennstoffe (→ § 2 Rn. 11 ff.) einsetzen. Begrenzt sind die Schadstoffe Gesamtstaub nach BVT 26 Tabelle 12 des Durchführungsbeschlusses (EU) 2017/1442, Stickstoffoxide nach BVT 24 Tabelle 9 des Durchführungsbeschlusses (EU) 2017/1442, Schwefeloxide nach BVT 25 Tabelle 10 des Durchführungsbeschlusses (EU) 2017/1442, anorganische gasförmige Chlorverbindungen (Chlorwasserstoff) nach BVT 25 Tabelle 11 des Durchführungsbeschlusses (EU) 2017/1442, und zwar jeweils im Jahres-, Tages – und Halbstundenmittel (→ § 19 Rn. 2 ff.). Quecksilber nach BVT 27 des Durchführungsbeschlusses (EU) 2017/1442, Kohlenmonoxid BVT 24 des Durchführungsbeschlusses (EU) 2017/1442 und organische Stoffe, angegeben als Gesamtkohlenstoff, sind nur hinsichtlich des Tages- und Halbstundenmittels (Nr. 2 und 3) begrenzt. Die Emissionsgrenzwerte in Nr. 4 für anorganische gasförmige Fluorverbindungen, angegeben als Fluorwasserstoff, dienen der Umsetzung der BVT 25 Tabelle 11 des Durchführungsbeschlusses (EU) 2017/1442, für Schwermetalle und krebserzeugende Stoffe nach Anlage 2 der Umsetzung der BVT 26 des Durchführungsbeschlusses (EU) 2017/1442.

4 Zur Heizflächenreinigung nach Abs. 2 → § 2 Rn. 37.

5 Abs. 6 Satz 1 Nr. 1 enthält Erleichterungen hinsichtlich der Emissionsgrenzwerte für Chlorwasserstoff bei Einsatz von Brennstoffen mit einem mittleren Chlorgehalt von 0,1 Gewichts-Prozent trocken oder mehr sowie in Anlagen, die im gleitenden Durchschnitt über einen Zeitraum von fünf Jahren höchstens 1.500 Stunden jährlich in Betrieb sind. Die Regelungen dienen der Umsetzung der BVT 25 Tabelle 11 des Durchführungsbeschlusses (EU) 2017/1442.

6 Abs. 8 dispensiert alle Anlagen von den Emissionsanforderungen für Dioxine und Furane, sofern nur naturbelassenes Holz oder entsprechend beschaffenes Restholz eingesetzt wird. Bezüglich anderer in Anlage 2 aufgeführter Schwermetalle und krebserzeugender Stoffe gilt aufgrund von BVT 4 unter Berücksichtigung der Fußnoten 15 und 19 des Durchführungsbeschlusses (EU) 2017/1442 seit der Novellierung in 2021 eine Einschränkung insofern, als eine Dispens von den Emissionsanforderungen insofern nur in Betracht kommt, wenn Brennstoffkontrollen nach § 13 zweifelsfrei die Einhaltung dieser Emissionsgrenzwerte belegen können (Abs. 8 S. 2). Als zweifelsfrei ist es anzusehen, wenn die Unbedenklichkeit durch einen nach § 29b BImSchG für den jeweiligen Bereich bekannt gegebene Stellen oder einen entsprechenden Sachverständigen bestätigt wird, oder bei Brennstoffkontrollen nach § 13 Schadstoffe, die zu Emissionen von Schwermetallen und krebserzeugenden Stoffe führen können, nur in vernachlässigbarem Umfang festgestellt werden.

II. Bestehende Anlagen

7 Absätze 3 bis 7 regeln Erleichterungen hinsichtlich der Emissionsanforderungen für bestehende Anlagen, Altanlagen und 2003-Altanlagen (→ § 2 Rn. 54 ff.).

8 Abs. 3 S. 1 dient der Umsetzung der BVT 26 Tabelle 12 des Durchführungsbeschlusses (EU) 2017/1442 in Bezug auf die Anforderungen an Gesamtstaub-Emissionen aus bestehende Anlagen. Abs. 3 S. 2 ermöglicht auf Antrag des Betreibers eine Befreiung von der Pflicht zur Einhaltung der im Jahresmittel einzuhaltenden Emissionsgrenzwerte, sofern die Großfeuerungsanlage entsprechend BVT 26 Fußnote 1 der Tabelle 12 des Durchführungsbeschlusses (EU) 2017/1442 weniger als 1.500 Stunden im Jahr in Betrieb ist, und sofern die Behörde dem Antrag zustimmt.

Abs. 4 S. 1 dient der Umsetzung der BVT 24 Tabelle 9 des Durchführungsbeschlusses (EU) 2017/1442 in Bezug auf die Anforderungen an Stickstoffoxid-Emissionen aus bestehende Anlagen. Abs. 4 S. 2 soll auf Antrag des Betreibers eine Befreiung von der Pflicht zur Einhaltung der im Jahresmittel einzuhaltenden Emissionsgrenzwerte ermöglichen, sofern die Großfeuerungsanlage entsprechend BVT 24 Fußnote 1 der Tabelle 9 des Durchführungsbeschlusses (EU) 2017/1442 weniger als 1 500 Stunden im Jahr in Betrieb ist, und sofern die Behörde dem Antrag zustimmt. **9**

Die Regelung des Satzes 1 dient der Umsetzung der BVT 25 Tabelle 10 des Durchführungsbeschlusses (EU) 2017/1442 in Bezug auf die Anforderungen an Schwefeldioxid-Emissionen aus bestehenden Anlagen. **10**

Abs. 5 S. 2 soll auf Antrag des Betreibers eine Befreiung von der Pflicht zur Einhaltung der im Jahresmittel einzuhaltenden Emissionsgrenzwerte ermöglichen, sofern die Großfeuerungsanlage entsprechend BVT 25 Fußnote 1 der Tabelle 10 des Durchführungsbeschlusses (EU) 2017/1442 weniger als 1.500 Stunden im Jahr in Betrieb ist, und sofern die Behörde dem Antrag zustimmt. **11**

Abs. 6 S. 1 legt von Nummer 2 und 3 abweichende Regelungen hinsichtlich anorganischer Chlorverbindungen, angegeben als Chlorwasserstoff, für bestehende Anlagen fest. Sofern die in Fußnote 1 der BVT 25 Tabelle 11 des Durchführungsbeschlusses (EU) 2017/1442 genannten brennstofflichen Voraussetzungen vorliegen oder sofern die Jahresbetriebsstunden unter einem Wert von 1.500 Stunden liegen, gelten gem. Abs. 6 S. 2 weitere Erleichterungen. Bezüglich des Jahresmittelwertes nach S. 1 Nr. 1 gelten für bestehende Anlagen großzügigere Emissionsgrenzwerte (Abs. 6 S. 3). Die Behörde kann auf Antrag des Betreibers eine bestehende Anlage, die entsprechend BVT 25 Fußnote 3 der Tabelle 11 des Durchführungsbeschlusses (EU) 2017/1442 im gleitenden Durchschnitt über einen Zeitraum von fünf Jahren höchstens 1.500 Betriebsstunden jährlich in Betrieb ist, von der Pflicht zur Einhaltung der Emissionsgrenzwerte für den Jahresmittelwert nach Satz 1 Nummer 1, 2 oder 3 oder nach Satz 2 gänzlich befreien (Abs. 6 S. 4). **12**

Abs. 7 sieht für bestehende Anlagen hinsichtlich anorganischer Fluorverbindungen, angegeben als Fluorwasserstoff, höhere Emissionsgrenzwerte vor und dient der Umsetzung der BVT 25 Tabelle 11 des Durchführungsbeschlusses (EU) 2017/1442. **13**

III. Nachweispflichten (Abs. 14 und 15)

Abs. 14 und 15 dienen der wirksamen Überwachung der Anlagen, die Brennstoffe mit besonderen Eigenschaften einsetzen oder Vergünstigungen aufgrund einer Begrenzung der jährlichen Betriebsstunden entsprechend der BVT 4, 24 und 25 in Anspruch nehmen (→ § 28 Rn. 26 ff.). **14**

§ 30 Emissionsgrenzwerte für Großfeuerungsanlagen bei Einsatz flüssiger Brennstoffe, ausgenommen flüssige Brennstoffe aus Produktionsrückständen der chemischen Industrie

(1) **Großfeuerungsanlagen, die flüssige Brennstoffe, ausgenommen flüssige Brennstoffe aus Produktionsrückständen der chemischen Industrie, einsetzen, sind so zu errichten und zu betreiben, dass die Anforderungen dieses Absatzes und der Absätze 2 bis 4, des Absatzes 5 Satz 1, des Absatzes 6, des Absatzes 7 Satz 1 bis 6, des Absatzes 8 Satz 1 und 2 und des Absatzes 9 eingehalten werden. Der Betreiber hat dafür zu sorgen, dass**

1. kein Jahresmittelwert die folgenden Emissionsgrenzwerte überschreitet:

a) Gesamtstaub bei einer Feuerungswärmeleistung von

aa) 50 MW bis weniger als 300 MW: 10 mg/m³,

bb) 300 MW oder mehr: 5 mg/m³,

b) Stickstoffmonoxid und Stickstoffdioxid, angegeben als Stickstoffdioxid: 75 mg/m³,

c) Schwefeldioxid und Schwefeltrioxid, angegeben als Schwefeldioxid, bei einer Feuerungswärmeleistung von

aa) 50 MW bis weniger als 300 MW: 175 mg/m³,

bb) 300 MW oder mehr: 50 mg/m³;

2. kein Tagesmittelwert die folgenden Emissionsgrenzwerte überschreitet und kein Tagesmittelwert die folgenden Schwefelabscheidegrade unterschreitet:

a) Gesamtstaub: 10 mg/m³,

b) Kohlenmonoxid: 80 mg/m³,

c) Stickstoffmonoxid und Stickstoffdioxid, angegeben als Stickstoffdioxid: 100 mg/m³,

d) Schwefeldioxid und Schwefeltrioxid, angegeben als Schwefeldioxid, bei einer Feuerungswärmeleistung von

aa) 50 MW bis weniger als 300 MW: 200 mg/m³,

bb) 300 MW oder mehr: 120 mg/m³,

es darf zusätzlich zur Begrenzung der Massenkonzentration ein Schwefelabscheidegrad von mindestens 85 Prozent nicht unterschritten werden; soweit diese Anforderung zu Emissionen von weniger als 50 mg/m³ für den Tagesmittelwert führt, ist mindestens ein Schwefelabscheidegrad einzuhalten, der zu Emissionen von nicht mehr als 50 mg/m³ für den Tagesmittelwert führt;

3. kein Halbstundenmittelwert das Doppelte der in Nummer 2 bestimmten Emissionsgrenzwerte überschreitet und

kein Mittelwert, der über die jeweilige Probenahmezeit gebildet ist, die Emissionsgrenzwerte nach Anlage 2 Nummer 1, 2, 3 und 4 überschreitet.

(2) **Die Emissionsgrenzwerte dieser Vorschrift sind auch bei der Heizflächenreinigung einzuhalten.**

(3) **Abweichend von den in Absatz 1 Satz 2 Nummer 1 Buchstabe a und Nummer 2 Buchstabe a festgelegten Emissionsgrenzwerten für Gesamtstaub kann bei Einsatz von leichtem Heizöl die Rußzahlbegrenzung auf den Wert 1 für den Drei-Minuten-Mittelwert festgelegt werden, wenn durch periodische Messung der Staubkonzentration nachgewiesen wird, dass mit der Einhaltung der vorgenannten Rußzahlbegrenzung die Anforderungen des Absatzes 1 Satz 2 Nummer 1 Buchstabe a und Nummer 2 Buchstabe a stets erfüllt sind.**

(4) **Abweichend von Absatz 1 Satz 2 Nummer 1 Buchstabe a Doppelbuchstabe bb für Gesamtstaub darf bei bestehenden Anlagen mit einer Feuerungswärmeleistung von 300 MW oder mehr ein Emissionsgrenzwert von 10 mg/m³ für den Jahres- und Tagesmittelwert und 20 mg/m³ für den Halbstundenmittelwert nicht überschritten werden. Die Behörde kann auf Antrag des Betreibers eine bestehende Anlage, die im gleitenden Durchschnitt über einen Zeitraum von fünf Jahren höchstens 1.500 Betriebsstunden jährlich in Betrieb ist, von der Pflicht zur Einhaltung der Emissionsgrenzwerte für den Jahresmittelwert nach Satz 1 befreien.**

(5) **Abweichend von Absatz 1 Satz 2 Nummer 1 Buchstabe a, Nummer 2 Buchstabe a und Nummer 3 für Gesamtstaub darf bei Altanlagen mit einer Feuerungswärmeleistung von**

1. 50 MW bis weniger als 300 MW ein Emissionsgrenzwert von 20 mg/m³ für den Jahres- und den Tagesmittelwert und 40 mg/m³ für den Halbstundenmittelwert nicht überschritten werden,
2. 300 MW oder mehr ein Emissionsgrenzwert von 10 mg/m³ für den Jahresmittelwert, 15 mg/m³ für den Tagesmittelwert und 30 mg/m³ für den Halbstundenmittelwert nicht überschritten werden.

Die Behörde kann auf Antrag des Betreibers eine Altanlage, die im gleitenden Durchschnitt über einen Zeitraum von fünf Jahren höchstens 1.500 Betriebsstunden jährlich in Betrieb ist, von der Pflicht zur Einhaltung der Emissionsgrenzwerte für den Jahresmittelwert nach Satz 1 befreien.

(6) Abweichend von den in Absatz 1 Satz 2 Nummer 1 Buchstabe b, Nummer 2 Buchstabe c und Nummer 3 bestimmten Emissionsgrenzwerten für Stickstoffmonoxid und Stickstoffdioxid, angegeben als Stickstoffdioxid, dürfen bei Anlagen mit einer Feuerungswärmeleistung von 50 MW bis weniger als 100 MW, die ausschließlich mit leichtem Heizöl betrieben werden und die im gleitenden Durchschnitt über einen Zeitraum von fünf Jahren höchstens 1.500 Stunden jährlich in Betrieb sind, sowie bei bestehenden Anlagen mit einer Feuerungswärmeleistung von 50 MW bis weniger als 100 MW, die ausschließlich mit leichtem Heizöl betrieben werden, die folgenden Emissionsgrenzwerte nicht überschritten werden:

1. bei Kesseln mit einem Einstellwert der Sicherheitseinrichtung, insbesondere durch einen Sicherheitstemperaturbegrenzer oder ein Sicherheitsdruckventil, gegen Überschreitung einer Temperatur von weniger als 383,15 K oder eines Überdrucks von weniger als 0,05 MPa: 150 mg/m³ für den Jahres- und den Tagesmittelwert und 300 mg/m³ für den Halbstundenmittelwert,
2. bei Kesseln mit einem Einstellwert der Sicherheitseinrichtung, insbesondere durch einen Sicherheitstemperaturbegrenzer oder ein Sicherheitsdruckventil, gegen Überschreitung einer Temperatur von 383,15 K bis 483,15 K oder eines Überdrucks von 0,05 MPa bis 1,8 MPa: 170 mg/m³ für den Jahres- und den Tagesmittelwert und 340 mg/m³ für den Halbstundenmittelwert,
3. bei Kesseln mit einem Einstellwert der Sicherheitseinrichtung, insbesondere durch einen Sicherheitstemperaturbegrenzer oder ein Sicherheitsdruckventil, gegen Überschreitung einer Temperatur von mehr als 483,15 K oder eines Überdrucks von mehr als 1,8 MPa: 200 mg/m³ für den Jahres- und den Tagesmittelwert und 400 mg/m³ für den Halbstundenmittelwert.

(7) Abweichend von den in Absatz 1 Satz 2 Nummer 1 Buchstabe b, Nummer 2 Buchstabe c und Nummer 3 bestimmten Emissionsgrenzwerten für Stickstoffmonoxid und Stickstoffdioxid, angegeben als Stickstoffdioxid, darf bei bestehenden Anlagen mit einer Feuerungswärmeleistung von

1. 50 MW bis weniger als 100 MW bei Einsatz von anderen flüssigen Brennstoffen als leichtem Heizöl ein Emissionsgrenzwert von 250 mg/m³ für den Jahresmittelwert, 300 mg/m³ für den Tagesmittelwert und 600 mg/m³ für den Halbstundenmittelwert nicht überschritten werden,
2. 100 MW bis weniger als 300 MW ein Emissionsgrenzwert von 100 mg/m³ für den Jahresmittelwert, 145 mg/m³ für den Tagesmittelwert und 290 mg/m³ für den Halbstundenmittelwert nicht überschritten werden,
3. 300 MW oder mehr ein Emissionsgrenzwert von 100 mg/m³ für den Jahres- und den Tagesmittelwert und 200 mg/m³ für den Halbstundenmittelwert nicht überschritten werden.

Abweichend von Satz 1 Nummer 1 darf bei Altanlagen ein Emissionsgrenzwert von 270 mg/m³ für den Jahresmittelwert, 330 mg/m³ für den Tagesmittelwert und 660 mg/m³ für den Halbstundenmittelwert nicht überschritten werden. Abweichend

von Satz 1 Nummer 1 darf bei 2003-Altanlagen, die im gleitenden Durchschnitt über einen Zeitraum von fünf Jahren höchstens 1.500 Stunden jährlich in Betrieb sind, ein Emissionsgrenzwert von 400 mg/m^3 für den Tagesmittelwert und 800 mg/m^3 für den Halbstundenmittelwert nicht überschritten werden, wobei der Emissionsgrenzwert für den Jahresmittelwert keine Anwendung findet. Abweichend von Satz 1 Nummer 2 darf bei 2003-Altanlagen, die im gleitenden Durchschnitt über einen Zeitraum von fünf Jahren höchstens 1.500 Stunden jährlich in Betrieb sind, bei Einsatz von anderen flüssigen Brennstoffen als leichtem Heizöl ein Emissionsgrenzwert von 365 mg/m^3 für den Tagesmittelwert und 730 mg/m^3 für den Halbstundenmittelwert nicht überschritten werden, wobei der Emissionsgrenzwert für den Jahresmittelwert keine Anwendung findet. Abweichend von Satz 1 Nummer 3 darf bei Altanlagen bei Einsatz von anderen flüssigen Brennstoffen als leichtem Heizöl ein Emissionsgrenzwert von 110 mg/m^3 für den Jahresmittelwert, 145 mg/m^3 für den Tagesmittelwert und 290 mg/m^3 für den Halbstundenmittelwert nicht überschritten werden. Abweichend von den in Absatz 1 Satz 2 Nummer 2 Buchstabe c und Nummer 3 bestimmten Emissionsgrenzwerten für Stickstoffmonoxid und Stickstoffdioxid, angegeben als Stickstoffdioxid, darf bei 2003-Altanlagen, die ausschließlich zur Abdeckung der Spitzenlast bei der Energieversorgung während bis zu 300 Stunden im Jahr dienen, bei Einsatz von leichtem Heizöl ein Emissionsgrenzwert von 300 mg/m^3 für den Tagesmittelwert und 600 mg/m^3 für den Halbstundenmittelwert nicht überschritten werden, wobei der Emissionsgrenzwert für den Jahresmittelwert keine Anwendung findet. Die Behörde kann auf Antrag des Betreibers eine bestehende Anlage, die im gleitenden Durchschnitt über einen Zeitraum von fünf Jahren höchstens 1.500 Betriebsstunden jährlich in Betrieb ist, von der Pflicht zur Einhaltung der Emissionsgrenzwerte für den Jahresmittelwert nach Satz 1, Satz 2 oder Satz 5 befreien.

(8) **Abweichend von den in Absatz 1 Satz 2 Nummer 1 Buchstabe c, Nummer 2 Buchstabe d und Nummer 3 bestimmten Emissionsgrenzwerten darf für Schwefeldioxid und Schwefeltrioxid, angegeben als Schwefeldioxid,**

1. **bei bestehenden Anlagen mit einer Feuerungswärmeleistung von 300 MW oder mehr ein Emissionsgrenzwert von 110 mg/m^3 für den Jahresmittelwert, 150 mg/m^3 für den Tagesmittelwert und von 300 mg/m^3 für den Halbstundenmittelwert nicht überschritten werden;**
2. **bei 2003-Altanlagen für den Einsatz von anderen flüssigen Brennstoffen als leichtem Heizöl, die im gleitenden Durchschnitt über einen Zeitraum von fünf Jahren höchstens 1.500 Stunden jährlich in Betrieb sind, mit einer Feuerungswärmeleistung von**
   a. **50 MW bis weniger als 300 MW ein Emissionsgrenzwert von 350 mg/m^3 für den Tagesmittel wert und von 700 mg/m^3 für den Halbstundenmittelwert nicht überschritten werden,**
   b. **300 MW oder mehr ein Emissionsgrenzwert von 200 mg/m^3 für den Tagesmittelwert und von 400 mg/m^3 für den Halbstundenmittelwert nicht überschritten werden,**

   wobei die Emissionsgrenzwerte für den Jahresmittelwert keine Anwendung finden.

Für 2003-Altanlagen nach Satz 1 Nummer 2 Buchstabe a darf zusätzlich zur Begrenzung der Massenkonzentration ein Schwefelabscheidegrad von mindestens 75 Prozent nicht unterschritten werden. Für alle nicht unter Satz 1 Nummer 2 Buchstabe a fallenden 2003-Altanlagen sowie für bestehende Anlagen und Altanlagen bleiben die Vorschriften des Absatzes 1 Satz 2 Nummer 2 Buchstabe d zum Schwefelabscheidegrad unberührt. Die Behörde kann auf Antrag des Betreibers eine bestehende Anlage, die im gleitenden Durchschnitt über einen Zeitraum von fünf Jahren höchstens 1.500 Betriebsstunden jährlich in Betrieb ist, von der Pflicht zur Einhaltung der Emissionsgrenzwerte für den Jahresmittelwert nach Satz 1 Nummer 1 befreien.

(9) **Der Betreiber einer Anlage, die die Behörde nach Absatz 5 Satz 2, Absatz 7 Satz 7 oder Absatz 8 Satz 4 von der Pflicht zur Einhaltung des Emissionsgrenzwertes für den Jahresmittelwert befreit hat, der Betreiber einer Anlage, auf die die abweichenden Vorschriften des Absatzes 6 infolge der begrenzten Jahresbetriebsstunden Anwendung finden, der Betreiber einer Anlagenach Absatz 7 Satz 3, 4 oder 6 sowie der Betreiber einer Anlagenach Absatz 8 Satz 1 Nummer 2 hat jeweils bis zum Ablauf des 31. März eines Jahres für die vorhergehenden fünf Kalenderjahre einen Nachweis über die Einhaltung der Betriebszeit zu führen und diesen der zuständigen Behörde auf Verlangen vorzulegen. Der Betreiber hat den Nachweis nach dem Ende des Nachweiszeitraums jeweils fünf Jahre lang aufzubewahren.**

(10) **Bei Einsatz von leichtem Heizöl, das die Anforderungen an leichtes Heizöl der Verordnung über die Beschaffenheit und die Auszeichnung der Qualitäten von Kraft- und Brennstoffen bezüglich des Schwefelgehalts erfüllt, sind die in Absatz 1 Satz 2 Nummer 2 Buchstabe d genannten Anforderungen zum Schwefelabscheidegrad nicht anzuwenden.**

(11) **Bei Einsatz von leichtem Heizöl sind die Emissionsgrenzwerte nach Absatz 1 Satz 2 Nummer 4 nicht anzuwenden.**

Übersicht

A. Allgemeines

1 § 30 Abs. 1 enthält der allgemeinen Struktur der §§ 28 ff. entsprechend (→ Vorbemerkungen Unterabschnitt 2 des Abschnitt 2) die Emissionsanforderungen beim Einsatz von flüssigen Brennstoffen (→ § 2 Rn. 7) in Neuanlagen unter Beachtung der Grenzen aus Anhang V Teil 2 der Richtlinie über Industrieemissionen (BR-Drs. 676/12, 174) und dient zudem der Umsetzung des Abschnitts 3.1 des Durchführungsbeschlusses (EU) 2017/1442 (BT-Drs. 19/24906, 124). Begrenzt werden Gesamtstaub nach BVT 30 Tabelle 16 des Durchführungsbeschlusses (EU) 2017/1442, Stickstoffoxide und Kohlenmonoxid (keine Jahresmittelwerte) nach BVT 28 Tabelle 14 des Durchführungsbeschlusses (EU) 2017/1442, Schwefeloxide nach BVT 29 Tabelle 15 des Durchführungsbeschlusses (EU) 2017/1442 und Schwermetalle und krebserzeugende Stoffe (nur periodische Messung).

2 Abs. 4 und 5, Abs. 6 Alt. 2 und Abs. 7 und 8 enthalten Erleichterungen für bestehende Anlagen, Altanlagen und 2003-Altanlagen (→ § 2 Rn. 54 ff.). Abs. 3, Abs. 6 Alt 1, 10 und 11 enthalten Sonderregelungen beim Einsatz von leichtem Heizöl (→ § 2 Rn. 20 f.). Nachweispflichten regelt Abs. 9.

3 Zu Jahres- Tages- und Halbstundenmittelwert → 19 Rn. 2 ff.. Zum Bezugssauerstoffgehalt →§ 2 Rn. 40, 48, § 3. Zur Heizflächenreinigung nach Abs. 2 → § 2 Rn. 37.

B. Emissionsbegrenzungen

I. Neue Anlagen

4 Neben Abs. 1 enthält Abs. 6 Alt. 1 für Neuanlagen, die ausschließlich mit leichtem Heizöl betrieben werden und die im gleitenden Durchschnitt über einen Zeitraum von fünf Jahren höchstens 1.500 Stunden jährlich in Betrieb sind, besondere Begrenzungen hinsichtlich der Emissionen von Stickstoffoxiden. Relevant sind die technischen Eigenschaften des jeweiligen „Kessels", und zwar hinsichtlich der Begrenzung von Temperatur oder Überdruck. Der Begriff des „Kessels" ist der 13. BImSchV fremd, entspricht aber nichts anderem als einer Feuerungsanlage mit Ausnahme von Motoren, Gasturbinen und Prozessöfen oder Heizvorrichtungen vgl. Begriffsbestimmungen im Durchführungsbeschlusses (EU) 2017/1442.

5 Zur Heizflächenreinigung nach Abs. 2 → § 28 Rn. 11.

6 Bei Einsatz von leichtem Heizöl eröffnet Abs. 3 die Möglichkeit, statt einer Messung der Staubemissionen eine Rußzahlbegrenzung (→ 2 Rn. 21) auf den Wert 1 für den Drei-Minuten-Mittelwert festzulegen, wenn durch periodische Messung der Staubkonzentration nachgewiesen wird, dass mit der Einhaltung der vorgenannten Rußzahlbegrenzung auch die Emissionsbegrenzungen eingehalten werden.

7 Abs. 10 dispensiert den Einsatz von leichtem Heizöl von der Einhaltung eines Schwefelabscheidegrades. Absatz 11 befreit den Einsatz von leichtem Heizöl von den Emissionsgrenzwerten für Schwermetalle und krebserzeugende Stoffe nach Absatz 1 Satz 2 Nummer 4 i.V.m. Anlage 2.

II. Bestehende Anlagen

8 Abs. 4 S. 1 dient der Umsetzung der BVT 30 Tabelle 16 des Durchführungsbeschlusses (EU) 2017/1442 für bestehende Anlagen und räumt bei **Anlagen mit mehr als 300 MW** Feuerungswärmeleistung einen doppelten Jahres-Emissionsgrenzwert für Gesamtstaub ein. Aus Antrag des Betreibers einer bestehenden Anlage, die im gleitenden Durchschnitt über einen Zeitraum von fünf Jahren höchstens 1.500 Betriebsstunden jährlich in Betrieb ist, kann von der Pflicht zur Einhaltung der Emissionsgrenzwerte für den Jahresmittelwert gänzlich befreit werden (Abs. 4 S. 2). Abs. 5 begünstigt Altanlagen hinsichtlich der einzuhaltenden Staub-Emissionsgrenzwerte.

9 Gem. Abs. 6 Alt 2 begünstigt bestehende **kleinere Feuerungsanlagen** (bis 100 MW Feuerungswärmeleistung), die leichtes Heizöl einsetzen, wie Neuanlagen nach Abs. 6 Alt. 1 (→ Rn. 3). Abs. 7 enthält für bestehende Anlagen höhere Emissionsgrenzwerte hinsichtlich von Stickstoffoxiden. Abs. 7 S. 7 soll auf Antrag des Betreibers eine Befreiung von der Pflicht zur Einhaltung der im Jahresmittel einzuhaltenden Emissionsgrenzwerte ermöglichen, sofern die Großfeuerungsanlage entsprechend BVT 28 Fußnote 1 der Tabelle 14 des Durchführungsbeschlusses (EU) 2017/1442 weniger als 1 500 Stunden im Jahr in Betrieb ist, und sofern die Behörde dem Antrag zustimmt.

10 Abs. 7 enthält Erleichterungen für bestehende Anlagen hinsichtlich der Emissionsgrenzwerte für Stickstoffoxide. Besondere Emissionsgrenzwerte für Stickstoffoxide gelten für 2003-Altanlagen, die ausschließlich zur Abdeckung der Spitzenlast bei der Energieversorgung dienen (→ § 5 Rn. 5).

11 Abs. 8 S. 1 enthält für bestehende Anlagen höhere Emissionsgrenzwerte hinsichtlich von Schwefeloxiden und legt in S. 2 geringere Schwefelabscheidegrade fest. Abs. 8 S. 4 soll auf Antrag des Betreibers eine Befreiung von der Pflicht zur Einhaltung der im Jahresmittel einzuhaltenden Emissionsgrenzwerte ermöglichen, sofern die Großfeuerungsanlage entsprechend BVT 29 Fußnote 1 der Tabelle 15 des Durchführungsbeschlusses (EU)

2017/1442 weniger als 1 500 Stunden im Jahr in Betrieb ist, und sofern die Behörde dem Antrag zustimmt.

III. Nachweispflichten (Abs. 9)

Abs. 9 dient der Umsetzung der BVT 29 Tabelle 15 im Hinblick auf eine wirksame Überwachung der Anlagen in den Fällen, in denen der Betreiber einer Anlage von Erleichterungen bei Emissionsanforderungen Gebrauch macht (→ § 28 Rn. 26 ff.). 12

§ 31 Emissionsgrenzwerte für Großfeuerungsanlagen bei Einsatz von gasförmigen Brennstoffen, ausgenommen gasförmige Brennstoffe aus Produktionsrückständen der chemischen Industrie

(1) **Großfeuerungsanlagen, die gasförmige Brennstoffe, ausgenommen gasförmige Brennstoffe aus Produktionsrückständen der chemischen Industrie, einsetzen, sind so zu errichten und zu betreiben, dass die Anforderungen dieses Absatzes und des Absatzes 2 eingehalten werden. Der Betreiber hat dafür zu sorgen, dass**

1. kein Jahresmittelwert die folgenden Emissionsgrenzwerte überschreitet:

a) Gesamtstaub bei Einsatz von Hochofengas oder Koksofengas: 7 mg/m³,

b) Stickstoffmonoxid und Stickstoffdioxid, angegeben als Stickstoffdioxid: 60 mg/m³,

c) Schwefeldioxid und Schwefeltrioxid, angegeben als Schwefeldioxid, bei Einsatz von Hochofengas oder Koksofengas: 150 mg/m³,

2. kein Tagesmittelwert die folgenden Emissionsgrenzwerte überschreitet:

a) Gesamtstaub bei Einsatz von

aa) Hochofengas oder Koksofengas: 10 mg/m³,

bb) sonstigen gasförmigen Brennstoffen, ausgenommen Erdgas, Flüssiggas und Wasserstoff: 5 mg/m³,

b) Kohlenmonoxid bei Einsatz von

aa) Erdgas: 50 mg/m³,

bb) Hochofengas oder Koksofengas: 100 mg/m³,

cc) sonstigen gasförmigen Brennstoffen: 80 mg/m³,

c) Stickstoffmonoxid und Stickstoffdioxid, angegeben als Stickstoffdioxid: 85 mg/m³,

d) Schwefeldioxid und Schwefeltrioxid, angegeben als Schwefeldioxid, bei Einsatz von

aa) Flüssiggas: 5 mg/m³,

bb) Erdgas: 35 mg/m³,

cc) Hochofengas und Koksofengas mit einem Koksofengasanteil von bis zu 50 Prozent: 200 mg/m³,

dd) Hochofengas und Koksofengas mit einem Koksofengasanteil von mehr als 50 Prozent: 300 mg/m³,

ee) sonstigen gasförmigen Brennstoffen: 35 mg/m³,

3. kein Halbstundenmittelwert das Doppelte der in Nummer 2 bestimmten Emissionsgrenzwerte überschreitet.

(2) **Abweichend von den in Absatz 1 Satz 2 Nummer 1 Buchstabe b, Nummer 2 Buchstabe c und Nummer 3 bestimmten Emissionsgrenzwerten darf für Stickstoffmonoxid und Stickstoffdioxid, angegeben als Stickstoffdioxid, bei bestehenden Anlagen ein Emissionsgrenzwert von 100 mg/m³ für den Jahres- und den Tagesmittelwert und 200 mg/m³ für den Halbstundenmittelwert nicht überschritten werden. Abwei-**

chend von Satz 1 darf bei Altanlagen mit einer Feuerungswärmeleistung von 50 MW bis weniger als 300 MW
bei Einsatz von Hochofengas und Koksofengas mit einem Koksofengasanteil von bis zu 50 Prozent ein Emissionsgrenzwert von 100 mg/m³ für den Jahresmittelwert, 160 mg/m³ für den Tagesmittelwert und 320 mg/m³ für den Halbstundenmittelwert nicht überschritten werden,
bei Einsatz von Hochofengas und Koksofengas mit einem Koksofengasanteil von mehr als 50 Prozent ein Emissionsgrenzwert von 100 mg/m³ für den Jahresmittelwert, 200 mg/m³ für den Tagesmittelwert und 400 mg/m³ für den Halbstundenmittelwert nicht überschritten werden.
Abweichend von Satz 1 darf bei 2003-Altanlagen mit einer Feuerungswärmeleistung von 300 MW oder mehr bei Einsatz von Hochofengas oder Koksofengas ein Emissionsgrenzwert von 100 mg/m³ für den Jahresmittelwert, 135 mg/m³ für den Tagesmittelwert und 270 mg/m³ für den Halbstundenmittelwert nicht überschritten werden. Abweichend von Satz 1 darf bei bestehenden Anlagen, die andere gasförmige Brennstoffe als Erdgas, Hochofengas oder Koksofengas einsetzen, bei einer Feuerungswärmeleistung
bis weniger als 300 MW ein Emissionsgrenzwert von 150 mg/m³ für den Tagesmittelwert und 300 mg/m³ für den Halbstundenmittelwert nicht überschritten werden,
von 300 MW oder mehr ein Emissionsgrenzwert von 100 mg/m³ für den Tagesmittelwert und 200 mg/m³ für den Halbstundenmittelwert nicht überschritten werden, wobei der Emissionsgrenzwert für den Jahresmittelwert keine Anwendung findet.

Übersicht

A. Allgemeines

1 § 31 enthält der allgemeinen Struktur der §§ 28 ff. entsprechend (→ Vorbemerkungen Unterabschnitt 2 des Abschnitt 2) Emissionsgrenzwerte für Feuerungsanlagen, in denen gasförmige Brennstoffe – ausgenommen gasförmige Brennstoffe aus Produktionsrückständen der chemischen Industrie, die in § 32 geregelt sind – eingesetzt werden. Begrenzt sind Gesamtstaub nach BVT 51 Tabelle 31 des Durchführungsbeschlusses (EU) 2017/1442, Kohlenmonoxid nach BVT 44 des Durchführungsbeschlusses (EU) 2017/1442 (keine Jahresmittelwerte), Stickstoffoxide nach BVT 41 Tabelle 25 und BVT 47 Tabelle 29 des Durchführungsbeschlusses (EU) 2017/1442 und Schwefeloxide nach BVT 50 Tabelle 30 des Durchführungsbeschlusses (EU) 2017/1442. Gesonderte Emissionsgrenzwerte gelten ferner für Erdgas § 2 Abs. 13 → § 2 Rn. 23, Flüssiggas → § 2 Rn. 9 und Wasserstoff → § 2 Rn. 8.

2 Zu Jahres- Tages- und Halbstundenmittelwert → § 19 Rn. 2 ff.. Zum Bezugssauerstoffgehalt → § 2 Rn. 40, 48, § 3.

B. Emissionsbegrenzungen

I. Neuanlagen und bestehende Anlagen

Die Emissionsanforderungen für Neuanlagen sind in Abs. 1 enthalten. Abs. 2 enthält Erleichterungen für bestehende Anlagen (→ § 2 Rn. 54 ff.), Altanlagen (→ § 2 Rn. 54 ff.) und 2003-Altanlagen (→ § 2 Rn. 54 ff.) hinsichtlich der Emissionsgrenzwerte für Stickoxide. 3

Zur Heizflächenreinigung nach Abs. 2 → § 28 Rn. 11. 4

II. Hochofengas oder Koksofengas

Gesonderte Emissionsgrenzwerte sind auf Grund ihrer besonderen Zusammensetzung für die in der Stahlindustrie entstehenden Gase (Hochöfen, Kokereien) nach BVT 51 Tabelle 31 des Durchführungsbeschlusses (EU) 2017/1442 vorgesehen. Hochofengas oder auch „Gichtgas" ist ein brennbares Gas, das als Nebenprodukt beim Betrieb von Hochöfen anfällt. Aufgrund seines hohen Stickstoffgehaltes und einem hohen Kohlenmonoxid-Anteil besitzt es nur einen niedrigen Heizwert. Es wird am oberen Schachtende des Hochofens – der Gicht – abgezogen. Ein Teil des Gichtgases wird zum Aufheizen der Winderhitzer (→ § 1 Rn. 27) verwendet. Der andere Teil dient der Energieerzeugung oder zB auch als Unterfeuerungsgas für Koksöfen. Koksofengas oder ebenfalls von dem Begriff einbezogenes feingereinigtes Koksofengas, sog. „Kokereigas" (vgl. BT-Drs. 15/3420, 24), ist ein brennbares Gas, das in Kokereien bei der Gewinnung von Koks aus Steinkohle als Nebenprodukt anfällt. Es enthält insbesondere Wasserstoff, Methan und Stickstoff. Die Emissionen von Winderhitzern und Koksofenunterfeuerungen unterliegen nicht der Verordnung (§ 1 Abs. 2 Nr. 6 und 7), sondern sind nach TA Luft (vgl. Nr. 5.4.3) zu beurteilen. 5

Anlagen, in denen Hochofengas und Koksofengas mit niedrigem Heizwert eingesetzt werden, unterliegen deutlich höheren Emissionsgrenzwerten für Staub, Kohlenmonoxid und Schwefeldioxid als Anlagen, die sonstige Gase verbrennen. Der Heizwert gibt die bei Verbrennung einer bestimmten Menge Brennstoff maximal nutzbare Wärmemenge an. Was als „niedriger Heizwert" anzusehen ist, definiert die Verordnung nicht. Hochofengas hat einen Heizwert von ca. 2 MJ/kg. Koksofengas hat höhere Heizwerte (ca. 15 MJ/kg). Heizöl oder Erdgas haben bis zu dreimal höhere Heizwerte. Nach der Begründung zur 13. BImSchV 2013 ist der Heizwert im Vergleich zum Erdgas zu beurteilen (vgl. BT-Drs. 15/3420, 24). Es ist daher davon auszugehen, dass Hochofen- und Koksofengas nach der Verordnung grundsätzlich als Brennstoff mit niedrigem Heizwert anzusehen sind. Der Begriff Hochofengas schließt in Verbindung mit BVT 50 Fußnote 3 der Tabelle 30 des Durchführungsbeschlusses (EU) 2017/1442 ein Gemisch aus Hochofen- und Koksofengas mit einem Koksofengasanteil von 50 Prozent oder weniger mit ein (BT-Dr. 19/24906, 130). 6

§ 32 Emissionsgrenzwerte für Großfeuerungsanlagen bei Einsatz von flüssigen und gasförmigen Produktionsrückständen aus der chemischen Industrie

(1) **Großfeuerungsanlagen, die flüssige oder gasförmige Produktionsrückstände aus der chemischen Industrie einsetzen, sind so zu errichten und zu betreiben, dass die Anforderungen dieses Absatzes und der Absätze 2 bis 5, des Absatzes 6 Satz 2 und 3 und des Absatzes 7 eingehalten werden. Der Betreiber hat dafür zu sorgen, dass**

1. kein Jahresmittelwert die folgenden Emissionsgrenzwerte überschreitet:
   a) Gesamtstaub: 5 mg/m³,
   b) Stickstoffmonoxid und Stickstoffdioxid, angegeben als Stickstoffdioxid:
      aa) bei ausschließlichem Einsatz von gasförmigen Produktionsrückständen aus der chemischen Industrie: 80 mg/m³,
      bb) in allen nicht in Doppelbuchstabe aa genannten Fällen: 85 mg/m³,
   c) Schwefeldioxid und Schwefeltrioxid, angegeben als Schwefeldioxid: 100 mg/m³,
2. kein Tagesmittelwert die folgenden Emissionsgrenzwerte überschreitet:
   a) Gesamtstaub: 10 mg/m³,
   b) Kohlenmonoxid: 80 mg/m³,
   c) Stickstoffmonoxid und Stickstoffdioxid, angegeben als Stickstoffdioxid, bei einer Feuerungswärmeleistung von
      aa) 50 MW bis weniger als 300 MW:
         aaa) bei ausschließlichem Einsatz von gasförmigen Produktionsrückständen aus der chemischen Industrie: 100 mg/m³,
         bbb) in allen nicht in Dreifachbuchstabe aaa genannten Fällen: 110 mg/m³,
      bb) 300 MW oder mehr: 100 mg/m³,
   d) Schwefeldioxid und Schwefeltrioxid, angegeben als Schwefeldioxid:
      aa) bei ausschließlichem Einsatz von gasförmigen Produktionsrückständen der chemischen Industrie: 35 mg/m³,
      bb) in allen nicht in Doppelbuchstabe aa genannten Fällen:
         aaa) bei einer Feuerungswärmeleistung von 50 MW bis weniger als 300 MW: 200 mg/m³,
         bbb) bei einer Feuerungswärmeleistung von 300 MW oder mehr: 150 mg/m³,
3. ein Halbstundenmittelwert das Doppelte der in Nummer 2 bestimmten Emissionsgrenzwerte überschreitet und
4. kein Mittelwert, der über die jeweilige Probenahmezeit gebildet ist, die folgenden Emissionsgrenzwerte überschreitet:
   a) gasförmige anorganische Chlorverbindungen, angegeben als Chlorwasserstoff, bei einer Feuerungswärmeleistung von
      aa) 50 MW bis weniger als 100 MW: 7 mg/m³,
      bb) 100 MW oder mehr: 5 mg/m³,
   b) gasförmige anorganische Fluorverbindungen, angegeben als Fluorwasserstoff, bei einer Feuerungswärmeleistung von
      aa) 50 MW bis weniger als 100 MW: 3 mg/m³,
      bb) 100 MW oder mehr: 2 mg/m³,
   c) organische Stoffe, angegeben als Gesamtkohlenstoff: 10 mg/m³,
   d) den Emissionsgrenzwert nach Anlage 2 Nummer 5.

(2) Die Emissionsgrenzwerte dieser Vorschrift sind auch bei der Heizflächenreinigung einzuhalten.

(3) Abweichend von den in Absatz 1 Satz 2 Nummer 1 Buchstabe a, Nummer 2 Buchstabe a und Nummer 3 bestimmten Emissionsgrenzwerten für Gesamtstaub darf bei Einsatz von flüssigen Produktionsrückständen der chemischen Industrie allein oder zusammen mit gasförmigen Brennstoffen der chemischen Industrie in

1. bestehenden Anlagen ein Emissionsgrenzwert von 10 mg/m³ für den Jahres- und den Tagesmittelwert und 20 mg/m³ für den Halbstundenmittelwert nicht überschritten werden,
2. Altanlagen mit einer Feuerungswärmeleistung von

a) 50 MW bis weniger als 300 MW ein Emissionsgrenzwert von 15 mg/m³ für den Jahresmittelwert, 20 mg/m³ für den Tagesmittelwert und 40 mg/m³ für den Halbstundenmittelwert nicht überschritten werden,
b) 300 MW oder mehr ein Emissionsgrenzwert von 10 mg/m³ für den Jahresmittelwert, 20 mg/m³ für den Tagesmittelwert und 40 mg/m³ für den Halbstundenmittelwert nicht überschritten werden.

(4) **Abweichend von den in Absatz 1 Satz 2 Nummer 1 Buchstabe b, Nummer 2 Buchstabe c Doppelbuchstabe aa und Nummer 3 bestimmten Emissionsgrenzwerten für Stickstoffmonoxid und Stickstoffdioxid, angegeben als Stickstoffdioxid, darf in bestehenden Anlagen mit einer Feuerungswärmeleistung von 50 MW bis weniger 300 MW, in denen gasförmige Produktionsrückstände der chemischen Industrie eingesetzt werden, ein Emissionsgrenzwert von 100 mg/m³ für den Jahresmittelwert, 110 mg/m³ für den Tagesmittelwert und 220 mg/m³ für den Halbstundenmittelwert nicht überschritten werden. Abweichend von Satz 1 darf in Altanlagen ein Emissionsgrenzwert von 180 mg/m³ für den Jahresmittelwert, 200 mg/m³ für den Tagesmittelwert und 400 mg/m³ für den Halbstundenmittelwert nicht überschritten werden.**

(5) **Abweichend von den in Absatz 1 Satz 2 Nummer 1 Buchstabe b, Nummer 2 Buchstabe c und Nummer 3 bestimmten Emissionsgrenzwerten für Stickstoffmonoxid und Stickstoffdioxid, angegeben als Stickstoffdioxid, darf in bestehenden Anlagen, in denen flüssige Produktionsrückstände der chemischen Industrie eingesetzt werden, bei einer Feuerungswärmeleistung von**

1. **50 MW bis weniger als 100 MW ein Emissionsgrenzwert von 250 mg/m³ für den Jahresmittelwert, 300 mg/m³ für den Tagesmittelwert und 600 mg/m³ für den Halbstundenmittelwert nicht überschritten werden,**
2. **100 MW bis weniger als 300 MW ein Emissionsgrenzwert von 100 mg/m³ für den Jahresmittelwert, 150 mg/m³ für den Tagesmittelwert und 300 mg/m³ für den Halbstundenmittelwert nicht überschritten werden,**
3. **300 MW oder mehr ein Emissionsgrenzwert von 100 mg/m³ für den Jahres- und den Tagesmittelwert und 200 mg/m³ für den Halbstundenmittelwert nicht überschritten werden.**

Abweichend von Satz 1 Nummer 1 darf bei Altanlagen ein Emissionsgrenzwert von 290 mg/m³ für den Jahresmittelwert, 330 mg/m³ für den Tagesmittelwert und 660 mg/m³ für den Halbstundenmittelwert nicht überschritten werden. Abweichend von Satz 2 darf bei 2003-Altanlagen, deren Brennstoff einen Stickstoffgehalt von 0,6 Gewichts-Prozent übersteigt, ein Emissionsgrenzwert von 380 mg/m³ für den Jahres- und den Tagesmittelwert und 760 mg/m³ für den Halbstundenmittelwert nicht überschritten werden. Abweichend von Satz 1 Nummer 2 darf bei Altanlagen ein Emissionsgrenzwert von 200 mg/m³ für den Jahres- und den Tagesmittelwert und 400 mg/m³ für den Halbstundenmittelwert nicht überschritten werden. Abweichend von Satz 4 darf bei 2003-Altanlagen, die im gleitenden Durchschnitt über einen Zeitraum von fünf Jahren höchstens 1.500 Stunden jährlich in Betrieb sind und deren Brennstoff einen Stickstoffgehalt von 0,6 Gewichts-Prozent übersteigt, ein Emissionsgrenzwert von 380 mg/m³ für den Tagesmittelwert und 760 mg/m³ für den Halbstundenmittelwert nicht überschritten werden, wobei der Emissionsgrenzwert für den Jahresmittelwert keine Anwendung findet. Abweichend von Satz 1 Nummer 3 darf bei Altanlagen ein Emissionsgrenzwert von 150 mg/m³ für den Jahres- und den Tagesmittelwert und 300 mg/m³ für den Halbstundenmittelwert nicht überschritten werden.

(6) **Die Behörde kann auf Antrag des Betreibers eine bestehende Anlage, die im gleitenden Durchschnitt über einen Zeitraum von fünf Jahren höchstens 1.500 Betriebsstunden jährlich in Betrieb ist, von der Pflicht zur Einhaltung der Emissions-**

grenzwerte für den Jahresmittelwert nach Absatz 1, 3, 4 oder 5 befreien. Hat die Behörde nach Satz 1 die Anlage von der Pflicht zur Einhaltung der Emissionsgrenzwerte für den Jahresmittelwert befreit oder betreibt der Betreiber eine Anlagenach Absatz 5 Satz 5, so hat der Betreiber bis zum Ablauf des 31. März eines Jahres für die vorhergehenden fünf Kalenderjahre einen Nachweis über die Einhaltung der Betriebszeit zu führen und diesen der zuständigen Behörde auf Verlangen vorzulegen. Der Betreiber hat den Nachweis nach dem Ende des Nachweiszeitraums fünf Jahre lang aufzubewahren.

(7) **Der Betreiber hat in den Fällen des Absatzes 5 Satz 3 oder 5 Nachweise über die Erfüllung der die abweichenden Regelungen begründenden brennstoffspezifischen Voraussetzungen, insbesondere durch regelmäßige Kontrollen der Brennstoffe auf der Grundlage der Brennstoffkontrollen nach § 13, jeweils bis zum Ablauf des 31. März eines Jahres für das vorhergehende Kalenderjahr zu führen und diese der zuständigen Behörde auf Verlangen vorzulegen. Der Betreiber hat die Nachweise nach dem Ende des Nachweiszeitraums nach Satz 1 jeweils fünf Jahre lang aufzubewahren.**

Übersicht

A. Allgemeines

1 § 32 betrifft flüssige und gasförmige (also keine festen) Produktionsrückstände aus der chemischen Industrie und übernimmt Regelungen der 13. BImSchV 2013/2017 (zur Struktur der Vorschrift → Vorbemerkungen Unterabschnitt 2 des Abschnitt 2). Was unter Produktionsrückständen zu verstehen ist, definiert die 13. BImSchV nicht. Die Begriffsbestimmungen des Durchführungsbeschlusses (EU) 2017/1442 definiert sie als gasförmige und/oder flüssige Nebenprodukte, die von der (petro-)chemischen Industrie erzeugt und in Feuerungsanlagen als nichtkommerzielle Brennstoffe verfeuert werden.

2 § 32 dient der Umsetzung der Abschnitts 5.1 des Durchführungsbeschlusses (EU) 2017/1442. Begrenzt sind Gesamtstaub nach BVT 58 Tabelle 37 des Durchführungsbeschlusses (EU) 2017/1442, Kohlenmonoxid nach BVT 56 des Durchführungsbeschlusses (EU) 2017/1442 (kein Jahresmittelwert), Stickstoffoxide nach BVT 56 Tabelle 34 des Durchführungsbeschlusses (EU) 2017/1442, Schwefeloxide nach BVT 57 Tabelle 35 des Durchführungsbeschlusses (EU) 2017/1442, gasförmige anorganische Chlor- und Fluorverbindungen nach BVT 57 Tabelle 36 bzw. BVT 59 Tabelle 38 des Durchführungsbeschlusses (EU) 2017/1442.

3 Zu Jahres- Tages- und Halbstundenmittelwert → 19 Rn. 2 ff.. Zum Bezugssauerstoffgehalt →§ 2 Rn. 40, 48, § 3. Zur Heizflächenreinigung nach Abs. 2 → § 2 Rn. 37.

B. Emissionsanforderungen und Nachweispflichten

4 Abs. 1 enthält die Emissionsgrenzwerte für Neuanlagen. Zur Heizflächenreinigung nach Abs. 2 → § 28 Rn. 11. Abs. 3 bis 6 enthalten Erleichterungen für bestehende Anlagen (→ § 2 Rn. 54 ff.) und Altanlagen (→ § 2 Rn. 54 ff.).

5 Abs. 3 betrifft Gesamtstaub, Abs. 4 betrifft Stickoxide und den Einsatz von gasförmige Produktionsrückstände, Abs. 5 betrifft Stickoxide und den Einsatz von flüssigen Produkti-

onsrückstände, wobei S. 5 eine weitere Sonderregelung für 2003-Altanlagen trifft, die im gleitenden Durchschnitt über einen Zeitraum von fünf Jahren höchstens 1.500 Stunden jährlich in Betrieb sind und deren Brennstoff einen Stickstoffgehalt von 0,6 Gewichts-Prozent übersteigt.

Die Behörde kann auf Antrag des Betreibers eine bestehende Anlage, die entsprechend BVT 56 Fußnote 1 der Tabelle 34 des Durchführungsbeschlusses (EU) 2017/1442 im gleitenden Durchschnitt über einen Zeitraum von fünf Jahren höchstens 1.500 Betriebsstunden jährlich in Betrieb ist, generell von der Pflicht zur Einhaltung der Emissionsgrenzwerte für den Jahresmittelwert befreien (Abs. 6). Abs. 7 enthält die erforderliche Nachweispflichten (→ § 28 Rn. 26 ff.). 6

§ 33 Emissionsgrenzwerte für Gasturbinenanlagen

(1) **Gasturbinenanlagen sind so zu errichten und zu betreiben, dass die Anforderungen dieses Absatzes und der Absätze 2 bis 4, des Absatzes 5 Satz 1 Nummer 1, der Absätze 6 bis 10 und des Absatzes 13 eingehalten werden. Der Betreiber hat dafür zu sorgen, dass**

1. kein Jahresmittelwert die folgenden Emissionsgrenzwerte überschreitet:
a) Gesamtstaub bei Einsatz von flüssigen Brennstoffen: 5 mg/m³,
b) Stickstoffmonoxid und Stickstoffdioxid, angegeben als Stickstoffdioxid, bei Einsatz
aa) von Erdgas
aaa) in Anlagen im Kombibetrieb (Gas- und Dampfturbinenprozess): 15 mg/m³,
bbb) in sonstigen Gasturbinenanlagen: 30 mg/m³,
bb) von Hochofengas oder Koksofengas: 35 mg/m³;

2. kein Tagesmittelwert die folgenden Emissionsgrenzwerte überschreitet:
a) Gesamtstaub bei Einsatz von flüssigen Brennstoffen: 10 mg/m³,
b) Kohlenmonoxid: 100 mg/m³,
c) Stickstoffmonoxid und Stickstoffdioxid, angegeben als Stickstoffdioxid, bei Einsatz
aa) von Erdgas
aaa) in Anlagen im Kombibetrieb (Gas- und Dampfturbinenprozess): 40 mg/m³,
bbb) in sonstigen Gasturbinenanlagen: 50 mg/m³,
bb) von anderen gasförmigen Brennstoffen, ausgenommen Wasserstoff und gasförmige Brennstoffe mit einem Wasserstoffanteil von 10 Volumen-Prozent oder mehr, und flüssigen Brennstoffen: 50 mg/m³;

3. kein Halbstundenmittelwert das Doppelte der in Nummer 2 bestimmten Emissionsgrenzwerte überschreitet;

kein Mittelwert, der über die jeweilige Probenahmezeit gebildet ist, den Emissionsgrenzwert von 5 mg/m³ für Formaldehyd bei Betrieb mit einer Last von 70 Prozent überschreitet; für den Betrieb bei einer Last unter 70 Prozent legt die zuständige Behörde den zu überwachenden Teillastbereich sowie die in diesem Bereich einzuhaltende Emissionsbegrenzung fest.
Abweichend von Satz 1 Nummer 1 Buchstabe b Doppelbuchstabe aa ist für Anlagen, die im gleitenden Durchschnitt über einen Zeitraum von fünf Jahren höchstens 1.500 Stunden jährlich in Betrieb sind, oder in Anlagen, für die der Betreiber vor dem 15. Juli 2022 einen vollständigen Genehmigungsantrag zur Errichtung und zum Betrieb nach § 4 oder § 16 des Bundes-Immissionsschutzgesetzes gestellt hat, in Anla-

gen im Kombibetrieb ein Emissionsgrenzwert von 30 mg/m³ und in sonstigen Gasturbinenanlagen ein Emissionsgrenzwert von 35 mg/m³ im Jahresmittel einzuhalten.

(2) **Soweit zur Einhaltung der Anforderungen an die Begrenzung der Emissionen von Stickstoffmonoxid und Stickstoffdioxid, angegeben als Stickstoffdioxid, nach Absatz 1 Satz 2 Nummer 1 Buchstabe b, Nummer 2 Buchstabe c oder Satz 3 der erstmalige Einsatz eines Verfahrens zur selektiven katalytischen Reduktion von Stickstoffoxiden erforderlich ist, ist diese Maßnahme zur Emissionsminderung so zu errichten und zu betreiben, dass ein Emissionsgrenzwert von 20 mg/m³ für den Jahresmittelwert nicht überschritten wird; die Anforderungen zur Einhaltung der auf den Tagesmittelwert bezogenen Emissionsgrenzwerte nach Absatz 1 Satz 2 Nummer 2 Buchstabe c bleiben unberührt.**

(3) **Die in den Absätzen 1 und 2 festgelegten Emissionsgrenzwerte zur Begrenzung der Emissionen von Kohlenmonoxid und von Stickstoffmonoxid und Stickstoffdioxid, angegeben als Stickstoffdioxid, gelten bei Betrieb ab einer Last von 70 Prozent bei einer Temperatur von 288,15 K, einem Druck von 101,3 kPa und einer relativen Luftfeuchte von 60 Prozent (ISO-Bedingungen). Für den Betrieb bei Lasten unter 70 Prozent legt die zuständige Behörde den zu überwachenden Teillastbereich sowie die in diesem Bereich einzuhaltenden Emissionsgrenzwerte für die in Satz 1 genannten Schadstoffe fest. Abweichend von den Sätzen 1 und 2 gelten für den Einsatz von Erdgas in Gasturbinen, die mit Einrichtungen zur trockenen Vormischung von Brennstoff und Verbrennungsluft (NOx-arme Trockenbrenner) ausgestattet sind, die in Absatz 1 festgelegten Emissionsgrenzwerte zur Begrenzung der Emissionen von Kohlenmonoxid und von Stickstoffmonoxid und Stickstoffdioxid, angegeben als Stickstoffdioxid, in dem Lastbereich, in dem der Betrieb des NO_x-armen Trockenbrenners wirksam ist, mindestens jedoch ab einer Last von 70 Prozent unter ISO-Bedingungen. Der Betreiber hat den Minimallastpunkt für einen wirksamen Betrieb des NO_x-armen Trockenbrenners, ab dem ein sicherer und stabiler Betrieb der Anlage möglich ist, der zuständigen Behörde mitzuteilen. Für den Lastbereich zwischen dem vom Betreiber anzugebenden Minimallastpunkt nach Satz 4 und einem vom Betreiber zu benennenden tieferen Lastpunkt, ab dem ein bestimmungsgemäßer Betrieb der Anlage möglich ist, legt die Behörde die in diesem Bereich einzuhaltenden Emissionsgrenzwerte von Kohlenmonoxid und von Stickstoffmonoxid und Stickstoffdioxid, angegeben als Stickstoffdioxid, fest.**

(4) **Abweichend von Absatz 1 Satz 2 Nummer 1 Buchstabe b, Nummer 2 Buchstabe c und Satz 3 ist in den folgenden Fällen der Emissionsgrenzwert für den Jahresmittelwert und den Tagesmittelwert entsprechend der prozentualen Wirkungsgraderhöhung heraufzusetzen:**

1. **für Gasturbinenanlagen, ausgenommen Gasturbinen im Kombibetrieb, deren elektrischer oder mechanischer Nettowirkungsgrad bei Betrieb unter ISO-Bedingungen mehr als 39 Prozent beträgt,**
2. **für Gasturbinen im Kombibetrieb, deren elektrischer oder mechanischer Nettowirkungsgrad bei Betrieb ohne Wärmeauskopplung unter ISO-Bedingungen mehr als 55 Prozent beträgt.**

(5) **Bei Gasturbinen, die ausschließlich dem Notbetrieb während bis zu 300 Stunden im Jahr dienen, sind bei Einsatz von**

1. **Erdgas die Absätze 1 bis 4 anzuwenden, es sei denn, die Prüfung durch die zuständige Behörde ergibt, dass ihre Anwendung unverhältnismäßig ist,**
2. **anderen gasförmigen Brennstoffen als Erdgas die Absätze 1 bis 4 nicht anzuwenden.**

Bei Gasturbinen, die ausschließlich dem Notbetrieb während bis zu 300 Stunden im Jahr dienen, sind bei Einsatz von flüssigen Brennstoffen die Absätze 1 bis 4 mit Aus-

nahme von Absatz 1 Satz 2 Nummer 1 Buchstabe a und Nummer 2 Buchstabe a nicht anzuwenden; Absatz 1 Satz 2 Nummer 1 Buchstabe a und Nummer 2 Buchstabe a ist nicht anzuwenden, wenn die Prüfung durch die zuständige Behörde ergibt, dass die Anwendung dieser Vorschriften unverhältnismäßig ist.

(6) **Anstelle der in Absatz 1 Satz 2 Nummer 1 Buchstabe a und in Nummer 2 Buchstabe a festgelegten Emissionsgrenzwerte für Gesamtstaub kann bei Einsatz von flüssigen Brennstoffen die Rußzahlbegrenzung auf den Wert 2 im Dauerbetrieb und den Wert 4 beim Anfahren festgelegt werden, wenn durch periodische Messung der Staubkonzentration nachgewiesen wird, dass mit der Einhaltung der vorgenannten Rußzahlbegrenzung die Anforderungen des Absatzes 1 Satz 2 Nummer 1 Buchstabe a und Nummer 2 Buchstabe a stets erfüllt sind.**

(7) **Bei Einsatz flüssiger Brennstoffe darf bei Gasturbinen nur Dieselkraftstoff oder leichtes Heizöl, das bezüglich des Schwefelgehalts die Anforderungen an leichtes Heizöl nach der Verordnung über die Beschaffenheit und die Auszeichnung der Qualitäten von Kraft- und Brennstoffen erfüllt, verwendet werden. Abweichend von Satz 1 dürfen andere Brennstoffe verwendet werden, wenn gleichwertige Maßnahmen zur Emissionsminderung von Schwefeloxiden angewendet werden.**

(8) **Für Schwefeldioxid und Schwefeltrioxid, angegeben als Schwefeldioxid, sind bei Einsatz gasförmiger Brennstoffe, ausgenommen Erdgas und Wasserstoff, die Emissionsgrenzwerte des § 31 Absatz 1 Satz 2 Nummer 2 Buchstabe d und Nummer 3 für Schwefeldioxid und Schwefeltrioxid, angegeben als Schwefeldioxid, auf einen Bezugssauerstoffgehalt von 15 Prozent umzurechnen.**

(9) **Abweichend von den in Absatz 1 Satz 2 Nummer 1 Buchstabe b, Nummer 2 Buchstabe c, Nummer 3 und Satz 3 festgelegten Emissionsgrenzwerten für Stickstoffmonoxid und Stickstoffdioxid, angegeben als Stickstoffdioxid, darf bei bestehenden Anlagen bei Einsatz von Erdgas**

im Kombibetrieb (Gas- und Dampfturbinenprozess) ein Emissionsgrenzwert für den Tagesmittelwert von 50 mg/m³, für den Halbstundenmittelwert von 100 mg/m³ und für den Jahresmittelwert bei Anlagen mit

a) einem brennstoffbezogenen Nettowirkungsgrad von weniger als 75 Prozent und einer Feuerungswärmeleistung von
   aa) bis zu 600 MW: 45 mg/m³,
   bb) 600 MW oder mehr: 40 mg/m³,
b) einem brennstoffbezogenen Nettowirkungsgrad von 75 Prozent oder mehr: 50 mg/m³,

nicht überschritten werden;

in anderen als den in Nummer 1 aufgeführten Gasturbinenanlagen ein Emissionsgrenzwert von 50 mg/m³ für den Jahres- und den Tagesmittelwert sowie 100 mg/m³ für den Halbstundenmittelwert nicht überschritten werden.

Abweichend von Satz 1 Nummer 1 darf bei Altanlagen mit einem brennstoffbezogenen Nettowirkungsgrad von mindestens 75 Prozent und einer Feuerungswärmeleistung von

1. **bis zu 600 MW ein Emissionsgrenzwert von 55 mg/m³ für den Jahresmittelwert, 75 mg/m³ für den Tagesmittelwert und 150 mg/m³ für den Halbstundenmittelwert nicht überschritten werden,**
2. **600 MW oder mehr ein Emissionsgrenzwert von 50 mg/m³ für den Jahresmittelwert, 65 mg/m³ für den Tagesmittelwert und 130 mg/m³ für den Halbstundenmittelwert nicht überschritten werden.**

Abweichend von Satz 1 Nummer 1 darf bei Altanlagen mit einem brennstoffbezogenen Nettowirkungsgrad von weniger als 75 Prozent und einer Feuerungswärmeleistung von

1. bis zu 600 MW ein Emissionsgrenzwert von 45 mg/m³ für den Jahresmittelwert, 50 mg/m³ für den Tagesmittelwert und 100 mg/m³ für den Halbstundenmittelwert nicht überschritten werden,
2. 600 MW oder mehr ein Emissionsgrenzwert von 40 mg/m³ für den Jahresmittelwert, 50 mg/m³ für den Tagesmittelwert und 100 mg/m³ für den Halbstundenmittelwert nicht überschritten werden.

Abweichend von Satz 1 Nummer 2 darf

1. bei Altanlagen zum Antrieb von Arbeitsmaschinen ein Emissionsgrenzwert von 60 mg/m³ für den Jahresmittelwert, 65 mg/m³ für den Tagesmittelwert und 130 mg/m³ für den Halbstundenmittelwert nicht überschritten werden,
2. bei 2003-Altanlagen, die ausschließlich zur Abdeckung der Spitzenlast bei der Energieversorgung während bis zu 300 Betriebsstunden jährlich in Betrieb sind, ein Emissionsgrenzwert von 150 mg/m³ für den Tagesmittelwert und von 300 mg/m³ für den Halbstundenmittelwert nicht überschritten werden, wobei der Emissionsgrenzwert für den Jahresmittelwert keine Anwendung findet.

Abweichend von Satz 1 darf in 2003-Altanlagen, die im gleitenden Durchschnitt über einen Zeitraum von fünf Jahren höchstens 1.500 Stunden jährlich in Betrieb sind, ein Emissionsgrenzwert von 75 mg/m³ für den Tagesmittelwert und 150 mg/m³ für den Halbstundenmittelwert nicht überschritten werden, wobei der Emissionsgrenzwert für den Jahresmittelwert keine Anwendung findet. Satz 4 Nummer 2 bleibt unberührt. Für die von Absatz 1 abweichenden Vorschriften dieses Absatzes findet Absatz 2 entsprechend Anwendung.

(10) **Abweichend von dem in Absatz 1 Satz 2 Nummer 1 Buchstabe b Doppelbuchstabe bb festgelegten Emissionsgrenzwert für Stickstoffmonoxid und Stickstoffdioxid, angegeben als Stickstoffdioxid, darf bei bestehenden Anlagen bei Einsatz von Hochofengas oder Koksofengas ein Emissionsgrenzwert von 50 mg/m³ für den Jahresmittelwert nicht überschritten werden. Abweichend von dem in Absatz 1 Satz 2 Nummer 2 Buchstabe c Doppelbuchstabe bb festgelegten Emissionsgrenzwert für Stickstoffmonoxid und Stickstoffdioxid, angegeben als Stickstoffdioxid, darf bei Altanlagen bei Einsatz von Hochofengas oder Koksofengas ein Emissionsgrenzwert von 70 mg/m³ für den Tagesmittelwert nicht überschritten werden. Für die von Absatz 1 abweichenden Vorschriften dieses Absatzes findet Absatz 2 keine Anwendung.**

(11) **Abweichend von den in Absatz 1 Satz 2 Nummer 2 Buchstabe c und Nummer 3 festgelegten Emissionsgrenzwerten für Stickstoffmonoxid und Stickstoffdioxid, angegeben als Stickstoffdioxid, darf bei**

1. Altanlagen, die flüssige Brennstoffe oder andere gasförmige Brennstoffe als Erdgas, Hochofengas und Koksofengas einsetzen, ein Emissionsgrenzwert von 120 mg/m³ für den Tagesmittelwert und von 240 mg/m³ für den Halbstundenmittelwert nicht überschritten werden,
2. 2003-Altanlagen, die flüssige Brennstoffe oder andere gasförmige Brennstoffe als Erdgas, Hochofengas und Koksofengas einsetzen und im gleitenden Durchschnitt über einen Zeitraum von fünf Jahren höchstens 1.500 Stunden jährlich in Betrieb sind, ein Emissionsgrenzwert von 150 mg/m³ für den Tagesmittelwert und von 300 mg/m³ für den Halbstundenmittelwert nicht überschritten werden,
3. 2003-Altanlagen, die ausschließlich zur Abdeckung der Spitzenlast bei der Energieversorgung während bis zu 300 Betriebsstunden jährlich in Betrieb sind, bei Einsatz von anderen gasförmigen Brennstoffen als Erdgas, Hochofengas und Koksofengas oder bei Einsatz von flüssigen Brennstoffen ein Emissionsgrenzwert von 200 mg/m³ für den Tagesmittelwert und von 400 mg/m³ für den Halbstundenmittelwert nicht überschritten werden.

Für die von Absatz 1 abweichenden Vorschriften dieses Absatzes findet Absatz 2 entsprechend Anwendung.

(12) **Die Behörde kann auf Antrag des Betreibers eine bestehende Anlage, die im gleitenden Durchschnitt über einen Zeitraum von fünf Jahren höchstens 1.500 Betriebsstunden jährlich in Betrieb ist, von der Pflicht zur Einhaltung der Emissionsgrenzwerte für den Jahresmittelwert nach Absatz 1 Satz 2 Nummer 1 Buchstabe a, Absatz 9 Satz 1 Nummer 1 oder 2, Absatz 9 Satz 2 Nummer 1 oder 2, Absatz 9 Satz 3 Nummer 1 oder 2, Absatz 9 Satz 4 Nummer 1 oder Absatz 10 Satz 1 befreien.**

(13) **Der Betreiber einer Anlagenach Absatz 9 Satz 4 Nummer 2, Satz 5 oder Absatz 11 Satz 1 Nummer 2 oder 3 oder einer Anlage, die die Behörde nach Absatz 12 von der Pflicht zur Einhaltung des Emissionsgrenzwertes für den Jahresmittelwert befreit hat, hat jeweils bis zum Ablauf des 31. März eines Jahres für die vorhergehenden fünf Kalenderjahre einen Nachweis über die Einhaltung der Betriebszeit zu führen und diesen der zuständigen Behörde auf Verlangen vorzulegen. Der Betreiber einer Anlagenach Absatz 9 Satz 1 Nummer 1 Buchstabe b oder Satz 2 Nummer 1 oder 2 hat einen Nachweis über die Einhaltung des jeweiligen brennstoffbezogenen Nettowirkungsgrades zu führen und diesen der zuständigen Behörde auf Verlangen vorzulegen. Der Betreiber hat den Nachweis nach Satz 1 jeweils fünf Jahre nach dem Ende des Nachweiszeitraums aufzubewahren. Der Betreiber hat den Nachweis nach Satz 2 fünf Jahre nach der Erbringung des Nachweises aufzubewahren.**

(14) **Für Gasturbinen mit Zusatzfeuerung hat die Behörde die Emissionsgrenzwerte und die zugehörigen Bezugssauerstoffgehalte auf der Grundlage der jeweils maßgeblichen Anforderungen an die Gasturbine nach dieser Vorschrift und an die Zusatzfeuerung nach § 30 oder 31 im Einzelfall festzulegen.**

Übersicht

A. Allgemeines

§ 33 begrenzt die Emissionen von Gesamtstaub, Stickoxiden, Kohlenmonoxid und Formaldehyd von Gasturbinenanlagen. § 6 der 13. BImSchV 2004 fixierte erstmals in der Verordnung Emissionsgrenzwerte für Gasturbinenanlagen (zur Struktur der Vorschrift → Vorbemerkungen Unterabschnitt 2 des Abschnitt 2). Davor beurteilten sich die Emissionen von Gasturbinen nach der TA Luft. § 33 beachtet die Grenzen aus Anhang V Teil 2 IE-RL an (BR-Drs. 676/12, 175 f.) und die Abschnitte 3.3 und 4 des Durchführungsbeschlusses (EU) 2017/1442. Für Gesamtstaub ist BVT 39 Tabelle 22, für Stickoxide BVT 42 Tabelle 24 und BVT 48 Tabelle 29 des Durchführungsbeschlusses (EU) 2017/1442 maßgeblich. 1

Abs. 1 bis 8 enthalten Regelungen für Neuanlagen. Abs. 9 bis 12 enthält Erleichterungen für bestehende Anlagen (→ § 2 Rn. 54 ff.) und Altanlagen (→ § 2 Rn. 54 ff.) und 2

2003-Altanlagen (→ § 2 Rn. 54 ff.). Abs. 13 enthält die erforderlichen Nachweispflichten. Abs. 14 regelt Gasturbinen mit Zusatzfeuerung.

3 Zu Jahres- Tages- und Halbstundenmittelwert → 19 Rn. 2 ff.. Zum Bezugssauerstoffgehalt →§ 2 Rn. 40, 48, § 3.

B. Emissionsbegrenzungen

I. Brennstoffe

4 Die Emissionsgrenzwerte für Gasturbinenanlagen gelten grundsätzlich für Brennstoffe aller Aggregatzustände (→ § 2 Rn. 7 ff.), wobei regelmäßig nur flüssige und gasförmige Brennstoffe in Gasturbinenanlagen eingesetzt werden. Gem. Abs. 7 dürfen von den flüssigen Brennstoffen bei Gasturbinen nur Dieselkraftstoff oder leichtes Heizöl, das bezüglich des Schwefelgehalts die Anforderungen an leichtes Heizöl nach der Verordnung über die Beschaffenheit und die Auszeichnung der Qualitäten von Kraft- und Brennstoffen (10. BImSchV, dort § 10 Abs. 1) erfüllt, verwendet werden, es sei denn es werden gleichwertige Maßnahmen zur Emissionsminderung von Schwefeloxiden angewendet. Bei Einsatz von Erdgas i.S.v. § 2 Abs. 13 oder Hochofengas und Koksofengas (→ § 31 Rn. 5) gelten gesonderte Jahres-Emissionsgrenzwerte für Stickstoffoxide, bei Erdgaseinsatz auch gesonderte Tages- und Halbstundenwerte.

5 Bei Einsatz von reinem Wasserstoff (→ § 2 Rn. 8) in Gasturbinen oder von gasförmigen Brennstoffen, denen im nennenswerten Maße Wasserstoff beigemischt ist (mehr als 10 Volumen-Prozent), kann derzeit ein Grenzwert von 50 mg/m³ im Tagesmittel für Stickoxide nicht eingehalten werden, da eine Emissionsminderungstechnik wie die für Erdgas erfolgreiche und verfügbare Vormischung von Brenngas und Verbrennungsluft absehbar nicht verfügbar ist. Es ist davon auszugehen, dass dieser Sachverhalt zum Zeitpunkt der Einführung der IE-RL nicht berücksichtigt worden ist. Der Einsatz von reinem Wasserstoff oder von gasförmigen Brennstoffen mit einem Wasserstoffanteil von 10 Volumen-Prozent oder mehr ist daher von der Einhaltung der Tages- und Halbstunden-Emissionsgrenzwerte ausgenommen. Dass der Halbstunden-Emissionsgrenzwert bei Wasserstoff-Einsatz nicht gilt, ergibt sich daraus, dass es insofern an einem in Nr. 2 bestimmten (Abs. 1 S. 2 Nr. 3) Emissionsgrenzwert fehlt.

II. Technische Besonderheiten

6 **1. Last und NOx-arme Trockenbrenner (Abs. 3).** Gemäß Abs. 3 gelten die Emissionsgrenzwerte für Gasturbinen für Stickoxide und Kohlenmonoxid nur bei Betrieb ab einer Last von 70 vom Hundert, unter ISO-Bedingungen (Temperatur 288,15 K, Druck 101,3 kPa, relative Luftfeuchte 60 vom Hundert). Für den Lastbereich unterhalb von 70 % sind in der Verordnung keine Emissionsgrenzwerte vorgesehen. Nach Abs. 1 S. 2 Nr. 4, Abs. 3 S. 2 sind hierfür Festlegungen durch die zuständige Behörde zu treffen. Grund hierfür ist, dass moderne Gasturbinen mit besonders emissionsarmen Brennern beim Anfahren höhere Emissionen aufweisen können, zum Teil mit ausgeprägten Spitzen kurz vor Erreichen des stabilen Betriebes. Der stabile Betrieb soll aber spätestens ab 70 % Last erreicht sein. Daher wird dieser Wert für die Emissionsbegrenzung zugrunde gelegt (BT-Drs. 15/3420, 24).

7 Unter **Last** wird üblicherweise die **Ausgangsleistung** verstanden. Dies ist bei Gasturbinen im Regelfall die elektrische Leistung. Bei Gasturbinen zum Antrieb von Arbeitsmaschinen ist es die mechanische Leistung. Die Auslegungsfragen LAI (Nr. 8) schlagen vor, zur Vereinfachung der Überwachung ersatzweise die Feuerungswärmeleistung heranzu-

ziehen, die als Betriebsgröße ohnehin regelmäßig zu ermitteln ist. Aufgrund der sich daraus ergebenden Unsicherheiten ist davon auszugehen, dass die Emissionsanforderungen der Verordnung an Gasturbinen nicht unmittelbar gelten können (→ Vorb. Rn. 70).

Abweichungen von den ISO-Bedingungen gelten nach Abs. 3 S. 3 bis S. 5 für den Einsatz von Erdgas in Gasturbinen, die mit Einrichtungen zur trockenen Vormischung von Brennstoff und Verbrennungsluft **(NOx- arme Trockenbrenner – DLN)** ausgestattet sind. Dabei handelt es sich nach den Begriffsbestimmungen des Durchführungsbeschlusses (EU) 2017/1442 um „Gasturbinenbrenner, bei denen Luft und Brennstoff vor dem Eintritt in die Verbrennungszone gemischt werden. Durch das Mischen von Luft und Brennstoffvor der Verbrennung werden eine homogene Temperaturverteilung und eine niedrigere Flammentemperatur erreicht und somit geringere NOX-Emissionen erzielt." Anlass hierfür ist, dass nach Fußnote 2 zu Tabelle 24 im BVT 42 des Durchführungsbeschlusses die mit BVT assoziierten Emissionswerte dieser Tabelle nur bei wirksamem Betrieb des NOx-armen Trockenbrenners gelten. Der Lastpunkt, ab dem ein sicherer und stabiler emissionsarmer Betrieb des NOx-armen Trockenbrenners möglich ist, konnte in den vergangenen Jahren deutlich herabgesetzt werden; gleichzeitig aber variiert dieser Minimallastpunkt unter den am Markt angebotenen Gasturbinen; die Werte liegen heute jedenfalls in aller Regel deutlich unter 70 Prozent. Daher kann die bisherige starre 70 Prozent-Regelung des § 8 Absatz 2 der geltenden 13. BImSchV nicht mehr Anwendung finden in erdgasbetriebenen Gasturbinen mit NOx-armen Trockenbrenner, ohne die vorgenannte BVT-Schlussfolgerung zu verletzen (BT-Drs. 19/24906, 136). 8

2. Kombibetrieb (Abs. 8 Nr. 1), Zusatzfeuerung (Abs. 14). In den in Deutschland üblichen **GuD (Gas- und Dampf)-Kraftwerken** werden die heißen Abgase der Gasturbinen in einem Abhitze-Dampfkessel zur Erzeugung von Wasserdampf verwendet. Wird der Dampf anschließend über einen Dampfturbinenprozess entspannt, sieht § 33 dies als „Kombibetrieb" an, der der Kopplung von Gas- und Dampfturbinen (Gas- und Dampfturbinenprozess) i.S.v. § 7 Abs. 2 entsprechen dürfte. Üblicherweise wird im „Kombibetrieb" der Gasturbinen- und der Dampfturbinenprozess so miteinander verbunden, dass durch zusätzliche Befeuerung (Zusatzfeuerung, § 2 Abs. 17) des Dampfkessels die Dampfleistung und damit die elektrische Leistung der Dampfturbine erhöht werden. 9

Nach den Begriffsbestimmungen des Durchführungsbeschlusses (EU) 2017/1442 ist „ein kombinierter Gas- und Dampfturbinenprozess (Kombikraftwerk, GuD-Anlage) eine Feuerungsanlage, bei der zwei thermodynamische Kreisprozesse (d.h. Brayton- oder Rankine-Kreisläufe) zum Einsatz kommen. In einer GuD-Anlage wird Wärme aus dem Abgas einer (nach dem Brayton-Prinzip arbeitenden, der Stromerzeugung dienenden) Gasturbine in einem Abwärmedampferzeuger (ADE) in Nutzenergie umgewandelt und zur Erzeugung von Dampf verwendet, der sich dann in einer (nach dem Rankine-Prinzip arbeitenden, der Erzeugung zusätzlichen Stroms dienenden) Dampfturbine entspannt. Für die Zwecke dieser BVT-Schlussfolgerungen zählen Konfigurationen sowohl mit als auch ohne Zusatzbefeuerung des HRSG (Abhitzedampferzeuger) zu den GuD-Anlagen." 10

§ 33 Abs. 14 sieht für Zusatzfeuerungen eine individuelle Festlegung von Emissionsgrenzwerten und zugehörige Bezugssauerstoffgehalten vor, wobei aufgrund von Anhang V Teil 2 Nr. 1 IE-RL, wo nur eine individuelle Festlegung des Bezugssauerstoffgehaltes vorgesehen ist, die Festlegung des Emissionsgrenzwertes nach Maßgabe von § 30 und 31 zu erfolgen hat. Wird der Dampf zur Wärmeversorgung genutzt, ist dies als Kraft-Wärme-Kopplung i.S.v. § 7 anzusehen (vgl. BT-Drs. 15/3420, 24). Als Gasturbine im Solobetrieb (§ 52 Abs. 3) wird ein Betrieb ohne Dampfprozess bezeichnet. 11

III. Neuanlagen

12 Abs. 1 S. 2 enthält Emissionsgrenzwerte für Neuanlagen hinsichtlich Gesamtstaub, Kohlenmonoxid und Stockoxide. Für die Begrenzung von Schwefeloxiden sind gem. Abs. 8 – außer beim Einsatz von Erdgas (→ § 2 Rn. 23) und Wasserstoff (→ § 2 Rn. 8) – die Tages- und Halbstunden-Emissionsgrenzwerte des § 31 Absatz 1 Satz 2 Nummer 2 Buchstabe d und Nummer 3 auf einen Bezugssauerstoffgehalt von 15 Prozent umzurechnen.

13 Abs. 1 S. 3 begünstigt erdgasbetriebene Neuanlagen hinsichtlich des im Jahresmittel einzuhaltenden Emissionsgrenzwertes für Stickoxide. Dabei geht es sowohl um Anlagen, die im gleitenden Durchschnitt über einen Zeitraum von fünf Jahren höchstens 1.500 Stunden jährlich in Betrieb sind, oder für die der Betreiber vor dem 15. Juli 2022 einen vollständigen Genehmigungsantrag gestellt hat, wobei in Anlagen im Kombibetrieb ein etwas geringerer Emissionsgrenzwert (von 30 mg/m^3) gilt als in sonstigen Gasturbinenanlagen (35 mg/m^3).

14 Abs. 2 enthält für nicht im Kombibetrieb betriebene Gasturbinen einen strengeren Jahres-Emissionsgrenzwert, wenn erstmalig der Einsatz eines Verfahrens zur selektiven katalytischen Reduktion von Stickstoffoxiden (SCR → § 27 Rn. 2) zur Einhaltung eines Emissionsgrenzwertes erforderlich ist. Diese weitergehende Anforderung an die NOx-Emissionsbegrenzung auf 20 mg/m^3 im Jahresmittel bezweckt, dass in den Fällen, in denen primäre Maßnahmen zur Stickstoffoxid-Minderung nicht ausreichen, um den Vorgaben der vorliegenden Verordnung und des Durchführungsbeschlusses (EU) 2017/1442 zu genügen, und wo folglich sekundäre Maßnahmen zwingend vorgenommen werden müssen, im Falle der Wahl des Verfahrens zur selektiven katalytischen Reduktion (SCR), diese Maßnahme so geplant und errichtet bzw. nachgerüstet wird, dass das technische Minderungspotenzial des SCR-Verfahrens ausgeschöpft wird unter Vermeidung von erhöhten Ammoniakemissionen (Ammoniak-Schlupf, BT-Drs. 19/24906, 136). Abs. 2 gilt nicht für bestehenden Anlagen bei Einsatz von Hochofengas oder Koksofengas (Abs. 10 S. 3).

15 Abs. 4 enthält in Umsetzung der BVT 42 Fußnoten 6 und 8 zu Tabelle 24 die Möglichkeit einer wirkungsgradbezogenen Korrektur für die jahres- und tagesbezogenen Emissionsgrenzwerte für Stickstoffoxide. Diese Möglichkeit besteht auch dann, wenn die Gasturbine den abweichenden Vorschriften in Absatz 9, 10 oder 11 unterliegt (BT-Drs. 19/24906, 136).

16 Abs. 5 privilegiert den **Notbetrieb** (→ § 5 Rn. 5 ff.) von Gasturbinen mit anderen gasförmigen Brennstoffen als Erdgas und flüssigen Brennstoffen insofern als die Abs. 1 bis 4 nicht gelten. Lediglich der Jahres- und der Tagesmittelwert für Gesamtstaub bleibt bei flüssigen Brennstoffen anwendbar, es sei denn die Prüfung durch die zuständige Behörde ergibt, dass dies unverhältnismäßig ist. Bei Unverhältnismäßigkeit sind die Abs 1 bis 4 auch bei Einsatz von Erdgas in Anlagen, die dem Notbetrieb gewidmet sind, nicht anwendbar, wenn dies die Prüfung der Behörde ergibt. Die Formulierung räumt der zuständigen Behörde was die Unverhältnismäßigkeit angeht, einen weiten Ermessensspielraum ein, der fehlerfrei, also vor allem unter Einstellung ausschließlich zutreffender Tatsachen und ohne eine Disproportionalität der berücksichtigten Argumente und unter hinreichender Würdigung der Zwecke des Notbetriebes einerseits und der Vorsorge (nicht des Schutzes) vor Emissionen anderseits.

IV. Bestehende Anlagen

17 Abs. 9 enthält Sonderregelungen für bestehende Anlagen (→ § 2 Rn. 54 ff.) Altanlagen (→ § 2 Rn. 54 ff.) und 2003-Altanlagen (→ § 2 Rn. 54 ff.) bei Einsatz von Erdgas im Hinblick auf die Emissionsbegrenzungen von Stickstoffoxiden, und zwar in Abhängigkeit

vom brennstoffbezogenen Nettowirkungsgrad (§ 2 Abs. 5) und von der Feuerungswärmeleistung (§ 2 Abs. 15) und auch je nachdem, ob sie im Kombibetrieb laufen oder nicht. Abs. 9 dient der Umsetzung der BVT 42 Tabelle 24 des Durchführungsbeschlusses (EU) 2017/1442 in Bezug auf den Einsatz von Erdgas.

Abs. 10 enthält Abweichungen von dem Jahres-Emissionsgrenzwert für Stickoxide für Gasturbinen, in denen Hochofengas oder Koksofengas eingesetzt wird und dient der Umsetzung von BVT 49, Tabelle 29. **18**

Abs. 11 enthält von Abs. 1 abweichende Tages- und Halbstundenmittelwerte für Stickstoffoxide beim Einsatz von flüssigen Brennstoffen oder anderen gasförmigen Brennstoffen als Erdgas, Hochofengas und Koksofengas in Altanlagen (→ § 2 Rn. 54 ff.) und 2003-Altanlagen (→ § 2 Rn. 54 ff.), und zwar auch für den Fall, dass sie im gleitenden Durchschnitt über einen Zeitraum von fünf Jahren höchstens 1.500 Stunden jährlich oder ausschließlich zur Abdeckung der Spitzenlast bei der Energieversorgung während bis zu 300 Betriebsstunden jährlich in Betrieb sind. Die alleinige Widmung zu diesem Zweck scheint hier keine Rolle zu spielen. **19**

Abs. 12 eröffnet für bestehende Anlagen die Möglichkeit von den Emissionsgrenzwerten für den Jahresmittelwert befreit zu werden, wenn die Gasturbinenanlage entsprechend BVT 42 Fußnote 3 der Tabelle 24 des Durchführungsbeschlusses (EU) 2017/1442 im gleitenden Durchschnitt über einen Zeitraum von fünf Jahren höchstens 1.500 Betriebsstunden jährlich in Betrieb ist. **20**

V. Messerleichterungen (Abs. 6) Nachweispflichten (Abs. 13)

Absatz 6 erlaubt alternativ zu der von dem Durchführungsbeschluss (EU) 2017/1442 vorgeschriebenen Überwachung der Staubemissionen eine Rußzahl bezogene. Die Einhaltung der mit BVT assoziierten Emissionswertebereiche ist im Einzelfall nachzuweisen. Dabei wird zwischen Dauerbetrieb (→ § 2 Rn. 65) und Anfahrbetrieb unterschieden. **21**

Abs. 13 enthält die zur Darlegung der Abweichungs- und Befreiungsvoraussetzungen erforderlichen Nachweispflichten. Soweit dies den Nachweis der Betriebszeit betrifft, ist dieser zum 31. März eines Jahres für die vorhergehenden fünf Kalenderjahre, ansonsten nur auf Verlangen der zuständigen Behörde vorzulegen. Nach Ablauf der Aufbewahrungsfrist erlischt die nur auf Verlangen bestehende Nachweispflicht. **22**

§ 34 Emissionsgrenzwerte für Verbrennungsmotoranlagen

(1) **Verbrennungsmotoranlagen sind so zu errichten und zu betreiben, dass die Anforderungen dieses Absatzes, der Absätze 2 bis 6 Nummer 1 Satz 1 und Nummer 2 und der Absätze 7 und 8 eingehalten werden. Der Betreiber hat dafür zu sorgen, dass**

1. kein Jahresmittelwert die folgenden Emissionsgrenzwerte überschreitet:
- **a) Gesamtstaub bei Einsatz von flüssigen Brennstoffen: 20 mg/m³,**
- **b) Stickstoffmonoxid und Stickstoffdioxid, angegeben als Stickstoffdioxid, bei Einsatz von**
  - **aa) flüssigen Brennstoffen: 140 mg/m³,**
  - **bb) gasförmigen Brennstoffen: 100 mg/m³;**

2. kein Tagesmittelwert die folgenden Emissionsgrenzwerte überschreitet:
- **a) Gesamtstaub bei Einsatz von**
  - **aa) flüssigen Brennstoffen: 20 mg/m³,**
  - **bb) gasförmigen Brennstoffen, ausgenommen Erdgas, Flüssiggas und Wasserstoff: 10 mg/m³,**

b) Kohlenmonoxid bei Einsatz von
aa) flüssigen Brennstoffen: 300 mg/m³,
bb) gasförmigen Brennstoffen: 250 mg/m³,
c) Methan bei Einsatz von gasförmigen Brennstoffen
aa) in Fremdzündungsmotoren im Magerbetrieb: 900 mg/m³,
bb) in anderen als in Doppelbuchstabe aa genannten Fremdzündungsmotoren: 300 mg/m³,
cc) in Zweistoffmotoren: 1.330 mg/m³,
d) Stickstoffmonoxid und Stickstoffdioxid, angegeben als Stickstoffdioxid, bei Einsatz von
aa) flüssigen Brennstoffen: 140 mg/m³,
bb) gasförmigen Brennstoffen: 100 mg/m³;

3. kein Halbstundenmittelwert das Doppelte der in Nummer 2 bestimmten Emissionsgrenzwerte überschreitet;
kein Mittelwert, der über die jeweilige Probenahmezeit gebildet ist, für Formaldehyd den Emissionsgrenzwert von 20 mg/m³ überschreitet.

(2) **Bis zum Beginn des 15. Juli 2024 gilt abweichend von Absatz 1 Satz 2 Nummer 2 Buchstabe c Doppelbuchstabe aa ein Emissionsgrenzwert für Methan von 1.050 mg/m³ für den Tagesmittelwert.**

(3) **Der in Absatz 1 Satz 2 Nummer 2 Buchstabe c sowie in Absatz 2 festgelegte Emissionsgrenzwert wird als Gesamtkohlenstoff (C) bei Volllastbetrieb ausgedrückt.**

(4) **Bei Einsatz flüssiger Brennstoffe darf bei Verbrennungsmotoren nur Dieselkraftstoff oder leichtes Heizöl, das bezüglich des Schwefelgehalts die Anforderungen an leichtes Heizöl nach der Verordnung über die Beschaffenheit und die Auszeichnung der Qualitäten von Kraft- und Brennstoffen erfüllt, verwendet werden. Abweichend von Satz 1 dürfen andere Brennstoffe verwendet werden, wenn gleichwertige Maßnahmen zur Emissionsminderung von Schwefeloxiden angewendet werden.**

(5) **Für Schwefeldioxid und Schwefeltrioxid, angegeben als Schwefeldioxid, sind bei Einsatz gasförmiger Brennstoffe, ausgenommen Erdgas und Wasserstoff, die Emissionsgrenzwerte des § 31 Absatz 1 Satz 2 Nummer 2 Buchstabe d und Nummer 3 für Schwefeldioxid und Schwefeltrioxid, angegeben als Schwefeldioxid, auf einen Bezugssauerstoffgehalt von 5 Prozent umzurechnen.**

(6) **Auf Verbrennungsmotoranlagen, die ausschließlich für den Notbetrieb während bis zu 300 Stunden im Jahr dienen und die flüssige Brennstoffe einsetzen, finden folgende abweichende Regelungen Anwendung:**

1. Abweichend von den in Absatz 1 Satz 2 Nummer 1 Buchstabe b Doppelbuchstabe aa und Nummer 2 Buchstabe d Doppelbuchstabe aa und Nummer 3 festgelegten Emissionsgrenzwerten für Stickstoffmonoxid und Stickstoffdioxid, angegeben als Stickstoffdioxid, darf ein Emissionsgrenzwert von 500 mg/m³ für den Jahresmittelwert, 800 mg/m³ für den Tagesmittelwert und 1.600 mg/m³ für den Halbstundenmittelwert nicht überschritten werden. Auf bestehende Anlagen finden die emissionsbegrenzenden Anforderungen dieser Nummer keine Anwendung.
2. Abweichend von dem in Absatz 1 Satz 2 Nummer 4 festgelegten Emissionsgrenzwert für Formaldehyd darf kein Mittelwert einen Emissionsgrenzwert von 60 mg/m³ überschreiten.

(7) **Auf Verbrennungsmotoranlagen, die ausschließlich dem Notbetrieb während bis zu 300 Stunden im Jahr dienen und die gasförmige Brennstoffe einsetzen, finden folgende abweichende Regelungen Anwendung:**

1 Abweichend von den in Absatz 1 Satz 2 Nummer 1 Buchstabe b Doppelbuchstabe bb und Nummer 2 Buchstabe d Doppelbuchstabe bb und Nummer 3 festgelegten

Emissionsgrenzwerten für Stickstoffmonoxid und Stickstoffdioxid, angegeben als Stickstoffdioxid, darf ein Emissionsgrenzwert von 200 mg/m³ für den Jahresmittelwert, 225 mg/m³ für den Tagesmittelwert und 450 mg/m³ für den Halbstundenmittelwert nicht überschritten werden; abweichend hiervon dürfen bestehende Anlagen einen Emissionsgrenzwert von 450 mg/m³ für den Tagesmittelwert und 900 mg/m³ für den Halbstundenmittelwert nicht überschreiten, wobei der Jahresgrenzwert keine Anwendung findet.

2. Abweichend von dem in Absatz 1 Satz 2 Nummer 4 festgelegten Emissionsgrenzwert für Formaldehyd darf kein Mittelwert einen Emissionsgrenzwert von 60 mg/m³ überschreiten.

(8) **Der Betreiber einer Anlagenach Absatz 6 oder 7 hat jeweils bis zum Ablauf des 31. März eines Jahres für das vorhergehende Kalenderjahr einen Nachweis über die Einhaltung der Betriebszeit zu führen und diesen der zuständigen Behörde auf Verlangen vorzulegen. Der Betreiber hat den Nachweis nach dem Ende des Nachweiszeitraums jeweils fünf Jahre lang aufzubewahren.**

Übersicht

A. Allgemeines

1 § 34 bestimmt die Anforderungen, die für die neu in den Anwendungsbereich der Verordnung aufgenommenen Verbrennungsmotoranlagen i.S.v. § 2 Abs. 28 und setzt so Anhang V Teil 2 Nr. 6 IE-RL und die Abschnitte 3.2 und 4.1 des Durchführungsbeschlusses (EU) 2017/1442 in nationales Recht um (zur Struktur der Vorschrift → Vorbemerkungen Unterabschnitt 2 des Abschnitt 2). Für Neuanlagen beschreibt § 34 Abs. 1 den Stand der Technik unter Beachtung der Grenzen aus Anhang V Teil 2 der IE-RL. Begrenzt sind Gesamtstaub nach BVT 35 Tabelle 20 des Durchführungsbeschlusses (EU) 2017/1442, Stickstoffoxide nach BVT 33 Tabelle 18 und BVT 43 Tabelle 25 des Durchführungsbeschlusses (EU) 2017/1442, Kohlenmonoxid analog § 16 Abs. 6 Nr. 1 44. BImSchV, Methan, angegeben als Gesamtkohlenstoff, bei Einsatz von Erdgas nach BVT 45 Tabelle 26 des Durchführungsbeschlusses (EU) 2017/1442 und Formaldehyd nach BVT 45 Tabelle 26 des Durchführungsbeschlusses (EU) 2017/1442.

2 Im Regelfall bestehen Verbrennungsmotoranlagen, die in den Anwendungsbereich dieser Verordnung fallen, aus mehreren mittelgroßen Verbrennungsmotoranlagen, die einzeln betrachtet zwar in den Anwendungsbereich der Verordnung über mittelgroße Feuerungs-, Gasturbinen- und Verbrennungsmotoranlagen (44. BImSchV) fallen würden, aber aufgrund der Aggregationsregel des § 4 der vorliegenden Verordnung insgesamt betrachtet eine Feuerungswärmeleistung von mehr als 50 MW aufweisen. Grund hierfür ist, dass der Feuerungswärmeleistung von Verbrennungsmotoranlagen konstruktionsbedingte Grenzen gesetzt sind. Im Wesentlichen ist daher davon auszugehen, dass keine wesentlichen technischen Unterschiede zwischen den Verbrennungsmotoranlagen vorliegen, die in den Anwendungsbereich der vorliegenden Verordnung oder der 44. BImSchV fallen. Daher ist auch grundsätzlich von einem vergleichbaren Emissionsverhalten der Verbrennungsmotoranlagen auszugehen. Allerdings sollten über die Aggregation mehrerer mittelgroßer Verbrennungsmotoranlagen zu einer großen Verbrennungsmotoranlage gerade bei der Planung von neuen Anlagen mögliche Synergieeffekte in Bezug auf die Abgasnachbe-

handlung mit sekundärer Abgasreinigungstechnik ausgeschöpft werden (BT-Drs. 19/24906, 139).

3 Zu den im hohen Maße klimawirksamen **Methan-Emissionen** weist der Verordnungsgeber darauf hin, dass diese auch im Falle einer BVT-basierten Begrenzung auf einem hohen Niveau liegen. Sie liegen dann um mindestens den Faktor 100 höher als die Konzentration von Methan im gereinigten Abgas von Kohlekraftwerken (Messungen des VGB in Steinkohlekraftwerken ergeben für die Methan-Emissionen Werte zwischen 3 und maximal 12 mg/m^3, letzteres der Halbstundemittelwert bei Lastwechsel). Perspektivisch sei daher die Entwicklung und anschließende Anwendung von wirksamen Maßnahmen zur Minderung der Methanemissionen notwendig. Aufgrund der erheblichen Klimawirkung von Methan bestehe weiterer Evaluierungs- und Forschungsbedarf, insbesondere mit Blick auf die Nutzung in Kraft-Wärme-Kopplungs -KWK)-Anlagen. Einzelstudien lassen erwarten, dass die Entwicklung wirksamer Minderungsmaßnahmen wie z.B. der Einsatz von spezifischen Methankatalysatoren vor dem Abgasturbolader eine weitgehende Minderung der Methanemissionen ermöglichen kann. Daher sei zu prüfen, ob über die Regelungen der 13. BImSchV hinaus bei KWK-Anlagen im Rahmen des Kraft-Wärme-Kopplungsgesetzes auf niedrigere Methanemissionen hingewirkt werden kann (BT-Drs. 19/24906, 141).

4 Zur Bildung von Mittelwerten und deren Auswertungen → § 19 Rn. 2 ff und zum Bezugssauerstoffgehalt → § 2 Rn. 40, 48, § 3.

B. Emissionsbegrenzungen, Nachweispflicht, Methanmesungen

5 Abs. 1 bis Abs. 3 enthalten die Jahres-, Tages- und Halbstunden-Emissionsgrenzwerte (→ § ##) für Neuanlagen. Bei der Begrenzung von Methan wird zwischen Fremdzündungsmotoren im Magerbetrieb i.S.v. § 2 Abs. 20a (→ § 2 Rn. 62), sonstigen Fremdzündungsmotoren und Zweistoffmotoren unterschieden Abs. 1 S. 2 Nr. 2c). Fremdzündungsmotoren – wie der **Ottomotor** – bedienen sich einer Zündhilfe, z.B. durch einen elektrischen Zündfunken. Im Gegensatz dazu steht der Selbstzündungsmotor, wie der **Dieselmotor.** Zweistoffmotoren arbeiten wie ein Dieselmotor mit direkter Kraftstoffeinspritzung, sind also selbstzündende Motoren. Sie arbeiten dabei mit innerer Gemischbildung aus flüssigem und gasförmigem Brennstoff.

6 Die Begrenzung von Schwefeloxiden ergibt sich aus Abs. 5 iVm § 31 Abs. 1 S. 2 Nr. 2 Buchst. d und Nr. 3 bei Einsatz gasförmiger Brennstoffe, ausgenommen Erdgas (→ § 2 Rn. 23) und Wasserstoff (→ § 2 Rn. 8), bezogen auf einen Bezugssauerstoffgehalt (→ § 2 Rn. 40) von 5 Prozent.

7 Wie bei Gasturbinen (§ 33 Abs. 7) ist der Einsatz von flüssigen Brennstoffen in Verbrennungsmotoren nach Abs. 4 beschränkt (→ § 33 Rn. 3).

8 Abs. 6 und Abs. 7 sehen Erleichterungen für neue und noch weitergehend für bestehende Verbrennungsmotorenanlagen vor, die dem Notbetrieb (→ § 5 Rn. 5 ff.) während bis zu 300 Stunden im Jahr dienen, wobei Abs. 6 den Einsatz von flüssigen, Abs. 7 den Einsatz von gasförmigen Brennstoffen betrifft. Notbetrieb-Anlagen, die flüssige Brennstoffe einsetzen, sind – bis auf die Begrenzung von Formaldehyd – gänzlich von den Emissionsanforderungen nach Abs. 1 befreit (Abs. 6 Nr. 1 S. 2).

9 Die Pflicht zum Nachweis über die Einhaltung der Betriebszeit nach Abs. 8 besteht nur auf Verlangen der Behörde. Nach Ablauf der Aufbewahrungsfrist von 5 Jahren erlischt die nur auf Verlangen bestehende Nachweispflicht. Methan, angegeben als Gesamtkohlenstoff, nach Abs. 2 hat der Betreiber regelmäßig wiederkehrend einmal jährlich durchführen zu lassen (§ 36 Abs. 4).

§ 35 Netzstabilitätsanlagen

(1) **Vor der erstmaligen Genehmigung zur Errichtung oder zum Betrieb einer Netzstabilitätsanlage hat der Betreiber die maximal zu erwartenden jährlichen Betriebsstunden festzustellen. Übersteigt der nach Satz 1 festzustellende Wert einen Wert von 300 Stunden im Jahr, hat der Betreiber die Anlage so zu errichten, dass eine technische Nachrüstung durchführbar ist, soweit diese zur Einhaltung der Regelanforderungen zur Emissionsbegrenzung nach § 33 oder 34 notwendig ist.**

(2) **Der Betreiber hat gemäß Absatz 3 die Nachrüstung nach Absatz 1 Satz 2 durchzuführen, wenn die jährlichen Betriebsstunden der Netzstabilitätsanlage im gleitenden Durchschnitt über einen Zeitraum von fünf Jahren einen Wert von 300 Stunden übersteigen.**

(3) **Die Nachrüstung nach Absatz 2 ist innerhalb von zwei Jahren durchzuführen, gerechnet ab dem Zeitpunkt, ab dem die jährlichen Betriebsstunden im gleitenden Durchschnitt über einen Zeitraum von fünf Jahren erstmals über einem Wert von 300 Stunden liegen.**

(4) **Der Betreiber eine Netzstabilitätsanlage hat der zuständigen Behörde jährlich jeweils bis zum Ablauf des 31. März des Folgejahres die Betriebsstunden des abgelaufenen Kalenderjahres zu berichten.**

Übersicht

A. Allgemeines

Netzstabilitätsanlagen (§ 2 Abs. 24) bedürfen gesonderter Regelungen, da ihre tatsächlichen Betriebszeiten im Vorfeld nicht abschließend bestimmt werden können. Insbesondere ist die Einhaltung der einschlägigen Emissionsvorschriften der Verordnung und des Durchführungsbeschlusses (EU) 2017/1442 sicherzustellen, wenn die jährliche Betriebsstundenzahl höher ausfällt als ursprünglich geplant und der Zugang zu bestimmten Vorzugsregelungen entfällt (BT-Drs. 19/24906, 143). **1**

B. Prognose der jährlichen Betriebsstunden

Je nachdem, ob die zu erwartende jährliche Betriebszeit 300 Stunden überschreitet oder nicht, soll bei Errichtung der Anlage die Option zur Nachrüstung und zur Erfüllung der Regelanforderungen nach §§ 33 oder 34 offengehalten werden. Dies ist wenig einsichtig, denn wenn die Prognose von vornherein ergibt, dass 300 Stunden nicht eingehalten werden können, so ist die Anlage an sich von vornherein gem. § 6 Abs. 1 Nr. 1 BImSchG nur unter Einhaltung der Regelanforderungen genehmigungsfähig. Mit der einschränkenden Nachrüstungsoption in Abs. 1 eröffnet der Verordnungsgeber offenbar also für den Betrieb von Netzstabilitätsanlagen in den ersten 7 Jahren (5 Jahre bis zur Ermittlung des gleitenden Durchschnitts nach Abs. 2 plus 2 Jahre Nachrüstungszeit nach Abs. 3) die Möglichkeit großzügigere Emissionsanforderungen in Anspruch zu nehmen und somit auch die Möglichkeit, Netzstabilitätsanlagen schneller und zunächst kostengünstiger zu realisieren. **2**

Unterabschnitt 3 Zusätzliche Anforderungen an Messung und Überwachung zu Abschnitt 2

§ 36 Ausnahme vom Erfordernis kontinuierlicher Messungen

(1) **Abweichend von § 17 Absatz 1 sind bei Feuerungsanlagen mit einer Feuerungswärmeleistung von 50 MW bis weniger als 100 MW, die im gleitenden Durchschnitt über einen Zeitraum von fünf Jahren höchstens 1.500 Stunden jährlich in Betrieb sind und die ausschließlich mit Biobrennstoffen betrieben werden, Messungen zur Feststellung der Emissionen an Schwefeloxiden nicht erforderlich. In diesem Fall hat der Betreiber regelmäßig wiederkehrend einmal halbjährlich periodische Messungen gemäß § 20 Absatz 1, 2 Satz 1 und Absatz 4 durchführen zu lassen. § 18 Absatz 5 bleibt unberührt.**

(2) **Abweichend von § 17 Absatz 1 sind bei Feuerungsanlagen mit einer Feuerungswärmeleistung von 50 MW bis weniger als 100 MW, die im gleitenden Durchschnitt über einen Zeitraum von fünf Jahren höchstens 1.500 Stunden jährlich in Betrieb sind, Messungen zur Feststellung der Emissionen an Ammoniak nicht erforderlich. In diesem Fall hat der Betreiber regelmäßig wiederkehrend einmal halbjährlich periodische Messungen gemäß § 20 Absatz 1, 2 Satz 1 und Absatz 4 durchführen zu lassen.**

(3) **Abweichend von § 17 Absatz 1 sind bei Feuerungsanlagen, die zur Minderung der Emissionen von Stickstoffoxiden ein Verfahren zur selektiven katalytischen oder selektiven nichtkatalytischen Reduktion einsetzen, und die nachfolgend mit Einrichtungen zur nassen Entschwefelung oder mit einem Sprühabsorptionsverfahren ausgestattet sind, Messungen zur Feststellung der Emissionen an Ammoniak nicht erforderlich. In diesem Fall hat der Betreiber regelmäßig wiederkehrend einmal jährlich periodische Messungen gemäß § 20 Absatz 1, 2 Satz 1 und Absatz 4 durchführen zu lassen.**

(4) **Messungen von Methan, angegeben als Gesamtkohlenstoff, nach § 34 Absatz 2 hat der Betreiber regelmäßig wiederkehrend einmal jährlich durchführen zu lassen.**

1 Erläuterungen → § 19 Rn. 16 f. und § 34 Rn. 8.

§ 37 Abweichende Vorschriften zu periodischen Messungen

(1) **Abweichend von § 20 Absatz 2 Satz 2 hat der Betreiber Wiederholungsmessungen zur Überwachung der Einhaltung der Anforderungen nach § 28 Absatz 1 Satz 2 Nummer 4 Buchstabe c, nach § 29 Absatz 1 Satz 2 Nummer 4 Buchstabe b und nach § 30 Absatz 1 Satz 2 Nummer 4, jeweils bezüglich der Emissionsgrenzwerte nach Anlage 2 Nummer 1 bis 3, regelmäßig wiederkehrend einmal jährlich durchführen zu lassen.**

(2) **Abweichend von § 20 Absatz 2 Satz 2 hat der Betreiber Wiederholungsmessungen zur Überwachung der Einhaltung der Anforderungen nach § 32 Absatz 1 Satz 2 Nummer 4 Buchstabe d regelmäßig wiederkehrend einmal halbjährlich durchführen zu lassen. Sofern der Chlorgehalt in den eingesetzten Brennstoffen nachweislich im Zuge der Brennstoffkontrollen nach § 13 unter der Nachweisgrenze liegt, entfällt die Wiederholungsmessung nach Satz 1.**

(3) **Abweichend von § 20 Absatz 2 Satz 2 hat der Betreiber Wiederholungsmessungen zur Überwachung der Einhaltung der Anforderungen nach § 28 Absatz 1 Satz 2 Nummer 4 Buchstabe a und b und nach § 32 Absatz 1 Satz 2 Nummer 4 Buchstabe a und b jeweils einmal vierteljährlich, bei Anlagen mit einer Feuerungswärmeleistung von weniger als 100 MW, die im gleitenden Durchschnitt über einen Zeitraum von**

fünf Jahren höchstens 1.500 Stunden jährlich in Betrieb sind, jeweils einmal halbjährlich, regelmäßig wiederkehrend durchführen zu lassen.

(4) **Abweichend von § 20 Absatz 2 Satz 2 hat der Betreiber Wiederholungsmessungen zur Überwachung der Einhaltung der Anforderung nach § 29 Absatz 1 Satz 2 Nummer 4 Buchstabe a regelmäßig wiederkehrend einmal jährlich durchführen zu lassen.**

(5) **Abweichend von § 20 Absatz 2 Satz 2 hat der Betreiber Wiederholungsmessungen zur Überwachung der Einhaltung der Anforderung nach § 32 Absatz 1 Satz 2 Nummer 4 Buchstabe c regelmäßig wiederkehrend einmal halbjährlich durchführen zu lassen.**

(6) **Abweichend von § 20 Absatz 2 Satz 2 hat der Betreiber bei Verbrennungsmotoranlagen Wiederholungsmessungen zur Überwachung der Einhaltung der Anforderungen nach § 34 Absatz 1 Satz 2 Nummer 4 und Absatz 6 Nummer 2 und Absatz 7 Nummer 2 wiederkehrend einmal jährlich durchführen zu lassen.**

(7) **§ 20 Absatz 3 Satz 3 gilt für die Absätze 2, 3 und 6 entsprechend.**

Die Regelung dient der Umsetzung der BVT 4 des Durchführungsbeschlusses (EU) 2017/1442. Erläuterungen → § 20 Rn. 12 ff. 1

§ 38 Zusätzliche periodische Messungen

Der Betreiber von Großfeuerungsanlagen mit zirkulierender Wirbelschichtfeuerung zum Einsatz von festen Brennstoffen oder Biobrennstoffen hat einmal jährlich die Emission von Distickstoffoxid als Mittelwert über die jeweilige Probenahmezeit und unter Zugrundelegung eines für die Messaufgabe maßgeblichen Richtwertes von 150 mg/m^3 zu ermitteln. Dabei finden die auf die Durchführung und den Bericht von periodischen Messungen bezogenen Vorschriften der §§ 20 und 21 Anwendung.

Distickstoffoxid-Emissionen sind entsprechend BVT 20 und BVT 4 des Durchführungsbeschlusses (EU) 2017/1442 zu begrenzen und durch periodische Messung zu überwachen. Distickstoffoxid-Emissionen unterliegen im § 10 Abs. 5 44. BImSchV für Wirbelschichtfeuerungsanlagen zum Einsatz von Kohle in Anlagen unter 50 MW einem Grenzwert von 150 mg/m^3. Für Großfeuerungsanlagen sind die Distickstoffoxid-Emissionen entsprechend dem Stand der Technik zu überwachen. Distickstoffoxid ist ein Treibhausgas mit einem Treibhausgaspotenzial (GWP), das etwa 310 stärker ist, als das von Kohlenstoffdioxid. Die Vorgabe eines Richtwertes von 150 mg/m^3 richtet sich an die Messaufgabe und damit Messtechnik bzw. an das durchführende Messinstitut mit dem Ziel, bei Einsatz der Messtechnik die Wahl eines im Hinblick auf das erwartete Emissionsniveau angemessenen Messwertbereich sicherzustellen. Dies erlaubt gleichzeitig auch eine verbesserte Vergleichbarkeit der Ergebnisse der Messungen an verschiedenen Anlagen. 1

Zum Begriff der Wirbelschichtfeuerung → § 2 Rn. 67 2

Unterabschnitt 4 Übergangsvorschriften zu Abschnitt 2

§ 39 Übergangsregelungen

(1) **Für bestehende Anlagen im Anwendungsbereich des Abschnitts 2 gelten die Anforderungen dieser Verordnung ab dem 18. August 2021. Abweichend von Satz 1 gelten die jahresbezogenen Emissionsgrenzwerte ab dem Kalenderjahr 2022. Bis zu den in den Sätzen 1 und 2 genannten Stichtagen ist insoweit die Verordnung über Großfeuerungs- und Gasturbinenanlagen vom 2. Mai 2013 (BGBl. I S. 1021, 1023,**

3754), die zuletzt durch Artikel 108 der Verordnung vom 19. Juni 2020 (BGBl. I S. 1328) geändert worden ist, weiter anzuwenden. Anforderungen, die die zuständige Behörde im Einzelfall zur Vorsorge gegen schädliche Umwelteinwirkungen durch Luftverunreinigungen gestellt hat, bleiben unberührt.

(2) **Abweichend von Absatz 1 gelten für 2003-Altanlagen im Anwendungsbereich des Abschnitts 2 mit einer Feuerungswärmeleistung von 50 MW bis 200 MW, die mindestens 50 Prozent der erzeugten Nutzwärme der Anlage, berechnet als gleitender Durchschnitt über einen Zeitraum von fünf Jahren, als Dampf oder Warmwasser in ein öffentliches Fernwärmenetz abgeben, die Anforderungen dieser Verordnung ab dem 1. Januar 2023. Bis zu dem in Satz 1 genannten Stichtag ist für die betreffenden Anlagen die Verordnung über Großfeuerungs- und Gasturbinenanlagen vom 20. Juli 2004 (BGBl. I S. 1717), die zuletzt durch Artikel 1 der Verordnung vom 27. Januar 2009 (BGBl. I S. 129) geändert worden ist, in der bis zum Ablauf des 2. Mai 2013 geltenden Fassung weiter anzuwenden. Darüber hinaus gelten bis zu den in Satz 1 genannten Stichtagen die Anforderungen der Richtlinie 2010/75/EU, soweit sie über die Anforderungen der in Satz 2 genannten Verordnung hinausgehen. Sofern eine Anlagenach Satz 1 den Anforderungen zur Begrenzung der Emissionen von Schwefeldioxid, Stickstoffoxiden, Kohlenmonoxid und Staub des Anhangs V Teil 1 und im Fall des Einsatzes von schwefelreichen einheimischen Brennstoffen den Anforderungen an den Mindest-Schwefelabscheidegrad des Anhangs V Teil 5 zu der Richtlinie 2010/75/EU nicht genügt, hat der Betreiber für jedes Kalenderjahr eine Aufstellung über den Anteil der erzeugten Nutzwärme der Anlage, der als Dampf oder Warmwasser in ein öffentliches Fernwärmenetz abgegeben wurde, berechnet als Durchschnitt über den Zeitraum der vorangegangenen fünf Kalenderjahre, zu erstellen und diese Aufstellung bis zum Ablauf des 31. März des Folgejahres der zuständigen Behörde vorzulegen. Anforderungen, die die zuständige Behörde im Einzelfall zur Vorsorge gegen schädliche Umwelteinwirkungen durch Luftverunreinigungen gestellt hat, bleiben unberührt.**

(3) **Abweichend von Absatz 1 gelten für eine bestehende Anlage im Anwendungsbereich des Abschnitts 2, für die der Betreiber bis zum Ablauf des 1. Januar 2014 gegenüber der zuständigen Behörde schriftlich erklärt hat, dass er diese Anlage unter Verzicht auf die Berechtigung zum Betrieb aus der Genehmigung bis zum Ablauf des 31. Dezember 2023 stilllegt und ab dem 1. Januar 2016 höchstens 17.500 Stunden betreibt, die Anforderungen der Richtlinie 2001/80/EG des Europäischen Parlaments und des Rates vom 23. Oktober 2001 zur Begrenzung von Schadstoffemissionen von Großfeuerungsanlagen in die Luft (ABl. L 309 vom 27.11.2001 S. 1), die zuletzt durch die Richtlinie 2006/105/EG (ABl. L 363 vom 20.12.2006 S. 368) geändert worden ist. Abweichend von Satz 1 gelten die Anforderungen der Verordnung über Großfeuerungs- und Gasturbinenanlagen vom 20. Juli 2004 (BGBl. I S. 1717), die zuletzt durch Artikel 1 der Verordnung vom 27. Januar 2009 (BGBl. I S. 129) geändert worden ist' in der bis zum Ablauf des 2. Mai 2013 geltenden Fassung, soweit sie über die Anforderungen der in Satz 1 genannten Richtlinie hinausgehen. Anforderungen, die die zuständige Behörde im Einzelfall zur Vorsorge gegen schädliche Umwelteinwirkungen durch Luftverunreinigungen gestellt hat, bleiben unberührt.**

(4) **Sofern eine Anlage nach Absatz 3 den Anforderungen zur Begrenzung der Emissionen von Schwefeldioxid, Stickstoffoxiden, Kohlenmonoxid und Gesamtstaub des Anhangs V Teil 1 zu der Richtlinie 2010/75/EU nicht genügt und im Fall des Einsatzes von schwefelreichen einheimischen Brennstoffen den Anforderungen an den Mindest-Schwefelabscheidegrad des Anhangs V Teil 5 zu der Richtlinie 2010/75/EU nicht genügt, hat der Betreiber dieser Anlage für jedes Kalenderjahr eine Übersicht über die Zahl der geleisteten Betriebsstunden zu erstellen und diese Übersicht der zuständigen Behörde bis zum Ablauf des 31. März des Folgejahres vorzulegen.**

(5) **Die nach Landesrecht zuständigen obersten Landesbehörden oder die von ihnen bestimmten Behörden prüfen die in der Aufstellung nach Absatz 2 Satz 4 und die in der Übersicht nach Absatz 4 vorgelegten Angaben auf Plausibilität. Sie leiten diese Angaben dem Umweltbundesamt bis zum Ablauf des 31. Oktober des auf das Berichtsjahr folgenden Kalenderjahres elektronisch zu. Das Umweltbundesamt leitet die übermittelten Daten an die Europäische Kommission weiter.**

(6) **Das Bundesministerium für Umwelt, Naturschutz und nukleare Sicherheit prüft im Einvernehmen mit dem Bundesministerium für Wirtschaft und Energie im Jahr 2025 das Emissionsverhalten der von den Anforderungen nach § 34 betroffenen und im Dauerbetrieb befindlichen Gasmotoranlagen und die zur Minderung der Emissionen eingesetzte Anlagentechnik im Hinblick auf Methan und legt erforderlichenfalls einen Vorschlag zur Fortschreibung der Emissionsanforderungen gemäß § 34 Absatz 1 Satz 2 Nummer 2 Buchstabe c unter Berücksichtigung des Standes der Technik, der Verhältnismäßigkeit und angemessener Übergangsfristen für bis dahin errichtete Anlagen vor.**

Übersicht

A. Bestehende Anlagen (Abs. 1)

1 Die Übergangsregelung in § 39 unterscheidet zwischen bestehenden Anlagen, Altanlagen und 2003-Altanlagen (zur Bedeutung und unionsrechtlichem Hintergrund → § 2 Rn 54 ff.).

2 Die in Satz 1 festgelegte allgemeine Übergangsfrist für bestehende Anlagen ergibt sich aus Art. 21 Abs. 3 der IE-RL in Verbindung mit dem Datum der Veröffentlichung des Durchführungsbeschlusses (EU) 2017/1442. Die Übergangsfrist ist für eine mögliche Nachrüstung der betroffenen Anlagen erforderlich. S. 2 stellt klar, dass bis zu dem in S. 1 genannten Stichtag die 13. BImSchV 2013/2017 anzuwenden ist. S. 3 regelt, dass die Überprüfung der Einhaltung von auf das Jahr bezogenen Emissionsgrenzwerten mit dem Kalenderjahr beginnt, das auf den in S. 1 festgelegten Stichtag folgt. Dies ist das Kalenderjahr 2022. S. 4 stellt klar, dass Anforderungen der geltenden Genehmigung einer Anlage, die strenger sind als die Anforderung aus der vorliegenden Neufassung der Verordnung oder aus der geltenden 13. BImSchV, über den Stichtag hinaus bestehen bleiben (BT-Drs. 19/24906, 145).

B. 2003-Altanlagen (Abs. 2)

3 Die in Abs. 2 festgelegte Regelung für 2003-Altanlagen schreibt die in § 30 Abs. 2 der 13. BImSchV 2013/2017 gewährte verlängerte Übergangsfrist für bestimmte Fernwärme erzeugende Anlagen fort. Von § 30 Abs. 2 erfasste Fernwärmeanlagen sind Altanlagen mit einer Feuerungswärmeleistung von 50 MW bis 200 MW, die mindestens 50 % der erzeugten Nutzwärme der Anlage als Dampf oder Warmwasser in ein öffentliches Fernwärmenetz abgeben. Diese Anlagen müssen erst zum 1. Januar 2023 in Übereinstimmung mit

der Neufassung der Verordnung betrieben werden. Die bis dahin geltenden Anforderungen entsprechen den Regelungen des § 30 Abs. 3 der 13. BImSchV 2013/2017. Die Pflicht zur Berichterstattung besteht nur dann, wenn die europarechtlichen Mindestanforderungen zur Begrenzung der Emissionen an Schwefeldioxid, Stickstoffoxide, Kohlenmonoxid und Staub, wie sie in Anhang V Teil 1 und Teil 5 der Richtlinie 2010/75/EU festgelegt sind, noch nicht erfüllt sind.

C. Verzicht auf Berechtigung zum Betrieb (Abs. 3)

4 Die in Abs. 3 festgelegte und zu Abs. 1 abweichende Regelung schreibt die in § 30 Abs. 4 der 13. BImSchV 2013/2017 enthaltene Regelung fort (BT-Drs. 19/24906, 146). In Umsetzung von Art. 33 der IE-RL eröffnet § 30 Abs. 4 Betreibern die Möglichkeit, für eine begrenzte Zeit, ihre Anlagen nicht an die neuen Anforderungen anzupassen und trotzdem weiterbetreiben zu dürfen. Voraussetzung dafür ist eine verbindliche Erklärung des Betreibers gegenüber der zuständigen Behörde. Gibt der Betreiber eine solche Erklärung nicht ab, gelten die Anforderungen für einen unbefristeten Betrieb. Die Anlage muss dann den jeweils aktuellen Anforderungen entsprechen. Hintergrund der Ausnahmemöglichkeit ist, dass anstelle von Nachrüstungen in weniger wirkungsvolle Reinigungstechniken bei Altanlagen Mittel für effizientere Maßnahmen in Ersatzanlagen zur Verfügung stehen.

5 Die **Erklärung** hat schriftlich bis zum 1. 1. 2014 zu erfolgen und muss beinhalten, die Anlage unter Verzicht auf die Berechtigung zum Betrieb der Anlage aus der Genehmigung bis zum 31. 12. 2023 stillzulegen. Darüber hinaus muss die Erklärung den Anforderungen des § 15 Abs. 3 BImSchG entsprechen (hierzu → *Schiller* § 15 BImSchG Rn. 53 ff.). Die Erklärung ist von ihrem Inhalt her wie die Absichtserklärung nach § 15 Abs. 3 BImSchG (iVm § 18 Abs. 1 Nr. 2 BImSchG) darauf gerichtet, dass Rechtswirkungen, insbesondere das Erlöschen der Berechtigung zum Betrieb zu einem späteren Zeitpunkt als dem Zugang der Erklärung bei der Behörde eintreten. Der Verzicht im Zeitpunkt der Stilllegung bewirkt, dass die immissionsschutzrechtliche Genehmigung oder jede sonstige Berechtigung zum Betrieb der Anlage (zB nach § 67 Abs. 1 und 2 BImSchG) analog § 18 BImSchG erlischt (BVerwG, Urt. v. 15. 12. 1989, BVerwGE 84, 209; vgl. auch → *Hansmann/Ohms* § 18 BImSchG Rn. 8) und zwar zu dem für die Stilllegung der Anlage angegebenen Zeitpunkt („unter Verzicht … stillegt"). Ein Unterschied zur Stilllegungserklärung nach § 15 Abs. 3 BImSchG ergibt sich also nur insofern, als die Berechtigung zum Betrieb im Falle des § 15 Abs. 3 BImSchG gem. § 18 Abs. 1 Nr. 2 BImSchG erst nach Ablauf eines Zeitraums von mehr als drei Jahren ab Stilllegung erlischt.

6 Ferner hat der Betreiber zu erklären, dass er die Anlage ab dem 1. 1. 2016 höchstens in 17 500 Stunden betreibt. Für den weitergehenden Betrieb treten dieselben Rechtswirkungen ein wie für die Gesamtanlage am 31. 12. 2023.

7 Im Zusammenhang mit § 20 Abs. 3 13. BImSchV 2004 und einer entsprechenden für das Kraftwerk Datteln abgegebenen Verzichtserklärung hat sich die Rechtsprechung ausführlich mit der Frage nach einer **Widerruflichkeit** einer solchen Verzichtserklärung befasst und hat diese letztlich – auch wenn der Anlagenbetreiber noch gar nicht in den Genuss der Übergangsregelung gekommen ist, weil er die Anlage auch unabhängig von der Privilegierung durch die Übergangsregelung nachgerüstet hat – verneint (BVerwG BeckRS 2013, 46 297; vgl. zu den Konsequenzen auch *Fest/Leifer* NVwZ 2011, 1046).

8 Hiergegen bestehen nach wie vor rechtliche Bedenken. Denn die Frage, ob die Erklärung nach § 30 Abs. 4 (vormals § 20 Abs. 3 S. 1 13. BImSchV 2004) widerrufen oder

zurückgenommen werden kann, ist nicht anders zu beurteilen als bei anderen öffentlich-rechtlichen Erklärungen des Bürgers, wie Anträgen, der Übertragung von Milchquoten, Baulasterklärungen oder Verpflichtungserklärung hinsichtlich der Kosten des Lebensunterhalts eines Ausländers usw. So gilt der allgemeine Grundsatz, dass die wirksame öffentlich-rechtliche Willenserklärung des Bürgers frei widerrufen werden kann, solange sie noch keine gestaltende Außenwirkung erlangt hat, auch für die Erklärung nach § 30 Abs. 4 (vormals § 20 Abs. 3 Satz 1 13. BImSchV 2004, vgl. die zahlreichen Hinweise auf diesen Grundsatz: *Jäde* UPR 2005, 161 (164); *Kluth* NVwZ 1990, 608 (613); *Jarass* BImSchG § 15 Rn. 57 zur Möglichkeit, die Einstellungsabsicht nach § 15 Abs. 3 innerhalb der 3-Jahresfrist des § 18 Abs. 1 Nr. 2 BImSchG wieder rückgängig zu machen; BVerwG, B. v. 17.9.1996 – 2 B 98/96, NVwZ 1997, 581; U. v. 25. 10. 1988 – 9 C 18/88, NVwZ 1989, 476; U. v. 3. 4. 1987 – 4 C 30/85, NJW 1988, 275; NdsOVG, B. v. 24.11.2009 – 8 LA 174/09 juris Rn. 6; B. v. 7.10.2004 – 1 ME 169/04 –, NVwZ-RR 2005, 90, juris Rn. 23; OVG NW, U. v. 7. 12. 1995 – 12 A 2996/93, NWVBl 1996, 305; B. v. 3. 12. 1985 – 19 B 2154/85, NJW 1987, 1964; HessVGH, B. v. 28. 9. 1992 – 8 UE 671/89, Rd L 1992, 330; VGH BW, 11. 7. 1990 – 5 S 357/90, DVBl 1991, 219; BayVGH, B. v. 3. 11. 2005, UPR 2006, 239 mwN, der den Zugang bei der Behörde dann als rechtsgestaltend wertet, wenn der erklärende Nachbar durch seine Zustimmung auf seine subjektiven öffentlichen Abwehrrechte gegen das konkrete Bauvorhaben verzichte). Solange also der Zeitpunkt, in dem der Betreiber – ohne Erklärung nach § 30 Abs. 4 13. BImSchV 2013/2017 – die aktualisierten Anforderungen der 13. BImSchV zu erfüllen hätte, nicht eingetreten ist, kann die Erklärung zurückgenommen oder widerrufen werden. Dies gilt auch dann, wenn der Betreiber tatsächlich und unabhängig von seiner Erklärung nach § 30 Abs. 4 13. BImSchV 2013/2017 die ihm aus der 13. BImSchV obliegenden aktualisierten Pflichten erfüllt hat. Auch dann tritt nämlich durch die Erklärung nach § 30 Abs. 4 13. BImSchV 2013/2017 keine Privilegierung ein, so dass der Betreiber seine Stilllegungsabsicht bis zum 1. 1. 2016 bzw. im Falle der 13. BImSchV 2004 bis zum 31. 12. 2012 widerrufen könnte.

Gemäß § 30 Abs. 5 13. BImSchV hat der Betreiber einer bestehenden Anlage nach Abs. 4 für jedes Kalenderjahr eine **Übersicht** über die Zahl der ab dem 1. 1. 2016 geleisteten Betriebsstunden zu erstellen und der zuständigen Behörde bis zum 31.3. des Folgejahres vorzulegen. Die Anforderung geht wie auch § 30 Abs. 4 13. BImSchV 2013/2017 auf Art. 33 der IE-RL zurück. 9

D. Nachweis und Berichtspflichten

Abs. 4 bis 6 enthalten die vom Betreiber zu erfüllenden Nachweispflichten und die von Behörden zu erfüllenden Berichtspflichten. 10

Die Pflicht zur Berichterstattung nach Abs. 4 für die zur Stilllegung angezeigten Anlagen nach Absatz 3 besteht nur dann, wenn die europarechtlichen Mindestanforderungen zur Begrenzung der Emissionen an Schwefeldioxid, Stickstoffoxide, Kohlenmonoxid und Staub, wie sie in Anhang V Teil 1 und Teil 5 der Richtlinie 2010/75/EU festgelegt sind, nicht erfüllt sind (BT-Drs. 19/14906, 146). 11

Die Überprüfung des Emissionsverhaltens von Gasmotoranlagen ist zur Einhaltung der Klimaziele erforderlich. Diesem Zweck dient die Prüfung der Anlagentechnik durch das BMUV. Gasmotoren werden vermehrt zur Substitution von Kohlekraftwerken zum Einsatz kommen. Einen echten Klimavorteil weisen sie allerdings nur dann auf, wenn die durch den Schlupf bedingten Methanemissionen mittelfristig um mindestens 90 % gemin- 12

dert werden. Hierzu wird der Einsatz von Katalysatoren und Verfahren zur thermischen Nachverbrennung erforderlich sein (BT-Drs. 19/14906, 146).

Abschnitt 3 Vorschriften für Großfeuerungsanlagen im Anwendungsbereich des Durchführungsbeschlusses (EU) 2014/687/EU der Kommission vom 26. September 2014 zu den besten verfügbaren Techniken in Bezug auf die Herstellung von Zellstoff, Papier und Karton

Erläuterungen zu Abschnitt 3

1 Abschnitt 3 betrifft den Einsatz von faserigen pflanzlichen Abfällen und Ablaugen aus der Herstellung von natürlichem Zellstoff und aus der Herstellung von Papier aus Zellstoff, sofern sie am Herstellungsort mitverbrannt werden. Daraus ist zu schließen, dass am Standort Anlagen nach Nr. 6.1 und/oder 6.2 Anhang 1 4. BImSchV betrieben werden müssen. Unionsrechtlich fallen diese Anlagen unter die BVT-Schlussfolgerungen für die Herstellung von Zellstoff, Papier und Karton, Durchführungsbeschluss (EU) 2014/687 vom 26.9.2014 (Abl. EU Nr. L 284, 76).

2 Kennzeichnend für die Zellstoffindustrie ist das Holzaufschlussverfahren, durch das aus Holz Zellstoff gewonnen wird. Dabei wird das Lignin des Holzes sulfoniert und gespalten, so dass in Wasser lösliche Bruchstücke entstehen, die aus dem Holz und den verholzten Fasern herausgelöst werden können. Zum einen entsteht dadurch ein ligninarmer Faserstoff, der anschließend gebleicht und als Zellstoff verkauft oder an integrierten Standorten zur Papierherstellung verwendet wird. Zum anderen entsteht als Nebenprodukt eine (Ab-)Lauge, in der die übrigen Holzbestandteile, vor allem Lignin und eine Reihe regenerierbarer Chemikalien enthalten sind. In Deutschland findet sowohl das Sulfit- als auch das Sulfat-Aufschlussverfahren, für die jeweils unterschiedliche Emissionsanforderungen gelten, Anwendung.

3 Die gemeinsamen Emissionsanforderungen des § 42 (Gesamtstaub, Quecksilber und Kohlenmonoxid) entsprechen denjenigen der bisherigen 13. BImSchV in § 5. Abweichend von anderen Anlagentypen wird der Halbstundenmittelwert für Quecksilber auf weniger als das Doppelte des Tagesmittelwertes begrenzt (§ 42 Abs. 2). Bestehenden Anlagen wird ein doppelt so hoher Staubemissionsgrenzwert eingeräumt wie Neuanlagen (§ 42 Abs. 3).

4 § 43 regelt die zusätzlichen Anforderungen an den Einsatz von Sulfat-Ablaugen, § 44 die zusätzlichen Anforderungen an den Einsatz von Sulfit-Ablaugen. In Deutschland existieren aktuell nur 2 Anlagen, die Sulfat-Ablaugen einsetzen und 3 Anlagen, die Sulfit-Ablaugen einsetzen. Umgesetzt werden BVT 21 und 22 Tabelle 3, 4 und 5 bzw. BVT 36 und 37 Tabelle 14 und 15 des Durchführungsbeschlusses 2014/687/EU. Die erweiterten Emissionswerte für bestehende Anlagen in den Fußnoten der Tabellen sind dabei nicht abgebildet, was zu Ausnahmeerfordernissen nach § 23 führen dürfte.

5 Zu Jahres- Tages- und Halbstundenmittelwert → 19 Rn. 2 ff.. Zum Bezugssauerstoffgehalt →§ 2 Rn. 40, 48, § 3. Zur Heizflächenreinigung nach § 42 Abs. 4 → § 2 Rn. 37. Zu bestehenden Anlagen → § 2 Rn. 54 ff.

Unterabschnitt 1 Allgemeine Vorschriften zu Abschnitt 3

§ 40 Anwendungsbereich

Die Vorschriften dieses Abschnitts gelten für Großfeuerungsanlagen der Zellstoffindustrie, die Brennstoffe nach § 2 Absatz 4 Nummer 2 Buchstabe d einsetzen.

§ 41 Begriffsbestimmungen

(1) **Altanlage im Sinne dieses Abschnitts ist eine bestehende Anlage,**

1. **die nach § 67 Absatz 2 oder § 67a Absatz 1 des Bundes-Immissionsschutzgesetzes oder vor Inkrafttreten des Bundes-Immissionsschutzgesetzes nach § 16 Absatz 4 der Gewerbeordnung anzuzeigen war,**
2. **für die die erste Genehmigung zur Errichtung und zum Betrieb nach § 4 oder § 16 des Bundes-Immissionsschutzgesetzes vor dem 27. November 2002 erteilt worden ist und die vor dem 27. November 2003 in Betrieb gegangen ist oder**
3. **für die der Betreiber vor dem 27. November 2002 einen vollständigen Genehmigungsantrag zur Errichtung und zum Betrieb nach § 4 oder § 16 des Bundes-Immissionsschutzgesetzes gestellt hat und die vor dem 27. November 2003 in Betrieb gegangen ist.**

(2) **Bestehende Anlage im Sinne dieses Abschnitts ist eine Anlage,**

1. **die nach § 67 Absatz 2 oder § 67a Absatz 1 des Bundes-Immissionsschutzgesetzes oder vor Inkrafttreten des Bundes-Immissionsschutzgesetzes nach § 16 Absatz 4 der Gewerbeordnung anzuzeigen war,**
2. **für die die erste Genehmigung zur Errichtung und zum Betrieb nach § 4 oder § 16 des Bundes-Immissionsschutzgesetzes vor dem 1. Oktober 2014 erteilt worden ist und die vor dem 1. Oktober 2015 in Betrieb gegangen ist oder**
3. **für die der Betreiber einen vollständigen Genehmigungsantrag zur Errichtung und zum Betrieb vor dem 1. Oktober 2014 gestellt hat und die vor dem 1. Oktober 2015 in Betrieb gegangen ist.**

Unterabschnitt 2 Zusätzliche Anforderungen an Errichtung und Betrieb zu Abschnitt 3

§ 42 Gemeinsame Emissionsgrenzwerte für Großfeuerungsanlagen bei Einsatz von Ablaugen der Zellstoffherstellung

(1) **Großfeuerungsanlagen, die Ablaugen aus der Zellstoffindustrie einsetzen, sind so zu errichten und zu betreiben, dass die Anforderungen dieses Absatzes und der Absätze 2 und 3 eingehalten werden. Der Betreiber hat dafür zu sorgen, dass**

1. **kein Tagesmittelwert die folgenden Emissionsgrenzwerte überschreitet:**
   a) **Gesamtstaub: 10 mg/m³,**
   b) **Quecksilber und seine Verbindungen, angegeben als Quecksilber: 0,03 mg/m³,**
   c) **Kohlenmonoxid: 250 mg/m³,**
2. **kein Halbstundenmittelwert das Doppelte der in Nummer 1 bestimmten Emissiogrenzwerte überschreitet,**
3. **kein Mittelwert, der über die jeweilige Probenahmezeit gebildet ist, die Emissionsgrenzwerte nach Anlage 2 Nummer 1 bis 4 überschreitet.**

(2) **Abweichend von Absatz 1 Satz 2 Nummer 2 darf für die Emissionen an Quecksilber und seinen Verbindungen, angegeben als Quecksilber, ein Emissionsgrenzwert von 0,05 mg/m³ für den Halbstundenmittelwert nicht überschritten werden.**

(3) **Abweichend von den in Absatz 1 Satz 2 Nummer 1 Buchstabe a und Nummer 2 bestimmten Emissionsgrenzwerten darf für Gesamtstaub bei bestehenden Anlagen ein Emissionsgrenzwert von 20 mg/m³ für den Tagesmittelwert und von 40 mg/m³ für den Halbstundenmittelwert nicht überschritten werden.**

(4) **Die Emissionsgrenzwerte der §§ 42 bis 44 sind auch bei der Heizflächenreinigung einzuhalten.**

§ 43 Zusätzliche Emissionsgrenzwerte für Großfeuerungsanlagen bei Einsatz von Sulfat-Ablaugen der Zellstoffherstellung

(1) **Großfeuerungsanlagen, die Sulfat-Ablaugen aus der Zellstoffindustrie einsetzen, sind so zu errichten und zu betreiben, dass zusätzlich die Anforderungen dieses Absatzes und des Absatz 2 eingehalten werden. Der Betreiber hat dafür zu sorgen, dass**

1. kein Jahresmittelwert die folgenden Emissionsgrenzwerte überschreitet:
- **a) Stickstoffmonoxid und Stickstoffdioxid, angegeben als Stickstoffdioxid, bei einer Feuerungswärmeleistung von**
  - **aa) 50 MW bis 300 MW: 200 mg/m³,**
  - **bb) mehr als 300 MW: 150 mg/m³,**
- **b) Schwefeldioxid und Schwefeltrioxid, angegeben als Schwefeldioxid: 25 mg/m³,**

2. kein Tagesmittelwert die folgenden Emissionsgrenzwerte überschreitet:
- **a) Stickstoffmonoxid und Stickstoffdioxid, angegeben als Stickstoffdioxid, bei einer Feuerungswärmeleistung von**
  - **aa) 50 MW bis 100 MW: 250 mg/m³,**
  - **bb) mehr als 100 MW bis 300 MW: 200 mg/m³,**
  - **cc) mehr als 300 MW: 150 mg/m³,**
- **b) Schwefeldioxid und Schwefeltrioxid, angegeben als Schwefeldioxid: 50 mg/m³,**
- **c) Gesamtkohlenstoff: 10 mg/m³,**

3. kein Halbstundenmittelwert das Doppelte der in Nummer 2 bestimmten Emissionsgrenzwerte überschreitet.

(2) **Abweichend von den in Absatz 1 Satz 2 Nummer 1 Buchstabe a Doppelbuchstabe bb bestimmten Emissionsgrenzwerten für Stickstoffmonoxid und Stickstoffdioxid, angegeben als Stickstoffdioxid, darf bei bestehenden Anlagen ein Jahresmittelwert von 200 mg/m³ nicht überschritten werden. Abweichend von den in Absatz 1 Satz 2 Nummer 2 Buchstabe a und Nummer 3 bestimmten Emissionsgrenzwerten für Stickstoffmonoxid und Stickstoffdioxid, angegeben als Stickstoffdioxid, darf bei bestehenden Anlagen mit einer Feuerungswärmeleistung von**
50 MW bis 100 MW ein Emissionsgrenzwert von 300 mg/m³ für den Tagesmittelwert und von 600 mg/m³ für den Halbstundenmittelwert nicht überschritten werden,
mehr als 100 MW bis 300 MW ein Emissionsgrenzwert von 250 mg/m³ für den Tagesmittelwert und von 500 mg/m³ für den Halbstundenmittelwert nicht überschritten werden,
mehr als 300 MW ein Emissionsgrenzwert von 200 mg/m³ für den Tagesmittelwert und von 400 mg/m³ für den Halbstundenmittelwert nicht überschritten werden.

§ 44 Zusätzliche Emissionsgrenzwerte für Großfeuerungsanlagen bei Einsatz von Sulfit-Ablaugen der Zellstoffherstellung

(1) **Großfeuerungsanlagen, die Sulfit-Ablaugen aus der Zellstoffindustrie einsetzen, sind so zu errichten und zu betreiben, dass zusätzlich die Anforderungen dieses Ab-**

satzes sowie der Absätze 2 bis 4 eingehalten werden. Der Betreiber hat dafür zu sorgen, dass

1. kein Tagesmittelwert die folgenden Emissionsgrenzwerte überschreitet:

a) Stickstoffmonoxid und Stickstoffdioxid, angegeben als Stickstoffdioxid, bei einer Feuerungswärmeleistung von

aa)	**50 MW bis 100 MW:**	**250 mg/m³,**
bb)	**mehr als 100 MW bis 300 MW:**	**200 mg/m³,**
cc)	**mehr als 300 MW:**	**150 mg/m³,**

b) Schwefeldioxid und Schwefeltrioxid, angegeben als Schwefeldioxid, bei einer Feuerungswärmeleistung von

aa)	**50 MW bis 300 MW:**	**200 mg/m³,**
bb)	**mehr als 300 MW:**	**150 mg/m³,**

2. kein Halbstundenmittelwert das Doppelte der in Nummer 1 bestimmten Emissionsgrenzwerte überschreitet.

(2) **Für Ammoniak darf, sofern zur Minderung der Emissionen von Stickstoffoxiden ein Verfahren der selektiven nichtkatalytischen Reduktion eingesetzt wird, ein Emissionsgrenzwert von 5 mg/m³ für den Jahresmittelwert, von 10 mg/m³ für den Tagesmittelwert und von 15 mg/m³ für den Halbstundenmittelwert nicht überschritten werden.**

(3) **Abweichend von den in Absatz 1 Satz 2 Nummer 1 Buchstabe a Doppelbuchstabe bb und Nummer 2 bestimmten Emissionsgrenzwerten für Stickstoffmonoxid und Stickstoffdioxid, angegeben als Stickstoffdioxid, darf bei Altanlagen ein Emissionsgrenzwert von 325 mg/m³ für den Tagesmittelwert und von 650 mg/m³ für den Halbstundenmittelwert nicht überschritten werden.**

(4) **Abweichend von den in Absatz 1 Satz 2 Nummer 1 Buchstabe b Doppelbuchstabe aa bestimmten Emissionsgrenzwerten für Schwefeldioxid und Schwefeltrioxid, angegeben als Schwefeldioxid, darf bei Altanlagen ein Emissionsgrenzwert von 280 mg/m³ für den Tagesmittelwert und von 560 mg/m³ für den Halbstundenmittelwert sowie zusätzlich ein Emissionsgrenzwert von 230 mg/m³ für den Jahresmittelwert nicht überschritten werden. Abweichend von Satz 1 darf in Altanlagen, die mehrstufige Venturiwäscher für die Abscheidung von Staub und Schwefeloxiden einsetzen, ein Emissionsgrenzwert von 375 mg/m³ für den Tagesmittelwert und von 750 mg/m³ für den Halbstundenmittelwert sowie zusätzlich ein Emissionsgrenzwert von 320 mg/m³ für den Jahresmittelwert nicht überschritten werden.**

Unterabschnitt 3 Übergangsvorschriften zu Abschnitt 3

§45 Übergangsregelungen

(1) **Soweit Anforderungen aus Abschnitt 1 dieser Verordnung über die Anforderungen der Verordnung über Großfeuerungs-, Gasturbinen- und Verbrennungsmotoranlagen vom 2. Mai 2013 (BGBl. I S. 1021, 1023, 3754), die zuletzt durch Artikel 108 der Verordnung vom 19. Juni 2020 (BGBl. I S. 1328) geändert worden ist, hinausgehen, gelten diese Anforderungen für bestehende Anlagen im Anwendungsbereich des Abschnitts 3 ab dem Kalenderjahr, das auf das Inkrafttreten der vorliegenden Verordnung folgt.**

(2) **Für Anforderungen, für die die Übergangsfrist aus Absatz 1 anzuwenden ist, sind bis zum Ablauf des 31. Dezember des Kalenderjahres, in dem die vorliegende Verordnung in Kraft tritt, die Anforderungen der Verordnung über Großfeuerungs-, Gasturbinen- und Verbrennungsmotoranlagen vom 2. Mai 2013 (BGBl. I S. 1021, 1023, 3754), die zuletzt durch Artikel 108 der Verordnung vom 19. Juni 2020 (BGBl. I**

S. 1328) geändert worden ist, in der bis zum Ablauf des 14. Juli 2021 geltenden Fassung weiter anzuwenden. Anforderungen, die die zuständige Behörde im Einzelfall zur Vorsorge gegen schädliche Umwelteinwirkungen durch Luftverunreinigungen gestellt hat, bleiben unberührt.

1 Die Übergangsregelung betrifft bestehenden Anlagen und Altanlagen i.S.v. § 41 (zur Bedeutung und unionsrechtlichem Hintergrund → § 2 Rn. 54 ff.). Sie ist aus Verhältnismäßigkeitsgründen geboten und entspricht den Regelungen der 13. BImSchV 2013/2017 (BT-Drs. 19/24906, 150).

Abschnitt 4 Vorschriften für Feuerungsanlagen im Anwendungsbereich des Durchführungsbeschlusses (EU) 2014/738/EU der Kommission vom 9. Oktober 2014 zu den besten verfügbaren Techniken in Bezug auf das Raffinieren von Mineralöl und Gas

Erläuterungen zu Abschnitt 4

1 Abschnitt 4 gilt für Großfeuerungsanlagen der Raffinerien, soweit diese Raffinerieheizgase oder Destillations- oder Konversionsrückstände einsetzen. Unionsrechtlich fallen diese Anlagen unter die BVT-Schlussfolgerungen in Bezug auf das Raffinieren von Mineralöl und Gas, Durchführungsbeschluss (EU) 2014/738 vom 9.10.2014 (Abl. EU Nr. L 307, 38, ber. Nr. L 62, 35). Destillations- und Konversionsrückstände entstehen als Nebenprodukte bei der Veredelung von Rohöl. Destillations- und Konversionsrückstände werden in Erdölraffinerien häufig als kostengünstiger Ersatz für Regelbrennstoffe bei der Energieerzeugung eingesetzt. Die Begriffsbestimmungen des Durchführungsbeschlusses (EU) 2017/1442 definiert „Raffineriebrennstoffe" als „feste, flüssige oder gasförmige brennbare Stoffe aus den Destillations- und Konversionsstufen der Rohölraffination. Beispiele sind Raffinerieheizgas, Synthesegas, Raffinerieöle und Petrolkoks."

2 § 48 gilt für alle Anlagen des Abschnitts 4 und begrenzt Ammoniak bei Einsatz von S(N)CR- Technik und Kohlenmonoxid im Tages- und Halbstundenmittel. § 49 begrenzt die Emissionen beim Einsatz von Destillations- oder Konversionsrückständen, § 50 beim Einsatz von Raffinerieheizgasen. § 51 regelt den Betrieb mit mehreren Brennstoffen (→ § 51). § 52 begrenzt die Emissionen von Gasturbinen in Raffinerien, die Raffinerieheizgase einsetzen. Die Regelungen in §§ 48 und 49 sind § 6 der 13. BImSchV 2013/2017. § 50 entstammt § 7 13. BImSchV 2013/2017 und § 52 § 8 13. BImSchV 2013/2017.

3 Zu Jahres- Tages- und Halbstundenmittelwert → 19 Rn. 2 ff.. Zum Bezugssauerstoffgehalt →§ 2 Rn. 40, 48, § 3. Zur Heizflächenreinigung nach § 42 Abs. 4 → § 2 Rn. 37. Zu bestehenden Anlagen → § 2 Rn. 54 ff. Zu Ausnahmen von den Messanforderungen nach §§ 54, 55 → § 20 Rn. 18.

Unterabschnitt 1 Allgemeine Vorschriften zu Abschnitt 4

§ 46 Anwendungsbereich

Die Vorschriften dieses Abschnitts gelten für Feuerungsanlagen in Raffinerien, die Raffinerieheizgase oder Destillations- oder Konversionsrückstände einsetzen.

§ 47 Begriffsbestimmungen

(1) **Altanlage im Sinne dieses Abschnitts ist eine bestehende Anlage,**

1. **die nach § 67 Absatz 2 oder § 67a Absatz 1 des Bundes-Immissionsschutzgesetzes oder vor Inkrafttreten des Bundes-Immissionsschutzgesetzes nach § 16 Absatz 4 der Gewerbeordnung anzuzeigen war,**
2. **für die die erste Genehmigung zur Errichtung und zum Betrieb nach § 4 oder § 16 des Bundes-Immissionsschutzgesetzes vor dem 27. November 2002 erteilt worden ist und die vor dem 27. November 2003 in Betrieb gegangen ist oder**
3. **für die der Betreiber vor dem 27. November 2002 einen vollständigen Genehmigungsantrag zur Errichtung und zum Betrieb nach § 4 oder § 16 des Bundes-Immissionsschutzgesetzes gestellt hat und die vor dem 27. November 2003 in Betrieb gegangen ist.**

(2) **Bestehende Anlage im Sinne dieses Abschnitts ist eine Anlage,**

1. **die nach § 67 Absatz 2 oder § 67a Absatz 1 des Bundes-Immissionsschutzgesetzes oder vor Inkrafttreten des Bundes-Immissionsschutzgesetzes nach § 16 Absatz 4 der Gewerbeordnung anzuzeigen war,**
2. **für die die erste Genehmigung zur Errichtung und zum Betrieb nach § 4 oder § 16 des Bundes-Immissionsschutzgesetzes vor dem 29. Oktober 2014 erteilt worden ist und die vor dem 29. Oktober 2015 in Betrieb gegangen ist oder**
3. **für die der Betreiber einen vollständigen Genehmigungsantrag zur Errichtung und zum Betrieb vor dem 29. Oktober 2014 gestellt hat und die vor dem 29. Oktober 2015 in Betrieb gegangen ist.**

Erläuterungen → § 2 Rn. 54 ff. 1

Unterabschnitt 2 Zusätzliche Anforderungen an Errichtung und Betrieb zu Abschnitt 4

§ 48 Gemeinsame Emissionsgrenzwerte für Großfeuerungsanlagen in Raffinerien, die Raffinerieheizgase oder Destillations- oder Konversionsrückstände einsetzen

Großfeuerungsanlagen in Raffinerien sind so zu errichten und zu betreiben, dass

1. **kein Tagesmittelwert die folgenden Emissionsgrenzwerte überschreitet:**
   a) **Ammoniak, sofern zur Minderung der Emissionen von Stickstoffoxiden ein Verfahren der selektiven katalytischen oder nichtkatalytischen Reduktion eingesetzt wird: 10 mg/m³,**
   b) **Kohlenmonoxid: 80 mg/m³,**
2. **kein Halbstundenmittelwert das Doppelte der in Nummer 1 bestimmten Emissionsgrenzwerte überschreitet.**

§ 49 Emissionsgrenzwerte für Großfeuerungsanlagen für den Einsatz von Destillations- oder Konversionsrückständen

(1) **Großfeuerungsanlagen in Raffinerien, die Destillations- oder Konversionsrückstände einsetzen, sind so zu errichten und zu betreiben, dass die Anforderungen dieses Absatzes, der Absätze 2 und 3, des Absatzes 4 Satz 1, des Absatzes 5 Satz 1 und der Absätze 6 bis 8 sowie die Anforderungen des § 48 eingehalten werden. Der Betreiber hat dafür zu sorgen, dass**

1. kein Tagesmittelwert die folgenden Emissionsgrenzwerte überschreitet:
a) Gesamtstaub: 10 mg/m³,
b) Stickstoffmonoxid und Stickstoffdioxid, angegeben als Stickstoffdioxid, bei einer Feuerungswärmeleistung von
aa) 50 MW bis 100 MW: 300 mg/m³,
bb) mehr als 100 MW bis 300 MW: 150 mg/m³,
cc) mehr als 300 MW: 100 mg/m³,
c) Schwefeldioxid und Schwefeltrioxid, angegeben als Schwefeldioxid, bei einer Feuerungswärmeleistung von
aa) 50 MW bis 100 MW: 350 mg/m³,
bb) mehr als 100 MW bis 300 MW: 200 mg/m³,
cc) mehr als 300 MW: 150 mg/m³;

bei Großfeuerungsanlagen mit einer Feuerungswärmeleistung von mehr als 100 MW darf zusätzlich zur Begrenzung der Massenkonzentration ein Schwefelabscheidegrad von mindestens 85 Prozent nicht unterschritten werden; soweit diese Anforderung zu Emissionen von weniger als 50 mg/m³ für den Tagesmittelwert führt, ist mindestens ein Schwefelabscheidegrad einzuhalten, der zu Emissionen von nicht mehr als 50 mg/m³ für den Tagesmittelwert führt;

2. kein Halbstundenmittelwert das Doppelte der in Nummer 1 bestimmten Emissionsgrenzwerte überschreitet und

kein Mittelwert, der über die jeweilige Probenahmezeit gebildet ist, die Emissionsgrenzwerte nach Anlage 2 Nummer 1 bis 4 überschreitet.

(2) **Abweichend von den in Absatz 1 Satz 2 Nummer 1 Buchstabe a und Nummer 2 bestimmten Emissionsgrenzwerten für Gesamtstaub darf bei bestehenden Anlagen ein Emissionsgrenzwert von 20 mg/m³ für den Tagesmittelwert und von 40 mg/m³ für den Halbstundenmittelwert nicht überschritten werden.**

(3) **Abweichend von den in Absatz 1 Satz 2 Nummer 1 Buchstabe b Doppelbuchstabe bb oder cc und Nummer 2 bestimmten Emissionsgrenzwerten für Stickstoffmonoxid und Stickstoffdioxid, angegeben als Stickstoffdioxid, darf bei bestehenden Anlagen mit einer Feuerungswärmeleistung von**

1. mehr als 100 MW bis 300 MW ein Emissionsgrenzwert von 200 mg/m³ für den Tagesmittelwert und von 400 mg/m³ für den Halbstundenmittelwert nicht überschritten werden,

2. mehr als 300 MW ein Emissionsgrenzwert von 150 mg/m³ für den Tagesmittelwert und von 300 mg/m³ für den Halbstundenmittelwert nicht überschritten werden.

Abweichend von Satz 1 Nummer 1 darf bei Altanlagen ein Emissionsgrenzwert von 300 mg/m³ für den Tagesmittelwert und von 600 mg/m³ für den Halbstundenmittelwert nicht überschritten werden.

(4) **Abweichend von den in Absatz 1 Satz 2 Nummer 1 Buchstabe c Doppelbuchstabe bb oder cc und Nummer 2 bestimmten Emissionsgrenzwerten für Schwefeldioxid und Schwefeltrioxid, angegeben als Schwefeldioxid, darf bei bestehenden Anlagen mit einer Feuerungswärmeleistung von**

1. mehr als 100 MW bis 300 MW ein Emissionsgrenzwert von 250 mg/m³ für den Tagesmittelwert und von 500 mg/m³ für den Halbstundenmittelwert nicht überschritten werden,

2. mehr als 300 MW ein Emissionsgrenzwert von 200 mg/m³ für den Tagesmittelwert und von 400 mg/m³ für den Halbstundenmittelwert nicht überschritten werden.

Die Anforderungen an den Schwefelabscheidegrad nach Absatz 1 Satz 2 Nummer 1 Buchstabe c bleiben unberührt.

(5) **Abweichend von den in Absatz 1 Satz 2 Nummer 1 Buchstabe c und Nummer 2 bestimmten Emissionsgrenzwerten für Schwefeldioxid und Schwefeltrioxid, angegeben als Schwefeldioxid, darf bei Altanlagen, die im gleitenden Durchschnitt über einen Zeitraum von fünf Jahren höchstens 1.500 Betriebsstunden jährlich in Betrieb sind, mit einer Feuerungswärmeleistung von**

1. 50 MW bis 100 MW ein Emissionsgrenzwert von 850 mg/m^3 für den Tagesmittelwert und von 1.700 mg/m^3 für den Halbstundenmittelwert nicht überschritten werden,

2. mehr als 100 MW bis 300 MW ein Emissionsgrenzwert von 850 mg/m^3 für den Tagesmittelwert und von 1.700 mg/m^3 für den Halbstundenmittelwert nicht überschritten werden sowie ein Schwefelabscheidegrad von mindestens 60 Prozent nicht unterschritten werden,

3. mehr als 300 MW ein Emissionsgrenzwert von 300 mg/m^3 für den Tagesmittelwert und von 600 mg/m^3 für den Halbstundenmittelwert nicht überschritten werden.

Soweit dieser Absatz keine abweichenden Regelungen zum Schwefelabscheidegrad vorsieht, bleiben die Vorschriften des Absatzes 1 Satz 2 Nummer 1 Buchstabe c zum Schwefelabscheidegrad unberührt.

(6) **Abweichend von Absatz 1 Satz 2 Nummer 3 ist bei Anlagen, in denen Destillations- oder Konversionsrückstände zum Eigenverbrauch in Raffinerien eingesetzt werden, der Emissionsgrenzwert nach Anlage 2 Nummer 2 ohne die Berücksichtigung von Vanadium zu bilden; für Vanadium und seine Verbindungen, angegeben als Vanadium, darf ein Emissionsgrenzwert von 0,5 mg/m^3 nicht überschritten werden. Abweichend von Satz 1 zweiter Halbsatz darf bei bestehenden Anlagen für Vanadium und seine Verbindungen, angegeben als Vanadium, ein Emissionsgrenzwert von 1,0 mg/m^3 nicht überschritten werden.**

(7) **Die Emissionsgrenzwerte dieser Vorschrift sind auch bei der Heizflächenreinigung einzuhalten.**

(8) **Der Betreiber einer Anlagenach Absatz 3 Satz 2 oder Absatz 5 hat jeweils bis zum Ablauf des 31. März eines Jahres für die vorhergehenden fünf Kalenderjahre einen Nachweis über die Einhaltung der Betriebszeit zu führen und diesen der zuständigen Behörde auf Verlangen vorzulegen. Der Betreiber hat den Nachweis nach dem Ende des Nachweiszeitraums jeweils fünf Jahre lang aufzubewahren.**

§ 50 Emissionsgrenzwerte für Großfeuerungsanlagen für den Einsatz von Raffinerieheizgasen

(1) **Großfeuerungsanlagen in Raffinerien, die Raffinerieheizgase einsetzen, sind so zu errichten und zu betreiben, dass die Anforderungen dieses Absatzes und des Absatzes 2 sowie die Anforderungen des § 48 eingehalten werden. Der Betreiber hat dafür zu sorgen, dass**

1. kein Tagesmittelwert die folgenden Emissionsgrenzwerte überschreitet:
   a) Gesamtstaub: 5 mg/m^3,
   b) Stickstoffmonoxid und Stickstoffdioxid, angegeben als Stickstoffdioxid: 100 mg/m^3,
   c) Schwefeldioxid und Schwefeltrioxid, angegeben als Schwefeldioxid: 35 mg/m^3;

2. kein Halbstundenmittelwert das Doppelte der in Nummer 1 bestimmten Emissionsgrenzwerte überschreitet.

(2) **Abweichend von Absatz 1 Satz 2 Nummer 1 Buchstabe b und Nummer 2 darf bei bestehenden Anlagen für Stickstoffmonoxid und Stickstoffdioxid, angegeben als Stickstoffdioxid, ein Emissionsgrenzwert von 150 mg/m^3 für den Monatsmittelwert**

und von 500 mg/m³ für den Halbstundenmittelwert nicht überschritten werden. Abweichend von Satz 1 darf bei bestehenden Anlagen, wenn

1. die zugeführte Verbrennungsluft eine Temperatur von mehr als 200 Grad Celsius hat oder

2. der Wasserstoffgehalt des eingesetzten Brennstoffs mehr als 50 Prozent beträgt und der Betreiber die Anlage mit geeigneten Messeinrichtungen für die kontinuierliche Bestimmung des Wasserstoffgehalts im eingesetzten gasförmigen Brennstoff ausgerüstet hat,

für Stickstoffmonoxid und Stickstoffdioxid, angegeben als Stickstoffdioxid, ein Emissionsgrenzwert von 200 mg/m³ für den Monatsmittelwert und von 500 mg/m³ für den Halbstundenmittelwert nicht überschritten werden.

§ 51 Emissionsgrenzwerte in Raffinerien bei Betrieb mit mehreren Brennstoffen

Bei bestehenden Mischfeuerungen in Feuerungsanlagen, in denen Destillations- oder Konversionsrückstände zum Eigenverbrauch in Raffinerien eingesetzt werden, gilt

1. der Emissionsgrenzwert für den Brennstoff mit dem höchsten Emissionsgrenzwert, sofern die mit dem Brennstoff mit dem höchsten Emissionsgrenzwert zugeführte Feuerungswärmeleistung mindestens 50 Prozent der insgesamt zugeführten Feuerungswärmeleistung ausmacht,

2. im Übrigen § 6 Absatz 2 mit der Maßgabe, dass als Emissionsgrenzwert für den Brennstoff mit dem höchsten Emissionsgrenzwert das Doppelte dieses Wertes abzüglich des Emissionsgrenzwertes für den Brennstoff mit dem niedrigsten Emissionsgrenzwert angesetzt wird.

Abweichend von Satz 1 kann innerhalb einer Raffinerie die zuständige Behörde auf Antrag für bestehende Großfeuerungsanlagen, die Destillations- oder Konversionsrückstände aus der Rohölraffinierung allein oder zusammen mit anderen Brennstoffen für den Eigenverbrauch verfeuern, für Schwefeldioxid und Schwefeltrioxid, angegeben als Schwefeldioxid, einen Emissionsgrenzwert von 600 mg/m³ für den Tagesmittelwert und von 1.200 mg/m³ für den Halbstundenmittelwert als über die Abgasvolumenströme gewichteten Durchschnittswert zulassen.

Übersicht

A. Allgemeines

1 § 51 entspricht der bereits in § 10 Abs. 3 der 13. BImSchV 2013/2017 enthaltenen Regelung.

B. Regelungsinhalt

I. „Maßgeblicher Brennstoff" (S. 1)

Für bestehende Mischfeuerungen, in denen Destillations- und Konversionsrückstände (→ 3) eingesetzt werden, trifft § 51 wie vormals bereits § 10 Abs. 3 13. BImSchV 2013/2017 eine Sonderregelung (vgl. die entsprechende Regelung für Anlagen mit einer Feuerungswärmeleistung < 50 MW Nr. 5.4.1.2.4 TA Luft). Als „maßgeblichen Brennstoff" bezeichnet Art. 3 Nr. 30 IE-RL hierfür den Brennstoff mit dem höchsten Emissionsgrenzwert. Die IE-RL fügt hinzu, dass im Falle von mehreren Brennstoffen mit gleichem Emissionsgrenzwert, der „maßgebliche Brennstoff" derjenige ist, der von diesen Brennstoffen die größte Wärmemenge liefert. Liefert dieser maßgebliche Brennstoff mindestens 50 % der Feuerungswärmeleistung, so gelten die Sonderregelungen nach Art. 40 Abs. 2 lit. a) der IE-RL, die in § 51 S. 1 Nr. 1 übernommen wurden. 2

Beträgt der Anteil des maßgeblichen Brennstoffs an der Feuerungswärmeleistung weniger als 50 %, so sieht Art. 40 Abs. 2 lit. b) der IE-RL einen gesonderten, in die allgemeine Berechnung der Emissionsgrenzwerte für Mehrstofffeuerungen einzustellenden Emissionsgrenzwert für diesen maßgeblichen Brennstoff vor (Verdopplung und Subtraktion des Emissionsgrenzwertes des Stoffs mit dem niedrigsten Emissionsgrenzwert). Diese Regelung hat die Verordnung in redaktionell vereinfachter Form in § 51 S. 1 Nr. 2 übernommen. 3

Die Vorschrift begünstigt nur den Eigenverbrauch in Raffinerien. Gemeint ist der Verbrauch des ua unter Einsatz von Destillations- und Konversionsrückständen erzeugten elektrischen Stroms bzw. der erzeugten Wärme. Es ist also nicht gestattet, die höheren Grenzwerte für Schwefeloxide in Anspruch zu nehmen, wenn mit dem in der Feuerungsanlage erzeugten Strom oder Dampf andere Anlagen versorgt werden als die Erdölraffinerie, in der die Destillations- und Konversionsrückstände angefallen sind. Ebenso ist es nicht gestattet, Destillations- und Konversionsrückstände aus anderen Raffinerien einzusetzen, die nicht mit der von der Feuerungsanlage erzeugten elektrischen oder thermischen Energie versorgt werden. 4

II. „Glockenregelung" (S. 2)

Art. 40 Abs. 3 der IE-RL eröffnet die Möglichkeit, ungeachtet des verwendeten Brennstoffgemischs einen Emissionsgrenzwert für Schwefeloxide vorzusehen, der von dem Mittelwert der Emissionen aller Altanlagen innerhalb einer Raffinerie einzuhalten ist (Anhang V Teil 7 Abs. 1 lit. a) der IE-RL). Für Neuanlagen gilt ein strengerer Emissionsgrenzwert, auch dürfen bei einem Emissionsgrenzwert, der im Mittel von allen Neuanlagen einzuhalten ist, nicht die Emissionen von Gasturbinen einbezogen werden (Anhang V Teil 7 Abs. 1 lit. b) der IE-RL). Ab der 13. BImSchV 2013 sind in die Glockenregelung nur bestehende Anlagen einbezogen. 5

Hervorzuheben ist, dass es für die Geltung der „Glockenregelung" eines Antrages an die zuständige Behörde bedarf. Dies wirft Fragen auf: Zunächst muss davon ausgegangen werden, dass aktualisierte Emissionsanforderungen an Mischfeuerungen nicht unmittelbar gelten, sondern der nachträglichen Anordnung bedürfen. Gemäß § 28 VwVfG ist der Betreiber vor einer solchen Anordnung anzuhören. Wenn § 51 S. 2 nun einen Antrag vorsieht, so ist es angesichts des insoweit ohnehin bestehenden Erfordernisses einer nachträglichen Anordnung ausreichend, wenn der Betreiber im Rahmen der Anhörung die Erklärung abgibt, von der „Glockenregelung" Gebrauch machen zu wollen und angibt, welche Feuerungsanlagen der Raffinerie einzubeziehen sind. Werden die Abgase von einer oder mehreren Feuerungsanlagen gesondert abgeleitet, bietet § 51 S. 2 die Option 6

(„kann"), diese nicht in die „Glockenregelung" einzubeziehen. Im Übrigen ist „kann" nicht im Sinne eines der zuständigen Behörde eingeräumten Ermessens zu verstehen. Wird die Geltung von § 51 S. 2 beantragt, so hat die zuständige Behörde den Emissionsgrenzwert für Schwefeloxide entsprechend festzulegen, um den von der 13. BImSchV vorausgesetzten bundesweit einheitlichen Verordnungsvollzug zu gewährleisten.

§ 52 Emissionsgrenzwerte für Gasturbinen in Raffinerien, die Raffinerieheizgase einsetzen

(1) **Gasturbinenanlagen in Raffinerien, die Raffinerieheizgase einsetzen, sind so zu errichten und zu betreiben, dass die Anforderungen dieses Absatzes und der Absätze 2 bis 6 eingehalten werden. Der Betreiber hat dafür zu sorgen, dass**

1. kein Tagesmittelwert die folgenden Emissionsgrenzwerte überschreitet:

a) Stickstoffmonoxid und Stickstoffdioxid, angegeben als Stickstoffdioxid: 50 mg/m³,

b) Kohlenmonoxid: 100 mg/m³,

c) Ammoniak, sofern zur Minderung der Emissionen von Stickstoffoxiden ein Verfahren der selektiven katalytischen oder nichtkatalytischen Reduktion eingesetzt wird: 10 mg/m³,

2. kein Halbstundenmittelwert das Doppelte der in Nummer 1 bestimmten Emissionsgrenzwerte überschreitet.

(2) **Die Emissionsgrenzwerte nach Absatz 1 gelten bei Betrieb ab einer Last von 70 Prozent, bei einer Temperatur von 288,15 K, einem Druck von 101,3 kPa und einer relativen Luftfeuchte von 60 Prozent (ISO-Bedingungen). Für den Betrieb bei Lasten bis 70 Prozent legt die zuständige Behörde den zu überwachenden Teillastbereich sowie die in diesem Bereich einzuhaltenden Emissionsbegrenzungen für die in Absatz 1 genannten Schadstoffe fest.**

(3) **Abweichend von Absatz 1 Satz 2 Nummer 1 Buchstabe a ist bei Gasturbinen im Solobetrieb, deren Wirkungsgrad unter ISO-Bedingungen mehr als 35 Prozent beträgt, der Emissionsgrenzwert für Stickstoffmonoxid und Stickstoffdioxid, angegeben als Stickstoffdioxid, entsprechend der prozentualen Wirkungsgraderhöhung heraufzusetzen. Ein Emissionsgrenzwert von 75 mg/m³ für den Tagesmittelwert darf nicht überschritten werden.**

(4) **Abweichend von Absatz 1 Satz 2 Nummer 1 Buchstabe a und Nummer 2 darf bei bestehenden Anlagen für Stickstoffmonoxid und Stickstoffdioxid, angegeben als Stickstoffdioxid, ein Emissionsgrenzwert von 120 mg/m³ für den Tagesmittelwert und von 240 mg/m³ für den Halbstundenmittelwert nicht überschritten werden.**

(5) **Bei Einsatz gasförmiger Brennstoffe sind die Emissionsgrenzwerte von § 50 Absatz 1 Satz 2 Nummer 1 Buchstabe c und Nummer 2 für Schwefeldioxid und Schwefeltrioxid, angegeben als Schwefeldioxid, auf einen Bezugssauerstoffgehalt von 15 Prozent umzurechnen.**

(6) **Für Gasturbinen mit Zusatzfeuerung sind Emissionsgrenzwerte und zugehörige Bezugssauerstoffgehalte auf der Grundlage der jeweils maßgeblichen Anforderungen an die Gasturbine nach dieser Vorschrift und den jeweils maßgeblichen Anforderungen an die Zusatzfeuerung nach § 49 oder § 50 durch die Behörde im Einzelfall festzulegen.**

§ 53 Kompensationsmöglichkeit in Raffinerien

(1) **Abweichend von den in den §§ 6, 49 bis 52 bestimmten Emissionsgrenzwerten für Stickstoffmonoxid und Stickstoffdioxid, angegeben als Stickstoffdioxid, kann die**

zuständige Behörde auf Antrag innerhalb einer Raffinerie für einige oder sämtliche Feuerungsanlagen, bei Einsatz von Raffinerieheizgasen oder Destillations- oder Konversionsrückständen, im alleinigen Einsatz oder bei gleichzeitiger Verwendung mit anderen Brennstoffen, lediglich einen Emissionsgrenzwert nach folgender Berechnung zulassen:

$$EGW_{NOx} < \frac{\Sigma[(Q_i) \star (C_{i\,NOx})]}{\Sigma(Qi)}$$

Darin bedeuten:

1. **EGW_{NOx}: berechneter Emissionsgrenzwert für Stickstoffmonoxid und Stickstoffdioxid, angegeben als Stickstoffdioxid, in mg/m^3 für den Tagesmittelwert,**
2. **Q_i: repräsentativer Abgasvolumenstrom der jeweiligen Anlage im Normalbetrieb in m^3/h,**
3. **$C_{i\,NOx}$: nach § 6 oder 51 oder den § § 49, 50 oder 52 bestimmter Emissionsgrenzwert für Stickstoffmonoxid und Stickstoffdioxid, angegeben als Stickstoffdioxid, der jeweiligen Anlage in mg/m^3 für den Tagesmittelwert; vorhandene Monatsmittelwerte sind nach den Kriterien zur Beurteilung der Einhaltung der Emissionsgrenzwerte für validierte Tagesmittelwerte des Anhangs V Teil 4 zu der Richtlinie 2010/75/EU in Tagesmittelwerte umzurechnen,**
4. **ΣQ_i: repräsentativer Abgasvolumenstrom der Anlagen im Normalbetrieb in m^3/h.**

In diese Berechnung können auf Antrag bei der zuständigen Behörde innerhalb einer Raffinerie Anlagen nach der Allgemeinen Verwaltungsvorschrift zur Umsetzung des Durchführungsbeschlusses2014/738/EU der Kommission vom 9. Oktober 2014 über Schlussfolgerungen zu den besten verfügbaren Techniken (BVT) gemäß der Richtlinie 2010/75/EU des Europäischen Parlaments und des Rates über Industrieemissionen in Bezug auf das Raffinieren von Mineralöl und Gas mit einbezogen werden, für die eine gleichlautende Regelung zur Berechnung vorgegeben ist. Es ist sicherzustellen, dass die bei Anwendung der Sätze 1 bis 3 entstehenden Emissionen geringer sind als die, die bei Einhaltung der einzelquellbezogenen Emissionsbegrenzungen entstehen würden. Bei Änderung einer der in dieser Berechnung berücksichtigten Anlage ist der berechnete Emissionsgrenzwert zu überprüfen und gegebenenfalls neu zu ermitteln.

(2) **Abweichend von den in den §§ 6, 49 bis 51 Satz 1 bestimmten Emissionsgrenzwerten für Schwefeldioxid und Schwefeltrioxid, angegeben als Schwefeldioxid, kann die zuständige Behörde auf Antrag innerhalb einer Raffinerie für einige oder sämtliche Großfeuerungsanlagen, bei Einsatz von Raffinerieheizgasen oder Destillations oder Konversionsrückständen, im alleinigen Einsatz oder bei gleichzeitiger Verwendung mit anderen Brennstoffen, lediglich einen Emissionsgrenzwert nach folgender Berechnung zulassen:**

$$EGW_{SOx} < \frac{\Sigma\ [[Q_i) \star (C_{i\,SOx})]}{\Sigma(Qi)}$$

Darin bedeuten:

1. **EGW_{SOx}: berechneter Emissionsgrenzwert für Schwefeldioxid und Schwefeltrioxid, angegeben als Schwefeldioxid, in mg/m^3 für den Tagesmittelwert,**
2. **Q_i: repräsentativer Abgasvolumenstrom der jeweiligen Anlage im Normalbetrieb in m^3/h,**

3. $C_{i\ SOx}$: nach § 6 oder 51 Satz 1 oder § 49 oder 50 bestimmter Emissionsgrenzwert für Schwefeldioxid und Schwefeltrioxid, angegeben als Schwefeldioxid, der jeweiligen Anlage in mg/m³ für den Tagesmittelwert,
4. ΣQ_i: repräsentativer Abgasvolumenstrom der Anlagen im Normalbetrieb in m³/h.

In diese Berechnung können auf Antrag bei der zuständigen Behörde innerhalb einer Raffinerie Anlagen nach der Allgemeinen Verwaltungsvorschrift zur Umsetzung des Durchführungsbeschlusses2014/738/EU der Kommission vom 9. Oktober 2014 über Schlussfolgerungen zu den besten verfügbaren Techniken (BVT) gemäß der Richtlinie 2010/75/EU des Europäischen Parlaments und des Rates über Industrieemissionen in Bezug auf das Raffinieren von Mineralöl und Gas mit einbezogen werden, für die eine gleichlautende Regelung zur Berechnung vorgegeben ist. Es ist sicherzustellen, dass die bei Anwendung der Sätze 1 bis 3 entstehenden Emissionen geringer sind als die, die bei Einhaltung der einzelquellbezogenen Emissionsbegrenzungen entstehen würden. Bei Änderung einer der in dieser Berechnung berücksichtigten Anlage ist der berechnete Emissionsgrenzwert zu überprüfen und gegebenenfalls neu zu ermitteln.

Unterabschnitt 3 Zusätzliche Anforderungen an Messung und Überwachung zu Abschnitt 4

§ 54 Kontinuierliche Messungen

Bei Anwendung von § 53 bleiben die Anforderungen zur Messung und Überwachung an der jeweiligen Einzelquelle nach § 17 sowie die Anforderungen der Technischen Anleitung zur Reinhaltung der Luft unberührt.

§ 55 Abweichende Vorschriften zu periodischen Messungen

Abweichend von § 20 Absatz 2 Satz 2 hat der Betreiber die Wiederholungsmessungen zur Überwachung der Einhaltung der Anforderung nach § 49 Absatz 1 Satz 2 Nummer 3 bezüglich der Einhaltung der Grenzwerte nach Anlage 2 Nummer 2 einmal halbjährlich durchführen zu lassen. § 20 Absatz 6 bleibt unberührt. § 20 Absatz 3 Satz 3 gilt entsprechend.

Unterabschnitt 4 Übergangsvorschriften zu Abschnitt 4

§ 56 Übergangsregelungen

(1) Soweit Anforderungen aus Abschnitt 1 dieser Verordnung über die Anforderungen der Verordnung über Großfeuerungs-, Gasturbinen- und Verbrennungsmotoranlagen vom 2. Mai 2013 (BGBl. I S. 1021, 1023, 3754), die zuletzt durch Artikel 108 der Verordnung vom 19. Juni 2020 (BGBl. I S. 1328) geändert worden ist, hinausgehen, gelten diese Anforderungen für bestehende Anlagen im Anwendungsbereich des Abschnitts 4 ab dem Kalenderjahr, das auf das Inkrafttreten der vorliegenden Verordnung folgt.

(2) Für Anforderungen, für die die Übergangsfrist aus Absatz 1 anzuwenden ist, sind bis zum Ablauf des 31. Dezember des Kalenderjahres, in dem die vorliegende Verordnung in Kraft tritt, die Anforderungen der Verordnung über Großfeuerungs-, Gasturbinen- und Verbrennungsmotoranlagen vom 2. Mai 2013 (BGBl. I S. 1021, 1023, 3754), die zuletzt durch Artikel 108 der Verordnung vom 19. Juni 2020 (BGBl. I

S. 1328) geändert worden ist, in der bis zum Ablauf des 14. Juli 2021 geltenden Fassung weiter anzuwenden. Anforderungen, die die zuständige Behörde im Einzelfall zur Vorsorge gegen schädliche Umwelteinwirkungen durch Luftverunreinigungen gestellt hat, bleiben unberührt.

Abschnitt 5 Vorschriften für Großfeuerungsanlagen im Anwendungsbereich des Durchführungsbeschlusses (EU) 2017/2117 der Kommission vom 21. November 2017 zu den besten verfügbaren Techniken in Bezug auf die Herstellung von organischen Grundchemikalien (vgl. OGC-VwV)

Erläuterungen zu Abschnitt 5

Abschnitt 5 gilt für Großfeuerungsanlagen zur Herstellung von Alkenen durch Spalten von Kohlenwasserstoffen sowie Großfeuerungsanlagen zum Spalten von 1,2-Dichlorethan; die genannten Großfeuerungsanlagen fallen europarechtlich unter die BVT-Schlussfolgerungen in Bezug auf die Herstellung von organischen Grundchemikalien und setzt den Durchführungsbeschluss (EU) 2017/2117 um. 1

Abschnitt 5 geht davon aus, dass in den von ihm geregelten Großfeuerungsanlagen ausschließlich gasförmige Brennstoffe eingesetzt werden. Falls in einer solchen Anlage auch flüssige Brennstoffe eingesetzt werden, sind für sie die in § 59 umgesetzten BVT-Schlussfolgerungen und die emissionsbegrenzenden Anforderungen des § 6 der 13. BImSchV 2013/2017 maßgeblich. Dabei ist zu beachten, dass für eine bestehende Anlage im Sinne von § 58 Abs. 2 die Anforderungen des § 6 für neue Anlagen gelten, sofern die Anlage am 7.1. 2014 oder später in Betrieb gegangen ist (BT-Drs. 19/24906, 154). 2

§ 59 Abs. 1 begrenzt die Emissionen von Ammoniak bei Einsatz von S(N)CR-Technik, Gesamtstaub, Kohlenmonoxid, Stockstoffoxide und Schwefeloxide. Die Ammoniakbegrenzung resultiert aus BVT 7 Tabelle 2.1, die Gesamtstaubbegrenzung aus BVT 5, die Kohlenmonoxidbegrenzung aus BVT 3, die Stickstoffoxidbegrenzung aus BVT 4 Tabelle 2.1, die Schwefeloxidbegrenzung aus BVT 6 des Durchführungsbeschlusses (EU) 2017/2117. 3

§ 59 Abs. 2 enthält abweichende Vorschriften für bestehende Anlagen i.S.v. § 58 Abs. 2 mit einer Feuerungswärmeleistung zwischen 50 MW und 300 MW, sofern andere gasförmige Brennstoffe als Erdgas eingesetzt werden. In diesen Fällen gibt BVT 4 Tabelle 2.1 des Durchführungsbeschlusses (EU) 2017/2117. § 59 Abs. 3 enthält abweichende Vorschriften für Altanlagen iSv § 58 Abs. 1. 4

Zu Jahres- Tages- und Halbstundenmittelwert → 19 Rn. 2 ff.. Zum Bezugssauerstoffgehalt →§ 2 Rn. 40, 48, § 3. Zu bestehenden Anlagen → § 2 Rn. 54 ff. Zu Ausnahmen von den Messanforderungen nach §§ 60 → § 19 Rn. 19. Zu bestehenden Anlagen → § 2 Rn. 52 ff., wobei der Begriff der „bestehenden Anlage" an den Durchführungsbeschluss (EU) 2017/2117 angepasst wurde, der am 7. Dezember 2017 veröffentlicht wurde. 5

Unterabschnitt 1 Allgemeine Vorschriften zu Abschnitt 5

§ 57 Anwendungsbereich

Die Vorschriften dieses Abschnitts gelten für Großfeuerungsanlagen zur Herstellung von Alkenen durch Spalten von Kohlenwasserstoffen und für Großfeuerungsanlagen zum Spalten von 1,2-Dichlorethan.

1 Abschnitt 5 gilt für Großfeuerungsanlagen zur Herstellung von Alkenen durch Spalten von Kohlenwasserstoffen sowie Großfeuerungsanlagen zum Spalten von 1,2-Dichlorethan; die genannten Großfeuerungsanlagen fallen unionsrechtlich unter die BVT-Schlussfolgerungen in Bezug auf die Herstellung von organischen Grundchemikalien, Durchführungsbeschluss (EU) 2017/2117 vom 21.11.2017 (Abl. EU Nr. L 323, 1).

§ 58 Begriffsbestimmungen

(1) **Altanlage im Sinne dieses Abschnitts ist eine Anlage,**

1. **die nach § 67 Absatz 2 oder § 67a Absatz 1 des Bundes-Immissionsschutzgesetzes oder vor Inkrafttreten des Bundes-Immissionsschutzgesetzes nach § 16 Absatz 4 der Gewerbeordnung anzuzeigen war,**
2. **für die die erste Genehmigung zur Errichtung und zum Betrieb nach § 4 oder § 16 des Bundes-Immissionsschutzgesetzes vor dem 27. November 2002 erteilt worden ist und die vor dem 27. November 2003 in Betrieb gegangen ist oder**
3. **für die der Betreiber vor dem 27. November 2002 einen vollständigen Genehmigungsantrag zur Errichtung und zum Betrieb nach § 4 oder § 16 des Bundes-Immissionsschutzgesetzes gestellt hat und die vor dem 27. November 2003 in Betrieb gegangen ist.**

(2) **Bestehende Anlage im Sinne dieses Abschnitts ist eine Anlage,**

1. **die nach § 67 Absatz 2 oder § 67a Absatz 1 des Bundes-Immissionsschutzgesetzes oder vor Inkrafttreten des Bundes-Immissionsschutzgesetzes nach § 16 Absatz 4 der Gewerbeordnung anzuzeigen war,**
2. **für die die erste Genehmigung zur Errichtung und zum Betrieb nach § 4 oder § 16 des Bundes-Immissionsschutzgesetzes vor dem 8. Dezember 2017 erteilt worden ist und die vor dem 8. Dezember 2018 in Betrieb gegangen ist oder**
3. **für die der Betreiber einen vollständigen Genehmigungsantrag zur Errichtung und zum Betrieb vor dem 8. Dezember 2017 gestellt hat und die vor dem 8. Dezember 2018 in Betrieb gegangen ist.**

1 Erläuterungen → § 2 Rn. 54 ff.

Unterabschnitt 2 Zusätzliche Anforderungen an Errichtung und Betrieb zu Abschnitt 5

§ 59 Emissionsgrenzwerte

(1) **Großfeuerungsanlagen im Anwendungsbereich dieses Abschnitts sind so zu errichten und zu betreiben, dass die Anforderungen dieses Absatzes und der Absätze 2 bis 3 eingehalten werden. Der Betreiber hat dafür zu sorgen, dass**

1. kein Tagesmittelwert die folgenden Emissionsgrenzwerte überschreitet:

a) Ammoniak, sofern zur Minderung der Emissionen von Stickstoffoxiden ein Verfahren der selektiven katalytischen oder nichtkatalytischen Reduktion eingesetzt wird: 10 mg/m³,

b) Gesamtstaub: 5 mg/m³,

c) Kohlenmonoxid bei Einsatz von

aa) Erdgas: 50 mg/m³,

bb) sonstigen Gasen: 80 mg/m³,

d) Stickstoffmonoxid und Stickstoffdioxid, angegeben als Stickstoffdioxid: 100 mg/m³,

e) Schwefeldioxid und Schwefeltrioxid, angegeben als Schwefeldioxid: 35 mg/m³,

2. kein Halbstundenmittelwert das Doppelte der in Nummer 1 bestimmten Emissionsgrenzwerte überschreitet.

(2) **Abweichend von den in Absatz 1 Satz 2 Nummer 1 Buchstabe d und Nummer 2 bestimmten Emissionsgrenzwerten für Stickstoffmonoxid und Stickstoffdioxid, angegeben als Stickstoffdioxid, darf bei bestehenden Anlagen zur Herstellung von Alkenen durch Spalten von Kohlenwasserstoffen mit einer Feuerungswärmeleistung von 50 MW bis weniger als 300 MW bei Einsatz von anderen Gasen als Erdgas ein Emissionsgrenzwert von 200 mg/m³ für den Tagesmittelwert und von 400 mg/m³ für den Halbstundenmittelwert nicht überschritten werden.**

(3) **Abweichend von den in Absatz 1 Satz 2 Nummer 1 Buchstabe d und Nummer 2 bestimmten Emissionsgrenzwerten für Stickstoffmonoxid und Stickstoffdioxid, angegeben als Stickstoffdioxid, darf bei Altanlagen zur Herstellung von Alkenen durch Spalten von Kohlenwasserstoffen**

mit einer Feuerungswärmeleistung von 50 MW bis weniger als 300 MW ein Emissionsgrenzwert von 200 mg/m³ für den Tagesmittelwert und von 400 mg/m³ für den Halbstundenmittelwert nicht überschritten werden;

mit einer Feuerungswärmeleistung von 300 MW oder mehr ein Emissionsgrenzwert von 150 mg/m³ für den Tagesmittelwert und von 300 mg/m³ für den Halbstundenmittelwert nicht überschritten werden.

Abschnitt 5 geht davon aus, dass in den von ihm geregelten Großfeuerungsanlagen ausschließlich gasförmige Brennstoffe eingesetzt werden. Falls in einer solchen Anlage auch flüssige Brennstoffe eingesetzt werden, sind für sie die in § 59 umgesetzten BVT-Schlussfolgerungen und die emissionsbegrenzenden Anforderungen des § 6 der 13. BImSchV in der Fassung vom 2. Mai 2013, zuletzt geändert am 19.12.2017, maßgeblich. Dabei ist zu beachten, dass für eine bestehende Anlage im Sinne von § 58 Absatz 2 die Anforderungen des § 6 für neue Anlagen gelten, sofern die Anlage am 7.1. 2014 oder später in Betrieb gegangen ist (BT-Drs. 19/24906, 154). 1

Abs. 2 enthält abweichende Vorschriften für bestehende Anlagen mit einer Feuerungswärmeleistung zwischen 50 MW und 300 MW, sofern andere gasförmige Brennstoffe als Erdgas eingesetzt werden. In diesen Fällen gibt BVT 4 Tabelle 2.1 des Durchführungsbeschlusses (EU) 2017/2117, die für bestehende Anlagen einen mit BVT assoziierten Emissionswertebereich von 70 bis 200 mg/m³ im Tagesmittel vor. Bei Einsatz von Erdgas ist hingegen entsprechend der Anforderung der 13. BImSchV 2013/2017 die Regelanforderung von 100 mg/m³ auch in bestehenden Anlagen vorzusehen. 2

Unterabschnitt 3 Zusätzliche Vorschriften zur Messung und Überwachung zu Abschnitt 5

§ 60 Ausnahmen vom Erfordernis kontinuierlicher Messungen

Abweichend von § 17 Absatz 1 sind bei Feuerungsanlagen, die ausschließlich mit gasförmigen Brennstoffen betrieben werden, Messungen zur Feststellung der Emissionen an Gesamtstaub nicht erforderlich.

1 Diese Regelung setzt Fußnote 5 der BVT 1 des Durchführungsbeschlusses (EU) 2017/2117 um.

Unterabschnitt 4 Übergangsvorschriften zu Abschnitt 5

§ 61 Übergangsregelungen

(1) **Soweit Anforderungen aus Abschnitt 1 dieser Verordnung über die Anforderungen der Verordnung über Großfeuerungs-, Gasturbinen- und Verbrennungsmotoranlagen vom 2. Mai 2013 (BGBl. I S. 1021, 1023, 3754), die zuletzt durch Artikel 108 der Verordnung vom 19. Juni 2020 (BGBl. I S. 1328) geändert worden ist, hinausgehen, gelten diese Anforderungen für bestehende Anlagen im Anwendungsbereich des Abschnitts 5 ab dem Kalenderjahr, das auf das Inkrafttreten der vorliegenden Verordnung folgt. Für Anforderungen, für die die Übergangsfrist aus Satz 1 anzuwenden ist, sind bis zum Ablauf des 31. Dezember des Kalenderjahres, in dem die vorliegende Verordnung in Kraft tritt, die Anforderungen der Verordnung über Großfeuerungs-, Gasturbinen- und Verbrennungsmotoranlagen vom 2. Mai 2013 (BGBl. I S. 1021, 1023, 3754), die zuletzt durch Artikel 108 der Verordnung vom 19. Juni 2020 (BGBl. I S. 1328) geändert worden ist, in der bis zum Ablauf des 14. Juli 2021 geltenden Fassung weiter anzuwenden. Anforderungen, die die zuständige Behörde im Einzelfall zur Vorsorge gegen schädliche Umwelteinwirkungen durch Luftverunreinigungen gestellt hat, bleiben unberührt.**

(2) **Für bestehende Anlagen im Anwendungsbereich des Abschnitts 5 gelten die Anforderungen dieser Verordnung, ausgenommen die unter Absatz 1 fallenden Anforderungen, ab dem 8. Dezember 2021. Für Anforderungen, für die die Übergangsfrist aus Satz 1 anzuwenden ist, sind bis zum Ablauf des 7. Dezember 2021 die Anforderungen der Verordnung über Großfeuerungs-, Gasturbinen- und Verbrennungsmotoranlagen vom 2. Mai 2013 (BGBl. I S. 1021, 1023, 3754), die zuletzt durch Artikel 108 der Verordnung vom 19. Juni 2020 (BGBl. I S. 1328) geändert worden ist, in der bis zum Ablauf des 14. Juli 2021 geltenden Fassung weiter anzuwenden. Anforderungen, die die zuständige Behörde im Einzelfall zur Vorsorge gegen schädliche Umwelteinwirkungen durch Luftverunreinigungen gestellt hat, bleiben unberührt.**

Abschnitt 6 Vorschriften für Großfeuerungsanlagen in der chemischen Industrie, die der mittelbaren Beheizung von Gütern in Reaktoren dienen

Erläuterungen zu Abschnitt 6

1 Abschnitt 6 gilt für Großfeuerungsanlagen zum Reformieren von Erdgas und gegebenenfalls weitere BVT-Großfeuerungsanlagen im Anwendungsbereich BVT-Merkblatts „Abgasreinigung der chemischen Industrie“ (WGC-BREF) und entspricht den bisherigen Regelungen in § 7 Abs. 1 und 3 der 13. BImSchV.

Inzwischen wurde der Durchführungsbeschluss (EU) 2022/2427 vom 6.12.2022 über Schlussfolgerungen zu den besten verfügbaren Techniken (BVT) in Bezug auf einheitliche Abgasmanagement- und -behandlungssysteme in der Chemiebranche (ABl. EU Nr. L 318, 157) veröffentlicht, dem allerlei Reformierungsprozesse i.S.v. Nr. 4.1 und 4.2 des Anhangs I der IE-RL unterliegen (vgl. Ziff. 1 Nr. 1 des Durchführungsbeschlusses (EU) 2022/2427). Diskutiert wird in diesem Kontext, ob der **Prozessgaserhitzer** des sich in der **Stahlindustrie** im Zuge der Dekarbonisierung etablierenden Direkt-Reduktionsverfahrens (DRI, → § 1 Rn. 21)) unter Abschnitt 6 zu fassen ist, der Begriff der „chemischen Industrie" also weit auszulegen wäre. Momentan existieren zwei **DRI-Verfahren,** eines, bei dem das Reformgas in einem externen Aggregat erzeugt und dem Reduktionsreaktor zugeführt wird und ein weiteres, in dem das Reduktionsgas in demselben Reaktor erzeugt wird, in dem auch die Reduktion der Eisenoxidpellets erfolgt. In diesem Fall wird der DRI-Reaktor durch einen Prozessgaserhitzer mittelbar beheizt, so dass dem Prozessgaserhitzer eine dem Anwendungsbereich des Abschnitts 6 ähnliche Funktion zukommt. Dies lässt sich allerdings nicht mit dem ausdrücklichen Wortlaut in § 62 und auch in dem Durchführungsbeschlusses (EU) 2022/2427 („Chemiebranche") vereinbaren, so dass aus Gründen der Bestimmtheit (→ Vorb. Rn. 70) zumindest eine unmittelbare Anwendbarkeit des Abschnitts 6 ausscheidet. Darüber hinaus bedürfte es auch für die Anwendung des Abschnitts 6 auf Prozessgaserhitzer der Stahlindustrie im Rahmen der Definition der Vorsorgepflicht in Zulassungsverfahren einer Klarstellung durch den Verordnungsgeber. Unberührt hiervon bleibt bei einer Feuerungswärmeleistung von 50 MW oder mehr die Anwendbarkeit von Abschnitt 2. 2

Zu Jahres- Tages- und Halbstundenmittelwert → 19 Rn. 2 ff.. Zum Bezugssauerstoffgehalt →§ 2 Rn. 40, 48, § 3. Zu bestehenden Anlagen → § 2 Rn. 54 ff. 3

Unterabschnitt 1 Allgemeine Vorschriften zu Abschnitt 6

§ 62 Anwendungsbereich

Die Vorschriften dieses Abschnitts gelten für Großfeuerungsanlagen zum Reformieren von Erdgas sowie in anderen Großfeuerungsanlagen der chemischen Industrie, die der mittelbaren Beheizung von Gütern in chemischen Reaktoren dienen und die nicht im Anwendungsbereich von Abschnitt 5 liegen.

§ 63 Begriffsbestimmungen

Altanlage im Sinne dieses Abschnitts ist eine Anlage,

1. **die nach § 67 Absatz 2 oder § 67a Absatz 1 des Bundes-Immissionsschutzgesetzes oder vor Inkrafttreten des Bundes-Immissionsschutzgesetzes nach § 16 Absatz 4 der Gewerbeordnung anzuzeigen war,**
2. **für die die erste Genehmigung zur Errichtung und zum Betrieb nach § 4 oder § 16 des Bundes-Immissionsschutzgesetzes vor dem 27. November 2002 erteilt worden ist und die vor dem 27. November 2003 in Betrieb gegangen ist oder**
3. **für die der Betreiber einen vollständigen Genehmigungsantrag zur Errichtung und zum Betrieb vor dem 27. November 2002 gestellt hat und die vor dem 27. November 2003 in Betrieb gegangen ist.**

Unterabschnitt 2 Zusätzliche Anforderungen an Errichtung und Betrieb zu Abschnitt 6

§ 64 Emissionsgrenzwerte

(1) **Großfeuerungsanlagen im Anwendungsbereich dieses Abschnitts sind so zu errichten und zu betreiben, dass die Anforderungen dieses Absatzes und des Absatzes 2 eingehalten werden. Der Betreiber hat dafür zu sorgen, dass**

1. kein Tagesmittelwert die folgenden Emissionsgrenzwerte überschreitet:
a) Gesamtstaub: 5 mg/m³,
b) Kohlenmonoxid bei Einsatz von
aa) Erdgas: 50 mg/m³,
bb) sonstigen gasförmigen Brennstoffen: 80 mg/m³,
c) Stickstoffmonoxid und Stickstoffdioxid, angegeben als Stickstoffdioxid, bei einer Feuerungswärmeleistung von
aa) 50 MW bis 300 MW und bei Einsatz von
aaa) Erdgas: 100 mg/m³,
bbb) sonstigen gasförmigen Brennstoffen: 200 mg/m³
bb) mehr als 300 MW: 100 mg/m³,
d) Schwefeldioxid und Schwefeltrioxid, angegeben als Schwefeldioxid: 35 mg/m³,

2. kein Halbstundenmittelwert das Doppelte der in Nummer 1 bestimmten Emissionsgrenzwerte überschreitet.

(2) **Abweichend von den in Absatz 1 Satz 2 Nummer 1 Buchstabe c und Nummer 2 bestimmten Emissionsgrenzwerten für Stickstoffmonoxid und Stickstoffdioxid, angegeben als Stickstoffdioxid, darf bei Altanlagen zum Reformieren von Erdgas mit einer Feuerungswärmeleistung von**

1. mehr als 100 MW bis 300 MW ein Emissionsgrenzwert von 200 mg/m³ für den Tagesmittelwert und von 400 mg/m³ für den Halbstundenmittelwert nicht überschritten werden,

2. mehr als 300 MW ein Emissionsgrenzwert von 150 mg/m³ für den Tagesmittelwert und von 300 mg/m³ für den Halbstundenmittelwert nicht überschritten werden.

Unterabschnitt 3 Übergangsvorschriften zu Abschnitt 6

§ 65 Übergangsregelungen

(1) **Soweit Anforderungen aus Abschnitt 1 dieser Verordnung über die Anforderungen der Verordnung über Großfeuerungs-, Gasturbinen- und Verbrennungsmotoranlagen vom 2. Mai 2013 (BGBl. I S. 1021, 1023, 3754), die zuletzt durch Artikel 108 der Verordnung vom 19. Juni 2020 (BGBl. I S. 1328) geändert worden ist, hinausgehen, gelten diese Anforderungen für bestehende Anlagen im Anwendungsbereich des Abschnitts 6 ab dem Kalenderjahr, das auf das Inkrafttreten der vorliegenden Verordnung folgt.**

(2) **Für Anforderungen, für die die Übergangsfrist aus Absatz 1 anzuwenden ist, sind bis zum Ablauf des 31. Dezember des Kalenderjahres, in dem die vorliegende Verordnung in Kraft tritt, die Anforderungen der Verordnung über Großfeuerungs-, Gasturbinen- und Verbrennungsmotoranlagen vom 2. Mai 2013 (BGBl. I S. 1021, 1023, 3754), die zuletzt durch Artikel 108 der Verordnung vom 19. Juni 2020 (BGBl. I S. 1328) geändert worden ist, in der bis zum Ablauf des 14. Juli 2021 geltenden Fassung weiter anzuwenden. Anforderungen, die die zuständige Behörde im Einzelfall**

zur Vorsorge gegen schädliche Umwelteinwirkungen durch Luftverunreinigungen gestellt hat, bleiben unberührt.

Abschnitt 7 Schlussvorschriften

§ 66 Zugänglichkeit und Gleichwertigkeit von Normen und Arbeitsblättern

(1) **Die in den §§ 2, 15 und 18 genannten DIN-, DIN-SPEC- oder DIN-EN-Normen sind bei der Beuth Verlag GmbH, Berlin, zu beziehen. Die in § 2 Absatz 13 genannten DVGW-Arbeitsblätter sind bei der Wirtschafts- und Verlagsgesellschaft Gas und Wasser mbH, Bonn, zu beziehen. Die in § 20 Absatz 3 genannte VDI-Richtlinie ist bei dem VDI Verein Deutscher Ingenieure e.V., Düsseldorf, zu beziehen. Die genannten DIN-Normen sind in der Deutschen Nationalbibliothek, die genannten CEN-Normen sowie die genannten Arbeitsblätter sind beim Deutschen Patent- und Markenamt in München archivmäßig gesichert niedergelegt.**

(2) **Den in den §§ 2, 15 und 18 genannten DIN- oder DIN-SPEC-Normen und DVGW-Arbeitsblättern stehen diesen entsprechende einschlägige CEN-Normen und, soweit keine solchen CEN-Normen verfügbar sind, ISO-Normen oder sonstige internationale Normen, die den nationalen Normen nachgewiesenermaßen gleichwertige Anforderungen stellen, gleich.**

(3) **Die allgemein anerkannten Regeln der Technik im Sinne von § 13 Absatz 1, § 14 Absatz 2, § 16 Absatz 2, § 18 Absatz 9 werden durch CEN-Normen bestimmt. ISO-Normen, nationale oder andere internationale Normen können angewendet werden, wenn sie die Bereitstellung von Daten gleichwertiger wissenschaftlicher Qualität gewährleisten.**

§ 66 entspricht im Wesentlichen § 28 der 13. BImSchV 2013/2017. § 28 entspricht § 23 der 13. BImSchV 2004. Die Vorschrift hat keinen eigenen Regelungs- sondern Informationscharakter. Hintergrund der Bezugsangaben und der archivmäßigen Sicherung von Normen ist die in die 13. BImSchV einbezogene private Rechtsetzung, wie etwa in § 2 oder § 6. Diese unterliegt nicht den gleichen Publizitätsprozeduren wie staatliche Normen. Allerdings ergeben sich aus dem Rechtsstaatsprinzip vergleichbare Publizitätsanforderungen. DIN-Normen können kostenlos beim Beuth Verlag in der Budapester Straße 31 10787 Berlin eingesehen werden und sind online über das Internet erhältlich (www.beuth.de). 1

§ 67 Ordnungswidrigkeiten

(1) **Ordnungswidrig im Sinne des § 62 Absatz 1 Nummer 2 des Bundes-Immissionsschutzes handelt, wer vorsätzlich oder fahrlässig**

1. **entgegen § 6 Absatz 1, § 27 Satz 1 oder 2, § 28 Absatz 1 Satz 1, § 29 Absatz 1 Satz 1, § 30 Absatz 1 Satz 1, § 31 Absatz 1 Satz 1, § 32 Absatz 1 Satz 1, § 33 Absatz 1 Satz 1, § 34 Absatz 1 Satz 1, § 35 Absatz 1 Satz 2, § 42 Absatz 1 Satz 1, § 43 Absatz 1 Satz 1, § 44 Absatz 1 Satz 1, den § 48, 49 Absatz 1 Satz 1, § 50 Absatz 1 Satz 1, § 52 Absatz 1 Satz 1, § 59 Absatz 1 Satz 1 oder § 64 Absatz 1 Satz 1 eine dort genannte Anlagenicht richtig errichtet oder nicht richtig betreibt,**
2. **entgegen § 7 Absatz 1 Satz 2 eine Anzeige nicht, nicht richtig oder nicht rechtzeitig erstattet,**
3. **entgegen § 9 Absatz 2 eine dort genannte Fläche nicht freihält,**
4. **entgegen § 12 Absatz 2 Satz 1 eine dort genannte Maßnahme nicht, nicht richtig oder nicht rechtzeitig ergreift,**

5. entgegen § 12 Absatz 2 Satz 2 den Betrieb einer Anlagenicht oder nicht rechtzeitig einschränkt oder eine Anlagenicht oder nicht rechtzeitig außer Betrieb nimmt,
6. entgegen § 12 Absatz 2 Satz 3 eine Unterrichtung nicht, nicht richtig, nicht vollständig oder nicht rechtzeitig vornimmt,
7. entgegen § 13 Absatz 5 oder § 14 Absatz 5 ein dort genanntes Ergebnis nicht, nicht richtig, nicht vollständig oder nicht rechtzeitig vorlegt oder nicht oder nicht mindestens fünf Jahre aufbewahrt,
8. entgegen § 15 Satz 1 einen Messplatz nicht, nicht richtig oder nicht rechtzeitig einrichtet,
9. entgegen § 16 Absatz 1 Satz 1 nicht sicherstellt, dass ein dort genanntes Messverfahren angewendet oder eine dort genannte Messeinrichtung verwendet wird,
10. entgegen § 16 Absatz 3 Satz 1 einen dort genannten Nachweis nicht, nicht richtig, nicht in der vorgeschriebenen Weise oder nicht rechtzeitig erbringt,
11. entgegen § 16 Absatz 4 eine Messeinrichtung nicht oder nicht rechtzeitig kalibrieren lässt oder nicht oder nicht rechtzeitig auf Funktionsfähigkeit prüfen lässt,
12. entgegen § 16 Absatz 6, § 19 Absatz 4 Satz 1 oder 2, § 21 Absatz 1 Satz 2, § 22 Absatz 1, § 35 Absatz 4, § 39 Absatz 2 Satz 4 oder Absatz 4 einen dort genannten Bericht, eine dort genannte Aufstellung oder eine Übersicht nicht, nicht richtig, nicht vollständig oder nicht rechtzeitig vorlegt oder nicht oder nicht mindestens fünf Jahre aufbewahrt,
13. entgegen § 17 Absatz 1 Satz 1 einen dort genannten Parameter nicht, nicht richtig oder nicht vollständig ermittelt, nicht, nicht richtig oder nicht vollständig registriert, nicht, nicht richtig, nicht vollständig oder nicht rechtzeitig auswertet oder nicht, nicht richtig, nicht vollständig oder nicht rechtzeitig übermittelt,
14. entgegen § 17 Absatz 1 Satz 2 eine Anlagenicht, nicht richtig oder nicht rechtzeitig ausrüstet,
15. entgegen § 17 Absatz 2 Satz 3 oder 4 oder Absatz 4 Satz 2 oder 3, § 18 Absatz 4 Satz 3, Absatz 6 Satz 2 oder Absatz 7 Satz 2 oder 3 oder § 20 Absatz 7 einen dort genannten Nachweis nicht, nicht richtig oder nicht vollständig führt, nicht, nicht richtig, nicht vollständig oder nicht rechtzeitig vorlegt oder nicht oder nicht mindestens fünf Jahre aufbewahrt,
16. einer vollziehbaren Anordnung nach § 17 Absatz 6 Satz 2, § 19 Absatz 1 Satz 6 oder § 52 Absatz 2 Satz 2 zuwiderhandelt,
17. entgegen § 18 Absatz 3 Satz 2, Absatz 6 Satz 2 oder Absatz 7 Nummer 2 Satz 2, § 20 Absatz 1 Satz 1, § 36 Absatz 1 Satz 2, Absatz 2 Satz 2 oder Absatz 3 Satz 2, § 37 Absatz 1, 2 Satz 1, Absatz 3, 4, 5 oder 6 oder § 55 Satz 1 eine dort genannte Messung nicht, nicht richtig oder nicht rechtzeitig durchführen lässt oder
18. entgegen § 35 Absatz 2 eine Nachrüstung nicht, nicht richtig oder nicht rechtzeitig durchführt.

(2) Ordnungswidrig im Sinne des § 62 Absatz 1 Nummer 7 des Bundes-Immissionsschutzgesetzes handelt, wer vorsätzlich oder fahrlässig

1. entgegen § 5 Absatz 1, 2 oder 3 eine dort genannte Anlagenicht richtig errichtet oder nicht richtig betreibt oder
2. entgegen § 5 Absatz 5 einen Nachweis nicht, nicht richtig oder nicht vollständig führt, nicht, nicht richtig, nicht vollständig oder nicht rechtzeitig vorlegt oder nicht oder nicht mindestens fünf Jahre aufbewahrt.

Übersicht

A. Allgemeines

§ 67 regelt Fälle, in denen Verstöße gegen Pflichten aus der 13. BImSchV oder gegen Pflichten aus vollziehbaren Anordnungen, die auf der 13. BImSchV beruhen, eine Ordnungswidrigkeit darstellen. Mit der Verwirklichung einer Tatbestandsalternative des § 67 wird gem. § 62 BImSchG gegen eine Rechtsverordnung oder aufgrund einer solchen Rechtsverordnung – hier der 13. BImSchV – erlassenen vollziehbaren Anordnung zuwidergehandelt. § 67 ist somit ein Mittel, mit dem der Verordnungsgeber seiner Verpflichtung aus Art. 8 Abs. 1 IE-RL nachkommt, wonach die erforderlichen Maßnahmen zu treffen sind, um sicherzustellen, dass die Genehmigungsauflagen eingehalten werden. 1

Die 13. BImSchV beruht auf zwei Ermächtigungsgrundlagen – auf § 7 BImSchG und auch auf § 48a Abs. 1 und 1a BImSchG (*Jarass* BImSchG § 48a Rn. 30). Daher unterscheiden Abs. 1 und Abs. 2 des § 67 zwischen Ordnungswidrigkeiten iSv § 62 Abs. 1 Nr. 2 BImSchG (Abs. 1) und iSv § 62 Abs. 1 Nr. 7 BImSchG (Abs. 2). Dementsprechend bezieht sich Abs. 1 auf eine Rechtsverordnung, die aufgrund von § 7 BImSchG erlassen wurde, und Abs. 2 auf eine Rechtsverordnung, die aufgrund von § 48a Abs. 1 BImSchG erlassen wurde. Die Unterscheidung hat in der 13. BImSchV grundsätzlich keine eigenständige Bedeutung (→ § 1 Rn. 38). 2

Täter einer Ordnungswidrigkeit ist allein der Anlagenbetreiber (→ § 3 BImSchG Rn. 101) oder eine ihm gleichgestellte Person (→ § 62 BImSchG Rn. 24). Als natürliche Person ist er nach § 9 Abs. 1 OWiG Täter. Daneben kommt als Täter nach § 9 Abs. 2 OWiG ferner ein vom Anlagenbetreiber Beauftragter in Betracht. Im Unterschied zu Straftaten können im Fall von Ordnungswidrigkeiten nach § 30 OWiG auch gegen juristische Personen Geldbußen festgesetzt werden (→ § 62 BImSchG Rn. 25). 3

Der Täter muss die Handlung des Weiteren vorwerfbar begangen haben, also vorsätzlich oder fahrlässig gehandelt haben. Ob ein vermeidbarer Verbotsirrtum nach § 11 Abs. 2 OWiG für den Anlagenbetreiber denkbar ist, ist zu bezweifeln und kann wohl nur auf Ausnahmefälle beschränkt sein. Eine Ausnahme kann nach der Rechtsscheinlehre dann gelten, wenn die zuständige Behörde eine unzutreffende Angabe machte und der Betroffene darauf vertraute (→ § 62 BImSchG Rn. 27). 4

B. Unionsrechtlicher Hintergrund

Gem. Art. 79 S. 1 IE-RL legen die Mitgliedstaaten fest, welche Sanktionen bei einem Verstoß gegen die innerstaatlichen Vorschriften zur Umsetzung dieser Richtlinie zu verhängen sind. Durch die Verweisungstechnik bestimmt sich dies nach § 62 Abs. 4 BImSchG. Danach kann die Ordnungswidrigkeit mit einer Geldbuße bis zu 50 000 EUR geahndet werden. Für die Zumessung der Geldbuße sind gem. § 17 Abs. 3 OWiG die Bedeutung der Ordnungswidrigkeit und der Vorwurf, der den Täter trifft, sowie uU auch die wirtschaftlichen Verhältnisse des Täters zu berücksichtigen. Trotz des Umsetzungsspielraums muss bei der Zumessung der unionsrechtliche Grundsatz des „effet utile“ be- 5

rücksichtigt werden, indem ein Mittel gewählt werden muss, das sich für die Verfolgung der Ziele der Richtlinie am besten eignet. Anhand des konkreten Einzelfalls muss die Zumessung der Geldbuße demnach auch im Lichte des Unionsrechts bestimmt werden. Darauf bezieht sich Art. 79 S. 2 IE-RL, der konkretisiert, dass Maßnahmen wirksam, verhältnismäßig und abschreckend sein müssen (vgl. auch Erwägungsgrund 42 IE-RL). Im europäischen Vergleich ist die mögliche Geldbuße hoch angesetzt. UK sieht beispielsweise eine Geldbuße von bis zu 5000 GBP vor („a fine not exceeding the statutory maximum": The Offshore Combustion Installations (Pollution Prevention and Control) Regulations 2013, Regulation 35 (a)). Insofern wird bei der Bemessung der Geldbuße im Sinne einer europarechtskonformen Auslegung zu berücksichtigen sein, dass keine Ungleichbehandlung im europäischen Vergleich bei Anlagen iSd IE-RL, die gerade zu einer europaweiten Harmonisierung beitragen soll, stattfindet.

C. Ordnungswidrigkeitentatbestände

I. Tatbestandsalternativen gem. Abs. 1

6 Ordnungswidrig nach § 67 Abs. 1 Nr. 1 handelt der Betreiber einer Anlage, der die Emissionsgrenzwerte nicht einhält. Ob diese Überschreitung dadurch herrührt, dass die Anlage nicht richtig errichtet wurde oder nicht richtig betrieben wurde, ist irrelevant. Beides hat der Betreiber zu vertreten. Durch die Verweistechnik in Abs. 1 Nr. 1 lediglich auf einzelne Sätze der darin genannten Normen könnten bestimmte Betriebsmodi rein formal als Ordnungswidrigkeit geahndet werden, obwohl sie nach den Regelungen der 13. BImSchV zulässig wären. Dies stellt ein Redaktionsversehen des Verordnungsgebers dar.

7 Die Tatbestandsalternative nach § 67 Abs. 1 Nr. 2 erfasst Verstöße gegen Nachweispflichten, die an zahlreichen Stellen der Verordnung dem Betreiber einer Anlage auferlegt werden. Den Tatbestand erfüllt der Betreiber einer Anlage, wenn er den Nachweis nicht führt, ihn nicht richtig oder nicht vollständig führt oder nicht, nicht richtig, nicht vollständig oder nicht rechtzeitig vorlegt oder nicht mindestens fünf Jahre aufbewahrt. Insofern wird über das Ordnungsrecht eine ordnungsgemäße Dokumentation gewährleistet, um dann ggf. gleichermaßen gegen dokumentierte Verstöße ordnungsrechtlich vorgehen zu können (§ 67 Abs. 1 Nr. 1).

8 Ordnungswidrig handelt ferner, wer gegen Anordnungen verstößt, die die Behörde getroffen hat, sofern sie vollziehbar sind. Dementsprechend ist die aufschiebende Wirkung von Rechtsbehelfen nach § 80 Abs. 1 S. 1 VwGO zu berücksichtigen, soweit nicht der Sofortvollzug nach § 80 Abs. 2 S. 1 Nr. 4 VwGO von der Behörde angeordnet wurde.

9 Weitere Verstöße gegen auferlegte Pflichten sind in den § 67 Abs. 1 Nr. 4 bis 14 genannt. Unter Bestimmtheitsaspekten bedenklich ist die Ahndung einer Ordnungswidrigkeit nach § 67 Abs. 1 Nr. 3 iVm § 9 Abs. 2. Gem. § 9 Abs. 2 hat der Betreiber unter bestimmten, in § 9 Abs. 1 genannten Voraussetzungen auf dem Betriebsgelände eine hinreichend große Fläche für die Nachrüstung der errichteten Anlage mit den für die Abscheidung und Kompression von Kohlendioxid erforderlichen Anlagen freizuhalten. Ob diese Voraussetzungen allerdings gegeben sind, kann der Betreiber kaum überblicken (Verfügbarkeit von Kohlendioxidspeicher, Zugang zu Anlagen für den Transport). Da es nach dem Wortlaut der § 9 Abs. 1 offenbar auf die Gegebenheiten vor der erstmaligen Genehmigung zur Errichtung oder zum Betrieb einer Anlage ankommt, dürfte im Rahmen eines späteren Ordnungswidrigkeitenverfahrens kaum nachzuvollziehen sein, ob die Voraussetzungen des § 9 Abs. 1 und somit die Tatbestandsvoraussetzungen für die Ordnungswidrigkeit vorlagen. Dem kann lediglich durch entsprechende Feststellung der zu-

ständigen Behörde vor erstmaliger Genehmigung begegnet werden. Angesichts der drohenden Ordnungswidrigkeit bestünde ggf. auch das für eine Rechtsverfolgung durch den Betreiber notwendige Feststellungsinteresse iSv § 43 Abs. 1 VwGO.

Der Tatbestand des § 67 Abs. 1 Nr. 4 ist schwer handhabbar. Gem. § 12 Abs. 2 S. 1 hat **10**
der Betreiber einer Anlage bei einer Betriebsstörung an einer Abgasreinigungseinrichtung oder bei ihrem Ausfall unverzüglich die erforderlichen Maßnahmen für einen ordnungsgemäßen Betrieb zu ergreifen. Welche Maßnahmen das im Einzelnen sind, wird nicht näher präzisiert, wenngleich § 67 Abs. 1 Nr. 4 hierfür einen solchen Anschein erweckt („eine dort genannte Maßnahme"). Letztlich dürfte die Entscheidung über Maßnahmen nach § 12 Abs. 2 S. 1 dem Betreiber obliegen, so dass – selbst wenn die zuständige Behörde im Nachhinein andere Vorstellungen von den Maßnahmen nach § 12 Abs. 2 S. 1 hat – diese nicht ausschlaggebend für die Beurteilung sein können, ob eine 67 Abs. 1 Nr. 7, soweit die zuständige Behörde nicht von ihrer Möglichkeit zur Bestimmung näherer Details nach § 15 S. 3 Gebrauch gemacht hat, worauf § 67 Abs. 1 Nr. 7 allerdings keinen Bezug nimmt.

Bemerkenswert ist dementsprechend, dass § 67 Abs. 1 Nr. 9 nur auf § 16 Abs. 1 S. 1 **11**
und nicht auf die behördlich nach § 16 Abs. 1 S. 2 näher präzisierte Messtechnik und Messverfahrens Bezug nimmt. Für die Festsetzung einer Ordnungswidrigkeit erscheinen die Kriterien des § 16 Abs. 1 S. 1 zu unbestimmt.

Um Emissionsgrenzwerte einzuhalten, wird der Betreiber gem. § 17 Abs. 1 S. 1 ver- **12**
pflichtet, die genannten Parameter zu ermitteln, zu registrieren, auszuwerten und der zuständigen Behörde zu übermitteln. Verstößt er gegen eine dieser Pflichten, handelt er ordnungswidrig, wobei auch Unvollständigkeit und Rechtzeitigkeit ebenso wie Unterlassen dazu führen, dass der Tatbestand nach § 67 Abs. 1 Nr. 13 erfüllt wird.

§ 67 Abs. 1 Nr. 14 erfasst den Fall, dass entgegen § 17 Abs. 1 S. 2 die Anlage nicht **13**
ordnungsgemäß mit geeigneten Mess- und Auswerteeinrichtungen ausgerüstet wurde. Wobei auch hier eine ungeeignete Maßnahme, sowie die unterlassene oder verspätete Handlung den Tatbestand erfüllen. Dabei besteht ein Zusammenhang mit § 67 Abs. 1 Nr. 9 iVm § 16 Abs. 1 S. 1.

Konsequent geht es dem Verordnungsgeber auch in den § 67 Abs. 1 Nr. 17 darum, die **14**
Einhaltung von Grenzwerten zu gewährleisten, indem der Betreiber, der die Einzelmessungen nicht (bzw. nicht richtig oder verspätet) vornimmt, eine Ordnungswidrigkeit begeht.

II. Tatbestandsalternativen gem. Abs. 2

Nach § 67 Abs. 2 Nr. 1 und 2 handelt ordnungswidrig, wer gegen § 5 Abs. 1 bis 3 und **15**
Abs. 5. § 67 Abs. 2 Nr. 1 bezieht sich nur noch auf Verstöße gegen § 5 Abs. 1, 2 und 3. In den verbleibenden drei Absätzen werden die Emissionsgrenzwerte als Jahresmittelwerte festgelegt für Staub, Quecksilber und Stickstoffdioxid. Entsprechend den vorstehenden Ausführungen zu § 67 Abs. 1 Nr. 1 kann auch keine Ordnungswidrigkeit geahndet werden, wenn die Privilegierungstatbestände des § 5 Abs. 4 Spitzenlastbetrieb oder Notbetrieb vorliegen, obwohl § 67 Abs. 2 Nr. 1 auf diesen Absatz 4 formal nicht verweist.

Die Ahndung von Verstößen gegen die Nachweis- und Aufbewahrungspflichten des **16**
§ 67 Abs. 2 Nr. 1 bezieht sich auf § 5 Abs. 5. Der Betreiber einer Anlage wird darin verpflichtet, Nachweise über die Einhaltung der Jahresmittelwerte nach § 5 zu führen, der Behörde auf Verlangen vorzulegen und für fünf Jahre aufzubewahren.

Anlage 1 (zu § 13 Absatz 1) **Brennstoffkontrolle**

Bei den Brennstoffkontrollen gemäß § 13 sind die nachfolgenden brennstoffbezogenen Größen zu ermitteln:

1. bei Einsatz von Biobrennstoffen:
   a) unterer Heizwert
   b) Feuchtegehalt
   c) Aschegehalt
   d) Gehalt der nachfolgend genannten Stoffe (Bezug wasserfrei):
      aa) Kohlenstoff
      bb) Chlor
      cc) Fluor
      dd) Stickstoff
      ee) Schwefel
      ff) Kalium
      gg) Natrium
   e) Gehalt der nachfolgend genannten Schwermetalle (Bezug wasserfrei):
      aa) Arsen
      bb) Cadmium
      cc) Chrom
      dd) Kupfer
      ee) Quecksilber
      ff) Blei
      gg) Zink
2. bei Einsatz von festen Brennstoffen, ausgenommen Biobrennstoffe:
   a) unterer Heizwert
   b) Feuchtegehalt
   c) Asche
   d) flüchtige Bestandteile
   e) gebundener Kohlenstoff
   f) Gehalt der nachfolgend genannten Stoffe (Bezug wasserfrei):
      aa) Kohlenstoff
      bb) Wasserstoff
      cc) Stickstoff
      dd) Sauerstoff
      ee) Schwefel
      ff) Brom
      gg) Chlor
      hh) Fluor
   g) Gehalt der nachfolgend genannten Schwermetalle (Bezug wasserfrei):
      aa) Arsen
      bb) Cadmium
      cc) Cobalt
      dd) Chrom
      ee) Kupfer

ff) Quecksilber
gg) Mangan
hh) Nickel
ii) Blei
jj) Antimon
kk) Thallium
ll) Vanadium
mm) Zink

3. bei Einsatz von flüssigen Brennstoffen, ausgenommen leichtes Heizöl:
   a) unterer Heizwert
   b) Aschegehalt
   c) Gehalt der nachfolgend genannten Stoffe:
      aa) Kohlenstoff
      bb) Schwefel
      cc) Stickstoff
   d) Gehalt der nachfolgend genannten Schwermetalle:
      aa) Nickel
      bb) Vanadium
4. bei Einsatz von leichtem Heizöl:
   a) unterer Heizwert
   b) Aschegehalt
   c) Gehalt der nachfolgend genannten Stoffe:
      aa) Kohlenstoff
      bb) Schwefel
      cc) Stickstoff
5. bei Einsatz von Erdgas:
   a) unterer Heizwert
   b) Wobbe-Index
   c) Gehalt der nachfolgend genannten Stoffe:
      aa) Methan
      bb) Ethan
      cc) Propan
      dd) Butan
      ee) Kohlendioxid
      ff) Stickstoff
6. bei Einsatz von flüssigen und gasförmigen Rückständen aus der chemischen Industrie:
   a) Gehalt der nachfolgend genannten Stoffe:
      aa) Brom
      bb) Chlor
      cc) Fluor
      dd) Kohlenstoff
      ee) Wasserstoff
      ff) Stickstoff
      gg) Sauerstoff
      hh) Schwefel

b) Gehalt der nachfolgend genannten Schwermetalle:

aa) Arsen
bb) Cadmium
cc) Cobalt
dd) Chrom
ee) Kupfer
ff) Quecksilber
gg) Mangan
hh) Nickel
ii) Blei
jj) Antimon
kk) Thallium
ll) Vanadium
mm) Zink

7. die Liste der nach Nummer 6 zu bestimmenden Stoffe kann auf jene Stoffe begrenzt werden, von denen auf der Grundlage von Informationen über die vorgelagerten Prozesse und die dort eingesetzten Einsatzstoffe erwartet werden kann, dass sie im Brennstoff vorhanden sind;
8. bei Einsatz von Koksofen- und Hochofengas:

a) unterer Heizwert
b) Wobbe-Index
c) Gehalt der nachfolgenden Stoffe:

aa) Methan (bei Einsatz von Koksofengas)
bb) höhere Kohlenwasserstoffe (bei Einsatz von Koksofengas)
cc) Kohlenmonoxid
dd) Kohlendioxid
ee) Wasserstoff
ff) Stickstoff
gg) Schwefel
hh) Staub

9. bei Einsatz von anderen als den in den Nummern 5 und 7 genannten gasförmigen Brennstoffen:

a) unterer Heizwert
b) Wobbe-Index
c) Gehalt der nachfolgend genannten Stoffe:

aa) Methan
bb) Ethan
cc) Propan
dd) Butan
ee) Kohlenmonoxid
ff) Kohlendioxid
gg) Wasserstoff
hh) Stickstoff
ii) Schwefel
jj) Staub

Anlage 2 (zu § 20 Absatz 5, § 28 Absatz 1, § 29 Absatz 1 und 8, § 30 Absatz 1, § 32 Absatz 1, § 42 Absatz 1, § 49 Absatz 1 und 6 und § 55)

Emissionsgrenzwerte für Schwermetalle und krebserzeugende Stoffe

Für die in den Nummern 1 bis 5 genannten Schwermetalle und krebserzeugenden Stoffe gelten folgende Emissionsgrenzwerte:

insgesamt 0,05 mg/m^3 für:

a. Cadmium und seine Verbindungen, angegeben als Cadmium,
b. Thallium und seine Verbindungen, angegeben als Thallium;

insgesamt 0,5 mg/m^3 für:

a. Antimon und seine Verbindungen, angegeben als Antimon,
b. Arsen und seine Verbindungen, angegeben als Arsen,
c. Blei und seine Verbindungen, angegeben als Blei,
d. Chrom und seine Verbindungen, angegeben als Chrom,
e. Cobalt und seine Verbindungen, angegeben als Cobalt,
f. Kupfer und seine Verbindungen, angegeben als Kupfer,
g. Mangan und seine Verbindungen, angegeben als Mangan,
h. Nickel und seine Verbindungen, angegeben als Nickel,
i. Vanadium und seine Verbindungen, angegeben als Vanadium,
j. Zinn und seine Verbindungen, angegeben als Zinn;

insgesamt 0,05 mg/m^3 für:

a. Arsen und seine Verbindungen (außer Arsenwasserstoff), angegeben als Arsen,
b. Benzoapyren,
c. Cadmium und seine Verbindungen, angegeben als Cadmium,
d. wasserlösliche Cobaltverbindungen, angegeben als Cobalt,
e. ChromVI-verbindungen (außer Bariumchromat und Bleichromat), angegeben als Chrom

oder insgesamt 0,05 mg/m^3 für:

a. Arsen und seine Verbindungen, angegeben als Arsen,
b. Benzoapyren,
c. Cadmium und seine Verbindungen, angegeben als Cadmium,
d. Cobalt und seine Verbindungen, angegeben als Cobalt,
e. Chrom und seine Verbindungen, angegeben als Chrom;

insgesamt 0,1 ng/m^3 für Dioxine, Furane und polychlorierte Biphenyle gemäß Anlage 3;

abweichend von Nummer 4 insgesamt 0,036 ng/m^3 für Dioxine, Furane und polychlorierte Biphenyle gemäß Anlage 3 für § 32 Absatz 1 Satz 2 Nummer 4 Buchstabe d.

Anlage 3 (zu § 20 Absatz 5 und Anlage 2 Nummer 4 und 5)
Äquivalenzfaktoren

Für den nach Anlage 2 zu bildenden Summenwert für polychlorierte Dibenzodioxine, Dibenzofurane und dl-PCB sind die im Abgas ermittelten Konzentrationen der nachstehend genannten Dioxine, Furane und dl-PCB mit den angegebenen Äquivalenzfaktoren zu multiplizieren und zu summieren:

Stoff	Äquivalenzfaktor
Polychlorierte Dibenzodioxine (PCDD)	**WHO-TEF 2005**
2,3,7,8 – Tetrachlordibenzodioxin (TCDD)	1
1,2,3,7,8 – Pentachlordibenzodioxin (PeCDD)	1
1,2,3,4,7,8 – Hexachlordibenzodioxin (HxCDD)	0,1
1,2,3,7,8,9 – Hexachlordibenzodioxin (HxCDD)	0,1
1,2,3,6,7,8 – Hexachlordibenzodioxin (HxCDD)	0,1
1,2,3,4,6,7,8 – Heptachlordibenzodioxin (HpCDD)	0,01
Octachlordibenzodioxin (OCDD)	0,0003
Polychlorierte Dibenzofurane (PCDF)	**WHO-TEF 2005**
2,3,7,8 – Tetrachlordibenzofuran (TCDF)	0,1
2,3,4,7,8 – Pentachlordibenzofuran (PeCDF)	0,3
1,2,3,7,8 – Pentachlordibenzofuran (PeCDF)	0,03
1,2,3,4,7,8 – Hexachlordibenzofuran (HxCDF)	0,1
1,2,3,7,8,9 – Hexachlordibenzofuran (HxCDF)	0,1
1,2,3,6,7,8 – Hexachlordibenzofuran (HxCDF)	0,1
2,3,4,6,7,8 – Hexachlordibenzofuran (HxCDF)	0,1
1,2,3,4,6,7,8 – Heptachlordibenzofuran (HpCDF)	0,01
1,2,3,4,7,8,9 – Heptachlordibenzofuran (HpCDF)	0,01
Octachlordibenzofuran (OCDF)	0,0003
Polychlorierte Biphenyle	**WHO-TEF 2005**
Non ortho PCB	
PCB 77	0,0001
PCB 81	0,0003
PCB 126	0,1
PCB 169	0,03
Mono ortho PCB	
PCB 105	0,00003
PCB 114	0,00003
PCB 118	0,00003

Stoff	Äquivalenzfaktor
PCB 123	0,00003
PCB 156	0,00003
PCB 157	0,00003
PCB 167	0,00003
PCB 189	0,00003

Anlage 4 (zu § 16 Absatz 1 und § 19 Absatz 5) Anforderungen an die kontinuierlichen Messeinrichtungen und die Validierung der Messergebnisse

1. Der Wert des Konfidenzintervalls von 95 Prozent eines einzelnen Messergebnisses darf an dem für den Tagesmittelwert und den Jahresmittelwert festgelegten Emissionsgrenzwert die folgenden Prozentsätze dieses Emissionsgrenzwertes nicht überschreiten:
   a) Kohlenmonoxid 10 Prozent,
   b) Schwefeldioxid 20 Prozent,
   c) Stickstoffoxide 20 Prozent,
   d) Methan 20 Prozent,
   e) Gesamtstaub 30 Prozent,
   f) organisch gebundener Gesamtkohlenstoff 30 Prozent,
   g) Formaldehyd 30 Prozent,
   h) Quecksilber 40 Prozent,
   i) Ammoniak 40 Prozent,
   j) Chlorwasserstoff 40 Prozent.
2. Für Quecksilber bezieht sich abweichend von Satz 1 Buchstabe h der genannte Prozentsatz auf die für den Tagesmittelwert festgelegte Emissionsbegrenzung und soweit für den kontinuierlich zu überwachenden Luftschadstoff keine für den Jahresmittelwert festgelegte Emissionsbegrenzung vorgegeben ist, bezieht sich Satz 1 insoweit auf die für den Tagesmittelwert festgelegte Emissionsbegrenzung.
3. Abweichend von Nummer 1 bezieht sich der in Buchstabe e festgelegte Prozentsatz für Gesamtstaub auf die für den Halbstundenmittelwert festgelegte Emissionsbegrenzung, sofern die Emissionsbegrenzung einen Tagesmittelwert von 10 mg/m^3 unterschreitet. Der Wert des Konfidenzintervalls von 95 Prozent eines einzelnen Messergebnisses darf an dem für den Monatsmittelwert nach § 50 Absatz 2 festgelegten Emissionsgrenzwert für Stickstoffoxide den Prozentsatz von 20 Prozent nicht überschreiten.
4. Die validierten Halbstunden-, Tages-, Monats- und Jahresmittelwerte werden auf Grund der gemessenen Halbstundenmittelwerte und nach Abzug der in der Kalibrierung ermittelten Messunsicherheit bestimmt.
5. Die Halbstundenmittelwerte vor Abzug der in der Kalibrierung ermittelten Messunsicherheit (normierte Werte) müssen für die Zwecke der nach § 22 zu ermittelnden Jahresemissionsfrachten verfügbar sein.

Anlage 5 (zu § 2 Absatz 3 und § 19 Absatz 1)
Umrechnungsformel

Soweit Emissionsgrenzwerte auf Bezugssauerstoffgehalte im Abgas bezogen sind, sind die im Abgas gemessenen Massenkonzentrationen nach der folgenden Gleichung umzurechnen:

$$E_B = \frac{21 - O_B}{21 - O_M} \times E_M$$

E_B = Massenkonzentration, bezogen auf den Bezugssauerstoffgehalt
E_M = gemessene Massenkonzentration
O_B = Bezugssauerstoffgehalt
O_M = gemessener Sauerstoffgehalt

2.37 Siebenunddreißigste Verordnung zur Durchführung des Bundes-Immissionsschutzgesetzes (Verordnung zur Anrechnung von strombasierten Kraftstoffen und mitverarbeiteten biogenen Ölen auf die Treibhausgasquote – 37. BImSchV)[1)]

Vom 15. Mai 2017

(BGBl. I S. 1195, geändert durch Art. 20 d. G. zur Änderung des EEG vom 21. Dezember 2020, BGBl. I S. 3138)

Vorbemerkung

Übersicht

A. Allgemeines

I. Zweck und Bedeutung der Verordnung

Die 37. BImSchV gestaltet das Recht der Biokraftstoffe in §§ 37a ff. BImSchG weiter aus. Diesem Zweck dienen auch die 36. BImSchV (vgl. → 36. BImSchV Vorbemerkung Rn. 1) sowie die 38. BImSchV (vgl. → 38. BImSchV Vorbemerkung Rn. 1). Nachdem seit dem Verpflichtungsjahr 2015 die Biokraftstoffquotenpflicht auf das Potenzial zur **Minderung der Treibhausgasemissionen** bezogen ist (vgl. → BImSchG § 37a Rn. 10a ff.), besteht die Notwendigkeit zu ergänzenden Regelungen, vorrangig aus **Nachhaltigkeitsgründen.** So ergibt sich bereits aus der gesetzlichen Regelung in § 37a Abs. 4 S. 6 BImSchG, dass die Berechnung der Treibhausgasemissionen von Biokraftstoffen auf der Grundlage der Nachweise nach § 14 der Biokraftstoff-Nachhaltigkeitsverordnung erfolgt (vgl. → BImSchG § 37a Rn. 10c). 1

Mit der 37. BImSchV werden Anreize zur **Nutzung klimaschonenderer Biokraftstoffe** gesetzt. Biokraftstoffe, die eine günstigere Klimabilanz haben, sollen höher angerechnet werden als Biokraftstoffe mit einer ungünstigeren Bilanz (vgl. auch die Begründung der Bundesregierung, BT-Drs. 18/11283, 14). Diesem Ziel verpflichtet, erweitert 2

[1)] Die Verordnung zur Neufassung der Siebenunddreißigsten Verordnung zur Durchführung des Bundes-Immissionsschutzgesetzes vom 17. April 2024 (BGBl. I Nr. 131) ist hier noch nicht berücksichtigt. Sie wird mit der kommenden Ergänzungslieferung abgedruckt und erläutert.

die 37. BImSchV die **Optionen zur Erfüllung der Treibhausgasquote**. Zum einen sind jetzt Methan und Wasserstoff als strombasierte Kraftstoffe *(Power-to-Gas)* anrechenbar (§§ 3 ff.); zum anderen wird der Begriff der Biokraftstoffe auf gemeinsam mit mineralölstämmigen Ölen hydrierte biogene Öle ausgeweitet sowie dessen Anrechenbarkeit – jedenfalls zeitweilig – bestimmt (§§ 10 f.). Vergleichbare Regelungen enthalten auch die **38. BImSchV** vom 8.12.2017 (BGBl. I S. 3892) und die **Upstream-Emissionsminderungs-Verordnung** vom 22.1.2018 (BGBl. I S. 169). Über die 38. BImSchV wird die Palette der Biokraftstoffe ausgedehnt (vgl. → 38. BImSchV § 4 Rn. 1) sowie das Inverkehrbringen von biogenem Flüssiggas (vgl. → 38. BImSchV § 12 Rn. 1) und die Anrechnung von elektrischem Strom (vgl. → 38. BImSchV § 5 Rn. 1) ermöglicht. Gemäß § 3 der Upstream-Emissionsminderungs-Verordnung können ab 2020 Emissionen angerechnet werden, die verhindert werden, bevor der Raffinerierohstoff in eine Raffinerie oder Verarbeitungsanlage gelangt.

3 Die Verpflichtung auf eine nachhaltige Reduzierung der Treibhausgasemissionen beim Einsatz von Kraftstoffen ist nicht zuletzt auch eine unionsrechtliche (vgl. zu den unionsrechtlichen Grundlagen → Rn. 7). Die Verpflichtung zu einer **jährlichen Reduzierung der Treibhausgasemissionen** enthält Art. 7a Abs. 2 der Richtlinie 98/70/EG über die Qualität von Otto- und Dieselkraftstoffen, seit diese Vorschrift durch die Richtlinie 2009/30/EG (ABl. L 140 vom 5.6.2009, S. 88 ff.) eingefügt wurde.

II. Entstehungsgeschichte

4 Die von der Bundesregierung beschlossene Verordnung wurde am 22.2.2017 dem Bundestag zugeleitet, um die nach § 37d Abs. 2 S. 2 und 3 BImSchG *(jetzt: Satz 3 und 4)* notwendige Zustimmung einzuholen (BT-Drs. 18/11283, 3). Federführend war das Bundesumweltministerium, das unter dem 19.8.2016 auch den Referentenentwurf verfasst hatte. Gegenüber dem Referentenentwurf hatten sich dabei im Laufe der Verbändeanhörung und der Anhörung der beteiligten Kreise nach § 51 BImSchG einige Änderungen ergeben, die sich sowohl mit den Begriffsbestimmungen in § 2 als auch mit den Anrechnungsvorschriften für strombasierte Kraftstoffe und mitverarbeitete biogene Öle befassen. Nach der Überweisung an die Ausschüsse in der Bundestagssitzung vom 10.3.2017 (BT-Drs. 18/11472, 2) hat sich vorrangig der federführende Ausschuss für Umwelt, Naturschutz, Bau und Reaktorsicherheit zu der Verordnung geäußert (BT-Drs. 18/12152). Ebenso wie die mitberatenden Ausschüsse empfahl der Umweltausschuss, der Verordnung zuzustimmen. Diese Zustimmung erfolgte in der Bundestagssitzung am 27.4.2017, so dass in der Folge am 15.5.2017 die Ausfertigung und am 19.5.2017 die Verkündung der 37. BImSchV erfolgte (BGBl. I S. 1195). Das Inkrafttreten legt § 13 auf den 1.1.2018 fest.

4a Mit Wirkung zum 1. Januar 2021 wurde die Verordnung erstmals geändert. Diese Änderung war Teil der Novellierung des Erneuerbare-Energien-Gesetzes vom 21. Dezember 2020 (BGBl. I S. 3138). Aufgrund der Streichung von § 44b Absatz 3 EEG 2017 sowie der Aufhebung des Netzausbaugebiets nach § 36c EEG 2017 waren in § 3 und § 6 redaktionelle Folgeänderungen vorzunehmen (vgl. BT-Drs. 19/23482, S. 152).

III. Ermächtigungsgrundlage

5 Die Verordnung zur Anrechnung von strombasierten Kraftstoffen und mitverarbeiteten biogenen Ölen auf die Treibhausgasquote ist auf § 37d BImSchG gestützt worden. Sie enthält folgende Präambel:

(Fortsetzung Seite 3)

2.39 Neununddreißigste Verordnung zur Durchführung des Bundes-Immissionsschutzgesetzes (Verordnung über Luftqualitätsstandards und Emissionshöchstmengen – 39. BImSchV)[1)]

Vom 2. August 2010
(BGBl. I S. 1065, geändert durch Art. 87 der 10. ZuständigkeitsanpassungsV vom 31.8.2015, BGBl. I S. 1474), durch Art. 1 der 1. VO zur Änderung der 39. BImSchV vom 10.10.2016, BGBl. I S. 2244, durch Art. 2 der 43. VO zur Durchführung des Bundes-Immissionsschutzgesetzes vom 18.7.2018, BGBl. I S. 1222, und durch Art. 112 d. 11. ZuständigkeitsanpassungsV v. 19.6.2020, BGBl. I S. 1328)

Vorbemerkung

Übersicht

A. Allgemeines

I. Zweck der Verordnung

Die am 6.8.2010 in Kraft getretene 39. BImSchV dient inhaltlich dem Schutz der menschlichen Gesundheit sowie dem Schutz der Umwelt gegen mögliche Schäden so- 1

[1)] Diese Verordnung dient der Umsetzung der Richtlinie 2008/50/EG des Europäischen Parlaments und des Rates vom 21. Mai 2008 über Luftqualität und saubere Luft für Europa (ABl. L 152 vom 11.6.2008, S. 1), der Richtlinie 2004/107/EG des Europäischen Parlaments und des Rates vom 15. Dezember 2004 über Arsen, Kadmium, Quecksilber, Nickel und polyzyklische aromatische Kohlenwasserstoffe in der Luft (ABl. L 23 vom 26.1.2005, S. 3), der Richtlinie 2001/81/EG des Europäischen Parlaments und des Rates vom 23. Oktober 2001 über nationale Emissionshöchstmengen für bestimmte Luftschadstoffe (ABl. L 309 vom 27.11.2001, S. 22). sowie der Richtlinie 2015/1480 der Kommission vom 28. August 2015 zur Änderung bestimmter Anhänge der Richtlinien 2004/107/EG und 2008/50/EG des Europäischen Parlaments und des Rates betreffend Referenzmethoden, Datenvalidierung und Standorten für Probenahmestellen zur Bestimmung der Luftqualität (ABl. L 226 vom 29.8.2015, S. 4).

wohl durch primäre als auch durch sekundäre Luftverunreinigungen. Primäre Luftverunreinigungen (zB Schwefeldioxid) werden direkt durch anthropogene Tätigkeiten in die Atmosphäre emittiert; sekundäre Luftverunreinigungen (zB Ozon) bilden sich durch chemische Reaktionen in der Atmosphäre aus anthropogenen Emissionen.

2 Formal dient die 39. BImSchV der Umsetzung mehrerer Richtlinien der Europäischen Union in deutsches Recht, soweit diese Umsetzung nicht durch das Achte Gesetz zur Änderung des Bundes-Immissionsschutzgesetzes vom 31.7.2010 erfolgte (BGBl. I S. 1059). Geändert wurde hauptsächlich § 47 BImSchG, der die Luftreinhalteplanung und die Pläne für kurzfristig zu ergreifende Maßnahmen behandelt (→ Rn. 54).

3 Insbesondere wurde die Richtlinie 2008/50/EG des Europäischen Parlaments und des Rates vom 21.5.2008 über Luftqualität und saubere Luft für Europa (ABl. EG Nr. L 152, S. 1) umgesetzt. Diese Richtlinie harmonisiert und ersetzt mehrere ältere Regelwerke zur Luftqualität, und zwar die Richtlinie 96/62/EG des Rates vom 27.9.1996 über die Beurteilung und die Kontrolle der Luftqualität (ABl. EG Nr. L 296, S. 55), die Richtlinie 1999/30/EG des Rates vom 22.4.1999 über Grenzwerte für Schwefeldioxid, Stickstoffdioxid und Stickstoffoxide, Partikel und Blei in der Luft (ABl. EG Nr. L 163, S. 41), die Richtlinie 2000/69/EG des Europäischen Parlaments und des Rates vom 16.11.2000 über Grenzwerte für Benzol und Kohlenmonoxid in der Luft (ABl. EG Nr. L 313, S. 1), die Richtlinie 2002/3/EG des Europäischen Parlaments und des Rates vom 12.2.2002 über den Ozongehalt der Luft (ABl. EG Nr. L 67, S. 14) sowie die Entscheidung des Rates 97/101/EG vom 27.1.1997 zur Schaffung eines Austausches von Informationen und Daten aus den Netzen und Einzelstationen zur Messung der Luftverschmutzung in den Mitgliedstaaten (ABl. EG Nr. L 359, S. 14, geändert durch die Entscheidung 2001/752/EG der Kommission, ABl. EG Nr. L 282, S. 69). Darüber hinaus enthält die Richtlinie 2008/50/EG als wesentliches neues Element Regelungen zur Feinstaubfraktion PM2.5.

4 Zusätzlich werden in der 39. BImSchV bestehende Umsetzungsvorschriften für zwei Richtlinien der Europäischen Union aufgenommen, die nicht durch die neue Luftqualitäts-Richtlinie 2008/50/EG abgelöst werden, und zwar die Richtlinie 2004/107/EG des Europäischen Parlaments und des Rates vom 15.12.2004 über Arsen, Kadmium, Quecksilber, Nickel und polyzyclische aromatische Kohlenwasserstoffe in der Luft (ABl. EG Nr. L 23, S. 3) sowie die Richtlinie 2001/81/EG des Europäischen Parlaments und des Rates vom 23.10.2001 über nationale Emissionshöchstmengen für bestimmte Luftschadstoffe (ABl. EG Nr. L 209, S. 22). Die Richtlinie 2004/107/EG wurde nicht in die Richtlinie 2008/50/EG integriert, weil zum Zeitpunkt des Vorschlags der Kommission für die neue Luftqualitäts-Richtlinie 2008/50/EG (21.9.2005) die Frist zur Umsetzung in nationales Recht noch nicht abgelaufen war (15.2.2007) und somit noch keine Erfahrungen in den Mitgliedstaaten gesammelt werden konnten. Diese älteren Richtlinien waren bereits in der 22. bzw. 33. BImSchV in deutsches Recht umgesetzt worden (→ Rn. 9 und 10).

5 Die Richtlinie 2001/81/EG über nationale Emissionshöchstmengen wurde Ende 2016 neu gefasst (Richtlinie (EU) 2016/2284 des Europäischen Parlaments und des Rates vom 14. Dezember 2016 über die Reduktion der nationalen Emissionen bestimmter Luftschadstoffe zur Änderung der Richtlinie 2003/35/EG und zur Aufhebung der Richtlinie 2001/81/EG (ABl. L 344 vom 17.12.2016, S. 1). Diese Novellierung erforderte eine weitere Änderung der 39. BImSchV, → Rn. 16).

II. Entstehungsgeschichte

6 Die 39. BImSchV knüpft an die früher geltende Zweiundzwanzigste Verordnung zur Durchführung des Bundes-Immissionsschutzgesetzes (Verordnung über Immissionswerte

für Schadstoffe in der Luft – 22. BImSchV) in der Fassung der Bekanntmachung vom 4.6.2007 (BGBl. I S. 1006) und die Dreiunddreißigste Verordnung zur Durchführung des Bundes-Immissionsschutzgesetzes (Verordnung über die Verminderung von Sommersmog, Versauerung und Nährstoffeinträgen – 33. BImSchV) vom 13.7.2004 (BGBl. I S. 1612) an. Diese Verordnungen werden mit Inkrafttreten der 39. BImSchV aufgehoben. Die dort vorgeschriebenen Luftqualitätsziele werden beibehalten und durch weitere Regelungen ergänzt.

Ursprünglich regelte die 22. BImSchV die Begrenzung traditioneller Luftschadstoffe **7** (Schwefeldioxid, Stickstoffdioxid, Feinstäube PM10, Blei, Benzol und Kohlenmonoxid). Die erste Fassung vom 26.10.1993 war erlassen worden, nachdem der EuGH mit Urteilen vom 30.5.1991 (EuGH NVwZ 91, 866 und 868) entschieden hatte, dass die Bundesrepublik Deutschland dadurch gegen ihre Verpflichtungen aus dem EWG-Vertrag verstoßen hat, dass sie nicht innerhalb der vorgeschriebenen Frist alle erforderlichen Maßnahmen erlassen hat, um der SO_2/Schwebstaubrichtlinie (Richtlinie 80/779/EWG) und der Blei-Richtlinie (Richtlinie 82/884/EWG) nachzukommen. Insoweit sei die erfolgte Festlegung von Grenzwerten in der TA Luft mangels rechtlicher Außenwirkung nicht ausreichend verbindlich und rechtssicher, vielmehr seien neben den bestehenden immissionsschutzrechtlichen Regelungen weitere Maßnahmen erforderlich. Der EuGH forderte, dass die Betroffenen in allen Fällen, in denen die Überschreitung der Grenzwerte die menschliche Gesundheit gefährden könne, in der Lage sein müssen, sich auf zwingende Vorschriften zu berufen, um ihre Rechte geltend machen zu können. Bereits in diesen Urteilen verdeutlichte der EuGH, dass es nach dem Bestreben der EG dem betroffenen Bürger rechtlich und tatsächlich erleichtert werden sollte, eine evtl. Überschreitung der Grenzwerte im Klagewege vor den nationalen Gerichten geltend zu machen und ggf. Maßnahmen zur Verminderung der Immissionsbelastung durchzusetzen.

Diese Forderung bestärkte der EuGH später in seinem Urt. v. 25.7.2008 (EuGH **8** NVwZ 2008, 984 f.), in dem er feststellte, dass die von einer Überschreitung der zulässigen Luftbelastung betroffenen Bürger einen Anspruch auf Erstellung eines Aktionsplans haben (dazu näher → Rn. 47).

Die 22. BImSchV wurde zur Umsetzung weiterer EG-Richtlinien zur Luftqualität **9** im Jahr 2002 zusammen mit Erlass des Siebten BImSchG-Änderungsgesetzes umfassend novelliert. Eine weitere Änderung hat die 22. BImSchV mit der Aufhebung der §§ 15 bis 19 zum Inkrafttreten der 33. BImSchV erfahren. Schließlich wurde die 22. BImSchV durch die Erste Verordnung zur Änderung der Verordnung über Immissionswerte für Schadstoffe in der Luft vom 27.2.2007 (BGBl. I S. 241), mit der die Richtlinie 2004/107/EG über Arsen, Kadmium, Quecksilber, Nickel und polyzyklische aromatische Kohlenwasserstoffe in der Luft vom 15.12.2004 (ABl. EU Nr. L 23, S. 3) umgesetzt wurde, um einen neuen zweiten Abschnitt (neue §§ 15 bis 19) ergänzt und am 4. Juni 2007 neu bekannt gemacht (BGBl. I S. 1006). Die Luftqualitätswerte der 22. BImSchV wurden in die 39. BImSchV unverändert übernommen.

Wesentlicher Regelungszweck der 33. BImSchV war die Verminderung von bodenna- **10** hem Ozon, des übermäßigen Nährstoffeintrages (Eutrophierung) sowie der Versauerung. Vorangegangen waren der 33. BImSchV zunächst Regelungen zur Reduzierung von Ozonkonzentrationen in §§ 40a bis 40e, 62 und einem Anhang zu § 40c BImSchG. Die §§ 40a ff. BImSchG sahen Verkehrsverbote vor, wenn in einem bestimmten Bereich eine Ozonkonzentration von 240 $\mu g/m^3$ Luft als Mittelwert über eine Stunde erreicht wurde und mit einer ebenso hohen Konzentration im Laufe des nächsten Tages zu rechnen war. Zur Umsetzung der Richtlinie 92/72 EG (1. Ozon-Richtlinie) wurden durch Verordnung vom 27.5.1994 zunächst Schwellenwerte für Ozon in § 1a und Unterrichtungspflichten gegenüber der Bevölkerung in § 6a der 22. BImSchV aufgenommen. Diese

Regelungen wurden bei der Novellierung der 22. BImSchV im Jahr 2002 durch entsprechende Vorschriften in den §§ 15 bis 19 der 22. BImSchV abgelöst. Diese wurden schließlich mit Inkrafttreten der 33. BImSchV vom 13.7.2004 (BGBl. I S. 1612) am 21.7.2004 aufgehoben.

11 Die Bundesregierung hat dem Bundestag am 25.1.2010 den ersten Vorschlag für die 39. BImSchV vorgelegt (BT-Drs. 17/508). Diesem hat der Bundestag nach Beratung im Umweltausschuss (Beschlussempfehlung und Bericht vom 23.2.2010, BT-Drs. 17/768) zunächst in unveränderter Fassung am 25.2.2010 zugestimmt (Plenarprotokoll 17/24, S. 2141B–2147B; Beschluss Zustimmung, S. 2174A–17/508).

12 Der Bundesrat hat am 7.5.2010 dem Verordnungsentwurf nach Maßgabe von überwiegend redaktionellen und klarstellenden Änderungen zugestimmt (BR-Drs. 117/10). Die Bundesregierung hat die Änderungsmaßgaben des Bundesrates unverändert übernommen und den insoweit geänderten Verordnungsentwurf der Bundesregierung dem Bundestag am 2.6.2010 zur erneuten Zustimmung nach § 48b BImSchG vorgelegt (BT-Drs. 17/1900).

13 Nach erneuter Beratung hat der Bundestag der Verordnung in der durch Bundesrat und Bundesregierung geänderten Fassung am 17.6.2010 zugestimmt (BT Plenarprotokoll 17/49 S. 4994A).

14 Die 39. BImSchV wurde bisher geändert durch Artikel 87 der Verordnung vom 31.8.2015 (BGBl. I S. 1474) und durch die Erste Verordnung zur Änderung der Verordnung über Luftqualitätsstandards und Emissionshöchstmengen – 39. BImSchV vom 10. Oktober 2016 (BGBl. I S. 2244). Während die erste Änderung vom 31.8.2015 lediglich die Bezeichnung des Bundesministeriums für Umwelt, Naturschutz, Bau und Reaktorsicherheit der erweiterten Ressortzuständigkeit anpasste, diente die zweite Änderung vom 10.10.2016 im Wesentlichen der Umsetzung der Richtlinie 2015/1480 der Kommission vom 28.8.2015 zur Änderung bestimmter Anhänge der Richtlinien 2004/107/EG und 2008/50/EG des Europäischen Parlaments und des Rates betreffend Referenzmethoden, Datenvalidierung und Standorte für Probenahmestellen zur Bestimmung der Luftqualität (ABl. L 226 vom 29.8.2015, S. 4). Zusätzlich wurde ein Übersetzungsfehler der deutschen Fassung der Richtlinie 2008/50/EG korrigiert (→ Rn. 24) und die Regelungen zu den inhaltlichen Anforderungen an die Jahresberichte zur Luftqualität (→ Rn. 59), zu den Inhalten von Luftreinhalteplänen (→ Rn. 58) und zu den Pflichten der Umweltbehörden bei Unterschreitung der Grenzwerte (→ Rn. 62) erweitert und dem Wortlaut der Artikel 12 und 18 der Richtlinie 2008/50/EG angepasst. Durch diese Präzisierung wurde dem Auskunftsersuchen der Europäischen Kommission 6201/14/ENVI zur unvollständigen Umsetzung der Richtlinie 2008/50/EG Rechnung getragen.

15 Die Richtlinie 2015/1480 der Kommission und somit auch die 1. Verordnung zur Änderung der 39. BImSchV passen mehrere Anhänge der Richtlinie 2008/50/EG den Fortschritten in der Messtechnik (→ Rn. 39), der Qualitätssicherung (→ Rn. 40) und der Auswahl der Messorte (→ Rn. 33) an und betreffen nicht die Strenge der Immissionsgrenzwerte oder die aus Überschreitungen entstehenden Rechtsfolgen. Die technischen Änderungen gehen im wesentlichen zurück auf Empfehlungen von Experten der Referenzlabors der Mitgliedstaaten und der Kommission, die in dem Dokument „JRC-AQILA Position Paper – Assessment on siting criteria, classification and representativeness of air quality monitoring stations (http://circabc.europa.en/sd/a/1d10de2b-cadb-4e52-b9aa-fde1a1b3933b/AQILA draft PP version 5 June 2012.pdf) enthalten sind.

16 Eine weitere Änderung der 39. BImSchV ergibt sich aus der Umsetzung der Richtlinie 2016/2284 des Europäischen Parlaments und des Rates vom 14. Dezember 2016 über die Reduktion der nationalen Emissionen bestimmter Luftschadstoffe, zur Änderung der Richtlinie 2003/35/EG und zur Aufhebung der Richtlinie 2001/81/EG (ABl. L 344

vom 17.12.2016, S. 1) in nationales Recht durch die 43.BImSchV vom 18.7.2018 (BGBl. I S. 1222). Durch Art. 2 werden die Verpflichtungen zur Einhaltung von Emissionshöchstmengen aus der „alten“ Richtlinie 2001/81/ EG (ABl. L 309, S. 22) bis einschließlich den 31. Dezember 2019 zeitlich begrenzt (→ Rn. 90). Sie werden abgelöst durch die erweiterten Anforderungen der „neuen“ Richtlinie2016/2284/ des Europäischen Parlaments und des Rates vom 14. Dezember 2016 über die Reduktion der nationalen Emissionen bestimmter Luftschadstoffe (ABl. L 344 vom 17.12.2016, S. 1) mit dem Zielhorizont 2030. Sie wurden durch die 43. BImSchV umgesetzt.

Den Vorschlag zur Ersten Verordnung zur Änderung der 39. BImSchV hat die Bundes- **17** regierung dem Bundestag am 4.5.2016 zugeleitet (BT-Drs. 18/8340). Auf Beschlussempfehlung und Bericht des Ausschusses für Umwelt, Naturschutz, Bau und Reaktorsicherheit hat der Deutsche Bundestag dem Verordnungsentwurf am 9.6.2016 ohne Änderungen zugestimmt (BT-Drs. 18/8667).

Die Zuleitung des Entwurfs an den Bundesrat erfolgte am 1.7.2016 (BR-Drs. 364/ **18** 16). Am 23.9.2016 hat der Bundesrat ebenfalls ohne Änderungen zugestimmt (BR-Drs. 364/16).

Die letzte Änderung erfolgte durch Art. 112 der Verordnung vom 19.6.2020 **19** (BGBl. I S. 1328). Diese redaktionelle Änderung passte lediglich die Bezeichnung des Bundesministeriums für Umwelt, Naturschutz und nukleare Sicherheit an.

III. Amtliche Begründungen

Die Bundesregierung hat im Allgemeinen Teil der Begründung zur 39. BImSchV Fol- **20** gendes ausgeführt (BR-Drs. 117/10, 68 ff.):

Allgemeines

I. Ausgangslage und wesentlicher Inhalt des Verordnungsentwurfes

1. Problem und Ziel

Die Anforderungen an die Luftqualität in Europa wurden bisher in der Richtlinie 96/ 62/EG des Rates vom 27. September 1996 über die Beurteilung und die Kontrolle der Luftqualität (so genannte Luftqualitätsrahmenrichtlinie) sowie in den auf ihr aufbauenden vier Richtlinien für einzelne Schadstoffe (so genannte Tochterrichtlinien) festgelegt.
Die Luftqualitätsrahmenrichtlinie enthält allgemeine Grundsätze und nennt die Schadstoffe, die vorrangig reduziert werden sollen (Schwefeldioxid, Stickstoffdioxid, Feinstaub, Blei, Ozon, Benzol, Kohlenmonoxid, polyzyklische aromatische Kohlenwasserstoffe, Kadmium, Arsen, Nickel und Quecksilber). Die Tochterrichtlinien enthalten spezifische Regelungen für die genannten Schadstoffe, zum Beispiel Grenzwerte, Alarmwerte, Zielwerte, Beurteilungsverfahren, Informations- und Berichtspflichten.
Die wesentlichen Regelungen der Rahmenrichtlinie wurden mit dem Bundes-Immissionsschutzgesetz, die restlichen Regelungen und die drei Tochterrichtlinien,

– die Richtlinie 1999/30/EG des Rates vom 22. April 1999 über Grenzwerte für Schwefeldioxid, Stickstoffdioxid und Stickstoffoxide, Partikel und Blei in der Luft,
– die Richtlinie 2000/69/EG des Europäischen Parlaments und des Rates vom 16. November 2000 über Grenzwerte für Benzol und Kohlenmonoxid in der Luft,
– die Richtlinie 2004/107/EG des Europäischen Parlaments und des Rates vom 15. Dezember 2004 über Arsen, Kadmium, Quecksilber, Nickel und polyzyklische aromatische Kohlenwasserstoffe in der Luft,

mit der Verordnung über Immissionswerte für Schadstoffe in der Luft (22. BImSchV) in deutsches Recht umgesetzt. Die Richtlinie 2002/3/EG des Europäischen Parlaments und des Rates vom 12. Februar 2002 über den Ozongehalt der Luft wurde mit der Verordnung zur Verminderung von Sommersmog, Versauerung und Nährstoffeinträgen (33. BImSchV) umgesetzt.

Neben den Anforderungen an die Luftqualität hat die EUROPÄISCHE UNION mit der Richtlinie 2001/81/EG vom 23. Oktober 2001 über nationale Emissionshöchstmengen für bestimmte Luftschadstoffe (so genannte NEC-Richtlinie; NEC = National Emission Ceiling) auch die pro Mitgliedstaat der Europäischen Union maximal zulässigen Emissionen für die Luftschadstoffe Schwefeldioxid (SO_2), Stickstoffoxide (NO_x), flüchtige organische Verbindungen mit Ausnahme von Methan (NMVOC) und Ammoniak (NH_3) festgelegt. Diese Richtlinie dient dem Schutz der menschlichen Gesundheit und der Umwelt vor erhöhten Ozonkonzentrationen sowie dem Schutz der Umwelt vor Versauerung und erhöhten Nährstoffeinträgen. Die NEC-Richtlinie 2001/81/EG wurde gemeinsam mit der so genannten Ozon-Richtlinie 2002/3/EG mit der 33. BImSchV in deutsches Recht umgesetzt.

Die neue Luftqualitätsrichtlinie 2008/50/EG

Die Richtlinie 2008/50/EG des Europäischen Parlaments und des Rates vom 21. Mai 2008 über Luftqualität und saubere Luft in Europa löst die Richtlinien 96/62/EG, 1999/30/EG, 2000/69/EG und 2002/3/EG ab. Die Tochterrichtlinie 2004/107/EG wurde nicht mit aufgenommen, da die Umsetzungsfrist für die Mitgliedstaaten der Europäischen Union, der 15. Februar 2007, noch nicht abgelaufen war, als die Kommission am 21. September 2005 ihren Vorschlag für die neue Richtlinie veröffentlicht hat. Die Richtlinie trat am 11. Juni 2008 in Kraft. Umsetzungstermin ist der 11. Juni 2010.

Die Richtlinie 2008/50/EG übernimmt alle bereits eingeführten Luftqualitätswerte. Für die besonders gesundheitsschädlichen Feinstäube mit einem aerodynamischen Durchmesser kleiner als 2.5 Mikrometer (µm) (so genannte Partikel $PM_{2,5}$) werden erstmals Luftqualitätswerte festgelegt.

Für die bereits seit 2005 geltenden PM_{10}-Feinstaubgrenzwerte (Feinstäube mit einem aerodynamischen Durchmesser kleiner als 10 Mikrometer (µm); so genannte Partikel PM_{10}) wird die Möglichkeit der Inanspruchnahme einer Fristverlängerung bis Mitte 2011 und für Stickstoffdioxid und Benzol, für die die Grenzwerte 2010 in Kraft treten werden, bis maximal 2015, eröffnet. Besonders die Feinstaub- und Stickstoffdioxid-Konzentrationen liegen heute noch in zahlreichen europäischen Städten über den Grenzwerten. Die Ursache dafür ist in den meisten Fällen das hohe Verkehrsaufkommen. Mit diesen Fristverlängerungen soll den Mitgliedstaaten der Europäischen Union in besonders schwierigen Situationen mehr Zeit zur Einhaltung der Grenzwerte eingeräumt werden.

Zukünftig ist den Mitgliedstaaten der Europäischen Union bei Grenzwertüberschreitungen freigestellt, ob sie „Pläne mit kurzfristigen Maßnahmen" aufstellen. Gefordert sind einheitlich Luftreinhaltepläne. Neu ist, dass es bereits dann eines Luftreinhalteplans bedarf, wenn der $PM_{2,5}$-Zielwert überschritten ist. Zur Erleichterung des Vollzugs wurde die Abzugsmöglichkeit von Beiträgen natürlicher Quellen klarer geregelt.

2. Lösung

Die Verordnung dient der Umsetzung der Richtlinien 2008/50/EG, 2004/107/EG und 2001/81/EG in deutsches Recht, soweit die Umsetzung nicht durch eine entsprechende Änderung des Bundes-Immissionsschutzgesetzes erfolgt. Eine Änderung des Bundes-Immissionsschutzgesetzes ist aufgrund geänderter Anforderungen der Richtlinie 2008/50/EG in Bezug auf die Information der Öffentlichkeit, den Wegfall von Aktionsplänen bei

Grenzwertüberschreitungen sowie die Pflicht zur Aufstellung von Luftreinhalteplänen bei der Überschreitung des $PM_{2,5}$-Zielwertes erforderlich.
Die 22. und 33. BImSchV werden aufgehoben. Regelungen der 22. und 33. BImSchV, die von der neuen Luftqualitätsrichtlinie nicht erfasst werden (Richtlinien 2001/81/EG und 2004/107/EG), werden mit dem Ziel der Verwaltungsvereinfachung in die 39. BImSchV übernommen.
Die Verordnung ist wie folgt gegliedert:

- Immissionswerte
- Beurteilung der Luftqualität
- Kontrolle der Luftqualität
- Pläne
- Unterrichtung der Öffentlichkeit und Berichtspflichten
- Emissionshöchstmengen, Programme der Bundesregierung

Ziel der Verordnung ist die Vermeidung oder Verringerung schädlicher Auswirkungen von Luftschadstoffen auf die menschliche Gesundheit und die Umwelt. Die Einhaltung der vorgeschriebenen Immissionswerte und Emissionshöchstmengen wird die Schadstoffbelastung weiter mindern. Die zuständigen Behörden müssen nachweisen, dass alle erforderlichen Maßnahmen ergriffen wurden, um diese Werte zu erreichen. Die Bevölkerung ist umfassend über die Luftqualität zu informieren.

II. Alternativen/nachhaltige Entwicklung

Zum Verordnungsgebungsverfahren gibt es keine Alternativen.
Das Verordnungsgebungsvorhaben trägt wesentlich zu einer nachhaltigen Entwicklung bei. Die Festsetzung anspruchsvoller Immissionswerte für Luftschadstoffe schafft die Grundlage für eine weitere Verbesserung des Schutzes der menschlichen Gesundheit. Dies ist vor dem Hintergrund der sozialen Verantwortung auch gegenüber künftigen Generationen geboten und verbessert darüber hinaus langfristig die Bedingungen für die wirtschaftliche Leistungsfähigkeit der Volkswirtschaft.

III. Gender-Mainstreaming

Bezüglich der geschlechterdifferenzierten Folgenabschätzung besitzt die vorliegende Verordnung gemäß dem unter I. dargestellten Zweck keine unmittelbar oder mittelbar unterschiedlichen Auswirkungen auf Männer und Frauen.

IV. Finanzielle Auswirkungen und Kosten

1. Finanzielle Auswirkungen auf die öffentlichen Haushalte

a) Finanzielle Auswirkungen auf den Bundeshaushalt

aa) Haushaltsausgaben ohne Vollzugsaufwand
Für den Bund entstehen keine zusätzlichen Kosten.

bb) Vollzugsaufwand
Zur Erfüllung der Anforderungen aus der neuen Luftqualitätsrichtlinie 2008/50/EG kommen auf das Umweltbundesamt ab 2010 zusätzliche Mess- und Berichtspflichten zu. Die Messverpflichtungen für ländliche Hintergrundmessstellen werden durch die Aufnahme neuer Regelungen für $PM_{2,5}$-Feinstäube (Masse, chemische Zusammensetzung und EC/OC (Elementarer Kohlenstoff, organisch gebundener Kohlenstoff)) erhöht, bezüglich der übrigen Luftschadstoffe bleiben sie im bisherigen Rahmen.
Die Verordnung verpflichtet das BMU oder die von ihm beauftragte Stelle (das Umweltbundesamt), in Umsetzung der Richtlinie 2008/50/EG nach § 13 Absatz 5 bzw. § 14

Absatz 4, ab 2010 zur Messung der Gesamtmassenkonzentration und der Konzentration von Staubinhaltsstoffen von Partikeln ($PM_{2,5}$) an ländlichen Hintergrundmessstellen. Da nach der Richtlinie pro 100000 Quadratkilometer eine Hintergrund-Probenahmestelle einzurichten ist, wird das Umweltbundesamt Daten an vier Standorten erheben und darüber berichten.

PM2,5-Masse: Im UBA-Luftmessnetz wird an zwei Messstationen (Waldhof und Schauinsland) zusätzlich zur PM_{10}- bereits jetzt auch die $PM_{2,5}$-Masse bestimmt (High-Volume-Sammler, Tagesproben, gravimetrisch). Zur Erfüllung der Anforderungen der neuen EU-Luftqualitätsrichtlinie sind folglich an zwei weiteren Messstationen zusätzlich $PM_{2,5}$-Probenahmeinrichtungen zu installieren. Probenahme und Probenversand können vom vorhandenen Personal an den Messstationen erledigt werden. Die Wägungen der Filter müssen im Rahmen der EU-Luftqualitätsrichtlinie gemäß Referenzmethoden durchgeführt werden. Anhang VI Abschnitt A Nummer 5 der Richtlinie 2008/50/EG legt zur Bestimmung von Partikel $PM_{2,5}$ das gravimetrische Standardmessverfahren gemäß EN 14907 fest. Andere Methoden können verwendet werden, wenn die Gleichwertigkeit bzw. ein konstanter Bezug zur Referenzmethode nachgewiesen wird. In Erfüllung dieser Qualitätskriterien (Doppelwägungen) wird auf das UBA-Luftmessnetz ein deutlich erhöhter Umfang an Filterwägungen zukommen. Der zusätzliche Aufgabenumfang liegt im Bereich einer Stelle des mittleren Dienstes.

Chemische Zusammensetzung (Ionen) von PM2,5: Anhang IV Abschnitt B der Richtlinie 2008/50/EG verlangt für die ländlichen Hintergrundstationen auch die Charakterisierung der chemischen Zusammensetzung von Partikel $PM_{2,5}$, wobei acht Ionen als Minimum genannt sind. Bei der Bestimmung dieser Parameter kann zur Reduzierung des Messaufwandes auf bereits vorhandene Methoden und Daten zurückgegriffen werden. Falls sich herausstellen sollte, dass dies für die Bestimmung der chemischen Zusammensetzung von Partikel $PM_{2,5}$ bei der partikelgrößenspezifischen Probenahme nicht ausreichen sollte, wären Investitionen für 4 zusätzliche High-Volume-Sammler (4 × 30000 € = 120000 €) sowie Ressourcen für die zusätzliche Analytik bereitzustellen (1 Stelle des mittleren Dienstes oder bei externer Vergabe der Analytik eine Aufstockung des Messnetztitels um 120000 €).

Elementarer Kohlenstoff und organisch gebundener Kohlenstoff (EC/OC) von Partikel $PM_{2,5}$: Anhang IV Abschnitt B der Richtlinie 2008/50/EG verlangt für die ländlichen Hintergrundstationen auch die Bestimmung von EC/OC (Elementarer Kohlenstoff, organisch gebundener Kohlenstoff) von Partikel $PM_{2,5}$. Hierfür sind Investitionen für 4 zusätzliche Sammler (4 × 30000 € = 120000 €) sowie Ressourcen für die zusätzliche Analytik bereitzustellen (1 Stelle des mittleren Dienstes oder bei externer Vergabe der Analytik eine Aufstockung des Messnetztitels um 80000 €).

Die Berichterstattung (= Übermittlung von Informationen nach § 31 für die Berichterstattung in Bezug auf den neu geregelten Luftschadstoff $PM_{2,5}$-Feinstaub an die Kommission) erfolgt zum überwiegenden Teil kostenneutral im Rahmen der vom Umweltbundesamt bereits jetzt gesetzlich zu erfüllenden Aufgaben.

Die dem Bund entstehenden Ausgaben werden im jeweiligen Einzelplan gedeckt.

b) Finanzielle Auswirkungen für die Länder und Kommunen

aa) Haushaltsausgaben ohne Vollzugsaufwand

Den Ländern und Gemeinden entstehen keine zusätzlichen Ausgaben.

bb) Vollzugsaufwand

Vollzugsaufwand entsteht bei Ländern und Gemeinden für die Durchführung von Immissionsmessungen für Partikel $PM_{2,5}$. Die Bundesregierung hat bei den Ratsverhandlungen erfolgreich darauf hingewirkt, dass sich der Mehraufwand für diese Messungen in Grenzen

hält. So wurde die Mindestzahl der neu zu errichtenden $PM_{2,5}$-Messstationen nicht, wie im ursprünglichen Kommissionsvorschlag vorgesehen, gleich der bereits vorgeschriebenen Mindestzahl der PM_{10}-Messstationen festgelegt, sondern es wurde ein Summenwert eingeführt, wodurch sich die Gesamtzahl der $PM_{2,5}$- und PM_{10}-Messstationen nur um etwa 50 % erhöht. Die Mehrkosten sind im Einzelnen noch nicht genau bezifferbar. Nach ersten Schätzungen werden Investitionen für $PM_{2,5}$-Messtechnik an ca. 150 Messstellen in Höhe von circa 20000 bis 50000 € pro Messstelle, je nach eingesetzter Messtechnik, das heißt insgesamt ca. 3 bis 7,5 Millionen €. erforderlich werden.

2. Kosten für die Wirtschaft und Preiswirkungen

Die Bevölkerung und die Wirtschaft können in begrenztem Maße kostenwirksam betroffen sein, soweit aufgrund der neuen Luftqualitätsstandards für $PM_{2,5}$-Feinstaub Maßnahmen zur Verminderung dieser Luftbelastung erforderlich werden. Da das geltende Recht jedoch bereits Anforderungen zur Einhaltung der PM_{10}-Feinstaub–Grenzwerte enthält, Maßnahmen zur Erfüllung dieser Anforderungen auch zur Reduzierung der $PM_{2,5}$-Feinstaubfraktion führen und die künftigen $PM_{2,5}$-Feinstaub-Grenzwerte nach jetzigem Kenntnisstand deutschlandweit bis auf vereinzelte Belastungsschwerpunkte eingehalten werden können, dürften nur geringe zusätzliche Kosten entstehen. Entsprechende Maßnahmen beschränken sich auf einzelne hoch belastete Gebiete in Innenstädten und Ballungsräumen. Die damit verbunden Kosten für die Bevölkerung und die Wirtschaft, wie zum Beispiel die Nachrüstung von Kfz mit Partikelfilter wegen der Einrichtung von Umweltzonen oder Regelungen für Feststofffeuerungsanlagen oder zur Emissionsminderung an Baustellen, fallen nur einmalig an. Mittelständische Unternehmen können vor allem dann betroffen sein, wenn deren Tätigkeit das Befahren von Umweltzonen erforderlich macht, nur hoch emittierende Fahrzeuge für den Einsatz zur Verfügung stehen und entsprechende Ausnahmeregelungen (zum Beispiel nach der Verordnung zur Kennzeichnung der Kraftfahrzeuge mit geringem Beitrag zur Schadstoffbelastung (35. BImSchV)), nicht erteilt werden können. Ein Großteil dieser Maßnahmen ist bereits eingeleitet.

Vor 2015 müssen nur solche Maßnahmen zur Reduzierung der $PM_{2,5}$-Belastung ergriffen werden, die ohne unverhältnismäßige Kosten durchführbar sind, um den festgelegten $PM_{2,5}$-Zielwert zu erreichen. Im Fall von Industrieanlagen, die unter die Richtlinie 96/61/EG fallen, bedeutet dies, dass die besten verfügbaren Techniken im Sinne des Artikels 2 Nummer 11 jener Richtlinie angewandt werden müssen. Eine Überschreitung der einzelpreiswirksamen Kostenschwellen bei den Regelungsadressaten ist nicht zu erwarten. Unmittelbare Effekte auf das allgemeine Preis- bzw. Verbraucherpreisniveau sind nicht zu erwarten. Die öffentlichen Haushalte sind unterschiedlich von den finanziellen Auswirkungen der Verordnung betroffen. Einzelpreisänderungen können ausgeschlossen werden.

3. Bürokratiekosten

Mit der Einführung von Luftqualitätsstandards für $PM_{2,5}$-Feinstaub sind entsprechende Berichts- und Informationsverpflichtungen des Bundes, der Länder und der Kommunen gegenüber der Kommission verbunden. Diese zusätzlichen Berichtspflichten werden die Gesamtkosten für Berichte, die bereits auf Grund der bisher geltenden Regelungen bestehen, nicht erhöhen, da gleichzeitig Berichtspflichten für andere Stoffe, zB für PM_{10}-Feinstaub, entfallen, sobald die entsprechenden Grenzwerte eingehalten werden. Insbesondere die PM_{10}-Grenzwerte werden zunehmend seltener überschritten.

Eine Messung der Bürokratiekosten für Bürger und Verwaltung wurde vom Statistischen Bundesamt bisher noch nicht durchgeführt.

a. Bürokratiekosten der Wirtschaft
Informationspflichten der Wirtschaft werden mit der Verordnung nicht begründet.

b. Bürokratiekosten der Verwaltung
Die Regelungen für die Berichterstattung und Information der Bevölkerung durch die zuständigen Behörden entsprechen bereits dem geltenden Recht. Zusätzliche Berichts- und Informationsverpflichtungen ergeben sich hinsichtlich $PM_{2,5}$- Feinstaub.
Die Berichterstattung in Bezug auf den neu geregelten Luftschadstoff $PM_{2,5}$-Feinstaub an die Kommission sowie die damit verbundene Information der Bevölkerung erfolgen zum überwiegenden Teil kostenneutral im Rahmen der von den zuständigen Behörden bereits jetzt gesetzlich zu erfüllenden Aufgaben. Nach § 30 werden die Informationen für die Öffentlichkeit über Internet oder geeignete Formen der Telekommunikation bereitgestellt.
Dadurch und durch die gleichzeitige Reduktion der Mess- und Informationspflichten für Luftschadstoffe, bei denen es zu keiner Überschreitung der Grenzwerte mehr kommt, wie zum Beispiel bei Schwefeldioxid und Kohlenmonoxid, bleiben die Bürokratiekosten annähernd gleich.
Die Kosten für die Berichterstattung an die Kommission nach den §§ 31 und 32 bleiben unverändert, da die neu hinzugekommenen Berichtspflichten lediglich Informationsverpflichtungen für $PM_{2,5}$-Feinstaub betreffen und dieser Schadstoff indirekt schon von den Regelungen für PM_{10}-Feinstaub erfasst wird (Partikel $PM_{2,5}$ sind Teil der PM_{10}-Fraktion). Gleichzeitig entfallen Informations- und Berichtspflichten für Stoffe, bei denen die Immissionsstandards eingehalten werden. Die Einhaltung der Immissionsstandards ist jedoch bei einigen Schadstoffen stark witterungsabhängig, so dass es nicht möglich ist, die damit verbundene Reduzierung der Bürokratiekosten zahlenmäßig abzuschätzen.
Mit dieser Verordnung werden die Details der Regelungen zur Inanspruchnahme der von der Richtlinie 2008/50/EG in Artikel 22 eingeräumten Möglichkeit für Fristverlängerungen nicht in deutsches Recht umgesetzt. Bürokratiekosten, die im Zusammenhang mit der Notifizierung von Fristverlängerungen entstehen, werden damit auch nicht durch diese Verordnung verursacht.

c. Bürokratiekosten für private Haushalte
Bürokratiekosten für private Haushalte entstehen nicht.

V. Befristung

Eine Befristung der vorgesehenen Regelung ist nicht möglich, da die Verordnung der Umsetzung von unbefristet geltendem Europäischem Recht dient.

VI. Änderung der geltenden Rechtslage

Änderungen der geltenden Rechtslage, die über den durch die Richtlinie 2008/50/EG vorgegebenen Rahmen hinaus gehen, gibt es nicht.

21 Im Allgemeinen Teil der Begründung zur 1. VO zur Änderung der 39. BImSchV hat die Bundesregierung Folgendes ausgeführt (BR-Drs. 18/8340, 11 f):

Erste Verordnung zur Änderung der Verordnung über Luftqualitätstandards und Emissionshöchstmengen – 39. BImSchV

A. Problem und Ziel

Durch die Änderungsrichtlinie (EU) 2015/1480 wurden die Richtlinie 2008/50/EG über Luftqualität und saubere Luft für Europa und die Richtlinie 2004/107/EG über Arsen, Kadmium, Quecksilber, Nickel und polyzyklische aromatische Kohlenwasserstoffe

geändert. Die Novelle setzt die nach der Änderungsrichtlinie erforderlichen Anpassungen der 39. BImSchV 1:1 um. Ergänzende Regelungen zur Überprüfung der Qualitätskontrollsysteme der Messnetze durch die nationalen Referenzlaboratorien sollen gewährleisten, dass die eingesetzten Messgeräte dauerhaft genau messen. Zudem werden Kriterien für die kleinräumige Ortsbestimmung der Probenahmestellen präzisiert sowie Verweise auf Referenzmethoden aktualisiert. Ferner wird durch die Novelle dem Auskunftsersuchen der Europäischen Kommission 6201/14/ENVI zur Umsetzung der Richtlinie 2008/50/EG Rechnung getragen. In der Verordnung werden hierzu unter anderem Regelungen zu den inhaltlichen Anforderungen an Jahresberichte zur Luftqualität, die der Öffentlichkeit zur Verfügung zu stellen sind, angepasst und Anforderungen an die Inhalte von Luftreinhalteplänen ergänzt.

B. Lösung

Die unter Abschnitt A genannten Ziele werden durch eine Änderung der 39. BImSchV, die auf § 48a Absatz 1 und § 48a Absatz 3 in Verbindung mit § 48b des Bundes-Immissionsschutzgesetzes gestützt ist, umgesetzt.

C. Alternativen

Keine.

D. Haushaltsausgaben ohne Erfüllungsaufwand

Die Novellierung der Verordnung hat keine Auswirkungen auf die Haushalte von Bund, Ländern und Kommunen.

E. Erfüllungsaufwand

E.1 Erfüllungsaufwand für Bürgerinnen und Bürger
Erfüllungsaufwand für die Bürgerinnen und Bürger fällt nicht an.
E.2 Erfüllungsaufwand für die Wirtschaft
Erfüllungsaufwand für die Wirtschaft fällt nicht an.
E.3 Erfüllungsaufwand der Verwaltung
Durch die neu festgeschriebene Überprüfung der Qualitätssicherungs- und Qualitätskontrollsysteme der Messnetze durch die nationalen Referenzlaboratorien und die zukünftig verbindliche Teilnahme an Qualitätssicherungsprogrammen auf EU-Ebene resultiert für die nationalen Referenzlaboratorien als Teil der Verwaltung ein geringfügig erhöhter Erfüllungsaufwand. Der Umfang der Überprüfung ist wesentlich abhängig von den diesbezüglichen noch ausstehenden konkretisierenden Beratungen und Empfehlungen auf Expertenebene im Netzwerk europäischer Referenzlaboratorien. Die Darstellung von Prozessen zur Ermittlung des Erfüllungsaufwandes ist vor diesem Hintergrund zum jetzigen Zeitpunkt nicht möglich. Im Hinblick auf die lediglich konkretisierten Anforderungen an die Dokumentation und Prüfung der Ortswahl von Probenahmestellen und auf die stattfindende Überprüfung der Qualitätssicherungs- und Qualitätskontrollsysteme der Messnetze durch die nationalen Referenzlaboratorien wird davon ausgegangen, dass diese Vorgaben bei den zuständigen Behörden zu keiner relevanten Aufwandsänderung führen.

F. Weitere Kosten

Keine.

B. Bedeutung der Verordnung und wesentliche Inhalte

I. Beurteilung der Luftqualität

22 Die Beurteilung der Luftqualität wird im Teil 3 der 39. BImSchV sowie in den Anlagen 1 bis 6, 8 bis 10 und 15 bis 18 geregelt. Wegen der technischen Komplexität sind vor allem die Anlagen sehr detailliert und nehmen in der Verordnung breiten Raum ein. Bis auf geringfügige Abweichungen (→ Rn. 60) handelt es sich um eine 1:1-Umsetzung der entsprechenden Bestimmungen der Richtlinien 2008/50/EG und 2004/107/EG.

23 Ziel der Bestimmungen ist es, die Beurteilung der Luftqualität so weit wie möglich zu vereinheitlichen. Dies stößt jedoch zum Teil an Grenzen der praktischen Durchführbarkeit (vgl. zB → Rn. 33).

Ausgangspunkt ist die Festlegung der Gebiete und Ballungsräume (§ 11) durch die zuständigen Behörden (die obersten Immissionsschutzbehörden der Länder oder von ihnen beauftragte Stellen wie zB die Landesämter oder Landesanstalten für Umweltschutz). Der Begriff „Ballungsraum" ist in § 1 Nr. 4 (Begriffsbestimmungen) definiert. Die Gebiete sollten so gewählt werden, dass Räume mit einer möglichst ähnlichen Luftqualität (basierend auf vergleichbaren Siedlungsstrukturen, meteorologischen Bedingungen und topographischen Strukturen) zusammengefasst werden. Außerdem sollten die Begrenzungen der Gebiete möglichst Grenzen von Verwaltungseinheiten entsprechen (zB Grenzen von Kreisen oder Regierungsbezirken). Da die Messanforderungen sich u.a. nach der Bevölkerungsanzahl der Gebiete und Ballungsräume richten, hat die Zahl und Größe der Gebiete erheblichen Einfluss auf den Erhebungsaufwand (→ Rn. 27).

24 Eine wichtige Steuerungsgröße des Umfangs erforderlicher Messungen ist die Luftbelastung eines Gebietes oder Ballungsraums. Der Erhebungsaufwand ist bei Luftbelastungen oberhalb der Grenzwerte oder in der Nähe der Grenzwerte wesentlich höher als bei Luftbelastungen unterhalb der Grenzwerte. Deshalb wurden in Anlage 2 (zu § 12) für Luftschadstoffe obere und untere Beurteilungsschwellen festgelegt. Durch die 1. VO zur Änderung der 39. BImSchV wurde in Anlage 2 in Bezug auf die untere und obere Beurteilungsschwelle für Partikel (PM10) ein Übersetzungsfehler berichtigt (35 statt 7 Überschreitungen). Für Ozon als sekundärer Luftschadstoff sowie für Arsen, Cadmium, Nickel und Benz(a)pyren gelten besondere Regelungen, → Rn. 35. Oberhalb der oberen Beurteilungsschwelle (dh in der Nähe der Grenzwerte) sind Messungen verpflichtend. Unterhalb der unteren Beurteilungsschwelle kann auf Messungen verzichtet werden (→ Rn. 25). Am Beginn einer Messplanung durch die zuständigen Behörden steht deshalb die Einstufung der Luftqualität in den Ballungsräumen und Gebieten im Hinblick auf die Beurteilungsschwellen anhand des Vorwissens (zB anhand vorhandener Messungen und/oder Modellrechnungen, § 12). Bei mehreren Messstationen in einem Ballungsraum oder Gebiet ist jeweils die höchste Belastung für die Einstufung maßgebend. Die Einstufung der Gebiete und Ballungsräume ist mindestens alle 5 Jahre zu überprüfen (§ 12 Abs. 2).

25 Die §§ 13 und 14 in Verbindung mit den Anlagen 3 und 5 beschreiben im Einzelnen die Anforderungen an die Überwachung der Luftqualität durch die zuständigen Behörden (in der Regel die obersten Immissionsschutzbehörden der Länder oder von ihnen beauftragte Stellen).

§ 13 Abs. 1 in Verbindung mit Anlage 3 Abschnitt A fordert zunächst, dass die Luftqualität in allen Gebieten und Ballungsräumen und mit wenigen, in Anlage 3 Abschnitt A Abs. 2 abschließend genannten Ausnahmen an allen Orten zu beurteilen ist. Diese flächendeckende Beurteilung stellt die zuständigen Behörden wegen der erheblichen räumlichen und zeitlichen Variabilität der Luftbelastung vor hohe Anforderungen, die in der

Regel nur mit einer Kombination verschiedener Instrumente wie Messungen, Modellrechnungen, orientierende Messungen und objektive Schätzungen (zB Interpolation von Messdaten) geleistet werden kann (Orientierende Messungen haben geringere Anforderungen an die Datenqualität und Messhäufigkeit, vgl. Anlage 1.).

Bei Luftbelastungen oberhalb der unteren Beurteilungsschwelle sind Messungen verpflichtend, wobei der Messaufwand oberhalb der oberen Beurteilungsschwelle sich in etwa verdoppelt (vgl. Anlage 5 Abschnitt A). Modellrechnungen und orientierende Messungen können herangezogen werden, um aus den zunächst punktförmigen Messergebnissen eine flächendeckende Aussage zu gewinnen. Bei niedriger Luftbelastung (unterhalb der unteren Beurteilungsschwelle) kann für die entsprechenden Luftschadstoffe ganz auf Messungen verzichtet und statt dessen Modellrechnungen und/oder objektive Schätzungen angewendet werden.

Für die ländliche Hintergrundbelastung der Feinstaubfraktion PM2.5 (Teilchen mit **26** einem aerodynamischen Durchmesser kleiner 2,5 µm) und bestimmter, in Anlage 4 genannter Inhaltsstoffe trifft § 13 Abs. 5 in Verbindung mit den Anlagen 3 und 4 eine Sonderregelung. Unabhängig von der Belastungshöhe (dh auch unterhalb der unteren Beurteilungsschwelle) sind Messungen an 3 bis 4 Orten in Deutschland erforderlich, dh an einem Messort pro 100000 km^2. Diese Messungen sollen das Verständnis und die Modellierung der Quellen und des Transports von Feinstaub im europäischen Rahmen erleichtern (zB im Rahmen des EMEP-Programms der Konvention über grenzüberschreitenden Ferntransport der UN-ECE). § 14 Abs. 4 und amtliche Begründung stellen klar, dass diese Messungen von Umweltbundesamt durchgeführt werden, das ein Messnetz zur Erfassung der Belastung im ländlichen Hintergrund unterhält.

§ 14 in Verbindung mit den Anlagen 3 und 5 regelt die erforderlichen Untersuchungen **27** der Luftqualität im Detail. Die Mindestanzahl der erforderlichen Probenahmestellen ist in Abhängigkeit von der Belastungshöhe und der Bevölkerung des Ballungsraums bzw. des Gebiets in Anlage 5 Abschnitt A Abs. 1 festgelegt. Abs. 1 (diffuse Quellen) bezieht sich auf Gebiete, in denen die Luftbelastung durch eine Vielzahl von Quellen wie zB dem Hausbrand oder dem Verkehr hervorgerufen wird. In Ballungsräumen und urbanen Gebieten ist dies der Regelfall. Um den hohen Aufwand für Feinstaubmessungen zu begrenzen, können die Bundesländer unter bestimmten Randbedingungen wählen, ob das Schwergewicht der Messungen auf die Feinstaubfraktion PM10 oder PM2.5 gelegt werden soll. Allerdings darf die Gesamtzahl aller Messpunkte für PM10 und PM2.5 pro Bundesland um nicht mehr als einen Faktor 2 differieren, und Messpunkte für PM10 mit Grenzwertüberschreitungen in mindestens einem der vergangenen 3 Jahre müssen beibehalten werden. Eine andere Randbedingung stellt klar, dass auch die Gesamtzahl der Messstationen im Nahbereich des Verkehrs und im städtischen Hintergrund in jedem Bundesland um nicht mehr als einen Faktor 2 abweichen darf. Diese Regelung soll sicherstellen, dass hoch belastete Verkehrsmessstationen und weniger belastete Stationen im urbanen Hintergrund in vergleichbarer Häufigkeit eingesetzt werden. An dieser Stelle geht der Verordnungstext gegenüber der EU-Richtlinie 2008/50/EG über eine 1:1-Umsetzung hinaus. Der Richtlinientext hatte diese Bestimmungen auf die Ebene eines Mitgliedstaates bezogen, dh größere Flexibilität eingeräumt.

Gemäß § 14 Abs. 3 kann die Mindestanzahl der Messstationen unter bestimmten Be- **28** dingungen um bis zur Hälfte reduziert werden, wenn die Beurteilung der Luftqualität durch Modellrechnungen und/oder orientierende Messungen ergänzt wird. In diesem Fall müssen allerdings durch Modellrechnungen oder orientierende Messungen festgestellte Überschreitungen der Grenzwerte auch als Grenzwertüberschreitungen gewertet werden. Ohne diese zusätzliche Reduktion der Messungen entscheiden die zuständigen Be-

hörden, ob die Unsicherheit der Modellierung klein genug ist, die vorgegebenen Datenqualitätsziele für die Beurteilung, ob Grenzwertüberschreitungen auftreten, zu erfüllen.

29 Zu den in Anlage 5 Abschnitt A Abs. 1 geforderten Messstationen können gemäß Abs. 2 weitere Messstationen zur Überwachung industrieller Quellen („Punktquellen") erforderlich werden. Dies ist dann der Fall, wenn industrielle Anlagen wie zB Stahlwerke oder Tagebaue durch erhebliche diffuse Emissionen aus niedrig gelegenen Quellen eine messbare Zusatzbelastung zur Luftbelastung haben. Da jede industrielle Anlage und ihre Umgebung anders gelagert ist, vermeidet Abs. 2 genaue Festlegungen und gibt statt dessen allgemeine Hinweise zur Messplanung. Allerdings fordert Anlage 3 Abschnitt B mindestens 1 Messstation am nächst gelegenen Wohngebiet im Lee der Anlage bezogen auf die vorherrschende Windrichtung.

30 Anlage 5 Abschnitt B legt die Mindestanzahl von Messstationen zur Überwachung der durchschnittlichen nationalen Exposition gegenüber der Feinstaubfraktion PM2.5 (→ Rn. 50) fest. Die für Deutschland von der europäischen Richtlinie 2008/50/EG geforderte Mindestanzahl von 36 Stationen wurde nach der Bevölkerungszahl in Ballungsräumen und großstädtischen Gebieten auf die Bundesländer umgerechnet. Die Messstationen sollten in urbanen Wohngebieten liegen und wegen der notwendigen Kontinuität der Messreihen von 2009 bis 2020 möglichst nicht versetzt werden. Aus den Ergebnissen berechnet das Umweltbundesamt die durchschnittliche Exposition in Deutschland (§ 15).

31 Zur Wahl der Standorte der Messstationen als wichtigstes Element der Messplanung verweist § 14 Abs. 1 auf die Anlage 3. Anlage 3 Abschnitt B stellt zunächst klar, dass zum Schutz der menschlichen Gesundheit sowohl an Orten gemessen werden muss, die für die Exposition der Bevölkerung repräsentativ sind (in der Regel der städtische Hintergrund in Wohngebieten), als auch an Orten, an denen eine Exposition gegenüber Spitzenkonzentrationen auftreten kann, die im Verhältnis zur Mittelungszeit der Grenzwerte (zB eine Stunde, ein Tag oder ein Jahr) über einen signifikanten Teilzeitraum andauern. Diese Messstrategie soll in Verbindung mit den in Anlage 5 genannten Mindestzahlen sicherstellen, dass Grenzwertüberschreitungen, die vor allem an Belastungsschwerpunkten (zB Straßenschluchten) auftreten, auch erkannt werden. Werden umgekehrt die Grenzwerte an Belastungsschwerpunkten eingehalten, ist dies erst recht in der weniger belasteten Fläche (im städtischen Hintergrund) zu erwarten. Allerdings soll die Messung wenig repräsentativer sehr kleinräumiger Belastungsspitzen vermieden werden. Anlage 3 Abschnitt B enthält deshalb Beurteilungsflächen (250 × 250m bei industriellen Quellen und Straßenabschnitte von mindestens 100 m Länge), die nicht unterschritten werden sollten. Diese Beurteilungsflächen sollten auch bei der Modellierung zu Grunde gelegt werden (räumliche Auflösung des Modells).

32 Die Messplanung zur Überwachung der Grenzwerte zum Schutz der Vegetation und natürlicher Ökosysteme (Anlage 3 Abschnitt B Abs. 2) stellt anhand der Abstandskriterien klar, dass der Schutz großflächiger, weitgehend natürlich belassener Ökosysteme im Vordergrund steht.

33 Anlage 3 Abschnitt C enthält schließlich Regelungen für die Aufstellung von Messstationen, die möglichst frei anströmbar sein und empfohlene Mindest- und Höchstabstände von Gebäuden, von verkehrsreichen Kreuzungen oder vom Straßenrand einhalten sollen. Diese Regelungen zielen auf eine Vereinheitlichung der Standortwahl ab. Die Wortwahl „soweit möglich" trägt der Tatsache Rechnung, dass praktische Randbedingungen (zB die Genehmigung zur Aufstellung von Messstationen auf Gehwegen oder die Interessen von Anwohnern) im Einzelfall Abweichungen von den Regelungen insbesondere bei verkehrsbezogenen Messstationen erzwingen. Die kleinräumigen Bestimmungen zur Aufstellung von Probenahmestellen wurden durch die 1. VO zur Änderung der 39 BImSchV weiter präzisiert und insbesondere die Pflichten der zuständigen Behörden zur Dokumen-

tation und Überprüfung der Ortswahl in Anlage 3, Abschnitt D wesentlich erweitert. Die Dokumentation erfasst auch Modellrechnungen, orientierende Messungen und jede Abweichung von den in Anlage 3, Abschnitt C genannten Kriterien. Die Dokumentation ist mindestens alle 5 Jahre zu überprüfen und muss der EU Kommission auf Anfrage innerhalb von drei Monaten übermittelt werden. Ausserdem wurde der Begriff „verkehrsreiche Kreuzung" näher definiert.

In seinem Urteil zum Luftreinhalteplan Hamburg stellte das BVerwG klar, dass den **34** Behörden zwar ein Ermessensspielraum bei der Bestimmung der Messhöhe innerhalb der in Anlage 3 Abschnitt C UAbs. 3 grundsätzlich vorgegebenen Bandbreite zwischen 1,5 und 4 m zusteht, dieser jedoch mit Blick auf den Zweck und die praktische Wirksamkeit der Vorgaben der 39. BImSchV sowie der zugrundeliegenden Richtlinienbestimmungen auszuüben ist und hierdurch begrenzt wird. Demnach sind die Behörden gehalten, den Standort der Probenahmestellen so zu wählen, dass die Gefahr unbemerkter Überschreitungen von Grenzwerten minimiert wird. Dies gilt auch für die Höhe des Messeinlasses. Eine Bestimmung der Messhöhe nach dem Kriterium einer kleinräumigen Repräsentativität in Bezug auf die Lage von Wohnungen im Nahbereich der Messstelle findet vor diesem Hintergrund in Anlage 3 keine Grundlage (BVerwG NVwZ 2021, 1783 (1789 f.)).

Die §§ 17 bis 20 und die Anlagen 8 bis 10 sowie 15 bis 18 enthalten abweichende **35** Regelungen für die Beurteilung der Luftqualität im Hinblick auf die Luftschadstoffe Ozon sowie für Arsen, Cadmium, Nickel, Benz(a)pyren und für die Beurteilung der Quecksilberdeposition. Ozon als sekundäre Luftverunreinigung verhält sich in wichtigen Punkten anders als die zuvor behandelten ubiquitären primären Luftverunreinigungen. Es bildet sich durch luftchemische Reaktionen weiträumig aus den Vorläuferstoffen flüchtige organische Verbindungen und Stickstoffoxide. Während die Photolyse von Stickstoffdioxid Ozon bildet, wird es durch Stickstoffmonoxid abgebaut, so dass die Ozonkonzentrationen neben anderen Faktoren auch vom Verhältnis der Stickstoffoxide abhängen. Die höchsten Ozonkonzentrationen treten deshalb typischerweise nicht in Quellnähe (zB in stark befahrenen Straßen) auf, sondern in Vororten am Rande der Ballungsräume. Die Messplanung in den Anlagen 8 und 9 trägt mit ihrer Schwerpunktsetzung für städtische und vorstädtische Wohngebiete in Ballungsräumen und anderen Gebieten (wo auch die Mehrzahl der Bevölkerung exponiert ist) diesen Gegebenheiten Rechnung. Durch die 1. VO zur Änderung der 39. BImSchV wurden die Anlagen 9, Abschnitt A (Kriterien zur Bestimmung der Mindestzahl von Probenahmestellen für Ozon) und Anlage 17, Abschnitt A (Datenqualitätsziele für Benz(a)pyren, Arsen, Kadium und Nickel) an die in der Richtlinie 2015/1480 enthaltenen kleineren Änderungen angepasst.

§ 18 in Verbindung mit Anlage 10 fordert auch die Messung der Ozonvorläuferstoffe **36** Stickstoffoxide und ausgewählte flüchtige organische Verbindungen. Während die Messung von Stickstoffoxiden von den Bundesländern oder den von ihnen beauftragten Stellen zur Überwachung der Konzentrationen von Stickstoffdioxid ohnehin erfolgen, stellt die Messung der in Anlage 10 aufgeführten einzelnen flüchtigen organischen Verbindungen einen erheblichen Aufwand dar. § 18 Abs. 6 in Verbindung mit der amtlichen Begründung stellt klar, dass diese Messungen an mindestens einer Stelle vom Umweltbundesamt durchgeführt werden. Die Mindestanforderungen der EU-Richtlinie 2008/50/EG werden damit erfüllt.

Auch zur Beurteilung der Luftqualität im Hinblick auf Arsen, Cadmium, Nickel, **37** Quecksilber und Benz(a)pyren als Bestandteile des Feinstaubs und der Deposition sind in § 20 und den Anlagen 15 bis 18 spezielle Regelungen getroffen. Dies ist zum einen in der Entstehungsgeschichte begründet (→ Rn. 9), da die EU-Richtlinie 2004/107/EG nicht in die EU-Richtlinie 2008/50/EG integriert wurde.

Zum anderen weicht die Messplanung deutlich von der der zuvor geregelten ubiquitären Luftschadstoffe und des Ozons ab. Die genannten Schwermetallverbindungen und Benz(a)pyren treten in höheren Konzentrationen praktisch nur im Nahbereich spezieller industrieller Emittenten wie zB Stahlwerke, Nichteisenmetallhütten oder Kokereien auf, so dass die Überwachung dieser Gebiete von besonderer Bedeutung ist (vgl. Anlage 16 Abschnitt A). Hinzu treten für Benz(a)pyren Gebiete mit einem hohen Anteil von Feststoffheizungen. Gleichwohl orientieren sich zahlreiche Bestimmungen wie der Verwendung oberer und unterer Beurteilungsschwellen (Anlage 15), die Standortkriterien (Anlage 16), die erforderliche Mindestanzahl von Messstationen (Anlage 16 Abschnitt D) sowie die Datenqualitätsziele (Anlage 17) soweit wie sachlich geboten an den Bestimmungen für die zuvor geregelten sieben ubiquitären Luftschadstoffe.

38 Zusätzlich zu der allgemeinen Beurteilung der Luftqualität, die von den Bundesländern oder den von ihnen beauftragten Stellen wahrgenommen werden, fordert § 20 in Verbindung mit den Anlagen 17 und 18 Spezialuntersuchungen an wenigen Messstellen bevorzugt im ländlichen Hintergrund, die gemäß § 20 Abs. 8 und 9 in Verbindung mit der amtlichen Begründung dem Umweltbundesamt zugewiesen worden sind. Es handelt sich zum einen um die Messung mehrerer polyzyclischer aromatischer Kohlenwasserstoffe, um das Profil dieser Verbindungsklassen zu überprüfen und um Aufschluss darüber zu gewinnen, ob Benz(a)pyren weiter als Leitkomponente für die Verbindungen verwendet werden kann. Eigentlich wären für diese Problemstellung Messungen auch im urbanen Raum durch einzelne Bundesländer angezeigt gewesen, jedoch ist im Bundesratsverfahren diese Messaufgabe dem Umweltbundesamt zugewiesen worden. Zum anderen handelt es sich um die Messung von Quecksilber (sowohl gas- als auch partikelförmig) und der Deposition von Schwermetallen und Benz(a)pyren an mindestens 3 Messorten im ländlichen Hintergrund, um den großräumigen Eintrag dieser Stoffe in Ökosysteme zu bestimmen. Diese Messaufgabe ist ebenfalls dem Umweltbundesamt zugewiesen worden und steht in Zusammenhang mit dem EMEP-Programm im Rahmen des Übereinkommens über weiträumige grenzüberschreitende Luftverunreinigung der UN-ECE.

39 Insbesondere die Anlagen 1 und 17 (Datenqualitätsziele) sowie die Anlagen 6 und 18 (Referenzverfahren) enthalten umfangreiche Bestimmungen zur Qualitätssicherung der Messungen. Durch die vorgeschriebenen Referenzmethoden die auf europäische Normen (EN-Norm) Bezug nehmen, soll die Vergleichbarkeit der Messergebnisse sichergestellt werden. Die in den Anlagen 6 und 18 aufgeführten Referenzmethoden wurden durch die 1. VO zur Änderung der 39. BImSchV dem messtechnischen Fortschritt angepasst. Die veralteten DIN EN Normen aus den Jahren 1999 bis 2010 wurden durch die aktuellen DIN EN Normen aus den Jahren 2010 bis 2014 ersetzt. Werden andere Messverfahren verwendet, muss die Gleichartigkeit der Verfahren nachgewiesen werden. Die europäische Kommission hat dazu einen Leitfaden (Demonstration of Equivalence of ambient air monitoring methods, im Internet unter http://ec.europa.eu/environment/air/quality/legislation/assessment.htm) veröffentlicht.

40 Die Daten und Prüfberichte anderer Mitgliedstaaten zur Gleichwertigkeit von Messverfahren werden akzeptiert, sofern sie ausführlich sind und die ausländischen Prüflaboratorien nach der in Anlage 1c aufgeführten europäischen Norm für Prüf- und Kalibrierlaboratorien akkreditiert sind. Durch die 1. VO zur Änderung der 39. BImSchV wurden die diesbezüglichen Regelungen der Abschnitte D und E des Anhangs 6 erweitert, präzisiert und dem Anhang VI, Abschnitt E der EU Richtlinie 2015/1480 angepasst. Der Abschnitt E von Anlage 6 der 39. BImSchV wurde in den neu gefassten Abschnitt D integriert, der alte Abschnitt E wurde gestrichen. Auch die Einhaltung der in den Anlagen 1 und 17 genannten Datenqualitätsziele (Messunsicherheit, Verfügbarkeit, zeitliche Abdeckung) erfordern umfangreiche Maßnahmen zur Qualitätssicherung. Anlage 1 Ab-

schnitt C verlangt deshalb von den Institutionen, die Messungen durchführen (im Wesentlichen die Messnetze des Bundesländer, im Einzelfall auch Messstationen von Kommunen oder beauftragte private Messinstitute), dass ein Qualitätsmanagementsystem eingerichtet worden ist. Anlage 1, Abschnitt C wurde durch die 1. VO zur Änderung der 39. BImSchV neu gefasst. Insbesondere die Aufgaben der in Deutschland benannten Referenzlaboratorien (das Umweltbundesamt und das Landesamt für Natur, Umwelt und Verbraucherschutz Nordrhein-Westfalen) wurden präzisiert und erweitert. So überprüfen die Referenzlaboratorien mindestens alle 5 Jahre die Qualitätsmanagementsysteme der Messnetze der Bundesländer und ggf. auch von ihnen beauftragter Messinstitute. Sie koordinieren in Deutschland die vom Europäischen Referenzlabor in Ispra durchgeführten Qualitätssicherungsprogramme sowie die Anwendung von Referenzmethoden und nehmen selbst an den vom Europäischen Referenzlabor in Ispra durchgeführten unionsweiten Qualitätssicherungsprogrammen teil. Treten bei Vergleichsmessungen im Rahmen dieser Qualitätssicherungsprogramme zu große Abweichungen auf, müssen die beiden Referenzlaboratorien bis zur nächsten Vergleichsmessung Abhilfe schaffen.

Die beiden nationalen Referenzlaboratorien, nicht aber die Messnetze der Bundesländer, müssen für die in Anlage 6 der 39. BImSchV aufgeführten Referenzmethoden akkreditiert sein gemäss der Norm für Prüf- und Kalibrierlaboratorien (vgl. Art. 2 Nr. 9 der Verordnung Nr. 765/2008 vom 9. Juli 2008 über die Vorschriften für die Akkreditierung und Marktüberwachung, ABl. L 218 vom 13.8.2008, S. 30). Wenn die Referenzlaboratorien zusätzlich Prüfungen der Gleichwertigkeit von Messverfahren mit den in den Anlagen 6 und 18 aufgeführten Referenzmethoden durchführen, sollen sie nach der europäischen Norm für Eignungsprüfungen DIN EN ISO/IEC 17043:2010 akkrediert sein.

II. Luftqualitätsziele

1. Immissionswerte. Abhängig vom jeweiligen Luftschadstoff fordert die Verordnung die Einhaltung von „Zielwerten", „Immissionsgrenzwerten" oder die Erreichung „nationaler Ziele"; ferner löst die Überschreitung von „Alarmschwellen" Handlungspflichten der Behörden aus. Diese Begriffe definiert die 39. BImSchV in § 1, wobei überwiegend die Definitionen der Luftqualitätsrichtlinie wortgleich übernommen wurden. 41

In Bezug auf die 22. BImSchV hat das Bundesverwaltungsgericht mit Urt. v. 26.5.2004 (BVerwG NVwZ 2004, 1237) festgestellt, dass die dort festgelegten Immissionsgrenzwerte überwiegend dem Schutz der menschlichen Gesundheit dienten und strikt verbindlich waren. In der Konsequenz hat es mit Urt. v. 27.9.2007 (BVerwG NVwZ 2007, 1425) auch einen Anspruch auf planunabhängige Maßnahmen bejaht. 42

Der Europäischen Gerichtshof hat mit Urt. v. 25.7.2008 (GewArch 2008, 411 = EuGH NVwZ 2008, 984; hierzu *Scheidler* GewArch 2009, 281 und NVwZ 2008, 1083 ff.) auf der Grundlage der alten Luftqualitätsrichtlinie 96/62/EG entschieden, dass unmittelbar betroffene Personen im Fall der Gefahr einer Überschreitung der Grenzwerte oder Alarmschwellen bei den zuständigen nationalen Behörden die Erstellung eines Aktionsplans einfordern können, und zwar unabhängig davon, ob sie auch über andere Handlungsmöglichkeiten verfügen, die Behörden dazu zu bringen, weitere Maßnahmen zur Bekämpfung der Luftverschmutzung zu treffen. Die Mitgliedstaaten seien durch die Europäische Richtlinie über die Beurteilung und die Kontrolle der Luftqualität verpflichtet, sowohl im Falle der Gefahr einer Überschreitung der Grenzwerte als auch im Fall der Gefahr einer Überschreitung der Alarmschwellen Aktionspläne zu erstellen. 43

Der EuGH hat in dieser Entscheidung hierzu weiter ausgeführt, dass nach Art. 7 Abs. 3 der Richtlinie 96/62/EG die Aktionspläne die Maßnahmen enthalten müssen, „die im 44

Fall der Gefahr einer Überschreitung der Grenzwerte und/oder der Alarmschwellen kurzfristig zu ergreifen sind, um die Gefahr der Überschreitung zu verringern und deren Dauer zu beschränken". Aus diesem Wortlaut ergebe sich unmittelbar, dass die Mitgliedstaaten nicht verpflichtet sind, Maßnahmen dahin gehend zu ergreifen, dass es zu keinerlei Überschreitung komme. Vielmehr ergebe sich aus dem Aufbau der Richtlinie, die eine integrierte Verminderung der Umweltverschmutzung bezweckt, dass die Mitgliedstaaten Maßnahmen zu ergreifen hätten, die geeignet seien, die Gefahr einer Überschreitung und ihre Dauer unter Berücksichtigung aller zur gegebenen Zeit vorliegenden Umstände und der betroffenen Interessen auf ein Minimum zu reduzieren. Unter diesem Aspekt sei darauf hinzuweisen, dass die Mitgliedstaaten somit zwar über einen Ermessenspielraum verfügten, dass Art. 7 Abs. 3 aber der Ausübung dieses Ermessens Grenzen setze. Die Maßnahmen müssten geeignet sein, die Gefahr der Überschreitung der Werte und deren Dauer zu beschränken und zugleich die verschiedenen betroffenen öffentlichen und privaten Interessen berücksichtigen. Eine Verletzung dieser Grundsätze müsse vor den nationalen Gerichten geltend gemacht werden können.

45 Zwar ist die vom EuGH in dieser Entscheidung ausgelegte Vorschrift des Art. 7 Abs. 3 der Richtlinie 96/62/EG mittlerweile nach Art. 31 der neuen Luftqualitätsrichtlinie außer Kraft getreten. Allerdings entsprechen Art. 23 und 24 der neuen Luftqualitätsrichtlinie weitgehend der Regelung des Art. 7 Abs. 3 der alten Luftqualitätsrichtlinie. Daher sind die Aussagen des EuGH in seinem Urt. v. 25.7.2008 auch auf die neue Regelungssituation übertragbar (*Scheidler* GewArch 2009, 281, und NVwZ 2008, 1083 (1085); vgl. zu der Problematik auch grundlegend *Breuer* in FS Dieter Sellner, 2010, S. 493 ff.).

46 Im Rahmen der 39. BImSchV stellt sich nicht nur die Frage, ob bei Überschreitung bestimmter Werte ein Anspruch auf Aufstellung eines Planes mit kurzfristig zu ergreifenden Maßnahmen besteht. Zu prüfen ist auch, ob bei Überschreitung einzelner Werte ein Anspruch auf bestimmte Abhilfemaßnahmen besteht. Dabei ist zu beachten, dass nach der Rechtsprechung des Bundesverwaltungsgerichts (BVerwG, Urt. v. 18.5.1982, BVerwGE 65, 313 (320)) Vorsorgepflichten nicht einklagbar sind (vgl. dazu näher → BImSchG § 5 Rn. 163–166). Demgegenüber vermitteln Schutzwerte individuell einklagbare Rechte (*Fonk* Europäische Luftqualitätsziele und nationale Erfüllungsverantwortung 2009, 94; zum Drittschutz bei Überschreitung von Schutzwerten vgl. auch → BImSchG § 5 Rn. 114 ff.). Daher stellt sich die Frage nach der Einordnung der Immissionswerte der 39. BImSchV als Schutzwerte zur Gefahrenabwehr oder als bloße Vorsorgewerte.

47 § 1 Nr. 15 der 39. BImSchV definiert Immissionsgrenzwerte als Werte, die innerhalb eines bestimmten Zeitraums eingehalten werden müssen, um aufgrund wissenschaftlicher Erkenntnisse schädliche Auswirkungen auf die menschliche Gesundheit oder die Umwelt insgesamt zu vermeiden, zu verhüten oder zu verringern. Bereits der Wortlaut dieser Definition legt nahe, dass es sich bei den Immissionsgrenzwerten um Schutzwerte zur Gefahrenabwehr handelt und nicht lediglich um die Vorbeugung hypothetisch schädlicher Umwelteinwirkungen. Die Schutzfunktion der Immissionsgrenzwerte wird ferner deutlich aus den jeweiligen stoffbezogenen Regelungen im Teil 2 der Verordnung. Danach werden Immissionsgrenzwerte jeweils „zum Schutz der menschlichen Gesundheit" festgelegt. Im Ergebnis sind daher die Immissionsgrenzwerte als individuell einklagbare Schutzwerte anzusehen (*Fonk* Europäische Luftqualitätsziele und nationale Erfüllungsverantwortung 2009, 95; ähnlich *Kirchhof* AöR 2010, 29 (40)). In seinem Urt. v. 5.9.2013–7 C 21.12 (zum Luftreinhalteplan Darmstadt) hat das BVerwG klargestellt, dass auch anerkannte Umweltverbände die Einhaltung der Immissionsgrenzwerte über die Luftreinhaltepläne gerichtlich geltend machen können. Es besteht ein durchsetzbarer Rechtsanspruch auf einen Luftreinhalteplan, der die erforderlichen Maßnahmen zur schnellstmög-

lichen Einhaltung der Immissionsgrenzwerte enthält, allerdings kein Rechtsanspruch auf die Festsetzung konkreter Maßnahmen (→ Rn. 54). Das BVerwG stellt in der Entscheidung auch klar, dass es zu einer Einschränkung des planerischen Ermessens kommen kann, wenn lediglich eine einzige Maßnahme geeignet ist, den Zeitraum einer Grenzwertüberschreitung so kurz wie möglich zu halten. Eine Zielerreichung auf einen Schlag ist jedoch nicht erforderlich (BVerwG Urt. v. 5.9.2013 – 7 C 21.12).

Entsprechendes gilt für Alarmschwellen. Hierzu bestimmt § 1 Nr. 1 der 39. BImSchV, **48**
dass bei Überschreitung eines Alarmschwellenwertes „ein Risiko für die Gesundheit der Gesamtbevölkerung besteht und unverzüglich Maßnahmen ergriffen werden müssen". Zwar ist der Begriff des „Risikos" in anderen rechtlichen Zusammenhängen nicht mit dem der „Gefahr" gleichzusetzen (*Krause* NVwZ 2009, 497) und bleibt dort hinsichtlich der Wahrscheinlichkeit eines Schadenseintritts unterhalb der Gefahrenschwelle (*Wietfeldt* TÜ 2002, 39 (41)). Die neue Definition der Alarmschwelle weicht von der Definition in § 1 Nr. 4 der 22. BImSchV ab, nach der sich die Alarmschwelle durch die „*Gefahr* für die menschliche Gesundheit" auszeichnete. Allerdings übernimmt die 39. BImSchV in der Definition des Alarmschwellenwertes in § 1 Nr. 1 die Formulierung der neuen Luftqualitätsrichtlinie. Eine bewusste Abkehr des Verordnungsgebers von dem Gefahrenmerkmal ist daher nicht anzunehmen. Da die Alarmschwellenwerte im 2. Teil der 39. BImSchV zudem oberhalb der Immissionsgrenzwerte liegen, muss bei Überschreitung der Alarmschwellenwerte erst recht von einer Überschreitung der Gefahrenschwelle ausgegangen werden.

Zwar bezwecken Zielwerte wie die Immissionsgrenzwerte ebenfalls die Vermeidung, **49**
Verhinderung oder Verringerung schädlicher Auswirkungen auf die menschliche Gesundheit oder die Umwelt insgesamt. Anders als die verbindlichen Grenzwerte sind Zielwerte nur soweit wie möglich zu erreichen. § 23 der 39. BImSchG bestimmt, dass bei Maßnahmen zur Einhaltung des langfristigen Ziels für Ozon, des nationalen Ziels für PM2.5 (→ Rn. 50) sowie der Zielwerte auch der Kostenaspekt zu berücksichtigen ist. Zusätzlich legt § 22 fest, dass bei Überschreitungen von Zielwerten für Arsen, Kadmium, Nickel und Benz(a)pyren im Umfeld von Industrieanlagen, die unter die IVU-Richtlinie 2008/1/EG fallen, die Einhaltung der besten verfügbaren Techniken als Maßnahme ausreichen. Deshalb kann aus der Überschreitung von Zielwerten ein individuell einklagbarer Anspruch nicht hergeleitet werden.

2. Regelungen für die Feinstaubfraktion PM2.5. Für Partikel PM2.5 wird ein **50**
nationales Ziel für die Reduzierung der Exposition festgelegt. Da in Bezug auf Feinstaubkonzentration keine Grenze existiert, unterhalb derer keine Gefahr für den Menschen besteht, bezweckt diese Regelung, schädliche Auswirkungen zu verringern. Dies soll durch eine prozentuale Reduzierung der durchschnittlichen Exposition der Bevölkerung ausgehend von der durchschnittlichen Exposition im Bezugsjahr erfolgen.

Mit der 39. BImSchV werden auch erstmals im nationalen Recht für die wegen ihrer **51**
Lungengängigkeit besonders gesundheitsschädlichen sehr kleinen Feinstäube Luftqualitätswerte festgelegt. Nach § 5 der Verordnung beträgt der zum Schutz der menschlichen Gesundheit über ein Kalenderjahr gemittelte Zielwert für PM2.5 25 Mikrogramm pro Kubikmeter. Dieser Wert sollte soweit wie möglich ab dem 1.1.2010 eingehalten werden und gilt ab dem 1.1.2015 als verbindlicher Immissionsgrenzwert. Bis zur Einhaltung des Grenzwertes ab dem 1.1.2015 gilt seit dem 11.6.2008 eine Toleranzmarge von 20 %, die am folgenden 1. Januar und danach alle 12 Monate um einen jährlich gleichen Prozentsatz bis auf 0 % am 1.1.2015 zu reduzieren ist.

Darüber hinaus darf die durchschnittliche PM2.5-Exposition der Bevölkerung ab dem **52**
1.1.2015 den Wert von 20 Mikrogramm pro Kubikmeter nicht mehr überschreiten.

Der für das Referenzjahr 2010 ermittelte durchschnittliche Expositionswert der Bevölkerung im gesamten Bundesgebiet dient schließlich der Berechnung des nationalen Reduzierungsziels, das ab dem 1.1.2020 einzuhalten ist. Der ab 2020 einzuhaltende Wert bestimmt sich damit nach dem für 2010 ermittelten Ausgangswert.

53 Überschreiten in bestimmten Gebieten oder Ballungsräumen die PM2.5-Werte einen Immissionsgrenzwert oder den Zielwert zuzüglich der jeweils dafür geltenden Toleranzmarge, so sind die zuständigen Behörden nach der Verordnung zur Erstellung von Luftreinhalteplänen verpflichtet.

III. Luftreinhaltepläne, Pläne für kurzfristige Maßnahmen

54 Die wichtigste Verpflichtung der zuständigen Behörden (die obersten Immissionsschutzbehörden der Länder oder von ihnen beauftragte Behörden wie zB Bezirksregierungen oder Kommunen) bei Überschreitungen von Grenzwerten sowie des in Anlage 12 Abschnitt D genannten Zielwertes von 25 µg/m³ für die Feinstaubfraktion PM2.5 (→ Rn. 50) besteht in der Aufstellung von Luftreinhalteplänen (§ 27).

In Bezug auf das zeitliche Regime waren drei Fälle zu unterscheiden:

– Der Grenzwert ist erst zukünftig einzuhalten und es wurde eine Toleranzmarge als Auslöseschwelle für Luftreinhaltepläne festgelegt; Luftreinhaltepläne sind dann erst bei Überschreitung der für das betreffende Jahr gültigen Toleranzmarge aufzustellen, ihre Minderungsmaßnahmen sind zeitlich auf das Zieldatum zur Erreichung des Grenzwertes (zB 2015) abzustellen. Diese Konstellation ist mit Ablauf des Jahres 2015 nicht mehr gegeben.
– Die Einhaltefrist des Grenzwertes wurde für ein bestimmtes Gebiet durch Notifizierung (→ Rn. 63) verlängert (für die Feinstaubfraktion bis maximal 11.6.2011 und für Stickstoffdioxid bis maximal 31.12.2014). Auch diese Möglichkeit ist nach 2015 nicht mehr gegeben (→ Rn. 66).
– Ein Immissionsgrenzwert wird nach seinem (ggf. verlängerten) Einhaltedatum überschritten. In diesem Fall müssen die Luftreinhaltepläne Maßnahmen enthalten, die geeignet sind, den Zeitraum für die Überschreitungen der Grenzwerte möglichst kurz zu halten (zB Verkehrsbeschränkungen bei vorhandenen Ausweichmöglichkeiten). Es ergibt sich aus der Natur der Sache, dass diese Maßnahmen möglichst rasch ergriffen werden müssen.

55 Eine Verpflichtung zur Aufstellung von Plänen mit kurzfristig zu ergreifenden Maßnahmen (die Vorgängerregelungen verwendeten dafür den Begriff „Aktionspläne") besteht nur noch bei der Überschreitung der für die Luftschadstoffe Schwefeldioxid und Stickstoffdioxid in § 2 Abs. 3 bzw. § 3 Abs. 3 festgelegten Alarmschwellen (§ 28 Abs. 1). Dieser Fall ist in den letzten Jahren in Deutschland nicht mehr eingetreten und auch in Zukunft nicht zu erwarten.

56 Unabhängig davon können Pläne für kurzfristige Maßnahmen erstellt werden, wenn die Gefahr der Grenzwertüberschreitung besteht oder der Zeitraum der Überschreitung möglichst kurz gehalten werden soll. Dieser Fall kann zB eintreten, wenn in einer verkehrsbelasteten Straße zur Jahresmitte bereits die Anzahl zulässiger Überschreitungen des Tagesmittels für die Feinstaubfraktion PM10 weitgehend ausgeschöpft ist und eine Maßnahme zur Verfügung steht, die die Luftqualität verbessert (zB eine Verkehrssperrung für schwere Nutzfahrzeuge, wenn eine geeignete Umleitung vorhanden ist). In § 28 Abs. 2 werden mögliche Maßnahmen und Verursachergruppen, die von den Minderungsmaßnahmen erfasst werden können, aufgeführt.

57 Die Bestimmungen über Luftreinhaltepläne in den §§ 27 und 28 der 39. BImSchV müssen in Zusammenhang mit den entsprechenden Bestimmungen in § 47 BImSchG

gestellt werden (→ Rn. 2). § 47 BImSchG enthält detaillierte Regelungen für die Öffentlichkeitsbeteiligung bei der Erstellung oder Änderungen von Luftreinhalteplänen, die ua eine Frist von einem Monat für die öffentliche Auslegung des Entwurfs sowie die angemessene Berücksichtigung schriftlicher Stellungnahmen bei der Entscheidung über die Annahme des Plans vorsieht. Auch Pläne für kurzfristige Maßnahmen müssen nach § 47 Abs. 5b der Öffentlichkeit zugänglich gemacht werden. Dies bezieht sich auf Inhalt und Durchführung sowie auf die Ergebnisse von Untersuchungen der zuständigen Behörde, ob und in welcher Form die vorgesehenen Maßnahmen durchführbar sind. Mindestfristen für die Auslegung sind jedoch nicht vorgesehen, wohl um insgesamt den Ablauf nicht zu verzögern.

§ 27 der 39. BImSchV wurde durch die 1. VO zur Änderung der 39. BImSchV dahingehend erweitert, dass die Luftreinhaltepläne, soweit möglich, mit den Lärmaktionsplänen nach § 47d BImSchG und dem nationalen Programm zur Verminderung der Ozonwerte und zur Einhaltung der Emissionsmengen gemäß Teil 7 der 39. BImSchV (→ Rn. 89, 90) übereinstimmen sollen. Die Inhalte der Luftreinhaltepläne werden in Anlage 13 der 39. BImSchV festgelegt. Durch die 1. VO zur Änderung der 39. BImSchV wurde Nr. 8 dieser Anlage dahingehend ergänzt, dass die bereits ergriffenen Minderungsmaßnahmen zur Verbesserung der Luftqualität nicht nur beschrieben, sondern auch mit einem Zeitplan für ihre Durchführung und mit einer Abschätzung ihrer Wirksamkeit versehen werden müssen. Diese Ergänzung ermöglicht Behörden und Bürgern eine Beurteilung, ob die beschriebenen Minderungsmaßnahmen geeignet sind, die Immissionsgrenzwerte bis zum Zieldatum zu erreichen oder die Frist der Überschreitung so kurz wie möglich zu halten (→ Rn. 47). Zusätzlich können die Luftreinhaltepläne gezielte Maßnahmen zum Schutz empfindlicher Bevölkerungsgruppen einschließlich dem Schutz von Kindern vorsehen. 58

Die Unterrichtung der Öffentlichkeit und die Berichtspflichten über die festgestellte Luftqualität und die Luftreinhaltepläne regelt Teil 6 der 39. BImSchV. Unter anderem sind Jahresberichte von den zuständigen Länderbehörden vorzulegen, die Überschreitungen aller Immissionswerte zusammenfassend darstellen und bewerten. Der entsprechende § 30 Absatz 2 der 39. BImSchV wurde durch die 1. VO in ihrer Änderung erweitert und präzisiert und soll der Öffentlichkeit eine Beurteilung der Luftqualität erleichtern. 59

Für die sekundäre Luftverunreinigung Ozon wird zwar in § 9 Abs. 6 der 39. BImSchV eine Informationsschwelle und eine Alarmschwelle festgelegt, jedoch enthält § 28 Abs. 1 keine Verpflichtung zur Aufstellung von Plänen für kurzfristige Maßnahmen bei der Überschreitung, obwohl die Informationsschwelle und die Alarmschwelle für Ozon in Deutschland noch vereinzelt überschritten wird. An dieser Stelle wird von einer 1:1-Umsetzung der EU-Richtlinie 2008/50/EG abgewichen, die in Art. 24 Abs. 1 Pläne mit Kurzfristmaßnahmen auch für Ozon vorsieht. Jedoch schränkt Art. 24 Abs. 1 der EU-Richtlinie 2008/50/EG die Verpflichtung für den Luftschadstoff Ozon auf die Fälle ein, in denen die Mitgliedstaaten ein signifikantes Potential zur Senkung der Ozonbelastung durch kurzfristige Maßnahmen erwarten. Dies ist in Deutschland nicht der Fall, wie Modelluntersuchungen in Heilbronn/Neckarsulm und Modellrechnungen (vgl. zB Aktionsprogramm und Maßnahmenplan Ozon, Bericht der Prognos AG, Berlin/Basel 1996, F&E-Vorhaben 10402812 des Umweltbundesamtes) gezeigt haben. Das Ergebnis steht in Übereinstimmung mit Kriterien, ob ein nennenswertes Potential für Kurzfristmaßnahmen besteht, die in Anhang I der Entscheidung der Kommission vom 19.3.2004 (2004/279/EG) über Leitlinien für die Umsetzung der Richtlinie 2002/3/EG des Europäischen Parlaments und des Rates über den Ozongehalt der Luft aufgeführt sind (ABl. der EU L87/50 vom 25.3.2004). Danach liegen in Mitteleuropa im Fall hoher Ozonkonzentrationen in der Regel weiträumige, vielfach grenzüberschreitende Transportvorgänge vor, die das 60

Potential zur kurzfristigen Verminderung hoher Ozonkonzentrationen stark einschränken. Eine nennenswerte Verminderung der Ozonbelastung sowie die Vermeidung der Überschreitungen der Informations- und Alarmschwelle ist nur mittelfristig durch eine erhebliche Senkung der Emissionen ihrer Vorläuferstoffe zu erreichen (→ Rn. 90, 91).

61 Werden Zielwerte für die Luftschadstoffe Arsen, Cadmium, Nickel und Benzo(a)pyren überschritten, müssen keine Luftreinhaltepläne aufgestellt werden. § 22 der 39. BImSchV verpflichtet die zuständigen Behörden jedoch zu Berichten über ergriffene Maßnahmen zur Erreichung der Zielwerte, die von der Bundesregierung an die Europäische Kommission weitergeleitet werden. Diese Minderungsmaßnahmen können auch Bestandteile von Luftreinhalteplänen sein.

62 In den Gebieten, in denen die Immissionsgrenzwerte für Schwefeldioxid, Stickstoffdioxid, Partikel (PM10), Benzol, Kohlenmonoxid und Blei, die Zielwerte für Arsen, Kadmium, Nickel und Benz(a)pyren und die langfristigen Ziele für Ozon unterschritten werden, halten die zuständigen Behörden die Luftbelastung unterhalb dieser Schwellen (§ 26 der 39. BImSchV). § 26 Absätze 1 und 2 wurden durch die 2. VO zur Änderung der 39. BImSchV wesentlich strenger gefasst; ursprünglich erforderte § 26 nur ein Bemühen der Behörden um bestmögliche Luftqualität unterhalb dieser Werte. Für den Schadstoff Ozon ist die Verpflichtung zur dauerhaften Einhaltung der langfristigen Ziele durch Faktoren wie Ferntransport und die Abhängigkeit von meteorologischen Bedingungen (zB länger andauernde Hitzewellen im Sommer verbunden mit starker Sonneneinstrahlung) eingeschränkt, da diese Faktoren sich der Einwirkung des Mitgliedstaats entziehen.

IV. Flexibilität bei der Anwendung der Grenzwerte

63 Die Ergebnisse der Luftqualitätsüberwachung aus den Länder-Messnetzen und des UBA (im Internet unter https://www.umweltbundesamt.de/daten/luft/luftdaten) zeigen, dass für Feinstaub PM10 die Luftqualitätsgrenzwerte sowohl für den Jahresmittelwert (40 µg/m³ gemittelt über ein Kalenderjahr) als auch für die Zahl der zulässigen Überschreitungstage (Tagesmittelwerte von 50 µg/m³ dürfen maximal 35 mal pro Kalenderjahr überschritten werden) in Deutschland bereits seit dem Jahr 2018 flächendeckend eingehalten werden. Auch bei der Luftbelastung mit Stickstoffdioxid zeigte sich über die vergangenen Jahre eine deutliche Verringerung der Belastungen, so dass im Jahr 2022 nur noch an zwei Standorten in Deutschland der zulässige Jahresmittelwert (40 µg/m³, gemittelt über ein Kalenderjahr) überschritten wurde. Auch in den anderen Mitgliedstaaten der Europäischen Union hat sich die Luftqualität in den vergangenen Jahren deutlich verbessert (Air quality in Europe 2022, ISBN 978-92-9480-515-7). Die in der 39. BImSchV enthaltenen Regelungen in den §§ 21, 24 und 25 haben daher aktuell nur geringe Relevanz:

- Werden Grenzwertüberschreitungen durch Emissionen aus natürlichen Quellen mit verursacht, bleiben diese Überschreitungen außer Betracht. Dieser Tatbestand wurde in Deutschland bisher nur für Feinstaub festgestellt. Beispiele sind Beiträge von Saharastaub, von Vulkanasche oder durch Staubtransporte, die durch Aufwirbelung von ariden Flächen außerhalb der Europäischen Union entstehen. Die in den §§ 24 und 25 der 39. BImSchV geregelte Ausnahme zum Schutz vor Feinstäuben liegt darin begründet, dass Emissionsbeiträge aus natürlichen Quellen nicht beeinflusst werden können (15. Erwägungsgrund der neuen Luftqualitäts-Richtlinie 2008/50/EG).
- Ebenso bleiben Grenzwertüberschreitungen außer Betracht, zu denen die Aufwirbelung von abstumpfenden Streumitteln (Sand, Salz im Winterdienst) wesentlich beitragen.
- Die Frist zur Einhaltung der Grenzwerte für die Feinstaubfraktion PM10, für Stickstoffdioxid und Benzol konnte unter bestimmten Bedingungen bis zum 11.6.2011

(PM10) bzw. zum 31.12.2014 (Stickstoffdioxid, Benzol) verlängert werden. Diese Fristen sind abgelaufen, so dass die Grenzwerte einzuhalten sind.

Die zuständigen Behörden müssen den Nachweis führen, dass die Überschreitungen von Grenzwerten tatsächlich auf den Beitrag natürlicher Quellen oder auf Streumittel zurückgeführt werden können. Dazu ein Beispiel: An 2 benachbarten Messstationen wurden an einem Tag jeweils Tagesmittel der Feinstaubfraktion PM10 von 58 bzw. 70 µg/m³ gemessen, der weiträumige Beitrag aus natürlichen Quellen an diesem Tag wurde zu 10 µg/m³ bestimmt (→ Rn. 63). Nach Abzug dieses Beitrags wäre der Grenzwert an einer Station eingehalten (Tagesmittel von 48 µg/m³), an der anderen Station nach wie vor überschritten (60 µg/m³). **64**

Die Europäische Kommission hat Leitfäden zur Bestimmung des Anteils natürlicher Quellen und des Beitrags von Streumitteln im Winterdienst erstellt (Guidance on the quantification of the contribution of natural sources under the EU Air Quality Directive 2008/50/EC, European Commission, DG Environment, July 2009; Guidance on assessing the contribution of winter-sanding and -salting under the EU Air Quality Directive, European Commission, DG Environment, July 2009, im Internet unter http://circa.europa.eu/Members/irc/env/ambient/ library?l=/committee/working-implementation/guidance_documents&vm= detailed& sb=Title). In der Regel erfordern die Nachweise des Anteils natürlicher Quellen oder von Streumitteln erheblichen Aufwand und umfassen sowohl die Analytik von Feinstäuben auf charakteristische Inhaltsstoffe als auch meteorologische Auswertungen (zB über die Zugbahn von Luftmassen). **65**

Die Verlängerung der Fristen zur Einhaltung der Grenzwerte für Feinstaub, Benzol und Stickstoffdioxid war von der EU-Richtlinie 2008/50/EG an strenge Bedingungen geknüpft, die im Einzelnen nicht in die 39. BImSchV übernommen worden sind. Die Bundesrepublik Deutschland hatte für 54 Gebiete mit Überschreitungen des Immissionsgrenzwertes für Stickstoffdioxid Fristverlängerungen bei der Europäischen Kommission beantragt. Die Fristverlängerungen wurden für 25 Gebiete erteilt, so dass in 29 Gebieten die Immissionsgrenzwerte für Stickstoffdioxid bereits seit dem 1.1.2010 einzuhalten sind (Anforderungsschreiben – Vertragsverletzung Nr. 2015/2073 der KOM vom 18.6.2015, C(2015) 4009 final). **66**

V. Wirksamkeit der Luftreinhaltepläne

Nachdem die in der 39. BImSchV geregelten Luftqualitätsgrenzwerte seit mehr als zehn Jahren verbindlich einzuhalten sind, zeigen sich die Erfolge bei der Luftreinhalteplanung recht deutlich. Bei der Feinstaubbelastung PM10 wurden die Grenzwerte für die zulässigen Überschreitungen des Tagesmittelwertes seit dem Jahr 2018 eingehalten. Beim Stickstoffdioxid zeigte sich ab dem Jahr 2020 eine deutliche Minderung der Belastungen, im Jahr 2022 gab es nur noch zwei Standorte mit Überschreitung des in § 3 Abs. 2 der 39. BImSchV genannten Immissionsgrenzwertes für das Jahresmittel von 40 µg/m³. Die Immissionsgrenzwerte für Schwefeldioxid (§ 2 der 39. BImSchV), Blei (§ 6), Benzol (§ 7) und Kohlenmonoxid (§ 8) werden seit Jahren sicher eingehalten. **67**

Vor dem Hintergrund der Erfolge bei der Einhaltung der in der 39. BImSchV festgelegten Immissionsgrenzwerte ist allerdings darauf hinzuweisen, dass die Weltgesundheitsorganisation (WHO) im September 2021 neue Luftqualitätsrichtwerte veröffentlicht hat. Die neuen Richtwerte wurden auf Grundlage gesundheitlicher Studien abgeleitet. Für Feinstaub PM10 wurde ein Jahresmittelwert von 15 µg/m³, für Feinstaub PM2.5 ein Jahresmittelwert von 5 µg/m³ und für Stickstoffdioxid ein Jahresmittelwert von 10 µg/m³ als Luftqualitätsrichtwert empfohlen. Insbesondere beim Feinstaub PM2.5 sowie beim Stickstoffdioxid liegen die Empfehlungen im Bereich der Belastungen von deutschen **68**

Reinluftgebieten wie zB der Eifel. Im Zuge der Revision der Europäischen Richtlinie zur Luftqualität 2008/50/EG wurde von der Kommission ebenfalls eine deutliche Absenkung der Immissionsgrenzwerte vorgeschlagen.

69 Nach der am 20.02.2024 erzielten vorläufigen politischen Einigung (2022/0347(COD) soll der Immissionsgrenzwert für den Jahresmittelwert von Stickstoffdioxid von 40 µg/m³ auf 20 µg/m³, der Jahresmittelwert von Feinstaub PM10 von 40 µg/m³ auf 20 µg/m³ und von Feinstaub PM2.5 von 25 µg/m³ auf 10 µg/m³ gesenkt werden. Weiterhin sollen einige der bisherigen Zielwerte für Metalle und Benzo(a)pyren als Grenzwerte festgelegt werden.

70 Die fortgesetzten zahlreichen Überschreitungen des Immissionsgrenzwertes für das Jahresmittel von Stickstoffdioxid haben, wie in weiteren Mitgliedstaaten der Europäischen Union, zu einem Vertragsverletzungsverfahren gegen die Bundesrepublik Deutschland geführt (Anforderungsschreiben – Vertragsverletzung Nr. 2015/2073 der KOM vom 18.6.2015, C(2015) 4009 final), ebenso zu zahlreichen Verfahren vor bundesdeutschen Verwaltungsgerichten (→ Rn. 72). Am 17.5.2018 hat die Europäische Kommission den Beschluss gefasst, gegen Deutschland sowie Frankreich und Großbritannien vor dem Europäischen Gerichtshof wegen der Nichteinhaltung des Immissionsgrenzwertes für Stickstoffdioxid Klage einzureichen. Gegen 9 weitere Mitgliedsstaaten bestehen die Vertragsverletzungsverfahren fort (Pressemitteilung der Europäischen Kommission vom 17.5.2018). Die Klageschrift der Europäischen Kommission wurde der Bundesregierung am 15.10.2018 zugestellt. Mit Urteil vom 03.06.2021 hat der Europäische Gerichtshof festgestellt, dass die Bundesrepublik Deutschland dadurch gegen ihre Verpflichtungen aus Art. 13 Abs. 1 der Richtlinie 2008/50 in Verbindung mit deren Anhang XI verstoßen hat, dass in den Jahren 2010 bis einschließlich 2016 in insgesamt 26 Gebieten der Jahresgrenzwert für Stickstoffdioxid systematisch und anhaltend überschritten wurde. In zwei Gebieten wurde außerdem der Stundengrenzwert für Stickstoffdioxid überschritten. Die Bundesrepublik Deutschland wurde aufgefordert, unverzüglich Maßnahmen zu ergreifen, um die Überschreitung des Immissionsgrenzwertes für Stickstoffdioxid schnellstmöglich zu beenden.

71 Wesentlicher Grund für die Schwierigkeiten der Einhaltung des Immissionsgrenzwertes für das Jahresmittel von Stickstoffdioxid sind die starken Abweichungen der Stickstoffdioxidemissionen von Diesel-PKW im realen Fahrbetrieb von den Emissionsgrenzwerten. Emittierten Diesel-PKW der Klasse EURO4 im realen Fahrbetrieb durchschnittlich mehr als das Dreifache als bei der Typzulassung (800 mg/km im Vergleich zu 250 mg/km), verbesserten sich die realen Emissionen der Klasse EURO5 trotz eines strengeren Emissionsgrenzwertes nicht (800 mg/km im Vergleich zu 180 mg/km). Auch die 1. Stufe der EURO6 Klasse (2014) brachte nur eine geringe Verbesserung (600 mg/km im Vergleich zu 80 mg/km) (Air quality in Europe – 2016 report, EEA Report No 28/2016, European Environment Agency; vgl. The International Council on Clean Transportation (ICCT): Real-World Exhaust Emissions from Modern Diesel Cars – Whitepaper, October 2014). Erst mit der Einführung des Euro-6d-Standards in 2 Stufen ab dem 1.9.2017 (Euro-6d temp) müssen neue Diesel-PKW auch unter realen Fahrbedingungen einen Emissionsgrenzwert von 168 mg/km einhalten, ab Januar 2020 120 mg/km (Hintergrund//Januar 2018, Luftqualität 2017, Vorläufige Auswertung, Umweltbundesamt, Dessau, ISSN 2363–829x). Diese Grenzwerte werden auch im realen Fahrbetrieb kontrolliert. Die starken Abweichungen der Stickstoffdioxidemissionen im realen Fahrbetrieb von den Emissionsgrenzwerten sind vor allem darauf zurückzuführen, dass der bei der Typzulassung verwendete Fahrzyklus auf dem Prüfstand (NEDC, New European Driving Cycle) die realen Fahrbedingungen in Städten mit zahlreichen Beschleunigungsvorgängen und

Stop-and-go-Verkehr nicht wiederspiegelte (Hausberger, S. et al., Road vehicle emission factors development. A review. Atmos. Environm. 70, S. 84, 2013).

Dazu kam noch manipulierte, auf den Testcyclus NEDC optimierte Motorensoftware von KFZ-Herstellern („Dieselgate“) mit häufigen Abschaltungen der Abgasreinigung im realen Fahrbetrieb (Borgest, K., Manipulation von Abgaswerten, Springer, 2017, Wiesbaden). Die Modellrechnungen sowohl der Europäischen Union als Grundlage der Richtlinie 2008/50/EG als auch zahlreicher Luftreinhaltepläne, die die Einhaltung des Immissionsgrenzwertes für Stickstoffdioxid bis zu den Zieldaten 2010 bzw. 2015 als möglich erschienen ließen, waren dagegen von der Einhaltung der Emissionsgrenzwerte auch unter realen Fahrbedingungen ausgegangen (Amann, M. et al., Baseline Scenarios for the Clean Air for Europe (CAFE) Programme. Final Report, Febr. 2005).

Die fortschreitende Modernisierung der Fahrzeugflotte mit steigender Marktdurchdringung von modernen Diesel-PKW mit geringen Emissionen sowie die im Rahmen des Diesel-Gipfels (Nationales Forum Diesel) im August 2017 vereinbarten Maßnahmen zur Reduzierung der Emissionen der in der Flotte vorhandenen Fahrzeuge (Software-Nachrüstung, Hardware-Nachrüstung, Rückkaufprämien) haben zu einer Verringerung der Emissionen beigetragen, so dass der Immissionsgrenzwert von 40 µg/m³ Stickstoffdioxid im Jahresmittel ab dem Jahr 2020 bundesweit mit geringen Ausnahmen eingehalten wurde.

VI. Rechtsprechung zu Luftreinhalteplänen

Die im Bundesgebiet zunächst weit verbreiteten Überschreitungen des Immissions- 72 grenzwertes für Stickstoffdioxid beschäftigten auch die Verwaltungsgerichtsbarkeit. Dabei war schon in den ersten Entscheidungen ein Konsens dahingehend erkennbar, dass die Luftreinhaltepläne nach den Vorgaben des Art. 23 Abs. 1 UAbs. 2 S. 1 Richtlinie 2008/50/EG, § 47 Abs. 1 BImSchG und § 27 Abs. 2 der 39. BImSchV die erforderlichen Maßnahmen enthalten müssen, die zur schnellstmöglichen Einhaltung des Immissionsgrenzwertes für Stickstoffdioxid führen. Zwar besteht kein Rechtsanspruch auf die Durchführung einzelner Maßnahmen. Das Gebot, die Überschreitung der Immissionsgrenzwerte möglichst schnell zu beenden, fordert jedoch eine Bewertung der zur Emissionsminderung geeigneten und verhältnismäßigen Maßnahmen gerade im Hinblick auf eine zeitnahe Verwirklichung der Luftqualitätsziele. Daraus kann sich eine Einschränkung des planerischen Ermessens ergeben, wenn allein die Wahl einer bestimmten Maßnahme eine baldige Einhaltung der Grenzwerte erwarten lässt. Der Luftreinhalteplan muss ein Gesamtkonzept der Maßnahmen und ihrer Auswirkungen umfassen, die für die schnellstmögliche Einhaltung der Grenzwerte erforderlich sind und einen Zeitpunkt benennen, zu dem die Grenzwerte prognostisch eingehalten werden. Die Maßnahmen sind entsprechend des Verursacheranteils unter Beachtung des Grundsatzes der Verhältnismäßigkeit gegen alle Emittenten zu richten, die zum Überschreiten der Immissionsgrenzwerte beitragen (Vgl. u.a. BVerwG Urt. v. 5.9.2013 – 7 C 21/12; VG Sigmaringen Urt. vom 22. Oktober 2014 – 1 K 154/12; VG Wiesbaden Urt. vom 30. Juni 2015 - 4 K 1178/13.WI; VGH Kassel Beschl. v. 11.5.2016 – 9 E 450/16; VG Düsseldorf Urt. v. 13.9.2016 - 3 K 7695/15; VGH München Urt. v. 27.2.2017 - 22 C 16.1427; VG Stuttgart Urt. v. 26.7.2017 - 13 K 5412/15).

Wegen des hohen Anteils des Straßenverkehrs an den Überschreitungen der Grenzwer- 73 te wurden bereits in den früheren Entscheidungen auch Verkehrsbeschränkungen betrachtet. Im Fokus stehen dabei Dieselfahrzeuge, die in der Gruppe der Kraftfahrzeuge in besonderem Maße zu den Überschreitungen des Stickstoffdioxidgrenzwerts beitragen (VG Wiesbaden ZUR 2016, 51 (54); VG Düsseldorf Urt. v. 13.9.2016 - 3 K 7695/15,

Rn. 40 ff.; VGH München Urt. v. 27.2.2017 - 22 C 16.1427, Rn. 107 ff.). Unklarheit bestand hinsichtlich der Frage, ob die Verkehrsverbote auf Basis der vorhandenen immissionsschutzrechtlichen und straßenverkehrsrechtlichen Vorschriften angeordnet werden können (zust. VG Stuttgart Urt. v. 26.7.2017 - 13 K 5412/15, Rn. 247 ff.; VG Düsseldorf Urt. v. 13.9.2016 - 3 K 7695/15, Rn. 45 f.; zweifelnd VGH München Urt. v. 27.2.2017 - 22 C 16.1427, Rn. 157 ff.).

74 Das BVerwG bestätigte schließlich in seinen beiden grundlegenden Urteilen vom 27.2.2018 zum Luftreinhalteplan Düsseldorf (BVerwG NVwZ 2018, 890) und zur Umweltzone Stuttgart (BVerwG NVwZ 2018, 883) die Zulässigkeit von Verkehrsverboten für Dieselfahrzeuge als Teil des Maßnahmenplans in einem Luftreinhalteplan: Erweist sich ein Verkehrsverbot für Dieselfahrzeuge als die einzig geeignete Maßnahme zur schnellstmöglichen Einhaltung der Stickstoffdioxid-Grenzwerte, verlangt Art. 23 Abs. 1 UAbs. 2 der Richtlinie 2008/50/EG, diese Maßnahme zu ergreifen. Verkehrsverbote sind demnach zulässig, wenn sie die einzigen geeigneten Maßnahmen darstellen, den Zeitraum einer Überschreitung der Immissionsgrenzwerte für Stickstoffdioxid so kurz wie möglich zu halten (BVerwG NVwZ 2018, 883 (886)).

75 Zwar lassen die derzeit geltenden Regelungen des Bundes-Immissionsschutzrechts für sich genommen derartige Verkehrsverbote nicht zu (BVerwG NVwZ 2018, 890 (891)) Der abschließende Charakter der 35. BImSchV, der eine Differenzierung nach Antriebsart (zB Dieselantrieb oder Ottomotor) nicht vorsieht, schließt an die Antriebsart anknüpfende Verkehrsverbote gleichwohl nicht aus. Angesichts der unionsrechtlichen Verpflichtung, den Zeitraum für die Nichteinhaltung der Grenzwerte so kurz wie möglich zu halten, muss dieser Verpflichtung entgegenstehendes Bundesrecht unangewendet bleiben. § 40 Abs. 1 BImSchG stellt dann eine taugliche Ermächtigungsgrundlage für in einem Luftreinhalteplan vorgesehene Verkehrsbeschränkungen dar, die unabhängig davon herangezogen werden kann, ob durch Rechtsverordnung Ausnahmeregelungen für Kraftfahrzeuge (zB in der 35. BImSchV) erlassen worden sind (BVerwG NVwZ 2018, 883 (884 f.)). Auch das Fehlen entsprechender Zusatzzeichen iSd § 45 Abs. 1 lit. f StVO steht dem mit Blick auf die unionsrechtlichen Verpflichtungen nicht entgegen. Für die in Betracht zu ziehenden Verkehrsverbote kann auf das Zeichen 251 aus der Anlage zu § 41 Abs. 1 StVO mit Zusatzzeichen (für streckenbezogene Fahrverbote) oder auf die Zeichen 270.1 und 270.2 mit Zusatzzeichen (für zonenbezogene, also ein zusammenhängendes Verkehrsnetz betreffende Fahrverbote) zurückgegriffen werden (BVerwG NVwZ 2018, 890 (892 f.); Will NZV 2018, 393 (402f.)).

76 Das BVerwG betonte, dass bei der Festlegung von Maßnahmen ein gewisser Spielraum besteht, der unter Wahrung des Grundsatzes der Verhältnismäßigkeit auszuüben ist. Erforderlich ist eine Abwägung zwischen den mit der Überschreitung der geltenden Grenzwerte verbundenen Risiken für die menschliche Gesundheit und den Belastungen und Einschränkungen, die mit einem Verkehrsverbot insbesondere für die betroffenen Fahrzeugeigentümer, Fahrzeughalter und Fahrzeugnutzer – und darüber hinaus auch für die Versorgung der Bevölkerung und der Wirtschaft – verbunden sind (BVerwG NVwZ 2018, 883 (887)).

77 Dabei unterscheidet das Gericht zunächst zwischen streckenbezogenen und zonalen Verkehrsverboten. Streckenbezogene Verbote, die lediglich einzelne Straßen oder Straßenabschnitte betreffen, gehen ihrer Intensität nach nicht über sonstige straßenverkehrsrechtlich begründete Durchfahrts- und Halteverbote hinaus und sind grundsätzlich zumutbar. Ein zonales, d.h. ein zusammenhängendes Verkehrsnetz betreffendes Verbot stellt hingegen einen erheblichen Eingriff in das Grundrecht der allgemeinen Handlungsfreiheit dar. Für zonale Verkehrsverbote ist eine phasenweise Einführung zu prüfen, die in einer ersten Stufe nur ältere Fahrzeuge (bis zur Abgasnorm Euro 4) umfassen sollte. Für die

neueren Euro 5 – Fahrzeuge kamen zonale Verbote nicht vor dem 1.9.2019 in Betracht. Außerdem sind Ausnahmen für bestimmte Gruppen, wie beispielsweise Handwerker und Anwohner, zu erwägen (BVerwG NVwZ 2018, 883 (887)).

In einem weiteren Urteil zum Luftreinhalteplan Reutlingen stellte das BVerwG in **78** der Folge klar, dass der Grundsatz der Verhältnismäßigkeit nicht nur hinsichtlich der Frage, wie ein Verkehrsverbot auszugestalten ist, sondern auch bei der vorgelagerten Frage, ob ein Verkehrsverbot überhaupt anzuordnen ist, Geltung beansprucht (BVerwG NVwZ 2020, 1191 (1194)). Es besteht also kein Automatismus dahingehend, dass ein Verkehrsverbot zwangsläufig anzuordnen wäre, wenn es sich als die einzig geeignete Maßnahme zur schnellstmöglichen Einhaltung der Stickstoffdioxidgrenzwerte erweist. Vielmehr kann auch in dieser Konstellation – etwa bei nur noch ganz geringfügiger Überschreitung eines Grenzwerts und zeitnaher Einhaltung - ein Verzicht aus Gründen der Verhältnismäßigkeit geboten sein (BVerwG NVwZ 2020, 1191 (1195); so bereits OVG Münster Urt. v. 31.7.2019 – 8 A 2851.18, Rn. 221 ff). Ob sich ein Verkehrsverbot bei höheren als nur sehr geringfügigen Grenzwertüberschreitungen als unverhältnismäßig darstellt, hängt von den Umständen des Einzelfalles ab (BVerwG NVwZ 2020, 1191 (1195)). Im Rahmen der Verhältnismäßigkeitsprüfung sind dabei keine Feststellungen zu Art und Umfang der aus den Grenzwertüberschreitungen folgenden Gesundheitsgefahren geboten. Die bei einer Planung zur Grenzwerterreichung notwendigen Maßnahmen dürfen nicht im Rahmen einer Abwägung zwischen dem Ausmaß von durch Grenzwertüberschreitungen bedingten Gesundheitsgefahren und den durch Verkehrsverbote erfolgenden Einschränkungen von Verkehrsteilnehmern relativiert werden. Einer detaillierten Feststellung zum genauen Umfang der Betroffenheit durch Gesundheitsgefahren und der Anzahl der davon betroffenen Personen bedarf es daher nicht (BVerwG NVwZ 2020, 1191 (1197)).

Im Hinblick auf den vom Gesetzgeber zwischenzeitlich als Reaktion auf die beiden **79** grundlegenden Entscheidungen des BVerwG geschaffenen § 47 Abs. 4a BImSchG mit normativen Vorgaben zu Verkehrsverboten in der Luftreinhalteplanung stellte das Gericht richtigerweise fest, dass diese Vorschrift unionsrechtskonform so auszulegen ist, dass sie anders als der Wortlaut möglicherweise vermuten lässt, Verkehrsverboten bei Stickstoffdioxidwerten unterhalb von 50 Mikrogramm jedenfalls dann nicht entgegensteht, wenn sie sich als einziges Mittel darstellen, um - bei Beachtung des Verhältnismäßigkeitsgrundsatzes - die Überschreitung des Grenzwertes so kurz wie möglich zu halten (BVerwG NVwZ 2020,1191 (1197); ausführlich BImSchG § 47 Rn. 53 ff.).

Auch die Anforderungen an Luftreinhaltepläne im Zusammenhang mit der dem Plan **80** jeweils zugrundeliegenden Immissionsprognose wurden durch das BVerwG in der o.g. Entscheidung zum Luftreinhalteplan Reutlingen sowie in den Entscheidungen vom 28.05.2021 zu den Luftreinhalteplänen Hamburg (BVerwG NVwZ 2021, 1783), Kiel (BVerwG NVwZ 2022, 337) und Ludwigsburg (BVerwG NVwZ 2022, 330) präzisiert. Danach sind an die gerichtliche Überprüfung von Prognosen für Luftreinhaltepläne keine anderen Anforderungen zu stellen als bei sonstigen Prognosen. Die Prognose ist demnach gerichtlich nur eingeschränkt daraufhin überprüfbar, ob sie methodisch einwandfrei erarbeitet worden ist, nicht auf unrealistischen Annahmen beruht und ob das Prognoseergebnis einleuchtend begründet worden ist (BVerwG NVwZ 2020, 1191 (1195)). Erweist sich eine noch im Zeitpunkt der Beschlussfassung über den Luftreinhalteplan nicht hinreichend gesicherte Immissionsprognose im Nachhinein wegen späterer tatsächlicher Veränderungen oder neuer Erkenntnisse als tragfähig, besteht keine Verpflichtung zur Fortschreibung eines Luftreinhalteplans (BVerwG NVwZ 2021, 1783 (1787); NVwZ 2022, 330 (334); NVwZ 2022, 337 (339)). Dies gilt auch, wenn die einem Luftreinhalteplan zugrundeliegende Prognose durch die Behörde selbst nachträglich aktu-

alisiert wird. Beteiligungs- und Publizitätsanforderungen der Luftreinhalteplanung nach § 47 Abs. 5 und Abs. 5a BImSchG stehen dem jedenfalls dann nicht entgegen, wenn nicht methodisch vollständig neue Prognosen erstellt und vorgesehene Maßnahmen nicht grundlegend umgestaltet werden (BVerwG NVwZ 2020, 1191 (1193); NVwZ 2021, 1783 (1787)). Ferner wird festgestellt, dass ein Luftreinhalteplan keine mehrstufige Planung in Form von vorsorglichen Maßnahmen für den Fall einer zu optimistischen Prognose enthalten muss (BVerwG NVwZ 2020, 1191 (1196)). Eine mehrstufige Planung kann überhaupt nur dann greifen, wenn sich eine rechtmäßige Prognose im Nachhinein als unzutreffend herausstellen sollte (fehlgeschlagene Prognose). Eine salvatorische Sekundärplanung für den Fall einer fehlerhaften und damit rechtswidrigen Prognose ist dem Plangeber hingegen nicht gestattet (BVerwG NVwZ 2022, 337 (341)).

81 Zudem hat das BVerwG auch die Anforderungen an das Entfallen einer Fortschreibungspflicht (→Rn. 85) und den Standort der Probenahmestellen gem. § 14 Abs. 1 iVm Anlage 3 (→Rn. 34) konkretisiert.

VII. Aufhebung belastender Maßnahmen in Luftreinhalteplänen

82 Während die Pflicht zur Aufstellung von Luftreinhalteplänen unstreitig an die Überschreitung der in der 39. BImSchV geregelten Immissionsgrenzwerte geknüpft ist und die in den Luftreinhalteplänen vorgesehenen Maßnahmen dabei geeignet sein müssen, den Zeitraum einer bestehenden Überschreitung so kurz wie möglich zu halten (BVerwG NVwZ 2018, 883 (888)), stellt sich vor dem Hintergrund, dass der in § 3 Abs. 2 geregelte Grenzwert für Stickstoffdioxid in Höhe von 40 Mikrogramm im Jahresmittel an den Messstationen in Deutschland mittlerweile nahezu überall eingehalten wird, die Frage, unter welchen Voraussetzungen eine Aufhebung der in einem Luftreinhalteplan vorgesehenen belastenden Maßnahmen geboten ist.

83 Dass eine Aufhebung grundsätzlich möglich ist, folgt insbesondere aus dem Grundsatz der Verhältnismäßigkeit, dem bereits bei der Aufstellung eines Luftreinhalteplans große Bedeutung zukommt (BVerwG NVwZ 2018, 883 (888). Wenn die Festlegung von Maßnahmen am Grundsatz der Verhältnismäßigkeit auszurichten ist und einzelne Maßnahmen selbst bei einer bestehenden Grenzwertüberschreitung unverhältnismäßig sein können (BVerwG NVwZ 2020, 1191 (1194 f.); OVG Münster Urt. v. 31.7.2019 – 8 A 2851/18, Rn. 221 ff.) muss dies erst-recht gelten, wenn sich die Luftqualität so sehr verbessert hat, dass Maßnahmen zur Einhaltung der Grenzwerte nicht mehr erforderlich sind (Couzinet/Uechtritz NVwZ 2021, 1258 (1260)).

84 Mangels anderweitiger Regelungen folgt die Aufhebung eines Luftreinhalteplans oder einzelner darin vorgesehener Maßnahmen denselben verfahrensrechtlichen Anforderungen wie die Aufstellung eines Luftreinhalteplans. Nach dem Wortlaut von § 47 Abs. 5a BImSchG ist bei der Aufstellung oder Änderung von Luftreinhalteplänen nach § 47 Abs. 1 die Öffentlichkeit zu beteiligen. Der Begriff der Änderung umfasst dabei auch die Aufhebung einzelner, bereits umgesetzter Maßnahmen oder des Luftreinhalteplans insgesamt (Vgl. Couzinet/Uechtritz NVwZ 2021, 1258 (1262)).

85 Hinsichtlich der Frage, wann eine Aufhebung in Betracht kommt, liefert die Entscheidung des BVerwG zum Luftreinhalteplan Hamburg (BVerwG NVwZ 2021, 1783) Antworten. Demnach erlischt die wegen der Überschreitung eines über ein Kalenderjahr gemittelten Immissionsgrenzwerts bestehende Pflicht zur Aufstellung eines Luftreinhalteplans nicht ohne Weiteres schon deshalb, weil der betreffende Grenzwert in einem Folgejahr nicht mehr überschritten wird. Hinzukommen muss vielmehr, dass auch in der absehbaren Zukunft keine erneuten Grenzwertüberschreitungen zu erwarten sind, die Schadstoffbelastung also anhaltend rückläufig ist oder sich zumindest auf einem zulässigen

Niveau stabilisiert hat und deshalb für eine Luftreinhalteplanung kein Anlass mehr besteht. Mit Blick auf den Sinn und Zweck von Luftreinhalteplänen muss eine nachhaltige Einhaltung der Grenzwerte gewährleistet sein. Temporäre Entwicklungen oder Sondereffekte wie Baustellen oder die Auswirkungen der Corona-Pandemie rechtfertigen eine Aufhebung dagegen nicht (BVerwG NVwZ 2021, 1783 (1784 f.). Entscheidend ist daher nicht, dass ein bestimmter sich in hinreichendem Abstand zum gesetzlichen Grenzwert befindender Stickstoffdioxidwert erreicht wird, sondern dass auch bei einer Aufhebung der Maßnahme die Einhaltung der Grenzwerte langfristig gesichert ist. In diesem Fall wäre eine Aufrechterhaltung der belastenden Maßnahmen unverhältnismäßig, sodass grundsätzlich eine Pflicht zur Aufhebung im Wege der Fortschreibung des Luftreinhalteplans besteht (vgl. Couzinet/Uechtritz NVwZ 2021, 1258 (1261)).

Der Nachweis der langfristigen Einhaltung der Grenzwerte kann nur durch eine sich **86** an den jeweiligen Einzelfallumständen orientierende Immissionsprognose geführt werden (vgl. auch BVerwG NVwZ 2021, 1783 (1785) wonach neben prognostischen Abschätzungen ggf. weitere Tatsachenfeststellungen erforderlich sein können).

Da die in einem Luftreinhalteplan festgelegten Maßnahmen erst durch einen Umset- **87** zungsakt der für die einzelnen Maßnahmen zuständigen Behörden ihre Wirkung entfalten, ist es allein mit der Fortschreibung des Luftreinhalteplans noch nicht getan. Zusätzlich ist ein Aufhebungsakt der Behörde erforderlich (Vgl. Couzinet/Uechtritz NVwZ 2021, 1258 (1260)). Umgekehrt reicht allein die Aufhebung einer umgesetzten Maßnahme durch die zuständige Behörde mit Blick auf die Bindungswirkung des Luftreinhalteplans nach § 47 Abs. 6 BImSchG ebenfalls nicht aus.

Bei der Frage der Aufhebung von Luftreinhalteplänen sollte die anstehende Novellie- **88** rung der RL 2008/50/EG nicht aus den Augen verloren werden. Die zum Bearbeitungszeitpunk vorliegende vorläufige politische Einigung auf EU-Ebene über die Novellierung der RL 2008/50/EG enthält deutlich strengere Grenzwerte (u.a. 20 Mikrogramm für Stickstoffdioxid). Nach derzeitigem Stand müssen die vorgesehenen neuen Grenzwerte zwar erst ab 2030 eingehalten werden, jedoch soll bereits ab 2026 bis 2029 jährlich überprüft werden, ob die ab 2030 geltenden Grenzwerte eingehalten werden. Um die Einhaltung der neuen Grenzwerte ab 2030 sicherzustellen, sind erforderlichenfalls sog. Luftreinhaltefahrpläne aufzustellen. Die nationale Umsetzung bleibt insoweit abzuwarten.

VIII. Bekämpfung des Sommersmog, der sauren Deposition und der Eutrophierung; Emissionshöchstmengen

Sowohl bei Ozon als auch bei Stoffen wie Ammoniumnitrat oder Ammoniumsulfat **89** handelt es sich um sekundäre Luftverunreinigungen, die sich in der Atmosphäre weiträumig aus anthropogen emittierten Vorläuferstoffen wie insbesondere den Stickstoffoxiden, flüchtigen organischen Verbindungen, Ammoniak und Schwefeldioxid bilden (vgl. zB J. H. Seinfeld, S. N. Pandis: Atmospheric Chemistry and Physics: From Air Pollution to Climate Change. John Wiley and Sons Inc., New York 2006, 1326 S.). Während Ozon gasförmig in der Luft verbleibt, über die Atemorgane sowie über die Stomata von Pflanzen aufgenommen wird und somit sowohl Gesundheits- als auch Pflanzenschäden verursachen kann, werden die anderen genannten Luftverunreinigungen entweder trocken oder nass (zB durch Regen oder Nebel) am Boden und auf anderen Oberflächen (zB Pflanzen) abgeschieden (deponiert). Sie können dort zu übermäßigem Eintrag von Nährstoffen (reaktiven Stickstoffverbindungen, Eutrophierung) und zu übermäßigem Säureeintrag (saure Deposition) in Ökosysteme führen. Auf zahlreichen Flächen in Deutschland und Europa kommt es deshalb zur Überschreitung von „critical levels" und „critical loads", die von der UNECE zum Schutz von Ökosystemen festgesetzt worden sind (vgl.

Ökologische Belastungsgrenzen – critical loads and levels: Ein internationales Konzept für die Luftreinhaltepolitik. H. D. Gregor, H. D. Nagel (Hrsg.), Springer Verlag, Berlin, 1998).

90 Die Einwirkung der genannten sekundären Luftverunreinigungen lässt sich nicht direkt begrenzen, sondern nur indirekt über die Emissionen ihrer Vorläuferstoffe. In § 33 der 39. BImSchV sind deshalb nationale Emissionshöchstmengen in emittierter Masse pro Kalenderjahr für 4 Vorläuferstoffe festgelegt, die ab dem Jahr 2011 nicht mehr überschritten werden dürfen. § 33 der 39. BImSchV setzt die Art. 4 und 7 sowie Anhang I der Richtlinie 2001/81/EG des Europäischen Parlaments und des Rates vom 23.10.2001 über nationale Emissionshöchstmengen für bestimmte Luftverunreinigungen um (ABl. EG NR. L309, S. 22), in dem für die seinerzeit 15 Mitgliedstaaten der Europäischen Union Emissionshöchstmengen festgelegt worden waren. Diese Bestimmungen wurden aus § 7 der aufgehobenen 33. BImSchV übernommen (→ Rn. 10). Da flüchtige organische Verbindungen außer Methan (NMVOC = **N**on **m**ethane **v**olatile **o**rganic **c**ompounds) und Stickstoffoxide (NO_x) sowohl Vorläuferstoffe für Ozon als auch für Nitratverbindungen sind, werden beide sekundären Luftverunreinigungen durch die Festlegung der Emissionshöchstmengen indirekt begrenzt. Die Richtlinie 2001/81/EG wurde durch die Richtlinie 2016/2284/EU vom 14.12.2016 abgelöst, die durch die 43. BImSchV vom 18.7.2018 in nationales Recht umgesetzt wurde (→ Rn. 16). Die in § 33 Absätze 1 und 2 aufgeführten „alten" Anforderungen zur Emissionsreduktion wurden deshalb bis einschließlich 31. Dezember 2019 befristet (Art. 2 der 43. BImSchV). § 33 Abs. 3 der 39. BImSchV weist die Erstellung jährlicher nationaler Emissionsinventare und von Prognosen künftiger Entwicklungen dem Umweltbundesamt zu. Diese Emissionsinventare fußen nicht auf den Emissionskatastern der Bundesländer, sondern werden gemäß Anhang III der Richtlinie 2001/81/EG nach einem Handbuch berechnet, das von EMEP und der Europäischen Umweltagentur gemeinsam herausgegeben worden ist.

91 Da sich die Bildung sekundärer Luftverunreinigungen weiträumig vollzieht und die Emissionshöchstmengen zudem auf der Ebene des Nationalstaats festgelegt wurden, zielt die Verringerung ihrer Emissionen auf deutschlandweite Pläne ab, die im Teil 7 der 39. BImSchV näher geregelt werden. § 34 weist die Programme zur Begrenzung der Emissionen folgerichtig als Aufgabe der Bundesregierung zu. Die amtliche Begründung zu § 34 der 39. BImSchV nennt beispielhaft strengere Umweltauflagen für Anlagen und Kraftfahrzeuge oder steuerliche Regelungen zur Förderung umweltfreundlicher Verfahren und Produkte. Länder und beteiligte Kreise sind nach § 51 BImSchG bei der Erstellung der Programme anzuhören. Die Programme der Bundesregierung zur Begrenzung der Emissionen der Vorläuferstoffe zielen gleichzeitig indirekt auf die Einhaltung der Zielwerte und langfristigen Ziele ab, die in § 9 Abs. 1 bis 4 der 39. BImSchV für Ozon sowohl zum Schutz der Gesundheit als auch zum Schutz der Vegetation festgelegt worden sind. § 34 Abs. 5 der 39. BImSchV legt fest, dass die Kosten der Programme zur Emissionsminderung in einem vernünftigen Verhältnis zum Nutzen der Verbesserung des Gesundheitsschutzes und der Verringerung der Schädigung von Ökosystemen stehen müssen.

92 Auch die Verpflichtungen zur Einhaltung der in Anlage 12 Abschnitt C der 39. BImSchV genannten Expositionskonzentration von 20 µg/m³ für die Feinstaubfraktion PM2.5 (einzuhalten ab dem 1.1.2015) und des in Anlage 12 Abschnitt B der 39. BImSchV enthaltenen nationalen Ziels für die Reduzierung der PM2.5-Exposition lassen sich nicht durch regionale Maßnahmen erreichen, da der als Grundlage beider Verpflichtungen dienende, in Anlage 12 Abschnitt A der 39. BImSchV aufgeführte Indikator für die durchschnittliche Exposition vom Umweltbundesamt als Durchschnitt über 3 Jahre und über alle in Anlage 5 Abschnitt B der 39. BImSchV aufgeführten 36 Messstationen in Deutschland berechnet wird. § 35 der 39. BImSchV weist deshalb die Aufstellung

von Programmen zur Einhaltung dieser Verpflichtungen als Aufgabe der Bundesregierung aus. Die Aufstellung der Programme mit Maßnahmen zur Senkung der Emissionen der Feinstaubfraktion PM2.5 ist aber erst dann erforderlich, wenn sich aufgrund der jährlich fortgeschriebenen Messungen an den 36 Messstationen die Gefahr abzeichnet, dass die Verpflichtungen nicht eingehalten werden können. Dies ist nach derzeitigem Kenntnisstand nicht zu erwarten (vgl. Luftqualität 2017. Vorläufige Auswertung. Hintergrund// Januar 2018. Umweltbundesamt, ISSN 2363–829x).

IX. Verhältnis zur TA Luft

In der Normenhierarchie ist die 39. BImSchV vorrangig gegenüber der Verwaltungs- **93** vorschrift der TA Luft. Die europarechtlich vorgegebenen Immissionswerte für Luftschadstoffe sind allerdings auch in Nr. 4.2.1 der TA Luft (abgedruckt in diesem Band unter Nr. 3.2) übernommen. Änderungen der europarechtlich vorgegebenen Immissionswerte für Luftschadstoffe werden von der TA Luft 1:1 übernommen.

Die 39. BImSchV und die TA Luft verfolgen allerdings unterschiedliche Ansätze: Die **94** 39. BImSchV richtet sich an die Behörden und enthält Verpflichtungen, mit denen, den europäischen Vorgaben entsprechend die Einhaltung bestimmter Luftqualitätswerte erreicht werden soll. Demgegenüber konkretisiert die TA Luft die Betreiberpflichten der §§ 5 und 22 BImSchG. Werden die Anforderungen der TA Luft nicht erfüllt, darf eine Genehmigung nicht erteilt werden und bestehende Anlagen sind zu verbessern (*Fonk* Europäische Luftqualitätsziele und nationale Erfüllungsverantwortung 2009, 59). Die Immissionswerte in Nr. 4.2.1 TA Luft konkretisieren die Anforderungen der §§ 5 und 22 BImSchG für Anlagen. Daher müssen Anlagen – auch unabhängig von der Luftreinhalteplanung – im Falle von Grenzwertüberschreitungen ihre Emissionen so weit reduzieren, dass sie keine relevante Zusatzbelastung zu der vorhandenen Überschreitung der Werte verursachen. Der flächenbezogene Ansatz der Luftreinhaltung ergänzt damit die herkömmlichen quellen- und anlagenbezogenen Regelungen des Bundes-Immissionsschutzgesetzes. In seinem Urteil zum beklagten Großkraftwerk Mannheim hat das BVerwG bekräftigt, dass sich der integrative, quellenunabhängige Ansatz der Luftreinhalteplanung vom quellen- und anlagenbezogenen Ansatz der TA Luft unterscheidet (BVerwG Urt. v. 24.10.2013 – 7C36.11, Rn. 45). Beide Ansätze ergänzen sich gegenseitig. Die Irrelevanzregelungen in Nr. 4.2.2 der TA Luft sind somit mit dem Luftreinhalterecht der Europäischen Union und mit seiner Umsetzung in der 39. BImSchV vereinbar. Die TA Luft als nachrangige Regelung darf allerdings keine Luftverschmutzung zulassen, die bereits für sich genommen die Grenzwerte der 39. BImSchV übersteigen oder die Einhaltung der Grenzwerte vereiteln.

Allerdings sehen sowohl das BImSchG mit seinem durch Gesetz vom 11.8.2009 **95** (BGBl. I S. 2723, 2727) eingefügten § 6 Abs. 3 als auch die TA Luft in Nr. 4.2.2 sowie in Nr. 3.5.4 unter engen Voraussetzungen die Anlagenzulassung auch in Überschreitungsgebieten vor. Grundsätzlich können in Luftreinhalteplänen nach Maßgabe des § 47 Abs. 4 Satz 1 BImSchG auch konkrete Maßnahmen gegen industriell-gewerbliche Emittenten festgelegt werden. Dies setzt jedoch voraus, dass zumindest die Emittentengruppe relevant und die einzelne Anlage adäquat-kausal zur Überschreitung des Immissionswertes beiträgt und darüber hinaus eine finanzierbare Technologie zur Emissionsminderung verfügbar ist.

C. Übereinstimmung mit der Ermächtigungsgrundlage

96 Die 39. BImSchV stützt sich auf die Verordnungsermächtigungen des § 48a Abs. 1 und 3 sowie des § 48b des Bundes-Immissionsschutzgesetzes. Der formelle Gesetzgeber hat mit diesen Vorschriften die Bundesregierung ermächtigt, zur Erfüllung von bindenden Beschlüssen der Europäischen Gemeinschaften zu dem in § 1 genannten Zweck mit Zustimmung des Bundesrates und des Bundestages die Festsetzung von Immissionswerten einschließlich der Ermittlungsverfahren und von Maßnahmen zur Einhaltung der Werte und zur Überwachung und Messung sowie Regelungen über die Unterrichtung der Bevölkerung zu treffen. Die 39. BImSchV erfüllt die Anforderungen der Ermächtigungsgrundlage: Sie dient der Umsetzung von Richtlinien, die für die Mitgliedsstaaten bindend sind. Die Festlegung der Immissionswerte sowie die Festlegung von Emissionshöchstmengen in Teil 7 der 39. BImSchV dienen dem Schutz vor schädlichen Umwelteinwirkungen und damit der Zweckbestimmung des § 1 BImSchG.

Für handschriftliche Notizen

Für handschriftliche Notizen

Für handschriftliche Notizen

Für handschriftliche Notizen